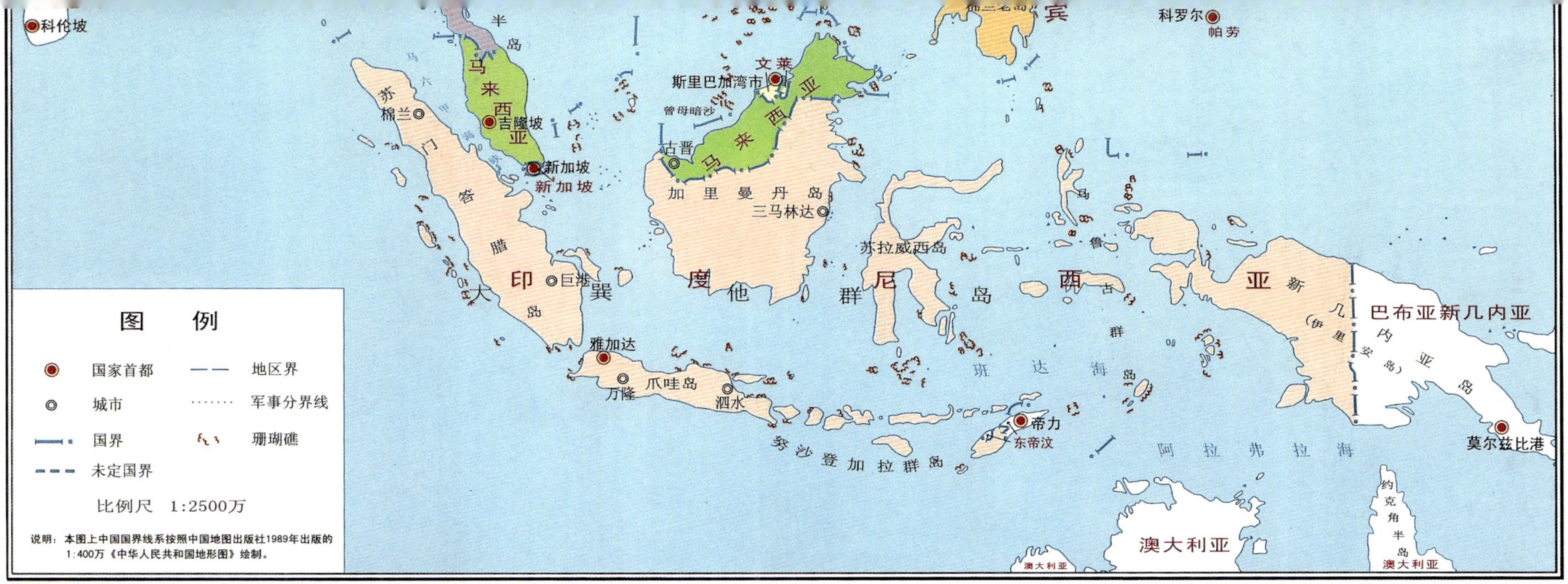

广西壮族自治区测绘局　　国家测绘局地图图形审核批准号：（2004）325号　　2004年5月

中国和东盟各国国旗及东盟旗

中国
China

文莱
Brunei

柬埔寨
Cambodia

印度尼西亚
Indonesia

老挝
Laos

马来西亚
Malaysia

缅甸
Myanmar

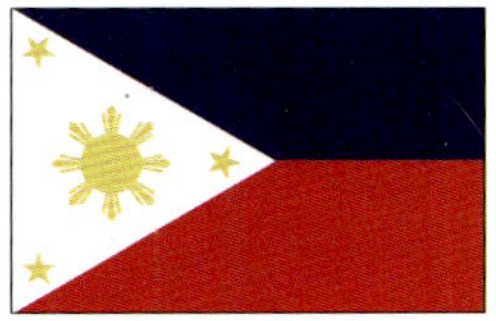
菲律宾
Philippines

新加坡
Singapore

泰国
Thailand

越南
Viet Nam

东盟
Asean

CAEXPO
中国—东盟博览会

第四届中国—东盟博览会

①

②

③

④

2007年10月28日，第四届中国—东盟博览会在南宁国际会展中心隆重开幕。中国国务院副总理曾培炎、文莱王储穆赫塔迪·比拉、柬埔寨首相洪森、老挝总理波松·布帕万、越南总理阮晋勇以及印度尼西亚交通部部长贾马尔、缅甸商务部部长丁乃登、泰国商务部部长布勒格雷·吉拉佩、中共广西壮族自治区委员会书记刘奇葆、马来西亚贸工部副部长吴立洋、中国商务部副部长高虎城、菲律宾农业部副部长巴娜德特、新加坡交通部政务部长陈惠华、东盟秘书长王景荣、世界银行副行长乔伊·普曼菲、中国广西壮族自治区主席陆兵等出席开幕式。9时，东盟秘书长王景荣主持开幕式。中国广西壮族自治区主席陆兵、世界银行副行长乔伊·普曼菲、中国商务部副部长高虎城、文莱王储穆赫塔迪·比拉等先后在开幕式上致词。9时30分，中国国务院副总理曾培炎宣布第四届中国—东盟博览会开幕。11位身着水手服、手捧着丝绸的少女随着欢快音乐从主席台两侧“巨帆”后翩然而出，并将手中丝绸迅速系在主席台航船加速器模型上。随着剪彩嘉宾手中加速器的推动，蓝色长绸喷薄而出，犹如海上浪花飞舞。紧接着环绕大厅廊壁两侧的小船帆纷纷打开，一群活泼少年水手随着节拍整齐打出“同舟共进，扬帆远航”的旗语，两幅五彩巨帆在会场中徐徐升起。当巨帆升到顶点，无数印有“相约年年、共创繁荣”字样的彩绸从会场上空飘然而下，寓意2000多年前由广西合浦港始发的“海上丝绸之路”从远古延伸至今，谱写着中国与东盟各国睦邻友好、合作共赢的“海上新丝路”新篇章。

本届博览会展位3400个，参展企业1908家，参展商8281人。东盟10国参展商使用展位1124个，比上届增长35%；印度尼西亚、马来西亚、缅甸、泰国、越南包用独立展馆。参会商协会49个，其中中国商协会34个、东盟商协会15个。来自日本、印度、澳大利亚及欧洲国家和地区的采购商834人，超过上届。专业观众3.35万人，比上届增长8%，其中境外专业观众增长6.3%。本届博览会累计交易额14.2亿美元，比上届增长12.1%。其中，机械设备成交6.5亿美元，建筑材料成交1.4亿美元，电子电器成交1亿美元，农产品和食品成交1.5亿美元，五金化工成交1.3亿美元。东盟国家贸易成交额3亿美元，比上届增长2倍多。第四届博览会先后举办投资推介活动26场，签订国际经济合作项目182项，项目投资总额61.5亿美元，比上届增长5.3%。在这些国际经济合作项目中，超亿美元项目18项（比上届多4项），中国对外合作项目59项（比上届多19项）。中国国内合作项目81项，投资总额443.94亿元。

①中国国务院副总理曾培炎出席两会并宣布第四届中国—东盟博览会开幕
②本届博览会主题国文莱王储穆赫塔迪·比拉致词
③中国广西壮族自治区主席陆兵致词
④东盟秘书长王景荣主持开幕式
⑤博览会开幕式会场
⑥博览会外景
⑦～⑧项目签约仪式
⑨～㉒展区和展馆

⑤

⑥

⑦

⑧

⑨

⑩

⑪

⑫

⑬

⑭

⑮

⑯

⑰

⑱

⑲

⑳

㉑

㉒

㉓

㉔

第四届中国—东盟商务与投资峰会

2007年10月28日在南宁举行，由中国商务部、贸促会和广西壮族自治区人民政府主办，东盟工商会、中国—东盟商务理事会和东盟10国的国家工商会协办。中国国务院副总理曾培炎、文莱王储穆赫塔迪·比拉、老挝总理波松·布帕万、越南总理阮晋勇等出席开幕式并发表演讲。中共广西壮族自治区委员会书记刘奇葆、广西壮族自治区主席陆兵、中国商务部副部长高虎城、东盟秘书长王景荣、中国国际贸易促进委员会副会长于平以及来自中国和东盟国家的政府官员、国际组织代表、商协会代表、工商界精英、专家学者等共1400多人出席。本届峰会以“创新合作——加快提升区域增长力”为主题，设计金融和服务贸易两个专题论坛。曾培炎在开幕式上就中国—东盟自由贸易

区建设、区域经济合作和提升区域经济增长力等问题发表主旨演讲，刘奇葆以《推进次区域合作，打造中国—东盟合作新亮点》为题向来宾们致词。会议期间，与会代表分别就“深化金融合作，便利贸易投资”和“服务贸易：新领域，新商机”两个中心议题进行深入研讨，并就深化金融合作，保障金融安全和推动服务贸易合作达成共识。

①中共广西壮族自治区委员会书记刘奇葆（右）与越南政府总理阮晋勇合影
②中共广西壮族自治区委员会书记刘奇葆致词
③文莱王储穆赫塔迪・比拉发表演讲
④自治区领导陪同曾培炎副总理参观博览会
⑤投资峰会会场

2007 南宁国际民歌艺术节

2007 年 10 月 28 日，南宁国际民歌艺术节开幕式晚会在南宁民歌广场举行。晚会由中央电视台、南宁市人民政府联合主办。出席晚会的有参加第四届中国—东盟博览会的国内外嘉宾、中国—东盟商务与投资峰会的国内外企业代表、国内外友好城市代表、各地知名人士、港澳台同胞、海外侨胞、各国华人代表以及各届群众约 3 万人。晚会以“盛世欢歌”为主题，与上届艺术节的“盛世和韵”形成姐妹篇。晚会分别用红、绿、蓝、金四种色彩版块，展示红色的欢庆、绿色的欢聚、蓝色的欢腾、金色的欢歌四个篇章。来自中国、新加坡、泰国、越南等国的歌手和组合，为观众奉献一场热烈欢快、激情洋溢、气势磅礴的民歌艺术盛会。

绿城歌台是南宁国际民歌艺术节的传统项目。民歌节期间分别在南宁市朝阳广场、民族广场以及各城区同时开展。这次绿城歌台活动在保持民族、开放、热烈、喜庆特点的同时增加与市民的互动环节，在企业、学校、广场、社区共设歌台 18 个，每个歌台容纳观众 3000 多人。期间，来自欧洲、美洲、非洲、东南亚等 20 多个国家的艺术家以及广西的艺术团体进行形式多样、内容精彩的表演。意大利那不勒斯曼陀铃乐团、奥地利幺踏拍鞋舞队、德国景泰蓝乐队为观众表演了欧洲优美的、幽默的音乐和欧洲民族特色舞蹈，美国裂谷蓝草乡村音乐组合充分展现了美国乡村音乐的魅力，南非彩虹乐队展示了融合传统舞蹈及浓郁非洲风情的音乐，印度、菲律宾、新加坡、泰国、柬埔寨、老挝艺术团表演了神秘、高贵的古典歌舞。南宁市的友好城市——泰国孔敬市、印度尼西亚怡宝市、韩国果川市均派出艺术团参加艺术节活动，使绿城歌台广场文化活动的气氛更加友好和热烈。

①～⑫晚会会场和部分剧照

②

③

④

⑤

⑧

⑨

⑩

1

6

7

11

12

来宾市

LAI BIN SHI

年轻而又古老

来宾市着力发展现代农业，扎实推进新农村建设成绩显著。图为中共广西壮族自治区委员会书记郭声琨（右一）在市委书记张秀隆（右三）、市长杨和荣（右二）陪同下到农村调研。

自治区领导对来宾市委、市政府提出要把来宾建设成为广西新兴现代化工业城市的总体定位给予充分肯定。

早在距今3万年前的旧石器时代，被称为壮家始祖的“麒麟山人”就已在此繁衍生息。秦统一岭南时，在今来宾市境内首设县级行政建制，至今已有2216年历史，汉、三国、南北朝均在境内设郡治。专家学者在田野考察中发现，来宾是盘古文化的重要发祥地，有以盘古神话为核心的盘古寺庙、地名、节日、歌舞、剧本唱词等原生态的盘古文化。2002年12月28日，年轻的来宾市宣告成立。这是一个新的里程，一个新的起点。5年来，从无到有，从小到大，从旧到新，神奇的变化在新生的来宾市不断地发生着。来宾人以“拓荒牛”的精神，全身心投入到构建富裕和谐新来宾的各项建设之中，经过5年建设，来宾市的生产总值、财政收入、工业总产值增长1倍多，城区面积也扩大1倍多，全市各县（市、区）的生产总值、财政收入、固定资产投资、城乡居民收入增幅连年达到两位数。建市5年来，来宾市始终以经济建设为中心，努力转变发展方式，不断扩大经济总量，国民经济健康快速发展，综合实力明显增强。

当前，来宾市已经站在新的历史起点上，全市250万各族干部群众正以强烈的紧迫感、责任感，深入贯彻落实胡锦涛总书记视察广西工作时的重要讲话精神，按照中央和自治区的总体部署，切实把加快发展作为第一要务，紧紧扭住经济建设这个中心，把工业化、城镇化作为主导方向和核心战略，全力推动经济社会又好又快发展。

山水秀丽、人杰地灵的新来宾。

新来宾的新小区象征着市民对新生活的新追求

来宾市正在蓬勃发展的第三产业

来宾市现代化的新厂房

防城港

中国西南门户　华夏边陲明珠

防城港是广西北部湾经济区重要的滨海边关城市，是中国西南唯一既沿海又沿边的港口城市、边境城市，也是新兴的工业城市，被誉为“中国西南门户、华夏边陲明珠”。防城港市依港而建、因港得名，先建港、后建市。1985年设立地级防城港区，1993年设立地级防城港市，现辖港口区、防城区、上思县和东兴市，总面积6181平方公里，总人口80多万，居住着汉、壮、瑶、京等21个民族，是广西第二大侨乡。

作为广西北部湾经济区的重要组成部分和核心区域，防城港市在中国—东盟自由贸易区和泛北部湾区域合作中具有得天独厚的比较优势：

一是区位优势突出。防城港市地处华南经济圈、西南经济圈与东盟经济圈的结合部，与越南山水相连，有5个国家级口岸，是中国唯一与东盟有陆地和海上通道的城市，是中国内陆腹地进入中南半岛东盟国家最便捷的海陆门户，处在多区域合作的交汇点，处在中国面向东盟乃至更大区域开放合作的最前沿阵地，必将成为中国西南扩大开放的重要窗口城市和促进多区域合作的大通道、大桥梁、大平台，成为发展对外贸易、边境贸易、现代物流、跨国边境旅游、对外加工制造等产业的理想之地。

二是港口条件突出。防城港岸线资源丰富，是中国西部最大的港口，是全国沿海12个主枢纽港之一。现有泊位36个，其中万吨至20万吨级深水泊位22个，与80多个国家和地区的220多个港口通航。可建设万吨级以上深水泊位180多个，设计吞吐能力3亿吨。2007年，全市港口（含中小港口）货物吞吐量达5052万吨，预计2008年将突破6000万吨。高速公路和铁路直通港口，水电充足，依托优良的港口条件，非常适合布局钢铁、石油化工、电力、机械制造和修造船等临港临海重化工项目。目前，已有香港中华电力、中粮集团、美国ADM和新加坡威尔玛等国内外知名企业在防城港投资兴建防城港火电厂、大海粮油公司等企业。

三是资源禀赋突出。防城港市海洋、矿产、旅游、农林等资源丰富，交通发达，腹地广阔，能源充足。现有电厂装机容量120万千瓦，加上规划中将要建设的电力在内，装机容量将达800万千瓦。值得一提的是，由于具有丰富的岸线、土地等资源条件，根据《广西北部湾经济区发展规划》的规划定位，国家和自治区将把防城港企沙工业区打造成为北部湾经济区的重要工业园区，主要布局和发展钢铁、重型机械、能源、粮油加工、修造船及其他配套或关联产业等大型重工业项目。

四是创业环境突出。防城港市同时拥有西部地区、沿海地区、边境地区、民族地区、广西北部湾经济区等多重优惠政策。多年来，防城港市高度重视投资环境建设，水、电、路等基础设施建设得到很大发展，行政机关作风效能建设深入推进，政府职能加快转变，创业环境明显优化。全市上下招商、亲商、护商氛围浓厚。

五是发展潜力突出。2007年，各项主要经济指标增幅均居全自治区前列。生产总值159.07亿元，比上年增长20.3%，增速排全自治区第一，创1995年以来同期最高增幅。财政收入15.76亿元，增长48.8%，增幅排全自治区第一。规模以上工业总产值183.69亿元，增长61.3%，增幅排全自治区第一。全社会固定资产投资额103.53亿元，增长50.1%。城镇居民人均可支配收入12159元，增长33.4%；农民人均纯收入3791元，增长19.5%，是建市以来群众生活水

美丽金滩

防城港城区

东兴国门

平提高最快的一年。

当前，北部湾风生水起。随着《广西北部湾经济区发展规划》的实施，尤其是钢铁、核电两个国家级特大项目前期工作全面启动，防城港市迎来千载难逢的重大发展机遇。防城港市将以此为契机，按照胡锦涛总书记“广西沿海发展应形成新的一极”的要求，坚持“以港兴市、以工业兴市、以区位优势兴市”，实施“大工业、大物流、大商贸、大旅游”战略，大力推进工业化、城镇化，加快基础设施和重大项目建设，加快建设富裕文明和谐防城港，努力将防城港市建成广西重要的钢铁工业基地、商贸物流基地、能源基地、进出口加工基地、产业转移接收基地、国际滨海旅游胜地和连接多区域的国际通道、交流桥梁、合作平台。

防城港一角

碧海蓝天大平坡

繁忙的防城港

广西农垦

GUANGXI NONGKEN

广西农垦与中国—东盟博览会建立战略合作伙伴关系

广西农垦局始建于1951年，是自治区人民政府特设的行政管理机构，对管区行使相当于地级市的计划、财政、税收、土地管理、建设规划和国有资产管理等经济管理权限。广西农垦集团是自治区人民政府直属的规模化生产、产业化经营、集团化管理的大型企业集团，有21万人口，106家直属国有企事业单位，资产总额135亿元，土地面积16.67万公顷，分布在广西12个市39个县（市、区），其中4.67万公顷土地位于城市郊区。规划建设12个特色产业园区，已有614家企业在管区内投资兴业。广西农垦集团已形成以蔗糖、剑麻制品、木薯淀粉、畜牧水产、茶叶、亚热带水果蔬菜等为主导的现代农业产业集群，以明阳产业园区、农垦柳州新兴机动车零配件工业区、农垦北部湾产业园区、农垦西江产业园区为代表的食品生化加工、机动车零配件、机电设备制造、有色金属加工、陶瓷建材加工、仓储物流以及农产品加工等产业集群。集团拥有2家农业产业化国家重点龙头企业，8家自治区农业产业化重点龙头企业，1家广西唯一的全国大型农产品加工流通企业，4家全国中型农产品加工流通企业，2家国家高新技术企业。集团还拥有1个全国农产品加工检测中心和1个加工业示范基地，国内首家且规模最大的精制糖生产基地，全国有名的剑麻制品加工基地，全国最大的木薯变性淀粉加工基地，全国连片面积最大的高位池海水养殖基地，华南地区最大的种猪生产基地。

近年来，广西农垦经济快速发展，“十五”期间主要经济指标年平均增长超过30%。2007年，广西农垦管区实现经营总收入317.8亿元，同比增长34.9%（扣除物价因素，下同）；国内生产总值122.2亿元，增长41.4%。一产实现增加值20.9亿元，增长13.1%；二产实现增加值73.5亿元，增长49.5%；三产实现增加值27.8亿元，增长45.7%；规模以上工业实现增加值54.3亿元，增长54.8%。规模以上工业盈亏相抵实现利润21.7亿元，增长1.1倍。全社会固定资产投资43.4亿元，增长80.9%。

招商引资及对外经济合作与交流成绩显著。2007年，先后与40多个国家和地区建立经贸合作关系，引进各类项目合同资金252.6亿元，进入广西农垦投资的各类企业达153家，与广西农垦合作的科研院所和单位150多家。

从第一届中国—东盟博览会开始，广西农垦就是博览会的战略合作伙伴，一直以独立组团、独立展区参加博览会，两次获得了博览会组委会授予的“中国—东盟博览会投资促进活动组织奖”。一年一度的中国—东盟博览会，为广西农垦与东盟国家的合作提供了广阔的平台，广西农垦抓住中国与东盟合作这一历史性机遇，依托资源与产业优势“引进来”、“走出去”，与新加坡、越南、马来西亚、泰国、柬埔寨、缅甸、老挝等东盟国家的经贸往来日益频繁。一方面，加快与东盟相关产业的优势整合，比如与新加坡裕廊顾问公司、新加坡制造商协会、新加坡中华总商会、马来西亚中小型工业中心等签订战略合作协议，利用东盟国家资源参与农垦经济建设。另一方面，加快“走出去”步伐，加大境外项目投资力度，除在委内瑞拉、俄罗斯进行项目投资外，投资重点集中在东盟国家。广西农垦已与东盟10国建立合作与贸易关系，并正在逐步扩大与深化。

广西农垦具有独特的区位优势和丰富的资源优势。尤以土地连片集中最为突出，既有利于发展现代农业产业园区，实行农业

广西农垦有机茶生产基地

单产居世界首位的剑麻生产基地

规模化、集约化经营；也有利于建设工业园区，发展工业、商业、物流业。

目前，广西农垦正在按照中共广西壮族自治区委员会、自治区人民政府的要求，抓住中国—东盟自由贸易区建设、泛北部湾经济合作、西部大开发和泛珠江三角经济区合作这一千载难逢的发展机遇，站在新的历史起点，创新工作思路和工作方法，利用农垦的土地资源、产业基础、组织优势及项目、品牌优势，加大招商引资力度，加快发展步伐，努力把广西农垦建设成为广西重要的新的经济增长极。广西农垦充满着生机和活力，正在成为国内外投资的一片热土。广西农垦以坦诚的胸怀、优质的服务欢迎国内外有识之士、企业精英前来洽谈合作，共谋发展！

柳兴精制糖生产车间

地　　址：广西南宁市民族大道 32 号
联系电话：0771-2855295　2804401　2846653(传真)
联 系 人：胡　航　覃　礼
电子信箱：fzjh@gxnk.com
网　　址：http://www.gxnk.com
邮　　编：530022

广西农垦年产剑麻纤维占广西总产量的 80％左右，约占全国总产量的 30％。图为广西剑麻集团“剑麻地毯”生产车间。

螺旋藻生产基地

机动车零配件加工车间

玉柴机器

YUCHAI

广西玉柴机器股份有

Guangxi Yuchai Machinery Co., Ltd.

广西玉柴机器股份有限公司是中国最大的内燃机生产基地。公司位于广西玉林市，创建于1951年。1993年，公司改制为中外合资股份制企业；1994年12月，玉柴国际公司的股票在美国纽约股市上市。

Located in Yulin city, Guangxi Zhuang Autonomous Region, founded in 1951 and grown out of the former Yulin Diesel Engine Works, Guangxi Yuchai Machinery Company Limited (hereinafter referred to as Yuchai) is the largest base for manufacture of diesel engines in China. In 1994 China Yuchai International Inc. was publicly listed in NYSE (New York Stock Exchange), USA, and became a company financed directly from the overseas monetary market.

公司主要生产车用、工程机械用、农业机械用、船用、发电用柴油发动机及24-200KW柴油发电机组，发动机年生产能力达40万台。柴油机产品包括YC6M、YC6L、YC6G、YC6A、YC6B、YC6J、YC4G、YC4B、YC4D、YC4E 、YC4F、YC4W十二大系列的轻、中、重型多缸柴油机，功率覆盖12-330千瓦，广泛应用于车用、农用、工程机械用、船用、发电机组等用途。全系列产品达标欧III标准，国内首家开发成功欧IV、欧V产品。玉柴产品以大马力、大扭矩、高可靠、低油耗、低排放、低噪声、适配性强的特点和完善便捷的服务，成为国内主要汽车、工程机械、农业机械等的首选配套动力。

The company's main products are diesel engines to be used for various vehicles, construction machinery, agricultural machinery, marine & power generating and 24-200kW generating sets. Light-, medium- and heavy-duty multi-cylinder diesel engine products include 12 series such as YC6M、YC6L、YC6G、YC6A、YC6B、YC6J、YC4G、YC4B、YC4D、YC4E 、YC4F、YC4W with a power coverage of 12-330kW. Such diesel engines are widely used for applications in vehicles, agricultural machinery, construction machinery, marine and power generating sets. All the series products are up to Euro-III standard and the company is the first manufacturer in China who successfully developed the product in conformity to Euro-IV, Euro-V standard. Yuchai has more than 50 patented technologies and today, characterized by stronger power, bigger torque, higher reliability, lower specific fuel & oil consumption, lower emission & noise, better adaptability and perfect & convenient service, Yuchai diesel engines are the first preference as the power unit for automobiles, construction machinery, agricultural machinery and so on.

2005年，公司荣获全国质量管理奖，是全国内燃机行业第一家获此殊荣的企业。"玉柴"品牌价值53.36亿元，是中国动力第一品牌。2007年，公司实现销售柴油机38万台，同比增长35%，柴油机产销量继续稳居全国同行首位。

In 2005 Yuchai was the first enterprise who won the National Prize for Quality Management in internal combustion engine industry. Yuchai brand with the value of 5.336 billion is the top brand of power in china. In 2007, Yuchai fulfilled sales amounts of 380 thousand which is increased by 35% in comparison with the same period of the previous year, as a result, the company still ranks first among enterprises of the same trade both in productivity and sales volume.

八大系列产品包括4F/4E/4G/6J/6L/6M-30/6J/6L-40发动机已获得TUV E/e-mark认证，并且6J/6L-40通过了TUV OBD认证，这一认证意味着这些发动机被欧盟广泛接受。这个OBD认证也是玉柴发展史上的重大里程碑，是中国第一家重型发动机制造商获得此项认证。

8 products series have been awarded TUV E/e-mark certification, which include 4F/4E/4G/6J/6L/6M-30/6J/6L-40

YC6L-50 新型柴油机

New Type YC6L-50 Euro V Diesel Engine

配装玉柴国IV柴油机的北京公交车

Beijing Bus assembled with Yuchai Euro IV Diesel Engine

限公司

series engine, and 6J/6L-40 also passed the TUV OBD certification, this certification signifies that these engines are widely recognized by Europe Union. This OBD certificate also demonstrates another major milestone for Yuchai as it is China's first heavy-duty diesel engine manufacturer to receive this certificate.

凭借玉柴发动机突出的性价比优势、稳定的产品质量和良好的售后服务，玉柴发动机出口高速发展，连续几年出口增长率超过150%，呈现出蓬勃发展的良好势头。现在，玉柴已在海外设有6家办事处，4个商务代表处，多家海外经销商，产品远销至亚、欧、非、拉美等各大洲50多个国家和地区，出品产品涉及玉柴全系列的柴油及燃气发动机产品。2007年，玉柴海外出口完成2.9万台，同比增长269%，海外保有量已经超过5万台。这是玉柴海外发展的一个重要里程碑。

Due to YUCHAI diesel engines' outstanding superiority in the performance-price ratio, stable product quality and good after-sales service, their export is advancing at a higher speed and increasing by a rate of over 150% in recent years in succession, presenting a nice tendency of robust growth. So far YUCHAI has already established 6 overseas offices, 4 offices of commercial representatives and a number of overseas distributors and YUCHAI products, covering all series diesel & gas engines, have been sold to more than 50 countries & regions in Asia, Europe, Africa, Latin America and so on. In 2007 YUCHAI exported 29000 engines which increased by 269% in comparison with the same period of the previous year. Today there are over 50000 YUCHAI engines in the overseas market. This shall be considered as an important milestone in the course of YUCHAI development in the overseas market.

推进墙材革新　建设生态广西

广西壮族自治区墙体材料改革办公室

QINGTI GAIGE BANGONGSHI

推进墙体材料革新和推广节能建筑是落实科学发展观，保护耕地和生态环境的重要举措。1994年以来，广西壮族自治区墙体材料改革办公室在自治区人民政府和建设厅的倡导和推动下，在自治区直属有关部门的积极配合下，墙材革新工作取得丰硕成果，政策法规体系逐步健全，装备水平不断提高，新墙材产量逐年增长，推广应用更加广泛，墙改节能减排工作稳步推进，毁田毁林烧砖的势头得到有效遏制。

墙改节能减排工作成效显著。据统计，10多年来，累计节约土地3466.7公顷，节能351万吨标煤，利用工业废渣1300万吨，减少大气污染物二氧化硫排放7.9万吨。2007年全自治区新型墙体材料产量达100亿块标砖，同比增长17%，占墙材总量的42.7%，节地733.3万公顷(按挖土2米深计)，节能61万吨标煤，减少SO_2排放量1.5万吨，利用工业废渣120万吨以上，逐步形成砖、块、板三大类25个品种。

自治区墙改办主任孙宜宾深入都安县教师住宅区砼砌块建筑工地落实“禁实”工作

墙材革新工作步入法制化管理轨道。2007年6月自治区人民政府办公厅印发《关于加快发展新型墙体材料和节能建筑的通知》，确定“十一五”期间广西新型墙体材料和节能建筑发展目标；同年7月，自治区建设厅协助自治区人大常委会制定《广西壮族自治区新型墙体材料促进条例》，规范了建设单位的投资消费行为；11月，经自治区人民政府批准，自治区建设厅、发改委、经委、财政厅、工商局、国土资源厅、环保局、安全监管局等八部门出台《广西墙改节能减排具体实施方案》，明确对780个落后砖瓦窑炉及砼砌块生产企业分批进行淘汰。

产业结构调整取得明显成效，市场准入和退出制度基本建立。根据《国务院关于发布〈产业结构调整暂行规定〉的决定》(国发〔2005〕40号)，自治区建设厅会同自治区工商局、国土资源厅制定砖瓦及砼砌块工艺设备登记备案制度。新墙材认定工作稳步推进，2007年全自治区拥有新型墙体材料产品认定企业527家，新型墙体材料生产企业逐步实现规模化生产，自治区鼓励使用自动化程度较高的一次码烧隧道窑生产工艺在广西全面铺开，非粘土类新型墙体材料逐步占据主导地位。城市“禁实”工作逐步完成。保障节能建筑发展的基金政策基本形成，2007年9月，自治区建设厅会同财政厅制定《关于调整新型墙体材料专项基金核退有关规定的通知》，明确外墙围护结构使用新型墙体材料必须满足节能建筑设计标准要求。新型墙体材料节能建筑试验项目顺利实施。2006年4月，自治区建设厅会同财政厅制定《扩大我区新型墙体材料节能建筑试验实施方案》，在12个市县开展新型墙体材料节能建筑试验。玉林市和宾阳县试验项目已竣工并通过验收。伴随广西北部湾大开发以及广西工业化和城镇化进程加快推进，为新型墙体材料发展提供了广阔的市场空间，特别是节能建筑的快速发展和人们对房屋舒适度的追求，对墙体材料提出更高的要求。因此，墙材革新工作迫切需要各级政府及各有关单位通力支持，更需要全民参与，大力开发生产轻质高强保温隔热的新型墙体材料，保证市场需求，全面完成国家和自治区下达的墙改节能减排任务，把广西墙改工作提高到一个新水平。

地址：广西南宁市金湖路58号广西建设大厦
邮码：530028
电话：0771-2260158
传真：0771-2260155
邮箱：gxqg2006@163.com
网址：www.gxqg.com.cn

“十一五”目标：到2010年全自治区设市城市基本实现禁止使用实心粘土砖。全自治区新型墙体材料产量突破130亿块标准砖，占墙材总量的45%以上。实现年节能48万吨标煤，节地535.3公顷，二氧化硫排放量减排达9600吨。

新墙体材料生产量

司法部吴爱英部长视察南宁监狱

美丽的金不换广场

南宁监狱

NANNING JIANYU

南宁监狱是广西监狱系统“十五”时期规划设计、投资建设的一所新型监狱，位于南宁市区东部快速环道一侧，环境优美，设施完备。

南宁监狱从 2003 年 8 月投入使用以来，坚持以邓小平理论和“三个代表”重要思想为指导，全面贯彻科学发展观，始终坚持治监法制化、作风军事化、行为规范化、工作标准化、建设园林化、发展现代化的“六化”建设理念，狠抓执法工作规范化、标准化、责任化建设，监狱持续安全稳定，罪犯的改造质量进一步提升，连续 5 年实现“五无”目标，先后荣立集体二等功 3 次，被评为全国司法行政系统先进集体、全国监狱工作先进集体。2006 年 4 月被自治区司法厅命名为现代化文明监狱，2007 年 7 月。被司法部命名为现代化文明监狱。

站在新的起点，面临着新的任务。南宁监狱决心在上级党委的领导下，从严治警 ，建一流队伍，与时俱进， 创一流业绩，继续沿着现代化文明监狱的发展道路，不断向更高的目标奋进，为建设富裕文明和谐新广西作出更大贡献！

犯人正在教室上课

警察对犯人进行心理疏导

录制狱内教学节目

宜州市 经济社会发展简况

YI ZHOU SHI

广维集团纺织车间

宜州市是壮族歌仙刘三姐的故乡，是一座具有2100多年历史的文化古城。东依南方工业重镇柳州，西靠河池市，与罗城、环江、柳城、柳江、忻城、都安等县（自治县）接壤，是桂西北中心重镇。面积3869平方公里，聚居着汉、壮、瑶、水、仫佬、毛南等民族，2007年末人口63.4万，其中农业人口53万。

2007年宜州市实现地区生产总值55.39亿元，比上年增长11.5%，其中第一产业增加值20.35亿元，第二产业增加值15.39亿元，第三产业增加值19.65亿元。人均地区生产总值 8809元。农林牧渔业总产值33.82亿元，工业总产值29.3亿元。财政收入4.5亿元。全社会固定资产投资完成额23.1亿元。社会消费品零售总额15.29亿元。城镇居民人均可支配收入12106元，人均消费性支出7694元。农村居民人均纯收入3676元，人均生活费支出3061元。城乡居民年末储蓄存款余额28.26亿元。

良好的区位环境。交通便利：全市等级公路通车里程613公里，其中，高等级公路91公里，与柳州、南宁、桂林相连，有一级公路与河池市相通，有二级公路与环江、罗城、忻城相接。水上航道160公里，形成以市区为中心，以国道、铁道为干线，连接各乡镇，四通八达的交通运输网络。基础设施较好：宜州市城区已建成面积14.6平方公里，常住人口近12万，流动人口4万，已初步形成地级市框架，旧城改造和新城建设在不断扩大，工业、农业、能源、旅游、交通、邮电、通信、教育、卫生、文化、科技等各项事业正在按规划目标有序开展。

丰富的资源。人力资源：境内有省属本科院校河池学院和自治区级示范性职业中专两所院校，每年培养毕业生5000名以上，为各行业输送技术人才。旅游资源：宜州既是壮族歌仙刘三姐的故乡，又是彩调之乡。宜州旅游资源丰富独特，类型多，品位高，具有“秀、雅、古、奇”等景观特征。境内有下枧河旅游区、刘三姐风情园、古龙漂流区、白龙公园、金浪湾等一批景观景点。水电资源：全市境内大小溪流295条，年平均流量397立方米每秒，全年总流量125亿立方米每秒。已建成拉浪、洛东、叶茂等大小水电站16个，目前全市变电装机总容量32万千伏安，可调使用富余量13万千伏安，是全国初级农村电气化县（市）。农业资源：宜州市是国家储备粮生产基地，同时也是全国最大的桑蚕生产基地县市和广西重要的糖料蔗生产基地，境内森林覆盖率达51.05%。主要矿产资源有煤和锰，其中煤蕴藏量达4000万吨，锰储量可开采量均为1000万吨，矿产品以其含量高、品质好的特点畅销全国各地。

有一个省级经济开发区。广西宜州经济开发区位于宜州市城西，地处宜柳高速公路、金宜一级公路及黔桂铁路的交汇处，地势平坦，交通区位优势明显。是近年全国清理整顿各类开发区中，广西保留的31个开发区之一，同时也是河池革命老区唯一保留的经济开发区，总体规划面积1910公顷，其中城西工业区1300公顷。2003年开发区重新启动建设以来，累计投入基础设施建设资金4.5亿元，各项设施已基本完善。落户开发区的企业有维尼纶厂、缫丝厂、制药厂、保健食品厂、农副产品加工企业等55家企业。2007年，开发区实现工业产值13.5亿元，同比增长33.5%，占全市工业总产值31.8%，工业增加值3.5亿元，增长22.29%，占全市工业增加值32%。

2004年3月28日，河池·东莞工业加工区建设启动仪式

具有优越的投资软环境。为营造良好的投资经营环境，加快推进实施“工业强市”发展战略，宜州市制定了《宜州市扩大对外开放，优化投资经营环境的若干规定》，除对税收、土地使用实行优惠外，还对企业实行财政奖励制度和四家班子领导联系企业制度，并规定属市确定的重点骨干企业和外来投资企业实行挂牌重点保护，实行检查许可制度。市四家班子主要领导、分管领导、联系企业的其他四家班子领导以及市招商促进局等部门的领导经常到外资企业了解企业的生产生活情况，帮助企业解决生产过程中遇到的问题。凡在宜州市投资兴办企业的，各种手续由宜州市行政服务中心“一站式”服务，限时办理。并主动为企业提供保姆式服务，使企业进得来、住得下、有发展、有奔头。

各项事业成绩斐然。2007年，宜州市先后荣获中国优秀旅游城市、全国科技进步考核先进市、第二次全国残疾人抽样调查先进集体、广西特色农业十强县（市）称号和广西农业新兴优势产业发展（桑蚕类）一等奖、广西第六届城市市容环境综合整治“南珠杯”C类城市特等奖。此外，该市桑蚕农业标准化示范区项目顺利通过国家验收。

中国—东盟年鉴

CHINA – ASEAN YEARBOOK

2008

许家康 古小松 主编

线 装 书 局

图书在版编目(CIP)数据

中国—东盟年鉴·2008/许家康，古小松主编．—北京:线装书局，2008.9
ISBN 978-7-80106-822-4

Ⅰ.中…　Ⅱ.①许…②古…　Ⅲ.自由贸易区—东南亚、中国—2008—年鉴　Ⅳ.F752.733-54

中国版本图书馆 CIP 数据核字(2008)第 133465 号

中国—东盟年鉴
2008

主　管：广西社会科学院　广西社会科学界联合会
主　办：广西东南亚研究会
主　编：许家康　古小松
责任编辑：易　行　高晓彬
出版发行：线装书局
地址：北京市鼓楼西大街41号
邮编：100009
网址：www.xzhbc.com
经　销：新华书店北京发行所
印　刷：广西壮族自治区民族印刷厂
开　本：889×1194　1/16
印　张：27
字　数：1029 千字
版　次：2008 年 9 月第 1 版　2008 年 9 月第 1 次印刷
印　数：0001—3000 册
广告经营许可证号：京西工商广字第 8011 号(1—1)
定　价：200.00 元

编 辑 说 明

一、《中国—东盟年鉴》是一部国际综合性年鉴，着重收载中国和东盟各国的基本资料及区域内各国政治、外交、经济、文化、社会等方面的重要信息，旨在为海内外各界人士了解中国和东盟各国（包括国际组织）的基本情况及中国—东盟自由贸易区的建设进程提供一个窗口，以促进国际间的相互了解和交流合作。《中国—东盟年鉴》面向国内外广大读者、面向中国—东盟博览会，为国内外读者和中国—东盟博览会与会人士提供相关资讯。

二、《中国—东盟年鉴》的编辑，坚持实事求是的科学精神，客观反映有关各国情况，追求年鉴的科学性、权威性和实用性。

三、本年鉴从2004年起逐年编纂出版，2008卷为第5卷。本卷年鉴着重记述2007年发生的事情并收入相关资料，其中部分内容为保持资料的完整性适当追溯历史，并收录一些历时性资料。为提高年鉴的时效，卷中大事记除记述2007年大事外，还记述2008年1~6月的大事。

四、本卷年鉴的主要栏目有：概况、动态、发展报告、东南亚国家联盟、中国—东盟自由贸易区、中国与东盟及各成员国关系、两会一节、新闻人物、大事记、重要文献、工商资讯、统计资料、附录等。新增加的内容主要有中国与东盟及各成员国关系。年鉴中的概况和动态信息一般作条目化处理，发展报告、中国与东盟及各成员国关系和某些附属资料则采用文章体。东盟各国资料的编排，依国际惯例按国名的英文字母顺序排列；一国之内发生的事情，在同一栏目中一般按时序编排。

五、本年鉴由广西社会科学院、广西社会科学界联合会联合主管，广西东南亚研究会主办，中国版协年鉴工作委员会（年鉴研究会）会长、广西社科联副主席许家康编审和中国东南亚研究会副会长、广西社科院副院长兼广西民族大学外语学院院长古小松研究员共同主编。供稿者均为专事东南亚研究的社会科学工作者，文献资料主要来自国内权威机关、传媒或网站，具有一定的权威性和较高的参考价值。

六、作为资料性工具书，本年鉴内容资料的选题选材和编排、条目的内容要素和记述程序等，都依年鉴的体例予以规范。为方便读者阅读、检索，本年鉴配备双重检索系统：书前刊有详细目录，书后备有索引。

七、由于资料采集艰辛和成书时间仓促，本卷年鉴难免有所疏漏和不足，欢迎国内外各界读者批评指正，我们将在今后的编纂工作中努力改进。

本年鉴在策划和编纂过程中，得到有关领导机关和社会各界人士的大力支持和帮助，谨表示衷心的感谢！

《中国—东盟年鉴》主创单位及人员

主 管 单 位 广西社会科学院
广西社会科学界联合会

主 办 单 位 广西东南亚研究会

支 持 单 位 中国版协年鉴工作委员会
中国东南亚研究会

编委会主任 吕余生 庞汉生

编委会委员（以姓名首字笔画为序）
古小松 许家康 庞隆昌 赵公立

顾　　问 于向东 王士录 庄国土 孙璟涛 汪新生 陈乔之 陈显泗 张 雪
张锡镇 贺圣达 高伟浓 曹云华 杨保筠 韩 锋 廖少廉

主　　编 许家康 古小松

常务副主编 徐远征

副 主 编 农立夫 刘建文 叶建维 罗 梅

发 稿 编 辑 徐远征 叶建维 罗 梅 马金案 梁炳猛

助 理 编 辑 苏 琼 韦伟光 罗筱丽

主要撰稿人（以姓名首字笔画为序）
马金案 寸雪涛 云 鹤 韦朝晖 古小松 叶建维 龙裕伟 刘志强
刘建文 农立夫 孙小迎 邢和平 杨 然 杨晓强 李碧华 李晨阳
何 战 张 宁 陆冬梅 陈 文 陈红升 罗 梅 林智荣 梁 薇
黄伟生 黄耀东 温北炎 廖小健

目 录 翻 译 张永平

工 作 人 员 林燕萍 陆宗强 吴美华

目　录

动　　态

发 展 报 告

东南亚国家联盟

中国—东盟自由贸易区

中国与东盟及各成员国关系

两会一节

新闻人物

大　事　记

文　　献

工　商　资　讯

统 计 资 料

附　　录

彩 图 插 页

China – ASEAN Yearbook
Contents

概　　况

中　　国

国　名

中华人民共和国(The People's Republic of China),简称中国、中或华。

国　旗

中华人民共和国国旗为五星红旗。长方形,其长与高为三与二之比。旗面为红色,象征革命;旗面左上方的五颗黄色五角星,象征中国共产党领导下的革命人民大团结;五角星用黄色表示红色大地上呈现光明。四颗小五角星各有一个尖角正对大五角星的中心点,表示围绕着一个中心而团结,在形式上也显得紧凑美观。

地　理

位　置　中国位于亚洲东部。地处东经73°~135°、北纬4°~53°之间。东部和南部濒临太平洋,西靠中亚大陆,西南与中南半岛和南亚次大陆相接,北面紧邻蒙古高原和西伯利亚。疆域东起黑龙江和乌苏里江交汇处,西到帕米尔高原;北起漠河附近的黑龙江上,南至曾母暗沙。

面　积　中国陆地面积960万平方公里,约占全球陆地面积1/15。

疆界和邻国　陆上边界漫长,从东北与朝鲜交界的鸭绿江口起,经北面、西面,到西南与越南交界的北仑河口,全长1万多公里,依次与朝鲜、俄罗斯、蒙古、哈萨克斯坦、吉尔吉斯斯坦、塔吉克斯坦、阿富汗、巴基斯坦、印度、尼泊尔、不丹、缅甸、老挝、越南等14个国家为邻。领海宽广,东面与韩国、日本隔黄海、东海相望;东南面和南面隔南海与菲律宾、马来西亚、新加坡、文莱、印度尼西亚等国相望。

地形地貌　地形复杂多样,地球陆地上的山地、丘陵、高原、平原和盆地等5种基本类型都有分布。山地、丘陵和比较崎岖的高原约占陆地面积的2/3。地势东低西高,呈阶梯状分布:第一级是东部的平原、低山和丘陵,海拔一般在500米以下;第二级是中部、西部的高原和盆地,海拔大多在1000~2000米之间;第三级是青藏高原,平均海拔超过4000米。第一级阶梯的东面和东南面是浅海大陆架,坡度平缓。主要山脉和山系有:东西走向的南岭山脉、昆仑山脉、秦岭山脉、天山山脉和阴山山脉;东北—西南走向的台湾山脉、长白山脉、武夷山脉、大兴安岭山脉、太行山脉、巫山山脉和雪峰山脉;西南—东南走向的祁连山脉和阿尔泰山脉;南北走向的贺兰山脉和横断山脉;以及唐古拉山、图库斯山和喜马拉雅山等弧形山系。弧形山系中的喜马拉雅山脉是全球最高大、最雄伟的山脉,高峰林立,其中中国与尼泊尔边界上的珠穆朗玛峰海拔8844.43米,为世界第一高峰。丘陵主要分布于华东、华南和东北,有东南丘陵、两广丘陵、山东丘陵和辽东丘陵等。高原分布于华北、西北和西南,主要有黄土高原、内蒙古高原、云贵高原和青藏高原,其中面积最大的是青藏高原,约占全国面积的1/4。平原主要分布于东部和中部,有东北平原、华北平原、长江中下游平原三大平原以及珠江三角洲平原、成都平原、汾渭平原、台湾西部平原等,是主要农耕区。盆地主要分布于西北部和中部,主要有四川盆地、塔里木盆地、准噶尔盆地、柴达木盆地、吐鲁番盆地,其中塔里木盆地面积最大,该盆地中的塔克拉玛干沙漠是中国面积最大的沙漠;吐鲁番盆地地势最低,最低点低于海平面155米,是中国陆地上最低的地方。

江河湖泊　江河众多,其中流域面积超过1000平方公里的河流有1500多条。属太平洋水系的河流主要有黑龙江、辽河、海河、黄河、长江、钱塘江、闽江、珠江、澜沧江等,其中长江是中国第一大河、世界第三大河,干流长6300公里。属印度洋水系的河流有怒江和雅鲁藏布江。属北冰洋水系的有额尔齐斯河。此外还有一些内流河,其中最长的是新疆南部的塔里木河,全长2179公里。湖泊有2.48万个,其中面积超过1平方公里的天然湖泊2800多个。主要湖泊有青海湖、洞庭湖、鄱阳湖、太湖、洪泽湖等。青海湖是中国第一大湖和最大的咸水湖。

海岸海岛 大陆东部和南部濒临渤海、黄海、东海和南海，其中渤海是内海，黄海、东海和南海是边海。大陆海岸线长1.8万公里。沿海岛屿有5000多个，其中面积超过700平方公里的有台湾岛、海南岛、崇明岛、舟山岛、东山岛、海坛岛和长兴岛；其中台湾岛和海南岛分别是中国第一、第二大岛。较大的群岛有舟山群岛、东沙群岛、南沙群岛、西沙群岛和中沙群岛。较大的半岛有辽东半岛、山东半岛和雷州半岛。

气　候 大部分地区属东亚季风气候区。全国冬季寒冷干燥，南北温差大；夏季普遍高温，降水较多。各地年平均降水量差异大，东南沿海可高达1500毫米以上，西北部一些地方低于50毫米。

风景名胜 重要的风景名胜有：长城，北京故宫、颐和园、天坛、明清皇室陵寝、周口店猿人遗址，北戴河，承德避暑山庄和外八庙，沈阳故宫，山东曲阜孔庙、孔府、孔林和泰山风景名胜区，陕西秦始皇陵、兵马俑，甘肃敦煌莫高窟，河南洛阳龙门石窟和白马寺、登封少林寺，江苏苏州古典园林，安徽黄山风景名胜区，江西庐山风景名胜区，广西桂林漓江风景名胜区，四川九寨沟风景名胜区和峨眉山—乐山风景名胜区，西藏布达拉宫，台湾日月潭，等等。

国　民

人　口 2007年中国人口132129万人（不含香港、澳门两个特别行政区和台湾省人口）。按性别分，男性68048万人，女性64081万人；按城乡分，城镇59379万人，乡村72750万人。东部人口稠密，西部人口稀少。

民　族 有56个民族，即汉、蒙古、回、藏、维吾尔、苗、彝、壮、布衣、朝鲜、满、侗、瑶、白、土家、哈尼、哈萨克、傣、黎、傈僳、佤、畲、高山、拉祜、水、东乡、纳西、景颇、柯尔克孜、土、达斡尔、仫佬、羌、布朗、撒拉、毛南、仡佬、锡伯、阿昌、普米、塔吉克、怒、乌兹别克、俄罗斯、鄂温克、德昂、保安、裕固、京、塔塔尔、独龙、鄂伦春、赫哲、门巴、珞巴、基诺等族。

语　言 汉族和回族使用汉语，其他54个民族使用本民族语言。现代汉语的共同语言是普通话。

宗　教 宪法规定公民享有宗教信仰自由。国民信仰的宗教有佛教、道教、伊斯兰教、基督教（包括天主教）。

资源物产

土地资源 中国耕地面积9940万公顷，分布不匀，人均土地资源占有量低。

水资源 水能资源蕴藏量6.8亿千瓦，位居世界首位。人均径流量约2200立方米，仅为世界人均径流量的24.7%。在各流域中，珠江流域人均水资源最丰富。水资源分布南方多北方少，水土资源配合欠佳。

生物资源 生物资源种类多、数量大。几乎拥有北半球的全部植被类型，有种子植物300科、2980属、2.4万种，其中被子植物2946属，占全球被子植物总属的23.6%。陆栖脊椎动物有2070种，占全球陆栖脊椎动物的9.8%，其中兽类420种、鸟类约1170种、两栖类184种。海鱼约有1500种，淡水鱼约500种。

矿产资源 已发现矿种171种，其中探明储量的158种，包括能源矿产10种、金属矿产54种、非金属矿产91种、水气矿产3种。重要矿产资源有煤、石油、油页岩、天然气、铁、锰、钼、钒、钛、汞、磷、铜、钨、锑、锡、铬、铅锌、铝土、镍、稀土、银、金、菱镁、普通萤石、硫铁、钾、盐、硭硝、重晶石、石墨、玻璃硅原料、清石、高岭土等。其中钨、锑、稀土、钼、钒、钛的探明储量在世界各国中居首位，煤、铁、铅锌、铜、银、汞、锡、镍、磷灰石、石棉等位居前列。2007年，国土资源调查及地质勘查新发现大中型矿产地208处，其中，能源矿产地50处，金属矿产地73处，非金属矿产地82处，水气矿产地3处。有77种矿产新增查明资源储量，其中，石油12.1亿吨，天然气6974亿立方米，原煤406.2亿吨。

物　产 有谷物（小麦、稻谷），棉花，油料（油菜籽、花生、油茶籽、芝麻），麻类，糖料（甘蔗、甜菜），大豆，茶叶，烟叶，水果（苹果、柑橘、香蕉、葡萄、西瓜），大牲畜（牛、马、骡、驴），肉类（猪肉、牛肉、

苏州拙政园

羊肉），奶类，羊毛（绵羊毛、山羊毛），水产品（海水产品、淡水产品）等。其中谷物、棉花、花生、油菜籽、水果、肉类产量在世界各国中居首位，大豆、甘蔗、茶叶产量位居前列。此外，还有松脂、中药材、桐油、生丝、漆、灵香草、八角、茴油、肉桂、荔枝、龙眼等特产。

中国滇金丝猴　　（新华社　图）

国体政体

国　体　中华人民共和国是工人阶级领导的、以工农联盟为基础的人民民主专政的社会主义国家。社会主义是国家的根本制度。国家的一切权力属于人民，实行人民代表制度。

全国人民代表大会　国家的最高权力机关。常设机构是全国人民代表大会常务委员会。全国人民代表大会和全国人民代表大会常务委员会行使国家立法权。

国务院　即中央人民政府，最高权力机关的执行机关，最高国家行政机关。

中央军事委员会　全国武装力量领导机关。实行主席负责制度，对全国人民代表大会及其常务委员会负责。

最高人民法院　国家的最高审判机关。

最高人民检察院　国家的最高检察机关。

中国人民政治协商会议　由各党派、各阶层组成。宪法规定，中国共产党领导的多党合作和政治协商制度将长期存在和发展。

党　派　中国内地现有9个党派：中国共产党、中国国民党革命委员会、中国民主同盟、中国民主建国会、中国民主促进会、中国农工民主党、中国致公党、九三学社和台湾民主自治同盟。

国家领导人

国家主席　胡锦涛，2008年3月当选。

全国人民代表大会常务委员会委员长　吴邦国，2008年3月当选。

国务院总理　温家宝，2008年3月任职。

中国人民政治协商会议全国委员会主席　贾庆林，2008年3月当选。

国家中央军事委员会主席　胡锦涛，2008年3月当选。

行政区划

一级行政区划　中国行政区划为34个省、自治区、直辖市和特别行政区。即黑龙江、吉林、辽宁、河北、山西、山东、江苏、浙江、安徽、江西、福建、台湾、河南、湖北、湖南、广东、海南、云南、贵州、四川、陕西、甘肃、青海等23个省，广西、西藏、新疆、内蒙古、宁夏等5个自治区，北京、天津、上海、重庆等4个直辖市，香港、澳门2个特别行政区。

主要城市　首都北京市，位于华北平原西北端，周围被河北省和天津市所包围，是中国政治、经济、文化和国际交流中心，综合性产业城市，著名古都，重要航空港。行政区域面积1043.5平方公里；2007年末户籍人口1213.3万，常住人口1633万。其他重要城市有上海、广州、天津、哈尔滨、长春、沈阳、大连、呼和浩特、太原、石家庄、济南、青岛、南京、苏州、杭州、合肥、福州、厦门、南昌、郑州、武汉、长沙、南宁、桂林、深圳、海口、昆明、贵阳、成都、重庆、拉萨、乌鲁木齐、兰州、西安、西宁、银川、香港、澳门、台北、高雄等。

经　济

国内生产总值　中国2007年国内生产总值246619亿元，比上年增长11.4%；人均国内生产总值2460美元。

产　业　第一产业包括农业、林业、畜牧业和渔业。种植业是农业的支柱，主要包括粮食作物种植业和经济作物种植业。粮食种植业主要种植小麦、水稻、玉米、薯类等作物，2007年粮食总产量50150万吨，比上年增加350万吨，增产0.7%。经济作物种植业主要种植棉花，油类（花生、油菜、芝麻、油茶），麻类，糖料（甘蔗、甜菜），豆类，茶叶，水果等作物。2007年第一产业产值占国民生产总值的11.7%。第二产业包括工业和建筑业。工业门类齐全,主要有矿产采选、金属冶炼及压延加工、金属制品、机械制造、化学原料及制品、医药、纺织及服装制造、家具制造、食品加工和制造等行业。第二产业在国民经济中占主导地位,2007年第二产业增加值占国内生产总值的49.2%。第三产业包括地质勘查和水利管理、交通运输仓储邮电通信、批发和零售贸易、金融保险、房地产、社会财务、卫生体育和社会福利、教育文化艺术、广播电影电视、科学研究和综合技术服务等行业。第三产业在国民经济中的地位不断上升,2007年第三产业增加值占国内生产总值的39.1%。

财　政　2007年全国财政收入5.13万亿元,比上年增收1.25万亿元,增长32.4%。

金　融　主要银行有中国人民银行、中国建设银行、中国工商银行、中国农业银行、中国银行、中国农业发展银行、中国进出口银行、国家开发银行、交通银行、中国光大银行、中信实业银行等,其中中国人民银行是国家中央银行。主要保险公司有中国人民财产保险股份有限公司、中国人寿保险股份有限公司、中国太平洋财产保险股份有限公司、中国太平洋人寿保险股份有限公司、中国平安财产保险股份有限公司、中国平安人寿保险股份有限公司、新华人寿保险股份有限公司等。证券交易所有上海证券交易所和深圳证券交易所。货币名称为人民币,单位为元。2007年末人民币对美元汇率为7.3046∶1,比上年末升值6.9%。

进出口贸易　2007年进出口贸易总额21738亿美元,比上年增长23.5%。其中,出口额12180亿美元,增长25.7%;进口额9558亿美元,增长20.8%。贸易顺差2622亿美元。

交通通信

中国2007年铁路营业里程7.8万公里,公路通车总里程357.3万公里(其中高速公路5.36万公里);民用汽车拥有量5697万辆。

沿海港口主要有大连港、营口港、秦皇岛港、天津新港、烟台港、威海港、连云港、上海港、宁波港、温州港、马尾港、厦门港、汕头港、黄埔港、湛江港、北海港、防城港、海口港、香港、基隆港、高雄港等。内河港口主要有宜宾港、重庆港、万州港、宜昌港、武汉港、九江港、芜湖港、南京港、镇江港、张家港、南通港、上海港、广州港、梧州港、贵港港等。

主要机场有北京首都机场、广州花都机场、上海浦东机场、上海虹桥机场、深圳宝安机场、昆明巫家坝机场、成都双流机场、西安咸阳机场、厦门高崎机场、桂林两江机场、重庆江北机场、大连周水子机场、天津滨海机场、杭州萧山机场、青岛流亭机场、南京禄口机场、武汉天河机场、南宁吴圩机场、长沙黄花机场、乌鲁木齐地窝铺机场、拉萨贡嘎机场、香港机场、台北桃园机场等。

2007年全国固定电话用户36545万户。其中,城市电话用户24859万户,农村电话用户11686万户。移动电话用户54729万户。年末全国固定及移动电话用户总数达到91274万户,电话普及率达到69部/百人。互联网上网人数2.1亿人,宽带上网人数1.63亿人。

教　育

中国实行9年制义务教育。现行学制为初小4年,高小2年;初中3年,高中3年;高等专科教育2~3年,本科教育4~6年。

2007年全国有小学32.01万所,高中阶段教育(包括普通高中、成人高中、中等职业学校)共有学校31255所,普通高等学校1908所。在校学生数:普通小学10564万人;初中5736万人;普通高中2522万人;各类中等专业学校2000万人;普通高等学校专科、本科1885万人;研究生教育:在学研究生120万人。著名大学有北京大学、清华大学、复旦大学、浙江大学、南京大学、华中科技大学、上海交通大学、武汉大学、吉林大学、中山大学等。

传　媒

中国官方新闻社为新华社。主要报刊有《人民日报》、《光明日报》、《解放军报》、《中国日报》、《参考消息》、《经济日报》、《中国青年报》、《工人日报》、《中国文化报》、《中国体育报》、《中国妇女报》、《经济参考报》、《中国政协报》、《科学时报》、《健康报》、《中国商报》等。主要电视台有中央电视台、中国教育台等。主要广播电台有中央人民广播电台、中国对外广播电台等。

医疗卫生

2007年中国有卫生机构31.5万个,其中医院、卫生院6.0万个,妇幼保健院(所、站)3007个,专科疾病防治院(所、站)1400个,疾病预防控制中心(防疫站)3540个,卫生监督所(中心)2590个。卫生技术人员468万人,其中执业医师和执业助理医师204万人,注册护士147万人。医院和卫生院床位327.9万张。社区卫生服务中心(站)2.4万个。乡镇卫生院3.9万个,床位67.5万张,卫生技术人员86.3万人。有88个城市开展城镇居民基本医疗保险试点,参保人数达到4068万人;全国有2461个县(市、区)建立城市医疗救助制度;参加新型农村合作医疗的农民7.3亿人。

科　技

中国主要科学研究机构有中国科学院和中国社会科学院。2007年全国科学研究和技术发展(R&D)经费支出3664亿元,占国内生产总值的1.49%,其中基础研究经费180亿元。国家安排1540项科技支撑计划课题,2541项"863"计划课题。新建国家工程研究中心9个,国家工程实验室6个。受理国内外专利申请69.4万件,受理国内外发明专利申请24.5万件。

中国国家大剧院

2007年末全国有产品检测实验室2.47万个,其中国家检测中心356个。全国现有产品质量、体系认证机构184个,法定计量技术机构3720个。全年制定、修订国家标准1411项,其中新制定747项。全国有地震台站1314个,地震遥测台网31个;海洋观测站66个、海洋监测站位9200个。测绘部门公开出版地图1946种,测绘图书417种。

历　史

中国是世界文明古国,有5000年文字记载的历史。

原始社会晚期,中原一带出现部落,其中黄河流域以黄帝、炎帝和蚩尤为首的三个部落比较强大。后来华夏民族尊黄帝和炎帝为共同祖先。

公元前2070年,夏王朝建立,是为中国奴隶社会的开端。

公元前1600年左右,商王朝取代夏王朝。商代,青铜冶炼和青铜器铸造技术水平较高,还出现了甲骨文。

公元前1046年,周王朝取代商王朝。自此到公元前476年,中国经历了西周(公元前1046年至公元前771年)、春秋(公元前770年至公元前476年)两个时期。

中国元代青花瓷罐在伦敦拍出近*200*万英镑的高价
(新华社　图)

公元前475年,进入战国时期,封建社会逐步确立。此时诸侯争霸,社会不安;在思想领域出现百家争鸣的繁荣局面,形成儒、法、道、墨、名、农、杂等以后长期影响中国社会的学派。

公元前221年,秦始皇嬴政统一中原,建立秦王朝。后又统一西南、东南地区,形成统一的多民族的中央集权国家。秦始皇实行统一文字和度量衡等措施,对后世影响极大。

公元前206年,刘邦建立汉王朝取代秦王朝。汉代社会经济发展较快,科学文化事业繁荣,特别是汉武帝时进入鼎盛阶段,所开辟通往西域的丝绸之路,促进了中西经济文化交流。

公元220~589年,历经三国、两晋和十六国、南北朝三个时期。这三个时期的特点是国家分裂和中华民族大融合。

581年,隋王朝建立。当时,大运河凿通,促进了南北交通和经济文化交流;设立六部官制,实行科举考试制度,对此后中国政治、教育产生深远影响。

618年,唐王朝取代隋王朝。唐代经济社会全面发展。商业繁荣,形成长安、扬州、广州等商业中心。文化发达,出现李白、杜甫等一批伟大诗人。科学进步,发明了火药、雕版印刷术、天文钟等,对世界文化和科学技术的发展作出卓越贡献。

907年,唐王朝灭亡,中国出现封建割据局面,从907到960年,史称五代十国时期。

960年,宋王朝建立。宋代(分北宋、南宋两个时期),农业和工业技术都有所发展,尤其是造船技术和指南针的发明和应用,促进了海外贸易事业的繁荣。与此同时,中国北方先后建立辽、金、西夏、元等政权。

1279年,统一了北方的元消灭南宋,统一中国。元代,经济、文化继续发展。当时实行的行省制度一直沿袭至今。

1368年,明王朝建立。明代,江南出现资本主义萌芽,朝廷派郑和率船队七下西洋,西方传教士开始进入中国传教并传播西方科学技术。

1644年,清王朝取代明王朝。清代前期,国家强盛,经济、文化、科学技术发展;后期,朝廷腐败,国力衰弱。

1840年,英国发动侵略中国的鸦片战争,清王朝屈服,中国开始沦为半封建半殖民社会。

1911年,辛亥革命爆发,清王朝被推翻。1912年,中华民国成立。

1921年,中国共产党在上海成立。中国共产党领导中国人民开展土地革命战争、抗日战争和解放战争,推翻压在中国人民头上的“三座大山”,取得了新民主主义革命的胜利。1949年10月1日,中华人民共和国建立。

中华人民共和国建立后,历经清匪反霸,土地改革,抗美援朝,镇压反革命,“三反五反”,农业、手工业和资本主义改造,“大跃进”,人民公社化,社会主义教育运动(“四清”运动),“文化大革命”等运动。1978年中共十一届三中全会后,实行改革开放,致力经济建设,经济快速发展,国力不断加强,社会稳定,人民生活水平不断提高。

文　　莱

国　名

文莱达鲁萨兰国(Brunei Darussalam),简称文莱。

国　旗

文莱国旗呈横长方形,长宽比为2:1。由黄、白、黑、红四色组成。黄色的旗地上横斜着黑、白宽条。黄色是该国传统颜色,代表苏丹至高无上,黑、白斜条是为了纪念两位有功的亲王。国旗中央绘有国徽。国徽呈红色,一弯新月环抱着一根棕榈树干,其上为展开的双翼,双翼之上为一顶华盖和一面旗帜,这象征文莱信奉伊斯兰教和苏丹至高无上。在新月中央用马来文写着“遵照真主的旨意行事。”中心图案两侧有两只手臂,表示人民向真主祈求,人民对苏丹和政府的拥护。国徽底部的饰带上写着“和平之邦——文莱”。

地　理

位　置　文莱位于亚洲东南部的加里曼丹岛(旧称婆罗洲)的西北部。地处北纬4°2′~5°3′、东经114°4′~115°22′之间。北面濒临南中国海和文莱湾。

面　积　陆地面积5765平方公里。

疆界和邻国　东、南、西三面与马来西亚的沙捞越州接壤,并被沙捞越州的林梦分隔为不相连的东、西两部分。北面隔海与菲律宾、中国和越南相望。

地形地貌　陆地海拔在300~500米之间,地势东高西低。北部是平原,南部是丘陵,东部多为沼泽地,西部沿海为狭长平原。东南部与马来西亚沙捞越交界的阿干山海拔1808米,为全国最高峰。

江　河　主要河流有马拉奕河、都东河、淡布隆河和文莱河。这些河流发源于南部山区,由南向北流入大海。马拉奕河为全国最大河流,全长32公里。

海岸海岛　海岸线长约161公里。有33个岛屿,总面积79.39平方公里。大部分岛屿分布在文莱河下游或河口地区。靠近海边的地带是长满红树林的淡水沼泽,约占陆地总面积的10%。近海海底平缓,海水较浅,海面平静,素有“少女海”之称。

气　候　属热带雨林气候区。终年炎热多雨,没有明显的干旱季节。各地年平均降雨量在2500毫米以上。年平均气温28°C,各月温差不大。空气湿度较大,达67%~91%。

风景名胜　首都斯里巴加湾市有历史悠久的水村——KamPong Ayer,东南亚最堂皇的清真寺——奥玛尔·阿里赛夫丁和苏丹文物纪念馆、文莱博物馆、苏丹皇宫、水晶公园等,马来奕区有陆上油井石油生产纪念碑和其他与石油生产有关的景观。

国　民

人　口　文莱人口38.3万(2006年),人口密度为每平方公里66人。城市人口约占79%。男女性别比为1.06:1。人口出生率2.1%,死亡率0.68%。

民　族　主要民族有20个。马来人(七大土著合称,包括文莱马来人、都东人、克达岩人、马来奕人、比沙雅人、姆鲁人和杜顺人)占总人口的66.71%,华人占11.15%,其他种族约占22.14%(2006年)。

语　言　主要语言是马来语,为国语。英语使用广泛。华语主要在华人中使用(多数讲闽南话,少数讲广东话)。

宗　教　宪法规定伊斯兰教为国教。大部分居民信奉伊斯兰教,少数信奉佛教、基督教等。

资源物产

文莱的矿产资源主要有石油和天然气。据官方公布的数据,石油蕴藏量14亿桶,天然气储量约3900亿立方米,是东南亚主要产油国和世界主要液化天然气生产国,产油量在东南亚仅次于印度尼西亚和马来西亚。探明蕴藏量较大、具有经济价值的矿产资源还有金、煤、汞、锑、铅、矾土和硅。

耕地面积仅占国土面积的5%,而且土壤贫瘠。主要农产品有稻米、咖啡、橡胶、椰子、西谷米、胡椒、甘蔗、花生、玉米、日罗东胶(口香糖的主要原料)、蔬菜、香蕉、菠萝等。森林面积46.9万公顷,森林覆盖率为

75%。植物资源较为丰富,其中以木本植物居多,有5000多种。领海有丰富的海洋生物资源,主要河流盛产鱼、虾等水产品。陆上动物有象、犀牛、野牛、猿、猴、野猪、鹿、鳄鱼、巨蟒、眼镜蛇、狐蝠、松鼠、蜥蜴、犀鸟、雨燕等。

文莱森林覆盖率为75%,就像一座大植物园。　(原载《中国—东盟博览》)

国体政体

国　体　文莱是伊斯兰教绝对君主制国家。君主(苏丹)拥有行政、立法、司法全部权力,同时也是宗教领袖。设宗教、枢密、内阁、立法、世袭等5个委员会协助苏丹理政。

议　会　称立法委员会。1984年2月,现任苏丹宣布终止,立法以苏丹圣训方式颁布。2004年7月,苏丹宣布重开立法会;9月,立法会恢复运作,由议长卡马鲁丁和21名议员(其中当然议员6人,高官议员5人,委任议员10人)组成,均由苏丹任命。2005年9月,苏丹解散立法会,重新任命30名新议员,卡马鲁丁为议长。

政　府　本届政府于2005年5月由苏丹宣布组成。设首相署、国防部、财政部、外交和贸易部、司法部、教育部、交通部、宗教部、文化青年体育部、内政部、发展部、卫生部、首相署能源部、工业和初级资源部等机构。

司　法　司法体制以英国习惯法为基础。中央设有司法会议,其主要职能是代表苏丹执行司法权力,各级法院的法官都由苏丹任命。审判机关实行审判独立原则,由最高法院、高等法院、上诉法院及地方法院组成。另设宗教法院,负责审理有关伊斯兰教的案件。

党　派　有文莱国家团结党、Parti Pembangunan Negara两个党派,均不参政。

国家元首和政府首脑

文莱国家元首是苏丹·哈吉·哈桑纳尔·博尔基亚·穆伊扎丁·瓦达乌拉。1967年10月5日继位。兼任首相、国防大臣和财政大臣。

行政区划

一级行政区划　文莱划分为文莱—穆阿拉、马来奕、都东、淡布隆等4个区。

主要城市　首都斯里巴加湾市,位于文莱河畔,是文莱的政治、经济、文化、交通中心。人口约6万(2002年)。曾被列为亚洲十佳生活城市之一。其他重要城市有马来奕、诗里亚、都东和邦加。

经　济

国内生产总值　2007年文莱国内生产总值188.61亿文莱元(约合124亿美元)。国内生产总值增长率0.6%。人均国内生产总值4.9万文莱元(约合3.2万美元)。

产　业　主要产业是石油和天然气开采业,2007年产值约占国内生产总值的67.4%。全年日均原油产量约为19.6万桶,比2006年的日均产量21.9万桶下降13.1%,天然气日产量约为3.34亿立方米,比上年下降5.7%(根据文莱首相署2008年7月公报)。

财　政　财政收入的主要来源是公司税和政府财政收益(即政府在国内和国外投资所获取的收益),这两项财源历年占财政总收入的比例均在95%以上。财政支出主要有固定支出、经常支出、开发基金3项,其中经常支出约占财政总支出的76%。2006~2007年财政年度预算总收入为91.88亿文莱元(约合60.45亿美元),比2006年增长8.8%;总支出52.73亿文莱元(约合34.69亿美元),比2006年增长3.5%。财政收支盈余39.15亿文莱元(约合25.76亿美元),比2006年增长17%。

金　融　不设国家中央银行,在财政部设货币局和金融局负责金融的管理。全国有9家银行、5家金融公司、26家保险公司和1家证券交易公司(2006年)。银行总资产134.95亿文莱元(2003年)。货币名称为文莱元,与新加坡元等值。文莱元与美元2007年8月比价为1.5216∶1。2006年官方外汇储备约300亿美元,黄金储备30亿美元。

进出口贸易　主要出口原油、石油产品和液化天然气,进口机器和运输设备、工业品、食物、药品等。主要贸易对象是日本、英国、新加坡、泰国、马来西亚和美国。2007年进出口贸易总额147.22亿文莱元(约合96.86亿美元),其中,出口额115.56亿文莱元(约合76. 亿美元);进口额31.66亿文莱元(约合20.8亿美元);进出口贸易顺差83.9亿文莱元(约合55.2亿美元)。

利用外资　至2006年9月,外商在文莱的投资约65亿美元,主要来自英国、荷兰、日本和美国。外资主要投向石油勘探和开采、天然气液化工程、电力等领域。

对外投资　长期以来,文莱依靠出口石油和天然气积累了大量外汇,逐年增加对外投资。截至2004年底,文莱在海外的投资累计达到500亿美元,年盈利约20亿美元。

交通通信

公路交通　文莱公路总长3650.4公里(2005年),其中高等级公路2500公里。至2007年,全国约有汽车28万辆。

水　运　港口有穆阿拉深水港、斯里巴加湾市港、马来奕港、卢穆港等,主要供出口石油和液化天然气使用。各港口与新加坡、马来西亚、中国香港、泰国、菲律宾、印度尼西亚和中国台湾省有定期货运航班。拥有各类注册船只181艘(2005年)。

民用航空　首都斯里巴加湾市有国际机场。文莱皇家航空公司拥有10架客机,辟有26条国际航线。

电　信　邮电通信业比较发达。建有卫星地面站3个。拥有全国性的数字交换网络,互联网用户16800户。固定电话普及率26.4%,95%以上的家庭有固定电话;手机用户达总人口的90%。全国设有6个邮政局和1个邮电代理处。

教　育

文莱的教育经费一直占政府年度财政预算的10%以上。政府实行免费教育,并资助留学费用。绝大多数学校由政府设立,另有少数教会学校和私立学校。2006年全国有各类学校263所,其中幼儿园、小学及普通中学252所,学生10.72万人,教师10186人;职业技术学校8所,学生3105人,教师496人;师范学校1所,学生315人,教师43人;大专学院1所,学生480人,教师99人;大学1所,学生3445人,教师303人。全国9岁以上人口识字率达95%。

教育制度主要是依照英国模式建立,并依照英国的教学大纲进行教学。小学学制6年,初级中学3年,中级中学2年,高级中学或大学预科2年。只有修完13年学业的青年,才有资格进入高等学校继续深造。

传　媒

文莱新闻社是官方新闻机构,创建于1959年。主要报纸:《婆罗洲公报》,日报(英文、马来文),创办于1953年,日发行量7万份;《文莱灯塔》,周报(马来文),创办于1956年,由政府的文化青年体育部新闻局主办,每周三出版,期发行量4.5万份。2006年7月1日,《文莱时报》正式发行。

文莱广播电视台由政府主办,创建于1957年5月,是该国唯一的广播电视台。文莱电台拥有两个广播网,一个用马来语和方言广播,一个用英语、华语和廓尔喀语广播,每天播音超过30小时。电视台从1975年起开设彩色电视频道,播放马来语和英语节目。

医疗卫生

文莱国家财政每年拨出巨额资金用于医疗卫生事业,公民享受免费医疗保健服务。2005年全国有5所医院,其他医疗中心和诊所50个,病床1154张。医生约300人(牙医35人),护士约1500人。国民平均预期寿命:男性74.2岁,女性77.3岁。

科　技

文莱约有科技人员7000人。由于科技人才有限,国内没有独立的研究机构,主要是通过与发达国家合作研究取得科技成果。

历　史

文莱建国于公元4世纪,有着悠久的历史。

从4世纪到9世纪,为独立王国时期,共400余年。这一时期,文莱国土辽阔,国力强盛,物产丰富,民众殷实。与中国的封建王朝常有往来,当时中国的史籍称其为婆罗国和渤泥。

从9世纪中叶到10世纪后期,为室利佛逝王朝占领时期,共约150年。文莱经济和社会遭到严重破坏,对外交往受到影响。

从10世纪到14世纪30年代,为恢复时期,共300余年。当时的文莱幅员广阔,人口众多,物产丰富,重视商业,崇尚佛教,对外贸易发达,国际交往频繁。

从14世纪中到15世纪初,为麻诺巴歇(又译满者伯夷)帝国占领时期,共50年左右。这一时期,文莱丧失大部分领土,成为麻诺巴歇的附属国。

15世纪初,文莱国王遐旺·阿拉克·贝塔塔尔投向马来半岛南端的信奉伊斯兰教的满剌加国。1414年,他娶满剌加国苏丹的女儿为妻,被该国苏丹授予穆罕默德的称号,因而皈依伊斯兰教,并将文莱改为苏丹国,从而成为文莱的第一世苏丹。以后的文莱君主都使用“苏丹”这一头衔。伊斯兰教从此传入文莱。

从15世纪末到17世纪初,即第五世苏丹博尔基亚到第九世苏丹哈桑在位的100多年,文莱国力强盛,成为当时东南亚较有影响的国家。

进入17世纪后半期，文莱苏丹国进入长期衰弱时期。相继被葡萄牙、西班牙、荷兰、英国侵入。文莱苏丹对边远地区的统治已经名存实亡。

1847年5月，英国迫使文莱签订不平等的《英国和文莱友好通商条约》。文莱由一个独立自主的主权国家沦为受英国支配的半殖民地。

1888年9月，文莱沦为英国的保护国。

1941年12月至1945年6月，文莱被日本占领。

1946年，英国恢复对文莱的控制。1959年，英国同意文莱自治。

1984年1月1日，英国放弃其掌管的文莱外交和国防权力，文莱完全独立。

1984年1月7日，文莱加入东南亚国家联盟。

1993年12月9日，文莱加入世界贸易组织。

文莱独立后，政治社会稳定，经济持续发展，人民生活富裕。在外交方面，奉行不结盟和同各国友好的政策，至2007年，已与143个国家建立外交关系。

柬　埔　寨

国　名

柬埔寨王国（The Kingdom of Cambodia），简称柬埔寨。

国　旗

柬埔寨国旗呈长方形，长宽比为3∶2。由三个平行的横长方形相连构成，中间是红色宽面，上下均为蓝色长条。红色象征吉祥和喜庆，蓝色象征光明和自由。红色宽面中间有白底深红线条构绘的吴哥图案，吴哥是著名的婆罗门教建筑，象征柬埔寨悠久的历史和古老的文化。

地　理

位　置　柬埔寨位于中南半岛南部。地处北纬10°20′～14°32′、东经102°18′～107°37′之间。西南濒临暹罗湾。

面　积　陆地面积18.10万平方公里。

疆界和邻国　东部、东南部与越南接壤，东北部与老挝相邻，西北部与泰国交界。陆地边界线长约2050公里。

地形地貌　东、北、西三面地势高，中部和南部低缓。东部、北部、西部为高原，山地环绕。中部和南部是湄公河及其支流的冲积平原。平原、高原、山地分别占陆地面积的46%、29%和25%。西南地区的豆蔻山山脉有全国最高峰奥拉山，海拔1813米。

江河湖泊　河流纵横密布。东南亚最大河流湄公河在境内流长约500公里，接纳境内绝大多数河流。连接洞里萨湖的洞里萨河是第二大河流，长155公里。洞里萨湖（又称大湖、金边湖）是中南半岛第一大湖，也是东南亚地区最大的天然淡水湖，湖面在旱季时约2500平方公里，雨季时约1万平方公里。

海岸海岛　海岸线长约460公里，岸线曲折、多岬角。沿海有不少岛屿和海港。戈公岛是最大的岛屿。

气　候　属热带季风气候区。各地年平均降雨量在1000～1800毫米之间，年平均气温27℃。每年5～11月是雨季，降雨量约占全年的80%以上；12月至次年4月是旱季，旱季又分凉、热两季。

名胜古迹　首都金边市有王城、塔仔山、国家博物馆等。暹粒市有列入世界文化遗产名录的吴哥古迹群。西哈努克市是著名的旅游、避暑胜地。

国　民

人　口　2006年柬埔寨人口1410万人。人口自然增长率21‰。人口密度为每平方公里78人。城市人口约占总人口的20%，农村人口约占80%。

民　族　有20多个民族。高棉族人口最多，约占总人口的85%。人口较多的民族还有华族、占族、卜农族、老族、泰族、马来族、斯丁族、越族等。

语　言　各民族的通用语是高棉语（官方语言）。

宗　教　小乘佛教是国教。高棉族人绝大部分信

吴哥古迹名扬世界　　（原载《中国—东盟博览》）

奉小乘佛教。占族人大多数信奉伊斯兰教。

资源物产

柬埔寨的矿产资源主要有金、磷酸盐、宝石和石油。土地肥沃,盛产稻谷、橡胶、胡椒、糖棕、腰果、烟草及各种热带水果。橡胶是主要出口产品。所产林木200余种,柚木、铁木、紫檀、黑檀、白卯、观丹木等热带林木较为有名。渔业资源丰富,洞里萨湖是东南亚最大的天然淡水渔场。西南沿海渔场经济鱼类也较多。

国体政体

国　体　柬埔寨是君主立宪制国家。实行民主多党制。立法、行政、司法三权分立。国王是终身国家元首、国家军队最高司令、国家统一和延续的象征,有权宣布大赦,根据首相的提议并征得国民议会主席同意后宣布解散国民议会。

议　会　由国民议会和参议院组成。国民议会是国家最高权力机构和立法机构,每届任期5年。本届国民议会成立于2003年10月,由123名议员组成。参议院是国家立法机关,有权审议国会通过的法案,每届任期6年。本届参议院成立于2006年3月20日,由61名参议员组成。

政　府　设有首相府、农业部、商业部、文化部、内政部、国防部、教育部、外交部、财经部、计划部、旅游部等部门。本届政府于2004年7月15日成立。

司　法　法院分初级法院、上诉法院和最高法院三级。各级法院设检察官,行使检察职能。

党　派　主要有柬埔寨人民党、奉辛比克党、桑兰西党等。2003年大选时有23个政党参选。

国家元首和政府首脑

国　王　诺罗敦·西哈莫尼。2004年10月29日登基。

首　相　洪森。2004年7月15日当选连任。

行政区划

一级行政区划　柬埔寨有20个省和4个直辖市。分别是:马德望省、贡布省、干丹省、磅湛省、磅清扬省、磅士卑省、磅同省、桔井省、波罗勉省、班迭棉吉省、暹粒省、上丁省、茶胶省、柴桢省、蒙多基里省、柏威夏省、戈公省、奥多棉吉省、菩萨省和腊塔纳基里省,金边市、西哈努克市、白马市和拜林市。

主要城市　首都金边市,位于柬埔寨南部,湄公河西岸,面积290平方公里,人口120万,是全国政治、经济、文化中心。其他重要城市有暹粒、西哈努克市、白马、拜林等。

经　济

国内生产总值　2007年柬埔寨国内生产总值92.52亿美元,比上年增长9.7%。人均国内生产总值638美元。

产　业　以农业为主,从事农业人口占全国从业人口的80%以上。农业稳步发展,2007年稻谷种植面积约255.3万公顷,稻谷总产量640万吨,除满足国内需求外剩余可供出口。工业行业主要有纺织、制衣、建筑、电力、采矿等。年内对柬埔寨海底石油的勘探工作全面展开。2007年工业产值25.25亿美元。旅游业发展迅速,2007年接待外国游客201.52万人次。服务业产值36.16亿美元。

财　政　2007年财政收入9.89亿美元,支出11.83亿美元。

金　融　国家中央银行是柬埔寨国家银行。最大的银行是加华银行。货币名称为瑞尔。瑞尔对外币的汇率自由浮动。2007年瑞尔与美元平均比价为4060∶1。年末官方外汇储备13.74亿美元。通货膨胀率5.9%。

进出口贸易　2007年进出口贸易总额68.53亿美元,其中出口额31.26亿美元,进口额37.27亿美元。出口商品主要有服装纺织品、鞋类产品和农产品。进口商品主要有服装纺织原料、燃料、汽车、建材、机械、电器和日用品等。

固定资产投资　2007年固定资产投资总额约21.07亿美元。其中公共投资4.27亿美元(国内资本8160万美元,国外资本3.45亿美元),私人投资16.8亿美元(国内资本9.67亿美元,国外资本7.13亿美元)。

交通通信

铁路交通　柬埔寨有两条窄轨铁路,一条由金边经马德望省通往柬泰边界的波贝,与泰国境内的铁路连接,全长385公里;另一条从金边通往西哈努克港,全长270公里。这两条铁路由于年久失修,运输能力低下。2007年柬埔寨着手这两条铁路的修复工作。

公路交通　国道、省道共有6000公里(柏油路面路段约占50%),其中10条国道全长2000多公里(柏油路面路段约占80%)。公路网以首都金边为中心。全国拥有各种运输车辆(不含摩托车)约13万辆。

水　运　以湄公河、洞里萨湖的航运为主。流经金边的湄公河,向北可通航老挝、泰国,向南经越南出海。有西哈努克港、金边港两个国际港口。西哈努克港是主要对外海港,可以停靠万吨级远洋货轮。金边港是最大的内河港口。

民用航空　柬埔寨主要航空公司有暹粒航空公司、吴哥航空公司。主要民用机场有金边国际机场(原名波成东机场)和吴哥机场(原名暹粒机场)。此外,西哈努克市、马德望省、腊塔那基里省、蒙多基里省、上丁省和戈公省也建有简易机场。

电　信　2006年底全国拥有固定电话和移动电话用户110多万户，电话普及率8%。主要互联网网站有柬埔寨电信camnet.com.kh（柬埔寨邮电部开设）和online.com.kh。

教　育

柬埔寨小学学制6年，中学学制6年（初中、高中各3年）。2006年，全国有幼儿园2205所，在园儿童7万人；小学6063所，在校生285万人；中学698所，在校生62万人；大学26所（其中公立大学9所，私立大学17所），在校生4.1万多人。金边皇家大学是著名的综合性大学，在校生6200多人，教师400余人。

传　媒

2006年柬埔寨有注册报刊375种。发行量较大的报刊有：《柬埔寨之光报》（柬文，日报），《人民报》（人民党党报，柬文），《和平岛报》（柬文，日报），《柬埔寨日报》（英文、柬文），《金边邮报》（英文，双周报），《柬埔寨时报》（英文、柬文，周报）等。影响较大的中文报纸有《华商日报》、《柬华日报》和《星洲日报》。

柬新社（AKP）为官方通讯社，成立于1980年。全国有广播电台28家，其中FM103台属国家广播电台，每天播音18个小时。国家电视台（TVK）建于1984年，以柬语节目为主。

医疗卫生

柬埔寨有8家国家医院，68家省级医院和856家各级医疗中心。农村缺医少药，医疗设施较差。2006年国民平均寿命：男性57岁，女性63岁。

历　史

柬埔寨是历史悠久的文明古国。建国于公元1世纪。在古代，历经扶南、真腊两个时期，其中9世纪至15世纪初叶的吴哥王朝国力强盛，创造了举世闻名的吴哥文明。从16世纪末叶开始，真腊走向衰落。至18世纪末，基本上处于强邻暹罗的控制之下，成为暹罗的属国。

1863年8月，法国采取炮舰政策，强迫柬埔寨签订不平等的《法柬条约》，柬埔寨沦为法国的保护国。1884年6月，法国以逼宫方式获得柬埔寨的全部政治权利，柬埔寨沦为法国的殖民地。1940～1945年，柬埔寨被日本占领。日本战败后，法国重新控制柬埔寨。

1953年11月9日，柬埔寨获得独立。独立后的柬埔寨奉行积极的中立政策，经济发展迅速，成为当时东南亚较富庶的国家。

1970年3月18日，朗诺—施里玛达集团在美国支持下发动政变，推翻西哈努克亲王领导的王国政府，建立高棉共和国。同年3月23日，西哈努克亲王在中国北京宣布成立柬埔寨民族统一阵线；5月5日，成立以宾努亲王为首相、乔森潘为副首相的柬埔寨王国民族团结政府，致力于推翻朗诺政权。1975年4月17日，红色高棉攻占金边，高棉共和国垮台。

1976年1月，柬埔寨王国民族团结政府颁布新宪法，改国名为民主柬埔寨。民主柬埔寨政府大力推行合作社，取消货币，禁止商品交换，在对外事务方面，也执行一系列不适合国情的路线、政策。

1978年12月25日，越南出兵柬埔寨，扶持以韩桑林为首的金边政权。1982年7月，西哈努克亲王、乔森潘、宋双三派抵抗力量实现联合，组成民主柬埔寨联合政府。柬埔寨境内出现两个政权并立的局面。

1990年9月，柬埔寨抵抗力量三方同金边政权的代表在印度尼西亚雅加达会晤，宣布组成柬埔寨全国最高委员会。1991年10月23日，柬埔寨问题国际会议在法国巴黎举行，与会各方签署《柬埔寨冲突全面政治解决协定》。1993年5月23～28日，柬埔寨在联合国的监督下举行制宪会议大选。大选后，组成柬埔寨王国联合政府，恢复柬埔寨国名、国旗和国歌，恢复君主立宪制度，建立民主多党的政治制度和开放的市场经济制度，诺罗敦·西哈努克重新登上王位。

2004年10月29日，诺罗敦·西哈莫尼登基，接替诺罗敦·西哈努克成为柬埔寨新国王。

柬埔寨于1999年4月30日加入东南亚国家联盟。

印度尼西亚

国　名

印度尼西亚共和国（The Republic of Indonesia），简称印度尼西亚或印尼。素有万岛之国、千岛之国、水中岛国、赤道翡翠、火山之国等别称。

国　旗

印度尼西亚国旗旗面由上红下白两个相等的横长方形构成，长宽比为3∶2。红色象征勇敢和正义，还象征印度尼西亚独立以后的繁荣昌盛；白色象征自由、公正、纯洁，还表达了印度尼西亚人民反对侵略、爱好和平的美好愿望。

地　理

位　置　印度尼西亚位于亚洲东南部。国土横跨赤道。地处北纬6°至南纬11°，东经141°～95°之间。

面　积　陆地国土面积190.44万平方公里。国土面积居东南亚国家首位。

疆界和邻国 疆域辽阔，东西跨度5110公里，南北跨度1888公里。与其接壤的国家有巴布亚新几内亚、东帝汶、马来西亚，陆地边界线总长2830公里。隔海相邻的国家有澳大利亚、印度、泰国、中国、菲律宾等。

地形地貌 国土由18110个岛屿组成。岛屿较为分散，主要有加里曼丹岛、苏门答腊岛、伊里安岛、苏拉威西岛和爪哇岛。各岛内多崎岖山地和丘陵，沿海有狭长的平原和沼泽，并有浅海和珊瑚环绕。加里曼丹岛，山地从中部向四面伸展，沿海平原广阔，南部多沼泽。苏门答腊岛，山脉自西北向东南斜贯，山脉东北侧为丘陵和较宽阔的沿海冲积平原，平原东部多沼泽。苏拉威西岛，大多为山地，沿海有狭窄平原。爪哇岛，北部是平原，南部是熔岩高原和山地，山间有宽广的盆地。伊里安岛，西部高山横亘，有全国最高峰查亚峰，海拔5030米；南部平原较宽广。由于地处亚欧大陆与太平洋板块的接触带，火山活跃，地震频繁。境内有火山400多座，其中活火山120多座，约占世界活火山1/6。爪哇岛火山最多，地震最为频繁。

江河湖泊 河流众多，水量丰沛，但都比较短小。较大的河流有爪哇岛的梭罗河以及加里曼丹岛的巴里托河、卡普阿斯河、马哈坎河，其中梭罗河全长560公里。较大的湖泊有多巴湖、马宁焦湖、车卡拉湖、坦佩湖、托武帝湖、帕尼艾湖等，其中苏门答腊岛的多巴湖为全国第一大湖。

海岸海岛 海岸线全长10.80万公里。岛屿之间构成许多海峡与内海，主要有巽他海峡、马六甲海峡、龙目海峡、爪哇海、苏拉威西海、弗洛勒斯海、阿拉弗拉海、班达海等。内海中，除爪哇海、阿拉弗拉海为浅海外，其余多为深海，其中班达海最深处达7000多米。海中珊瑚礁分布甚广，总面积达2万平方公里。主要群岛有大巽达群岛、努沙登加拉群岛（又称小巽达群岛）、马鲁古群岛和伊里安查雅群岛。

气　候 大部分地区属热带雨林气候（努沙登加拉群岛上的平原、谷地属热带草原气候），终年高温多雨，湿度大。年平均气温25℃～27℃，温差很小，无寒暑季节变化。年平均降水量在2000毫米以上。爪哇岛是世界上雷雨最多的地区，有“雷都”之称。每年分旱、雨两季，一般4～9月为旱季，10月至次年3月为雨季，但各地不完全一致。

风景名胜 在首都雅加达，有雅加达博物馆、印度尼西亚缩影公园、茂物大植物园、查雅安佐尔寻梦公园、拉古南动物园、波格尔植物园、独立纪念碑、独立广场等。在日惹，有婆罗浮屠佛塔、普兰班南寺庙群、日惹苏丹王宫、恩藏高原等。在巴厘岛，有古打海滩、海神庙、金巴兰海滩、努瓦角海滩、爬行动物公园等。此外，还有北苏门答腊的多巴湖及湖心岛，西伊里安的查业维查亚山，小班达群岛，爪哇的苏腊卡尔塔、喀拉喀托火山、乌绒库伦自然保护区、三宝垄、巴淡岛等。

国　民

人　口 印度尼西亚人口2.15亿。人口分布极不均衡，绝大多数国民居住在5个主要岛屿和30个较小的群岛上。全国人口密度为每平方公里89人。人口自然增长率14.5‰。

民　族 有100多个民族。人口较多的民族是爪哇族、巽他族、马都拉族和马来族，其中爪哇族、巽他族分别占总人口的45%和14%，马都拉族和马来族各占7.5%。

语　言 各民族语言有200多种。官方语言为印尼语。通用英语。

宗　教 国民中，约87.2%信奉伊斯兰教，是世界上穆斯林人口最多的国家；6.1%信奉基督教新教；3.6%信奉天主教；2%信奉印度教；1%信奉佛教。

资源物产

印度尼西亚的石油和锡在世界上占有重要地位，是东南亚石油储量和产量最大的国家。探明石油储量90亿桶，探明天然气储量94.75万亿立方米。非油气矿产资源主要有煤、锡、铝矾土、镍、铜、金、银等。其中，煤炭资源储量580亿吨，已探明储量193亿吨；镍矿资源储量13亿吨，探明储量6亿吨；铜矿储量6600万吨，探明储量4100万吨；锡矿储量146万吨，探明储量46万吨。

森林面积1.27亿公顷，约占陆地面积的53%。动植物种类繁多，其中包括苏门答腊虎、象、犀牛、科摩

位于雅加达东南约4公里处的千佛坛　（原载《游遍亚洲》）

罗巨蜥、黑猴、人猿、天堂鸟、袋貂、袋鼠、食火鸡、鹦鹉、鹿、倭水牛等珍稀物种。盛产各种香料、热带林木及热带经济作物。胡椒、木棉、金鸡纳霜产量居世界首位，天然橡胶、棕榈油产量居世界第二位，丁香、椰子、咖啡等产量居世界前列。加里曼丹和苏门答腊的铁木，努沙登加拉的檀木，爪哇和苏拉威西的乌木、柚木驰名于世。海域、江河、湖泊盛产鱼类、贝类、海参、珍珠等。

科莫多巨型蜥蜴　　（原载《游遍亚洲》）

国体政体

国　体　印度尼西亚是单一的共和制国家。立法、行政、司法三权分立。实行总统内阁制。总统任期5年。自2004年起，总统和副总统由人民直选产生。总统任命内阁，但需征得国会同意。

人民协商会议　国家最高权力机构。由人民代表会议和地方代表理事会共同组成。负责制定、修改和颁布宪法及国家大政方针，并对总统进行监督。本届人民协商会议于2004年10月1日通过全民直选产生，成员678名（包括550名国会议员和128名地方代表理事会议员）。

人民代表会议　即国会。国家立法机构。行使除修宪和制定国家大政方针之外的一般立法权。人民代表会议无权解除总统职务，总统也不能宣布解散人民代表会议；但如总统违反宪法，人民代表会议有权建议人民协商会议追究总统责任。本届人民代表会议于2004年10月1日通过全民直选产生，有议员550名。议员任期5年。

政　府　设有外交部、国防部、财政部、贸易部、内政部、国家紧急事务部、社会事务部、交通部、海洋和渔业部、矿产资源部、妇女部、国家建设发展计划部、工业部、农业部、卫生部、劳工部、教育部、文化旅游部、青年运动部、经济统筹部、政治法律安全统筹部、宗教部等部门。本届政府内阁于2004年10月21日组成，2005年12月改组，有阁员36人，任期至2009年。

司　法　最高法院和最高检察院独立于立法和行政机构之外。最高法院正副院长由人民代表会议提名，总统任命。最高检察长也由总统任免。

党　派　党派众多，主要有专业集团党、斗争民主党、建设团结党、民主党、民族复兴党、国民使命党、福利公正党等。2004年大选时，经全国选举委员会批准获得参选资格的政党有24个。

国家元首和政府首脑

总　统　苏西洛·班邦·尤多约诺。2004年10月8日当选。

人民协商会议主席　希达亚特·努尔·瓦希德。2004年10月1日当选。

人民代表会议议长　阿贡·拉克索诺。2004年10月6日当选。

行政区划

一级行政区划　印度尼西亚行政区划为3个特区和29个省，分别是雅加达首都特区和日惹、亚齐达鲁萨兰地方特区，以及北苏门答腊、西苏门答腊、廖内、占碑、南苏门答腊、朋古鲁、楠榜、西爪哇、中爪哇、东爪哇、巴厘、西努沙登加拉、东努沙登加拉、北马鲁古、马鲁古、北苏拉威西、中苏拉威西、东南苏拉威西、南苏拉威西、东伊里安查亚、中伊里安查亚、西伊里安查亚、邦加—勿里洞、万丹、哥伦打洛、东加里曼丹、中加里曼丹、南加里曼丹、西加里曼丹省。

主要城市　首都雅加达，位于爪哇岛西部，面积661.52平方公里，人口970万，是全国政治、经济、文化中心，别称“椰城”。其他重要城市有泗水、万隆、棉兰、三宝垄、日惹等。

经　济

国内生产总值　2007年印度尼西亚国内生产总值3957.4兆盾，同比增长6.32%。通货膨胀率6.59%。

产　业　农业以种植业为主，是世界主要热带经济作物生产国。采矿业为工业支柱产业，其中石油、天然气开采占主导地位，是世界主要石油生产国。矿产收入占印尼国内生产总值的3%，采矿业向政府缴纳各种税费34亿美元，矿业从业人员38万人。服务业在国民经济中的比重逐年提高。2007年各行业占GDP的比重为：农业占14.5%、矿业占8.8%、制造业占27.3%、贸易酒店和餐饮业占17.0%、交通和通信业占7.0%、金融业占9.3%。

财　政　2007年财政收入近800亿美元，比上年增长19.04%。社会投资总额1106亿美元。

金　融　货币名称为印尼盾。2007年12月底，印尼盾与美元平均比价为9405∶1。外汇储备570.43亿美元，增长34%。2007年印尼股市获利率52%，在亚太区排名第三。

外国投资　2007年外国直接投资130.4亿美元，是自1997年亚洲金融危机以来最多的一年，主要投资国是新加坡、英国、韩国和日本，主要投资领域为交通运输、通讯、化工、药品、食品、电子行业等。

进出口贸易　2007年出口总额1108亿美元，主要出口市场是日本、新加坡、韩国、中国、马来西亚等国。非油气类出口额上升919.4亿美元，同比增长15.51%。该类出口中贡献最大的是动植物油脂(90%为生棕榈油)，出口额为102.31亿美元。电子机械类出口74.36亿美元。矿物燃料和橡胶及其制品出口分别为70.65亿和62.87亿美元。

交通通信

铁路交通　印度尼西亚铁路总长6458公里，75%在爪哇岛。其中，1.067～1米轨道6336公里(其中电气化125公里，复线250公里)，0.75～1米轨道497公里。

公路交通　公路总长33.3万公里(2005年)；拥有车辆4789.8万辆，其中轿车735.5万辆，摩托车3311.3万辆，货车463万辆，公交车280万辆。公路客运量、货运量分别占全国总量的90%和50%。公路交通网集中在爪哇岛和苏门答腊岛。

水　运　航道总长2.16万公里(2005年)，其中苏门答腊岛5471公里，加里曼丹岛1.05万公里。有各类港口700个(国营港口534个)，河运、海运船只近6021艘(商船728艘)。主要港口有雅加达的丹戎不碌国际港、泗水的丹戎佩拉、棉兰的勿老港等。

民用航空　有机场662个，其中27个国际机场，163个国内机场。拥有各型号飞机991架。雅加达附近的苏加诺—哈达机场为国内最大机场。主要航空公司有鹰记、鸽记、狮航、曼达拉、辛巴迪等。

电　信　2007年6月底全国有手机用户7500万户；固定电话用户1277.2万户。互联网上网人数1600万。

教　育

印度尼西亚实行九年制义务教育。学制为小学6年，初中、高中各3年，大学3～7年。全国有小学约15万所，在校学生约2597.6万人；中学3万余所，在校学生约1000万人；职业学校和大学5000所。著名大学有雅加达的印度尼西亚大学，日惹的加查马达大学，泗水的艾尔朗卡大学、泗水工学院、阿伊兰卡大学，万隆的班查查兰大学等。2006年教育预算开支4.69万亿盾，占GDP的1.5%。全国人口文盲率为8.5%。

传　媒

印度尼西亚有各类报刊1687种。主要印尼文报纸有《罗盘报》、《专业之声报》、《印尼媒体报》、《共和国日报》、《革新之声报》、《印尼商报》等。英文报纸有《雅加达邮报》、《印尼观察家报》等。中文报纸有《印度尼西亚日报》、《国际日报》、《世界日报》、《华文邮报》(中文和印尼文互译)、《商报》、《新生日报》、《千岛日报》等。

通讯社有国营的安塔拉通讯社和私营的印尼民族通讯社。电视台45家，11个电视发射系统。其中影响较大的有印度尼西亚共和国电视台、教育电视台、美都电视台等。官办的印度尼西亚共和国电视台有12个分台，覆盖印尼全境。主要广播电台有印度尼西亚共和国广播电台。

医疗卫生

2006年印度尼西亚卫生预算开支1.34万亿盾。全国有医院1112所，病床总数12.40万张；公共保健中心7248个，辅助中心2.18万个，流动服务站6849个。医生约3.52万人，护士16.47万人，药剂师1.07万人。2006年国民平均寿命69.87岁，其中男性67.42岁，女性72.45岁。人口死亡率6.25‰。

科　技

印度尼西亚从事科技活动的主要是国家各部委的直属研究机构、非部级中央直属研究机构、各大学和国有企业以及私营企业的研究开发机构等。中央直属研究机构由总统直接领导，从事战略性、交叉和多学科的研究与开发，科技活动由研究与技术国务部长统筹与协调；非部级中央直属研究机构有印度尼西亚科学院、国家核能机构、技术评价与应用署、国家航空航天研究机构等。全国拥有科技人员约5万人。科技经费主要来自财政拨款。

历　史

印度尼西亚历史悠久。古代，长期处于封建割据状态，先后分为印度教王国、伊斯兰教王国两个时期。公元1世纪，佛教传入，印尼进入印度宗教文化影响时期。5世纪，出现最早的王国——加里曼丹东部的古戴王国和西爪哇的达鲁玛王国。7世纪，在苏门答腊的巨港出现强大的海上王国室利佛逝。13世纪末，拉登威查雅在爪哇建立强大的麻喏巴歇王国，统一印尼。自13世纪起，伊斯兰教逐步传入印尼。16世纪，伊斯兰教王国淡目灭掉麻喏巴歇，印尼进入伊斯兰王国鼎盛时期。

1511年，葡萄牙人为掠夺香料侵入印尼东部的马鲁古群岛。西班牙人也接踵而来。1596 年，荷兰侵入。1602 年，荷兰在印尼建立具有政府职能的“东印度公司”。1799 年 12 月，荷属东印度公司宣布破产。1800 年，殖民政府取而代之，通称“荷印政府”。1811～1816 年，英国取代荷兰在印尼建立殖民政府。1816 年后，荷兰逐渐恢复对印尼的殖民统治，至 1903 年征服亚齐，完全占有整个印尼。期间，印尼各地从未间断反抗荷兰的斗争，其中最著名的有 1816～1818 年马鲁古反荷起义、1825～1830 年爪哇人民大起义、西苏门答腊反荷战争、1873～1903 年亚齐战争等。

20 世纪初，印尼出现民族觉醒运动。1927 年，苏加诺等组建印尼民族党，采取与荷兰不合作政策，争取民族独立。1942 年，日本侵占印尼。1945 年日本投降后，印尼爆发“八月革命”。

1945 年 8 月 17 日，印度尼西亚共和国建立。1947 年 7 月和 1948 年 12 月，荷军先后两次在印尼发动殖民战争。1949 年 11 月，印荷双方签订《圆桌会议协定》，印尼成为联邦共和国，加入荷印联邦。1950 年 8 月，统一的印度尼西亚共和国成立。同年 8 月 27 日，印尼加入联合国。

1954 年 8 月，印尼宣布脱离荷印联邦。1950～1959 年，印尼实行议会制。1959 年起实行总统制。

1999 年 6 月，印尼举行独立后的第一次民主选举。

2004 年 7 月，印尼开始首次民主直选。10 月 8 日，选举产生新一任总统。

印度尼西亚为东南亚国家联盟创始成员国。

老　挝

国　名

老挝人民民主共和国（The Lao People's Democratic Republic），简称老挝。

国　旗

老挝国旗旗面中间平行长方形为蓝色，占旗地一半，上下为红色长方形，各占旗地的四分之一。蓝色部分中间为白色圆轮，轮的直径为蓝色部分宽度的五分之四。蓝色象征老挝民族热爱和平、康宁和独立的精神，红色象征革命烈士的鲜血，白色圆月象征老挝人民纯洁的爱国之心。

地　理

位　置　地处中南半岛北部，北回归线以南，北纬 13°52′～22°05′和东经 100°10′～107°30′之间。

面　积　国土面积 23.68 万平方公里。

疆界和邻国　东邻越南，南接柬埔寨，西与泰国、缅甸交界，北同中国云南省接壤。边界线长 5119 公里。

地形地貌　东南亚唯一的内陆国。疆域南北宽、东西窄，南北最长处 1050 公里，东西最宽处 500 公里。80% 的国土为山地和高原，平原限于湄公河谷地。地势北高南低，由西北向东南倾斜。北部海拔 500～1500 米，局部地区超过 2000 米，号称“印度支那屋脊”；大多为山地且起伏大，湄公河沿岸狭谷陡峻。有会芬高原、川圹高原、查尔平原、班班平原、康开谷地等，其中川圹高原海拔 2000～2800 米。全国最高峰普比亚山，海拔 2817 米，屹立于川圹高原南部。中部、南部地区的东半部是长山山脉西坡的一系列中山和低山，地势和缓。山脉拥有一系列东西走向的山口和隘道，如骄诺山口、穆嘉关山口、老保山口等，为老挝与越南之间的交通要冲。山脉西侧南、北各有一片高原，北为甘蒙高原，南为波罗芬高原。中部、南部地区的西半部，即万象以南的湄公河沿岸，主要有万象平原、沙湾拿吉平原和巴色低地。

江　河　有流程在 200 公里以上的河流 20 多条。湄公河纵贯国境，在境内流长 1877 公里（其中 1100 公里为界河），水流湍急，多险滩；有南塔河、南乌江、南俄河、南吞河、宾非河、色贡河、宾汉河、色顿河、南卡定河、南坎河等 13 条支流，大多由东向西汇入干流。全国 93% 以上的地域属湄公河流域。

气　候　属热带季风气候区。各地年平均气温 20℃～30℃，最凉月（12 月）平均气温 21℃左右，最热月（4 月）平均气温 29℃左右。最高气温可达 38℃。高原地区最低气温可降至零下。分旱季（11 月至次年 4 月）和雨季（5～10 月）。年平均降雨量 1600～1800 毫米，高原和高山地区降水较多，季节差别大。

风景名胜　首都万象市有塔銮、玉佛寺，琅勃拉邦省有国家博物馆、香通寺、迈佛寺、维春寺、光西瀑布，占巴塞省有孔埠瀑布和以瓦普神庙建筑群为主体的占巴塞文化景区。琅勃拉邦古城、占巴塞文化景区被联合国教科文组织列入世界文化遗产名录。

国　民

人　口　老挝人口 652 万（2007 年 7 月）。全国人口密度为每平方公里 27.5 人。人口增长率约 2.2%。2005 年人均预期寿命为 61 岁。

民　族　有 68 个民族。按历史、语言、文化和地理分布状况，通常分为老龙（意即低地老挝人）、老松（坡地老挝人）、老听（山顶老挝人）三大族系。老龙族系属泰老语系，占总人口的 70%，包括寮、泰、芬、卢等族。老听族系属蒙高棉语系，占总人口的 20%。老松族系属苗瑶语系，占总人口的 10%。

语　言　官方语言是老挝语。部分国民也使用泰语、华语。老挝语和泰语大致可以相通。

宗　教　90%国民信奉小乘佛教，少数信奉基督教、原始宗教等。

资源物产

老挝的矿产资源主要有锡、铅、钾、铜、铁、金、石膏、煤、盐等。水力资源丰富，可开发装机容量1300万千瓦。森林面积1116万公顷，森林覆盖率47%。北部和南部出产柚木、紫檀、红木等珍贵木材。耕地面积约80万公顷，主要农产品有稻米、玉米、木薯、红薯、豆类、咖啡、橡胶、烟叶、花生、水果、棉花等，咖啡出口量较大。

国体政体

国　体　老挝宪法规定：老挝人民民主共和国是人民民主国家，全部权力属于人民，各族人民在老挝人民革命党领导下行使当家作主的权力。

国　会　国家最高权力机构和立法机构。

政　府　本届政府于2006年6月8日组成。设有计划与投资委员会、外交部、公安部、国防部、教育部、劳动社会福利部、交通运输邮电建设部、财政部、工业贸易部、新闻文化部、农业与林业部、能源矿产部、卫生部、科技环境部、司法部等部门。

司　法　最高人民法院为国家最高审判机关。最高人民检察院是国家最高检察机关。

老挝人民革命党　老挝人民民主共和国的执政党，也是老挝唯一的政党，成立于1955年，原名为老挝人民党，1972年在第二次代表大会上改为现名，目前有党员14.8万名。中央委员会总书记朱马利·赛雅贡。

老挝建国阵线　老挝人民革命党领导下的民族统一战线组织。主席西沙瓦·乔本潘。

国家领导人

国家主席　朱马利·赛雅贡。2006年6月当选连任。

国会主席　通辛·塔马冯。2006年5月当选连任。

政府总理　波松·布帕万。2006年6月当选。

行政区划

一级行政区划　老挝行政区划为16个省、1个直辖市和1个行政特区，分别是：丰沙里省、琅南塔省、博乔省、乌多姆赛省、琅勃拉邦省、华潘省、沙耶武里省、川圹省、万象省、波里坎赛省、甘蒙省、沙湾拿吉省、沙拉湾省、色贡（公河）省、占巴塞省、阿速坡省，万象直辖市，赛宋本行政特区。

主要城市　首都万象市，位于中部万象平原南端、湄公河左岸，面积约3920平方公里，人口60多万，是全国政治、经济、文化中心，也是历史古城和佛教圣地。其他重要城市有琅勃拉邦、沙湾拿吉和巴色。

经　济

国内生产总值　2007年老挝国内生产总值42.77万亿基普（约等于42.77亿美元），比上年增长8%。其中，农林业比上年增长2.8%，工业增长15.7%，服务业增长7.4%。2007年人均国内生产总值656万基普（约等于656美元）。三次产业结构为：40.9∶33.1∶26。

产　业　农业在国民经济中占较大比重。2007年农林业总产值15.81万亿基普；粮食产量270多万吨，其中糯稻占90%。粮食实现自给并略有剩余出口。工业主要有电力、森工、采矿、炼铁、水泥、服装、食品、制药、编织等行业，有企业2.62万家，从业人数10多万人（约占劳动力总数的4.2%）。全年工业总产值12.40万亿基普。入境游客年接待量160万人次，比上年增加33.3%。

财　政　2007年老挝国家财政总收入6.03万亿基普，占GDP的15%；国家财政总支出为8.02万亿基普，财政预算赤字2万亿基普。

金　融　国家中央银行是老挝国家银行。货币名称为基普。通货膨胀率4.14%，为10年来最低。货币保持平稳，基普相对美元升值达6%以上；2007年基普与美元平均比价为10000∶1。

进出口贸易　2007年老挝进出口贸易总额14.90亿美元，比上年下降约17.68%。其中出口额9.77亿美元，矿产品占出口总值的61%；进口额5.13亿美元，其中石油天然气进口额约2.35亿美元。主要外贸对象为泰国、越南、中国、日本、欧盟、美国和加拿大。主要出口商品有服装、电力、木材、咖啡等，进口商品有各种机动车、摩托车、自行车、燃料、水泥、钢材、食糖等。2007年度首次实现贸易顺差4.64亿美元。

外国投资　到2007年，老挝吸引外资金额超过60亿美元，共1031个项目。对老挝投资居前五名的国家依次是：泰国（13.55亿美元）、中国（11.38亿美元）、越南（5.36亿美元）、法国（4.28亿美元）、日本（4.20亿美元）。外国投资的领域主要是电力，其次是矿业、农业、纺织业等。

交通通信

公路交通　老挝没有出海口，交通运输以公路运输为主，以大致南北行的1500公里的13号公路为主干，连接各支线，沟通国内主要城镇。北部连接中国昆明和泰国曼谷的R3高速公路已经完工。全国公路总长3.12万公里。

铁路交通　老挝第一条铁路始于老泰友谊大桥到万象市塔那楞桥，铁路全长3.5公里，于2007年1月动工兴建并于2008年2月20日同泰国铁路接轨。这段铁路的建成,结束老挝没有铁路的历史。

水　运　内河航道总长4600公里,其中湄公河老挝境内河段通航里程1600公里,是全国水运干道;除万象到沙湾拿吉河段可全年通航外,其余河段因水流湍急、多瀑布险滩,须分段航行载重20~200吨船只。

民用航空　国际机场有万象瓦岱机场、琅勃拉邦机场和巴色机场,辟有万象—中国昆明、万象—中国景洪、万象—泰国曼谷、万象—泰国清迈、万象—越南河内、万象—越南胡志明市、万象—柬埔寨金边、万象—柬埔寨暹粒、万象—缅甸仰光、万象—马来西亚吉隆坡等10条国际航线。

电　信　老挝通信设施落后。城市的电话交换机容量较小,许多乡村不通电话。全国有5家电信运营商,分别为LTC(老挝电信)、ETL、LAT、MLL和SkyTel。老挝的固定电话、GSM和互联网服务主要由LTC、ETL、LAT、MLL承担。在移动通信方面,老挝的主要移动运营商有LTC、ETL和MLL。在互联网服务方面,主要由两家基础运营商LAT和ETL提供。

教　育

老挝的旧式教育以佛寺为中心,佛寺是学校,住持即校长,僧侣为教师。老挝现有佛寺2000多座,寺庙除举办佛事活动外,普遍开展教学活动。僧人在寺庙里不仅学习经文,还学习数学、历史等。僧侣教育由国家支持,分小学、中学、佛学院(相当于高中)三级。后者由教育部主管,毕业生被授予"马哈"的尊称。

国民教育的学制为小学5年,初中、高中各3年。2007年全国有各级各类学校约9270所。高等院校38所,其中大学3所。大学生人数近4万人,大学教师2000多人。老挝国立大学有8个学院。2007年老挝南部占巴塞省、北部琅勃拉邦省的国立大学分校已经独立为占巴塞大学和苏发努冯大学。

2007年老挝政府制定的教育主要指标为:小学净入学率87%,初中入学率64.9%,高中入学率42.5%,15岁以上人群识字率76%,每10万人口中的学生数达到1104人。

传　媒

老挝有报刊20种。主要老挝文报纸有《人民报》(老挝人民革命党中央机关报,创刊于1950年)、《新万象报》、《人民军报》、《青年报》等。外文报纸有英文报《VIENTIANETIMES》和法文报《LE RENOVATEUR》。

巴特寮通讯社是官方通讯社。出版老挝文《巴特寮》日报及英、法文《每日消息》。广播电台有老挝国家广播电台、老挝人民军广播电台和14个省级广播电台。老挝国家广播电台对内用老挝语广播,对外用越、柬、法、英、泰等5种语言广播。电视台有老挝国家电视台和17家省(直辖市)电视台。老挝国家电视台建于1983年,每天播放老挝语节目5小时左右。

越南、法国和中国三国在老挝设有广播电台转播站。

医疗卫生

老挝主要城市卫生条件较好,广大农村特别是山区大都缺医少药。国家重视医疗卫生事业,国家职工和普通居民均享受免费医疗。2007年底,全国有公立医院151所、卫生所746所,私人诊所254所;有高级医生2000多人;每千人拥有病床1.6张、医生9人。

科　技

老挝的科技较为落后,主要侧重于农业先进技术的研究开发、应用与推广。全国建有10个农业研究所、8个农业工作站。国家的科技管理工作由科技环境部负责。2007年6月,老挝社会科学院成立。

历　史

老挝有悠久的历史。从公元1世纪到14世纪中

老挝查尔平原神秘的石缸群　　(原载《占芭》)

叶，在今老挝疆域内曾先后出现过3个古国，即科达蒙、文单（或称陆真腊）和澜沧（亦译南掌，意为万象之邦）。1353年，孟骚（今琅勃拉邦，澜沧的政治中心）的统治者法昂统一今老挝全境，建立澜沧王国，形成老挝历史上第一个多民族的封建国家。

18世纪初叶，澜沧王国解体，分裂成为琅勃拉邦、万象、川圹、占巴塞等4个王国。从18世纪末叶到19世纪中叶，这些王国相继为暹罗所统治。1893年，老挝成为法国保护国，法国取代暹罗的统治。1907年，法国、暹罗签订《法暹条约》，规定老挝边界。1940年9月，老挝被日本占领。

1945年日本投降后，老挝开展独立运动，建立以佩差拉亲王为首的政府，并于10月12日宣布独立。

1946年，法国再次入侵。1954年7月，根据关于恢复印度支那和平的日内瓦协议，法国开始从老挝撤军。不久，美国入侵。1962年，老挝成立以富马亲王为首相、苏发努冯亲王为副首相的联合政府。1964年，美国支持亲美势力破坏联合政府，进攻解放区。

1973年2月，老挝各方签署关于在老挝恢复和平与民族和睦的协定。1974年4月，成立以富马为首相的新联合政府和以苏发努冯为主席的政治联合委员会。

1975年12月，老挝人民民主共和国成立，宣布废除君主制。

1997年7月，老挝加入东南亚国家联盟。

马来西亚

国 名

马来西亚联邦（Union of Malaysia），简称马来西亚。

国 旗

马来西亚国旗呈横长方形，长宽比为2∶1。主体部分由14道红白相间、宽度相等的横条组成。左上方有一深蓝色的长方形，上有一弯黄色新月和一颗14个尖角的黄色星。14道红白横条和14角星象征马来西亚的13个州和联邦政府。蓝色象征人民的团结，黄色象征皇室，新月象征马来西亚的国教伊斯兰教。

地 理

位　置　马来西亚位于北纬1°~7°，东经97°~120°，国土被南中国海分隔成东、西两部分。西马位于马来半岛南部，东临南中国海，西濒马六甲海峡；东马位于加里曼丹岛北部。

面　积　陆地国土面积33.02万平方公里。

疆界和邻国　陆上疆界2669公里。西马北与泰国接壤，南与新加坡海相望。东马则与印尼、菲律宾、文莱相邻。

地形地貌　西马地势南低北高，东西两侧沿岸为冲积平原，中部为山地。大汉山海拔2185米，为西马最高峰。东马沙巴州西部为沿海平原，内部为山地，克罗克山脉纵贯南北，其主峰基纳巴卢山海拔4101米，为全国最高峰，也是东南亚地区最高峰。沙捞越州沿海为冲积平原，内地为丘陵和山地。

江　河　境内河流密布，但大河很少。位于东马的拉让河是全国第一大河，卢帕河是全国最宽的河流。

海岸海岛　海岸线曲折，总长4192公里。西马西南部是著名的马六甲海峡，水道狭长，是连接太平洋与印度洋之间的重要海上通道。岛屿众多，共有1007座岛屿，但大部分面积较小。著名的岛屿有：兰卡威岛、刁曼岛、乐浪岛、邦咯岛等。

气　候　属热带海洋性气候。内地山区年均气温22℃~28℃，沿海平原为25℃~30℃。马来半岛西岸每年9~12月为雨季，西马东岸、沙巴、沙捞越等地雨季为每年10月至翌年2月。

风景名胜　吉隆坡市内主要景点有世界著名的高楼——双峰塔、苏丹亚都沙末大厦、独立广场、苏丹王宫、国家清真寺、杰姆清真寺、湖滨公园、胡姬花公园、国家博物馆、国家动物馆、天后宫、黑风洞等。槟城有圣乔治教堂、康华利斯堡、大会堂、钟楼、龙山堂、极乐寺、蛇庙、郑和庙、卧佛寺、马里安曼寺、雅哲清真寺、甲必丹武吉清真寺等。马六甲有荷兰红屋、三保山、三保庙、三保井、圣保罗教堂、古城门、葡萄牙村、马六甲文化博物馆等。此外，还有兰卡威岛、刁曼岛、乐浪岛、邦咯岛、大汉山国家公园、京那巴鲁公园、尼亚国家公园、姆鲁国家公园、金马伦高原、云顶高原等旅游景区。

国 民

人　口　2007年马来西亚人口2717万，人口平均密度为每平方公里82.28人。

民　族　有30多个民族。马来人、华人、印度人人口较多，分别占总人口的68.7%、23.2%、6.9%。少数民族有尼格列多族（又称矮黑人）、塞诺伊族、原古马来族、海达雅克族（又称伊班族）、陆达雅克族（又称比达育族）、米兰诺族、卡达山族、穆鲁特族、巴查乌族、印度尼西亚族等。

语　言　马来语为国语，通用英语，华语使用也较广泛。

宗　教　国民信奉的宗教主要有伊斯兰教、佛教、印度教和基督教等。伊斯兰教为国教。

资源物产

马来西亚自然资源丰富。锡矿品位高，储藏量居世界第二位。沿海蕴藏着丰富的石油和天然气,石油储藏量34亿桶(1997年探明),天然气储量2.27万亿立方米(1998年探明)。铁矿品位也较高,含铁量超过50%,储藏量1亿多吨。此外,还有铜、金、钨、煤、铝土、锰等矿产。

动植物种类繁多,被列为世界12个最大生物多元化的国家之一。森林覆盖率59.5%,盛产热带硬木。是橡胶、油棕、胡椒、可可、椰子等热带经济作物的重要产地,橡胶、棕油、胡椒的产量和出口量居世界前列,其中棕油产量居世界首位。

国体政体

政　体　马来西亚政体是君主立宪联邦制。最高元首和州的苏丹分别是该国及州的立宪君主。宪法规定,马来西亚设最高元首作为国家权力即君主的象征。最高元首为国家权威的象征、伊斯兰教领袖兼武装部队统帅。正、副最高元首只能由统治者会议从9个世袭苏丹中轮流选举产生,任期5年,轮流执政,不能连任。

统治者会议　由柔佛、彭亨、雪兰莪、森美兰、霹雳、丁加奴、吉兰丹、吉打、玻璃市9个州的世袭苏丹和马六甲、槟州、沙捞越、沙巴4个州的州元首组成,其职能是在9个世袭苏丹中轮流选举产生最高元首和副最高元首(4个州的州长没有选举权和被选举权);并对国家的政策、法律和宗教问题进行审议。

联邦议会　也称国会,是国家最高立法机构。由上议院(参议院)和下议院(众议院)组成,上议院议员任期3年,有70个议席;下议院议员任期5年,有219个议席。本届国会于2004年3月全国大选后组成。

内　阁

联邦政府采用责任内阁制,内阁是马来西亚最高行政机关,由选举中占半数以上的政党组成。政府首脑为总理,由最高元首任命。本届内阁于2006年2月14日在2004年3月全国大选后组成内阁的基础上改组而成,设有28个部门。

各州国家机关　各州设有州政府,享有内政独立的自主权。君主立宪制原则适用于9个有世袭苏丹的州。槟榔屿州、马六甲州、沙巴州、沙捞越州等4州州长,由联邦政府任命委派。

司法机关　最高司法机关为联邦法院。西马、东马分别设有马来亚高级法院和婆罗洲高级法院。各州设有地方法院和推事庭。另外还有特别军事法庭和伊斯兰教法庭以及审理苏丹的刑、民事案件的特别法庭。

政　党　马来西亚注册政党有40多个,多党联盟执政一直是马来西亚政党政治的特点。现执政的国民阵线由马来民族统一机构(又称巫统)、马来西亚华人公会、马来西亚印度人国大党、人民运动党、马来西亚人民进步党、沙捞越土著保守统一党、沙捞越人民联合党、沙捞越国民党、沙捞越达雅克族党、沙巴自由民主党、沙巴进步党、沙巴人民团结党、沙巴民主党、沙巴团结党等14个政党组成。其他政党均为反对党,主要有伊斯兰教党、民主行动党等。

国家元首和政府首脑

最高元首　端古·米詹·扎因·阿比丁,2006年12月13日出任第13任最高元首,2007年4月26日登基。

政府总理　阿卜杜拉·巴达维。2004年3月22日当选连任。是国民阵线主席。

行政区划

一级行政区　马来西亚行政区划为13个州和3个直辖区。其中西马有柔佛州、吉打州、吉兰丹州、马六甲州、森美兰州、彭亨州、槟榔屿州、霹雳州、玻璃市州、雪兰莪州、丁加奴州、吉隆坡直辖区、布特拉加亚直辖区,东马有沙巴州、沙捞越州、纳闽联邦直辖区。

主要城市　首都吉隆坡,位于马来半岛南部,西濒马六甲海峡,面积243.65平方公里,人口约155万,是全国政治、经济、文化、交通中心。其他重要城市有马六甲、槟城、古晋、怡保、新山、巴生、山打根等。

夜幕下的双峰塔　　(原载《中国—东盟博览》)

经　济

国内生产总值　马来西亚 2007 年国内生产总值 6414.9 亿林吉特(约合 2004.65 亿美元),比上年增长 6.3%。人均收入 23610.2 林吉特(约合 7378 美元)。

产　业　农业以种植业为主,渔业也有一定规模。农业从业人员 157.45 万人。产值 240.39 亿林吉特。工业主要有电子、汽车、钢铁、石油化工、纺织和采矿等行业,从业人员 300.79 万人。产值 1927.75 亿林吉特。制造业发展较快,在国民经济中占有重要地位。服务业发达,从业人员 557.35 万人,产值 1741.33 亿林吉特。其中旅游业是国民经济的第三大支柱。2007 年外国游客人数 2088 万人次,旅游业收入 140 亿美元。

财　政　2007 年财政收入 1417.9 亿林吉特;财政支出 1647.43 亿林吉特。

金　融　有商业银行 35 家,外商银行办事处 36 家,证券银行 12 家,伊斯兰银行 8 家,金融公司 25 家。中央银行是 Bank Negara Malaysia。货币名称为林吉特。2007 年林吉特与美元平均汇率为3.30:1。至 2007 年底外汇储备 1109 亿美元。

进出口贸易　2007 年进出口总额 11097 亿林吉特(约合 3425 亿美元),其中出口额 6051 亿林吉特(约合 1868 亿美元),进口额 5045.7 亿林吉特(约合 1557 亿美元),贸易盈余 1005.3 亿林吉特。主要贸易对象是美国、新加坡、日本和中国,主要出口产品有电子电器产品、棕油、石油、化工产品、液化天然气,进口产品有机械运输设备、食品、烟草、燃料等。

交通通信

铁路运输　铁路干线贯穿马来半岛南北,主要铁路线有国际线和东海岸铁路线。铁路总长 2418 公里,年客运量 540 万人次。

公路运输　拥有良好的公路网。连接马来半岛南北的高速公路(亦称南北大道)和穿越中央山脉的东西高速公路是马来半岛交通的主动脉。公路总长 7.59 万公里。全国注册交通工具 1480 余万辆(2005 年),其中绝大部分为私人拥有。

水　运　有各类船只 1008 艘,其中 100 吨位以上的注册商船 508 艘,注册总吨位 175.5 万吨;远洋船只 50 艘。有港口 19 个,主要有巴生港、槟城港、关丹港、新山港、马六甲港、古晋港、纳闽港等,其中巴生港和槟城港是最繁忙的港口。内河运输主要集中在东马地区。

民用航空　有机场 37 个,其中国际机场 5 个,分别是吉隆坡国际机场、槟城机场、兰卡威机场、哥打基那巴鲁机场和古晋机场。马来西亚航空公司是马来西亚最大的航空公司,拥有飞机 100 余架,辟有 116 条国际航线。2005 年民航客运量 4160 万人次。

电　信　2005 年固定电话用户 457 万户,2006 年注册移动电话用户 2000 万户。截至 2006 年 4 月,马来西亚电脑用户 420 万人,互联网使用人数占 40%。

教　育

马来西亚强制实行 9 年义务教育。小学学制 6 年,免费教育;初中学制 3 年;高中学制 4 年;大学学制一般为 4~5 年。全国有小学 7084 所,在校生共 283 万,每 18 名小学生配备 1 名教师,小学适龄儿童入学率为 97.8%;中学 1538 所,在校生 172 万,每 16 名中学生配备 1 名教师;公立高等院校 10 所,私立学院 662 所。著名大学有马来亚大学、马来西亚理工大学、马来西亚博特拉大学(农业大学)、马来西亚理科大学、国际伊斯兰大学、马来西亚北方大学、国民大学等。

国家财政教育经费支出占国民生产总值的 6.2%。10 岁以上人口识字率为 95%。

全国有 470 多家公共图书馆,藏书 1130 万册。

传　媒

马来西亚国家新闻社(简称马新社)是半官方性质的新闻机构,成立于 1968 年,在亚太地区设有 33 家分社。

全国约有 50 种报纸和杂志,用 8 种文字出版。主要马来文报纸有《马来先锋报》、《马来西亚使者报》、《每日新闻》和《祖国报》;主要英文报纸有《新海峡时报》、《太阳报》、《星报》和《马来邮报》;主要华文报纸有《南洋商报》、《星洲日报》和《中国报》。

主要广播电台有马来西亚广播电台和马来西亚之声。其中,马来西亚广播电台为官办,建于 1946 年,拥有 6 个广播网,用马来语、英语、华语和泰米尔语广播;马来西亚之声建于 1963 年,用马来语、阿拉伯语、英语、印尼语、缅甸语、他加禄语、泰语等 8 种语言对外广播。主要电视台有马来西亚电视台、第三电视台、城市电视、国民电视、第七电视台、美佳电视台、寰宇电视台,有 169 个电视频道可供选择。其中马来西亚电视台(包括第一电视台和第二电视台)为官办,建于 1963 年,播放马来语、英语、华语和泰米尔语节目。

医疗卫生

马来西亚有公立医院 118 所(2000 年,下同),病床 3.57 万张;县、乡级医务所 3115 个。全国有医生 1.02 万人,护士 1.46 万人。2003 年,全国平均每 1377 人有 1 名医生,共有病床 3.4 万张。2007 年人均寿命男性 71.9 岁,女性 76.4 岁,婴儿死亡率 4.4‰,人口自然增长率 18‰。

科　技

马来西亚科技体系分政府机构、高等教育研究机构和私人机构三种。内阁科学技术委员会为马来西亚科学技术政策的最高决策机构，由总理兼任主席，成员包括科学技术与环境部、国际贸易与工业部、教育部、财政部和人力资源部的部长。科学技术与环境部下属科技机构主要有环境局、化工局、气象局、野生保护和国家公园、核技术研究所、微电子系统研究所、原子能许可委员会、马来西亚标准研究所、太空研究局和国家生物工艺学委员会。高等教育研究机构设在各大学中，博特拉大学（原农业大学）、科学大学、技术大学、马来亚大学、国民大学等高等院校均设有科技机构。马来西亚国家科学研究与开发理事会为协调机构，也是马来西亚政府科学技术方面的全国性顾问组织。

历　史

距今1万年前的旧石器时代，马来半岛就已经有人类居住了。

公元初马来半岛出现了羯荼、狼牙修等古国。15世纪初以马六甲为中心的满剌加王国统一了马来半岛的大部分，伊斯兰教也因此传播开来。

16世纪开始先后被葡萄牙、荷兰、英国占领。20世纪初完全沦为英国殖民地。沙捞越、沙巴历史上属文莱，1888年两地沦为英国保护地。二次大战中，马来亚、沙捞越、沙巴被日本占领。战后英国恢复殖民统治。

1957年8月31日马来亚联合邦宣布独立。1963年9月16日，马来亚联合邦同新加坡、沙捞越、沙巴合并组成马来西亚联邦（新加坡于1965年8月9日退出）。

马来西亚是东南亚国家联盟创始成员国。

缅　　甸

国　名

缅甸联邦（The Union of Myanmar），简称缅甸。

国　旗

缅甸国旗为红色，呈横长方形，长宽比为9∶5。旗面为红色，左上角有一深蓝色的小长方形，里面绘有白色的图案——14颗五角星环绕着一个14齿的齿轮，齿轮中空，内有一株谷穗。红色象征勇敢和果断，深蓝色象征和平与统一，白色象征着纯洁和美德。14颗五角星代表缅甸联邦的14个省、邦，齿轮和谷穗象征工业和农业。

地　理

位　置　缅甸位于中南半岛西部。地处东经92°20′~101°11′、北纬9°58′~28°31′之间。西南濒临孟加拉湾和安达曼海。

面　积　陆地国土面积67.66万平方公里。

疆界和邻国　东北与中国毗邻，西北与印度、孟加拉国接壤，东南与老挝、泰国交界。陆地边界线长5876公里。

地形地貌　地势大体上是两边高，中间低，北边高，南边低。东面是掸邦高原，西面为西部山地，中部是伊洛瓦底江谷地。伊洛瓦底江的中下游地区为平原，称为中央大平原，是缅甸经济最发达的地区。大部分国土是山地和高原。

江　河　大多为南北走向。主要河流有伊洛瓦底江和萨尔温江。伊洛瓦底江起源于中国的青藏高原。纵贯缅甸南北，全长2150公里，注入印度洋的安达曼海，流域面积占全国陆地面积的60%。东部的萨尔温江与伊洛瓦底江大致平行，起源于中国的唐古拉山脉，它的上游是中国的怒江。萨尔温江在缅甸境内流长1600公里，是缅甸第二大河，流域面积为20万平方公里。

海岸海岛　海岸线长3200公里，均在南部。可划分为三段：北段是阿尔干海湾，中段是伊洛瓦底江三角洲，南段是丹那沙林海岸。面积最大的岛屿为兰里岛。

气　候　属热带季风气候区。分热、雨、凉三季。3~5月为热季，6~9月为雨季，10月到次年2月为凉季。各地年平均气温为27°，年平均降雨量为3000~5000毫米。平原和丘陵地区炎热潮湿，山区比较凉爽。

风景名胜　主要有仰光大金塔、曼德勒山、蒲甘佛塔群、波巴山、茵莱湖风景区等。

国　民

人　口　缅甸人口5540万（2006年1月）。劳动力总数约占总人口的2/3。

民　族　有135个民族。缅族是主体民族，约占全国人口的65%。人口较多的民族还有掸族、克钦族、钦族、克伦族、孟族、若开族、勃欧族、佤族、克耶族等。华侨华人约250万，占全国人口的4%。缅族大多居住在平原，华人主要居住在仰光一带，其他民族大多居住在山区。

语　言　各民族都有自己的语言，缅甸语为国语。缅族、克钦族、克伦族、掸族、孟族等民族有自己的文字。

宗　教　85%以上的国民信仰佛教（小乘佛教）。男性青少年都要出家为僧一段时间。各地佛塔林立，号称“万塔之国”。佛教文化是缅甸文化的重要组成部分，佛教教义规范着缅甸人民的社会生活。约8%的人信奉伊斯兰教。少数国民信奉基督教和原始宗教、印度教等。

国民收入　2004/2005财政年度（缅甸财政年度

自当年的4月1日起至次年的3月31日止）国民人均收入16.57万缅元。

缅甸曼德勒敏贡佛塔 （原载《吉祥》）

资源物产

缅甸是著名的“稻米之国”和“森林之国”。稻米盛产于伊洛瓦底江三角洲和锡唐河河谷一带。全国森林覆盖率53%，拥有林地3412万公顷，出产柚木、花梨木、丁纹木、鸡翅木、黑檀木、铁木等名贵木材和竹子、藤类。鱼虾资源蕴藏量176万吨，年可捕量105万吨。矿产资源主要有石油、天然气、宝石、玉石、锡、钨、锌、铝、铜、锑、锰、金、银等。水力资源蕴藏量为1800万千瓦。近年不断发现新的石油和天然气资源，在果敢地区发现金矿，在东北部发现铅锌矿。

国体政体

国　体　缅甸是联邦制国家。

国家和平与发展委员会　国家最高权力机构。由13人组成。

联邦政府　国家最高行政机关。设有国防部、内务部、外交部、商务部等部门。

司法机关　法院、检察院均分为4级，第一级是最高法院和最高检察院。省邦、县和镇区这三级也设有法院和检察院。

党　派　全国有10个党派，即全国民主联盟、民族团结党、掸邦民主联合会、联邦勃欧族联合会、掸邦果敢民主党、谬族（克密族）团结协会、拉祜族发展党、联邦克伦族联盟、果敢民主团结党和佤族发展党。

国家元首和政府首脑

国家和平与发展委员会主席　丹瑞大将。1997年任职。兼任国防军最高司令部司令。2004年10月任职。

政府总理　梭温上将，2004年10月19日任职，2007年10月12日因病逝世；登盛中将，2007年10月24日任职。

行政区划

一级行政区划　缅甸行政区划为7个省和7个少数民族邦，分别是：德林达依省、仰光省、勃固省、曼德勒省、实结省、马圭省、伊洛瓦底省，克伦邦、克钦邦、克耶邦、掸邦、孟邦、钦邦和若开邦。

主要城市　仰光市，位于缅甸南部，市区面积696.71公里，人口约530万（2004年），是全国经济、文化中心。其他重要城市有曼德勒、毛淡棉、勃生、蒲甘等。内比都是首都，是国家行政中心。

经　济

国内生产总值　2005/2006财年，缅甸国内生产总值约121620万亿缅元，人均国内生产总值22万缅元。

产　业　农业在国民经济中占较大比重（产值约占国内生产总值的50%），农业劳动力约占全国劳动力总数的64%。以种植业为主。除大米外，还种植小麦、甘蔗、花生、芝麻、棉花、豆类、烟草等。耕地面积1052.16万公顷，其中水稻面积724.37万公顷。2007年大米产量3100多万吨。渔业较发达。热带水果很多。畜牧业有牛、羊、猪、鸡、鸭等。工业主要行业有农产品加工、油气开采（蒲甘、宫达臣、坦德宾是现有的三大油田）、小型机械制造、纺织印染、木材加工、制糖、造纸、化肥、制药、电力、采矿业等。全国有18个工业区，职工总数170多万。第三产业发展较快，产值占国内生产总值30%以上。旅游资源丰富，2007年1～10月接待外国游客约21.1万人。

金　融　国有银行5家，私人银行20家。货币名称为缅甸币，单位为元。2005年官方汇价为6.5缅元兑换1美元。2007年通货膨胀率达27%。允许私营企业和外资进入金融领域。开展信用卡业务。

进出口贸易　2007年缅甸进出口贸易总额87.3亿美元，其中出口59.4亿美元，进口27.9亿美元。主要贸易伙伴是泰国、新加坡、中国、印度、日本和马来西亚。主要出口商品有天然气、服装、豆类、虾类、柚木、硬木、粮食、宝石等。进口商品有机械及运输设备、精炼矿物油、纺织品、一般金属及金属制品、棕榈油、电子设备及电器、塑料等。

外国投资　截至2007年9月，外国对缅投资达

145.8亿美元，主要投资领域是电力、油气工业和房地产。外资主要来自中国、新加坡、泰国、马来西亚和欧盟。对外来投资实行税收等方面的优惠政策。

交通通信

公路交通　缅甸有公路515条，总里程22.21万公里。毛淡棉—仰光—南坎的公路为主干道，路况较好。全国机动车保有量95万辆（2004年），其中摩托车60多万辆，私人小轿车18.5万辆。

铁路交通　铁路总里程5800多公里，主要是窄轨铁路。拥有蒸汽机车270台。纵贯南北的仰光—密支那线是铁路主干线。

水　运　内河航道总里程1.03万公里。主要航线在伊洛瓦底江。蒲甘和曼德勒是重要的水上旅游航线。沿江各大城市都有班轮运输。拥有各种船只537艘。可供远洋货轮停靠的港口主要有仰光港、勃生港、实兑港、若开港和毛淡棉港等15个港口，其中仰光港是最大的海港。全国仅有缅甸五星级轮船公司经营远洋运输。

民用航空　有机场43个，其中主要有仰光机场、曼德勒机场、黑河机场、蒲甘机场、丹兑机场等。仰光机场和曼德勒机场为国际机场。主要航空公司有缅甸国际航空公司、仰光航空公司、曼德勒航空公司和蒲甘航空公司。国际直达航线联系13个国家和地区。国内航线有17条，大城市和主要旅游景点均已通航。

电　信　2007年移动电话有21万户。有卫星通信电话和水下光纤电缆通信。还有电子邮件、传真、微波等通信业务。国内电信网处于不断的快速发展之中。

教　育

缅甸的基础教育学制为10年。全国有小学（1～4年级）3.5万所，在校学生约500万人，教师15万人；初级中学（5～8年级）3000多所，在校学生约200万人，教师5万多人；高级中学（9～10年级）1800多所，在校学生约65万人，教师1600多人。高等院校有156所，主要大学有仰光大学、曼德勒大学和毛淡棉大学等。全民识字率92.2%。缅甸实行小学义务教育制度。除学校教育外，还有寺庙教育。近年来还开展了远程教育。

传　媒

缅甸通讯社是国家通讯社。

报纸均为政府所办。主要报刊有英文版的《星光报》，缅文版的《缅甸之光》、《劳动人民报》、《镜报》等。《首都报》、《曼德勒日报》是著名的地方报纸。杂志和期刊有140多种。较著名的杂志是《妙瓦底》（缅文），《保卫》（英文）。

政府主办的“缅甸之声”是全国唯一的广播电台，用缅语、英语和8种少数民族语言广播。全国有两家电视台，即缅甸电视台和妙瓦底电视台。境内大部分地区都能收看到电视节目。

医疗卫生

缅甸有医院819所（不含14所中医医院），其中拥有300张以上病床的医院有114所。最好的医院是仰光的亚洲皇家医院和仰光市总医院。此外，还有农村卫生所1404所。全国有医生1.66万人。此外，还有数以百计的妇幼保健站。

缅甸传统的民族医药是缅医和缅药。政府提倡缅医与西医相结合。

科　技

缅甸有科技研究机构12个。另有科技大学3所、技术学院26所、计算机学院2所、航空工程和海事学院2所，这些高等学院也从事科学研究。近年来，信息技术发展较快。

联邦政府科技部负责管理全国的科学技术工作。

农业科学和应用科学在国家科技事业中占有重要地位。重视推广先进的种植技术。工业领域不断改进技术，开发新产品。

历　史

公元1044年形成统一的国家。历经蒲甘、东坞、贡榜3个封建王朝。

19世纪，英国殖民主义者以武力占领缅甸，并将缅甸划为英属印度的一个省。1937年，实行印缅分治，由英国直接统辖缅甸。缅甸人民从1920年开始争取民族解放斗争。1932年，我缅人党成立，开展大规模的反英运动。1942年5月，日军占领缅甸，缅甸人民开展英勇的抗日斗争。1945年3月举行全国总起义，缅甸光复。不久，仍被英国控制。缅甸人民继续开展民族独立运动。

1948年1月4日，缅甸独立，成立缅甸联邦，组成以吴努为首的政府，实行多党议会制。

1962年，奈温将军发动政变，推翻吴努政府，成立革命委员会执政。1974年1月，将国名改为缅甸联邦社会主义共和国，并颁布新宪法，成立人民议会，组建以奈温为主席的社会主义纲领党。1988年7月，因经济恶化，爆发全国性游行示威，奈温和吴山友（总统）辞职。

1988年9月18日，时任国防部长的苏貌将军率军队接管政权，成立国家恢复法律和秩序委员会，并宣布废除宪法，解散人民议会和政府机构。同年9月23日，军政府将国名改为缅甸联邦，1990年5月，在全国举行大选，1993年1月，缅甸政府召开制宪国民大会。

1997 年 11 月 15 日，国家恢复法律和秩序委员会改名为国家和平与发展委员会。10 多年来，军政府奉行民族和解与合作政策，实行民族自治，国内民族矛盾逐渐缓和。

1997 年，缅甸联邦加入东南亚国家联盟。

菲 律 宾

国 名

菲律宾共和国（The Republic of the Philippines），简称菲律宾。

国 旗

菲律宾国旗呈横长方形，长宽比为2∶1。靠旗杆一侧为白色等边三角形，中间是放射着八束光芒的黄色太阳，三颗黄色的五角星分别在三角形的三个角上。旗面右边是红蓝两色的直角梯形，两色的上下位置可以调换。平时蓝色在上，战时红色在上。太阳和光芒图案象征自由；八道较长的光束代表最初起义争取民族解放和独立的八个省，其余光芒表示其他省。三颗五角星代表菲律宾的三大地区：吕宋、萨马和棉兰老。蓝色象征忠诚、正直，红色象征英勇、胆量，白色象征和平、纯洁。

地 理

位　置　菲律宾位于亚洲东南部。地处北纬 4°35′～21°08′、东经 116°55′～126°37′之间。西濒南中国海，东临太平洋。

面　积　陆地面积29.97 万平方公里。

疆界和邻国　疆域从北到南跨度达1000 公里。北面、西面与中国为邻，南面与印度尼西亚、马来西亚隔海相望。

地形地貌　陆地国土由 7107 个岛屿组成，素有“千岛之国”之称。按照地形和岛屿排列情况，菲律宾群岛通常分为吕宋岛（第一大岛，面积 4.08 万平方公里）、维萨亚群岛、棉兰老岛（第二大岛，面积 3.69 万平方公里）、巴拉湾群岛、苏禄群岛五大部分。地貌复杂多样，山地面积占陆地总面积的2/3。群岛上横亘 7 座山脉，其中谢拉马德雷山脉最长，从北到南纵贯吕宋岛东部。最高峰是锕阜山（休眠火山），海拔 2955 米，位于棉兰老岛。最有名的平原是吕宋平原，有“菲律宾粮仓”之称。海拔最高的地区是吕宋岛北部的奔贵高原。海岸线蜿蜒曲折，总长 1.85 万公里，颇多天然良港。马尼拉湾是世界上最好的港湾之一，水域达770 平方公里。位于棉兰老岛东面海域的菲律宾海沟深达 10540 米，为世界最深的海沟。由于地处太平洋边缘的火山地震带，常发生地震。境内有火山 50 多座，其中活火山 11 座。吕宋岛上的活火山马荣火山在 1616～1968 年间共喷发 30 余次。

江河湖泊　群岛河流遍布，最长的河流是卡拉延河。吕宋岛的内湖是最大的淡水湖。

气　候　属热带海洋性气候区。分干、湿两季：5～10月为湿季，高温多雨；11 月至次年 4 月为干季，炎热干燥。由于国土南北跨度大和东西有山脉分隔，南部与北部、东海岸与西海岸的气候有较大差别。全国年平均气温 26.6℃。年降水量 2000～3000 毫米。东面海域是台风发源地，境内常受台风影响。

风景名胜　主要旅游景点有百胜滩、蓝色港湾、碧瑶市、马荣火山、伊富高省原始梯田等。

国 民

人　口　菲律宾人口 8870 万（2007 年）。

民　族　有 80 多个民族。其中，马来族（包括他加禄人、伊洛戈人、邦班牙人、比萨亚人、比戈尔人等）约占全国人口的 85%，华人（约 150 万）、印度尼西亚人、阿拉伯人、印度人、西班牙人、美国人等族群约占 5%。还有为数不多的原住民。

语　言　有 70 多种语言。通用语是以他加禄语为基础的菲律宾语。官方语言为英语。西班牙语也较流行。

宗　教　约 84% 的国民信奉天主教。4.9% 信奉伊斯兰教。少数人信奉独立教和基督教新教。华人多信奉佛教。原住民多信奉原始宗教。

资源物产

菲律宾探明储量的金属矿有 13 种，非金属矿 29 种。储量较大的金属矿有铜、金、银、铁、铬、镍和铝土，其中铜矿储量 37.16 亿吨，镍矿 1.27 亿吨、金矿 1.36 亿吨。非金属矿主要有石灰石、大理石等。地热资源丰富，估计有相当于 20.9 亿桶原油的热能资源。巴拉望岛西北部海域石油储量约 3.5 亿桶。

菲律宾有可耕地 1400 万公顷，占土地总面积的 46.9%。粮食作物主要是稻谷和玉米。经济作物主要有椰子、甘蔗、蕉麻、烟草、香蕉、菠萝、橡胶、咖啡、芒果等，其中椰子产量和出口量均占世界的 60% 以上。森林面积 1250 万公顷，森林覆盖率约 41%，有红木、樟木等名贵木材。经济鱼类有 2400 多种，金枪鱼资源居世界前列。开发的海水、淡水鱼场面积 2080 平方公里。

国体政体

国　体　菲律宾是共和制国家。立法、行政、司法三权分立。实行总统内阁制。总统由人民直接选举产生，任期 6 年。

国　会　国家最高立法机构。由参、众两院组成。参议院议员 24 名，由全国直接选举产生，任期 6 年，每 3 年改选 1/2，可连任两届。众议院议员 250 名，其中 200 名由各省、市按人口比例分配，从全国各选区选出；25 名由参选获胜政党委派；另外 25 名由总统任命。众议员任期 3 年，可连任三届。本届国会于 2007 年 7 月选举产生。

东盟首脑会议和东亚峰会主办城市菲律宾宿务　（原载《吉祥》）

政　府　由总统、副总统和内阁成员组成。设住房和城市发展协调委员会、执行部、外交部、财政部、司法部、农业部、国防部、贸易与工业部、公共工程与公路部、教育文化与体育部、劳工与就业部、社会经济计划部、卫生部、土地改革部、警察总监、内务与地方政务部、环境与自然资源部、交通与运输部、社会福利部、预算与管理部、科技部、旅游部、能源部、新闻部等部门。本届总统、副总统于 2004 年 6 月选举产生，内阁于同年 8 月组成。此后略有调整。

司法机构　司法权属最高法院和各级法院。最高法院拥有最高司法权，有 1 名首席法官和 14 名陪审法官，均由总统任命。下设上诉法院、地方法院和市镇法院。最高法院首席法官阿特米奥·潘格尼班（Artemio V. Panganiban）。检察工作由司法部检察长办公室负责，总检察长里卡多·加维斯（Ricardo GALVEZ）。

政　党　有政党 100 余个，大多数为地方性小党。主要政党有基督教穆斯林民主力量党（简称拉卡斯，最大政党，现执政党）、民族主义人民联盟、摩洛民族解放阵线、摩洛伊斯兰解放阵线、共产党、自由党、民主行动党、地方发展优先党、改革党、民主战斗党、民族党等。

国家元首和政府首脑

总统是国家元首、政府首脑兼武装部队总司令。现任总统格洛丽亚·马卡帕加尔·阿罗约，于 2004 年 6 月当选连任。

行政区划

一级行政区划　菲律宾划分为吕宋、维萨亚、棉兰老三大部分，行政区划为首都地区、科迪勒拉行政区和棉兰老穆斯林自治区，以及伊罗戈区、卡加延谷区、中吕宋区、南塔加罗格区、比克尔区、西维萨亚区、中维萨亚区、东维萨亚区、西棉兰老区、北棉兰老区、南棉兰老区、中棉兰老区、卡拉加区等 13 个地区。下设 79 个省和 116 个市。

主要城市　首都大马尼拉市，位于吕宋岛南部，人口 1090 万（2005 年），是全国政治、经济、文化、交通中心。其他重要城市有马尼拉、奎松、达澳、宿务、卡洛奥坎、三宝颜、帕萨伊、巴戈洛德、伊洛伊洛、卡加延德奥罗等。

经　济

国内生产总值　2007 年菲律宾国内生产总值 1288 亿美元，2007 年国内生产总值增长 7.3%。人均国内生产总值 1455 美元。

产　业　农业以种植业为主。工业以农、林产品加工业为主，制造业发展迅速。服务业在国民经济占较大比重，从业人员 1400 多万人，约占全国就业人数的 40%。

财　政　2007 年财政收入 13346 亿比索。

金　融　主要银行有首都银行、商业银行等。货币名称为比索。2007 年比索与美元平均比价约为 45∶1，升值 19.5%，成为亚洲表现较佳货币。2007 年国家外汇储备 337 亿美元，外债总额 549 亿美元。

对外贸易　与 150 个国家和地区有贸易往来。2007 年出口额 502.70 亿美元，进口额 553.17 亿美元。出口商品主要有电子产品、机械和运输设备、服装、石油产品、食品、矿产品等，进口商品主要有电子产品、石油产品、机械和运输设备、化工产品、食品等。

交通通信

民用航空　菲律宾航空业比较发达。全国有机场 288 个。主要机场有尼诺·阿基诺国际机场、宿务麦克坦国际机场、达澳国际机场、苏比克国际机场、克拉克国际机场和拉瓦格国际机场，其中马尼拉的尼诺·阿基诺国际机场是全国最大的航空港。国内航线通达 40 多个城市。国际航线较多，与 30 多个国家签有国际航运协定。

铁路交通　铁路总里程1200多公里，集中在吕宋岛。铁路网以马尼拉为中心，北达圣费尔南多，南到黎牙实比。

公路交通　公路总里程约20万公里。注册机动车辆476.36万辆(2005年10月)。

水运　航道总长3219公里。全国有港口数百个，商船千余艘。主要港口有马尼拉、宿务、怡朗、三宝颜等。2005年全国港口货物吞吐量1.49亿吨。

教　育

菲律宾的学前教育可自由选择。初等教育(即小学教育)为义务教育，学制6年(一些私立学校为7年)。中等教育(即中学教育)学制4年。学位制高等教育学制一般为4年(工程学、法律、医学等专业需要至少5年的在校教育)。鼓励私人办学。全国成人识字率92.6%(2004年)。

全国有小学4.17万所，适龄儿童入学率97%；中学8091所，入学率65%(2003～2004学年)。高等教育主要由私人举办。有高等院校1626所，其中公立391所，私立1235所(2002～2003学年)；在校生总数243万人，年毕业生约50万人。著名高等院校有菲律宾大学、阿特尼奥大学、东方大学、远东大学、圣托玛斯大学等。

传　媒

菲律宾通讯社为官方通讯社。新闻出版组织有菲律宾全国新闻记者俱乐部、菲律宾新闻摄影家协会、菲律宾出版者协会等。全国有出版机构257家。广播电台629家，电视台137家。在菲律宾广播电台、电视台中，除人民电视台为官办外，其余均为私人举办；所播节目主要是英语、他加禄语、华语节目。主要英文报纸有《马尼拉公报》、《菲律宾星报》、《菲律宾询问日报》、《自由报》、《马尼拉时报》和《马尼拉纪事报》，主要菲文报纸有《消息报》和《菲律宾快报》，主要华文报纸有《世界日报》、《商报》、《菲华时报》、《联合日报》和《环球日报》。

医疗卫生

菲律宾有医院1708所(其中公立640所，私立1068所)，医师2957人，牙医1958人，护士4819人，助产士1.66万人；村镇医疗站1.51万个，农村医疗单位1879个(以上均为2001年数据)。2006年，人均寿命70岁，人口出生率27‰，死亡率5‰。

历　史

菲律宾是一个历史悠久的国家。最早生活在菲律宾群岛上的居民是尼格列多人。西班牙入侵之前，菲律宾存在许多土著部落和马来族移民建立的割据王国，其中最著名的是14世纪70年代兴起的海上强国苏禄王国。

1521年，麦哲伦率领西班牙远征队到达菲律宾群岛。

1531年，西班牙远征队在比萨亚群岛(现名宿务港)登陆，宣布占领该群岛。1543年，入侵的西班牙军队以其国王菲律浦二世名字命名该群岛，这是“菲律宾”称呼的由来。

1565年，西班牙占领菲律宾全境，并对其实行长达300多年的殖民统治。

1898年6月12日，菲律宾起义者借美(国)西(班牙)战争之机，宣告独立，成立菲律宾历史上第一个共和国。同年12月，美国通过美西战争后签订的《巴黎条约》占领菲律宾，菲律宾又沦为美国的殖民地。

1935年11月，菲律宾成立自治政府。

1941年12月8日，日本入侵菲律宾。

1945年，美国重新恢复对菲律宾的殖民统治。

1946年7月4日，菲律宾宣告独立。菲独立后，自由党和国民党轮流执政。

1965年，马科斯就任二战后第六任总统，并三次连任。

1983年8月，反对党领导人贝尼格诺·阿基诺被谋杀，导致政局动荡。1986年2月7日，提前举行总统选举，贝尼格诺·阿基诺的夫人科拉松·阿基诺在民众、天主教会和军队的支持下出任总统。

1992年6月，拉莫斯按宪制当选为菲律宾总统。

1994年6月，埃斯特拉达当选菲律宾总统。

1996年9月2日，菲律宾政府与最大的反政府组织摩洛民族解放阵线签署和平协议，其南部长达24年的战乱局面结束。

2001年1月，埃斯特拉达因受贿丑闻被迫下台，副总统阿罗约继任总统。

2004年6月，阿罗约总统获得连任。

菲律宾是东南亚国家联盟创始成员国。

新　加　坡

国　名

新加坡共和国(The Republic of Singapore)，简称新加坡。

国　旗

新加坡国旗由上红下白两个相等的横长方形组成，长与宽之比为3∶2。左上角有一弯白色新月和五颗白色五角星。红色代表人类的平等，白色象征纯洁和美德；新月象征国家，五颗星代表国家建立民主、和平、进步、公正和平等的思想。新月和五颗星的组合紧密而有序，象征着新加坡人民的团结和互助的精神。

地　理

位　置　新加坡位于亚洲东南部的马来半岛南端。地处北纬1°09′～1°29′、东经103°36′～104°25′之间。南面为太平洋与印度洋之间的航运重要通道——马六甲海峡的东部出入口。

面　积　陆地面积704平方公里。

邻　国　北隔柔佛海峡与马来西亚为邻，南隔新加坡海峡与印度尼西亚相望。

地形地貌　陆地国土由新加坡本岛和63个小岛组成。大部分土地为低地，这些低地已开发为市区和工业区。海岸平缓，沿岸大多经过人工改造。新加坡岛呈菱形，是该国的主岛，面积约585平方公里，约占全国陆地面积的91.6%。新加坡本岛以外的其他岛屿，较大的有大德光岛（24.4平方公里）、乌敏岛（10.2平方公里）和圣陶沙岛（3.5平方公里），其中圣陶沙岛和乌敏岛是旅游景点，大德光岛是工业基地。

气　候　属热带海洋性气候。常年高温、潮湿、多雨。年平均气温24℃～27℃，日平均气温26.8℃。年平均降水量2344毫米。年平均湿度84.3%。

风景名胜　主要有牛车水、小印度、鱼尾狮公园、裕廊飞禽公园、新加坡植物园、花柏山、圣淘沙岛、乌敏岛等。

国　民

人　口　新加坡人口458万（2007年），其中本国公民和永久居民358.3万，其他为居住一年以上的外国居民。人口密度为每平方公里6004人。

民　族　种族多元，民族众多。在国民中，75.2%是华人，13.6%是马来人，8.8%是印度人，其他种族占2.4%。

语　言　马来语是国语。英语、华语、马来语和泰米尔语均为官方语言。英语是行政语言，使用最为广泛。大多数新加坡人都会讲母语、英语两种语言。

宗　教　佛教、道教、基督教、伊斯兰教在新加坡均有较大影响。各类宗教信徒约占全国10岁以上人口的86%。华人大多信奉佛教，马来人多信奉伊斯兰教，印度人多信奉印度教。

资源物产

新加坡自然资源匮乏。除在本岛中部、北部及大、小德光岛等几个岛屿有花岗石外，至今尚未发现有其他矿藏。虽然四面环海，但渔业并不发达，年产量仅1万余吨。

植物资源比较丰富，品种有2000多种，多属热带低地常绿植物。普遍种植热带观赏花卉胡姬花（即兰花），品种繁多，娇美艳丽，四季盛放。所产胡姬花大量出口欧洲各国及美国、日本等国家和地区。

国体政体

国　体　新加坡是议会制国家。宪法规定，总统为国家元首，由国会选举产生。国会是一院制。实行立法、行政、司法三权分立。

国　会　国家的立法机构。由议会和总统组成。

政　府　内阁是国家行政权力机关。由总理、副总理、各部部长组成。总统委任国会中多数党领袖为总理。根据总理提名，总统任命内阁部长。总理、部长都必须是国会议员。设有国防及安全统筹部、律政部、内政部、外交部、国防部、交通部、贸工部、新闻通讯及艺术部、教育部。本届内阁于2006年5月30日就职。

司　法　设最高法院和总检察署。最高法院由最高法庭和上诉庭组成。最高法院大法官由总理推荐、总统委任。总检察长公署下设立法处、刑事处、民事处3个部门。总统根据总理建议任命总检察长。大法官陈锡强（Chan Sek Keong），总检察长赵锡焱（Chao Hick Tin），2006年4月起任职。

政　党　注册的政党有24个。主要有人民行动党、工人党、新加坡民主党等。人民行动党从1959年至今一直保持执政党地位。李光耀长期任该党秘书长，1991年吴作栋接任。2004年12月，李显龙接替吴作栋出任该党秘书长。

新加坡市区一景　　（原载《游遍世界》）

国家元首和政府首脑

总　统　纳丹。1999年9月1日就任。2005年8月17日当选连任。

政府总理　李显龙。2004年8月12日任职。2006年5月连任。

行政区划

新加坡是一个城市国家。在地理上分为中央区、内市区、外市区、新镇、内郊区、外郊区等6个地区。选举时分为75个选区。不设区政权机构,由中央各部直接管理各项事务。设有公民咨询委员会、民众联络所、人民协会等社区组织,担负起准地方政府的任务,作为沟通政府与居民之间的桥梁。

首　都　新加坡市,位于新加坡岛东南,南临新加坡海峡。是东南亚最大的海港、重要商业城市和转口贸易中心,也是国际金融中心、航空中心。市容整洁美观,到处树木葱茏,浓荫密布,绿草如茵,百花娇艳,香飘四季,被誉为"世界花园城市"。

经　济

国内生产总值　新加坡2006年国内生产总值2099.9亿新元,人均国内生产总值46832新元。

产　业　农业在经济中所占比重很小,产值不足经济总量的0.1%。工业化程度较高,主要行业是制造业和建筑业,2006年产值691.87亿新元,占国内生产总值的33.1%。制造业产品包括电子产品、化学与化工产品、生物医药、精密机械、交通设备、石油产品、炼油等部门,是世界第三大炼油中心。服务业发达,2006年产值1326.64亿美元,占国内生产总值的63.5%。包括零售与批发贸易、旅游、交通与电信、金融服务、商业服务等行业。旅游业兴旺发达,被誉为"亚洲旅游王国"。2007年接待外国游客1030万人次,旅游业收入124亿新元。

对外贸易　新加坡国民经济的重要支柱。2007年新加坡进出口贸易总额达5617.5亿美元(8466.1亿新元),比上年增长4.46%,其中进口2627.4亿美元,出口2990.1亿美元。马来西亚、中国和美国是新加坡的三大贸易伙伴。2007年三国对新加坡贸易额分别为729.3亿美元、607.5亿美元和584.9亿美元,分别占新加坡对外贸易总额的13%、10.8%和10.5%。出口商品有电子真空管、数据处理机、加工石油产品、电讯设备等。

财　政　2006年财政收入310.7亿新元,支出298.7亿新元。

金　融　由金融管理局负责制定和实施各项金融政策,负责监督与管理商业银行及其他金融机构的经营活动,实际上执行着中央银行的职能,但不发行货币。拥有1000多家金融机构。货币名称为新加坡元。2007新加坡元与美元平均比价为1.5071∶1,截至2007年6月,新加坡外汇储备1440.56亿美元(含外汇、黄金及存放在国际货币基金的储备金和特别提款权)。

外国资本　2006年吸引制造业固定资产投资88亿新元,多集中在电子(48.9%)、化工(28.4%)以及生物医药、交通、机械制造等行业,主要来自美国(25%)、日本(15%)、欧盟(26%)。

交通通信

铁路交通　新加坡的铁路交通以地铁为主。设有65个站,全长109.4公里。1999年11月建成轻轨铁路,全长28.8公里,设31站,与地铁相连。

公路交通　全国公路总长3234公里,其中高速公路150公里。拥有机动车辆75.5万辆(2005年),其中私人轿车40.16万辆,货车13.91万辆。

水　运　新加坡港是世界最繁忙的港口和亚洲主要转口枢纽之一。有300多条航线连接世界740个港口。2007年新加坡港集装箱吞吐量2790万标准箱。全国有注册商船3249艘(2006年),总吨位3479.3万吨。

民用航空　新加坡航空公司及其子公司胜安航空公司拥有飞机96架。外国70家航空公司每周提供超过4000班次的定期飞行服务。航线联系世界57个国家的187个城市。樟宜机场连续多年被评为世界最佳机场。

信息通信　通过3个国际数码电话网、3个地面卫星转播站和海底管道电缆网络与80多个国家建立高速电信网络联系。每万人有3530条家用电话线。移动电话用户约占总人口的71.5%。互联网上网人数242万人。

教　育

新加坡自治和独立以来,教育发展大致经历两个阶段。第一阶段从1959年到1979年,偏重于普及性和职业教育,为工业化初级阶段的经济发展培养熟练劳动力。第二阶段从1979年至今,重点发展高等普通教育和高等职业技术教育,培养高层次专业技术人才。

实行精英制教育。青少年一般必须接受10年正规教育,其中小学6年,中学4年。强调识字、识数、双语、体育、道德教育、创新和独立思考能力并重。要求学生除了学习英文,还要兼通母语。政府还推行"资讯科技教育",促使学生掌握电脑知识。全国有小学173所,中学156所,初级学院14所。大学主要有国立大学、南洋理工大学和新加坡管理大学。此外,还有4所理工学院和33所技术/商业训练学院。

传　媒

新加坡主要报刊有:英文日报《海峡时报》、《商业日报》、《新报》,华文日报《联合早报》、《联合晚报》、《新明日报》,马来文日报《每日新闻》,泰米尔文日报《慕拉素淡米尔日报》。其他重要传媒有新加坡广播电台和新加坡电视台。新加坡广播电台拥有并经营

12 个国内电台和 3 个国际电台。新加坡电视台辟有 6 个频道，并开通有线电视网和卫星电视。

医疗卫生

新加坡政府通过财政投入建立完善的社区医疗卫生中心，社区医疗服务覆盖所有居民。医疗机构分两种，一种是个人出资兴办的营利性综合全科医院，一种是政府和慈善机构建立的非营利性医院。政府推行“三重安全保健网”（即保健储蓄计划、保健双全计划、保健基金），以确保国民都有求医受诊的能力和机会。全国有 27 所医院/专科中心，其中 14 所属于公共部门，13 所属于私人机构。病床总数 1.19 万张（2001 年），医生 6268 人，护士 1.74 万人。新生儿死亡率 2.9‰（2003 年）。2006 年国民平均寿命：男性 78 岁，女性 82 岁。

科　技

新加坡在重要领域具备科研能力的机构有 13 家。这 13 家研究机构由两个研究理事会直接管理，其中生物医药研究理事会管理 5 家从事生物和医药研究领域的研究所，科学与工程研究理事会管理其他 8 家研究所。科学技术研究局、经济发展局、资讯通信管理局、国际企业发展局、标准及生产力与创新局等政府机构在科研体系中发挥重要作用。科学技术研究局的工作以科研院（中心）、大学、医院等公共科研机构为工作对象，着眼发展公共科研机构的科研人力资源，并为他们提供科研资金；经济发展局以公司为工作对象，负责支援公司的研究和创新项目，并为新的起步公司提供资金。国家财政科研经费支出约占国内生产总值的 2%。

历　史

新加坡古称单马锡，公元 8 世纪建国，属印度尼西亚的室利佛逝王朝。10 世纪前后，已成为繁荣的港口。13 世纪中叶，随着室利佛逝王朝的衰落，单马锡改称信诃补罗。到 14 世纪中期，信诃补罗成为连接东西方的一个著名国际贸易港口。1350 年后，屡遭爪哇的麻喏巴歇王朝和暹罗的大城王朝侵略，于 14 世纪末灭亡并变成暹罗的属地。18～19 世纪，是马来西亚柔佛王国的一部分。

1819 年，英国殖民地开拓者莱佛士登陆新加坡。1826 年新加坡沦为英国殖民地。英国一直把新加坡作为远东转口贸易的重要商埠和在东南亚的主要军事基地。第二次世界大战期间，新加坡被日本占领。1945 年日本投降后，英国恢复其在新加坡的殖民统治。随后，新加坡人民展开各种形式的斗争，迫使英国殖民当局改变统治方式。1954 年 2 月，英国发表《伦德尔宪调查报告书》，提出在新加坡成立一个有 32 个席位的立法议会（7 席由官方委任，25 席由民众选举产生），并在此基础上成立民选政府。1955 年，内阁式的政府成立，但重要的部长职位仍属于殖民当局。1956 年 3 月 12～18 日，新加坡爆发要求结束殖民统治、实行独立的“独立运动周”，20 多万新加坡居民在独立意见书上签字。在此形势下，英国政府 3 次邀请新加坡各派政治力量到伦敦谈判，讨论新加坡政治地位问题。

1958 年 4 月 18 日，英、新代表签订《关于新加坡自治宪法草案》，英国同意新加坡成立自治邦，实行内部自治，但保留国防、外交、修宪和颁布紧急法令权，并驻有军队。1959 年 5 月 30 日，举行新立法议会选举，人民行动党获胜。1959 年 6 月，新加坡成立自治邦，实行内部自治，英国保留国防、外交权利。

1963 年，新加坡同马来西亚、沙捞越和沙巴组成马来西亚联邦。1965 年 8 月 9 日退出联邦，成立新加坡共和国。

新加坡共和国是东南亚国家联盟创始成员国。

泰　　国

国　名

泰王国（The Kingdom of Thailand），简称泰国。

国　旗

泰国国旗呈长方形，长宽比为3∶2。由红、白、蓝三色的五个横长方形平行排列构成。上下方为红色，蓝色居中，蓝色上下方为白色。蓝色宽度相等于两个红色或两个白色长方形的宽度。红色代表民族和象征各族人民的力量与献身精神。泰国 90% 以上人口信奉佛教，白色代表宗教，象征宗教的纯洁。泰国是君主立宪政体国家，国王是至高无上的，蓝色代表王室。蓝色居中象征王室在各族人民和纯洁的宗教之中。

地　理

位　置　泰国位于中南半岛中南部。地处北纬 5°37′～20°27′、东经 97°22′～105°37′之间。东南濒临泰国湾，西南面向印度洋的安达曼海。

面　积　陆地国土面积 51.31 万平方公里。

疆界和邻国　东与柬埔寨毗邻，东北与老挝交界，西面和北面与缅甸为邻，南与马来西亚联邦接壤。陆地边界线长 3400 公里。

地形地貌　地势北高南低，由西北向东南倾斜。地形复杂，全国大体分为 5 个地形区：一、北部和西部内陆山区。北部山区山脉、河流众多，是湄南河的发源地。主要山脉有登劳山、坤丹山、匹邦南山和琅勃拉邦山，平均海拔 1600 米，是全国地势最高的地区。清迈

的因他暖峰海拔2576米,是全国最高峰。西部山区多为山岭、峡谷。二、东北部高原。也称柯叻高原,包括东北部17个府的广大地区。整个高原由西向东南方向倾斜,构成柯叻、沙功那空两个盆地。三、中部流域平原。该区域包括湄南河流域以及夜功河、他真河和挽巴功河流域的中、下游广大地区,是泰国最大的冲积平原和水稻主产区,素有"泰国粮仓"之称。四、东南沿海地区。包括巴真武里、差春骚、春武里、罗勇、占他武里和达叻6个府的狭小地区。五、南部半岛。包括马来半岛的一部分以及连接半岛和大陆的克拉地峡。

海岸海岛　海岸线长2616.4公里。东南沿海海岸线曲折,近海有阁昌、阁谷、阁锡昌等岛屿。南部半岛地区西海岸为下沉海岸,大陆架狭窄,海岸线曲折破碎且多为岩岸,主要岛屿有普吉岛(全国最大岛屿,面积500多平方公里)、象岛、苏梅岛、PP岛、沙美岛、道岛和希美兰岛等;东海岸平直开阔,多沙滩,少海湾。

江河湖泊　境内河流纵横。主要河流有湄南河和湄公河。湄南河注入泰国湾,河谷宽阔,倾斜度很小,雨季常形成水患。湄公河在境内流长930公里,部分河段水深流急,礁石起伏,交通不便。南部半岛的宋卡湖是全国最大湖泊。其他湖泊有波拉碧湖、农汉湖、公博哇丕湖、农雅湖等。

气　候　大部分地区属于热带季风气候区,全年分为热、雨、凉三季。2月中旬到5月中旬为热季,5月到10月中旬为雨季,11月、12月、1月、2月为凉季。凉季和热季少雨,因此也合称干季或旱季。南部半岛地区属热带雨林气候区,终年炎热多雨。全国年平均降水量约1550毫米,年平均气温24℃~30℃。由于地形不同,各地的降水、气温又有所差别。

风景名胜　主要风景名胜区有曼谷、清迈、帕提亚、普吉岛、象岛、苏梅岛、PP岛、沙美岛、道岛和希美兰岛等。

国　民

人　口　泰国2007年人口约6500万,其中约1/3的人口生活在城市,人口密度为每平方公里126人。其中首都曼谷市的人口密度最大,每平方公里4332人。

民　族　有30多个民族。泰族是主体民族,占总人口的52%。人口较多的民族还有老龙族、马来族和高棉族,分别占总人口的35%、3.5%和2%。

语　言　泰语为国语。分为中部方言、南部方言、北部方言、东北部方言4种方言,其中中部方言为全国通用的标准泰语。

宗　教　90%以上的国民信仰佛教,少数信奉伊斯兰教(马来族)、基督教新教、天主教和印度教。佛教为国教,对泰国的文化影响甚深。

资源物产

泰国的主要矿产资源有钾盐、锡、褐煤、油页岩、天然气、铅锌、钨、铁、锑、铬、重晶石、宝石、石油等。其中,钾盐储量4070万吨,居世界首位;锡矿储量占全世界的12%。

全国耕地面积2070万公顷,占土地总面积的38%。主要农产品有稻米、玉米、木薯、橡胶、甘蔗、绿豆、麻、烟草、咖啡豆、棉花、棕榈油等。是世界大米主产国和第一出口国。水产品产量大,虾产量居世界首位。盛产各类热带水果,主要有榴莲、山竹、荔枝、龙眼、椰子等。

国体政体

国　体　泰国是君主立宪制国家。宪法规定:实行以国王为元首的民主政治制度;国王为国家元首和王家武装部队最高统帅,神圣不可冒犯,任何人不得指责或控告国王。国王通过国会、内阁和法院分别行使立法、行政和司法权。

国　会　由上议院、下议院组成。负责立法、审议政府施政方针和国家预算、对政府工作进行监督等职能。议员均直接来自民选。上议院议员不得隶属任何政党,不得担任阁员。下议院议员担任内阁职务须辞去议员职务。

内　阁　国家最高行政机关。政府总理来自下议员,由国会主席兼下议院院长提名,经下议院表决并获半数以上票数通过,由国会主

泰国大皇宫蓝宝石佛殿

席呈报国王任命。总理在解散议会前需得到内阁批准并报国王审批，在不信任案期间不得解散议会。设有总理府、国防部、财政部、外交部、旅游与体育部、社会发展和人类安全部、农业和合作社部、交通部、自然资源和环境部、信息技术和通讯部、能源部、商业部、内政部、司法部、劳工部、文化部等部门。

2006年9月19日晚，陆军总司令颂提发动军事政变，推翻他信政府，泰国国王普密蓬·阿杜德任命素拉育·朱拉暖为临时政府总理。10月9日，国王普密蓬·阿杜德任命素拉育·朱拉暖为政府总理。内阁成员有29人。

司　法　最高司法机构为司法委员会，由8名委员组成。司法系统由宪法法院、司法法院、行政法院和军事法院构成。检察机关实行垂直领导，分为最高检察院、区域检察院、府级检察院。

国家元首和政府首脑

国　王　普密蓬·阿杜德。1946年即位，1950年5月加冕。

政府总理　素拉育·朱拉暖，2006年9月19日发生军事政变，他信政府被推翻，2006年10月9日，国王普密蓬·阿杜德任命素拉育·朱拉暖为政府总理。2008年1月28日，泰国国会下议院举行总理人选表决会议，沙马·顺达卫当选泰国新政府总理。

行政区划

一级行政区划　泰国行政区划为76个府（府级直辖市是曼谷）。各府分别是：素可泰、彭世洛、甘烹碧、披集、碧差汶、那空沙旺、素攀、北榄、龙仔厝、夜功、那空那育、曼谷、暖武里、巴吞他尼、阿育陀耶、北标、华富里、红统、信武里、猜纳、乌泰他尼、佛统、清迈、清莱、夜丰颂、程逸、帕夭、喃邦、喃奔、难、帕、孔敬、那空帕农、乌汶、也梭吞、庵纳乍仑、呵叻、廊开、莫拉限、吗哈沙拉堪、沙功那空、莱、黎逸、廊磨喃普、胶拉信、四色菊、素攀、猜也奔、武里喃、乌隆、春武里、罗勇、哒叻、尖竹汶、巴真武里、北柳、沙缴、来兴、北碧、佛丕、叻丕、巴蜀、惹拉、沙敦、普吉、甲米、攀牙、拉农、董里、宋卡、陶公、素叻他尼、洛坤、春蓬、博他仑、北大年。

主要城市　首都曼谷，位于泰国中部，是全国政治、经济、文化、交通中心，人口约800万，市区面积1568平方公里。其他重要城市有清迈、清莱、大城、普吉等。

经　济

国内生产总值　按1988年价格计算，泰国2007年国内生产总值为42446亿铢，比上年增长4.8%。

产　业　农业较发达，农产品出口是外汇收入的重要来源。制造业在国民经济中占较大比重，主要工业行业有采矿、纺织、电子、塑料、食品加工、玩具、汽车装配、建材、石油化工等。旅游业发展较快，设施完善，服务质量较高，2006年入境外国游客1382万人次。

金　融　平均汇率为34.56泰铢兑1美元。外汇储备874亿美元。政府外债总额120亿美元。

进出口贸易　据泰国海关统计，2007年泰国进出口贸易总额2924.9亿美元，其中出口额1524.8亿美元，进口额1400.1亿美元；外贸顺差124.7亿美元，比2006年9.5亿美元的顺差扩大了12倍。2007年日本仍为泰国第一大贸易伙伴，双边贸易额465.2亿美元，增长10.6%；泰国与中国双边贸易额310.6亿美元，增长22.6%，中国首次超过美国成为泰国第二大贸易伙伴，并继续是泰国第二大进口来源地和第三大出口目的地。主要出口产品有自动数据处理机、集成电路板、汽车及零配件、成衣、鲜冻虾、宝石和珠宝、初级化纤、大米、收音机和电视机、橡胶等。

交　通

泰国的交通以公路和航空为主。全国铁路总长4452公里，主要是窄轨铁路。公路总长4.60万公里，其中国道1.79万公里。公路四通八达，各府、县都有公路相连。湄公河、湄南河为泰国两大水路运输干线。曼谷是最重要的港口，承担全国95%的出口和几乎全部进口商品的吞吐。此外，还有廉差邦港、梭桃邑港、宋卡港和普吉港等。海运线可达中国、日本、美国、欧洲和新加坡。2006年下半年投入使用的曼谷素旺那普国际机场每天进出旅客超过10万人次，是东南亚地区重要的航空枢纽，国际航线可通达欧洲、美洲、亚洲和大洋洲的40多个城市。国际机场还有清迈机场、普吉机场和合艾机场。

教　育

泰国的中小学教育学制为12年，即小学6年、初中3年、高中3年。中等专科职业学校为3年制。大学一般为4年制，医科大学为5年制。2005年度教育经费预算为1871.62亿铢，占财政预算支出的15.5%。

2005年全国在校学生1424.73万人，其中学前教育180.33万人，小学583.67万人，初中272.02万人，高中173.91万人，高等教育214.80万人。教师总数67.65万人。有国立大学77所，私立大学59所，著名高等院校有朱拉隆功大学、法政大学、农业大学、清迈大学、玛希敦大学、诗纳卡琳威洛大学、易三仓大学、亚洲理工学院等。

传　媒

泰国的主要泰文报纸有《泰叻报》、《民意报》、《每日新闻》、《国家报》、《沙炎叻报》、《经理报》等，主要华文报纸有《新中原报》、《中华日报》、《星暹日报》、

《亚洲日报》、《世界日报》和《京华中原日报》等，主要英文报纸有《曼谷邮报》、《民族报》等。广播电台有230多家，其中由政府民众联络厅掌管的有59家。泰国国家广播电台为官方电台，设有国际部，用泰、英、法、华、马来、越、老、柬、缅、日等语言广播。电视台主要有6家，都设在曼谷。

泰国清迈的古城墙　　（原载《湄公河》）

历　史

泰国历史上曾经称“暹罗”。公元1238年建立素可泰王朝，这是泰国历史上第一个王朝。之后，经历泰国历史上持续时间最长的王朝——阿瑜陀耶王朝和短暂的吞武里王朝以及延续至今的曼谷王朝。

从16世纪起，泰国先后遭到葡萄牙、荷兰、英国、法国的入侵。19世纪末，曼谷王朝五世王大量吸收西方经验进行社会改革。1896年，英国、法国签订条约，规定暹罗为英属缅甸和法属印度支那之间的缓冲国，暹罗成为东南亚唯一没有沦为殖民地的国家。

1932年6月，民党发动政变，建立君主立宪政体。1938年，銮披汶执政，1939年6月改称泰国，意为“自由之地”。1941年泰国被日本占领，泰国宣布加入轴心国。

1945年，恢复暹罗国名。1949年5月又改称泰国。

泰国是东南亚国家联盟创始成员国。

越　　南

国　名

越南社会主义共和国（The Socialist Republic of Viet Nam），简称越南。

国　旗

越南国旗为长方形，其宽度为长度的2/3，红底中间有五角金星，即通常说的金星红旗。国旗旗地为红色，旗中心为一枚五角金星。红色象征革命和胜利，五角金星象征越南劳动党（今越南共产党）对国家的领导，五星的五个角分别代表工人、农民、士兵、知识分子和青年。

地　理

位　置　越南位于中南半岛东部。地处北纬8°30′～23°22′、东经102°～109°29′之间。东和东南濒临南中国海。

面　积　陆地面积32.9万平方公里。

疆界和邻国　北、东、东南与中国为邻，西与老挝交界，西南与柬埔寨接壤，南面隔海与马来西亚相望。陆地边界线长3927公里。

地形地貌　地形狭长，呈S形。南北最长处约1640公里；东西最宽处约600公里，最窄处仅48公里。地势是西北高、东南低。山地和高原占全国陆地面积的3/4。有红河三角洲、湄公河三角洲两大平原，面积分别为2万平方公里和5万平方公里，是主要农业区。

江　河　河流密布，其中长度在10公里以上的有2860条。较大的河流有红河、湄公河（九龙江）、沱江（黑水河）、泸江、太平河等。

海岸海岛　海岸线长3260公里。沿海有岛屿2000多个，其中面积在10平方公里以上的20多个。较大的岛屿有盖宝岛、吉婆岛、昆仑岛、富国岛等。

气　候　属热带季风气候区。北部四季分明，多数地区年平均气温23℃～25℃。南部分为旱季（10月至次年3月）和雨季（4～9月），多数地区年平均气温26℃～27℃。空气湿润，雨量充沛，全国年平均降雨量1500～2000毫米。

风景名胜　在北方，首都河内有还剑湖、西湖、巴亭广场、胡志明陵、文庙、二征夫人庙、三岛山等，海防市有涂山海滨风景区，广宁省有被称为“海上桂林”、列入世界自然遗产名录的下龙湾，老街省有著名的避暑胜地沙巴。在中部，有被列入世界文化遗产名录的古都顺化，列入世界自然遗产名录的风雅洞，以及会安古城、美山占婆文化遗址等。在南方，胡志明市有旧总统府、古芝地道等，其他地区有芽庄

海滩、大叻避暑风景区、滨海旅游胜地头顿、天涯海角名城河仙等。

国　民

人　口　越南人口 8411 万(2006 年)。其中,城市人口占 27.1%,农村人口占 72.9%;男性约占 49.1%,女性约占 50.9%。人口平均密度为每平方公里 254 人。

民　族　有 54 个民族,其中人口在 50 万以上的有京族(也称越族)、岱族、傣族、华族(即华人)、高棉族、芒族和侬族。主体民族京族占总人口的 80% 以上。

越南主席府　　(原载《游遍世界》)

语　言　各民族的通用语言是越南语。英语和华语广泛使用。

宗　教　国民受儒家思想影响较深。部分人信奉佛教、天主教、和好教、高台教等。祖先神灵崇拜在国民生活中占有重要地位。每年中国农历三月初十是祭雄王日。民间传说,雄王是越南的国祖。许多家庭都立有祖先的牌位,每逢初一、十五进香祭拜。

资源物产

矿产资源　越南发现矿种 90 多种,其中探明储量 40 多种。重要矿产资源有煤、石油、天然气、铁、锰、铬、钛、锆、铝、铜、镍、铅锌、锡、铍、金、稀土、磷灰石、石墨、瓷土、膨润土、重晶石、宝石等,其中煤储量 65 亿吨,铝土储量 4 亿吨。

生物资源　动植物种类繁多。有爬行动物约 300 种,禽类 1000 多种,鱼类 1000 多种。陆栖野生动物主要有象、犀牛、虎、豹、熊、鹿、猴、白眉猿、孔雀、翡翠鸟、金丝鸟等。森林面积 1242 万公顷,其中天然林 953 万公顷,人造林 289 万公顷。盛产格木、柚木、楠木等。

物　产　主要粮食作物有稻谷、小麦、玉米、高粱、薯类等。经济作物有茶叶、橡胶、咖啡、可可、槟榔、油桐、胡椒、八角、烟草、棉花、花生、甘蔗、麻类等。药材有党参、何首乌、通草、苍耳、砂仁、桂皮、三七、巴戟、黄连等。盛产菠萝、香蕉、椰子、杧果、菠萝蜜、柚子、荔枝等热带水果。

国体政体

国　体　越南社会主义共和国宪法规定:越南是社会主义国家,越南共产党是领导国家和社会的力量,国家一切权力属于人民,实行人民代表制度。

国　会　国家最高权力机关,行使国家立法权。国会代表以普选制投票产生。

政　府　设有国防部、公安部、外交部、司法部、计划投资部、财政部、农业与农村发展部、交通运输部、建设部、工商部、邮政电信部、水产部、劳动荣军社会部、科学技术部、资源环境部、信息与传媒部、文化、体育和旅游部、教育培训部、卫生部、民族和山区委员会、政府干部人事部、国家监察部、体育委员会、人口家庭与儿童委员会、国家银行、政府办公厅等机构。

最高人民法院　国家最高审判机关。

最高人民检察院　国家最高检察机关。

越南共产党　越南社会主义共和国的执政党,也是越南唯一的政党。中央委员会总书记农德孟,2001 年当选,2006 年连任。

越南祖国阵线　由各阶层组成,参政议政。

国家领导人

国会主席　阮富仲,2007 年当选。

国家主席　国家元首,统帅武装力量,由国会选举产生。现任国家主席阮明哲,2007 年当选。

政府总理　阮晋勇,2007 年当选。

越南祖国阵线中央委员会主席　黄担,2008 年当选。

行政区划

一级行政区划　越南设 5 个直辖市和 59 个省,并按地域划分为八大区:一、红河平原 11 省(市),分别是河内、海防、永福、河西、北宁、海阳、兴安、河南、南定、太平和宁平,面积 14862 平方公里,人口 1820 万人(2006 年,下同);二、东北 11 省,分别是河江、高平、老街、北件、谅山、宣光、安沛、太原、富寿、北江和广宁，面积64025平方公里，人口945万人；三、西北4省，分别是莱州、奠边、山罗和和平，面积37533平方公里，人口260万人；四、中部北区6省，分别是清化、义安、河静、广平、广治和承天(顺化)，面积51552平方公里，人口1066万人；五、中部南沿海地区6省(市)，分别是岘港、广南、广义、平定、富安和庆和，面积33166平方公里，人口713万人；六、西原5省，分别是昆嵩、嘉莱、多乐、多农和林同，面积54659平方公里，人口486万人；七、南部东区8省(市)，分别是胡志明市、宁顺、平福、西宁、平阳、同奈、平顺和巴地(头顿)，面积34807平方公里，人口1379万人；八、湄公河平原13省(市)，分别是隆安、同塔、安江、前江、永隆、槟椥、坚江、芹苴、后江、茶荣、朔庄、薄寮和金瓯，面积40604平方公里，人口1741万人。

主要城市　首都河内市，位于红河三角洲平原中部，面积921平方公里，人口321万。是全国政治、文化中心，第二大城市。其他重要城市有胡志明市、海防、岘港、芹苴、下龙、太原、越池、南定、顺化、头顿、大叻、芽庄、河仙等。其中，胡志明市是全国最大城市和工商业中心；海防市是北方的重要工业、港口城市，全国第三大城市；岘港市是中部的港口、工业城市；下龙市是重要的煤炭基地和著名旅游胜地。

经　济

国内生产总值　越南2007年国内生产总值1144万亿越盾，约合715亿美元。三次产业的比重从2006年的20.40：41.52：38.08演变为20：41.8： 38.2。人均国内生产总值1340万越盾(约合835美元)。

产　业　农业以种植业为主。工业主要有能源、机械、化工、建筑材料、钢铁、纺织、鞋类加工、食品等行业。2007年主要工农业产品产量：稻谷3587万吨，水产品390万吨。旅游业发展迅速，全年接待入境游客430万人次。

财　政　2007年总收入288万亿越盾，约相当于GDP的25%，同比增长15.6%。

金　融　货币名称为越南盾。2007年末越南盾与美元比价为16000：1。主要银行有越南国家银行(亦称中央银行)、越南工商银行、越南农业和农村发展银行、越南投资发展银行、越南外贸银行、越南国际贸易股份银行等。外汇储备210亿美元。

进出口贸易　2007年进出口总额1092亿美元，其中出口额484亿美元，出口超过10亿美元的产品有10种：原油85亿、纺织品78亿、鞋40亿、水产品38亿、木制品24亿、电子产品及计算机22亿、咖啡19亿、大米15亿、橡胶14亿、煤炭10亿美元；进口额608亿美元，增长35%，进口超过10亿美元以上的商品有：主要进口商品包括：机械设备104亿、成品油75亿、钢铁49亿、布匹40亿、塑料原料25亿、纺织原辅料22亿、化工原料14亿、化工产品13亿、饲料11亿、木材10亿。

外资引进　2007年签订外商直接投资项目价值达203亿美元，创越南改革开放以来的新高。截至2007年底，越南累计吸收FDI项目8590个，协议总额831亿美元，实际到位292亿美元，到位率35%。外资主要投向工业、建筑业和服务业。

交通通信

铁路交通　越南铁路总长2530公里，主要是窄轨铁路(2128公里)，有7条干线。铁路运输量占全国客货运输总量的7%左右。

公路交通　2004年公路总长13.7万公里，其中柏油和水泥路面公路5.4万公里，碎石路面公路0.6万公里，沙石路面公路3.6万公里，泥土路面公路4.1万公里。

水　运　内河运输主要集中于湄公河三角洲、红河三角洲平原地区，有营运货船2130艘、客船1603艘。能够停靠万吨级以上轮船的港口有鸿基港、盖邻港、海防港、鸿罗港、岘港、归仁港、头顿港、西贡港等，全国有海轮1081艘，总载重量310万吨。

民用航空　有内排、新山一、岘港3个国际机场。拥有民航客机49架。2005年民航机场旅客吞吐量684万人次，货物运输10.5万吨。

电　信　2007年底全国电话用户数为4693万户(包括固定电话和移动电话)，平均每百人拥有电话55.22部(2007年)。互联网用户1820万户。2006年邮政通信营业收入38万亿越盾。

教　育

越南拥有完善教育体系。基础教育学制12年，其中小学5年，初中4年，高中3年。在高中教育阶段，还有中等职业教育。大学教育学制3~6年。大学后教育，分为硕士研究生、博士研究生两个阶段。2000年宣布完成扫盲和普及小学义务教育，2001年开始普及9年义务教育。

2006~2007学年，越南有幼儿园1.1万所，在园幼儿252万人，教师12万人。小学在校生702万人，教师34万人；初中在校生615.2万人，教师31.49万人；高中在校生307.52万人，教师12.52万人。

2006年各类公立中等专业教育学校234所，教师1.2万人；各类非公立中等专业教育学校35所，教师2100人，公立和非公立中等专业教育学校在校生46万人，毕业生14.93万人。公立的高等院校253

所，在校生 145 万人，毕业生 21 万人，教师 4.5 万人；非公立高等院校 46 所，在校生 21 万人，毕业生 1.6 万人，教师 7700 人。著名高等院校有河内国家大学、百科大学、胡志明市国家大学等。

传　媒

越南有定期出版物 563 种，2005 年发行量 9.9 亿册。报社约 150 家。主要报刊有《人民报》（越共中央机关报）、《人民军队报》（越南人民军总政治局机关报）、《大团结报》（祖国阵线中央机关报）、《西贡解放报》（越共胡志明市委机关报）、《共产主义》（越共中央政治理论月刊）、《全民国防》（越南人民军理论月刊）等。2006 年发行报纸 4.7 亿份。2005 年出版发行图书 2.5 亿册。

国家通讯社为越南通讯社，1945 年创立，在全国各省（市）均设有分社，驻外分社有 16 个。国家广播电台为越南之声广播电台，成立于 1954 年，对内广播用越南语及多种少数民族语言播音，对外广播用中国普通话、中国广东话、俄语、英语、法语、西班牙语、日语、泰语、老挝语、柬埔寨语、印尼语、马来语等。越南中央电视台成立于 1971 年，可同时播送 4 套节目。

医疗卫生

2006 年越南有医疗机构 1.3 万个（不包括私人医疗单位），其中医院 903 所。有病床 19.8 万张，医生 5.3 万人，医士 4.9 万人，护士 5.5 万人，助产士 1.9 万人，高级药剂师 5500 人，中级药剂师 1.1 万人，司药员 7900 人。全国平均每万人有医生 6.3 人。

科　技

越南有科学研究和技术发展组织 1150 多个。大专以上文化程度的人口 180 万，其中博士 1.4 万人，硕士 1.6 万人。重视社会科学研究，为党和政府决策提供理论依据。

历　史

越南是一个历史悠久的国家。境内发现多处旧石器时代、新石器时代文化遗址。主体民族越族的直接祖先，是起源于古代居住于从中国南方一直到红河三角洲地区的百越族群的一个分支——雒越。雒越人在公元前 3 世纪之前的很长时间里，就居住在现在的越南北部红河流域的中下游地区。越南古籍中曾有“文郎国”、“瓯雒国”的记载，反映的是古代雒越人原始部落社会的一些情况。

从公元前 214 年至公元 10 世纪初，今越南北部一直在中国封建王朝的管辖之下。公元 939 年，安南人（当时中国人对越南居民的泛称）吴权赶走中国官吏，自立为王。吴权死后，安南地区出现“十二使君”（即 12 个封建主）割据纷争局面。公元 968 年，安南人丁部领削平“十二使君”，统一安南，建立“大瞿越国”，随后派遣使者向中国北宋王朝请封，宋太祖封丁部领为检校太尉、交趾郡王。学术界一般将公元 968 年丁部领建“大瞿越国”作为越南建立自主的封建国家的开始。

此后，越南先后经历前黎朝（980 ~ 1009）、李朝（1010 ~ 1225）、陈朝（1225 ~ 1440）、胡朝（1400 ~ 1407）、后黎朝（1482 ~ 1784）、西山朝（1788 ~ 1802）、阮朝（1802 ~ 1885）等封建朝代。1802 年，越南最后一个封建王朝的开国皇帝阮福映依惯例向中国清王朝请封。清王朝于次年封阮福映为“越南国王”。这是“越南”作为国名的开始。

19 世纪下半叶，越南沦为法国的殖民地。

1945 年，越南人民取得“八月革命”胜利。同年 9 月 2 日，越南宣告独立，越南民主共和国诞生。

越南独立不久，法国人卷土重来，重新占领越南。越南人民开始抗法战争。1954 年 5 月 7 日，越南人民赢得奠边府战役胜利，法国军队撤离越南，越南开始南北分治。20 世纪 50 ~ 60 年代，美国人支持南越政权，越南人民展开抗美战争。1973 年美国军队撤离越南。1975 年，越南南北统一。

1976 年，越南民主共和国改称越南社会主义共和国。

1995 年，越南社会主义共和国加入东南亚国家联盟。

越南顺化皇城正门门楼上的木结构亭楼　（原载《游遍亚洲》）

动　　态

政　　治

《中华人民共和国政府信息公开条例》通过

2007年1月17日，中国国务院第165次常务会议通过《中华人民共和国政府信息公开条例》，这是中国出台的首部保护公众知情权的法规。条例共5章38条，分总则、公开的范围、公开的方式和程序、监督和保障、附则。条例规定，各级人民政府应当加强对政府信息公开工作的组织领导。各级人民政府及县级以上人民政府部门应当建立健全本行政机关的政府信息公开工作制度，并指定机构负责本行政机关政府信息公开的日常工作。条例将于2008年5月1日起施行。

中国立法规范地方机构编制管理

2007年2月14日，中国国务院第169次常务会议通过《地方各级人民政府机构设置和编制管理条例》，自2007年5月1日起施行。该条例是新中国成立以来第一部规范地方机构编制管理的行政法规，填补了地方机构编制管理工作的法制空白。条例分6章30条，对地方机构编制管理的原则、条例的适用范围、行政机构设置和编制管理、监督检查、法律责任以及事业单位的机构编制管理等方面作了比较明确的规定。条例规定，依照国家规定的程序设置的机构和核定的编制，是录用、聘用、调配工作人员、配备领导成员和核拨经费的依据；地方各级人民政府行政机构职责相同或者相近的，原则上由一个行政机构承担；地方各级人民政府行政机构应当使用行政编制，事业单位应当使用事业编制，不得混用、挤占、挪用或者自行设定其他类别的编制。条例针对擅自设立、撤销、合并行政机构或者变更规格、名称，擅自改变行政机构职责，违反规定审批机构、编制等八种违法行为，规定了相应的法律责任。

中国最高人民法院改革死刑复核案件裁判方式

2007年2月27日，中国最高人民法院发布经最高人民法院审判委员会第1414次会议讨论通过的《关于死刑复核若干问题的规定》，对死刑复核案件裁判方式作出重大改革，这一司法解释改变了以往对于死刑复核案件可以作出核准、改判或发回重审裁判的传统做法，规定对于各地报请复核的死刑案件，最高人民法院原则上只能作出核准死刑或不核准死刑的裁定；只有在少数特定情况下，可以依法改判。此项改革，是基于死刑案件核准权统一行使，最高人民法院审判责任进一步增大的现实情况，旨在通过死刑复核裁判，更为有力、有效地指导地方法院严格依法履行各自审判职责，坚定贯彻执行党和国家的刑事政策，确保死刑案件质量真正做到万无一失；有利于督促各地法院将附带民事诉讼调解、信访接待等工作尽量妥善、及时解决在当地，防止矛盾激化，以最大限度地维护社会稳定，促进社会和谐，确保裁判取得最佳的法律效果与社会效果。保留对少数死刑复核案件特定情形下改判的做法，有助于确保复核案件审理质量，及时作出复核裁判，依法惩罚犯罪，争取案件审判取得更好的社会效果。该规定于2007年2月28日起施行。

《中华人民共和国物权法》通过并施行

2007年3月16日，中华人民共和国第62号主席令公布第十届全国人民代表大会第五次会议审议通过的《中华人民共和国物权法》，自2007年10月1日起施行。物权法是一部调整规范财产关系的基本法，属民事法律范畴，分为总则、所有权、用益物权、担保物权和占有等5编，共9章247条。总则编主要明确立法宗旨、目的，立法的基本原则、适用范围和物及物权概念等内容；所有权编主要规定所有权的概念和种类、所有权的界定和保护、所有权涉及的相邻和共有关系以及所有权取得的特别规定等内容；用益物权编主要规定用益物权的概念、范围和建设用地使用权、宅基地使用权和地役权等用益物权操作运行的程序、要求等；担保物权编主要规定担保物权的概念、设立、形式和分类、运作程序等;占有编主要规定占有分类和占有运作处理的程序等内容。物权法作为中华人民共和国颁布的第一部物权法,是在中国特色社会主义法律体系中起支架作用的不可或缺的重要法律。

中国颁布并实施《行政机关公务员处分条例》

2007 年 4 月 22 日,中华人民共和国国务院第 495 号令公布《行政机关公务员处分条例》,自 2007 年 6 月 1 日起施行。条例共 7 章 55 条,分总则、处分的种类和适用、违法违纪行为及其适用的处分、处分的权限、处分的程序、不服处分的申诉、附则。条例明确规定行政机关公务员处分的原则、种类适用规则、权限、程序和申诉等内容,对于进一步严肃行政机关纪律,规范行政机关公务员的行为,促进行政机关及其公务员依法履行职责,加强领导干部作风建设,促进行政机关公务员切实做到为民、务实、清廉具有重大意义。

中国国家预防腐败局成立

2007 年 9 月 13 日,中国国家预防腐败局成立新闻发布会暨揭牌仪式在北京举行。成立国家预防腐败局是中国为深入推进预防腐败工作采取的一项重大举措,有利于协调各部门预防腐败工作,形成预防腐败的整体合力;有利于拓展工作领域,形成全社会预防腐败的良好局面;有利于增强预防腐败能力,提高预防腐败工作专业化水平;有利于加强国际交流与合作。其主要职责有三项:一是负责全国预防腐败工作的组织协调、综合规划、政策制定、检查指导;二是协调指导企业、事业单位、社会团体、中介机构和其他社会组织的防治腐败工作;三是负责预防腐败的国际合作和国际援助。国家预防腐败局列入国务院直属机构序列,在监察部加挂牌子。国家预防腐败局下设办公室,作为办事机构,承担国家预防腐败局的日常工作。

中国共产党第十七次全国代表大会在北京召开

2007 年 10 月 15 ~ 21 日,中国共产党第十七次全国代表大会在北京召开。大会的主题是:高举中国特色社会主义伟大旗帜,以邓小平理论和“三个代表”重要思想为指导,深入贯彻落实科学发展观,继续解放思想,坚持改革开放,推动科学发展,促进社会和谐,为夺取全面建设小康社会新胜利而奋斗。会上,胡锦涛代表第十六届中央委员会作题为《高举中国特色社会主义伟大旗帜,为夺取全面建设小康社会新胜利而奋斗》的报告。大会审议并批准中国共产党十六届中央委员会报告,审议并批准中共中央纪律检查委员会工作报告,审议并通过《中国共产党章程(修正案)》。大会选举产生中国共产党第十七届中央委员会和中央纪律检查委员会。此次大会对中国全面建设小康社会提出了新的要求,是中国在改革发展关键阶段召开的一次重要会议。

《中国的政党制度》白皮书发布

2007 年 11 月 15 日,中国国务院新闻办公室发表《中国的政党制度》白皮书。白皮书全文近 1.5 万字,分前言、中国社会历史发展的必然选择、中国的一项基本政治制度、社会主义民主的重要体现、多党合作制度中的政治协商、多党合作制度与国家政权建设、多党合作制度与人民政协、多党合作制度与现代化建设、结束语、附录等部分。全书概括了几十年来特别是改革开放以来,中国多党合作积累的主要经验,介绍了中国多党合作的优势特点,以及民主党派在建设中国特色社会主义过程中,作为参政党所发挥的作用。《中国的政党制度》白皮书的主要特点有:首次概括了中国多党合作制度的价值和功能,深刻论述了多党合作制度具有历史必然性、伟大独创性和巨大优越性,系统介绍了多党合作在加强国家政权建设中的作用,明确了民主党派在中国特色社会主义建设中的重要作用,全面阐述了多党合作制度在我国基本政治制度框架中的地位和作用。白皮书的发表,有助于增强国内外对中国多党合作制度的认识和了解。

文莱苏丹在元旦致词中强调维护政治社会稳定工作

2007 年 1 月 1 日,文莱苏丹在元旦致辞中强调,“只有在国家稳定与和平的环境下,政府才能达到维

2007 年 10 月 15 ~ 21 日,中国共产党第十七次全国代表大会在北京召开,图为大会会场。
(原载《人民画报》)

护人民的幸福生活与繁荣的目的”。奉行政治社会稳定与和平是文莱独立以来的国策，贯彻这项国策是文莱政府每年都要强调和必须做到的头等大事，而文莱苏丹也亲自抓这项工作，并得到全国民众的支持。

文莱苏丹主持召开2007年第一次立法议会

2007年3月7日文莱苏丹主持召开2007年第一次立法议会。苏丹在会上发表施政御词，希望立法议员为国家政治社会稳定和经济建设作出贡献。出席此次会议的立法议会议员29名，其中包括苏丹本人、王储兼首相署高级部长阿穆达迪比拉、外交与贸易部长穆罕默德亲王、11名内阁部长以及15名民间代表。

文莱政府把2007年定为法律年

2007年3月28日，文莱政府举行开展2007年法律年大会。总检察长拿督哈芝基拉纳在文莱法庭大楼举行的2007法律年开幕式上致词时说，若法律被滥用而不能保障公众利益，立法将变得毫无意义。根据宪法规定，文莱政府抓紧完善立法及其实施工作。2006年，文莱政府颁布7项新条例，包括策略及政策研究中心条例、民航条例、中等法庭（修正）条例、轻微刑事（修正）条例、小额索赔法庭条例、2007年雇员公积金（修正）条例和2007年刑事程序（修正）条例，这些条例在2007年1月1日生效。2007年又通过20项条例，如双溪岭管理局条例、补充供应条例、护照法修正条例、移民法修正条例、森林法修正条例、强制教育条例、有毒物质法修正条例等。

文莱苏丹要求全国回教徒为全人类的和平发展作贡献

2007年4月1日晚，文莱苏丹通过电视台和广播电台向全国发表回教先知诞辰纪念日御词。他说，回教徒应有相亲相爱精神，不分肤色和种族，一致为世界和平及发展作出贡献；世界上有10多亿回教徒，如果回教徒团结一致，为和平及繁荣发展而努力，必将极大地推动世界进步及和平发展事业。他希望回教徒从个人做起，为家庭、为国家、为世界和平和发展作出应有的贡献。

文莱电子信息技术人才不足，电子政府计划推行不理想

2007年7月3日文莱经济发展局宣布，尽管政府近年来不遗余力地推行电子政府计划，但因电子信息技术人才不足，公共服务领域电子化进程缓慢。至今电子政府计划中的多项软件升级计划仍未启动，电子政府计划拨款总额20亿文元，只用了5000万文元，多项计划目前仍停留在规划阶段。以电子商务为例，推动工作仍未达到预期目标，大部分中小企业仍未具备电子商务能力，也不了解电子商务。国家信息科技理事会属下电子商务计划执行委员会进行抽样调查后发现，约80%的中小企业不掌握电子商务知识，对网上交易的安全措施也缺乏信心，在文莱开展经营生产活动的逾6000家企业中，仅有1300家企业通过私人电脑开展业务，设立网站的公司不足200家。由于对电子商务缺乏了解，大部分中小企业不敢把资金用于发展电子商务。

乔森潘被捕

2007年11月19日，审判前红色高棉领导人特别法庭发出拘捕令，并授权柬埔寨内政部警方，把刚出院的前红色高棉国家主席乔森潘拘捕后送往特别法庭接受调查。76岁的乔森潘11月13日在拜林市的住宅中，因高血压引起中风，从吊床上摔下，被柬内政部警方于14日按首相洪森的命令，用直升飞机送往金边市甘密医院治疗。乔森潘是继前红色高棉副总理兼外交部长英萨利、社会部长英提勒、人民代表议会议长农谢和前红色高棉金边S21监狱狱长江玉耀之后，第五位被捕的前红色高棉领导人。前4位红色高棉领导人都分别被以反人道罪、种族灭绝罪等提出起诉。

柬埔寨国会通过民航法

2007年12月5日，柬埔寨民航法草案在第三届国会第七次全体会议上获得80名议员一致通过。此法草案拟定于1994年，在呈交第一届和第二届国会审议时均告失败，民航局经过修改之后，于2007年再次提交内阁和国会进行审议。该法分11章64条，旨在维持国内民航飞行秩序与安全、管理空运服务、管理和发展国内民用机场、推动空运发展等。

印度尼西亚国会批准新《投资法》

2007年3月29日，印尼国会通过新的《投资法》，并于2007年4月26日正式颁布。新《投资法》规定除国防和军火等领域外，内外资享有同等待遇、为投资者提供一站式服务、明确投资争端解决机制、增强土地权益确定性等内容。新法还在外国人签证管理、关于最低投资额的规定及税收、进出口管理等多个方面取得突破，得到印尼国内外各界的积极评价。新法已对投资增长发挥推动作用，2007年下半年，印尼吸收外资62.4亿美元，同比增长153%。

印度尼西亚严厉打击民族分离主义活动

2007年6月30日，当印尼总统苏西洛和政府高级官员以及外国使节在南马鲁古出席印尼第14届“全国家庭日”开幕式时，28名化妆成演出人员的南马鲁古独立运动分子身着马鲁古传统服装，跳着当地的战争舞蹈来到距苏西洛总统仅十余米地方，突然展开“南马鲁古共和国国旗”。事件发生后,28名独立运动人员及3名涉案者被捕,并面临阴谋反对国家的指控,最高可被判刑15年。2007年12月8日,一名马鲁古青年因升挂独立国旗被军方击伤并被逮捕。巴迪慕拉军区司令拉西德少将就此事表示,军方将对独立运动采取严厉措施,必要时可将独立分子击毙。

印度尼西亚禁止税务人员加入政治党派

2007年7月23日,印尼财政部发文规范税务人员的职业操守和行为准则。这份由财政部长签发的文件规定,税务人员的工作应透明、高效及负责,要成为社会依法纳税的典范。文件禁止税务人员加入任何政治党派或成为其支持者,违者将受到纪律处分。

印度尼西亚内务部长易人

2007年8月29日,原中爪哇省省长马迪延托正式宣誓就任印尼内务部长。原内务部长穆罕默德·马鲁夫2007年3月30日因心脏病突发住院,由印尼政治、法律和安全事务统筹部长韦多多代行其职责。由于内务部长一职的重要性,马鲁夫的接替人受舆论高度关注,印尼总统苏西洛在综合各方面意见后最终指定由马迪延托接任。马迪延托1970年毕业于印尼军事学院,曾任中爪哇蒂博尼歌罗军区司令。他的就任也使印尼内务部部长由拥有军队背景的人物担任的传统得以保持。

老挝内阁改组

2007年7月3日,为提高国家行政管理工作效率,老挝内阁完成涉及5个部长职务的改组。改组方案由老挝政府总理波松·布帕万提议,并已获得国会通过。根据改组名单,老挝内阁新设3个总理府部长职务,分别由原总理府办公室副秘书长敦萨瓦·苏发努冯、原亚洲开发银行副行长肯彭·奔舍娜和老挝体委主任普通·森加昆担任。财政部长一职由原副财长宋迪·敦迪出任,原财政部长占西·波西坎改任万象省省长,原万象省省长宋佩·佩马拉改任公安部副部长。

马来西亚政府采取措施提高公务员生活水平

2007年,为提高低收入公务员的生活水平,马来西亚政府增加所有属于辅助阶层的公务员固定服务津贴,每月为30~50林吉特,这项措施从2007年1月1日实行,将惠及超过100万公务员。政府还提高了公务员的房屋贷款达20%,并给予没有住政府宿舍的公务员提供生活津贴,给住政府宿舍的公务员提供50%的生活津贴。

马来西亚加大打击恐怖主义力度

2007年,马来西亚通过立法加大打击恐怖主义力度。涉及恐怖主义罪行作为新的章节被纳入2003年刑事法典(修正)法令内,并于2007年3月6日开始生效。根据新法,凡是直接或间接犯下有关恐怖主义罪行者,将可被判死刑或者被判最高30年监禁。如果是在其他情况下,涉及者可被判最高30年的监禁,同时也可处罚款。此外,凡提供或者献议提供任何爆炸物或致命的策略给恐怖分子或恐怖组织者,也将在新的修正法令下被判坐牢30年及罚款。

马来西亚民政党完成新老交替

2007年4月8日,在马来西亚民政党特别代表大会上,拿督斯里林敬益医生正式卸任长达26年的党主席职务,丹斯里许子根任代主席。林敬益在政坛纵横39年,从1980年开始担任民政党主席。卸任党主席后,林敬益担任该党顾问,只保留马来西亚能源、水务及通讯部长职务至下届大选。

马来西亚人民公正党大会

2007年5月26~28日在马来西亚举行。马来西亚人民公正党代表大会主席希山慕丁、主席旺阿兹沙、前署理主席阿都拉曼、顾问兼前副总理安瓦尔等参加大会。印度尼西亚前总统瓦希德夫妇出席大会并发表演说。此次大会主要是进行党选。最后,前署理主席阿都拉曼和安瓦尔宣布退选,大会选出以旺阿兹沙为主席的新领导班子,安瓦尔仍担任该党顾问。

马来西亚华人公会特别代表大会

2007年5月27~30日在马来西亚首都吉隆坡举行,2343名马华特别代表出席大会。马华总会长黄家定发表演讲。大会重点讨论党章修改建议。最后,大会代表一致通过包括委任制度化、关于展延党选、终止党籍等11项内容的马华党章修改提案。

马来西亚巫统(马来民族统一机构)常年全国代表大会

2007年11月5~9日在马来西亚首都吉隆坡举行,数千名代表出席大会。马来西亚总理、巫统主席巴达维、副总理纳吉出席大会并发言。大会着重讨论各种民生问题,如燃油补贴、非法外劳及社会问题、有关马来人股权及政联公司等问题。

马来西亚加大反贪力度

2007年,马来西亚反贪局加大反贪力度,特别是加大对司法机关的反贪力度,一批高级警官因涉嫌贪污、犯罪而被反贪局告上法庭。9月25日,曾在新山避兰东警局任高级职务的武吉阿曼警局高级警官阿兹米奥斯曼被控。10月24日,武吉阿曼警察商业罪案调查局巴哈林罗斯副警监、洪健福(音译)助理警监被反贪污局控上吉隆坡地方法庭。11月1日,全国商业罪案局总监拿督南利尤索夫被反贪局控上法庭,成为马来西亚因贪污罪被指控的最高警阶警官。南利是马来西亚警察部队七大总监之一,其职位在正副警察总长之下。他原在2007年12月9日退休,因贪污罪被指控,即将获得的英勇警察勋章被剥夺。贪污高级警官的被控,表明了马来西亚政府打击贪污腐败的决心。

缅甸制宪国民大会宣告完成使命

2007年9月3日,缅甸制宪国民大会闭幕。国民大会明确了新宪法的制宪原则,标志着缅甸制宪进程进入新阶段。根据大会确定的制宪原则,缅甸未来国名为缅甸联邦共和国,实行总统制,设立民族院和人民院两院,实行多党议会民主制度以及市场经济制度。制宪原则还规定军队在各级议会中必须拥有25%非选举产生的议会代表名额;三军总司令是缅甸武装力量的最高统帅,在国家陷入危机时可以接管国家政权。制宪原则对缅甸外交政策也作了明确规定:缅甸奉行独立、积极和不结盟的外交政策,与世界所有国家发展友好关系,坚持和平共处原则,不允许外国军队部署在缅甸领土上。缅甸国家和平与发展委员会第一秘书长、国民大会召集委员会主席登盛当天在国民大会闭幕式上发表讲话说,缅甸政府将继续执行七点"民主路线图"计划,推进缅甸民主进程。

菲律宾总统表示不让政治阻碍经济改革

2007年5月17日,菲律宾总统阿罗约在中期选举后首次公开露面时宣布,菲律宾政府将继续推进经济改革,并承诺不会让政治阻碍改革进程。阿罗约在摩根大通公司(JPMorgan Chase & Co.,JPM)在马尼拉举行的投资者会议上表示,菲律宾是亚洲地区投资前景最乐观的国家,支持政府的众议院(House of Representatives)议员和支持总统的地方政府官员在选举中取得压倒多数的胜利,这能够保证菲律宾政治局势稳定,并保证政府继续将工作重点放在经济改革上。

菲律宾南部武装冲突造成50多人死亡

2007年7月10日菲律宾军方宣布,9日在菲南部与当地反政府武装发生激烈交火,造成双方50多人死亡。菲军方新闻官巴卡罗对媒体说,政府军9日与阿布沙耶夫反政府武装及"摩洛伊斯兰解放阵线"在马尼拉以南900公里的苏禄省发生3次大规模交火。战斗一直持续到深夜,共造成26名政府军士兵死亡,另有十余人受伤。军方已向发生战斗的地区紧急增派援军,追击反政府武装。

菲律宾参众两院议长均获连任

2007年7月23日,在菲律宾第14届国会首次会议上,参议院议长曼努埃尔·比利亚尔和众议院议长何塞·德贝内西亚均获得连选连任,从而维持执政联盟和反对派议员在国会中的势力均衡。在拥有24个议席的参议院中,比利亚尔获15票支持,再次当选参议院议长;德贝内西亚在拥有250个议席的众议院中获得159票支持连任众议院议长。菲律宾国会实行参众两院制。菲律宾2007年5月进行国会中期选举,反对派议员仍在参议院占多数,众议院大部分议席则属于执政联盟。

菲众议院否决一项针对总统阿罗约的弹劾指控

2007年11月14日,菲律宾众议院司法委员会否决了一项针对总统阿罗约的弹劾指控。反对派提出弹劾的理由是阿罗约利用总统职权命令相关部门通过涉嫌腐败的国家宽带网项目。菲众议院司法委员会当天是以43票反对、1票赞成的投票结果否决这项针对阿罗约的弹劾指控的。自2001年上台以来,阿罗约多次遭到反对派的弹劾指控,但这些弹劾指控均被众议院否决。

菲律宾政府军粉碎一次军事政变

2007年11月29日,30名曾经参加过2003年马尼拉政变的军人在法庭受审时,突然走出法院,占据附近的半岛酒店,要求总统阿罗约下台。菲律宾特警队和效忠阿罗约的政府军向政变军人发动进攻,政变军人缴械投降。这场政变只持续了7个小时,过程像是一场表演。警方当天扣留了大约100人,其中半数是记者,但这些记者事后都获释。逃走的一名海军上校和3名军人,已遭当局通缉。菲律宾政府以谋反罪名控告涉及政变的36个人,包括领导政变的参议员特利拉尼斯和前副总统金戈纳。

新加坡宣布扩大守卫重要设施军人执勤权限

2007年5月,新加坡国会通过新加坡武装部队修正法案,赋予执行安全任务的武装部队人员更大的执法权。根据这项法案,新加坡国防部长张志贤于8月29日发布命令,宣布协助警察部队守卫重要设施的武装部队人员在执行任务时拥有逮捕、搜寻、没收和控制交通的权力,以更有效地应对恐怖活动。这项指令有效期至2010年7月31日。根据这一指令,新加坡武装部队协助警察部队驻守裕廊岛、埃克森美孚炼油设施、樟宜机场及三巴旺海港,严防恐怖袭击。在这4个地点执行任务的军人行使新加坡武装部队修正法案赋予的权力,根据刑事程序法典搜寻和逮捕嫌犯,并将嫌犯交给警方进行调查。

新加坡政府严厉打击恐怖活动确保国家安全

2007年6月10日,新加坡副总理兼内政部长黄根成在出席新加坡一个社区活动时表示：新加坡政府将采取严厉措施，打击策划和参与恐怖活动的分子，以确保国家安全。

6月8日，新加坡政府宣布于4月逮捕了计划到阿富汗参与武装活动的恐怖分子贝希尔，并根据内部安全法令扣留了新加坡本地的4名"伊斯兰团"成员。"伊斯兰团"是东南亚地区的恐怖组织，新加坡一直对"伊斯兰团"严加防范，2001年以来已先后逮捕30多名该组织成员，挫败多起恐怖袭击阴谋。在2007年8月18日开展的紧急应变日活动中，民防部队向居民播放"如何在化学、生物及辐射威胁中生存"的录像，讲述化学、生物和辐射攻击、感染后的症状、危险性及处理办法。

新加坡南部设有52个安全与保安小组，每个小组负责10～20幢位置相近大厦的保卫工作；大厦内的商业机构也定期与内政团队协商加强保安工作、同罪案及保安相关情报的分享、举行疏散演习等。

泰国宪法法庭对2006年有舞弊行为的政党作出判决

2007年5月30日，泰国宪法法庭就5个在2006年4月2日大选中可能存在舞弊行为的政党作出最终判决，判处泰国最大政党泰爱泰党、发展国家党、泰国国土党、民主进步党解散，其主要执委5年内不得参政；老牌政党民主党因被控证据不足而没有受到被解散的处罚。

泰国举行议会选举

2007年12月23日，泰国举行议会选举。这是2006年9月他信政府被军方推翻后的首次全国选举。人民力量党在选举中获胜。计票结果显示，人民力量党获得国会下议院230个席位，接近全部480个席位的半数，超过下议院第二大党民主党60席，最终赢得大选。人民力量党主席沙马・顺达卫说，人民力量党将邀请其他党派联合组阁，他本人将出任总理。

泰国临时政府总理素拉育・朱拉暖说，此次投票过程透明，选举在公平环境下举行。泰国政变领导人、副总理颂提・汶耶拉卡林已经表示，自己将尊重选举结果，即使是亲他信的人民力量党获胜，整个国家也不会因此出现混乱。

越南第十二届国会第二次会议表决通过副总理及各部部长名单

2007年7月31日，越南政府总理阮晋勇宣读了国会批准任命的政府副总理、部长以及其他成员的名单。此前，国会以95.13%的赞成票表决通过了有关政府机构和副总理人选的决议。在被任命人员中，除阮生雄、范加谦及张永仲为现任副总理以外，还增设两位新的副总理阮善仁（现任教育培训部部长）和黄中海（曾任工业部部长，现工业部已与贸易部合并为工商部）。5位副总理中，年龄最大的是张永仲（65岁），年龄最小的是黄中海（48岁）。任部长和相当于部级职务的人员分别为：国防部部长冯光清，公安部部长黎鸿英，外交部部长范加谦（政府副总理兼），内务部部长陈文俊，司法部部长何雄强（原广平省省委书记），计划投资部部长武鸿福，财政部部长武文宁，工商部部长武辉煌（原谅山省省委书记），农业与农村发展部部长高德发，交通运输部部长胡义勇，建设部部长阮鸿军，资源环境部部长范魁元（原资源环境部副部长），通讯与通信部部长黎尹合（原文化通讯部部长），劳动社会荣军部部长阮氏金银（原贸易部副部长），文化体育旅游部部长黄俊英（原旅游总局局长），科学技术部部长黄文峰，教育培训部部长阮善仁（兼任政府副总理），卫生部部长阮国赵，民族委员会主席江销福，越南国家银行行长阮文西（原宁顺省省委书记），政府总监察长陈文传，政府办公厅主任阮春福（原政府办公厅副主任）。

外　　交

中国领导人外交活动频繁

2007年，中国主要领导人外交活动积极活跃，展现全方位外交理念。国家主席胡锦涛1月底至2月初出访喀麦隆、利比里亚、苏丹、赞比亚、纳米比亚、南非、莫桑比克和塞舌尔等非洲八国；3月对俄罗斯进行国事访问并出席"中国年"开幕式等活动。6月出席八国集团领导人与五个发展中国家（中国、印度、巴西、南非、墨西哥）领导人对话会议并对瑞典进行国事访问；8月观摩上海合作组织成员国"和平使命—2007"反恐演习、访问中亚吉尔吉斯斯坦和哈萨克斯坦两国并出席上海合作组织元首理事会第七次会议；9月出访澳大利亚并出席亚太经合组织第15次领导人非正式会议。

国务院总理温家宝1月访问菲律宾并出席第10次东盟与中日韩、中国与东盟领导人会议、第二届东亚峰会、主持第七次中日韩领导人会议；4月访问韩国、日本，11月访问乌兹别克斯坦、土库曼斯坦、白俄罗斯、俄罗斯并出席上合组织成员国总理第六次会议、中俄总理第12次定期会晤和"中国年"闭幕式活动，同月访问新加坡并出席第11次东盟与中日韩、中国与东盟领导人会议、第三届东亚峰会及第八次中日韩领导人会议。

中国总理温家宝访问日本

2007年4月11～13日，中国国务院总理温家宝应日本首相安倍晋三的邀请，对日本进行为期3天的正式访问。这次温家宝访问日本被喻为中日关系的“融冰之旅”，是中国领导人在打破中日关系5年僵局后的首次访问，也是中国总理7年来首次访日。11日，中国和日本在东京发表《中日联合新闻公报》。中日双方确认，将继续遵循《中日联合声明》、《中日和平友好条约》和《中日联合宣言》的各项原则。双方决心正视历史，面向未来，共同开创两国关系的美好未来。关于台湾问题，日方表示坚持在《中日联合声明》中表明的立场。《中日联合新闻公报》确认了中日战略互惠关系。在有争议的东海问题上，两国领导人同意在2007年秋季就共同开发的具体方案提出报告。双方还一致同意重点推进节能环保商务示范项目，加强两国在节能、煤炭、核能等能源领域以及亚洲地区节能多边框架内的合作。

中国国家主席胡锦涛出席亚太经合组织第15次领导人非正式会议

2007年9月8～9日，中国国家主席胡锦涛出席在澳大利亚悉尼举行的亚太经合组织第15次领导人非正式会议。在此次会议的演讲和对话中，胡锦涛主席均阐述了中国政府在涉及地区及全球利益重大问题上的政策主张，展现了负责任和建设性合作姿态。气候变化问题是此次会议最突出的议题，胡锦涛主席在会议上提出坚持合作应对、坚持可持续发展、坚持《联合国气候变化框架公约》主导地位、坚持科技创新四项主张，提议建立“亚太森林恢复与可持续管理网络”，介绍中国在控制温室气体排放方面采取的措施、取得的成就和确定的目标。这是中国政府首次在国际会议中就应对气候变化提出具体、务实的合作建议，受到各方积极评价和支持。会议通过的《悉尼宣言》重申各国在公约中所做承诺，坚持“共同但有区别的责任”原则，纳入了中国关于森林恢复与管理网络的倡议。

中国与美国关系保持总体稳定

2007年中美关系总体保持稳定并取得新的重要进展。中国国家主席胡锦涛和美国总统布什分别于6月在德国海利根达姆八国集团与发展中国家领导人对话会和9月在澳大利亚悉尼亚太经合组织领导人非正式会议期间举行会晤，两国元首就中美关系和共同关心的问题广泛交换意见，达成许多重要共识，为中美关系的进一步发展指明了方向，注入新的动力。两国元首还通过通话、通信等多种方式保持密切联系。

中美两国在战略层面的沟通和对话进一步增强。由中国国务院副总理吴仪和美国财长保尔森共同主持的第二、三次中美战略经济对话分别于5月和12月在华盛顿和北京成功举行，取得诸多成果和共识。由中国外交部副部长戴秉国与美国常务副国务卿内格罗蓬特共同主持的第四次中美战略对话6月在美国成功举行，对增进中美战略互信、扩大两国务实合作产生积极效果。

2007年，中美经贸关系和双边重要领域互利合作继续深化发展。全年双边贸易额达到3021亿美元，中国自美国进口继续快速增长，取代日本成为美国第三大出口市场。11月美国国防部长罗伯特·盖茨访华，与中国军方就扩大两军交流达成6点共识。此外，两国议会间、人民间的交往活跃，反恐、执法、科教文卫等合作进一步扩大。双方并就朝鲜半岛核问题、伊朗核问题、苏丹达尔富尔等重大国际地区问题保持着有效的磋商和协调。

在中美关系中最重要、最敏感的台湾问题上，美国方面多次重申坚持一个中国政策、遵守中美三个联合公报，反对陈水扁当局搞“入联公投”，对促进中美关系稳定发展起到重要作用。

第三次中美战略经济对话在北京举行

2007年12月12日，第三次中美战略经济对话在北京开幕。中国国务院副总理吴仪和美国财政部部长保尔森作为两国元首特别代表共同主持对话。此次中美战略经济对话的主题是“抓住经济全球化的机遇和应对经济全球化的挑战”，具体议题包括：中美双方抓住经济全球化的益处，应对经济全球化的挑战；强化贸易诚信；经济平衡发展；应对不同能源选择带来的经济影响；综合考虑经济增长与环境可持续性；促进中美双边投资。对话期间，双方签署《中美关于食品、饲料安全合作协议》、《中美药品、医疗器械安全合作备忘录》等多项协议，并在金融服务业、产品质量和食品安全、能源和环保、透明度、投资、中国的市场经济地位、经济平衡增长等8个领域开展合作达成31项共识。

文莱苏丹积极参加东盟活动

2007年，文莱苏丹积极参加东盟各项活动。1月8～11日，文莱苏丹率团参加在菲律宾宿务举行的第12届东盟首脑峰会等11个系列会议，参与讨论《东盟宪章》并签署一系列重要文件，共同参与东盟安全、经济和社会文化等三大共同体建设。11月19日，苏丹出席在新加坡举行的东盟东部增长区领导人会议。11月17～22日，苏丹率团出席在新加坡举行的第13届东盟首脑峰会，与东盟各国领导人就国际和地区形势、投资环境、气候变化、能源开发与环保等问题深入交换意见，并讨论和签署《东盟宪章》、《东盟经济共同体蓝图宣言》等文件，还与东盟各国领导人制订共同体发展蓝图和具体目标，争取在2015年前建成东盟单一市场和生产基地。接着，苏丹又出席第11次中国—东盟10+1领导人会议，第11次东盟与中国、日本、韩国10+3领导人会议，第13届东盟首脑会议和第三届东亚峰会以及东盟与欧盟建立对话关系30周年纪念会等一系列会议。文莱苏丹还出访一些东盟国家和接待来访东盟国家领导人。4月4～5日文莱苏丹对柬埔寨进行为期3天的正式访问。期间，苏丹前往柬埔寨皇宫拜会西哈莫尼国王，受到西哈莫尼国王的盛情接待。8月13～14日，马来西亚总理巴达维对文莱进行访问，并与文莱苏丹举行两国第11轮年度磋商。

文莱与马来西亚合作生产生物石油

2007年1月12日，文莱经济发展理事会和马来西亚HDZ生物柴油合作有限公司签订生物柴油计划合作谅解备忘录。双方将投资2.63亿美元，在文莱建设两个生产生物柴油和丙三醇的项目，预计项目第一期年产量10万吨，第二期计划年产量40万吨。项目在2007年启动。

文莱欢迎越南劳工参与经济建设

2007年1月15日越南驻文莱大使透露，已有400余名越南劳务人员在文莱就业，今后还将有更多的越南工人到文莱工作。在文莱的越南劳工主要从事建筑、家政服务等行业。与来自菲律宾、泰国的劳工相比，越南劳工的薪资较有竞争力，出国前接受了英语等方面的基础培训，因而受到文莱雇主欢迎。

文莱与泰国加强船务和港口业合作

2007年1月15日，文莱交通部港务局与泰国港务局在文莱首都斯里巴加湾签署合作备忘录，两国船务和海港业合作进入新里程。备忘录的签署旨在促进文、泰两国政府、私营和国有企业对两国法律的了解、尊重，推动双方在船务、海港、货运和人力资源等领域的合作。

文莱、马来西亚和印尼3国签署《婆罗洲之心宣言》

2007年2月12日，文莱、马来西亚和印度尼西亚3国在印尼巴厘岛签署《婆罗洲之心宣言》(The Heart of Borneo Declaration)。根据这个宣言，3国政府将共同合作，加强对婆罗洲(加里曼丹岛)热带雨林的保护。婆罗洲是世界重要的生物多样性地区，覆盖着22万平方公里的热带雨林，区内有13种灵长类动物、150种爬行和两栖类动物、350种鸟类及15000种植物。根据该宣言，3国将加强在可持续发展、保护自然资源和扶贫方面的合作。为了落实和实施这一宣言，文莱总检察署目前与相关政府部门合作制订新环境保护法令，首先有效地维护文莱现有的生态资源及绿色环境。

微软公司将帮助文莱建设一个知识型的经济发展社会

2007年2月26日，美国微软公司文莱办事处举行开业典礼，文莱首相署高级部长、王储比拉出席开业典礼并剪彩。开业典礼上微软东南亚区域主席Mr. Chris Atkinson表示，微软进军文莱，将帮助文莱建设一个知识型的经济发展社会，通过资源和技术共享，为文莱发展现代科技做出贡献。

文莱与日本签署自由贸易协定

文莱苏丹于2007年6月17～19日率领文莱政府代表团访问日本。访日期间，文、日两国签署自由贸易协定。协定签署后，将降低关税和确保文莱液化天然气对日本的稳定供应。文莱出口日本的液化天然气占日本总进口量的10%。根据协定，日本将逐步取消从文莱进口热带水果等产品的关税，文莱也将在今后3～5年内，逐步取消日本产汽车、电器、机械等产品的进口关税。

文莱与日本签署协议设立甲醇厂

2007年，文莱国家石油公司与日本伊藤忠及日本三菱集团签署合资在文莱设立甲醇厂的协议，根据协议，由文莱国家石油公司、日本三菱及日本伊藤忠组成的财团，将注资3亿美元，在计划中的双溪岭工业园设立甲醇厂。文莱国家石油公司将在合资公司中持50%股权，日本三菱及日本伊藤忠集团分别持25%股权。计划中的甲醇厂投产后，日产甲醇2500吨。项目预期可带来至少120个直接就业机会，并在投产后18个月内落实技术转移，惠及本地员工。

文莱与新加坡庆祝货币等值互换协定签订和执行40周年

2007年6月27日，为庆祝文莱与新加坡货币等值互换协定签订和执行40周年，文莱发行20元面值纪念钞。文莱苏丹博尔基亚和到访的新加坡总理李显龙联合主持新钞发行仪式。两国签订的货币等值互换协定于1967年6月12日正式生效，有效地促进了两国的金融稳定，推动双边贸易、投资及旅游业的发展。

文莱以主题国身份参加2007年第四届中国—东盟博览会

文莱是2007年第四届中国—东盟博览会主题国，文莱王储穆赫塔迪·比拉率领本国代表团参加博览会。10月28～31日，文莱王储比拉出席在中国南宁举行的第四届中国—东盟博览会和中国—东盟商务与投资峰会，并在开幕式上作为主题国致辞。王储比拉与中国国务院副总理曾培炎为第四届中国—东盟博览会主题国文莱“魅力之城”——斯里巴加湾展馆揭牌。文莱对这次展览非常重视，展位设计独特并精心布展：以文莱著名的帝国酒店为模型，仿照帝国酒店布展，显得高贵典雅，洋溢着浓厚的皇家气息；展位中摆放的古董，是专门从文莱的博物馆运来的，在整个展会大厅显得光彩夺目。文莱代表团还参加中国—东盟港口发展与合作论坛，大力推介文莱港口情况，希望与中国和东盟各国发展港口航运合作。

文莱与中国贸易创历史新高

2007 年，文莱与中国经济贸易合作关系得到快速发展。据中国海关统计，2007 年中国、文莱双边贸易额 3.55 亿美元，同比增长 12.7%，创历史新高。其中，中国对文莱出口 1.13 亿美元，同比增长 13.1%；文莱对中国出口 2.42 亿美元，同比增长 12.5%。中国主要向文莱出口传统食品、零件、蔬菜、水果和日常用品。文莱主要是向中国出口原油，中国对文莱原油的需求推动文中两国贸易额创历史新高。

中国海军编队 12 年来首访印度尼西亚

2007 年 3 月 23 ~ 26 日，在参加了由巴基斯坦主办的"和平—07"海上多国联合军事演习后，由连云港号护卫舰和三明号护卫舰两艘军舰组成的中国海军舰艇编队在回国途中顺访印尼。这是中国海军舰艇编队 12 年来首次访问印尼。舰艇编队抵达雅加达时受到印尼军方和民众的热烈欢迎，访问期间两国海军官兵进行了多项交流活动，两艘舰艇还向公众开放参观。

印度尼西亚政府对欧盟延长禁飞令感到失望

2007 年 6 月 28 日，欧盟以飞行安全不达标为理由禁止印尼的 51 家航空公司班机飞经其所有成员国上空。为此双方多次进行商讨，欧盟还数次派出专家小组帮助印尼进行改善工作。2007 年 11 月 28 日，欧洲飞行安全委员会小组会议决定延长禁飞令 3 个月，原因是印尼至今未能出台一部对出事故的航空公司进行制裁的法律。印尼交通部长朱斯曼对此感到失望，他表示，欧盟没有看到印尼为此做出的努力，也没有根据实际区别对待各个航空公司，如印尼鹰航和曼达拉两家公司就一直保持着良好的飞行安全纪录。作为对禁飞令的回应，印尼交通部民航局要求国内各航空公司停止购买或租用"空中客车"等欧洲生产的客机。

印度尼西亚与俄罗斯深化全面合作

印度尼西亚与俄罗斯的全面合作在 2007 年进一步深化。是年 8 月，印尼国防部代表团在参加莫斯科航空展时与俄方达成一项合作备忘录，订购总价值为 3.3 亿美元的 6 架苏式战斗机（3 架苏 - 30MK2 和 3 架苏 - 27），用以加强印尼东部地区防务。2007 年 9 月，俄罗斯总统普京访问印尼期间，双方签署多项合作协议，合作总金额高达 80 亿美元。其中的一项价值 10 亿美元的军火采购信贷协议引起普遍关注。根据协议，印尼将在 15 年内以分期付款方式从俄罗斯购买运输直升机、武装直升机、水陆两栖坦克和"基洛"级潜艇等大型武器装备。俄罗斯还计划帮助印尼在巴布亚省东部岛上建立火箭发射基地，这将成为印尼首个太空科技项目。俄罗斯多家投资财团对印尼的石油开采、金属加工、通信产业、高速公路建设、生物柴油开发和银行业等领域产生了浓厚兴趣。普京的访问将为印尼带来约 100 亿美元的潜在投资，进一步推动双边贸易关系的发展。

印度尼西亚与新西兰签署贸易与投资框架协定

2007 年 8 月，印尼贸易部长冯慧兰与新西兰贸易部长菲尔·戈夫在雅加达签署《印尼—新西兰贸易与投资框架协定》，以推动两国贸易与投资的发展。协定内容包括取消关税和非关税壁垒、加强投资推介及密切两国企业家间的联系等。近 5 年来，印尼和新西兰的双边贸易额年均增长 23.1%。2006 年两国贸易额达到 6.54 亿美元，其中印尼出口 3.2 亿美元，进口 3.34 亿美元。2007 年上半年，印尼和新西兰向对方的出口值分别增长 42% 和 23%。印尼从新西兰进口的商品主要有牛奶、牛肉等产品，出口至新西兰的商品主要是石油和天然气、矿物、纸浆及木材。

印度尼西亚与日本签署"印尼—日本经济伙伴协定"

2007 年 8 月，印度尼西亚总统苏西洛与到访的日本首相安倍晋三签署"印尼—日本经济伙伴协定"。协定将在 2008 年初生效。根据协定，日本从印尼进口的 9000 余种商品中，90% 以上将实行零关税，其中 80% 立即执行，剩下部分将在 3 ~ 10 年内逐渐实现免税。同时，印尼也将对 6 成从日本进口的商品实行免税，并逐步扩大免税商品的范围。印尼是日本最大的天然气供应国、第二大煤炭供应国以及第六大石油供应国，此协定的签订被认为确保了日本的能源供应安全。日本此前已和东盟 6 个成员国签署了同类协定。作为交换条件，日本承诺将鼓励日本企业家投资印尼的能源发展项目，今后 5 年将投资 8000 亿日元，投资项目包括石油、天然气、机械和汽车制造等。

印度尼西亚和马来西亚协商解决民族文化遗产争端

印尼与马来西亚两国同文同种，在人种、语言、历史及文化传统等方面有割不断的渊源关系，但双方对民族文化遗产所有权的争端常成为两国关系紧张的导火索。印尼认为马方将源自印尼的波诺罗歌舞蹈、昂格隆乐器、蜡染服装及传统菜肴"干烧牛肉"等艺术及文化遗产据为己有。2007 年，马来西亚旅游宣传活动中使用的主题歌《相亲相爱》也被印尼方认为是剽窃印尼马鲁古地区民歌，从而再次引发两国国民的对立情绪。2007 年 11 月 10 日，双方文化部长会晤商谈争端解决办法。印尼方面主张首先应在法律上明确有争端的文化遗产的归属；其次，当一方使用另一方的遗产时应得到所有方的许可，并给予一定的经济补偿。

中国与印度尼西亚开始海洋领域的广泛合作

2007年11月10日，中国和印度尼西亚签署在海洋领域广泛合作的谅解备忘录。根据备忘录，双方将在海洋科学研究和考察、海洋能源开发和研究、南极科学研究、海洋和沿海环境保护、政府官员和科学家互访、研究资料和成果等信息交流以及联合组织研讨会和教育培训等方面展开合作。11月12日，中国—印尼科学考察船"海王星三号"在雅加达丹戎不碌港口举行首航仪式。考察船将在靠近印尼西爪哇的印度洋东部海域调查爪哇上升流变异和对鱼类季节性洄游的影响，以及南海—印尼海水交换和对鱼类季节性洄游的影响。

印度尼西亚与韩国扩展防务领域合作关系

2007年12月，韩国现代铁路车辆集团、印度尼西亚国家弹药制造厂、韩国国防采购计划局和印尼国防部签署建立联合企业的备忘录，目的是为印尼军方研制一种新型6×6轮式装甲车。根据备忘录，韩国现代铁路车辆集团将向印尼方面提供生产装甲车相关技术，并参与研制符合印尼军方需求的新型战车，将总共为印尼军方生产400辆新型轮式战车，这是继2003年4月韩国向印尼出口7架总价值6000万美元的KT-1型教练机和相应的零配件及2006年印尼空军增购12架KT-1之后，印尼又一次扩大与韩国在防务领域的合作。

老越特殊关系持续升温

2007年是《老越友好合作条约》签订30周年和老越两国建交45周年。老越分别于7月16日同时在老挝首都万象市和越南首都河内市隆重举行庆祝大会，大力颂扬和宣传老越特殊关系。老越两党、国会和政府主要领导人均亲临本国庆祝大会现场并互派领导人出席对方的庆祝活动。老方派出老党中央政治局委员、书记处书记和国家副主席本扬率领的老党高级代表团赴越参会，越方派出越共中央政治局委员、书记处书记张晋创和国家副主席张美华率领的越南党政高级代表团与会。越共中央总书记农德孟对本扬副主席表示，越南将优先发展越老特殊关系。在万象市庆祝大会上，越方授予老党中央政治局委员沙曼、本扬和西沙瓦3人越南最高奖章——金星勋章，以表彰他们为老越特殊关系作出的突出贡献。分别授予其他7名政治局委员通星、阿桑、波松、通伦、冬斋、宋沙瓦和娘巴尼以及老党中央办公厅、中央联络部、外交部、国防部和公安部5个部门胡志明奖章。

老挝政府总理波松访华

2007年8月22日，老挝政府总理波松·布帕万抵达北京，开始在中国进行为期一周的正式访问。这是波松任总理后首次正式访华。

访问期间，中国国家主席胡锦涛、全国人大常委会委员长吴邦国分别会见波松，国务院总理温家宝与他举行会谈。胡锦涛说，中国党和政府珍视中老传统友谊，愿与老方一道，本着长期稳定、睦邻友好、彼此信赖、全面合作的方针，推动中老睦邻友好合作关系不断迈上新台阶。加强两国在经贸边贸、能源矿产、基础设施、农业种植、人力资源开发等重点领域的合作。除北京外，波松还访问了辽宁、湖南和云南。

波松此次访问中国旨在进一步落实两国领导人就推进双方睦邻友好关系达成的重要共识，探讨进一步加强与巩固两国友好合作关系的具体办法，以便按照"长期稳定、睦邻友好、彼此信赖、全面合作"的方针，把两国关系不断推向新的发展高度。他表示老挝政府和人民将继续坚定支持中国人民建设国家的伟大努

2007年8月22日，老挝政府总理波松·布帕万访华。①中国国家主席胡锦涛在北京人民大会堂会见老挝总理波松·布帕万。②中国国务院总理温家宝举行仪式欢迎老挝总理波松·布帕万。　　（新华社　图）

力,坚定支持中国的统一大业和中方在西藏、人权等问题上的立场,坚信老中全面合作关系会继续不断向前发展。

朝鲜政府总理金英日访问老挝

2007 年 11 月 4 日,应老挝总理波松的邀请,朝鲜总理金英日对老挝进行为期 4 天的正式友好访问。金英日在万象机场发表书面讲话说,朝老两国在长期的革命斗争中相互支持,建立了深厚友谊。他对老挝人民在国家建设中取得的成就表示高兴。在老挝访问期间,金英日与老挝总理波松举行会谈,共同探讨进一步推动两国友好关系的措施,并就共同关心的地区及国际问题交换看法。另外,金英日还会见老挝人民革命党中央委员会总书记、国家主席朱马利等老挝领导人。

马来西亚和印度尼西亚表示通过和谈解决边界问题

2007 年 3 月,马来西亚武装部队总司令阿卜杜勒·阿齐兹访问印尼。3 月 8 日,阿齐兹会见印尼国防部长尤沃诺;3 月 10 日,与印尼三军总司令苏扬托举行会谈。双方会谈后表示,印尼和马来西亚军队一致同意,两国将通过谈判解决包括安巴勒区(油田)海域在内的边界问题。印尼东部海军舰队指挥部发言人赛福尔声称,2 月下旬马来西亚军舰一连两天 3 次侵犯安巴勒区领海,该国军机也一度进入印尼领空。印尼国会就此做出强烈反应,要求军方采取强硬手段,向非法闯入的外国军舰或军机开火,以及建议增强在该油田区的军力。3 月 8 日,阿齐兹会见印尼国防部长尤沃诺后对媒体发表谈话时否认马国军舰侵犯在安巴勒区的印尼领海。

马新两国设立部长级委员会

2007 年 5 月 15 日,马来西亚和新加坡两国决定设立部长级委员会,并于 7 月召开首次会议,讨论马来西亚矛南依斯干达经验特区发展的各种问题,以加速落实政府在特区实施的政策,并确定两国在环境课题、旅游业、关卡通关,以及加强交通联系等四方面加强合作。

马来西亚教育部长希山慕丁访华

2007 年 5 月 19 ~ 25 日,马来西亚教育部长希山慕丁率团对中国进行友好访问,以加强两国的教育合作。在华期间,对中国国家汉语国际推广领导小组办公室、全国科学技术名词审定委员会、中国国家语言文字工作委员会进行了访问。中国国家汉语国际推广领导小组办公室已经同意为马来西亚教师提供为期 1 个月的短期培训。

马来西亚总理巴达维对俄罗斯进行正式访问

2007 年 6 月 18 日,马来西亚总理巴达维抵达莫斯科对俄罗斯进行为期 3 天的正式访问。俄罗斯总统普京在 19 日会见到访的马来西亚总理巴达维时说,俄已与马来西亚建立起稳固的伙伴关系,这种关系建立在相互尊重、平等和相互考虑对方利益的基础上。双方就进一步加强两国合作、中东局势、伊朗核问题、伊拉克局势和朝核问题交换了意见。

马中"友好之夜"晚会在吉隆坡举行

2007 年 6 月 25 日,由马中友协主办的庆祝马中友协成立 15 周年、马中建交 33 周年和马来西亚独立 50 周年的"友好之夜"晚会在马来西亚首都吉隆坡香格里拉饭店隆重举行。马来西亚副总理纳吉,中国驻马来西亚大使程永华,中国人民对外友好协会副会长冯佐库,前中国驻马大使金桂华,马中友协会长马吉德、署理会长古润金、副会长杨天培、吴国强、秘书长陈凯希,马中华工商联合会总会长钟廷森,马中华大会堂总会长林玉唐,马来西亚前副总理慕萨希旦,中马两国外交官及各界友好人士共 800 多人出席晚会。马来西亚副总理纳吉在晚会上发表主题演讲。晚会还放映了记载中马两国友好交往珍贵历史资料的多媒体短片。中国留马学生和马来西亚青年艺人表演了精彩的节目,就读马来亚大学博士课程的中国留学生韩笑还在晚会上用马来语朗诵了纳吉副总理的诗歌作品《我的祖国》。

马来西亚外长赛义德访华

2007 年 7 月 9 日,马来西亚外交部长赛义德率团访问中国。7 月 12 日,中国国务院总理温家宝在中南海紫光阁会见了赛义德。在华期间,赛义德还会见中国外交部长杨洁篪。赛义德此次访华的主要目的是向中国推销马来西亚的依斯干达经济特区,详细介绍马方给予该特区的各项优惠政策,希望中方前往投资。在华期间,赛义德一行参观 2010 年上海世界博览会场馆以及深圳福田保税区等,并与广东省省长、上海市长及深圳副市长等中国地方官员会谈。

日本首相安倍晋三对马来西亚进行正式访问

2007 年 8 月 23 日,日本首相安倍晋三抵达吉隆坡对马来西亚进行为期 3 天的正式访问,这是安倍 2006 年担任日本首相以来首次访问马来西亚。8 月 24 日马来西亚总理巴达维和安倍晋三在总理府举行会谈后发表联合声明,声明强调马日两国将进一步加强在政治与安全、经济、国际事务等领域的合作。

马来西亚与印度尼西亚警方加强反海盗联合训练

2007 年 8 月,马来西亚马六甲海峡沿岸地区的部分海事警察人员及负责人前往印度尼西亚苏门答腊的棉兰,与印尼警方进行联合打击海盗训练,以打击马六甲海峡地区的海盗和抢劫犯罪。马来西亚和印尼还将在双方马六甲海峡沿岸各地区警方负责人和海事警察之间建立联系，共同应对海盗事件。

缅甸与朝鲜复交

2007年4月26日缅甸与朝鲜签署协议，准备恢复邦交。缅甸曾于1975年5月16日与朝、韩两国同时建交。1983年10月9日，韩国总统全斗焕在仰光进行国事访问时，准备到缅甸国父昂山的陵墓献花，突然发生针对全斗焕的爆炸事件，导致陪同全斗焕的副总理徐锡俊、外交部长李范锡等21人当场被炸死。缅甸认定这起恐怖爆炸是朝鲜特工所为，于是在同年11月4日宣布同朝鲜断绝外交关系。缅甸官方媒体没有对复交一事进行报道，朝鲜方面则态度积极，授权朝鲜中央通讯社当日发表恢复邦交的联合新闻公报，强调在相互尊重的基础上恢复大使级外交关系，符合两国民族利益，将有助于世界和平。

缅甸与孟加拉签署直通公路协议

2007年7月27日，为促进双边文化旅游事业的发展和加强边境贸易，缅甸和孟加拉签署边境友谊公路直通协议。这一协议是由缅甸交通部副部长和孟加拉国交通部长在缅甸新首都内比都共同签署的。长达25公里的边境公路将把缅甸的博利巴泽尔同孟加拉东南部的贡德姆连接起来。修建缅甸与孟加拉直通公路的建议是由缅甸领导人丹瑞大将军和孟加拉国前总理卡莉达．齐亚2003年在仰光会晤时提出的。这个“友谊公路计划”被当时的孟加拉齐亚政府定为“向东看”政策的一个组成部分。

日本将增加对缅甸工业、能源和渔业投资

缅甸《时报》周刊2007年4月27日报道，根据日本—东盟自由贸易区建设进程，日本将增加对缅甸的投资。日本不仅对投资缅甸的工业感兴趣，对投资缅甸能源、渔业也感兴趣。为了加快日本—东盟自由贸易区的建设，日本政府向包括缅甸在内的4个新东盟成员国提供5200万美元经费用于税收和贸易规则培训。日本东京新闻4月初报道，日本—东盟自由贸易区谈判将于下个月完成，签署的协议将于2008年开始实施。

俄罗斯将在缅甸建立核能研发中心

2007年5月15日，俄罗斯宣布同意帮助缅甸建立一个核能研究中心。俄罗斯联邦原子能机构的负责人谢尔基里延科和缅甸科技部长在莫斯科签署了建立核能研究中心的协议。协议规定由俄方为缅甸建设一个核研究中心，同时由俄罗斯原子能建设出口公司负责帮助缅甸建造一个10兆瓦研究用轻水反应堆。此外，俄罗斯还将为缅甸培养300～350名核技术领域专家。整个合同价值5000～7000万美元。

美延长制裁缅甸1年

2007年5月17日，美国总统布什宣布对缅甸的制裁延长1年，在制裁措施下，美国禁止对缅甸进行新投资及输出或输入金融服务。美国也冻结了缅甸军人政府人员在美国的资产，并拒绝向他们发出签证。

缅甸新闻部长访华表示加强缅中新闻交流和合作

2007年5月20日，应中国国务院新闻办公室的邀请，缅甸新闻部长觉山一行到中国进行为期6天的访问。他访问北京、上海和深圳，访问期间会见中国新闻和影视机构的领导。觉山在启程访前表示，他这次访问的目的是加强交流，了解和学习中国在新闻、影视等方面的运作、开放和管理经验，促进双方的合作。觉山向媒体表示，缅甸愿意加强与中国在新闻宣传领域的交流与合作，以促进两国睦邻友好关系不断向前发展。

朝鲜货轮在缅甸仰光停靠

2007年5月21日，朝鲜货轮“江南1号”在缅甸最大港口城市仰光停靠，这是朝缅两国复交后朝鲜船只首次抵达缅甸。“江南1号”是朝鲜2035吨级普通货船。朝缅双方是在4月26日签署两国恢复外交关系文件的。

缅柬两国表示要加强双边友好合作

应缅甸联邦政府代总理登盛中将的邀请，柬埔寨政府首相洪森于2007年5月21～23日对缅甸进行为期3天的友好访问。两国领导人表示要加强双边友好合作关系。访问期间，洪森拜会了缅甸国家和平与发展委员会主席丹瑞大将，还与缅甸政府代总理、国家和平与发展委员会第一秘书长登盛中将就加强双边友好合作关系举行会谈。双方同意加强在地区事务方面的协调及加强在航空交通和旅游方面的合作。

中国东盟协会代表团访问缅甸

2007年6月10～13日，应缅甸联邦巩固与发展协会的邀请，以中国东盟协会会长、全国人大常委会副委员长顾秀莲为团长的中国东盟协会代表团对缅甸进行友好访问。顾秀莲11日在仰光会见缅甸联邦巩固与发展协会秘书长吴泰乌，双方表示要进一步加强两会之间的交流与合作，以促进两国睦邻友好合作关系，使两国人民的友谊不断巩固和发展。顾秀莲和吴泰乌在会见中介绍了各自协会的成立宗旨和发展情况。顾秀莲说，这是中国东盟协会2004年成立以来首次组团访问东盟国家，作为民间友好组织，中国东盟协会愿意为中国与东盟国家的友好合作、民间友好往来及中国

和东盟国家人民之间的友谊发挥作用。吴泰乌说，缅中两国是友好邻邦，两国人民有着传统友谊，缅甸联邦巩固与发展协会愿意在多个领域进一步加强与中国东盟协会的交流和合作。顾秀莲和吴泰乌还签署中国东盟协会和缅甸联邦巩固与发展协会加强交流和合作的谅解备忘录。中国驻缅甸大使管木和中国东盟协会代表团主要成员参加了会见和签字仪式。顾秀莲同日还会见了缅甸妇女联合会副会长杜钦代泰和仰光市市长吴昂登林。

缅甸代总理登盛中将12日在新首都内比都会见中国东盟协会代表团。登盛表示，中国东盟协会代表团的到访，将有利于缅中两国友好关系的发展。登盛在会见中表示，他刚刚成功访华归来，现在又见到中国东盟协会代表团前来访问，感到十分高兴。他说，相信通过代表团的访问，缅甸联邦巩固与发展协会等组织与中国东盟协会的交流和合作必将得到进一步加强，也将有利于缅中两国友好关系的发展。顾秀莲说，中国东盟协会的宗旨是开拓民间外交，为政府外交服务，促进中国和东盟国家人民之间的友谊、交流与合作。她还说，协会成立以来已经开展多项活动，协会还将继续为中国和东盟国家关系的发展发挥积极作用。

缅甸三军总参谋长瑞曼上将会见中国济南军区政委刘冬冬

2007年8月15日，缅甸国家和平与发展委员会成员、三军总参谋长瑞曼上将在新首都内比都会见中国人民解放军济南军区政委刘冬冬率领的中国人民解放军友好参观团，双方就外交和地区形势、缅中两军友好关系等交换意见。双方一致表示，希望缅中两国和两军友好关系不断发展。中国驻缅甸大使馆武官樊联峰参加会见。中国人民解放军友好参观团14日抵达仰光，开始对缅甸进行为期4天的友好访问。访问期间，参观团参观缅甸军事学院和军事技术学院。

泰国成为缅甸第一大贸易伙伴

2006～2007年财政年度，泰国是缅甸最大贸易伙伴国家，贸易总值高达26.6亿美元，其中缅甸向泰国出口额24.9亿美元，主要出口商品是天然气。缅甸的第二大贸易伙伴是中国，双方贸易总额12.7亿美元。以下依次是新加坡12.1亿美元，印度8.9亿美元，中国香港4.2亿美元。2006年缅甸与泰国、印度及中国香港的贸易均出现顺差，其中与泰国贸易顺差最多。

菲律宾总统阿罗约会见中国全国人大常委会委员长

2007年4月21日，出席博鳌亚洲论坛2007年年会的菲律宾总统阿罗约在中国海南博鳌会见中国全国人大常委会委员长吴邦国。会见中，吴邦国积极评价中菲关系。他说，中菲关系处于历史最好时期。双方政治互信进一步加深，各领域合作蓬勃开展，两国战略性合作关系不断充实，在经贸、农业、基础设施建设等重点领域的合作日益深化。中方重视发展与菲律宾的关系，愿与菲方密切配合，积极落实两国领导人就进一步发展两国关系的共识。中方对菲律宾在台湾问题上给予的理解和支持表示感谢。吴邦国表示，稳步推进中、菲、越三方南海合作，有利于促进南海地区的和平、稳定与发展。中方愿与菲、越一道，推动三方南海共同开发早日取得实质性成果。关于中国—东盟关系，吴邦国表示，中国政府高度重视发展与东盟关系。建立对话关系16年来，双方政治互信日益加深，对话交流更加频繁，经贸合作成果显著，互利合作不断丰富和深化。菲律宾是东盟的重要成员，中方愿继续本着“与邻为善，以邻为伴”的方针，与菲方共同努力，在平等互信、合作共赢基础上将双方关系推向前进。

阿罗约赞同吴邦国对两国关系的积极评价。她说，菲中关系正进入黄金发展阶段。两国政治互信不断增强，全方位务实合作日益拓展，两国领导人签署的双边合作协议正在顺利实施。双方在南海的合作已进入第二阶段，为今后合作打下良好基础。阿罗约表示，中国是菲律宾和东盟国家的朋友，菲方愿进一步加强与中方在政治、安全、经贸、资源等领域的互利合作、推动两国关系全面、深入发展。阿罗约还对中国在国际和地区事务中发挥的积极作用表示赞赏。

菲律宾将在重庆、澳门设总领事馆

菲律宾外交部宣布，菲律宾2008年将分别在中国的重庆和澳门设立总领事馆，以促进菲中两国的经贸往来。据菲律宾外交部公布的2008年建馆计划显示，除在中国设立两个总领事馆外，菲还将在爱尔兰的都柏林、葡萄牙的里斯本、芬兰的赫尔辛基和波兰的华沙设立大使馆。菲外长罗慕洛说，开设这6个使领馆将有助于加强与上述国家的战略伙伴关系，并加强对菲律宾海外劳工权益的保护。目前菲律宾在中国的厦门、广州、上海及香港设有总领馆。近两年来，菲律宾与中国西部城市的经贸往来日益频繁，为菲律宾在重庆设总事领馆打下基础。菲律宾航空公司宣布，2008年年初将开通直飞重庆的航线，从而改变菲律宾与中国西部无直飞客运航线的状态。

菲律宾总统阿罗约对新加坡进行国事访问

2007年6月25日，菲律宾总统阿罗约应新加坡总统纳丹邀请，对新加坡进行为期两天的国事访问。陪同访问的有菲律宾众议院议长德维尼西亚、外交部长罗慕洛、贸工部长法微拉、国际咨询委员会委员长罗伯托·罗慕洛、新闻秘书布恩耶及高级官员和一支商业代表团。纳丹总统25日上午在总统府举行欢迎会上迎接阿罗约总统,并在25日晚设国宴款待她。新加坡总理李显龙也设午宴款待她一行。阿罗约此行还同新加坡商界领袖会面,鼓励他们到菲律宾投资。菲新经济关系近年来稳健发展,双边贸易额在2006年创下新高,达170.3亿新元,比2005年增长15.8%。在过去5年,双边贸易额增长11.5%。

菲律宾总统访问日本、新西兰和澳大利亚

2007年8月下旬,菲律宾总统阿罗约出访日本、新西兰及澳大利亚,进一步推动与这些国家的双边经贸关系。阿罗约总统于22日前往东京参加第13届“日亚前景会议”,担任大会主讲人。有关人士认为,日本不但是菲律宾最大投资国,同时也是菲官方发展援助(ODA)的最大支持国,因此阿罗约的日本之行还带有进一步强化菲日双边经贸关系的使命。结束日本行程以后,阿罗约于27~30日转访新西兰,然后于30~31日前往澳大利亚。阿罗约总统鼓励这两国的商人及企业到菲律宾投资,特别是在矿业方面。

菲律宾是新西兰在东盟10国的最大贸易伙伴,而新西兰则是菲律宾重要贸易伙伴。2006年3月,新西兰总理克拉克曾到菲律宾的宿雾市访问。

澳大利亚是菲律宾第二大国防及反恐援助国,仅次于美国。2006年10月,菲澳两国进行了一场联合海上军事演习,而澳大利亚军事首长也不时到菲律宾南部了解反恐进展情况。

菲律宾与美国展开联合军事演习

2007年10月16日,菲律宾与美国代号为“跳跃展望暨两栖登陆演习”的联合军事演习正式展开,两军期望借此维持彼此的备战状态及长期以来的安全互援。“跳跃展望暨两栖登陆演习”的开幕仪式于11月16日在位于马尼拉近郊汶尼法寿堡的菲律宾海军陆战队总部举行。海军新闻官卡库里丹介绍,双方参加演习的官兵超过3500人。菲律宾调来曾在民答那峨岛同叛军及恐怖分子战斗9年的海军陆战队第十营部队,而美方则动员驻扎在日本冲绳岛的第三海军陆战队远征军及爱塞克斯号航舰远征攻击群的水兵参加演习。菲律宾陆军及空军也参加本次演习。演习地点分布在吕宋岛新伊斯哈省麦格赛赛堡、邦邦加省克拉克基地、赞拔礼斯省苏比克湾及甲美地省特内德镇等5处。除了实弹射击、两栖登陆、护航作业、丛林求生等训练项目外,还纳入民事军事行动,如义诊及道路维修等。美军同时在吕宋岛中部的克拉克空军基地展出一批F-18战斗机。演习于10月31日结束。

首届亚太地区高级安全官员会议在新加坡举行

2007年1月15日,首届亚太地区高级安全官员会议在新加坡圣淘沙岛开幕。会议由新加坡国家安全协调秘书处和新加坡南洋理工大学拉惹勒南国际研究学院共同主办。与会者就国际反恐、核武器扩散及全球性流行病等问题进行讨论。新加坡政府副总理贾亚库马尔在开幕式上说,目前没有一个国家可以单独赢得反恐战争,因此,国际合作已成为反恐的一个重要因素。他呼吁各国和地区之间加强交流,开展双边和多边培训与演习,进行切实有效的反恐合作。

第26届东盟旅游论坛在新加坡开幕

2007年1月30日,第26届东盟旅游论坛在新加坡开幕。来自东盟10国及中、日、韩3国的旅游部门官员及旅游业人士共同探讨促进区域旅游一体化的措施。来自50多个国家的1600多名旅游业者参加此次论坛。新加坡国务资政吴作栋在开幕式上呼吁东盟各国之间进一步开放航空市场,实现区域内一站式签证制,并加强旅游基础设施建设,以促进东盟旅游业一体化。他还呼吁东盟各国加强与中国、日本、韩国、印度和俄罗斯的旅游合作,促进经济发展。出席东盟旅游论坛部长级会议的部长一致认为,要进一步采取措施实现东盟内部旅游免签,并简化对非东盟国家游客的签证手续以增强本地区的旅游吸引力。与会部长还探讨了发展东盟海上旅游业,建立东盟旅游投资区以促进区域旅游投资一体化,加强东盟各国青年之间的交流以培养潜在旅游市场,以及加强信息沟通以应对各种危机或天灾对本地区旅游业的影响等问题。

东盟各国旅游部长1月30日与来自中、日、韩的旅游部门官员举行了10+3会议,探讨促进东亚旅游合作。中国在会上承诺加快建立中国—东盟贸易、投资和旅游促进中心,并表示将设立项目为东盟各国培养旅游人才。日本、韩国也在会上公布了加强与东盟旅游合作的措施。中国、日本、韩国已经成为东盟国家的重要旅游客源地。为期9天的论坛还举行区内旅游业者会议。

新加坡积极参与中国区域发展战略

2007年4月26日,新加坡国务资政吴作栋在中国河南郑州召开的第二届中部投资贸易博览会“万商西进”高峰论坛上表示,新加坡看好中国中部地区的投资潜力,并将继续积极参与中国的区域发展战略,鼓励新加坡商人到中国中部投资。吴作栋认为,中部崛起战略将带动中国经济增长,促进中国区域间的平衡发展。新加坡一直支持中国的区域发展计划,曾支持中国西部大开发战略及振兴东北老工业基地战略,并开始同环渤海地区展开经济合作。同样,新加坡也将积极支持中国中部崛起区域发展战略。新加坡派出20家公司的商贸代表参加本届中博会。中国的食品和矿

产加工、运输、物流、基础设施建设、旅游业、汽车工业都具有很好的投资机会。随着沿海地区的工资和商业成本日益提高,中国中部地区对于外资而言更具有吸引力和竞争力。新加坡将鼓励本国商人到中国中部投资。在新中两国经济合作中,政府及私营部门推动的经济交流和合作都十分活跃。

“2007 亚洲国际海事防务展”在新加坡举行

2007 年 5 月 15 日,“2007 亚洲国际海事防务展”在新加坡博览中心拉开帷幕,来自 21 个国家的 136 家海事参展商参展。新加坡国防部第二部长黄永宏在开幕式上说,近年来全球海事贸易发展迅速,货运量在 10 年内增长 50%,2005 年达到 71.1 亿吨,其中 30% 以上必须经过马六甲海峡和新加坡海域。因此,国家之间必须密切合作,携手保卫海域。防务展展示海事方面的最新装备及科技;还举办海军武器科技研讨会,探讨海军除了执行传统的海防和海战任务外,如何加强舰船在应付维和、赈灾及反恐等方面的行动能力。防务展的另一个重点项目是展示来自中国、韩国、美国、英国、法国、澳大利亚、印度、印度尼西亚、孟加拉国、马来西亚、新西兰、巴基斯坦、斯里兰卡以及东道国新加坡的 22 艘军舰,中国海军派遣“襄樊”号导弹护卫舰参展。

新加坡正式接任东盟轮值主席国

2007 年 8 月 2 日在菲律宾马尼拉结束的东盟外长会议、东盟外长与对话伙伴国外长扩大会议以及东盟区域论坛等系列会议上,新加坡正式接任下一届的东盟轮值主席国。

新加坡外交部长杨荣文表示,在这一年里,新加坡将把工作重点集中在 3 个“C”上:完成制定《东盟宪章》(Charter)的工作,推动东盟共同体(Community Building)的发展,以及应付区域与国际挑战(Challenges)。

2007 年“新加坡奖学金计划”资助 48 名东盟学生

2007 年 8 月 2 日,新加坡政府宣布在“新加坡奖学金计划”名下颁发大学奖学金给 48 名东盟各国学生,让他们到新加坡国立大学、南洋理工大学和新加坡管理大学深造。2007 年“新加坡奖学金计划”进入第 9 年,新加坡设立这个奖学金的目的是向东盟各国提供技术援助,并且与东盟各国分享发展经验。至今已有 448 名东盟各国学生受惠。此外,新加坡还在经济发展、贸易、城市发展、环境管理、信息通信、航空、交通、港务等领域与发展中国家分享经验,至今已为超过 3 万名来自东盟各国的学员安排培训。新加坡希望通过这些教育与培训活动,能促进东盟的融合及加强本区域的人力资源开发。

新加坡与越南经贸合作发展迅速

2007 年 8 月 13 日,越南政府总理阮晋勇对新加坡进行访问。两国签订的合作协议包括:在越南北部北宁省兴建一个新的越新工业园及在越南第三大城市海防市兴建一个占地 1200 公顷的城镇,以进一步加强经济合作。新加坡目前是越南的第 4 大贸易伙伴国,而越南是新加坡的第 19 大贸易伙伴国。2006 年,两国双边贸易额达到 113 亿新元(约合 74.3 亿美元),增幅为 8.6%。2007 年前 7 个月,新加坡与越南的双边贸易额达到 52 亿美元。截至 2007 年 7 月 22 日,新加坡在越南的投资总额为 96 亿美元,是越南第二大外来投资国,仅次于投资总额相当于 156 亿新元的韩国。2007 年前 7 个月,新加坡在越南的新增投资额已达到 13.2 亿美元。新加坡对越南的投资主要在基础设施建设、物流、医疗保健、教育、信息通信和科技方面。轻型制造业方面有食品、消费品和电子零件等。新加坡房地产公司在越南除了进军服务公寓、办公楼、酒店和工业园,也在探讨城镇和住宅项目的发展。主要的新加坡投资公司,包括胜科工业园管理公司(SembCorp Parks Management)、吉宝置业和嘉德置地。新加坡国际企业发展局(IE Singapore)9 月 13 日主办越南商业与贸易契机研讨会,向 300 多名本地企业代表提供到越南经商的法律、税务、融资等信息。

新加坡线上商贸配对业务进入中国

2007 年 8 月 27 日,新加坡国际企业发展局在北京宣布,亚洲著名的百新网已正式开通中文网站(WWW.百新网.CN),开始为中国企业提供线上商贸配对服务。百新网是由新加坡国际企业发展局和 ABECHA 私人有限公司联合推出的大型商贸配对网站,目的在于促进新加坡企业开展国际交流与合作。到目前为止,加入百新网数据库的新加坡企业约有 10 万家,新加坡境外企业 7000 多家,各种商贸信息超过 1 万条。百新网只收录已在新加坡会计及企业管制局注册的新加坡企业,以保证信息真实准确。中国企业在百新网注册后,可以免费上载发布求购或者供应信息、产品及服务信息和联络资料等,电子平台能自动将有供需关系的企业成功配对,让企业简便快速交易、筹集资金,寻找合适的商业伙伴。

海牙常设仲裁法院在新加坡设亚洲仲裁法院

2007 年 9 月 10 日,海牙常设仲裁法院与新加坡签署合作协议,在新加坡设立亚洲常设仲裁法院,以满足亚洲各国通过国际仲裁解决纠纷的需求。这也是海牙常设仲裁法院在亚洲设立的首个分支机构。近年来,为了满足区域需求,让更多国家和组织更容易获取仲裁服务,常设仲裁法院陆续在世界各地设立机构,扩大环球服务网络。常设仲裁法院处理的仲裁纠纷，来自亚洲的占20%。在新加坡设立亚洲常设仲裁法院，目的在于方便亚洲国家利用新加坡的设施，更有效地解决国际仲裁纠纷。

新加坡主办“马六甲与新加坡海峡航行安全、保安及环境保护”大会

2007年9月10日，由国际海事组织召集、新加坡主办的“马六甲与新加坡海峡航行安全、保安及环境保护”大会在新加坡举行，有50多个国家的300多名政府官员、海事组织与船务机构的代表出席会议。马六甲与新加坡海峡沿岸的新加坡、马来西亚和印尼3国所达成的维护航行安全及保护海峡环境的合作机制获得贸易大国如美国和中国的支持，成为世界首个针对航道保安、航行安全及环保而设立的多国合作框架。海峡航道的使用国也将通过提供资金、设备或技术以协助沿岸国维持两条海峡的航行安全及推行环保计划。

“2007新加坡节”在中国北京和上海举行

2007年10月12日，由新加坡新闻通信及艺术部等机构共同筹办、以推进文化外交为主旨的“2007年新加坡节”在北京开幕，共有约200名新中两国政府官员和企业代表出席“新加坡——伴你走向成功”座谈会，新加坡副总理黄根成赴北京出席新加坡节晚宴和“新加坡——伴你走向成功”座谈会，鼓励中国企业到新加坡开展业务，与新加坡商业伙伴联手拓展区域与国际市场。“2007年新加坡节”活动从10月12日至11月10日在中国北京和上海两地组织包括音乐、戏剧、舞蹈、电影及文学活动等多种大型表演，为新中两国搭建一个商业与文化交流的平台。10月13日，首届新加坡电影节在北京开幕，上演梁智强的《小孩不笨2》等新加坡本土导演6部风格各异的获奖作品。

新加坡成功举办中国企业研究国际研讨会

2007年12月13～14日，中国企业研究国际研讨会在新加坡举行。研讨会主办方是新加坡南洋理工大学连氏中国企业研究中心，由新加坡中华总商会、新加坡中资企业协会和中国国际贸易促进委员会驻新加坡代表处等协办，来自新中两国商界与学术界的代表400多人出席。研讨会邀请来自英国剑桥大学、中国北京大学及复旦大学等国际著名学府的学者、经济学家和企业家，共同探讨中国企业国际化、中国的金融与资本市场以及新加坡人在中国经商等问题。与会者对中国经济近年来取得的成就给予积极评价，同时也为中国今后经济发展提出诸多建议。

泰国与日本达成自由贸易协定

2007年4月3日，日本内阁终于通过商讨已久的日泰自由贸易协定。由于泰国政府已通过此协议，这份正式名称为《日本泰国经济合作协定》的文件将顺利签署。协定规定，泰国将在协定签订之日起5年后，撤销对日本汽车征收的进口关税。此外，泰国将立即减免50%从日本进口钢铁制品的关税；10年后，泰国将全部取消从日本进口钢铁制品的关税。而日本方面则将立即取消部分从泰国进口的农作物和海产品的关税，如荔枝、杧果、大虾等。日本还承诺帮助泰国培养汽车生产技术人员，并放宽对泰国厨师赴日本工作的限制条件。

泰国总理访华并会见中国国家主席胡锦涛

2007年5月28日，正在中国进行访问的泰国总理素拉育在北京会见中国国家主席胡锦涛。双方进行了亲切友好的谈话。中国国家主席胡锦涛高度评价中泰关系，赞赏泰国王室和政府一贯重视发展中泰关系，坚持一个中国政策。胡锦涛说，中泰建交32年来，在和平共处五项原则基础上，双方真诚相待，彼此信赖，风雨同舟，密切合作，两国关系健康深入向前发展。中泰友好已成为两国和两国人民共同的宝贵财富，堪称中国同周边国家和睦相处、互利合作的典范。胡锦涛指出，中国一贯视泰国为亲密的朋友和可信赖的合作伙伴，一贯尊重泰国人民自主选择的发展道路。无论国际形势和两国国内情况发生什么变化，我们坚持中泰友好的方针都不会改变。胡锦涛表示，《中泰战略性合作共同行动计划》的签署，是双方为深化两国关系采取的重大举措，为新世纪中泰关系的发展注入了新的活力和动力。希望双方密切配合，认真落实文件提出的各项任务，推动中泰全方位、宽领域、多层次的交流合作，早见成效、早日惠及两国和两国人民。

素拉育说，建交32年来，泰中两国建立了特殊的友好亲密关系，堪称泰中一家亲。泰国政府感谢中国政府对泰方一贯给予的支持与理解，愿以签署《泰中战略性合作共同行动计划》为契机，加强与中方的战略性关系，深化两国在各领域的互利合作，使泰中友好合作取得更加丰硕成果。素拉育重申，泰国政府将继续坚持一个中国政策。素拉育还高度赞赏中国在国际和地区事务中发挥的建设性作用，表示愿进一步密切与中方的协调与合作关系。

泰中特种作战分队联合训练圆满结束

2007年7月16日，泰国和中国在中国广州开展陆军特种作战分队联合训练，历时13天。这是中国军队首次与外军举行联合训练。此次联合训练的行动代号为“突击—2007”，由泰中双方陆军特种作战部队官兵

共同参加。联合训练期间,两国参训官兵采取混合编队、联合教学、联合组织指挥的方式,有针对性地完成了特种兵实兵技能展示与特种作战理论交流,进行实战格斗、应用攀登、丛林越野、水上技能、应用射击、特种兵小分队战术等10多个课目联训。

越南国家主席阮明哲访问中国

2007年5月15~18日,应中华人民共和国国家主席胡锦涛的邀请,越南社会主义共和国国家主席阮明哲及夫人对中国进行正式友好访问。这是阮明哲任越南国家主席之后第一次访问中国。访华期间,阮明哲主席与中国国家主席胡锦涛等中方领导就加强两国之间互相信任,巩固和增强两国之间在政治、外交、国防、经济、文化、社会、青年交流、边境省份交流与合作等问题集中交换意见;共同探讨贸易领域一些具体机制和措施,维持双方贸易额的迅速增长,实现两国贸易额于2010年提高到150亿美元的目标,同时逐步缩小两国贸易不平衡;讨论落实、促进包括"两廊一圈"在内的重大合作项目的进度、加强合作建设高速公路及铁路基础设施、增强包括WTO在内的国际和地区问题上的合作与相互支持等。双方签署上述领域的一些相关合作文件。阮明哲主席还和中方领导就双方共同关心的双边和国际问题交换意见。访问期间,阮明哲主席非常关心中国党和政府在深入改革开放、构建和谐社会、解决三农与民生等问题的措施和经验。除北京外,阮明哲还访问了云南省昆明市。

①

②

③

2007年5月15~18日,越南国家主席阮明哲访问中国。①欢迎仪式。②③温家宝、贾庆林分别会见阮明哲。 (新华社 图)

越共中央总书记农德孟会见古巴国务委员会主席卡斯特罗

2007年6月2日,正在古巴首都哈瓦那访问的越共中央总书记农德孟探访了正在哈瓦那外科医学研究中心(CIMEQ)治疗的古巴国务委员会主席卡斯特罗。在近2个小时的会谈中,越、古两国领导人就有关加强越、古两国的关系和双方共同关心的国际问题交换了意见。农德孟祝愿卡斯特罗主席早日康复。农德孟和卡斯特罗对越、古两党两国人民之间的传统团结和友好关系的发展表示满意,表示两党两国将继续发展双方的友好和全面合作关系。两位领导人还就双方共同关心的国际问题进行讨论并达成共识,双方一致表示,完全支持对方独立自主的对外政策。

越南国家主席阮明哲对美国进行正式访问

2007年6月18日,越南国家主席阮明哲和夫人及越南代表团对美国进行为期7天的正式访问。在访问期间,阮明哲分别与美国总统布什、美国众议院和参议院领导进行会谈。双方就两国存在的分歧坦率地交换意见。双方表示,要在相互了解和谅解的基础上加强两国的交流和直接对话。双方认为,应该加强两国间的各项交流及经济合作,进一步推动双方在科技、教育、卫生、协助HIV/AIDS患者、慈善事业(特别是帮助恶二英受害者等领域)的合作。访问期间,阮明哲出席了越美两国贸易论坛和两国企业界签署合作协议仪式。每到一地,阮明哲和越南代表团都会见在美国生活和工作的越南侨胞。

越南政府总理阮晋勇对菲律宾进行正式访问

2007年8月9日,越南政府总理阮晋勇对菲律宾进行正式访问。访问期间,阮晋勇同菲律宾总统阿罗约举行正式会谈。双方一致认为,越菲两国在多方面的合作关系取得了可喜进展。双边贸易额在近几年来快速增长，2003 年为 4.5 亿美元，2006 年达到 12 亿美元，力争在 2007 年达到 20 亿美元。2006 年底，菲律宾在越南有 25 个投资项目，注册资金 2.5 亿美元（列东盟各国对越投资的第 4 位）。两国同意优先发展下列合作：加强贸易往来，稳定大米及其他工农业产品等传统的和具有战略性商品的市场价格，为各自企业进入对方市场提供便利条件，加强水产养殖方面的合作等。越菲两国领导人还一致同意在国防安全等领域加强合作。关于地区和国际问题，双方一致同意，支持东盟各国达成的合作计划。为维护地区的共同利益及东海的和平稳定，加强有关东盟各国在维持东海和平稳定等方面的各项合作，寻找有关解决东海问题的基本和长久的措施。各有关方面需要先遵守东盟和中国之间所达成的各项协议，并努力遵守“南海行为准则”。会谈结束后，阮晋勇和阿罗约共同出席越菲两国 2007 ~ 2010 年行动计划的签字仪式。

越共总书记农德孟访问朝鲜

2007 年 10 月 16 日，应朝鲜最高领导人金正日的邀请，越南共产党中央总书记农德孟开始对平壤进行为期 3 天的访问。此次访问是 50 年来越共总书记第一次访问朝鲜。越南国家通讯社的报道说，越共中央总书记农德孟希望通过对朝鲜的访问能够增进两国的传统友谊和经济联系，同时也希望提高越南在国际舞台上的地位、作用和声望，展示越南积极参与解决国际事务的形象，希望能促进朝鲜半岛和平。越南外交部发言人黎勇在例行的新闻发布会上表示，越南不打算建议朝鲜采用越南的经济发展模式，因为朝鲜有自己的模式，他们会根据实际情况选择自己的道路。

越南政府总理阮晋勇会见中国国务院总理温家宝

2007 年 11 月 19 日，出席在新加坡举行的第 13 次东盟首脑会议及其相关会议的越南政府总理阮晋勇会见了中国国务院总理温家宝。会见中，阮晋勇对中共十七大的成功召开表示祝贺，同时向中共中央总书记、国家主席胡锦涛表示亲切慰问和美好祝愿。在友好、诚挚和相互了解的气氛中，阮晋勇和温家宝均肯定，越中两国在 16 字方针和四好精神的指引下，近年来取得了新的进展和良好发展势头；两国高层交往密切，为加强政治方面的互信、促进双方经贸合作的持续发展做出贡献。双方一致认为，在当前复杂多变的形势下，进一步巩固和加强越、中友好合作完全符合两国人民的共同愿望和基本利益。为此，两位总理重点讨论了越、中经贸合作关系和边境领土问题。

在经贸关系方面，以当前的双方贸易增长速度，两国将提前实现双方贸易额在 2010 年提高到 150 亿美元的目标。中方将增加从越南进口原油、煤、水产品、蔬菜水果等产品，同时向越方提供需求量大的商品以逐渐平衡双方贸易差额。温家宝说，中越经贸关系已初步形成全方位发展的良好格局。当前要重点抓紧《中越经贸合作五年发展规划》的编制工作，切实做好“两廊一圈”具体合作项目的研究，积极推进工业、基础设施建设、能源等大项目合作。阮晋勇提议中方尽早对越方所提出的项目进行考虑以便有效使用中国政府提供的 5 亿美元优惠贷款。在边界领土问题上，两位总理一致表示加快陆地边界勘界进程，确保在 2008 年如期完成两国陆地边界勘界工作，稳步推进北部湾海域划界和共同开发谈判，按照“搁置争议、共同开发”的原则处理好南海问题。

朝鲜政府总理金英日访问越南

2007 年 10 月 27 日，应越南政府总理阮晋勇邀请，朝鲜政府总理金英日开始对越南进行为期 4 天的正式访问。这是自 1958 年朝鲜首相金日成访越以来朝鲜总理首次访越，也是继越南共产党中央委员会总书记农德孟于本月中旬访问朝鲜之后，朝、越两国之间在短期内进行的又一次高层接触。访问期间，朝越两国总理举行了会谈。会谈中双方均表达了加强双边关系和合作的强烈愿望。金英日在会谈中表示，朝鲜高度重视巩固和发展与越南的友好关系，朝鲜希望促进与越南的经济合作与交流，了解和参考越南革新开放的经验。金英日还表示希望越南支持朝、韩关系的改善，并在促进朝鲜与东盟的关系方面起带头作用。阮晋勇强调，越南一贯支持朝鲜人民的自主和平统一政策，欢迎并高度评价不久前在平壤举行的第二次朝、韩首脑会晤所取得的成果以及朝鲜半岛局势出现的最新积极进展和六方会谈成果。他还表示，越南将全力发展与朝鲜的全面合作关系，以造福两国人民并为维护地区及世界的和平、稳定、合作与发展作出积极努力。双方在会谈中还讨论了多项旨在促进两国关系的具体办法，并达成一致；双方还签署了两国政府关于 2008 ~ 2010 年文化体育与科技交流计划以及农业科技合作备忘录等。

经　　济

中国新型农村金融业务开始试点

2006 年末中国银监会制定发布《关于调整放宽农村地区银行业金融机构准入政策更好支持社会主义新农村建设的若干意见》。2007 年 3 月 1 日，新型农村金融业务开始试点的中国第一家村镇银行——四川仪陇惠民村镇银行在四川省仪陇县金城镇挂牌开业，标志着中国银监会放宽农村地区银行业金融机构准入政策进入实施阶段。同日，由中国银监会批准的第一家贷款公司——四川仪陇惠民贷款公司在四川仪陇县马鞍镇挂牌营业。3月9日，吉林省梨树县闫家村百信农村资金互助社挂牌，这是中国第一家经银行业监督管理机构批准挂牌营业的村级农村资金互助社。

《中华人民共和国企业所得税法》颁布

2007年3月16日，中华人民共和国第十届全国人民代表大会第五次会议通过《中华人民共和国企业所得税法》(以下简称新企业所得税法)，中华人民共和国主席令63号发布施行。分总则、应纳税所得额、应纳税额、税收优惠、源泉扣缴、特别纳税调整、征收管理、附则等，共8章60条。核心内容是对企业税收实现"四个统一"：内资、外资企业适用统一的企业所得税法；统一并适当降低企业所得税税率；统一和规范税前扣除办法和标准；统一税收优惠政策，实行"产业优惠为主、区域优惠为辅"的新税收优惠体系。此外，新企业所得税法以五种方式对现行税收优惠政策进行整合，对原享受法定税收优惠的企业实行过渡措施，对纳税人的范围、企业所得税的应税所得范围也作出明确界定，为防范各种避税行为，新法对防止关联方转让定价做出明确规定，增加一般反避税、防范资本弱化、防范避税地避税、核定程序和对补征税款按照国务院规定加收利息等条款。

中国铁路第六次大提速成功实施

2007年4月18日零时，中国铁路第六次大面积提速调图全面实施。这次提速最大的亮点是时速200公里及以上动车组投入使用，首次在中国铁路既有线上开行时速200公里的具有世界先进水平的国产化动车组，其速度目标值、技术含量、提速规模和范围都将超过前5次。第6次铁路大提速范围覆盖17个省市，在京哈、京沪、京广、京九、陇海、浙赣、兰新、广深、胶济等干线展开。时速120公里以上线路延展里程达到2.2万公里，比第5次大提速增加6000公里。其中，时速200公里线路延展里程达到6003公里，分布在京哈、京沪、京广、陇海、武九、浙赣、胶济、广深等干线，其中京哈、京广、京沪、胶济线部分区段时速达到250公里。新图实施后，城际快速客车计划安排416列，其中以北京、天津为中心的环渤海地区安排动车组列车62列，以上海为中心的长三角108列，以广州、深圳为中心的珠三角224列，以郑州、武汉为中心中原城市群8列，以西安为中心的西北城市群8列，以沈阳、长春和哈尔滨为中心的东北城市群6列。第6次大提速后，半径500公里左右的城市间能朝发夕至；1200～1500公里左右可实现夕发朝至；2000～2500公里左右则能实现一日到达。此外，全国铁路客运能力可增加18%。

中国首次试点向国有企业提取分红

2007年5月30日，中国国务院常务会议决定，2007年起在中央本级试行国有资本经营预算，地方实行的时间、范围和步骤由各地政府决定。这意味着今后政府将作为股东，对国有企业的利润提取分红，结束了13年不向政府分红的历史。会议还提出试行国有资本经营预算工作的三大原则：统筹兼顾，适度集中；相对独立，相互衔接；分级编制，逐步实施。9月8日《国务院关于试行国有资本经营预算的意见》公布，该意见首次明确国有资本经营预算的收支范围。其中，国有资本收益主要包括：国有独资企业按规定上交国家的利润，国有控股、参股企业国有股权(股份)获得的股利、股息，企业国有产权(含国有股份)转让收入，国有独资企业清算收入(扣除清算费用)，以及国有控股、参股企业国有股权(股份)分享的公司清算收入(扣除清算费用)等。意见还明确国有资本经营预算未来支出的主要方向：资本性支出，根据产业发展规划、国有经济布局和结构调整、国有企业发展要求，以及国家战略、安全等需要，安排的资本性支出；费用性支出，用于弥补国有企业改革成本等方面的费用性支出。

高速列车行驶在沪宁铁路线上　　(新华社　图)

中国投资有限责任公司成立

2007年9月29日，中国投资有限责任公司在北京成立。该公司是依据《中华人民共和国公司法》设立的国有独资公司，公司注册资本金为2000亿美元。公司的外汇投资业务以境外金融组合产品为主。

《中国的能源状况与政策》白皮书发布

2007年12月26日，中国国务院新闻办公室发布《中国的能源状况与政策》白皮书，全文1.6万字。这是中国首次以国家名义发布能源文件。白皮书详细介绍中国能源发展现状、能源发展战略和目标、全面推进能源节约、提高能源供给能力、促进能源产业与环境协调发展、深化能源体制改革以及加强能源领域国际合作等政策措施。白皮书强调，“中国过去不曾、现在没有、将来也不会对世界能源安全构成威胁。中国将继续以本国能源的可持续发展促进世界能源的可持续发展，为维护世界能源安全作出积极贡献”。

中国国民经济实现“又好又快”增长

2007年中国完成国内生产总值24.66万亿元，比上年增长11.4%，继2003年以来连续5年实现较快增长；财政收入5.13万亿元，增长32.4%。人均国内生产总值2460美元；社会消费品零售总额8.92万亿元，比上年增长16.8%；居民消费价格比上年上涨4.8%。进出口总额2.17万亿美元，增长23.5%。实际使用外商直接投资金额748亿美元，增长13.6%。年末国家外汇储备1.53万亿美元，比上年增加4619亿美元。年末人民币汇率为1美元兑7.3046元人民币，比上年末升值6.9%。城镇新增就业人员1204万人；城镇居民人均可支配收入1.38万元，农村居民人均纯收入4140元，扣除价格上涨因素，分别增长12.2%和9.5%。

人民币持续升值

2007年1月4日人民币汇率的中间牌价为1美元兑7.8073元人民币，2007年末，人民币汇率为1美元兑7.3046元人民币，比上年末升值6.9%。从2005年实行汇率形成机制改革至2007年底，人民币对美元已累计升值11.9%。

中国节能减排成效显著

2007年中国节能减排出现“拐点”，据统计，2007年单位国内生产总值能耗完成情况明显好于上年，全年下降3.27%，万元工业增加值用水量下降9.5%。二氧化硫、化学需氧量的排放量分别下降4.66%和3.14%。

文莱打造航运中心

2007年1月底，文莱交通部宣布，从2007年4月1日起收回2000年以来一直由新加坡港务集团（PSA）和文莱 Archipelago Development Corporation 合资的 PSA Muara 公司负责经营管理的文莱穆阿拉港集装箱码头的经营权，并加强与外国的合作，努力打造航运中心。

文莱启动建设双溪岭工业园

2007年2月6日，文莱经济发展理事会与文莱 Galfar Pembinaan dan Perusahaan（B）Sdn. Bhd. 公司签署协议，Galfar 公司将承担双溪岭工业园 The Sungai Liang Industrial Park 建设的前期准备工程，包括土地平整、隔离墙和道路的建设等。双溪岭工业园规划占地271公顷，靠近文莱石油和天然气生产区。年内，已确定将入驻该工业园的有年产80万吨的甲醇厂、尿素厂和生物柴油厂等项目。文莱政府的目标是将该园区建设成为具有世界水准的石化工业园。

2007年文莱旅游收入大幅度增长

文莱《联合日报》2008年3月2日报道，2007年到文莱旅游的国外游客呈大幅增长趋势，通过文莱国际机场入境旅客17.85万人次，比2006年增长12.93%，超过文莱原订7%的增长目标。在入境的游客中，马来西亚游客高居榜首，有4.49万人次，同比增长12.5%；中国（含香港）游客2.99万人次，同比增长40%，为文莱第二游客来源地。

文莱扩建首都和机场

经文莱苏丹博尔基亚批准，从2007年8月1日起，文莱首都斯里巴加湾市的面积将由现在的15.8平方公里扩大至100.36平方公里。文莱国际机场虽然曾于20世纪80年代和2000年进行过改造，年接送旅客能力200万人次，年货物吞吐能力50万吨，但已不能适应未来发展的需要。所以，文莱政府决定扩建国际机场。2007年11月5日，文莱交通部民航局与 PETAR PERUNDING 公司签署协议，委托该公司和其他5家公司组成咨询组，为文莱国际机场改造项目制定总体发展方案。总体发展方案将为文莱国际机场一期（2008～2012年）和二期（2022～2024年）改造项目制定计划，最后方案递交时间为2008年7月。通过一、二期的改造扩建，文莱国际机场将建设成为现代化国际机场。

文莱伊斯兰银行业务发展较快

2007年文莱伊斯兰银行完成税收和捐赠前利润1.26亿文元，同比增长70%。至2007年第三季度末，文莱伊斯兰银行业务已占文莱银行总资产121亿文元的39%，投资业务的51%。至2007年底，文莱财政部已发行10次短期伊斯兰债券，总额10亿文元，并于2007年7月发行1年期伊斯兰债券，总额为4500万文元。

文莱发展离岸金融业务

2007年，文莱政府着手发展离岸金融业务。文莱财政部制订离岸金融业务未来发展规划，以期在这个领域推出更多的新产品和服务来满足全球金融市场的多元化需求。2000年7月15日成立的文莱离岸金融中心大力扩充伊斯兰金融服务,文莱政府也完善了管制条例及法律架构,全力打造一个强劲的伊斯兰金融体系。文莱政府就文莱离岸金融中心的表现作出评估后认为,文莱离岸金融中心有能力提供高水准的专业服务。文莱离岸金融中心的迅速发展强化了文莱与全球市场的联系,为文莱拓展中东、西亚及东亚一带的贸易业务提供了平台。至2007年底,在文莱离岸金融中心注册的离岸公司已逾6000家,包括银行、基金管理公司、信托基金及信托公司。

金边市万谷湖将开发成商业中心

2007年2月6日上午,金边市长高竹德玛与柬埔寨参议院议员兼SHUKAKU INC.公司董事长刘明勤勋爵签订关于租赁金边市隆边区沙拉乍分区万谷湖的开发协议。协议内容包括:SHUKAKU INC.公司将面积为133公顷的万谷湖填平,开发成一个商业中心,包括兴建商务大楼、超市、会议厅、娱乐休闲场所、酒店、大学、综合医院、住宅区、绿色休闲场所、行政办事处等,以及相关配套设施。协议租期99年,租金为每年每平方米0.6美元。

柬埔寨地价飙升

2007年柬埔寨的不动产价格比几年前增长了几倍。2007年金边城区一般土地每平方米升至700~1600美元,而商业区则从每平方米1200美元上涨到2500美元,在2000年时商业区每平方米土地的价钱仅为400美元。沿着金边市莫尼旺大道与诺罗敦大道周边的土地,仅在2007年9~12月的4个月内,就从每平方米1500~2300美元涨到2000~3000美元。柬埔寨海边的土地,也从每平方米50美元涨至200美元。

金边市星级酒店“供不应求”

从2007年下半年起,柬埔寨一些大城市星级酒店的入住率开始提升,尤其是首都金边市的一些较知名的三星级以上的酒店经常客满,要入住的旅客须提前一周时间预约,届时还不一定有房。入住的客人除少部分游客外,大部分是赴柬商务人员。

柬埔寨农业产量创新高

2007年是柬埔寨农业丰收年。由于广大农民采用优良种子进行生产,且雨季降雨量均匀,农业部技术组帮助农民有效地控制了虫害的蔓延,各地出现丰收年景。全国农业生产面积258万公顷,平均每公顷产量2.62吨,总产量逾675万吨,比上年增产33万吨。农民收成除留作稻种和供食用之外,还有余粮164万吨大米(相当于257万吨稻谷)。

印度尼西亚将缩减国有企业数量

印尼国有企业部2007年2月在一份新闻公报中说,为全面提高国有企业的业绩和效率,国有企业部将分阶段精简国有企业的数量。2006年有国有企业139家,2007年将以成立控股公司和兼并方式缩减为102家。国有企业部已拟定《印尼国有企业精简草案》,计划2008年国有企业数缩减至87家,2009年减至69家,2012~2015年减至50家,2015年后精简至25家。目前139家国有企业中,仅有83家正常经营,其余56家处于亏损状态。

印度尼西亚成为世界最大棕榈油生产国

2007年,印尼扩大棕榈树种植面积,棕榈原油产量达到1750万吨,约占世界生产总量的44%,首次超过马来西亚成为世界最大棕榈油生产国。印尼棕榈原油约90%用于出口,2007全年从出口棕榈油及其附属产品中赚取48亿美元。预计2008年印尼的棕榈原油产量将在2007年的基础上再提高50万吨,达到1800万吨。

印度尼西亚雅加达特区确定2008年最低月工资标准

2007年10月,雅加达特区以政府条例的方式规定该市2008年最低月工资为927604.80印尼盾(约合103美元),这一数值比2007年的最低工资标准提高约8%,增长率比同年的通货膨胀率高2%。根据印尼中央统计局的数据,在雅加达的基本月生活成本为1055275盾(约合117美元)。雅加达特区省长法乌兹·波沃承认,目前的最低工资标准与基本生活成本比较仍然偏低,但他认为政府确定的标准是综合工人和企业双方要求的结果,并且充分考虑了2008年经济增长和通货膨胀的情况。

印度尼西亚外劳创汇大幅增长

截至2007年12月8日,分布在20多个国家的印尼644190名外劳汇回国内款项合计48.5亿美元,较2006年的34.2亿美元增长41.8%。从地域分布看,印尼外劳主要集中在亚洲与中东各国,如马来西亚、文莱、新加坡、中国的香港和台湾、韩国、沙特阿拉伯、阿联酋、科威特、约旦与叙利亚等。此外,澳大利亚、美国、西班牙、意大利、英国、荷兰、希腊与塞浦路斯等国家也有印尼外劳。据统计,在亚太地区和美国的印尼外劳共321939人,在中东和非洲32116人,在欧洲1235人。

印度尼西亚政府采取措施减少贫困人口

为实现政府制定的“世纪发展目标”,印度尼西亚财政拨出的扶贫款项逐年增加，2006 年为 46.2 亿美元，2007 年为 56.87 亿美元，2008 年预算为 88 亿美元。政府还通过发展中小企业、积极引进外资和发动社会力量参与等措施创造就业机会，减轻人民生活负担，提高贫困人口收入。印尼中央统计局的资料显示，印尼贫困人口持续减少，2006 年为 3930 万，2007 年降低至 3717 万，减少 5.4%，贫困人口占总人口比例为 16.58%。印尼副总统卡拉表示，如果 2008 年印尼经济增长率能达到 7%，届时贫困人口数量还将下降 1.5%。相对而言，印尼城市贫困人口数量下降明显，而农村地区扶贫工作难度较大。

印度尼西亚摩托车销量稳步上升

2007 年，印尼摩托车总销量 471 万辆，比 2006 年增长 5.4%。在各品牌中，本田销量最大，占据市场份额超过 50%，雅马哈、铃木和川崎紧随其后。印尼摩托车工业协会主席古纳迪表示，受强劲的国内市场购买力推动，2008 年印尼国内摩托车销量还将大幅增长，有望达到 540 万辆。印尼已成为继中国、印度之后的第三大摩托大国。

印度尼西亚纺织品出口创纪录

2007 年印尼纺织品出口额总计 102.9 亿美元，同比增长 9.9%，成为国家外汇收入的第一大来源。照此速度发展，预计到 2025 年，印尼纺织品出口将占世界的 5%，出口额将达到 730 亿美元。纺织品出口的迅速增长是印尼政府一系列相关政策支持的结果，如 2007 年印尼用于纺织机械设备更新的优惠贷款和补助达到 1600 万欧元。此外，印尼与乌兹别克斯坦达成一项以每公斤低于 1 美元的价格采购棉花的协议，从而降低了对进口美国棉花的依赖程度，促进本国纺织品行业的快速发展。

印度尼西亚股指 2007 年猛涨 52.1%

2007 年度印尼股市综合指数收于 2745.8 点，年度利润率 52.1%，在亚洲太平洋区域股市排名榜上仅次于中国沪深股市，居第三位。继印尼之后，股指上涨幅度排名依次是印度股市 46.57%，中国香港恒生股市 37.09%，韩国股市 32.25%，马来西亚股市 32%，泰国股市 26.22%，菲律宾股市 21.43%，新加坡股市 15.41%。

老挝首条铁路正式奠基

2007 年 1 月 19 日，从老泰友谊大桥到万象市塔那亮的老挝首条铁路正式奠基。老挝政府总理与泰国政府副总理兼泰国国家财政部长以及两国政府的高级官员出席奠基仪式。这条铁路全长 3.5 公里，泰国政府 2001 年就完成了该段铁路的前期勘察设计，2004 年 3 月，老挝政府正式与泰国政府签订由泰国政府提供的 1.97 亿泰铢（约合 500 万美元）无偿援助和贷款协议。这条铁路是新加坡—昆明泛亚铁路网的重要组成部分，对改善老挝交通以及促进老挝与周边国家的贸易具有重要意义。

老挝和中国联手建设农业科技示范园

2007 年 4 月，为了加强老挝和中国双方的农业科技交流与合作，促进罂粟“替代种植”与“替代发展”，老挝人民民主共和国乌多姆赛省农林厅与中国云南省农业厅分别代表本国政府签署农业科技示范园合作协议书。

老中双方经过协商同意，在老挝乌多姆赛省开展水稻、玉米、马铃薯、大豆、蔬菜及其他特色经济作物种植的试验示范，开展适宜老挝北部农作物优良品种的选育，开展“替代种植”技术的研究，开展双方农业科技与学术交流，进行农业技术推广等项目，推动老挝北部三省农业经济发展。为了保证农业科技示范园顺利实施，老中双方在协议中明确了各自的职责。双方一致同意这个项目由云南省西双版纳傣族自治州农业局种子管理站进行技术指导，西双版纳益农农业发展有限公司负责实施。

老挝政府调整木材产品出口措施

2007 年 4 月，老挝工商部对出口木材出台新规定：“只有木制成品才能出口”，其措施包括列出清单供地方政府和海关严格核对把关，例如桌子，必须加工成它的成品部件才算制成品准于出口。同时成立国家木材贸易委员会，加强对执行部门的监督；公安、海关加大查处、打击非法出口和走私木材的力度；工商部直接对违法出口行为罚没和起诉。2007 年 5 ~ 6 月，工商部先后查处关闭了 2088 家耗材未达标的锯木厂，保留 800 家，由工商部下达采伐、采购木材的配额指标。工商部鼓励引进外资和技术进行合作，推动集约化生产加工和经营管理。

老挝越南泰国扩大陆路口岸交通运输合作

2007 年 7 月，老越泰 3 国在老挝举行的部长级会议上正式签订陆路交通越南老保（Lao Bao）—老挝沙湾拿吉（Savannakhet）—泰国穆达汉（Mukdahan）口岸跨境运输协定的备忘录。

根据上述协议和备忘录规定，越、老、泰 3 国客货运输汽车将可进入对方境内，无需交纳口岸税费，停留期限为 30 天。3 国相互承认车辆的登记、安检和驾驶证。对于从上述口岸出入境的游客，居留时间不超过 30 天者可免签证，但须持有效护照。3 国签订上述文件后将推进相互间的贸易往来，为客货运输企业带来发展机遇。

老挝金融形势保持稳定

2007年度,老挝金融形势保持稳定。通货膨胀率下降,降幅达4.51%;货币兑换率保持平稳,基普相对美元升值达6%以上;银行储蓄存款增长3%;鼓励生产方面的银行信用贷款增长23%;银行服务网点增多,先后设立了55个自动取款机;国家机关事业单位和企业通过银行账户发放工资的数量大幅增加;银行业的投资越来越多,银行服务日趋多元化,形成竞争激烈的氛围。银行在鼓励使用国家货币的效果越来越显著,外汇储备金超出预定指标。

老挝土地税征收额提高3倍

2007~2008财政年度,老挝政府出台土地税征收新办法。新办法将土地税征收额平均调高为上年度的3倍,分类如下:(1)贸易和服务业用地,在城区每平方米由100基普调至300基普(折3.3美分);农村每平方米由80基普调至240基普(折2.6美分)。(2)工业和手工业用地,在城区每平方米由60基普调至180基普(折2美分);农村每平方米由40基普调至150基普(折1.6美分)。(3)房产业用地,每平方米由10基普调至80基普(折0.9美分)。(4)闲置土地,每平方米由50基普调至300基普(折3.3美分)。(5)果树种植业用地,每公顷由9000基普调至3万基普(折3.3美元)。(6)工业用树种植业用地,每公顷由1.3万基普调至4.5万基普(折5美元)。(7)药材种植用地,每公顷由8000基普调至2万基普(折2.2美元)。(8)养殖业用地,每公顷由2.4万基普调至4.5万基普(折5美元)。征收范围:除47个国家级贫困县以外的其他行政区域。

马来西亚交易所实行棕油期货新条款

2007年3月14日,马来西亚交易所首席执行员拿督尤斯在2007年棕油价格展望大会上,正式宣布棕油期货合约的新条款,主要包括扩大交易合约月份、提高交易商的合约持有权、扩大涨停板机制,这些新措施将在2007年3月16日开始实行。此外,马来西亚交易所从4月1日开始实行新的期货合约结算费。在棕油期货合约的新条款中,原有12个月合约提高至24个月,交易商所持有的长仓或短仓合约从现有的3000宗,提高至5000宗;新的涨跌停板机制规定,所有的非现月货合约的每日涨停或跌停幅度是10%。如果3个非现月货合约或更多合约同时停板,将给予10分钟的冷静期,之后有5分钟的中断期,而且涨停或跌停的幅度将扩大至15%。新结算费规定,吉隆坡综合指数期货(FKLI)从6林吉特,减至5林吉特;原棕油期货(FCPO)从4林吉特,减至3林吉特;金融产品(FKB3、FMG3、FMG5和FMGA)从3林吉特,减至1林吉特;另外,衍生金融产品的即日和跨期买卖也从1.50林吉特,减至0.50林吉特。

马来西亚撤销房产盈利税

2007年3月22日,马来西亚总理巴达维宣布从2007年4月1日起撤销房产盈利税,以进一步刺激房地产市场。马来西亚政府于1975年开始实施房产业盈利税。房产盈利税规定,购屋者将购买的房产,在从购买日起的2年内出售,必须从出售房产所获得的盈利中,缴付30%的税。在1997~1998年亚洲金融风暴时期,政府曾暂时豁免这项税务。撤销房产盈利税后,在公司房地产方面,如果公司在5年后脱售产业,仍需缴纳5%的税。

马来西亚增加农业投入

2007年,马来西亚政府增加农业投入,以促进农业现代化。在马来西亚2007年度财政预算案中,政府给农业拨款36亿林吉特,以增加农产品的生产力和效率,扩大农产品的市场竞争力。这些拨款主要用于:增加粮食基金,从原来的3亿林吉特提高至19亿林吉特,以补贴粮食生产;拨款2000万林吉特,成立一个非粮食贷款计划,鼓励农民进军非粮食农业,如花卉栽培等;通过兽医局施行牲畜计划;发展北马的水产养殖业。另外,政府还拨款1.93亿林吉特用于农业研发。

马来西亚将建石油管道

2007年5月7日,马来西亚总理兼财政部长巴达维在2007年全球清真产业论坛上宣布,马来西亚计划在未来8年内投资70亿美元,修建一条横贯马来西亚北部三州的陆上石油输送管道。这条石油输送管道由西向东穿越吉打州、霹雳州和吉兰丹州。这项计划是马来西亚政府发展马来西亚北部计划的一部分。

2007年全球清真产业论坛在马来西亚举行

2007年5月7~8日,全球清真产业论坛在马来西亚首都吉隆坡会议中心举行。本届论坛的主题是:“让国际清真市场、制造、贸易和投资和声,标准、圣洁和科学”。马来西亚总理巴达维出席论坛发言,并为《清真杂志》颁发年度奖项。马来西亚国际贸工部长拿督拉菲达为大会主持开幕典礼。这是马来西亚继2006年以来第二次举办全球清真产业论坛。2006年论坛达到两项目标,一是成立国际清真行业联盟,二是筹募发展及促进清真产业的基金。本次论坛上,来自30多个国家和地区的900多名代表,就如何协调发展全球清真产业等问题进行了广泛的讨论。

2007年马来西亚国际建筑建材展

9月19~22日,由马来西亚励展集团举办的马来西亚国际建筑建材展在吉隆坡国际会展中心举行。此项展会是马来西亚乃至东南亚地区最具规模和影响力的国际建筑建材展,也是唯一得到马来西亚建设部支持的建筑展,迄今已举办了22届。本届展会展出卫浴设施、陶瓷地砖、建筑五金、建筑工具、门、窗、安防产品、石材、灯具设备、建筑机械、建材设备、各类建筑材料、水暖器材、墙体材料、防火材料、建筑技术、空调设备等。

马来西亚旅游景点布城的美丽风光　　（原载《广西日报》）

首届全球华人地产大会在马来西亚举行

2007年9月27日,首届全球华人地产大会在马来西亚联邦政府行政中心布特拉加亚举行。本次大会的主题是“人居、绿色、公益”。马来西亚总理署官员戈文丹代表总理署部长穆罕默德·埃芬迪·诺瓦维出席大会并讲话。中国建设部原副部长杨慎在会上作题为“居住改变中国”的主题演讲。来自中国内地、中国香港、马来西亚、新加坡、菲律宾、泰国、日本、加拿大、英国、澳大利亚、韩国、美国、南非、印尼等10多个国家和地区的地产商参加了此次大会。

马来西亚政府全面启动五大经济特区计划吸引大量外资

2007年,马来西亚总理巴达维领导的政府建立经济开发区的发展计划全面启动。主要包括柔南依斯干达经济特区、北部经济走廊(也称北马经济走廊)、东海岸经济特区、沙巴发展走廊和沙捞越再生能源走廊五大经济特区计划,共涵盖了马来西亚全国13个州中的10个州,除雪兰莪、森美兰和马六甲三个州和三个直辖市外,基本上都纳入了经济区的范围。马来西亚推出这些经济区发展计划,主要是为了平衡整个国家的经济发展,全面提高人民的生活水平和福利。其中柔南依斯干达经济特区的发展模式如果成功,将引入其他的经济区。由于马来西亚推展多个经济特区,并安排了多项贸易投资促销活动,外资引进成效显著。2007年1~9月,马来西亚共引进了395亿林吉特的外资投资,比2006年全年吸引202.28亿林吉特外资投资还多193亿。2007年,马来西亚制造业领域共吸引外资334亿林吉特(约101亿美元),占制造业领域投资总额的55.8%,比2006年吸引外资总额(202亿林吉特)增长66%。在联合国贸易与发展会议组织(UNCTAD)的调查中,马来西亚成为全球20个最吸引外来直接投资的经济体之一,排名第14位。

2007马来西亚旅游年

为了庆祝马来西亚独立50周年,马来西亚政府宣布2007年为马来西亚旅游年。政府拨款1.49亿林吉特,主办240项旅游活动,吸引外国游客到马来西亚旅游和消费,其中包括举行马来西亚国际烟花音乐赛和耗资300万林吉特建设“放眼大马”摩天轮。旅游年活动取得较好成效。全年有2088万外国游客到马来西亚旅游,旅游业收入140亿美元,创历史新高。为了继续吸引更多游客,旅游部宣布,马来西亚旅游年宣传活动延长至2008年8月31日。

缅甸畜牧水产业出口创汇稳定增长

2006~2007财政年度,缅甸计划畜牧水产业出口创汇4.5亿美元。实际执行结果,截至2007年3月15日,出口创汇额已达4.4亿美元,到3月底,出口创汇额可望超过4.6亿美元。2005~2006财政年度,畜牧水产业出口创汇额为3.6亿美元,2007~2008财年计划出口创汇6亿美元。

缅甸外国游客数量增长两成

2006~2007财政年度到缅甸旅游的外国游客数量比上年度增长22%。截至2007年3月31日,共有57.67万人次游客到缅甸旅游。而2005~2006财政年度到缅甸旅游的游客数量为47.27万人次。2006~2007财政年度到缅甸旅游的游客中大约有60%的游客是外国自助旅游者(FIT),其他的则是团队旅游。

缅中贸易额大幅增长

缅甸《时报》周刊2007年4月6日报道:2005~

2006 财政年度缅中两国贸易额为 8.33 亿美元，而在 2006～2007 财政年度结束前的 1 月底两国贸易额已达 14.45 亿美元，增长近 1 倍，其中与云南省的贸易占 70%。3 月 29 日缅甸商务部长丁莱登准将在仰光商贸酒店举行的缅甸云南贸易投资洽谈会上说："缅中贸易每年都有显著增长，其中缅滇贸易 2005～2006 财年是 5 亿美元，而本财政年度结束前已达到 8 亿美元"。在缅中贸易中，2005～2006 财政年度缅甸逆差 0.97 亿美元，2006～2007 财政年度头 10 个月逆差 4.8 亿美元。

缅甸将加快 6 个水电站建设步伐

据来自缅甸电力部 5 月初的消息说，缅正计划加快 6 个水电站的建设步伐，这 6 个水电站分别是：位于掸邦南坎县境内、装机容量为 600 兆瓦的瑞丽江一级电站，位于莫妹镇区境内的装机容量为 460 兆瓦的瑞丽江二级电站，装机容量为 360 兆瓦的瑞丽江三级水电站，位于克钦邦莫貌地区、装机容量为 240 兆瓦的达奔江一级水电站，装机容量为 168 兆瓦的达奔江二级水电站和位于掸邦贡朗地区的上萨尔温江水电站。

缅甸将在若开邦皎漂建设深水港

2007 年 7 月中旬，缅甸工商界消息灵通人士说，缅甸有关部门正计划在若开邦的皎漂建 1 个深水港。深水港计划建在皎漂镇附近的马德岛上，由亚洲世界公司（Asia World）全额投资。亚洲世界公司已开始对建港的可行性进行考察。皎漂港建成后，将在孟加拉国的吉大港、缅甸的仰光港和印度的加尔各答港之间的水路交通中转中发挥重要作用。

缅甸年均进口食用油价值 3 亿美元

缅甸官方媒体 2007 年 8 月 23 日报道，为满足国内对食用油的需求，缅甸每年均需从国外进口价值 3 亿美元食用油。为减少对食用油的进口依赖，德林达依省的一些企业家正在大量种植油棕树。目前在德林达依省计划发展油棕树种植业的公司有 35 家，计划种植油棕面积 50 多万英亩。缅甸人均年食用油消耗量约为 6 缅斤（注：1 缅斤约为 1.6 公斤），按全国人口数计算，年均食用油的需求总量为 2.34 亿缅斤。

缅甸泰国边境沿线将建商品批发市场

2007 年 8 月底，缅泰两国政府达成共识：明年初缅泰两国将在边境沿线建 10 个商品批发市场。该计划是泰国在 2004 年提出的，其中缅方一侧建 4 个，泰方一侧建 6 个，主要批发两国出口商品。缅方的 4 个分别在掸邦东部的大其力、克伦邦东南部的苗瓦底、丹那沙林省南部的土瓦和果当；泰方的 6 个分别在清迈、Tak 县、Kanchanburi 府所属城镇。建设上述商品批发市场的目的在于推动和提高缅泰两国乃至柬埔寨、老挝和越南之间的贸易交往。

缅甸发现大型天然气田

2007 年，泰国国家石油公司在仰光以南 300 公里的马达班湾发现 1 个大型天然气田，日产量可达 89000 立方米。加上此前在该地区发现的另外两个天然气田，使得这一地区的天然气蕴藏量达到商业开发要求。缅甸还与法国、美国、韩国、马来西亚、印度和俄罗斯等国的石油天然气公司签订有油气开发合同。

缅甸对外贸易增长 4 成

2006/2007 财政年度，缅甸对外贸易总额比上年增长 40%。2005/2006 财政年度缅甸对外贸易总数为 55.4 亿美元，2006/2007 财政年度对外贸易额为 79 亿美元。在 2006/2007 财政年度，缅甸对外出口 50 亿美元，进口 29 亿美元，顺差 20.8 亿美元。2005/2006 财政年度出口总额 35.54 美元，2006/2007 财政年度出口总额 50 亿美元，同比增长 40%。2005/2006 财政年度进口 19.79 亿美元，2006/2007 财政年度进口 29.2 亿美元，同比增长 47%；在出口商品中，天然气占首位。2005/2006 财政年度天然气出口额为 10.79 亿美元，占出口总额的 30%；2006/2007 财政年度天然气出口额为 21.6 亿美元，占当年出口总额的 43%。2006/2007 财政年度外贸总额的 50% 是私营企业创造的。缅甸外贸总额的 90% 来自与邻国的贸易。

菲律宾经济快速增长

2007 年菲律宾经济增长率达 7.3%，为 31 年来的最高水平。数据显示，在服务外包产业的推动下，菲律宾去年的服务业增长率达到 8.7%，高于 2006 年的 6.7%，为半个多世纪来的最高水平。同时，工业增长率达到 6.6%，高于 2006 年的 4.5%。菲国家经济和发展署预计，尽管 2008 年菲律宾的经济增长率会受到美国经济放缓带来的影响，但仍有望达到 6.3%～7.0%。

2007 年菲律宾服务外包业收入达 50 亿美元

2007 年菲律宾服务外包业收入预计能达到 50 亿美元，比 2006 年的 34 亿美元增长 47%。估计至 2007 年底，共有 32 万人在该行业就职，而 2006 年为 23 万。在过去 3 年里，菲律宾的服务外包业收入年均增长 40%。萨内兹先生认为菲律宾完全有能力在 2010 年争取到全球 4500 亿美元服务外包业 10% 的市场份额。

菲律宾农业稳定增长

2007 年菲律宾农业产值增长 4.68%，在政府预期 4.5%～5% 的增长目标内。数据显示，农作物占农业总产量的 47.6%，2007 年农作物增长 5.6%。农业约占菲国民经济的1/5。农业在2007年第四季度增长5.7%，而2006年同期仅增长1.6%。增长主要原因是大米增产10.1%及玉米增产15.7%。政府预计，2008年增长率还将达到4.5%～5.5%。

菲律宾汽车销量大幅增长

2007年菲律宾汽车销量达到近10年以来最高纪录，总量117903辆，同比增长18.4%。商用车成为汽车市场保持繁荣的最强动力，销量增长25.6%，总销量41213。乘用车增长7%，年末总销量41213辆。在各品牌排名中，丰田汽车在12个月畅销排行榜上保持第一，占据38.2%的市场份额。日产及三菱依次列二、三位，市场占有率依次为14.7%和12.7%。

菲律宾水产品总量再创新高

2007年菲律宾水产品总量再创新高，达490万吨。其中水产养殖增长15%，是渔业增长的主动力。2006年，菲律宾渔业增长6.31%，水产品总量达到440万吨，总产值1634亿比索（约32.68亿美元）。菲律宾是世界第八大渔业国，金枪鱼是出口拳头产品，畅销世界各地。海藻生产居世界第二位，总产量139万吨。

菲律宾外汇储备创新高

2007年菲外汇储备创337亿美元新高，比2006年的230亿美元增长46%，超过央行早前设定的目标。增长主要源于央行净外汇业务的流入及其海外投资的收入。政府来自亚洲开发银行计划贷款的收入存款也是重要因素。央行计划包括其持有的黄金及其他外汇在内的国际储备在2008年年底达到350亿～370亿美元。

菲中贸易额超过300亿美元

2007年菲中贸易额创下历史新高，达到306.2亿美元，比2006年增长30.8%。中国驻菲律宾大使馆经济商务参赞梁文洮说，近年来中菲贸易发展势头强劲。2000年中菲双边贸易额仅31.4亿美元，此后每年以超过35%的平均速度迅速增长，到2006年达到234.1亿美元，比1975年两国建交时增长360倍。菲律宾已成为中国内地的第19大贸易伙伴，是中国内地在东盟的第四大贸易伙伴；而中国内地是菲律宾的第三大贸易伙伴，加上中国香港和台湾省，则已成为菲律宾的第一大贸易伙伴。

菲律宾经济竞争力排名上升

菲律宾经济增长使菲律宾的全球竞争力指数排名从2006～2007年度的第75位上升至2007～2008年度的第71位，所得指数为3.99。全球竞争力指数是根据12项因素，包括机构、基础建设、宏观经济稳定性、卫生和教育、高等教育和培训、商品市场效率、劳工市场效率、金融市场、科技、市场规模、商业精密程度及创新等确定的。此次对131个国家所进行的经济竞争力排名是根据公开资料及世界经济论坛与受调查国家的伙伴机构进行的年度综合调查所得资料确定的。

新加坡中小企业发展迅速

2004～2007年，新加坡16万个中小企业的附加值（VALUE－ADDED）年增长率高达11%，超过国内生产总值7.7%的增长率。2007年新加坡500强中小企业实现利润总额6.65亿新元（约合4.78亿美元），比1999年增长8.5倍。2004～2007年，新加坡中小企业创造了33万个就业机会，占新加坡全国创造就业机会总量的63%，这对新加坡把失业率降低至历史最低的2.1%发挥了重要作用。

新加坡政府调整公司税和消费税

2007年2月15日，新加坡财政部第二部长尚达曼在国会公布2007财政年度政府预算案，宣布二项重要政策，即降低公司税、调高消费税和雇主公积金缴交率。从2008税务年开始，将公司税从20%调低至18%，以增强新加坡吸引外资能力。政府预计每年将因此减少8亿新元（约合5.2亿美元）税收。为弥补税收缺口，同时宣布从2007年7月起将消费税由5%调高至7%，预计此项措施今后每年将为政府增加财政收入15亿新元（约合9.7亿美元）。新加坡政府将在今后5年内拨款40亿新元（约合26亿美元）作为消费税补贴发放给新加坡人，以弥补他们因消费税调高而增加的支出。另外，从2007年7月开始，雇主的公积金缴交率从13%调至14.5%。

新加坡投资40亿新元发展信息产业

新加坡政府将在未来10年内投入40亿新元（约26亿美元）发展信息产业，包括增加免费无线通信网点、设立全国超高速宽带网络、确保所有学龄儿童的家庭拥有电脑等，并将创造8万个就业机会。

亚洲最大的再循环水厂在新加坡投入使用

2007年3月，新加坡为解决自给供水问题而建造的乌鲁班丹新生水厂（再循环水厂）投入使用。该水厂是新加坡第四家新生水厂，每天可供应3200万加仑（1加仑为4.546升）水，是目前亚洲最大的再循环水厂。新生水技术的核心是通过微过滤、反向渗透和紫外线辐射消毒程序，把用过的水再循环成安全的食用水。目前新加坡的新生水主要用于芯片制造、制药等需要高度纯净水的工业、建筑物的冷却系统等，仅有一小部分供居民饮用。

新加坡加大投资力度推进清洁能源发展

新加坡政府于2007年3月初宣布，将在今后5年内投入1.7亿新元，推动清洁能源尤其是太阳能的研究与发展，到2015年，清洁能源将为新加坡带来17亿新元的经济收入，并创造7000个就业机会。2007年3月26日，新加坡经济发展局宣布再拨款1.8亿新元（约合1.18亿美元），用于今后5年开发新的清洁能源产品，重点是培养清洁能源方面的人才。

新加坡宣布实施一系列推广环保型建筑措施

2007年3月20日，新加坡政府宣布实施一系列推广环保型建筑的措施。根据新加坡国家发展部下属建设局的绿色建筑总体规划，从2007年4月1日起，所有新的政府公共建筑及正在进行大规模翻新的建筑，都必须获得政府颁发的代表绿色环保建筑的"绿色标签"认证，拥有"绿色标签"的建筑都具有节水、节能和室内环境良好等特点。在推出2000万新元（约合1315.7万美元）"绿色标签"认证奖励计划的同时，新加坡国家发展部还推出一个5000万新元（约合3289.4万美元）的研发基金，以支持旨在提高建筑环境质量的研发工作，而绿色建筑技术则是研发重点。此外，新加坡将加强公众宣传计划，扩大公众对绿色建筑和可持续建设的认知。

第17届亚洲精密工程展在新加坡开幕

2007年3月28日，第17届亚洲精密工程展在新加坡开幕，来自35个国家和地区的950家企业参加展览。展览重点展示汽车、航空、电子、通信等领域的精密设备生产和模具制造技术，为亚洲地区相关领域的制造商与精密设备供应商更有效和直接的交流与合作搭建平台。中国广东、陕西等地区的部分企业参加了展览。

新加坡计划大力发展制造业

2007年3月28日，新加坡政府宣布，计划在2018年使该国制造业的总产值增加到3000亿新元（约合1973.6亿美元）。制造业是新加坡经济的重要支柱产业，目前占其国内生产总值1/4以上。为了应对全球化带来的挑战，新加坡政府要求制造业更加富有活力，跟上发展的步伐。在新加坡的制造业中，精密机械制造是重要行业。2006年，该行业为制造业带来大约218亿新元（约合143.4亿美元）收入，约占制造业总产值的9.6%。为保持该行业的生产，新加坡将成立一个精密机械创新中心，以帮助本国精密机械制造行业的企业，特别是中小企业更好地发展。

新加坡成立食品创新和资源中心

2007年5月29日，新加坡宣布成立食品创新和资源中心，以提高本国食品制造与加工的效率，增强在色、香、味及包装等方面的综合竞争能力。新加坡贸工部政务部长李奕贤5月29日在出席中心成立仪式时表示，中心将为食品公司提供技术咨询和建议，以便使食品公司能够开发出必要的应用技术，并使其尽快商业化。在今后3年里，中心还将投资大约700万新元（约合460.5万美元），用于购买现代化的食品加工与开发设备，从而使一些中小型食品公司能够在中心内创造和试验其新产品。食品创新和资源中心坐落在新加坡理工学院内，由新加坡食品厂商联合会设立，它同时获得新加坡标新局"科技创新计划"的支持。

新加坡拟建新能源技术计划中心

2007年11月28日，新加坡贸工部政务部长李奕贤在英国—新加坡能源科技研讨会上宣布，新加坡科技研究局将投资3850万新元，建设本区域首座新能源技术中心——新加坡新能源技术计划中心（SINERGY Centre），为市场提供可持续的能源解决方案。新能源技术计划中心将针对可持续能源进行科技试验及科学研究。

新能源技术计划中心的研究重点是能源分布、微型电力网系统等能源电力领域。将集合来自新加坡科技研究局、私人机构、政府部门和高等学校的研究员，从事能源科技的科研工作。研究人员将学习如何利用太阳能、生物量能、风能和燃料电池等其他能源技术，并对这些新能源的生产与储存进行试验，研究它们在电力网中的作用。中心还可以现场转换信息，具备遥控和监督技术及决策功能。中心将着重系统的研究和市场能源方案的开发，而不仅仅拘泥于单一产品、部件或材料的研发。

新能源技术计划中心将分别在启汇资讯传媒园（Fusionopolis）和裕廊岛两处建造，计划分别在2008年、2009年完成。

新加坡政府注重纳米技术研发

2007年12月3日，新加坡贸易和工业部政务部长易华仁在一个纳米技术研讨会上说，在纳米技术研发方面，新加坡科技研究局从1997年至今已经投入2.1亿新元（约合1.47亿美元）以上资金，以促进技术研发公司的纳米技术研究；经济发展局的投入也使纳米技术公司数量不断增长，从3年前的10家增至约40家；生产力与创新发展局则以其推出的总额约1.5亿新元（约合1.05亿美元）的技术创新计划，帮助小型纳米技术公司增强竞争能力。

2007年新加坡房地产交易额再破纪录

新加坡《联合早报》2007年12月12日援引地产服务商世邦魏理仕公司报告，2007年1月以来，新加坡房地产发展商和投资者已经花费507.8亿新元购买大型房地产（每宗交易金额至少500万新元），远远超过2006

年全年创下的近306亿新元纪录。2007年成交的大型房地产交易仍以私人土地或房地产为主，成交金额396亿新元，来自政府售地仅约111.5亿新元（约占22%）。若以房地产类别区分，住宅是最热门的大宗房地产交易领域。2007年共有价值306亿新元的住宅房地产成交，其中集体出售交易133亿新元，超过2006年82亿新元的纪录，为10年来的最高水平。在办公楼方面，2007年成交149亿新元，是2006年的3倍。

2007年新加坡接待外国游客数量创新高

2007年是新加坡接待游客人数最多的一年，达到1030万人次，比2006年增长5.4%。亚洲依然是新加坡2007年最大的客源市场，超过一半的游客来自亚洲国家，印度尼西亚是新加坡最大的旅游客源国；中国排在印尼之后为第二大游客来源地，2007年中国游客人数达到111.4万，比2006年增长7%。为进一步发展旅游业，新加坡国家旅游局制定了一个发展计划，争取在2015年前实现年吸引外国游客1700万人次，旅游业收入增加到每年300亿新元（约合208.3亿美元），创造10万个就业机会。

新加坡港口集装箱吞吐量创历史新高

2007年新加坡港口集装箱吞吐量达到2790万个标准箱，比2006年增加12.7%。2007年新加坡港口处理的货物总吨位达到4.83亿吨，增幅为7.8%；停靠新加坡港口的船只总吨位达到14.59亿吨，同比增加约11%。新加坡港口2007年销售的船用燃料总量也创历史新高，首次突破3000万吨大关，达到3150万吨，同比增长11.2%。

新加坡樟宜机场连续20年获选为“世界第一机场”

新加坡《联合早报》2007年9月19日报道，新加坡樟宜机场在《商旅（英国/欧洲版）》杂志常年读者调查中，再次获评为“世界第一机场”，这是它自1988年以来连续第20年获此荣誉。同时樟宜机场也在本年度的亚太商务旅客评选中，连续第16年蝉联全球最佳机场称号，并连续10年获得“最佳免税机场”荣誉。2007年4月，樟宜机场也再次在中东版的《商旅》杂志的最佳机场调查中脱颖而出。

新加坡加强电子芯片人才培养

随着新加坡半导体工业的发展，一些国际大型电子芯片厂商开始扩大新加坡工厂的规模或在新加坡投资建厂。为了满足不断增长的半导体专业人才需求，新加坡经济发展局决定投资800万新元与新加坡国立大学、南洋理工大学合作，推出电子芯片人才培养计划，计划在3年内培养900名电子芯片工程师。此项计划鼓励目前在读电气、电子、机械、材料和化学工程的大学生，在最后一年专修电子芯片技术。新加坡经济发展局每年分别向南洋理工大学、新加坡国立大学提供180名和120名奖学金名额。同时南洋理工大学电机与电子工程系和材料工程系也将从2007年开始增加微电子专业招生名额，以应对微电子市场人才需求不断增加的趋势。

泰国对外贸易保持增长

2007年泰国对外贸易继续保持增长势头，出口增速大大快于进口增速，外贸顺差进一步增加。据泰国海关统计，2007年泰国外贸总额2924.9亿美元，比上年增长13.2%，增速与2006年基本持平（2006年增长12.8%）；其中，出口1524.8亿美元，增长17.5%，进口1400.1亿美元，增长8.7%，外贸顺差124.7亿美元，比2006年顺差9.5亿美元扩大12倍。

日本继续保持泰国第一大贸易伙伴地位，双边贸易额465.2亿美元，增长10.6%，远高于2006年2.3%的增幅；泰中双边贸易额310.6亿美元，增长22.6%，中国首次超过美国成为泰第二大贸易伙伴，并继续是泰国第二大进口来源地和第三大出口目的地。由于受2006年美国经济表现欠佳及美元贬值影响，泰美双边贸易出现较大幅度下滑，从2006年的增长13.1%变为减少1.1%，全年贸易额为287.2亿美元。泰与东盟9国贸易总额575.9亿美元，增长13.8%，其中与马来西亚、新加坡的双边贸易额分别为164.1亿美元和158.3亿美元，分别增长8.7%和12.8%，马来西亚、新加坡分别是泰国第四和第五大贸易伙伴。

泰国能源、汽车进出口形势良好

2007年，泰国各类能源进口总额为8690亿铢，比2006年减少5%。其中原油进口总额7026亿铢，成品油501亿铢，天然气798亿铢，燃煤294亿铢，电力71亿铢，平均日进口原油及成品油81万桶。汽车方面，泰国2007年汽车出口量超过内销。泰国汽车行业协会主席素帕拉表示，2007年泰国汽车出口数量首次超过国内销售量（出口68万辆，内销63万辆）。泰国已成为东南亚地区汽车生产及出口基地。

泰国食糖产量达到630万吨

2007年泰国的甘蔗产量增至5900万吨，由于目前国内的酒精厂正处于试业阶段，因此大部分甘蔗将用于制糖。据统计，2007年泰国的食糖产量增至630万吨，食糖出口将逐渐恢复。

泰国大米出口增幅较大

2007年泰国大米出口量950万吨，比上年增加210万吨；出口总额35亿美元，约合1180亿泰铢，增长26%。泰国大米出口商协会主席表示，由于国际市场需求增加，同时印度和越南两国暂停大米出口，促使2007年泰国大米出口量超过原定850万吨的目标。预计2008年国际米价将有所上涨，白米出口价将从目前的380美元/吨上涨至400美元/吨，茉莉香米每吨则从663美元上调至700美元。2008年泰国的大米出口目标为870万~900万吨。泰国商业部外贸厅也表示，已将2008年大米出口额分配给10家出口商，总量为211万吨，同时发放了出口欧盟所需的担保文件。

越南橡胶工业集团成立

2007年4月22日，越南橡胶工业集团在胡志明市成立。政府总理阮晋勇在成立仪式上致辞时表示，农业与发展农村部将尽快对森林进行规划，制定出相应的财政计划，注重投入，力争到2015年把橡胶的种植面积增至100万公顷。阮晋勇高度评价橡胶产业的发展。

越南政府拟把海防市建设成为北方重要海港城市

2007年5月6日，越南政府总理阮晋勇和部分部门领导就海防市社会经济发展情况及落实政治局32-NQ/T.U号决议的情况等问题同海防市领导进行工作会谈。海防市人委会主席、市委副书记郑光史报告近几年来社会经济发展情况，提出有关建设吉海—亭武经济区的提案。该经济区规模为21600公顷，其中8000公顷处于填海区域，总人口9.2万，将建设发展成为多行业、多领域的综合性经济区。阮晋勇表示，海防市在社会经济方面取得了可喜的成果，但海防经济的发展同其潜能、地位还不相称，外商直接投资偏低，地方财政收入的平衡能力不高，投资环境尚未完善。他强调，作为红河平原地区和北方重点经济区门户的海港城市，海防要把制定全面的总体规划和建设先进的配套基础设施系统作为关键来抓。他同意为海防提供一些优惠政策，建设河内—海防高速公路和亭武—吉海大桥以及Nga nam国际机场、吉碑国际机场等。

越南河西省动工兴建越南民族文化旅游村

2007年5月19日，值纪念胡志明主席诞辰117周年之际，越南民族文化旅游村工程在河西省山西市正式开始动工建设。这是一项集中再现、保护、继承和弘扬越南54个民族传统文化价值的项目，也将成为越南全国旅游、服务、休闲和娱乐的大型建筑群。工程占地面积1544公顷(其中包括606公顷的陆地面积和939公顷的水域面积)。民族文化旅游村距首都河内约40公里，交通便利，地理位置优越，旅游资源丰富。民族文化村将按不同语系分为四个村系：第一民族村集中展现越南北部、西北和北中部山区岱—泰语系、藏—缅语系、苗(赫蒙)—瑶语系、越—芒语系等28个不同民族的文化和特色景观；第二民族村集中展示北中部、长山地区和西原地区的孟—高棉语系的自然生活景观；第三民族村展现中部、南西原和南部孟—高棉语系、南岛语系等等4个民族景观；第四民族村展现汉语系、越—芒语系如京族、华族、艾族和山瑶民族景观。民族文化村中还将建设广场、礼堂、公园、民族戏院、博物馆、展览室、服务中心区、民族体育中心及园林区等设施。按照民族文化旅游村的建设和发展总体方案，预计到2010年，值纪念河内升龙城成立1000周年之际，民族文化旅游村将建成并向国民开放。

东南亚企业100强论坛在越南河内举行

2007年8月23日，亚洲企业论坛和越南工商总会在河内联合举行主题为“东南亚将来的发展趋势”和“东南亚企业100强”论坛。论坛吸引了区域内各国的200强企业以及各国政府部门和社会组织的代表参加。越南政府总理阮晋勇出席论坛并发表题为《越南在全球化背景下的机遇和挑战》的重要演讲。在听取代表们提出的意见后，阮晋勇抽空就越南党、国家和法律在深化地区及世界经济接轨进程中的政策主张，以及越南在东盟中的作用和东盟在亚太经合组织中的作用等问题，同代表进行坦率交流。在论坛上，与会代表围绕“按照欧洲的方式与世界经济接轨——东南亚国家的下一步”、“全球气候变化：政府和企业的政策”、“回教政治：回教政治是否符合现代化进程”、“在中国和印度崛起背景下的东盟竞争力”、“国家是否可以采取公司的管理模式”等论题进行讨论。论坛开幕之前，与会代表还就“东盟40年来的机遇与挑战”等主题进行开放式的讨论。

越南加强农村道路交通建设

2007年9月11日，越南交通部和国际银行举行会议，对越南农村道路交通项目二期工程进行评价，并研讨三期工程建设问题。二期工程由国际银行援助，从2004年开始实施，总投资为1.51亿美元，在全国各地修建和改造道路1816条，总长度7577公里，修建桥梁1015座。道路交通的建设，对农村脱贫、促进商品生产和服务业务发展、提高农民生活水平发挥了积极作用。三期工程总投资1.73亿美元。其中，国际银行提供贷款1.06亿美元，英国政府提供无偿援助2500万美元，越南政府拨款4250万美元。

越南继续完善经济体制

在2007年纪念东盟成立40周年的全体会议上，越南总理阮晋勇在回答代表和记者们提问时肯定，在未来一段时间内，越南经济能够持续增长，越南将进一步完善体制以适应市场经济、融入国际经济以及世贸组织的要求。阮晋勇总理表示，越南将进步改善经营环境，为各种经济成分，其中包括为国内外投资者创造公平、平等竞争的环境。阮晋勇总理还肯定，越南经济完全是一个市场经济,越南已与世界上的200多国家、地区建立贸易关系,出口率占GDP的60%;在过去20年中,越南的经济增长速度一直保持7%~8%的幅度,越南已正式成为世贸组织的成员。

日本Meiko集团成为越南电子行业最大投资商

据越南网报道,日本Meiko集团已取得在越南河西省石舍工业小区价值3亿美元的电子配件生产预案投资许可证。这是外国投资商在越南投资的最大的电子生产预案,也是河西省吸引的最大的外国投资预案。这个日本Meiko集团通过在香港的分公司进行投资的预案,目的是建设一家生产各类PCB电路板、安装PCB电路零件、安装完整各种电子产品零件的工厂。该工厂投产后,将使用约6700个劳动力,预计每年的经营收入将达到17亿美元。

越南芒街将建现代化旅游商贸都市区

2007年在中国广西东兴召开的“中越企业家交流暨东兴·芒街投资恳谈会”上,越南广宁省人民委员会表示,芒街正在建设一个环境优美、功能齐全、现代化的行政新区域。为鼓励更多的投资者前来投资,越南广宁省人民委员会已批准在芒街民进港区投资建设凤凰旅游和商贸都市区。该区由越南广宁沿海责任有限公司和香港好愿投资有限公司合作开发,地点位于越南18号公路西面,与越南著名景区茶古海滩和芒街市中心连成一片,规划面积393公顷,居民1.3万人。

越南拟投资7.7亿美元兴建河内至老街高速公路

2007年,越南政府批准河内至老街高速公路一期工程可行性研究报告。根据报告,河内至老街高速公路全长264公里,途经河内、永福、富寿、安沛和老街5省市。全程分为两个路段,河内至安沛段全长121公里,设计为4车道,宽25.5米,行车时速100公里;安沛至老街段全长143公里,设计为2车道,宽13米,行车时速80公里。项目总投资7.7亿美元,其中亚洲银行提供贷款5.77亿美元,占75%,越南政府配套资金1.93亿美元,占25%。

文 化

第六届亚洲冬季运动会在中国吉林举行

2007年1月28日至2月4日,第六届亚洲冬季运动会在吉林省长春市举行,中共中央总书记、国家主席、中央军委主席胡锦涛出席开幕式。亚奥理事会45个成员全部参加了本届冬运会。有66人(队)次打破12项亚洲纪录。中国代表团在本届冬运会上获得19枚金牌、19枚银牌和23枚铜牌,金牌数和奖牌总数均居各参赛代表团首位。

第三届世界植物园大会在中国武汉召开

2007年4月16日至20日,第三届世界植物园大会在中国武汉召开,此次大会由国际植物园保护联盟、中国科学院、中国国家林业局、湖北省人民政府和武汉市人民政府主办,中科院武汉植物园承办。这是首次在亚洲、在中国举办的国际植物园界最具学术权威和影响力的高规格会议。来自世界89个国家和地区的近千名代表参加了会议。此次大会主题为“构建可持续发展的未来:植物园的作用”,与会代表主要围绕《全球植物保护战略》、全球植物多样性保护和全球可持续发展的环境教育等主题进行讨论和交流。会议决定国际植物园保护联盟将在中国设立办事机构,以便更好发挥中国在植物保护方面的示范作用。

第36届世界期刊大会在北京举办

2007年5月14~16日,由中国新闻出版总署、北京市人民政府、国际期刊联盟主办的第36届世界期刊大会在北京召开,这是中国期刊界首次举办的大规模国际盛会。来自全球40多个国家和地区的1000多名代表参加了这次盛会。中国国务委员陈至立出席开幕式并致辞,国际期刊联盟主席克瑞斯·卢埃林、执行主席唐纳德·库墨菲尔德等嘉宾出席了开幕式。本届大会主题是“杂志丰富你的世界”,与会代表主要围绕“传统期刊出版的数字化发展战略”、“发展中国家的期刊市场:期刊的发行量与读者数量的统计”、“提高期刊广告在整体广告中的份额”、“期刊从传统出版向媒体服务的转型”、“广告业与期刊:亚洲与全球的趋势”、“杂志出版商在数字时代的全球机会”、“期刊读者阅读品味和阅读习惯的变化”等诸多期刊业发展的热点问题进行研讨。

中国设立第一个国家级文化生态保护实验区

2007年6月9日,中国文化部命名中国第一个国家级文化生态保护实验区——福建省闽南文化生态保护实验区。闽南文化发源于中原文化与古闽越文化、外来文化的相互交融和层层积淀,具有多元的文化表现形态。闽南文化至今仍然展示着其多样而独特的风貌,方言中保留了古汉语音韵词汇;艺术方面有唐宋音乐遗响南音、宋元戏曲活化石梨园戏、傀儡戏等;宗教信仰有世界各大宗教与独有的地方信仰;工艺建筑有造船、制瓷、制茶、手工艺以及闽南民居、寺庙等。福建省厦门、泉州、漳州是闽南文化的发源地和保存地,保护厦门、泉州、漳州三地的文化遗产以及与文化遗产相关的自然环境、文化生态环境等,是这一文化生态保护区活态保护的重要内容。闽南文化生态保护实验区的设立，标志着中国非物质文化遗产保护工作，已从社会关注、项目保护和传承人保护的层面，进入到整体活态保护的新阶段。

中国首次进行月球探测

2007 年 10 月 24 日，中国首颗绕月探测卫星嫦娥一号通过长征三号甲运载火箭发射升空，11 月 7 日，嫦娥一号卫星准确进入 127 分钟、200 公里高度的月球轨道，11 月 26 日，来自嫦娥一号的一段语音和《歌唱祖国》歌曲从月球轨道传回地球。9 时 40 分许，中国月球探测工程第一幅月面图像通过新华社传到世界各地，标志着中国首次月球探测工程取得圆满成功，这也是继人造地球卫星、载人航天飞行取得成功之后中国航天事业发展的第三座里程碑，它开启了中国人走向深空探索宇宙奥秘的时代，标志着中国已经进入世界具有深空探测能力的国家行列。

中共中央政治局常委、中国国务院总理温家宝（右一）在北京飞控中心揭开中国国家航天局正式公布的“嫦娥一号”卫星传回的第一幅月面图像。

（新华社　图）

文莱首次在国际体育赛事中获得银牌

2007 年 5 月中旬在澳大利亚阿拉弗运动会上，文莱运动员莫哈末赛敏在 20 岁以下青年 1500 米赛跑项目中获得 1 枚银牌。此外，文莱运动员在羽毛球男女双打比赛中也取得较好成绩，文莱代表队名列第九，是文莱多年来参加国际运动会取得的最好成绩。

文莱王储比拉要求文莱培养出有就业竞争力的大学毕业生

2007 年 5 月 23 日文莱王储比拉在文莱国际会议中心主持文莱理工学院第 16 届毕业典礼致词时指出，虽然政府与民间积极采取多项措施为大学毕业生提供就业机会，但大学毕业生失业问题依然存在。要解决大学生失业问题，一是培养有竞争力的大学毕业生。大学毕业生必须拥有知识、技能、良好的沟通能力以及掌握英语。文莱大学教育要接受全球化挑战，高素质的教育是培养杰出人才的重要基础，基于这个因素，教育工作者应适应和紧跟全球化发展趋势，不断吸取新知识以充实自己。二是大学毕业生应该向海外就业。大学毕业生应积极把握就业机会，有条件的，应向海外谋求就业机会，然后把在国外工作积累的宝贵经验、知识及技术带回来，为祖国发展作出贡献。

文莱举行第七届篮球赛

2007 年 8 月 25 日至 9 月 2 日举行的第七届文莱杯篮球赛为 7 年来最引人瞩目的篮球赛。这次球赛创造了几个最多。一是有众多的赞助商。本届赛事主要赞助商是文莱蚬标行销公司，钻石配套赞助是文莱 NBT 公司，银配套赞助商有 Ayamku 餐厅、Musfada 企业，褐配套赞助商有 LG 电器品牌、泓景酒店，铜配套赞助商有新加坡摩哆、Sahid 公司、金矿五金行、亿发公司、Aewon 成衣厂、Lee 企业、Processta 印务、Kenview 企业、标准保险公司和雀巢产品公司。二是国外球队参赛多，有约旦、澳大利亚、菲律宾、韩国及新加坡冠军球队。三是比赛奖金最高，比赛总奖金为 3.5 万文元，是本区域奖金最高的赛事之一。

文莱颁行 21 世纪教育制度

2007 年 11 月 21 日，文莱教育部向国内中学教师介绍新的教育制度——文莱 21 世纪教育制度。新制度将在 2008 年开始在初中一年级试行，并在 2009 年全面实施。文莱 21 世纪教育制度主要在教育制度架构、课程及技术职业教育 3 方面进行改革。新教育制度是从现有的 2007 ~ 2011 年教育发展计划中演变而来，目的在于提高教育品质和德、智、体、群、美五育并重，培养适应新世纪需要，具有国际竞争力的知识青年。新教育制度以学生的学习为中心，根据当今世界形势，开放最合时宜的新课程。文莱教育部设立国家教育制度研究委员会。这个委员会将根据实际情况，有系统、分阶段地推行此项新制度。

柬埔寨中华文化发展基金成立

2007 年 2 月，中国驻柬埔寨大使馆根据当地华人社团和侨胞的意见，倡议成立柬埔寨中华文化发展基金，以便在柬埔寨推动中华文化的发展。2 月 9 日晚，由中国驻柬埔寨大使馆主办，柬埔寨和平统一促进会、柬埔寨华人理事总会、柬埔寨中国商会、柬埔寨中国港澳侨商总会四大社团协办的2007年春节联欢晚会在金边洲际大酒店宴会厅隆重举行。柬埔寨台湾商会全体理事应邀出席。晚会上，在张金凤大使的倡议下，大家踊跃为刚成立的柬埔寨中华文化发展基金捐款，当晚捐赠款额达38万多美元。该基金将由华侨华人自行管理。目前，柬华理事总会下属的文教基金会以及方炳祯基金会等组织在赞助华文教育事业，柬埔寨中华文化发展基金将和这些组织相互配合，共同推动中华文化的发展。

柬埔寨开始推行信息管理系统

2007年10月18日，柬埔寨国家信息技术发展机构（NIDA）在金边洲际大酒店召开讨论会，就推进省市信息管理工作计划进行讨论。副首相兼首相府部长宋安出席并主持会议。据NIDA主席的报告指出，该计划是洪森首相于2000年提出的。2002年起，金边市率先执行了信息行政管理系统（GAIS），此系统的工作范畴包括车辆登记、不动产登记、居住登记、设定网页等。王国政府于2007年开始，要求各省份同样推广实行这套行政管理系统，以缩短与发达国家在这方面的差距，推动柬埔寨经济的持续发展。宋安副首相在会上强调，为了使所提出的计划能够获得顺利有效的执行，有关部门应加以监管，对各省市的电脑系统及各种信息设施不断地加以检查与维修。此外，还要多与有关部门和国家信息技术发展机构保持联系，以提高工作效率。

柬埔寨国立吴哥博物馆正式开放

2007年11月12日，柬埔寨国立吴哥博物馆开幕。柬埔寨王国政府首相洪森主持开幕式。国立吴哥博物馆馆长洪玛娜女士首先在仪式上致词说，国立吴哥博物馆中收藏着许多历史文物，将吸引大量的国内外游客前来参观，这将增加大家对柬埔寨王国历史的认识。洪森首相说，博物馆中的历史文物是柬埔寨祖先遗留下来的宝贵财富，王国政府有关单位必须以负责任的态度，严密保护博物馆中的历史文物。他强调，柬埔寨王国是一个文明古国，国内外游客参观了博物馆后，将更加了解这一点。吴哥博物馆位于柬埔寨暹粒省暹粒市，占地5公顷，建筑经费1500万美元。

柬埔寨首个汉语教育中心成立

2007年12月12日，中国云南大理学院、云南红河学院、云南玉溪师范学院（合称DHY）与柬埔寨金边皇家大学（RUPP），在金边皇家大学内联合举行DHY－RUPP汉语中心揭牌仪式。柬埔寨教育部国务秘书毕占南、皇家大学校长刘秋耀、云南省教育厅副厅长和福生等出席仪式。和福生致词时表示，由中国3所大学和柬埔寨皇家大学共同创办的汉语中心的正式挂牌，不仅标志着双方的合作关系进入到一个新的阶段，而且为中国云南省高校与柬埔寨高校间的合作与交流搭建了一个良好的平台。他说，随着中国与东盟自由贸易区建设进程的推进，中柬两国间的经济合作更加密切，人员往来也更加频繁，DHY－RUPP汉语中心在此时诞生，可说顺应了发展的需要。

印度尼西亚多个区域发现新物种

2007年3月，澳大利亚科学家宣布在印尼巴布亚岛附近海域发现20个鲨鱼新物种和多种新鱼类及珊瑚物种。2007年6月，印尼科学院和国际动物保护组织的科学家们深入巴布亚内陆，发现了小型有袋动物高山侏儒负鼠和巨型老鼠两种哺乳动物新物种。2007年10月，由美国和菲律宾科学家组成的联合探险队耗时两周，利用深水摄像机探测位于珊瑚礁三角区中间地带的苏拉威西海域。该海洋盆地最深处达5029米，科考队成功地探测至2774米深处，发现世界上最古老的海床及生存在这里的上百个新物种，包括几乎全身透明的海参、黑色水母等。

印度尼西亚“国家教育网”联网学校数量达到1万所

“国家教育网”由印尼教育部主持建设，目的是通过现代网络手段加强教学管理，在教育机构间实现信息共享，克服各地因自然和经济原因导致的教学质量差异问题，并推动广大教育工作者学习和使用网络技术。该网络自2006年7月开始建设，2007年3月基础设施建设基本完成，当时有212所学校加入。印尼教育部把教育网的建设视为全面提高学校教学质量的重要举措，不断加大宣传和普及力度，联网学校不断增加，当年底联网学校达到1万所。印尼政府的目标是在2008年入网的学校数量翻1番，达到2万所。

印度尼西亚教育部举行仪式欢迎汉语志愿者教师

2007年9月26日，印尼教育部为来印尼执教的中国汉语志愿者教师举行欢迎仪式。印尼教育部多位司长、华社华文协调机构代表、各地学校代表、印尼主要新闻媒体及中国驻印尼大使蓝立俊出席仪式。印尼教育部提高教育和师资质量总司长法斯立·加拉尔介绍说，汉语在印尼已成为继英语之后的第二大外语，印尼教育部与中国国家汉办的合作从2001年开始举办汉语水平考试（HSK），同时在中国国家汉办支持下每年派遣汉语师资赴华进修。为支持和帮助印尼推广汉语教学，中国政府分别于2004年（20名）和2006年（40名）两次派遣汉语志愿者到印尼，执教于印尼教育部认可的国立和私立高中。此次来印尼的中国教师志愿者76人将执教于印尼14个省份的64所国立、私立高中和职高，任期为10个月。

印度尼西亚影片在伦敦国际电影节上获得好评

2007 年 10 月 17 日，由英国电影协会和《星期日泰晤士报》联合举办的第 51 届伦敦电影节开幕。黎丽·李沙导演的《三天到永远》是参映的 329 部电影中唯一一部来自印尼的影片。该片由印尼电影演员尼古拉斯·沙普泰拉主演，通过男女主人公在 72 小时内发生的故事反映印尼社会转型期年轻人所面临的观念冲击及爱情和婚姻困境，影片的人物心理刻画得到英国资深影评人托尼·莱恩的高度评价。此外，印尼动画设计师瓦尤在电影节上被评为国际青年电影创作家，得到 7500 英镑奖金，这是印尼电影制作人第一次获此奖项。

印度尼西亚总统苏西洛发行首张音乐专辑

新专辑名为《我对你的思念》，其中收录苏西洛在 2006～2007 年创作的 10 首爱情和宗教歌曲。苏西洛在 2007 年 10 月 28 日举行的专辑发布会上说，这些歌曲都是他在公务之余创作的，目的是表达他作为普通人的情感。一般来说，创作一首歌的基本旋律要花费他 1.5～2.5 小时，之后还要经过 3～4 天修改。在印尼作曲人及歌手协会会长的建议下，苏西洛决定将这些歌曲交国内流行歌手录制后发行。

印度尼西亚学生在 2007 国际低年级学生数学竞赛中勇夺 3 金

2007 国际低年级学生数学竞赛于 10 月 28～31 日在印度北部城市勒克瑙举行，有来自印度、保加利亚、印尼、尼泊尔、泰国、菲律宾和中国台湾等 8 个国家和地区的 26 支队参赛，参赛选手年龄均在 14 岁以下。来自印尼日惹的两名初中生不负众望，各夺得 1 枚个人金牌。此外，印尼代表队还夺得 1 枚团体金牌，1 枚个人银牌和 1 枚个人铜牌。印尼教育部宣布，在此次赛事上获得奖牌的选手可以任选一所高中就读，并将获得政府奖学金。

印度尼西亚评选 2007 年传媒用语十佳报纸

由印尼教育部语言中心、印尼记者联合会和印尼传媒语言论坛专家组成的评审组认为，从印尼语的使用情况看，《时代报》在拟定新闻标题、选用词汇和术语、篇章组织结构等方面都是做得最好的；《罗盘报》和《印尼传媒报》也以标准而严谨的用语获得评委肯定，分别被评为第二名和第三名；紧随其后的是《革新之声报》、《印尼要闻报》、《人民思想报》、《梭罗邮报》、《独立之声报》、《印度尼西亚邮报》和《共和国报》。

马来西亚举行“2007 文化迎春庆丰年”活动

1 月 4 日，由马来西亚文化艺术文物部、马来西亚华人文化协会和中国驻马来西亚大使馆联合主办的“2007 文化迎春庆丰年”活动在马来西亚首都吉隆坡正式拉开帷幕。马华公会总会长兼马来西亚房屋和地方政府部长黄家定、中国驻马来西亚大使程永华共同为迎春活动开幕式剪彩，马文化艺术和文物部副部长黄锦鸿和马华人文化协会总会长戴小华等出席仪式。此次为期 1 个月的庆祝华人农历新年嘉年华活动，主题为“异中求同、同中求异”，旨在推动马来西亚各族群的文化在多元社会中获得传承和发扬。活动期间推出丰富多彩的节目，中国使馆安排沈阳民族艺术团参加“2007 文化迎春庆丰年”活动。

《星洲日报》、《南洋商报》与香港《明报》合并

2007 年 1 月 29 日，马来西亚星洲媒体集团宣布，星洲媒体旗下的《星洲日报》、《光明日报》，南洋报业的《南洋商报》、《中国报》和香港《明报》集团合并。4 月 23 日正式签署合并协议，整个合并交易约 18 亿林吉特。2007 年 11 月 27 日，马来西亚证券监督委员会批准此项合并计划，并同意在合并后，公司在香港和马来西亚上市。合并后的集团将成为中国境外最大的华文报业集团，并且是首家在马来西亚和香港同时上市的媒体公司。明报企业集团于 12 月 28 日宣布，拟将合并后的集团易名为“世界华文媒体有限公司”。

马来西亚举办第二届海外华文书市

2007 年 5 月 25 日，由星洲媒体集团和大众集团联合举办的马来西亚第二届海外华文书市在吉隆坡城市会议中心隆重开幕。马来西亚房屋及地方政府部长、马华公会总会长黄家定、中国驻马来西亚大使馆政务参赞顾景奇、星洲媒体集团副董事长萧依钊、大众集团主席周曾锷和中国国际图书贸易总公司总经理齐景平等出席开幕式。本届书市以“阅读愈快乐”为主题，是东南亚地区迄今规模最大的国际性华文书市，其展厅面积超过 1 万平方米，展位近 500 个，参展单位涵盖中国内地及香港、台湾地区、马来西亚、新加坡、英国、美国、澳大利亚的多家出版机构。中国内地出版界对本次书市做出积极响应，派出 163 家出版社组成的庞大阵容，约占全部展位的 1/3。书市为期 9 天，吸引 45 万人次参观选购。主办方在书市期间推出文化演出、专家座谈、学术交流、中国当代书画作品展等一系列活动。

马来西亚第九届“花踪奖”颁奖

2007 年 6 月 3 日，马来西亚素有“文学奥斯卡”奖之誉的“花踪奖”评选结果在城中城会议中心揭晓。此奖的主办单位是《星洲日报》，以“海水到处有华人，华人到处有花踪”为宣传口号，从 1990 年开始至今，每两年举办一届。本届评奖的奖金总额提高到 5 万多林

吉特，使之成为马来西亚奖金额最高的华文文学奖项。此次颁发的奖项包括：世界华文文学奖、报告文学奖、马华小说奖、马华散文奖、马华新诗奖、马华儿童文学奖及推荐奖等。台湾著名作家杨牧获得世界华文文学奖，马来西亚作家鄢宇羚的《永不磨灭的伤痛》获得报告文学奖，龚万辉的《画梦》获得马华小说奖，谢增英的《平等的幸福——给甘地》获得马华散文奖，陈燕棣的《光》获得马华新诗奖，安诺华的《初级商务英语会话》获得新秀小说奖，凌芷妮的《巷·村里事》获得新秀散文奖，林诗婷的《寒焰》获得新秀新诗奖等。多位国际知名艺术家现场表演节目为颁奖助兴。

第二届东盟茶文化博览会在马来西亚首都吉隆坡举行

2007 年 7 月 13 日，第二届东盟茶文化博览会在马来西亚首都吉隆坡时代广场开幕。本次博览会由马来西亚文化、艺术及文物部，中国国际贸易促进委员会和马来西亚海鸥集团联合举办。马来西亚旅游部副部长林祥才、中国驻马来西亚大使馆政务参赞顾景奇、中国茶业股份有限公司董事长朱福堂、海鸥集团董事经理陈凯希等共同出席了开幕典礼。本届茶文化博览会吸引了来自中国、马来西亚、新加坡及香港和台湾地区的众多茶商、茶人前来参加。其成功举办，对加强各国各地区间的茶业交流，营造中国与东盟睦邻之间的和谐氛围起到积极作用。

中国和马来西亚合拍影片《夜·明》在吉隆坡举行首映式

2007 年 9 月 18 日，由中国和马来西亚合作拍摄，反映孙中山先生在马来西亚槟城筹划广州起义的影片《夜·明》在吉隆坡举行首映式。该片全景在槟城拍摄，由香港导演赵崇基执导，中国内地、台湾和马来西亚演员吴越、赵文瑄和李心洁联袂主演。中国驻马大使程永华，中国国家广电总局电影管理局局长童刚，马来西亚能源、水利与通讯部长林敬益、民政党主席兼槟州首席部长许子根、新闻部副部长谢宽泰等出席首映式。《夜·明》是马中合作拍摄的第一部重大题材影片，体现了马中友谊与合作的发展。

马来西亚首名太空人升空

2007 年 10 月 10 日，马来西亚外科医生谢赫·穆扎法尔·舒库尔搭乘俄罗斯联盟号太空船成功升空，进入国际太空站，他在太空逗留 11 天之后，于 10 月 21 日返回地球，成为该国首位进入太空的宇航员。马来西亚总理巴达维 10 日向马获选进入太空的首位宇航员表示祝贺。舒库尔在太空飞行期间，对引起热带病的癌细胞与细菌发生的变化进行研究，并对蛋白质在太空中结晶特点进行实验。

第 24 届马来西亚全国华人文化节文化村活动

2007 年 10 月 20 日，第 24 届马来西亚全国华人文化节文化村活动在马来西亚槟州首府乔治市中心的槟州大会堂举行开幕式，中国驻马来西亚大使程永华为大会主持开幕，马来西亚中华大会堂总会长林玉唐、各州大会堂会长及上千名华人朋友参加开幕式。此次华人文化节推出了各种情趣高雅的文艺节目，从传统戏剧到相声曲艺，从书法绘画到灯谜雕刻，从家乡美食到武术表演。当地华人艺术家在文化村现场表演了歌舞相声节目以及茶艺、木雕、捏面人、书法、篆刻、灯谜等民间艺术，其中 5000 盏灯谜还当场公证载入了马来西亚记录大全。

马来西亚电影再度获奖

2007 年，曾获得曼谷国际电影节奖项的马来西亚独立电影导演李添兴，再次凭借新导演的影片《念你如昔》，第二次夺得最佳东南亚影片奖。新晋导演刘成达，凭借导演影片《口袋里的花》赢得第 12 届韩国釜山国际电影节"新浪潮大奖"以及观众投票选出的"KNN 电影奖"。

马来西亚政府加大卫生服务领域的投入

2007 年，马来西亚政府斥资 100 亿林吉特改善卫生设施和专科服务，加大卫生服务人员的培训。这些资金主要用于：在雪兰莪州莎阿南、吉打州笨筒、柔佛州柏迈投入 1.25 亿林吉特兴建 3 家新的医院；改善流动诊所服务，提高乡村和内陆地区居民的卫生与营养意识，并为他们提供免费医疗检验，特别是针对癌症、心脏病、高血压、糖尿病等各种顽疾的早期发现；宣扬健康的生活方式，提高香烟和酒精类饮料的特许权税。另外，为了鼓励女性进行乳房 X 光检验，提高乳腺癌的早期诊断率，政府为在私人诊所和医院进行乳房 X 光检验的妇女，提供 50 林吉特的补贴，此项补贴占检验费的近 50%。

东南亚青年足球赛　缅甸 4 比 0 胜老挝

2007 年 8 月 3 日东南亚青年足球赛 A 组，卫冕队缅甸 4 比 0 胜老挝，暂时以净胜球优势居小组第一。B 组则已经完成两轮比赛，出线热门泰国和主队越南昨日战成 1 比 1 平手，双方都取得 1 胜 1 和。文莱则以 2 比 1 胜柬埔寨。首轮比赛中，主队越南 5 比 0 胜柬埔寨；泰国则以 7 比 0 胜文莱。

菲律宾全力推动世界文化遗产保护

2007 年 5 月 18 日是"世界博物馆日"，菲律宾国家博物馆在这一天全力推动世界文化遗产保护工作。在大马尼拉地区所有博物馆同时挂出由菲国家博物馆设计并印制、主题为“博物馆与世界文化遗产”的“2007世界博物馆日”宣传海报。菲律宾“2007年世界博物馆日”系列主题庆祝活动贯穿整个5月。5月18日，菲棉兰老地区举办故事大赛，参赛以传统史诗吟唱方式讲述各种古老的传说，如公主的美丽爱情、民族英雄、自然神灵等，参赛者多为当地大学师生。5月24日，国家博物馆在奎松省举办宣传菲国家文化瑰宝——26座天主教堂的文字图片展，其中有被列入世界文化遗产的4座巴洛克教堂即抱威教堂、奥古斯汀教堂、米娅高教堂和圣玛丽娅教堂。5月30日，在菲北部城市碧瑶举办关于菲文化遗产的讲座，由国家博物馆馆长包蒂斯塔先生主讲《菲律宾文化瑰宝》，其他专家主讲《伊富高梯田》等。

《佛陀传——悉达多》佛教英文版音乐剧在宿务市 Waterfront Hotel 演出

2007年7月6日，由马尼拉佛光山暨国际佛光会菲律宾协会主办，宿务慈恩寺暨国际佛光会宿务分会承办，宿务佛光青年分团协办的《佛陀传——悉达多》佛教英文版音乐剧在菲律宾宿务市 Waterfront Hotel 演出，获得观众极高的评价和赞叹。观众除佛教徒外，还包括天主教的神父、修女，一些学校老师也带领学生观看。此剧透过佛教音乐舞蹈表达佛陀一生的故事，由宿务地区的各界精英，包括大学、中学及小学的师生参加演出。剧本则根据星云大师的《释迦牟尼佛传》和《云水三千》改编，并穿插采用星云大师人间音缘中的8首佛教歌曲。导演、音乐、舞蹈、服装设计、舞台布置、灯光、音响、计算机特效等均邀请当地专业人士完成。服装造型均根据古印度的文化色彩与背景及每一位人物的性格设计。

菲律宾数千囚犯齐跳集体舞入选时代年度视频

2007年12月19日，在美国《时代杂志》评选的“年度10大最受欢迎病毒视频”排行榜上，来自菲律宾的一段“囚犯齐跳集体舞《战栗》”的视频排在第五位。病毒视频广告动辄吸引数百万人，并且在网络世界中所引发的议论影响很大。每天上午7时左右，菲律宾宿务省拘留和康复中心的犯人们都穿着统一的橙色服装，踏着音乐节拍在操场上开始每天的必修课——跳集体舞。他们排练的舞曲是迈克尔·杰克逊的经典歌曲《战栗》（“Thriller”），1500多人整齐地排列在操场上，一举一动都有板有眼。自从2007年8月著名视频网站 YouTube 公布《战栗》这段舞蹈之后，一炮走红，点击率已超过600万次。此外，他们还排练其他舞蹈，舞曲包括皇后乐队的《RadioGaGa》以及影片《修女也疯狂》的主题曲等。

新加坡举办第20届国际电影节

2007年4月18～30日，第20届新加坡国际电影节在新加坡举行，共展映来自约40个国家和地区的300多部影片。印度尼西亚导演加林·努格罗霍执导的影片《爪哇安魂曲》夺得本届银幕大奖最佳电影奖。本届银幕大奖的最佳男主角奖由卡洛斯·查欣获得，他在黎巴嫩与法国联合拍摄的《最后的男人》中扮演一名医生。最佳女主角奖得主是在韩国影片《非常客人》中有出色表现的韩荷宇。夺得最佳导演奖的是执导《穿越尘土》的伊拉克库尔德族导演阿明·科基。《穿越尘土》还与李海俊和李海英联合执导的韩国喜剧《少年力士麦当娜》同获亚洲电影振兴机构奖。新加坡有5部短片角逐本届电影节的本地短片奖项。获得最佳短片奖的是14分钟长的《谈心》。

新加坡总理李显龙鼓励更多新加坡人学好华语

2007年8月19日，新加坡总理李显龙在国庆演讲中鼓励更多的新加坡人学好华语。李显龙在国庆群众大会上的约两小时半演讲中，先后使用马来语、华语和英语。李显龙说，中国经济的起飞激励人们更加重视华文，目前全球正在掀起一股华语热，千千万万的人正在学习华语。因此，新加坡应该充分利用这个大环境，鼓励更多国人学好华语。新加坡应该继续推广华语。掌握华语将更有利于与中国交往。很多新加坡企业和新加坡人目前在中国各地打拼，并已经有不错的成绩。越来越多的中国人则来到新加坡，来新加坡的中国游客每年多达100万人次。李显龙说，新加坡教育部将全力支持特选学校，协助加强母语的教学和文化的传授。为推广华语，新加坡中华总商会已经成立一个名叫“通商中国”的社交组织，并将招募对中国有兴趣的商人、专业人士和学生，让他们有机会进行交流，建立联系，用华语讨论各种重要课题。新加坡应该鼓励政府各部门的公务员使用华语。

新加坡陈嘉庚基金会为高级学位奖学金得主颁奖

2007年8月24日晚，新加坡陈嘉庚基金会为8名高级学位奖学金得主颁奖，并勉励他们勤奋学习，报效国家，回馈社会，发挥楷模作用。陈嘉庚基金会主席兼新中友好协会会长潘国驹、陈嘉庚基金会高级学位奖学金委员会主席盛怀民及新加坡国立大学东亚研究所所长杨大利等约60人出席颁奖仪式。陈嘉庚基金会于1982年成立，自1983年以来，每年都颁发高级学位奖学金给在新加坡国内及海外大学攻读全日制硕士或博士学位课程的研究生，受益对象来自不同种族、宗教、年龄和性别的新加坡公民及永久居民。迄今已有228名学生获陈嘉庚高级学位奖学金，奖金总额182万新元（约合120万美元）。

“新加坡金曲奖2007” 孙燕姿荣获8个奖项

2007年10月27日晚“新加坡金曲奖2007”揭晓，

新加坡本地小天后孙燕姿是大赢家，以专辑《逆光》拿下最受欢迎女歌手、年度专辑大奖和亚洲传媒大奖。其专辑中的《我怀念的》与《雨天》均被列入十大金曲而获奖，《雨天》还获得最佳本地作词奖；《我怀念的》则是最佳本地作曲奖。孙燕姿还获得最新龙虎榜停榜最久单曲奖。

新加坡强化多语教学

新加坡是一个多元种族国家，实行各民族和谐的政策，历来注重处理好各种族间的关系。英语和新加坡三大种族的母语即华语、马来语和泰米尔语均为官方语言，但英语作为行政语言在政治经济生活中占有重要位置。新加坡政府长期重视英语教学，培养了大批英语人才，为新加坡经济腾飞提供了便利条件。但这也使年轻一代的新加坡人运用母语的能力开始下降。为了强化新加坡原有的多元语言环境所带来的竞争优势，新加坡政府专门采取了一些措施，以加强母语在学校教育中的地位。2002 年，时任副总理的李显龙呼吁各种族国民多和其他种族来往；加强国内三大种族的母语教学，“让学生从小就能接触异族同学的母语”。自 2005 年起，新加坡开始在一些中小学开设华语会话选修课。截至 2006 年，约 1/3 的小学和中学都开设了华语会话选修课，学习华语的非华族学生有增加的趋势。加强多语课程的教学计划被纳入新加坡政府 2007～2008 年度的财政预算中。今后 5 年内，新加坡所有小学和 2/3 的中学都将提供华语和马来语的会话课程；从 2008 年起，教育部还将在中学增设印尼语和阿拉伯语作为第三外语，这将使新加坡中学生可选修的外语语种从现在的 5 种（华语、马来语、日语、法语和德语）增加到 7 种。新加坡教育部长尚达曼强调，让新加坡人从小学习英语和母语以外的语言，将加强他们对其他族群的了解，也有助于在全球化时代占据有利地位。

新加坡在全球信息科技报告中名列前茅

2007 年，完善的资讯通信网络及发达的信息科技水平，使新加坡在信息通信科技应用方面业绩明显，在世界经济论坛发表的《2006—2007 年全球信息科技报告》（Global Information Technology Report）中，新加坡名列世界第三，依然是亚太区域经济体中的信息科技领先者，至此新加坡已连续 5 年在全球信息科技报告中名列前茅。

世界经济论坛的《全球信息科技报告》是对全球 122 个经济体的信息科技水平进行评估，主要透过“网络就绪指数”（Networked Readiness Index）来衡量各经济体利用资信科技推动经济发展及提高竞争力的业绩。这份报告已成为研究信息科技如何影响各国发展及竞争力的权威报告。

泰国汉语教师培训计划项目正式启动

2007 年 3 月 22 日，由泰国教育部、泰国曼松德昭帕亚皇家师范大学教育学院和泰国曼松德昭帕亚皇家师范大学孔子学院联合举办的“2007 年首届泰国汉语教师培训计划”正式启动。报名参加培训的 47 名泰国中小学汉语教师于 3 月 21 日在泰国曼松德昭帕亚皇家师范大学孔子学院参加分班考试。由孔子学院组织标准化的汉语水平测试，测试分为笔试和口试两部分，综合测试学员的初始汉语水平，然后根据成绩编班，达到一定水平的学员将获得中国国家汉办奖学金，并在 4 月中旬到中国参加为期 3 周的汉语教师培训。

泰国汉语教师培训计划是针对泰国汉语教学实际需要和在岗教师汉语教学水平而专门设计的。培训分两阶段进行：第一阶段在泰国曼松德昭帕亚皇家师范大学孔子学院进行，由该校教育学院负责组织工作，孔子学院负责业务培训；第二阶段在中国的大学进行。培训目的在于帮助泰国汉语教师提高汉语言文化理论水平和汉语教学操作技巧。培训以突出实践性的教学原则为主导，涉及汉语基础理论知识、汉语教学技巧、中国国情和历史文化专题讲座等。

泰国第七届“汉语桥”大学生中文比赛在曼谷举行

2007 年 4 月 6 日，泰国教育部与中国驻泰国大使馆联合举办的泰国第七届“汉语桥”大学生中文比赛在曼谷贵都礼堂举行，来自泰国朱拉隆功大学等 18 所高校的 500 多名师生及泰国教育部官员、部分中小学校长出席此次比赛活动。泰国各地高校的 17 位选手纷纷登台亮相。《北京奥运会，我为你骄傲》、《2008，我们去中国！》、《北京奥运，华人之光》、《金牌是一块香甜的糖果》、《奥运年，汉语风！》……在充满激情的演讲之后，是中国民族舞、书法、功夫、豫剧、话剧等才艺表演。中国驻泰国大使张九桓亲临现场，为获得一等奖的选手颁奖，并以《激情奥运，快乐汉语》为题发表热情洋溢的讲话。张大使强调，中国有能力、有魄力、有决心、有信心成功举办北京奥运会。张大使的讲话引经据典，谈古论今，颂文吟诗，让在场的观众深深地体会到汉语的魅力。

泰国举办世界变性人选美比赛

2007 年 11 月 11 日，2007 世界变性人选美比赛在泰国海滨旅游胜地帕塔亚市揭晓，泰国的坦娅腊获得冠军，并获得 1 万美元奖金。巴西的阿丽伊加和菲律宾的贝妮分获亚、季军，分别获得 2000 和 1500 美元奖金。来自泰国、马来西亚、菲律宾、日本、尼泊尔、瑞士、德国、英国、意大利、哥伦比亚、墨西哥、委内瑞拉、巴西、波多黎各和哥斯达黎加等 15 个国家的 24 名变性人代表参加为期7天的比赛。变性人选美比赛在泰国已有多年历史，帕塔亚市最负盛名的变性人表演公司蒂芬妮自2004年以来，每年组织一次世界变性人选美比赛。

2007年越南在同奈省举行全国思想文化会议

2007年2月26日，越南中央思想文化部在同奈省边和市举行总结2006年思想文化工作并部署2007年工作的全国会议。越共中央总书记农德孟表扬全国思想文化工作者所作出的不懈努力和重要贡献。2006年，全国思想工作有新的进步和发展，为越共十大的成功举行和贯彻执行越共十大决议作出积极贡献。关于2007年思想工作的任务，农德孟强调，2007年是落实党十大决议的第二年，也是选举第12届国会代表和大力推动党的建设与整顿工作，调整党和政府的机构、安置干部的一年。党的思想工作要集中为这些共同任务服务。与会代表集中讨论中央思想文化部报告中所提出的问题，特别是落实2007年主要任务的措施和思想文化行业的7个行动计划，把党的各项决议落到实处，为推动国家快速和可持续发展做出贡献。

越南西北地区举行民族文化体育节

2007年10月23日，主题为"故乡与活力"的第10次越南西北地区民族文化体育节在安沛省举行。来自安沛、老街、奠边、山罗、和平和莱州等6个省的近700名运动员和文艺演员参加了民族文化体育节。本次活动旨在促进西北地区的民族体育运动和旅游业推广宣传，为保存和弘扬西北地区各民族的传统文化做出贡献。文化体育节期间，350名专业演员表演了各种独具特色的艺术节目，同时开展拔河、射弩、传统游戏和越野跑等体育活动，举办各种传统民间艺术表演、西北地区民族文化展览、民族服饰展及西北地区特色农产品展销等活动。

越南第15届电影节在南定省举行

2007年11月21～24日，主题为"革新和融入"的越南第15届电影节在南定省南定市举行。这是越南自颁布实施《电影法》以来首次举行的电影节。本届电影节参赛的各类题材影片数量创历史记录，共有113部，其中资料片25部，科技片9部，动画片17部。参加此次电影节的电影制片公司数量也为历史之最，共有26家，其中私营制片公司9家。中国、老挝、柬埔寨、韩国、俄罗斯、美国和日本等国的电影界应邀参加电影节。本届电影节分别评出银幕故事片、电视片、资料片、科技片和动画片的金荷花奖和银荷花奖。其中，由越南作家协会电影制片厂和中国云南民族电影制片厂联合摄制的《河内，河内》获银幕故事片金荷花奖，同时获观众最喜爱影片奖；电视片的金荷花奖和银荷花奖空缺；资料片的金荷花奖空缺，《剩余时间》、《通往公理的路途》、《他们为祖国牺牲》获银荷花奖；《菊芳森林的魅力》获得科技片金荷花奖；动画片金荷花奖空缺，《绿青蛙的美梦》、《月光下的青蛙》获银荷花奖。电影节同时评出最佳音乐影片奖，最佳美术设计奖，最佳摄影奖，最佳编剧奖，最佳导演奖，最佳男、女主角奖，最佳男、女配角奖等奖项。

2007越南咖啡文化周开幕

2007年11月29日，多乐省人民委员会在河内统一公园举行2007咖啡文化周开幕仪式，许多著名咖啡企业和单位参加此次活动。文化周期间，这些企业和单位展示了咖啡加工及配制的秘诀；还举行农庄模型陈列，咖啡熬磨加工流程，各种不同味道和产地的咖啡图片展及会谈、咨询，具有西原地区特色的文化艺术以及娱乐游戏等各种活动。文化周活动持续到12月2日。

越南举行首届芒族文化节

2007年12月14～17日，越南文化体育和旅游部在和平省和平市举行首届芒族文化节。越南芒族主要聚居的7个省份的芒族同胞及全国的芒族同胞代表参加了节庆活动。文化节开展多项具有芒族特色的文化活动，如群众艺术表演，芒族小姐选美大赛，芒族文化展览、传统庙会、民间游戏等，举行"国家革新和融入时期芒族文化本色的保存和发展"研讨会等。文化节展现越南芒族的文化特色，丰富了芒族人民的文化生活，增进了芒族人民的文化交流。

2007年越南文化体育和旅游部门10件大事

2007年12月24日，文化体育与旅游部公布了2007年10件大事。这10大事件分别是：1. 成立文化体育与旅游部；2. 举行第一届全国优秀文化家庭代表表彰大会；3. 在美国举办主题为"湄公河——连接各种文化之河"的2007Smithsonian盛会等文化活动；4. 胡志明市举行华人文化节和第10届西北地区各民族文化—体育节庆活动；5. 在南定举行第15届越南电影联欢盛会；6. 越南体育代表团在第24届东南亚运动会的成绩居各参赛国第3位；7. 运动员张青恒在亚洲800米短跑比赛中获金牌，3名跆拳道选手获得2008年北京奥运会入场券；8. 2007年越南旅游业共接待420万人次国际游客；9. 越南政府首次批准在CNN国际频道上宣传推广旅游业；10. 在太原举行主题为"风云首都—越北战区"的国家旅游年及2007大叻花卉节。

越南鼓励外商投资教育

根据越南2006～2020年高等学校规划草案，越南政府将鼓励国内外投资商在条件便利、人口集中和工业集中地区成立私立大学和职业技校。越南教育培训部称,至2010年,越南大学和大专院校在校学生将达180万人,2015年达300万人,2020年将达450万人。其中,70%～80%的学生将得到实用技术培训,20%～30%的学生将得到基础理论培训。据统计,越南全国现有各类大学和专科院校286所,其中大学123所,专科院校163所。

社　会

中国加强廉租住房制度建设

2007年3月5日中国国务院总理温家宝在第十届全国人民代表大会第五次会议上提出:加大财税等政策支持,建立健全廉租房制度。8月7日,国务院发布《关于解决城市低收入家庭住房困难的若干意见》,该《意见》对以前较为笼统的经济适用房规定和配套政策措施作出了更加细化的解释,规定经济适用住房供应对象为城镇低收入住房困难家庭,建筑面积要控制在60平方米左右,5年内一般不得上市,如果转让由政府按原价并考虑折旧和物价因素回购。8月24～25日全国城市住房工作会议在北京召开,会议要求2007年底前,在所有设区城市,凡符合规定住房困难条件、申请租赁补贴的低保家庭,基本做到应保尽保;2008年底前覆盖到所有县城。2008年底前,东部地区和其他有条件的地区,要率先把保障对象扩大到低收入住房困难家庭;2010年底前,全国城市低收入住房困难家庭都要纳入保障范围。

中国建立健全家庭经济困难学生资助政策体系

2007年5月19日,中国国务院颁布《国务院关于建立健全普通本科高校高等职业学校和中等职业学校家庭经济困难学生资助政策体系的意见》,决定建立健全普通本科高校、高等职业学校和中等职业学校家庭经济困难学生资助政策体系。6月27日,财政部决定从2007年秋季学期开始投入154亿元人民币,建立健全中国家庭经济困难学生资助政策体系。至此,中国高等教育形成了国家奖学金、国家励志奖学金、国家助学金、国家助学贷款和勤工助学等多种方式并举的资助政策体系。其中,解决家庭经济困难学生学费、住宿费问题,将以国家助学贷款为主,以国家励志奖学金等为辅;解决生活费问题,以国家助学金为主,以勤工助学等为辅。中等职业教育将形成以国家助学金为主,以学生工学结合、顶岗实习、学校减免学费等为辅的资助政策体系。

中国全面建立农村最低生活保障制度

2007年7月11日,中国国务院发出《关于在全国建立农村最低生活保障制度的通知》,通知强调,中国将通过在全国范围建立农村最低生活保障制度,将符合条件的农村贫困人口全部纳入保障范围,稳定、持久、有效地解决全国农村贫困人口的温饱问题。通知规定,农村低保标准由县级以上地方人民政府按照能够维持当地农村居民全年基本生活所必需的吃饭、穿衣、用水、用电等费用确定,并报上一级地方人民政府备案后公布执行。农村低保标准要随着当地生活必需品价格变化和人民生活水平提高适时进行调整。通知规定的农村低保对象是家庭年人均纯收入低于当地低保标准的农村居民,主要是因病、因残、年老体弱、丧失劳动能力以及生存条件恶劣等原因造成生活常年困难的农村居民。凡家庭年人均纯收入低于当地低保标准的农村居民,均可申请低保。农村低保制度的全面建立和实施,是消除贫困、统筹城乡发展的重要制度安排,也是继农村税费改革后的又一项重大惠农政策,在中国农村反贫困事业中具有里程碑式的意义。

中国评选全国道德模范

2007年7月24日,中共中央文明办、全国总工会、共青团中央、全国妇联决定在2007年9月20日中国《公民道德建设实施纲要》颁布实施六周年暨第五个"公民道德宣传日"开展全国道德模范评选表彰活动。全国道德模范分为五个方面:助人为乐模范、见义勇为模范、诚实守信模范、敬业奉献模范和孝老爱亲模范。评选的基本标准是被推荐人选具备道德行为的先进性,自觉践行社会主义荣辱观,模范遵守公民基本道德规范,在助人为乐、见义勇为、诚实守信、敬业奉献、孝

中国建立农村最低生活保障制度工作会议在北京举行　（新华社　图）

老爱亲方面表现突出，社会形象好、群众认可度高。评选产生步骤：一是群众推荐，二是组织审核，三是公示、上报和群众投票，四是综合评定。按照评选程序，产生了53名全国道德模范。9月18日，中央文明办、全国总工会、共青团中央、全国妇联联合发出《关于表彰全国道德模范的决定》。

中国调整法定节假日

2007年12月7日，中国国务院第198次常务会议通过《国务院关于修改〈全国年节及纪念日放假办法〉的决定》，自2008年1月1日起施行。根据决定，国家法定节假日调整的内容包括：国家法定节假日总天数由10天增加到11天。对国家法定节假日时间安排进行调整，即元旦放假1天不变；春节放假3天不变，但放假起始时间由农历年正月初一调整为除夕；“五一”国际劳动节由3天调整为1天，减少2天；“十一”国庆节放假3天不变；清明、端午、中秋增设为国家法定节假日，各放假1天（农历节日如遇闰月，以第一个月为休假日）。允许周末上移下错，与法定节假日形成连休。

文莱苏丹男孙正式命名

2007年3月17日下午3时50分诞生的苏丹陛下男孙，被命名为本基兰阿都文达勤。苏丹陛下、苏丹后、苏丹妃、皇太子、皇太子妃及皇室成员，皆向恭贺苏丹陛下男孙诞生的人士表示感谢。此外，为本基兰阿都文达勤的诞生而举行的感恩祈祷仪式，也于3月24日下午5时45分进行，文莱达官显要出席了这项仪式。与此同时，感恩祈祷仪式也在全国所有的回教堂祈祷室及宗教礼堂举行。

文莱年轻人普遍晚婚

2007年5月14日，文莱家庭法律专家拿汀哈嘉赛迪雅向文莱传媒发表讲话说，随着受教育的机会增加和社会生活风气的逐渐转变，文莱年轻人晚婚情况普遍，近年来20岁以下便组织家庭的情况已愈来愈少见，愈来愈多年轻人倾向于先完成学业和打下较好经济基础后才组织家庭。

文莱公主出嫁

2007年6月7日，文莱31岁的布尔基雅公主与32岁的哈利勒正式举行婚礼。婚礼活动持续两周，处处显露奢华和高贵，耀眼的钻石和轰鸣的礼炮吸引了无数目光。婚礼高潮是6月10日，布尔基雅公主头戴华丽的冠形头饰，手捧用钻石装点的花束，在新郎哈利勒的陪伴下一同走入皇宫。此时，全城都为布尔基雅公主祝福。仪式过后，公主夫妇前往市区巡游，接受民众祝福。

文莱社会涉毒年轻男女人数剧增

2007年前10个月文莱全国男女涉毒被捕人数为593人，比2006年全年451人高20%。因涉毒被肃毒局执法人员逮捕的593人中，347人为无业游民，105人在私人企业服务，66人是自雇人士，40人是公务员，35人是学生。在这些人员中，524人是文莱公民（占88%），26人是文莱永久居民，41人是外国人，2人无国籍。文莱肃毒局的资料显示，2007年被逮捕的毒犯中，31岁以上277人，26～30岁132人，21～25岁99人，16～20岁75人，15岁以下10人，2006年16～20岁涉毒者只有55人，15岁以下仅6人。

英国枢密院裁决文莱前财政部长杰弗里亲王必须归还文莱政府财产

2007年11月8日英国枢密院裁决，文莱苏丹的弟弟、前财政部长杰弗里亲王必须遵守他在2000年5月与文莱政府达成的庭外和解协议，向文莱政府归还其盗用的房产、宝石和金钱等财产。根据文莱投资局的声明，被责令退还的5处房产包括纽约王宫酒店、洛杉矶贝尔—艾尔酒店、巴黎旺多姆广场、伦敦的圣约翰斯旅店和在新加坡的公寓。

文莱人均汽车保有量位居世界前列

2007年上半年，文莱销售各类汽车6738辆，与2006年同期卖出的5297辆相比，增长27%。2007年全年汽车销量有望突破1.2万辆。丰田汽车仍然占据销量排行榜首位，共2016辆。截至2006年底，文莱人口38.3万。2007年文莱人均汽车保有量继续位居世界前列。

文莱苏丹被《福布斯》列为2007年度世界第一富有王室

《福布斯》公布2007年世界富豪榜，文莱苏丹被列为2007年度世界第一富有王室。文莱苏丹拥有200多亿美元资产。据2005年统计，文莱苏丹拥有近3000辆汽车，价值40亿美元；拥有波音727客机1架和大型豪华游艇1艘；在澳大利亚购置的牧场，面积比文莱本土还大3倍。文莱苏丹王宫——努洛伊曼宫是当今世界正在使用的最大、最现代化的宫殿。王宫占地129平方公里，有1788个房间，并建有直升飞机场和占地121公顷的御花园。

柬埔寨遭地雷危害人数大幅减少

2007年11月13日，排雷和救助地雷受害者机构（CMAA）举行《2007年地雷调查报告》发布会。该报告指出，柬埔寨2006年有450人在272起地雷和未爆炸物品意外事件中遭受伤亡（其中61人死亡），这一数字比2005年的875人减少近50%。报告说，

87%的受害者在发生意外之前曾接受相关地雷知识教育，另外有15%地雷意外事件发生在有地雷标示的地方。在450名受害者中，87%是男性，其中一半以上是学生或儿童。报告同时指出，直接触雷是导致爆炸事件的主要原因。柬埔寨2006年完成面积51.9平方公里的排雷工作，使303平方公里的土地得以开发利用。

柬埔寨严厉打击刑事犯罪

2007年，柬埔寨警方破获刑事案3351件，破案率89.79%，其中重案1132件、轻案2219件，拘捕4600人，收缴手枪48支、长枪39支、手榴弹2枚、汽车21辆、摩托车262辆和部分账款。在打击跨国犯罪活动方面，柬埔寨警方与澳大利亚警方合作，破获10起毒品走私案、6起拐卖人口案、1起恐怖案和1起洗黑钱案。根据越南、老挝、新加坡、泰国、马来西亚、中国、德国、澳大利亚、奥地利、英国、加拿大、美国、韩国、荷兰和瑞士警方的要求，协助调查毒品走私案、洗黑钱案、谋杀案、拐卖人口案等共55件，缉获70名犯罪嫌疑人。

柬埔寨大米价格上扬

2007年底至2008年初，柬埔寨国内大米的价格一直在上涨，二级大米每吨的批发价达到360~380美元，而一级大米如茉莉花大米每吨涨至400~500美元。大米价格上涨的原因是受世界市场的影响，也与美元汇率持续走低有关。

印度尼西亚孔教最高理事会举办2007年春节庆祝大会

2007年2月24日，印尼孔教最高理事会在首都雅加达会议中心举办2007年春节庆祝大会。印尼总统苏西洛夫妇、副总统卡拉夫妇、前总统瓦希德夫妇及部分政府高官、中国驻印尼大使蓝立俊等近5000名印中各界人士应邀出席大会。苏西洛在致辞中指出，华人为印尼发展做出了巨大贡献，华族是印尼多民族国家不可分割的一部分。他表示，印尼不应再有原住民和非原住民的区分，也不允许再有歧视、不公正待遇和互相猜疑的情况发生。在随后的演出中，印尼华人和其他部族演员共同奉献了糅合中华文化和印尼风情的各种文艺节目。从2000年起，印尼孔教最高理事会已连续举办8届春节庆祝活动。

印度尼西亚雅加达开展“无车日”活动

2007年9月22日，雅加达政府在首都开展“无车日”活动。按最初计划，在每个月最后一个星期天的6~18时，市中心两条主干道——苏迪尔曼将军路和坦林路禁止除公交车外的一切机动车行驶。首次实施后，机动车禁行的时间调整为6~14时，以避免活动对该地区的交通和经济活动带来不利影响。2007年，雅加达私家车数量超过250万辆，摩托车约300万辆，该市的空气污染70%是由机动车造成的。“无车日”活动的实施促进了城市空气污染的治理。

印度尼西亚一孕妇产下6公斤巨型婴儿

2007年11月8日，印尼东爪哇一孕妇通过剖腹产方式在医院生下一名重6.2公斤，身长62厘米的巨型婴儿，婴儿健康状况良好。婴儿的母亲尤里卡现年25岁，她对自己生下这个巨型儿感到吃惊，因为在怀孕期间没有感觉到任何异样。

印度尼西亚发起大规模植树活动

2007年11月28日，苏西洛总统亲自主持仪式，启动全国年度植树7900万棵的计划。12月1日，包括团结内阁夫人、印尼妇女代表大会及妇女联合会等在内的7个妇女组织倡议发起植树1000万棵活动，苏西洛总统夫人安妮、副总统卡拉和多位内阁部长亲临植树现场。

印度尼西亚井里汶入选东南亚最佳控烟城市

在东南亚各国中，印尼是唯一没有批准世界卫生组织《烟草控制框架公约》的国家，但井里汶却是东南亚地区控烟工作最出色的城市。该市政府将建设“无烟城市”列入发展规划，早在2006年底就出台了旨在保护非吸烟人群的政府令，要求在商场、学校、医院和伊斯兰学堂内禁烟，违者受到重罚。政府还计划在2008年初向市议会提交全面禁烟条例草案。如果议案得到批准，井里汶市内所有的公共场所将不再为烟民设立专门吸烟区。这些措施推出之后，社会舆论好评如潮，东南亚控烟联盟为此授予井里汶东南亚最佳控烟城市称号，并称该市的做法为印尼其他城市树立了榜样。

老挝南部各省要求非法劳务人员进行登记

2007年5月中旬，老挝南部占巴塞、沙拉湾、色贡、阿速波和沙湾拿吉5省劳务人员管理会议在占巴塞省举行，上述5省和公安部、外交部的劳务主管官员出席。会议决定对外国劳务人员进行登记，有关规定如下：(1)各项目负责人应在60天内为其聘用的外国劳务人员提供相关材料并到老挝有关部门办理劳工申请和登记。(2)无照经营车辆维修、餐馆人员、无证经商人员须在90天内到老挝有关部门办理营业登记，以使其经营合法化。(3)柬埔寨内战期间逃到老挝的柬埔寨劳务人员、与老挝人结婚的外国人应于2007年5月25日前到其所在省劳动社会福利部门申请永久性登记。(4)老挝有关部门将对建筑、美容、按摩、理发、洗车等服务行业的外国非法劳务人员进行教育，免除对他们的处罚，但勒令他们于2007年2月25日前回国，离境老挝时他们的随身物品将被免税放行。

老挝北部戒毒康复中心启用

2007 年 7 月 18 日,中国政府无偿援建的老挝乌多姆赛省戒毒康复中心交接仪式在该省举行。中国驻老挝大使潘广学代表中国政府向老挝政府代表、老挝主席府部长兼国家禁毒委员会主任苏班正式转交了该中心,并共同为该中心启用剪彩。老挝乌多姆赛省省长本宝等老中双方官员共 100 多人出席了交接仪式。交接仪式上,潘广学大使代表中国政府宣布向乌多姆赛省戒毒康复中心提供 10 万美元,用于改善戒毒康复中心的水、电、道路等基础设施,并与苏班签署援助换文。

乌多姆赛省戒毒康复中心是目前老挝北部地区首个戒毒康复中心,占地约 5 公顷,第一期工程费用为 50 万美元。

亚洲开发银行资助老挝健康和营养改善工程

2007 年 8 月,亚洲开发银行与老挝政府签署 1300 万美元的捐赠协议,以资助老挝一项改善人民健康和营养状况的社会工程。

亚洲开发银行这笔捐赠来自其设立的亚洲开发基金(Asian Development Fund),约占这项工程成本的 87%,剩余资金将由老挝政府解决。该项工程帮助目标人群为农村贫穷人口、妇女和儿童以及少数民族。这些人群的死亡率和发病率处于高位,致使老挝的千年发展目标进展缓慢。

老中跨境流动人口艾滋病防治项目启动

2007 年 9 月 18 日,老中跨境流动人口艾滋病防治项目在磨憨边境贸易区启动。老挝南塔省卫生厅厅长朱望·先望邦及云南西双版纳州相关部门负责人参加启动仪式。

随着昆曼国际大通道的建设与开通,近年来,老中两国的合作与交流进一步加强。为了更好地遏制艾滋病在老中边境地区蔓延,建立边境国际卫生防疫屏障,老中双方共同推出跨境流动人口艾滋病防治项目。

马来西亚举行盛大的全国春节团拜庆典

2007 年 2 月 24 日(农历正月初七),马来西亚全国春节团拜庆典在古城马六甲汉都亚广场举行,约 10 万人参与盛会。马来西亚最高元首端古·米詹·扎因·阿比丁,马来西亚总理巴达维,马六甲州元首敦卡里耶谷,马六甲州首席部长穆罕默德·阿里,房屋及地方政府部长兼马华公会总会长黄家定,文化、艺术及遗产部长莱士雅丁,能源、水务与通讯部长林敬益等政要出席,中国驻马来西亚大使程永华应邀参加庆典活动。巴达维总理致开幕词。庆典由马来西亚最高元首主持亮灯仪式,并在 300 头喜狮的群舞中隆重开幕。全场演出约 2 个小时,2000 名专业和群众演员演出代表中国传统文化的京剧、杂技、大旗舞、武术、舞龙等精彩节目,并穿插有马来族和印度族的民族歌舞。

马来西亚放宽公民的外籍配偶居留签证

2007 年 3 月 15 日,马来西亚副总理纳吉宣布,马来西亚公民的外国籍配偶,在马来西亚居留及工作的签证期限,将从目前的 1 年延长至 5 年。这意味着与马来西亚公民结婚的外国人,不需要像过去那样,每年到移民局更新签证,而是 5 年才需更新一次。这项措施于 3 月 25 日起生效。据了解,马来西亚的华裔及印裔男性,比较喜欢迎娶外国新娘,她们多来自印尼、中国、泰国、越南、印度等国家。从 2002 年到 2006 年 5 年间,马来西亚共有 2.15 万名外国新娘,其中印尼新娘 6079 人、中国新娘 4383 人、泰国新娘 3139 人。

马来西亚举行庆祝独立 50 周年庆典

2007 年,马来西亚迎来独立 50 周年。为了庆祝独立 50 周年这个重大节日,马来西亚政府确定了“辉煌的马来西亚”国庆主题。独立日前夜,在马来西亚独立广场,20 万各界人士参与建国以来最盛大倒数活动。8 月 31 日独立日上午,在首都吉隆坡独立广场举行了万人民族大团结游行和三军阅兵式,马来西亚政府高级官员、文莱国苏丹王博凯亚、英国约克公爵安德鲁王子、菲律宾总统阿罗约、新加坡总理李显龙、泰国王储马哈王子、印度尼西亚副总统卡拉、英国驻澳大利亚总督杰弗里将军,以及各国驻马来西亚大使

马来西亚士兵方阵接受检阅。　　(新华社　图)

观看了游行。当晚在吉隆坡独立体育馆举行独立50周年国庆盛大庆典，总理巴达维发表长篇演讲，并高喊7次"默迪卡"（独立）。庆典以五任总理奋斗史为主线，以各族民族歌舞文化为主体，穿插播映有关各任总理的珍贵历史资料。庆典重温50年经济社会发展、人民生活改善的业绩，传达国家独立、民族和谐的珍贵，更积极展望未来宏图，号召各族人民继续携手努力，确保共同繁荣，早日实现2020年建设成发达国家的宏愿。9月10日，沙捞越州体育馆也举行一场大型的独立庆典，马来西亚最高元首和总理出席庆典。

马来西亚遭遇严重水灾

2007年初和年底，马来西亚南部柔佛等州以及东海岸部分州发生两次大规模水灾，数十万人受灾，十多人溺毙。水灾加剧了骨痛热症传播，导致近千人患病，数人死亡。水灾还使得政府和个人整体损失约27亿林吉特。马来西亚政府已批准相当于38亿元人民币的拨款兴建哥乐河及吉兰丹河堤，以降低该地区水灾的威胁。

缅甸新法律规定医生超标收费将被判监禁

2007年4月，缅甸颁布一项新法律规定，向患者超标收取医疗费的医生将会受到严厉处罚，最高可被判处5年监禁。缅甸《新光报》报道，缅甸国家和平与发展委员会主席丹瑞于3月5日签署这项法律，规定要价过高或无证营业的私人医生将会受到5年监禁或罚款处罚。2006年11月，缅甸卫生部长觉敏指责部分私人医院和诊所收费超标，并承诺将会对此采取行动。在缅甸最大城市仰光，有大约20家小型私人医院，只有当地一些富人才能承担起去这些医院看病的高额费用，而大部分人选择去公立医院就诊。

缅甸实施"数字仰光工程"

截至2007年5月初，由仰光城市发展委员会推动的"数字仰光工程"进展顺利，这项工程将有助于实现仰光城发委下属的所有20个部门的数据计算机化和公共服务计算机化。该工程始于2004年，所有研制和安装新计算机系统的部门都参与工程的建设。工程的目标是消除人工程序，让公众可以方便地访问仰光城发委提供的网上服务。工程分3个阶段进行：一是收集和录入所有部门数据；二是安装新线路，形成新网络，推动跨部门联系，完善计算机系统，让公众可以获取网上服务；三是向公众提供测试版的网上服务以便搜寻系统漏洞。2007年，所有在仰光市中心仰光城发委总部办公的13个部门都安装由缅甸邮电通信公司提供的高速ADSL网络。下一步，仰光城发委总部还将与设在偏远地区的7个部门以及全市4个城区办事处和33个乡镇办事处建立网络联系。

金三角地区"消毒"工作已见成效

2007年5月22日在北京召开第七届东亚次区域禁毒谅解备忘录（MOU）签约国高官会议，来自中国、柬埔寨、老挝、缅甸、泰国、越南及联合国毒品和犯罪问题办公室的代表及专家出席。中国国家禁毒委员会副主任、公安部副部长张新枫出席开幕式并致词。他说，东亚次区域禁毒合作取得了举世瞩目的成果，各国联合破获一批跨国毒品案件，摧毁多个跨境贩毒团伙，制贩毒品犯罪已得到有力遏制。在当前的新形势下，本地区国家应坚定信心，进一步密切伙伴关系，争取早日消除海洛因等传统毒品危害，同时积极应对日益严峻的新型毒品问题。从2006年起，缅甸和中国共同对缅北传统罂粟种植区开展联合卫星遥感监测，对当地罂粟禁种起到有力的促进作用。目前，金三角地区罂粟种植面积占世界总量的份额已从1998年的66%下降到2006年的12%。

为期3天的高官会议针对本地区替代发展缺乏资金，冰毒、摇头丸等新型毒品问题日趋严重，毒品与其他跨国犯罪活动关系日益紧密等新的毒品形势，讨论和修改有关行动计划和合作文件。

缅甸仰光机场新航站楼投入使用　接待能力提升

2007年5月25日，缅甸仰光国际机场新航站楼正式启用，机场跑道扩建改造工程也完成，接待旅客的能力将大大提高。据悉，机场跑道已延长至3600米，可以起降波音747客机，每小时可供5架飞机起降。新航站楼现代化设施齐全，每小时旅客流量可达1800人。

缅甸中部洪水泛滥

2007年7月初，洪水横扫缅甸中部，造成严重灾情，铁路运输被迫中断，学校停课，数以千计民众流离失所。《缅甸新光报》指出，7月初以来豪雨不断，积水高达1.2米，数千人被迫迁入紧急避难所。部分铁路暂时停驶，仰光及周围省份学校也暂时关闭。位于仰光北部的巴格区，至少有1座桥梁被冲毁，居民携带家什在及膝的积水中行走，寻找安全避难所。

缅甸大幅调高油价

2007年8月15日缅甸政府调高主要燃油价格1倍至4倍多。缅甸政府经营的油站当天把汽油价格调高2/3，柴油价格调高1倍，压缩天然气价格调高4倍多。公共汽车票价也随之调高1倍。这是缅甸政府两年来第一次调高燃油价格，官方媒体事前完全没有报道这项消息。缅甸燃油上一次涨价是在2005年10月，当时，价格在1夜间涨4倍。

缅甸登革热进入多发期

2007年8月23日媒体报道,缅甸登革热已进入多发期,7月份有32人死于登革热。据缅甸卫生部统计,截至7月底,缅甸全国登记的登革热患者为8000多人,有98名登革热患者死亡。同期仰光的登革热患者为3000多人,40人死于这种病。

2007年新加坡居民家庭平均月收入增长9.6%

2008年2月13日新加坡统计局公布的数字显示,2007年新加坡居民的家庭平均月收入为6280新元(1美元约合1.41新元),较2006年增长9.6%,为10年来最大增幅。扣除通货膨胀因素,新加坡居民2007年的实际家庭平均月收入增长7.4%。调查发现,新加坡高收入家庭的平均月收入比低收入家庭增长快,导致贫富差距继续加大。反映收入分配差异程度的基尼系数由2006年的0.472升至2007年的0.485。若将政府补贴考虑在内,新加坡2007年的基尼系数为0.460。

新加坡妇女在各行业取得长足进步

2008年3月8日,新加坡财政部政务部长兼交通部政务部长陈惠华在一个庆祝"三八"国际妇女节活动上说,新加坡妇女多年来在各行各业取得了长足进步,特别是在教育、就业、商界、政界等诸多领域成绩显著。陈惠华说,年龄在15岁以上的新加坡女性的识字率已经从2000年的89%增加到2006年的93%。其中,女性大学入学率从1996年至2006年增长了45%。过去16年来,新加坡女性的就业率持续增加,其中年龄在25岁至64岁的女性就业率已经由1991年的51%增至2007年6月的64%。无论是在公共部门还是私营单位,女性的职位都在提高。截至2007年6月,女性经理、高级官员、专业人士及技术人员的比例已经从10年前的36%增加到42%。2007年底,女性占新加坡公务员总数的56%,而且男女间的收入差距也在逐步缩小。新加坡女性在政界的表现同样突出,目前女性议员占国会议员总数的20%。

新加坡政府拟鼓励国人买终身年金

2007年8月14日,新加坡总理公署部长林文兴表示,新加坡政府拟鼓励年长者购买终身年金,以保证他们步入晚年后仍能长期领取稳定收入。他不排除政府强制人们购买终身年金的可能性。新加坡人的平均寿命越来越长,如何确保人们的退休储蓄可以用上更长时间,是政府关注的问题。林文兴表示,一个可行的方案是鼓励年长者购买终身年金。终身年金是一种保险产品,投保者只要一次性支付一笔保费,就能从62岁开始每月领取一笔款项,直到去世为止。新加坡人力部长黄永宏早在两年前就已提出强制购买年金的建议,他当时透露政府考虑以"选择退出"方式让年长新加坡人投保年金。

新加坡重视解决家庭暴力问题

2007年8月新加坡总理李显龙参加一个遏制家庭暴力服务中心开张仪式时指出,家庭暴力是一个复杂和具高度敏感性的问题,要杜绝家庭暴力,必须采取多管齐下、系统和全面应对的策略,包括法律和社区支援。

新加坡每年约发生2000起家庭暴力事件,夫妻间暴力仍占家庭暴力案的90%。为了解决家庭暴力问题,新加坡政府近年来通过立法及政府与社区互动等措施,对家庭暴力进行遏制。

为配合政府相关措施,新加坡一些民间妇女组织也积极行动起来,与政府或政府相关组织密切配合,将反对家庭暴力及保护妇女权益落到实处。新加坡领导人每年都对协助家庭暴力受害者的社会工作者予以表彰。2007年,新加坡总统纳丹曾为两名表现突出的社工颁奖。

新加坡出台新的慈善团体与公益机构监管准则

2007年11月26日,新加坡出台新的对慈善团体与公益机构的监管准则,以加强机构效率,增强公众对慈善团体监督与管理的信心。根据新规定,董事会成员原则上不应因为执行董事职务而收取酬劳,如果管理文件允许支付酬劳,则必须公开姓名和酬劳数额,且受薪人数不应超过董事会人数的1/3,受薪者不应出任董事会主席。此外,董事会财务或等同职位者的任期以连续4年为限。如果管理文件允许,且符合董事会批准的投资策略,慈善团体可把储备金用于投资。但新准则不鼓励慈善团体进行高风险投资。新加坡目前有1900个慈善团体分布于医药保健、社会服务、体育、宗教、文化艺术和教育等多个领域。准则将这些机构分为3个等级,年收入达1000万新元以上的大型慈善团体和公益机构必须遵守更严格的监管准则。

《新加坡小贩中心——食·地·人》介绍狮城独特饮食文化

2007年12月1日新加坡出版发行新书《新加坡小贩中心——食·地·人》。该书用详实的资料、丰富的图片、轻松的文字描述小贩中心的成立和发展历程、政府管理手段、小贩辛苦营生、招牌美食,以及普通人与它的情感联系。该书作者、新加坡国立大学地理系教授江莉莉写道:"不到小贩中心,不算游历过新加坡;不体验小贩中心的食、地、人,就难以了解新加坡。"

新加坡采取措施缩小贫富差距

2007年,新加坡政府采取措施发展经济,扩大就业,同时加强社会保障体系建设,实施就业奖励计划以帮助低收入家庭，并帮助低水平技术工人掌握新技能，以增加就业机会。此外，政府还致力于解决人口老龄化和医疗保障等问题。政府采取的一系列措施，包括改革公积金制度，提供额外公共住房津贴，鼓励年长者继续工作和要求雇主继续聘用年长者，施行就业入息补贴政策、设立受雇能力及技能鉴定制度等。

新加坡统计局2008年2月13日公布的调查显示，2007年新加坡居民家庭平均月收入为6280新元（1美元约合1.41新元），较上年增长9.6%，为10年来最大增幅。

世界银行资助越南3800万美元用于禽流感防控工作

2007年4月12日，越南国家银行和世行驻越代表共同签署财政协议及其他相关文件，以落实禽流感疫情防控和人感染禽流感应对项目。项目总投资3800万美元，世行国际开发协会的优惠信贷将提供2000万美元给越南，欧盟则通过世行的禽流感及人感染禽流感防控基金会提供1000万美元的无偿援助，日本政府总理也批准提供越南500万美元的援助资金。另外，越南政府将为此拨出300万美元的配套资金。该项目将在3年内展开，项目开展后将改善和增强各级政府的防控效果，减少在全国11个省的禽流感疫情及人感染禽流感情况的发生。

越南决心落实防止艾滋病战略

2007年5月22日，越南代表在联合国大会上表示，越南中央和地方政府将把防止艾滋病视为最优先目标。在提高人民对艾滋病的认识的同时，越南正采取很多旨在防止艾滋病传染的措施，并努力让艾滋病患者能享受到最好的医疗照顾和公平的待遇。越南也正在改善对在各省城的艾滋病传染状况进行监察和评估的体系，同时努力防止通过医疗器械的途径传染艾滋病。越南代表阮必成表示，《防止艾滋病法》已于2006年6月29日得到越南国会通过。为了能更加有效地展开落实《防止艾滋病法》，越南政府已经对这项工作追加拨款。越南政府总理也同意成立艾滋病患者治疗和资助基金会。

越南在建大桥发生坍塌事故

2007年9月26日，越南建设中的芹苴大桥永隆省段引桥突然坍塌，正在施工的近300名工人和技术人员被坍塌物掩埋，导致60多人丧生、100多人受伤，另有多人失踪。29日越南交通部长胡义勇称，支撑桥面的临时支架不稳很可能是芹苴大桥坍塌的主要原因。芹苴大桥横跨湄公河支流后江，于2004年9月动工兴建。大桥连接芹苴市和永隆省，全长16公里，被认为是越南南部湄公河三角洲最长的大桥，总投资约合3亿美元，是日本政府ODA项目，越南政府投资约占15%。越媒体称此次大桥坍塌事故"是越南建设史上最大惨祸"。

"利奇马"台风在越南引发洪灾

2007年10月初台风"利奇马"袭击越南，带来暴雨并引发水灾和泥石流。灾害造成至少67人死亡或失踪。其中，义安和清化两省受灾最为严重，洪水和泥石流切断了当地电力供应和公路交通。越共中央总书记农德孟和政府总理阮晋勇分别指示中央各部委及受灾地区调动一切力量防控洪灾，以减少人员财产损失，同时及时向灾区提供救援物资和药品，避免灾后疫病发生，尽早使百姓生产和生活恢复稳定。受灾地区政府积极展开救援工作，疏散危险地区居民，集中力量防护各处主要堤坝。

越南多个省份爆发霍乱疫情

2007年10月以来，越南北部河内、河西、兴安、海防、永福、北宁、富寿、太平、海阳、清化、义安、海洋等12个省市先后出现霍乱疫情，有约1000人染病。河内市、河西省、永富等省市相继暴发大范围危险性急性腹泻（粪便培养为霍乱弧菌阴性）和霍乱（霍乱弧菌阳性）。至11月14日，疫情蔓延至北部的14个省市，患者共1803人，其中霍乱病人231人。

2007年越南贪污腐败案件造成8650亿越盾损失

2007年越南全国共破获、调查584起贪污腐败案件，处理1299名犯罪嫌疑人，这些案件造成直接损失近8650亿越盾。其中一些贪污腐败案件的发生涉及到国家的重大提案和项目，如落实112提案、建设奠边府大捷纪念台等工程建设中发生的贪污腐败案件。根据贪污犯罪调查警察局的初步调查结果，农业与农村发展银行外币资金管理处的一些干部蓄意违规，造成近5000亿越盾的损失。国家机关的贪污腐败行为主要集中在金融、税务、海关、建设管理等领域。此外，在公安、法院、检察院等部门工作的一些干部也已蜕化和变质，弱化了国家的管理效力，使国家机关在民众中的威信减弱。

越南政府计划将投资50亿美元解决城市供水排污问题

越南有729个城市，其中包括2个特大城市，3个一类城市，14个二类城市，43个三类城市，36个四类城市和631个五类城市。全国城镇化水平27.5%，城市人口增长率2.9%。到2020年，越南城市人口将增长1倍。为了建设和发展基础设施，解决城市供水排污问题，越南政府计划投资50亿美元，其中供水工程10亿美元，排水工程30亿美元，城市垃圾处理10亿美元。年内，越南政府已对排污和环境保护收费等政策进行改革，大力推动城市基础设施社会化进程。

发 展 报 告

又好又快 科学发展：中国2007年回顾与2008年展望

2007年，中国各族人民在中国共产党的领导下，深入贯彻落实科学发展观，按照十届全国人大五次会议审议批准的国民经济和社会发展计划，加强和改善宏观调控，积极推进改革开放，加快转变经济发展方式，经济快速稳定发展，人民生活继续改善，就业紧张局面有所缓解，国家对教育、医疗、社会保障的财政投入大幅度增加，社会和谐稳定。

一、经济发展

（一）概况

2007年中国国内生产总值24.66万亿元，比上年增长11.4%。这是中国继2003年之后国内生产总值增长连续第五年达到或超过10%以上，并创下自1995年以来的最高增幅。其中第一产业增加值2.89万亿元，增长3.7%；第二产业增加值12.14万亿元，增长13.4%；第三产业增加值9.63万亿元，增长11.4%。第一产业增加值占国内生产总值的比重为11.7%，与上年持平；第二产业增加值比重为49.2%，上升0.3个百分点；第三产业增加值比重为39.1%，下降0.3个百分点。人均国内生产总值2460美元。年末国家外汇储备15282亿美元，比上年末增加4619亿美元。年末人民币汇率为1美元兑7.3046元人民币，比上年末升值6.9%。全年全国财政收入5.13万亿元，比上年增收1.25万亿元，增长32.4%；税收收入4.95万亿元（不包括关税、耕地占用税和契税），比上年增加1.18万亿元，增长31.4%。

农业稳定增长。全年粮食产量50150万吨，比上年增加350万吨，这是粮食生产连续第四年实现增产。农业各行业平稳协调发展，主要农产品供应充足。

工业增长较快，效益提升。全年全部工业增加值10.74万亿元，比上年增长13.5%。规模以上工业增加值增长18.5%。其中国有及国有控股企业增长13.8%，集体企业增长11.5%，股份制企业增长20.6%，外商及港澳台投资企业增长17.5%，私营企业增长26.7%。轻工业增长16.3%，重工业增长19.6%。

固定资产投资保持较快增长。全年全社会固定资产投资13.72万亿元，比上年增长24.8%。城镇投资11.74万亿元，增长25.8%；农村投资1.98万亿元，增长19.2%。

国内贸易持续快速增长。全年社会消费品零售总额8.92万亿元，比上年增长16.8%。城市消费品零售额6.04万亿元，增长17.2%；县及县以下消费品零售额2.88万亿元，增长15.8%。在限额以上批发和零售业零售额中，粮油类零售额比上年增长38.3%，肉禽蛋类增长40.9%，服装类增长28.7%，汽车类增长36.9%，石油及制品类增长20.5%，日用品类增长26.5%，文化办公用品类增长22.6%，通讯器材类增长8.8%，家用电器和音像器材类增长23.4%，建筑及装潢材料类增长43.6%，家具类增长43.2%，化妆品类增长26.3%，金银珠宝类增长41.7%，中西药品类增长25.1%。

进出口增长较快，顺差继续增大。全年进出口贸易总额2.17万亿美元，比上年增长23.5%。其中出口额1.22万亿美元，增长25.7%；进口额0.95万亿美元，增长20.8%，顺差0.27万亿美元。实际使用外商直接投资金额748亿美元，增长13.6%。对外直接投资额（非金融部分）187亿美元，比上年增长6.2%。对外承包工程完成营业额406亿美元，比上年增长35.3%；对外劳务合作完成营业额68亿美元，增长26.0%。

金融运行总体平稳，信贷增速仍然较快。2007年中国各项金融改革不断推进，金融运行总体平稳。年末广义货币供应量（M2）余额为40.3万亿元，比上年末增长16.7%；狭义货币供应量（M1）余额为15.3万亿元，增长21.1%；流通中现金（M0）余额为3.0万亿元，增长12.2%。年末全部金融机构本外币各项存款余额40.1万亿元，增长15.2%；全部金融机构本外币各项贷款余额27.8万亿元，增长16.4%。

居民消费价格涨幅持续上升。全年居民消费价格比上年上涨4.8%，其中食品价格上涨12.3%；商品零售价格上涨3.8%；固定资产投资价格上涨3.9%；工业品出厂价格上涨3.1%；原材料、燃料、动力购进价格上涨4.4%；农产品生产价格上涨18.5%。食品价格特别是肉禽蛋价格的大幅上涨是居民消费价格涨幅上升的主要原因。

节能减排首次出现"拐点"。2007年单位国内生产总值能耗比上年下降3.27%，化学需氧量、二氧化硫排放总量出现双下降，分别比上年下降3.14%和4.66%。

（二）经济发展热点

1. 人民币持续升值，创汇改以来新高

2007年1月4日人民币汇率的中间牌价为1美元兑7.8073元人民币，2007年12月27日，银行间外汇市场美元对人民币汇率的中间价为1美元兑7.3079元人民币，创汇改以来新高。截止2007年底，人民币对美元已累计升值11.9%。

2. 频繁加息和上调存款准备金率

2007年，面对流动性过剩以及结构性物价上涨带来的通货膨胀压力，中国人民银行6次加息、10次上调存款准备金率，大力收缩货币流动性，加息频率和调整幅度前所未有，全年上调存贷款利率分别累计162个基点和135个基点，存款准备金率从年初的9%提高到年底的14.5%，创下20多年来的历史最高水平。此外，中国人民银行还启动阔别20多年的特别存款，以吸收市场的流动性资金。2007年12月召开的中央经济工作会议决定将2008年货币政策由"稳健"转为"从紧"。

3. 波澜跌宕的股市

上证指数从2006年12月29日收盘的2675.47点到2007年12月28日收盘时的5261.56点，2007年全年上涨96.66%，表明A股市场成为2007年全球表现最强的股市。虽然5月29日财政部将交易印花税由1‰上调至3‰引发股市大幅回调，但随后又呈现稳步上升趋势，期间10月16日上证综指最高曾达6124.04点。深沪两市总市值从2006年底的8万亿元跃升至2007年底的32.7万亿元，两市个股全年无一下跌。据中国证券登记结算公司统计，截至2007年12月27日，沪深两市账户总数超过1.38亿户，全年新增A股账户超过3700万户，约为2006年的12.9倍。

4. 通胀压力显现

2007年受猪肉、食用油等食品涨价的影响，中国居民消费价格指数涨幅从3月份的3.3%一路上扬，11月份达到最高的6.9%，12月份为6.5%，连续10个月超过3%的警戒线。全年居民消费价格指数比上年上涨4.8%，工业品出厂价格上涨3.1%。虽然只是结构性和阶段性的上涨，没有出现由于总需求严重超过总供给而引起全面、持续的价格上涨，但通胀压力已显现。2007年12月中央经济工作会议决定将"防止价格由结构性上涨演变为明显通货膨胀"作为2008年宏观调控的首要任务。

二、社会进步

（一）政治文明建设状况

1. 中国共产党十七大顺利召开，凸显"以人为本"执政方略

2007年10月召开的中国共产党十七大是中国政治生活的重大事件，也是中国民主政治建设与法治建设的重大事件。在政治文明建设方面，党的十七大报告指出，不仅要强调党内的民主建设，而且更强调以扩大党内民主带动人民民主；必须在经济发展的基础上，着力保障和改善民生，努力使全体人民学有所教、劳有所得、病有所医、老有所养、住有所居；要始终矢志不渝地保证人民当家作主，拓宽民主渠道，保障人民的知情权、参与权、表达权、监督权；不仅要重视建设物质文明、精神文明和政治文明，而且还提出了建设生态文明的重要性。此外，党的十七大报告指出，科学发展观的核心是以人为本，强调尊重保障人权，维护社会全体成员的权利，实现人的全面发展，凸显中国共产党"以人为本"的执政方略。

2. 民主法治建设成就卓著

在立法方面，坚持民主化、科学化。2007年，中国全国人大及其常委会按照年度立法计划，民主立法、科学立法，积极、慎重、稳妥、及时地出台保障公民权利的各项重要法律。通过的法律有：物权法、企业所得税法、劳动合同法、劳动争议调解仲裁法、突发事件应对法、禁毒法、反垄断法、就业促进法、城乡规划法、城市房地产管理法（修改）、节约能源法（修改）、律师法（修改）、民事诉讼法（修改）、科学技术进步法（修改）、道路交通安全法（修改）、国境卫生检疫法（修改）、文物保护法（修改）等。其中，物权法的出台是2007年中国民事法治最具标志性的事件。主要是因为物权法注重民生，强化对私人所有权的保护，如第一次确认物权的平等保护原则，强化个人所有权保护，严格规定征收制度，为解决实践中最普遍的侵害物权的行为如滥用征收制度提供了法律依据；其次是物权法新设多种物权类型，真正体现物尽其用的精神，如新增地役权制度、扩大抵押物的范围等；第三是物权法明确物权确认、行使和冲突等方面的处理规则。

在司法改革方面，注重制度化、规范化建设。根据修改后的《人民法院组织法》规定，最高人民法院2007年1月1日起统一行使死刑核准权。2007年2月27日，最高人民法院颁布《最高人民法院关于复核死刑案件若干问题的规定》；3月12日，最高人民法院、最高人民检察院、公安部、司法部联合出台《关于进一步严格依法办案确保办理死刑案件质量的意见》；9月，最高人民

法院印发《关于进一步加强刑事审判工作的决定》，这是中国深化刑事审判制度改革、维护和促进社会和谐稳定的一项重要举措。此外，2007 年 6 月，最高人民法院还印发《关于加强人民法院审判公开工作的若干意见》，要求在各项审判和执行工作中依法充分落实审判公开。这将有助于各级人民法院从完善制度、工作机制、加大投入等方面加强审判公开工作，提高司法的透明度，更加有力地维护当事人的诉讼权利。

3. 行政体制改革渐进展开，依法行政成绩突出，政务公开进一步规范

2007 年，根据国务院的部署，由国务院办公厅牵头，对行政管理体制改革总体方案进行深化研究。7 月，国务院召开全国市县政府依法行政工作会议，这是国务院第一次就市县政府依法行政工作召开全国性会议。全国 90% 以上的市县政府成立依法行政领导机构并制定了依法行政实施方案。

2007 年 2 月 14 日，国务院第 169 次常务会议通过《地方各级人民政府机构设置和编制管理条例》，自 2007 年 5 月 1 日起施行。该条例是新中国成立以来第一部规范地方机构编制管理的行政法规，填补地方机构编制管理工作的法制空白。4 月 22 日，国务院第 495 号令公布《行政机关公务员处分条例》，自 2007 年 6 月 1 日起施行。该条例是新中国成立以来第一部全面、系统规范行政惩戒的专门行政法规，对进一步严肃行政机关纪律，规范行政机关公务员的行为，促进行政机关及其公务员依法履行职责，加强领导干部作风建设，促进行政机关公务员切实做到为民、务实、清廉具有重大意义。

2007 年 1 月 17 日，国务院第 165 次常务会议通过《中华人民共和国政府信息公开条例》，自 2008 年 5 月 1 日起施行。这是中国出台的首部有关保护公众知情权的法规。它的出台是对政府政务公开制度的完善，有助于推动政务公开在法制的轨道上开展，彰显了中国建立透明政府和服务型政府的决心。

4. 反腐倡廉建设成绩显著

1 月 8 ~ 10 日，中共中央纪律检查委员会第七次全体会议在北京召开。会议提出 2007 年各级纪检机关要从 7 个方面入手履行监督职能和从 8 个方面查处腐败大案要案的具体措施，决定加大查处形象工程、教育乱收费、变相公款旅游、充当黑恶势力保护伞等群众反应强烈的典型行为。同时深入推进惩治和预防腐败体系建设，加快金融体制改革，健全反洗钱法律制度。中共中央总书记胡锦涛在全会上发表重要讲话，对干部生活作风提出艰苦奋斗、秉公用权、情趣健康等八个方面要求，这也是中共中央首次对干部生活作风提出特别要求。中纪委第七次全体会议结束后，中央开始首次大规模对副处级以上领导干部进行婚姻及家庭涉外情况普查，调查内容包括官员本人、配偶、子女三个层面。5 月 30 日，中纪委下发《关于严格禁止利用职务上的便利谋取不正当利益的若干规定》，从八个方面细化党员干部在经济和社会交往方面的违纪政策界限，首次明确地将通过干股、赌博、“合作”办公司、证券买卖、特定关系人等八种渠道进行权钱交易的行为列入严查之列。7 月 8 日，最高人民法院、最高人民检察院联合发布《关于办理受贿刑事案件适用法律若干问题的意见》，明确规定国家工作人员利用职务上的便利为请托人谋取利益，授意请托人以意见所列形式，将有关财物给予特定关系人等均以受贿论处。9 月 13 日，中国国家预防腐败局举行成立新闻发布会暨揭牌仪式，这是中国为深入推进预防腐败工作采取的一项重大举措。10 月 12 日，中纪委发布《安全生产领域违纪行为适用〈中国共产党纪律处分条例〉若干问题的解释》。这是中纪委第一次对查处某一领域违犯党纪案件如何适用纪律处分条例做出解释，进一步细化党纪处分条例中关于安全生产领域违纪行为的相关规定。

（二）社会发展状况

1. 城乡居民收入大幅增长，生活水平进一步提高

2007 年农村居民人均纯收入 4140 元，扣除价格上涨因素，比上年实际增长 9.5%，实际增速创 20 多年来新高；城镇居民人均可支配收入 13786 元，实际增长 12.2%，实际增速创 2002 年以来新高。农村居民家庭恩格尔系数（居民家庭食品消费支出占家庭消费总支出的比重）为 43.1%，城镇居民家庭恩格尔系数为 36.3%。按农村绝对贫困人口标准低于 785 元测算，年末农村贫困人口为 1479 万人，比上年末减少 669 万人；按低收入人口标准 786 ~ 1067 元测算，年末农村低收入人口为 2841 万人，减少 709 万人。经济平稳高增长带动就业率上升，年末全国就业人员 76990 万人，比上年末增加 590 万人。其中城镇就业人员 29350 万人，净增加 1040 万人，新增加 1204 万人，创下 2002 年实施积极就业政策以来的最高水平。年末城镇登记失业率为 4.0%，比上年末下降 0.1 个百分点。

2. 城乡社会保障覆盖面进一步扩大，廉租房制度建设和全面建立农村最低生活保障制度成为亮点

2007 年 7 月，国务院发出《关于在全国建立农村最低生活保障制度的通知》，为在农村全面建立和实施最低生活保障制度提供了政策依据。通过在全国范围建立农村最低生活保障制度，将符合条件的农村贫困人口全部纳入保障范围，稳定、持久、有效地解决全国农村贫困人口的温饱问题。年末 3452 万农村居民得到政府最低生活保障。随着经济社会发展的变化，农村社会养老保险工作进行了建立新型农村社会养老保险制度的试点。北京、上海、江苏、浙江、山东、广东、福建等发达地区和安徽、山西、黑龙江、河南、河北、四川、云南、陕西、新疆等中西部地区 16 个省（自治区、直辖市）部分县市，按照保基本、广覆盖、有弹性、能转移、可持续的要求，探

索以缴费补贴、基金贴息、老人直补、待遇调整等方式建立公共财政投入与农民参保补贴机制，引导、扶持和激励农民参保，建立农民个人缴费、集体补助、政府补贴的新型农村社会养老保险制度。

2007年国家加大廉租房制度建设。8月7日，国务院发布《关于解决城市低收入家庭住房困难的若干意见》，规定经济适用住房供应对象为城市低收入住房困难家庭。8月24～25日召开全国城市住房工作会议，会议强调，要积极采取措施，加强廉租住房制度建设，解决好城市低收入家庭住房困难问题。会议决定，全国要逐步扩大廉租住房制度的保障范围。要求2007年底前，在所有设区城市，凡符合规定住房困难条件、申请租赁补贴的低保家庭，基本做到应保尽保。

2007年是城市最低生活保障制度建制10周年。城市最低生活保障从2002年实现应保尽保以来，呈现出保障人数大体稳定、财政投入逐年增加、保障水平不断提高的态势。年末2271万城镇居民得到政府最低生活保障，比上年增加31万人。

2007年全国参加城镇基本养老保险人数为2.01亿人，比上年末增加1341万人。其中参保职工1.52亿人，参保离退休人员4951万人。参加失业保险的人数1.16亿人，增加458万人。参加工伤保险的人数1.22亿人，增加1887万人。其中参保农民工3966万人，增加1429万人。参加城镇基本医疗保险的人数2.21亿人，增加6319万人。其中，参加城镇职工基本医疗保险人数1.80亿人。2007年7月，国务院在北京召开会议，启动城市居民基本医疗保险试点，年末参加城镇居民基本医疗保险人数达4068万人。参加城镇医疗保险的农民工3131万人，增加764万人。

二〇〇七年末，中国有三千四百多万农村居民得到政府最低生活保障。图为农民领到低保证时情景。（新华社 图）

3. 优先发展教育事业，加大力度促进教育公平

2007年国家坚持把教育放在优先发展的战略地位，加快各级各类教育发展，中央财政用于教育的支出1076.35亿元，增长76%。1月，全国农村义务教育经费保障机制改革领导小组办公室发出通知，从2007年春季学期开始免除全国农村地区义务教育阶段学生学杂费并免费提供国家课程教科书，此举惠及近1.5亿名农村中小学生。西部地区“两基”攻坚计划如期完成，全国“两基”人口覆盖率超过99%。中央投资30亿元实施农村寄宿制学校建设工程、中西部农村初中校舍改造工程和农村中小学现代远程教育工程。投资21亿元支持职业教育实训基地、示范性高等职业院校、中等职业学校和县职教中心建设。

为促进教育公平，5月中国教育部、财政部、中央编办、人事部下发《教育部直属师范大学师范生免费教育实施办法（试行）》，启动教育部直属师范大学师范生免费教育试点。6月中国财政部决定从2007年秋季学期开始，国家投入经费154亿元进一步建立健全家庭经济困难学生资助政策体系。至此，中国高等教育形成了国家奖学金、国家励志奖学金、国家助学金、国家助学贷款和勤工助学等多种方式并举的资助政策体系。

4. 医疗改革稳步推进

2007年中国继续加大力度解决老百姓看病难和看病贵问题，全年用于医疗卫生的财政支出664.31亿元，增长296.8%。全国新型农村合作医疗制度开始进入全面推进阶段，2448个县（市、区）开始建立这一制度，7.3亿农民参加新型农村合作医疗，参合率85.7%。新型农村合作医疗基金累计支出总额为220亿元，累积受益2.6亿人次。全年城市医疗救助407万人次，比上年增长117.2%。农村医疗救助603万人次，增长150.1%。民政部门资助农村合作医疗的人数达2306万人次。国家共安排资金27亿元，支持2502个乡镇卫生院和514个县级医疗机构建设，为1.17万个乡镇卫生院配备医疗设备。全国98%的地级以上城市、93%的市辖区和一半以上的县级市开展社区卫生服务。

5. 科技投入逐步加大，创新能力不断增强

全年研究与试验发展（R&D）经费支出3664亿元，比上年增长22.0%，占国内生产总值的1.49%，其中基础研究经费180亿元。国家安排1540项科技支撑计划课题，2541项“863”计划课题。新建国家工程研究中心9个，国家工程实验室6个。全年成功发射卫星10次，其中，嫦娥一号绕月探测卫星成功发射，反映中国的综合国力和相关的科技、工业水平以及管理水平已经提升到新的高度。

12月29日，中国全国人大常委会表决通过修订后的科技进步法，明确企业技术创新主体地位。年内有16个国家重大科技专项顺利推进，启动知识创新三期工程，“863”和“973”等国家科技计划加快实施，基础研究、前沿技术研究和社会公益性技术研究得到加强。研究制定软件和集成电路、数字电视、生物、卫星应用、民用航空等产业政策。高技术产业增加值占国内生产总值的比重达到7.8%，比上年提高0.1个百分点。

中国首颗探月卫星嫦娥一号发射成功　　（新华社　图）

（三）新农村建设取得新进展

2007年1月29日，《中共中央国务院关于积极发展现代农业扎实推进社会主义新农村建设的若干意见》下发，这是中国改革开放以来中央关于农村工作的第九个一号文件。文件提出，发展现代农业是社会主义新农村建设的首要任务，要用现代物质条件装备农业，用现代科学技术改造农业，用现代产业体系提升农业，用现代经营形式推进农业，用现代发展理念引领农业，用培养新型农民发展农业，提高农业水利化、机械化和信息化水平，提高土地产出率、资源利用率和农业劳动生产率，提高农业素质、效益和竞争力。表明中共中央对新农村建设提出更高的要求，也说明中央在建设社会主义新农村方面的思路更为全面、完善。

2007年中央财政用于“三农”的支出共4318亿元，比上年增加801亿元，增长23%。其中，中央建设投资用于农村建设的资金646亿元，比重达48%；对农民的农资综合直补支出276亿元，增长130%；农机具购置补贴支出20亿元，增长233.3%；良种补贴支出66.6亿元，增长60.5%；全国用于粮食直补的资金151亿元，13个粮食主产省（自治区）均达到本省（自治区）粮食风险基金的50%以上；实施粮食最低收购价政策，收购小麦289.5亿千克；支持生猪、奶业和油料生产发展支出105.3亿元。在6个省（自治区）开展水稻、小麦等重要农作物保险保费补贴试点。支持350万农村劳动力进行转移培训，在2万个村开展新型农民科技培训。

2007年，政府着力推进10项保障农民工权益的制度建设，包括：全面建立工资支付保障制度，全面推行劳动合同制度，严格执行劳动安全卫生制度，完善就业服务培训制度，探索农民工社会保障制度，完善农民工子女教育管理制度，落实优秀农民工落户制度，认真执行农村土地承包制度，建立农民工信息统计管理制度，健全社区管理服务制度。

三、经济社会又好又快发展的原因

1. 2007年世界总体和平稳定，尽管美国经济出现衰退，但在以中国、印度、俄罗斯和巴西为代表的新兴经济体的强劲发展带动下，全球经济仍然保持增长。和平发展的世界环境以及平稳增长的世界经济形势为中国经济发展提供了有利的国际环境。

2. 2007年，中国经济、社会发展的协调性进一步增强，影响社会治安的主要矛盾和问题在一定范围内得到遏制和缓解，社会治安形势继续保持稳定，并进一步呈现良性发展的态势。10月召开的中国共产党第十七次全国代表大会，是在中国改革发展关键时期召开的一次重要会议，为全党和全国各族人民指明夺取全面建设小康社会新胜利的宏伟目标，还推选出新一届党的中央领导集体，从而为推动中国社会继续沿着中国特色社会主义道路前进奠定坚实的政治基础。

3. 科学发展观已成为推进社会主义经济建设、政治建设、文化建设、社会建设全面发展的指导方针。2007年，从中央到地方都坚持把科学发展观贯穿于全面建设小康社会和社会主义现代化建设的全过程，这为保持经济平稳较快发展奠定重要的思想基础。

4. 中国政府对经济的宏观调控日益成熟，为保持经济平稳较快发展提供了最基本的政策支持。2007年中国政府在宏观调控方面，保持宏观调控政策的连续性和稳定性，继续实施稳健的财政政策和稳健的货币政策，调控的重点更加注重经济结构的优化和经济质量的提高，调控的手段更加强调统筹兼顾，多种调控措施互相配合，有力地推动中国经济又好又快发展。

5. 中国是一个拥有13亿多人口的发展中大国，消费需求空间大。2007年，中国保持适当投资需求规

扎龙自然保护区人鹤同乐　　（原载《吉祥》）

模，进一步扩大消费需求；同时，把增加居民消费，特别是增加农民消费作为扩大消费需求的重点。政府采取一系列措施为中国经济保持平稳较快发展提供了必要的需求拉动条件。

6. 煤电油运加快发展，其对经济增长的制约不断缓解。2007年原煤产量25.36亿吨，比上年增长6.9%，原油产量1.87亿吨，增长1.1%，发电量3.28万亿千瓦时，增长14.4%，全国货物运输总量225.3亿吨，增长10.7%。这都为保持经济平稳较快发展提供了重要的物质保障。

7. 大力提高经济增长质量和效益，加大节能减排工作的支持力度，促进经济增长方式的转变，是实现经济发展"好字优先"的有力措施。2007年中央财政部门通过发挥财政政策和财政资金杠杆作用，大力推进节能减排工作的顺利开展。制订《节能技术改造财政奖励资金管理暂行办法》、《中央财政主要污染物减排专项资金管理暂行办法》等一系列基础性制度。全年中央财政支出235亿元用于节能减排，地方也加大投入力度，使2007年化学需氧量、二氧化硫排放总量在近年来首次出现双下降。

8. 坚持以人为本，促进社会事业全面发展，积极解决人民群众最关心、最直接、最现实的利益问题，维护社会公平正义，让全体人民共享改革发展成果，是建设社会主义和谐社会的根本保证。2007年政府在教育、卫生、就业、社会保障、文化和体育、社会管理等方面采取了有力措施，保证全体人民分享更多的实惠，促进社会和谐发展。

·链接资料·

中国工农业主要产品产量（2007年）

产品名称	单位	产　量	比上年增长（%）	产品名称	单位	产　量	比上年增长（%）
农业产品				发电量	亿千瓦小时	32777.2	14.4
粮食	万吨	50150	0.7	其中：火电	亿千瓦小时	27218.3	14.9
夏粮	万吨	11534	1.3	水电	亿千瓦小时	4828.8	10.8
早稻	万吨	3196	0.3	粗钢	万吨	48966.0	16.8
秋粮	万吨	35420	0.6	钢材	万吨	56894.4	21.3
油料	万吨	2461	-4.2	十种有色金属	万吨	2350.8	22.7
棉花	万吨	760	1.3	其中：精炼铜（铜）	万吨	344.1	14.6
糖料	万吨	11110	11.4	电解铝	万吨	1228.4	32.6
烤烟	万吨	239	-3.9	氧化铝	万吨	1945.3	46.7
茶叶	万吨	114	10.9	水泥	亿吨	13.6	9.9
工业产品				硫酸	万吨	5500.0	9.3
纱	万吨	2000.0	14.7	纯碱	万吨	1771.8	13.6
布	亿米	660.0	10.3	烧碱	万吨	1759.3	16.4
化学纤维	万吨	2390.0	15.3	乙烯	万吨	1047.7	11.4
成品糖	万吨	1271.4	34.0	化肥（折100%）	万吨	5786.9	8.3
卷烟	亿支	21413.8	5.9	发电设备	万千瓦	12991.0	11.1
彩色电视机	万台	8433.0	0.7	汽车	万辆	888.7	22.1
家用电冰箱	万台	4397.1	24.5	其中：轿车	万辆	479.8	24.0
房间空气调节器	万台	8014.3	17.0	大中型拖拉机	万台	20.3	1.9
一次能源生产总量	亿吨标准煤	23.7	7.0	集成电路	亿块	411.6	22.6
原煤	亿吨	25.36	6.9	程控交换机	万线	5387.1	-27.2
原油	亿吨	1.87	1.1	移动通信手持机（手机）	万台	54857.9	14.3
天然气	亿立方米	693.1	18.4	微型电子计算机	万台	12073.4	29.3

数据来源：《中华人民共和国2007年国民经济和社会发展统计公报》。

四、2008 年中国经济社会展望

2008 年是全面贯彻落实中国共产党第十七次全国代表大会作出的战略部署的第一年，是实施“十一五”规划承上启下的一年，也是中国实行改革开放 30 周年，同时还要举办 2008 年北京奥运会。为此，2007 年 12 月 3～5 日召开的中央经济工作会议对 2008 年经济工作提出的总体要求是：全面贯彻党的十七大精神，高举中国特色社会主义伟大旗帜，以邓小平理论和“三个代表”重要思想为指导，深入贯彻落实科学发展观，紧紧围绕转变经济发展方式和完善社会主义市场经济体制，继续加强和改善宏观调控，积极推进改革开放和自主创新，着力优化经济结构和提高经济增长质量，切实加强节能减排和生态环境保护，更加重视改善民生和促进社会和谐，推动国民经济又好又快发展。经济工作主要任务是：完善和落实宏观调控政策，保持经济平稳较快发展的好势头；切实加强农业基础地位，增强农业和农村经济发展活力；提高自主创新能力，推进产业结构优化升级；加大攻坚力度，确保节能减排取得重大进展；促进区域协调发展，积极稳妥推进城镇化；全面深化改革，完善推动科学发展、促进社会和谐的体制机制；提高开放型经济水平，开创对外开放新局面；着力改善民生，促进社会和谐。

中国国务院总理温家宝在 2008 年政府工作报告中提出国民经济和社会发展的预期目标：在优化结构、提高效益、降低消耗、保护环境的基础上，国内生产总值增长 8% 左右；居民消费价格总水平涨幅控制在 4.8% 左右；城镇新增就业 1000 万人，城镇登记失业率控制在 4.5% 左右；国际收支状况有所改善。同时，温家宝总理在政府工作报告中指出，为实现 2008 年经济社会发展的目标和任务，必须把握以下原则：坚持稳中求进，促进经济平稳较快发展；坚持好字优先，加快转变经济发展方式；坚持改革开放，注重推进制度建设和创新；坚持以人为本，加快以改善民生为重点的社会建设。

结合 2008 年所面临的世界经济环境和国内形势，可以预计，2008 年中国国民经济将继续保持平稳较快发展。 （林智荣）

参考文献：

1. 中华人民共和国国家统计局《中华人民共和国 2007 年国民经济和社会发展统计公报》，《人民日报》2008.2.29。

2. 温家宝《政府工作报告——2007 年 3 月 5 日在第十届全国人民代表大会第五次会议上》，《人民日报》，2007.3.18。

3. 温家宝《政府工作报告——2008 年 3 月 5 日在第十一届全国人民代表大会第一次会议上》，《人民日报》，2008.3.20。

4. 财政部《关于 2007 年中央和地方预算执行情况与 2008 年中央和地方预算草案的报告》，《人民日报》，2008.3.21。

5. 国家发展和改革委员会《关于 2007 年国民经济和社会发展计划执行情况与 2008 年国民经济和社会发展计划草案的报告》，《人民日报》，2008.3.21。

6.《中央经济工作会议在北京召开》，《人民日报》，2007.12.6。

7. 雷广平 2007 年中国经济运行回顾，《农村金融研究》，2008.1。

文莱：2007 年回顾与 2008 年展望

2007 年，文莱政治社会稳定，经济稳定增长，人民生活稳定提高。

一、政治社会继续保持稳定

刚步入 2007 年，文莱苏丹就在 1 月 1 日元旦致辞中再次强调“只有在国家稳定与和平的环境下，政府才能达到维护人民的幸福生活与繁荣的目的”。2007 年 2 月 23 日是文莱独立后第二十三个国庆日，文莱政府举行隆重的国庆升旗仪式，并把 2007 年国庆的主题定为“专注参与壮大民生能力”，动员全国人民保持爱国家、爱和平的传统，建设和平富裕的文莱。为保证政府的政令畅通和得到各界人士的支持，根据宪法的规定，文莱苏丹于 3 月 7 日亲自主持召开年度立法会会议。苏丹在会议上希望立法会议员为国家政治社会稳定和经济建设作出贡献。文莱是一个伊斯兰君主制国家，苏丹特别重视对信仰伊斯兰教民众的教育。4 月 1 日晚，苏丹通过电视和广播电台向全国人民发表回教先知诞辰纪念日御词时表示，回教徒应有相亲相爱精神，不分肤色或种族一致为世界和平及发展作出贡献。

为了使文莱社会能够依法办事，保障民众利益，营造全社会团结和谐的局面，文莱政府把 2007 年定为法律年。2007 年 3 月 28 日，文莱总检察长拿督哈芝基拉纳在文莱法庭大楼主持 2007 法律年开幕式并致辞。他说，近年来，文莱政府根据宪法规定，抓紧完善制定法律具体实施条例工作。2006 年，文莱政府颁布 7 项新条例，分别是策略及政策研究中心条例、民航条例、中等法庭（修正）条例、轻微刑事（修正）条例、小额索赔法庭条例、2007 年雇员公积金（修正）条例及 2007 年刑事程序（修正）条例。2007 年又通过 20 项条例（如双溪岭管理局条例、补充供应条例、反走私毒品利益回收修正条例、刑法实施利益回收修正条例、护照法修正条例、移民法修正条例、货币法修正条例、森林法修正条例、保险法修正条例、强制教育条例、有毒物质法修正条例等)。为防范政府的腐败和滥用行政权力的行为,现行防范权法令包括反贪污法令及刑事法令,在2007年必须执行,以使文莱真正成为一个法治国家,实现社会和睦稳定。

二、经济稳定增长

(一)经济发展总体概况

2007年初文莱经济发展开局不顺利,下半年恢复增长。据文莱经济政策与规划局统计,2007年第一季度文莱主要经济指标较2006年同期下降,GDP仅为30.29亿文元(2007年8月1美元兑换1.52文元,约合20.19亿美元),比上年同期下降3.6%,其中来自石油和天然气的收入比2006年同期下降9.4%。面对这一不利情况,文莱政府采取各种有力措施,特别是抓紧石油和天然气的生产和出口,每天生产约19.38万桶石油,天然气日产量为3338.57万立方米,虽然日产量比2006年有所减少(2006年石油和天然气日产量分别为21.6万桶和3539.63万立方米),但得益于下半年国际原油价格每桶一直上涨至90美元以上,尽管产量减少,收益却比2006年高。这就为2007年文莱经济继续保持稳步发展提供了保障。2007年文莱经济仍以石油、天然气生产为主,油、气占国内生产总值的比重为67.3%。从总体看,2007年文莱经济表现较好。全年国内生产总值为188.6亿文元(约124亿美元,文莱最后确定2006年GDP实际达到120.53亿美元),仍保持稳定增长。消费者价格指数(CPI)上涨0.3%,但占CPI比重达28.7%的食品及非酒精饮料产品价格上涨迅速,鸡蛋价格上涨17%,食用油上涨19%,罐装及瓶装蔬菜上涨15%,调料类上涨8%,牛奶上涨6%。

财政收入稳定增长。2006/2007财政年度,文莱财政总收入为91.88亿文元(约60.45亿美元),同比增长8.8%,其中税收55.14亿文元(约36.28亿美元),占60%,非税收36.74亿文元(约24.17亿美元),占40%。财政总支出为52.73亿文元(约34.69亿美元),增长3.5%。财政收支盈余39.15亿文元(约25.76亿美元),增长17%。

进出口顺差减少。2007年文莱进出口贸易总额147.22亿文元(约96.86亿美元),比上年下降0.4%,其中出口115.56亿文元(约76亿美元),下降4.6%;进口31.66亿文元(约20.8亿美元),增长19.1%;进出口贸易实现顺差83.9亿文元(约55.2亿美元),减少11.3%。在进口大类中,增长幅度较大的有成品油、润滑油及相关产品(54.3%)、机械及运输设备(40%)、食用油(23.6%)、食品和肉制品(8.3%)、饮料及烟草(17.8%)、其他制成品(18%)等。

(二)采取适合本国实际情况的措施来实施经济多元化战略

2007年着重采取以下措施:

1. 重视发展农业生产。农业历来是文莱经济发展最薄弱的产业。年内,文莱政府把发展农业作为实施经济多元化战略的重要组成部分,使农业成为文莱经济的亮点。全年农业产值达2.63亿文元,比上年增长16.17%。农业领域收入来源包括肉鸡、农产品加工、蔬菜、水果、小鸡饲养、鸡蛋、稻米及花卉等。其中,肉鸡产值8121万文元,小鸡饲养产值1500万文元,鸡蛋产值1873万文元,基本实现自给;种植业产值3577万文元(其中稻米种植产值300万文元),比上年增加375万文元;蔬菜产量9793吨,产值2300万文元,自给率达到84%;水果种植业稳健成长,产量4372吨,比上年增加607吨,产值714万文元;农产品加工产值3034万文元;以饲养业为主的肉食加工产值988万文元;食品加工业最具发展潜力,产值4020万文元,增长34%;花卉产值200万文元。全国约8249家公司参与农业投资,其中833家公司从事饲养业,7286家公司从事种植业,130家公司从事农产品加工。

2. 建设高水准的工业园区。2007年2月6日,文莱经济发展理事会与文莱Galfar Pembinaan dan Perusahaan(B)Sdn. Bhd.公司签署协议,Galfar公司将承担双溪岭工业园建设的前期准备工程,包括土地平整、隔离墙和道路的建设等。双溪岭工业园规划占地271公顷,靠近文莱石油和天然气生产区。已确定将入驻该工业园的有甲醇厂、尿素厂和生物柴油厂等项目。文莱政府的目标是将该园区建设成为具有世界水准的石化工业园。经过10余年的发展,文莱已建成9个工业区,总面积422公顷。占地108公顷的第10个工业区在建。首都斯里巴加湾市有6个工业区,其余4个工业区分布在都东区、淡布隆区和马来奕区。在这些工业区内,基础设施一应俱全,用地都以低廉的价格提供给在园区设厂的企业,落户企业只要建造厂房即可。在园区落户的企业约有1000多家,全部为中小型企业,平均每家企业人数不足40人;投资者大部分来自马来西亚、泰国、新加坡等东盟国家,涉及服装制造、建材加工、食品饮料加工、电线电缆、木材加工以及家具制造等行业,吸收约1.4万人就业(多为外国劳工)。

3. 大力发展旅游业。文莱有独特的人文和自然景观。有世人瞩目的东方"威尼斯",浓郁的伊斯兰风情,享有"和平之乡"的美誉。根据这一优势,文莱把旅游业作为实施经济多元化的重点行业。2007年通过文莱国际机场入境旅客17.85万人次,比上年增长12.93%。在游客来源国中,马来西亚游客高居榜首,达4.49万人次,增长12.5%;中国(含香港地区)游客2.99万人次,增长40%,为文莱第二大游客来源地。文莱旅游业的兴旺带动酒店入住率持续稳定增长，酒店平均入住率达到50%。全年旅游收入2.14亿美元。

4. 发展离岸金融业务。文莱有发展金融业的优势，为此，文莱政府把发展离岸金融业务作为实施经济多元化的重要举措。文莱离岸金融中心于2000年7月15日成立以来，业务发展迅速。至2007年，在文莱离岸金融中心注册的离岸公司已逾6000家，包括银行、基金管理公司、信托基金及信托公司。文莱政府预计在文莱离岸金融中心营运的离岸公司数量，每年将有10% ~20%的增长。文莱财政部正积极为文莱离岸金融业的未来发展作规划，以期推出更多新产品和服务来适应全球金融市场的多元化需求，并完善管制条例及法律架构，全力打造一个强劲的伊斯兰金融体系，使文莱富有的资金继续升值。

5. 致力发展渔业。文莱地处东南亚中心位置，海洋渔业区内有丰富的渔业资源。文莱海岸线沿岸覆盖有1.84万公顷的在东南亚保存最好的红树林，有大量的虾苗和鱼苗繁殖。文莱海域没有污染，又无台风、地震等自然灾害袭击，非常适宜开展海洋捕捞和鱼虾养殖。据文莱渔业局统计，文莱海域最大可捕捞量约2.13万吨，其中沿岸资源3800吨，底层资源1.25万吨，浮游资源5000吨。2007年渔业收入占文莱GDP的0.5%。根据文莱渔业局估计，文莱国内的渔业年均增长率为17%，文莱的渔业发展潜力估计保持在每年2亿文元的水平。至2007年有13家企业投资养虾业，文莱全国有50个鱼虾养殖场，养殖著名的虎虾和蓝虾，总面积230公顷。

6. 打造航运中心。文莱是一个海岛国家，有海洋运输的便利条件。水运是重要的运输渠道，也是文莱政府大力发展的行业。文莱的主要港口有穆阿拉深水港、斯里巴加湾市港、马来奕港等。为加强港口的建设和管理，2007年1月底，文莱交通部发布文告称，该部于2007年4月1日起将从2000年以来一直由新加坡港务集团(PSA)和文莱Archipelago Development Corporation合资的PSA Muara公司负责经营管理的文莱穆阿拉港集装箱码头的经营权收回，重新交由该部港务局经营。

文莱还积极向外国推介文莱的港口，与外国进行合作，努力打造航运中心。2007年10月20~23日，文莱经济发展局在参加第四届中国—东盟博览会时出席中国—东盟港口发展与合作论坛，并向中国以及东盟客商推介大摩拉岛计划。文莱穆阿拉港口是古代东南亚的重要港口，位于文莱湾西岸的马拉奕港为文莱最大的深水良港，是文莱商品进出口的重要海上门户。为适应世界航运业的快速发展，文莱政府计划将文莱大穆拉岛建设成为适应下一代集装箱船舶要求的港口，成为世界一流的深水港。在与第三届中国—东盟博览会同期举办的中国—东盟商务与投资峰会上，中国国务院总理温家宝提出“积极探讨开展泛北部湾经济合作的可行性”的倡议，得到了包括文莱在内的东盟各国领导人的积极响应。泛北部湾次区域合作中的交通合作是该区域各国共同确定的十大重点合作领域，港口合作是区域经济合作的牵引机。文莱是泛北部湾经济区域的国家。泛北部湾地区港口间航运距离短、港口基础条件好，可通过加强港口物流合作，形成一批互补互利的港口群、产业群和城市群，打造临海型经济发展模式，成为区域内最活跃、最具潜力、效益最优的经济增长极。泛北部湾海域港口群合作将进入全新的“黄金期”。文莱政府将致力于与中国和东盟各国在港口方面的合作。

三、人民生活水平提高

2007年文莱人均GDP为4.84万文元(约3.34万美元)，名列世界第36位。而根据联合国人权发展指数，文莱的生活质量名列世界第33位，是世界第三个低死亡率国家，人均寿命增加。又据世界财富论坛的报道，2007年初根据健康、财富、教育、身份认同、自然环境等100多项指标，制作出“全球幸福感”排名，结果文莱名列第九，超过日本、新加坡和中国。

斯里巴加湾市民享受夜幕下的休闲时光

(原载《中国—东盟博览》)

据文莱《婆罗洲公报》报道，2007 年上半年，文莱销售各类汽车 6738 辆，比上年同期增长 27%。2007 年全年汽车销量有望突破 1.2 万辆。文莱人均汽车保有量位居世界前列。

四、外交：重视区域合作

综观 2007 年文莱的外交活动，其主要亮点是参与东盟活动和加强与中国的关系。

（一）参与东盟活动

1. 文莱苏丹参加的主要活动。1 月 8～11 日，文莱苏丹率团参加在菲律宾宿务举行的第 12 届东盟首脑峰会等 11 个系列会议和讨论《东盟宪章》及签署一系列重要文件，共同参与东盟安全、经济和社会文化三大共同体建设。11 月 17～22 日，苏丹再次率团出席在新加坡举行的第 13 届东盟首脑峰会，与东盟各国领导人就国际和地区形势、投资环境、气候变化、能源开发与环保等深入交换意见，并讨论和签署《东盟宪章》和《东盟经济共同体蓝图宣言》等文件，与东盟各国领导制订共同体发展蓝图、设定具体目标，并在 2015 年前建设东盟单一市场和生产基地。接着出席第 11 次中国—东盟 10+1 领导人会议、第 11 次东盟与中国、日本、韩国 10+3 领导人会议、第 13 届东盟首脑会议和第三届东亚峰会以及东盟与欧盟建立对话关系 30 周年纪念会等一系列会议。

2. 政府各部门领导人参加的主要活动。3 月 14～15 日，文莱外交和贸易部长穆罕默德亲王出席在德国纽伦堡召开的第 16 届东盟—欧盟部长会和纪念东盟和欧盟建立对话关系 30 周年。4 月 11～12 日，文莱总检察长参加在中国澳门举行的第四次中国与东盟成员国总检察长会议，会议的主题为“直接合作打击跨国跨地区犯罪”。5 月 24 日，文莱新闻部官员参加在印度尼西亚首都雅加达举行的首次中国—东盟新闻部长会议。6 月 4 日，文莱警察领导人参加在新加坡举行的第 27 届东盟国家警察首脑会议。6 月 23～28 日，文莱派高官参加在老挝首都万象举行的东盟第七次高官会议暨 10+6（东盟+中国、日本、韩国、俄罗斯、澳大利亚、巴基斯坦）安全对话会议。7 月 26～27 日，文莱政府官员参加在广西南宁举行的 2007 年泛北部湾经济合作论坛。7 月 30～31 日，文莱外交和贸易部长穆罕默德参加在菲律宾首都马尼拉举行的第 40 届东盟外长会议、第八次东盟与中国、日本、韩国 10+3 外长会议和第 14 届东盟地区论坛。8 月 2 日，文莱武装部队负责人出席在新加坡举行的第五届东盟国家武装部队首脑非正式会议。与会议代表决定共同应对在海事安全、人道主义援助、反恐、传染病控制及维和等领域面临的挑战，还决定通过信息分享、情报合作、演习和研讨会等活动加强军事合作。8 月 13 日，文莱驻华大使阿卜杜勒·哈密德出席在北京由东盟北京委员会和中国东盟协会共同举办的纪念东盟成立 40 周年招待会。8 月 14～22 日，文莱海军参加在新加坡举行的有美国、印度尼西亚、马来西亚、菲律宾和泰国海军的联合军事演习，分享海事信息及加强海事安全的协调。8 月 20 日，文莱派高官参加在新加坡举行的第 41 届东盟高官会议。8 月 20～23 日，文莱议会官员参加在马来西亚首都吉隆坡举行的第 28 届东盟议会联盟会议。8 月 21～23 日，文莱媒体负责人出席在中国天津举行的东盟 10 国和中国、日本、韩国 10+3 首届媒体合作研讨会。8 月 23 日，文莱工业和初级资源部长出席在新加坡举行的第四届东盟与中国、日本、韩国 10+3 能源部长会议。8 月 25 日，文莱外交和贸易部长穆罕默德出席在菲律宾首都马尼拉举行的第 39 届东盟经济部长会议，与东盟各国经济部长制订东盟共同体发展蓝图，提交 11 月在新加坡举行的第 12 届东盟首脑会议批准。8 月 25～26 日，文莱外交和贸易部长穆罕默德参加在菲律宾首都马尼拉举行的第六次中国—东盟 10+1 和第十次东盟与中国、日本、韩国 10+3 经贸会议。9 月 19～21 日，文莱派禁毒官员参加在中国西安举行的东盟地区禁毒研讨会。9 月 28 日，文莱媒体官员参加在广西南宁举行的第三届中国—东盟媒体合作高层研讨会。

3. 文莱与东盟成员国间的访问和交流。1 月 14～21 日，文莱皇家海军派 3 艘舰艇与新加坡 3 艘护卫艇在新加坡海域举行代号为“鹈鹕演习”的海上联合演习。4 月 4～5 日，文莱苏丹对柬埔寨进行访问，苏丹拜会柬埔寨国王西哈莫尼，就文柬双边合作发展课题进行深入探讨。8 月 13～14 日，马来西亚总理巴达维对文莱进行访问，并与文莱苏丹举行两国第 11 轮年度磋商，据文莱媒体援引路透社消息称，两国已就海域重叠问题接近达成一些共识，由于存在领土争端，14 年前两国都暂停争议海域的石油勘探活动。8 月 15～16 日，越南政府总理阮晋勇对文莱进行正式访问，两国领导人就进一步扩大双边经贸合作交换意见。2007 年文莱还承办第六次东盟公安部部长会议，重点讨论加强东盟成员国之间在打击贩毒、人口贩卖、恐怖活动及网络经济犯罪方面的合作。

（二）文莱与中国关系密切（参见《中国与东盟关系》部类）

（三）积极参与区域经贸合作

2007 年文莱根据本国的实际情况，主要参与东南亚和亚洲区域的经贸合作。

1. 继续高度重视参加中国—东盟博览会。文莱是 2007 年第四届中国—东盟博览会主题国，文莱政府高度关注此届博览会。2007 年 10 月 28～31 日，文莱王储比拉亲自率领本国代表团出席在中国广西南宁举行的第四届中国—东盟博览会和中国—东盟商务与投资峰会，并在开幕式上作为主题国致辞。他表示很高兴文莱能成为第四届中国—东盟博览会主题国。文莱王储比拉与中国国务院副总理曾培炎为第四届中国—东盟博览会主题国文莱“魅力之城”——斯里巴加湾展馆揭牌。博览会期间，由文莱旅游发展局和经济发展委员会联合举办文莱推介会，文莱交通部长布·巴卡、文莱工业和初级资源部、旅游发展局、经济发展委员会、农业局等部门负责人参加推介会。推介会重点推介旅游、清真食品、信息通讯技术及相关产业。在推介会上，文莱ICT公司和两家中国企业举行签约仪式。文莱代表团还参加中国—东盟港口发展与合作论坛，大力推介文莱港口，希望与中国和东盟各国发展港口航运合作。

2. 参与地区经济贸易合作。2007年文莱在对外经济合作方面主要是参与东盟自由贸易区的建设，以及与主要贸易伙伴发展经济贸易合作。

文莱苏丹重视推动东盟东部增长区的建设。文莱苏丹作为第四届东盟东部增长区首脑峰会主席，与马来西亚总理巴达维、印尼总统苏加诺和菲律宾总统阿罗约于2007年1月12日在菲律宾宿务举行第四届东盟东部增长区首脑峰会。4国领导人就共同关心的地区和国际问题交换意见，就深化4国之间在经济、安全、能源、环保、社会和文化方面的合作进行讨论。重申将进一步加强合作，加快发展，缩小东盟各成员国之间的差距，加快东盟一体化进程。并对执行“东盟东部增长区路线图”（BIMP－EAGA ROADMAP）所取得的成果表示满意，一致同意将加强增长区的空中联系作为今后的发展重点。会后，4国领导人签署《增加航线的谅解备忘录》，相互开放文莱斯里巴加湾、印尼巴里巴板和坤甸、马来西亚哥达基纳巴卢和古晋以及菲律宾达沃和三宝颜的第五航权。11月19日，文莱苏丹出席在新加坡举行的东盟东部增长区领导人会议。会议回顾增长区重点合作领域和合作项目的实施情况，讨论促进和加强区内各国贸易、运输、旅游和环保等议题。峰会上，东盟东部增长区4国（文莱、印尼、马来西亚、菲律宾）领导人批准开放区内航空备忘录、区内跨境长途客运备忘录和建立及促进统一海运联系的备忘录等文件，并批准设立增长区经济走廊的设想。文莱苏丹在会议上呼吁国际援助计划鼓励东盟东部跨国联营。

文莱与东盟其他各国和主要贸易伙伴加强合作。2007年1月12日，文莱经济发展理事会和马来西亚HDZ生物柴油合作有限公司签订《生物柴油计划合作谅解备忘录》。项目将投资2.63亿美元，在文建设两个生产生物柴油和丙三醇的项目。预计项目第一期年产量达10万吨，第二期计划年产量达40万吨。项目预计在2007年年内启动。在港口合作方面，1月15日，文莱交通部港务局与泰国港务局在文莱首都斯里巴加湾市签署合作备忘录，旨在促进双方在船务、海港、货运和人力资源等领域的合作。从东盟各国输入劳务人员。1月15日，越南驻文莱大使向文莱媒体透露，已有400余名越南劳务人员在文莱就业，今后还将有更多的越南工人来文工作。目前，在文莱14万就业人口中，有6万多人来自国外，印尼是最大的劳工来源地，其次是菲律宾、孟加拉国和印度。文莱还与东盟有关国家合作保护生态环境。2月12日，文莱、马来西亚和印尼三国在印尼巴厘岛签署《婆罗洲之心宣言》，三国政府将共同合作，加强对婆罗洲（加里曼丹岛）热带雨林的保护。

文莱与新加坡继续保持牢固关系。6月27日，为庆祝文莱与新加坡货币等值互换协定签订和执行40周年，文莱发行20元面值纪念钞。文莱苏丹和到访的新加坡总理李显龙共同主持新钞发行仪式。两国签订的货币等值互换协定于1967年6月12日正式生效，有效促进两国的金融稳定，推动双边的贸易、投资及旅游业的发展。2007年两国还签署医疗保健领域加强合作，分享医疗保健项目的经验和加强医疗人员培训与交流以及推动医疗保健领域的合作。

文莱与日本的经贸合作进一步发展。日本历来是文莱的第一大贸易伙伴。2007年两国的经贸合作进一步发展。6月17～19日，文莱苏丹访问日本。访日期间，文、日两国签署自由贸易协定。该协定的签署，将削减关税和确保文莱液化天然气对日本的稳定供应。目前，文莱出口日本的液化天然气占日本总进口量的10%。根据协定，日本将逐步取消从文进口热带水果等产品的关税，文莱也将在今后3～5年内，逐步取消日本汽车、电器、机械等产品的进口关税。

文莱积极对外推销清真食品。8月16～19日，第二届文莱国际清真食品展览在斯里巴加湾市文莱国际会议中心举行，这次展览由文莱工业和初级资源部举办，来自澳大利亚以及东盟国家的食品和贸易商参加此次展览。8月20日，文莱Mavimin公司生产的虾片装箱启运，发往迪拜，这是文莱清真食品首次出口中东市场。

五、2008年展望

政治社会方面。文莱独立以来一直保持着稳定的局面，文莱政府的各项政策得到广大民众的支持，加上近年来，文莱政府针对国际形势的变化，大力抓政治社会稳定。文莱人民生活富裕，可以预期文莱将继续保持政治社会稳定。

外交方面。文莱将继续参与东盟各项对外活动；与中国也将继续保持密切关系。2008年中文关系中的一件大事是纪念文莱二世苏丹加那王访华并病逝于南京600周年，中文两国将共同举办系列纪念活动，将两国传统友谊推上新的高度。

经济方面。根据经济专家分析，从目前国际经济形势看,世界经济的失衡将进一步加剧,全球经济增长速度将有所减缓,东盟各国的经济增长率将略低于2007年。文莱也将难以独善其身,估计除了旅游业继续保持快速发展外(预计2008年游客达到19.1万人次,增长8%),其他产业将难以得到很大发展。但由于文莱依靠石油和天然气的局面还没有根本改变,目前作为全球主要能源的石油价格一直上涨,盛产石油和天然气的文莱将从中获利,2008年的文莱经济发展仍将基本维持2007年的发展格局。文莱政府将延续既定方针,加快促进经济多元化发展将是文2008年及今后一段时期经济工作的重要内容。2008年,文莱政府将继续加紧推进能源开发,保持并争取扩大现有生产水平。此外,延伸油气产业链,实现油气资源的深加工和增值,也是今后文能源产业布局的重要环节。以兴建甲醇厂为契机,位于文油气产区的以油气下游产业为主的工业园正加紧建设,尿素、生物柴油等一批项目也有望上马。经济多元化方面,文莱政府将加紧推进大摩拉岛深水集装箱码头和出口加工区项目的实施;着眼于中东和世界清真食品市场,文莱政府将采取更积极措施极力打造"文莱清真"品牌;旅游方面,文莱政府努力改善旅游设施,扩大宣传,力争实现旅游业的高增长;金融方面,文莱政府大力发展伊斯兰金融和离岸金融业务。一方面继续增加对基础设施和基础产业等的投入,改善招商引资环境,另一方面也将积极加大招商引资力度,吸引国际社会支持和参与文经济多元化战略实施进程,积极鼓励中小企业和私人投资,努力在石油、天然气的下游产业、制造业、服务业等领域有所突破。估计2008年经济虽然增长幅度不大,但还是仍然能够保持稳步增长。 (马金案)

参考文献和资料来源:

1. 中国驻文莱大使馆网站和经商处网站有关2007年和2008年1~7月文莱新闻和经贸新闻的报道。

2. 文莱易华网站有关2007年和2008年1~7月文莱新闻和经贸新闻的报道。

3. 2007年10月28~11月1日第四届中国—东盟博览会文莱展览馆提供的资料。

4. 关于文莱2007年主要经济数据来源于中国驻文莱大使馆网站和经商处网站2008年5月6日和7月9日报道。

柬埔寨:2007年回顾和2008年展望

2007年对柬埔寨第三届政府来说是本届执政的最后一年,也是关键的一年。这一年的形势比以往任何一年都好,政治稳定,社会安定,经济持续快速发展。

一、保证政治稳定

2007年4月,柬埔寨成功举行了第二届全国基层选举。由于选举是在2008年全国大选前一年举行,因此通常都被看作是大选的预演。各政党和分析人士也将基层选举的结果作为分析未来大选的重要根据。在全国的1622个区、乡政府中,人民党赢得1592个区乡,反对党桑兰西党获得28个区乡,分裂后的新奉党只获得2个区乡,新组成的拉那烈党全军覆灭。选举结果显示,人民党获得的选票和执政的区乡数量基本与上次基层选举一样,人民党对国家的主导地位是巩固的。

全国基层选举的结果同时显示,桑兰西党、奉辛比克党和拉那烈党之间的力量对比和政治组合开始出现变化,其中长期作为反对党的桑兰西党特别引人注意。桑兰西党已经取代奉辛比克党成为第二大党。以桑兰西党在2007年的基层选举的情况与2002年同样的选举比较,桑兰西党在2007年获得选票130万张,比2002年的73万张增加78%;得票率达到26%,比2002年的16.7%增加9个百分点;在区乡政府中担任职务的人数为2671人,比2002年的1346人增加98.4%;虽然由桑兰西党担任正职的区乡只有28个,却比2002年的13个增加115.4%;在全国1621个区乡基层政权中,桑兰西党以副职和委员身份进入其中的有1379个,比2002年的914个增加50.9%。桑兰西党的目标是象人民党那样进入全国所有的基层政权。在这方面,目前两党担任的基层政权职位数相差242个。为尽快实现成为执政党的目标,桑兰西党调整策略,放弃凡是人民党支持的桑兰西党就反对,凡是人民党反对的桑兰西党就支持的极端立场,在不少问题上不与人民党正面对立和冲突,而是在一定程度上配合。尽管桑兰西党在国会议员和柬埔寨城乡基层政权第一把手的数量方面与人民党还有巨大差距。但是该党在农村建立的组织系统和政治影响,是任何政治力量都不能小视的。该党主席桑兰西表示,他将整合人民党之外的所有政治派别,建立一个以桑兰西党为核心,由他任主席的民主运动大联盟,在2008年大选中发起一场象1993年那样的强大攻势,与人民党较量。

2006年开始的奉党内讧和分裂,在2007年虽然出现过微弱的整合尝试,其中包括人民党副主席洪森表示愿意从中斡旋,但均以失败告终。

2007年3月,由于法庭裁决奉辛比克党对拉那烈的指控成立,拉那烈被判处18个月监禁。拉那烈2007年5月要求国王特赦但被国会拒绝。2007年底桑兰西访问法国时,拉那烈有意派人与他商量成立新党,建议由拉那烈任党主席,桑兰西任副主席和新党总理候选人。两次与拉那烈结盟,两次选后被抛弃的桑兰西获息后表示对此建议不感兴趣。

已经拖延10年的审判红色高棉（以下简称审红）终于在2007年正式拉开帷幕。审红法庭久久不能开庭的主要原因是，柬埔寨政府和联合国在由谁审、审什么人、怎样审等问题上双方争执了很长的时间。柬埔寨主张在这些涉及主权的重大问题上不能轻易做出让步。最终联合国同意成立有国际法官参加、柬埔寨方面人员占主导多数的特别法庭，审判将严格控制在最少数高级领导人，在柬埔寨司法框架下对这些人进行审判。审判的经费绝大部分由联合国承担。这些重要规定保证审判不损害柬埔寨的民族和解、政治稳定，同时也可以满足国际社会的审红要求。

尽管如此，柬埔寨政府一直不敢掉以轻心。因为重新揭开老伤疤，搞不好不但可能危及来之不易的国内和平与安定，还会造成严重的国际问题。从2007年情况看，审红并没有脱离柬埔寨政府与联合国达成的协议确定的轨道，特别是将审判范围严格限定在前民主柬埔寨4个最高领导人和1个对大屠杀罪行负有最直接责任的执行者身上。并对这些人按照国际惯例给予人道主义对待。

人民党在取得对国会和政府的全面主导权之后，政府推动国会通过一系列关系到保持政治稳定，促进经济发展，提高政府效率的法律法规，柬埔寨开始以一个全新的面貌出现在国际舞台上。日本、美国、韩国等过去只向柬埔寨提供援助，未进行大规模投资的国家，表现出极强的投资意向，显示出对柬埔寨中长期政局稳定的前景和人民党政府执政能力的认可。

二、促进经济腾飞

柬埔寨2007年被列为东盟国家中经济增长最迅速的国家，世界银行总裁佐力克称柬埔寨是东南亚“崛起的经济新秀，充满活力”。据官方宣布，2007年柬埔寨经济以9.6%的增长率快速发展，近3年经济增长率平均达到11.3%。良好的宏观经济为提高国民生活水平，减少贫困，提供了坚实的基础。从1994年获得和平到2007年，柬埔寨的平均年经济增长率为8.4%；人均国民生产总值翻了一番，超过500美元；物价指数年平均增长4.2%，一直处于可调控范围之内；瑞尔兑换美元汇率近年来基本稳定在4030～4060兑换1美元；贫困人口比例下降到2006年的35%。贸易出口从1994年的4.63亿美元，增至2006年的35.56亿美元，增幅达8倍。2007年出口额增加到39亿美元左右。

洪森首相宣布，柬埔寨2007年的外汇储备猛增近7亿美元，达到16亿美元。他还说：“1979年，我国的外汇储备等于零；1994年只有1亿美元，估计到2008年将增至20亿美元。我们必须努力，使外汇储备继续增加。”柬埔寨发展理事会累计批准的外国直接投资项目总额高达77亿美元，2007年实际到位4.25亿美元。财政收支稳步增长。2007年的财政预算总额为11亿美元，比2006年增长22%。其中计划财政收入8.26亿美元（2006年为7.13亿美元），占当年GDP的10.18%，不足部分继续依靠国际援助。在2007年6月举行的首届合作发展柬埔寨论坛上，包括中国在内的国际社会承诺向柬政府提供6.89亿美元的援助，比上一年度增加15%。其中中国政府承诺提供9100万美元的援助，而且不附加任何条件。世界银行同意提供3.6亿美元的贷款，协助改善地方行政管理和建设。

2007年柬埔寨农业获得大丰收，农业依然是柬埔寨最基本的产业。全国1400万人口中约80%从事农业生产，农业在国民经济中所占比重约为30%。全国稻谷种植面积255.3万公顷，比上年增加3万公顷；稻谷产量持续增长，2007年产量达到640万吨，比大丰收的2006年还多10万余吨，除满足全国人口用粮和留用种子外，约有150万吨稻谷可供出口。农业部官员表示，目前稻谷每公顷产量高达2.5吨，主要原因是种子改良、水利设施日益普及以及种植条件良好。此外，柬生产的吴哥香米等优良品种由于不使用化肥，获得国际绿色食品认证，出口价每吨高达500美元。农业被列为柬埔寨王国优先发展的重要领域，政府欢迎私人企业参与，至2007年底政府已与54家私人公司签订投资协议，在全国15个省市提供85.34万公顷土地给这些私人公司发展稻谷生产和种植经济作物。

柬政府鼓励发展高附加值的农副产品，鼓励发展橡胶种植业、养殖业、渔业等。在战争年代受到破坏的橡胶生产有所恢复，2007年橡胶园面积约7万公顷，其中3万公顷已产胶，年出口干胶4万吨，占全世界总量的0.46%。新开发的鳄鱼养殖业发展较快，各地养殖鳄鱼10万余条，经过加工的鳄鱼皮开始出口换取外汇。

2007年柬成衣出口总额达到29.3亿美元，比1994年增加732倍，居世界成衣出口额排名第六位。

2007年柬接待外国游客200万人次，比上年增长两成，是亚太地区除马来西亚外增长幅度第二大的国家；创收14亿多美元，比上年增长35%；到访最多的外国游客依次是韩国、日本、美国、越南和中国。旅游部长唐坤估计，至2010年到访的外国游客将增加到300万人次。随着生活水平的提高，2007年有近100万柬埔寨人出国旅游。与此同时，国内旅游也发展迅猛，到全国各旅游景点旅游的柬埔寨人达到500万人次。

2007年房地产继续快速发展，土地和房价大幅度上涨，外资和国内投资纷纷流入房地产业。全国有将近2000个建筑工地，提供了5万多个就业机会。全国土地价格2007年比2006年猛涨70%，金边、暹粒和西哈努克港的商业用地最高的上涨3～5倍。金边市区的独立别墅价格从3年前的20万美元左右上涨到60

万~80万美元；市区土地每平方米从50~100美元涨到600~1200美元。

金边过去是巴黎花园式城市建筑风格，高层建筑的高度不能超过金边发源地塔仔山的高度，所以基本没有高楼大厦。但2007年金边建筑高度有了重大突破，有3座分别为30层、42层和52层的摩天大楼在建，其中42层双塔黄金大厦总投资额24亿美元，预计可在3~4年内完工。此外，金边还大搞现代化高级住宅小区，正在上马的三大卫星城是柬韩（CAMKO）、大金边城（Grand Phnom Penh）和钻石岛，投资总额都超过20亿美元。

游客游览柬埔寨皇宫　（原载《中国—东盟博览》）

2007年，对柬埔寨海底石油的勘探工作全面展开，参加勘探的石油公司全部来自柬埔寨以外的国家和地区。他们是美国、日本、韩国、泰国、马来西亚、新加坡、中国、中国香港、印尼、科威特和瑞典等。其中美国雪佛龙公司所在的A区块作业进展最快，已基本完成海上钻井勘探，正在策划开采的准备工作。还有3个区块已经进入海上打探井的准备阶段。国际货币基金组织（IMF）2007年发表的一份报告指出，柬埔寨海底拥有的石油储量估计在7亿桶左右，可以持续开采40年。按每桶60美元计算，柬埔寨政府从石油所获得的收入，将会从2011年的1.74亿美元增加到2021年的17亿美元。

为配合柬埔寨海上石油勘探开采工作的进行，一个占地15公顷的开采石油物资供应基地将在海滨城市西哈努克市建立。日本将出资帮助建设一个占地70公顷的经济特区，投资者可获得免税优惠，但所有转运和进出口起卸货物须交服务费。2007年西哈努克港接待的集装箱货轮比上年增长12%，每个月平均有76艘货轮停泊。

交通运输方面，柬埔寨经过十几年努力基本修复了国内的公路网，2007年着手铁路修复工作。柬政府先后与日本、法国和泰国达成协议，由日本的NIPPON KOEI公司担任金边到西哈努克港和金边到柬泰边境城市波贝两条铁路（全长650公里）修复工程的检查技术顾问，由法国TSO公司和泰国NAWARAT联合公司负责修复铁路，预计工期两年。

三、广交大国朋友

柬埔寨继续奉行独立自主外交、立足加强与东盟合作、与各大国之间平衡外交关系的政策。

（一）柬埔寨与中国的关系（参见《中国与东盟关系》部类）

（二）柬埔寨与美国的关系

2007年，柬美关系继续加强。美国国会在2月批准向柬埔寨政府提供5600万美元援助。2月9日美国海军军舰“加里号”在西哈努克港靠泊，这是美国军舰30多年来第一次访问柬埔寨，200名官兵与柬埔寨海军进行海上营救联合训练，还进行足球比赛，帮助村民检查身体等。美驻柬埔寨大使约瑟夫·穆索梅利说，这艘排水量4100吨的导弹护卫舰到访，是两国扩大军事联系的第一步，是两国“关系加深的迹象”。11月26日，美国再派遣两栖攻击舰“艾塞克斯”号访问西哈努克港，在为期6天的访问中，美国军人在金边市与柬埔寨反恐部队举行联合军事演习，进行交流。美方官员表示，希望通过这次访问与柬埔寨建立更加紧密的联系。11月，美国贸易代表施瓦布与柬埔寨商业部长占蒲拉西就扩大和深化双边贸易和投资关系进行会谈。这是美国贸易代表首次访问柬埔寨，也是双方首次在《美国—柬埔寨贸易与投资框架协议》下举行会谈。美国除投资海上石油开发外，在柬埔寨的直接投资不多，但美国给予柬的最惠国待遇使其成为柬埔寨的最大出口市场，主要产品是成衣和鞋，2006年为22亿美元，2007年头3个季度达19.5亿美元。

（三）柬埔寨与日本的关系

日本在柬埔寨的外交天平上有着独特的分量。2007年日本通过经济援助在柬埔寨取得外交和军事合作方面突破的目的性和主动性明显加强。2007年6月洪森首相对日本进行国事访问，双方签署投资保护协定，以完善投资环境，促使日本企业到柬埔寨投资和扩大两国贸易；双方还就经济合作、联合国改革等问题交换了意见，就共同合作维护世界和平达成一致。日本表示欢迎审红特别法庭的运作以及承诺投资7000万美元在柬埔寨东部的乃良建造长2000米的湄公河大桥。洪森还会晤日本国际协力银行行长，双方就有关扩建西哈努克港国际码头和规划经济特区等问题举行磋商。作为后续行动，日本在7月派遣以经济产业副大臣山本幸三为团长、数十家相关商社等参加的政府和民间代表团访问柬埔寨，对石油、天然气和铝土矿等资源进行调查。日本三井公司正在与美国雪佛龙和韩国的LG公司联合开发柬埔寨海上A区块的石油和天然气；日本琵琶湖生物有限公司拟在柬埔寨种植4800公顷蓖麻，并投资8亿美元建炼油厂；雅马哈集团也承诺在柬埔寨开设摩托车装配厂。

（四）柬埔寨与东盟国家的关系

作为东盟组织的成员，柬埔寨把东盟看作是外交的基石，非常重视与各成员国保持密切的友好合作关系，积极参与东盟事务，发挥其特殊的作用。2007年11月12日柬埔寨国会审议通过两项议案，批准柬埔寨加入《东盟—中国自由贸易区协议》和《东盟—韩国自由贸易区协议》。根据该协议内容，柬埔寨与中国、韩国将分别于2015年和2018年完全实施免关税进口。

柬埔寨继续与越南、老挝保持特殊的友好关系，组成东盟中的铁三角，3国轮流举办领导人年会，就发展三国政治经济关系和国际问题及时讨论和交流，协调立场共进退。2007年3国就边界走向和设立界碑达成协议；2007年底3国还签署一份能源合作协议，利用世界银行贷款建造两条电力输送线，一条输送线将从越南的西宁省到柬埔寨的磅湛省，另一条从老挝的占巴色省到柬埔寨的上丁省，这两个工程估计需投资1800万美元，2010年建成，这两条电力输送线有望较大地降低这些地区的电力生产成本。

2007年8月老挝国家主席朱马利·赛雅贡和副总理兼外长通伦·西苏里（Thong Loun Sisoulith）先后访问柬埔寨。西苏里在访问期间，出席在西哈努克市举行的第十届柬老联合委员会的双方合作会议。越南公安部长黎鸿英率领的越南公安部代表团2月访柬，双方就推动两国联合在打击犯罪方面的合作达成一致，同意在打击恐怖分子、有组织犯罪团伙、跨国犯罪、毒品走私、拐卖妇女和儿童、假币、洗钱、非法出入境等方面加强合作。3月，越南国防部部长冯光清上将率领的越南国防部高级军事代表团访问柬埔寨时，双方签订2007年国防合作议定书。7月，越南副总理阮生雄在接见来访的柬工业矿产能源部部长时承诺越南将支持越柬在工业领域的合作，认为双方在炼油、橡胶生产和加工以及种植等领域具有较大的发展潜力。为了加强越柬边境贸易，越南年内决定将与柬接壤的3个国家级口岸升级为国际口岸。据越南官方统计，柬埔寨已经成为越南在本区域的最大贸易伙伴，柬埔寨也是越南商品最有潜力的市场，两国贸易总额从1998年的1.17亿美元增加到2006年的9.5亿美元。越南驻金边商务处估计到2010年双边贸易总额将达到20亿美元。

四、2008年展望

展望2008年，柬埔寨在7月举行全国大选，产生新一届国会和政府。

政治稳定和投资环境和法规的不断完善，有望吸引中国和西方工业发达国家大型企业到柬埔寨投资，石油和矿业将成为国家发展战略的新领域，并在勘探方面有更多的发现和证实。房地产行业和旅游将有大的发展。这些都将成为推动经济增长的新动力。柬埔寨的经济增长可望保持高速势头。

柬埔寨的外部国际环境继续得到改善。柬埔寨同多数大国之间的关系仍将保持良好。尽管柬埔寨与美国的关系仍存在某些不确定因素，但不会影响继续改善的大方向。而2008年中国与柬埔寨建交50周年和两国友好年庆祝活动的展开，将把两国全面合作关系推进到一个新的高度。（邢和平）

印度尼西亚：2007年回顾与2008年展望

2007年是印尼政治、经济和社会明显好转的一年。

一、政治：稳定的一年

（一）政府与国会关系良好

改组后的印尼内阁，大部分阁员来自主要大党，代表了国会中参与执政的404席政党力量（占73%），副总统卡拉代表第一大党从业阶层党，继续支持政府。政府理顺了与国会的关系，各项举措顺利进行。

（二）苏西洛总统调整军队高级将领，军队成为政局稳定的重要因素

2007年9月，军队调动的军官多达129人。12月底，任命令佐哥·山托梭上将（Djoko Santoso）为国民军总司令。军队高层将领的调整进一步巩固了苏西洛对军队的领导和军队对政府的支持，也为2009年苏西洛总统的参选打下基础。

（三）未发生重大宗教冲突和民族冲突，恐怖主义进一步受到遏制

2007年6月伊斯兰祈祷团军事首脑阿布·杜朱纳（Abu Dujuna）和另一首脑查卡西（Zarkasi）等7名恐怖分子被警察抓获，他们是2002年和2005年巴厘岛自杀式炸弹大爆炸的策划者。2007年8月17日是印尼独立日，苏西洛总统宣布：印尼在反恐战争中取得胜利，但仍然要铲除恐怖主义根源，比如落后、贫困、不公正、极端主义和暴力文化。

二、经济：进一步好转

印尼遭受亚洲金融危机风暴的打击和破坏最为严重，经过多年来的重建，经济逐步复苏。2007年是印尼经济进一步明显好转的一年。

（一）经济增长较快

2006年经济增长5.5%，国内生产总值达3641亿美元，人均国内生产总值1486美元，通货膨胀率6.6%。2007年经济增长6.3%，国内生产总值达3859亿美元，人均国内生产总值1543美元。通胀率为6.4%。印尼股市综合指数2745点，获利率52%，在亚太地区排名第三，比亚洲金融危机时的450点增长6倍。

（二）国内外投资增长较快

近年来，印尼政府采取一系列吸引投资的政策和新措施，并建立新的自由贸易区和开发区，吸引国内外投资，根据印尼投资协调机构的数据，2007年协议投资额达到140亿美元，比上年增长120%。

（三）外贸出口继续增长

印尼政府采取一系列出口的优惠措施，简化程序，刺激外贸出口。2006年外贸出口额1207亿美元，比上年增长18.1%；2007年达到1350亿美元，增长13.5%。

（四）外汇储备连续增长

2007年达到570亿美元，债务占国内生产总值的39%，印尼政府提前还清1997年借国际货币基金组织的420亿美元债务。印尼盾汇率稳定，外界评论除日元外，印尼盾是亚洲较稳定的货币，1美元兑换9200～9400印尼盾。

（五）政治稳定，治安好转，刺激旅游业复苏

2006年外国游客达500万人次，外汇收入45亿美元。2007年外国游客人数创10年来的新高，达550万人次，给印尼带来50亿美元的外汇收入。

（六）国内消费是推动经济增长的主要动力

由于经济逐步复苏，居民消费增长较快，占国内生产总值的60%，国内汽车和摩托车的需求量继续增加，摩托车销售量从2006年的440万辆增加到2007年的480万辆。

三、对外关系取得积极成果

（一）印尼—中国战略伙伴关系深入发展（参见《中国与东盟关系》部类）

（二）印尼与东盟的合作不断加强

印度尼西亚是东南亚国家联盟创始成员国，始终把加强与东盟成员国的关系作为其对外政策的基石。2007年印度尼西亚继续保持和加强与东盟其他成员国在政治、经济、军事和文化等方面的密切合作。

2007年8月24～26日，第39届东盟经济部长会议在菲律宾首都马尼拉召开，东盟各成员国经济部长一致同意尽快完成东盟经济共同体发展蓝图的制订，并于当年11月在新加坡举行的东盟首脑会议上签署。11月22日印尼贸易部长冯慧兰在新加坡参加第13届东盟峰会期间表示，印尼将与新加坡、马来西亚、泰国、越南和文莱于2015年落实东盟经济一体化政策，而越南、柬埔寨、老挝与缅甸将推迟到2018～2020年实行。在东盟经济一体化蓝图中，将优先发展以下领域：农业、航空、汽车、电器、渔业、卫生器材、橡胶产品、纺织品和成衣、旅游、木制品及服务业。

2007年4月，越南贸易部长张庭选率团访问印尼，并与印尼贸易部召开第四次印尼—越南经贸联委会。双方签署15项合作协议，内容涉及胡椒和咖啡等商品贸易合作、投资、油气生产技术、渔业、农业、教育、旅游、银行和房地产业等。此外，双方还签署卫生合作备忘录，进一步加强在药物与食品监督机构的交流与合作。

印尼重要商港三宝垄市一瞥　　（原载《游遍世界》）

2006年6月25日，印度尼西亚和新加坡在印尼巴淡岛签署共同开发印尼巴淡、民丹和卡里汶经济特区（BBK经济特区）合作备忘录。根据协议，两国企业家将在经济特区内就投资、银行、税务、移民事务、劳工、旅游、农业、渔业、技术合作、教育和人力资源等方面展开全面合作。两国政府正式成立经济特区联合指导委员会。印尼认为新加坡在发展经济特区方面拥有非常成熟的经验，合作将有利于印尼方发展

BBK 经济特区，同时也为将来发展印尼其他地方的经济特区提供经验和模式。新加坡方面表示将全力支持印尼 BBK 经济特区的发展，并为其发展提供技术支持和进行人力资源培训。双方还一致同意联合委员会下设一个联合工作组，印尼方由贸易部长冯慧兰领导，新方由新加坡经济发展局局长林松源领导。

（三）印尼加强国际经济合作

2007 年 3 月 28 日，印尼工商会 KADIN 与德国工商会 EKONID 在雅加达签署联合发展印尼中小企业的项目合作协议。协议金额 127 万美元，主要用于对中小企业提供培训与技术支持。

4 月下旬，印尼农业部长安东率团访问苏丹，并与苏丹签署农业合作备忘录。该协议主要通过利用苏丹资源潜力和印尼的经验技术，在农业和畜牧业方面加强合作。

3 月 13 日，日本政府向印尼政府提供 2 亿日元（约 172 万美元）无偿援助，用于提高粮食产量和减少贫困人口。印尼《雅加达邮报》4 月 5 日讯，日本政府向印尼提供 8.47 亿美元优惠贷款用于 9 个基础设施项目和社会项目的建设，贷款年利率 0.4% ~1.5%，还款期 30 ~40 年，包括 10 年宽限期。这 9 个项目包括北苏门答腊省和西苏门答腊省的输电线路项目、南爪哇岛铁路复线项目、苏门答腊岛数据规划系统开发项目、落后地区的基础设施建设项目、海啸受灾地区基础设施重建项目、日惹学校 IT 设施建设项目、国家电力公司和哈萨努丁大学设施改进项目及大学论文资助项目。5 月下旬，印尼副总统尤素福·卡拉率领印尼政府代表团对日本进行访问，探讨两国在经贸领域的深入合作。卡拉希望日本企业加大对印尼的投资力度，尤其是工业、能源和基础设施领域。日方多家企业都表示将扩大对印尼的投资，同时也希望印尼政府保证对日本的液化天然气供应，并提出愿协助印尼方开发核技术。8 月 20 日，印尼总统苏西洛与到访的日本首相安倍晋三在雅加达签署两国经济伙伴协议，该协议涉及双边自由贸易、投资等问题。在 2008 年协议生效之后，日本对印尼 80% 的出口商品将实行零关税，印尼也将对日本 58% 的出口商品实行零关税。日本是印尼的最大出口市场，2006 年，印尼对日本出口总额达 217 亿美元，日本对印尼出口总额为 55 亿美元。双方还签署四项总价值 39.77 亿美元的能源、电力工程合作协议。

2007 年 5 月，印度驻印尼大使在雅加达举行印尼—印度贸易关系研讨会上表示，印度 2007 年计划在印尼投资 20 亿美元，同时印尼政府希望在 2007 年能吸引十几家印度大公司来印尼投资。印度对印尼的投资集中于矿业和机动车行业。

2007 年 7 月 23 ~25 日，印尼总统苏西洛访问韩国，双方签署合作协议，韩国增加在印尼投资 13 亿 ~15 亿美元，主要是参与印尼油气、电力和矿务行业的发展建设。印尼将与韩国签署 85 亿美元的合作项目，包括在印尼东加里曼丹修建运煤铁路，在南苏门答腊岛建造港口，印尼国家石油公司与韩国 SK 集团在印尼合作开发和销售润滑油、合作开发油气区块，印尼国家石油公司与韩国 LG 集团在印尼南苏门答腊岛建造液化石油气厂等项目。

四、2008 年展望

2008 年世界原油价格上涨支持印尼经济发展，加上国内政治稳定，治安好转，政府致力于发展经济，预计经济增长率将达 6.5%，通货膨胀率和印尼盾汇率将稳定，国内外投资、贸易出口和外汇储备将增加。

（温北炎）

主要参考资料：

1. 印尼《罗盘报》。

2. 印尼《时代日报》。

3. 许家康、古小松主编：《中国—东盟年鉴》*2007* 年卷。

4. 印尼《千岛日报》。

5.《东南亚研究》*2007* 年第 *3* 期、第 *5* 期。

6. 新加坡《联合早报》。

老挝：2007 ~2008 年回顾与展望

2007 年，老挝国内政局平稳，经济发展稳中有升，外交更趋多元化，争取外援及外国投资成效显著。

一、政治：政局平稳，政通人和

2007 年，老挝国内政局平稳，政通人和。老挝人民革命党“八大”提出的“坚持以经济发展为中心”的全面革新开放路线以及到 2010 年基本解决人民贫困问题、到 2020 年实现国内生产总值比 2000 年增 3 倍，使老挝摆脱欠发达状况的奋斗目标，给老挝人民带来新的希望和鼓舞。

新一届政府围绕“八大”确定的中、长期奋斗目标，制订“六五”期间 11 大规划及 111 个重大基础设施建设项目。2007 年，新一届政府施政务实有效，把脱贫作为优先任务，除大力争取外援用于扶贫事业外，还于 2007 年 1 月在国内相关省份设立“政策银行”及其分行，为困难群众提供低息小额信贷支持，在全国 47 个贫困县设立“扶贫基金会”，免除受灾群众债务，降低农用水电费及农业进口物资关税。同时承诺每年为公务员、现役军警人员及离退休干部增加一次工资等，因而赢得国内民众的好评。

2007年7月3日，老挝国会除批准政府制订的“2007~2008年度经济社会发展计划”及重点任务外，还增加3项重点任务，即：(1)继续发展重点帮扶区以消除贫困，帮助社会经济基础设施缺乏的北部边境地区、东部地区、革命老区和边远山区；(2)把鼓励群众合作经济与鼓励发展中小企业相结合；(3)促进与国际经济联系，尤其要为成为东盟自由贸易区及世贸组织成员准备条件。

老党“八大”制订的方针政策、新一届政府的施政方略和国会的权力监督，完全符合国情民意。人民群众对党和政府的信任度增加，对国家今后的发展前景增添了信心，人心思定和安居乐业已成为人民群众的普遍共识。这也是当前老挝能够保持国内社会政治稳定及政通人和的最为重要的条件和关键的因素。

2007年，老党和政府稳定社会政治的主要措施是：

（一）继续把深入学习、宣传和贯彻老党“八大”路线、方针和政策当作中心政治任务，以此统一全党、全军和全民的思想与行动

5月下旬和11月下旬，老党分别召开八届四中和五中全会，及时研究并提出涉及党的建设、社会经济发展、国防治安建设、农村基层政权建设、政府机构调整、法制建设及对外交往等一系列重大问题的指导意见，着重加强对全党、政府和国会的思想和组织领导。

（二）新一届政府重视解决突出的经济、社会和民生问题，努力树立勤政务实的新形象与工作作风

以波松总理为首的新一届政府组成以来，重视解决突出的社会、经济和民生问题，努力树立勤政务实的新形象与工作作风。每月定期召开内阁会议，汇总、通报、研究、分析政府各项工作计划落实情况、存在问题并及时提出解决问题的具体措施和办法。波松总理还带头经常深入基层进行视察和调研，注意倾听各方面意见和建议，着力解决群众反映强烈的社会、经济和民生问题，受到普遍赞誉。

2007年，新一届政府在农村扶贫帮困、缩小南北中发展差距、解决城市失待业人员就业、遏制通胀、平抑物价、开源节流、增加预算税收、平衡贸易赤字、增加公务员工资和离退休干部生活补贴、整顿矿业和林木市场以及稳定社会治安等方面采取一系列政策措施并收到明显成效。

（三）老党和政府始终把加强国防治安工作作为头等大事来抓，确保长治久安和社会和谐

老党和政府在强调以经济发展为中心及扩大对外开放的同时，实行“内紧外松”的战略和策略，始终把国防治安工作作为头等大事来抓。对西方“和平演变”或在老挝推行“颜色革命”保持警惕，加大治安整治力度并采取如下对策：一是继续实施全民国防治安方针与路线，把农村全面发展与国防治安工作紧密相结合。二是进一步强化军队、警察和民兵思想政治工作，继续加强军警部队正规化、革命化建设，着力提高军警部门应对突发事件的战斗力，建立健全中央—省—县—村（街道）4级国防治安与防控体系。三是加大城乡社会治安综合治理力度，严厉打击偷盗、抢劫、打架、斗殴、吸毒贩毒、贩卖人口、走私及跨国刑事犯罪。

二、经济：稳中有升，持续向好

2007年，尽管受到国际燃料价格波动及国内爆发禽流感的影响，但老挝经济总体形势继续向好，发展速度稳中有升，宏观经济面貌有所改观。

2007年全国经济增长率达到8%，国内生产总值43.29万亿基普（约合43.29亿美元），略高于2006年的7.5%。其中，农林业增长2.8%，工业增长15.7%，服务业增长7.4%，经济结构有所改善，农林业已由2006年占GDP的43.5%下降到2007年度占GDP的40.9%，工业则由占GDP的30.5%增至33.1%，服务业保持占GDP比重的26%。人均GDP达到678美元，比原计划728美元少50美元。通胀率由2006年的7.9%降至2007年4.14%，为2000年以来最低。财政收入6.03万亿基普，占GDP的15%。相当年度计划的109.06%，其中国内收入达5.37万亿基普，相当于年度计划的110.7%。预算支出8.02万亿基普，相当于年度计划的98.42%。

全年贸易出口额9.77亿美元，其中矿产品占出口总值的61%，进口商品主要是为投资项目服务的商品约为2.78亿美元，石油天然气进口额约2.35亿美元。2007年度首次实现贸易顺差6100万美元，占GDP的1.5%。

老挝财政部长对本年度财政经济形势的评价是：(1)经济社会总体保持稳定，经济持续发展，通胀率较上年低，基普与外汇兑换率趋于正常。(2)投资气氛较前活跃，特别对能源及矿产行业的投资。(3)收支状况有所改善。国内预算收入与2006年同期相比增长7%，预计将可完成国会通过的全年计划。支出状况也有所好转，预算紧张状况得到逐步缓解，为经济、金融情况趋于基本稳定和正常作出贡献。(4)财政预算工作有所加强。本年度预算政策方针是继续努力奋斗，进一步增强财政预算能力，提高当家作主和自力更生的能力，使预算计划与社会经济发展、消除贫困计划并与政府11项规划和111个项目相吻合。(5)大力促进包括内资和外资在内的各经济成分的投资。促进老挝政治安定和宏观经济稳定，干部、军人、警察和群众生活有所改善。同时，也努力使老挝财政政策更加灵活和主动地与地区和国际经济融合在一起。(6)政府债务处于预算可控制水平，债务偿还工作有进展。老挝到2005年底的总债务为21亿美元（占当年GDP的75%），人均491美元。老挝政府在偿还外债方面，均

能按照与外国借贷协议规定的义务正常进行债务偿还。在2002～2005年间，年度债务支出比例（包括本金与利息）较国内收入由15.3%增加到21.7%。由于大部分国外借贷属优惠贷款，故政府外债偿还处于预算可控制的水平。虽然国内债务历年积累较多，但政府每年都努力逐步加以解决并降低，到现在处于预算能控制的水平。

2007年老挝政府发展经济的主要措施：一是继续为国内外投资者以及各族各阶层人民投资生产经营和服务等行业创造便利的环境，促使经济持续发展并创造新的就业岗位，为群众增收和政府预算增收打好基础。二是加大关税和其他税收征管力度并纳入预算收入。在严格执行各项税收法律、法令和命令的同时，老挝财政部正在研究和起草总理令及专业指导规则，以便按法律规定的时间组织实施增值税法（VAT）。此外，还将继续研究修改第二号法令，研订关于将土地和财产转变为资本的命令以及财产税等其他一些命令。三是积极搜集、建立并管理境内各类企业和现有各种预算收入来源资料档案，按法律规定力求使税收做到应收尽收并完整纳入预算。指导各类企业的企业主按规则注册和缴税。要求企业特别是大、中型企业设立会计账务，按实际收入报税。对于小企业，也要设立基本的原始账并按核算承包方式缴税。在组织实施承包式缴税时，需多部门参与，以保障透明，防止漏税及各种消极现象发生。四是对边境、机场海关及驻各省海关办公室的职能作用、权力任务及负责程度进行整顿，以便使他们严格按法律规则正确活动并组织关税征收。其中，要注意管理并征收大宗商品关税，如燃油料、各类汽车、建材、电器、饮料等。财政部继续与工贸部及其他相关部门配合，研究并制订全国过境商品、进出口商品及免税店的管理规则。五是财政部将与全国各地、各部门合作，以便对开采和使用自然资源（矿产、木材等）进行跟踪、检查和管理，使之符合法律规则并提高效益。同时，组织征收自然资源税、手续费、技术收入、领空过境费、印花税、资本利息及政府投资的企业利润分成。六是财政部将与各部门及全国各地合作，对国有企业进行评比和整顿、对境内企业过去一年的经营活动进行评估。对于取得经济社会效益的企业，将继续获得资金支持及各种政策扶持，以使企业发展壮大；对于效益低的企业，将按计划规定进行整顿。

三、外交：灵活多元，富有成效

2007年，老挝外交更趋灵活和多元化，争取外援及外国投资成效显著。

（一）老挝与越南政治、经济关系持续升温

2007年是《老越友好合作条约》签订30周年和老越两国建交45周年。两党两国分别于7月16日同时在老挝首都万象市和越南首都河内市举行庆祝大会，颂扬和宣传老越特殊关系。老越两党、国会和政府主要领导人均亲临本国庆祝大会现场并互派领导人出席对方的庆祝活动。老方派出老党中央政治局委员、书记处书记、国家副主席本扬率领的老党高级代表团赴越参会，越方派出越共中央政治局委员、书记处书记郑盾桑和国家副主席郑美华率领的越南党政高级代表团与会。越共中央总书记农德孟对本扬副主席表示：越南将优先发展越老特殊关系。在万象市庆祝大会上，越方授予老党中央政治局委员沙曼、本扬和西沙瓦3人越南最高奖章——金星勋章，以表彰他们为老越特殊关系作出的突出贡献。分别授予其他7名政治局委员通星、阿桑、波松、通伦、冬斋、宋沙瓦和娘巴尼以及老党中央办公厅、中央联络部、外交部、国防部和公安部5个部门胡志明奖章。

年内，双方高层互访频繁，老越两国国家主席、国家副主席、政府总理先后互访，老挝副总理阿桑、冬斋、通伦及宋沙瓦也分别访越。

2007年7月10日，老越两国政府签订《2008～2015年贸易发展合作计划》，争取两国贸易额2010年达到10亿美元、2015年达到20亿美元。2006年老越双边贸易额为2.6亿美元。2007年头4个月，老越双边贸易额已达9230万美元，较2006年同期增长21.4%，预计全年将突破3亿美元。

（二）老挝与中国全面合作关系发展迅速（参见《中国与东盟关系》部类）

（三）以政促经的政党外交颇为活跃外交成绩斐然

老党“八大”特别是2006年8

老挝万象市一超市内商品琳琅满目　　（原载《占芭》）

月老挝全国第十次外事工作会议以后，老党以政促经的政党外交颇为活跃。老党已同世界100多个政党建立联系，同121个国家建立外交关系。2006年，老党与世界各国政党交往达192批次，其中老党派团出访133次。2007年老党与世界各政党交往次数多于上年。

据不完全统计，老挝从1975年建国至2005年的30年间，争取到外援65.16亿美元，年均2.17亿美元，其中绝大部分为无偿援助。2007年，老挝争取外援的金额为历年最多。

日本政府在2007年上半年分别向老挝政府提供5亿日元财政贷款、3亿日元抗灾无偿援助及近300万美元的微观财政计划调整援助；8月又决定提供5.2亿日元援助老挝建设2009年东南亚运动会使用的体育中心及其配套设施。年内，日本同时宣布向包括老挝在内的老、越、柬、缅4个国家提供4000万美元发展援助，日本AEON集团决定在2007~2008年出资500万~560万美元为老挝全国兴建100所中、小学校；世行同意在2007~2010年为老挝提供2.42亿美元贷款援助；法国决定在2007~2011年，向老挝提供政府开发援助1.04亿美元；欧盟在2007~2013年，将对老挝提供3200万欧元援助；联合国妇女儿童基金会决定在2007~2011年向老挝提供3927.5万美元援助；德国决定在2007~2011年对老挝提供2100万美元援助，德国政府年内还通过联合国禁毒署和德国GAA组织向老挝政府提供禁毒资金132万美元及向老挝丰沙里省提供农村发展项目援助88万美元；芬兰提供867.9万美元支持总部设在万象市的湄公河国际合作委员会，支持进行湄公河流域发展计划；此外，美国、澳大利亚、瑞典政府以及日本国际协力组织、法国开发组织、德国国际基金发展组织、澳大利亚OXFAM组织、瑞典ERICKJALPEN组织等一批国际非政府组织也对老挝提供无偿援助，总数达数千万美元。

（四）以积极的外交姿态参与国际和地区事务

2007年是老挝加入东盟10周年。作为东盟成员国的一员，老挝政府和人民已真切感受到参与东盟组织、参与东盟自由贸易区以及中国—东盟自由贸易区建设进程所带来的巨大机遇与好处，从而以更加积极的外交姿态参与国际和地区事务，努力创造条件争取早日加入世贸组织并谋求加入亚太经合组织。

1. 积极参加东盟共同体建设进程及东盟与有关合作伙伴国的对话。1月8~11日，波松总理率团参加在菲律宾宿务举行的第12届东盟首脑峰会等11个系列会议并签署《东盟宪章》等一系列重要文件，共同参与东盟安全、经济和社会文化三大共同体建设。11月17~22日，波松总理再次率团参加在新加坡举行的第13届东盟首脑峰会，与东盟各国领导人就国际和地区形势、东盟经营与投资环境、气候变化、能源开发与环保等深入交换意见。此外，波松总理还参加东亚第三次首脑会议、东盟—欧盟、东盟—中国、东盟—日本、东盟—韩国、东盟—印度以及东盟10+3会议，讨论并确定东盟与上述国家的合作方针。

2. 主动承办东盟组织国际会议及法语国家部长会议。2007年6月23~28日，老挝作为东道国在万象市主持召开东盟第七次高官会议暨10+6（东盟+中、日、韩、俄、澳、巴）安全对话会议。11月19~21日，老挝首次在万象市主办第23届法语国家部长会议，有55个法语国家及13个观察员国派部长或代表出席。11月21~23日，老挝又在占巴塞省主办“东盟国际机场协会会议”，老挝于2002年加入该协会。

3. 积极改善与美国关系，努力争取世贸组织、欧盟、日本等对老挝入世的支持与援助。2007年以来，老美关系继续朝着不断改善的方向发展。老方继续与美方合作寻找在印支战争中失踪的美军人员遗骸，美方也表态支持老挝于2008年加入世界贸易组织。在印支战争中，在老挝失踪的美军人员达569人，从1985~2007年的22年间，老美合作找到200余具失踪的美军人员遗骸，目前尚有300余具失踪美军人员遗骸下落不明。2007年8月，老美双方在万象举行会谈，就继续合作找寻失踪美军人员遗骸达成了共识并确定下一步搜寻重点地区。美方对老挝政府在这一问题上奉行的人道主义精神和积极协助深表感谢和赞赏。2007年1月，由30名企业家组成的美—老贸易与投资顾问协会代表团访老，表示出对投资老挝电讯、IT、矿产、医疗及旅游行业的极大兴趣。2007年2月和3月，老挝万象市爆发大规模禽流感，美国驻老挝大使馆和美国疾病防治与控制中心先后3次向老方提供价值21.8万美元的防疫器材与物资。美国1998~2006年累计向老挝提供2500万美元用于清除当年美国在老挝扔下的未爆炸弹。7月，美国驻老挝大使馆向老方捐赠价值20万美元的扫雷设备及8.7万美元现金。

老挝政府已确定于2008年或最迟在2009年争取加入世贸组织。2007年2月，老挝政府第3次收到世贸组织补充提问意见159条，要求老挝政府就外贸政策如何与国际接轨以及服务市场开放时限等问题做出答复。老方专门聘请日本和欧盟专家协助制订答复方案并在2007年下半年与世贸组织召开了老挝入世第3轮工作组会议。为争取世贸组织、欧盟、日本等对老挝入世的支持与援助，2007年3月中旬，老挝外长通伦访问欧盟主要国家，法、德等国均表示支持老挝入世。6月中旬，波松总理首访日本。日本首相安倍晋三表示日本政府将支持老挝早日加入世贸并提供必要的资金支持。8月30日，老挝政府邀请世贸组织代表阿利浦·卢森访老，老挝副总理宋沙瓦在会见时表达老挝渴望早日加入世贸组织的愿望，希望世贸组织加快接纳老挝入世进程并按欠发达国家的待遇对待。

四、2008 年展望

政治上，老党将继续强化执政能力建设，牢固捍卫执政地位，全面加强对革新开放事业的思想和组织领导，确保国家沿着党所确定的社会主义方向前进。始终坚持经济建设与国防治安“两手抓”，全力确保社会政治稳定，防止敌对势力对老挝实施“和平演变”和颜色革命。同时，着力提高政府办事效率并加大国会对政府履行职能的监督力度，努力树立勤政为民和务实高效的政府形象，团结和带领人民为实现老党“八大”和政府制订的社会经济发展计划而扎实奋斗。2008年老挝政局会更为稳定，社会治安环境也会越来越好。

经济上，老挝政府将加快推进各项基础设施建设，以便进一步改善投资硬件设施；通过建立健全法律法规来规范和整顿市场经济秩序，逐步创造依法治国和公平公正的市场竞争氛围，以此作为改善投资软环境、吸引更多的外国投资者参与老挝开发和开放、尽快加入世贸和与国际经济接轨的必要举措。预计 2008 年老挝仍将保持 8% 左右的较高经济增长率，特别是随着矿业和能源勘探市场的逐步开放、一批大型矿山、水电站和基础设施项目进入实施阶段，外国投资将大幅飙升，由此将拉动老挝经济快速增长。鉴于目前老挝入世已不存在大的障碍，因此老挝将可能在 2008 年加入世贸组织。

外交上，老挝党和政府仍将继续奉行独立自主的和平外交路线，坚持外交为创造良好的国内经济建设环境服务的思想与做法。一方面，将重点发展与越、中的全面战略合作关系；另一方面，将继续采取灵活务实的多元化外交政策，充分发挥中央、地方和民间的积极性，大力推行以争取外援和外资为主要目的的多层次经济外交。预计老挝与东盟各对话合作伙伴国家、世界各政党、法语国家以及国际组织的关系与往来会进一步密切。（云　鹤）

马来西亚：2007 年回顾与 2008 年展望

2007 年，马来西亚政局总体保持基本稳定；经济发展虽有所放缓，但仍比较稳健；对外关系进展顺利，对外经济合作不断拓展。

一、经济发展情况

（一）宏观经济：稳健发展

2007 年马来西亚经济发展面临许多来自外部的挑战，主要是美国次级房贷危机导致世界金融市场动荡，造成美国及欧洲的需求趋缓，进而影响马来西亚的出口，影响主要以出口导向为主的制造业发展。不过，由于旅游年活动的开展促进了旅游及其相关产业的发展，批发零售业和金融保险业增长显著，使得服务业持续保持比较强劲的发展势头；马来西亚第九个五年计划和基础设施工程建设的推动，与建筑业相关的产业也获得快速发展；政府分阶段降低 2% 的公司税，并在 2007 年 4 月 1 日起撤销产业盈利税，以进一步刺激产业市场；再加上政府为公务员提薪，增加政府开销，拉动内需增加，以及国际石油和原棕油价格的大幅上升为马来西亚石油、棕油出口带来的巨大收益等，很大程度上减轻了制造业增长放慢和出口低迷的负面影响，全年经济仍获得稳健发展。2007 年马来西亚国内生产总值为 6414.9 亿林吉特（3.20 林吉特约合 1 美元），比上年增长 6.3%；人均国民收入 23610.2 林吉特；外汇储备约为 1109 亿美元。

（二）服务业发展良好

2007 年服务业继续呈现良好发展势头，成为带动马来西亚经济发展的主要动力。为庆祝马来西亚独立 50 周年，政府宣布 2007 年为“马来西亚旅游年”，并拨款 1.49 亿林吉特，主办 240 项旅游活动，来吸引外国游客。旅游年活动的开展，对服务业贡献不小，批发零售业和住宿餐饮业首季分别增长 9.1% 和 8.1%，马来西亚入境游客月均约 170 万人次。2007 年 1～6 月，外国游客在马来西亚购物消费额高达 68 亿林吉特，比上年同期增长 86.3%。2007 年全年入境旅游人数 2088 万人次，旅游业收入达 140 亿美元，创历史新高。旅游业成为马来西亚第二大创汇产业。在旅游等产业的拉动下，2007 年马来西亚服务业的增长幅度最大，达到 9.7%。

（三）建筑业出现蓬勃发展景象

2007 年，马来西亚第九个五年计划中的各项建设工程全面实施，建筑业出现多年以来难得一见的蓬勃景象，成为继服务业之后的经济亮点。在马来西亚第九个五年计划发展蓝图中，有 2.46 万项基础设施建设项目，投资总额 1650 亿林吉特。加上 5 个经济走廊发展计划（柔南依斯干达经济特区、北马经济走廊、东海岸经济特区、沙巴发展走廊和沙捞越再生能源走廊）依时启动，建筑业的发展势头良好。2007 年第一季度建筑业显著增长 4.0%，第二季度继续增长 4.8%，有关统计显示，马来西亚上半年的建筑工程总值超过 930 亿林吉特，这是 1990 年以来的最高水平。建筑业全年增长达 4.6%，对国内生产总值做出较大贡献。

（四）以石油和天然气开采为主的矿业由下降转为增长

2007 年，能源价格不断提升，国际原油价格突破每桶 100 美元关口，对石油、天然气出口国——马来西亚来说是重大的利好，促进了以石油和天然气开采为主的矿业发展。2007年初，由于受原油及原油产品生

马来西亚海上石油井架 （原载《中国—东盟博览》）

产下降对整个矿产业的负面影响，第一季度矿业生产由2006年第三、四季度的正增长转为下降1.1%。随着油价的上涨，矿业在第二季激增到7.7%，此后直到年底，矿业增长基本维持在3~4%之间，1~11月同比增长3.2%，估计矿业的全年增长率为3%左右。2007年11月，原油出口额增至31亿林吉特。天然气对出口的贡献也不少，1~11月天然气的出口额为236.63亿林吉特，同比增长13%。

（五）以出口导向为主的制造业发展趋缓

制造业因全球电子需求缓和，以及美国订单减少的影响，持续走弱。第一季度比上一季度增幅仅为1.7%，比上年同期降低7.1个百分点，第二季也仅增长1.5%。其中，电子电器产品在2月份还出现负增长，交通设备生产也连续低迷。由于石油和食物产品需求增长，出口状况的逐渐改善，9月份开始，制造业逐渐有所起色，当月增长3.4%，10月进一步增长4.6%，11月增长3.8%。1~11月制造业同比增长1.4%，累计销售额4743亿林吉特。随着后期形势逐渐好转，估计全年制造业增长约为2%~3%之间。由于制造业不振，马来西亚工业生产指数第一季度曾出现衰退，此后连续几个月低增长，到9月和10月，才随着制造业活跃而分别增长3.4%和4.7%，1~11月同比增长2.0%。

（六）农业受水灾影响而减产

马来西亚的农业以热带作物种植业为主，油棕、橡胶等热带作物的生产对农业的影响很大。2007年第一季度，由于洪水泛滥等不利因素的影响，棕榈油及橡胶生产下降，造成农业生产仅增长2.0%，比上一季度降低3.1%。随着橡胶和棕油产量的继续下跌，第二季度农业出现0.9%的衰退，第三季度农业增长速度只有0.7%。2007年底，柔佛等6个州再度发生大水灾，农畜业蒙受了近5000万林吉特的损失，给农业生产雪上加霜。但是，由于原棕油的价格不断走强，每吨达1044美元，棕油的生产和出口为农业成长贡献不少，使得第四季度的农业增长速度达6.9%。2007年马来西亚棕油产量为1580万吨，较2006年的1590万吨有所下降。2007年1~11月马来西亚天然橡胶总产量为110.73万吨。

（七）对外贸易面临挑战

美国是马来西亚的最大出口市场，在美出现次贷危机后，马来西亚的电子与电器出口受到影响，2007年马来西亚对美出口额下降14.5%。另外，林吉特兑美元的汇率2006年升值7.8%，2007年再度升值约6.7%，不利于马来西亚的产品出口。但是马来西亚对亚洲国家和新兴市场的出口大幅增长，抵消了对美出口下降和汇率升值的影响。2007年马来西亚对外贸易额达到3425亿美元，比上年增长3.7%，再创历史新高。其中，出口金额1868亿美元，增长2.7%；进口金额1557亿美元，增长4.9%。贸易盈余1005.3亿林吉特，比上年减少7.1%。

（八）五大经济特区计划启动

2007年马来西亚最引人注目的是总理巴达维领导的政府建立经济开发区的发展计划全面启动。主要包括柔南依斯干达经济特区、北马经济走廊、东海岸经济特区、沙巴发展走廊和沙捞越再生能源走廊五大经济特区计划，涵盖马来西亚全国13个州中的10个州，除雪兰莪、森美兰和马六甲3个州和3个直辖市外，基本上都纳入了经济区的范围。

·链接资料·

柔南依斯干达经济特区

柔南依斯干达经济特区是马来西亚最早酝酿的经济特区，自2005年开始酝酿建立。马来西亚政府为了促进经济发展，通过借鉴迪拜、香港及深圳等地区的成功经验，于2006年11月由总理巴达维正式推出依斯干达经济特区计划。它是马来西亚目前着力打造的境内最庞大的发展计划。伊斯干达经济特区包括马来半岛南部柔佛州的新山、哥打丁宜和笨珍等数个地区。根据发展规划，新山、努沙加亚、西大门发展区、东大门发展区以及士乃—士古来地区等5个区域被确定为功能不同的重点发展区域。其中，新山和努沙加亚两个区域还被确定为可以实行智能快速过境卡的首批自由出入区，以吸引外国公司特别是新加坡公司在依斯干达经济特区设立办事机构。依斯干达经济特区最终目标是发展成为一个国际大都市，以此作为带动马国家经济发展的重要引擎。

依斯干达经济特区的管理机构为依斯干达发展区管理局（IRDA），它是依据2007年2月颁布的《伊斯干达发展区管理局法案》而专门设立的该区法定管理机构，由马来西亚总理和柔佛州务大臣任联合主席，另有5名成员。该管理局职责是在兼顾国家整体政策框架以及柔佛州政策的同时，制定与该区域发展相关的政策、指令和战略，协助履行区内各政府机构实施的各项活动，促进、便利依斯干达经济特区的发展。下设咨询理事会、审批和执行委员会及超级一站式处理中心。

为了促进依斯干达经济特区的早期投资，在现有吸引外资政策基础上，2007年3月，马政府宣布了新的适用于依斯干达经济特区某些特定区域的初期一揽子鼓励和支持措施。鼓励措施主要是针对服务业、高附加值和知识密集型的产业活动。

为确保依斯干达经济特区计划的成功，马来西亚政府承诺在规划、管理、融资及促进等各方面给予大力支持。政府已在2006～2010年的第九个五年计划期间拨款超过43亿林吉特，改善该地区的软硬件设施，并将注入122亿林吉特（约35亿美元）的催化投资。为了牵头实施和促进依斯干达经济特区内催化项目的发展，2006年12月，马来西亚国库控股公司、雇员公积金局和柔佛国民基建公司共同组建柔南投资公司（联邦政府和柔佛州政府全资拥有），初期总资产约34亿林吉特（约10亿美元）。作为依斯干达经济特区超级发展商，柔南投资公司充当重要的本地策略伙伴角色，同时提供大面积土地融资便利。

依斯干达经济特区计划推出后，马来西亚国内工商界非常关注，反应积极。同时，也吸引了世界各地的投资者，新加坡、日本、印度以及部分中东国家已对该发展区表现出投资兴趣，许多企业和商会也纷纷到该地区进行商机考察。

北马经济走廊

继依斯干达经济特区计划之后，2007年7月底，马来西亚总理巴达维宣布正式启动北部经济走廊特区计划。根据这个计划的初步蓝图，马来西亚将在2015年前筹集并投入1770亿林吉特资金，用于北部霹雳、槟榔屿、吉打和玻璃市州的经济开发，在目前以农业经济为主的这些地区大力发展物流、加工工业、高科技、教育以及旅游等产业。总理巴达维还成立了一个由他领导的北部走廊发展执行委员会，负责监督和推动该项经济走廊特区计划的实施。政府将提供完整的奖励配套措施，包括拨款、创业融资及简易贷款。除了政府主导之外，以森那美集团为牵头公司，以确保所有发展计划的顺利进行。

东海岸经济特区

为平衡东西海岸经济，减少贫困人口，缩小地区差距、促进同步发展，2007年10月底，巴达维宣布推出东海岸经济特区计划。这个经济特区涵盖了马来西亚半岛东海岸的彭亨、登嘉楼、吉兰丹3州和柔佛州的丰盛港，占地面积66736平方公里，覆盖马来半岛51%的土地面积，是幅员最广的经济发展区。根据计划，马来西亚将在东海岸经济区内开发227个基础设施建设、旅游、教育、农业以及石油天然气项目，总投资计划达到1120亿林吉特，马来西亚政府初期将投入60亿林吉特资金。马来西亚政府十分重视对该区的开发建设，整体计划由马来西亚第一大国有企业马来西亚国家石油牵头规划，并成立了以巴达维总理为首，由副总理、相关州的州务大臣、政府首席秘书、联邦政府和私人领域代表组成的东海岸经济区发展委员会，鼓励各界踊跃投资，确保工程项目得以落实。

开发项目主要集中在公共建设和旅游领域，服务业和制造业是其发展重点。该区的开发将以众多专业园区吸引投资者，其中塑料园、知识园、城中城、动画中心、农业城、商业交易所等将填补该区空白，成为超越其他两个经济区的亮点。

沙巴发展走廊和沙捞越再生能源走廊

沙巴发展走廊和沙捞越再生能源走廊是在东马经济区计划下的两个经济区域发展计划，主要包括东马的沙巴和沙捞越两州，于2007年底正式推介。沙巴发展走廊位于沙巴州，将在未来18年内投资1050亿林吉特，重点发展以农业、旅游、制造业、物流业为主的相关产业。政府设立沙巴经济发展投资局负责这个经济走廊的发展。沙捞越再生能源走廊位于沙捞越州，计划在22年内投资3340亿林吉特，重点促进可再生能源、海港、旅游业的发展。政府设立区域走廊发展局负责该经济走廊的发展。

马来西亚推出这些经济区发展计划，主要是为了平衡整个国家的经济发展，全面提高人民的生活水平和福利。其中柔南依斯干达经济特区的发展模式如果成功，将引入其他的经济区。由于马来西亚推展多个经济特区，并安排了多项贸易投资促销活动，外资引进成效显著。2007年1～9月，马来西亚引进外资395亿林吉特，比2006年全年吸引202.28亿林吉特外资投资还多193亿，增加95%。2007年全年，马来西亚制造业领域共吸引外资334亿林吉特（约101亿美元），占制造业领域投资总额的55.8%，比2006年吸引外资总额（202亿林吉特）增长66%。在联合国贸易与发展会议组织（UNCTAD）的调查中，马来西亚还成为全球20个最吸引外来直接投资的经济体之一，排名第14位，在亚洲经济体当中的排名仅次于中国、印度、越南和泰国。

二、政治保持稳定

（一）庆祝独立50周年

为庆祝独立50周年，马来西亚政府进行精心策划，确定以“辉煌的马来西亚”作为国庆50周年的主题。8月31日独立日上午，在首都吉隆坡独立广场举行万人民族大团结游行和三军阅兵式，马来西亚政府高级官员、文莱国苏丹王博凯亚、英国约克公爵安德鲁王子、菲律宾总统阿罗约、新加坡总理李显龙、泰国王储马哈王子、印度尼西亚副总统卡拉、英国驻澳大利亚总督杰弗里将军，以及各国驻马来西亚大使观看游行。当晚在吉隆坡独立体育馆举行独立50周年国庆盛大庆典，巴达维总理发表长篇演讲，并7次高喊“默迪卡”(独立)。巴达维呼吁人民把马来西亚建设成为一个真正独立自主、有尊严、进步繁荣、团结一致及受人尊重的国家。9月10日，沙捞越州体育馆也举行一场大型的独立庆典，马来西亚最高元首和总理出席庆典。

(二)继续加大廉政力度

2007年，马来西亚政府继续实施《廉政大蓝图》，加大廉政力度。11月1日，马来西亚全国商业罪案局总监拿督南利尤索夫被反贪污局控上法庭，成为历来被控贪污罪行的最高警阶警官。此外，还有一些官员陆续因为贪污被控。

2007年，政府为公务员增加公共服务固定津贴，每月为30~50林吉特，这项措施于2007年1月1日生效，将惠及超过100万公务员。政府还提高公务员的房屋贷款额度，并给予没有住政府宿舍的公务员提供生活津贴，给住政府宿舍的公务员提供50%的生活津贴。

(三)出现一些有争议的宗教和政治问题

2007年11月10日，首都吉隆坡市中心独立广场举行一场大规模集会。集会由干净与公平选举联盟发起，有3万人参加，主要是马来人。这是1998年前副总理安瓦尔被革职引发“政改运动”后，马来西亚爆发的最大规模的反政府示威。11月25日，首都吉隆坡市再次发生一场大集会和示威游行。这次示威游行由马来西亚印度教徒权益委员会发起，约1万多人参加，主要是印度教徒。这两次示威游行虽然在政府的处理下得到平息，但也反映出马来西亚多元种族社会中存在的深层次问题。

三、外交进展顺利

(一)与大国的关系不断加强

1. 与中国的关系不断深入(参见《中国与东盟关系》部类)

2. 与美国的关系保持稳定。2007年马来西亚与美国的关系稳定发展。在马来西亚欢庆独立50周年之际，布什对首相阿都拉和马来西亚的发展都给予了高度的评价。马来西亚与美国的自由贸易谈判也正在进行中，2007年4月马来西亚与美国官员在华盛顿举行会晤开始第6轮谈判，以推进自由贸易协议谈判进程。若自由贸易协定签署，至2010年的双边贸易额将从2005年的440亿美元增长1倍。

3. 与日本的关系不断加深。2007年是马日建交50周年，8月23日，日本首相安倍晋三抵达吉隆坡对马来西亚进行为期3天正式访问，这是安倍2006年担任日本首相以来首次访问马来西亚。8月24日马来西亚总理巴达维和来访的日本首相安倍晋三在总理府举行会谈后发表联合声明，马日两国将进一步加强在政治与安全、经济、国际事务等领域的合作。2007年5月，马来西亚总理巴达维邀请日本参与柔南依斯干达特区发展，提升马日两国经济、贸易及投资友好关系。2007年两国已签署的经济伙伴关系协议稳步实施。日本已连续两年成为马来西亚最大的投资国，2006年和2007年(1~10月)日本占据马来西亚外资来源国的首位，2006年为111.9亿林吉特，2007年(1~10月)为61.2亿林吉特。日本在马来西亚重点投资领域为电子、交通设备、零售以及物流。另据统计，2001年至2007年9月，日本是马来西亚最大进口国和第三大出口国。目前，在马营业的日本企业约1400家。

4. 与俄罗斯建立起稳固的伙伴关系。2007年马俄关系发展顺利，双方合作领域不断拓展。2007年6月18日，马来西亚总理巴达维抵达莫斯科对俄罗斯进行为期3天的正式访问，普京在19日会见到访的马来西亚总理巴达维时说，俄已与马来西亚建立起稳固的伙伴关系，这种关系建立在相互尊重、平等和相互考虑对方利益的基础上。马来西亚是俄在东盟国家中的最大贸易伙伴。俄马两国旅游、文化和教育交流日益密切，目前有2000多名马来西亚学生在俄高等院校学习。双方在军事技术和航天等领域合作潜力很大，2007年俄方为马来西亚培训了首位航天员；2007年8月11日，俄罗斯已向马来西亚皇家空军交付了马方订购的首批6架苏-30战斗机。

(二)与东盟国家的关系继续深入

1. 马新关系不断改善。2007年，马新两国政治和经济合作都有所加强。两国合作的重要领域，是共同促进马来西亚柔南依斯干达经济特区的发展。马来西亚提出在柔南佛设立依斯干达经济特区后不久，两国就于2007年5月15日设立部长级的委员会，并于7月召开首次会议，讨论特区发展的各种问题，以加速落实政府在特区实施的政策，并确定两国在环境课题、旅游业、关卡通关，以及加强交通联系等四方面加强合作。马新两国的航空合作有新发展。2007年11月，两国交通部官员举行为期两天的会议，决定扩展航空合作，逐渐开放新加坡—吉隆坡航空服务，计划到2008年12月1日，新加坡—吉隆坡航空服务将全面开放，两国的航空公司可决定经营多少航班，航班次数将不受限制。马新两国其他合作，如双边贸易，双边投资等继续发展,新加坡一直是马来西亚重要的贸易伙伴,马来西亚大量的进出口商品要通过新加坡港口,2006年至2007年7月,马来西亚批准制造业项目1600多个,其中约200个来自新加坡。2007年,马新两国还签署教育合作备忘录,以加强两国学校的联系。

2. 马泰关系明显发展。2007年12月,跨越马来西亚和泰国边界的第二座大桥建成通车。大桥通车后,将刺激两地回教徒社区的经济发展。年内马来西亚同意向东盟国家开放国内汽车市场,马泰两国原来在汽车贸易的争执随之得到化解。

3. 马印尼关系密切。2007年2月,马来西亚首相巴达维接受印尼苏西洛总统授予的最高童子军勋章。年内,马来西亚制定在未来数年成为在印尼最大的投资来源指标,其中包括来自私企或政府的投资。2006年马来西亚在印度尼西亚的投资达22亿美元。2007年在印尼廖内群岛省的印度尼西亚经济特区,来自马来西亚的投资达10亿美元。双方的军事合作也在加强。2007年8月,马来西亚马六甲海峡沿岸地区的部分海事警察人员及负责人前往印度尼西亚苏门答腊的棉兰,与印尼警方进行联合打击海盗训练。马来西亚和印尼还将在双方马六甲海峡沿岸各地区警方负责人和海事警察之间建立联系,共同应对海盗事件。

四、社会文化发展

(一)首名太空人升空以及生物科技计划实施

2007年令马来西亚人民非常振奋的一个重大事项,是马来西亚首名太空人谢赫·穆扎法尔·舒库尔成功升空。34岁的马来西亚外科医生谢赫·穆扎法尔·舒库尔于2007年10月10日搭乘俄罗斯联盟号太空船成功升空,并且进入国际太空站,他在太空逗留11天之后,同月21日返回地球,成为该国首位进入太空的宇航员。马来西亚总理巴达维10日向马获选进入太空的首位宇航员表示祝贺。舒库尔在太空飞行期间,对引起热带病的癌细胞与细菌发生的变化进行研究,并对蛋白质在太空中结晶特点进行实验。马来西亚政府一直重视发展宇航科技事业,制定完善的太空计划,包括开展国际合作、太空导弹研发、建造一个卫星发射基地及发射更多卫星等。1996~2007年,马来西亚陆续发射了“东亚卫星一号”、“东亚卫星二号”、“东亚卫星三号”、“鹦鹉卫星1号”等多颗卫星,还在瓜拉冷岳建造了国家太空中心。马来西亚此次载人航天计划的成功实施,标志着马来西亚在航空航天领域的发展取得巨大进展。

马来西亚十分重视生物技术发展,2003年5月20日,马来西亚生物谷开工建设。2007年,马来西亚生物谷计划不仅在吉隆坡多媒体走廊获得实施,而且逐步扩展至全国有条件的州。在马来西亚第九个五年计划中,制定了生物科技发展策略,政府将拨款20亿林吉特发展生物科技,全力推动国家生物科技政策,以便在2010年实现建立400间生物科技公司的目标。其中45.9%的拨款将用来建设硬件设施,54.1%的拨款则用来进行研发等计划。农业、保健、生物资讯、生物燃料开发,尤其是从棕油提炼出柴油等生物燃料开发被列为特选优先发展的领域,并鼓励相关的外来投资。为了发展生物科技领域,马来西亚2007年财政预算案让生物科技公司10年豁免缴税的期限,并由原本的自该公司开始生产的日期起,改为自开始获得盈利的那一年开始。航空航天和生物技术的发展,提高了马来西亚高科技产业的发展潜力。

(二)克服物价上涨因素,保持较低通胀率

2007年受国际市场油价上涨的影响,马来西亚食品和非酒精饮料、交通、住房、公用事业,以及酒类饮料和燃油等价格有所上升,但马来西亚依然保持比较低的通胀率,预计全年平均通胀率在2%~2.5%之间。通胀上升势头得以控制,主要得益于政府采取的多项措施。首先,马来西亚政府对国内汽油、柴油等燃油价格提供大量补贴,实行优惠税收政策,抑制国内燃油价格上涨。其次,马来西亚政府采取稳健的金融政策,谨慎运用利率手段应对通胀。2006年通胀率达到高峰时,马央行宣布将利率提高0.25个百分点至3.5%。此后,马央行认为通胀率仍在可控范围之内,没有再提高利率。第三,马来西亚政府对一些重要食品和商品价格实行强制性价格管制,尤其在节日期间,政府将一些生活必需品纳入统一管制商品的范围。另外,马政府还将一些重要的工业产品纳入统一管制商品之列。这些商品必须根据政府定价来批发或零售,且要明码标价,违者将被处罚。政府执法人员对统一管制商品进行检查,以确保物价稳定。此外,马来西亚生产力的提高、外资流入增多、债券市场活跃等,也都对平抑通货膨胀发挥了作用。马来西亚的失业率也继续维持3.1%~3.5%的低水平。

五、2008年展望

(一)经济展望

受美国经济放缓发展影响,马来西亚经济发展速度将放缓,增长率估计约为5.8%~5.9%。

2008年,马来西亚国内有多项利好,包括经济稳健成长、各经济发展走廊起跑、政府提升开支,及强劲原产品价格,使得国内的投资消费仍是促进经济发展的主要支柱。由于第九个五年计划的大型工程继续推展,建筑领域继续将是马来西亚经济发展的重要推动力。

(二)政治外交展望

2008年迎来第12届全国大选,国阵继续执政,巴达维当选连任,但国阵在选举中首次未获2/3多数,引发“政治海啸”,政局发展仍有待观察。

2008年马来西亚的对外关系发展应比较顺利。马中关系发展展望乐观，两国政府对目前双边贸易的发展都非常满意，2008年，受国际能源形势的影响，马中两国能源贸易将有所增加；另外，近年中国政府一直鼓励中国企业“走出去”，在马来西亚方面多次推广和呼吁下，将会有更多的中国资金进入马来西亚投资各行各业；马来西亚推介的柔南依斯干达经济特区，是以中国经济特区的发展模式为学习对象，对中国企业也有一定的吸引力。马来西亚与日、美、俄等大国的关系将进一步推进；与新加坡的关系将因柔南依斯干达经济特区的推进，加深彼此的合作；与印尼的关系，在两国领导人和政府的努力下，彼此的问题将有所缓和，经贸合作仍将深入。（韦朝晖）

主要参考文献：

1. 2007年《星洲日报》。
2. 2007年《南洋商报》。
3. 2007年《中国报》（马来西亚）。
4. 2007年《光华日报》（马来西亚）。
5. 2007年新加坡《联合早报》。
6. 大马经济平台网站。
7. 《2006～2007年马来西亚经济报告书》。
8. 中华人民共和国外交部网站。
9. 中华人民共和国商务部网站。

缅甸：2007年回顾与2008年展望

2007年，缅甸政治社会总的形势是，前7个月保持平稳，下半年中期出现波澜，由僧侣主导被西方称为“袈裟革命”造成局势一度动荡。缅甸政府采取强有力措施平息这场风波，政治社会趋于稳定。在外交方面，缅甸继续积极参与东盟各项活动，与中国等传统友好国家保持密切关系。在经济方面，经过努力，全年保持经济增长。

一、2007年的政局

（一）发生所谓“袈裟革命”扰乱政治社会局面

2007年前7个月，缅甸政治社会局势稳定。2007年8月15日缅甸政府突然大幅度提高燃油价格，由此导致生活必需品价格全面上扬，缅甸最大城市、前首都仰光从8月19日开始有市民零星上街游行抗议。8月30日，缅甸西北部城市实兑的僧侣走上街头，反对政府的涨价行为。9月5日，缅甸中部城市帕科库大批僧侣上街游行，警察对天鸣枪并用竹竿强行驱散示威僧侣，造成多名僧侣受伤，僧侣与政府的对抗升级。由于缅甸军政府没有在僧侣规定的期限之前公开道歉，从9月19日开始，缅甸14个省邦中有12个相继爆发由僧侣主导的示威游行，其中24日和25日示威游行达到高潮，仰光有近10万人参加，僧侣多达2万～3万。缅甸政府对此采取强硬手段，25日深夜宣布在仰光和曼德勒实行为期60天的宵禁，白天禁止5人以上的集会，并采取强硬手段（包括开枪）强行驱散游行示威队伍。据缅甸政府公布的数字，在26日凌晨开始的平息此次“袈裟革命”中，共有13人被打死，数十人受伤，被捕者多达2093人。10月20日，缅甸军政府宣布解除仰光和曼德勒的宵禁，表明政府采取强有力的措施控制了局势，反政府示威游行活动得以平息。由于僧侣在这次反政府运动中发挥了主力军和领导者的作用，所以西方媒体称之为“袈裟革命”（又称“藏红花革命”，Saffron Revolution），并把它视为“颜色革命”的一种。

（二）“七步走”民主路线图计划名义上取得一定进展

2007年7月18日至9月3日，延续了14年之久的缅甸制宪国民大会举行最后一个阶段的会议。这次会议完成了制定新宪法基本原则的起草工作，标志着民主路线图计划第二步顺利结束。缅甸政府制定的新宪法基本原则主要有：缅甸未来国名为缅甸联邦共和国，实行总统制，设立民族院和人民院上下两院，实行多党议会民主制度以及市场经济制度；军队在各级议会中必须拥有25%非选举产生的议会代表名额；三军总司令是缅甸武装力量的最高统帅，在国家陷入危机时军队可以接管国家政权。

缅甸政府任命54人的“宪法起草委员会”于2007年12月3日上午召开第一次全体会议，标志着“民主路线图”计划正式进入第三步，即起草新宪法的阶段。是日，缅甸宣传部长觉山专门就此召开新闻发布会，觉山在会上强调新宪起草工作不会邀请“民盟”等反对派参与，因为让反对派参加已经不合时宜，还会使这一进程复杂化。觉山还明确表态，新宪法起草的完成没有时间表。为庆祝新宪起草工作的启动，政府当天特赦8500多名囚犯。

缅甸政府2007年内继续推进政府官员“文官化”进程，逐步重组省（邦）、县、区各级和发委，让地方人员担任各级和发会主席等主要领导职务。大部分县、区级和发会主席已由地方人员接任。大批军官退役后调往各部委和基层单位任职，以扩充地方公务员队伍。2007年1月，800多名军官退役后调往第一工业部、经贸部、内政部等单位。为准备2008年的新宪法草案全民公投，缅甸政府2007年6月启动人口普查准备工作，在联合国的帮助下开展人员培训和网络建设。

（三）缅甸政府对内部人事进行重大调整

任命新的政府总理和缅甸联邦和平与发展委员会是2007年缅甸政府内部最大的人事调整。2007年4

月政府总理梭温被确认患白血病之后，和发委第一秘书登盛中将出任政府代总理。10 月 12 日梭温病逝，10 月 24 日登盛继任政府总理，“和发委”委员、国防部军需署署长迪哈杜雅丁昂敏吴中将接任和发委第一秘书这一实权职位。

2007 年 11 月 1 日缅甸政府成立国防部管辖的三军审计署和第六特战局，第四特战局局长貌波中将出任三军审计署署长，原中部军区司令钦佐少将升任第六特战局局长；新设国家和发委军队和地方事务顾问一职务，由总理兼任；原西北军区司令达埃少将升任第四特战局局长，西南军区司令杜雅敏昂少将升任军务署署长，空缺出来的中部、西南、西北军区司令分别由国防部参谋丁威准将、军事大学教务长觉瑞准将和敏瑞准将接任。政府新设三军审计署，主要考虑打击日益严重的腐败现象。新设第六特战局，主要是为了强化新首都内比都地区的防务。

2007 年政府机构和人事调整总体上属于完善政府职能和正常的补缺，没有异常的人事变动，表明政府在经历“袈裟革命”之后，需要强有力的政府面对巨大挑战。

(四)政府与民盟、少数民族团体之间的矛盾依然尖锐

民盟依然是现政府的重点打压对象。2007 年 5 月 25 日，政府再次宣布延长对昂山素季的软禁，并对民盟实行严格监控和打压，不断以勾结西方势力为名威胁要取缔该组织。在“袈裟革命”之后，面对国际社会的强大压力，缅甸政府对昂山素季进行一些正面报道，同意与昂山素季进行谈判，并任命劳工部部长吴昂基为联络官。但缅甸政府仍拒绝昂山素季提出的“三方会谈”要求，发动少数民族武装和组织联合发表反对昂山素季的声明，并以煽动民众示威为由抓捕民盟多名高层领导。到 2008 年 4 月，昂基与昂山素季虽然会晤 5 次，但双方谈判无实质性进展。

尽管参加 2004 年以来的国民大会的少数民族代表有较大幅度的增加，但少数民族对新宪法草案提出的建议和意见并没有被政府采纳，因此，已与政府和解的少数民族武装对新宪法原则和内容在一定程度上仍持保留意见，但已无力扭转局面。“袈裟革命”爆发后，与政府达成政治和解的 17 支少数民族武装基本没有参与或支持这场反对政府的运动，相反相继发表支持政府的声明，缅北的一些民族地方武装还组织声援政府的大规模群众集会。而没有与政府和解的克伦民族联盟与掸邦联合革命军的矛盾进一步尖锐化，2007 年 3 月和 11 月政府先后对这两股武装进行清剿。

二、2007 年的外交

(一)参与东盟的各项活动

2007 年，缅甸仍然积极参与东盟的各项活动。1 月 8 ~ 11 日，缅甸总理梭温出席在菲律宾宿务举行的第 12 届东盟首脑峰会等 11 个系列会议和讨论《东盟宪章》及签署一系列重要文件，共同参与东盟安全、经济和社会文化三大共同体建设。11 月 17 ~ 22 日，缅甸总理登盛率团出席在新加坡举行的第 13 届东盟首脑峰会，与东盟各国领导人就国际和地区形势、投资环境、气候变化、能源开发与环保等深入交换意见，并讨论和签署《东盟宪章》和《东盟经济共同体蓝图宣言》等文件，与东盟各国领导制订共同体发展蓝图、设定具体目标，并在 2015 年前建设东盟单一市场和生产基地。接着出席第 11 次中国—东盟 10 + 1 领导人会议、第 11 次东盟与中国、日本、韩国 10 + 3 领导人会议、第 13 届东盟首脑会议和第 3 届东亚峰会以及东盟与欧盟建立对话关系 30 周年纪念会等一系列会议。

缅甸自 1997 年加入东盟以来，东盟就面临两难困境。一方面东盟自身无力在东盟框架内解决缅甸问题，但又不能停止解决缅甸问题的努力，因为一旦放弃，就意味着东盟承认自己的失败和无能；另一方面东盟不能对缅甸施加更大的压力，更不用说开除或暂停缅甸的东盟成员国资格，一旦采取这样的行动，东盟的共同体建设就会流产。尽管缅甸政府签署了《东盟宪章》，但缅甸问题仍是对《东盟宪章》的一大挑战。一是由于缅甸参与签署，东盟有些成员国议会不一定会批准该宪章。如菲律宾总统阿罗约就指出，由于缅甸军人政府的签字，她不能保证能说服菲律宾国会核准宪章。二是如果缅甸国内的民主和人权问题迟迟得不到解决，东盟如何根据宪章处罚缅甸，是一个很麻烦的问题。但是缅甸和东盟实质上是一种谁也离不开谁的相互依存关系。政治上，缅甸失去东盟，它在国际社会就更加孤立；东盟失去缅甸，东盟组织就是失败的，不完整的。经济上，东盟是缅甸最主要的外资来源，而泰国、新加坡等国在缅甸有巨大的经济利益，尤其是缅甸向泰国出口的天然气占泰国年消耗量的 25%。双方关系破裂，经济损失同样巨大。因此，《东盟宪章》的公布对缅甸问题的解决有一定的积极作用，但其影响不可高估，东盟与缅甸同时是一种博弈关系，要实现双赢难度很大。

(二)与西方国家关系进一步恶化

西方国家一直对缅甸政府极为不满，近年来美国和欧盟对缅甸问题更为关注，态度更加强硬，并逐渐将缅甸问题国际化。2007 年 1 月 12 日，美国和英国向联合国安理会提出一项关于缅甸问题的决议草案，尽管由于中国、俄罗斯的反对，这项决议案没有获得通过，但表明西方国家不会对缅甸问题的发展坐视不管。2007 年 8 月 1 日，美国政府宣布延长“缅甸自由与民主”法案一年。

“袈裟革命”为美欧出台更为严厉的对缅制裁措施提供了口实。缅甸政府平息“袈裟革命”后，美国政

府立即宣布冻结缅甸14名官员在美国的资产，禁止美国公司或个人与这14名缅甸官员进行商业往来和停止向30多名缅甸政府官员及其家属发放签证。10月19日，美国会参院通过新的制裁议案，停止从缅进口一切珠宝和木材产品，决定任命缅甸问题特别代表。加拿大也于12月14日采取经济制裁措施，停止进口缅甸一切商品，冻结缅政府在加所有资产，缅船舶、飞机不得进入加境内，停止加公司在缅的一切投资等。欧盟11月6日任命一名缅甸问题特使皮耶罗·法西诺（Piero Fassino）。由于日本摄影记者长井健司9月26日在冲突现场被开枪打死，日本外相高村正彦10月16日宣布，停止发放对缅甸的5.5亿日元（470万美元）贷款。

联合国秘书长潘基文2007年12月10日呼吁缅甸政府采取进一步行动同反对派民主领袖昂山素季举行会谈，他警告，回返原状是联合国所“不能接受的，政治上也无法持续”，联合国对缅甸的耐心“正迅速消失”。

从以上情况看，2007年缅甸政府的国际环境全面恶化。以美国为首的西方国家对缅甸采取新的制裁措施；联合国一方面大力斡旋，同时对缅甸政府的态度也更为强硬；新加坡代表东盟发表主席声明，严厉批评缅甸政府在平息“袈裟革命”中的行为；印度时隔15年之后再次要求缅甸政府释放昂山素季，并且暂停了对缅甸的军售。

（三）中缅继续保持全方位的合作关系（参见《中国与东盟关系》部类）

（四）缅甸与朝鲜复交以及与俄罗斯的核合作引人注目

2007年4月25日，朝鲜副外相金永日率团抵达仰光，开始对缅甸进行为期3天的访问。4月26日，缅朝两国签署协议，同意恢复外交关系。

2007年5月15日，俄罗斯联邦原子能局长与缅甸科技部长签署谅解备忘录，两国将共同在缅甸建造一座原子能研究中心。该中心包括一座10兆瓦轻水反应堆、活化分析实验室、医疗同位素生产实验室、掺硅系统以及核废料处理和深埋设施，反应堆将使用20%的铀作为核燃料，且所有运作将在国际原子能机构监控之下进行。根据备忘录，俄罗斯还将为核研究中心培养300～500名专家。缅甸的核反应堆落址于马圭省马圭县附近，核研究机构设于彬乌仑县、皎施县。美国国务院发言人汤姆·凯西2007年5月16日表示，缅甸既没有法律框架，也没有任何保障规定来确保核设施成功运作，美方担心这样的设施会给环境带来破坏，且核燃料可能会被“转移用途”或被盗，从而引起其他安全问题。

三、2007年的经济

2007年，尽管缅甸在发展经济中遇到各种困难，但还是依靠自己的努力，通过扩大出口和吸引外商投资带动经济发展，保持经济平稳增长。

据缅甸政府统计，2006/2007财政年度国民生产总值约为170亿美元，比上年度增长12%，人均国民生产总值不足300美元。

对外贸易迅速增长。缅甸政府放宽对外贸限制，允许私人经营外贸业务，并开放同邻国的边境贸易，使缅甸对外贸易增长较快。2007/2008财政年度，缅甸正常贸易（大贸）进出口总额达88.61亿美元，其中出口60.43亿美元，进口28.18亿美元，顺差32.25亿美元，创历史新高。天然气对出口贡献最多，据缅甸海关统计，2007/2008财政年度缅甸共出口天然气130亿立方米，金额25.94亿美元，占缅甸出口总额的42.9%，与2006/2007财政年度的20.3亿美元相比增长27.7%，主要得益于出口价格的大幅上涨。缅甸商务部的统计数据显示，缅甸的外贸总额中，由于天然气出口泰国所占比重最大，泰国已经成为缅甸最大的贸易伙伴国，其次是中国和印度。缅甸的外贸伙伴主要是亚洲国家，占缅甸外贸总额的90%。其中与东盟国家的贸易额占总贸易额的51.3%。主要出口商品有天然气、大米、玉米、各种豆类、水产品、橡胶、皮革、矿产品、木材、珍珠、宝石等，主要进口燃油、工业原料、化工产品、机械设备、零配件、五金产品等。

吸引外资取得成效。2007年吸引外资5亿多美元，其中约4.7亿美元投向石油和天然气领域。英国是缅甸石油与天然气的最大投资者，达1.9亿美元。至2007年12月，外国在缅甸投资总额约146亿美元，

蒲甘工艺品——漆器　　（原载《吉祥》）

来自29个国家的409家企业。在缅投资前5位的国家和地区为:泰国、英国、新加坡、马来西亚、中国香港。主要投资领域为:石油天然气、电力、水产业、矿产业、制造业(成衣制造业)和饭店旅游业。其中投资最多的领域为电力,占外资总额的43.8%;其次为石油与天然气,占21%。

缅甸的外债较多,据世界银行统计,2006/2007财政年度,缅甸外债总额约67亿美元,最大债权国为日本。外汇储备约6亿美元。

四、2008年展望

国内政治社会方面,政府与民盟的关系一时还难以好转,政府与民盟的谈判将会持续一段时间,但不易取得积极的结果,民盟与昂山素季东山再起的可能性甚少。僧侣的反政府活动在今后一段时间内将偃旗息鼓,僧侣、学生、少数民族以及民盟难以结成反政府统一战线。

外交方面,缅甸作为东盟成员国,在国际环境不利的情况,为摆脱外交困境,必然继续依靠东盟,同时还继续加强与中国等国家的传统友好关系。

2008年缅甸经济面临严峻考验,国际货币基金组织预测2008年缅甸经济增长率为4%。

(马金案　李晨阳)

参考文献:

1. 中国驻缅甸大使馆网站2007年1月至2008年7月10日有关缅甸的情况介绍。

2. 贺圣达:《缅甸:军人执政20年(1988~2008年)》,《东南亚纵横》2008年第8期。

菲律宾:2007年回顾与2008年展望

2007年,菲律宾政府采取有力措施制止动乱,基本保持政治社会稳定;在经济方面,坚持经济体制改革不动摇,全年经济发展势头良好,GDP比上年增长7.3%,是31年来增长较快的一年。

一、政治社会基本稳定,改革稍有波澜

2007年,菲律宾虽然经历不少风风雨雨,但政治社会总体上保持稳定。

(一)政府力排干扰,推进经济体制改革

菲律宾执政党派众议员于2007年2月12日在总统府马拉坎南宫举行党干部会议。会议由阿罗约总统亲自主持,70多名众议员出席会议,这是修宪派议员为了推动修宪而召开的第二场会议。会上,阿罗约重申菲律宾必须修改已使用20年的1986年宪法,以便进行政治改革,早日达成进入第一世界的目标。她表示,技术小组已经完成简化修宪计划的起草,将修宪范围缩小至改变国家体制相关议题,其他如国家元首选举、放宽外商投资限制等议题延后讨论。

根据简化修宪计划,菲律宾政府首先举行公投,以决定人民对修宪的看法。为此,取消2007年5月的国会选举,于同年11月组成临时国会。国会席位分为三大类:行政区议员32席、地区议员212席、弱势政党比例议员55席。

阿罗约希望在2010年之前将政府体制自总统双议会制改为内阁联邦制,如果修宪成功,参众两院将并为一院,因此受到参议院的反对。政府想通过人民创制权修宪,却又遭最高法院判决违法。菲律宾社会气象站民调显示,67%的菲律宾民众反对修宪。

虽然如此,阿罗约重申政府不会放弃修宪目标。2007年5月17日阿罗约在中期选举后的首次公开露面时表示,菲律宾政府将继续推进经济改革,并承诺不会让政治阻碍改革进程。阿罗约表示,她认为如今的菲律宾是亚洲地区投资前景最乐观的国家。支持政府的众议院议员和支持总统的地方政府官员在选举中取得压倒多数的胜利,这能够保证菲律宾将来的政治局势稳定,并保证政府继续将工作重点放在经济改革上。

(二)果断制止动乱,保障社会稳定

菲律宾政治社会动乱与叛乱时有发生,但由于政府采取有力的措施,这些动乱都没有蔓延,从而保持了政治社会稳定。

2007年4月26日晚,菲律宾两个不同政治派别在菲律宾北部发生火拼,造成至少4人死亡,20多人受伤。5月14日是菲律宾举行全国大选的日子,与选举有关的各种暴力冲突时有发生,先后造成22人丧生。由于政府及时采取有力措施,动乱被制止。

菲律宾2007年最大的事变莫过于11月29日的"兵变"。当日,在获知军人占领半岛酒店后,阿罗约召开紧急内阁会议商讨对策,并要求军方立即逮捕兵变军人。菲律宾政府军派出荷枪实弹的部队和特种部队包围了整座酒店。1000多名政府军攻入菲律宾半岛大酒店并发生激战。政府军向兵变军人发出最后通牒,要求他们在下午3时前投降。一些反对派人士,如前副总统迪金戈纳等,冲进酒店对叛变军人表示支持。虽然菲律宾军方要求半岛酒店中的房客、工作人员和媒体人员离开酒店。但是约300名媒体记者仍然留在酒店中关注事态发展。全世界都通过电视直播看到了这一事件的始末。由于"兵变"头目利姆和特里兰内斯拒绝投降,菲武装部队随即对酒店发起进攻。在经过大约20分钟的激烈交火之后,特里兰内斯宣布投降,兵变被平息。

二、经济稳步上升，创31年来新高

2007年，菲律宾经济发展态势良好，国内生产总值比上年增长7.3%，人均国内生产总值1742美元，创30年来新高，这主要得益于服务业和工业的快速发展。其中第一、二、三产业增长率分别为5.1%、6.6%和8.7%。随着海外劳务汇款大量增加，2007年菲国民生产总值较上年增长8.7%。

经济增长使菲律宾的全球竞争力指数排名从2006～2007年底的第75位提升至2007～2008年度的第71位。

（一）服务外包业和证券业增长迅猛

2007年，菲律宾服务外包业收入达到50亿美元，比2006年的34亿美元增长47%。2007年底，全行业从业人员32万人，比上年增加9万人。

在过去3年里，菲律宾的服务外包业收入年均增长40%。经济专家认为，菲律宾完全有能力在2010年争取到全球4500亿美元服务外包业10%的市场份额。菲律宾中央银行提供的最新数据显示，2007年菲律宾国际收支顺差创历史新高，达到85.7亿美元。菲律宾央行行长阿曼多·特唐科说，国际收支顺差的增长主要源于外国间接投资及菲律宾海外劳工汇款的迅速增长。菲律宾海外劳工全年汇款总额达150亿美元，比2006年增长15%。

截至2007年，菲律宾海外工人人数已超过800万人，约占全国总人口的10%。巨大的海外劳务收入不但刺激内需和经济增长，对汇率的影响也较大，比索已升值11.3%。菲海外工人对于比索升值反映强烈，政府已开始探讨帮助有海外工人的家庭降低汇率损失的办法，比如建立银行快速免费汇款通道、发行海外劳工债券等。

证券交易方面。菲律宾中央银行可靠资料显示，2007年菲律宾净国外证券投资达到35亿美元，比上年增长35%。2007年国外证券流入总量155.4亿美元，流出120.2亿美元。菲央行将激增的国外证券投资归功于持续良好的经济基本面、总体平和的5月大选、比索的强劲升值和良好的公司收益。菲股市也吸引了大量国外投资者，国外投资股市资金达到125亿美元，比2006年增长118%。

外汇储备方面，据菲律宾中央银行透露，2007年菲外汇储备创337亿美元新高，比2006年底的230亿美元增长46%，超过央行设定的目标。增长主要原因是央行净外汇业务的流入和其海外投资的收入，政府来自亚洲开发银行计划贷款的收入存款也是重要因素。但偿还央行和政府的届期负债抵消了部分流入。央行计划在2008年底国际储备达到350亿～370亿美元。

海外投资方面，2007年菲律宾共吸收国内外投资3500亿比索（约合85亿美元），其中54%来自国外，46%为菲律宾本国投资。新加坡、日本、美国和荷兰为前四大外商投资来源地。吸引投资最多的行业为电力和水利。

（二）农林渔业收入稳中有升

2007年菲律宾农业产量增长4.7%，其中第四季度增长5.7%。增长的主要因素是大米增产10.1%以及玉米增产15.7%，大米和玉米产量创30年来最高记录。

2007年菲律宾水产品总产量达到490万吨。水产养殖产量增长15%，是渔业增长的主动力。菲律宾是世界第八大渔业国，金枪鱼是出口拳头产品，畅销世界各地。海藻生产居世界第二位，年总产量达139万吨。

（三）旅游业日益兴旺

2007年，菲律宾接待外国游客达到309万人次，旅游业收入达到48.85亿美元，比上年增长41%，创历史新高。前四大游客来源国依次为韩国、美国、日本和中国。

（四）汽车市场朝稳定繁荣的方向发展

根据菲律宾汽车行业协会公布的消息，2007年菲律宾汽车销量达到11.79万辆，比上年增长18.4%，商用车总销量达4.12万辆，比上年增长25.6%。

三、稳定与大国的外交关系，强化东盟合作

（一）继续实行大国平衡外交

1. 阿罗约总统出访日、新、澳加强双边关系。2007年5月22日，菲律宾总统阿罗约对日本进行访

马尼拉港码头货场堆满了来自世界各地的集装箱　（原载《中国—东盟合作之旅》）

问，以加强菲日双边关系。访问期间，阿罗约总统参加第13届日经亚洲前景会议，担任大会主讲人；会见日本首相安倍晋三，共同签署数项投资协议。

2007年5月27～30日阿罗约总统访问新西兰，5月30～31日顺访澳大利亚，鼓励新、澳两国商人及企业到菲律宾投资。菲律宾是新西兰在东盟10国里的最大贸易伙伴，而新西兰则是菲律宾前20大贸易伙伴。澳大利亚是菲律宾第二大国防及反恐援助国，仅次于美国。2006年10月，菲澳两国进行联合海上军事演习，而澳大利亚军事首长也经常到菲律宾南部了解反恐战争进展情况。

2. 与美国联合举行海军反恐军事演习。自1995年以来，美国每年都要与一些东南亚国家举行系列军事演习。2007年8月18日，菲律宾和美国海军开始进行联合反恐军事演习。此次菲美海军反恐军演内容主要有海上拦截、通信联络、信息共享等方面的训练。这是2007年美国与菲律宾、文莱、印度尼西亚、马来西亚、新加坡和泰国6个东南亚国家举行双边反恐军事演习的一部分。美国海军派出“哈珀斯”号运输船作为在东南亚6国间进行巡回演习活动的指挥舰。此外，美方还有两艘导弹护卫舰参加演习。菲方派出两艘战舰及一架飞机参加演习。

3. 菲中关系发展良好（参见《中国与东盟关系》部类）

（二）加强与欧洲一些国家和东盟国家的交往

1. 阿罗约总统出访西班牙。2007年12月2日，菲律宾总统阿罗约对西班牙进行访问。访问期间西班牙与菲律宾在农业方面签订至少90亿比索的投资协议。两个最大的项目是价值分别为2亿美元的关于食品、渔业和麻风树产品项目。西班牙技术合作办公室和菲农业部也签署米骨和加拉牙地区沿海资源管理备忘录，以解决这两个地区过渡捕捞、海水资源和环境日益损耗的问题。

2. 阿罗约总统出访新加坡。2007年6月25日，菲律宾总统阿罗约对新加坡进行为期两天的国事访问。这是她任内第二次对新加坡进行国事访问。

最近5年来，新菲经济关系稳健发展，双边贸易额在2006年创下新高，达170.3亿新元，比前一年增长15.8%。在过去5年，双边贸易额增长11.5%。新加坡是菲律宾的五大贸易伙伴之一，菲律宾则是新加坡第十三大贸易伙伴。新加坡2007年在菲律宾投资2.12亿新元，成为菲第六大外资来源国。新加坡政府在“新加坡合作计划”下，为菲律宾官员开办电信、交通、贸易、环保、信息科技及银行与金融等多个领域的培训课程，至今已有1400名官员参加。此外，新加坡也颁发66份奖学金给菲律宾学生前来深造，目前仍有49名学生在新加坡的大学就读。

（三）改变经济外交方针，改善对外贸易环境

为了缓解美国经济疲软对菲的不良影响，菲律宾总统阿罗约力促落实所有的管道项目。在前往瑞士达沃斯参加国际会议前夕的菲内阁会议中，阿罗约总统强调石油价格上升和美国经济疲软是菲经济的两大外部威胁。并表明政府将努力应对国际经济的各种风暴保持菲经济增长，并指出全球合作战略和强有力的外交政策是保障菲安全和壮大的支柱。

菲律宾逐渐采取全球合作战略，总统管理层力促菲与其他国家的关系改善，不依赖一个国家。菲为改变过分依赖美国的局面，已转向与中国和其他欧盟国家积极发展经贸关系。认为对华贸易飞速增长，将缓冲美国经济减缓对菲的负面影响。除中国外，菲也已寻求印度这个发展较快的国家。菲总统管理层战略眼光就是贯彻总统全球化的政策。美国是菲最大贸易伙伴，菲主要从美进口电力和交通设备，并向美出口电子产品和服装等。中国是菲律宾第三大贸易伙伴，与中国贸易主要在农业产品和一些电子产品方面。菲律宾第二大贸易伙伴是日本，因而也很重视与日本的关系。

四、2008年经济展望

受出口疲弱、民间投资放慢以及通货膨胀的拖累，2008年菲律宾经济增长率将低于2007年创下的31年以来最高水平。分析人士预估2008年菲律宾国内生产总值将增长5.6%，低于2007年的7.3%，以及2007年12月调查时预估的6.1%。菲律宾政府2008年的经济增长目标是6.3%～7%。同时，由于菲经济的强劲增长，2008年菲境外直接投资以及国外证券投资将超过2007年的31亿美元，增长1倍达69亿美元。其中2008年净吸引外资将有36亿美元，净国外证券投资达到33亿美元。

调查显示，预计2008年通胀率将从2007年的2.8%上升到4.5%，主要源于食品与原油价格高涨。

菲律宾有关部门预测，因价格上涨激励农户种植玉米面积增加，2008年上半年菲律宾玉米产量预计增长21%，达到334万吨。2007年菲律宾的玉米产量是690万吨，2008年可能比2007年增长9%，达到740万吨。

2008年菲律宾预计出口增长8%，进口增长9%。

（黄耀东）

参考文献：

1. 韩方：《菲律宾总统承诺不会让政治阻碍经济改革进程》，世华财讯2007年5月17日。

2.《菲律宾中期选举展望》，中国东南亚研究网2007年5月17日。

3.《2007年菲律宾经济增长率达到7.3%》，中国

经济网。

4. 耿红卫:《菲律宾华文教育的历史沿革与现状》,《广西社会科学》2007 年第 5 期。

5.《温家宝在中南海紫光阁会见菲律宾外交部长罗慕洛》,中国政府门户网站 2007 年 6 月 18 日。

6. 刘华:《2007 年菲律宾外贸总额突破千亿美元》,新华网 2008 年 2 月 27 日。

新加坡:2007～2008 年回顾与展望

2007 年新加坡政治社会稳定,经济持续稳健发展,全年经济增长率为 7.7%。

一、政治社会稳定

(一)宣布预算案、公务员薪金调整及中央公积金改革三大政策与配套措施,提高国家经济活力、公共服务水平及社会凝聚力

2007 年 2 月,新加坡政府宣布的预算案调整了公积金缴交率、引进让年长低收入员工受惠的就业入息补助计划,展开税务改革以提升经济的竞争力。4 月,政府宣布调整公务员薪金,以缩小公务员与私人企业界的薪金差距。新加坡总理李显龙表示这是让公共服务保持在良好水平,以确保新加坡拥有能干、廉洁和高素质的政府。8 月,政府进一步宣布更多公积金改革措施,以确保公积金会员步入晚年时能享有经济保障。

(二)积极解决老龄化及收入悬殊问题,缩小贫富差距,保证新加坡的社会和谐和国家团结

面对经济全球化带来的贫富差距扩大的挑战,新加坡政府进一步发展经济,提供保障措施,使全民分享国家的发展成果。政府承诺将提供帮助,以使全体国民都能分享国家发展带来的成果。基本对策是进一步促进经济发展,提供更多的就业机会。加强社会保障体系,实施就业奖励计划以帮助低收入家庭,同时帮助低水平技术工人掌握新技能,以增加就业机会。此外,政府还将致力于解决人口老龄化和医疗保障等问题,提出一系列的解决方案,如改革公积金制度、提供额外公共住房津贴、鼓励年长者继续工作和要求雇主继续聘用年长者的政策、优势计划、就业入息补贴、建立受雇能力及技能鉴定制度等,让中低收入阶层与年长工人得到更多援助,以确保这些弱势群体得到实惠。

经济稳健增长,带动劳动力市场蓬勃发展,居民家庭收入普遍增长,据新加坡统计局 2008 年 2 月 13 日公布的调查显示,2007 年新加坡居民的家庭平均月收入为 6280 新元(1 美元约合 1.41 新元),比上年增长 9.6%,为 10 年来最大涨幅。

(三)继续采取严厉措施,打击恐怖活动,确保国家安全

2007 年,新加坡继续采取一系列措施加大反恐斗争力度。据新加坡《联合早报》报道,新加坡国会于 2007 年 5 月通过新加坡武装部队修正法案,赋予执行安全任务的武装部队人员更大的执法权。国防部长张志贤根据这项法案于 5 月 29 日发出第一个部署指令,要求新加坡武装部队将协助警察部队驻守裕廊岛、埃克森美孚炼油设施、樟宜机场及三巴旺海港,严防恐怖袭击。在这 4 个地点执行任务的军人行使新加坡武装部队修正法案赋予的权力。8 月 29 日,国防部长张志贤发布命令,宣布协助警察部队守卫重要设施的武装部队人员在执行任务时拥有逮捕、搜寻、没收和控制交通的权力,以更有效地应对和打击恐怖活动。

6 月 8 日,新加坡宣布于 4 月份逮捕了计划到阿富汗参与武装活动的恐怖分子贝希尔,并根据内部安全法令扣留了新加坡本地的 4 名“伊斯兰团”成员。“伊斯兰团”是东南亚地区的一个恐怖组织。新加坡一直对“伊斯兰团”严加防范,2001 年以来已先后逮捕 30 多名该组织成员,挫败多起恐怖袭击图谋。

二、经济持续稳健发展

2007 年新加坡经济持续增长,第一季度增长 6.1%,第二季度增长 8.7%,第三季度增长 8.9%,进入第四季度,由于美国经济增长趋缓,加上生物医药制造业表现疲弱,增长势头开始减缓,第四季度增长 6%,全年经济增长率为 7.7%。

在瑞士洛桑国际管理与发展研究院(IMD)发表的权威年度世界竞争力报告中,新加坡被认为是全球竞争力排第二位的经济体,仅次于美国。

(一)制造业增长放缓

新加坡经济发展局(EDB)公布的数据显示,2007 年新加坡制造业产值比上年增长 5.8%。其中工程业增长 23.5%;精工程业产值与 2006 年接近;电子业增长 4.0%;化学工业增长 3.3%;一般制造业增长 6.3%。

(二)进出口总额稳定增长

2007 年新加坡进出口总额 5617.5 亿美元(8466.1 亿新元),比上年增长 4.46%。其中,进口额 2627.4 亿美元,增长 4.5%;出口额 2990.1 亿美元,增长 4.42%。

马来西亚、中国和美国是新加坡的三大贸易伙伴。2007 年上述三国对新贸易额分别为 729.3 亿美元、607.5亿美元和584.9亿美元,分别占新加坡对外贸

易总额的13%、10.8%和10.5%。

（三）入境旅游人次创新高

据新加坡旅游局公布的数据，2007年新加坡入境旅游人数达到1030万人次，比上年增长5.4%。亚洲依然是新加坡最大的客源市场，超过一半的游客来自亚洲国家；印度尼西亚仍然是新加坡最大的旅游客源国；中国排在印尼之后，为新加坡的第二大游客来源地。2007年中国游客总人数达到111.4万人次，比上年增长7%。

得益于旅游业的蓬勃发展，2007年新加坡酒店入住率达到87%，总收入达到创纪录的18亿新元，比上年增长22.8%，酒店平均房价升至202新元，提高23.1%。

（四）海运业长足发展

2007年新加坡集装箱吞吐量达到2790万标准箱，比上年增长12.7%；货物处理量达到4.83亿吨，增长7.8%；在新注册的船只总量比上年增加13.8%。

（五）建筑业需求旺盛

2007年，新加坡建筑业发包额达到245亿新元，比上年增长46%，突破1997年创下的240亿新元的纪录。2007年，在政府组屋供不应求的形势推动下，新加坡建屋发展局推出多个新住宅项目，从而使公共住房的建筑合约总额达18亿新元，比上年增长50%。政府部门全年所发建筑合约达57亿新元，增幅54%。从私人投资来看，楼价飙升刺激私人发展商推出总值56亿新元的私宅建筑合约，比上年增长37%；写字楼、酒店以及一些大型商场的开工，也使2007年的商业建筑合约创下51亿新元的历史新高；工厂厂房的建筑合约达到68亿新元。

（六）金融服务业保持强劲增长趋势

金融服务业全年增长率为16.9%。2007年新交所股市成交量继续攀升113%，外汇市场的交易量增加31%。银行本地和岸外的借贷都有较大增长。保险业经历了2006年的萎缩后，2007年增长13%。

三、积极参与国际和区域合作

（一）积极参与国际事务

2007年4月2日，由世界卫生组织和新加坡政府联合举办的世界卫生日庆祝活动在新加坡举行，在当天进行的一个高级别讨论会上，与会各国专家、卫生部长及商界领导人等就全球卫生安全所面临的挑战，以及如何应对这些挑战等问题进行广泛研讨。9月8日，新加坡总理李显龙出席在澳大利亚悉尼举行的亚太经合组织（APEC）领导人非正式会议。与各国领导人就全球气候变化、推动多哈回合谈判进程和强化亚太经合组织职能这三大焦点展开讨论。9月10日，海牙常设仲裁法院与新加坡签署合作协议，在新加坡设立亚洲常设仲裁法院，以满足亚洲各国通过国际仲裁解决纠纷的需求。这也是海牙常设仲裁法院在亚洲设立的首个分支机构。11月20日，第11次东盟与中日韩（10+3）领导人会议在新加坡举行。会议由东盟轮值主席国新加坡总理李显龙主持。会议通过第二份东亚合作联合声明及2007～2017年10+3合作工作计划。11月22日，东盟与欧盟建立对话关系30周年纪念峰会在新加坡举行。会议主要就东盟与欧盟今后的合作方向，能源、环境、气候变化和可持续发展，以及共同关心的地区和国际问题进行讨论。会议发表东盟与欧盟纪念峰会联合宣言以及相关行动计划，以进一步推动东盟与欧盟关系朝着更广领域和更深层次发展。11月27日，新加坡再次获选为国际海事组织理事会成员国。这是新加坡连续8届担任理事会成员国。

（二）加强多边合作，共同打击国际恐怖主义

2007年1月15日，新加坡国家安全协调秘书处和新加坡南洋理工大学拉惹勒南国际研究学院共同主办首届亚太地区高级安全官员会议，与会者就国际反恐、核武器扩散及全球性流行病等问题进行讨论。新加坡政府副总理贾库玛在开幕式上说，目前没有一个国家可以单独赢得反恐战争，因此，国际合作已成为反恐的一个重要因素。他呼吁各国和地区之间加强交流，开展双边和多边培训与演习，进行切

新加坡拥有全球最大的货运港　　（原载《中国—东盟博览》）

实有效的反恐合作。5月15日,2007亚洲国际海事防务展在新加坡博览中心举行,新加坡国防部第二部长黄永宏在开幕式上说,近年来全球海事贸易发展迅速,货运量在10年内增长了50%,2005年达到71.1亿吨,其中30%以上必须经过马六甲海峡和新加坡海域。因此,各国之间必须密切合作,携手保卫海域。7月17日,新加坡海军与美国海军在新加坡举行代号为“卡拉特2007”的联合军事演习,以加强两国海军的合作,特别是加强防空、反潜及海上安全等方面的协同作战能力。这是自1995年以来两国举行的第13次“卡拉特”联合演习,来自新加坡武装部队、美国海军及美国海岸警卫队的1500多名军事人员、13艘水面舰艇、1艘潜水艇及一些固定翼战机和直升机参加演习。新加坡海军威武级隐形护卫舰“可畏”号首次参加此次演习,而美国海军的“SH-60B”型直升机也首次从“可畏”号护卫舰上起飞,执行相关的反潜等演习任务。7月31日,新加坡警察海岸卫队与韩国海岸防卫队(Korea Coast Guard)签署谅解备忘录,以加强双边区域合作来对付跨国界罪案,特别是海盗及海事恐怖活动。8月2日,东盟10国三军总长在新加坡举行第五次非正式会议。会议焦点是通过交流专长以加强处理安全挑战的能力。10国三军总长同意合作应付在海上安全、人道救援、灾难拯救、对抗恐怖主义、控制传染性疾病及维和行动等方面所面对的共同挑战;也同意由各国军队通过信息共享、情报合作及增强实力等途径加强合作,包括举行联合演习及军事研讨会。8月14~22日,新加坡海军与美国、文莱、印尼、马来西亚、菲律宾及泰国海军展开东南亚常年联合防恐(SEACAT)演习,分享海事信息及加强海事安全反应的协调。9月10日,由国际海事组织召集、新加坡主办的马六甲与新加坡海峡航行安全、保安及环境保护大会在新加坡举行,有50多个国家的300多名政府官员、海事组织与船务机构的代表出席;马六甲与新加坡海峡沿岸的新加坡、马来西亚和印尼3国所达成的维护航行安全及保护海峡环境的合作机制获得贸易大国如美国、中国的支持,成为世界首个针对航道保安、航行安全及环保而设立的多国合作框架。

(三)加强东盟内部的团结与合作

2007年8月,新加坡接任为东盟轮值主席国;8月7日,新加坡总理李显龙在新加坡发表演讲庆祝东盟成立40周年,并阐述刚刚接任东盟轮值主席国的新加坡今后一年的工作重点。李显龙表示,将着重从内部加强东盟的工作,加强团体精神的建设,深化东盟与大国的交往,并关注全球性议题;呼吁东盟应更加努力,集中资源,加快地区一体化步伐。11月20日,第13届东盟首脑会议在新加坡开幕。东盟10国领导人在会上就加速东盟一体化进程,特别是对如期实现2015年建立东盟经济共同体的目标、加强区域合作、气候变化以及能源、环境等问题进行广泛讨论,并签署包括《东盟宪章》在内的一系列重要文件。《东盟宪章》具有里程碑意义,将成为东盟成立40年来第一份对各成员国具有普遍法律约束力的文件,将为东盟今后的发展奠定坚实基础。

1. 新加坡与马来西亚的关系。2007年5月间,新加坡与马来西亚两国总理与内阁部长举行领导人非正式会议,探讨互惠互利的合作领域。8月25日,新加坡环境及水源部长雅国应邀访问马来西亚,讨论新马在环境方面的合作,以及针对区域环境课题交换意见。8月28日,两国政府与商界机构在新加坡联办马来西亚商机研讨会。8月30日,新加坡总理李显龙应马来西亚总理巴达维邀请,到吉隆坡参加马来西亚独立50周年庆典。双方经贸合作前景良好。2006年至2007年7月,马来西亚批准的1626个制造业项目中,有196个项目(投资总额16亿新元)来自新加坡。2007年头7个月,66个来自新加坡的项目获批准,投资总额7.59亿新元。有20.5万马来西亚人在新加坡工作,其中12万人每天往返新加坡;有13万新加坡人每天往返马来西亚。两国将在依斯干达经济特区(IDR)加强合作。

2. 新加坡和越南的关系。2007年8月13日,越南总理阮晋勇对新加坡进行访问。两国签订的合作协议包括:在越南北部北宁省兴建一个新的越新工业园及在越南第三大城市海防市兴建一个面积为1200公顷的城镇,以进一步加强经济合作。

据新加坡经济发展局和新加坡国际企业发展局提供的数据,2006年,两国双边贸易额达到113亿新元(约合74.3亿美元),增幅为8.6%。2007年头7个月,新加坡与越南的双边贸易额达到52亿美元。截至2007年7月22日,新加坡在越南注册的累积投资总额高达96亿美元,是越南第二大外来投资国,仅次于累积投资总额156亿新元的韩国。2007年头7个月,新加坡在越南的新增投资额已达到13.2亿美元。新加坡对越南的投资主要是在基础设施、物流、医疗保健、教育、通信和科技方面。

3. 新加坡与文莱、老挝的关系。2007年6月8日,新加坡和文莱签订货币等值互换协定,这有助于稳定彼此的币值及促进双边经贸投资,这项协定已执行40年,显示了新文稳固的双边关系。年内,新文签署合作意向书,将在医疗保健领域加强合作。

2007年7月24日,老挝公安部长通班·显阿蓬对新加坡进行访问,与新加坡副总理兼内政部长黄根成会晤,双方对网络罪案、移民管制、社区治安等彼此关注的问题进行交流探讨,加强两国在内政领域及执法人员培训方面的合作,包括让老挝执法人员到新加坡受训。

（四）加强与中国的关系（参见《中国与东盟关系》部类）

四、2008 年展望

新加坡总理李显龙在新年献词中对 2008 年的前景持谨慎乐观态度，表示将不断扩大经济发展空间，把握亚洲发展良机并开拓新的增长领域；同时表示为保证国家继续取得高增长和进行革新，2008 年政府将在医疗保健、陆路交通和大学教育三个方面作出重要政策决定。1 月 24 日，正在达沃斯参加世界经济论坛年会的李显龙总理宣布，新加坡政府将成立一个由国家发展部长和环境发展部长联合领导的跨部门委员会，制定长期发展策略和框架，以确保新加坡可持续发展。2008 年新加坡政府财政预算案将重点关注事关国民的三个问题：协助人民应付生活费上涨，政府如何与国民分享财政盈余，以及年长者的财务保障。

经济方面：据高盛（Goldman Sach）亚洲经济分析小组预测，新加坡建筑业增长强劲，一些预计在 2007 年动工的较大建筑工程被延期，2008 年是新加坡建筑业发展的高峰期，因此建筑业将是新加坡 2008 年主要经济推动力。但由于生物医药制造业表现疲弱，以及美国经济在 2008 年上半年会出现衰退，2008 年 2 月 14 日，新加坡政府宣布调低对 2008 年国内生产总值增长的预期，将增长指标由 4.5% ~ 6.5% 下调至 4% ~6%。（罗　梅）

主要参考资料：

1. 新加坡《联合早报》2007 年有关报道与评论。

2. 新加坡《联合早报》网站，*http://www.zaobao.com/* 相关资料。

3. 新华网，*http://www.xinhuanet.com/* 有关报道和资料。

4. 人民网，*http://www.people.com.cn/* 有关报道和资料。

5. 中华人民共和国驻新加坡大使馆经济商务参赞处网站，*http://sg.mofcom.gov.cn/index.shtml* 有关报道和资料。

6. 中华人民共和国外交部网站，*http://www.fmprc.gov.cn/chn/* 相关资料。

泰国：2007 年回顾与 2008 年展望

2007 年的泰国政局充满党派争斗和变数。一年内，素拉育临时政府两次改组内阁，他本人被弹劾或辞职的传闻时有发生。8 月，新宪法获得通过；12 月 23 日，泰国大选如期举行，人民力量党胜出并在 2008 年初与其他政党联合组建新一届政府。亚洲金融危机过去整整 10 年，但经济危机的阴影仍然广泛存在。2007 年，泰国经济继续缓慢增长，全年经济增长率为 4.5%，出口增长再次成为 GDP 增长的主要贡献力量，全年贸易顺差是 2006 年的 11 倍。外交方面泰国继续走大国平衡外交路线，并致力于在东南亚地区发出更多的声音，尤其是在国际社会对缅甸问题的解决方面，泰国发挥桥梁作用。

一、政治社会

（一）临时政府两度重组内阁，工作表现遭质疑

2006 军事政变之后，泰国新旧政治势力、派系斗争激烈，变数不断，临时政府被迫两度重组内阁，政府工作难有表现。2 月 28 日，泰国副总理兼财政部长比迪耶通亲王突然宣布辞职，认为自己被隐瞒某些事实、不满总理任用他信前政府要员，以及不满内阁中部分部长包庇某家媒体的行为。比迪耶通亲王的突然辞职使素拉育总理不得不调整内阁成员。3 月 7 日，国王批准素拉育总理改组内阁的报告，委任 4 名新部长。这是自 2006 年 10 月泰国新政府成立以来的首次内阁改组。泰国反腐败法规定，政务官员在私营公司持股比例不能超过 5%。9 月 23 日，包括内阁部长阿里在内的 4 名部长因为被泰国肃贪委员会指责违反该规定而被迫辞职。10 月 2 日，国务院发言人永育也因同样的问题宣布辞职。肃贪委员会指出，涉案的部长还不止这几位。多名政府高级官员的辞职使素拉育政府的稳定性受到强烈冲击，并再次调整内阁。

对素拉育政府一年多来的工作表现，不少独立机构和国内学者提出质疑。对此，素拉育的回应是政府一直都在努力工作，并尽力配合独立机构的工作。虽然国家正处于特别时期，但是国家的整体经济依然取得好的增长。副总理派汶也表示，因为本届政府任期有限，自上台之日就面临着错综复杂的政治与社会问题，因此在执行管理职责方面需要格外谨慎。

此外，素拉育政府在 2007 年进行的警察机构调整也引发了广泛的争论。素拉育表示，有必要制定和修改相关法规来对警察机构做全面调整，以确保司法健全。但在警察机构是隶属国务院还是司法部以及政府总理直接兼任警察机构管理委员会主席等问题引发争议。最后，警察机构隶属国务院的设置维持原样。

（二）新宪法通过公投，大选如期举行

2007 年 1 月 8 日泰国制宪委员会召开第一次会议，标志着为期 6 个月的新宪法起草工作正式开始。7 月 6 日，制宪委员会全票通过新宪法草案。立法院

随后批准了新宪法公投和促进民主计划5.76亿泰铢的预算。新宪法公投之前,泰国各地广泛开展公投宣传工作。受政府的委托,教育部用一个月时间在全国动员约3.5万所学校对新宪法的拟定和全民公投事宜向各地民众进行宣传,利用教师和学生的力量协助宣传新宪法的制定和号召更多的民众积极参与对新宪法的全民公投。7月中旬,制宪委员会还委托泰国邮政公司向全国民众发放1960万本新宪法草案文本。

新宪法有8项主要原则:(1)维护国家独立主权;(2)弘扬宗教;(3)崇仰皇上是国家之君主和灵魂;(4)维护君主立宪制下的民主政治制度;(5)保护人民的权利和自由;(6)促进全民参与政治和监督施政公正;(7)确定立法权和行政权之间的均衡体系;(8)保障司法和其他独立机构的公正性。新宪法与1997年宪法差别不大,但在人民的权利、政府职能监控方面,作出更为明确的规定。对贿选和金钱政治也有具体条款,并否定把佛教列为国教写入新宪法的提议。8月19日,新宪法获全民公投通过。8月24日,新宪法正式生效,制宪委员会完成使命并自动解散。这是泰国的第18部宪法。

2007年初,泰国中央选举委员会就开始为政变后的首次大选作准备。10月18日,泰国国王御准颁布《2007年全国民代大选皇家法令》,正式规定12月23日举行全国大选。该法令10月25日生效后,泰国各政党即展开为期60天的大选拉票活动。

12月23日,泰国大选如期举行。这是泰国历史上第25次全国大选,也是泰国2006年发生政变后首次举行的大选投票。此次大选共有7个泰国政党参选。其中人民力量党和民主党是主要的竞争对手。人民力量党的成员大部分曾是他信领导的泰爱泰党党员;民主党则是泰国历史悠久的政党之一。12月25日,泰国国会大选结果出炉,投票率达到70.27%,人民力量党胜出,获得480个席位中的232席,民主党获165席,其余的分别为泰国党37席,为国党25席,泰国同心党9席,中庸民主党7席,大众党5席。从各选区看,人民力量党掌握了前泰爱泰党最大的票仓东北部地区,成为该党获胜的关键。民主党则在南部占据优势。

(三)不同机构各司其职,治罪他信难有进展

肃贪委员会是政变后泰国军方最先采取行动成立的机构,以没收他信和前官员的资产。2007年,肃贪委员会多次没收前总理他信及其家人的资产。截至2007年上半年,肃贪委员会共接到贪污舞弊投诉案1.10万件,其中投诉地方行政管理议会的案件达4000多件,涉案金额3570亿铢。8月14日,泰国最高法院以逃避购地案审理为由首次向身在国外的他信夫妇发出逮捕令。购地案是由泰国最高检察院于2007年6月向法院正式提交的,指控他信在任职期间滥用职权,使其夫人朴乍曼于2003年以7.72亿泰铢低价成功中标曼谷市区1处国有地产。这是2006年军事政变以来,泰国最高法院宣布受理的第一起涉及他信的刑事诉讼案。9月3日,最高法院又向他信及其夫人发出逮捕令,指控他们涉嫌触犯股票交易法律。但是,由于遇到引渡他信回国受审等困难,最高法院9月25日宣布暂缓有关他信夫妇购地案的审理,直至被告能够出庭为止。10月12日,泰国最高检察院派代表前往英国,与英国检调单位就他信的案件引渡问题进行协商。之后,最高检察院表示由于证据不足,引渡他信难度很大。他信及其支持者则以不同的方式予以抗击。6月,他信曾经领导的泰爱泰党被法庭宣判解散,2万他信支持者在皇家田广场集会示威,抗议和驱逐国安会,并希望他信尽快返回泰国。他信的律师团年中也起诉肃贪委员会。

(四)南部问题

来自政府有关部门的报告显示,2007年泰国南部暴力活动案件较过去减少,解决南部问题的关键仍是要抑制当地的暴力活动。7月24日,南疆府行政管理委员会召开新闻发布会,总结2007年上半年南部局势的治理情况。该委员会上半年主要是为控制南部局势做一些基础工作,下半年将改变策略,转守为攻。8月31日,针对南部动乱分子扬言将在当地屠杀两万名无辜,军方表示要加强三方面的治理:一是加强与当地民众之间的沟通,使民众能真实了解当地的状况;二是全面加强当地民众生命财产的安全,尽全力控制当地的整体局势发展,同时还要配合政府措施来提高当地民众的生活水平;三是提供机会让罪犯悔过。军方还在9月份决定增派两倍军人进驻南部3府。但事实上,南部动乱仍没有得到控制。法律保障的缺失也成为制约解决泰南问题的障碍,使得解决泰南问题面临着诸多困难。

二、经济

(一)亚洲金融危机10周年的泰国经济

泰国财经办事处对1997年危机后的经济形势分析认为,泰国经济已恢复增长,近5年来经济增长率平均超过4.5%,反映泰国已摆脱经济危机。金融危机之后,泰国连续对金融体系进行改革,并取得了一定成效。泰华农民研究中心总结认为,得益于出口的增长,1998年至今,泰国经济逐渐复苏。泰国中央银行改变了自1998年以来一直实施的低利率政策,在2004年转向实行加息。经常项目重新实现顺差、泰国经济复苏以及央行加息,都是推动泰铢转向升值的支持因素。2006年,由于泰铢获得大量资金流入的支撑而大幅升值13%,导致泰国银行在当年年底宣布对短期流入资

金采取预扣准备金的政策。

1997～2007年泰国主要经济数据触底及最高峰日期

指标	最低数据(日期)	最高数据(日期)
泰股指数	207.40 (1998年9月3日)	858.97 (1997年1月22日)
泰铢兑美元汇价	53.81 (1998年1月)	25.78 (1997年6月)
经济增长率(GDP)	-13.90 (1998年第3季)	8.40 (1999年第3季)
外汇存底(亿美元)	259.39 (1997年8月)	722.47 (2007年6月)
RP利率	1.25 (2003年6月27日)	27.25 (1997年9月16日)
1年期定存利率	1.00 (2003年7月)	12.50 (1998年2月)
通货膨胀率	-1.20 (1999年6月)	10.70 (1998年6月)

资料来源：泰国《世界日报》新闻网，泰国中央银行公债管理办事处。

(二)2007年泰国的经济表现

虽然面临国际油价不断攀高和国内政治局势不稳等不利因素影响，2007年的泰国经济仍缓慢增长，全年经济增长率为4.5%。出口增长再次成为国内生产总值增长的主要贡献力量，占国内生产总值的75%；远高于1997年的50%。出口总额达1524.8亿美元，比上年增长17.5%；进口总额1400.1亿美元，增长8.7%。全年贸易顺差124.7亿美元，比上年增长近11倍。出口增长较快的商品包括橡胶、罐头、汽车、电器、珠宝等。大米的出口量也明显增加，为950万吨，比上年增加210万吨；出口总额35亿美元，约合1180亿泰铢，增长26%。这是因为国际市场需求增加，同时印度和越南两国暂停大米出口，促使2007年泰大米出口量超过原定850万吨的目标。

2007财政年度(2006年10月至2007年9月)泰国失业人数有43万，失业率1.2%，创下历史新低。全年约有2000家工厂倒闭，尤其是纺织业发展不景气，但同时有超过4000家新工厂开业，主要是食品、电子、家具及石化工业，增加了大量就业机会。国家统计办事处的资料显示，目前泰国农业部门的就业人数超过1400万人，非农业部门的就业人数超过2200万人。其中生产制造行业的就业人数近600万人，零售、批发、汽车维修业等550万人，酒店及餐饮业240万人，建筑业约200万人。

虽然受政治及经济不利形势影响，2007年泰国整体投资情况表现一般，但国内外投资者仍对泰国抱有信心，扩大对泰投资。根据泰国促进投资委员会的报告，2007年该委员会共收到促进投资申请项目总额6558亿铢，比上年增长32%。其中来自国外的促投申

泰国主要经济数据变化情况表

指标	1997	1997	1998	1999	2000	2001	2002	2003	2004	2005	2006	2007	10年来
基准日	6月30日	12月31日	12月31日	12月31日	12月31日	12月31日	12月31日	12月31日	12月31日	12月31日	12月31日	6月30日	增减幅度(%)
泰股指数	527.28	372.69	355.81	481.92	269.19	303.85	356.48	772.15	668.10	713.73	679.84	777.68	47.49
泰铢兑美元汇价	25.78	45.29	36.25	38.18	43.09	43.91	43.28	39.71	39.22	41.07	35.83	34.57	34.08
经济成长率(GDP)	-0.60	-1.40	-10.50	4.40	4.80	2.20	5.30	7.10	6.30	4.50	5.00	3.80～4.80	-
外汇存底(亿美元)	323.53	269.68	295.36	347.81	326.61	330.48	389.24	421.48	498.32	520.66	669.85	722.47	123.31
公债(万亿铢)	-	-	-	-	1.95	2.11	2.81	2.80	3.00	3.12	2.53	3.20	-
外债(亿美元)	-	-	-	-	226.47	211.04	186.66	179.62	167.90	152.26	141.37	187.70	-
RP利率	16.50	24.63	3.75	1.56	1.5	2.25	1.75	1.25	2.00	4.00	5.00	3.44	-79.17
1年期定存利率	10.00～11.00	11.50～12.50	6.25～6.50	4.50	3.50	2.75～3.00	2.00	1.00	1.00	3.00	4.25	2.25	-1.31
通货膨胀率	4.40	7.70	4.30	0.70	1.30	0.80	1.60	1.80	2.90	5.80	3.50	1.90	-56.82
失业率	-	1.50	4.40	4.20	3.60	3.30	2.40	2.20	2.10	1.80	1.50	1.60	-

请 5027 亿铢，增幅高达 63%。2007 年批准投资促进项目总额 7445 亿铢，比 2006 年翻番。在海外促进投资申请中，德国的申请额从 2006 年的 13 亿铢增至 371 亿铢，增长近 28 倍；来自欧盟和美国的促投申请额也分别达到 741 亿铢和 858 亿铢，增幅为 142% 和 131%；在亚洲国家中，中国的促投申请额为 171.8 亿铢，比 2006 年增长 38%，韩国的申请额为 116 亿铢，增幅 121%。最受外商青睐的行业有汽车、汽车零配件和机器工业，投资申请总额 1518 亿铢；服务及公共设施业次之，申请项目总额 1170 亿铢；石化工业申请投资项目额 950 亿铢；电子、电子配件和电器工业申请投资额 776 亿铢。日本对泰投资额在所有外资来源地中位居第一，有申请投资项目 318 个，总额 1451 亿铢，然后依次为美国、欧盟和东盟。

泰国大象表演是旅游业一大亮点　　（原载《广西日报》）

政策方面，素拉育政府表示重视自由贸易与投资，并在公正公开的基础上，大力发展泰国的基础设施。与此同时也坚持均衡性经济政策，推行国王提出的“自给自足”经济策略。2007 年 12 月 17 日，泰国央行宣布，撤销对国内法人汇入的期限为 1 年以上且金额低于 100 万美元的外国贷款预扣 30% 准备金的措施，表明央行以循序渐进的方式撤销 2006 年底公布的外汇管制措施。外汇管制措施实施一年来，泰国央行已多次对其重审并予以放宽，但要求央行撤销该措施的呼声仍不断出现。泰华农民经济研究中心认为，央行撤销对短期流入资金预扣 30% 准备金之后，在管理浮动汇率制下的泰铢汇率将更加市场化，有利于泰国金融市场和资本市场的长期发展。因为泰国金融市场规模较小，需依靠国外投资或国外资金的流入来推动市场发展，因此预扣 30% 准备金的措施不应长期实施。但撤销上述措施后，可能会产生汇率动荡、国外资金大量涌入等风险，导致泰铢汇率的变动偏离泰国经济基本面和国家竞争力。

三、外交

（一）加强与大国的经贸联系

1. 泰国与中国的关系（参见《中国与东盟关系》部类）

2. 泰国与日本的关系。泰国是日本在亚洲国家中仅次于中国的第二大投资对象国。日本是泰国的首要投资来源国。在泰国商业部注册的日本公司有 6000 家左右，其中约 3000 家为制造公司，大部分属于中小企业，主要从事机械、汽车、家电和电子产品、摩托车排气管、药物提炼物、注塑模具、金属覆层及喷漆橱等生产或提供相关服务。2007 年 4 月 3 日，素拉育总理在东京与日本首相安倍晋三举行正式会谈，并签署泰日经济合作伙伴关系协定（JTEPA），即泰日自由贸易协定。根据该协定，在未来 10 年内，日本出口到泰国 97% 的商品和泰国出口到日本 92% 的商品将免除关税。双方还共同就该协定发布《联合声明》。

3. 泰国与印度的关系。2007 年 6 月，素拉育总理对印度进行为期 3 天的正式友好访问，分别会晤印度总统和总理。泰印已建交 60 年。此次素拉育的访问主要是加强泰印的经济合作，商谈双边的能源合作。随同出访的有外交部长乃匿、商业部长格盖以及能源部长比亚沙瓦等。泰印 2007 年双边贸易总额约为 40 亿美元。泰方每年基本保持顺差 2 亿美元的优势。

素拉育总理与印度外长巴纳布举行会谈，就 BIMSTEC 多边经济合作框架，包括 2008 年 2 月将由印度举行的第 2 届 BIMSTEC 高峰会议交换意见，特别是推动泰缅印 3 国公路联网构想进一步具体化进展问题，双方认为有必要促进这项计划早日实现。素拉育访印期间，双方还签署两份合作协议，即加强再生能源合作交流备忘录和加强文化交流合作备忘录。泰国将利用印度的技术和经验，在泰南洛坤府和北大年府建设风力发电站。

4. 泰国与澳大利亚的关系。2007 年，泰国与澳大利亚在自由贸易协议下的贸易额为 95.3 亿美元，比上年增长 22.8%。其中泰对澳出口 57.3 亿美元，增长 31.6%；泰进口 38 亿美元，增长 11.4%。为保护本国相关产业利益，2007 ~ 2021 年期间澳大利亚将对自泰国进口的金枪鱼罐头、凤梨罐头、凤梨汁产品征收高关税，泰国则对进口葡萄、牛油、牛肉产品征收高关税。在即将举行第二轮泰澳自贸区谈判中，双方将协商加快各自商品的降税进程。澳方将降低樱桃、苹果、葡萄、柑橘、白糖、钢铁等商品的进口关税，泰方的降税商品主要为纺织品和成衣。

5. 泰国与欧盟的关系。针对欧盟有意派代表到泰国监督年底的大选，泰方最后决定不与欧盟委员会签署大选观察备忘录。这是因为多年来中选会作为一个独立机构从未与任何国际组织签署过类似的备忘录。泰国与欧盟都表示双方的关系不会因此事而受到影响。但是，泰国与欧盟的双边贸易却遇到一些问题。自2006年军事政变之后，泰国开始对从欧盟进口的酒类商品强行征收特别关税，不再按照之前WTO协议下的关税税率征收。欧盟认为泰国的做法对欧盟出口商，特别是葡萄酒和酒精饮料出口商造成很大冲击，损害欧盟出口企业的利益，阻碍了行业内企业在泰国的发展。而且，泰国此举还违反WTO的有关规定，使欧盟的出口商品受到不公平待遇。欧盟于2008年1月25日就此事向WTO提出诉讼。

（二）重视周边关系和在地区事务中的影响

2007年，在国际对缅甸问题的解决上，泰国发挥重要的桥梁作用。素拉育总理10月致函缅甸政府，希望缅甸政府同意联合国秘书长特别顾问甘巴里入境缅甸，并就相关问题进行会晤。泰方建议欧盟与东盟、中国和印度共同协商，寻求解决缅甸问题的方案。泰缅两国在军事上及边境地区管理方面的合作如肃毒、打击非法越境和跨国毒品犯罪等也保持高度合作的立场。8月27日前，国安会主席颂提上将到缅甸进行退役前的辞行访问，表示双边的合作不会因为最高陆总的更换而改变。

反恐方面，泰国也与东盟其他成员国加强合作。2007年11月20日，第八届东盟陆军总司令会议在泰国佛丕府召开。泰国陆军总司令与各与会国陆军总司令举行双边会谈，并召开全体陆总多边会议，讨论区域合作联防恐怖活动，加强地区安全合作等议题。泰国在会上还表示将与印度尼西亚和马来西亚两国就解决泰南动乱问题上加强合作。12月13日，陆军总司令阿努蓬上将访问马来西亚。泰国内阁2007年还批准新加坡继续租用泰国的军事基地，使用期再延长3年，直至2010年。

泰国在区域经贸合作中态度积极。不仅倡导泰老柬缅越五国经济合作战略（ACEMC），推动泰马、泰缅、泰老边境经济区发展，而且于2007年12月18日率先与柬埔寨签署单一签证意向书。根据该意向书，泰国与柬埔寨将从2008年第一季度起，开始准备两国单一签证的作业。此举将方便外籍旅客自由来往于泰柬之间，有益于两国观光产业的发展。单一签证正是泰老柬缅越五国经济合作战略的目标之一。在老挝建立证券市场和发行政府公债等问题，泰国也提供许多可供借鉴的经验。11月5日，老挝副总理颂萨瓦为此特意访问泰国。

泰国和马来西亚高层2007年互访频繁。马来西亚外交部长哈密德6月28日访问泰国，双方表示将加强军事交流与合作，并在海、陆两军联合巡逻、两国三军混合军事演习、不靖形势情报交换、边境管理和灾害协防等方面展开广泛合作。素拉育总理8月21～22日对马来西亚进行正式访问，出席两国吉隆坡和兰卡威年会。时值泰马建交50周年，两国均表示要进一步促进友好关系。访问期间，双方签署《泰马教育交流合作备忘录》并举行第三次泰马内阁联合会议。8月30日，素拉育总理出席马来西亚独立50周年庆典。

四、2008年经济展望

2008年的泰国经济增长取决于新组建的联合政府的稳定性、泰国投资环境的改善和世界经济的整体态势。新政府成立后即着手制订未来4～5年促进经济发展的计划。国家经济及社会发展委员会预测在新政府出台促进投资及消费的相关政策后，2008年的经济增长率可达5%。

泰国央行认为，2008年泰国经济发展仍将面临诸多不利因素，尤其是美国经济不景气将对泰国出口产生巨大冲击，同时影响民间消费信心。但央行仍看好2008年的出口形势，相信能够抵挡住泰铢升值及全球经济波动的压力。在价格竞争力方面，虽然泰铢兑美元不断升值，但由于其他竞争国家的货币也同样升值，中国、越南等竞争对手国的通货膨胀率均高于泰国，因此泰国产品在价格方面的竞争力并没有降低。央行预计2008年的出口额为1650亿美元。投资方面，汽车及零配件、电子和化工领域仍将是2008年泰国国内外投资者关注的热点。

由于2008年一季度消费商品、农作物产品价格提高，出口收入上扬，推动泰国经济增长势头好转。泰国央行2008年4月底把本年度的经济增长率预测从之前的4.5%～6%调高4.8%～6%。预计国际农作物价格同比增长35%，消费商品价格走高14.2%。一般通货膨胀的预测从2.8%～4%提高到2.8%～4.5%；上修核心通货膨胀率（不包含食物与能源）由1.3%～2.3%提高到1.5%～2.5%。

人民力量党作为执政党，将会陆续出台一系列经济政策，他信时代的部分政策将得到进一步贯彻。新政府还受到新宪法的制约，在预算管理中要考虑“自给自足”的概念。但自给自足原则尚未明确定义，新政府看来还会继续执行扩张性财政政策，以促进经济增长。另外，在基础设施建设上，新政府也将采取较大动作。如内阁通过了农业发展战略、推动不动产业的补充措施等。新政府总理沙玛2008年2月3日表示,待内阁成员正式就任之后,将把实施价值5000亿铢的“大型项目计划”将作为本届政府的首要任务。“大型项目计划”包括修建将湄公河水引入泰东北部地区的地下水管,交通项目涉及建设超过100公里的曼谷轻轨延长线、新建九条捷运线、将现有3700公里的双轨铁路增加至7400公里。此外,财政部也向内阁提交推动经济复苏的措施,主要通过降低税收提高社会基层民众的生活质量,促进中小企业发展。（陈红升）

越南:2007经济社会发展分析与2008年预测

2007年是越共十大召开后的第一年,也是越南入世的第一年,虽然遭遇了罕见的自然灾害和人畜疫病,但是新一届的国家领导人继续推进改革开放,特别是政治体制改革,克服天灾的影响,经济保持快速增长的势头。

一、政治:贯彻越共十大方针路线

（一）越共十届四中全会和十届五中全会召开

越共十届四中全会于1月15~24日在河内召开。全会由农德孟总书记主持。全会听取和讨论通过越共中央政治局关于越南加入WTO后快速稳步发展的政策和措施、越南到2020年海洋战略、越南第十二届国会选举安排和人事准备、调整全国党代会和国会换届选举的时间、党中央和国家机关的改革和健全等的报告,全会还听取越共中央政治局和书记处自越共十大以来的工作报告、政治局自三中全会以来的工作报告、2006年中央及各级纪律检查会员会的工作总结以及2006年党的财务报告。

2007年7月5~14日越共十届五中全会在河内召开,农德孟总书记主持会议。会议通过了加强新形势下的思想理论宣传工作的决议、增强党的检查监督工作的决议、继续改革党对政治体系活动的领导方式的决议和加大行政改革力度,提高国家机关的管理效能的决议,全会还讨论确定了新一届国会的政府组成机构,提出领导人选,供即将召开的越南第十二届国会选举和批准。

（二）国会完成换届

2007年5月29日,越南全国举行第十二届国会代表选举。越南第十二届国会代表875位候选人中,越共党员有726人,女性有290人,年龄在40岁以下的年轻候选人为230人,其中有30名候选人通过自荐形式参选。本次选举的候选人年龄介于24岁至80岁之间。最终从候选人中差额选举出493位国会代表,其中非共产党员代表43人。据越南国会选举委员会公布的数据,越南全国选民投票率高达99.64%。

越南第十二届国会7月19日在河内巴亭会堂举行。在23日的国会会议上,阮富仲以97.9%的赞成票再次当选为越南国会主席。同日,越南国会还选举阮德坚、汪周流、丛氏放和黄玉山为国会副主席,并选举18名国会常务委员会委员。在7月24日越南国会会议上,阮明哲以98.78%的高得票率再次当选为越南国家主席。在7月25日的越南国会会议上,阮晋勇以96.9%的高票再次当选为越南政府总理。同日上午,国会还投票选举阮氏缘担任越南国家副主席。

8月2日,越南第十二届国会第一次会议以97.36%的赞成票通过了由政府总理提名的新一届政府副总理和部长的名单,以及由国家主席提名的新一届国防安全委员会成员名单。

（三）政治体制改革

越共十大以来,越南加大政治体制改革力度,尤其是对党政领导机构进行精简,在扩大民主的同时,也在某些方面相对集中权力。

一是精简党中央机关。越共中央原有11个部委办,现仅保留6个,即中央组织部、中央思想文化部、民运部、中央检查委员会、对外部和中央办公厅。原来的中央经济部等其他5个机构已经撤销或合并。原有的6个中央系统直属机关党委已整合成两个党委。

二是提升国会的地位和作用。越南国会有立法权,没有行政权,但近年国会代表在国会会议上严厉质询政府官员已受到各方关注。越南新一届国会的地位和作用有所提升,增加专职代表的数量,确立5项任务:建立和完善协调统一的法律体系,加强对国家机关、特别是行政和司法机关的监督,提高和增强国会在决定国家重大问题的地位和责任,继续大力开展议会外交,改革与选民接触的方式。

三是精简国家机关。越南把行政改革作为2007年政府工作的三大任务之一。前些年越南就已经对国家政府部委办进行撤并,由35个减少至26个。为进一步提高工作效能,适当集中中央政府权力,2007年8月3日越南国会会议投票决定,副总理由原来的3个增至5个。同时,越南继续进行精兵简政,大幅度裁撤合并政府机构,政府部委办由26个再次减少压缩至22个,将原来的贸易部与工业部合并成工商部,将水产部并入农业农村发展部,文化、体育部等合并成文化体育旅游部,撤销人口家庭与儿童委员会。

（四）反腐败

2007年越南继续加大反腐败的力度,尤其是加强制度建设,从源头上遏制腐败现象的发生。1月越共在河内召开四中全会,会议重要内容之一就是做出禁止党政机关、人民团体尤其是军队经商的决定:从

2007年开始,党政机关、人民团体和武装力量拥有的纯属经营性企业逐步与原单位脱钩,转交给政府管理。

二、外交:拓展国际舞台

越共十大提出:“坚持一贯的独立自主、和平、合作发展的外交路线;实行国际关系多边化、多样化的对外开放政策。积极主动地融入国际经济,同时扩大其他领域的国际合作。越南在国际社会中成为世界各国值得信赖的朋友和合作伙伴,积极参与国际和地区合作。”越南外交政策的目标是,维护领土主权和国家安全,反对利用民主、人权、宗教来干涉越南内部事务,以为经济发展服务为中心任务,并在国际舞台上发挥作用。2007年越南领导人频繁出访,以大国平衡外交为主积极推进双边外交,以东盟为依托主动参与多边外交,以海外越侨工作为主大搞民间外交。在2007年1月正式加入WTO之后,10月16日越南在联合国以183票(总票数为190票)的高票当选2008~2009年任期的安全理事会非常任理事国,并从2008年1月起代表亚洲出任这一席位,与其他14个理事国一起参与解决全球范围内维持和平与安全的问题。从这一事件看,国际社会对越南近年改革开放的成功和经济发展取得的成就予以认同,越南在国际舞台的地位和作用在不断提高。

(一)大国外交

越南作为一个中等规模的国家,非常重视发展与有关大国的关系,尤其是中国和美国。

1. 越南与中国的关系(参见《中国与东盟关系》部类)

2. 越南与美国的关系。2007年6月18~23日越南国家主席阮明哲对美国进行正式访问,这是越战结束32年后越南国家元首第一次访美,对越美关系的发展无疑具有重要意义。越南媒体把2006年越南总理潘文凯的首次越南总理访美称为“破冰之旅”,把这次阮明哲访美则称为“融冰之旅”。对越南来说,此举的意义不仅在于努力摆脱两国间的战争阴影,把越美关系“推向更为深入、广泛和有效发展的新阶段”,也是越南“妥善处理大国关系”这一外交重点的反映。访问期间,阮明哲与美国总统布什举行会谈,两国企业家还签订总值逾110亿美元的投资合作协议。目前美国是越南最大的商品出口目的地和重要的外资来源国。2007年越南商品出口美国达100多亿美元,比上年增长28%,占越南出口总额的20.7%。

2007年3月越南与美国签署一项核转换协议。根据这一协议以及越南与美国、俄罗斯签署的反恐协议,2007年9月越南撤除位于越南南部度假胜地大叻的核反应堆中的武器级铀,用浓缩程度不足20%的低浓缩铀取代程度约为36%的高浓缩铀,以防止上述高浓缩铀被用于制造核弹。

3. 越南与其他大国的关系。日本政府每年向越南提供约1000亿日元的官方发展援助,连续14年成为越南最大的援助国。2007年11月26日越南国家主席阮明哲对日本进行正式访问。访日期间,11月27日越日双方在东京签订《越日面向战略伙伴关系的合作计划》。

越南把与印度的外交关系视为“传统友谊和特殊合作关系”。应印度总理曼莫汉·辛格的邀请,越南政府总理阮晋勇于2007年7月4~6日对印度进行国事访问。两国总理签署越南—印度战略伙伴关系的联合声明,出席7个重要合作文件的签字仪式。近几年,越印贸易关系发展很快,从1995年的7200万美元上升到2006年的10亿多美元,双方表示力争双边贸易金额到2010年达20亿美元和2015年达50亿美元。印度是在越南投资最多的10个国家和地区之一。在东盟各国中,越南成为吸引印度直接投资资金(FDI)最多的国家。

(二)越南与邻国关系

1. 越南与老挝的关系。越老两国多年来一直保持特殊的关系。为庆祝越老签署友好合作协议30周年和越老建交45周年,2007年7月17日,越共中央、越南祖国阵线、河内市政府在巴亭广场举行纪念集会。越共中央总书记农德孟、国家主席阮明哲、国会主席阮富仲、政府常务副总理兼越老合作委员会主席阮生雄、政府副总理兼外交部部长范家谦、越南祖国阵线中央委员会主席范世阅,以及由老挝政治局委员、国家副主席本扬·沃拉芝率领的老挝党政高级代表团和老挝在越南工作的干部代表出席集会。会上,农德孟发表讲话。

越老两国的政治外交、经济贸易、社会文化关系全面深入发展。2006年,两国的双向贸易额达到2.6亿美元,比上年增长60%,预计今后3年双向贸易额将达10亿美元。至2007年6月,越南在老挝的投资项目有76个,投资总额5.55亿美元。两国还在水电、采矿、种植橡胶等领域展开合作。

2007年2月5日,应老挝人民革命党总书记、国家主席朱马利的邀请,越南国家主席阮明哲对老挝进行正式访问,阮明哲与朱马利举行会谈。双方重申,在当前国际和地区形势多变的背景下,进一步加强和巩固越老特殊关系有着极为重要的意义。双方将进一步加强在对外领域的合作,如在联合国、法语组织、不结盟运动、东盟、亚欧会议以及其他地区论坛上的合作,并同意将继续与柬埔寨合作建设三国发展三角。越南承诺,将协助老挝举办下一届东南亚运动会。

2. 越南与柬埔寨的关系。越南重视越柬关系的发展。2007年2月27日至3月1日,越南国家主席阮明哲对柬埔寨进行国事访问,分别与柬埔寨国王西哈莫尼、首相洪森、参议院议长谢辛和国民议会议长韩桑林举行会谈,他还与洪森共同主持柬越商务论坛。两国在金边发表联合声明。

2007 年头 8 个月,越柬双边贸易额达到 7.9 亿美元,预计全年将达到 10 亿美元。

越柬在柬埔寨柴桢省和对面的越南边境地区规划建设亚洲第一个耗资 1 亿美元的跨国高尔夫球场。球场建成后,高尔夫球爱好者可以在柬埔寨境内发球,而在越南境内结束球局。在高尔夫球场内建边境检查站,以方便游客。

越柬两国的边界线全长 1137 公里,越南 10 个省和柬埔寨 9 个省接壤。近年,两国开展边界勘界立碑工作,双方计划于 2008 年完成这一工作。

3. 越南与东盟其他国家关系。越南大力发展与中南半岛其他国家的关系,尤其是缅甸。应越南总理阮晋勇的邀请,缅甸总理登盛 2007 年 11 月 9 日抵达河内对越南进行为期两天的访问。阮晋勇与登盛举行会谈。登盛当天拜会了越南国家主席阮明哲。

为与东盟成员国就解决缅甸问题交换意见,联合国秘书长缅甸问题特使甘巴里 11 月 23 日抵达河内进行为期 5 天的访问。甘巴里希望越南与联合国继续进行合作,以更好地解决缅甸问题。

越南很重视参与大湄公河次区域合作,特别是连接越南、老挝、泰国、缅甸的东西经济走廊和连接中国云南和越南北部的昆明—海防经济走廊的建设。东西经济走廊的越南广治—老挝沙湾拿吉—泰国孔敬段公路已经贯通。越老泰三国正在规划实施越南老保—老挝 Dansavanh—老挝沙湾拿吉—泰国穆达汉口岸跨境运输合作。根据 3 国协商,越老泰三国客货运输汽车将可进入对方境内,无需交纳口岸税费,停留期限为 30 天。三国相互承认车辆的登记、安检和驾驶证。对于从上述口岸出入境的游客,居留时间不超过 30 天者可免签证,但须持有效护照。

(三)越南与朝鲜、古巴的关系。2007 年越朝关系的发展引人注目。越共总书记农德孟 10 月 16 日开始对平壤进行为期 3 天的访问。这是自从 1957 年越南共产党缔造者胡志明访问朝鲜 50 年以来,越共总书记第一次访问朝鲜,金正日亲自前往机场迎接。10 月 27 ~ 30 日,朝鲜总理金英日对越南进行正式访问。这是越朝双方在短期内进行的第二次高层接触。金英日出任朝鲜总理后第一站出访就访问越南。他表示,朝鲜希望促进与越南的经济交流合作,希望了解和参考越南改革开放的经验,希望越南支持朝韩关系的改善,并在发展朝鲜与东盟的关系上起促进作用。

2007 年 6 月 1 ~ 3 日,越共总书记农德孟出访古巴。访问期间,两国发表联合声明。两国还签署多项合作协议。其中在 6 月 1 日签订的一份协议显示,越南将成为古巴最新的墨西哥湾石油开采合作伙伴。

三、经济:持续快速增长

(一)保持发展势头,完成计划的上限

2007 年越南经济增长率达到约 8.5%,是继 1997 年增长 9.0% 以后 10 年来的新高,也是从 2002 年开始,越南经济连续 6 年增长率达到 7% 以上。第一、第二、第三产业分别增长 3.4%、10.6% 和 8.7%。国内生产总值达到 1144 万亿越盾,约合 715 亿美元,人均 1340 万越盾,约合 835 美元,比上年增长 115 美元。比 2007 年计划的 820 美元多 15 美元。一、二、三产业比例进一步优化为:20%∶41.8%∶38.2%。越南成为亚洲经济增长排在中国(11.4%)、印度(9%)之后第三个最快的国家,在东南亚地区仍然名列前茅,大大高于其他东盟国家。

随着经济的快速增长,越南宏观经济的许多方面都在改善。2007 年财政收入达到 288 万亿越盾,相当于 GDP 的 25%,比上年增长 15.6%。越南过去很少公布外汇储备,越南的外汇储备达到 200 亿美元。越南国力在不断增强。

(二)工业化持续推进

越南经济正处在快速工业化的过程,工业增长速度较快,2007 年工业总产值增长速度达到 17%,连续 10 多年维持在 10% 以上。在工业领域,民营工业增长最快,达到 20.9%,其次是外商投资的工业企业,增长 18.2%,增长较慢的是国有工业企业,仅 10.3%。工业产品产量增长最快的是:机动车增 54.2%,造船增

西贡河上客、货轮船穿梭往来　　(原载《中国—东盟合作之旅》)

27.1%,电子电器增24.1%,电线电缆增19.3%,啤酒增19%,机械设备增18.3%。

越南的农业发展缓慢。2007年越南的粮食产量为3998万吨(其中稻谷3587万吨,玉米410万吨),比上年增加约30万吨,人均有粮则从2006年的471公斤减至365公斤。由于受禽流感等畜禽疫病的影响,2007年的畜牧业发展处于停滞状态。农业中只有水产业保持快速发展的势头,总产量达到390万吨,比上年增长10%。

(三)国内消费成为经济增长主要动力

2007年越南经济增长仍然是靠投资、出口和国内消费三驾马车的拉动:全社会投资增长15.8%,出口增长21.5%,全社会消费品总额增长23.3%。

(四)外向型经济快速发展

2007年越南签订外资合同金额达到203亿美元,同比增长69.3%。到位的外资达到51亿美元,比2006年的39.56亿美元增加12亿美元。2007年越南全社会投资额达到461.9万亿越盾,相当于国内生产总值的40.4%,同比增长15.8%。其中,外国直接投资74.1万亿越盾,占16%,增长17.1%。

2007年越南外贸进出口总额达到1092亿美元,其中出口484亿美元,相当于GDP的67.4%,增长21.5%。在出口商品中,国内投资企业出口增加22.3%,占42%,外资企业出口虽然由于原油生产和出口减少而仅增加18.4%,但仍然是出口的大头,占58%。10种主要的出口商品是:第一位是纺织品78亿美元,增长31%;其余为原油、鞋类、水产品、木制品、电子产品和计算机、大米、咖啡、橡胶。

2007年越南入境旅游人数达到430万人次,比上年增长19%。到越南的纯旅游者比上年增加25.4%,因公务而来者增加13.7%,探亲者增加7.3%。游客数量最大仍然是中国,达52万人次,而增长最快的是泰国、马来西亚和新加坡,其次是法国、意大利、西班牙、荷兰、比利时和德国。

四、自然灾害与社会问题

(一)自然灾害频繁

2007年,越南发生7次大的台风、暴雨、洪水、泥石流和一次严重的旱灾,涉及全国64个省市中的50个省市,造成严重的生命财产损失。年内,越南从北方到南方都出现禽流感疫情。5~12月,越南发现8名禽流感患者,其中5人死亡。

(二)物价涨幅近10多年来最高

越南2007年的目标是把物价指数控制在5%以内,但执行结果大大超过,达到12.6%,这是越南20世纪90年代初治理通货膨胀取得成效以来的最高纪录,超过当年国民生产总值的增长速度。涨价最快的是食品,上涨21.16%,其中粮食上涨15.4%;住宅和建材上涨17.12%。

造成物价大幅上涨的原因,主要是国际能源、原材料等物价的快速上涨,以及自然灾害、畜禽疫病严重等。世界银行驻越南的经济专家认为,货币市场调节失误也是造成物价指数(CPI)高于GDP增长速度的一个原因。

(三)环境污染

在由泰国亚洲科技学院(AIT)和越南胡志明市百科大学在胡志明市共同举办的东南亚空气质量管理讨论会上,与会专家发出警告说:在越南,河内、胡志明市等大城市正面临严重的空气污染,特别是有微尘引起的污染。空气内含有多种造成污染的物质,如尘埃、一氧化碳、二氧化硫、氮氧物质、引致癌症的苯等,其中尘埃占的比例最大。目前,越南尚未制定尘埃污染的标准,世界卫生组织(WHO)的标准是每立方米为25微克。据AIT的考察结果,河内与胡志明市空气中的微尘含量要高得多,最高达到每立方米100多微克,平均也超过50微克。

五、2008年发展前瞻

2008年初,越南发生金融振荡,依据经济形势变化情况,越南将国民生产总值增长率从8.5%~9.0%调整为7%。

越南国家主席阮明哲和总理阮晋勇对2008年的经济增长有较高的期待。2007年12月阮晋勇在越南全国计划投资会上说:“2008年必须基本完成2006~2010年经济社会发展计划,以便到2009年能超额完成这一5年计划。力争2007年人均GDP实现835美元,2008年达到960美元,2009年达到1110美元”。阮明哲2007年12月在回答韩国国家电视台记者采访时说:“越南的目标是到2008年脱离低收入国家行列,为到2020年成为现代化的工业国家奠定基础”。所谓脱离发展中低收入国家行列的标准国际上通常是,1000美元以下为低收入国家,1000美元以上则为中低收入国家。这个标准对于快速发展中的越南来说并不算高,经过努力是可以实现的。 (古小松)

参考文献和资料:

1. 越南《共产主义》杂志。
2. 越南《投资报》。
3. 新华社北京电讯。
4.《南方周末》。
5. 越南《数据与事件》。
6. 路透社河内电讯。
7.《环球时报》。
8. 越南共产党《电子报》。
9.《广西日报》。
10. 越南《西贡解放报》。
11. 越南《商业》。
12.《2007年越南国情报告》。
13.《东南亚纵横》。
14. 越南《*Viet Bao*》。

东南亚国家联盟

概　　述

东南亚国家联盟(以下简称东盟)是亚太地区重要的地区组织,包括印度尼西亚、马来西亚、菲律宾、新加坡、泰国、文莱、越南、老挝、缅甸、柬埔寨10个国家,秘书处设在印度尼西亚首都雅加达。东盟10国总面积450多万平方公里,2006年人口5.6亿,地区生产总值1.1万亿美元,人均地区生产总值1964美元,贸易总额1.4万亿美元。东盟成立的宗旨是促进本地区的繁荣与稳定。在1997年签署的《东盟2020年远景》中表示,要将东盟建设成为一个充满关爱的社会,一个不分性别、种族、宗教、语言及社会和文化背景,所有人都享有平等的机会发展权的社会;东盟将成为亚太地区乃至世界上一个有效维护和平、公正和现代化的组织。2003年1月6日,王景荣接任东盟秘书长。

东盟的前身是马来西亚、泰国和菲律宾于1961年7月31日在泰国曼谷成立的东南亚联盟。1967年8月6~8日,印度尼西亚、马来西亚、新加坡、菲律宾、泰国五国发表《东南亚联盟成立宣言》即《曼谷宣言》,宣告东盟成立。1976年,上述五国在印度尼西亚巴厘岛举行东盟第一次首脑会议,签署《东南亚友好合作条约》和《东南亚国家联盟协调一致宣言》(合称《巴厘第一协约》),确定东盟的宗旨和原则。这次会议成为东盟发展的重要里程碑。1984年文莱加入东盟,东盟成员国增至6个,称之为原东盟成员国或东盟老成员国。尔后,越南于1995年7月、缅甸和老挝于1997年7月、柬埔寨于1999年4月先后加入东盟,东盟在组织上实现1994年5月提出建立"东南亚10国共同体"的目标。2006年东帝汶加入,东盟成员由10国扩大为11国。2003年10月7日,东盟第九次领导人会议通过了标志东盟在政治、经济、安全、社会与文化全面合作进入历史新阶段的《巴厘第二协约》,提出在2020年建立类似于欧盟的"东盟共同体",包括安全共同体、经济共同体和社会文化共同体。2004年11月,第10次东盟领导人会议通过《万象行动纲领》等一系列文件,提出进一步缩小成员国间的发展差距,计划在2020年将东盟建成一个对外开放、充满活力与关爱共同体的目标。由于缺乏一部统一的法律文件,东盟发展在很大程度上受到限制。2005年12月,第11次东盟领导人会议通过《吉隆坡宣言》,决定制订东盟宪章,以法律的形式确定东盟所有的准则、规定和价值观,搭建一个法律和机构框架,以加快实现东盟共同体的目标。2007年1月13日,第12次东盟领导人会议通过《到2015年建成东盟共同体宣言》,计划到2015年建成东盟共同体,在时间上比原计划提前5年。此外,会议还通过《东盟宪章蓝图宿务宣言》,为东盟解决内部分歧提供法律依据,为东盟共同体的建设指明方向。

东盟建立有一系列组织机构来加强内部以及与盟外国家、地区和世界组织的合作。这些组织机构主要有:东盟领导人会议,东盟外长会议、东盟地区论坛,以及农业和林业、经济、能源、环境、财政、通信与信息、投资、劳工、健康、法律、农村发展和减少贫困、科学与技术、社会福利与发展、打击跨境犯罪、交通、旅游、青年、国防、教育、文化艺术、跨境烟雾、东盟投资区理事会、东盟自由贸易区理事会、东盟外长扩大会议等部长级会议,部长会议下还设有高官委员会、理事会和技术工作小组。为处理东盟的对外关系,东盟在布鲁塞尔、伦敦、巴黎、华盛顿、东京、堪培拉、渥太华、威灵顿、日内瓦、汉城、新德里、纽约、北京、莫斯科、伊斯兰堡等地设立了外交机构。

2007年是东盟成立40周年。这一年,东盟出台更为宏伟的计划,构建稳定、繁荣和统一的东盟市场和生产基地,实现商品服务和投资自由流动,加快一体化进程,强化东盟意识,内部合作步入制度化阶段。对外则不断扩大与盟外国家或地区的合作,以构建稳定、繁荣、和谐的东盟共同体。作为一个区域性组织,东盟在国际政治舞台上的地位日益提高。

东盟合作步入制度化阶段

自1967年8月成立以来，东盟一直秉承不干涉内政、不以武力相威胁、“一致通过”的原则处理成员国间的矛盾和事务，成员国在经济、安全、社会和文化领域的合作不断深化，东盟一体化建设步步推进。

然而，随着经济全球化和东盟区域一体化步伐的加快，东盟面临非传统安全问题不断出现、亚太经合组织影响等各种挑战，“东盟原则”的松散机制已不能适应东盟一体化的发展和世界形势的变化，急需赋予东盟法人地位和高效的机制来强化和提高东盟现有的机制化程度，以统一各成员国的步调，更好地应对不断变化的地区格局和经济环境带来的各种挑战，最终实现“一个联盟”的目标。为此，各成员国在几年前就开始酝酿为东盟制订一部法律。2004年第10次东盟首脑会议通过的《万象行动纲领》，提出将制订一部东盟宪章。2005年第11次东盟首脑会议通过关于制订东盟宪章的《吉隆坡宣言》，决定成立一个由10个成员国代表组成的名人小组，负责审议并提出有关东盟发展方向和东盟宪章性质的具体建议。2007年1月，第12次东盟首脑会议发表《东盟宪章蓝图宿务宣言》，正式启动东盟宪章的制定进程。在2007年11月第13次东盟首脑会议上，各成员国正式签署《东盟宪章》。

2007年11月20日，新加坡总理李显龙把东盟10国领导人签署的《东盟宪章》交给东盟秘书长王景荣。 （新华社　图）

《东盟宪章》是东盟成立40年来第一份对各成员国具有普遍法律约束力的文件，在东盟史上具有里程碑意义。宪章的基本原则是致力于实现“一个憧憬、一个特性、一个共同体”，将东盟建成一个“政治上有凝聚性、经济上一体化、社会上负责任的共同体”，即一个稳定、繁荣、有竞争力和以人为本的共同体。宪章规定东盟继续坚持协商一致、不干涉内政的基本原则，尊重各成员国的独立、主权、平等、领土完整和民族特性，坚持以和平手段解决纷争。宪章也赋予东盟秘书长更大的权力。秘书长有权监督各成员国对东盟决议的执行，有权监督对争端处理机制所做出的裁决和建议的执行情况。如果成员国不能履行有关裁决和决定，那么有关事项将提交东盟首脑会议决定。东盟首脑会议设3个部长级理事会，以推动成立东盟经济共同体、政治与安全共同体、社会与文化共同体的全面建设，东盟首脑会议每年举行两次。宪章更明确地规划东盟合作机制和发展方向，使未来的东盟具有一个目标、一个身份和一个声音，共同应对挑战，为东盟成为具有约束力的区域性组织，为加强地区和平、稳定，推进一体化进程提供法律保障。

东盟经济共同体建设步伐加快

2003年东盟决定在2020年建立东盟经济共同体，以形成一个类似欧盟的统一大市场。几年来，东盟为实现这一目标不懈努力，在经贸、投资、旅游、交通、次区域合作、资源安全、人力资源开发等领域不断加强合作。2007年，东盟又将经济一体化进程推进了一大步。

东盟经济共同体建设步伐提速　2007年1月，第12次东盟首脑会议签订《加快在2015年前建立东盟共同体宿务宣言》，各成员国决心创造一个更加强大、更加统一和富有凝聚力的东盟，以更好地应对本地区经济形势的挑战，将建立东盟共同体的时间从原定的2020年提前至2015年。8月，东盟经济部长会议签署《东盟后勤服务一体化协定》，决定在电子、电子商务、卫生、汽车、纺织、渔业、航空、旅游、农产品、木制品、橡胶制品等11个优先领域的基础上，增加后勤服务为东盟优先一体化行业。11月，第13次东盟首脑会议签署《东盟经济共同体蓝图》，规定于2015年前在东盟地区内形成统一市场和生产基地，实现货物、服务、投资、技术工人和资本的自由流动。蓝图总体规划了东盟今后7年内应采取的措施，将在12个优先领域加强政府与私人领域的互动关系，加快与对话伙伴国的自由贸易谈判。

东盟自由贸易区和东盟投资区顺利推进　2002年1月原东盟6国启动自由贸易区以来，东盟自由贸易区建设进展顺利。至2007年8月，东盟国家98.58%的产品纳入CEPT减税清单，CEPT减税清单中的93.67%的产品关税减至5%以内。其中原东盟6国CEPT减税清单中98.67%的产品关税降至5%以内，71.44%的产品实现零关税，CEPT减税清单的平均关税从1993年的12.7%降至2007年8月的1.59%。柬埔寨、老挝、缅甸和越南4个新成员国97.32%的产品纳入CEPT减税清单，其中86.21%的产品关税减至

5%以内。柬埔寨、老挝、缅甸的敏感商品比例也大为下降,比例分别降到0.51%、1.90%和0.25%。新成员国CEPT减税清单产品的平均关税降至2007年8月的4.4%。2007年8月,第21届东盟自由贸易区理事会议认为,东盟除了降低关税外,还要在削减非关税壁垒、协调原产地规则、建立东盟投资区、完成东盟工业合作计划、统一东盟产品质量标准等领域加强合作。随着东盟自由贸易区的推进,东盟贸易持续发展。2006年东盟贸易总额达到1.43万亿美元,其中出口额比2005年增长16.5%,达到7580.4亿美元;进口额增长13.0%,达到6548.8亿美元;东盟内贸易额占东盟贸易总额的24.97%,保持近年来的发展水平。

8月,在菲律宾马卡蒂举行的第10届东盟投资区理事会(1998年成立)决定修订《东盟投资区框架协议》,将协议扩展为全方位的投资协议,内容包括制订东盟投资自由化的保护条款和时间表、外国投资者享有国民待遇、为投资者提供更多的自由和便利等,以进一步增强东盟吸引外资的能力,并计划在2008年会议上签署。东盟在建设自由贸易区和实现经济一体化方面所取得的进展,增强了外国投资者对该地区的信心,东盟吸引外资逐年增加。2006年东盟吸引外资额524亿美元,比2005年增长28%,投资主要来自日本、英国、美国、荷兰和德国。上述5国投资额几乎占当年东盟外资总额的一半。韩国和中国是东盟吸引外资增长较快的国家,2006年分别达10亿美元和9.37亿美元,比2005年增长90%和87%。东盟内的投资增长也较快,2006年达到62亿美元,比2005年增长66%,盟内投资额占东盟外资总额的10%强。制造业、金融业、服务业是东盟吸引外资最多的领域,2006年占吸引外资总额的76%;无线电、电视、设备和仪器、化学和化学产品、基础材料、机械和设备、非金属矿产品等领域也有不凡表现。

旅游合作成效显著 东盟旅游资源丰富,是世界著名的旅游胜地,旅游业是东盟国家的主要创汇产业。近年来,东盟成员国进一步加强盟内和盟外的旅游合作,出台各种奖励措施吸引游客。东盟每年举行旅游部长会议和旅游论坛,探讨东盟旅游发展问题。2007年1月,第10届东盟旅游部长会议、第26届东盟旅游论坛、第六届东盟与中日韩旅游部长会议、首届东盟与印度旅游部长会议等相继举行,与会部长和旅游界人士共同探讨加强区域旅游合作问题,决定采取措施实现东盟内部旅游免签,简化对非东盟国家游客的签证手续,以增强旅游吸引力;《东盟整合优先领域框架协议》也将于2010年生效,届时东盟国家所有服务业将实现自由化,东盟国家将实行一证通行的签证制;发展东盟海上旅游业,建立东盟旅游投资区以促进区域旅游投资一体化;加强东盟各国青年间的交流,以培养潜在旅游市场;加强信息沟通,以应对各种危机或自然灾害对旅游业的影响。近年来,东盟接待的游客逐年增加,2006年接待盟外游客达到2800万人次,比2005年增长4.2%,占东盟国家总入境人数的55%;2007年东盟吸引游客6000万人次,比2006年增长8%,东盟内旅游继续成为东盟游客的重要来源,占东盟游客总数的43%。

能源安全合作不断扩大 东盟国家不仅是能源的重要生产基地,也是能源的重要消耗地区,能源安全问题关乎东盟国家的稳定与发展。近年来,东盟在能源方面不仅加强成员国间的合作,而且重视与盟外国家或地区的合作。2007年1月举行的第二届东亚峰会重点讨论了东亚地区能源安全问题,会议发表的《东亚能源安全宿务宣言》确定以下目标以实现地区能源安全:改善矿物能源的使用效率和环境效应;通过强化有关能效和节能计划、利用水能、扩大可再生能源系统和生物燃料的生产或利用,以及有兴趣的国家开发民用核能,减少对传统能源的依赖;营造开放和具有竞争力的地区和国际市场,致力在各个经济层面提供价格上可承受的能源;减少温室气体排放;通过私营部门的更多参与,寻求和鼓励针对能源及基础设施建设的投资。宣言还列出12项具体措施,以实现上述目标。2007年8月,在新加坡举行的第四届东盟与中、日、韩能源部长会议上,与会部长同意在工业、交通、电力等所有可能领域,制订具体目标与行动计划,提高能源利用效率,以确保地区能源安全和经济、社会的可持续发展。

东盟次区域合作加强 成立于1994年的文莱—印尼—马来西亚—菲律宾东盟东部增长区,旨在通过经济互补以及资源和市场共享促进欠发达和地缘相近地区的发展。2006年6月首届东盟东部增长区交通部长会议同意把增长区内的空中客运和货运服务作为优先发展的领域,鼓励区内航空公司加强彼此间在落地权、代码共享等方面的合作,开通菲律宾达沃—马来西亚哥达京拿巴鲁—文莱斯里巴加湾和印尼坤店—马来西亚古晋—文莱斯里巴加湾的航线。2007年1月,东盟东部增长区4国领导人会议同意全面开放该区域的民航领域,开辟更多航线,以促进旅游、投资和经济的更快发展,并就简化区内海关和出入境检疫安全的规定和程序达成共识。与会各国还希望中国和澳大利亚积极参与东盟东部增长区的农业、基础设施建设、自然资源开发、人力资源发展等领域的合作。

大湄公河次区域合作不断推进。1992年,在亚洲开发银行推动下,澜沧江—湄公河流域内的中国、缅甸、老挝、泰国、柬埔寨、越南等6个国家共同发起建立大湄公河次区域(GMS)经济合作机制,以加强经济联系,消除贫困,促进发展。2001年,GMS第10届部长级会议通过《GMS未来10年战略框架》,提出加强基础设施建设、促进贸易投资便利化、推动私营部门参与、加强人力资源和能力建设、保护环境及合理利用资源为五大战略重点领域。近年来,GMS在交通、能源、电信、环境、旅游、农业、人力资源开发、贸易便利化和投资等9个重点合作领域开展富有成效的工作，截至2007年底，共开展合作项目180个，其中投资项目34个，总投资达98.7亿美元，技术援助项目146个，涉及资金1.66亿美元，有力地推动了次区域各国的经济社会发展。2007年的合作以农业领域较为突出。4月，在中国北京举行的首届大湄公河次区域农业部长会议通过《CASP农业合作战略框架》和《2006～2010年农业支持核心计划》，决定加强以下方面合作并提出实现这些计划的具体措施：加快和加强次区域农业合作，为粮食安全和减贫作贡献；促进跨境农业贸易和投资；促进农业新技术的转让和应用；加强环境保护，持续利用共享的自然资源；确保对跨境动物疫病的监控；开发人力资源，加强能力建设；解决跨境关注问题等。4月，大湄公河次区域农业信息网正式开通，次区域国家实现相关农业信息共享。

东盟安全领域合作继续加强

安全问题是东盟合作的重要领域。在2002年，东盟宣布将于2020年实现东盟政治与安全共同体。2007年，东盟首脑会议将建立的时间提前至2015年。面对地区和国际跨境问题的挑战，2007年东盟进一步深化安全领域的合作。

传统安全领域合作　1976年东盟签署《东南亚友好合作条约》以来，一直将其作为指导东南亚国家间关系的行为准则，并不断推动东盟的对话伙伴加入该条约，以促进地区的和平与稳定。巴布亚岛、新几内亚、中国、日本、韩国、印度、巴基斯坦、俄罗斯、新西兰、澳大利亚、蒙古等国家先后签署《东南亚友好条约》。2007年1月和8月，法国、东帝汶和孟加拉国、斯里兰卡也先后签署该《条约》。东盟执行《东南亚无核区条约》10年有余，在2007年7月第40届东盟外长会议，同意采纳一项有助于确保东盟不受核武威胁的全面性行动计划：在东盟地区禁止任何国家运输核武器，对地区内和平利用核能加以规范化。会议还制订2007～

大湄公河次区域经济合作相关展览在老挝首都万象开幕　（新华社　图）

2012年的无核行动计划。

由于海事安全和跨国犯罪威胁不断增加，东盟国家日益重视国防合作，推进东盟安全共同体的建设。2006年5月举行首次东盟国防部长会议，启动东盟国防高层合作。2007年11月，第二届东盟国防部长会议在新加坡举行。会议发表《东盟国防部长会议关于地区和平与稳定联合声明》，签署《东盟国防部长会议概念议定书》、《东盟国防部长会议三年工作计划（2008～2010年）》以及《东盟国防部长会议扩大概念书》，明确国防部长会议的框架机制以及东盟在防务方面优先处理的事项，确定东盟与其他国家国防机构接触和联系的原则与形式，并将进一步加强东盟内部防务合作及与他国国防机构的联系与合作。

非传统安全领域合作侧重于打击恐怖主义和跨国犯罪　面对日趋升级的恐怖主义活动的威胁，东盟不断加强打击恐怖主义的合作。1997年举行东盟打击跨国犯罪部长级会议，专门探讨反恐合作。2001年东盟首脑会议发表反恐联合声明。2002年举行东盟反恐特别部长会议。2007年1月，第12次东盟首脑会议签署东南亚地区第一份反恐法律文件——《东盟反恐协定》。协定对恐怖主义行为作了详细的界定。根据该协定，东盟国家将加大信息和情报的共享与交流，提升地区培训与技术合作，建立地区数据库，采取措施控制恐怖分子资金和人员在东盟内部的流动，在起诉恐怖分子等司法和执法方面以及引渡恐怖分子方面加强合作，以遏制一切形式的恐怖行为；各国将建立或指定一个全国性的反恐机构作为实施此协定的权威机构。这是一份具有法律约束力的国际公约，也是东盟国家在反恐领域开展合作取得的突破性进展。东盟成员国签约后，将在地区反恐问题上承担相关法律责任，有助于东盟安全共同体的建立，也将有利于东盟扩大与域外国家或组织的合作，从根本上有效应对恐怖主义威胁。

东盟国家地处太平洋和印度洋的交通要冲，马六甲海峡扼东、西方海上运输咽喉，国际犯罪组织在此活动猖獗，海盗、洗钱、人口贩卖、货物和武器走私等频繁发生，有组织、有预谋、手段先进的恐怖主义袭击正成为更严重的海事威胁，因此近年来打击跨国犯罪活动成为东盟国家合作的重要内容。2007年东盟外长会议和东盟地区论坛成为东盟成员国间以及与其他与会国家或地区就打击跨国犯罪问题进行合作的重要平台，期间各方开展了多层次、多领域的交流与合作。2007年11月，东盟在文莱斯里巴加湾举行第七届东盟打击跨国犯罪部长会议、第六届东盟与中、日、韩打击跨国犯罪部长级会议和第二届东盟与中国打击跨国犯罪部长级会议，探讨在打击跨国犯罪方面的地区合作、双边合作和多边合作问题。针对湄公河流域人口贩卖猖獗,2004 年 10 月,湄公河次区域合作反拐首届部长级磋商会签署《湄公河次区域合作反对拐卖人口谅解备忘录》,启动湄公河次区域合作反对拐卖人口进程。2007 年 12 月,湄公河次区域合作反拐第二届部长级磋商会在中国北京举行,与会的中国、缅甸、老挝、泰国、柬埔寨、越南等 6 个国家签署《湄公河次区域合作反对拐卖人口进程联合宣言》,表示将进一步加强反拐合作。

为更好地合作打击跨国犯罪活动,东盟还加强警务合作。2007 年 6 月,在新加坡举行的第 27 届东盟国家警察部门领导会议启动东盟国家警察数据库系统,以实现东盟各国警察部队重要安全信息的共享。东盟还重视实战合作演练。2007 年 1 月,东盟地区论坛首次海上安全岸上演习在新加坡樟宜海军基地举行,来自东盟地区论坛 22 个成员国的军方、执法部门、港口和决策部门的海事安全人员进行包括跨部门研练、台面模拟、搜索海上失踪船只等演练,以增强相关海事安全部门之间的相互协作和熟悉程度。

东盟关爱共享社会构建

40 年的发展取得重大进步,但东盟地区人们依然面临着许多影响生计、福利和安全的挑战,东盟领导人决心团结一致,以东盟政治安全共同体、经济共同体和社会文化共同体为支柱,共同建立一个"共享和关爱的大家庭"。2007 年,东盟在建设关爱共享社会方面开展多层次、多领域的合作,并取得成效。

一是成员国间的发展差距不断缩小。东盟各国经济发展水平参差不齐,不仅国家间存在差距,而且国家的不同地区、不同阶层的差距也不小,所以支持和援助东盟新成员国、减少成员国之间贫困问题便成为东盟一体化建设的重要内容。缩小发展差距,增强对一个"以人为本"、真正关爱和共享的大家庭的认同感是《东盟宪章》的战略目标之一。2007 年 1 月,第 12 次东盟首脑会议签署《为了一个共享和关爱大家庭宿务声明》,承诺减少贫困、改善社会条件、减灾、控制传染病,通过扩大教育、贸易和投资以及发展科学、技术和旅游,提高人们的生活水平。2007 年 4 月,第 11 届东盟财长会议商定,将向老挝和柬埔寨的中小企业、人力资源开发和科技研发事业提供援助。此外,东盟还致力于农业、农村发展、食品安全、人力资源开发等领域的合作,以加快缩小各成员国间经济发展差距的步伐。

二是环境合作不断深化。随着经济的快速发展,东盟国家尤其是原东盟 6 国逐渐认识到以牺牲环境为代价换取的经济发展模式应停止或减少,所以环境保护和治理合作不断得到加强。2007 年,东盟国家在跨境烟雾污染治理、气候变化应对等领域合作继续展开。2 月 28 日至 3 月 1 日,东盟在文莱斯里巴加湾举行环境部长会议,专门探讨东盟跨境烟雾污染问题。会后发表的联合声明显示:东盟国家有 35 个火灾易发地区制订了相应的防火计划;印尼 2007 年将启动 7000 亿印尼币来执行预防和减少烟雾的行动计划;最初投入金额 50 万美元成立东盟跨境烟雾污染控制基金,并鼓励其他国家、组织、个人对基金投入,以支持东盟相关国家对烟雾的控制。2007 年 11 月举行的第 13 次东盟首脑会议签署《东盟环境可持续性宣言》,决定在环境、能源方面加强各成员国间的合作,以促进东盟地区的可持续发展。东盟还不断扩大与亚太国家或地区、欧盟的环境合作。第三届东亚峰会签署的《气候变化、能源和环境新加坡宣言》称,东亚各国将采取措施减少温室气体排放,改善大气环境,提高能源使用效率,并在保护森林资源和海洋生态等领域加强合作。

三是社会保障和劳工保护合作得到重视。东盟国家有大量的劳工在海外工作,他们为本国创造外汇、解决就业问题做出重要贡献。近年来,东盟开始关注海外劳工权益。2007 年 1 月第 12 次东盟首脑会议发表的《保护和改善海外劳工权益宿务声明》,是东南亚第一份有关海外劳工保护的文件,声明承认海外劳工为东盟劳工输出国和接受国的社会和经济发展做出的重大贡献,提出保护海外劳工的基本原则,指出有必要就海外劳工问题制订适当和全面的政策,并及时依法处理虐待和暴力对待海外劳工的事件。第 40 届东盟外长会议通过《东盟保护和促进移民劳工权利宣言》的实施办法,以及在危急情况下东盟国家在第三国对彼此公民提供领事援助的行动指南,为更好地保护东盟海外劳工和在东盟工作的外国劳工的合法权益和人身安全提出更为具体的实施办法。

四是信息新闻合作逐渐加强。在东盟共同体不断推进的过程中,东盟国家意识到为用统一的声音说话,增强东盟意识和东盟在国际舞台上的话语权,东盟有必要在新闻媒体方面加强合作。2007 年 5 月,在印度尼西亚雅加达举行的第九届东盟信息部长会议和首届东盟—中国新闻部长会议的联合声明称,东盟各国将一致采用 DVB - T 数码视讯传播标准,加强信息和新闻合作;东盟与中国将继续执行资讯媒体合作计划(2006 ~ 2010 年),在人力资源开发、电影电视节目交流、建立东盟—中国资讯媒体网站、发展农村基础设施建设等方面加强合作;东盟与日本将在媒体内容研发、广播数字化、紧急广播系统等方面加强合作。11 月 16 日,内容包括东盟国家的传统节日、青年项目、遗产照片、东盟文学出版物、地区饮食以及东盟新变化的东盟媒体集成网站开通,为介绍东盟丰富多样的文化开辟一个新窗口。

五是健康卫生领域合作不断深化。由于生活习惯、气候以及贩毒、吸毒、卖淫等问题,使东南亚成为艾滋病、SARS、登革热、禽流感、疟疾等传染性疾病的易发地，对成员国居民健康带来威胁。据联合国艾滋病规划署统计，2006 年亚洲约有 860 万艾滋病病毒携带者，而东盟地区艾滋病病毒携带者约达 160 万，其中 15 岁以上的女性艾滋病病毒携带者达 53 万，艾滋病感染者日趋年轻化。传染性疾病的肆虐不仅威胁东盟人民的生命安全，而且也影响东盟的经济可持续发展，因此卫生健康领域合作一直是东盟合作的重要领域。东盟应对艾滋病的最早有效承诺是在 2001 年 11 月第 7 次东盟首脑会议作出的，尔后在 2003 年 10 月第 9 次东盟首脑会议、2005 年 9 月第二届东盟—联合国高峰会议、2005 年 10 月第 11 次东盟首脑会议分别进行重申。2007 年 1 月，东盟 10 国领导人在菲律宾宿务举行第二次有关艾滋病问题的特别会议，承诺在国家层面上加强防控艾滋病的力度。在 11 月举行的第 12 次东盟首脑会议上还专门探讨了控制艾滋病的议题。与会领导人一致认为：东盟各国必须加强合作，提高人们对艾滋病的认识，筹集更多资金和采取全面应对措施，以控制艾滋病传播；优先考虑对艾滋病患者特别是无法支付高额医疗费用的患者的治疗；同意成立东盟艾滋病工作小组，以切实执行第三个东盟艾滋病工作计划（2006 ~ 2010 年）。东盟秘书长王景荣透露，在 2010 年前东盟还将实施一项计划，与私营机构、社会力量和艾滋病病毒携带者结成伙伴关系来共同防控艾滋病。

此外，东盟还在应对禽流感、禁毒、文化教育、青年、妇女儿童、社会福利等方面加强合作，以将东盟建成一个充满关爱、和谐的社会。

东盟对外合作进一步扩大

东盟在不断深化内部合作的同时，利用东盟地区论坛、东盟 10 + 3、东盟 10 + 1 和东亚峰会等现有机制，扩大对外合作，充分发挥其在大国间平衡和协调的作用，尤其突出东盟的主导作用。加快与对话伙伴国的自由贸易谈判是东盟对外关系的重要议程，东盟已与中国、日本、韩国、印度、澳大利亚、新西兰、欧盟、美国等进行自由贸易区的谈判或开展谈判前期工作，并将重点移到优先完成与中、日、韩、印、澳、新的自由贸易区建设。在对外合作进程中，以东盟为中心的东亚合作初显成效。东亚合作的核心和最高机制是东亚峰会。2007 年 1 月，在第二届东亚峰会上，东盟成员国、中国、日本、韩国、印度、澳大利亚和新西兰等 16 国的国家元首或政府政要讨论了地区能源安全、金融、教育、禽流感、减灾等问题，并签署《东亚能源安全宿务宣言》。在 11 月，第三届东亚峰会在新加坡举行，16 国领导人签署《关于气候变化、能源和环境的新加坡宣言》，强调将在气候变化、环境和能源安全方面进一步加强地区合作。随后举行的东盟与中、日、韩首脑会议通过东盟 10 + 3 合作计划（2007 ~ 2017 年），制定 2007 ~ 2017 年期间东盟 10 + 3 在传统安全与非传统安全问题、经济、能源、环境与可持续发展、社会与文化教育、科技、卫生健康等领域的合作目标和措施。

东盟与东亚国家的金融合作　经历了 1997 年东南亚金融危机，东盟国家更加重视加强成员国间及与东亚国家之间的金融合作。2000 年 5 月，东盟 10 + 3 财长会议签署《清迈协议》，扩大东盟互换协议的数量与金额。至 2007 年，亚洲已有 8 个国家之间签署了总金额达 800 亿美元的 16 个双边互换协议。但是随着全球资产泡沫风险不断积累，国际资本流动迅速增加，又出现全球国际收支失衡、美元贬值、石油价格上涨等新的挑战，亚洲采取积极应对措施成为必要。2007 年 4 月，在泰国清迈举行的第 11 届东盟财长会议决定成立东盟债券信息中心，作为各国债券信息交流互补的数据库，为实现区域证券市场联结迈出第一步。同时举行的东盟和中、日、韩 10 + 3 财长会议决定，考虑组建一个多边模式的东亚外汇储备库，以便应对货币危机。5 月，东盟和中、日、韩 10 + 3 财长会议原则上同意建立 13 国外汇储备库，使区域内任何一个经济体在面临货币危机时都可动用这一储备。该外汇储备库将现存双边性质的《清迈协议》多边化，标志着亚洲金融一体化又向前迈进了一步。

东盟与中国的合作　东盟与中国建立全面合作伙伴关系以来，双方在政治、安全、经贸、投资、农业、交通、旅游、社会文化、信息、卫生以及民间交往等领域开展了深入的交流与合作，硕果累累。2007 年中国与东盟双边贸易额达 2025.5 亿美元，比上年增长 25.9%，提前三年实现双边贸易额 2000 亿美元的目标。2008 年 1 ~ 2 月，双边贸易持续增长，东盟对中国的进出口总额达到 346.7 亿美元，比上年同期增长 25.3%。东盟与中国在实行货物

2007 年 1 月 10 ~ 11 日，东盟外长会议在菲律宾举行。　　（新华社　图）

2007 年 *1* 月，中国与东盟 *10* 国外长合影。　（新华社　图）

贸易自由化的同时，也逐渐开放服务贸易领域。2007 年 1 月，东盟与中国签署《中国—东盟自由贸易区服务贸易协议》(东盟与盟外国家签署的第一份服务贸易协议)，进一步推动双边服务领域的合作。中国与东盟的信息合作也不断深入。在第 10 次中国—东盟首脑会议上，双方签署《落实中国—东盟面向共同发展的信息通信领域伙伴关系北京宣言的行动计划》，同时规划 2007 ~ 2012 年落实《北京宣言》所确定的 6 个重点合作领域的合作内容及行动措施。双方在基础设施建设、运输便利化、海上安全与保安、人力资源开发等方面的合作不断推进。2007 年 2 月，第五次中国—东盟交通部长会议规划未来 10 ~ 15 年的交通合作项目：修建新加坡—昆明高速公路，在海洋安全、海洋环境保护等方面加强对话与合作，东盟国家每年派学者到中国大连海洋大学进修，加强能力建设和技术援助，加强人力资源开发合作等。10 月，中国—东盟港口发展与合作论坛举行。论坛联合声明称双方计划建立中国—东盟港口协调机制，以促进双方交通领域的人力资源开发、人员培训、技术与信息交流、港口基础设施建设，在国际海事框架下加强港口监督、海上安全和海上环境保护领域的合作。11 月，第六次中国—东盟交通部长会议在新加坡举行，期间签署了《中国与东盟海运协定》和《中国与东盟航空合作框架》，同意将中国—东盟海事磋商机制升格为各国海事安全主管部门领导定期磋商的机制，并明确 2008 年合作的具体项目和活动。东盟相关国家还与中国启动环北部湾经济合作，着手对投资、贸易、交通、物流等领域展开实质性合作。

此外，双方通过中国—东盟打击跨国犯罪高官会，中国—东盟禁毒行动计划，东盟与中、日、韩打击跨国犯罪部长会和高官会等机制，在反恐和打击跨国犯罪(贩毒、贩卖人口、非法移民、海盗和国际经济犯罪)等领域进行卓有成效的合作。2007 年 4 月在澳门举行的第四届中国—东盟检察长会议，同意相互依法提供最大限度的司法协助。

东盟与日本的合作　近年来，日本与东盟的经济合作日益加强，使东盟一直保持其第三大贸易伙伴的地位。日本与东盟的自由贸易谈判始于 2005 年，2007 年 5 月谈判结束。2007 年 8 月，日本与东盟经济部长会议达成东盟—日本全面经济伙伴协定；11 月，日本与东盟成员国领导人正式签署自由贸易协定(这是日本与区域组织达成的第一个自由贸易协定)。东盟—日本自由贸易协定于 2008 年生效后，日本将立即对从东盟进口的 90% 的产品实行零关税，并在 10 年内逐步取消余下 3% 产品的关税，同时降低另外 6% 产品的关税；大米、食糖及奶制品等作为“特例商品”未被列入日本与东盟的贸易优惠安排。原东盟 6 国将在协议生效后 10 年内、越南在 15 年内逐步取消 90% 从日本进口产品的关税，其余成员国将在 18 年内逐步取消 85% 从日本进口产品的关税。东盟大多数国家从日本进口的电器产品、汽车配件和钢材等也在协定的减税范围之内。日本在与新加坡、马来西亚签订自由贸易协定以外，又于 2007 年 4 月与泰国签署《日本—泰国经济伙伴协定》，除传统的关税减免等内容外，还包括投资、服务、人员往来自由化等多元合作。此外，日本还通过加大对东盟的援助力度，来加快与东盟的合作进程。除在经济上援助东盟经济欠发达国家外，日本还重视加强与东盟之间的青少年工作。2007 年 3 月，东盟收到日本 2.47 亿美元的援助，除 5200 万美元作为东盟—日本经济合作基金外，余下的 1.95 亿美元全部作为东亚青年交流基金。

东盟与美国的合作　自美国“9·11”事件以来，美国与东盟交往的重心全部放在“反恐”上，忽视了与东盟国家其他方面的合作，致使美国在东盟地区的影响力下降。面对中国在东盟地区的影响迅速上升，美国近两年开始着手调整对东盟的政策。在 2006 年东盟外长会议上，美国与东盟签署《实施增进东盟—美国伙伴关系的行动计划》，这是 2006 ~ 2011 年美国与东盟在政治安全、经济和社会文化等全方位的合作计划。2007 年是美国与东盟开展对话关系 30 周年，双方原计划举行的纪念峰会由于美国对缅甸政策的原因而未能达成。美国多年来一直希望东盟向缅甸施压，要求缅方释放昂山素季并进行自由民主选举，但东盟一直坚称缅甸问题是其内部问题，不支持美国对缅甸实施的制裁。2007 年 7 月，美国国务卿赖斯再度缺席东盟外长会议，使双方关系再次受到影响。尽管如此，美国在东盟地区的影响力仍将是最大的，美国不仅仍是东盟最大的贸易伙伴，而且仍是东盟最重要的安全合作伙伴。

东盟与欧盟的合作　东盟与欧盟建立合作关系长达30年之久。欧盟目前是东盟第二大出口市场和第三大贸易伙伴，双方在经济、安全、环境等领域的合作持续加强。2007年3月，第16届欧盟—东盟部长级会议（每两年举行一次）在德国纽伦堡举行。会议通过的《纽伦堡宣言》称：双方将在政治，安全（包括打击恐怖主义、贩卖人口、毒品走私、海盗、武器走私、洗钱和网络犯罪等跨国犯罪行为），应对气候变化，开发可再生能源，能源安全等领域加强合作；欧盟承诺在制订《东盟宪章》和推动东盟一体化方面向东盟提供帮助；欧盟委员会表示愿与东盟签署一项自由贸易协议。《纽伦堡宣言》确立了欧盟—东盟下一步开展合作的总体框架，加强双边各个领域的对话与合作、提升伙伴关系、共同应对各种挑战将成为今后欧盟—东盟关系的主线。东盟对欧盟加入《东南亚友好合作条约》的意图表示欢迎，也欢迎欧盟参与东亚峰会。

除上述方面外，东盟还加强与韩国、印度、澳大利亚、新西兰、俄罗斯、加拿大等国在安全、贸易、投资、旅游、能源安全与可持续发展、人力资源开发、灾害预警、卫生健康、环境保护等领域的合作。

年 度 要 闻

第12次东盟领导人会议

2007年1月13日在菲律宾宿务举行。与会的东盟国家领导人签署《加快在2015年前建立东盟共同体宿务宣言》、《东盟宪章蓝图宿务宣言》、《保护和改善海外劳工权益宿务宣言》、《东盟反恐协定》、《东盟关于艾滋病的承诺》等文件。与会东盟国家领导人认为，为应对越来越多的挑战，东盟应进一步推动经济、政治安全和社会文化领域的合作，尽最大努力建立一个强大的东盟共同体，决定将实现东盟共同体的时间从原先的2020年提前至2015年。会议签署的《东盟宪章蓝图宿务宣言》称，东盟成员国领导人致力于制订东盟宪章，并将此作为东盟成立40年来的最重要的成就。东盟成员国领导人还同意成立一个高级别特别小组，负责东盟宪章起草，并将提交11月举行的第13次东盟领导人会议讨论。除签署《保护和改善海外劳工权益宿务宣言》、《东盟反恐协定》、《东盟关于艾滋病的承诺》外，东盟各国领导人还签署《为了一个共享和关爱大家庭宿务声明》，承诺解决东盟人民关心的主要问题，包括减少贫困、改善社会条件、减灾、控制传染病等，通过扩大教育、贸易和投资以及发展科学、技术和旅游提高人们的生活水平。会议还就全球化的社会影响、防控艾滋病以及朝鲜半岛核问题、东南亚能源安全、自由贸易协定等展开讨论，就推动世界贸易组织多哈回合谈判和以债转股方式对最不发达国家发展项目进行投资发表两项声明。会议期间，法国和东帝汶分别加入《东南亚友好合作条约》，法国成为第一个加入该条约的欧盟国家。

《加快在2015年前建立东盟共同体宿务宣言》　在1月13日举行的第12次东盟领导人会议签署。宣言称，东盟将于2015年建立东盟共同体，包括东盟安全共同体、东盟经济共同体和东盟社会文化共同体；东盟决心以适时的灵活性加速执行东盟共同体的各项项目、措施和原则；创造一个更加强大、更加统一和富有凝聚力的东盟，以更好地应对本地区和全球经济局势的挑战；东盟仍然扩大与对话伙伴的合作，以加快实现东盟2015年建立共同体的目标。

《保护和改善海外劳工权益宿务宣言》　在1月13日举行的第12次东盟领导人会议签署，是东南亚地区第一份有关劳工保护的文件。宣言指出海外劳工为输出和接受劳工的国家社会和经济作出贡献；重申东盟国家有共同责任采取措施改善本国人民的生活，建立以人为本的东盟文化同一性，建立安全和繁荣的东盟共同体，而保护和改善海外劳工权益就是需要采取的措施之一。宣言称，东盟国家领导人认识到一些成员国在海外劳工问题上的担忧，指出有必要就海外劳工问题制订适当和全面的政策，并及时依法处理虐待和暴力对待海外劳工的事件。宣言提出保护海外劳工问题的基本原则，包括劳工输出国和接受国应根据有关法律、法规和政策，充分发挥劳工潜力，尊重劳工权益，以推动东盟共同体的建设；劳工输出和接受国应

2007年1月13日，第12届东盟首脑会议在菲律宾宿务举行，图为东盟10国首脑合影。
（新华社　图）

出于人道主义考虑,紧密合作,解决劳工问题等。

《东盟反恐协定》 在1月13日举行的第12次东盟领导人会议签署,是东南亚地区第一份反恐公约,也是东南亚国家开展反恐合作取得的突破性进展。协定认定凡属于1963年《东京公约》、1970年《关于制止非法劫持航空器的公约》(也称《海牙公约》)、1971年《蒙特利尔公约》、1979年《核材料实物保护公约》、1999年《制止向恐怖主义提供资助的国际公约》等文件规定的犯罪行为均属于恐怖主义行为。根据协定,东盟国家领导人重申加强反恐合作,呼吁执法部门和其他相关部门扩大合作、加强情报信息共享和交换、有效展开边境巡逻、利用先进技术进行侦查和审讯、建立地区数据库等,以遏制一切形式的恐怖行为。协定规定,东盟国家将依据主权平等、领土完整和互不干涉内政的原则履行反恐义务。

《东盟关于艾滋病的承诺》 在1月13日举行的第12次东盟领导人会议上签署。此次领导人会议再次检讨和补充关于艾滋病防治的承诺,指出东盟各国认识到艾滋病是因为贫困、性别歧视、不公平、耻辱和歧视、冲突、疾病、吸毒、毒品注射等因素造成的。承诺将努力达到千年发展目标,尤其是第六号目标;减少同艾滋病感染者生活的人员尤其是孤儿、易受伤害的小孩和老人的伤害;提高妇女的权利和地位,增强她们的经济独立性,以有效阻止艾滋病、疟疾和其他疾病的扩展流行。

由于地理、气候、毒品、贫穷等因素使东盟成为艾滋病传播地之一,东盟国家对于艾滋病防治进行了多年的努力与合作。有效地应对东盟地区艾滋病的最早承诺于2001年11月在斯里巴加湾举行的第七次东盟领导人会议提出,随后在2003年10月巴厘举行的第九次东盟领导人会议、2005年9月在纽约举行的第二届东盟—联合国高峰会议、2005年10月在吉隆坡举行的第11次东盟领导人会议重申。

第10次东盟与中日韩领导人会议

2007年1月14日在菲律宾宿务举行。与会13国领导人表示继续坚持10+3合作在东亚合作中的主渠道地位,实行开放的地区主义,使10+3机制与东亚峰会相互补充,并行不悖,共同促进本地区的发展与繁荣。中国国务院总理温家宝在会上发表题为《共建和平、繁荣的和谐东亚》的讲话,提出为构建和谐东亚,各国应在政治上互信共存、和睦相处,经济上互利共赢、共同发展,安全上互助共济、团结合作,文化上互鉴共进、兼收并蓄,尊重东盟的主导作用,以东盟与中、日、韩10+3为主渠道推进东亚合作进程。温家宝的提议得到与会其他国领导人的赞同和支持。

第10次东盟与中国领导人会议

2007年1月14日在菲律宾宿务举行,中国国务院总理温家宝与东盟10国领导人出席。东盟各国领导人一致表示,东盟—中国关系成果丰硕,进展显著。温家宝在会上以《共同谱写中国—东盟关系的新篇章》为题发表讲话,讲话对今后加强中国与东盟合作提出加强政治互信、推动经贸关系再上新台阶、开展在非传统安全领域的务实合作、积极支持东盟共同体和一体化建设、促进社会文化交流及人员交往的五点建议。东盟各国领导人欢迎并赞同温家宝就今后双方合作提出的建议,愿同中方共同落实好南宁峰会达成的各项共识,进一步加强政治互信,深化和扩大在经贸、能源、基础设施、安全等领域的合作,促进文化和民间交往,加强在地区事务中的磋商。东盟各国领导人还表示,中国是促进地区和平、稳定与繁荣的重要力量,中国的发展为东盟提供巨大的机遇,东盟国家将坚定地致力于巩固同中国的睦邻友好合作,推动东盟—中国战略伙伴关系不断向前发展。会后,双方签署《中国—东盟经济全面合作框架协议服务贸易协议》,签署《落实

2007年1月14日,东盟与中、日、韩领导人会议在菲律宾宿务举行,图为各国领导人合影。　　(新华社　图)

中国—东盟面向共同发展的信息通信领域伙伴关系北京宣言的行动计划》，续签《中国—东盟农业合作谅解备忘录》。此外，双方还表示将进一步推进信息通信、农业、林业等领域的合作。

《中国—东盟经济全面合作框架协议服务贸易协议》 1月14日在第10次东盟—中国10+1领导人会议上签署。根据该协议，中国将在WTO承诺的基础上，在建筑、环保、运输、体育和商务服务等5个服务部门的26个分部门，向东盟国家作出新的市场开放承诺，包括进一步开放上述服务领域，允许对方设立独资或合资企业，放宽设立公司的股比限制等内容。东盟各国也在WTO承诺基础上做出新的开放承诺：新加坡的承诺主要包括商务服务、分销、教育、金融、医疗、娱乐和体育休闲服务、运输等部门；马来西亚的承诺主要包括商务服务、电信、建筑、金融、医疗、旅游和运输等部门；泰国的承诺主要包括专业服务、建筑及工程、教育、旅游和运输等部门；菲律宾的承诺主要包括商务服务、电信、建筑及工程、环境、旅游等部门；文莱的承诺主要包括旅游和运输等部门；印度尼西亚的承诺主要包括建筑及工程、旅游和能源服务；东盟新成员柬埔寨、老挝、缅甸和越南也分别在商务服务、电信、建筑、金融、旅游和运输等部门作出开放承诺，在不同程度上减少市场准入限制。该协议的签署为东盟与中国搭建一个合作新平台，营造更稳定、更开放的贸易环境，创造更多的贸易机会。这些市场开放承诺不仅有利于拓展双方服务部门的互利合作，实现优势互补，增强竞争力，扩大服务贸易出口，还可使双方消费者扩大选择服务的范围，享受到更多优质服务。协议于2007年7月1日起生效。根据协定，中国与柬埔寨、马来西亚、缅甸、文莱、新加坡、越南等国，在航空运输、飞机维修、订票系统等航空服务领域取消市场准入限制及国民待遇限制。其中，柬埔寨、马来西亚、文莱、新加坡对中国民航企业飞机维修和保养服务、航空器租赁、航空运输服务的销售和营销等完全放开。

《中国—东盟农业合作谅解备忘录》 1月14日在第10次东盟—中国领导人会议续签。谅解备忘录决定，在2007~2012年间，东盟与中国将在农业、林业领域开展以下项目的合作：在杂交水稻的运输、栽培技术、水利管理等相互感兴趣的领域，中国为东盟培训100名专家，并派出40名专家到东盟成员国进行短期技术服务；中国为东盟培训150名左右的水产养殖专家；在农业生物科技的应用、家畜领域尤其是奶牛、生猪生产方面，中国为东盟国家开设2~3次培训课程；中国赠送一批农产品和农机给东盟国家，并准备为东盟国家开设农机培训课程；在农业工业化方面，中国为东盟50名专家提供培训并派遣20名专家到东盟国家进行短期培训；在农业、林业先进生产技术、收获技术和食品安全等方面双方亦加强合作。东盟与中国将制订监督、评估等相关措施，以有效开展上述项目合作。此外，双方还在知识产权保护、金融等方面支持双边农业合作。

《落实中国—东盟面向共同发展的信息通信领域伙伴关系北京宣言的行动计划》 1月14日第10次东盟—中国领导人会议上，中国外交部长李肇星和东盟秘书长王景荣分别代表中国和东盟各成员国政府签署。中国与东盟在2005年5月举行的首次中国—东盟电信周上通过《中国—东盟建立面向共同发展的信息通信领域伙伴关系的北京宣言》，为推动北京宣言的落实，双方共同制订出行动计划，规划2007~2012年落实北京宣言所确定的东盟与中国在基础设施建设、普遍服务、人才交流、信息知识普及、网络和信息安全、贸易和投资促进、政府对话和交流6个重点合作领域合作的内容及行动措施。该行动计划的签署，对推动北京宣言的落实，促进中国与东盟信息通信领域共同发展和互利共赢，巩固和深化双方面向共同发展的信息通信领域伙伴关系，具有十分重要的意义。

第二届东亚峰会

2007年1月15日在菲律宾宿务举行。峰会安排在第12次东盟首脑会议期间举行，东盟10国和中国、日本、韩国、印度、澳大利亚、新西兰等国家的元首或政府政要参加会议。峰会主要议题是：能源安全、金融、教育、禽流感、减灾等。会议签署的《东亚能源安全宿务宣言》提出东亚地区能源合作的具体目标和措施。中国国务院总理温家宝在会上发表题为《合作共赢 携手并进》的讲话，提出加强战略规划、深化经贸与财金合作、推进安全合作、拓展社会文化合作、加大公共卫生合作力度等五点倡议，并表示中方愿在上述领域加强与有关各方的交流与合作。各国领导人会上还就如何利用东亚峰会这个战略平台达成新的共识，使其在共建和谐东亚的进程中发挥更大的作用。

《东亚能源安全宿务宣言》 2007年1月15日在菲律宾宿务举行的第二届东亚峰会签署。宣言强调，可靠、充足和可承受的能源供应是东亚地区国家的基本需求，对保持地区经济强劲和可持续发展，增强竞争力至关重要。宣言指出，与会领导人认识到全球矿物能源储量有限，世界石油价格起伏不定，环境和卫生状况正在恶化，制订适合各国国情的能源政策和战略以实现可持续发展很有必要。宣言提出，利用可再生的生物燃料和水力资源将成为国家能源政策的一个重要方面，重申东亚地区国家将共同努力，确保地区能源安全。与会领导人宣布将致力于实现以下目标：改善矿物能源的使用效率和环境效应；通过强化有关能效和节能计划、利用水力、扩大可再生能源系统和生物燃料的生产或利用，以及有兴趣的国家开发民用核能，减少对传统能源的依赖；营造开放和具有竞争力的地区和国际市场，致力于在各个经济层面提供价格上可承受的能源；减少温室气体排放；通过私营部门的更多参与，寻求和鼓励针对能源及基础设施开发的投资。此外，还确定采取一系列措施以实现上述目标，其中包括推广更加清洁和更低排放的技术，以实现矿物能源的持续、经济使用；鼓励生物能源的使用；强化有关能效和节能计划，加强国际合作；各国自愿设定提高能效的目标，制定相应的行动计划；通过创新融资机制提高可再生和可替代能源的效力，并降低成本；通过对东盟电力网和跨东盟天然气管道等能源基础设施的投资，确保获得稳定的能源供应；探索可能的战略能源储备模式；促进煤炭清洁使用、清洁煤技术开发和旨在减缓全球气候变化的国际环境合作。

东盟东部增长区合作加强

文莱—印度尼西亚—马来西亚—菲律宾东盟东部增长区成立于1994年，旨在通过经济互补以及资源和市场共享促进欠发达和地缘相近地区的发展，合作项目包括建立空中和海上联系、农工综合体，开展渔业合作、联合发展旅游业以及实现海关和出入境检疫安全统一化。合作在近年有所加强。2007年1月12日，东盟东部增长区4国领导人举行会议并签署协议，强调在交通、能源、海关和出入境检疫安全方面加强合作，同意全面开放东盟东部增长区民航领域并开辟更多航线，以促进该地区旅游业、投资和经济的更快发展。东盟东部增长区各国还就简化区内海关和出入境检疫安全的规定和程序达成共识。

东盟地区论坛首次海上安全岸上演习

2007年1月22~23日在新加坡樟宜海军基地举行，来自东盟地区论坛22个成员的军方、执法部门、港口和决策部门的102位官员参加。期间进行一系列演习，其中包括跨部门研讨、台面模拟，并在樟宜海军基地战术训练中心进行搜索海上失踪船只演练。演习通过部门间的互动、信息分享和配合，以增强相关海事安全部门之间的相互协作和熟悉程度。中国也组成6人代表团参加演习。

东盟旅游业一体化有效推进

2007年1月26~30日，东盟国家旅游组织、旅游部长相继在新加坡举行第10届东盟旅游部长会议、第26届东盟旅游论坛、第六届东盟与中日韩10+3旅游部长会议和首届东盟—印度旅游部长会议，来自东盟10国及中国、日本、韩国的旅游部长及旅游行业人士共同探讨促进区域旅游业一体化问题。新加坡国务资政吴作栋在旅游部长会议开幕式上呼吁，东盟各国进一步开放航空市场，实现区域内一站式签证制，并加强旅游基础设施建设，以促进东盟旅游业一体化；东盟各国加强与中国、日本、韩国、印度和俄罗斯的旅游合作，促进经济发展。与会部长们一致认为，要进一步采取措施实现东盟内部旅游免签证，并简化对非东盟国家游客的签证手续，以增强东盟地区的旅游吸引力。与会部长们还探讨了发展东盟海上旅游业、建立东盟旅游投资区以促进区域旅游投资一体化、加强东盟各国青年之间的交流以培养潜在旅游市场、加强信息沟通以应对各种危机或天灾对东盟旅游业的影响等问题，同时与中国、日本、韩国的旅游部长和部门官员就如何促进东亚旅游合作的问题进行磋商。来自50多个国家的1600多名政府官员、旅游业者参加了以“东盟：拥抱过去，共同塑造未来”为主题的第26届东盟旅游论坛，共同探讨加强区域旅游合作的问题。

近年来，东盟旅游业获得复苏和发展。2006年共有2800万人次的东盟以外国家旅客到东盟旅游，占东盟总入境人数的55%，其中中国、日本、韩国旅客达到826万人次。

东盟区域环境合作走向深入

2007年2月28日至3月1日，东盟环境部长在文莱斯里巴加湾举行会议，探讨东盟跨境烟雾问题。会后发表的《东盟关于跨境烟雾部长会议联合声明》称，东盟国家在控制烟雾污染方面的合作不断推进，已有35个火灾易发地区制订了各自的行动计划，包括印尼行动计划（印尼2007年投入7000亿印尼盾用于预防和减少烟雾）。与会部长们同意成立东盟跨境烟雾污染控制基金（最初投入金额为50万美元），鼓励其他国家、组织、个人对基金的投入，以支持印尼的行动计划和东盟烟雾基金项目。9月，东盟在泰国曼谷相继举行第10届东盟环境部长非正式会议和第三次东盟关于跨境烟雾污染会议，共同探讨环境合作问题。期间，东盟环境部长签署以“为可持续发展的环境教育”为主题的《东盟环境教育行动计划（2008~2012年）》，通过环境教育和公众参与来实现清洁和绿色的东盟远景目标。决定全力支持东盟生物多样性中心的工作，鼓励努力处理城市和农业领域的水需求以及东盟地区因洪水、干旱造成的伤害和影响问题。

东盟与盟外国家的环境合作不断扩大。2007年1月第10次中国—东盟领导人会议上，中国国务院总理温家宝提出“将环境合作纳入中国—东盟合作范畴，适时建立部长级对话机制”的倡议。在2007年9月举行的第六届东盟—中日韩环境部长会议上，13国环境部长就生物多样性、气候变化、环境教育、水资源管理、提升环境检测技术、清洁生产、固体废弃物与危险物质管理等问题交换意见，中国环境部长提出与东盟开展环境合作战略研究等3项建议，以推动双边的环境合作。11月21日，参加第三届东亚峰会的16国领导人在新加坡签署《气候变化、能源和环境新加坡宣言》，承诺加强本地区的环境合作。期间，中国国务院总理温家宝就应对气候变化阐述了中方的看法和主张：第一，气候变化是全球性问题,需要各国携手合作。第二,气候变化从根本上说是发展问题。第三,《联合国气候变化框架公约》及《京都议定书》奠定了应对气候变化国际合作的法律基础。第四,技术进步对减缓和适应气候变化具有决定性作用。国际社会要增加资金投入,扩大信息交流,加强节能、环保、低碳能源等技术的研发和创新合作,特别是加强技术的推广和利用,使广大发展中国家买得起、用得上。第五,发达国家应为发展中国家适应气候变化提供资金和技术支持。温家宝表示,中国将于2008年举办东亚峰会气候变化适应能力建设研讨会,就本地区国家如何提高对气候变化的适应能力进行探讨。

东盟成立40周年纪念标志发布

2007年8月8日是东盟成立40周年纪念日。为纪念成立40周年,东盟各国外交部分别在本国组织东盟成立40周年纪念标志设计大赛。2007年2月,东盟秘书处在雅加达正式发布这一纪念标志。该标志由文莱参赛者设计,由一个变形的“4”和圆形的东盟标志组成。“4”字由红、蓝两色的2个对称勾组成的,代表东盟在亚洲的发展和进步中所发挥的重要作用;“4”字形状像一颗心,代表东盟的活力、相互关心和分享的精神。标志上的蓝色代表着和平与稳定,红色代表着勇气和活力,白色代表纯洁,黄色代表繁荣,整个设计反映了东盟致力于发展成为一个和谐、团结、繁荣、友爱的共同体的目标。

第11届东盟财长会议

2007年4月5日在泰国清迈举行。会议联合声明表示,东盟各成员要在2015年前加快东盟经济共同体的建设步伐,积极消除在商品与服务贸易自由化以及资金与劳动力流通自由化等方面存在的障碍,全面开放贸易、服务业、资金和技术型劳力输出,减少和消除关税方面的障碍,改善各国的基础设施,建立健全东盟的电子贸易系统。会议还就健全东盟资本市场达成重要共识,决定成立东盟债券信息中心,作为各国债券信息交流互补的数据库,为今后区域证券市场实现联结迈出第一步。会议还要求有关成员国改进税收制度,加强税务合作,促进基础设施建设和知识产权保护,努力缩小各成员国间的经济发展水平差距,并决定向老挝和柬埔寨的中小企业、人力资源开发和科技研发提供援助。

东盟与中日韩财长会议

2007年4月6日在泰国清迈举行。与会13国财长共同探讨如何应对急速流入亚洲地区的“热钱”,以防1997年东南亚金融危机的重演。财长们一致认为,灵活的汇率政策是解决“热钱”涌入日益加剧的最佳办法。东盟成员国财长建议共同推进扩大《清迈协议》计划,即进一步考虑共同组建一个多边模式的外汇储备库,以备应对货币危机。近年来,东盟10+3的金融合作取得成效,各国央行之间的双边货币互换交易金额约达800亿美元。

大湄公河次区域六国通过《农业支持核心计划》

2007年4月25日,由中国农业部和亚洲开发银行共同主持召开的大湄公河次区域(GMS)六国农业部长会议在北京举行。柬埔寨、中国、老挝、缅甸、泰国、和越南的农业部长参加会议。会议通过《农业支持核心计划》(CASP)。CASP的内容包括如下7个方面:加快和加强次区域的农业合作;为次区域的粮食安全和减贫作贡献;促进跨境农业贸易和投资;促进农业新技术的转让和应用;确保环境得到保护并持续利用共享自然资源;确保对跨境动物疫病监控,以减少对社会和经济的影响;开发人力资源,加强能力建设;解决跨境关注问题等。为实现CASP既定目标,会议还提出促进跨境农业贸易和投资,成员国针对与农业相关的危机事件建立应急反应机制,推动公共和私营部门开展农业信息分享的合作,提升农业科技能力等具体实施内容。

东盟新闻信息合作进一步加强

随着东盟共同体建设步伐的加快,东盟也进一步加强新闻信息领域的合作,以促进成员国民众的相互了解,增强东盟意识。2007年5月24日,东盟在印尼雅加达举行以“稳定关系以建立一个关爱共享的社会”为主题的第九届信息部长会议。与会部长们就东盟国家信息公路计划,数字广播,东盟与中国、日本在资讯媒体方面的合作等问题进行广泛的讨论。会议发表的联合公报称,东盟各国将一致采用DVB-T数码视讯传播标准;东盟与中国将继续执行《资讯媒体合作计划(2006~2010年)》,双方将在人力资源开发、电影电视节目交流、建立东盟—中国资讯媒体网站、发展农村基础设施建设等方面加强合作;东盟与日本将在媒体内容研发、广播数字化、紧急广播系统等方面加强合作。2007年11月16日,东盟新闻信息委员会宣布东盟媒体集成网站开通。东盟媒体集成网站从东盟文化和信息网站分离出来,由新加坡新闻发展局开发和主持,由东盟秘书处管理。网站内容包括东盟国家的传统节日、青年项目、遗产照片、东盟文学出版物、地区饮食以及东盟新变化等。

第三届东盟橡胶大会

2007年6月4~16日在柬埔寨金边举行。500名来自澳大利亚、印度、中国、美国、日本、欧盟及东盟等25个国家的政要以及橡胶研究机构和公司负责人、专家齐聚一堂,讨论如何加强东盟橡胶社团的合作,并就全球和区域的橡胶市场需求、橡胶工业整合等方面传递信息,共享发展机遇。

东盟国家警察数据库系统启动

2007年6月4日,在新加坡参加第27届东盟国家警察主管官员会议的东盟各国代表团代表及国际刑警组织代表,共同启动东盟国家警察数据库系统。该系统的启用,使东盟各国警察部队之间实现重要安全信息的共享。

东盟加强与联合国的合作

2007年9月27日,东盟与联合国签署一项谅解备忘录,决定进一步加强两个国际组织之间的合作伙伴关系。根据该谅解备忘录,联合国和东盟将在政治、经济和社会文化方面加强互利合作,合作内容包括开展信息和技术交流、共同开发技术援助项目以及建立磋商论坛等。会议联合声明称,这份谅解备忘录的签署表明联合国和东盟共同致力于促进地区和平与稳定和实现千年发展目标的决心。

东盟能源安全的地区合作加强

2007年8月23日,东盟在新加坡相继举行第25届能源部长会议、第四届东盟与中日韩能源部长会议和首届东亚能源部长会议,进一步推动能源安全的地区合作。在第25届能源部长会议上,东盟10国部长发表的联合声明称:有效利用能源、确保能源供应安全稳定以及能源机制实现一体化是2015年建立东盟经济共同体的关键条件;东盟各国部长同意通过扩大可再生能源技术市场和有效利用能源产品市场,进一步发展可再生能源;实施制度化的安排与部署,以提高能源供应的安全性与稳定性,同时加强区域内能源基础设施建设和区域能源合作。东盟各国部长还在会上签署《东盟能源网络备忘录》,以求在区域内实施能源合作项目时更好地相互协调。在东盟与中日韩10+3能源部长会议上,13国代表对东盟与中、日、韩3国在能源合作方面取得的显著成果表示赞赏,重申各国对确保地区能源安全所作的承诺。根据会后发表的一份联合声明,部长们一致对能源价格不稳、原油储量有限和环境问题等表示关注,强调提高能源利用效率是加强地区能源安全和解决气候变化问题的最为有效的途径之一;同意在工业、交通、电力等所有可能的领域,通过制订具体目标与行动计划来提高能源利用效率。声明还说,与会者对利用可再生能源方面取得的积极进展表示欢迎。在首届东亚能源部长会议上,与会者同意进一步加强东亚的能源安全合作,提高可再生能源的开发利用,以促进地区经济的可持续发展,加强地区经济的竞争力。

首届东盟与中日韩10+3媒体合作研讨会

2007年8月21~23日在中国天津举行。研讨会是中国国务院总理温家宝2007年1月在第10次东盟与中日韩领导人会议上倡议召开的。来自东盟10国、中国、日本、韩国的主要媒体负责人以及中国外交部、北京奥组委官员、东盟秘书处官员出席研讨会。各国媒体代表围绕"加强媒体合作,传递亚洲声音"会议主题,分别就东亚媒体在促进10+3合作中的作用、在国际舞台上增强亚洲声音和2008年北京奥运——亚洲的盛事三个议题展开深入研讨。代表们普遍认为,随着东盟和中日韩3国的合作向更深、更广方向发展,加强10+3媒体合作显得愈发重要和迫切,只有加强相互沟通、相互理解、相互交流和相互合作,才能更好地促进10+3合作的健康发展,将亚洲的声音更好更快地传递到全世界。

东盟外长系列会议相继举行

2007年7月30日至8月2日,第40届东盟外长会议、第14届东盟地区论坛、东盟与中日韩10+3外长会议、东亚峰会外长工作午餐会等一系列外长会议相继在菲律宾马尼拉举行。东盟外长会议围绕"建立一个团结、有主权及完整的东盟"开展。东帝汶首次以观察员身份出席会议。与会各成员国外长在东盟安全共同体、东盟经济共同体、东盟社会文化共同体、领事与移民、健康、教育、青年、环境保护、灾害处理、劳工、农村发展与贫困消除、文化与信息以及东盟对外关系等方面广泛交换意见;同意将建立"东盟人权委员会"的原则性内容纳入东盟宪章草案,并提交给东盟各国领导人审议;一致建议将每年的8月8日定为"东盟日",以推广东盟区域

2007年7月30日至8月2日,第40届东盟外长会议在菲律宾首都马尼拉举行,图为菲律宾总统阿罗约与各国外长合影。 (原载《荷花》)

一体化理念，增强东盟意识。在涉及东盟国家民生的移民劳工权益问题上，会议通过《东盟保护和促进移民劳工权利宣言》实施办法和在危急情况下东盟国家在第三国对彼此公民提供领事援助的行动指南等两份文件。此外，会议还在进一步推动落实《东南亚无核区条约》、移民劳工权利保护和完善东盟宪章草案等方面取得共识。会议采纳一项有助于确保本区域不受核武威胁的全面性行动计划，商定在该地区禁止任何国家运输核武器，并对地区内和平利用核能加以规范。

第14届东盟地区论坛

2007年8月2日在菲律宾马尼拉举行。如何应对核不扩散问题、恐怖主义威胁、各种非传统安全问题等成为此次论坛讨论的焦点。围绕上述问题，与会代表肯定了六方会谈对和平解决朝鲜核问题，维护朝鲜半岛稳定与和平所取得的成绩，对朝鲜关闭宁边核设施等决定表示欢迎。认为虽然朝核局势近来有所缓和，但是在本地区内的核武器竞赛和恐怖组织获得核武器的威胁仍然存在，各国仍需要加强防范措施。针对东盟地区存在的恐怖主义威胁，与会代表决定加强国防合作，采取措施进一步认可、强化《东盟反恐协定》，以维护地区的安全与稳定。会议批准成立一个新的机构以防止大规模杀伤性武器在地区内的扩散。中国外交部部长杨洁篪就亚太地区形势、地区安全对话合作和新安全观阐述了中方看法，提出以互信、互利、平等、协作为核心理念的新安全观。中国、日本、韩国表示在应对传染病、人力资源开发、灾难紧急应变、教育及科技等方面给予东盟大力支持，澳大利亚外长也承诺拨款协助东盟国家应对包括禽流感在内的传染病威胁。

1994年成立的东盟地区论坛是亚太地区最大、最有影响的政治安全对话组织。至2007年，论坛成员国除东盟10国外，还包括中国、美国、欧盟、日本、韩国、俄罗斯、澳大利亚、新西兰、印度、孟加拉等27个国家。论坛年会为该组织最高级别会议，每年由东盟轮值主席国在东盟外长会议后召开。

第39届东盟经济部长会议

2007年8月24日在菲律宾马卡蒂举行。部长们在此次会议上批准的《东盟经济共同体蓝图》最后草案文本，成为未来7年东盟国家实现经济共同体的路线图。蓝图主要内容除包括东盟经济一体化相关措施及实施时间表外，还有一套监督措施，以确保各成员国遵守相关自由贸易协议，并将对未能按时推行自由贸易政策的成员国进行制裁。根据该蓝图，文莱、印度尼西亚、马来西亚、菲律宾、新加坡和泰国将在2010年之前大幅削减关税，而柬埔寨、老挝、缅甸和越南则将在2015年之前落实类似措施。此外，经济部长们还与企业界和东盟商务咨询理事会签署协议，加强政府与企业界等的伙伴互动关系，共同推动东盟经济共同体的建设。会议上，部长们签署《东盟后勤服务一体化路线图》，将后勤服务确定为继电子、电子东盟、卫生、汽车、纺织、渔业、航空、旅游、农产品、木制品、橡胶制品之后东盟的第12个优先一体化行业。加快与对话伙伴国的自由贸易谈判也是此次会议的一项重要议题。东盟秘书长王景荣表示，东盟已与中国、日本、韩国、印度、澳大利亚、新西兰、美国以及欧盟开始了自由贸易区的谈判或谈判的先期工作，但东盟将重点优先完成与中国、日本、韩国、印度、澳大利亚、新西兰的自由贸易区建设，完成目标为2013年。

东盟自由贸易区建设继续推进

2007年8月23日，在菲律宾马卡蒂举行的第21届东盟自由贸易区理事会议声明称，至2007年8月，东盟国家98.58%的产品已纳入CEPT减税清单，其中93.67%的产品关税减至5%以下，印度尼西亚、马来西亚、菲律宾、新加坡、泰国、文莱等原东盟六国CEPT减税清单中98.67%的产品关税降至5%以下，71.44%的产品实现零关税，CEPT减税清单的平均关税从1993年的12.7%下降到2007年8月的1.59%。柬埔寨、老挝、缅甸和越南97.32%的产品纳入CEPT减税清单，其中86.21%的产品关税减至5%以下。柬埔寨、老挝、缅甸敏感商品的比例大为下降，比例分别仅为0.51%、1.9%和0.25%。4个新成员国CEPT减税清单产品的平均关税从2006年的4.65%下降至2007年8月的4.4%。理事会议认为，东盟除降低关税外，还要在削减非关税壁垒、协调原产地规则、建立东盟投资区、完成东盟工业合作计划、统一东盟产品质量标准等领域加强合作。随着东盟自由贸易区建设的推进，东盟贸易得到较大的发展。2006年东盟的贸易总额为1.43万亿美元，其中出口额7580.4亿美元，比2005年增长16.5%；进口额6548.8亿美元，增长13.0%。盟内贸易额占贸易总额的比例也上升至24.97%，增幅保持近几年的平均水平。

东盟吸引外资竞争力不断提升

2007年是东盟投资理事会成立10周年。在东盟投资理事会成立后，东盟吸引外国资金逐年增加，2006年东盟吸引外国直接投资额达到524亿美元，比2005增长28%。东盟主要的投资来源国为日本、英国、美国、荷兰和德国，五国投资额约占2006年东盟吸引外资总额的一半。投资增长较快的为韩国和中国，两国2006年在东盟投资分别达到10亿美元和9.37亿美元，分别比2005年增长90%和87%。东盟成员国间的投资也有较快增长，2006年为62亿美元，增幅达到66%，占东盟利用外资总额的10%强。制造业、金融业、服务业吸引外资占全年利用外资总额的76%；建筑业吸引外资5.23亿美元，增幅达到200%；电气设备和仪器、化学和化学产品、基础材料、机械和设备、非金属矿产品等行业吸引外资也有不凡表现。在2007年8月23日举行第10届东盟投资区理事会会议上，与会经济部长们决定对《东盟投资区框架协议》进行修订，包括全面投资自由化和保护条款、制订实现东盟共同体的投资自由化时间表、利益扩大到外国投资者、为投资提供更多的自由和便利等内容，以进一步增强东盟吸引外资的竞争力。

第29届东盟农业林业部长会议

2007年11月1日在泰国曼谷举行。会上，东盟部长们决定在食品安全、农业林业发展方面加强如下合作：加强家禽和水生动物的疾病预防和控制；采纳《东盟地区控制和消除禽流感的战略（2008～2010年）》，在防治、控制和消除禽流感方面加强多边合作；建立东盟水生动物健康中心网络；赞同在联合国森林论坛机制内建立东盟森林决策委员会；打击非法砍伐和贸易林木；与对话伙伴和国际组织加强农业林业的合作。

第三届东盟与中日韩打击跨国犯罪部长级会议

2007年11月7日在文莱斯里巴加湾市举行。东盟10+3打击跨国犯罪部长级会议机制由中国倡议建立，每两年召开一次会议，目的是为进一步加强东亚地区执法部门的交流与互信，推动区域执法合作提供平台。在本届会议上，13国代表均表示努力执行《东盟10+3打击跨国犯罪工作计划》。中国代表团在会上提出进一步加强10+3执法合作的政策主张和工作措施，并就加强奥运会安保合作，实现“平安奥运”同与会各国代表进行探讨。

第二届东盟国防部长会议

2007年11月14日在新加坡举行。会议发表的联合声明表示，东盟将进一步加强内部防务合作及与他国国防机构的联系与合作；与会国防部长共同签署有关东盟国防部长会议未来发展方向的3份文件，即《东盟防长会议概念议定书》、《东盟防长会议三年工作计划（2008～2010年）》和《东盟防长会议扩大概念书》，明确了东盟国防部长会议的框架机制、东盟在防务方面优先处理的事项，并确定东盟与其他国家国防机构进行接触和建立联系的原则与形式，以及将在2015年建立一个开放的、有活力的东盟安全共同体。

第13次东盟领导人会议

2007年11月20日在新加坡举行。东盟轮值主席国新加坡将此次会议的主题定为“处于活力亚洲心脏的一个东盟”。 会上，东盟10国领导人就加速东盟一体化进程，特别是对如期实现2015年建立东盟经济共同体的目标、加强区域合作、气候变化以及能源和环境、可持续发展等问题进行广泛讨论，并先后签署《东盟宪章》、《东盟经济共同体蓝图》、《东盟环境可持续性宣言》以及《气候变化、能源和环境新加坡宣言》等一系列重要文件。

《东盟经济共同体蓝图》 11月20日签署。该文件规定到2015年，东盟实现货物、服务、投资、技术工人和资本的自由流动。蓝图总体规划了东盟今后7年应采取的措施，包括将电子、卫生、汽车等作为一体化的12个优先行业；加强政府与企业界等的伙伴互动关系；加快与对话伙伴国的自由贸易谈判等。

《东盟宪章》 11月20日签署。《东盟宪章》是东盟成立40年来第一份对东盟各成员国具有普遍法律约束力的文件。依据该宪章，东盟可以对不遵守协定的成员国采取制裁行动，如暂时中止会籍，甚至逐出东盟组织；可针对一些议题进行投票表决；可设立强制性调停机制；决定每年举行两次东盟峰会；设立3个部长级理事会，推动东盟经济共同体、政治与安全共同体、社会与文化共同体的全面建设。《东盟宪章》使东盟能更加明确地规划合作机制和发展方向，提高办事效率，为加强地区的和平、稳定、经济合作和一体化进程提供法律保障，同时为东盟摆脱松散机制、形成具有约束力的区域性组织提供法律框架，为东盟今后的发展奠定坚实基础。

第11次东盟与中日韩10+3领导人会议

2007年11月20日在新加坡举行。东盟10国、中国、日本、韩国的领导人出席。会议由东盟轮值主席国新加坡总理李显龙主持。2007年是东盟与中、日、韩10+3合作10周年，会议回顾了10年来10+3合作所取得的重要成果，并发表旨在深化东盟与中日韩合作基础的《第二份东亚合作联合声明》和《2007～2017年东盟与中日韩合作工作计划》。中国国务院总理温家宝在以《凝聚共识，再创辉煌》为题的讲话中，对东盟与中日韩10+3合作的未来提出中国的五点主张，即坚持相互尊重和平等相待，实现各国的和睦相处；着眼于共同利益，促进共同发展与繁荣；统筹兼顾，实现东亚经济社会的全面协调发展；立足实际，探索并形成符合东亚多样性的合作模式和途径；开放包容，在优势互补中实现东亚共同体的长远目标。

第三届东亚峰会

2007年11月22日在新加坡举行。东盟10国领导人与中国、日本、韩国、澳大利亚、新西兰、印度6国领导人出席。与会领导人就日益突出的气候变化、能源安全、环境和可持续发展等问题进行深入讨论，签署并发表《气候变化、能源和环境新加坡宣言》。与会领导人强调，应对气候变化带来的挑战，各国应在共同但有区别的责任的原则基础上发挥各自作用，同时，发达国家要继续发挥带头作用。东亚各国愿积极参与讨论《京都议定书》在2012年第一承诺期到期后应对气候变化的国际安排,争取建立一个有效、全面、公平的解决气候变化的多边机制。在能源问题方面,与会领导人宣布将继续联合研发低排放技术,更清洁地利用石油资源,以提高能源利用效率,同时采取具体措施发展生物燃料等再生和替代性能源。此外,在国际原子能机构框架内,在确保核安全和不扩散的条件下在本地区合作开发和利用民用核能。与会领导人还表示要在保护森林等自然资源、提高应对气候灾害能力、保护海洋生态、加强饮用水安全等方面加强合作。

东盟—日本自由贸易区建设快速推进

2007年5月,东盟与日本结束长达两年的自由贸易谈判,双方签订了于2008年开始生效的首个自由贸易协定。日本与东盟10国实现贸易自由化后,将形成一个拥有5.3亿人口的共同市场,人口规模超过欧盟,为东盟国家和日本的经济合作与整合创造条件。2007年8月25日,东盟与日本在马尼拉举行双边经济部长会议,达成东盟—日本全面经济伙伴协定。11月,日本与东盟成员国领导人会议正式签署自由贸易协定。协定生效后,日本将对从东盟进口按价值计算90%的产品实行零关税,并在10年内逐步取消另外3%的产品关税,同时降低另外6%的产品关税。大米、糖、奶制品等部分“特例商品”未被列入贸易优惠安排。文莱、印度尼西亚、马来西亚、菲律宾、新加坡和泰国则在协议生效后10年内逐步取消按价值和种类计算的90%从日本进口产品的关税,越南将在15年内逐步取消90%从日本进口产品的关税,其余成员国将在18年内逐步取消85%从日本进口产品的关税,东盟国家从日本进口的电器产品、汽车配件、钢材等列入协定的减税范围内。

东盟与欧盟合作得到加强

欧盟是东盟的第二大出口市场和第三大贸易伙伴,2007年是双方建立合作关系30周年。年内,双方合作得到加强。1月30日,东盟与欧盟举行经济高官会议,探讨双边经济合作问题。3月14~15日,在德国纽伦堡举行第16届部长级会议。此次会议以“为在东南亚实现安全和稳定而共同努力”为主题,就推动双方缔结自由贸易协议、推动地区稳定、气候变化、建立安全伙伴关系以及打击恐怖主义等议题进行讨论,并发表《纽伦堡宣言》。宣言称,欧盟和东盟承诺加强在政治和安全领域的合作,包括在打击恐怖主义、贩卖人口、毒品走私、海盗、武器走私、洗钱和网络犯罪等跨国犯罪行为方面的合作。在经济合作领域,宣言支持启动欧盟和东盟有关自由贸易区的谈判,欧盟委员会表示愿意与东盟签署一项自由贸易协议。在能源问题方面,与会者同意推动东盟与欧盟在应对气候变化,加强能源安全、开发可再生能源和为实现稳定、有效和透明的全球能源市场等方面开展合作。欧盟对东盟意识到全球变暖和气候变化的迫切性和开发可再生能源的必要性,并在2007年1月东盟领导人会议上通过相关声明表现出特别兴趣。欧盟表示,欧盟首脑会议确立的温室气体减排和可再生能源利用的目标,只有在其他国际伙伴参与下才能完全产生效果。东盟对欧盟加入《东南亚友好合作条约》的意图表示欢迎,同时欢迎欧盟参与东亚峰会,欧盟承诺将在制订东盟宪章和推动地区一体化方面向东盟提供帮助。

东盟与韩国签署自由贸易区服务贸易协议

2007年11月21日在新加坡签署,东盟10国与韩国领导人出席协议签字仪式。该服务贸易协议规定,韩国将在对世贸组织所作承诺的基础上,在金融、成人教育和环境咨询等服务行业进一步向东盟国家开放市场。泰国出于保护本国大米市场的考虑,没有在协议上签字。这是东盟与对话伙伴国签署的第二份服务贸易协议,它的签署使双方向在2009年建立自由贸易区的进程迈进了一大步。

东盟与澳大利亚合作进一步加强

澳大利亚1974年第一个成为东盟的对话伙伴国以来,东盟与澳大利亚的合作不断加强,先后建立了东盟—澳大利亚论坛,启动了东盟—澳大利亚、新西兰自由贸易区谈判,制定了东盟—澳大利亚合作计划;澳大利亚在资金上支持东盟发展基金。2007年,东盟与澳大利亚双边合作关系不断推进。3月4~9日,在新西兰惠灵顿举行第八次东盟—澳大利亚、新西兰贸易谈判委员会会议,探讨双边自由贸易区问题,包括原产地原则、服务业、投资、法律、制度安排、经济合作税收程序、贸易中的技术壁垒等。8月1日,在菲律宾马尼拉举行东盟与澳大利亚部长会议,会议发表的联合宣言决定在政治、安全、经济、社会文化和发展等领域进一步加强合作。在政治和安全方面,澳大利亚支持东盟建立东盟安全共同体的计划,双方将在裁军、武器控制、无核化方面加强合作。在经济方面,共同促进东盟与澳大利亚经济一体化和2015年东盟建立经济共同体,改善贸易与投资环境,支持老挝加入WTO,在商业领域促进双方公私企业的合作,以推进双边的经济合作。在社会文化方面,双方决定在处理传染性疾病如艾滋病、非典型性肺炎(SARS)、禽流感、灾害预警、减缓和紧急事件应对以及灾后重建、跨境环境污染、可持续的自然资源管理等环境保护方面、科技、教育、人员交流尤其是青年人往来与媒体合作、加强私人、平民、专家学者的交流等扩大合作。与会部长还呼吁东盟与澳大利亚高官协调有关机构,制订一个执行东盟—澳大利亚全面伙伴关系的行动计划。

中国—东盟自由贸易区

概　　述

中国—东盟自由贸易区，是在东南亚国家联盟(简称东盟)之间的经济合作和东南亚自由贸易区的基础上发展起来的。2001 年 11 月，在文莱举行的第五次 10+1 领导人会议上，中国国务院总理朱镕基同意东盟领导人关于对中国加入 WTO 的影响进行联合研究的建议，并提出进行中国—东盟自由贸易区的可行性研究。朱镕基总理的提议得到了东盟方面的积极响应，双方一致同意今后 10 年内建立中国—东盟自由贸易区。

东盟初期的经济合作

1967 年，在东南亚国家联盟成立宣言——《曼谷宣言》中，东盟各国提出成立东盟的宗旨是："通过共同努力加速本地区的经济增长、社会进步和文化发展"，"在经济、社会、文化、技术、科学和行政管理方面共同关心的问题上促进积极的合作和互助"。1976 年，在《东南亚友好合作条约》和《东南亚国家联盟协调一致宣言》中再次提出"缔约国为了实现社会公正和提高本地区人民的生活水平应当加强经济合作"。并具体指出在基本商品，特别是粮食和能源方面的合作；在建立大型工厂方面的合作；在贸易方面的合作。为此，东盟签署《东盟特惠贸易安排协定》(于 1978 年 1 月 1 日生效，实际执行期至《共同有效优惠关税》出台，约 15 年)，协定的基本目的是扩大东盟国家之间的贸易往来和产品的市场，促进东盟各国之间的产业调整，强化东盟各成员间的经济合作。1990 年东盟一些成员国建立"增长三角"经济合作区。这些经济合作区是新加坡、马来西亚柔佛州和印度尼西亚在廖内群岛的巴淡岛建立"增长三角"经济合作区，称为"新柔廖增长三角"或"东盟南部增长三角"。

东盟自由贸易区的建立

20 世纪 90 年代初，世界经济向区域化和集团化方向发展。1990 年 10 月，为了应对世界经济环境对东盟的负面影响，在东盟第 22 届经济部长会议上，泰国提出，在 10 年内在东盟内部建立自由贸易区，消除各成员国之间的关税和非关税壁垒，得到了成员国的普遍认同。1992 年 1 月，在新加坡召开第四次东盟首脑会议上，东盟各国认为，面对欧洲统一大市场和强大的竞争力，东盟国家必须团结一致，增强实力，扩大合作范围，在国际竞争中获胜。在这次会议上，东盟各国首脑分别代表本国签署了《1992 年新加坡宣言》和《加强东盟经济合作框架协议》；同时，东盟经济部长签署了《东盟自由贸易区共同有效优惠关税协定》。在这次会议上，所有成员国一致同意从 1993 年开始，到 2008 年的 15 年时间内，建立并参加东盟自由贸易区。东盟各成员国逐步削减和消除关税与非关税贸易壁垒，将关税降到 5% 以下。《加强东盟经济合作框架协议》还提出：《东盟自由贸易区共同有效优惠关税协定》是东盟自由贸易区的主要执行机制，并将设立一个部长级的理事会来监督、协调和检查东盟自由贸易区计划的实施。在这次会议上，东盟各国还表示，欢迎印支 3 国和缅甸加入东盟。

2002 年 1 月 1 日，东盟自由贸易区正式启动，文莱、印度尼西亚、马来西亚、菲律宾、新加坡和泰国等 6 国，已于 2002 年将绝大多数产品的关税降至 0% ~ 5%。越南、老挝、缅甸和柬埔寨 4 国将于 2015 年实现这一目标。

2003 年 10 月，东盟第九次首脑会议在印度尼西亚巴厘岛举行，与会的东盟 10 国领导人签署了一份旨在 2020 年成立类似于欧盟的"东盟共同体"的宣言。这份被称为"巴厘第二协约宣言"的文件主要包括"东盟安全共同体"、"东盟经济共同体"和"东盟社会与文化共同体"3 个部分。其中，关于"东盟经济共同体"强调，到 2020 年把东盟地区建成为以商品、服务与投资自由流动和资本更为自由流通为特点的单一市场与生产基地，实现经济一体化的最终目标。

2006年5月，东盟经济部长会议在菲律宾首都马尼拉召开，与会各国代表一致表示愿积极推动该地区经贸联盟——“东盟经济共同体”的形成，以实现货物、服务和人员的全面自由流动。并一致认为建成这一经贸联盟的最终期限，应从原先拟定的2020年提前到2015年，以便赶上中国和印度两个发展中大国的进步速度。但是与会者认为，在未来的经济共同体中，像欧盟那样推出单一货币的做法还远未成熟，尽管亚洲开发银行等国际机构的经济学家们还在就此问题进行研究。

东亚经济核心论坛的提出

东盟在构建自由贸易区的同时，还提出了建立更大范围的次区域经济合作组织的倡议。1990年，时任马来西亚总理马哈蒂尔提议，东北亚与东南亚的国家和地区，包括日本、中国、韩国、中国香港、台湾和东盟组成一个区域性经济集团，即“东亚经济集团”，共同对付欧共体和北美自由贸易区等区外组织。后来，为了降低集团化的调子，东盟将其名称改为“东亚经济核心论坛”。尽管“东亚经济核心论坛”至今没有正式成立，但是，在1995年在曼谷东盟第五次首脑会议上，东盟还是提出了与中、日、韩3国举行会晤的设想。

东亚的10+3、10+1及在此框架下的中、日、韩对话机制与合作

1997年12月首次东盟9国与中国、日本、韩国3国领导人非正式会议在马来西亚首都吉隆坡举行。会议的主要议题是：21世纪东亚的发展前景，亚洲金融危机，深化地区经济联系。至此，10+3东亚领导人和10+1东盟分别与中国、日本、韩国领导人之间的对话与合作的会议机制正式建立。（柬埔寨当时还未加入东盟，所以也称9+1和9+3对话）。此后，10+3和10+1的东亚合作建立起一个行动框架。目前10+3、10+1合作机制以经济合作为重点，逐渐向政治、安全、文化等领域拓展，已经形成多层次、宽领域、全方位的良好局面。另外在10+3框架内，逐步开展了中、日、韩三边合作。10+3确定了8个重点合作领域，为此已经建立了8个部长会议机制，包括外长、经济、财政、农业、劳动、旅游、环境和卫生部长会议。10+1确定了5大重点合作领域，即农业、信息通信、人力资源开发、相互投资和湄公河流域开发。中、日、韩合作也确定了5大领域，包括经贸、信息产业、环保、人力资源开发和文化合作，并建立了相应的部长会议机制。在10+3、10+1和中、日、韩合作机制下，每年均召开首脑会议、部长会议、高官会议和工作层会议。

《东亚合作联合声明》的发表

1999年11月28日，第三次10+3东亚领导人会议在菲律宾首都马尼拉举行。这次会议是东亚合作的一个重要转折点和新起点，其就推动东亚合作的原则、方向和重点领域达成了共识，发表了《东亚合作联合声明》。声明强调，东亚各国决心促进本地区在21世纪向稳定的方向努力，在以下各个领域实现合作：在经济合作方面，加速贸易、投资和技术转让，鼓励技术和电子商务方面的技术合作，推动工农业合作，加强中小企业合作，启动东亚产业论坛，推动东亚经济增长区，如湄公河流域的发展，考虑建立“东亚经济委员会”等；在货币与金融合作方面，加强政策对话，协调与合作，包括宏观经济风险管理、公司管理、资本流动的地区监控，强化银行和金融体系，通过10+3的框架，加强地区的自救与自助机制；在社会和人力资源方面，推动实施“东盟人力资源开发倡议”，建立“人力开发基金”；加强科技发展领域的合作，加强能力建设，促进东亚地区经济增长；加强文化和信息领域的合作，加强地区的文化交流，加深了解；加强发展合作，推动经济的可持续发展；加强政治和安全对话、协调与合作，加强相互理解和信任，在跨国问题上加强合作。

从亚洲货币基金组织的提出到清迈协议

1997年7月，从泰国开始爆发了亚洲金融危机。日本为了防止金融危机的蔓延，立即提出亚洲货币基金组织的构想，但是这一构想因遭美国反对而中途夭

第八次东盟—中日韩10+3经贸部长会议于2008年3月在老挝首都万象举行
（新华社　图）

折。1998 年,在中国的倡议下,东盟 10 国和中国、日本、韩国建立了金融合作机制,目的是加强政策对话和建立共同抵御金融危机的资金援助机制。2000 年 5 月,东盟 10 +3 财政部长在泰国清迈召开的亚洲开发银行年会上达成清迈协议,即东盟 +3(或 10 +3)财政部长会议联合声明。根据亚洲已经发生和可能发生的金融危机,协议涉及金融合作的内容有:充分利用东盟 10 +3 的组织框架,加强有关资本流动的数据及信息的交换;扩大东盟的货币互换协议,同时在东盟与其他 3 国(中国、日本和韩国)之间构筑双边货币互换交易网和债券交易网;研究如何将东盟 10 +3 各国超过 7000 亿美元的外汇储备用于相互之间的金融合作,以稳定亚洲区域内的货币市场。

·链接资料·

东盟 +3 财政部长会议联合声明

2000 年 *5* 月 *6* 日,泰国　清迈

导言

1. 根据去年 *11* 月在马尼拉举行的东盟 *+3* 领导人非正式会议上做出的东亚合作联合声明,我们——东盟、中国、日本和韩国的财长们在清迈召开会议,就经济和金融形式交流看法并讨论东亚地区进一步的合作。

2. 本次会议由文莱财政部长 *H. E. Pehin Orang Kaya Laila Wigaya Dato Haji Abdul Aziz Umar* 主持。

加强东亚金融合作

3. 我们赞同亚洲开发银行对东亚经济和金融状况的倡议,并欢迎我们成员国的经济出现比预期的更强劲的复苏。为了进一步维持这一经济增长,我们同意加强我们之间的政策性对话,并加强在流动资本监控、自助和支持机制,以及国际金融改革领域里的合作。

4. 关于流动资本的监控,我们的专家们今年 *4* 月在马尼拉会议上就流动资本监控机制交换了看法,并讨论了在东亚建立一个地区性监控机构的可能性。我们同意运用东盟 *+3* 的机构,以便于连续性的和及时的数据以及流动资本信息的交换。

5. 作为在东亚建立起一个更充分协调的经济和金融监控体制的第一步,我们同意建立一个人员联系网,以利于在东亚的地区性监督。此举将增加我们经济考察和政治对话的效果。

6. 为了通过东盟 *+3* 框架加强我们在东亚的自助与支持机制,我们认为有必要建立一个地区性的金融安排(机制),以补充现有的国际金融业务。作为开始,我们同意通过清迈协议来加强我们现行的货币管理合作机制。清迈协议的内容包括扩充的东盟互换协定,包括所有东盟国家及东盟与中、日、韩双边货币互换协定。

7. 我们请求东盟秘书处,领导和协调一项关于建立能够为东亚地区金融稳定提供及时充分支持的机构的研究。

8. 鉴于人力资源的重要性和为筹备政策性对话及磋商进行合作研究的必要性,我们同意建立一个旨在就共同利益进行研究和培训的网络。在此情况下,我们感谢日本在培训财政官员、成立研究班、为加强财政合作、国债处理及货币政策派遣专家等方面提供的技术上的支持。我们也欢迎中国和韩国通过培训计划,在本地区的金融业、银行业及财政官员培训方面,提供技术援助。　　(张宁等译)

以东盟为主导的东亚峰会

2005 年 12 月 14 日,首届东亚峰会在马来西亚首都吉隆坡举行。从 1997 年东盟与中日韩 3 国建立对话机制以来,东盟加强了其在东亚合作中的主导地位,成为各种峰会和合作机制的核心。各对话国也认可了东盟的主导地位。2005 年 12 月中上旬,东盟不仅举办了东盟 10 国的领导人会议,还分别与中国、日本、韩国、印度、澳大利亚、新西兰、俄罗斯举办了 10 +1 的领导人会议,并举办了有东盟 10 国和以上国家参加的首届东亚峰会。在峰会上,中国国务院总理温家宝说:中国支持东亚合作保持透明和开放,反对搞封闭的、排他的和针对任何特定一方的东亚合作;在区域合作进程中,要坚持开放的思维,倡导开放的地区主义,在开放中推动各国共同进步、促进各地区共同发展;东亚合作应坚持以 10 +3 合作为主渠道,欢迎域外国家和组织与东亚合作建立联系。

东盟与中国 10 +1 领导人会议及各次会议议题和重要成果

东盟与中国领导人会议是 10 +1 对话与合作机制的组成部分。1997 年 12 月 16 日,首次东盟 9 国与中国的领导人非正式会晤在马来西亚吉隆坡举行。中国国家主席江泽民发表《建立面向 21 世纪的睦邻互信伙伴关系》的讲话。会议结束,双方发表《中华人民共和国与东盟国家首脑会晤联合声明》,声明提出建立面向 21 世纪的睦邻互信伙伴关系。

1998 年 12 月 16 日,东亚合作河内会议的议题是:加强地区合作,克服金融危机,恢复地区经济增长和促进地区的安全与稳定。中国国家副主席胡锦涛在会上发表讲话,就东亚如何摆脱金融危机、恢复经济增长提出中方的建议:倡议召开 10 +3 财政和金融副手会议。与此同时,第 2 次东盟—中国领导人非正式会议也在越南首都河内举行,双方领导人回顾了 1997 年首次领导人非正式会议以来双方关系的新进展,并对今后双方关系的发展进行了讨论。双方同意通过全面对话合作框架,开辟多种合作渠道,坚持通过平等友好协商,妥善处理彼此间存在的一些分歧和争议,进一步推进

睦邻互信伙伴关系的发展。

1999年11月28日，第3次东盟—中国领导人非正式会议在菲律宾首都马尼拉举行，中国国务院总理朱镕基出席。会上朱镕基总理提出了中方对在新世纪加强与东盟睦邻互信伙伴关系的主张和具体建议，表示中国将继续深化与东盟国家和东盟组织在各个领域、各个层次的对话与合作，尤其是在经贸、科技和金融等领域的合作。东盟国家高度评价中国在亚洲金融危机中给予东盟国家的援助和支持。

2000年11月25日，第4次东盟—中国领导人会议（从这次会议起，改称东盟—中国领导人会议）在新加坡举行，中国国务院总理朱镕基出席。朱镕基总理在会上积极评价中国与东盟双边关系，并就今后一段时间双方在政治领域、人力资源开发、加强湄公河流域基础设施建设、高新技术领域、农业、贸易与投资等方面的合作提出了具体建议。

2001年11月6日，第5次东盟—中国领导人会议在文莱举行。中国国务院总理朱镕基发表《携手共创中国与东盟合作的新局面》的讲话。讲话提出三项建议，一是确定中国与东盟之间的重要合作领域；二是建立中国与东盟自由贸易区；三是加强政治互信与支持。建立中国—东盟自由贸易区目标在此次会议中提出。

2002年11月4日，第6次东盟与中国领导人会议在柬埔寨首都金边举行。中国国务院总理朱镕基出席会议并讲话。在讲话中，他提出启动中国与东盟自由贸易区进程的建议。朱镕基总理和东盟10国领导人签署《中国与东盟全面经济合作框架协议》，决定到2010年建成中国—东盟自由贸易区。中国与东盟领导人发表《中国—东盟关于非传统安全领域合作联合宣言》。此外，中国和东盟秘书处签署《农业合作谅解备忘录》。中国与东盟各国外长及外长代表还签署《南海各方行为宣言》。宣言确认中国与东盟致力于加强睦邻互信伙伴关系，共同维护南海地区的和平与稳定。宣言强调通过友好协商和谈判，以和平方式解决南海有关争议。

2003年10月8日，第7次东盟与中国领导人会议在印度尼西亚巴厘岛举行。中国国务院总理温家宝出席，并发表以“全面深入合作、促进和平繁荣”为主题的讲话。他在讲话中建议，为促进双方商界合作，中方建议从2004年起每年在广西南宁举办中国—东盟博览会。他还建议，2004年初正式开工承建昆明—曼谷公路的老挝路段，并将出资帮助柬埔寨对其境内的泛亚铁路缺失路段进行可行性研究。在这次会议上，温家宝总理与东盟10国领导人签署《中华人民共和国与东盟国家领导人联合宣言》，双方宣布建立面向和平与繁荣的战略伙伴关系。中国外交部长李肇星与东盟10国外长签署文件，宣布中国正式加入《东南亚友好合作条约》，从而使中国成为东南亚地区以外第一个加入该条约的大国。

2004年11月29日，第8次东盟与中国10+1领导人会议在老挝首都万象举行。中国国务院总理温家宝和东盟10国领导人出席会议。会议由本次会议东道主、东盟轮值主席国老挝政府总理本扬·沃拉芝主持。温家宝在会议上发表题为《深化战略伙伴关系推进全方位合作》的讲话。在会上，各国领导人高度评价中国为推动东盟与中国战略伙伴关系、实现本地区和平、稳定和发展、增强欠发达国家能力建设方面做出的重要努力，欢迎温家宝为加强双方合作提出的一系列倡议。各国领导人回顾东盟与中国在政治、经济和安全等领域合作的进展情况，明确新形势下双方关系的发展方向。领导人还表示，中国是负责任的国家，也是值得信赖的国家，认为中国的发展给东盟各国带来了利益和机遇，希望双方继续落实有关协议和共识，深化和扩大在贸易、投资、农业、科技、文化和安全等领域及国际和地区事务中的互利合作。会议发表《落实中国—东盟面向和平与繁荣的战略伙伴关系联合宣言的行动计划》。

2005年12月12日，第9次中国—东盟领导人会议在吉隆坡会议中心举行。中国国务院总理温家宝和东盟10国领导人出席会议。在此次会议上，温家宝发表“深化全面合作，推进中国—东盟战略伙伴关系不断发展”的总结性讲话。温家宝总理的讲话列举了中国—东盟合作一年以来的4项成果：(1)全面合作发展势头强劲。推进中国—东盟战略伙伴关系的《行动计划》开始全面实施。双方关系进入了更加务实、更加全面的新阶段。(2)自由贸易区建设迈出坚实步伐。降税进程全面启动。(3)安全合作富有成效。中国、菲律宾和越南三方南海共同开发取得重大突破。《南海各方行为宣言》启动；首次中国—东盟打击跨国犯罪部长级非正式会议举行，深化了双方在反恐、禁毒、执法等方面的合作。(4)发展合作进展明显。大湄公河次区域经济合作第2次领导人会议通过了《昆明宣言》。

温家宝的讲话总结了中国—东盟关系的成功实践在5个方面的重要启示：(1)平等互利是中国与东盟关系发展的首要前提。(2)共同需要是联系中国与东盟的重要纽带，其中包括消除贫困和维护地区持久和平与稳定。(3)协商一致是中国与东盟合作的主要方式，其方式是坚持求同存异，充分照顾彼此的关切。(4)合作机制是中国—东盟关系发展的有效依托。(5)开拓创新是中国—东盟关系发展的不竭动力。

温家宝在讲话中提出了5项2006年的合作倡议：(1)推动友好深入人心。以中国—东盟建立对话关系15周年和“中国—东盟友好合作年”为契机，广泛开展纪念活动，推动社会各界积极参与。(2)结合中国—东盟《行动计划》加以研究落实，全面规划双方关系。

(3)切实搞好自由贸易区建设。加快降税进程,全面高效地落实好《货物贸易协议》,如期完成中国—东盟自由贸易区建设。(4)确定新的重点合作领域。在深化农业、信息产业、人力资源开发、相互投资和湄公河流域开发合作的基础上,建议将交通、能源、文化、旅游和公共卫生确定为中国—东盟新的五大重点合作领域。(5)积极促进人员交流与往来,建议双方在2006年内实现外交、公务签证互免,并继续探讨人员往来便利化措施。

2007年1月14日,第10次东盟与中国领导人会议在菲律宾宿务举行,中国国务院总理温家宝出席并发表题为《共同谱写中国—东盟关系的新篇章》的重要讲话。温家宝总理说,2006年是中国—东盟关系史上具有特殊意义的一年。他说,10月,我和各位同事齐聚南宁,共同出席中国—东盟纪念峰会,隆重庆祝中国—东盟建立对话关系15周年。

温总理说,在政治上,双方就落实《南海各方行为宣言》后续行动初步达成共识,制订了年度行动计划。中国—东盟安全问题研讨会在北京的成功举行,开启了双方机制化防务与安全对话的进程。在经济上,中国—东盟自由贸易区《货物贸易协议》于2005年7月实施,2006年双边贸易额达1608亿美元,同比增长23.4%。他说,中国—东盟自由贸易区《服务贸易协议》即将签署,标志着中国—东盟自由贸易区建设向前迈出关键的一步,为如期全面建成自由贸易区奠定了基础。他还说,根据承诺,一年来,中方已向东盟有关国家提供了7.5亿美元的优惠贷款。中方将在未来两年内落实其余款项。

温总理说,在新的一年里,我们要在《中国—东盟纪念峰会联合声明》的指导下,继续加强和充实中国—东盟战略伙伴关系,推动双方合作迈向更高水平。为此,温总理提出以下建议并承诺:(1)加强政治互信,加强双方领导人在东亚合作、亚太经合组织、亚欧会议、联合国等国际和地区舞台上的战略沟通。积极落实《南海各方行为宣言》,进一步推动南海务实合作和共同开发。进一步推动防务领域的合作,增进双方军队的互信。(2)推动经贸关系再上新台阶,落实好《货物贸易协议》和此次签署的《服务贸易协议》,如期建成中国—东盟自由贸易区。(3)开展在非传统安全领域的务实合作,中方愿与东盟加强在打击跨国犯罪、海上安全、减灾救灾、传染病防治和环境保护等领域的合作。(4)中方积极支持东盟共同体和一体化建设。并已开始认真落实在中国—东盟纪念峰会上宣布的有关举措。温总理说,中方建议在继续拓展东盟—湄公河流域开发合作、大湄公河等次区域合作的同时,积极探讨泛北部湾经济合作的可行性。(5)促进社会、文化交流及人员交往。温总理说,青少年是中国—东盟友好的未来,加强青少年间的交流与合作是应重点抓好的一项工作。中方将在广西建立"中国—东盟青少年培养基地"。为促进双方在传媒领域的交流,中方将举办第三届"中国——东盟媒体合作高层研讨会"。中方也愿在体育交流、民间友好组织交往、学历和学位互认、派遣教师、留学生以及青年志愿者等方面加强与东盟的合作。

温总理在讲话的最后说到,当前,中国和东盟关系正处于继往开来的新时期。我们应紧紧抓住机遇,乘势而上,推动双方互利共赢合作不断深入发展,共同谱写中国—东盟关系的新篇章。

中国—东盟签署《服务贸易协议》

2007年1月14日,《中华人民共和国政府与东南亚国家联盟成员国政府全面经济合作框架协议服务贸易协议》(简称《服务贸易协议》)在菲律宾宿务举行签字仪式,中国国务院总理温家宝和东盟国家领导人共同出

2007年1月第12次东盟峰会在菲律宾宿务举行,图为各国领导人合影。 (新华社　图)

席了签字仪式。《服务贸易协议》将于2007年7月正式实施。根据协议,本地区的服务和服务提供商将享有更广泛的市场准入和国民待遇。在协议规定的诸多市场准入领域中,包括已经加入世界贸易组织的东盟成员国所承诺开放的60个领域。除贸易外,协议还对促进本区内的投资作出规定,涉及商业服务、建筑工程、旅游、交通、教育、电信、医疗、娱乐、文化、体育、环境和能源等诸多领域。今后一年中,双方还将进一步就提高市场准入水平和扩大开放领域等事宜进行多轮谈判。

中国—东盟自由贸易区的建立

与东盟建立自由贸易区,是中国在积极参与多边贸易体系的同时,努力加强与周边邻国开展区域经济合作的一项重要举措。自由贸易区是当前区域经济合作的最主要形式,与WTO为代表的多边贸易体制相辅相成,互为补充。从法律上讲,自由贸易区是对WTO最惠国待遇原则的例外。WTO通过关贸总协定第二十四条和服务贸易总协定第五条认可这种例外,同时也对自由贸易区进行必要的规范和约束。亦即是说,中国和东盟在建立自由贸易区的过程中,必须遵守WTO的一般原则和规则,但在市场准入方面,相互给予的待遇,可以比双方在最惠国待遇基础上给予其他WTO成员的条件更加优惠。这表明,中国—东盟自由贸易区,与WTO倡导的贸易自由化宗旨和目标相一致,同时,它在市场开放程度上比WTO更进一步。中国的目标是:达成一个令各方都满意的自由贸易安排,为双方经济的持续稳定增长,为中国与东盟关系的发展,为亚洲的全面合作开辟新的道路。为此,中国与东盟将本着大小国家一律平等的精神和互利互惠的原则进行谈判。中国还将充分考虑东盟内部发展水平不同的情况,对东盟的欠发达国家予以照顾。事实上中国已经承诺向柬埔寨、老挝和缅甸提供特别优惠关税待遇。

·链接资料·

东盟与中国、东盟与其他国家的合作机制

随着东盟以及东盟与中国及其他各国关系的不断发展,双方和多方的合作机制也不断建立和完善,形成了多方位、多层次的合作框架。

一、首脑会议机制

(一)东盟首脑会议

东盟首脑会议是东盟最高决策机构,原为不定期召开。1995年,东盟首脑会议决定每年举行一次首脑会议,以商讨区域合作大计,主席由成员国轮流担任。

(二)10+3和10+1合作机制

10+3和10+1是指东盟10国和中国、日本、韩国3国以及东盟10国分别与中日韩3国(即3个10+1)合作机制的简称。

20世纪90年代后期,在经济全球化浪潮的冲击下,东盟国家逐步认识到启动新的合作层次、构筑全方位合作关系的重要性,并决定开展“外向型”经济合作。10+3和10+1合作机制应运而生。近年来,10+3、10+1合作机制以经济合作为重点,逐渐向政治、安全、文化等领域拓展,已经形成了多层次、宽领域、全方位的良好局面。10+3在18个领域建立了约50个不同层次的对话机制,其中包括外交、经济、财政、农林、劳动、旅游、环境、文化、打击跨国犯罪、卫生、能源、信息通信、社会福利与发展、创新政府管理等14个部长会议机制。10+1确定五大重点合作领域,即农业、信息通信、人力资源开发、相互投资和湄公河流域开发。在10+3、10+1合作机制下,每年均召开首脑会议、部长会议、高官会议和工作层会议。此外,东盟还与其他域外国家展开不定期10+1对话合作。

(三)东亚峰会

东亚峰会是在10+3的基础上发展起来的。2005年12月中上旬在吉隆坡,东盟不仅举办了东盟10国的领导人会议,还分别与中国、日本、韩国、印度、澳大利亚、新西兰、俄罗斯举办了10+1的领导人会议,并举办了有东盟10国和上述国家参加的首届东亚峰会。东亚峰会每年举行一次,与东盟峰会同期举行,由东盟轮值主席国主办,峰会的模式由东盟和东亚峰会其他所有参加国共同审议。东盟在东亚峰会及东亚合作进程中发挥主导作用。东盟提出参加东亚峰会的3个基本条件:(1)应是东盟的全面对话伙伴;(2)已加入《东南亚友好合作条约》;(3)与东盟组织有实质性的政治和经济关系。

二、部长级会议机制

(一)东盟外长系列年会

1. 东盟外长会议

东盟外长会议是东盟组织机构主要部分,主要职能是制定东盟基本政策,但重大问题由东盟首脑会议做出决策。外长会议由东盟成员国外长组成,每年轮流在成员国举行会议。东盟外长会议还定期举行非正式会议。自1991年7月,中国外交部长钱其琛第一次出席东盟外长会议之后,中国外长每年都出席东盟外长会议的后续会议。

2. 东盟—中国、日本、韩国(10+3)外长会议

指东盟10国加中国、日本、韩国3国外长举行的会议,它是10+3领导人非正式会议框架下的一个专业部长级会议机制。会议在东盟外长会议后举行。首次10+3外长会议于2000年7月在曼谷举行。中国外交部长唐家璇参加会议。

3. 东盟地区论坛

1994年在曼谷成立,专门讨论亚洲安全的论坛,主要就亚太地区政治和安全问题交换意见。论坛外长会议每年举行一次,会议一般不设具体议题,以漫谈的形式进行,也不产生决议、声明之类具有约束性的文

件。参加会议的成员有东盟成员国、东盟对话伙伴以及东盟观察员,此外还有蒙古、朝鲜。1994年7月,中国作为东盟磋商伙伴国参加了首届论坛会议。

4. 东盟与对话伙伴国会议

始于1978年,是东盟外长会议的后续会议。东盟的对话伙伴包括澳大利亚、加拿大、中国、欧盟、印度、日本、新西兰、俄罗斯、韩国和美国。每年由东盟成员国和对话伙伴国的外长出席会议,主要讨论政治、经济、东盟与对话伙伴国的合作等问题。中国于1996年成为东盟全面对话伙伴国。

5. 东盟与中国10+1对话会

中国与东盟对话进程始于1991年。2001年7月,中国外交部长唐家璇在河内举行的东盟与中国10+1对话会上指出,中国—东盟关系正在走向更加稳固和成熟的阶段。2002年他在文莱的10+1外长对话会上提出了全面启动自由贸易区谈判、湄公河流域开发和非传统安全领域合作等3点建议。

(二)其他部长级会议机制

1. 10+3财长会议

10+3财长会议是指东盟10国加中国、日本、韩国3国财长会议,是10+3领导人非正式会议框架下的一个专业部长会议。1997年亚洲金融危机爆发后,在中国提议下,有关国家的领导人感到本地区有必要加强合作,尤其是财政和金融合作,以便尽快恢复本地区的经济发展。10+3领导人非正式会议设立了财长会议机制,参加者为上述国家的财政和中央银行官员。

2. 经济部长会议、农业与林业部长级会议及交通部长会议等部长级会议机制

2007年10月28日中国—东盟质检部长磋商合作机制正式启动。

三、中国—东盟平行对话合作机制

(一)中国—东盟高官磋商

1995开始,中国与东盟在高官(副部级)层次就共同关心的政治与安全问题举行年度磋商,时称中国—东盟高官政治磋商,后更名为中国—东盟高官磋商。通过这一机制,双方增强了在政治、安全等领域的相互了解与信任。中国—东盟高官磋商是中国与东盟合作的重要工作机制,轮流在中国和东盟国家举行,主要讨论中国—东盟关系以及共同关心的国际和地区问题。

(二)中国—东盟联合合作委员会

1997年2月26日,东盟—中国联合合作委员会在北京成立。委员会的成立是中国成为东盟全面对话国的重要行动。委员会涉及的范围包括中国与东盟间的贸易、经济、科技、文化、信息、环境和社会发展等各方面。它的作用是扩大和深化合作的新渠道,推动双方加强全面合作、促进共同发展。

(三)中国—东盟经济贸易合作联合委员会

1994年7月23日,中国副总理兼外长钱其琛和东盟秘书长阿吉特·辛格在曼谷签署关于建立东盟—中国经济、贸易合作联合委员会的协议。根据协议,委员会将轮流在中国和东盟国家定期举行会议,研究和探讨进一步扩大双方在经贸领域合作的途径。委员会的职能是:(1)审议中国与东盟之间的经贸合作执行情况;(2)研究进一步扩大经贸合作的措施并提出建议;(3)讨论中国与东盟共同关心的区域和国际经济问题。下设:中国—东盟经济合作专家组,旨在讨论加强双方经济联系、提供贸易和投资便利,以及其他双方感兴趣的问题。

1995年8月7日,东盟—中国经济、贸易合作联合委员会第一次会议在印尼首都雅加达举行,东盟提出共建经贸信息中心和中国—东盟商会。2001年3月28日,东盟—中国经济、贸易合作联合委员会第三次会议在马来西亚首都吉隆坡举行。会议宣布在该联委会框架下正式成立中国—东盟经济合作专家组。双方就专家组的工作范围和职责及研究课题进行讨论并达成广泛共识。

(四)东盟—中国科学技术合作联合委员会

1994年7月23日,中国国务院副总理兼外交部长钱其琛和东盟秘书长阿吉特·辛格在曼谷签署关于建立东盟—中国科学、技术合作联合委员会的协议。委员会每隔两年轮流在中国和东盟国家定期举行会议,研究和探讨进一步扩大双方在科技领域合作的途径。其职能是:(1)审议中国东盟之间的科技合作执行情况;(2)研究进一步扩大科技合作的措施并提出建议;(3)讨论中国与东盟共同关心的区域和国际经济问题。1995年3月21日,第一届中国—东盟科学技术合作联合委员会会议在文莱斯里巴加湾举行。

(五)东盟北京委员会

东盟北京委员会由东盟各国驻华大使组成,旨在促进东盟驻华机构与中国政府部门的交流与合作。

(六)中国—东盟商务理事会

中国—东盟商务理事会于2001年成立。这是一个半官方的多边与双边商务合作机制,由中国贸促会、东盟工商会以及东盟各国全国性工商会领导人和知名企业家、专家组成。2001年11月8日,中国—东盟商务理事会成立大会及第一次会议在印尼雅加达召开。成立当天,中方正式开通中国—东盟商务信息网。

四、次区域主要合作机制

(一)大湄公河次区域经济合作

1992年,在亚洲开发银行推动下,澜沧江—湄公河流域内的中国、缅甸、老挝、泰国、柬埔寨、越南6个国家共同发起大湄公河次区域经济合作机制(简称GMS)。其宗旨是通过加强各成员间的经济联系,促进次区域的经济和社会发展。亚行作为参与方和出资方,主要负责为GMS有关会议及具体项目的实施提供技术和资金支持。GMS采取协商一致的合作原则,所

作决定需经各成员国一致认可。GMS 日常事务由设在菲律宾马尼拉亚行总部秘书处负责处理。

GMS 最高决策机构为领导人会议，每 3 年举行 1 次。各成员国按照字母顺序轮流主办，GMS 首次领导人会议于 2002 年 11 月在柬埔寨金边举行。第二次领导人会议于 2005 年 7 月在中国昆明举行。第三次领导人会议于 2008 年 3 月在老挝万象举行。

中国国务院总理温家宝、柬埔寨首相洪森、缅甸总理登盛、泰国总理沙马、越南总理阮晋勇、老挝总理波松以及亚行行长黑田东彦出席大湄公河次区域经济合作第三次领导人会议 （新华社图）

大湄公河次区域合作已形成较完善的合作机制，使这一次区域合作开展得富有实效，并引起国际社会的关注，日本、欧美、东盟及其他发达国家和国际组织先后介入该地区。其机制主要有部长级会议，司局级高官会议，交通、能源、电信等领域的论坛，环境、旅游、贸易与投资等领域的工作组会议及湄公河委员会等。

1. 亚洲开发银行大湄公河次区域合作（GMS）

亚洲开发银行大湄公河次区域合作项目自 1992 年起开始实施，经过初期规划、项目选择，现已进入项目实施阶段。亚洲开发银行大湄公河次区域合作范围，包括湄公河流域老挝、缅甸、柬埔寨、泰国、越南 5 国和中国云南省和广西壮族自治区。合作范围涉及交通、通信、能源、旅游、环境、人力资源开发、贸易和投资、农业、私营部门参与等 9 个领域。该合作机制分为两个层次，一是部长级会议，二是司局级高官会议和各领域的论坛（交通、能源、电讯）和工作组会议（环境、旅游、贸易与投资），每年分别举行会议，并向部长级会议报告。

亚洲开发银行是大湄公河次区域经济合作的主要出资方，负责筹措各类资金和提供各种技术援助。至 2005 年，GMS 经济合作机制在交通、能源、电信、环境、人力资源开发、投资、贸易、旅游、农业等领域开展了 100 多个合作项目，动员资金总额近 35 亿美元，其中亚行直接项目贷款 11.8 亿美元，技术援助 1.4 亿美元。

2. 东盟—湄公河流域开发合作（AMBDC）

东盟—湄公河流域开发合作于 1996 年 6 月在马来西亚首都吉隆坡举行首次部长级会议。根据会议通过的框架协定，部长级会议将至少每年举行一次，两次部长级会议期间由成员国选派司局级官员举行指导委员会会议，为部长级会议做准备并提供政策建议。会议确定基础设施建设、投资贸易、农业、矿产资源开发、工业及中小企业发展、旅游、人力资源开发和科学技术等八大合作领域。东盟—湄公河流域开发合作第一次部长级会议确定由东盟 7 国加湄公河沿岸国老挝、缅甸、柬埔寨和中国为该合作机制的核心国。随着老挝、缅甸和柬埔寨 3 国相继加入东盟，日本和韩国也应邀加入东盟—湄公河流域开发合作之后，东盟—湄公河流域开发合作组织核心实际上形成东盟 10 国加中国、日本、韩国 3 国的区域合作格局。东盟—湄公河流域开发合作的主席国将在核心成员之间轮任。

3. 湄公河委员会（MRC）

1957 年，湄公河下游建立调查协调委员会（老湄公河委员会）。1995 年 4 月，新湄公河委员会在上述基础上成立。湄公河下游泰国、老挝、柬埔寨和越南 4 国在泰国清莱签署《湄公河流域可持续发展合作协定》，决定在湄公河流域开发和管理的一切领域，包括河流资源、河上航运、洪水控制、渔业、农业、发电及环境保护等所有可能产生跨越国界影响的领域进行合作。

新湄公河委员会由理事会、联合委员会和秘书处组成。理事会由每个成员国派一名级别不低于司长级的官员组成，每年至少举行两次会议；秘书处负责为联合委员会和理事会提供技术和行政服务，其工作在首席执行官（CEO）的领导下进行，而首席执行官的任免则由理事会决定。新湄公河委员会自成立之日起，就邀请上游的两个国家中国和缅甸加入该组织，并于 1996 年开始与两国定期举行对话会。

4. 中国、老挝、缅甸、泰国毗邻地区经济四角机制（QEC）

中、老、缅、泰 4 国交界地区的小区域合作，又称"黄金四角计划"、"五清沟通计划"。旨在建设中国西南通向中南半岛的陆上通道和经济走廊，实现两大市场的对接，并促进小区域内的经贸发展。

（二）泛北部湾经济合作（略）

五、海上主要合作机制

（一）共同签署的重要文件

1.《南海各方行为宣言》

2002 年 11 月 4 日，中国与东盟各国外长及外长代表在金边签署《南海各方行为宣言》。宣言确认中国与东盟致力于加强睦邻互信伙伴关系，共同维护南海地区的和平与稳定。宣言强调通过友好协商和谈判，以和平方式解决南海有关争议。在争议解决之前，各方承诺保持克制，不采取使争议复杂化和扩大化的行动，并本着合作与谅解的精神，寻求建立相互信任的途径，包括开展海洋环保、搜寻与求助、打击跨国犯罪等合作。这是中国与东盟签署的第一份有关南海问题的政治文件，对保持南海地区和平与稳定，增进中国与东盟互信有重要意义。

2.《中越北部湾划界协定》和《中越北部湾渔业合作协定》

2000年12月25日，中国和越南在北京签署《中华人民共和国和越南社会主义共和国关于两国在北部湾领海、专属经济区和大陆架的划界协定》、《中华人民共和国政府和越南社会主义共和国政府北部湾渔业合作协定》。2004年6月30日，中越两国互换了该协定的批准书。至此，两协定于当日同时生效。北部湾划界协定确定了中越在北部湾的领海、专属经济区和大陆架的分界线。

（二）主要合作机制

1. 中国与菲律宾南海地区合作双边磋商机制

这是中菲两国就解决南沙部分岛礁归属问题，通过双边友好协商寻求解决分歧的磋商机制。包括渔业合作、海洋环保和建立信任措施3个工作组。2001年4月，在马尼拉举行的建立信任措施工作组会议上，双方承诺不让双边分歧影响中菲关系发展的大局，同意不采取可能使事态复杂化和扩大化的行动，并将加强双方在渔业、军事、科研等领域的合作。2004年10月，中国海事局与菲律宾海岸警卫队在马尼拉首次举行了中菲联合搜救沙盘演习。经过双方共同努力，中国海洋石油总公司与菲律宾国家石油公司于2004年9月1日签署《在南中国海部分海域开展联合海洋地震工作协议》。2005年3月，越南同意加入中菲合作，中越菲3国石油公司签署《在南中国海协议区三方联合海洋地震工作协议》。

2. 中越菲联合开发南海机制

2005年3月14日，中国、越南与菲律宾的石油公司共同签署《在南中国海协议区三方联合海洋地震工作协议》。根据该协议，在未来3年内，3国的石油公司将共同收集、处理协议区内的地震数据，以探明该海域的地质结构和油气储量。协议合作总面积超过14万平方公里，整个工作耗资1500万美元，由三方共同承担。3国也同时表示，该协议表达了三方联合考察南海协议区内石油资源储量的意愿，但不会损害各国政府在南海问题上的基本立场。中越菲3国联合勘探南海石油的做法，是继《南海各方行为宣言》之后，中国与有关国家为解决南海争议迈出的关键一步。

3. 中国—东盟海事磋商机制

2005年12月14日，首次中国—东盟海事机构磋商机制会议在广州召开。会议就有关港口国监督、海洋环境保护、海上搜救、航标测绘、船员培训和发证以及事故调查处理等问题进行协商。第二届会议2006年11月7日在上海召开，会议就国际海事组织成员国审核机制、航行安全和海上应急反应等议题进行交流。

4. 东亚海域海洋合作新机制

东亚海域环境管理区域项目组织（PEMSEA）成员国有韩国、朝鲜、日本、中国、菲律宾、印度尼西亚、文莱、马来西亚、柬埔寨、越南、泰国、新加坡。东亚海项目，是全球环境基金（GEF）关于东亚的国际水域项目，由全球环境基金、联合国开发计划署和国际海事组织联合资助开展。1993年10月至1999年6月启动“东亚海域海洋污染预防与管理”项目（习惯称为东亚海项目一期），旨在通过实施海岸带综合管理，支持东亚海域沿海各国提高、预防、控制和管理海洋污染的能力。正在实施的是“建立东亚海洋环境保护和管理合作伙伴关系项目”（习惯称为东亚海项目二期），旨在帮助东亚临海国家通过政府间和部门间的合作共同保护和管理已被高度污染的沿海和海洋环境。二期从1999年9月开始实施，2007年9月结束。主持东亚海项目日常工作的东亚海域环境管理区域办公室设在马尼拉，中国东亚海项目实施办公室设在国家海洋局国际合作司。

5. 中国防城港市与越南广宁省海上搜救合作机制

2003年，中国广西防城港市组织防城港海事局、旅游局、外事办等单位与越南广宁省有关方面就海上搜寻救助合作一事进行会晤，双方签署了《越南下龙至中国防城港高速客轮航线搜救合作协议》，并交换了海上搜救预案备案。

年度要闻

根据中国—东盟自由贸易区《服务贸易协定》，东盟电信市场将对中国开放

2007年1月14日，中国和东盟签署中国—东盟自由贸易区《服务贸易协议》，根据协议内容，中国电信企业将于2007年进入东盟市场。有关的协议内容是，马来西亚、菲律宾、越南、老挝、缅甸、柬埔寨6国均承诺向中国开放电信市场，承诺分步骤包括允许中资电信企业在当地设立独资或合资企业，逐步放宽设立公司的持股比例等内容。这一协议从2007年7月1日起正式生效。

与此相对应，中国移动、中国联通、中兴、华为等国内电信企业此前均表示了各自的国际化意愿。中国电信企业试图通过收购等方式进入海外。中国移动此前曾两次尝试海外并购，但均告失败。中兴、华为等电信

设备企业在印度、印尼等地设立合资及独资企业的尝试也受挫于当地的市场准入政策。中国和东盟达成协议后，中国和东盟将逐步减少电信业的准入限制，扩大电信服务业的市场开放。

中国电信已开始和缅甸、印尼等国电信企业谈判，联合建设国际通信中心。2006 年年底，中国联通董事长常小兵宣布，联通已经和越南多家电信运营商达成协议，共同在 CDMA 手机采购与漫游等方面进行合作，以逐步进入东盟市场。

第 13 次中国—东盟高官磋商

2007 年 4 月 24 日，第 13 次中国—东盟高官磋商在安徽举行。中国外交部部长助理崔天凯、东盟 10 国外交部高官或代表及东盟副秘书长出席会议。会议由崔天凯和文莱外交和贸易部常秘奥斯曼共同主持。与会各方一致高度评价中国—东盟关系，重点讨论深化未来合作的思路和举措，并就各自发展情况以及对外关系、东亚合作、环境与可持续发展等共同关心的国际和地区问题深入交换意见。会议审议通过中国—东盟中心概念文件。此外，与会各方还就共同推进落实《南海各方行为宣言》后续行动交换意见。

25 日清晨，出席第 13 次中国—东盟高官磋商会议的代表们观看黄山日出。随后，代表们来到黄山北海观景台，举行别开生面的锁连心锁仪式。

“中国东盟合作之旅”大型广播电视联合采访活动

2007 年 4 月 24 日至 6 月 10 日，中国国际广播电台、凤凰卫视、广西广播电影电视局、广西人民广播电台、广西电视台联合举办“中国—东盟合作之旅”大型广播电视采访活动。

“中国—东盟合作之旅”是中国媒体首次组团到东盟 10 国采访。采访团先后进入东盟 10 个成员国——越南、柬埔寨、老挝、缅甸、泰国、马来西亚、新加坡、印度尼西亚、文莱和菲律宾的 30 多个城市进行采访，对东盟各国与中国发展友好关系、中国—东盟自由贸易区建设、东盟各国风土人情等进行集中、大量、详细的报道。采访团共采写、播发新闻 1600 多篇（条）。

“中国—东盟合作之旅”受到东盟国家政府、各界人士的热烈欢迎。中国驻东盟各国使馆对这次活动给予大力支持。越南国家主席阮明哲、老挝总理波松、柬埔寨副总理杨来盛、泰国副总理柯实、马来西亚国会下议院副议长林时清、印度尼西亚副总理卡拉、菲律宾众议院议长德贝内西亚、菲律宾副总统德卡斯特罗等东盟国家领导人、政府部长、中国驻东盟国家大使接受采访。

东盟和中日韩财长会发表联合声明

2007 年 5 月 5 日，第 10 次届东盟和中日韩 10 +3 财长会议在日本京都举行，会后发表 10 +3 财长会联合声明。声明指出，在这次会议上，10 +3 财长就区域经济和财金发展动态交换了意见，审议了“清迈倡议”多边化、亚洲债券市场倡议、10 +3 研究小组等区域合作活动的进展情况，并探讨了进一步加强区域合作的途径。

声明对近期的区域内经济和财金动态进行了分析。声明说，10 +3 财长对区域经济的持续强劲增长表示欢迎，对 2007 年区域经济增长前景持乐观看法，并认为外部环境也为区域经济增长提供了有利条件。10 +3 财长还表示已注意到由负面风险因素所带来的挑战，其中主要包括世界主要经济体增长速度减缓、全球失衡严重、金融市场波动加大、贸易保护主义情绪上升以及石油价格再度上涨等。

10 +3 财长一致认为，随着经济全球化程度日益加深，采取政策措施提高区域经济的适应能力至关重要，并重申承诺加快和深化结构改革，实施适宜的宏观经济政策，包括促进内需的政策措施，以促进区域经济的持续增长。有关加强东亚财金合作问题，声明指出，在双边货币互换机制下，已有 8 个国家之间签署 16 个双边互换协议，总金额增长至 800 亿美元。

声明还指出，“清迈倡议”多边化新工作组的工作取得显著的进展，将以渐进的方式推进这项工作，原则

出席新闻发布会的领导共同预祝“中国—东盟合作之旅”广播电视联合采访活动取得圆满成功。
（原载《中国—东盟之旅》）

同意根据单一协议建立的自我管理的外汇储备库安排是多边化的适宜形式，这个共识是在更高层次的区域资金救援机制方面取得的重大成果。

关于亚洲债券倡议，10+3财长对本币债券发行主体和品种多元化表示欢迎，同意开展以下研究：开发新的债券品种，支持基础设施融资；推进信贷和应收款证券化；推进亚洲中期票据项目。财长们对在亚洲债券市场倡议下公共部门和私营部门之间的合作进展表示满意。

声明说，本次会议决定于2008在西班牙马德里召开下届会议，越南和日本将担任2008年10+3财长会机制的联合主席国。

东盟建议将中国—东盟贸易投资和旅游促进中心设在广西

应东盟方的建议，将在中国设立中国—东盟贸易投资和旅游促进中心。2007年5月15日，东盟秘书处秘书长王景荣在雅加达会见广西壮族自治区党委书记刘奇葆。王景荣在会见时表示，支持中国将中国—东盟贸易投资和旅游促进中心设在广西。王景荣认为，中国与东盟最大的盛会落户在广西南宁，因此该中心设在广西将会更加有效地促进双方的合作。刘奇葆建议将该中心总部设在北京，具体办事机构设在广西。

中国、东盟共同纪念东盟成立40周年

2007年8月13日，由东盟北京委员会和中国东盟协会共同举办的纪念东盟成立40周年的招待会在北京举行，中国外交部长杨洁篪和来自东盟10国的驻华使节出席招待会，共同纪念东盟成立40周年。东盟北京委员会主席、柬埔寨驻华大使西索达说，东盟始终坚持和平、自由、繁荣的原则和目标，已经进入新的发展成熟期，目前正着力建设一个以安全、经济、社会与文化为三大支柱的东盟共同体。中国在支持东盟共同体建设和经济一体化方面发挥着巨大作用。杨洁篪说，40年来，东盟国家团结一致，奋发图强，在促进和平稳定、经济发展、社会进步、区域合作方面发挥了重要而独特的作用。一个团结、进步、繁荣、昌盛的东盟符合东盟各国人民的共同愿望，顺应和平与发展的时代潮流。中国支持东盟在深化区域合作中发挥主导作用。由菲律宾、印度尼西亚、马来西亚、泰国、新加坡、文莱和越南、老挝、柬埔寨、缅甸等10国组成的东南亚国家联盟（东盟）成立于1967年8月8日。

中国对东盟各国减免5375种产品关税

2007年8月16日，中国商务部新闻发言人王新培说，中国—东盟自由贸易区《货物贸易协议》自2005年7月实施以来，中国对东盟各国已减免了5375种产品的关税，平均税率从9.9%降到5.8%。同时，东盟各国对中国的平均关税也有不同程度的降低。他说，中国—东盟自由贸易区《货物贸易协议》是中国同外国签署的第一个以实现产品零关税为目标的协议。协议实施两年来，中国与东盟双边贸易增长加快，经济融合加深，企业联系加强，人民生活受益，取得了积极效果。2006年，中国与东盟贸易额达1608.4亿美元，同比增长23.4%，其中中国进口895.3亿美元，增长19.4%；出口713.1亿美元，增长28.8%。2007年1～7月，双边贸易额达1097.7亿美元，同比增长27.5%，其中中国进口587.7亿美元，增长22.4%；出口510亿美元，增长34%。从降税产品来看，中国向东盟出口较多、增长较快的是船舶、针织服装、陶瓷制品和蔬菜；中国从东盟进口较多、增长较快的是铜制品、橡胶制品和可可制品。协定实施以来，中国成为东盟第四大贸易伙伴。

第六次东盟—中国10+1和第10次东盟—中日韩10+3经贸部长会议

2007年8月25～26日，第六次东盟—中国10+1和第十次东盟—中日韩10+3经贸部长会议在菲律宾首都马尼拉召开，中国商务部长薄熙来率团出席。

薄熙来在10+1经贸部长会议发言时指出，中国与东盟国家毗邻而居，真诚相待，经贸领域合作密切，成绩显著。2006年，双边贸易额达1608亿美元，累计相互投资额达454亿美元。双方现已互为第四大贸易伙伴。2002年《中国—东盟全面经济合作框架协议》签署以来，自由贸易区建设每年上一新台阶，积极效果已经显现。相信自由贸易区将给双方人民带来更多实实在在的好处，从而实现中国与东盟国家的共同发展。东盟经济部长会议轮值主席、菲律宾贸工部长法维拉说，近年来东盟与中国经贸往来显著增加，双边贸易加快，带动各行业的快速发展，中国已成为东盟的重要贸易伙伴和吸引外资的主要来源地。除货物和服务贸易协议外，投资谈判将成为双方当前工作的重点，早日达成投资协议有助于充实和扩大双方合作的内容，有力地推动东盟—中国自由贸易区全面建成。

在10+3经贸部长会议上，薄熙来表示，加强东亚区域经济合作符合各方根本利益，中方高度重视与10+3成员的经贸合作，中方愿意在“平等协商、互利共赢、循序渐进、开放包容”的原则基础上，积极参与和推动东亚区域经济合作，为区域经济发展和东亚各国的共同繁荣做出贡献。各方应务实地以10+1机制为基础，充分发挥10+3主渠道的作用，稳步推进东亚区域合作走向深入。会议还就第十次10+3领导人会议的后续落实、经贸部长会议通过的合作项目、区域经济合作及WTO多哈回合谈判等议题进行了讨论。东盟和日韩部长表示，东盟与中日韩经贸合作密切，愿积极落实经贸部长会议的合作项目，推动东亚经济合作进程和WTO多哈回合谈判取得积极进展。

第三届中国—东盟法律合作与发展高层论坛在重庆举行

2007年9月12～16日，第三届中国—东盟法律合作与发展高层论坛在重庆举行。中国与东盟10国的100多位法学法律界专家，就中国—东盟自由贸易区建设的法律问题等进行研讨。这届论坛开设3项专题研讨，分别是中国—东盟自由贸易区建设的法律问题、中国与东盟各国法律制度之比较、中国与东盟各国在法律务实领域的合作暨中国重庆与东盟各国经贸中的法律合作。此外，中国与东盟各国法学法律专家还就城乡协调发展、金三角毒品问题等热点和难点问题，在法律交流与合作方面交换意见。中国—东盟法律合作与发展高层论坛由中国法学会倡议并发起，中国和东盟成员国轮流举办。首届论坛2005年在广西南宁举行，并通过《南宁宣言》。

2007年9月12～16日，第三届中国—东盟法律合作发展高层论坛在重庆开幕

2007中国—东盟国际汽车拉力赛

由中国国家体育总局和广西壮族自治区人民政府联合主办、广西壮族自治区体育局承办的2007中国—东盟国际汽车拉力赛于9月27日至10月22日举行。本次赛事从广西首府南宁发车，途径越南、老挝、泰国、马来西亚、新加坡和柬埔寨等6国，行程1万公里。活动以举办跨区域、国际性汽车赛事为载体，充分发挥体育的独特优势，拓展并深化中国与东盟各国在体育、文化、民间交流和经济交往方面的合作，增进区域间各国人民的感情。

中国—东盟妇女培训中心在广西南宁成立并揭牌

2007年10月27日，中国—东盟妇女培训中心在广西南宁成立并揭牌。来自中国部分省区及东盟10国的约300名代表参加揭牌仪式。中国国务院妇女儿童工作委员会副主任、中华全国妇女联合会副主席、书记处第一书记黄晴宜表示，希望在更大范围和更深程度推进东盟各国妇女的交流与培训，并就彼此关注的妇女问题及相关领域进行对话和研讨，相互学习和借鉴各国妇女发展的文明成果和有益经验，努力提高妇女参与国家政治生活和社会发展的能力和作用。老挝国家妇联副主席凯姆陈·佛姆森格萨万说，实现性别平等是联合国千年发展目标之一，中国与东盟各国，均对联合国《消除对妇女一切形式歧视的公约》做出了承诺，中国—东盟妇女培训中心将在培训各国妇女、促进男女平等方面发挥巨大作用。作为在中国建立的第一个中外妇女培训中心，是中国与东盟各国实践2006年《中国—东盟妇女友好宣言》的实质性成果。

中国—东盟国际汽车拉力赛现场　（新华社　图）

首届中国—东盟质检部长会议

2007年10月28日，首届中国—东盟质检部长会议在南宁召开。出席会议的代表来自东盟10个成员国的23个主管部门、5个驻华外交机构和东盟秘书处；还有代表来自中国外交部、农业部、商务部、卫生部、国家质检总局、国务院法制办、国家食品药品监督管理局等7个部门，广西壮族自治区政府，以及香港食物与卫生局和澳门民政总署的代表也参加了会议。中国国家质检总局局长李长江主持开幕式。中国国务院副总理曾培炎出席开幕式并致辞。此次质检部长会议的主题是“深化进出口食品安全管理与合作　保护消费者权益”。

在这次会议上，中国国家质检总局就中国、东盟双方在食品安全方面的合作提出8点建议：(1)进一步加强在食品安全领域的合作与交流，共同承担保证食品安全的责任；(2)积极推进各方在食品安全法律法规、标准、信息方面的交流，增加法律法规、标准和信息方面的透明度，增进相互理解与互信；(3)增加食品安全管理和技术人员的互访和交流，共同提高食品安全管理和技术保障水平；(4)各自指定联络点，及时相互通报相关的食品安全信息；(5)建立通报机制，任何一方对其他各方的食品采取新的安全卫生措施前，都通过联络点事先通报；(6)对在各自国家出现的有关其他各方的食品安全问题的报道，应及时进行核实和澄清，避免对消费者的误导；(7)打击非法食品贸易，防范蓄意制造食品安全事件的行为；(8)每两年召开一次司局级进出口食品安全磋商会议。会议达成《南宁联合声明》。

中国—东盟就推动食品安全合作发表《南宁联合声明》

2007年10月29日，首届中国—东盟质检部长会议在南宁落下帷幕。会议讨论通过《南宁联合声明》，声明表示将进一步加强中国和东盟之间的食品安全合作，促进食品贸易，保护消费者权益。

联合声明指出：(1)双方一致同意食品安全是大家的共同责任，各方应进一步加强相关的合作与交流。对此，双方将积极推进各国在食品安全法律法规、标准、信息方面的交流，并增加其透明度，增进相互理解和支持；增加食品安全管理和技术人员的互访和交流，共同提高食品安全管理和技术保障水平。(2)各国将各自指定联络点，及时相互通报相关的食品安全信息。除紧急状态外，任何一方对其他各方的食品采取新的食品安全和动植物卫生措施前，都应通过联络点事先通报。通报的内容应包括拟采取措施的范围、形式、原因和期限。被通报方应提供必要的信息，以帮助通报方正确处理相关问题。(3)各方同意出口国应承担食品安全责任。对各自在领土内出现的有关其他各方的食品安全问题的报道，应及时进行核实和澄清，避免对消费者产生误导。各国还将加强合作，打击非法食品贸易，防范蓄意制造食品安全事件的行为。(4)为促进各方在食品安全领域的合作，中国和东盟各国决定每两年至少召开一次由各方主管进出口食品安全事务的高级官员参加的会议。会议商定，下一届中国—东盟质检部长会议将于2009年在东盟轮值国举行。

会议提出，在2007年11月举行的中国—东盟领导人会议期间，正式签署中国与东盟《关于加强卫生与植物卫生合作的谅解备忘录》。

中国—东盟港口发展与合作论坛在南宁举行

2007年10月28日，中国—东盟港口发展与合作论坛在广西南宁召开。来自中国与东盟10国的交通部长、港口主管部门官员、中外港口航运业企业家和专家学者共450人参加论坛活动。论坛围绕“加强区域合作、促进共同发展”的主题进行广泛探讨，并发表《中国—东盟港口发展与合作声明》(《南宁共识》)。声明认为，加强中国与东盟各国在港口领域的全面合作，有利于深化中国东盟交通领域的合作，符合中国与东盟各国经济与贸易发展的需要，有利于中国—东盟自由贸易区的全面建设和迅速发展。

声明达成7个方面的共识：(1)应尽快审议通过《中国—东盟交通合作战略规划》，并在第六次中国—东盟交通部长会议上签署《中国东盟海运协定》，以便制定中国—东盟港口合作计划，明确重点和优先合作项目；(2)有必要建立中国—东盟港口协调机制，以便更有效的开展相关合作；(3)鼓励并支持在各次区域进行港口合作，具体合作将在未来的《中国—东盟交通合作战略规划》下进行讨论；(4)改善投资环境并制定相关便利政策，鼓励和支持各自企业根据本国的法律、规则和规章，积极参与对方港口基础设施建设；(5)继续支持利用中国—东盟合作基金，通过举办研讨会和培训班，促进港口建设与管理领域的人力资源开发、人员培训、技术与信息交流；(6)进一步拓展融资渠道，其中包括政府投资、国际金融组织和优惠贷款以及其他金融机构的资金支持，并采取多种合作方式，促进港口设施的改善；(7)在国际海事组织框架下共同努力，进一步加强在港口国监督、海上安全、海上保安和海上环境保护领域的合作。

中国国务院副总理曾培炎会见前来参加论坛的东盟国家交通部长，并对中国与东盟交通领域总体合作情况给予高度评价。他说，中国与东盟自2002年建立交通部长会议机制以来，在海运海事、澜沧江—湄公河航运、公路通道、泛亚铁路和航空运输等领域，进行了卓有成效的合作。同时指出，港口是支撑经济发展的重要基础设施，港口合作在中国—东盟经贸合作中起着非常重要的作用。他说，2006年中国与东盟之间有1000亿美元的货物贸易是通过海运和港口物流实现的。双方应以此次论坛为契机，进一步推动港口领域的务实合作，促进中国—东盟自贸区深入发展。

论坛召开的同时，还举行了港口城市展、港口设备展、港口投资项目洽谈等活动。

首届中国—东盟电力合作与发展论坛在南宁举行

2007年10月29日，首届中国—东盟电力合作与发展论坛在南宁举行。由于经济发展面临巨大电力缺口，论坛气氛热烈。中国国家电网公司、华能集团、大唐集团、华电集团、国电集团等企业负责人与东盟国家政府官员和商界代表进行了深入探讨，希望“走出去”的中国电力企业与亟需发展电网的东盟国家，表达了强烈的合作愿望。

论坛上，马来西亚沙捞越能源公司带来总投资达60多亿美元的电力合作项目。越南也推介了其规模庞大的电力行业发展计划。根据这一计划，越南电力集团将投资兴建44家电厂，其中新建25家电厂总投资超过400亿美元。越南工商部的代表说，越南政府已经和中国、泰国、老挝、缅甸开展合作，以满足本土的电力需求。缅甸联邦和平与发展委员会第一秘书长吴登盛说，缅甸有丰富的水利资源，但亟需技术和资金支持。柬埔寨国内电力工业由24个相互孤立的小电力系统构成，相互之间没有联网，年人均用电量55千瓦时，全国电气化率只有15%，电力行业发展潜力大。柬埔寨工业矿产和能源部部长克劳·兰迪也表达了该国亟需发展电力工业的愿望。印度尼西亚2005年启动了新的能源发展战略，2020年的电气化率要达到100%，需要建设大量发电和输配电项目，政府已出台政策鼓励私营部门参与投资。

东盟秘书处副秘书长尼古拉斯·丹迪·达门说，2007年8月召开的第25届东盟国家能源部长会议已经达成共识，共同协调和推动大联网工作的实施，建立一个跨区域、跨国家的东盟大电网，电力建设和服务方面欢迎中国企业积极参与。

东盟经济的恢复和发展正面临巨大电力能源缺口，中国电力企业联合会预测，未来5~10年，东盟电力投资将达2000亿美元，其中电力设备、电工产品至少需要1000亿美元，市场潜力巨大。中国国家电力监管委员会主席尤权说，中国现已形成三大发电设备制造基地与西北、东北两大输变电集团，一些大型骨干企业构成了电力技术开发与制造体系，可以在设计、工程建设、设备制造、运营管理等方面为东盟国家电力工业发展提供支持与合作。迄今为止，中国电力企业已与越南、老挝、缅甸、泰国、菲律宾、印度尼西亚等国家合作开发电力资源，单独投资建设电站的步伐也正在加快。

温家宝总理在第11次中国与东盟领导人会议上发表讲话

2007年11月20日，中国国务院总理温家宝在新加坡举行的第11次中国与东盟10+1领导人会议讲话中首先祝贺东盟成立40周年，并祝愿东盟各国在刚刚发表的《东盟宪章》指引下，在促进经济发展和社会进步方面再创辉煌。温家宝回顾了过去一年，在中国—东盟建立对话关系15周年纪念峰会《联合声明》的指引下，双方睦邻友好与互利合作取得新的进展。他说，双方保持高层友好交往，加强政策对话，增进相互理解和信任；就落实《南海各方行为宣言》后续行动保持磋商，共同致力于维护南海地区的和平与稳定；双方继续加快双边自贸区建设，在实施《货物贸易协议》和《服务贸易协议》基础上，积极推进投资协议谈判；2007年，双边贸易额将达1900亿美元，明年有望突破2000亿美元，累计相互投资额454亿美元，双方已互为第四大贸易伙伴；双方还签署了《中国—东盟海运协定》，通过了《中国与东盟航空合作框架协议》，继续推进泛亚铁路和大湄公河流域信息高速公路建设，为扩大双方交往与合作创造更多便利；积极落实第十次10+1领导人会议的倡议，在农村信息化、青少年交流、新闻媒体交流、人力资源开发、环境保护、质检和食品安全、禽流感防控、灾害管理、维和等领域开展了务实合作，取得良好的社会效益；在农业、科技、能源、教育、文化等重点领域保持旺盛的合作势头；成功举办第四届中国—东盟博览会和商务与投资峰会。

温家宝认为，中国和东盟正迈入各自发展的新时期、新阶段。为此他重申，巩固和发展同东盟面向和平与繁荣的战略伙伴关系，是中国政府坚定不移的外交政策。在新的一年里，中方将在以下方面与东盟共同努力，加强中国—东盟战略伙伴关系，在更高层次上促进双方的互利共赢和共同发展。

1. 加强政治互信和政策协调：(1)保持双方高层交往，加强各领域、各层次的对话和沟通，密切在重大地区和国际事务中的协调与配合，增进政治互信；(2)积极落实《南海各方行为宣言》，促进南海务实合作和共同开发，维护南海地区的稳定；(3)增进双方军事交流与合作，扩大双方军队在非传统安全领域的合作，中方将于明年主办中国—东盟防务学者交流活动。

2. 提升经贸关系与合作水平：(1)坚持平等互利，注重实效，长期合作，共同发展的原则，加快双方投资协议谈判，争取早日达成共识，推动全面建成中国—东盟自贸区；(2)加强双方交通和信息通信的互联互通，为此，将与东盟国家积极落实双方海运协定和航空合作框架协议，并尽早通过“交通合作战略规划”、商签“中国—东盟航空运输协定”、努力建设“中国—东盟信息高速公路”、大力推进泛亚铁路建设；(3)中方愿在力所能及的范围内，通过技术、人员、设备等方式参与境外段的前期研究和建设；(4)成立联合专家组，就泛北部湾经济合作开展可行性研究；(5)为进一步拓展双方在信息通信技术领域的合作，中方将于明年主办第三届“中国—东盟电信周”，并倡议建立中国—东盟网络与信息安全应急处理合作框架；(6)根据中国与东盟即将签署的《关于加强卫生和植物卫生合作谅解备忘录》，加强双方在进出口食品、农产品及其他相关产品的安全、卫生和健康方面的合作，为本地区货物贸易便利化、保护消费者利益做出新贡献；(7)早日签署《中国—东盟关于技术法规、标准和合格评定合作谅解备忘录》；(8)争取早日签署并落实“中国—东盟中心《谅解备忘录》”，逐步启动“中心”的活动，充分发挥“中心”在促进双方经贸、文化、民间交流等方面的独特作用，进一步将双方战略伙伴关系“行动计划”和“全面经济合作框架协议”落到实处；(9)在10+1框架内，就加强中国和东盟的知识产权合作进行进一步探讨，争取早日就有关合作协议达成共识。为此，中方将于明年主办中国—东盟知识产权研讨班；(10)继续办好中国—东盟博览会和中国—东盟商务与投资峰会，使之成为双方深化交流、扩大合作、互利共赢、共谋发展的重要平台。

3. 开展在非传统安全领域的务实合作：(1)继续加强双方在打击贩毒、偷运非法移民、海盗、恐怖主义、武器走私、洗钱、国际经济犯罪和网络犯罪等非传统安全领域的合作，适时续签《中国—东盟非传统安全领域合作谅解备忘录》；(2)作为马六甲海峡的使用国，中国致力于通过对话合作维护海峡安全，愿积极参与有关合作项目，中方将于明年为马六甲3国举办海事调查培训班和港口国监督培训班；(3)重大自然灾害是我们共同面临的威胁，为提高共同预防和应对巨大灾害的能力，中方将于明年主办中国—东盟增强区域应对巨灾能力研讨会；(4)加强双方在能源、环境保护、气候变化等领域的长期合作，支持双方本着互利共赢的原则，加强在可再生能源、清洁能源等领域的合作，共同探讨解决能源供应问题的其他途径，我们愿同东盟探讨制订"中国与东盟环保合作战略"，中方将于明年建立"中国—东盟环保合作中心"，建议适时建立中国—东盟环境部长会议机制，为建设资源节约型和环境友好型的东亚共同努力。

4. 积极支持东盟共同体和一体化建设：(1)坚定支持东盟建立以经济、安全、社会与文化为三大支柱的"东盟共同体"的努力，愿为东盟一体化进程提供力所能及的帮助；(2)中方将与东盟积极配合，共同努力，尽快启动中方承办的两个"东盟一体化倡议"项目，在此基础上，中方愿积极研究承办其他"东盟一体化倡议"项目的可行性；(3)落实"今后5年为东盟培训8000名各领域人才"的倡议，中方明年将继续为东盟举办各类培训项目，计划培训2000人左右；(4)中方将继续支持东盟缩小内部发展差距的努力，积极参与东盟—湄公河流域开发合作、大湄公河、东盟东部增长区等次区域合作。

5. 扩大社会、文化交流及人员交往：(1)中方将继续邀请东盟青少年访华，主办青年营、夏令营、青年企业家论坛等交流对话项目。利用好在广西建立的"中国—东盟青少年培养基地"，增进双方青少年的相互了解和友谊；(2)中方愿在体育和文化交流方面继续加强与东盟的合作，并将于明年主办中国—东盟文化产业论坛，建议双方着手制订《中国—东盟文化产业互动计划》；(3)我们热烈欢迎东盟国家参加2008年北京奥运会；(4)加强中国—东盟媒体合作，增进双方人民的相互了解、巩固传统友好、扩大互利合作，我们愿与东盟尽早签署并落实《新闻媒体合作谅解备忘录》，制订有关工作计划，明年中方将主办中国—东盟广播电视论坛，并继续为东盟新闻工作者提供培训；(5)中国与东盟各国互为重要的旅游目的地和客源国，为促进双方旅游部门之间的交流与合作，中方将于明年专门为东盟国家旅游主管部门开设培训班，重点帮助东盟了解中国的出境旅游市场。

温家宝总理说，中国和东盟建立对话关系的16年历程表明，中国与东盟的发展是相互依存、相互促进的。随着中国经济和社会的发展，13亿中国人民生活水平的提高，将给包括东盟在内的周边邻国和世界其他国家和人民提供更大更多的发展空间和机遇。

温家宝总理在第11次东盟与中日韩领导人会议上发表讲话

2007年11月20日，中国国务院总理温家宝在新加坡举行的第11次东盟与中日韩领导人会议上发表题为《凝聚共识　再创辉煌》的讲话。

温家宝在讲话中说，东盟与中日韩10+3合作在亚洲金融危机的风雨中诞生，开启了东亚国家携手合作、共同发展的历程。在各国共同努力下，东亚克服亚洲金融危机的影响，成为全球经济发展最快和最具活力的地区。过去10年，东亚经济增长速度居于世界前列，新兴市场国家国内生产总值年均增速超过9%。2005年，东亚经济规模占全球经济40%，贸易占全球份额1/5。以"清迈倡议"为核心的金融合作迈出实质性步伐，各种双边和多边自由贸易区安排纷纷建立，湄公河流域开发等次区域合作方兴未艾，社会、文化以及非传统安全领域的合作稳步推进，东亚国家人民生活水平不断提高，贫困人口比10年前减少3亿，贫困状况得到显著改善。

温家宝说，我们高兴地看到，本次会议即将通过的第二份《东亚合作联合声明》和《2007～2017年东盟与中日韩合作工作计划》，提出了实现东亚和平、稳定、繁荣的目标，强调了坚持东盟在本地区合作中的主导作用和10+3的主渠道地位。这两份文件为10+3合作指明了前进方向。温家宝在讲话中提出了5点看法和主张：一是坚持相互尊重和平等相待，实现各国的和睦相处；二是着眼于共同利益，促进共同发展与繁荣；三是统筹兼顾，实现东亚经济社会的全面协调发展；四是立足实际，探索并形成符合东亚多样性的合作模式和途径；五是开放包容，在优势互补中实现东亚共同体的长远目标。

温家宝说，作为东亚的一员，中国致力于同本地区国家在政治上和谐相处，经济上平等互利，文化上取长补短，安全上互信协作。基于这个目的，10年来，中国坚持与邻为善、以邻为伴，积极参与包括10+3在内的区域合作，在扩大对外开放中实现自身发展，又以自身的发展促进东亚乃至世界的发展。他说，只要我们携手努力，加强合作，就一定能够建设一个和平的亚洲、和谐的亚洲、繁荣的亚洲。

温家宝总理在第三届东亚峰会发表讲话

2007年11月21日，在新加坡举行的第3届东亚峰会上，中国国务院总理温家宝发表题为《携手合作 共同创造可持续发展的未来》的讲话。

温家宝总理说，随着工业化的快速发展，人类使用石化能源，创造了巨大的物质财富，但同时也产生了大量污染物和温室气体，全球能源、气候变化和环境问题越来越突出，成为我们面临的共同挑战。东亚峰会就这个重大战略性问题交换看法，反映出本地区国家加强合作，应对挑战的愿望和决心。为此，他提出了中方对气候变化的看法和主张：

第一，气候变化是全球性问题，需要各国携手合作，共同保护我们的家园。发达国家应该正视自己的历史责任和当前人均排放水平仍然居高的现实，严格履行《京都议定书》确定的减排目标，在2012年后继续率先减排。发展中国家应该根据自身能力积极采取有效措施，为应对气候变化做出力所能及的贡献。国际社会应该加大对发展中国家的支持，发达国家应该履行对发展中国家的技术转让和资金支持承诺，切实帮助发展中国家提高减缓和适应气候变化能力。

第二，气候变化从根本上说是发展问题。应该把经济增长、社会发展、环境保护统筹协调起来，建立适应可持续发展要求的生产方式和消费方式。为应对气候变化而停滞发展，或者无视气候变化片面追求经济增长都是不可取、不可行的。据估计，今天全球约有24亿人仍以煤炭、木炭、薪柴、农作物秸秆作为主要燃料，有16亿人没有用上电。让贫困人口得到现代能源的服务，进而享受发展的机会，是一种道义责任和社会责任。因此必须强调，应对气候变化的努力应该促进而不是阻碍各国尤其是发展中国家发展经济、消除贫困。

第三，《联合国气候变化框架公约》及其《京都议定书》奠定了应对气候变化国际合作的法律基础，最具权威性、普遍性、全面性。公约确立的“共同但有区别的责任”和公平原则，凝聚了国际社会共识，反映了各国经济发展水平、历史责任、当前人均排放上的差异。我们应该以公约和议定书作为国际合作的基本框架，也欢迎将其他开展务实合作的倡议和机制作为公约框架的有益补充。

第四，技术进步对减缓和适应气候变化具有决定性作用。国际社会要增加资金投入，扩大信息交流，加强节能、环保、低碳能源等技术的研发和创新合作，特别是加强技术推广和利用，使广大发展中国家买得起、用得上。在这方面，不能只强调市场机制的作用，把应对气候变化的任务全部推向市场。发达国家应减少贸易和技术壁垒，支持尽早落实公约关于技术转让的规定，建立切实有效的技术转让和技术合作机制，提高共同应对气候变化的能力。

第五，适应气候变化是发展中国家最为关心的问题，是应对气候变化挑战的重要组成部分。发达国家应本着共同发展的伙伴精神，积极帮助发展中国家提高适应能力，增强应对气候灾害的能力；尽快启动《京都议定书》的适应基金，并对所有发展中国家开放；完善全球环境基金和清洁发展机制的运作，使发展中国家更加受益；扩大适应资金来源，为发展中国家适应气候变化提供新的和额外的资金支持。中国将于明年举办“东亚峰会气候变化适应能力建设研讨会”，就本地区国家如何提高对气候变化的适应能力进行探讨。

温总理说，中国是世界上人口最多的国家，是一个中低收入的发展中国家，是遭受气候变化不利影响较为严重的国家。中国政府充分认识到应对气候变化的重要性、紧迫性，本着对本国人民负责、对全人类负责、对子孙后代负责的精神，主动采取了一系列减缓温室气体排放的政策措施，取得了重要进展。

国际舆论比较关注中国二氧化碳排放总量，但不要忽视这样一些基本事实：中国人口占世界总人口21%；中国人均二氧化碳排放还比较低，不到发达国家平均水平的1/3；中国仍有2000多万农村贫困人口和2200多万城市最低生活保障线以下人口，城乡和区域经济社会发展还不平衡。为了改善和提高13亿中国人民的生活水平和生活质量，中国的“发展排放”在一定时期难免会有所增加。作为一个制造业大国，中国生产的商品为世界各国享用，但却承受着“转移排放”带来的越来越大的压力。我们希望，各方在关注中国的排放时要充分注意到这两个因素。

中国政府将环境保护作为一项基本国策，将科学发展观作为执政理念，根据《联合国气候变化框架公约》的规定，结合中国经济社会发展规划和可持续发展战略，制定并公布了《中国应对气候变化国家方案》，成立了国家应对气候变化领导小组，颁布了一系列法律法规。我们明确提出了控制温室气体排放的具体任务，包括到2010年实现单位国内生产总值能源消耗比2005年降低20%左右、可再生能源在一次能源供应结构中的比重提高到10%、将工业氧化亚氮排放稳定在2005年水平，同时努力实现森林覆盖率达到20%、新增改良草地2400万公顷、治理退化和沙化及碱化草地5200万公顷、自然保护区面积占国土总面积比例达到16%左右、治理荒漠化土地面积2200万公顷等。我们知道，这些任务非常艰巨，但我们有决心和信心，经过艰苦努力，一定能够实现。

中国坚持走低消耗、低排放、高效益、高产出的新型工业化道路，是国际社会加强环境保护、应对气候变化、实现可持续发展努力的重要组成部分。我们期待得到包括东亚国家在内的国际社会的大力支持。中国将根据公约和议定书，本着“共同但有区别的责任”原则，承担应有的国际责任和义务。中方赞同本次会议发表的《气候变化、能源和环境新加坡宣言》，愿与各方一道，将宣言的精神和倡议落到实处，共同促进东亚地区应对气候变化的努力，推动建设一个和谐发展、清洁发展、可持续发展的东亚。

中国与东盟及各成员国关系

中国与东盟关系

一、中国与东盟关系的回顾

东盟于1967年成立，由于受冷战思维、意识形态等因素的影响，中国与东盟的合作尚未展开。20世纪90年代以后，冷战结束，中国与东盟的双边关系进入全面发展时期。1991年，中国和东盟开启对话合作进程，是年7月中国外交部长钱其琛出席第24届东盟外长会议，这是中国首次同东盟组织进行正式接触。此后，中国外长每年都出席东盟外长会议的后续会议，共同探讨双边合作问题。1994年7月，中国作为东盟磋商伙伴参加在曼谷举行的首届东盟地区论坛会议。1996年7月，在第29届东盟常设委员会第六次会议上，东盟常委会一致同意将中国由过去的东盟磋商伙伴国升格为东盟全面对话伙伴国。1997年，东盟与中国建立10+1对话机制。此后，在东盟与中国10+1机制下，双方在政治、经贸、安全、社会文化以及民间交往等领域开展交流与合作，在外交、经济、交通、海关、总检察长、青年事务等方面建立部长合作机制，并在金融、农业、交通、信息通信、公共卫生、人力资源、教育、旅游、文化、科技、民间交往等领域进一步深化合作。

（一）政治互信不断增强

1. 高层定期接触、互访和交往

自建立对话伙伴关系以来，中国和东盟各国都十分重视维护和发展睦邻互信伙伴关系，高层定期接触、互访和交往，共同推进睦邻互信关系，促进本地区的安全、稳定与发展。

1997年12月16日，首次中国—东盟领导人非正式会议在马来西亚吉隆坡举行，双方发表《中国与东盟国家首脑会晤联合声明》，确定了指导双方关系的原则，并将"建立面向21世纪的睦邻互信伙伴关系"作为共同的政策目标，东盟与中国10+1对话机制启动。此后，在一年一度的东盟领导人会议上，东盟与中国10+1领导人会议同时举行，探讨双边多边的合作问题。

1998年12月16日，第2次中国—东盟领导人非正式会议在越南河内举行，双方同意通过全面对话合作框架，开辟多种合作渠道，坚持通过平等友好协商，妥善处理彼此间存在的一些分歧和争议，进一步推进睦邻互信伙伴关系的发展。

1999年12月28日，第3次中国—东盟领导人非正式会议在菲律宾马尼拉举行，中国国务院总理朱镕基提出中方对在新世纪加强与东盟睦邻互信伙伴关系的主张和具体建议，表示中国将继续深化与东盟国家和东盟组织在各个领域、各个层次的对话与合作，尤其是在经贸、科技和金融等领域的合作。

2000年11月24日，第4次中国—东盟领导人会议在新加坡举行，中国国务院总理朱镕基提出建立中国—东盟自由贸易区的建议，得到东盟有关国家的赞同。

2001年11月，在文莱举行的第5次中国—东盟领导人会议上，双方领导人一致同意在10年内建立中国—东盟自由贸易区，并授权经济部长和高官尽早启动自由贸易协定谈判。

2002年11月4日，第6次中国—东盟领导人会议在柬埔寨金边举行，双方签署《中国与东盟全面经济合作框架协议》，这标志着中国与东盟建立自由贸易区的进程正式启动。双方还发表《中国与东盟关于非传统安全领域合作联合宣言》、《中国与东盟农业合作谅解备忘录》和《南海各方行为宣言》。

2003年4月29日，中国—东盟领导人关于SARS特别会议在曼谷举行，会议讨论加强地区合作，采取切实措施防治SARS的问题。同年10月，在印尼巴厘岛举行的第7次中国—东盟领导人会议上，中国正式加入《东南亚友好合作条约》，双方还签署《中国与东盟全面经济合作协议》议定书和《中国与东盟信息通信领域合作谅解备忘录》，宣布中国与东盟建立"面向和平与繁荣的战略伙伴关系"，双方将加强高层往来与接触，巩固和深化双方人民之间的相互了解与友谊，更加有效、充分地发挥各层次对话与磋商机制作用。

2004 年 12 月 21 日，第 8 次中国—东盟领导人会议在老挝万象举行，双方签署《中国与东盟全面经济合作框架协议货物贸易协议》和《中国与东盟争端解决机制协议》，标志着中国—东盟自由贸易区进入实质性建设阶段；双方还制订《落实中国与东盟面向和平与繁荣的战略伙伴关系联合宣言的行动计划》，作为发展 2005 ~ 2010 年双边关系的总体计划。

2005 年 12 月 12 日，第 9 次中国—东盟领导人会议在马来西亚吉隆坡举行，中国国务院总理温家宝发表“深化全面合作，推进中国—东盟战略伙伴关系不断发展”的重要讲话。

2006 年 10 月 30 日，中国—东盟建立对话关系 15 周年纪念峰会举行，中国和东盟领导人签署《中国—东盟纪念峰会联合声明——致力于加强中国—东盟战略伙伴关系》，中国与东盟的重点合作领域已由 5 个扩大到 10 个，即农业、信息通信技术、人力资源开发、双向投资、湄公河流域开发、交通、能源、文化、旅游和公共卫生。此外，双方还签署若干谅解备忘录，同意加强各领域的合作。

2. 安全合作不断推进

中国与东盟积极实践通过对话增进互信，通过谈判和平解决争议，通过合作实现地区安全的理念，在非传统安全领域方面开展积极有效的合作。

2002 年双方签署《南海各方行为宣言》，为确保南海地区的和平与稳定规定了原则与合作方向。2003 年 10 月的中国与东盟领导人会议讨论并规划《南海各方行为宣言》后续行动的具体方式、领域和项目；在会上中国正式加入宗旨是“促进地区各国人民之间永久和平、友好和合作，以加强他们的实力、团结和密切关系”的《东南亚友好合作条约》，中国是第一个加入该条约的非东盟国家，也是中国首次加入一个地区性国际组织签署的条约，这是中国与东盟建立政治互信的重要措施。

“9 · 11”事件后，中国与东盟加强在非传统安全领域的合作。2002 年 11 月，中国与东盟签署《关于非传统安全领域合作联合宣言》，开辟安全合作的新领域，规定“现阶段合作重点为打击贩毒、偷运非法移民包括贩卖妇女儿童、海盗、恐怖主义、武器走私、洗钱、国际经济犯罪和网络犯罪等”。2003 年 10 月的中国与东盟领导人会议发表的联合宣言决定，双方将加快落实《非传统安全领域合作联合宣言》，积极拓展和深化相关合作；适时举行中国与东盟有关安全的对话，以增进相互了解，促进本地区的和平与安全。2004 年 1 月 10 日，中国与东盟在泰国曼谷签署《中国与东盟非传统安全领域合作谅解备忘录》，确定双方在非传统安全领域合作的措施和活动。

中国与东盟还通过中国—东盟打击跨国犯罪高官会、中国—东盟禁毒行动计划、东盟与中日韩打击跨国犯罪部长会议和高官会等机制，在反恐和打击跨击犯罪等领域进行卓有成效的合作。在 2004 年 1 月举行的首届东盟与中日韩 10 + 3 打击跨国犯罪部长级会议上，中国与东盟签署《中国与东盟非传统安全领域合作谅解备忘录》，确定双方反恐、禁毒和打击国际经济犯罪等重点合作领域，明确各领域的中长期目标，决定通过信息交流、人员交流与培训、执法协作和共同研究等方式加强合作。中国与东盟还在司法领域推进合作。2004 年 7 月举行的中国与东盟总检察长会议发表《中国与东盟国家总检察长会议联合声明》，决定双方将加强区域司法合作。同年 12 月 21 日双方领导人签署《落实中国与东盟面向和平与繁荣的战略伙伴关系联合宣言的行动计划》，决定通过加强人员交流、培

中国—东盟建立对话关系 *15* 周年纪念峰会开幕式上，中国国务院总理温家宝与东盟 *10* 国领导人合影。

（新华社　图）

训班和研讨会等方式，在反恐、打击贩毒、贩卖人口、非法移民、海盗和国际经济犯罪等领域加强多边合作。2006年举行首届中国与东盟打击跨国犯罪部长级非正式会议。与会部长就续签2004年签署《中国与东盟关于非传统安全领域合作谅解备忘录》达成原则共识。

在打击跨国犯罪方面，中国与东盟国家的次区域合作进展较快。2004年10月，湄公河次区域合作反对拐卖人口的首届部长级磋商会签署《湄公河次区域合作反对拐卖人口谅解备忘录》，启动湄公河次区域合作反对拐卖人口的进程。

（二）经济合作互利发展

1. 中国—东盟自由贸易区不断取得进展

中国—东盟自由贸易区自2000年提出以来，不断取得进展。2002年11月4日，中国与东盟国家领导人签署《中国与东盟全面经济合作框架协议》，决定到2010年建成中国—东盟自由贸易区。根据协议，中国与文莱、菲律宾、印尼、马来西亚、新加坡和泰国等原东盟六国之间的自由贸易协定将在2010年生效，与缅甸、老挝、越南和柬埔寨之间的自由贸易协定将在2015年生效。双方确立的目标是，在货物贸易方面逐步降低关税，取消非关税壁垒，取消配额，最终在中国与东盟各国实现贸易自由化；在服务业方面，逐步降低市场准入门槛，最终实现双方服务业市场的进一步融合；在投资领域，取消双方之间的投资壁垒，提高投资保护程度，为双方企业投资创造良好、完善的投资环境。

2003年10月1日，中国与泰国水果蔬菜贸易实现零关税，这是中国—东盟自由贸易区框架下的“早期收获”内容之一。自2004年1月1日起，中国—东盟自由贸易区500多种产品降税。2004年11月，第八次东盟与中国领导人会议签署《中国与东盟全面经济合作框架协议货物贸易协议》、《中国与东盟争端解决机制协议》。2005年，全面启动中国—东盟自由贸易区降税进程，大约7000种产品逐步实现零关税。2006年12月8日，中国与东盟国家的经贸部长签署《〈中国与东盟全面经济合作框架协议〉第二次修订协议书》和中国—东盟自由贸易区《〈货物贸易协议〉修订协议书》，解决《中国与东盟全面经济合作框架协议》和《货物贸易协议》中的一些遗留问题，主要包括中国—菲律宾早期收获计划、中国—印尼修改早期收获计划特定产品清单、《中越货物贸易协议》等内容。

2. 经济各领域合作不断深入

在第5次中国与东盟领导人会议上，中国领导人提出根据东盟一体化的需要和中国与东盟各自的情况，把农业、信息通信、人力资源开发、相互投资与湄公河流域开发等五大领域确定为新世纪中国与东盟合作重点，以这五大领域为重点，双方合作稳步推进。

农业合作不断展开。2002年11月2日中国与东盟领导人签署《中国与东盟农业合作谅解备忘录》，决定进一步加强双边农业与林业合作。2004年12月签署《落实中国与东盟面向全面和平与繁荣的战略伙伴关系联合宣言的行动计划》，提出在2005～2010年间，中国与东盟在农业领域开展高新技术交流，在人力资源开发、食品安全、技术应用、农产品经贸合作、森林资源可持续利用、农村能力建设等领域加强合作。

信息合作成效显著。2003年10月在印度尼西亚巴厘岛签署的《中国与东盟信息合作谅解备忘录》，决定加强双方在信息方面的合作。2004年签署的《落实中国—东盟面向和平与繁荣的战略伙伴关系联合宣言的行动计划》，提出在2005～2010年间，召开中国—东盟信息通信部长会议，促进双边信息通信方面的对话与合作；定期举办“中国—东盟电信周”，以促进信息通信合作；制订应急合作程序，维护和加强网络安全，预防和打击网络犯罪；通过举办各类培训班、研讨会和信息通信技术专家的互访，促进人力资源开发合作等。2005年5月举行首次中国—东盟电信周，通过《中国—东盟建立面向共同发展的信息通信领域伙伴关系的北京宣言》，确定中国与东盟在信息领域的合作伙伴关系。

交通合作进展较快。中国与东盟于2002年建立交通部长会议机制以来，11国交通部长每年举行一次会议，就有关双边交通领域的具体合作事宜进行深入探讨，评估已有合作情况并对下一年度的总体合作提出指导性意见和建议。在中国与东盟交通部长10+1会议机制下，双方交通领域合作全方位展开，在基础设施建设、运输便利化、海上安全与保安、人力资源开发等方面的合作不断推进。2004年11月第3次中国—东盟交通部长会议签署的《中国—东盟交通合作谅解备忘录》，确定中国与东盟在交通领域合作的长期目标，双方将推进交通基础设施建设、交通运输便利化、海事海运、航空运输、人力资源开发和信息交流等领域的合作，为2010年建立中国—东盟自由贸易区发挥交通支撑作用。双方还陆续实施更多项目，包括开展海上安全的搜救合作、磋商中国—东盟海运协定、启动《改善柬老缅越四国内陆航道发展研究》及与能力建设相关的培训合作项目如船员管理、东盟高级官员及技术人员内河航道整治培训班。

湄公河次区域经济合作全面开展。自1992年起，中国开始参与湄公河次区域经济合作，在交通、能源、农业、环境、人力资源开发、贸易与投资、旅游、禁毒等领域，与湄公河沿岸国（柬埔寨、老挝、缅甸、泰国、越南）的合作成效显著。东盟—湄公河流域开发合作部长级会议于1996年在马来西亚首次举行，已发展成为湄公河流域一个重要的经济合作机制。在亚洲银行、东盟国家和中国的积极推动下，澜沧江—湄公河次区域开发工作逐步展开,中国与东盟湄公河流域国家签署《湄公河流域持续发展合作协定》《东盟—湄公河流域开发合作计划》《澜沧江—湄公河联合通航协议》等文件,制定涉及交通、能源、电讯、环保、贸易和旅游等领域的合作框架。2001年6月中国与老、缅、泰四国实现澜沧江—湄公河商船正式通航。2001年11月第7次东盟领导人会议批准"泛亚铁路"和"泛亚公路"的建设。2004年湄公河次区域合作进一步扩大,是年初中国正式开工承建昆明至曼谷公路缅甸境内路段。第8次东盟和中国领导人会议签署的《关于共同推进建设大湄公河次区域信息高速公路的谅解备忘录》指出,将建设一条覆盖大湄公河次区域各国海陆缆结合的信息高速公路,以推动本地区各国信息通信基础设施建设,加强各国间在电子商务、电子政务、人力资源开发、网络与信息安全等方面的合作,从而带动地区内各国间贸易投资与经济合作。

旅游合作成效显著。东盟国家与中国互相开放为旅游对象国,相互旅游人数不断增长,1995年中国到东盟国家旅游人数为81.8万人次,到2004年增至317.7万人次,2006年为299.7万人次。中国游客在到访东盟的游客总数中的比例,由1995年2.8%上升到2002年的6.5%,2006年为5.5%。近年来,中国内地成为东盟五大游客来源地之一。

与相互贸易增长较快相比,中国与东盟的相互投资增长较慢。1995~2005年间,进入东盟的中国直接投资额为20.46亿美元,仅占东盟外国直接投资额的0.7%。自从启动中国—东盟自由贸易区以来,双边投资有所增长,2002~2006年间,中国资金进入东盟总额为23.29亿美元,占期间东盟外资总额的1.3%。2006年东盟吸引中国资金9.37亿美元,占当年东盟外资总额的1.8%。

(三)社会文化合作日益密切

在推进政治、安全、经济领域合作的同时,中国与东盟在社会文化领域方面的合作也不断展开,卫生、科技、环境、教育、文化、人员往来等方面的交流与合作日益活跃。

1. 开展卫生合作,共同应对灾害

2003年4月,面对突如其来、肆虐于东亚和东南亚的SARS,中国与东盟携手合作,共同防治,中国与东盟领导人非正式会议发表共同抗击SARS的《中国与东盟国家领导人特别声明》。2003年10月的东盟与中国领导人会议发表的联合宣言决定加强卫生合作:落实2003年4月中国与东盟领导人关于SARS问题特别会议精神,加强公共卫生合作,将建立东盟—中国10+1公共卫生合作基金,启动东盟—中国10+1卫生部长会议机制。

2003年底至2004年初,越南、泰国、柬埔寨、印尼、老挝、中国等国家相继爆发禽流感,中国与东盟积极加强应对合作。2004年3月3日在北京举行的中国—东盟防治禽流感特别会议发表声明指出:双方共同应对禽流感带来的挑战,相互交流信息与经验,努力建立传染病确认和控制的预警系统;加强本地区检验检疫等边境管理部门间的合作;建议建立中国—东盟公共卫生合作机制,启动"中国—东盟公共卫生基金",在力所能及的范围内向本地区发生禽流感疫情和面临其威胁的国家提供资金、物资、技术援助。

2005年印度洋海啸给一些东盟国家造成严重损失,中国除对损失严重的东盟国家给予人道主义援助外,还与东盟国家加强灾害预警合作。2005年1月,中国—东盟地震海啸预警研讨会签署《建立地震海啸预警系统技术平台的行动计划》,决定建立印度洋和东南亚地区海啸预警系统和亚洲地区地震台网,并将加速技术交流与信息共享。此后,双方加强灾害预警合作。2005年,亚洲减灾大会通过《亚洲减少灾害风险北京行动计划》,中国与亚洲国家携手合作共同减少灾害风险。2006年5月,在北京举行中国—东盟10+1框架下防灾减灾研讨会。2006年9月18~20日,在中国青岛举行第六次东盟地区论坛救灾会间会。2007年4月23~28日,中国为东盟举办"灾害应急救助培训班"。

2. 文化教育交流与合作逐渐展开

随着中国与东盟各领域合作的深入,双方的大学合作也提上议事日程。中国与东盟国家间除互派留学生和访问学者外,双方还启动大学间的交流与合作。2002年首届中国—东盟大学校长论坛在泰国举行,探讨加强双方大学的学生培养和学术交流的合作问题。

3. 民间合作不断深入

随着经济全球化的发展,世界各国的民间非政府组织活动愈日增多,中国与东盟的合作是政府牵头,民间组织合作紧随其后,并不断扩大活动范围。2006年首届中国—东盟民间友好组织大会签署《中国与东盟民间友好合作宣言》,标志着中国与东盟多边民间友好合作全面启动以及东盟与中国10+1民间合作机制的正式确立。

(四)国际和地区事务合作富有成效

在加强双边各领域合作的同时,中国与东盟也共同推进东盟与中日韩10+3合作、东盟地区论坛、东亚峰会、亚洲合作对话、亚太经济合作组织、亚欧会议、东亚—拉美合作论坛等区域合作机制的健康发展,在共同关心和关切的问题上进行良好的沟通与协作,在联合国、WTO等国际组织中相互理解、支持与配合,在国际和地区事务合作富有成效。

在东盟与中日韩10+3合作机制下,东盟10国与中日韩在经济、安全、能源等领域的合作不断推进。1997年12月,首次东盟与中日韩9+3(柬埔寨后来加入为10+3)领导人会议,为应对亚洲金融危机,开启了东亚区域经济合作。1999 年 11 月第三次东盟与中日韩 10 + 3 领导人会议通过《东亚合作联合声明》，确定在经济、社会、政治和其他领域的合作重点。在 2000 年 5 月举行的东盟与中日韩 10 + 3 财长会议上达成进行货币合作的《清迈协议》，此后，东亚金融合作成效显著。2003 年东盟与中国领导人会议发表的联合宣言表示，双方将进一步加强在国际和地区事务方面的合作，以维护地区的和平与稳定。中国支持东盟在东盟地区论坛中发挥主导推动作用，中国坚定地支持老挝、越南成为 WTO 成员。中国与东盟尊重亚太地区的多样性，特别是各国发展道路、安全关切、价值观和文化传统的差异，共筑包容、开放的地区合作与发展环境。2006 年首届东亚峰会举行。决定在地区能源安全、核安全和核利用、金融、教育、禽流感、减灾问题等领域加强东亚合作，还表示要在保护森林等自然资源、提高应对气候灾害能力、保护海洋生态、加强饮用水安全等方面加强合作。

二、2007 年中国与东盟关系

（一）展开高层交往和磋商，签署多项重要文件

2007 年 1 月 14 日，第 10 次东盟—中国领导人会议在菲律宾宿务举行，双方签署《中国—东盟自由贸易区服务贸易协议》和《落实中国—东盟面向共同发展的信息通信领域伙伴关系北京宣言的行动计划》等文件，并续签《中国—东盟农业合作谅解备忘录》。

2007 年 12 月 20 日，第 11 次东盟—中国领导人会议在新加坡举行，温家宝总理发表题为《扩大合作互利共赢》的讲话；东盟国家希望同中国进一步加强政治和安全对话，拓展经济、信息、基础设施、非传统安全合作，扩大人文交流，共促和平，共迎挑战，共谋发展，共享繁荣；双方还签署《中国—东盟关于加强健康卫生和植物卫生合作谅解备忘录》。

2007 年 12 月 14 日，湄公河次区域合作反对拐卖人口第二届部长级磋商会在北京举行，中国、柬埔寨、老挝、缅甸、泰国、越南等与会六国签署《湄公河次区域合作反对拐卖人口进程联合宣言》，表示将进一步加强该领域的合作。

（二）经济合作进一步拓展

2007 年 1 月，中国与东盟签署《中国—东盟自由贸易区服务贸易协议》，协议从 2007 年 7 月 1 日起实施。这是东盟与区外国家签署的第一份服务贸易协议，它将进一步推动双边服务领域的合作，中国将在环保、建筑、商务、体育与运输等五大服务部门、26 个领域向东盟国家进一步开放市场，以扩大双方经贸往来；同时，东盟也分别在教育、旅游、建筑、金融等领域向中国开放，并允准对方设立独资或合资企业，放宽设立公司的股份限制等。

中国—东盟双边经贸关系不断发展。2007 年中国与东盟双边贸易额 2025.5 亿美元，是 1997 年的 251.56 亿美元的 8 倍，比 2006 年增长 25.9%，提前 3 年实现双边贸易额 2000 亿美元目标。2007 年中国对东盟出口额 941.79 亿美元，进口额 1083.69 亿美元，分别比 2004 年增长 91.3% 和 119.5%。2007 年，东盟成为中国第四大贸易伙伴、第三进口来源地和第四出口市场。在东盟 10 国中，与中国贸易的前五大国家分别为新加坡、马来西亚、泰国、菲律宾和印尼。

中国与东盟进出口贸易的变化情况（1994 ~ 2007 年）

单位：亿美元

年　份	进出口金额	出口金额	进口金额	贸易逆差金额
1994	132.09	63.79	68.30	4.51
1995	203.69	104.74	98.95	3.66
1996	211.59	103.10	108.49	9.97
1997	251.56	127.00	124.56	3.01
1998	236.44	110.35	126.09	16.40
1999	272.02	122.75	149.27	27.01
2000	359.22	173.41	221.81	48.40
2001	416.15	183.85	232.29	48.44
2002	547.66	235.68	311.95	76.29
2003	782.5	309.3	473.3	164
2004	1058.8	429.0	629.8	200.8
2005	1303.7	553.7	750.0	196.3
2006	1608.4	713.1	895.3	182.2
2007	2025.4	941.79	1083.69	141.90

资料来源：中华人民共和国海关。

农业合作稳步推进。2007 年 1 月 14 日，在菲律宾宿务举行的第 10 届东盟—中国领导人会议续签《中国—东盟农业合作谅解备忘录》，决定在 2007 ~ 2011 年间，中国与东盟将在杂交水稻、农业生物科技应用、农产品和农机、农业工业、家禽生产、林业先进技术、收获技术和食品安全等农业、林业领域开展合作，还将制订监督、评估等相关措施，以有效开展上述合作项目，双方还将在知识产权保护、金融、诚信等方面支持双边的农业合作。2007 年 10 月 30 日以“中国—东盟林业合作与可持续发展”为主题的首届中国—东盟林业论坛在南宁举行，会议发表《中国与东盟林业合作（南宁）倡议》，内容包括：加强林业执法和行政管理合作；加强林业经济合作；加强森林资源保护领域的合作；加强林业科技合作；建立磋商机制，中国与东盟同意加强对区域和全球森林问题的协调。

食品质检合作开始启动。2007 年 1 月，在菲律宾宿务举行的东盟与中国 10 + 1 领导人会议上，中国国务院总理温家宝倡议建立中国—东盟质检部长级磋商机制。2007 年 10 月 28 ~ 29 日在广西南宁举行首届中国—东盟质检部长会议，达成的《南宁联合宣言》称，

双方将积极推进各国在食品安全法律法规、标准、信息方面的交流，增加法律法规、标准和信息方面的透明度，增进相互理解和支持；增加食品安全管理和技术人员的互访和交流，共同提高食品安全管理和技术保障水平。会议还决定，为促进各方在食品安全领域的合作，将至少每两年举行一次由各方主管进出口食品安全事务的司局级官员参加的会议。

信息合作取得进展。2007 年 7 月 1 日起正式生效的《中国—东盟自由贸易区服务贸易协议》规定，马来西亚、菲律宾、越南、老挝、缅甸、柬埔寨 6 国承诺向中国开放电信市场，承诺包括允许中方设立独资或合资企业，放宽设立公司的股比限制等内容，双方在该领域的合作将进一步推进。同时签署的《落实中国—东盟面向共同发展的信息通信领域伙伴关系北京宣言的行动计划》，规划了 2007 ~ 2012 年落实《北京宣言》所确定的中国与东盟在基础设施建设、普遍服务、人才交流、信息知识普及、网络和信息安全、贸易和投资促进、政府对话和交流等 6 个重点合作领域合作的内容及行动措施。

交通合作顺利开展。2007 年 2 月，第五次中国—东盟交通部长会议规划未来 10 ~ 15 年中国与东盟交通领域的合作项目：修建新加坡—昆明高速公路；在海洋安全、海洋环境保护等方面加强对话与合作；每年东盟国家派学者到中国大连海洋大学进修；加强能力建设和技术援助，加强人力资源开发合作等。同年 10 月，中国—东盟港口发展与合作论坛发表联合声明称，计划建立中国—东盟港口协调机制，以促进双方交通领域的人力资源开发、人员培训、技术与信息交流、港口基础设施建设，在国际海事框架下加强港口监督、海上安全和海上环境保护领域的合作。11 月，在新加坡举行的第六次中国—东盟交通部长会议签署《中国与东盟海运协定》、《中国与东盟航空合作框架》，同意将中国—东盟海事磋商机制升格为各国海事安全主管部门领导定期磋商的机制，并明确 2008 年合作的具体项目和活动。

湄公河次区域合作步伐加快。2007 年 4 月 25 日，大湄公河次区域（GMS）6 国农业部长会议在北京举行，柬埔寨、中国、老挝、缅甸、泰国及越南 6 国的农业部长参加会议。会议通过《农业支持核心计划（CASP）》，内容主要包括：加快和加强次区域的农业合作；为次区域的粮食安全和减贫作贡献；促进跨境农业贸易和投资；促进农业新技术的转让和应用；确保环境受到保护并持续利用共享的自然资源；确保对跨境动物疫病的监控，以减少对社会和经济的影响及开发人力资源；加强能力建设，解决跨境关注的问题等 7 个方面。《农业支持核心计划》不仅是次区域农业合作战略框架的核心内容，也是各国合作战略与规划的最新内容，旨在推进农业的跨境交易与投资，促进食品安全与扶贫工作，加强环境保护及自然资源的可持续利用。为实现《农业支持核心计划》的目标，会议还提出促进跨境农业贸易和投资，成员国针对与农业相关的危机事件建立应急反应机制，推动公共和私营部门开展农业信息分享的合作，提升农业科技能力等具体实施内容。

（三）文化、卫生交流与合作不断加强

2007 年 3 月 15 ~ 16 日，主题为“迈向更紧密的中国—东盟学术伙伴关系”的第二届中国—东盟大学校长论坛在河内举行，与会代表就中国与东盟学术合作的发展进程及先进经验进行交流。

为推动中国和东盟各国文化产业的交流与合作，2007 年 11 月 8 ~ 11 日，主题为“交流合作、互利共赢”的中国—东盟文化产业论坛在中国南宁举行，与会各国政府官员、专家、学者就中国与东盟各国文化产业资源的保护开发与合理利用，中国与东盟国家促进文化产业发展的政策与措施，中国—东盟自由贸易区框架下文化产业合作与发展的前景，推动泛北部湾经济合作区文化产业的共同繁荣与发展等议题进行讨论和交流，并达成合作共识。

中国与东盟在新闻领域也开始合作。2007 年 5 月 24 日，首次中国—东盟新闻部长会议举行，与会部长就加强中国与东盟新闻合作广泛交换意见，此次会议标志着中国与东盟新闻合作机制建立，对于丰富双边合作内容、推进面向和平与繁荣的战略伙伴关系具有重要意义。

2007 年 11 月 20 日，在新加坡举行的第 11 次中国

2007 中国—东盟电视合作峰会会议现场

与东盟领导人会议上，双方签署《中国—东盟关于加强卫生和植物卫生合作谅解备忘录》，旨在进一步加强双方在人类卫生和植物卫生方面的合作。

（四）民间合作日益深入

2007年6月20～21日，第二届中国—东盟民间友好组织大会在文莱斯里巴加湾举行，会议代表签署《落实中国与东盟民间友好组织合作宣言的行动计划（2007～2012年）》，以深化和巩固中国与东盟的战略伙伴关系，推动双方的交流与合作，在2007～2012年期间，中国与东盟各国民间友好组织将共同采取行动，保持双方各组织之间的定期接触和互访，建立各组织之间的热线联系，以共同推进东盟与中国各领域的合作。

三、2008年中国与东盟关系展望

2008年中国与东盟将继续在政治、经济、安全、能源、环境、社会文化、地区和国际事务等领域加强合作，共同推进双边多边的互利共赢发展。

中国与文莱关系

一、两国关系发展的历史回顾

中国与文莱都是亚洲有悠久历史的国家，自古以来两国人民之间就有着传统的友好往来，只是到了19世纪末期文莱沦为英国的保护国之后才被迫中断。1991年中国与文莱建立外交关系，从此中国与文莱关系翻开了新的一页，建交以来，两国在各个领域交往和合作越来越密切。

（一）建交前的中国与文莱关系

1949年10月1日，中华人民共和国成立后，由于文莱仍然是英国的保护国，文莱没有外交权，加上当时处于冷战时期，中国与文莱没有外交关系。尽管这样，中文两国之间还有贸易来往。从1958年起，中国和文莱就建立了经贸关系。主要是经过新加坡进行转口贸易，以中国对文莱的出口为主，向文莱供应食品和轻工业品。

（二）建交以后的中国与文莱关系

1984年1月1日，文莱摆脱英国的殖民统治宣布独立时，中国国家主席李先念和国务院总理赵紫阳分别致电文莱苏丹，表明中国政府承认文莱政府；同年10月，文莱外交大臣电贺中国国庆。1989年，中国经贸代表团首次访问文莱。1991年9月30日，中国外交部长钱其琛和文莱外交大臣穆罕默德·博尔基亚亲王在纽约联合国总部签订关于两国正式建交的联合公报，宣布两国即日起建立大使级外交关系，两国政府同意在和平共处五项原则和联合国宪章的基础上发展友好合作关系。中文建交后，双方友好和合作关系发展迅速。

1. 双方高层往来密切

建交以来，两国关系稳步发展。每年均有高级别官员互访，文莱多数内阁大臣都已访华。1992年7月，中国国务委员兼外交部长钱其琛应邀对文莱进行正式访问。1993年6月，文莱外交大臣穆罕默德·博尔基亚亲王对中国进行正式访问；1993年10月和11月，两国先后在对方首都设立使馆，随后双边互派常驻大使。1993年3月，文莱政府取消对公民访华的限制。1993年10月，两国正式通航。1993年11月，文莱国家元首哈桑纳尔·博尔基亚苏丹对中国进行国事访问，受到中国政府隆重热烈欢迎，访问期间两国签署《民用航空运输协定》。1993年11月，文莱投资代表团到中国访问，洽谈在中国投资事宜。1993年两国外交部建立定期磋商制度，到2003年，两国已经举行10次磋商。1994年文莱苏丹胞妹、外交部无任所大使玛斯娜公主访华。1995年1月，中国国务委员兼国务院秘书长罗干应邀对文莱进行友好访问；7月，中国副总理兼外交部长钱其琛赴文莱出席第二届东盟地区论坛会议。1996年两国签署《卫生合作谅解备忘录》。1997年6月，文莱外交大臣穆罕默德亲王应邀出席香港政权交接仪式。1998年6月，中国全国人大常委会副委员长谢非应邀对文莱进行友好访问。1999年8月22～26日，应中国国家主席江泽民邀请，文莱国家元首苏丹·哈吉·哈桑纳尔·博尔基亚对中国进行工作访问。访问期间两国发表关于双边合作关系发展方向的《中华人民共和国和文莱达鲁萨兰国联合公报》，签署《文化合作谅解备忘录》。两国外交部已建立定期磋商制度。双方在经贸、文化、体育、医疗卫生、民航等领域的交流与合作逐步扩大。

2000年，中文关系取得较大进展。7月，两国外交部在文莱举行第八次外交磋商。11月，中国国家主席江泽民出席在文莱举行的第八次亚太经合组织领导人非正式会议后，对文莱进行国事访问。访问期间，两国签署《互相鼓励和保护投资协议》、《中国公民自费赴文莱旅游实施方案的谅解备忘录》和《钱皮恩原油长期合同》。2001年文莱航空公司开通文莱至上海航线。

2001年是中国与文莱建交10周年，两国关系又有新的发展。5月，全国人大常委会委员长李鹏对文莱进行友好访问；11月，国务院总理朱镕基出席在文莱举行的东盟与中国、日本、韩国领导人10+3和10+1会议，并与苏丹会晤。文莱苏丹分别于5月和10月来华出席APEC人力资源能力建设高峰会和APEC领导人非正式会议；5月，文莱外交大臣穆罕默德亲王来京出席第三次亚欧外长会并访华；8月，文莱外交部无任所大使玛斯娜公主访华，两国外交部举行第九次年度外交磋商。在两国建交10周年之际，中文两国都举行隆重的庆祝活动。9月30日，中国与文莱

联合发行纪念邮票和首日封。2001年APEC在中国召开会议期间，北京外国语大学向现任文莱苏丹授予国际关系名誉博士学位。文莱苏丹认为，文中建交10年来，两国各方面合作发展很快。他说，文方高度重视发展双方的睦邻友好关系，真诚希望双边关系能在今后的岁月里得到巩固和加强，并不断开拓新的合作领域。

2002年两国关系继续稳定发展。1月，文莱文化、青年和体育大臣侯赛因率文莱皇家航空公司文莱—上海航线首航团赴上海访问，并主持文莱皇家航空公司驻上海办事处开业典礼。3月，文莱王储比拉首次访华，中国国家主席江泽民会见比拉王储。4月，文莱文化、青年和体育大臣侯赛因再次访华。5月，中国外交部副部长王毅赴文莱举行两国外交部第十次年度磋商。6月，文莱皇家武装部队司令贾法尔少将首次访华。7月，中国外交部长唐家璇赴文莱出席10+3、ARF和PMC外长系列会议并会见文外交大臣穆罕默德亲王。中国外经贸代表团赴文莱出席10+1、10+3经济部长会议。12月，中文双方签署《中华人民共和国最高人民检察院与文莱总检察署合作协议》。

2003年10月6日，在印度尼西亚巴厘岛出席中日韩10+3、中国与东盟10+1领导人会议的中国国务院总理温家宝会见文莱苏丹。温家宝充分肯定中国与文莱睦邻友好合作关系的发展，表示中国愿从文莱进口更多石油，参与文莱油气开发、港口和电信等基础设施建设，并愿积极推进两国教育、文化等领域的合作。苏丹表示，文中关系发展顺利，高层往来频繁，经贸合作势头强劲。文莱愿进一步扩大双边贸易，并加强两国企业和人民之间的友好交往。11月3~6日，中国海军舰艇编队访问文莱。表明中文两国关系又有了新的发展。

2004年，两国的高层访问，使两国的友好关系又进一步发展。9月20~22日，文莱苏丹应邀访华。文莱苏丹与中国国家主席胡锦涛会谈后双方发表联合公报。9月23日，文莱武装部队司令哈尔比少将访问中国。

2004年11月29日中国国务院总理温家宝出席在老挝首都万象举行的东盟—中国领导人10+1会议和东盟与中国、日本、韩国10+3领导人会议时会见文莱苏丹，温家宝对中国与文莱合作提出4点建议。

2005年4月20~21日，中国国家主席胡锦涛应邀访问文莱，标志着中文两国的友好合作进入新的发展时期。胡锦涛20日在同文莱苏丹哈桑纳尔·博尔基亚举行会谈时为进一步发展两国关系提出6点建议。

2006年是中文建交15周年，两国领导人互致贺电。同时，两国政府开展一系列互访和庆祝活动，进一步推动两国的密切关系。

2. 两国经贸合作快速发展

据中国海关总署统计，2000年，中文双边贸易额为7400万美元，其中中国出口1300万美元，中方逆差4800万美元。2001年中文双边贸易总额为1.65亿美元，其中，中国出口1716万美元，进口1.48亿美元。2002年双边贸易额2.63亿美元，其中，中国出口2100万美元，进口2.42亿美元。2003年两国贸易额增至3.46亿美元。2004年两国的双边贸易额为3亿美元，其中文莱对中国出口达2.5亿美元。2005年两国的双边贸易额为3.48亿美元，创历史新高，其中文莱对中国出口达2.52亿美元，从中国进口0.96亿美元。2006年两国的双边贸易额为3.1亿美元，其中，文莱对中国出口达2.15亿美元，从中国进口1亿美元。中国对文莱的主要出口有食品、纺织品、服装、纸制品、钢材等。

进入21世纪初以来，中国在文承包劳务合作开始起步，截至2001年底，双方共签承包劳务合同24份，合同金额1.1亿美元，完成营业额8649万美元。2001年中国在文新签承包劳务合同1份，合同金额43万美元，完成营业额25万美元。

2005年4月21日，正在文莱进行国事访问的中国国家主席胡锦涛出席了文莱—中国友好工商界午餐会并发表重要讲话，胡锦涛指出，中国和文莱经济互补性较强。两国经济贸易合作前景十分广阔。为支持文莱实施经济多元化战略，中国将继续鼓励有实力的企业参与文莱的石化、港口、住房、通信、路桥、水电等基础设施建设，也欢迎文莱企业来中国投资兴业。

二、2007年中文继续保持友好关系

（一）两国领导人继续为增进中文关系努力

新年伊始，中文两国领导人就两国关系寄予美好祝愿。2月20日，文莱苏丹率皇室全体成员出席由文莱全体华社举办的2007年新春团拜会并参观华社举办的中华文化展，向中国人民拜年。这是文莱苏丹连续两年出席华社举办的迎春团拜活动。2月23日，中国国家主席胡锦涛致电文莱苏丹，热烈祝贺文莱独立23周年国庆，胡锦涛称赞文莱独立23年来，在经济和社会发展方面取得了显著成就，为促进本地区的和平、稳定与发展作出积极贡献。他表示，中国与文莱是亲密友好邻邦，两国关系发展顺利，合作领域不断拓展。共同推动中文关系不断迈上新的台阶。10月27日，中国国务院副总理曾培炎在南宁会见前来出席第四届中国—东盟博览会、商务与投资峰会的文莱王储比拉，就双边关系及共同关心的国际和地区问题深入交换意见。

（二）两国各部门和民间继续保持密切来往

2月1日，作为东盟北京委员会主席、文莱驻华大使阿卜杜勒·哈密德出席中国东盟协会2007年新春招待会并致词。2月10~12日，中国广西北海市政府代表团访问文莱，与文莱斯里巴加湾市和穆阿拉区就

结为友好城区事宜达成初步共识，双方探讨了港口建设、物流、旅游、市政管理等方面的合作事宜，就海上旅游航线等多方面合作达成意向，近期可以积极推进旅游和海水养殖等项目的合作。3月12日，文莱正式确认参加中国2010年的上海世博会。4月11～14日，应文莱交通部长阿布巴卡尔 Pehin Abu Bakar 邀请，信息产业部副部长蒋耀平率团访问文莱。此访的目的是与文方探讨进一步加强和扩大中国与文莱、中国与东盟在信息通信领域的合作和交流，探讨落实中国和东盟各成员国签署的《落实中国—东盟面向共同发展的信息通信领域伙伴关系北京宣言的行动计划》，推动探讨实施中国—东盟信息高速公路项目。4月18日，首届中国教育展览会在文莱首都斯里巴加湾市举行，来自中国大学的代表团举行教育展览会，以促进两国教育领域的交流与合作。4月26～27日，文莱斯里巴加湾市长参加在中国北海市举行的首届"泛北部湾区域经济合作市长论坛"。5月2日下午，过境文莱的中共中央政治局常委、中央纪委书记吴官正在斯里巴加湾市会见了文莱代苏丹、王储穆赫塔迪·比拉。吴官正请比拉转达胡锦涛主席对苏丹博尔基亚等文莱领导人的亲切问候。5月17～20日，中国商务部代表团访问文莱。访问期间，就扩大中文之间的经贸合作进行深入探讨。双方认为，中文两国经贸合作潜力很大，两国企业可开展互利合作。中方支持中国企业积极参与文莱经济多元化进程，在能源、基础设施、农业、旅游、交通等领域加强与文方的合作，力争早日实现两国领导人确立的2010年双边贸易额达到10亿美元的目标。6月4日，中国外交部长杨洁篪在韩国首都首尔会见参加亚洲合作对话第六次外长会议的文莱代表团团长文莱外交和贸易部第二部长林玉成。6月18～21日，中国全国人大常委会副委员长、中国东盟协会会长顾秀莲对文莱进行为期4天的访问和出席第二届中国东盟民间友好组织大会；19日，文莱王储比拉在王宫会见了顾秀莲，比拉表示文莱愿尽一切努力促进文中两国的双边合作。比拉在会见时说，他很高兴第二届中国东盟民间友好组织大会在文莱举行。比拉还表示，他2002年曾访问过中国，希望2008年北京奥运会期间能再次访问中国。7月，中文两国决定互设武官处，被认为是奠定中文军事合作的一大里程碑。7月9～10日，由云南省商务厅副厅长喻顶成率领的中国云南省商务代表团访问文莱。代表团此行的主要目的是为了进一步促进和扩大中国云南文莱在贸易、投资、基础设施建设、农业等领域的合作。7月18～19日，第二届中国—东盟信息高速公路工作组会议在文莱举行。来自东盟各国和中国的政府官员以及企业代表，参加了此次会议。中国国家信息产业部和文莱信息通讯技术委员会（AITI）共同主持了会议。会议的主要目的是讨论中国—东盟信息高速公路项目的可行性研究报告。8月19～21日，中国人民解放军总装备部部长陈炳德上将率中国人民解放军代表团访问文莱，访问期间，陈炳德一行拜会文莱苏丹，代表团还与文莱国防部副部长亚斯敏、武装部队总司令哈尔比少将举行会谈，参观文莱军队装备和设施。9月7～9日，中国广东省惠州市经贸代表团访问文莱，双方就加强在贸易、投资、农业、林业、旅游等领域的全面合作进行深入探讨。9月25～27日，文莱新闻部官员阿兹曼·拉希姆作为东盟代表团团长出席在南宁举行的第三届中国—东盟媒体合作高层研讨会，表示要加强与中国特别是广西媒体合作，实现媒体共同发展。10月23～25日，农业部副部长牛盾率中国农业代表团访问文莱。访问期间，牛盾拜会了文莱首相署高级部长、王储比拉，与文莱工业与初级资源部举行双边会谈，就加强中文两国在农业、渔业、清真食品、人力资源等领域的合作进行深入探讨。11月30日至12月2日，中国外交部副部长武大伟率团访问文莱，并与文莱外交与贸易部举行第十三次两国外交磋商。

（三）中文两国贸易创历史新高

据中国海关统计，2007年中国、文莱双边贸易额达3.55亿美元，比上年增长12.7%，创历史新高。其中，中国对文莱出口1.13亿美元，同比增长13.1%；中国从文莱进口2.42亿美元，同比增长12.5%。（2007年8月1日文莱元与美元比价为1美元=1.5216文元）中国主要向文莱出口传统食品、零件、蔬菜和水果及日常用品，文莱主要是向中国出口原油。

（四）继续高度重视参加中国—东盟博览会

文莱是2007年第四届中国—东盟博览会主题国，文莱政府高度关注此届博览会。2007年10月28～31日，文莱王储穆赫塔迪·比拉亲自率领本国代表团出席在南宁举行的第四届中国—东盟博览会和中国—东盟商务与投资峰会，并在开幕式上作为主题国致词。

在博览会期间，由文莱旅游发展局和经济发展委员会联合举办文莱推介会，文莱交通部长布·巴卡、文莱工业和初级资源部、旅游发展局、经济发展委员会、农业局等部门负责人参加了推介会。推介会重点推介旅游、清真食品、信息通信技术及相关产业。与此同时，文莱代表团还参加中国—东盟港口发展与合作论坛，大力推介文莱港口情况，希望与中国和东盟各国发展港口航运合作。

三、2008年中文关系展望

无论是历史上还是当代，中国和文莱之间没有根本的利益冲突，也没有历史的恩怨，人民世代友好，两国友谊源远流长。自从1991年中国与文莱建交以来，特别是进入21世纪初以后，两国领导人互访频繁，双方合作和友好关系进一步得到加强和扩展，政治上相互尊重和信任，经贸合作不断扩大，在国际和地区事务中保持着良好的配合与协调。两国关系堪称不同社会制度国家和睦相处、平等相待、互利合作的典范。可以肯定,2008年中文两国将继续保持密切关系。2008年是文莱二世苏丹加那王访华并病逝于南京600周年,中文双方将共同举办系列纪念活动,将两国传统友谊推向新的高潮。（马金案）

中国与柬埔寨关系

一、两国关系发展的历史回顾

中国和柬埔寨有着悠久的传统友谊。在近两千年的时间里,两国互派使节,互通贸易,交流文化,关系密切。

（一）古代关系

古代柬埔寨称扶南,建立于公元1世纪下半叶,7世纪上半叶被真腊取代,存在近6个世纪。扶南时期,中柬就有往来。到中国的三国时代,海外交通发达,扶南也进入强盛时期,两国派遣使节互相访问。公元225年(吴黄武四年)、扶南使节到中国赠送"流离"(即琉璃)。公元243年(吴赤乌六年),扶南国王范旃遣使到中国献乐师及土特产,这是扶南音乐传入中国之始。中国方面,在公元244~251年间,孙权派从事朱应、中郎康泰访问扶南。从公元7~16世纪,是柬埔寨历史上的真腊王国,在这1000年的历史时期中。中柬关系继续发展。据不完全统计,唐代柬埔寨对中国遣使20次。在整个古代,唐朝时柬埔寨对中国遣使的次数仅次于明朝。遣使的密度平均不到15年1次。大约从16世纪末叶起,真腊王国时期结束,称柬埔寨。公元1594年柬埔寨沦为暹罗的附属国,1863年,柬埔寨沦为法国的殖民地。由于吴哥王朝灭亡,这个时期中柬外交往来中断,但是民间贸易仍在发展,有更多的中国人移居柬埔寨,华侨对柬埔寨的开发起到重要作用。

（二）当代关系

1955年,在万隆举行的具有历史意义的亚非会议上,中国代表团团长国务院总理周恩来同柬埔寨代表团进行会晤,双方建立友好关系,为新时期的中柬友好关系拉开序幕。1956年2月,柬埔寨王国首相西哈努克亲王率领王国代表团访问中国。1956年4月,中柬两国政府在北京签订中柬贸易协定和支付协定;同年6月,又在北京签订中柬两国关于经济援助的协定,根据协定,中国在1956~1957年两年内向柬埔寨赠送价值8亿瑞尔(当时折合800万英镑)的物资和商品,供柬埔寨政府用于建设为发展经济、改善人民生活所需要的工程项目。为执行这一协定,1956年9月21日至8月9日,中国和柬埔寨两国互设经济代表团驻在对方首都。1958年7月19日两国正式建交。从1956年到1969年底止,中国向柬埔寨提供无偿援助总额2.15亿元人民币。长期以来,中国几代领导人与西哈努克亲王建立了深厚的友谊,为两国关系的长期稳定发展奠定了坚实的基础。20世纪50~60年代,周恩来总理、刘少奇主席等曾多次率团访柬。西哈努克亲王曾6次访华(1956、1958、1960、1963、1964、1965年)。20世纪70~80年代西哈努克亲王两次在华长期逗留,领导柬埔寨人民反抗外来侵略、维护国家独立和主权的斗争,得到中国政府和人民的大力支持。90年代以来,中柬关系进入新的发展阶段。江泽民、李鹏、朱镕基、李瑞环等先后访柬。西哈莫尼国王、西哈努克太皇、参议院主席谢辛、国会前任主席拉那烈、政府首相洪森等分别访华。两国在经贸、军事、文化、卫生等领域的交流与合作不断扩大。双方在政治、经贸、文化、教育、军事等领域的友好合作不断加强,在国际和地区问题上保持良好的协调和合作。2000年11月,江泽民主席对柬进行国事访问,两国领导人就双边关系和共同关心的问题达成广泛的共识,双方签署《中柬关于双边合作的联合声明》。中柬之间不存在亟待解决的问题。两国传统睦邻友好合作关系在和平共处五项原则的基础上得到进一步发展。2002年11月,朱镕基总理访柬,两国领导人同意把农业、基础设施建设和人力资源开发作为两国重点合作领域,中方还宣布免除柬所有到期债务。2006年4月,温家宝总理访柬。双方发表《联合公报》,宣布建立全面合作伙伴关系。

（三）其他领域的交流与合作

近年来,中柬在各个领域的交流与合作不断扩大。两国先后签署了文化、旅游、农业等合作文件,两国议会、军队、警务、新闻、卫生、文教、信息、水利、气象、建设、农业、文物保护等部门领导人先后实现了互访。

两国外交部保持良好合作关系。1994年两国外交部官员团实现互访,1995年2月唐家璇副外长访柬,6月柬国务大臣兼外交、国际合作部大臣贺南洪访华。2000年7月,柬外交国务秘书吴金安来华进行外交磋商。2003年6月,中国外长李肇星访柬。2006年7月,柬副首相兼外交大臣贺南洪访华。柬已在广州、上海、香港、昆明、重庆和南宁等地设立总领馆。中方保留在柬设领权力。近年来双方往来还有:1999年4月,柬联合国防大臣迪班上将和西索瓦·西里拉亲王访华;8月,柬卫生大臣洪逊霍访华;10月,柬王家军总司令盖金延上将访华,柬文化艺术大臣诺罗敦·帕花黛维公主访华。2000年4月,柬新闻部大臣卢莱斯棱访华;5月,柬国家警察总监霍龙迪访华。2001年1月,中国全国政协副主席霍英东访柬;2月,中国中央军委副主席、国务委员兼国防部长迟浩田上将访柬;金边市长谢索帕拉访华;3月,中国外经贸部副部长安民访柬；4月，中国共产党代表、中联部秘书长李扬赴柬出席奉党第八次大会和奉党成立20周年庆典；中国全国妇女联合会副主席、中柬友协会长顾秀莲访柬；5月，柬红十字会主席文拉妮·洪森女士访华；10月，柬国会银行和财经委员会主任委员金叶访华。2002年1月，柬奉辛比克党秘书长西里武亲王访华；4月，柬参议院第一副主席西索瓦·吉万莫尼拉亲王来华出席亚洲议会和平协会（AAPP）第三次会议；6月，柬议会联络与监察部大臣孔汉、柬人民党外委会副主席宋山访华；9月，中国人民解放军总参谋长傅全有上将访柬；柬国会内政国防监察与反贪污委员会主席丁代尔访华；10月，柬国会外交国际合作新闻委员会主席诺罗敦·维吉拉公主访华。2003年1月，国会主席拉那烈来华出席亚洲议会和平协会（AAPP）执行理事会会议；10月，中共中央纪委副书记刘锡荣访柬；11月，柬埔寨王家军副总司令兼陆军司令密索皮中将率高级军官见学团访华。2004年1月，中国全国政协副主席阿不来提·阿不都热西提访柬；10月，柬国家警察总监霍龙迪、洪森首相卫队总司令亨文贤、王家军总司令盖金延、文化艺术部大臣兼柬中友协会长诺罗敦·帕花黛维公主先后访华；11月，柬人民党中央常委赛冲访华；12月，中国人民对外友好协会会长陈昊苏访柬。2005年1月，奉辛比克党秘书长西里武、柬国会经济、农业投资计划、乡村发展与环保委员会主席李突访华；3月，柬妇女事务部大臣英·坎塔帕维访华。6月，中国佛教协会副会长圣辉法师访柬；7月，柬国家警察总监霍隆迪，旅游部大臣莱布拉哈，公共工程交通部大臣孙占托访华。11月，中共中央政治局委员、书记处书记、中共中央宣传部部长刘云山访柬，柬埔寨文化艺术部大臣西索瓦·帕那拉来华出席“亚洲文化部长论坛”，卫生部大臣努索昆访华。12月，柬埔寨社会福利、退伍军人及青年改造部大臣叶绍兴，磅湛省省长洪能访华。

2006年1月，受胡锦涛主席和温家宝总理委托，唐家璇国务委员看望前国王西哈努克夫妇和因私来华的西哈莫尼国王，祝贺新春。10月，柬埔寨首相洪森率团赴南宁出席中国—东盟建立对话关系15周年纪念峰会暨第三届中国—东盟博览会和商务与投资峰会，温家宝总理同洪森首相举行会晤。外交部副部长戴秉国代表胡锦涛主席看望在北京例行体检的柬埔寨太皇西哈努克和太后莫尼列，祝贺西哈努克84寿辰。12月，应中国政府邀请，柬埔寨国王西哈莫尼赴安徽省访问。西哈莫尼国王在京期间，全国政协主席贾庆林、国务委员唐家璇分别会见。

（四）经贸关系和经济技术合作

近年来，中柬两国经贸关系发展较快，合作领域不断拓宽。1996年，两国签订贸易、促进和保护投资协定，并于2000年成立两国经济贸易合作委员会。2005年双边贸易额5.6亿美元，比上年增长16.8%，其中，中国出口5.3亿美元，进口0.3亿美元，圆满完成两国领导人提出的2005年双边贸易额达5亿美元的目标。2006年中柬双边贸易额达7.33亿美元（中国出口6.98亿美元，进口0.35亿美元），增长30.1%。中国主要出口产品为电器、纺织品、机电产品、五金和建材等，从柬埔寨主要进口橡胶、木材制品和水产品等。截至2006年8月，中国企业在柬埔寨累计签订承包工程合同额达8.7亿美元，完成营业额4.4亿美元。为帮助柬埔寨战后恢复重建，中国向柬提供一定数量的经济援助。

（五）中国与柬埔寨签订的一系列协定

自1992年以来中国与柬埔寨签订一系列协定，包括中柬贸易协定（1996年7月），中柬关于促进和保护投资协定（1996年7月），中柬关于柬在香港特别行政区保留名誉领事馆的换文（1997年4月），中柬关于柬在广州设立总领事馆的协议（1997年12月），中柬在柬台通航问题上的协议（1997年12月），中柬引渡条约（1999年2月），中柬文化协定（1999年2月），中柬旅游合作协定（1999年2月），中柬关于柬在上海设立总领事馆的协议（1999年5月），中柬关于柬驻香港领事馆升格为总领事馆的协议（1999年7月），中柬关于双边合作的联合声明（2000年11月）；中柬关于成立经济贸易合作委员会协定（2000年11月），中柬互免持外交、公务护照人员签证协定（2006年7月）等。

二、2007年中国与柬埔寨关系

2007年，中柬友好合作关系在各个领域继续保持全面良好发展势头。

两国领导人和各部门、民间团体等继续保持密切来往和合作。应柬埔寨国民议会邀请，以中国全国人大常委会副委员长李铁映为团长的中国全国人大代表团于2007年1月17～21日对柬埔寨进行为期5天的友好访问，柬埔寨首相洪森、国民议会议长韩桑林和参议院议长谢辛分别会见李铁映一行。3月8日，柬埔寨前国王诺罗敦·西哈努克致函中国外交部长李肇星并以个人名义向中国社会福利机构捐款5万美元，李肇星当日复信西哈努克，代表中国政府和人民感谢其善举。3月19日，柬埔寨驻南宁总领事馆正式对外办公，并于4月2日开始受理签证业务。5月29日，柬埔寨首相洪森在金边会见了来访的广西壮族自治区主席陆兵。8月29～30日，应中国全国人大常委会委员长吴邦国邀请，国民议会议长韩桑林对中国进行友好访问，29日吴邦国在会见韩桑林时说，近年来中柬传统友好取得新的长足发展，两国高层互访频繁，政治互信增强，合作领域扩大，在国际和地区重大问题上保持密切协调与配合。10月29～31日，洪森连续第四次率团出席中国—东盟博览会。

中柬双边经济贸易合作进一步加强。2007 年两国贸易额达到 10 亿美元。中国对柬埔寨投资大幅增加,到 2007 年已经超过 10 亿美元,成为柬埔寨第二大外国直接投资来源地。中国政府一直尽心竭力帮助柬埔寨发展经济,改善民生,所提供的援助不附带任何条件。由中国政府无偿援建的首相府办公大厦高 9 层、总建筑面积 3.397 万平方米,总造价达 2.6 亿元人民币,于 2008 年 7 月交付使用。2007 年中国政府还提供 3 亿美元的优惠贷款,帮助柬兴建 2 座桥梁和 4 条国家公路,其中 7 号国道项目已基本完工,76 号公路修复工程正式开工;中国水电建设集团以 1340 万美元承建的连接西哈努克市与高普奥斯岛(Kohpuos)的跨海大桥年内开工建设。此外,为帮助兴建大湄公河次区域信息高速公路柬埔寨路段的工程,中国政府决定通过中国进出口银行提供 1.35 亿元人民币的优惠贷款兴建总长 235 公里的将连接泰国—金边—越南的光纤电缆,以及金边到老挝边境的总长 500 公里光纤电缆。中国投资 2.8 亿美元的甘寨水电站和投资 3.56 亿美元的斯登沃代水电站及输变电 BOT 项目,已成为中柬合作成功的范例。

三、2008 年中柬关系展望

柬埔寨的外部国际环境继续得到改善。柬埔寨同多数大国之间的关系仍将保持良好。而 2008 年中国与柬埔寨建交 50 周年和两国友好年庆祝活动的展开,将把两国全面关系推进到一个新的高度。

(马金案)

中国与印尼关系

一、两国关系历史回顾

(一)古代的中国印尼关系

关于印尼群岛(包括爪哇岛)的记载,最早见于中国古代文献是公元 392 年迦留陀伽在东晋译出的《十二游经》:“海中有二千五百国,……五国王,一王主五百城,……第四王名阇耶(即爪哇),土地出毕钵、胡椒。”唐代,爪哇岛上的诃陵(一作波凌)国与苏门答腊岛上的室利佛逝国和中国唐王朝往来不断。苏门答腊岛上的室利佛逝国国王曷密多于咸亨至开元间(670～741)数次遣使与唐王朝通好。宋代,中国与阇婆(即诃陵)国,三佛齐(即室利佛逝)国友好往来仍然繁密。《宋史》(卷四百八十九、四百九十)记载,宋太平兴国八年(983),僧法遇从天竺取经回,道经三佛齐国,遇天竺僧弥摩罗失黎,附书愿来中国译经,宋朝廷随即延聘他。法遇后来又将前往天竺时,宋朝廷又附书与三佛齐国王通好。后至咸平六年(1003),三佛齐国王思离咮啰无尼佛麻调华遣使来宋赠礼,并在其本国为中国皇帝兴建佛寺。宋真宗即以“承天万寿”为寺额,并铸钟相赠。又天禧元年(1017),三佛齐国王霞迟苏勿吒蒲迷遣使致书并送梵经来中国。

中国与印尼的经济和政治接触,自汉代开始,历经吴、晋、南北朝、唐、宋各代,一直保持友好关系。直至元朝(1271～1368),元蒙贵族统治中国期间,两国邦交曾一度中断。

(二)当代中国印尼关系

1950 年 4 月 13 日,中国与印尼建立外交关系。1965 年印尼发生“9·30”事件后,两国于 1967 年 10 月 30 日中断外交关系。

20 世纪 80 年代,两国关系开始松动。1989 年钱其琛外长在日本分别与印尼总统苏哈托和国务部长穆迪约诺就复交问题举行会晤。同年 12 月,两国就关系正常化的技术性问题进行会谈,并签署会谈纪要。1990 年 7 月印尼外长阿拉塔斯应邀访华,两国发表《关于恢复两国外交关系的公报》。

1990 年 8 月 8 日,李鹏总理访问印尼期间,两国外长分别代表本国政府签署《关于恢复外交关系的谅解备忘录》,宣布自当日起正式恢复两国外交关系。

复交后,双边关系得到全面恢复。杨尚昆主席(1991 年 6 月)、乔石委员长(1993 年 7 月)、江泽民主席(1994 年 11 月)、朱镕基副总理(1996 年 5 月)先后访问印尼。印尼总统苏哈托(1990 年 11 月)、国会议长苏胡德(1991 年 10 月)、副总统苏达尔莫诺(1992 年 4 月)、最高评议院主席苏多莫(1997 年 11 月)、总统瓦希德(1999 年 12 月)先后访华。1999 年底,两国就建立和发展长期稳定的睦邻互信全面合作关系达成共识。

进入 21 世纪后,中国印尼关系进入一个快速发展的新时期。两国领导人保持经常互访和接触。胡锦涛副主席(2000 年 7 月)、朱镕基总理(2001 年 11 月)、李鹏委员长(2002 年 9 月)先后访问印尼。梅加瓦蒂总统(2002 年 3 月)、人民协商会议主席阿敏(2002 年 4 月)、国会副议长法特瓦(2003 年 4 月)访华。2000 年 5 月两国签署《关于未来双边合作方向的联合声明》。

2005 年 4 月,胡锦涛主席赴印尼出席 2005 年亚非峰会及万隆会议 50 周年纪念活动,并对印尼进行国事访问。两国元首共同签署并发表关于中国印尼建立战略伙伴关系的联合宣言。同年 7 月,苏西洛总统正式访华,两国元首年内实现互访。

2006 年 3 月,中国全国政协主席贾庆林对印尼进行正式友好访问。4 月,印尼副总统尤素福非正式访华并出席博鳌亚洲论坛年会。6 月,印尼外长哈桑来华进行工作访问。9 月,印尼政治法律安全统筹部长维多多访华,与唐家璇国务委员共同举行两国副总理级对话机制首次会议。10月,印尼总统苏西洛来华出席中国—东盟建立对话关系15周年纪念峰会并顺访。

两国除互设使馆外,印尼在广州和香港分别设有总领馆,中国在泗水设立总领馆,同时保留在棉兰设领的权利。

(三)经贸合作成绩显著

两国经贸合作发展顺利。复交后双方签订《投资保护协定》、《海运协定》、《避免双重征税协定》,并就农业、林业、渔业、矿业、交通、财政、金融等领域的合作签署谅解备忘录。1990年两国成立经济贸易技术合作联委会。2001年底,双方将农业、能源和资源开发以及基础设施建设确定为经贸合作重点领域。2002年3月成立两国能源论坛,9月召开首次会议。2006年10月,双方在上海召开第二次会议。

2006年中国印尼双边贸易额190.6亿美元,比上年增长13.5%。其中中国出口印尼94.5亿美元,增长13.2%,进口96.1亿美元,增长13.9%。印尼为中国第21大贸易伙伴。

此外,两国在民航、科技、教育、卫生、旅游等领域的交流与合作不断发展。1991年1月签署航运协定,开辟直飞航线;1992年1月签署新闻合作谅解备忘录,新华社在雅加达开设分社,人民日报社向印尼派驻记者。1994年签署旅游、卫生、体育合作谅解备忘录,启动互派留学生项目。1997年两国成立科技合作联委会,迄已举行两次会议。2000年5月双方签订《关于在印尼举办汉语水平考试的协议书》,同年7月签署《刑事司法互助条约》,2001年11月重新签署《文化合作协定》。2001年印尼正式成为中国公民自费出境旅游目的地国。两国民航部门2004年12月就扩大航权安排达成协议。2005年,两国相互免除持外交与公务护照人员签证,印尼政府宣布给予中国公民落地签证待遇。

双方地方政府交流趋于活跃。目前,两国已缔结的友好省际关系和城市有:北京市—雅加达特区、广东省—北苏门答腊省、福建省—中爪哇省、云南省—巴厘省、成都市—棉兰市、漳州市—巨港市。

二、2007年中国与印尼关系

2007年,中国和印度尼西亚关系保持健康快速发展的势头,双方政治互信不断增强,高层对话机制顺利启动,经贸合作不断扩大,安全合作不断深化,在地区和国际事务中保持紧密沟通和配合。年内两国领导人互访,两国往来关系密切。

2007年6月8日,印尼副总统卡拉在访华时表示印尼期望与中国加强能源、水利、教育等领域的合作,共同推进两国战略伙伴关系,通过中国—东盟自由贸易区建设,双方将在各领域实现全面合作。中国国务院总理温家宝在北京会见印尼副总统尤素福。7月中国外交部长杨洁篪访问印尼,在雅加达同印度尼西亚外长哈桑·维拉尤达举行会谈。双方同意尽快制定战略伙伴关系共同行动计划,全面规划两国各领域合作;加强在基础设施建设、农业、渔业、能源安全、环保等领域互利合作;拓展防务和安全合作,加强国防部门交往;推进文化教育合作。两国外长签署经济技术合作协定。印尼总统苏西洛接见中国外长杨洁篪。9月5日,全国政协主席贾庆林在北京会见印尼人民协商会议主席希达亚特。双方表示愿意深化各领域的务实合作,不断推动双边关系的发展。9月8日,中国国家主席胡锦涛在澳大利亚悉尼APEC会议举行期间会见印度尼西亚总统苏西洛。11月东盟峰会期间,中国国务院总理温家宝在新加坡会见印尼总统苏西洛。苏西洛说,印尼中国战略伙伴关系发展顺利,双方各领域合作富有成果,双边贸易额到2010年达到300亿美元的目标一定能够实现。印尼期待着同中国发展更为密切的关系,希望同中方在地区事务中加强沟通与协调,扩大贸易、投资、能源等领域的合作。

三、2008年展望

2008年中国与印尼的关系将在原来良好关系的基础上得到进一步发展。随着双方相互了解和信任不断加深,两国在文化、教育、科技、安全等领域的合作会进一步拓展,在重大国际和地区问题上保持密切的协调和配合,中国和印尼的经贸关系也将继续保持健康、协调增长的趋势。 (陆冬梅)

中国与老挝关系

一、两国关系发展的历史回顾

(一)古代的中老关系

中国与老挝山水相连,两国关系历史悠久。中老关系始于公元3世纪初叶,即227年堂明国向中国的东吴遣使奉贡(仅1次),公元8世纪文单国遣使来华奉贡4次,来使级别高,使团规模大,唐朝政府予于隆重接待,不但回赠礼品多,而且授予各种封号。1400~1613年,澜沧王国向中国遣使34次,明朝向老挝遣使9次。19世纪初叶,澜沧王国分裂为3个国家,中老关系仅限于北部的琅勃拉邦王国,与中部的万象王国和南部的占巴色王国没有往来。1730~1853年,老挝向清朝遣使20次,清朝向老挝遣使1次。清朝把老挝贡期先定为5年,后改为10年1贡。

(二)当代中老关系

1961年4月25日中国与老挝王国建交。1962年12月中国派出首任驻老挝大使。根据中老政府1961年11月达成的协议,中国派出驻老挝经济文化代表团

(驻康开),后因战争于1969年10月撤销。1961～1976年间,中国在上寮丰沙里设总领事馆。1977年1月中国在上寮乌多姆赛省设立中国驻老挝大使馆经济参赞处驻孟赛代表处。1962年1月中国政府同老挝政府签订关于修建公路的协定和航空运输协定。1974年4月中老两国签订经济和技术合作协定、民航和邮电协定,老挝万象至中国广州的航线于1975年3月正式通航,1976年停航。中国对老挝人民的抗美救国斗争和战后经济建设提供过大量经济援助。仅1959～1975年间,中国向老挝提供8.5亿元人民币的军事、经济援助,承担14个成套项目的援建,帮助老方在老挝北部地区修建5条柏油公路,总长830多公里。1976年3月,老挝人民革命党总书记凯山·丰威汉率领老挝党政代表团访问中国,两国政府签订经济和技术合作协定,中国向老挝提供2500万元人民币长期无息贷款,同年6月中老签订银行协定。1976年6月凯山又率领老挝党政代表团访问中国。1977～1989年,由于当时的历史原因,中老两国关系恶化。1986年,老挝调整对华政策,主动改善对华睦邻友好关系,1987年后双方同意并于1988年6月恢复互派大使。1989年10月,老挝部长会议主席、人民革命党总书记凯山·丰威汉对中国进行正式友好访问,中老两党、两国关系实现正常化。此后,两国领导人频繁互访。1990年12月,中国国务院总理李鹏应邀访老,标志着中老睦邻友好关系进入了新的发展阶段。1991年10月,老挝总理坎代·西潘敦应邀访华,两国总理签署具有历史意义的《中老边界条约》。此后,两国领导人先后签署《中老边界议定书》、《中老边界制度条约》和《中老边界制度条约的补充议定书》。中老边界已成为两国之间一条和平、友好与稳定的边界。1992年老挝在昆明开设总领事馆。中国国家领导人乔石委员长、吴邦国副总理、江泽民主席、吴仪副总理、温家宝总理、胡锦涛主席、曾庆红副主席、黄菊副总理等先后访老。老挝国家领导人沙曼·维亚吉、本扬·沃拉吉、西沙瓦·乔本潘、通伦·西苏里、波松·布帕万、朱马利·赛雅贡、宋萨瓦等分别访华。与此同时,两国党政军各部门、人民团体、各省市以及企业也频繁进行相互访问和交流合作。

两国关系正常化后,两国领导人在相互访问中签订多个重要文件,达成友好关系的共识。1988年12月,两国签订两国政府间第一个贸易协定。1989年10月后签订投资保护协定、两国政府新的贸易协定、关于成立经济贸易和技术合作委员会的协定、两国经济技术协定和避免双重征税协定。2000年11月13～15日,应老挝国家主席坎代·西潘敦的邀请,中国国家主席江泽民对老挝进行国事访问,这是中国国家元首首次访问老挝。双方签署发表致力于发展面向21世纪"长期稳定、睦邻友好、彼此信赖的全面合作"的《中华人民共和国与老挝人民民主共和国关于双边合作的联合声明》、《中国国土资源部与老挝工业手工业部合作开发万象钾盐矿的原则协议》、《中老经济技术合作协定》、《中老经济、商贸和技术合作委员会第一次会议纪要》、《同意承担琅勃拉邦医院项目的换文》、《中国农业部和老挝农林部关于农业合作的谅解备忘录》等文件。2006年6月27日至7月2日,老挝人民革命党总书记、国家主席朱马利·赛雅贡访华,双方在会谈中高度评价老中两国关系并共同发表《中老联合公报》,签订《中国政府关于向老挝政府提供低息贷款的框架协议》、《中国政府关于向老挝政府提供农业生产设备的换文》和《中国政府关于为老挝党政干部安排培训的换文》3个文件。2006年11月19～20日,中国国家主席胡锦涛访问老挝时与老挝签订《老中两国政府关于经济技术合作协议》、《老中两国政府关于取消老挝政府部分债务的决定》、《老中两国政府关于禁止非法毒品和化学兴奋剂买卖和吸食的合作协议》、《老挝人民民主共和国卫生部和中华人民共和国卫生部关于在公共卫生等领域合作的备忘录》以及电力、电子政务等领域双方合作文件。中国向老挝提供无偿援助1亿元人民币、2.8亿元人民币低息贷款并免除老挝2004年底到期债务3000万人民币。进入21世纪以来,中老两党两国关系全面深入发展,呈现多领域、多层次发展的良好态势。双方领导人继续保持经常接触,真诚交流;立法机构、政协组织、政府各部门和群众组织交往密切;国防、公安、教育、青年等领域合作持续加强,地区事务中合作密切。老挝在台湾、西藏、人权等重大问

中国援建的老挝文化宫　　（原载《占芭》）

题上一贯给予中方坚定的支持，坚定地奉行一个中国政策，赞赏中国为促进世界和平与发展发挥的积极作用。中国支持老挝坚持社会主义发展方向和革新开放路线，支持老挝为发展经济和维护社会稳定所作的努力。

（三）中老经贸合作成绩显著

近年，中国对老援助与投资大幅度增长。1990～2006年，中国对老援助资金47.22亿元人民币。其中：无偿援助6.15亿元，优惠贷款17.69亿元，商业贷款20.38亿元。与此同时，中国对老投资大幅度增加，仅在2006年一年，中方对老投资项目多达65个，投资额为3.28亿美元，上升为外国在老第二大投资国。截至2007年4月统计，中国累计在老投资项目达236项、涉及12个行业，投资总额8.77亿美元。年内，大唐电力公司等一批有实力的中国企业开始进军老挝水电能源投资领域，与老方签订在南乌江建设梯级水电站的协议，协议金额达2亿美元。在老挝政府审批的198个矿产勘探项目中，中国公司占44个，其中有中铝、中色、中材和云铜等国内著名企业参与。居外国在老挝投资额第二位。

中老经贸关系长足发展。据中国海关统计，2000年双边贸易额为4084万美元，比上年增长28.8%，其中，中国出口3442万美元，进口642万美元。中国于2004年和2005年分两批宣布对老挝总共330个产品实行单方面零关税待遇，并分别于2004年1月1日和2006年1月1日起施行。2006年双边贸易额2.19亿美元，比上年增长69.4%。

二、2007年中国与老挝关系

2007年，中老全面合作关系发展迅速，中国对老援助与投资继续增长，经贸合作成果显著。年内，老挝与中国继续保持高层互访与定期会晤机制。5月12日，老挝总理波松在老挝首都万象接受"中国—东盟合作之旅"大型广播电视联合采访团采访时称，老中两国不仅山水相连，还有着相同的政治体制，两国在很多领域都可以相互学习借鉴。5月14日，中共中央政治局委员、北京市委书记刘淇在北京会见了来华访问的由老挝人民革命党中央书记处书记、万象市委书记宋巴·叶里和率领的老挝人民革命党万象市委代表团一行。8月22～28日，波松总理应温家宝总理邀请对中国进行正式访问，就进一步贯彻落实两党两国最高领导人达成的共识及签订的各项协议文件进行协商。这是波松总理继2006年10月出席在中国南宁举行的中国—东盟建立对话关系15周年纪念峰会和第三次中国—东盟博览会后第二次访华。9月10日，老挝人民革命党总书记、国家主席朱马利在万象会见中共中央政治局委员、湖北省委书记俞正声率领的中共中央代表团。9月25日，中共中央政治局委员、中央书记处书记、中共中央宣传部部长刘云山在北京会见老挝人民革命党委员、中宣部部长潘隆吉·冯沙率领的老挝人民革命党中央宣传部代表团。老挝人民革命党对中共十七大胜利召开表示热烈祝贺，老党总书记朱马利电贺胡锦涛同志再次当选中共中央总书记。2007年11月1～2日，中共中央政治局委员、中央书记处书记刘云山访老，向老党通报中共十七大情况，受到了朱马利总书记的亲切接见。朱马利总书记高度评价中共十七大，认为具有重大里程碑意义，老党、政府和人民深受鼓舞。同年11月26日，朱马利总书记会见对老挝进行正式友好访问的中国中央军事委员会委员、中国人民解放军总政治部主任李继耐上将一行。同年12月9日，老挝国家主席和政府总理在万象分别会见了对老挝进行正式友好访问的中国外交部长杨洁篪。

双方政治经济合作交流日趋密切。老党分别派出省部级、厅局级和县处级党政干部到中共中央党校和云南省委党校进行为期10天或半年不等的短、中期理论培训，重点学习借鉴中国特色社会主义理论、科学发展观、构建和谐社会及新农村建设等方面的理论成果与经验。2007年2月，老中经贸技术合作第三次会议在万象市举行。双方回顾总结了2004年6月第二次会议以来取得的主要成果，研究进一步加强双方在生产与农业加工领域、工业、能源、矿产、交通运输、电信、旅游、银行及人才开发等方面的合作。2007年7月18日，由中国援建的老挝乌多姆赛省戒毒康复中心正式启用，中心由10栋平房组成，可以同时接纳200名吸毒人员进行强制戒毒，是老挝北部最大的戒毒康复中心。12月上旬，滇老第三次工作组会议在老挝乌多姆赛省举行，双方重点研究加强云南省与老挝北部9省的经贸技术合作问题。由中国商务部援助、云南省发改委协助编制的《老挝北部9省经济社会发展规划》完成初稿，待老挝政府审定后付诸实施。该规划的实施，必将对老挝北部发展以及中老合作产生积极影响。年内，老挝副总理宋沙瓦等先后率团参加第15届昆交会、第八届中国西部国际博览会和第四届中国—东盟博览会。

2007年是两国贸易增长创历史新高的一年，中老双边贸易额为2.49亿美元，比2004年增长218.4%。其中，中国对老挝出口额为1.64亿美元，进口额为0.85亿美元，分别比2004年增长162.4%和653.8%。

三、2008年展望

2008年3月29～31日，中国国务院总理温家宝应邀对老挝进行工作访问和参加大湄公河次区域合作（GMS）第3次领导人会议，与老挝领导人会谈时对中老关系给予高度评价。温家宝30日会见老挝国家主席朱马利时说，中老两国长期以来相互支持，真诚合作，结下了深厚的友谊，是好邻居、好朋友、好同志、好伙伴。朱马利说,老中传统友好合作关系正在全面顺利发展,老挝党、政府和人民为此感到骄傲。老挝总理波松在接受新华社记者时说,老中两国山水相连,两国人民有着传统友谊。老中关系在"长期稳定、睦邻友好、彼此信赖全面合作"的方针指导下一直保持着健康、稳步的发展,特别是进入新世纪以来,老中两党两国高层互访频繁,两国领导人就诸多重大问题的双边、地区及国际问题坦诚交换了意见并达成了广泛的共识,签署了一系列友好合作文件,彼此加深了信任和了解,为今后进一步扩大两国在各个领域的合作奠定了坚实的基础。他还指出,在老中政治关系不断取得良好发展的同时,在双方的共同努力下,老中双边经贸合作不断拓展和深化,具体表现在从中央到地方,从国家、民间到私人企业各个层面的合作得到了全面拓展,呈现了多领域、多层次发展的良好态势。可以肯定,2008 年中老关系将在原来良好关系的基础上继续得到更进一步发展。 (马金案)

中国与马来西亚关系

马来西亚与中国交往的历史悠久,最早可上溯至中国西汉时期。在 2200 多年的岁月中,两国人民结下了深厚友谊,双方关系不断发展。

一、两国关系发展的历史回顾

(一)16 世纪以前的中马关系

据中国古籍记载,远在西汉时期(公元前 206 ~ 公元 25 年),中国前往印度的僧侣和商人,就经海路来到马来西亚。考古学家发现,在今马来西亚沙捞越州尼亚群洞壁画中的铜棺葬,与中国广西、贵州、四川战国时期的铜棺葬相似。彭亨州的淡美岭河曾发现中国汉代的铜鼓。公元 1 ~ 7 世纪,在马来半岛南部出现了狼牙修、羯荼、丹丹等邦国,这些邦国与中国的交往增多,并建立了官方关系。从公元 5 世纪中叶至 7 世纪初的 100 多年间,这些邦国不断遣使到中国,与中国建立了友好关系。

中国则早在三国时期,就有吴国使者朱应和康泰奉命出访南海诸国之事,其中也包括马来半岛的国家。到了唐代,中国的海外贸易有了发展,与马来半岛和婆罗洲的国家交往增多。7 世纪中叶,马来半岛南部的室利佛逝国与唐王朝关系十分密切,多次遣使到中国。唐王朝册封了室利佛逝国王。唐时福建泉州一带已有很多商人前往勃泥(今东马一带)贸易,有的还在当地定居,与当地居民通婚。

公元 10 ~ 14 世纪是中国的宋元时期。宋代,从公元 960 ~ 988 年的 20 多年间,室利佛逝国曾 8 次派遣使者到中国,与中国有密切交往。勃泥国王也曾于太平兴国二年(977)、元丰五年(1082)先后遣使中国。南宋时期,马来半岛国家和勃泥国的商人也不断来华贸易。元朝建立后,派出使者到东南亚地区通商。

1400 年马六甲王国建立,明王朝同马六甲王国的关系十分密切。明永乐三年(1405),明成祖正式承认马六甲国王拜里迷苏拉的国王地位,并赠浩印、彩印、袭衣、黄盖以及镇国碑文。马六甲王国存在的 100 多年间,仅《明史》记载,马六甲遣使来中国就有 22 次。其中,国王亲率使臣出访就达 5 次,使团人数多达几百人。明王朝也不断派遣使者到马六甲王国。郑和 7 下西洋,曾 5 次到达马六甲王国。为了纪念郑和,当地人民把郑和用过的井命名为"三宝井",郑和到过的洞称为"三宝洞",并建有"三宝庙"。除郑和外,明王朝还另外遣使马六甲王国达 9 次,双方的友谊不断加深。当马六甲王国受到暹罗的侵扰时,明王朝谕暹罗不要对马六甲用兵,使马六甲得以"保境息肩"。中国和马六甲王国的密切关系,促进了双方经济文化交往。双方使者互访时,都有商船随后。据《明会典》记载,马六甲王国运来的货物有犀角、象牙、沉香、没药、花锡等 40 种。中国运去的货物有瓷器、丝绸、麝香、大黄、酒、琴、鼓等。民间贸易也有很大发展,这种贸易对双方的经济文化发展起到促进作用。

(二)16 世纪至中华人民共和国建立前的中马关系

16 世纪以后,随着西方殖民者的到来,马六甲王国和马来半岛上的其他小国逐渐沦为西方国家的殖民

马来西亚马六甲人为纪念郑和于 *1673* 年修建的三保庙

(原载《中国—东盟合作之旅》)

地。1511年,葡萄牙殖民者占领了马六甲,明王朝明确表示反对,并敕责葡萄牙,“令还其故土,谕暹罗诸国王以救灾恤邻之义”。对葡萄牙要求与中国建交的使者,明朝廷令其从广州返回,不准上京,并要求葡萄牙退出马六甲。同时,明王朝还呼吁暹罗等国发兵救援马六甲。马六甲被占领后,明王朝令中国商船驶往柔佛、吉兰丹等地,而不再驶往马六甲,以示抗议,中国与马六甲的贸易从此长期中断。旅居马六甲的华人也纷纷转移至吉兰丹、柔佛等地居住和贸易,使葡萄牙殖民者占领的马六甲商业、贸易衰退。

1641年,荷兰殖民者取代葡萄牙,占领马六甲。中国商船仍坚持不到马六甲港口,而驶往柔佛,支持当地人民的反荷斗争。而旅居当地的华侨则和当地人民一起参加抗荷武装斗争。

1786年英国殖民者强占槟榔屿,经过英荷战争,英国占领整个马来亚。这时期,从19世纪起,英国殖民者从中国广东、福建沿海一带拐骗了大量“契约华工”到马来亚开矿、开荒、种植橡胶,成为开发马来亚的主力。在英国占领时期,华侨除了积极参与当地的反英武装斗争外,还支持中国辛亥革命。孙中山先生曾5次到马来亚,受到当地人民的热情接待。

在第二次世界大战日本占领期间,以马来亚华侨为主体而建立的马来亚人民抗日军,是马来亚地区最重要的武装力量,为马来亚的解放和争取世界反法西斯战争的胜利做出了重要贡献。

(三)中华人民共和国建立后的中马关系

中华人民共和国成立后至70年代,虽然由于种种原因,中马两国关系未能实现正常化,但中马一直保持双方民间贸易。1974年5月31日,中马两国正式建立外交关系。之后,中马两国交往不断扩大加深,双方在政治、经济、文化等各个领域的友好交流与合作全面展开,并取得丰硕成果。

中马两国高层领导人互访增多,并建立官方磋商制度。多名中国领导人先后出访马来西亚,邓小平、江泽民、李鹏、朱镕基、李瑞环、胡锦涛、姜春云、李岚清、唐家璇、温家宝、吴邦国、贾庆林等先后访马。马来西亚前四任最高元首阿兹兰、贾阿法、萨拉赫丁、西拉杰丁先后访华;前总理侯赛因、马哈蒂尔和下议长扎希尔在职期间多次访华;现任总理巴达维和副总理纳吉布也曾多次访华。中马两国还建立了官方磋商制度,两国外交部于1991年4月建立磋商制度,至2006年已举行10轮磋商。

中马两国的经贸合作关系不断加强。(1)两国签订多项经贸合作协议,成立经贸合作组织,为双方合作提供保障。两国签有避免双重征税协定(1985年)、贸易协定(1988年)、投资保护协定(1988年)、海运协定(1987年)、航空服务协定(1988年)、民用航空运输协定(1989年)、中马航空合作谅解备忘录(2002年)、在对方领土设立银行的谅解备忘录(1999年)、旅游合作谅解备忘录(2000年)等10余项经贸合作协议。两国于1988年成立中马经济与贸易联合委员会,迄今已举行7次会议。2002年4月成立中马双边商业理事会。(2)双方贸易稳步增长。1990年,中国与马来西亚的进出口贸易总额为11.76亿美元,至2006年,两国贸易额达371.12亿美元,其中中方出口135.37亿美元,进口235.75亿美元,贸易额较1990年增长31.55倍。马来西亚是中国在东盟国家中第二大贸易伙伴。中国是马来西亚第四大出口市场和第三大进口来源地。中国进口马来西亚主要商品有集成电路、计算机及其零部件、棕油和塑料制品等;中国对马来西亚出口主要商品从原来的以农产品为主,扩大到计算机及其零部件、集成电路、服装和纺织品等。(3)双方相互投资增长快速。马来西亚对华投资有较快发展。马来西亚对华投资始于1984年,主要分布在广东、福建等沿海地区。1990年,马来西亚累计在华投资额为5亿多美元。随着中国改革开放的扩大,1990年9月,马政府取消对马来西亚公民访华的限制,鼓励商人到华投资,对华投资额成倍增长。2006年,马来西亚累计在华投资项目总数为3947项,累计投资额42.84亿美元,投资领域扩展至能源、交通、基础设施、供水、电站、金融保险、房地产、住宿餐饮、批发零售、文体娱乐、医药、IT以及有关服务行业等,投资地域也由沿海地区逐步扩展至内地。中国在马来西亚投资起步晚,但近年呈逐步加快趋势。中国在马来西亚设立企业始于80年代末期,截至2003年底,经原外经贸部和现商务部批准或备案的在马中资企业共有103家,中方协议投资额3887.9万美元,投资行业大多为贸易类和加工类企业。据马工业发展局统计,至2003年底,中国在马投资项目共计63个,投资总额9.56亿美元。(4)劳务合作发展顺利。马来西亚是中国重要海外劳务承包市场。1991~2003年,项目合同金额共计32.38亿美元,完成营业额17.86亿美元。2003年9月,双方签署《双边劳务合作谅解备忘录》,但至今未实施。2006年,中国企业累计在马来西亚签订承包工程及劳务合同341个,新签合同金额11.3亿美元,完成营业额4.41亿美元。(5)经贸合作领域不断扩大。中马两国的经贸合作从农业、制造业等领域向旅游、金融等服务业领域扩展。从1990年9月马政府取消了对马来西亚公民访华限制以来,马来西亚公民赴华探亲、旅游人数剧增,从1990年的4万多人次增加到2006年的91万人次。2000年,中马双方签署《旅游合作谅解备忘录》,旅游合作进一步发展。2006年中国首站赴马游客43.5万人次,已成为马来西亚海外主要客源国。两国金融合作成效显著。1999年11月中国与马来西亚签订关于在对方领土设立银行的谅解备忘录。2000年,中国银行和马来亚银行分别在吉隆坡和上海互设分行。2002

年10月,中国人民银行与马来西亚国家银行签署双边货币互换协议。

中马两国在科技、教育、文化、军事等领域的交流与合作顺利发展。1992年双方签署科技合作协定,成立科技联委会,已举行3次会议。双方还签署广播电视节目合作和交流协定(1992年),促进中马体育交流、提高体育水平的谅解备忘录(1993年),教育交流谅解备忘录(1997年),文化合作协定(1999年),空间合作及和平利用外层空间的协定(2003年),在外交和国际关系教育领域合作谅解备忘录(2004年),卫生合作谅解备忘录(2005年),续签教育合作谅解备忘录(2005年)等合作协议。在教育合作方面,中马双方在互换大学教师、开展校际交流和学术交流合作等方面扩大合作。中国在马留学生已达万人,马来西亚赴华留学生近千人。在文化合作方面,两国政府代表团互访频繁,两国的艺术表演团体经常进行互访演出,两国的文化代表团、摄影代表团、音乐代表团、报业代表团、作家代表团、出版代表团等文化团体进行了相互访问和展览、演出。中国新华社、中新社在吉隆坡设立分社,中央电视台4套和9套节目在马落地,《人民日报》海外版在马出版发行。江苏省与马六甲州、厦门市与槟城分别结为友好省市。在军事合作方面,1995年,两国互设武官处,军事交往增多。两国军队高层领导、海军军舰多次互访。2005年9月,马来西亚副总理兼国防部长纳吉布访华期间两国签署防务合作谅解备忘录。

中马其他重要双边文件有:1974年5月签署的《中华人民共和国政府和马来西亚政府关于两国建立外交关系的联合公报》,1999年5月签署的《中华人民共和国政府和马来西亚政府关于未来双边合作框架的联合声明》,2005年12月发表的《中华人民共和国和马来西亚联合公报》。

二、2007年中马关系的发展状况

2007年,中马两国政府高层继续互访,政治关系不断密切。2007年5月,马来西亚教育部长希山慕丁访华,以加强两国的教育合作。7月12日,马来西亚外长赛义德访华,国务院总理温家宝在中南海紫光阁会见赛义德。2007年6月22~24日,中华人民共和国文化部部长孙家正率政府文化代表团一行对马来西亚进行正式访问。访问期间分别拜会马来西亚副总理纳吉布,会见马艺术、文化及遗产部部长拉伊斯·亚蒂姆,并与马民间文化团体及艺术界人士进行广泛交流。12月2~4日,中国外交部副部长武大伟率团访问马来西亚。期间,武大伟副外长会见了马外长赛义德,并与马外交部秘书长拉斯丹举行两国第11轮外交磋商。中马双方就双边关系以及共同关心的国际、地区问题交换了意见,并达成广泛的共识。12月2~6日,全国人大外事委员会主任委员姜恩柱率团访问马来西亚,会见马国会下议长拉姆利和外长赛义德,与马国会马中友好小组议员进行座谈。12月8日,中国外交部长杨洁篪到马来西亚进行两天官方访问,这也是他出任中国外交部长后首次访问马来西亚,目的是加强中马双边关系,加强两国在各领域的合作,并针对双边共同利益及各种重要课题,与马来西亚政府领导人交换意见,增进相互之间的了解。

中马经济合作不断推进。2007年7月5~6日,马中商务论坛暨马中商务理事会常年大会在马来西亚柔佛州新山举行。2007年7月13日,中国与马来西亚经济贸易联合委员会第八次会议在马来西亚首都吉隆坡举行。双方就扩大和深化中马经贸合作等共同关心的问题交换意见。2007年中马双边贸易持续增长,两国贸易总额达464亿美元,中马两国已互为重要的贸易合作伙伴。机电产品是马中双边贸易的大宗产品,占双边贸易总额的50%以上。双方投资不断增加,2007年,马来西亚实际到中国投资3.9亿美元,在东盟国家中位于新加坡之后处于第二位。2007年,马来西亚累计在华投资项目4232个,累计投资额46.81亿美元。2007年,中国对马制造业投资18.8亿马币,跃居马来西亚外资来源地第7位。双边旅游合作发展迅速,马来西亚依然是中国的主要旅游市场。2007年1~10月,到马来西亚旅游的中国游客有54.41万人次,比上年同期增长67.5%。2007年全年有望突破80万人次,中国是马来西亚十大旅游客源排行榜上第5大客源国。在金融合作方面,2007年7月25日,中国银联与马来西亚6所大学签署合作协定,至此,中国银联成功登陆马来西亚高校。在劳务合作方面,据商务部合作司统计,2007年中国企业在马来西亚签约承包工程、劳务合作以及设计咨询合同总额14.2亿美元,完成营业额6.49亿美元。至2007年底,中国企业在马累计签订承包劳务合同总额62.03亿美元,完成营业额31.56亿美元。2007年7月13日,中国进出口银行、中国港湾工程有限责任公司在马来西亚新行政中心普特拉贾亚分别与马方有关单位签署优惠买方信贷协议和工程承包合同,与马方合作在北马槟州建造槟城第二座跨海公路大桥(槟城二桥)。该桥长22.5公里,将连接槟榔屿与马来西亚半岛西海岸,成为东南亚地区最长的一座跨海公路大桥。根据协议,中国进出口银行将向这一项目提供8亿美元的优惠买方信贷。中马合作建造槟城二桥是中国总理温家宝与马来西亚总理巴达维达成的共识。双方合作建设槟城二桥协议的签署,是两国友好合作史上又一个里程碑。

中马教育、文化合作不断深入。2007年1月16日,马来西亚高等教育部和北京外国语大学在马新行政中心普特拉加亚签署关于在北京外国语大学设立马来语高级访问学者席位的备忘录。此次向中国派遣马来语高级学者是该项目第一次在亚洲国家实施,将推动中国对马来语言文化的研究和教育，切实促进两国友好合作关系的全面发展。至2007年，中国在马留学生人数已达1.2万人。在文化合作方面，2007年1月7日，“邓乃荣油画展”在马来西亚开展；5月，“中国—东盟合作之旅”广播电视联合采访团访问马来西亚；6月，“中国传统书画展”在马展出；7月，第二届东盟茶文化博览会在吉隆坡时代广场开幕；8月，“庆祝香港回归十周年图片展”在马展出；9月，“完美集团2007年中秋之夜演唱会”在马演出，由中国和马来西亚合作拍摄，反映孙中山先生在马来西亚槟城筹划广州起义的影片《夜·明》在吉隆坡举行首映式；10月，“于丹教授：发现我们的心灵”大型文化讲座在马开讲；11月，商务印书馆（马）有限公司在吉隆坡举行商务印书馆成立110周年暨马来西亚商务印书馆成立51周年庆典。

三、2008年中马关系展望

受国际能源形势影响，2008年中马两国能源贸易将有所增加。马来西亚推出一系列区域经济发展计划，进一步放宽外资持股限制，将吸引更多的中国企业到马来西亚投资。多项建设工程项目的实施，为两国劳务承包工程合作提供更为广阔的发展空间。两国源远流长的文化历史关系，将进一步推动双方加深文化教育领域的合作。（韦朝晖）

中国与缅甸关系

一、两国关系发展的历史回顾

中缅两国山水相连，有2100多公里长的共同边界。陈毅元帅曾赋诗“我住江之头，君住江之尾。彼此情无限，共饮一江水。”在漫长的历史岁月中，两国人民常来常往，互相支持，互相帮助，结下深厚情谊。

（一）古代关系

从中国的汉代开始，中缅两国就开始有了正式往来。汉以后的历代都保持来往。双方互派使节，互市通婚，还进行文化、艺术、教育、医药等方面的交流。

双方的民间往来则更早。早在战国时代，中缅之间就通过“南方陆地丝绸之路”开始交往。西汉时期，中缅之间的“南方海上丝绸之路”开通。

缅甸人把中国人称作“瑞苗胞波”，视为同胞兄妹。

古代的贸易，中国出口缅甸的主要是丝绸、黄金等，从缅甸进口的，主要是宝石、海贝等。从中国汉朝开始，双方贸易往来增多，并开始有朝贡关系。

两国在宗教领域也有很多交往，中国的大乘佛教曾传入缅甸，缅甸的小乘佛教也传入中国云南省的部分地区。

唐代，缅甸古国骠国向唐朝献乐舞，轰动了唐朝国都长安。

宋代开始，就有中国人移居缅甸。

元明清时期，中缅关系的主流也是好的。

（二）近现代关系

进入近代以来，中缅两国人民同受西方殖民主义者的侵略，后又同受日本帝国主义的侵略，两国人民在反抗外来入侵的斗争中，互相同情，互相支持。

第二次世纪大战时期，中缅两国共筑滇缅公路，使中国大西南得以保持与国际上的联系和得到国际援助。随后中国远征军进入缅甸，与缅甸人民共同打击日本侵略者，成为两国关系史上的一段佳话。

20世纪40年代末缅甸独立和中华人民共和国建立后，两国关系的发展进入一个新时期。

缅甸是最早承认中华人民共和国的国家之一。1950年，两国正式建立外交关系。1951年，缅中友好协会成立；1952年，中缅友好协会成立。两国关系在各方面都得到发展。

1954年，周恩来总理访问印度和缅甸，与这两个国家的领导人共同倡导国与国关系的和平共处五项原则。

同年，缅甸总理吴努访华，与周恩来总理商定通过外交途径解决两国边界划分问题。

1960年，在缅甸看守政府总理吴奈温访华期间，两国正式签订边界条约，缅甸成为第一个与中国和平解决边界问题的邻国。吴奈温总理的这次访问，还与中方签订《中缅友好和互不侵犯条约》、《中缅经济技术合作协定》。

中国国家主席刘少奇曾赴缅甸纺问。周恩来总理生前曾9次访缅。缅甸吴奈温总理曾12次访问中国。吴山友、吴貌貌卡等缅甸国家领导人也多次访华。1971年，在吴奈温总理访华并会见毛泽东主席后，两国关系结束了1967年以来的不正常状态，中国恢复了对缅甸的经济援助。同年，两国签署贸易协定，相互给予最惠国待遇。

1978年以来，邓小平、李先念、乔石、江泽民、李鹏、李瑞环、胡锦涛、李岚清、吴邦国、罗干等中国党和国家领导人先后赴缅甸访问。缅甸领导人苏貌、丹瑞、貌埃、钦纽、梭温等人也多次访华。两国高层领导像走亲戚一样经常来往，推动中缅关系持续、深入、全面发展。

中国军方高层领导迟浩田、张万年也曾先后访缅。

1988年，两国签订开放边境协议，促进两国边境贸易快速发展。

缅甸政府多次重申，缅甸坚持一个中国的政策，在任何时候都不会与台湾建立官方关系。中国领导人也坚持尊重缅甸领土和主权，不干涉缅甸内政，也反对外国势力干涉缅甸内政的立场。

多年来，双边关系在政治、经济、科技、文化、军事、外交等领域不断发展。近年来，在中国—东盟自由贸易区、大湄公河次区域经济合作、禁毒及罂粟替代种植等方面,取得引人瞩目的进展。

(三)多领域的交流与合作

经过双方几十年的努力,中缅关系在许多方面的交流与合作都得到了发展。除上述一些宏观层次的合作之外,两国有关部门还在许多具体领域开展广泛合作,签订各行业间、各部门间的合作协定。

两国地方政府之间的往来很频繁,尤其是中国的云南省,与缅甸边境地区来往密切,除边境贸易外,还开展边境旅游、文化交流、教育交流、投资合作等方面的往来。两国地方政府领导人也经常互相访问。

1977年,中国全国人大常委会副委员长邓颖超访问缅甸。1978年,缅甸国防部长兼三军总参谋长觉廷上将访问中国。1993年,中国外交部长钱其琛访问缅甸;同年中国全国人大常委会副委员长布赫访问缅甸,并出席由中国援建的号称"亚洲最大的铁路公路两用桥"仰光—丁茵大桥通车典礼。2000年,缅甸国家和平与发展委员会第二秘书兼陆军参谋长丁吴中将、缅甸巩固和发展协会副主席兼和发委第三秘书温敏中将先后访华;中国国务委员司马义·艾买提访问缅甸。2004年,中国国务院副总理吴仪率政府代表团和企业家代表团访问缅甸。同年,中国海洋石油总公司总经理傅成玉访问缅甸;缅甸总理梭温中将出席在中国广西南宁举办的首届中国—东盟博览会;中国人民解放军副总参谋长葛振峰率中国边防代表团访问缅甸。2005年,中国外长李肇星访问缅甸。2006年,中国人民解放军总参谋长梁光烈访问缅甸。

自1992年中缅两国建立外交磋商机制后,已举行多次副外长级外交磋商。

多年来,两国文化、历史、新闻、体育、经贸、公安、卫生、教育、旅游、军事代表团交往不断。

(四)经贸关系和经济技术合作

1954年,两国签订贸易协定。1955年,中缅签订民航协定,两国之间的贸易额开始明显增长。上世纪90年代开始,更是大幅度上升。中国出口缅甸的主要是纺织品、化工产品、纸浆、药品、家用电器、食品饮料、成品油、轻工产品、机床、交通工具、成套设备、机械、工具、电信设备、高新技术产品等,以机电和纺织品为主。中国从缅甸进口的主要是土特产、橡胶、大米、木材、海产品、油料、中药材、糖、玉石等,以初级产品为主。

中国向缅甸提供多次无息贷款。援助缅甸建立一大批工厂和国家体育馆、国家剧院等,中国派遣多批专家和技术人员赴缅工作。两国还在交通领域开展广泛合作。一是打通两国之间的通道,二是帮助缅甸建设其国内的交通线路和交通基础设施,三是开始中缅石油管道的勘查工作。

中国中央和地方的多家企业赴缅投资兴办多个项目。两国还开始在缅甸勘探石油的合作,中国石油地质专家已经赴缅。

湄公河—澜沧江航线已经通航。两国在大湄公河次区域内的经济合作全面展开。两国间的旅游日益发展。近年来,中国给予缅甸产品多项特惠关税或零关税。2007年,双边贸易额达20.6亿美元。中国在缅甸投资项目达37个,协议总金额4.75亿美元。

(五)中国与缅甸签订的一系列协定

从1979年到2006年,中国与缅甸签订多项协定,主要有:经济技术协定(1979年7月),边界联检议定书(1986年10月),新经济技术协定(1993年7月),旅游合作协定(2000年),科技合作协定(2000年),经济技术合作协定(2000年),湄公河商船通航协定(2000年4月),促进经贸合作协议(1997年5月),成立经济贸易和技术合作联合工作委员会的协定(1997年10月),鼓励促进和保护投资协定(2001年),渔业合作协定(2001年12月),边防合作协定书(2001年12月),投资保护协定(2001年12月),动植物检验检疫协定(2001年12月),边境贸易的谅解备忘录(1994年),贸易、投资合作谅解备忘录(2004年3月),经济技术合作协定(2004年7月),边境地区管理与合作协定(1997年3月),互免持外交和公务护照者签证协定(1998年1月),经济技术合作协议(2006年11月),中国向缅甸提供优惠贷款的框架协议(2006年11月)等。

二、2007年的中缅关系

(一)政治方面:中缅关系继续发展

双方高层保持来往。2007年1月,中国全国人大常委会副委员长李铁映赴缅甸进行友好访问。2月,中国国务委员唐家璇对缅甸进行工作访问。李铁映副委员长和唐家璇国务委员分别受到了缅甸国家和平与发展委员会主席丹瑞大将的接见。并与缅甸国家和平与发展委员会第一秘书、国民大会召集委员会主席登盛中将举行会谈。6月,缅甸和平与发展委员会第一秘书登盛访问中国。期间分别会见吴邦国委员长、李铁映副委员长和唐家璇国务委员。中国全国人大常委会副委员长顾秀莲率中国—东盟协会代表团访问缅甸。访问期间,顾秀莲会见缅甸国发委第一秘书登盛中将。还分别会见缅甸联邦巩固与发展协会秘书长吴泰乌、仰光市长吴昂登林等。

双方地方政府之间的往来也在继续发展,2007年3月,中国云南省省长秦光荣率云南省政府代表团和经贸代表团应缅甸仰光市市长的邀请访问缅甸。

2007年1月12日,在联合国安理会就美英提出的有关缅甸问题的决议草案进行表决时,中国与俄罗斯、南非投了反对票,使该提案未获通过。中国常驻联合国代表王光亚指出,缅甸问题本质上仍是一国内政,缅甸国内局势并未对国际与地区和平与安全构成威胁。这是缅甸所有直接邻国、东盟成员和绝大多数亚太国家的共识。

双方在禁毒领域的合作也继续进行。2007 年 6 月，中国驻缅大使管木出席缅甸国际禁毒日销毁毒品活动。11 月，中缅两国签署了罂粟替代种植和替代发展协议。

缅甸政府支持中国政府在台湾问题上的立场，2007 年 7 月 12 日，缅甸外交部发表声明，反对陈水扁当局推动“入联公投”，认为台湾是中国不可分割的一部分，表示缅甸坚持一个中国政策。

（二）经贸方面：中缅经贸往来快速发展

中国（云南）—缅甸贸易投资洽谈会在缅甸仰光举行　　（原载《吉祥》）

2007 年，中缅在双边贸易、投资合作、大湄公河次区域经济合作、中国—东盟自由贸易区、边贸等方面，都有较大进展。双边贸易额全年达 20.6 亿美元，比上年增长 40.9%，其中中国出口 16.9 亿美元，增长 39.6%，进口 3.7 亿美元，增长 46.9%。

投资合作方面。4 月 5 日，中国华睿集团与缅甸第一电力部签署一项水电合作谅解备忘录，双方将合作在位于缅甸掸邦北部的萨尔温江上游，建设一个装机容量为 2400 兆瓦的水电站。4 月 6 日，缅甸第一电力部又与中国江苏鹏飞集团公司签署一项合作协定，双方将合作在缅甸中部的波巴地区扩建一座粉煤灰厂。9 月 7 日，中国葛洲坝水利水电工程集团公司与缅甸第一电力部签署一项水电合作供货合同，中方将为位于缅甸勃固省瑞金镇的水电站提供设备。至 2007 年底，中国对缅投资额 4.75 亿美元，在对缅投资国中排第六位。缅甸最大的耶涯水电站由中方承包施工，预计 2009 年 10 月建成。

边贸在两国贸易中所占比重较大，并呈逐年上升趋势，2007 年仍保持这一态势。12 月，第七届中缅边境经济贸易交易会在中国云南省瑞丽市姐告边贸区举行。有中、缅、美、泰等国的 300 多家企业参加。

交通运输合作方面。2007 年 1 月，中国工程师已到缅甸的若开邦进行测量，准备建设若开至昆明的石油天然气输送管道。这条油气管道将使中国从中东、非洲等地进口石油不经过马六甲海峡，在缅甸港口卸油后通过管道输送至中国昆明。对于中国海上石油运输安全有重要意义。4 月，中国腾冲至缅甸密支那公路境外段建成通车，该公路总长 176 公里，待中国境内段建成后，从云南腾冲至缅甸密支那，车程仅需 3 个小时。

（三）科技文化方面：交流进一步扩大

2007 年 1 月，中国国家文物局局长单霁翔访问缅甸。8 月，缅甸新闻代表团访华。11 月，中国科协常务副主席邓楠访缅，与缅甸科技部部长吴丹在仰光签署科技合作谅解备忘录。标志着两国科技合作开始新的篇章。

年内，缅甸举行汉语水平考试、中国知识竞赛、中文歌曲比赛、华裔青少年中华文化知识竞赛等多项与中国有关的文化活动。

两国边境地区的文化交流也保持发展态势。

（四）军事方面：往来稳步发展

2007 年 1 月，缅军总参谋长杜拉瑞曼上将来华访问，这是他的第二次访华。8 月，中国济南军区政委刘冬冬上将访问缅甸。8 月 1 日，是中国人民解放军建军 80 周年纪念日，缅甸国家和发委委员，三军总参谋长杜拉瑞曼上将于 7 月 31 日出席中国驻缅使馆武官举行的招待会，表明缅甸对两军关系的重视。

三、2008 年中缅关系展望

2008 年，中缅关系将进一步加强，双边贸易额有新的增长，能源合作会更加密切。　　（杨然）

中国与菲律宾关系

一、中菲关系源远流长

隋末唐初，中国与菲律宾等南洋各国开始有经济、政治与贸易往来。唐宋时期，中国福建、广东等地居民开始扬帆渡海，侨居菲国，带去先进生产工具，并将印刷技术传入菲国。据《明史》记载，永乐十五年（1417），菲律宾苏禄东王、西王等率 340 余人赴北京朝贡，献珍珠、宝石、玳瑁诸物。东王归途中不幸客殁山东德州，明永乐帝下诏为他厚葬，并亲作碑文，谓之“名声昭于史册，永世而不磨”。两王子留下守墓，世居德州，繁衍生息，至今已传至第 22 世。郑和下西洋以后，中国与菲律宾的交往日益密切。虽然两国曾一度断绝各种外交关系。但冲过层层雾障后,两国关系从观望走向诚信,由务实走向飞跃。

(一)政治关系:从观望到务实,从发展到成熟稳固

20世纪以来,中国与菲律宾的政治外交关系经历从无到有,从试图接近到互相信任的过程。

1. 中菲第一个联合公报签订,两国邦交正常化

1975年6月9日,中国国务院总理周恩来与菲律宾共和国总统费迪南德·埃·马科斯在北京签订《中华人民共和国政府和菲律宾共和国政府联合公报》。公报确立从1975年6月9日起中华人民共和国政府和菲律宾共和国政府互相承认并建立大使级外交关系。建交以来,中菲关系总体发展稳定,高层互访不断,两国政府间建立多层次的沟通与合作机制,其中两国于1986年建立外交磋商机制,先后举行近20次外交磋商。两国在经贸、文化、科技和旅游等领域的友好合作关系不断发展,民间往来日益增多。

中菲双方保持高层互访的势头。菲律宾马科斯总统(1975年6月)、阿基诺总统(1988年4月)、拉莫斯总统(1993年4月)、埃斯特拉达副总统(1994年6月)、参议院主席冈萨雷斯(1995年10月)、马塞达(1997年4月)、阿罗约副总统(2000年3月)等先后访华。中国李鹏总理(1990年12月)、乔石委员长(1993年8月)等先后访菲。

1996年11月,江泽民主席对菲律宾进行国事访问,两国领导人同意建立中菲面向21世纪的睦邻互信合作关系,并就在南海问题上"搁置争议,共同开发"达成重要共识和谅解。

1999年11月,国务院总理朱镕基对菲律宾进行正式访问,并出席在马尼拉举行的东盟与中日韩领导人第三次非正式会晤。

2000年5月,菲总统埃斯特拉达对华进行国事访问,期间双方签署关于21世纪双边合作框架的联合声明,双方表示将致力于发展中菲长期稳定的睦邻互信合作关系。

2001年10月,阿罗约总统来华出席在上海举行的APEC会议。11月,阿罗约总统对中国进行国事访问。

2002年4月,菲众议长德贝内西亚来华出席亚洲议会和平协会第三届年会。9月,中国全国人大常委会李鹏委员长对菲律宾进行正式友好访问。

2003年3月,首届菲律宾贸易展在上海举行,菲众议长德贝内西亚率政府代表团赴沪出席有关活动。8月,中国全国人大常委会吴邦国委员长率团参加亚洲议会和平协会第四届年会并对菲进行正式友好访问。

2004年9月1~3日,应中华人民共和国主席胡锦涛邀请,菲律宾共和国总统格罗丽亚·马卡帕加尔·阿罗约对中国进行国事访问。访问期间,中国国家主席胡锦涛与阿罗约总统举行会谈,中央军委主席江泽民、国务院总理温家宝分别会见阿罗约总统。两国领导人在坦诚友好的气氛中就双边关系及共同关心的国际和地区问题交换意见。双方对中菲关系取得的积极进展和各领域合作的不断扩大和深化表示满意。双方重申将继续促进两国关系全面发展,一致同意在两国政府2000年签署的关于21世纪双边合作框架《联合声明》有关原则的指导下,进一步推动中菲关系健康稳定地向前发展。

2005年4月26~28日,中国国家主席胡锦涛应邀对菲律宾进行国事访问。胡锦涛主席与菲律宾总统阿罗约就双边关系及共同关心的国际和地区问题深入交换意见。两国领导人对中菲建交30年来在政治、经贸、农业、文化、科技、教育、防务、打击跨国犯罪等各领域合作取得的显著进展表示满意。双方确认《联合国宪章》的宗旨和原则、和平共处五项原则、《东南亚友好合作条约》的宗旨和原则及公认的国际法准则是处理两国关系的基本准则。双方强调中菲关系已经进入伙伴关系的黄金时期,持续拓展和全面发展两国友好关系符合双方的根本利益,也有利于本地区和平、稳定与繁荣。两国领导人回顾1975年中菲《建交公报》有关原则,重申将继续坚持两国于2000年5月14日签署的关于21世纪双边合作框架《联合声明》的精神,愿在中国与东盟面向和平与繁荣的战略伙伴关系的框架下,积极推动中菲建立致力于和平与发展的战略性合作关系,并达成如下共识:保持高层经常交往与接触;大力推进经贸合作;继续深化农业合作;加强基础设施建设合作;拓展矿产资源开发合作;密切人员交往;加强中国南部省份与菲律宾北吕宋的联系;促进防务与安全合作;双方承诺在涉及国家主权和领土完整的重大问题上相互理解、相互支持;双方同意继续致力于维护南海地区和平与稳定,愿与其他东盟国家一道,积极落实《南海各方行为宣言》;双方高度评价中国与东盟关系近年来取得长足进展,一致认为这一良好关系已成为促进本地区和平、稳定与繁荣的重要支柱。双方表示将继续致力于推进中国与东盟面向和平与繁荣的战略伙伴关系和中国—东盟自贸区建设,积极推动东亚合作进程。双方同意进一步加强在联合国、东盟地区论坛、亚太经合组织、亚欧会议、世界贸易组织及其他多边组织中的协调与配合。双方认为,和平与发展是当今世界的主题。双方表示支持通过必要和合理的改革加强联合国的作用,并主张推动落实发展问题、维护发展中国家合法权益、加强发展中国家在国际事务中的发言权和代表性,应成为联合国改革的重点。双方表示将加强在国际组织中的合作,推动经济全球化在公平的基础上平衡发展,以确保发展中国家在全球化进程中能充分受益。双方表示反对一切形式的恐怖主义,认为国际社会有必要共同防范恐怖主义威胁。

2006年4月,菲参议长德里隆访华。6月,菲众议

长德贝内西亚访华。10月,阿罗约总统对厦门、南昌、桂林进行顺访,并赴南宁出席中国—东盟建立对话关系15周年纪念峰会。

2. 经贸和经济技术合作态势良好

1977年以来,中菲双方几乎每年在北京和马尼拉轮流举行副部级贸易联委会会议,商签年度贸易议定书和安排两国间进出口主要商品。在建交的1975年,中菲年贸易额仅为7200万美元。进入21世纪以来,中菲贸易发展迅速。2000年中菲贸易额31.4亿美元,比上年增长37.4%。中方出口14.64亿美元,进口16.77亿美元,分别增长6.2%和84.8%。2006年,中菲双边贸易额234.1亿美元,比上年增长33.4%。中方出口57.4亿美元,增长22.4%,进口176.7亿美元,增长37.3%。

中菲经济合作也有长足发展。1992年两国正式签署鼓励投资及互惠保护协定,1993年又签署经济技术合作协定。1999年两国财长签署避免双重征税的协定。同年两国农业部长签署两国政府间《关于加强农业及有关领域合作协定》,2005年4月两国政府签署促进贸易和投资合作的谅解备忘录。2006年6月签署建立中菲经济合作伙伴关系的谅解备忘录。

中菲农业合作发展迅速,已成为两国合作重要领域。1999年两国农业部签署《关于加强农业及有关领域合作协定》。2000年双方有关部门签署中方向菲方提供1亿美元信贷协议书。中国在菲援建的中菲农业技术中心2003年3月竣工。中国优良杂交稻种在菲试种成功,已大面积推广。2004年9月,两国签署渔业合作谅解备忘录。

两国基础设施建设合作取得积极进展。2005年4月,两国签署《关于基础设施领域合作谅解备忘录》。中国机械装备(集团)公司与菲律宾北吕宋铁路公司合作建设菲北吕宋铁路,中国政府就此项目向菲方提供4亿美元优惠贷款,该项目于2006年10月开工建设。2006年6月,两国政府签署《菲律宾南部铁路主干线项目合作备忘录》。

3. 中菲相互投资势头良好

中国到菲律宾投资涉及承包工程、贸易、冶金、纺织、机电加工等领域。2002年中方在菲新设立企业3家,投资总额339.04万美元,其中中方投资92.24万美元。至2003年3月底,中方在菲设立中资企业40家,双方协议投资总额3959.74万美元,其中中方投资额1641.04万美元。在中资企业中,服务贸易类企业12家,中方投资额253.24万美元;生产加工类企业24家,中方投资额1008.3万美元;农业类企业1家,中方投资70万美元;资源类企业2家,中方投资额211.5万美元;投资类企业1家,中方投资额98万美元。2005年,双边相互投资合同总额已超过68亿美元。

据中国商务部统计,2006年,中方在菲新签承包劳务合同43份,合同额3.48亿美元,完成营业额1.9亿美元。

菲律宾对华投资方面,截至2006年底,菲累计在华投资项目2510个,合同外资金额53.6亿美元,实际使用外资21.9亿美元。主要投资集中在机械化工、服装等领域。

4. 军事、文化、科技、教育合作进一步加强,中菲军事交往增多

2000年10月,菲军总参谋长雷耶斯访华。2002年4月,菲国防部长雷耶斯访华;6月,菲律宾空军司令迪凡叟访华,菲海军舰队首次访华。同年9月,中共中央军委副主席、国务委员兼国防部长迟浩田访菲。2003年,济南军区司令员陈炳德率中国军事代表团访菲。2004年,菲律宾国防部长克鲁兹和武装部队总参谋长阿巴亚分别访华。2005年5月22~25日,中国人民解放军副总参谋长熊光楷率中国军事代表团访问菲律宾,熊副总长与菲国防部副部长桑托斯在菲国防部举行首轮中菲防务与安全磋商。双方就国际、地区等共同关心的问题及两军关系等交流情况和看法,增进相互了解,并就中方向菲方提供军援的具体落实及建立中菲防务与安全磋商机制的细则达成协议。访问期间,阿罗约总统会见熊光楷上将。熊光楷上将还拜会菲国家安全事务顾问冈萨雷斯、国防部长克鲁兹和总参谋长阿布。

中菲在文化、科技、教育等方面交往频繁。以2006年为例,两国进行一系列交流活动:2月19日,马尼拉市政府、中国驻菲律宾大使馆文化处、菲华青年学社和菲中科技经贸促进会在马尼拉市邮电总局大厦前广场联合举办第五届菲中传统文化节。4月10日,中国文物交流访问团参观马尼拉市内的西班牙王城—菲律宾国家级历史文化遗址,与菲国家历史研究所和历史学家会面座谈。双方就共同关心的历史文化遗产保护问题交流信息与经验,就中菲两国在考古学、史学界以及博物馆事务等方面深化合作进行探讨。10月3日,菲律宾雅典耀大学孔子学院举行建院典礼,这是菲律宾成立的第一所孔子学院。2006年10月24日,由马尼拉市政府和中国驻菲律宾大使馆主办的第七届菲中传统文化节在马尼拉举行,菲中艺术家同台演出舞龙舞狮、中国魔术、闽南木偶戏、手技表演等文艺节目。2006年11~12月,为纪念郑和下西洋的历史壮举,中国驻菲使馆文化处与菲律宾雅典耀大学孔子学院共同举办为期两个月的“来自中国的和平使者——郑和下西洋600周年”展览。

此外,中菲结有21对友好省市,这些友好城市分别为:杭州市和碧瑶市、广州市和马尼拉市、上海市和大马尼拉市、厦门市和宿务市、沈阳市和奎松市、抚顺市和利巴市、海南省和宿务省、三亚市和拉普拉市、石狮市和那牙市、山东省和北伊洛戈省、淄博市和万那威

市、安徽省和新怡诗夏省、柳州市和穆汀鲁帕市、贺州市和圣费尔南多市、哈尔滨市和卡加延—德奥罗市、来宾市和拉瓦格市、北京市和马尼拉市、南宁市和达沃市、江西省和保和省、福建省和内湖省、无锡市和公主港市。

二、2007 年中菲关系

（一）政治、外交关系

2007 年 1 月，中国国务院总理温家宝赴菲出席在宿务举行的第 10 次东盟与中日韩、东盟与中国领导人会议、第二届东亚峰会和主持第七次中日韩领导人会议，并对菲进行正式访问。访问中，温家宝总理与菲律宾总统阿罗约签署《中华人民共和国和菲律宾共和国联合声明》。两国领导人重申 1975 年中菲建交公报有关原则，并重申对两国于 2000 年 5 月 14 日签署的关于 21 世纪双边合作框架《联合声明》和 2005 年 4 月 28 日胡锦涛主席访菲期间发表的《联合声明》所作的承诺。两国领导人对双方在政治、安全、防务、经济、贸易、旅游、农业渔业、能源、矿业、社会文化、卫生、教育及其他领域开展合作与对话所取得的进展表示满意，并重申中菲关系正处于伙伴关系的黄金时期。双方也认为中菲关系的发展给两国和两国人民带来实实在在的利益，为促进本地区的和平、稳定与繁荣作出积极贡献。两国领导人同意进一步深化中菲致力于和平与发展的战略性合作关系。两国外交部着手制定共同行动计划，对两国各领域战略性合作进行规划。双方同意该共同行动计划应与两国各自的发展战略和区域合作进程保持一致。双方认为，根据目前双边贸易的增长速度，对在 2010 年前实现 300 亿美元贸易额目标表示乐观。双方同意进一步扩大双边贸易额、优化贸易结构、促进相互投资，并积极开拓经济合作的新领域。双方宣布：《中华人民共和国政府和菲律宾共和国政府关于扩大和深化双边经济贸易合作的框架协定》正式签署，中菲双边经贸合作将在未来 10 年不断加强。双方将进一步推动在农业、渔业、公共工程与基础设施、住房、矿业、能源、制造业、纺织与服装、工业园与经济开发区、旅游、远程教育、集装箱检查设备和贸易促进等方面的合作。双方承诺在涉及国家主权和领土完整的重大问题上相互理解、相互支持。菲律宾重申坚持一个中国政策，支持中国政府为实现国家统一所作的努力，支持并赞赏中国为和平解决台湾问题所作的努力。双方同意进一步加强在东盟—中日韩、东盟地区论坛、东亚峰会、亚太经合组织、亚欧会议、联合国、世界贸易组织及其他地区和多边场合中的协调与配合。

（二）中菲经贸关系有新发展

随着中国—东盟自由贸易区建设的日益推进，中菲经济贸易关系日益紧密。据中国商务部统计，2007 年上半年，中国在菲新签承包工程合同额 1.87 亿美元，完成营业额 1.92 亿美元。至 2007 年 6 月，中国在菲共签承包劳务合同额 29 亿美元，完成 14.7 亿美元。全年双边贸易大幅增长，中国驻菲律宾大使馆的数据显示，2007 年中菲贸易额创下历史新高，达到 306.2 亿美元，比上年增长 30.8%。

相互投资方面，据中国商务部统计，2007 年菲对华直接投资新增 46 项，合同金额 1.6 亿美元，实际投资 0.94 亿美元。截至 2007 年 6 月，菲累计在华投资项目 2569 个，合同外资金额 55.9 亿美元，实际使用外资 23 亿美元。中方在菲设立企业 23 家，累计实际投资 2256 万美元，投资涉及农业、矿业、纺织、机电加工等领域。2007 年 1 月，中国国务院总理温家宝访菲期间，两国政府签署《关于扩大和深化双边经济贸易合作的框架协定》，为两国未来经贸合作明确了方向，中菲双边经贸合作面临更大的发展机遇。2007 年，菲律宾已成为中国内地的第 19 大贸易伙伴，是中国内地在东盟的第 4 大贸易伙伴；中国内地是菲律宾的第 3 大贸易伙伴，加上香港和台湾，已成为菲律宾的第一大贸易伙伴。中菲贸易的快速增长直接得益于两国友好关系的不断加强。近几年两国领导人频繁互访，极大地促进了中菲两国在各个领域的全方位合作。但应该指出的是，随着中菲双边贸易的快速发展，贸易不平衡问题进一步突出，两国贸易中进出口商品的结构也有待优化。

（三）中菲经济、军事、文化等领域交流频繁，势头良好

2007 年 9 月 2～6 日，中国中央军委副主席、国务委员兼国防部长曹刚川上将率团对菲律宾进行正式访问。访菲期间，曹刚川先后会见总统阿罗约、众议长德贝内西亚、国防部长特奥多罗、总参谋长埃斯伯隆，并与菲国防部签订价值 1500 万人民币的军援协议。

中菲文化及教育交流不断，内容广泛，效果令人满意。进一步实施“中国走进课堂”的活动，增进菲律宾青少年对中国文化与历史的了解，2007 年 2 月 15 日，菲律宾中学生第四届“中国走进课堂”——中国知识竞赛半决赛及决赛在首都大马尼拉奎松市举行。此次比赛由中国驻菲律宾使馆牵头，联合菲律宾首都地区教育局和菲律宾华教中心共同主办，比赛内容包括中国历史、文化、地理、时事、中菲关系等方面。14 所中学参赛，每校 100 人。2007 年 2 月 24 日，由中国驻菲律宾使馆、马尼拉市政府、菲华各界联合会、菲华青年学会等单位共同主办的第 7 届菲中传统文化节在菲律宾首都马尼拉市举行。数千名菲律宾民众参加节日活动。2007 年 12 月 27 日，中国驻菲律宾大使宋涛拜会菲教育部部长拉布斯先生，双方就加强中菲两国教育交流与合作进行深入交谈。宋大使向拉布斯部长详细介绍中国政府高度重视教育和人才培养方面的情况后指出，中国非常重视中菲教育交流与合作。为此，他建

议：(1)在菲主流社会的中、小学校中创建一所中菲友谊学校，中方可帮助建立学校图书馆或提供电脑等教学设备。(2)双方可互派教师到对方学校任教，中方可派教师来菲教授汉语，菲方可派教授去华教授英语。(3)开展中小学交流联谊活动。拉布斯部长对此表示赞同，计划在菲律宾中小学开设汉语课程，并表示菲教育部将与中国大使馆保持密切联系，就具体项目进行探讨。

三、2008年中菲关系展望

2008年的中菲外交关系、经济合作和文化交流将继续朝着良性方向发展，两国贸易额将继续增长。

（黄耀东）

中国与新加坡关系

一、两国关系发展的历史回顾

中新两国关系源远流长。至少从两汉起便有了交通、贸易和友好往来。中国从两汉直至清朝，历代的正史和其他古籍，不但记录有中国与新加坡之间的交通、贸易和邦交关系的史料，而且还记录有关古代新加坡的详细史料。在新加坡，曾发现有两汉至明清的历代中国的陶瓷和钱币。根据史料记载和考古发现，中新两国和两国人民的交往已有上千年的历史。

中华人民共和国建立后，由于受到世界格局的影响和中新两国所处的不同条件的制约，两国关系发展缓慢。1971年，在第26届联合国大会上，新加坡投票赞成恢复中国在联合国的合法席位，两国关系得到逐步改善和不断发展。1976年5月，新加坡总理李光耀首次访华，1980年11月、1985年9月、1988年9月，李光耀又先后3次以总理身份访华。新加坡其他重要领导人拉贾拉南、吴庆瑞、王鼎昌、吴作栋等也先后多次访华。中国国家领导人邓小平、赵紫阳分别于1978年和1981年访问新加坡。1990年10月3日，中国外交部长钱其琛和新加坡外交部长黄根成在纽约签署《中华人民共和国政府和新加坡共和国政府关于建立外交关系的联合公报》。中国与新加坡建交以来，双边关系不断发展，高层次互访频繁，两国互为重要的经贸合作伙伴。

（一）双边政治关系回顾

1990年10月3日中国与新加坡建交，两国领导人对发展两国关系极为重视，高层次互访频繁，双方开展积极对话，各领域交流与合作发展顺利，两国关系进一步发展。这一年，新加坡总理李光耀访问中国。

1991年新加坡总统黄金辉访问中国。

1992年新加坡总统黄金辉访问中国。同年7月，新加坡内阁资政李光耀率领由150名企业家组成的庞大代表团访问中国。

1993年4月，新加坡总理吴作栋访问中国。

1994年2月，新加坡总理吴作栋访问中国，中新双方签署合作开发苏州工业园区协议。同年11月，中国国家主席江泽民访问新加坡，双方签署一些合作协议，促进了两国间的政治关系。

1995年5月，新加坡总理吴作栋访问中国；8月，新加坡总统王鼎昌访问中国。

1997年4月27日至5月3日，新加坡总理吴作栋访问中国，双方签署《中新民事与商业事项司法支援条约》和《码头服务协定》。

1999年6月28日，中新双方签署《关于苏州工业园区发展有关事宜的谅解备忘录》；11月29日，中国国务院总理朱镕基对新加坡进行访问，与新加坡总理吴作栋进行会谈，双方就如何进一步深化双边合作提出以下看法：保持高层互访势头，进一步增加各部门之间的往来；进一步深化经贸合作；积极探索在金融领域的合作；继续开展人员培训等。

2000年4月，新加坡总理吴作栋对中国进行正式访问，中新两国政府在北京发表面向21世纪的《中华人民共和国政府和新加坡共和国政府关于双边合作的联合声明》。5月，新加坡前总统王鼎昌对中国进行私人访问。6月，新加坡内阁资政李光耀对中国进行工作访问。10月，新加坡副总理李显龙对中国进行正式访问，与李岚清副总理共同主持苏州工业园区中新联合协调理事会第五次会议。12月，新加坡内阁资政李光耀访问香港，并对深圳进行私人访问。10月3日是中新两国建交10周年，双方举行一系列庆祝活动。两国总理和外长分别互致贺电。11月，中国国务院总理朱镕基在新加坡出席东亚领导人非正式会晤期间会见新加坡总理吴作栋和新加坡内阁资政李光耀。

2001年6月，中新双方举行苏州工业园成立7周年庆祝活动，新加坡内阁资政李光耀出席有关活动并对中国进行非正式访问。8月，新加坡贸工部长杨荣文率经贸考察团访华。9月，新加坡总统纳丹对中国进行国事访问。10月，新加坡总理吴作栋出席上海APEC领导人非正式会议，并与中国国家主席江泽民举行双边会晤。11月，中国全国政协主席李瑞环对新加坡进行正式友好访问。

2002年4月，中国国家副主席胡锦涛对新加坡进行正式访问，与新加坡总理吴作栋就加强两国在高科技、中国西部开发、中国企业“走出去”和人才交流等四个重点领域合作达成共识。5月，中国国务院副总理李岚清访问新加坡，并与新加坡副总理李显龙共同主持苏州工业园区中新联合协调理事会第六次会议；9月，新加坡内阁资政李光耀对中国进行工作访问。

2003年11月，新加坡总理吴作栋对中国进行访问，中新双方决定将新加坡参与振兴中国东北等老工业基地增列为新的合作重点。

2005年5月17日，中国全国人大常委会委员长吴邦国对新加坡进行正式友好访问，与新加坡领导人就双边关系和共同关心的其他问题深入交换意见，出席中新经贸合作论坛开幕式并发表主旨演讲。吴邦国提出进一步推动中新两国经贸合作的四项建议：第一，进一步加强经贸合作的基础；第二，充分发挥企业在经贸合作中的重要作用；第三，积极开辟经贸合作的新增长点；第四，继续加强在多边贸易合作中的协调与配合。目标是要在2010年使双边贸易额突破500亿美元。9月19日，中国国务院副总理吴仪对新加坡进行正式访问。9月20日，新加坡总理李显龙会见吴仪，双方强调要进一步拓展两国在各领域的交流与合作，不断深化中新友好合作关系。同日，吴仪与新加坡副总理黄根成共同主持中新双边合作联委会第二次会议。双方签订两国在人力资源、培训、质检等领域开展合作有关文件，共同出席中新经贸合作网站开通仪式。吴仪就如何推进两国重点领域合作提出了具体设想和建议。第一，继续扩大高科技合作，加强双方在信息通信技术、微电子和纳米电子技术、纳米材料、制造技术等领域的合作。第二，欢迎新方参与西部大开发和振兴东北等老工业基地战略，发挥管理、人才、投资优势，积极参与中国国有企业改组、改造和基础设施、矿产、生态保护和农牧业加工等项目，为中国有实力的企业开拓海外市场提供支持。第三，继续本着互利、互惠的原则，为双方企业合作搭建更多、更广的平台。第四，继续加强人才交流与培训。黄根成对吴仪提出的上述建议作出积极回应，强调新方愿不断密切新中双边关系，拓展合作领域，充实内容，在全球化的发展中相互促进，共同发展。10月24日，新加坡政府总理李显龙对中国进行正式访问。中国领导人胡锦涛、温家宝、吴邦国、贾庆林分别与李显龙进行会晤。李显龙表示，新中建交15年来，两国关系深入发展，经贸、文化等各领域的合作富有成果。这些成果为进一步深化双方合作奠定了基础。新加坡相信中国的改革开放会取得进一步成功，欢迎中国的和平发展。新方愿与中方共同努力，加强经贸、文化、教育等各领域的合作，推动新中关系不断取得新进展。新方和东盟其他各国愿与中方密切联系，共同推进东亚地区的多层次合作。李显龙重申，新加坡坚定奉行一个中国政策，反对“台独”。

2006年中新两国在各个领域的交流与合作都取得长足发展。应中国政府邀请，新加坡国务资政吴作栋于4月12日，新加坡内阁资政李光耀于5月10日分别对中国进行访问。8月21日，新加坡副总理黄根成对中国进行正式访问。两国成功召开中国—新加坡双边合作联合委员会第三次会议和苏州工业园区中新联合协调理事会第八次会议。两国领导人一致同意继续本着相互尊重、平等互利的原则，推动中国与新加坡友好互利合作关系再上一个新台阶。双方同意在中国—东盟自由贸易区建设的框架下启动中新自由贸易区谈判。10月25日，新加坡总理李显龙在接受中国主要新闻媒体联合采访时说，东盟与中国建立对话关系15年来，双方在各领域的友好合作取得了积极进展。东盟与中国友好关系的全面发展不仅有利于整个地区，也有利于世界。作为东盟一员，新加坡将继续致力于推动这一关系不断向前发展。10月26日，新加坡总理李显龙访问中国，期间他先后访问广州和成都，并出席10月30日至11月3日在广西南宁举行的中国—东盟建立对话关系15周年纪念峰会、中国—东盟商务与投资峰会和第三届中国—东盟博览会。10月30日，中国国务院总理温家宝在南宁会见新加坡总理李显龙。新加坡派出包括44家公司的商贸代表团参加第三届中国—东盟商务投资峰会和中国—东盟博览会。10月26日，中国—新加坡自由贸易区第一次谈判会议在北京正式召开。双方就自由贸易区谈判机制、范围和时间安排等问题深入交换了意见，标志着中国—新加坡自由贸易区的谈判进程正式拉开序幕。

（二）迅速发展的经贸关系

中国和新加坡经贸合作关系发展迅速。1979年12月，新加坡与中国签订贸易协定。1999年10月，中新签署经济合作和促进贸易与投资的谅解备忘录，建立两国经贸磋商机制。双方还签署促进和保护投资协定、避免双重征税和防止漏税协定、海运协定、邮电和电信合作协议、成立中新双方投资促进委员会协议等多项经济合作协议。新加坡与中国山东、四川、湖北、浙江、辽宁等省分别建有经贸合作机制。

中新双边贸易持续增长。据中国海关统计，1990年中新两国建交时的双边贸易额仅为28亿美元，到2000年时已突破100亿美元；2006年中国与新加坡的贸易总额408.5亿美元，其中中方出口231.8亿美元，进口176.7亿美元。

相互投资规模不断扩大。至2002年底，中国共批准新加坡来华投资项目1.07万个，合同外资金额401.6亿美元，实际使用金额215亿美元。至2006年底，新来华投资项目1.56万个，实际投资金额300亿美元。以实际使用外资金额计，新加坡是中国外资第七大来源地。新加坡在中国投资领域主要是从早期的房地产开发、餐饮、旅馆到近年来的基础设施、医药卫生、农产品生产加工、机械制造、电力、海运、金融等行业。中新两国间重要的合作项目有苏州工业园、无锡工业园、上海三林城住宅开发项目、大连港集装箱码头等。其中苏州工业园区是中新政府间最大的经济合作项目。

中国企业赴新加坡建立独资、合资机构不断增加。至2005年底，经中国商务部备案的在新中资企业约

220 家，投资金额约 2.43 亿美元。中国对新加坡的投资广泛分布于新加坡建筑、运输、金融、航空、海洋、贸易以及石油等各个行业。

中国企业赴新加坡上市融资继续保持良性发展。至 2005 年底，已有 90 家中资或有中资背景的企业在新加坡交易所上市，总市值约 160 亿新元（约合 98 亿美元），累计融资额约 26.4 亿新元（约合 16.2 亿美元）。

新加坡是中国在海外重要的承包工程和劳务合作市场。至 2005 年底，中国企业在新加坡共签订承包工程和劳务合作合同总额 122 亿美元，完成营业额 105.9 亿美元。其中，承包工程签约总额 77.4 亿美元，完成营业额 55.5 亿美元；劳务合作签约总额 44.6 亿美元，完成营业额 50.4 亿美元。

（三）文化、科技、教育等方面的交往与合作

中新两国在人才培训领域的合作十分活跃，主要项目有中国赴新加坡经济管理高级研究班、中国市长赴新研讨班、中共中央党校中青年干部培训班赴新考察、两国外交部互惠培训项目等。2001 年起，新加坡定期派中高级官员团访华。2004 年 5 月，双方决定成立中国—新加坡基金，支持两国年轻官员的培训与交流。

在科技交流方面，1992 年两国科技部门签署科技合作协定，次年建立中新科技合作联委会。1995 年成立中国—新加坡技术公司，1998 年设立中新联合研究计划，合作项目共计 18 个。2003 年 10 月，中国科技部火炬中心驻新加坡代表处正式挂牌成立。

1999 年，两国教育部签署教育交流与合作备忘录及中国学生赴新加坡学习、两国优秀大学生交流和建立中新基金等协议，中国 15 所高等院校在新加坡开办 20 个教育合作项目。2007 年中国在新加坡留学人员达 3 万余人。

在文化方面，1996 年中新两国文化部签署文化合作谅解备忘录。2006 年，两国政府签署文化合作协定。实施项目每年逾 200 项。双方在文化艺术、图书馆、文物等领域的交流与合作不断深入。此外，两国在卫生、旅游、宗教事务、交通运输等方面也有密切交流与合作。

二、2007 年的中国与新加坡关系

中国与新加坡的关系已经步入成熟发展阶段。政治领域，中新双方高层往来频繁，彼此互信不断增强。2007 年 7 月 9 日，中国国务院副总理吴仪对新加坡进行访问，并与新加坡副总理黄根成共同主持中新双边合作联合委员会第四次会议。双方分别签订出入境卫生检疫合作谅解备忘录、关于借鉴运用新加坡园区管理经验开展中西部开发区人才培训合作的谅解备忘录、关于中国市长研讨班项目的谅解备忘录、关于在城镇环境治理和水源综合利用领域开展交流与合作的谅解备忘录、关于对所得避免双重征税和防止偷漏税的协定等 5 项协议，为双方在多个领域的合作加强基础。新加坡总理李显龙于 7 月 10 日会见吴仪副总理。新加坡国务资政吴作栋年内 4 次访问中国。11 月 14 ~ 17 日，新加坡内阁资政李光耀访问中国。11 月 18 ~ 22 日，中国国务院总理温家宝对新加坡进行正式访问，11 月 18 日，温家宝总理与新加坡总理李显龙举行会谈，两国总理就进一步加强两国互利合作达成多项重要共识，一致同意重点推进以下领域的工作：(1)保持高层交往势头，及时就双边和重大国际及地区问题交换意见。(2)充分发挥副总理级双边合作联委会和其他磋商机制的作用，全面规划和推进各领域的合作。(3)开展务实合作，提高两国经贸合作水平。双方将把各自发展战略同两国经贸合作紧密结合在一起，不断拓宽合作领域，创新合作方式。双方还将探讨以多种方式共同开拓第三方市场，参与国际合作与竞争。(4)加强人力资源合作，积极落实中新人才交流与培训合作协议，扩大中新基金培训规模。(5)尽快启动“生态城市”项目实质性合作，使之成为两国合作的新亮点。(6)本着灵活务实、互谅互让的态度推进中新自由贸易区谈判。(7)建立防务政策对话机制，加强在国际和地区事务中的协调与配合，共同推进东亚合作进程。会谈后，两国总理共同签署中新两国政府关于在中国天津建设生态城的框架协议，并为新中教育基金会纪念牌揭幕。

在经贸领域，中新经贸合作持续快速发展。新加坡是中国在东盟国家中最大的贸易和投资伙伴。据新加坡统计，2007 年中新双边贸易进出口总额为 607.5 亿美元，比上年增长 7.4%，其中新加坡自中国进口 318.5 亿美元，增长 11.16%，新加坡对中国出口 289.0 亿美元，增长 3.54%。中国超越美国成为新加坡第二大贸易伙伴，在新加坡对外贸易中的比重为 10.8%。

至 2007 年底，新加坡已经有超过 1600 家中资企业，在新加坡交易所上市的中国企业达 130 家，占新交所国外上市公司总数的 48.2%。

此外，两国在科教、文化、军事等方面的合作也不断拓展和深化。

三、2008 年中新关系展望

2008 年中新关系发展势头良好。新加坡明确表示支持北京奥运会，新加坡内阁资政李光耀专程参加 8 月 8 日举行的北京奥运会开幕式，新加坡总统纳丹于 8 月 12 ~ 16 日到北京观看奥运会比赛，为新加坡的奥运选手加油，8 月 15 日中国国家主席胡锦涛会见纳丹总统。由中国新加坡两国政府合作的中新天津生态城第一个建设项目——生态城服务中心动工，标志着中新生态城项目一期前期工程正式启动。中国与新加

坡的经贸关系将会更加紧密,相互交往更加频繁,年初以来,中国各地到新加坡举办招商引资等活动络绎不绝:2月1日,新加坡国际企业发展局与中国河北省唐山市签订合作框架协议,新加坡企业将在曹妃甸探索工业园开发与管理合作,并在城镇开发、环保产业、港口物流等方面对唐山提供产业技术和智力支持。2月29日,中国山东省烟台市在新加坡举办服务业重点项目推介会;4月1日,中国吉林省政府和新加坡中华总商会共同举办新加坡—中国吉林经贸合作交流会;4月10日,中国常州—新加坡双边投资贸易洽谈会在新加坡举办。中国与新加坡在服务贸易、人才培训、环保和水资源利用以及城镇建设等方面的合作将进一步加强。 (罗　梅)

中国与泰国关系

一、历史回眸:中泰友谊历久弥新

中泰交往已有2000年的历史,两国之间友好关系源远流长。

(一)古代中泰关系:兄弟般的情谊

据历史记载,早在西汉时,中国航船就到过泰国。东汉至隋唐时期,泰国境内的狼牙修国、堕罗钵底国和盘盘国等就一直与中国交往。唐代僧人义郎曾到过狼牙修国并被奉为上宾。狼牙修国、盘盘国均曾派使者到过中国。唐朝的大乘灯禅师也到过堕罗钵底国。隋炀帝曾派特使出使泰境内的赤土国,受到隆重礼遇,赤土国王子也回访过中国,受到隋炀帝的接见。宋元时期,泰国境内出现登流眉、罗角、真里富等国,它们都与中国宋元王朝有着友好交往的历史。宋末元初,泰国北部的素可泰国即暹罗国兴起后,1292~1303年,先后9次派遣使者访问中国。元朝也曾3次派出使者访问泰国。此后,泰国曾邀请中国制瓷工匠前往泰国传艺,并制造出畅销东南亚的精美瓷器。

明朝,恰是阿瑜陀耶王朝即暹罗王朝统一泰国的时代。这是中泰关系史上往来最为频繁的时期。在明朝统治的276年中,阿瑜陀耶王国派遣使臣来华访问计有112次,有时一年达6次。明朝也派遣使臣访问阿瑜陀耶王国19次。明朝三宝太监郑和曾两次出使暹罗国,受到友好款待,加深了中泰友谊。随着使节的往来,两国经贸与文化也频繁交流,华人到泰国经商,定居者逐年增多,有的华人还充当王国使臣的通事、副使,乃至正使。清朝200多年间,泰国的阿瑜陀耶王朝,继起的吞武里王朝和现今的曼谷王朝的前期,与清朝仍保持密切交往。这时,泰国对外贸易的主要对象是中国。曼谷王朝拉玛二世时,约有86%的泰国商品运往中国销售,进入泰国的中国商船也超过所有外国船舶的总量。在泰国境内从商的主要是华人。到拉玛三世时,移居泰国华人已近百万。

清朝末年,孙中山先生两次赴泰国,宣传民主革命思想,并在曼谷成立同盟会分会"中华书报社",得到旅泰华侨和泰国企业界的大力支持和帮助。辛亥革命后,中国希望同泰国建立邦交,先后多次派人赴泰商谈建交问题,但一直未果。二战爆发后銮披汶政府倒向日本,泰国后被日本占领。泰国抗日力量掀起"自由泰运动",与中国抗日力量相互配合。日本投降后,两国签署"中暹友好条约"。中华人民共和国成立后,中泰传统友谊得到恢复和发展。1975年7月1日,中泰两国正式建交。中泰两国发表的建交联合公报解决了两国间长期悬而未决的问题,表达了中泰两国发展友好关系的强烈愿望。从此,中泰关系史揭开新的篇章。

(二)新时期中泰关系:从互信走向务实

1. 高层互访逐渐增多

早在1975年建交前后,中泰两国关系中就存在过一些敏感而棘手的问题,其中中国对泰国最关注的是泰美关系和涉台问题,而泰国对中国最大的疑虑是担心中国利用华侨和泰国内反政府武装输出革命。针对这些问题,双方政府都根据形势的变化,形成新的战略共识,并采取明智而果断的措施,逐渐消除对方疑虑,为双边关系的顺利发展扫清障碍。中泰双方高层的接触最早是在1955年万隆会议上,泰国旺亲王在会议上同周恩来总理的接触,对新中国有了初步了解。此后虽然双方有所联系,但受到当时国际环境束缚,始终未

泰国商业部部长率*MOC*贸易代表团参观云纺商业区　(原载《湄公河》)

能正式建交。后来中美关系解冻，东南亚形势也发生变化，中泰之间官方经过一段时间的秘密接触后，泰国总理克立·巴莫亲王访华。周恩来总理在医院的谈话，使克立·巴莫亲王对中国永远不称霸的国策有了切实的了解，而毛泽东主席关于共产党不可怕，而真正可怕的是贫穷的坦率谈话，使这位泰国总理对毛泽东乃至对中国共产党都有了新的认识和评价。

1975 年 7 月 1 日，中华人民共和国国务院总理周恩来和泰王国总理克立·巴莫亲王签署中泰历史上第一份联合公报——《中华人民共和国和泰王国关于建立外交关系的联合公报》。两国政府在公报中重申，只有一个国家的人民才有权选择他们自己的政治、经济和社会制度，而不应受到外来干涉。两国政府深信，中华人民共和国和泰王国政治、经济和社会制度的不同不应妨碍按照互相尊重主权和领土完整、互不侵犯、互不干涉内政、平等互利和和平共处的原则发展两国和两国人民之间的和平友好关系。两国政府同意奉行发展彼此间的贸易、经济和文化关系的政策。

此后，两国先后签署《中华人民共和国和泰王国关于21 世纪合作计划的联合声明》(1999 年 2 月)、《中国与泰国联合公报》(2001 年 8 月)等。

1975 年泰国总理克立·巴莫亲王访华，并与毛泽东主席会面。1978 年邓小平副总理访问泰国。中国其他领导人李先念、杨尚昆、李鹏、朱镕基、乔石、李瑞环以及中国人民解放军总参谋长、陆海空三军司令和其他部门的领导人先后访问泰国。1989 年 10 月泰国总理差猜访华，邓小平在会见他时指出："中泰关系是不同社会制度国家之间友好合作的典范。"泰国政局虽然几经变动，但两国关系没有也不会因两国国内情况变化而受到影响。事实上，中泰关系不仅没有因国内外形势变动而受到损害，反而一直稳步发展，两国关系正在多层次多领域不断深入展开。1999 年 9 月，江泽民主席访问泰国。1999 年 2 月 5 日，中国外长唐家璇同泰国外长素林在曼谷正式签署《中华人民共和国和泰王国关于21 世纪合作计划的联合声明》。这是继中泰建交联合公报后两国间第二个重要外交文件，是中泰两国在双边关系 20 多年来健康发展的基础之上为新世纪的互利合作所规划的蓝图，为中泰关系揭开新的篇章。声明为两国关系在新世纪的发展指明方向，确定框架，增添新的内涵，在中泰关系史上起到承前启后，继往开来的重要作用。2000 年，泰国诗丽吉王后代表普密蓬国王对中国进行访问。哇集拉隆功王储、诗琳通公主、朱拉蓬公主和王姐等王室成员多次访华，历任总理、国会主席和军队领导人亦曾访华。

2003 年，中国国家主席胡锦涛访问泰国。访问期间，两国签订关于成立贸易、投资和经济合作联合委员会的协定、关于建立两国外长磋商机制的协议以及在其他领域加强合作的一系列文件。中泰两国在国际和地区事务中的合作也不断得到加强。

2004 年，诗琳通公主(2 月)、乌汶叻公主(4 月)和朱拉蓬公主(10 月)先后访华，诗琳通公主来京出席亚洲教育北京论坛(8 月)。他信总理来华出席亚洲合作对话第三次外长会开幕式(6 月)和亚洲政党国际会议(9 月)，探玛拉副总理(3 月)、上议长素春(4 月)、差瓦利副总理(7 月)、乍都隆副总理(12 月)相继访华。素拉杰外长先后来华出席云南—泰北合作工作小组首次会议和亚洲合作对话第三次外长会。中国中央军委副主席、国务委员兼国防部长曹刚川(3 月)、全国人大副委员长李铁映(5 月)、国务委员唐家璇(10 月)访泰。

2005 年，中国国家主席胡锦涛(4 月)、国务院总理温家宝(12 月)分别在印尼雅加达出席亚非峰会和吉隆坡出席中国与东盟领导人系列会议期间与他信总理会晤；吴仪副总理访泰并主持召开中泰经贸联委会第二次会议(9 月)；全国人大常委会王兆国副委员长(11 月)、顾秀莲副委员长、全国政协王忠禹副主席(12 月)访泰；中共中央政治局委员、书记处书记、中宣部部长刘云山访泰(11 月)；中国人民对外友好协会会长陈昊苏赴泰出席建交 30 周年庆祝活动(12 月)；外交部长李肇星赴泰出席关于建立海啸预警区域合作部长级会议(1 月)。这一年，泰国总理他信也正式访华并赴昆明出席大湄公河次区域经济合作第二次领导人会议(6 ~ 7 月)，来华出席博鳌亚洲论坛首届企业家峰会(11 月)；诗琳通公主三次访华(4 月、7 月、11 月)；泰国会主席、上议长、多位副总理、外长分别访华。

2006 年，诗琳通公主、朱拉蓬公主、泰国前总理差瓦利访华。同年 10 月 31 日，中国国务院总理温家宝在南宁会见前来出席中国—东盟建立对话关系 15 周年纪念峰会的泰国总理素拉育。温家宝说，泰国是中国的友好邻邦和重要合作伙伴。中国政府高度重视同泰国的关系，愿一如既往地推动中泰友好关系不断向前发展，为造福两国人民和促进本地区的平与发展做出新贡献。温家宝表示，为深化传统友谊，促进全面合作，中方愿与泰方加强高层交往，全面制定两国战略性合作行动计划，推动经贸合作取得更多实质成果。他还希望双方尽快商签教育合作协定，进一步扩大文化和旅游合作。素拉育说，泰中友好深入人心，双方交往密切，泰国人民视中国为真诚的朋友。泰国将继续坚定地奉行对华友好政策，不断深化两国战略性合作。泰方希望进一步挖掘两国经贸合作潜力，同时加强两国交通运输联系，为扩大双边贸易和人员往来创造更好的条件。

2. 经贸领域合作日益密切

1985 年两国成立部长级经贸联委会。2003 年 6 月，两国决定将经贸联委会升格为副总理级。两国签订的重要经贸文件有海运协定及两个补充议定书

(1979年)、民用航空运输协定和对方全权证书(1980年)、促进和保护投资协定(1985年)、避免双重征税和防止偷漏税协定(1986年)、贸易经济和技术合作谅解备忘录(1997年)、双边货币互换协议(2001)等。2003年10月,两国在中国—东盟自贸区框架下实施蔬菜、水果零关税安排。

在双边贸易方面,建交初期中泰两国贸易额仅为2500万美元。2006年,双边贸易额达到277.3亿美元,比上年增长27.1%。其中中国向泰国出口97.6亿美元,进口179.7亿美元,分别增长24.9%和28.4%,中方逆差82.1亿美元。泰国是中国在东盟国家中第三大贸易伙伴。互相投资方面,2005年泰国在华投资占中国吸收外资总量的比重很小,在华投资企业总体投资规模也比较小。2006年泰国对华直接投资项目增至108个,实际投资1.45亿美元,比上年增加51%。截至2006年底,泰国在华投资项目3792项,实际投资29.7亿美元。中国企业在泰直接投资累计达2.55亿美元。承包劳务方面,泰国是中国在海外的传统承包工程市场。2006年,中国公司在泰国新签承包工程、劳务合作和设计咨询合同金额10.67亿美元,完成营业额6.34亿美元。其中承包工程、劳务合作新签合同额分别为10.59亿美元和0.04亿美元,分别完成6.25亿美元和0.07亿美元。截至2006年底,中国在泰共签订承包工程、劳务合作合同47.9亿美元,累计完成营业额25.8亿美元。其中承包工程累计签订合同额45.6亿美元,完成营业额24.2亿美元。劳务合作签订合同额2.1亿美元,完成1.5亿美元。

3. 两国科技、文化、卫生、教育、体育、司法、军事等领域的交流与合作稳步发展

双方签署科技合作协定(1978年)、旅游合作协定(1993年)、引渡条约(1993年)、民商事司法协助和仲裁合作协定(1994年)、文化合作谅解备忘录(1996年)、卫生医学科学和药品领域合作谅解备忘录(1997年)、关于高等教育合作谅解备忘录(1999年)、关于加强禁毒合作的谅解备忘录(2000年)、文化合作协定(2001年)、刑事司法协助条约(2003年)、全面开放中泰国际航空运输市场的秘密谅解备忘录(2004年)、环境保护合作谅解备忘录(2005年)等。两国军方也长期保持友好交往,领导人经常互访,军事院校定期互换学员培训。2001年,两国国防部建立年度防务安全磋商机制。此外,双方还成立中泰科技合作联委会(1978年)、泰中友好协会(1976年)、中泰友好协会(1987年)。两国还缔结15组友好城市和省府:北京市—曼谷市;上海市—清迈府;云南省—清莱府;河南省—春武里府;昆明市—清迈市;烟台市—普吉府;南宁市—孔敬市;葫芦岛市—碧武里市;广西壮族自治区—素叻他尼府;山西省—素可泰府;梧州市—尖竹汶府;海南省—普吉府;柳州市—罗勇府;北海市—合艾市;潮州市—曼谷市。

二、2007年的中泰关系

(一)两国高层互访不断

2007年1月22日下午,中国国家副主席曾庆红在人民大会堂会见来访的泰国陆军总司令颂提。曾庆红说,泰国是中国的友好邻邦和重要合作伙伴。中国政府高度重视同泰国的关系,愿一如既往地推动中泰友好关系不断向前发展,为造福两国人民和促进本地区的和平与发展做贡献。颂提说,泰国政府和军队高度重视对华关系,将继续致力于与中国发展在各领域的战略性合作。

2007年2月27日至3月1日,应泰王国政府邀请,中国国务委员唐家璇对泰王国进行工作访问。泰国国王普密蓬·阿杜德、总理素拉育·朱拉暖会见唐家璇,宾主就加强中泰友好合作关系和共同关心的问题交换意见,并取得广泛共识。唐家璇还出席中国政府向泰国王山地计划提供800万元人民币无偿援助的互换照会仪式。

2007年4月3日,全国人大常委会委员长吴邦国在人民大会堂会见来访的泰国公主诗琳通。吴邦国说,中泰关系非常密切,互利合作卓有成效,人民友谊日益增强。这是中泰双方共同努力的结果,也是与泰国王室的关心、支持和参与分不开的。他还积极评价诗琳通公主为中泰关系发展所做的大量工作。诗琳通表达对中国人民的深厚感情,说每次访华都亲身感受到中国发生的新变化,感到由衷高兴。她表示,将继续学习和研究中国的文化以及经济社会发展经验,向泰国人民介绍发展中的中国,永远做泰中友好的使者。

2007年5月28日,国务院总理温家宝在人民大会堂同泰国总理素拉育举行会谈。温家宝表示,中泰是友好邻邦。两国建交32年来,始终在和平共处五项原则基础上发展双边友好合作关系。中泰关系堪称睦邻互信的典范。温家宝说,中泰关系的发展一直走在中国与东盟国家关系的前列。1999年,中泰率先签署《关于21世纪合作计划的联合声明》。此次两国又率先签署《中泰战略性合作共同行动计划》,为未来双边合作确定了具体目标。这不仅再次展示了日益密切的中泰关系,也将对中国与东盟其他国家的关系产生积极的影响。素拉育表示,泰国王室、政府和人民对中国政府和人民满怀友好感情,泰中两国亲密无间。此访期间,两国签署《泰中战略性合作共同行动计划》,显示双方加强战略性全面合作的共同愿望,希望两国有关部门加强协作,落实行动计划,促进泰中友谊与合作。素拉育赞同温家宝关于推进两国战略性合作的建议,表示泰方愿加强双方各级别的交往,增进人民间的友谊;不断扩大深化双方在经贸等领域的合作,实现两国联委会第二届会议设定的贸易、投资、旅游发展目

标;加强与中方在科技、交通、航运、物流等领域的合作,欢迎中方有实力的企业参与泰国内公路、铁路和工业区建设,密切两国企业间的互利合作。

2007年5月28日下午,中国国家主席胡锦涛在人民大会堂会见泰国总理素拉育。双方进行亲切友好的谈话。胡锦涛高度评价中泰关系,赞赏泰国王室和政府一贯重视发展中泰关系,坚持一个中国政策。胡锦涛说,中泰建交32年来,在和平共处五项原则基础上,双方真诚相待,彼此信赖,风雨同舟,密切合作,两国关系健康深入向前发展。中泰友好已成为两国和两国人民共同的宝贵财富,堪称中国同周边国家和睦相处、互利合作的典范。胡锦涛指出,中国一贯视泰国为亲密的朋友和可信赖的合作伙伴,一贯尊重泰国人民自主选择的发展道路。无论国际形势和两国国内情况发生什么变化,我们坚持中泰友好的方针都不会改变。胡锦涛表示,《中泰战略性合作共同行动计划》的签署,是双方为深化两国关系采取的重大举措,为新世纪中泰关系的发展注入了新的活力和动力。希望双方密切配合,认真落实文件提出的各项任务,推动中泰全方位、宽领域、多层次的交流合作,早见成效、早日惠及两国和两国人民。素拉育说,建交32年来,泰中两国建立了特殊的友好亲密关系,堪称泰中一家亲。泰国政府感谢中国政府对泰方一贯给予的支持与理解,愿以签署《泰中战略性合作共同行动计划》为契机,加强与中方的战略性关系,深化两国在各领域的互利合作,使泰中友好合作取得更加丰硕成果。素拉育重申,泰国政府将继续坚持一个中国政策。素拉育还高度赞赏中国在国际和地区事务中发挥的建设性作用,表示愿进一步密切与中方的协调与合作关系。

(二)双边贸易与投资上新台阶

2007年中泰贸易额达346.3亿美元,比上年增长24.9%,其中中方出口119.7亿美元,进口226.6亿美元,分别增长22.6%和26.2%。泰国是中国的第14大贸易伙伴,中国是泰国的第3大贸易伙伴。双向投资方面,截至2007年底,中国批准泰国在华投资项目3871个,实际使用外资金额30.6亿美元,其中2007年新批投资项目79个,实际使用外资金额8948万美元。与此同时,中国对泰国的投资也有较大增长,截止2007年底,中国企业对泰非金融类直接投资总额3.1亿美元,其中2007年投资额7335万美元。承包工程与劳务合作方面,截至2007年底,中国企业在泰国签订承包工程、劳务合作和设计咨询合同金额56亿美元,完成营业额31.1亿美元。其中2007年新签合同额8.2亿美元,完成营业额5.3亿美元。从已承揽项目看,国有大型建筑企业仍是开展业务的中坚力量,同时民营、股份制企业也逐渐成为当地市场新生力量。

中泰果蔬零关税取得实实在在的成果。中泰两国在蔬菜水果贸易方面互补性很强,果蔬零关税安排实施以来,中泰果蔬贸易增长势头迅猛,取得互利双赢的可喜成绩。自2003年10月实施中泰蔬菜水果贸易零关税至2007年底,中国对泰蔬菜水果出口额5亿美元,其中,蔬菜2.6亿美元,水果2.4亿美元;中国自泰蔬菜水果进口额24亿美元,其中,蔬菜16亿美元,水果8亿美元。中国出口泰国主要蔬菜品种为香菇、萝卜、胡萝卜、大蒜、大葱、洋葱、土豆等,出口水果和干果类主要品种为苹果、梨、砂糖橘、水蜜桃、柿子、白果、红枣和板栗等;从泰国进口的蔬菜主要是木薯类产品,进口水果主要品种为榴莲、山竹、火龙果和鲜龙眼、龙眼干等。

(三)文化和军事合作稳步进行

2007年7月,中泰陆军特种作战分队在中国广州举行"突击—2007"联合训练,这是中国人民解放军首次与外军举行陆军联合训练。

2007年4月3日,中国北京外国语大学与泰国皇太后大学签署协议,今后双方将共同培养中泰语言文化交流和翻译方面的高级人才。同日,中泰语言文化学院在北京外国语大学成立。

三、2008年中泰关系展望

2008年,中国和泰国在外交方面将稳定发展,文化、教育等交流合作将在原来良好基础上稳步进行,而在双边贸易与合作方面则将同步提高。 (黄耀东)

中国与越南关系

一、两国关系的历史回顾

中越关系源远流长。《尚书·尧典》已有"申命羲叔,宅南交"的记载。公元前214年,秦始皇平岭南,在岭南设三郡,其中象郡范围到达今越南境内。秦末,南海尉赵佗并象郡,建南越国。汉武帝平南越后,分秦三郡为九郡,其中交趾、九真、日南三郡均位于今越南境内。

此后,越南又归东汉、吴、晋、宋、齐、梁、隋、唐各朝管辖。10世纪中叶,越南脱离宋朝独立。越南历经丁、前黎、李、陈、胡、后黎、阮各朝皆与宋、元、明、清保持朝贡关系。明永乐至宣德年间,越南又曾内属明朝直接管辖。1884年5月,清政府与法国签订《中法简明条约》,清政府承认越南受法国保护,中越"宗藩"关系结束。国民政府成立后,亦希望越南能够自由独立。1945年,日本法西斯投降时,国民政府曾派军队赴越南接受日本投降。1945年9月2日,越南宣布独立。1949年中华人民共和国建立后,率先宣布承认胡志明主席领导的越南民主共和国。此后,中国大力援助越南人民抗法、抗美斗争。20世纪70年代,中越关系恶化。1991年11月,中越关系回复正常化,两国友好合作关系日益发展。

二、2007 年中国与越南关系

2007 年的中越关系可以概括为：稳定的两国政治关系不变，双边经贸关系发展迅猛，中越陆地边界勘界立碑工作取得重大进展，两国在文化、教育、旅游等领域的交流与合作进一步深化，香港、台湾与越南的经贸关系发展迅速，广西成为中越友好交流与合作的前沿重地的地位日益突出。

（一）两国政治关系持续稳定发展

2007 年，越南国会主席阮富仲、越南国家主席阮明哲、越南政府总理阮晋勇等先后访问中国。5 月 17 日，中国国家主席胡锦涛在同越南国家主席阮明哲会谈时，双方一致同意继续遵循“长期稳定、面向未来、睦邻友好、全面合作”的方针，推动中越关系向新的广度和深度迈进。胡锦涛还提出了把中越睦邻友好关系推上新台阶的五点意见：（1）保持两国高层和各级别友好交往，充分发挥两国双边合作指导委员会及各对口合作机制的作用，及时对两国关系发展中出现的新情况新问题进行沟通、协调和指导，确保两国关系健康稳定发展。（2）深化经贸和经济技术合作，提高合作水平。双方要密切配合，共同编制好经贸合作规划，进一步明确合作的重点领域和重点项目，加快“两廊一圈”建设进程；稳步扩大双边贸易，逐步改善贸易结构，提高贸易质量，在发展中实现双边贸易平衡发展；抓好重点项目合作，促进相互投资。（3）不断扩大两国人文交流，搞好人力资源培训，办好两党第三次理论研讨会和第八届青年友好会见活动，加大中越友好宣传力度，使中越友好更加深入人心。（4）从中越世代友好和两国关系发展的大局出发，妥善处理两国边界问题，维护边境地区和平稳定，为双方的改革、建设和发展营造良好周边环境。（5）加强在国际和地区事务中的协调配合，特别是在联合国、世贸组织、亚太经合组织、中国—东盟、亚欧会议、大湄公河次区域等多边框架下的协调合作。共同探讨如何应对入世后遇到的困难和挑战，推动中国—东盟自贸区投资领域谈判进程，以及大湄公河次区域多边合作。

阮明哲说，越中两国面临共同的发展任务，具有广泛的共同战略利益，发展对华关系是越外交政策的最优先方向。越方愿与中方保持各层次交往，进一步增强相互了解和信任；深化两国在经贸、科技、农业、文化、旅游、青年等领域的合作，搞好“两廊一圈”计划；加强边境省份的关系，使两国边境成为和平、友好和共同发展的边境；如期完成陆地边界勘界工作，加强北部湾地区务实合作；加强在联合国等国际和地区组织中的协调与配合。

2007 年 5 月 18 日，中越两国在北京发表了《中越联合新闻公报》。《公报》强调双方同意，继续遵照长期稳定、面向未来、睦邻友好、全面合作的方针，加强高层往来，深化治党理政和社会主义理论与实践的交流，充分发挥中越双边合作指导委员会的作用，统筹规划和全面推进两国各领域合作，推动外交、国防、公安、安全等各部门合作机制有效运转，扩大经贸、科技、文化、教育、促进跨界河流水资源可持续利用等领域的务实合作，加强中越传统友好的教育，大力开展青少年友好交往，努力使两国和两国人民永做好邻居、好朋友、好同志、好伙伴，使中越友谊世代相传。

（二）两国双边经贸关系发展迅速

根据中国驻胡志明市总领馆经商室发布的中国商务部的数据，2007 年中国与越南的双边贸易额达 151.15 亿美元，比上年增长 51.9%，提前 3 年完成两国领导人确定的至 2010 年双边贸易额达 150 亿美元的目标。其中，中国对越南出口 119.0 亿美元，比上年增长 59.4%，自越南进口额 32.15 亿美元，增长 29.4%。中方顺差 86.84 亿美元，比上年增加 37.05 亿美元，增长 74.41%。2007 年，中国仍是越南的第一大贸易伙伴，也是越南的第一大进口国。越南从中国进口的主要产品有成品油、纺织品原敷料、机械设备、化肥、化工、钢铁等，出口中国的主要产品有原油、橡胶、煤炭、水产、果蔬、腰果、植物油、木制品、塑料制品等。

2007 年 5 月 15 ~ 18 日越南国家主席访问中国，两国领导人举行会谈。

（原载《荷花》）

（三）中越陆地边界勘界立碑工作取得重大进展

自 2001 年 12 月 27 日中国和越南陆地边界第一块新界碑树立以来，经过中越两国有关工作人员的共同努力，至 2007 年底，中越陆地边界全线的勘界立碑工作已经完成 85%，即将于 2008 年全部完成两国陆地边界勘界立碑工作。2007 年 12 月 27 日,越南老街省和中国云南省边界段的勘界立碑工作完成,树立主界碑和附界碑 124 块。中越陆地边界线长约 1400 公里,中越两国计划树立 1800 多块界碑,其中包括 1533 块主界碑和近 300 多块附界碑。

(四)中越在文化、教育、旅游和其他领域的合作进一步发展

2007 年,中越两国在文化领域的交流日益深化。2007 年 9 月 29 日,由越中文化交流中心和中国广西对外文化交流协会共同策划主办,以"庆两国国庆、迎北京奥运、贺 5 岁《荷花》"为主题的"2007 越中文化知识竞赛"活动,在越南国家电视台举行,并于 9 月 30 日在越南国家电视台播出,越南文化体育旅游部副部长黎进寿,中国驻越南大使胡乾文等出席这一活动。在教育领域,2006 年的越南来华留学生的数量达到 7310 名,居世界各国来华留学生数量的第 4 位。随着中越经贸、旅游等关系的发展,中国国内,特别是广西、云南两省(自治区)的学生赴越南留学的人数也逐年增多,估计 2007 年达到 3000 人左右。旅游方面,2007 年中国赴越南旅游人数达到 52 万人次。

中越在其他领域的合作也取得可喜成绩。(1)两党理论研究交流。2007 年 7 月,第三次中越两党理论研讨会在贵阳召开,来自中越两国有关部门的负责人和知名社会科学专家学者围绕"在社会主义经济社会建设中科学、和谐发展的理论与实践"这一主题,相互介绍各自的理论成果和实践经验,并就如何在新形势下坚持科学发展观、和谐发展等问题进行深入、热烈而坦诚的研讨。中共中央政治局委员、中央书记处书记、中宣部部长刘云山和越共中央书记处书记、中央宣教部部长、中央理论委员会主席苏辉若出席会议。(2)北部湾渔业监管。2007 年 6 月,中越北部湾渔业海上联合监管会议在越南海防召开。会议对 2006 年中越首轮联合检查给予高度评价,另外,还制定 2007 年中越北部湾渔业海上联合检查方案。(3)宗教交流。2007 年 9 月,胡志明市教区总主教范明敏应中国国家宗教事务局的邀请,访问中国天主教会。

(五)中国香港、台湾与越南的经贸关系日益发展

据越南海关总局公布的数据,2007 年前 11 个月,越南与中国香港的双边贸易额达到 22.04 亿美元,香港成为越南第 11 大贸易伙伴。中国台湾与越南的经贸关系自 1991 年开始逐渐升温。1991 年 3 月,台湾外贸协会在胡志明市及河内设立商务办事处。1992 年 9 月 6 日台越正式通航。1992 年 11 月台湾在河内及胡志明市分别设立台北经济文化办事处。在"南向"政策鼓励下,台湾厂商掀起"投资越南热"。越南海关总局的统计数据显示,2007 年 1 ~ 11 月,台湾是越南的第五大贸易伙伴,台湾与越南的双边贸易额达到 71.58 亿美元,其中越南向台湾出口 10.39 亿美元;越南从台湾的进口 61.19 亿美元。

(六)广西成为中越友好交流与合作的前沿重地的地位日益突出

自中越关系正常化以来,广西逐渐成为中越友好交流与合作的前沿重地。2007 年,广西的这一地位更加突出,主要表现在以下几个方面。(1)越南已经连续 8 年成为广西的最大贸易伙伴。广西与越南的贸易额从 1992 年的 1.20 亿美元上升到 2007 年的 23.8 亿美元。(2)广西凭祥铁路口岸进出口货物突破百万吨,达到 107.6 万吨,比上年增长 57.2%。(3)投资方面。2006 年以来,中国对越南的协议投资逾 10 亿美元,其中广西对越南的协议投资占 1/5。(4)广西与越南的文化交流非常频繁。2006 年,越南在中国留学生达 7000 多人,其中有近 2000 人留学广西。2007 年,中国南宁电视台还和越南数字技术电视台共同举办除夕跨国联欢晚会。

三、2008 年中越关系展望

2008 年,中越友好合作关系的进一步发展仍然是中越关系的主流。两国的经贸关系将进一步发展,中越陆地边界勘界立碑工作将全部结束,两国在文化、教育、旅游等各方面的教育与合作将进一步深入开展。

(刘志强)

2007 年泛北部湾合作发展回顾与 2008 年展望

泛北部湾次区域经济合作自 2006 年 7 月在首届泛北部湾经济合作论坛上提出以后,在一年多年时间里,得到中国和东盟有关国家政府的积极支持和大力推动,从共识走向实践,得取重要成果。

一、泛北部湾次区域经济合作的重要进展

(一)中国和东盟国家的推动

泛北部湾次区域经济合作构想提出后,中国政府积极推动。最早是 2006 年 10 月在第三届中国—东盟商务与投资峰会上,中国国务院总理温家宝正式倡议,提出:"稳步推进次区域开发合作。东盟东部增长区、印尼—马来西亚—泰国增长三角、大湄公河等次区域合作已经具有较好基础。中方积极支持东盟一体化建设,鼓励中国企业参与上述区域合作计划,积极探讨开展泛北部湾经济合作的可行性,使次区域经济合作成为中国与东盟经贸合作的一个新亮点。"后来在 2007 年中国—东盟首脑会议等多次提出要探讨开展泛北部湾经济合作的可行性。胡锦涛主席也非常重视推进泛

北部湾经济合作,2008年4月在海南考察期间提出"一定要抓住推进泛北部湾区域经济合作和设立洋浦保税港区带来的重大机遇"。

泛北部湾经济合作构想也得到了东盟各国领导人积极响应。新加坡总理李显龙认为,"一轴两翼"区域经济合作构想对于促进中国与东盟关系具有战略性意义,新加坡完全支持并将努力推动"一轴两翼"区域经济合作战略的实施,在推进区域经济合作上发挥更大作用。柬埔寨首相洪森认为,中国—东盟"一轴两翼"区域经济合作新构想有利于促进广西、云南等地与东盟各国的交流与合作。泰国总理素拉育表示,泰国愿意同广西一道,共同构筑相互沟通的陆路、海上、空中国际性大通道,为进一步扩大双方的经贸往来打下良好的基础。

2007年5月和2008年4月,中国广西党政代表团对越南、印度尼西亚、菲律宾、马来西亚、新加坡、柬埔寨、文莱等东盟国家进行正式访问。访问期间,东盟有关国家的领导人以及东盟秘书长会见到访的广西党政代表团,并就开展泛北部湾合作等事项进行广泛交谈,各国领导再次表示赞同和支持泛北部湾合作构想。越共中央总书记农德孟十分赞同"一轴两翼"合作新构想。越南政府总理阮晋勇表示,越南支持在"两廊一圈"合作基础上,推进形成"一轴两翼"区域合作的构想。印度尼西亚总统苏西洛对加强印度尼西亚与广西的合作表示乐观,对开展泛北部湾经济合作表示赞同和支持。菲律宾总统阿罗约赞同开展北部湾经济合作,支持成立泛北部湾经济合作跨国专家小组。东盟秘书长王景荣说,东盟秘书处将积极协调各国共同建立跨国专家小组等合作机制,继续全力支持加办好中国—东盟博览会。

(二)第一、二届泛北部湾经济合作论坛

泛北部湾经济合作论坛是由广西壮族自治区党委、自治区人民政府倡议,会同中国有关部委在广西南宁举办的,就泛北部湾经济合作与发展问题,与越南、新加坡、文莱、马来西亚、印度尼西亚、菲律宾等国家政府间开展交流与探讨的一种区域性国际盛会。它是中国—东盟区域合作的一种重要机制,在直接推动中国—东盟自由贸易区建设,增进泛北部湾各个国家和地区之间的友谊、交流与沟通,促进区域合作与共同繁荣,共建中国—东盟新增长极等方面,具有重大战略意义。

1. 第一届泛北部湾经济合作论坛

泛北部湾经济合作论坛,原称环北部湾经济合作论坛,于2006年举办首届。来自中国、文莱、印度尼西亚、马来西亚、菲律宾、新加坡、越南、日本、韩国的160多名政府官员、专家学者和海内外著名企业代表共聚一堂,围绕"共建中国—东盟新增长极"的主题,对泛北部湾经济合作进行深入探讨。本次论坛上,广西壮族自治区党委书记刘奇葆提出推动泛北部湾开发合作,构建"一轴两翼"M型区域经济合作新格局的战略构想。与会专家、学者、代表建议区域内相关国家积极推动泛北部湾经济合作,将其提升为中国与东盟之间的一个新的次区域合作项目,纳入中国与东盟区域合作的总体框架,推动建立区域政府间的合作机制。论坛闭幕式上,论坛各主办方共同发表《主席声明》。明确提出,环北部湾经济合作论坛要以促进环北部湾合作机遇发展为目标,旨在搭建一个长期性开放式的研究交流和沟通平台,成为各国政府官员、专家学者、企业精英交流,共同展望、制订规划、推进合作的场所。论坛主办各方同意环北部湾经济合作论坛每年举办一次,中国举办地常设在广西,泛北部湾经济合作的其他国家也可以申办。

2. 第二届泛北部湾经济合作论坛

2007年7月26~27日,第二届泛北部湾经济合作论坛在中国南宁召开。本届论坛得到了中国国家领导

2007泛北部湾经济合作论坛在广西南宁举行 (新华社 图)

人和有关部门，以及印度尼西亚、菲律宾、新加坡、马来西亚、文莱、越南有关部门，东盟秘书处，亚洲开发银行，中国和有关国家大企业，国际著名经济学家等的大力支持。剑桥大学教授、1996 年诺贝尔经济学奖得主詹姆斯·莫里斯，美国哥伦比亚大学教授、“欧元之父”、1999 年诺贝尔经济学奖得主罗伯特·蒙代尔等参加会议，并发表演讲。

会上，中国全国人大常委会副委员长蒋正华提出，全面推进泛北部湾经济合作，共建中国—东盟新的经济增长极，应该提高到区域各国共同发展的战略高度，将泛北部湾区域的经济合作作为中国—东盟合作的一个重要领域纳入到中国与东盟建立自由贸易区的总体战略和规划之中，使之成为中国—东盟 10 +1 框架下新的次区域合作。蒋正华提出，应该尽快成立泛北部湾经济合作跨国协调组织，围绕泛北部湾经济合作的实施开展专题研究，设计泛北部湾经济合作的框架、路径和实施步骤，推动泛北部湾经济合作向深入发展。与会官员、学者、金融机构和企业家也表示，将支持泛北部湾区域经济合作发展，为中国—东盟自由贸易区建设注入新的活力。中国国家开发银行承诺为北部湾发展提供248 亿元资金支持。

（三）基础研究及首次泛北合作理论专家研讨会

泛北部湾次区域经济合作提出之后，相关的合作可行性基础研究取得阶段性成果。2007 年广西社会科学院完成“泛北部湾区域经济合作研究”课题，在此基础上社会科学文献出版社出版首部《北部湾蓝皮书——2007 年泛北部湾经济合作发展报告》，得到各方的关注和肯定。与此同时，中国东盟商务理事会也完成一项泛北合作可行性研究。

2007 年 12 月 10 ~ 11 日，中国社会科学院国际研究学部和广西社会科学院在南宁共同举办中国—东盟 10 +1 框架下泛北部湾区域合作国际学术研讨会。来自中国和东盟的柬埔寨、印尼、老挝、马来西亚、缅甸、菲律宾、泰国、新加坡和越南等 10 个国家的 50 多名专家学者参加这一自 2006 年泛北部湾经济合作战略构想提出以来，首次举办的中国—东盟泛北部湾经济合作高层学术研讨会。

在这次研讨会上，与会专家学者提出许多建设性意见和建议。包括：借鉴大湄公河次区域合作和东盟“增长三角”的经验，建立符合各方利益的、开放式的泛北部湾次区域合作模式；体现“泛北部湾”的特点，突出泛北部湾合作的重点；利用东盟“东西经济走廊”，开通中国—东盟运输与旅游“直通车”，早日实现运输和通关便利化；以搭乘中国经济增长快车为合作主线之一，把北部湾发展为中国向东盟直接投资（FDI）的跳板来推进泛北合作；动员政府、企业及企业家、国际组织及非政府组织、研究机构、专家学者等力量广泛参与泛北合作；重点推进“两廊一圈”合作；发挥广西在泛北合作中的重要地位和作用，联合广东、海南、云南和西部地区以及港澳台共同推进泛北合作等。

（四）泛北合作中方专家组成立

2008 年 1 月 4 日，由中国商务部、广西壮族自治区人民政府主办的泛北部湾经济合作中方专家组成立暨第一次工作会议在北京召开。会上成立了泛北部湾经济合作中方专家组。这是泛北部湾经济合作发展进程中的一个阶段性成果。

（五）北部湾开放合作上升为国家战略

2008 年 1 月 26 日，中国政府批准实施《广西北部湾经济区发展规划》。标志着作为中国参与泛北合作核心区的广西北部湾经济区上升为国家战略，中国政府正式从国家层面推动泛北合作。

在国家批准的《广西北部湾经济区发展规划》第八章“开放合作”中明确提出：“加快推动形成以大湄公河次区域经济合作和泛北部湾经济合作为两翼、以南宁—新加坡经济走廊为中轴的中国—东盟‘一轴两翼’区域经济合作新格局。积极推进泛北部湾经济合作，打造次区域合作的新亮点”。在此章第四节“国家支持政策”中进一步提出：“支持北部湾经济区发挥开放合作示范作用，推动泛北部湾经济合作成为中国—东盟合作框架下新的次区域合作”。可见，中国已经从国家战略的高度，推进泛北部湾次区域经济合作。

（六）重要成果

一年多来，泛北合作在中国和东盟国家的共同推动下，取得阶段性重要成果。一是泛北合作已在国家领导人层面达成高度共识；二是泛北合作得到地区国际组织和金融机构的积极支持；三是泛北合作在某些领域和具体项目上取得初步进展；四是作为泛北合作重要组成部分的广西北部湾经济区开发建设步伐加快。

泛北部湾合作还启动泛北部湾港口群合作。2007 年 10 月 29 日在广西南宁举办的中国—东盟港口发展与合作论坛上，经过 11 国交通部长的共同友好磋商，通过了《中国—东盟港口发展与合作联合声明》。

2007 年，泛北部湾次区域经济合作蓬勃发展，中国与泛北部湾次区域 6 个东盟国家之间的贸易额为 1646.6 亿美元，占中国与东盟贸易的 81.29%，其中，中国出口 794.5 亿美元，进口 852.1 亿美元，中方逆差达 57.5 亿美元。与 2006 年相比，进出口贸易总额增长 26.0%。中国与泛北部湾东盟国家的相互投资也发展较快。2006 年泛北部湾次区域东盟 6 国对中国实际直接投资总额 32.0 亿美元，中国对东盟 6 国直接投资净额 2.3 亿美元，分别比上年增长 6.7%、360%。

二、泛北部湾次区域经济发展状况

（一）次区域概况

2007 年，泛北部湾次区域各个国家和地区的经济普遍快速发展，有的国家经济增长率达到了近年来的新高,人民生活水平普遍提高。2007年,中国广西实现地区生产总值5865亿元,比上年增长14.8%。越南经济增长率达到约8.5%,是1997年增长9.0%以后10年来的新高。新加坡经济取得7.7%的增长率。马来西亚经济增长6.3%。印度尼西亚也增长6.3%。文莱经济增长率为2.6%。菲律宾国内生产总值(GDP)比上年增长7.3%,创31年来的新高。

(二)中国广西经济增长速度继续快于全国

2007年,广西经济快速发展,工业化、城镇化进程明显加快,人民生活水平显著改善。据初步测算,全自治区实现地区生产总值5865亿元,比上年增长14.8%。人均地区生产总值12363元。财政收入703.86亿元,增长23.7%。全社会固定资产投资额2956亿元,增长31.5%。城镇居民人均可支配收入12200元,增长23.2%。农民人均纯收入3224元,增长16.4%。全年引进自治区外境内资金实际到位突破1000亿元,增长74.3%,实际利用外资增长27.9%。外贸进出口总额增长39.2%,其中出口增长42.3%。

广西北部湾经济区强势发展,凸显"新的增长极"。2007年实现生产总值1769.9亿元,比上年增长17.5%。财政收入220.2亿元,增长28.6%。全社会固定资产投资额965.4亿元,增长33.8%。港口货物吞吐量达到6300万吨,增长27.3%。外贸进出口总额达到41.3亿美元,增长50.6%,占同期广西外贸进出口总额的44.5%。

(三)越南经济持续快速增长

2007年,越南经济继续快速增长,经济增长率达到约8.5%,是1997年增长9.0%以后10年来的新高。从2002年开始,越南经济连续6年增长率达到7%以上。2007年越南国内生产总值1144万亿越盾,约合715亿美元,人均1340万越盾,约合835美元,比2006年的720美元提高115美元。财政收入288万亿越盾,增长15.6%。

越南成为亚洲经济增长排在中国(11.4%)、印度(9%)之后第三个最快的国家,在东南亚地区位居前列,大大高于其他东盟国家。2007年越南经济增长仍然是靠投资、出口和国内消费"三驾马车"拉动。全社会投资增长15.8%,出口增长21.5%,全社会消费品总额增长23.3%。

2007年是越南扩大对外开放的重要一年,是越南加入世界贸易组织的头一年,吸引外资和对外贸易成效显著。越南2007年签订外资合同金额达203亿美元,同比增长69.3%。到位的外资达到51亿美元,比2006年的39.56亿美元增加11.4亿美元。2007年越南全社会投资额达到461.9万亿越盾,同比增长15.8%。其中,外国直接投资74.1万亿越盾,占16%,增长17.1%。外贸进出口总额达到1092亿美元。其中出口484亿美元,相当于GDP的67.4%,增长21.5%;进口608亿美元,增长35.5%。全年对外贸易逆差124亿美元,为历史最高记录。

(四)新加坡经济保持强劲增长

2007年新加坡经济持续强劲发展,全年经济增长7.7%。制造业产值增长5.8%。制造业吸引固定资产投资(FAI)大幅增加至161亿新元(约合115亿美元)。对外贸易进出口总额5617.5亿美元(8466.1亿新元),同比增长4.46%。2007年是新加坡接待旅游人数最多的一年,达到1030万人次,比2006年增长5.4%。新加坡居民家庭平均月收入6280新元(1美元约合1.41新元),比上年增长9.6%,为10年来最大增幅。

(五)马来西亚经济稳健发展

2007年马来西亚经济稳健发展。国内生产总值6414.9亿林吉特(3.20林吉特约合1美元),比上年增长6.3%。国民人均收入2.36万林吉特。外汇储备约为1109亿美元。对外贸易额达到3425亿美元,增长3.7%,再创历史新高。其中,出口1868亿美元,增长2.7%;进口1557亿美元,增长4.9%。贸易盈余达1005.3亿林吉特。

(六)印度尼西亚走出金融危机阴影

2007年印尼政治稳定,治安好转,经济取得较好的发展。全年经济增长6.3%,国内生产总值3859亿美元,人均国内生产总值1543美元。通胀率为6.4%。全国协议投资比上年增长120%,达到140亿美元。外贸出口继续增长,达1350亿美元,增长13.5%。外汇储备达570亿美元。外国游客人数550万人次,创10年来的新高,给印尼带来50亿美元的外汇收入。由于印尼经济遭受亚洲金融危机风暴的打击后还没有完全复苏,制造业不景气,穷人和失业人数居高不下,社会贫富差距进一步扩大。2006年印尼失业人口1100万人。2007年穷人3720万人,占总人口的16.6%。

(七)文莱稳定发展

2007年文莱国内生产总值188.6亿文元(约124亿美元),比上年增长2.7%。石油和天然气是文莱经济的主要支柱,占国内生产总值的67.4%。2006/2007财政年度,财政总收入91.88亿文元(约60.45亿美元),增长8.8%

(八)菲律宾经济增长创31年来新高

2007年,菲律宾国内生产总值比上年增长7.3%,创31年来新高,这主要得益于服务业和工业的快速发展。其中一、二、三产业增长率分别为5.1%、6.6%和8.7%。随着海外劳务汇款大量增加,2007年菲国民生产总值较上年增长8.7%。服务外包业收入达到50亿美元,比上年的34亿美元增长47%。外汇储备创337亿美元新高,比上年末的230亿美元增长46%。吸收国内外投资达3500亿比索(约85亿美元),其中54%来自外国投资,46%为国内投资。

三、泛北部湾次区域经济合作发展展望

（一）次区域发展环境

2008年，泛北部湾次区域各国政治社会继续保持稳定态势。中国新一届政府班子换届已于3月顺利完成，政府机构改革正在稳步推进。越南当前是东南亚乃至世界政局最稳定的国家之一。新加坡多年来政治社会稳定，经济持续强劲发展，国家凝聚力进一步增强。马来西亚第12届全国大选已于3月完成，原执政党联盟国民阵线继续执政，巴达维首相连任，这将使马来西亚政局继续保持基本稳定。尼度尼西亚2008年会将2007年政治的稳定和经济的好转持续发扬。奉行政治社会稳定与和平为国策的文莱仍会继续保持政治社会稳定。菲律宾在阿罗约总统的领导下，政治上不会有太大的动荡，但社会动乱仍会存在。从总体上说，2008年的泛北部湾次区域，其政治社会是稳定的。这对泛北部湾次区域经济合作非常有利。

泛北部湾次区域经济合作在中国—东盟合作框架下，2008年会迎来更为开放的发展环境。从2007年7月1日起，中国—东盟服务贸易协议已经正式生效实施，中国和东盟开始新一轮服务、贸易市场的开放。同时，中国—东盟投资合作协定也有望在2008年签署。这些重大举措将推动泛北合作更快发展。

从世界经济贸易格局来看，由于美国次贷危机、美元危机、世界能源危机、粮食危机等重大因素对世界经济贸易发展的影响增大，使世界经济贸易的不稳定性加剧，世界经济贸易增速放慢，将进入新一轮周期性调整。这对于刚刚启动的泛北部湾经济合作，是一种挑战。

从总体而言，泛北合作发展环境的利好一面大于利差的一面，发展机遇大于挑战。

（二）合作平台和机制建设

1. 泛北合作基础与可行性研究

泛北合作的理论基础研究很重要，中国和其他国家及国际组织的有关机构和科研人员都在继续深化研究，以为决策者提供参考依据。在前段时间泛北部湾区域经济合作研究取得的成果的基础上，泛北部湾次区域经济合作中方专家组关于泛北部湾经济合作的可行性研究已于2008年1月正式启动。

2. 泛北合作平台建设

2008年，以下重要平台将继续推动泛北合作：

——第三届泛北部湾经济合作论坛。论坛将于7月30～31日在中国广西北海市举办。本届论坛的主题仍为“共建中国—东盟新增长极”。论坛有三个议题：一是“世界经济发展不平衡不确定背景下的泛北部湾经济合作”；二是“泛北部湾次区域合作的重点难点和趋势”；三是“广西北部湾经济区开放开发与泛北部湾经济合作”。这次论坛邀请的嘉宾主要包括国家领导人、联合国有关官员、东盟国家著名政要、诺贝尔经济学奖获得者、世界500强及跨国公司代表、泛北部湾国家驻华使馆官员，以及广东、海南、重庆、四川、云南、贵州、湖南7省市的代表。海南作为北部湾畔的省将首次参与论坛的主办。

——中国—东盟博览会和中国—东盟商务与投资峰会。第五届中国—东盟博览会和中国—东盟商务与投资峰会已确定于2008年10月22～25日在南宁举办。本届博览会将有六大亮点：一是主题国活动突出经贸方面，将会提供更多的商机；二是今年把第三届中国电信周作为主题活动举办，不仅有论坛活动，还有大型的签约项目；三是展示内容更集中，更有针对性；四是更突出对贸易投资方面的服务；五是将会举办多场权威论坛，促进多方面的交流与合作；六是融合北部湾经济区建设的内容，在展示北部湾经济区的规划、重点项目、重点园区等方面将会有所侧重。

——中国—东盟智库专家战略对话。中国社会科学院与东盟国家的智库已决定在中国—东盟博览会前夕举行中国—东盟智库专家战略对话。会议的主体和内容将主要是围绕中国与东盟的政治、经济、文化交流合作，尤其是包括在中国—东盟10+1框架下的泛北部湾经济合作等重要议题。

3. 泛北合作机制建设

2008年，中国将与其他各国一道，继续积极探讨泛北部湾次区域合作机制的建设，尤其是尽快组建跨国专家组，早日展开泛北部湾次区域经济合作研究和规划。同时，要积极推动国家、地方、行业等多层面、多样化的

中国广西—越南北部省份经济合作论坛在广西南宁举行

（原载《中国—东盟博览》）

泛北部湾次区域官方及民间的合作机制的建立。

（三）次区域经济将保持快速发展

总体上看，2008年泛北部湾次区域地区形势比较稳定，中国—东盟合作进一步深化，各国仍然把经济发展放在重要地位。在此背景下，泛北部湾次区域经济发展将保持稳步增长的势头。

中国广西2008年经济将保持较快增长，开放型经济加快发展。地区生产总值将增长11%。全社会固定资产投资增长21%。外贸进出口总额将突破100亿美元，增长20%。实际利用外资增长16%。

2008年越南经济发展计划是，国民生产总值增长8.5%～9.0%，达到1337万亿～1347万亿越盾，约相当于830亿美元，人均接近1000美元。

新加坡总理李显龙在新年献词中对2008年的前景持谨慎乐观态度，表示将不断扩大经济发展空间，把握亚洲发展良机并发掘新的增长领域。据高盛（Goldman Sach）亚洲经济分析小组预测，2008年会是新加坡建筑业的高峰期，建筑业将会是主要经济推动力。2008年，新加坡国内生产总值将增长4%～6%。

马来西亚经济发展速度估计将放缓，增长率约为5.8%～5.9%。这主要是受美国经济放缓发展，以及国际原油、原棕油、粮食等商品价格不断攀升的影响。

印度尼西亚2008年经济发展预期好于2007年，经济增长将达6.5%，通货膨胀率和印尼盾汇率将稳定，国内外投资、贸易出口和外汇储备将增加。

文莱2008年经济发展将基本维持2007年的格局，经济增长幅度不大，但仍能保持稳步增长。据国际货币基金组织预测，2008年文莱的经济增长率为2.3%。文莱政府财政部在2008年3月5日召开的文莱第一届国会第四次会议上提出的2008/2009年财政年度预算收入为58亿文元，其中90%为石油天然气收入。

菲律宾受出口疲软、民间投资放慢以及通膨膨胀的拖累，2008年国内生产总值预计增长5.6%，低于2007年的7.3%。

（四）广西北部湾经济区的开放发展

国家批准实施《广西北部湾经济区发展规划》，标志着广西北部湾经济区进入一个新的发展阶段，广西北部湾经济区的历史将掀开崭新的篇章。2008年，广西将全面实施经济区发展规划，加快以港口及其后方集疏运系统为重点的基础设施建设，加快推进沿海炼油、林浆纸、电力、钢铁、电子、物流等一批重大项目建设。加强沿海基础设施大会战二期项目建设，重点加快防城港企沙铁路支线、防城港东湾和西湾深水航道、北海铁山港深水航道二期工程、郁江调水工程、北海铁山港供水二期、防城港江山至白龙二级路、钦州大榄坪工业区二号路等项目建设进度，二期项目基本建成投产。同时加强铁山港、钦州港、防城港企沙三大临海工业区规划建设，推进钦州保税港区、凭祥边境综合保税区、防城港和南宁保税物流中心等海关特殊监管区的申报和建设。

（五）务实推进泛北部湾次区域经济合作与发展的建议

1. 构建合作平台和机制

当务之急是尽快成立泛北部湾跨国专家组，开展泛北部湾次区域经济合作可行性研究，先在专家层面达成共识，然后提出开展合作的规划和建议，给各国领导人决策参考。

在推进泛北合作的平台方面，当前可先利用好“泛北部湾经济合作论坛”、中国—东盟博览会和中国—东盟商务与投资峰会，作为各国专家举行研讨会、各国官员举行各种级别的磋商乃至国家领导人会议的重要平台，还可以作为地方官员、企业家探讨项目合作的场所。

2. 广西率先崛起

《广西北部湾经济区发展规划》已获得国家的批准，广西北部湾经济区的定位是重要国际区域经济合作区，标志着北部湾的开放合作与发展已上升为国家的发展战略，也意味着广西北部湾经济区的开放合作不仅是广西的事，也不仅是中国的事，它已经纳入中国的区域经济布局和与东盟的重要区域经济合作之中。因此，广西要主动和率先崛起，成为泛北部湾次区域的经济合作核心区。

3. 桂越加强合作，推进“两廊一圈”建设

越南既是环北部湾，也是泛北部湾合作的主要成员；既是“两廊一圈”，也是“一轴两翼”合作的主要成员。“两廊一圈”是“一轴两翼”的核心。广西是中国对东盟开放合作的桥头堡，越南则是东盟对中国开放合作的桥头堡，只有这两个桥头堡合作好，中国—东盟交流合作的文章才能做好。桂越合作要从边境做起，尤其是要建设好广西—谅山—河内、广西—广宁—海防两大通道。在此基础上，分步建设南宁—河内—曼谷—新加坡经济走廊，从西岸推进泛北部湾经济合作和参与大湄公河次区域合作。

4. 先易后难，着手推进一些投入少见效快的项目

泛北部湾次区域经济合作是一个规模庞大、多层次的跨国合作工程，需要从长计议，各方从达成共识到实际推进，需要有一个交流、磋商的过程。但一些简单易行、投资少、见效快的项目，如一些旅游、运输合作、通关便利化举措等可以尽早推进，以造福有关各方。例如，中国南宁到越南河内仅300多公里，已有现成标准铁路相通，但可惜的是，目前只有一周两趟国际列车开到边界，乘客换车非常麻烦，短短的旅途却要耗费近一天的宝贵时间，所以一直很少人利用，经济效益很差，人们宁愿坐大巴。而如果双方协商，能像广九直通车那样从河内直通南宁，在河内和南宁办理出入境手续，边界不停车，两三个小时即可到达这两个经济中心，将大大节省往来的时间，降低贸易成本，提高旅行效率，极大方便两国商人和游客的往来。

（古小松　龙裕伟）

两 会 一 节

第四届中国—东盟博览会

第四届中国—东盟博览会招商招展

2007年2月，由中国—东盟博览会秘书处、广西壮族自治区商务厅、外事办公室、北部湾开放开发办、招商局等部门组成的广西商务考察组前往马来西亚、新加坡、印度尼西亚、越南等东盟国家，开展第四届博览会前期筹备工作。商务考察组先后拜会中国驻上述4国大使及这些国家的外交、经贸、交通等部门的主要官员和商协会领袖，共商第四届博览会的办会主旨和工作思路。各方代表对第三届博览会期间"三会"（中国—东盟建立对话关系15周年纪念峰会、中国—东盟博览会和中国—东盟商务与投资峰会）的成功举办给予高度评价，表示将组成更大规模的团队参加第四届博览会。第四届中国—东盟博览会把港口物流合作作为一项重要内容，以借助博览会的平台推进泛北部湾合作，推进中国与东盟各国在码头建设、航线开通、物流服务、信息平台等方面的合作。商务考察组实地考察了马来西亚巴生港北港、槟城港，新加坡港，印度尼西亚雅加达丹绒不碌港、泗水丹绒配拉港等港口及城市。

5月9日，以中共广西壮族自治区委员会书记、自治区人大常委会主任刘奇葆为团长的中国广西代表团开始对越南、印度尼西亚、菲律宾、新加坡4国进行为期15天的访问；以中共广西壮族自治区委员会常委、自治区副主席李金早为团长的中国广西经贸代表团也于同日出访上述4国及马来西亚。广西代表团访问越南期间（9～13日），刘奇葆先后拜会越南总理阮晋勇，越共中央总书记农德孟和越南副总理兼外交部长范家谦；会见越南谅山省委书记武辉煌，中国驻越南大使胡乾文，越南外交部常务副部长黎公奉，越南工业部部长黄忠海，越共中央政治局委员、河内市委书记范光毅，越共中央政治局委员、胡志明市委书记黎清海和岘港市委书记阮伯清等。广西经贸代表团团长李金早先后会晤越南计划投资部部长武洪福，贸易部副部长黎明永，越南交通部常务副部长吴盛德、副部长阮雄常等。经贸代表团一行还考察越南岘港港、西贡港，举办中国广西—越南贸易投资洽谈会。对中方提出的以"两廊一圈"为基础推动"一轴两翼"多边合作、共同办好中国—东盟博览会的建议以及欢迎越南政府积极组团参会等，越方表示赞许并表示将组成更大的代表团参会，推进中国—东盟自由贸易区建设、加强中越交流合作。在印度尼西亚访问期间（13～15日），刘奇葆先后会见印度尼西亚工业部部长法米·伊德里斯和贸易部部长冯慧兰，拜会印度尼西亚总统苏西洛、副总统卡拉。印度尼西亚政府对中方提出共同推动泛北部湾经济合作、共同办好中国—东盟博览会等建议表示赞同和支持，并表示将组织更多的企业参展。刘奇葆还与东盟秘书长王景荣会晤，就推进泛北部湾经济合作、共同办好博览会交换意见。会谈中，刘奇葆感谢王景荣对深化中国与东盟关系、扩大广西与东盟合作以及为3届中国—东盟博览会举办所作的努力。王景荣表示，广西和东盟秘书处已形成稳定的沟通合作机制，东盟秘书处将全力支持中国—东盟博览会的举办，并将派出副秘书长协助主持每年一次的中国—东盟博览会高官会议及博览会闭幕新闻发布会，其本人也将出席第四届博览会。在菲律宾访问期间（17～19日），刘奇葆拜会菲律宾总统阿罗约、菲律宾众议院议长德贝内西亚，并分别会见菲律宾农业部长黄严辉、贸工部长法维拉。阿罗约总统对中方成立泛北部湾经济合作跨国专家小组，对泛北部湾经济合作进行研究，开展规划，设计项目，建立机制的建议表示完全赞同，并表示将继续支持、共同办好博览会，同时感谢广西对菲律宾参展企业提供的帮助。刘奇葆还与亚洲银行第一副行长格林伍德举行工作会谈。刘奇葆希望亚洲银行以推动大湄公河次区域合作的经验、方式和机制来推动泛北部湾经济合作。正在马来西亚开展经贸交流活动的广西经贸代表团团长李金早会见马来西亚贸工部副部长吴立洋、旅游部副部长林祥才、巴生港务局总经理冯慧珠等。李金早率团考察巴生港时，与冯慧珠就加强港口建设合作和航线开通等交换意见。在新加坡访问期间(20～23日)，刘奇葆拜会了新加坡总理李显龙，并会见新加坡贸工部长林勋强。李显龙在会见中高度评价和支持泛北部湾经济合作，表示新加坡完全支持中国—东盟博览会举办并将组织更多的商人和企业参会。广西代表团一行先后考察了新加坡裕廊工业区、淡马锡控股(私人)有限公司和新加坡集装箱港口。在对4国的访问中，中国—东盟博览会秘书处与越南贸易部贸易促进局、马来西亚贸工部对外贸易发展局分别签署第四届中国—东盟博览会招商组展合作备忘录。根据备忘录，越南、马来西亚将在第四届中国—东盟博览会上继续包用独立展厅，扩大参展规模。5月25日，中国商务部在北海市召开第四届中国—东盟博览会筹备工作会议，全面启动第四届博览会国内招商招展工作。中国商务部有关司局，国内各省(自治区、直辖市)商务部门负责人120多人参会。5月28～31日，中共广西壮族自治区委员会副书记、自治区主席陆兵率中国广西政府代表团对柬埔寨进行友好访问。访问期间，陆兵先后拜会柬埔寨首相洪森、国务兼商务大臣占蒲拉西、副首相兼内阁办公大臣索安，就继续共同办好中国—东盟博览会，推进区域经济合作，加强中国广西和柬埔寨在投资和教育文化旅游等方面的合作进行交流。陆兵代表中方对洪森首相连续三年出席中国—东盟博览会，特别是提议在南宁举办中国—东盟建立对话关系15周年纪念峰会深表感谢，并邀请洪森出席第四届博览会。洪森感谢中方对柬埔寨的友好感情和高度信任，高度赞赏广西和南宁为举办博览会特别为中国—东盟建立对话关系15周年纪念峰会所作出细致而卓有成效的工作，他强调要继续支持在南宁办好博览会，使之成为一个长期、固定的博览会，从而成为地区合作的亮点，成为中国与东盟友好合作的一个象征。广西政府代表团还出席在金边举行的广西援助柬埔寨农业技术培训学校交接仪式和广西与柬埔寨合作项目签约仪式。中国—东盟港口发展与合作论坛组委会与西哈努克港港务集团签署中国—东盟港口发展与合作论坛邀请工作备忘录。

截至5月底，第四届中国—东盟博览会东盟国家商品展位预订数已超过第三届，越南、马来西亚、泰国明确包馆参展(越南使用展位192个，马来西亚使用展位169个，泰国使用展位122个)，印尼、菲律宾展位数增加1倍，缅甸、柬埔寨等国家展位继续增加。中国国内有21个省(自治区、直辖市)组织企业报名参展。中国对外工程承包商会、中国电力企业联合会、中国建筑材料流通协会、中国食品和包装机械工业协会等商协会与博览会秘书处签订展位合作协议，加上科技部继续举办农村先进适用技术展所需展位，使用展位近1100个，占总展位数的1/3。第四届中国—东盟博览会"魅力之城"也已确定，分别是中国天津、文莱斯里巴加湾、柬埔寨西哈努克、印尼巨港、老挝沙湾拿吉、马来西亚巴生、缅甸仰光、菲律宾苏比克湾、新加坡新加坡城、泰国春武里府和越南下龙等市。第四届博览会重点主题——港口发展与合作论坛得到东盟各国的明确支持，新加坡港，马来西亚巴生港，印尼雅加达港、泗水港，菲律宾马尼拉港，越南岘港、胡志明港等东盟主要港口都书面确认出席论坛。

第四届中国—东盟博览会开幕式

2007年10月28日，第四届中国—东盟博览会开幕式在南宁国际会展中心朱槿花厅举行。中国国务院副总理曾培炎、文莱王储穆赫塔迪·比拉、柬埔寨首相洪森、老挝总理波松、越南总理阮晋勇以及印尼交通部部长贾马尔、缅甸商务部部长丁乃登、泰国商务部部长布勒格雷·吉拉佩、中共广西壮族自治区委员会书记刘奇葆、马来西亚贸工部副部长吴立洋、中国商务部副部长高虎城、菲律宾农业部副部长巴娜德特、新加坡交通部政务部长陈惠华、东盟秘书长王景荣、世界银行副行长乔伊·普曼菲、中国广西壮族自治区主席陆兵等出席。9时整，东盟秘书长王景荣主持开幕式。中国广西壮族自治区主席陆兵、世界银行副行长乔伊·普曼菲、中国商务部副部长高虎城、文莱王储穆赫塔迪·比拉等先后在开幕式上致词。9时30分，中国国务院副总理曾培炎宣布第四届中国—东盟博览会开幕。开幕式圆形会场以蓝色为主色调。主席台左侧设计成船首的造型并配以环绕穹拱金色缆绳、圆形舷窗等，主席台后巨大扇形背板以蓝天、白云、碧海为背景画面，用中、英文红色大字写着——第四届中国—东盟博览会开幕

2007年10月28日，第四届中国—东盟博览会在南宁国际会展中心举行。
(原载《广西日报》)

2007年10月28日下午,第四届中国—东盟博览会第一场签约仪式在沃顿国际大酒店举行。
(周　军　摄)

式,主席台左右对称设置有12面"白帆","白帆"分别印着的中国、东盟10国的国旗以及东盟旗帜,整个主席台犹如一艘气势磅礴、昂首待发的巨轮。随着曾培炎总理宣布第四届中国—东盟博览会开幕声,11位身着水手服、手捧着丝绸的少女伴着欢快音乐从巨帆后翩然而出,并将手中丝绸迅速系在主席台航船加速器模型上。随着剪彩嘉宾手中加速器的推动,无数蓝白长绸喷薄而出,犹如海上浪花飞舞。紧接着环绕大厅廊壁两侧的"船帆"纷纷打开,一群活泼少年水手随着节拍整齐打出"同舟共进,扬帆远航"的旗语,两幅五彩巨帆在会场中徐徐升起。当巨帆升到顶点,无数印有"相约年年、共创繁荣"字样的彩绸从会场上空飘扬而下,寓意2000多年前由合浦港始发的"海上丝绸之路"从远古延伸到今天,谱写着中国与东盟各国睦邻友好、合作共赢的"海上新丝路"新篇章。

第四届中国—东盟博览会国际投资合作项目签约仪式

2007年10月28日在南宁沃顿国际大酒店隆重举行,由中国商务部境外经贸合作区办公室副主任文仲亮主持。柬埔寨商务部部长占蒲拉西,泰国商务部部长格勒格雷·吉拉佩,印度尼西亚贸易部出口促进局主席巴鲁·查理,泰国商务部秘书长萨官汉素提瓦林,新加坡驻广州商务副领事张德隆,马来西亚对外贸易局副局长黄丽心,印度尼西亚贸易部出口促进局亚洲市场开发部主任李丽·苏里亚尼,越南工贸部贸易促进局副局长安世勇,中共广西壮族自治区委员会常委、纪委书记马铁山,中国山东省副省长才利民,中共广西壮族自治区委员会常委、组织部部长陈际瓦,中国广西政协副主席姜兴和等出席签约仪式并为项目签约作见证。来自越南、印度尼西亚、马来西亚、新加坡、泰国、缅甸、菲律宾、柬埔寨、美国、加拿大、法国、英国、西班牙、韩国、印度等国家以及中国香港、澳门、台湾地区的项目代表共签订国际投资合作项目81项,投资总额32.49亿美元。其中,招商引资项目55项,投资总额28.11亿美元;对外投资项目26项,投资总额4.38亿美元。

在签约项目中,中国与东盟各国签订合作项目37项,占本场签约项目总数的46%,投资金额11.92亿美元。各国对东盟国家投资项目24项,投资总额4.38亿美元;对中国投资项目45项,投资总额28.1亿美元。所签项目涉及制造业、矿产开发及加工、旅游开发、基础设施、交通能源、农业及农产品加工、商贸物流、软件与信息服务等行业,其中制造业项目39项,投资总额19.36亿美元。劳务输出合作项目首次签约,成为项目签约仪式亮点。中国山西省农村劳动力转移服务中心与新加坡人力资源有限公司签订一项向新加坡输出涉及食品加工、酒店管理、家政服务、电子及半导体等专业1000人的劳务合作项目。

第四届中国—东盟博览会中国国内合作项目签约仪式

2007年10月28日在南宁沃顿国际大酒店举行,由广西壮族自治区政协副主席姜兴和主持。自治区党委常委、纪委书记马铁山,自治区党委常委、组织部部长陈际瓦,四川省政协副主席何志尧等出席签约仪式并为项目签约作见证。来自广东、四川、北京、深圳、上海、湖南、浙江、安徽、福建、重庆、湖北、河北、河南、江苏、江西、海南、山东、广西等18个省(自治区、直辖市)的地方企业、中央直属企业和已进入中国的外资企业共签订国内投资合作项目81项,投资总额443.94亿元。签约项目涉及制造、基础设施、交通能源、农业及农产品加工、畜牧业及畜产品加工、矿产开发与加工、商贸物流、旅游开发等行业。

此次签约国内投资合作项目有两大特点:一是重大项目多。签约投资额超亿元的项目66项,投资总额435.61亿元,分别占签约项目总数和总投资额的81%和98%,其中桂林至三江高速公路项目、东盟国际(南宁)工业原料物流城一期工程项目、南宁国际综合物流园(一期)项目、合山年产20万吨(焦炉气)甲醇项目、防城城南新区开发项目、北海煤制尿素及热电一期工程项目、钦州港镍铁项目等投资额在10亿元以上。二是农业及农产品加工、制造业、交通能源、基础设施和商贸物流的项目多。签约的农业及农产品加工、制造业、交通能源、基础设施和商贸物流项目有71项，投资总额354.49亿元，分别占签约项目数和投资总额的88%和80%。

第四届中国—东盟博览会桂林市招商引资签约仪式

2007年10月29日在南宁市举行。在这场签约仪式上，桂林大马汽车工业造镇项目、西渭电站、十里画廊景区公园等62个项目成功签约。其中，外资项目20项，投资总额8.7亿美元；内资项目42项，投资总额184.69亿元。

中国天津—国际经济合作项目签约仪式

2007年10月28日在南宁市举行。中国天津代表团与来自柬埔寨、印尼、新加坡、泰国的企业签订境外合作项目6项，投资总额6.5亿美元（其中中方企业投资5亿美元），项目分别为旅游度假村建设、油棕榈种植开发、选矿厂建设、海洋捕捞合作、焦化联产和钢管加工。

中国—东盟农垦合作发展论坛暨项目签约仪式

2007年10月28日在南宁国际会展中心举行。论坛围绕"加强合作，促进农垦园区经济发展，促进农垦与东盟在园区及其他领域的合作，推动泛北部湾经济建设"主题进行探讨。中国农业部农垦局副局长吴恩熙在致词中说，中国农垦系统是一个具有丰富的自然资源、产业资源、科技资源和人才资源的经济社会系统，经过近30年的实践，其在体制机制创新、现代农业建设、农业产业化经营、现代物流体系建设、产业园区建设管理及扩大对外开放等方面取得重要成果。中国农垦系统愿与国外特别是东盟各国的企业界和科技界，在更广的领域和更深的层次开展多种方式的合作，实现共同发展目标。在合作项目签约仪式上，广西农垦分别与新加坡傅长春储运有限公司、印尼赤道生物能源公司、菲律宾东方再生能源公司、老挝里安兼农业发展有限责任公司以及中国国内企业签订合作项目（协议）42项，项目投资总额188.5亿元。签约项目涉及工业园开发、旅游开发、机械制造、生物化工、新能源开发、农产品加工、农作物种植以及技术合作与交流等领域。广西农垦企业集团连续4年作为中国—博览会战略合作伙伴，在此届博览会上专设了220平方米的展厅，以园区经济和特色产业、产品为主题展示发展园区经济取得的新成就。

第四届中国—东盟博览会主要特点

与前三届相比，第四届博览会特点明显。一是保持高规格。中国国务院副总理曾培炎和文莱王储穆赫塔迪·比拉、柬埔寨首相洪森、老挝总理波松、越南总理阮晋勇和东盟秘书长王景荣出席开幕式，中国与东盟10国的经贸部长率代表团参会。出席展会的部长级贵宾183人（其中中国68人，东盟和其他国家115人）。二是展会更加专业、务实和成熟。第四届博览会展位达到3400个，参展企业1908家，参展商8281人。东盟10国参展商使用展位1124个，比上届增长35%；印度尼西亚、马来西亚、缅甸、泰国、越南包用独立展馆。参会商协会49家，其中中国商协会34家、东盟商协会15家。来自日本、印度、澳大利亚及欧洲国家和地区的采购商834人，超过第三届。专业观众3.35万人，比上届增长8%；境外专业观众增长6.3%。三是贸易与投资合作更活跃。第四届博览会累计交易额14.2亿美元，比上届增长12.1%。其中，机械设备成交6.5亿美元，建筑材料成交1.4亿美元，电子电器成交1亿美元，农产品和食品成交1.5亿美元，五金化工成交1.3亿美元。东盟国家贸易成交额3亿美元，比上届增长2倍多，其中泰国香米出口中国深圳的一项合同，成交额达到1.1亿美元。第四届博览会先后举办投资推介活动26场，签订国际经济合作项目182项，项目投资总额61.5亿美元，比上届增长5.3%。在这些国际经济合作项目中，超亿美元项目18项（比上届多4项）；中国企业"走出去"项目达到59项，投资总额15.8亿美元。广西签约引进项目81项，投资总额32.4亿元；签约"走出去"项目18项，投资额3.7亿美元；签约国内投资合作项目138项，投资额582.1亿元。四是展会与专业论坛同期举办。第四届博览会以"港口合作"为主题，推出主题国机制，先后成功举办专业论坛和会议9个。五是媒体关注度持续提高。直接向博览会秘书处报名参加第四届博览会采访活动的东盟国家媒体由上届的24家增至46家，行业媒体增至21家。到会中外媒体记者1106人，刊（播）发有关"两会一节九论坛"新闻稿件1.16万篇（条）。

第四届中国—东盟博览会期间成功举办9个专业论坛

2007年10月28日至11月1日第四届中国—东盟博览会召开期间，中国有关部门（单位）先后主办了9个专业论坛，分别是：由中国交通部主办的中国—东盟港口发展与合作论坛，由中国国务院侨办主办的2007海外华商相聚中国—东盟博览会暨广西商机介绍会，由中国国家质检总局主办的中国—东盟质检部长会议，由中国全国妇联主办的中国—东盟妇女论坛，由中国国家林业局主办的中国—东盟林业合作论坛，由中国国务院扶贫办主办的中国—东盟社会发展与减贫论坛，由中国电力企业联合会主办的中国—东盟电力合作与发展论坛，由中华全国律师协会主办的中国—东盟自由贸易区法律事务论坛，由中国外交部组织的亚欧首脑会议高官会等。

中国—东盟港口发展与合作论坛　10月28日举

行，由中国交通部和广西壮族自治区人民政府联合举办。中国交通部副部长翁孟勇主持。中国交通部部长李盛霖、文莱交通部部长巴卡尔、柬埔寨交通部长孙占托、印尼交通部部长贾马尔、缅甸交通部部长登瑞、新加坡交通部政务部长陈蕙华、老挝交通部副部长西通·通凯沃那、马来西亚交通部副部长恩巴斯、菲律宾交通部副部长鲍提萨、泰国交通部副部长翁猜务、越南交通部副部长陈允寿、中国广西壮族自治区主席陆兵、国际港口协会主席冯蕙珠等中国和东盟10国的港口主管部门的高级官员，东盟秘书处官员以及来自中国、东盟及国际港航业著名企业家和学者450人出席。论坛以加强区域合作，促进共同发展为主题，下设全球码头运营战略、国际航运与造船业发展趋势、港口及港口城市发展战略、港口投融资与实践、中国—东盟自由贸易区对泛北部湾港口合作影响及展望、泛北部湾港口城市产业发展与合作、湄公河次区域内河港口合作、物流供应链、通关便利化和信息化与港口发展的关系等多个专业议题。中国交通部部长李盛霖作论坛主旨演讲，各国交通部长及部分知名企业家围绕论坛主题分别演讲。论坛通过的《中国—东盟港口发展与合作联合声明(南宁共识)》，就发展中国与东盟未来港口发展与合作达成七项共识：(一)港口在综合运输体系中发挥着重要作用，也是国际物流链的重要节点，港口的合作离不开全面的交通合作。因此，应尽快审议通过《中国—东盟交通合作战略规划》，并在第六次中国—东盟交通部长会议上签署《中国—东盟海运协定》，以便制定中国—东盟港口合作计划，明确重点和优先使用项目。(二)为促进港口发展，满足经济发展需求，有必要建立中国—东盟港口协调机制，以便更有效地开展相关合作。(三)鼓励并支持在各次区域进行港口合作。具体合作将在未来的《中国—东盟交通合作战略规划》下展开讨论。(四)改善投资环境并制定相关便利政策，鼓励和支持各自企业根据本国的法律、规则和规章，积极参与对方港口基础设施建设。(五)继续支持利用中国—东盟合作基金，通过举办研讨会和培训班，促进港口建设与管理领域的人力资源开发、人员培训、技术与信息交流。(六)拓展融资渠道，其中包括政府投资、国际金融组织和优惠贷款以及其他金融机构的资金支持，并采取多种合作方式，促进港口设施的改善。(七)在国际海事组织框架下共同努力，进一步加强在港口国监督、海上安全、海上保安和海上环境保护领域的合作。

2007海外华商相聚中国—东盟博览会暨广西商机介绍会　10月29日举行。中国国务院侨务办公室主任李海峰，广西壮族自治区主席陆兵，中共广西壮族自治区委员会常委、组织部部长陈际瓦，广西壮族自治区人大常委会副主任甘幼玶，广西壮族自治区政协副主席章崇任等出席，会议由陈际瓦主持。来自30多个国家和地区的200多位海外华商代表围绕“新广西、新商机、新发展”的主题商讨发展商机。李海峰在致词中说，商机介绍会是在中国—东盟博览会大背景下特别为海外华商量身定做的一个合作交流平台，介绍会旨在顺应全球和中国经济发展大势，通过宣介广西经济发展政策和机遇，为海外华商投资中国特别是广西北部湾经济区牵线搭桥，促进交流，共谋发展。陆兵在讲话中说，广西正在全方位对外开放，希望海外华商与广西能在更广泛的领域加强合作，促进共同发展，同时希望海外华商充分借助中国—东盟博览会平台，全面拓展与广西与东盟各国的经贸往来和交流合作。华商们表示，广西有良好的基础设施和区位优势，人才及劳动力资源丰富，特别是中国—东盟博览会的成功举办，让广西举世瞩目，与世界各国特别是东盟各国之间的联系日益广泛、深入，广西北部湾经济区的开放开发更是风生水起，潜在着巨大的商机，海外华商们愿意与广西建立多方面的合作关系，促进广西经济社会建设的快速发展。商机介绍会上举行的项目签约仪式，共签订侨资项目18个，投资额3.8亿美元。

首届中国—东盟妇女论坛　10月30日至11月1日举行，由中国全国妇联主办。约500名来自中国、东盟10国妇女机构和组织的负责人、女企业家代表出席。围绕“加强妇女合作、促进共同发展”的主题，与会代表针对当代妇女面临的权利、教育、老年妇女等问题，就如何发挥妇女在经济建设和社会发展中的作用以及当今妇女关注的问题进行探讨，相互交流妇女工作遇到的问题并提出许多有益建议。部分代表指出，要真正实现“男女平等”，重要的是要消除“妇女的贫困”，教育是使妇女走向平等的有效途径，为此必须大力提高妇女受教育程度。论坛期间，中国全国妇联还举办题为《前进中的中国妇女》图片展，以北极科考队中的中国女性、战斗在青藏铁路工地的女工们、采摘丰收果实的少数民族妇女等为主题，多角度展示当代中国女性的魅力与风采。在论坛的中国—东盟女企业家交流会上，中国女企业家代表讲述她们艰辛创业、勇于创新、创造令人瞩目成就的动人故事。最后，出席论坛的代表共同签署《中国—东盟妇女论坛宣言》。

首届中国—东盟质检部长会议　10月29～30日举行。中国国务院副总理曾培炎、东盟秘书长王景荣出席开幕式并致词，中国—东盟质检部长会议中方主席、中国国家质检总局局长李长江主持开幕式。出席会议的代表140多人，其中东盟与会代表分别来自23个主管部门、5个驻华外交机构和东盟秘书处等29个单位，其中部级官员23位。中国代表由外交部、农业部、商务部、卫生部、国家质检总局、国务院法制办、国家食药局等7个部门、25个出入境检验检疫机构和质量技术监督机构以及广西、中国香港特别行政区代表组成。曾培炎在致词中指出，加强中国—东盟质检合

作，事关中国和东盟经济贸易健康发展，会议的召开标志着中国—东盟质检部长级磋商合作机制正式启动，对于解决各国普遍关注的产品质量和食品安全问题、防止动植物疫情跨境传播、深入推进中国—东盟自由贸易区建设、保障中国及各国经济贸易快速健康发展、维护各国生物安全，都将发挥重要作用。王景荣在致词中表示，中国—东盟质检合作以质量与标准相符、保障食品安全和食品农产品贸易证书规范化为工作重心，此次会议是研究建立与中国进出口食品安全合作机制，加强食品安全主管部门间合作和推进确保食品农产品质量与安全共同行动的契机，希望会议能进一步促进中国和食品安全领域的战略伙伴关系。李长江指出，此次会议是为促进中国—东盟战略伙伴关系发展，落实中国国务院总理温家宝在年初中国与东盟领导人会议上提出建立部长级质检磋商合作机制建议而举行的。会议以强化进出口食品安全管理与合作、保护消费者权益为主题，与会代表本着分享管理经验、谋划未来合作，以更有效地保护消费者权益、促进中国—东盟经贸关系和中国—东盟战略伙伴关系的健康发展的宗旨展开交流和讨论。会议讨论通过《南宁联合声明》，并就将于11月举行的中国—东盟领导人会议期间正式签署中国与东盟《关于加强卫生与植物卫生合作的谅解备忘录》达成一致，商定下届中国—东盟质检部长会议于2009年在东盟国家举行。

中国—东盟电力合作与发展论坛　10月28日举行，由中国电力企业联合会、中国国际贸易促进委员会电力行业委员会、中国—东盟博览会秘书处共同主办。论坛邀请来自东盟10国和美国、加拿大、欧洲、俄罗斯等国以及中国台湾、香港、澳门地区电力工业投资、建设、运营、顾问、装备制造等相关领域的专家300多人与会。论坛通过主题演讲、高峰对话、行业报告、商务配对、专题研讨、参观考察等形式，分析中国—东盟国家电力行业发展现状，探讨电力行业发展趋势，分享电力行业国际合作和区域合作经验，了解电力工业新技术和先进管理经验。论坛上发布涉及电力规划、行业发展报告、投资与风险管理以及发电、输电、环境保护、节能降耗等技术领域的论文40多篇。

首届中国—东盟林业合作论坛　10月30日举办，由中国国家林业局和广西壮族自治区人民政府联合举办。这是中国与东盟国家林业合作的第一个多边论坛，旨在充分利用中国—东盟博览会平台，促进中国与东盟在林业方面的紧密合作。论坛以“中国—东盟林业合作与可持续发展”为主题，包含中国—东盟林业投资与林产品贸易合作、非木材林产品在东南亚国家的利用与发展、林业科技合作3个议题。中共广西壮族自治区委员会常委、纪委书记马铁山，中国国家林业局副局长李育材，广西壮族自治区副主席孙瑜，东盟秘书处副秘书长尼古拉斯及各国代表190多人出席。文莱、柬埔寨、中国、老挝、马来西亚、缅甸、菲律宾、泰国、越南等国的林业官员在论坛先后发言或作主题演讲。论坛讨论通过的《中国—东盟林业合作(南宁)倡议》提出加强林业管理合作、林业经济合作、林业资源保护合作、林业科技合作的4点倡议。

第四届中国—东盟自由贸易区法律事务论坛　10月30日举行，由中国—东盟博览会秘书处、越南社会主义共和国法学家协会、中华全国律师协会、法制日报社、广西壮族自治区律师协会共同主办。来自中国及东盟国家的自贸区研究专家、法学专家、知名律师、企业的120多代表出席。论坛围绕“合作发展与法律服务”的主题，结合2007年初中国与东盟签署的《服务贸易协议》展开探讨。论坛安排公证协作议题，并根据中越两国双边贸易迅速增长的实际将中越法律服务协作作为重要议题。论坛还针对企业需求展开互动，真正体现法律论坛服务于自贸区经贸发展的宗旨和特征。

首届中国—东盟社会发展与减贫论坛　10月30日至11月2日举办。此次论坛是第二届中国与中日韩10+3区域扶贫高层研讨会的后续行动之一，将致力于推动中国—东盟关系务实发展，配合中国—东盟经贸合作战略，建立中国—东盟经济、社会协调发展交流平台，积极参与推进和谐世界建设，并发挥中国在东盟地区社会发展和减贫的重要作用。论坛由中国国务院扶贫办、广西壮族自治区人民政府主办。来自中国、文莱、柬埔寨、印度尼西亚、老挝、马来西亚、缅甸、菲律宾、新加坡、泰国、越南等国主管扶贫工作的高级官员或扶贫机构负责人、社会发展和减贫领域的专家、知名企业家以及秘书处、各相关国际机构的近百名代表参加。论坛以参与和推进区域社会发展与减贫交流合作为主题，围绕各国社会发展与减贫领域的成就与经验，各国推进联合国千年发展目标的实现，企业及企业家如何参与推动本国社会发展与减贫事业，非政府组织如何与政府部门互动以便有效推动社会发展与加快减贫进程等4项内容展开讨论。

亚欧首脑会议高官会　10月29～30日在桂林举行。中国亚欧会议高官王学贤大使主持会议，各成员派团与会。会议重点讨论第七届亚欧首脑会议筹备、落实第六届亚欧首脑会议及第八届外长会议成果等问题，并就共同关心的国际及地区问题交换意见。

第四届中国—东盟博览会“魅力之城”简介

西哈努克市　柬埔寨唯一的海港城市，有柬埔寨最大的国际深水海港西哈努克港。这个新兴的海港城市通过近年的发展，成为国际货运、渔业、旅游和以炼油为主的多元化城市，与金边、吴哥一起成为柬埔寨三大旅游胜地。

展区正面以西哈努克港为背景，在展台前方放置港区规划模型，让参观者直观地了解港区的地理位置、总体规划面积、首期开发面积和港口发展目标。展区背面以古香古色、奇巧别致的柬埔寨特色建筑为设计元素。古建筑门柱上，千姿百态、雕工细腻、图案优美的浮雕，完美体现其宫廷建筑的气派和宗教色彩。摆放在门亭中央的柬埔寨乐器，透显着一种独特的文化气息，给参观者传递恬静清新的感觉。

巴生市 位于马六甲海峡的东北岸。有马来西亚最大、最繁忙的港口——巴生港。巴生港是穆斯林产品专业港口。

展厅正面设计成一扬帆起航的巨轮。船头上方安置的大屏幕不断播放着有关巴生港的宣传片。宣传内容主要有：与全球500个港口有着对接航线，连通120个国家和地区的港口；具有完善的交通设施，港口设施控制全部电脑化；拥有集装、散装、液状、干散等各种专业泊位。巴生港还宣传其对外国企业采取的优惠政策，欢迎外商投资开发港口资源，发展机械设备、炼油、家具生产等各种产业。

新加坡城 位于新加坡岛东南，是新加坡首都和东南亚最大的海港、重要商业城市和转口贸易中心，也是国际金融中心和航空中心，被誉为“世界花园城市”。

为配合第四届中国—东盟博览会的港口合作主题，新加坡港以“非常新加坡——创非凡、展未来”为主题，以清新脱俗的纯白色布置占地200平方米的展馆。整个展台被布置成一艘正在航行的轮船，展馆右边为高高扬起的风帆，展示该城市对更加美好未来的执着追求和坚定信心。馆内通过大液晶显示屏和错落有致摆放着资料图片，向络绎不绝的参观者传递现代化新加坡港和新加坡在教育、旅游、文化、环保、食品加工等各行业取得的辉煌成就。

天津市 中国四大直辖市之一，被喻为“渤海明珠”。所辖天津港是中国重要的国际港口和物流枢纽。

展区以蓝色为基调，湛蓝的海水、蔚蓝的天空，展示着海滨城市天津海纳百川的胸怀。熠熠闪光的数十颗“海上明珠”镶嵌在3组大跨度的“海浪”中，象征着中国主要经济中心之一的天津市的经济发展态势。“海浪”下面，一颗徐徐转动、直径约2米的“大明珠”上，镶有反映天津市与东盟10国在经济、文化友好往来的10组精美图片。展区周围有15块挺拔竖立“船帆”，寓意该市正扬帆起航，乘风破浪走向未来。展区中央的天津市发展规划沙盘上，天津的母亲河——海河蜿蜒穿过，海河两岸是鳞次栉比的摩天大厦，河上18座各具特色的桥梁尽显其中。参观者还可通过安置在船帆上的电子屏幕，将天津这个601岁的中国魅力之城的大气磅礴尽收眼底。

巨港市 又名巴邻旁，是印度尼西亚南苏门答腊省首府，苏门答腊岛南部最大港口城市和贸易中心。公元7世纪时是室利佛逝王国的都城和政治经济中心，公元18世纪初，成为伊斯兰王朝所在地。人口约90万。

展区以一幅巨大的中国传统风格民居图片作背景，反映的是巨港市甲必丹村的景象。相传最早抵达印尼的中国人在巨港落脚后，用木材搭建起这种风格的房子，并很快被原住民模仿。至今，甲必丹村还保留着3处这样的建筑。展区中央摆放着穆西河大桥和3艘木船模型，浮在穆西河水面上的竹筏，是巨港最古老的民居，几个印尼青年男女在展区载歌载舞。整个展区的布置寓喻着巨港与中国有着悠久的交往史，印中人民和睦共处。现在的巨港，已是一个工业高度发达的海港城市，展出的木船和茶叶、咖啡、优质煤、木雕、竹编等特产，透露着其富足与骄傲。

仰光市 缅甸首都，拥有缅甸最大的港口——仰光港，缅甸绝大部分出口物资经此输出。

展区占地270平方米，设计独特。展区3个出入口都设计成佛塔出入口样式，四周图案溢彩流金。展馆四周贴着介绍仰光港及仰光发展状况的巨幅宣传画。展区内摆放着各式各样的伞，其中颜色古朴深邃的多为寺庙里用，而颜色鲜艳明亮的则是百姓日常所用。在6把特制大伞下，摆放着微型船模、缅甸银器和翡翠玉饰。在展区里，还有个近60平方米的仰光城区缩微模型。模型以绿色和蓝色为基调，仰光港、大金塔在模型中位置突出，港口的几艘巨轮似要驶向远方。

春武里府 泰国东海岸距曼谷最近的省府（距曼谷80公里），是泰国东部沿海主要港口城市和经济中心，物产丰富，旅游业发达。

展区以春武里港口为主要设计元素，整个展区就像一个大型港口，7个大型集装箱式展台从不同侧面把最美最好的泰国展示给观众。展台上，泰国的莲雾、榴莲、山竹、杧果、龙眼等水果新鲜可人。展区笑容可掬的泰国演员、表演着地道的泰式按摩和风情万种的泰国歌舞，让参观者近距离感受着原汁原味的泰国。

斯里巴加湾市 文莱首都，也是文莱最重要的港口。作为第四届中国—东盟博览会主题国，文莱的“魅力之城”——斯里巴加湾市成为最抢眼的展馆之一。

展馆优美、古老的文莱歌舞和极富现代气息的帝王酒店，吸引着过往的观众。帝王酒店是个超豪华饭店，造价高达5亿美元。270平方米的展馆其实就是文莱帝国酒店的微缩模型。展馆里，三位老者一字排开坐在文莱传统铜鼓前，为姑娘小伙击鼓助兴；坐在新房模型床上的美丽新娘、新郎，向参观者展示文莱传统婚礼。展馆通过这种传统与现代的交相辉映，吸引着众多观众。

沙湾拿吉市 老挝在湄公河沿岸的重要港口城

市，盛产水稻、咖啡、柚木等，工商业较发达，是老挝主要经济文化中心。

展区占地100多平方米，以长方形设置。展馆里，青草葱葱的湄公河、独特的自然风光、悠闲与富有热带情调的城镇，既体现老挝悠久的历史文化，也反映了沙湾拿吉在发展旅游等产业上取得的成就。

苏比克湾　菲律宾吕宋岛西南部的滨海城市，距马尼拉市110公里，是自然条件良好的深水码头基地。三面青山环拥的苏比克湾风光如画，宁静平和。1901年美国曾在此建立海军基地，现由菲政府收回使用，成为菲律宾重要的贸易保税特区和旅游度假区。菲律宾计划在2010年前把其建设成国内规模最大、也是东南亚地区最大的集装箱转运枢纽港。目前的苏比克湾，汇集了包括世界上第四大造船厂——韩进重工公司在内的700多个投资项目。

展区以巨幅图片和多媒体视屏对苏比克这个热带天堂里充满异国情调的动植物、三面环拥的青山、原始的白色沙滩和壮观的蔚蓝海港、锐意进取者的投资宝地进行全方位展示。

下龙市　越南重要的水上交通枢纽城市，拥有“海上桂林”、“人间仙境”等美誉。下龙市不仅是海产富尧城市，同时也是繁忙的港口城市和著名的旅游城市。

展区以古色古香的“文庙”（原型为当地的一座中国孔庙）为入口，穿过“文庙”，下龙湾美丽的海滨风光尽展眼前。展区地板以一大片蓝色地砖象征着下龙湾那一片迷人的海洋。在湛蓝的“海”面上，有著名景点“斗鸡石”和一艘历经风雨的渔船。渔船红色的船帆、白色的渔网、褐色的船桨、捕获的鱼，抚琴的渔家姑娘以及海中竖立的“斗鸡山”，让观众顿生一种踏海滩、赶海浪、坐海船、吹海风、观海景的冲动。

2007年10月28日，第四届中国—东盟商务与投资峰会在南宁举行。

（原载《广西日报》）

第四届中国—东盟商务与投资峰会

第四届中国—东盟商务与投资峰会成功举办

2007年10月28日，由中国商务部、贸促会和广西壮族自治区人民政府主办，东盟工商会、中国—东盟商务理事会和东盟10国的国家工商会协办的第四届中国—东盟商务与投资峰会在南宁举行开幕式。中国国务院副总理曾培炎、文莱王储比拉、老挝总理波松、越南总理阮晋勇等出席开幕式并发表演讲。中共广西壮族自治区委员会书记刘奇葆、广西壮族自治区主席陆兵、中国商务部副部长高虎城、东盟秘书长王景荣、中国国际贸易促进委员会副会长于平以及来自中国和东盟国家的政府官员、国际组织代表、商协会代表、工商界精英、专家学者等共1400多人出席。本届峰会以“创新合作——加快提升区域增长力”为主题，设计金融和服务贸易两个专题论坛。曾培炎在开幕式上就中国—东盟自由贸易建设、区域经济合作和提升区域经济增长力等问题发表主旨演讲，刘奇葆以《推进次区域合作，打造中国—东盟合作新亮点》为题向来宾们致词。会议期间，与会代表分别就“深化金融合作，便利贸易投资”和“服务贸易：新领域，新商机”两个中心议题进行深入研讨，并就深化金融合作，保障金融安全和推动服务贸易合作达成共识。

曾培炎在第四届中国—东盟商务与投资峰会开幕式上作主旨演讲

2007年10月28日，中国国务院副总理曾培炎在第四届中国—东盟商务与投资峰会开幕式上发表主旨演讲。他在演讲中说，第四届中国—东盟商务与投资峰会围绕“创新合作——加快提升区域增长力”的主题进行深入探讨，对于推动中国和东盟开展更加务实有效合作，为区域发展注入新的活力具有重要意义。目前，中国与东盟建立了战略合作伙伴关系，形成政治上相互尊重、文化上相互交流、经济上相互促进的良好态势，双边经贸关系进入一个新的阶段，双边贸易迅速发展，投资往来持续扩大，合作机制不断完善，次区域合作取得新发展。中国与东盟共拥有18亿人口，双方经济互补性强，又都处于快速发展阶段，合作的前景十分广阔。双方应抓住难得的历史机遇，进一步开拓合作领域、提高合作水平。为此，曾培炎提出落实重点项目、扩大相互投资、开拓合作领域、深化次区域合作四点建议。曾培炎还指出，广西位于中国华南、西南与东盟有关国家的结合部，是中国与东盟合作的重要基地。中国政府将支持广西发挥独特的区位优势，加强基础设施和发展能力建设，改善商务和投资环境，加快广西北部湾经济区开发开放步伐。中国欢迎更多的东盟国家企业到广西开展贸易投资合作。

刘奇葆在第四届中国—东盟商务与投资峰会开幕式上致词

2007年10月28日，中共广西壮族自治区委员会书记、广西壮族自治区人大常委会主任刘奇葆在第四届中国—东盟商务与投资峰会开幕式上以《推进次区域合作，打造中国—东盟合作新亮点》为题向来宾们致词。他说，加强区域合作，已成为时代的潮流，也是实现持久和平、促进共同繁荣的需要。加强次区域合作，有利于进一步挖掘利益交汇点，促进有条件的地区率先合作，有利于形成新的增长极，辐射带动区域其他地区的发展。为进一步探索新的次区域合作，2006年，广西提出开展以泛北部湾经济合作为重点的中国—东盟"一轴两翼"区域合作新格局的建议，这一建议很快得到国家以及越南、马来西亚、新加坡、印尼、菲律宾、文莱等有关国家领导人和部长的积极回应与热情支持。泛北合作正从共识走向实践，希望各国政府加强合作，共同推动这一新的次区域合作走向深入。刘奇葆说，推进次区域合作需要合理设计，务实行动，由易到难，稳步推进。一是设计提出普惠共赢的合作内容，二是建立平等参与的合作机制，三是构建投融资合作平台，四是推进具体务实的合作项目。为推进次区域合作，中国政府正加快广西北部湾经济区的开发建设，努力把北部湾经济区建设成为中国沿海发展新的一极，成为连接多区域的国际大通道、交流大桥梁、合作大平台，为泛北合作等次区域合作打下良好基础，创造有利条件。

2007南宁国际民歌艺术节

南宁国际民歌艺术节开幕式晚会

2007年10月28日晚在南宁民歌广场上演。晚会由中国中央电视台、南宁市人民政府联合主办。参加开幕式晚会演出的舞蹈演员、群众演员逾千人。晚会舞台以巨大的浪花为主背景，灯光设计、焰火设计、现场录播手段皆采用国际时尚科技元素，使整台晚会更具观赏性，更加体现民族性和世界性。晚会以"盛世欢歌"为主题，与上届艺术节的"盛世和韵"主题形成姐妹篇。晚会分别用红、绿、蓝、金四种色彩版块，展示红色的欢庆、绿色的欢聚、蓝色的欢腾、金色的欢歌四个篇章。歌唱家魏松、柏文以一曲直抒主题的《盛世欢歌》拉开晚会的序幕后，代表着藏族、蒙古族、彝族、维吾尔族以及朝鲜族的哈拉玛组合、黑骏马组合、太阳部落组合、天山雪莲组合和歌手君龙等以一组别具风格的《大地飞歌》组歌，唱出北部湾风生水起的磅礴之势，带出欢庆篇章的序曲。张也以《和谐颂》讴歌盛世和谐，赞美祖国建设发展取得的伟大成就。韩雪以《竹林风》送上对联合国人居奖城市——南宁的祝福。腾格尔一曲《在那遥远的地方》，体现了深厚的民族情感。韩红一曲高亢的《天路》，讴歌了各族人民在党和国家的领导下，克服艰难困苦，建设家乡的勇气和力量。毛阿敏的《大地之约》、满文军的《阿娇》、孙悦的《神鹰传说》、费玉清的《梦驼铃》、凤凰传奇的《醉美天下》，还有廖昌永、莫华伦、张健一美声联唱的《重归苏莲托》、《桑塔露琪娅》、《莫斯科郊外的晚上》、《今夜无人入睡》，向观众展现了经典的中外民歌风采。本地歌手袁泉、唐彩媚、肖燕、王晓婷全新演绎的中国—东盟博览会主题曲《相聚到永久》，将晚会带入热烈欢快的氛围。来自越南的民歌天后范菲蓉的《难忘的黑马》，新加坡的民歌手莫哈末·沙莎比尔、玛特由妲高的《诺吉娅》，泰国新生代天后TATA YOUNG的《I BELIEVE》，更是结合了民族与时尚、古朴与现代的元素，将晚会的国际性表现得淋漓尽致。中国著名民歌手汤灿一曲《风生水起北部湾》，唱出了广西从大山走向大海，与东南亚国家合作发展的精神。港台当红歌手组合TWINS、谢霆锋，庾澄庆、费玉清等的精彩演出让晚会充满了时尚与激情。最后，晚会在著名歌唱家吴碧霞演唱的《神州共举杯》中结束。

2007南宁市投资贸易洽谈会暨项目签约仪式

2007年10月28日在南宁市邕江宾馆举行。来自中国及20多个国家和地区的500多贵宾、客商参加洽谈会暨项目签约仪式。签约仪式上，新加坡阳光集团、深圳农产品股份有限公司、法国伊迪集团、缅甸娃达国际有限公司等50多家企业与南宁市及县（区）政府、开发区管委会签约投资项目52项，项目投资额219.23亿元。所签项目中，南宁对外招商引资项目共获签约46项，项目计划总投资203.12亿元。其中：工业及高新技术项目23项，计划总投资66.93亿元，引进资金66.04亿元；基础设施项目12项，项目总投资68.05亿元，引进资金67.15亿元；商贸服务业项目8项，项目总投资52.7亿元，全为引进资金；农业项目1项，项目总投资4亿元，全为引进资金；社会事业项目2项，计划总投资11.44亿元，全为引进资金。

绿城歌台广场文化活动

绿城歌台是南宁国际民歌艺术节的传统项目。2007南宁国际民歌艺术节绿城歌台活动于10月29~30日分别在南宁市朝阳广场、民族广场以及各城区同时开展。这次绿城歌台活动在保持民族、开放、热烈、喜庆特点的同时增加与市民的互动环节,在企业、学校、广场、社区共设歌台18个,每个歌台可容纳观众3000人以上,其中朝阳广场中心歌台安排两场演出,其余每个歌台安排1小时左右的特色歌舞联欢活动。期间,来自欧洲、美洲、非洲、东南亚等20多个国家的艺术家以及广西的艺术团体进行了形式多样、内容精彩的表演,让南宁市民领略到众多的民族艺术。意大利那不勒斯曼陀铃乐团、奥地利幺踏拍鞋舞队、德国景泰蓝乐队为观众表演了欧洲优美的、幽默的音乐和欧洲民族特色舞蹈,美国裂谷蓝草乡村音乐组合充分展现了美国乡村音乐的魅力,南非彩虹乐队展示了融合传统舞蹈及浓郁非洲风情的音乐,印度、菲律宾、新加坡、泰国、柬埔寨、老挝艺术团表演了神秘、高贵的古典歌舞。南宁市的友好城市——泰国孔敬市、印度尼西亚怡宝市、韩国果川市均派出艺术团参加民歌艺术节,使绿城歌台广场文化活动的气氛更加友好和热烈。

第17届中国厨师节暨2007南宁·东南亚国际旅游美食节文艺晚会

2007年10月19日晚在南宁人民会堂开演。晚会由中国烹饪学会、广西壮族自治区商务厅、广西壮族自治区旅游局、广西国际博览事务局、南宁市人民政府共同主办。晚会除安排有歌舞《美丽壮锦》、《金风送来山水情》、“爱的脚步”和“花香裙雨”,杂技“绣球飞”等优秀节目外,还有专门为中国厨师节创作的歌舞《美酒飘香》等全新节目,充分表现浓郁的壮乡风情。

“振宁之夜·相约南宁”外国艺术家专场晚会

2007年10月31日晚举办。晚会由南宁国际民歌艺术节组委会主办,南宁市文化局、南宁大地飞歌文化传播有限公司承办,南宁振宁开发有限责任公司和南宁电视台协办。来自奥地利、南非、文莱、斯洛文尼亚、

2007年10月28日晚,南宁国际民歌艺术节开幕式晚会在南宁民歌广场上演,图为晚会现场。（原载《广西画报》）

泰国、美国、印度尼西亚等19个国家的艺术家展示各自不同的民族风情和文化。晚会上，奥地利艺术家表演的《上克赖纳拍鞋舞》，斯洛文尼亚艺术家演唱的《快乐女孩》，德国艺术家演唱的《在我们的森林里有一只鸟》，马来西亚艺术家演唱的《认识马来西亚，爱上马来西亚》以及南非艺术家表演的舞蹈，让南宁市民不出国门也能欣赏到一场精彩的国际民歌盛宴。

第17届中国厨师节暨2007南宁·东南亚国际旅游美食节

2007年10月19～31日举办。美食节设有东南亚美食城主会场和邕州老街、自治区党校两个分会场，活动丰富多彩。中国烹饪协会名厨专业委员会主办了大厨"四宝杯"第二届全国厨艺绝技演示暨鉴定活动和"詹王杯"第二届全国中餐技能创新大赛，广西烹饪餐饮行业协会主办了第二届广西民族地方特色美食展示大赛等重要比赛，为各地名厨提供厨艺竞技、交流的良好平台，也让南宁市民领略到美食的魅力。美食节期间，中国烹饪协会名厨专业委员会二届三次全体会议、世厨联执委非正式会议、世烹联理事会和监事会、中国烹饪协会专家工作委员会年会、"中华金厨奖"表彰颁奖大会、中国餐饮企业资本运营论坛等一系列会议在南宁举行，成功将厨师节办成餐饮业多元交流的盛会。此届厨师节规模空前，美食城设展位200多个，参展参会和观摩的厨师代表达1万多人，其中来自韩国、日本、美国、印度尼西亚、菲律宾、马来西亚、新加坡以及中国港澳台地区的参赛厨师140多人；观看比赛并前往品尝美食的南宁市民近30万人次。南宁市参展名厨在美食节上拿出一批桂菜、邕菜，宣传本地餐饮品牌。宾客们在美食节上充分体验了"来到南宁，吃遍天下"的美食享受。

举办地概况

广西壮族自治区

简称"桂"。地处中国南部边疆，南临北部湾，陆地周边与国内的广东、湖南、贵州、云南等省接壤，西南与越南社会主义共和国毗邻，陆地边境线长637公里。行政区域面积23.67万平方公里，设14个市，109个县（市、区）、1126个乡（镇）。地势由西北向东南倾斜，四周山地环绕，中部和南部多为平地。陆地面积中，山地、石山等占76.1%，平原占20.6%，水面占3.3%。森林面积980多万公顷。境内河流众多且水量丰富、落差大。海岸线长1500多公里，沿海有众多的天然良港和697个岛屿，岛屿岸线长600多公里。属亚热带季风气候区，年平均气温20.8℃，年日照时数1462小时，年平均降雨量1444毫米。2007年末总人口5002万，人口自然增长率8.2‰，城镇人口1728万。世居有壮、汉、瑶、苗、侗、仫佬、毛南、回、京、彝、水、仡佬等12个民族。汉族人口约占总人口的62%，其他少数民族人口约占38%，其中壮族人口1500多万。

广西资源物产丰饶。有色金属矿产储量大，是中国10个重点有色金属产区之一。在探明储量的97种矿藏中，储量居中国前10位的有64种，居第一的有铝土矿、锰矿等12种。石灰岩、高岭土、滑石、膨润土等非金属矿储量亦居中国各省前列，但煤、石油等能源矿较贫乏。水能资源丰富，单河理论蕴藏量1万千瓦以上的河流246条，技术可开发量1897万千瓦，是中国优先开发的三大水电建设基地之一，其中红水河水能资源占广西水能资源总量的68%。耕地总面积256万公顷，人均耕地0.05公顷。农产品丰富多样，盛产水稻、蔬菜、甘蔗及各种热带和亚热带水果等，水果、桑蚕、蔗糖等产量名列中国各省份前茅，是世界十大产糖区之一。可利用草山草坡450万公顷，草食家畜养殖量较大。适宜水产养殖的水域面积宽广，罗非鱼等淡水养殖品种在国内占较大份额。所临北部湾是著名热带渔场，海洋捕捞鱼类资源有500多种，虾蟹类220多种；20米水深以内的浅海面积6488平方公里，对虾、珍珠、牡蛎等海产品养殖量大质优，是驰名中外的南珠产地。旅游资源丰富，有国家级风景名胜区3个、旅游度假区1个，省级风景名胜区31个、旅游度假区9个，历史文物保护单位220个。桂林是享誉世界的旅游城市，素有山水甲天下之美称。

广西交通通信状况较好。铁路运营总里程3200多公里；沿海有防城、钦州、北海、铁山、珍珠等天然良港，内河通航里程5591公里；民用机场5个，开辟国内外航线168条，通达国内42个城市和日本、韩国及泰国、越南等东盟国家。固定电话用户892.1万户，移动电话用户1384.3万户，互联网络用户149.1万户；电话普及率每百人45.5部。

工业主要有有色金属、机械、建材、冶金、石油化工、煤炭、造纸、电力、制糖、食品、卷烟等13大类，其中有色金属、冶金、制糖、造纸、电力、建材等资源利用型工业及机械工业较为发达。制糖工业产业链较长，综合利用技术达到世界先进水平，食糖产量占中国一半以上。水力发电量大，被称为中国水能开发富矿的红水河自上而下开发建设了10座梯级电站，装机总容量1291万千瓦。机械行业拥有中国最大的车用内燃机生产企业玉柴机器股份有限公司、最大预应力机具生产企业柳州建筑机械总厂、中国装载机龙头企业柳州工程机械股份公司和主要微型车生产企业上汽通用五菱股份有限公司。冶金行业中的铝工业和锰工业最具发展潜力和优势，平果铝业公司、桂西氧化铝厂是中国氧化铝主要生产基地。建材工业尤其是水泥工业具有相当规模，水泥年产能达到3300多万吨。

2007年，广西经济继续保持快速增长，质量效益有新提高。全自治区实现地区生产总值5955.7亿元，比上年增长15.1%。按常住人口计算人均生产总值1.25万元；财政收入703.88亿元，增长23.7%。工业化城镇化进程明显加快，自主创新能力进一步增强，经济结构调整迈出重要步伐。全自治区工业增加值达到2090.1亿元，比上年增长22.1%，工业增加值占生产总值的比重提高到35.1%，对经济增长的贡献率提高到48.5%。传统优势产业改造提升，新兴优势产业和高新技术产业加快发展。机制糖产量居中国各省第一位，上汽通用五菱微型车、柳工机械轮式装载机、玉柴柴油发动机等产品市场占有率排全国第一位。强优企业和名牌产品明显增多，有4家企业进入中国企业500强。第三产业实现增加值2289亿元，比上年增长14.6%。传统服务业进一步壮大，现代服务业加快发展。三次产业结构达到21.6∶39.7∶38.7，第二产业逐步成为经济发展的主导。城镇化率提高到36.2%，城镇基础设施年内完成投资2627.54亿元，城市综合承载能力明显提高，中心城市辐射带动作用增强，城乡清洁工程成效显著。各具特色的区域经济竞相发展，区域发展协调性进一步增强。现代农业加快发展，社会主义新农村建设扎实推进。农林牧渔业协调发展，第一产业实现增加值1241.4亿元，比上年增长5.5%。农产品结构、种养业结构和农业布局进一步优化，优势特色产业初步形成。主要农产品产量稳步增加，甘蔗、桑蚕、木薯、松脂、八角、速生丰产林等产量排中国各省第一位。经济作物种植面积比重提高到49.9%，主要农作物良种覆盖率平均超过90%。农业产业化水平明显提高，农业龙头企业带动作用增强。社会主义新农村建设试点工作取得成效，农村基础设施建设得到加强，社会事业发展加快，生产生活条件明显改善。

中国—东盟博览会的影响不断扩大，北部湾地区开放开发步伐加快。总投资106亿元的沿海基础设施建设大会战基本完成，沿海现代化大型组合港、临海工业园区建设加快推进。广西与东盟各国以及泛珠三角、长三角、西南等国际国内区域合作不断深化，招商引资、承接产业转移和对外贸易成效明显，开放型经济快速发展。与广西保持经贸往来的国家和地区达到192个，全年实际利用外资12.91亿美元，比上年增长27.9%；引进内资1072亿元，增长73.4%。对外贸易进出口总额达到92.78亿美元，比上年增长39.2%，其中出口51.13亿美元，增长42.3%。

基础设施和重点工程建设成效显著，发展基础进一步夯实。全社会固定资产投资完成额2970.47亿元，比上年增长31.7%，工业、交通、能源、水利、城镇基础设施、生态环保、社会事业、公共服务等领域建设得到加强，投资结构明显优化。在强劲的投资作用下，全自治区高速公路总里程增加到1879公里，沿海和内河港口总吞吐能力增加到1.06亿吨，与68个国内外城市开通航线航班，西南地区出海通道、国际大通道地位日益凸显；龙滩水电站、钦州千万吨炼油项目、华银铝业一期、平果铝氧化铝二期等一批重大项目实现投产或部分投产，经济发展后劲得到增强。

能源资源节约和生态环境保护取得新进展，经济发展方式加快转变，可持续发展能力提高。万元生产总值能耗下降目标基本实现，万元工业增加值综合能耗明显下降。化学需氧量、二氧化硫排放量得到有效控制。森林覆盖率提高到52.7%，农村沼气入户率39.2%，居全国第一位。地表水环境和城市空气环境质量总体良好。生态环境和城乡人居环境进一步改善。人民节约能源、保护环境的意识不断增强。

人民生活显著改善，社会事业全面发展，和谐社会建设取得新的进展。城镇居民人均可支配收入增加到1.22万元，农民人均纯收入增加到3224元。城镇和农村居民人均住房使用面积分别增加到26.6平方米和30.5平方米。社会消费品零售总额达到1897.9亿元。全年新增城镇就业34.37万人，城镇登记失业率控制在3.79%以内，城乡居民最低生活保障制度初步建立，城乡特困群众、水库移民、受灾群众等困难群体的基本生活得到保障。全自治区建有五保村6521个、乡镇敬老院958个，有效地解决了10.5万名五保对象集中供养问题；农村绝对贫困人口温饱问题得到解决，农村低收入贫困人口大为减少。总投入16亿多元的大石山区五县基础设施建设大会战初见成效。财政对科学教育事业的投入大大增加，有效促进科技进步和自主创新能力的提高，基本扫除青壮年文盲、基本实现九年义务教育攻坚任务提前一年完成。农村义务教育阶段学生全部免收学杂费，农村义务教育阶段贫困学生免费获得教科书，贫困学生上学难问题逐步缓解。职业教育发展加快，高等教育规模扩大、质量提高。公共卫生体系和基本医疗服务体系不断健全，重大疾病防治工作扎实有效。新型农村合作医疗全面铺开，参加新型农村合作医疗的农民达到77.4%。文化事业和文化产业迅速发展，广播、电视综合人口覆盖率大幅提高。精神文明建设得到加强。竞技体育和全民健身活动蓬勃发展。

南宁市

位于广西南部，是广西壮族自治区首府和政治、经济、文化、信息、金融中心，是中国南部对外开放的重要城市、广西北部湾经济区中心城市和联合国人居奖城市。辖6个城区和6个县，行政区域面积2.21万平方公里。2007年末总人口683.51万，其中市区人口259.77万。

南宁地处亚热带季风气候带，受海洋气候调节，全年阳光充足，雨量充沛，气候温和，干湿季节分明，夏季潮湿，而冬季稍显干燥。年平均气温21.7°C，多年平均降雨量在1241～1753毫米间，平均相对湿度79%。河系发达，流域集水面积在200平方公里以上的河流有39条。邕江是南宁的母亲河,年平均流量410亿立方米。矿产资源丰富,探明储量的矿产资源有煤、铜、钨、耐火粘土等20多种,其中不乏品位较高、具有开采价值的品种。耕地面积61.5万公顷,园地面积7.6万公顷,林地面积77.24万公顷。盛产水稻、花生、木薯、红麻、茶叶等农产品和香蕉、菠萝、柑、橙、荔枝、龙眼等亚热带水果。市区绿化覆盖面积38.2公顷,人均公共绿地12.23平方米,在中国有绿城之称。工业基本形成食品、化工、机械、制糖、造纸、铝加工、电子信息产品制造等成熟行业,以南宁卷烟厂、凤凰纸业公司、南宁啤酒厂、南糖股份有限公司、南化集团、南宁手扶拖拉机厂、南宁浮法玻璃有限公司为代表的工业在广西工业中占有重要地位。有国家级开发区2个,自治区级开发区7个,开发区经济在全市经济总量的比重逐年提高。旅游资源丰富,是中国优秀旅游城市。

南宁自古以来就是桂西南和云贵川地区的流通中心和主要物资集散地。近年来,南宁市以构筑大西南出海通道枢纽和区域性中心城市而展开的大规模建设,不仅形成较完整的铁路、公路、水路、航空立体运输网络,其他基础设施也日臻完善,城市面貌日新月异。

2007年,南宁市经济社会全面协调发展,社会和谐,人民安居乐业。全年实现地区生产总值1062.99亿元,其中第一产业增加值158.62亿元,第二产业增加值367.33亿元,第三产业增加值537.04亿元。人均地区生产总值1.57万元。财政收入150.84亿元。全社会固定资产投资完成额560.22亿元。社会消费品零售总额515.62亿元。海关出口总额9.29亿美元。实际利用外资1.85亿美元。城镇居民人均可支配收入1.19万元,农村居民人均纯收入3033元,城乡居民年末储蓄存款余额714.79亿元。

农业和农村经济发展势头良好,全市农林牧渔业实现总产值255.48亿元,比上年增长7.8%。各产业在农林牧渔业中所占比重分别为:农业56.3%,林业2.9%,畜牧业34.1%,渔业5.7%,农业服务业1%。粮食作物和经济作物的种植面积比例为1∶1.13。全年粮食作物种植面积41.75万公顷,经济作物种植面积26.28万公顷。农业丰收,粮食总产量189.5万吨,蔬菜总产量307.83万吨,水果总产量88.95万吨,分别增长4.2%、5.6%和9.4%。养殖业整体生产规模稳步扩大,生猪、奶牛、家禽、水产品养殖增加,产量增长,全年肉类总产量52.81万吨,水产品产量20.42万吨,分别增长3.9%和9.2%;桑蚕养殖规模明显扩大,鲜蚕茧产量5.65万吨,比上年增长13.2%。林业生态建设平稳推进,全年造林1.18万公顷,森林覆盖率提高0.57个百分点。新农村建设、大石山区基础设施建设不断推进,农村基础设施进一步完善。新农村建设试点累计完成投资15.1亿元,大石山区基础设施建设完成投资5.35亿元。农村地区通车、通电、通自来水、通信率分别达到99.4%、100%、85.5%和98.2%,有效灌溉面积20.28万公顷,旱涝保收耕地面积15.54万公顷。

工业经济快速发展,经济效益明显提高。全市工业总产值830.88亿元,实现增加值279.15亿元,分别比上年增长30%和24.1%;规模以上工业企业利税总额71.16亿元,其中利润总额31.7亿元,分别增长46.7%和98.9%;全员劳动生产率16.41万元,增长33.1%。规模以上工业企业发展到852家,其中产值超亿元的企业155家。各支柱工业行业快速增长,支撑作用明显。农副食品加工业、造纸及纸制品业、化学原料及化学制品制造业、医药制造业、有色金属冶炼及压延业、电力热力生产和供应业、非金属矿物制品业、烟草制品业、塑料制品业等10大支柱行业规模以上企业实现总产值483.23亿元,占全市规模以上工业总产值的72.5%,对全市规模以上工业总产值增长的贡献率为67.6%,拉动规模以上工业产值增长23.1%。轻、重工业均衡发展,规模以上轻工业和重工业产值分别为330.63亿元、339.1亿元,分别增长31.81%和36.5%。

商贸、旅游等第三产业保持较快增长,发展势头良好。消费品市场持续旺盛,商品零售增长速度加快。全社会消费品零售总额515.62亿元,比上年增长18.4%。城乡消费市场同步增长,城市市场零售额423.45亿元,农村市零售额92.17亿元,分别增长18.6%和17.5%。石油及制品、耐用消费品和高档消费品零售强劲增长。旅游业各项指标再创历史新高。全年接待海外游客14.11万人次,国内游客2058.1万人次,分别比上年增长32.6%和11.8%;国内旅游收入114.22亿元,国际旅游收入31.7亿元,分别增长17.1%和27.8%。交通运输业继续发展,民航旅客运量增多。全年旅客发送量公路9546万人次、水路105.9万人次、民航146.6万人次。南宁国际机场开通国内航线51条、国际航线16条。邮电业持续发展,业务总量达到68.9亿元,增长10.8%,其中邮政业务总量增长9.8%,电信业务总量增长10.8%。全市电话普及率60.14部/百人,互联网用户81.81万户,增长11.6%。金融保险业较快发展。年末,全市金融机构各项存款余额1871.51亿元,比年初增长18.1%。其中企业存款余额685.56亿元,增长19.7%;城乡居民储蓄存款余额714.79亿元,增长4.9%。金融机构贷款余额1922.35亿元,增长15.6%;全年银行现金收入3505.99亿元,现金支出3426.16亿元。保险市场健康发展。20家保险公司全年保费收入27.05亿元,比上年增长26.6%。其中财产险保费收入11.48亿元,增长39.8%;人身险保费收入15.57亿元,增长18.3%;保险赔款及给付9.25亿元。

对外开放程度加大,招商引资持续增多。全年外贸进出口总额12.86亿美元,其中外贸出口10.13亿美元,进口2.73亿美元,分别增长38.6%、41.4%和29.1%。国内经济协作签约项目引进资金519.74亿元,到位资金256.13亿元，分别比上年增长24.6%和29.8%。签订利用外资合同项目87项，合同利用外资5亿美元，增长6.3%；外商直接投资1.85亿美元，增长23.8%。

各项社会事业全面发展。科技与经济结合取得新进展，全年组织实施科技创新计划项目334项，实施重大科技专项12项，实施市本级科研与技术开发项目131项，第四次被评为全国科技进步先进市。教育事业财政投入20.12亿元，各类学校发展到2022所，在校学生124.15万人。文化建设取得优异成绩，知识工程、文化信息资源共享工程深入开展。全市有县级以上图书馆16个，文化馆12个，专业艺术表演团体17个。广播、电视人口覆盖率分别达到89.8%和94.2%；数字电视用户48.43万户。越南中央学社修缮、孔庙迁建等一批保护和利用文化遗产项目进展顺利。公共卫生体系建设加快，医疗服务水平提高。各类卫生机构达到2112个，卫生技术人员2.96万人。城市建立社区卫生服务机构71个，78.2%的农村居民参加新型农村合作医疗。全民健身活动广泛开展，体育比赛项目增多。成功举办中国南宁—东盟国际龙舟邀请赛、第三届中国—东盟围棋邀请赛、第二届中国南宁—东盟国际桥牌邀请赛、中国南宁国际半程马拉松等国际体育赛事。人口低生育水平保持稳定，人口自然增长率8.27‰。就业和社会保障工作稳步推进。新增城镇就业人数6.19万人，有1.68万下岗失业人员实现再就业，城镇登记失业率为3.72%。养老、失业、医疗保险参保面扩大，社会保险配套政策和社会化管理服务逐步完善，企业离退休人员养老金足额发放。城市低收入居民、农村五保户和特困户实现应保尽保，社会稳定和谐。农村最低生活保障制度让226.04万人次享受最低生活保障，共发放最低生活保障金9472.48万元。

第四届中国—东盟博览会纪事

2月12日 由中国—东盟博览会秘书处以及中国广西壮族自治区商务厅、外事办、招商局、北部湾广西经济区规划建设管理委员会办公室等部门组成的商务考察组，前往马来西亚、新加坡、印度尼西亚、越南等国商讨第四届中国—东盟博览会筹备工作事宜。

3月30日 中国—东盟博览会获得2006年度中国会展业最具影响力会展25强奖；中国—东盟博览会秘书处秘书长、广西国际博览事务局局长张晓钦获2006年度中国会展业十大新闻人物奖。

4月17日 中国—东盟博览会志愿者实践基地在广西南宁建立。

4月20日 中国天津市人民政府函复中国—东盟博览会秘书处，同意作为第四届中国—东盟博览会“中国魅力之城”。

4月23日 第四届中国—东盟博览会高官会在南宁召开。广西壮族自治区副主席陈武会见出席此次高官会的全体代表。

4月24日 由中国国际广播电台、广西壮族自治区广播电影电视局、香港凤凰卫视联合举办的中国—东盟合作之旅广播电视联合采访活动在友谊关举行出关仪式。

4月29日 中共广西壮族自治区委员会常委、南宁市委书记马飚检查中国—东盟国际商务区和青秀山东南亚美食城等服务博览会重点工程进展情况。

5月9～23日 中共广西壮族自治区委员会书记、自治区人大常委会主任刘奇葆率广西代表团对越南、印度尼西亚、菲律宾、新加坡进行访问。同日起，中共广西壮族自治区委员会常委、自治区副主席李金早率广西经贸代表团访问上述4国和马来西亚。

5月25日 中国商务部在广西北海举行第四届中国—东盟博览会和第四届中国—东盟商务与投资峰会筹备工作会议，全面展开第四届博览会招商招展工作。

5月28～31日 广西壮族自治区主席陆兵率中国广西政府代表团对柬埔寨进行友好访问。

7月5日 第四届中国—东盟博览会专业志愿者选拔活动在广西大学拉开序幕。

7月12日 第四届中国—东盟博览会携手共进100天启动仪式在南宁举行。同日，缅甸商务联络部基地——缅甸园项目在中国—东盟国际商务区·缅甸园区奠基。

7月13日 南宁市服务“两会一节”领导小组举行会议，全面启动首府服务“两会一节”各项工作。

7月17日 中国—东盟博览会秘书处举行第四届中国—东盟博览会百日筹备动员大会。

8月14日 中国—东盟博览会秘书处举行新闻发布会，宣布鉴于第四届中国—东盟博览会期间将有一系列重要论坛和专题活动举办，为确保会展效果，第四届博览会举办时间调整为2007年10月28～31日。

8月14日 中国—东盟博览会秘书处正式发布中国—东盟港口发展与合作论坛会徽。

9月7日 中国—东盟博览会秘书处举行第四届博览会首席战略伙伴签约仪式暨新闻发布会。中国移动广西公司再度成为博览会首席战略合作伙伴。

9月13日 中国商务部召开中国—东盟博览会、中国—东盟商务与投资峰会组委会会议。

9月27日 中共广西壮族自治区委员会书记、自治区人大常委会主任刘奇葆，中共广西壮族自治区委员会副书记、自治区主席陆兵在南宁会见出席29日举行的第三届中国—东盟媒体高层合作研讨会的人民日报社社长王晨和东盟代表团团长阿兹曼·拉希姆等。

10月10日 “两会一节九论坛”新闻宣传工作会议在中国南宁举行。

10月12日　由中国工艺美术大师孔相卿设计的钧瓷作品《海晏鼎》被选定为第四届中国—东盟博览会国礼，赠送给东盟10国领导人。

10月19日　第17届中国厨师节暨2007南宁·东南亚国际旅游美食节在南宁东南亚美食城开幕。

10月23日　中共广西壮族自治区委员会常委、自治区副主席李金早检查第四届中国—东盟博览会开幕式现场和露天展场。

10月25～30日　中国国务院副总理曾培炎在广西考察第四届中国—东盟博览会、商务与投资峰会筹备工作及相关工作。

10月25日　中共广西壮族自治区委员会常委、自治区副主席李金早在南宁会见柬埔寨国务大臣兼商务大臣占蒲拉西及参加第四届中国—东盟博览会的越南、文莱、菲律宾先遣团。

△第四届中国—东盟博览会志愿者宣誓上岗暨志愿者会徽揭晓仪式在南宁举行。

10月26日　老挝、文莱、缅甸、马来西亚等参加第四届中国—东盟博览会和第四届中国—东盟商务与投资峰会的东盟国家领导人及代表团相继飞抵南宁。

△中国广西壮族自治区主席陆兵分别拜会率团出席第四届中国—东盟博览会的老挝总理波松一行和文莱王储比拉一行。

10月27日　中国国务院副总理曾培炎在南宁会见出席第四届中国—东盟博览会和商务与投资峰会的文莱王储比拉、柬埔寨首相洪森、老挝总理波松和越南总理阮晋勇。并听取广西以及商务部、贸促会、外交部等部门关于第四届中国—东盟博览会和商务与投资峰会筹办工作汇报。

△第四届中国—东盟博览会暨中国—东盟商务与投资峰会组委会在南宁举行新闻吹风会。

△中共广西壮族自治区委员会书记、自治区人大常委会主任刘奇葆，中共广西壮族自治区委员会副书记、自治区主席陆兵在南宁会见出席第四届中国—东盟博览会和商务与投资峰会的东盟秘书长王景荣。同日，刘奇葆还拜会出席第四届中国—东盟博览会的柬埔寨首相洪森，文莱王储比拉。

△中国全国妇联在南宁广西妇女大厦举行中国—东盟妇女培训中心揭牌仪式。

△中共广西壮族自治区委员会副书记、自治区副主席郭声琨会见参加第四届中国—东盟博览会的世界银行副行长乔伊·普曼菲女士。

10月28日　第四届中国—东盟博览会隆重开幕。中国国务院副总理曾培炎与东盟国家领导人出席开幕式。同日，第四届中国—东盟商务与投资峰会在南宁市广西人民大会堂开幕。

△越南—中国投资经营论坛、菲律宾投资机会推介会、“金色缅甸”投资推介会、泰国交通与旅游投资机遇介绍会先后在南宁国际会展中心举行。

△中共广西壮族自治区委员会书记、自治区人大常委会主任刘奇葆，中共广西壮族自治区委员会副书记、自治区主席陆兵在南宁会见出席第四届中国—东盟博览会和商务与投资峰会的越南总理阮晋勇。同日，刘奇葆还会见出席第四届中国—东盟博览会和中国—东盟港口发展与合作论坛的马士基集团执行副总裁、大中华区总裁苏恩深和中国远洋运输（集团）总公司总裁魏家福。陆兵会见率物流团参加第四届中国—东盟博览会的香港贸发局总裁林天福一行。

△《大地飞歌·2007》南宁国际民歌艺术节开幕式晚会在南宁市民歌广场举行。

10月28～31日　由中国交通部主办的中国—东盟港口发展与合作论坛、中国国家质检总局主办的中国—东盟质检部长会议、中国电力企业联合会主办的中国—东盟电力合作论坛、中国全国妇联主办的中国—东盟妇女论坛、中国国务院侨办主办的2007海外华商相聚中国—东盟博览会暨广西商机介绍会、中国外交部组织的亚欧首脑会议高官会、中国国家林业局主办的中国—东盟林业合作论坛、中华全国律师协会主办的中国—东盟自由贸易区法律事务论坛、中国国务院扶贫办主办的中国—东盟社会发展与减贫论坛等9个部长级会议和专业性论坛借中国—东盟博览会举办之机相继在南宁举行。

10月29日　印度尼西亚贸易投资推介会、“新加坡——机遇之都”推介会、“搭建柬中经贸合作桥梁”推介会、文莱投资推介会、老挝投资推介会、马来西亚—中国商机推介会、第四届中国—东盟博览会项目投资专题对接会相继在南宁国际会展中心召开。

△中共广西壮族自治区委员会书记、自治区人大常委会主任刘奇葆在南宁拜会出席第四届中国—东盟博览会和商务与投资峰会的老挝总理波松。

△中国广西壮族自治区与印度尼西亚巴布亚省缔结友好省区签约仪式在南宁举行。

△中国广西壮族自治区主席陆兵在南宁会见出席2007海外华商相聚中国—东盟博览会暨广西商机介绍会的海外重点华商和侨领一行。

10月30日　中国国家林业局副局长李育材、中共广西壮族自治区委员会常委、纪委书记马铁山会见应邀参加中国—东盟林业合作论坛的东盟秘书处副秘书长尼古拉斯·坦迪·丹门及东盟国家的林业官员。

△中共广西壮族自治区委员会副书记、自治区副主席郭声琨在南宁会见参加第四届中国—东盟博览会的加拿大铝业集团公司中国区总裁包建平一行。

10月31日　第四届中国—东盟博览会组委会、第四届中国—东盟商务与投资峰会闭幕。

△中国—东盟博览会高官会议暨第五届中国—东盟博览会国家专题展区位置抽签仪式在南宁市举行。

新 闻 人 物

胡锦涛

当选连任中共中央总书记。1942 年 12 月生。安徽绩溪人。汉族。1959～1964 年就读于清华大学水利工程系。1964 年 4 月加入中国共产党，1965 年 7 月参加工作。曾任甘肃省建委副主任，共青团甘肃省委书记，共青团中央书记处书记，全国青联主席，共青团中央书记处第一书记，中共贵州省委书记，贵州省军区党委第一书记，中共西藏自治区委员会书记，西藏军区党委第一书记，中共中央政治局常委、中央书记处书记，中央党校校长，中华人民共和国副主席，中共中央军事委员会副主席，中华人民共和国中央军事委员会副主席等职。现任中共中央委员会总书记，中共中央军事委员会主席，中华人民共和国主席，中华人民共和国中央军事委员会主席。是中共第十二届中央委员会候补委员、中央委员，十三届、十四届、十五届、十六届、十七届中央委员，十四届、十五届中央政治局委员、常委、中央书记处书记，十六届、十七届中央政治局委员、常委、中央委员会总书记。十五届四中全会增补为中央军事委员会副主席。第九届全国人大第一次会议当选为中华人民共和国副主席。第九届全国人大常委会第十二次会议任命为中华人民共和国中央军事委员会副主席。第十届全国人大第一次会议当选为中华人民共和国主席。中共十六届四中全会任中央军事委员会主席。第十届全国人大第三次会议当选为中华人民共和国中央军事委员会主席。2007 年 10 月 22 日，在中共十七届一中全会上当选中共中央总书记、中央军事委员会主席。

2007 年 1 月 30 日至 2 月 10 日，对喀麦隆、利比里亚、苏丹、赞比亚、纳米比亚、南非、莫桑比克、塞舌尔 8 个非洲国家进行国事访问。3 月 26～29 日，对俄罗斯进行国事访问并出席"中国年"开幕式等活动。6 月 6～11 日，应邀出席在德国举行的八国集团与发展中国家领导人对话会议并对瑞典进行国事访问。8 月 14～18 日，应邀对吉尔吉斯斯坦、哈萨克斯坦进行国事访问，出席在吉尔吉斯斯坦首都比什凯克举行的上海合作组织第七次峰会，并赴俄罗斯观摩"和平使命—2007"上海合作组织成员国联合反恐军事演习。9 月 3～9 日出访澳大利亚并出席亚太经合组织第 15 次领导人非正式会议。

闵恩泽

获 2007 年度中国国家最高科学技术奖。1924 年 2 月生。四川成都人。1946 年中央大学化工系毕业，1951 年获美国俄亥俄州立大学博士学位。中国石油化工股份有限公司石油化工科学研究院学术委员会委员、高级工程师，石油化工催化剂专家，中国炼油催化应用科学的奠基者，石油化工技术自主创新的先行者，绿色化学的开拓者，被誉为"中国催化剂之父"。20 世纪 60 年代开发成功磷酸硅藻土叠合催化剂、铂重整催化剂、小球硅铝裂化催化剂、微球硅铝裂化催化剂并投入生产，打破国外技术封锁，满足国家急需。70～80 年代领导钼镍磷加氢催化剂、一氧化碳助燃剂、半合成沸石裂化催化剂等的研制、开发、生产和应用，指导开发成功的 Y－7 型低成本半合成分子筛催化剂获 1985 年国家科技进步奖二等奖。1980 年以后，指导开展新催化材料和新化学反应工程的导向性基础研究，包括非晶态合金、负载杂多酸、纳米分子筛以及磁稳定流化床、悬浮催化蒸馏等，已开发成功已内酰胺磁稳定流化床加氢、悬浮催化蒸馏烷基化等新工艺。90 年代，曾任国家自然科学基金委员会"九五"重大基础研究项目"环境友好石油化工催化化学和反应工程"的主持人，进入绿色化学领域，指导化纤单体已内酰胺成套绿色制造技术的开发，实现工业化，取得重大经济和社会效益。主持的"非晶态合金催化剂和磁稳定床反应工艺的创新与集成"获得 2005 年国家技术发明奖一等奖。1980 年当选中国科学院院士。1993 年当选第三世界科学院院士。1994 年当选中国工程院院士。

吴征镒

获 2007 年度中国国家最高科学技术奖。1916 年 6月生。江西九江人。1937年毕业于清华大学生物系。

1945年加入中国民主同盟，1946年加入中国共产党。1949年6月任北京市军管会高教处副处长，同年12月任中国科学院（机关）党支部书记，1950年任中国科学院植物分类研究所研究员、副所长，1955年6月当选中国科学院院士，1958年任中国科学院昆明植物研究所所长，1981年任中国科学院主席团成员。现任中国科学院昆明植物研究所研究员、名誉所长。中国著名植物学家，从事植物学研究和教学70年，是中国植物分类学、植物系统学、植物区系地理学、植物多样性保护以及植物资源研究的权威学者。参加并领导中国植物资源考察，开展植物系统分类研究，发表和参与发表的植物新分类群1766个，是中国植物学家发现和命名植物最多的学者。提出中国植物区系的热带亲缘，完成中国植物区系区划，为资源保护和国土整治提供科学依据。提出的建立"自然保护区"和"野生种质资源库"建议，为中国生物多样性的保护和资源可持续利用做出前瞻性部署。先后获国家级一、二等奖6项、院省级一、二等奖8项。1995年获何梁何利基金科学与技术进步奖，1996年获求实基金会杰出科学成就团体奖，1999年获国际考斯莫斯奖（International COSMOS Prize），2001年获云南省科学技术突出贡献奖，2003年获何梁何利基金科学与技术成就奖。发表论文140余篇，编著《中国植物志》、《云南植物志》等专著20余种。

沙祖康

被任命为联合国负责经济和社会事务的副秘书长。1947年9月生，江苏宜兴人。1970年毕业于南京大学外语系，分配到外交部工作。1971年10月被派到英国留学，1973年应召回国。曾任外交部国际司参赞、副司长，1995～1998年任中国常驻联合国日内瓦办事处和瑞士其他国际组织副代表、特命全权裁军事务大使。后任外交部军控司司长。2001年任中国常驻联合国日内瓦办事处和瑞士其他国际组织代表、特命全权大使。被认为是"多边谈判的高手"，也常被称为"直言不讳的外交官"。2007年2月9日被任命为联合国负责经济和社会事务的副秘书长，6月22日正式宣誓就职。

姚明

入选世界经济论坛组织提名2007年度"世界青年领袖"，获"世界因你而美丽——2007影响世界华人盛典"提名，名列2007福布斯"中国名人榜"第一位。1980年9月生。上海人。1997年入选中国国家青年篮球队，1998年入选中国国家篮球队。1999年参加在日本举行的亚洲男子篮球锦标赛，与全队配合获亚洲男篮锦标赛冠军，个人获99赛季全国男篮甲A联赛最有进步球员奖。2000年2月入选1999年亚洲全明星

赛场上的姚明（原载《人民画报》）

队。2000年9月参加悉尼奥运会。2002年参加世界男子篮球锦标赛，入选世界男子篮球锦标赛最佳阵容，并成为美国职业篮球联赛（NBA）状元秀。在2003～2004年赛季及2005～2006年赛季中入选NBA年度第三阵容，2006～2007年赛季入选NBA年度第二阵容，2007年连续第六次成为NBA全明星赛西部队的先发中锋。曾入选2002年度感动中国十大人物。

刘翔

2007年8月31日在日本大阪结束的田径世界锦标赛男子110米栏决赛中，以12秒95夺得冠军，这是他夺得的第一枚世锦赛金牌，也是中国代表团在田径世锦赛历史上的第一枚男子金牌，刘翔成为将奥运冠军、世界冠军和世界纪录保持者集于一身的大满贯得主。1983年7月15日生于上海。1996年进入上海体育运动技术学院练习跳高，后改练跨栏。2000年获世界青年田径锦标赛男子110米栏项目第四名。2001年先后获东亚运动会、世界大学生运动会和第九届全国运动会男子110米栏项目冠军。2002年，以13秒12的成绩获世界田径大奖赛瑞士洛桑站男子110米栏项目亚军，并打破男子60米栏项目亚洲纪录。2004年上半年，在匈牙利布达佩斯世界室内田径锦标赛上以7秒43的成绩获男子60米栏项目亚军，并刷新该项目的亚洲纪录；接着，以13秒06的成绩在国际田联大奖赛日本大阪站男子110米栏项目比赛中夺冠，并第一次战胜美国跨栏优秀运动员阿兰·约翰逊。2004

年8月28日在第28届奥运会上以12秒91的成绩获得男子110米栏项目冠军，并平了由英国选手科林·杰克逊于1993年在世界田径锦标赛上创造的世界纪录，也成为中国首位在奥运会上获得田径项目金牌的男运动员。2006年7月12日在瑞士洛桑田径超级大奖赛男子110米栏比赛中，以12秒88的成绩打破沉睡了13年之久、由英国选手科林·杰克逊保持的12秒91的世界纪录，成为该项目中全世界跨进12秒90大关的第一人。

2007年8月31日，中国选手刘翔在田径世锦赛男子110米栏决赛中，以12秒95的成绩夺得冠军。 （新华社 图）

陈志列

入选“2007CCTV中国经济年度人物”和评委会特设的“年度创新人物”大奖，成为“经济年度人物”评选活动开设8年以来，独揽两项荣誉的第一人。1963年6月生。江苏人。1984年毕业于辽宁建工学院，获学士学位。1990年毕业于西北工业大学研究生院，获硕士学位。1993年创办深圳研祥机电实业有限公司，现任研祥集团董事局主席兼总裁、深圳研祥智能科技股份有限公司董事长。从1993年开始，带领团队创立集特种计算机研究、开发、制造、销售和系统整合于一体的高科技企业，成为国内同行业中唯一在香港联交所上市的企业。2007年，研祥制定了中国工业计算机的国家行业标准，为推进行业发展发挥带头作用。作为中国最大的特种计算机研发、制造、销售型企业，研祥拥有国家级科研成果12项，申请专利121项，发明专利67项，授权发明专利19项；软件登记产品21项。其本人2000年获深圳市第三届青年科技奖，2003年被评为广东省优秀民营企业家，2004年当选广东省政协委员，2007年入选“中国自动化行业2006年度风云人物”。

史玉柱

入选“2007CCTV中国经济年度人物”以及由腾讯网携手美国宾夕法尼亚大学沃顿商学院联合评选的“2007影响中国十大经济人物”。1962年生。安徽怀远人。1984年本科毕业于浙江大学数学系，1989年研究生毕业于深圳大学软科学管理系。1989年开始创业，推出桌面中文电脑软件M－6401，随后推出M－6402汉卡；1991年在珠海成立巨人公司，推出M－6403汉卡，1993年推出M－6405、中文笔记本电脑、中文手写电脑等多种产品。1997到2000年因珠海巨人大厦资金问题使事业陷入低谷。2004年11月在上海成立上海征途网络科技有限公司，开始从事网络游戏产业，自主研发的首款网络游戏《征途》2007年上半年在线人数不断增长，于5月突破100万人大关，成为全球第三款同时在线人数突破100万的网游产品。7月18日，《征途》正式版推出。9月15日，《征途时间版》上线。同月将上海征途网络科技有限公司更名为上海巨人网络科技有限公司。11月1日，巨人网络成功登陆纽约证券交易所，成为中国市值最高的网游公司，也是迄今为止在美国发行规模最大的中国民营企业。其本人1994年入选中国十大改革风云人物，1995年被《福布斯》列为中国内地富豪第8位。

纪宝成

提议将中国传统节日纳入国家法定节假日并获国务院批准。1944年11月生。江苏扬州人。中共党员。教授，博士生导师。1966年北京商学院本科毕业，1981年中国人民大学研究生毕业，获经济学硕士学位。1985年以来，历任中国人民大学副教务长、教务长，商业部教育司副司长，商业部、国内贸易部教育司司长，国家教委高等教育司司长、计划建设司司长，教育部发展规划司司长兼直属高校办公室主任。2000年9月起任中国人民大学校长。是第十届全国人大代表、国务院学位委员会委员兼应用经济学学科评议组成员、全国公共管理硕士（MPA）专业学位教育指导委员会副主任委员、中国教育国际交流协会副会长、中国市场学会副会长、中国高等教育学会高等商科教育分会会长，享受政府特殊津贴，获“国内贸易部部级专家”称号。主要从事市场与商品流通、商业经济、市场营销等领域的教学和研究，在教育改革、教育管理、教育研究和公共管理方面也颇有建树。出版《商业活动论》、《发展与繁荣人文社会科学》、《世纪之交的高等教育——规划、体制与发展》、《转型经济条件下的市场秩序研究》、《中国古代治国要论》等专著，主编、参编著作23种，发表论文200余篇，累计400多万字。其中，主编的《市场营销学教程》1992年获国家教委优秀教材二等奖，领衔合著的《商品流通论》1995年获国内贸易部优秀教材一等奖,《转型经济条件下的市场秩序研究》2004年获得北京市哲学社会科学一等奖。从2004年的全国"两会"开始,连续四年提交"将除夕、清明、端午、中秋等传统节日纳入法定节假日"的议案,促使这一建议于2007年12月被国务院正式采纳实施。

阿尔穆塔迪·比拉

2007年10月出席在中国南宁举行的第四届中国—东盟博览会和中国—东盟商务与投资峰会,并在博览会开幕式上作为主题国致辞。文莱王储,苏丹与苏丹后长子。1974年2月17日生于斯里巴加湾市。幼年接受宫廷教育。1986~1988年在文莱苏丹理科学院接受中学教育。1995~1997年,曾在文莱大学和英国牛津伊斯兰研究中心学习伊斯兰教、文莱历史、政治、经济、文化和外交等课程,后在牛津大学马格达伦学院攻读外交课程。1997年学成回国,在文莱教育部、外交部等多个政府部门和企业学习,以了解文莱国情和政府部门运作,培养治国能力。1998年8月被封为王储。2004年3月授皇家武装部队四星上将。2004年7月与王室宗亲之女萨拉完婚。2005年5月被任命为文莱皇家警察部队副总督察,同年5月内阁改组时被任命为首相府高级部长。参与管理国家的各种事务。2002年首次访问中国。

乔森潘

2007年11月中风住院,一周后出院时,以犯有战争罪和反人类罪的罪名被捕。1931年生,柬埔寨柴桢省人。1954年到法国巴黎大学学习法律和经济,获经济学博士学位。曾担任过高棉学生总联合会秘书长。1960年回国,担任金边法文日报《观察家》报主编。1962年1月任商务部国务秘书。同年11月以人民社会同盟成员身份参加国会议员竞选,获胜后任经济大臣。1962~1963年任商业大臣,并兼任国民议会经济事务和计划委员会副主席。1967年进入丛林开展反政府斗争,1968年4月被柬埔寨当局军事法庭缺席判处死刑。1970年3月美国策动朗诺政变后,担任西哈努克亲王任主席的民族统一阵线中央政治局委员,并被任命为柬埔寨王国民族团结政府副首相兼国防大臣、柬埔寨民族解放人民武装力量总司令,积极参加领导柬埔寨人民争取国家独立和民族解放的斗争。1972年兼任柬埔寨人民武装力量最高军事指挥部主席。1975年柬埔寨全国解放后,于1976年4月召开的第一届人民代表大会上当选为国家主席团主席。1979年8月21日发表声明,宣布成立柬埔寨爱国、民主、民族大团结阵线。同年12月在柬埔寨人大常委会、民主柬埔寨政府、民主柬埔寨国民和各方代表的联席会议上当选为该阵线临时主席、留任国家主席团主席,并被任命为政府总理。1982年7月9日,民主柬埔寨联合政府成立,任联合政府负责外交事务的副主席。1985年8月24日,被任命为民主柬埔寨主席。1990年9月14日,参加柬埔寨四方宣布成立的以西哈努克亲王为首的柬埔寨全国最高委员会,任民主柬埔寨方面的代表。1991年柬埔寨内战各方签订《巴黎和平协议》后,主张红色高棉放下武器,参加1993年大选,成为合法政党,但是在波尔布特一派的坚决反对下未果。其后,乔森潘与农谢、塔莫克等人共同组成9人委员会,夺取波尔布特的军权,并在1997年对其进行公审。1998年,乔森潘和农谢宣布向柬埔寨政府投降,正式结束红色高棉的武装斗争。2001年7月,一个由国际司法人士组成的机构首次提出审判红色高棉名单,乔森潘被列为红色高棉受审名单的第三位。2004年3月出版自传《柬埔寨现代历史及我的一些看法》,在书中为红色高棉前最高领导人波尔布特进行辩护,他还否认红色高棉推行饥饿政策和下令实施大屠杀,称自己当年担任的民主柬埔寨国家主席团主席是一个虚职,没有实权。

艾米尔·萨利姆

获2007年印度尼西亚科学界最高奖项"沙尔沃诺奖"。印尼著名经济学家、政治观察家和环境保护专家。1930年6月8日生于印尼南苏门答腊省。1958年毕业于印尼大学经济系,1962年和1964年分别在美国加利福尼亚大学获硕士和博士学位。1971年起,历任完善和治理国家机构国务部长、建设与计划委员会副主任、交通部长、生态与人口事务国务部长、生态与建设监察国务部长、经济委员会主任等职。1983年起,兼任印尼大学经济系教授,撰有《生态环境与建设》、《印尼的经济建设及其问题》及《建设规划与均衡国民收入》等多种著作。从20世纪70年代起,主张经济和社会建设的可持续发展,为保护生态不遗余力。在他的呼吁下,许多印尼高等院校、科研院所设立生态环境研究中心。2007年8月,印尼科学院院长乌玛尔在颁发"沙尔沃诺奖"时高度评价他为提高印尼全社会环保意识所作出的卓越贡献。他还曾在2006年获"扎耶德国际环境奖"。同年获日本旭硝子财团设立的"蓝星球奖"。

佐科·山多索

出任印度尼西亚武装部队总司令。印尼陆军上将。1952年9月8日生于印尼中爪哇省梭罗市。1975年毕业于印尼武装部队军事学院,1990年在印尼陆军指挥与参谋学院进修结业,2000年获管理学硕士学位。长期从事情报工作。1998年出任印尼国民军参谋长副助理,2000年任蒂波尼哥罗军区参谋长,2001

年任印尼陆军战略部队步兵师师长,后任巴迪慕拉军区司令和“恢复治安行动”总指挥。2003～2005年任印尼陆军副总参谋长,2005年2月18日起任印尼陆军总参谋长。2007年12月28日被苏西洛总统委任为印尼武装部队总司令。上任后力主在印尼武装部队内部进行改革,并坚持军队在大选中保持严格中立的立场。

波松·布帕万

2007年8月22～28日对中国进行正式访问。1954年6月3日生于老挝沙拉湾省。1961～1974年在沙拉湾省读小学中学。1974年3月参加革命。1975～1980年在占巴色省办公室工作。1980年4月加入老挝人民革命党。1981～1986年在老党万象市委办公厅工作。1986～1990年在前苏联莫斯科高级党校学习。1990～1994年在老党中央和部长会议办公厅工作。1994～1996年任总理府副部长、总理府办公厅副主任。1996～2003年在老挝人民革命党六大上当选中央委员,七大当选中央政治局委员,任老党中央办公厅主任。2003～2006年任老挝政府常务副总理。2006年6月在老挝第六届国会第一次会议上当选政府总理。曾多次随老挝党和国家领导人访问中国。2004年1月以副总理身份访问中国。2006年10月到中国广西南宁出席中国—东盟建立对话关系15周年纪念峰会、第三届中国—东盟博览会和第三届中国—东盟商务与投资峰会。

中国全国人大常委会委员长吴邦国在北京人民大会堂会见老挝总理波松·布帕万 （新华社 图）

端古·米詹·扎因·阿比丁

马来西亚最高元首,2007年4月26日登基。1962年出生于马来西亚丁加奴州瓜拉丁加奴。曾赴澳大利亚墨尔本语言学院深造,1983年毕业于英格兰皇家军事学院,1988年获美国国际欧洲大学国际关系学士学位。1979年被封为丁加奴州摄政王,1990年曾任丁加奴州代理苏丹,1998年5月14日出任丁加奴州第16任苏丹,1999年4月至2006年12月任马来西亚第11任副最高元首。2006年12月13日就任第13任最高元首。

2007年4月26日,马来西亚最高元首米詹·扎因·阿比丁(前中)登基。图为登基仪式。 （原载《荷花》）

林梧桐

2007年10月23日逝世。马来西亚云顶集团创办人。1918年生于中国福建省安溪县。1937年卢沟桥事变后来到马来西亚吉隆坡。第二次世界大战后,开始经营废铁和五金制品。1951年创办建发工程公司,相继完成亚依淡水坝水利工程、吉隆坡班底谷师训学院主干建筑物、回教堂、吉兰丹哥打峇鲁大桥、彭亨金马仑水力发电水坝工程和4个发电厂、吉兰丹甘姆布水利灌溉工程等重大建筑工程。1965年4月27日成立云顶高原私人有限公司,开发云顶高原。1969年3月31日,云顶第一间酒店奠基。1969年4月28日,获得马来西亚唯一的博彩业准证。今云顶高原已成为世界知名的旅游胜地,有马来西亚唯一的赌场、五家酒店以及一个主题乐园,每年吸引逾1800万游客。云顶集团已发展成多元化集团,是马来西亚的第八大公司,公司股票市值超过220亿美元,旗下资产涉足赌博、电力、房地产、种植园以及石油天然气勘探等诸多领域。林梧桐家族在1978年成立家庭慈善基金,取名“林氏基金”,长期从事慈善工作。其本人1979年在马来西亚国家元首诞辰日受封赐丹斯里勋衔。在2007年美国《福布斯》杂志评出的全球富豪榜名单中,以43亿美元的资产居第204位(马来西亚第三位)。

谢赫·穆扎法尔·舒库尔

2007年10月10日,乘坐俄罗斯联盟TMA-11号宇宙飞船成功升空,并于10月21日顺利返回,成为马来西亚首名太空人。1972年7月27日生。曾在印度留学,回国后当过医生。2003年做过兼职模特。2004年与朋友合伙开餐厅。2004年参与马来西亚首位宇航员选拔。2006年,与马来西亚同时选出的另一位宇航员候选人法伊兹在俄罗斯和美国等地接受宇航员训练。2007年10月9日被正式选定为马来西亚首位宇航员。

许子根

任马来西亚民政党全国代主席。1949年出生于马来西亚槟州。拿督许平等之子。早年在美国留学,1970年获美国普林斯顿大学物理学学士学位,1977年获美国芝加哥大学教育经济学及社会学博士学位,1981年在美国史丹佛大学担任客座研究院士。1978年在槟州理科大学教育系任讲师,后升任教育学院副院职。1982年参政,参加马来西亚全国大选,当选为国会议员。在1990年大选当选为槟州立法议员后,即被委任为槟州首席部长至今。2007年4月8日,马来西亚民政党主席林敬益卸任,许子根担任代主席职务。

东尼·费尔南德斯

被《南洋商报》等机构评为2007年度马来西亚"十大财经人物"榜首人物。马来西亚企业家,亚洲航空集团公司创始人、总执行长。1966年生。1987年毕业于伦敦大学。1992年回到马来西亚,并成为华纳音乐马来西亚分公司董事总经理,后升任华纳音乐东南亚地区副总裁。2001年离开华纳创办亚洲第一家廉价航空公司——亚洲航空公司,后在泰国和印度尼西亚组建合资公司。曾获2005年亚太航空公司杰出领导人奖。亚洲航空公司成立至今,在短短6年的时间里,从创建初期的2架飞机发展到有62架飞机的飞行编队,建成本地区广阔的低成本航运网络,航线80多条,覆盖东盟10个国家,年运送旅客4000万人次。2007年与英国维京集团合作,使亚洲航空公司成为首家长程廉航公司。2007年11月1日,亚洲航空公司获得由亚太航空中心颁发的2007年度最佳航空公司大奖。

黄妙珠

羽毛球世界排名从第16位升至第8位。马来西亚著名羽毛球女运动员。1983年5月1日生于马来西亚霹雳州怡保。在高中二年级进入武吉加里尔羽球学校,开始接受专业训练,现为马来西亚国家羽毛球队一号女单选手。2003年为马来西亚夺得东南亚运动会羽毛球女单金牌。2005年印度尼西亚羽毛球公开赛上获得第3名;2005年亚洲羽毛球锦标赛、丹麦羽毛球公开赛进入8强;2005年东南亚运动会上获得羽毛球女单亚军。2007年1月,获得马来西亚羽毛球超级系列赛女单亚军;11月获得职业生涯的首个国际赛冠军——中国羽毛球公开赛冠军。

登盛

2007年5月被任命为缅甸政府代总理,10月24日被正式任命为缅甸政府总理。1949年出生。1965年入伍。1967年毕业于军事大学第9期,曾任基层各级指挥官。1994年担任东部军区景栋战区司令和掸邦东部地区恢复法律和秩序委员会主席。1995年授准将军衔。1996年任金三角军区司令。1997年3月晋升少将军衔,同年10月当选为国家和平与发展委员会委员。1999年10月调国防部任军务部部长。2002年9月晋升中将军衔。2003年8月25日出任国家和平与发展委员会第二秘书。2004年10月19日,接替升任总理的梭温中将出任国家和平与发展委员会第一秘书。

梭温

2007年10月12日因病逝世。缅甸政府总理。上将军衔。1949年5月生。大学文化程度。曾任副连长、作战参谋、连长、副营长、营长、副师长、师长等职。1997年3月任缅甸西北军区司令。1999年调国防部任职。2003年2月,任国家和平与发展委员会第二秘书;8月,任缅甸国家和平与发展委员会第一秘书,兼任防空兵司令部司令。2004年10月19日,任政府总理。2004年11月,率团参加首届中国—东盟博览会。2005年7月,出席在中国云南昆明举行的大湄公河次区域经济合作第二次领导人会议;10月,率团参加在中国广西南宁举行的第二届中国—东盟博览会和中国—东盟商务与投资峰会。

施春风

2007年9月5日以身兼"优秀教授、杰出领导和筹款王"三职的骄人成就获得总部设在美国首都华盛顿的教育促进及支援理事会颁发的"卓越领导奖"。新加坡国立大学校长。1973年获美国哈佛大学博士学位。1975年加入奇异电器公司的研发部门。1981年后在美国布朗大学任教及从事研究工作。1996年返回新加坡,出任新加坡国立大学副校长。2001年任新加坡国立大学校长,兼任新加坡政府经济委员会成员。在"非线性断裂力学和计算方法"及"断裂分析"

方面有杰出的研究成就。身为校长，具前瞻性的教育理念而且管理有方，使新加坡国立大学以出众的表现进入世界大学排名榜前20名。身为筹款领导人，成功发动校友团体和新加坡国立大学之友倾囊相助，使新加坡国立大学的教育基金大幅度增至12亿新元。是亚太地区首位获得教育促进及支援理事会颁发的“卓越领导奖”的大学校长。

诺琳·海泽

2007年7月30日出任联合国亚太经济与社会委员会执行秘书，是首位担任联合国副秘书长级职务的新加坡女性。1948年生于新加坡。获新加坡大学学士及硕士学位，在英国剑桥大学获社会科学博士学位。先后在国际劳工组织、英国苏塞克斯大学（University of Sussex）任研究员。以亚太性别计划（Gender Programme）主任的身份，在性别课题上担任几个亚洲国家的政府政策顾问。担任联合国妇女发展基金的执行主任，因成功提高妇女发展基金的表现并积极倡导女权而在国际上获得较高评价。她对安全理事会有关妇女、和平与安全问题的1325号决议的通过发挥了重要作用。她是联合国发展计划人类发展报告、全球化状态委员会论坛、联合国发展计划贸易与可持续发展专家团（Eminent Persons'Group）等多个国际机构的董事和咨询委员，也是多个国际妇女网络的创始者之一。由于在推动妇女发展方面有杰出表现，曾获多个奖项，包括由联合国——非政府组织委员会颁发的杰出妇女奖、2007年度新加坡杰出女性奖。还获得“2005年诺贝尔和平奖的1000名女士”提名。

沙马·顺达卫

2007年8月，出任泰国人民力量党主席。领导人民力量党赢得2007年12月23日举行的泰国国会下议院选举，成为国会下议院第一大政党和多党联合组建新政府的轴心。1935年6月13日生于曼谷。华裔。因自称姓李，泰国华人称其为“李沙马”。行事作风硬朗，尤为善辩，素有泰国政坛“铁嘴”之称。1963年毕业于泰国法政大学，获法学学士学位。1968年获得美国芝加哥大学会计和商业管理学毕业证书。回国后，曾任泰文报纸《沙炎叻报》专栏作家和几家泰国公司的会计、经理以及曼谷市市政委员等职。1968年加入民主党，开始步入政坛。1969年首次当选国会下议院议员。1979年创建泰国民众党，并担任党主席职务。在内阁中担任过副总理、内政部长、交通运输部长等职。2000~2003年，任曼谷市市长。2006年当选上议院议员。2008年1月28日当选泰国新政府总理。

阮明哲

2007年5月访问中国。越共中央政治局委员、越南国家主席。1942年10月8日生于越南平阳省边吉县。数学、政治学学士。1960~1973年参加南方革命活动。1974~1987年在胡志明共青团中央工作，曾任团中央书记、青联副主席。1988年1月至1996年12月，历任小河省省委委员、副书记、书记，期间1991年6月在越共七大上当选中央委员，1996年6月在越共八大上连任中央委员。1997年1月任胡志明市市委副书记。1997年12月在越共八届四中全会上当选政治局委员。1998~1999年任越共中央民运部部长。2000年1月至2006年6月任胡志明市市委书记，期间在2001年4月越共九大和2006年4月越共十大上均当选政治局委员。2006年6月在十一届九次国会上当选国家主席。1995年4月率越南小河省代表团访问中国，2000年7月率越南共产党代表团访问中国，任国家主席后于2007年5月访问中国。

2007年12月23日，泰国人民力量党领导人沙马·顺达卫在曼谷的一个投票站投票。（新华社 图）

2007年5月15~18日，越南国家主席阮明哲（左）访问中国，受到胡锦涛主席亲切接见。（新华社 图）

大　事　记

2007 年

1 月

1 日　越南国会2006 年通过的《电影法》、《不动产经营法》、《艾滋病防控法》、《民航法》、《资讯工艺法》、《法理辅助法》、《社会保险法》、《律师法》、《技术标准法》、《证券法》等 10 项新法律生效。

8 日　中国再次向菲律宾提供价值600 万元人民币的台风救灾援助物资。2006 年 3 月以来，菲律宾先后 19 次遭受泥石流、台风和山洪暴发等自然灾害，造成部分地区损失惨重。

△泰王国驻中国南宁领事办公室正式对外办公，受理赴泰旅游、非移民和过境签证申请。

△中国“大洋一号”科学考察船从青岛出发，开始第 19 次大洋科考。

8 ~10 日　中共中央纪律检查委员会第七次全体会议在北京举行，中共中央总书记胡锦涛作重要讲话。

10 ~11 日　第 39 届东盟外长会议、东盟与中、日、韩 10 +3 和 10 +1 外长会议先后在菲律宾宿务举行。与会各国外长商定有关东盟峰会的议题以及协议草案，其中包括决定起草东盟宪章的相关文件。

11 日　越南外交部消息称，世界贸易组织总干事帕斯卡・莱米已致函给越南驻瑞士日内瓦代表团：越南社会主义共和国于 2006 年 11 月 7 日在日内瓦签署的议定书将从 2007 年 1 月 11 日起生效，越南正式成为世界贸易组织的成员。

△中国首份《国家人口发展战略研究报告》公布。报告指出中国人口峰值在 2033 年前后达到 15 亿人。

12 日　联合国安理会对美、英两国提出的有关缅甸问题决议草案进行表决。由于中国和俄罗斯两个安理会常任理事国投反对票，该决议草案未获通过。

13 日　第 12 次东盟首脑会议在菲律宾宿务闭幕。与会东盟国家领导人在此次会议签署关于起草东盟宪章、加快东盟共同体建设、保护海外劳工权益等 6 项宣言和 1 项反恐公约。

△法国和东帝汶加入《东南亚友好合作条约》。

14 日　第 10 次东盟—中国 10 +1 领导人会议在菲律宾宿务举行。双方签署《中国—东盟自由贸易区服务贸易协议》和《落实中国—东盟面向共同发展的信息通信领域伙伴关系北京宣言的行动计划》等合作文件，续签《中国—东盟农业合作谅解备忘录》。中国国务院总理温家宝在会上发表题为《共同谱写中国—东盟关系的新篇章》的讲话。

△第七次中国、日本、韩国领导人会议在菲律宾宿务举行。中国国务院总理温家宝、日本首相安倍晋三和韩国总统卢武铉出席会议。温家宝主持会议。

15 日　第二届东亚峰会在菲律宾宿务举行。东盟 10 国、中国、日本、韩国、印度、澳大利亚、新西兰领导人共同出席。中国国务院总理温家宝在会上发表题为《合作共赢，携手并进》的讲话。

△首届亚太地区高级安全官员会议在新加坡圣淘沙岛开幕。与会官员呼吁加强多边合作，共同打击国际恐怖主义。

15 ~16 日　中国国务院总理温家宝应菲律宾总统格阿罗约邀请，对菲律宾进行正式访问。温家宝与阿罗约在会谈中就深化中菲战略性合作关系达成进一步共识。访问期间，中菲双方签署 12 项合作文件，涉及领域广泛。

17 日　应柬埔寨国民议会邀请，中国全国人大常委会副委员长李铁映率中国全国人大代表团对柬埔寨进行为期 5 天的正式友好访问。18 日，柬埔寨首相洪森、国民议会主席韩桑林、参议院议长谢辛在金边分别会见中国代表团。

18 ~20 日　中越第 13 轮政府级边界谈判在中国南宁举行。双方一致同意：加快陆地边界勘界立碑进程，确保按照两国领导人达成的共识，最迟于 2008 年完成全部勘界立碑工作。

22 日　中国国家副主席曾庆红在北京会见到访的泰国陆军总司令颂提。

△中国全国人大常委会副委员长李铁映率中国全国人大代表团开始对缅甸进行为期 4 天的正式友好访问。缅甸国家和平与发展委员会主席丹瑞大将次日在内比都会见代表团一行。

23 日　东盟地区论坛首次海上安全岸上演习在新加坡樟宜海军基地结束。东盟地区论坛 22 个成员的 102 位官员参加此次演习。

26 日　据泰国陆军电视 5 台当日晚报道，泰国国王已签署御令，宣布从即日起解除泰国全境 76 府中 41 府的戒严令。

28 日　第六届亚洲冬季运动会在中国吉林省长春市开幕。2 月 4 日闭幕。

29 日　中国国家邮政局和中国邮政集团公司正式成立。

30 日　第 26 届东盟旅游论坛在新加坡举行。来自东盟 10 国及中、日、韩 3 国旅游部门官员共同探讨促进区域旅游一体化的措施。来自 50 多个国家的 1600 多名旅游业人士参加此次论坛。

31 日　中国国务院总理温家宝在北京会见到访的缅甸国家和平与发展委员会委员、三军总参谋长瑞曼。

△菲律宾总统阿罗约任命公共工程部长埃莫赫内斯·埃夫丹尼为国防部长。

2 月

1 日　中国东盟协会新春招待会在北京举行。全国人大常委会副委员长、中国东盟协会会长顾秀莲，东盟北京委员会主席、文莱驻华大使阿卜杜勒·哈密德和东盟各国驻华使节及各界友好人士出席招待会。

△中华新闻传媒网(www.zgjx.cn)开通。

△印尼中央统计局主任鲁斯曼·赫利亚宛指出：印尼 2006 年出口总值达 100.09 亿美元，比上年增长 17.55%，出口实绩为历来最高水平。

5 日　柬埔寨首相洪森在金边表示，他支持前国王西哈努克提出的王室成员不参政的建议，希望王室成员能够主动起草一份有关王室成员不参政的法案，供政府和议会讨论通过；政府将会按照王室成员的头衔向其发放薪水，使王室成员生活得到保障。

△越南政府批准一项投资额达 330 亿美元的高速铁路建设计划。该高速铁路为连接河内和胡志明市的电气化双向铁路，长 1630 公里，设计运行时速 200～350 公里。

5 日　越南国家主席阮明哲开始对老挝进行正式友好访问。7 日，双方发表《越南—老挝联合公报》。

6 日　中国商务部亚洲司官员在第四届中国—东盟商务与投资峰会研讨会上表示：截至 2006 年底，中国和东盟双边贸易额达 1608 亿美元，比上年增长 23.4%，预计 2007 年将达 1800 亿～1900 亿美元；东盟在华投资项目 2.9 万个，其中投资较多的是新加坡、马来西亚、泰国和菲律宾。中国企业在东盟的投资额 12.8 亿美元，其中 2006 年投资额 2 亿美元。

8 日　老挝工商业部副部长西奥沙瓦·沙文苏沙接受越南通讯社记者访问时称，老挝和越南 2006 年双边贸易额为 2.4 亿美元，2010 年将达到 10 亿美元。

12 日　缅甸首次在新首都内比都举行隆重的联邦节升国旗仪式。缅甸国家和平与发展委员会主席丹瑞大将在联邦节贺词中敦促国民加强民族团结，粉碎国内外一切破坏国家和平、稳定和发展的图谋。

△文莱、马来西亚和印度尼西亚在巴厘岛签署《婆罗洲之心宣言》，表示共同合作，加强对婆罗洲热带雨林的保护。

△中国北京奥组委正式启动奥运标志审批信息系统，向北京奥运会赞助企业提供网上审批服务。

3 日　新加坡武装部队陆军总长郭木财少将访问中国并与中国人民解放军总参谋长梁光烈上将会面。

18 日　中国大洋一号科考船首次在大洋中脊发现新的海底热液活动区。这也是世界上首次在西南印度洋中脊发现活动中的海底热液活动区。

20 日　文莱苏丹率皇室全体成员出席由文莱全体华社举办的 2007 年新春团拜会并参观华社举办的中华文化展。

25 日　中国国务委员唐家璇应缅甸和平与发展委员会第一秘书长登盛的邀请对缅甸进行工作访问。访问期间，唐家璇与缅甸国家和平与发展委员会主席丹瑞大将就发展中缅友好合作关系交换意见。

27 日　泰国国王普密蓬·阿杜德在曼谷会见到访的中国国务委员唐家璇。普密蓬国王感谢中国政府对泰国政府的支持，感谢中国政府向国王山地计划提供 800 万元人民币无偿援助。次日，泰国总理素拉育会见唐家璇。

28 日　中国十届全国人大常委会第 26 次会议批准 2006 年 10 月 10 日在北京签署的中国、越南和老挝关于确定三国国界交界点的条约。条约确定中、越、老三国国界交界点位于十层大山(越方、老方称宽罗珊山)1864 米高程点上。

3 月

3～15 日　中国全国政协十届五次会议在北京举行。

5～16 日　中国十届全国人大五次会议在北京举行。

6 日　菲律宾总统阿罗约签署该国第一部反恐法案。

7 日　泰国国王普密蓬签署御令，批准由总理素拉育递交的内阁改组名单，从而完成泰国新政府成立后的首次内阁改组。这次内阁变动涉及副总理、财政部长等 4 个职位。

8 日　柬埔寨前国王诺罗敦·西哈努克以个人名义向中国社会福利机构捐款 5 万美元。中国外交部长李肇星同日复信西哈努克，代表中国政府和人民感谢其善举。

△北京奥组委开通第 29 届奥林匹克运动会官方票务网

站(http://www.tickets.beijing2008.cn),接受国内公众用户注册。

13日 中共中央政治局常委、全国政协主席贾庆林在北京会见越共中央政治局委员、书记处书记、中央组织部长胡德越。

△柬埔寨金边市法庭以欺诈罪缺席判处奉辛比克党前主席诺罗敦·拉那烈入狱服刑18个月,并支付给奉辛比克党15万美元赔偿。

14日 第16届欧盟—东盟部长级会议在德国纽伦堡举行。大会通过的《纽伦堡宣言》和联合主席声明表示,双方将深化在政治安全、经济社会等领域的合作,把两大地区组织的关系升到更高水平。声明对欧盟意图加入《东南亚友好合作条约》和有兴趣介入东亚峰会进程表示欢迎。

18日 第八届中国发展高层论坛在北京召开。

△中国公安部全国公民身份号码查询服务中心建成世界最大的人口身份信息数据库"全国公民身份信息系统"。

19日 柬埔寨驻中国南宁总领事馆正式对外办公。

20日 中国国务院总理温家宝在北京会见到访的老挝人民革命党中央政治局委员、政府副总理兼国防部长当裔·皮芝。中央军委副主席、国务委员兼国防部长曹刚川等会见时在座。

△中国邮政储蓄银行成立。

△越南政府常务副总理阮生雄在向越南第11届国会第11次会议作《政府工作报告》称:越南2007年经济工作的三大重心是努力实现经济增长8.5%、进一步推动行政改革进程和有效开展反腐败斗争。

21日 中共中央书记处书记、中纪委副书记何勇在北京会见由老挝中纪委副书记通西·沃拉西率领的老挝人民革命党纪检干部考察团一行。

△泰国政府发言人宣布泰国国王普密蓬签署的2007年上半年的军队例行改组御令。此次例行改组涉及400名军方高职人员调动,最高职位包括泰国三军副总参谋长、第二军区司令和陆军副参谋长以及装甲部队、特种部队等重点部队高级指挥官。

23日 中国人民解放军海军"连云港"号护卫舰和"三明"号护卫舰抵达印度尼西亚首都雅加达,开始为期4天的友好访问。这是中国海军舰艇编队12年来首次访问印尼。

24~26日 越南社会主义共和国政府副总理兼外交部长范家谦应外交部长李肇星邀请对中国进行正式访问。中国国务院总理温家宝、国务委员唐家璇先后会见范家谦并举行会谈。温家宝在交谈中表示中方高度重视中越关系,坚定致力于两国间的友好交往与合作,希望双方认真落实两国领导人达成的各项共识,增进政治互信,深化经贸合作,推动中越关系全面深入发展。

26日 泰国公主诗琳通为朱拉隆功大学孔子学院成立揭牌。孔子学院由朱拉隆功大学与北京大学合作创办,是泰国设立的第10个孔子学院。

26~28日 中国国家主席胡锦涛对俄罗斯进行国事访问并出席"中国年"开幕式等活动。

27日 缅甸在新首都内比都举行盛大阅兵式纪念建军62周年。

28日 第17届亚洲精密工程展在新加坡开幕,来自35个国家和地区的950家企业参加展览。

29日 印尼国会通过投资法令草案。法令草案规定除已为法令所限制与禁止的部门外,国内外投资商可随意在任何营业部门进行投资。

△泰国总理素拉育向新闻界宣布,大选将于2007年12月16日或23日举行。

△中国新任驻新加坡大使张小康在新加坡总统府向新加坡总统纳丹递交国书。

4月

2日 中国国务院总理温家宝签署第190号国务院令,任命曾荫权为中华人民共和国香港特别行政区第三任行政长官。

△2007亚洲海事展在新加坡达城举行。

2~3日 泰国总理素拉育访问日本。期间与日本签署泰日自由贸易协定。根据该自由贸易协定,日本和泰国将取消90%产品的关税,时间长达10年。

2~13日 泰王国诗琳通公主应邀访华。中国全国人大常委会委员长吴邦国在会见诗琳通时积极评价她为中泰关系发展所做的大量工作。

3日 中国全国政协副主席、中国国际交流协会副会长周铁农在北京会见以缅甸中央执行委员会、仰光市副市长吴貌巴率领的缅甸联邦巩固与发展协会代表团。

△中央军委副主席、国务委员兼国防部长曹刚川会见来北京参加第二届中印尼防务安全磋商的印度尼西亚国防部秘书长沙弗利。

△中越两国交通部长签署"两廊一圈"技术合作备忘录。

△越南空间技术研究院成立。研究院主要职能是研究和发展空间科学技术,掌握小型地球观察卫星技术,进而设计和安装小型卫星;制定和实施空间技术独立的科技计划和空间技术重点试验室项目;研究制造各类设备;发展远程探测技术、GIS和GPS技术,管理自然环境和资源;研究和发展遥感技术、宇宙动力学和精密电子仪器等。

8~15日 越南国会主席阮富仲携夫人并率越南国会代表团应邀对中国进行正式友好访问。中国国家领导人胡锦涛、吴邦国、贾庆林等先后会见阮富仲。胡锦涛在会见中高度评价近年来中越两党两国关系发展取得的成就,表示不断巩固和加强中越睦邻友好和全面合作是两国人民的共同愿望,是双方共同的责任和使命。

9～10日 首次大湄公河次区域（GMS）6国农业部长会议在北京举行。会议发表《大湄公河次区域农业部长联合声明》，并通过《农业支持核心计划》。

10日 首届中医药国际贡献奖在中国北京揭晓。陈可冀（中国）、林子强（澳大利亚）、Dawid Molony（美国）获奖。

10～12日 2007中国（上海）国际风能展览暨研讨会在上海举行。

11日 第四次中国与东盟成员国总检察长会议在中国澳门举行。东盟各国、中国及中国香港、澳门两个特别行政区的最高检察首脑围绕“直接合作打击跨国跨地区犯罪”的主题举行为期两天的讨论。

△中国自行研制的“海洋一号B”卫星成功发射并准确进入预定轨道。

17日 中共中央书记处书记、中央纪委副书记何勇在北京会见由越南共产党中央纪律检查委员会副主任阮明光率领的越南纪律检查干部考察团。

18日 中国正式实施铁路第六次大面积提速和新的列车运行图。

△“中国—东盟合作之旅”大型广播电视联合采访活动在中国北京启动。24日起，采访团先后深入东盟10国的35个城市，报道东盟社会各界人士和东盟各国风土人情。

△中国—东盟中小企业投资发展论坛在中国南宁举行。论坛以中国—东盟“一轴两翼”战略构想背景下的商机前瞻为主题。

21日～22日 博鳌亚洲论坛2007年年会在海南博鳌举行。年会以亚洲制胜全球经济——创新和可持续发展为主题。

23日 第四届中国—东盟博览会高官会在中国南宁召开。来自中国、东盟10国以及东盟秘书处的近80名代表共商第四届中国—东盟博览会筹备工作。

23～25日 第13次中国—东盟高官磋商和第二次落实《南海各方行为宣言》后续行动特别高官会在中国安徽举行。

23～26日 新加坡国务资政吴作栋应邀访问中国并出席第二届中国中部投资贸易博览会开幕式。期间，与中国国务院总理温家宝、中国国资委主任李荣融会晤，讨论如何促进两国在各领域的合作。

24日 第五届国际体育大会在中国北京开幕。

25日 越南国家主席阮明哲在河内接受“中国—东盟合作之旅”大型广播电视联合采访团采访时表示，越南将积极推动越中睦邻友好合作关系的发展，并将在东盟发展与中国关系的过程中发挥桥梁作用。

△在第21届亚洲货运业及供应链颁奖典礼上，新加坡第19次获得亚洲最佳海港奖。

26日 米詹·扎因·阿比丁登基，就任马来西亚第13任最高元首。

△第二届中国中部投资贸易博览会开幕式及“万商西进”高峰论坛在郑州举行。

△据朝鲜中央通讯社报道，朝鲜和缅甸政府在仰光发表联合新闻公报，恢复中断24年的外交关系。

26～27日 首届泛北部湾区域经济合作市长论坛在中国北海举行。菲律宾、越南、新加坡、马来西亚、泰国、印度尼西亚、文莱等东盟国家沿海城市的市长，东盟秘书处，国家有关部委、国内部分沿海城市以及广西北部湾经济区城市负责人参加。

27日 中央军委副主席、国务委员兼国防部长曹刚川在北京会见柬埔寨副首相兼国防部大臣迪班。

27日～5月1日 马来西亚国会下议院议长拉姆利应全国人大常委会委员长吴邦国邀请，率马来西亚国会下议院代表团对中国进行正式友好访问。

28～29日 第三届中国内地和台湾两岸经贸文化论坛在北京举行。中国人民政治协商委员会主席贾庆林和中国国民党荣誉主席连战出席论坛，并分别在开幕式上发表演讲。

30日 第20届新加坡国际电影节闭幕。印度尼西亚著名导演加林·努格罗霍执导的《爪哇安魂曲》夺得本届银幕大奖最佳电影奖。

5月

2～3日 中共中央政治局常委、中央纪委书记吴官正过境文莱时，在斯里巴加湾市会见文莱外交与贸易大臣穆罕默德亲王。

3日 中国—东盟青少年艺术盛典开幕式在中国南宁举行。此次活动是响应中国国务院总理温家宝关于在广西建设中国—东盟青少年培训基地的讲话精神而开展的。

4日 东盟与欧盟宣布将展开建立双边自由贸易区的谈判。

△美国总统布什在白宫与到访的新加坡总理李显龙举行会谈。布什在会谈结束后向媒体表示，他已接受李显龙的邀请于2007年9月与东盟各国领导人举行首次首脑会议。

7日 印度尼西亚总统苏西洛宣布第二次改组内阁。此次内阁改组调整交通部长、司法和人权部长等7个职位。

△马来西亚总理巴达维说，政府已批准修建一条贯穿北部的石油管道，为中东和东亚之间的石油运输提供便利。

8日 中共中央政治局委员、全国人大常委会副委员长、中华全国总工会主席王兆国在北京会见以主席翁佩·赛圭亚宗多瓦为团长的老挝工会联合会代表团。

△中国全国人大常委会副委员长、中国人民争取和平与裁军协会会长何鲁丽在北京会见以主席武炬为团长的越南和平委员会代表团。

△代号为“金色眼镜蛇”的东南亚地区规模最大的联合军演在泰国春武里府拉开序幕，来自泰国、美国、印度尼西亚、新加坡的5000多名士兵和27名日本自卫队成员参加为期11天演习。中国、韩国、菲律宾、澳大利亚、法国、德国6国派出观察员观摩本次演习。

9日　若泽·拉莫斯·奥尔塔在东帝汶总统选举第二轮投票中当选第二任总统。

△中共中央对外联络部部长王家瑞在北京会见由老挝人民革命党中联部副部长兼外交部副部长谢姆·蓬马占为团长的代表团。

10日　由北京大学东南亚研究中心和国务院发展研究中心亚非发展研究所主办的东盟40年与东盟国家发展学术研讨会在北京大学举行。

10~12日　越共中央总书记农德孟、越南政府总理阮晋勇分别会见到访的中国广西壮族自治区党委书记刘奇葆。

12日　老挝政府总理布帕万在万象接受中国—东盟合作之旅大型广播电视联合采访团采访时说，老中两国不仅山水相连，还有着相同的政治体制，两国在很多领域都可以相互学习和借鉴。

△东亚地区最大口径的通用光学天文望远镜在中国丽江投入使用。望远镜净口径2.4米。当日，中国科学院国家天文台将一颗由中国天文学家发现的小行星命名为“丽江星”。

12~20日　中国第七届全国残疾人运动会在云南举行。

14日　中共中央政治局委员、北京市委书记刘淇在北京会见由老挝人革党中央书记处书记、万象市委书记宋巴·叶里和率领的老挝人民革命党万象市委代表团一行。

△中国长江三峡水利工程三峡船闸完建工程通过验收，正式恢复双线通航，标志着三峡船闸经过13年的建设全面建成。

△中国西昌卫星发射中心用“长征三号乙”运载火箭成功将尼日利亚通信卫星一号送上太空。这是中国首次以火箭、卫星及发射支持的整体方式为国际用户提供商业卫星服务。

△中国海军“襄樊号”导弹护卫舰抵达新加坡樟宜海军基地，参加于15~20日由新加坡主办的2007亚洲国际海事防务展和在新加坡附近海域举行的第二届西太平洋海军论坛多边海上演习。

15日　印尼总统苏西洛在雅加达会见到访的中国广西壮族自治区党委书记、自治区人大常委会主任刘奇葆。同日，东盟秘书长王景荣也会见了刘奇葆。

△2007亚洲国际海事防务展在新加坡举行。

15~18日　越南社会主义共和国主席阮明哲应中国国家主席胡锦涛邀请对中国进行国事访问。访问期间，阮明哲与胡锦涛主席举行会谈，并会见中国全国人民代表大会常务委员会委员长吴邦国、国务院总理温家宝、中国人民政治协商会议全国委员会主席贾庆林。18日，中越双方在北京发表《中越联合新闻公报》。

18日　越南政府总理阮晋勇在河内会见中国全国政协副主席、中国工程院院长徐匡迪时表示，越南将尽全力推动同中国的各领域友好合作关系不断向前发展。

18~19日　菲律宾总统阿罗约、众议院议长德贝内西亚分别会见到访的中国广西壮族自治区党委书记、自治区人大常委会主任刘奇葆。

20日　泰国总理素拉育在曼谷和中国驻泰国大使张九桓共进午餐时发表讲话说，泰中两国人民自800年以前就开始友好交往，两国人民亲如兄弟。

22日　新加坡总理李显龙会见到访的中国广西壮族自治区党委书记、自治区人大常委会主任刘奇葆。

24日　首次中国—东盟新闻部长会议在雅加达举行。

△第八届中国西部国际博览会在成都开幕。

25日　世界动物卫生组织第75届国际大会在巴黎通过决议，恢复中国在该组织的合法权利。

28日　在吉隆坡举行的第三届世界伊斯兰经济论坛开幕式致词时，马来西亚总理巴达维说，创新是伊斯兰世界目前所面临的一个重要议题。

28~31日　泰王国总理素拉育应中国国务院总理温家宝邀请对中国进行正式访问。中国国家主席胡锦涛在北京会见泰国总理素拉育，温家宝同素拉育举行会谈并共同出席《中泰战略性合作共同行动计划》等文件签字仪式。

29日　柬埔寨首相洪森在金边会见到访的中国广西壮族自治区主席陆兵。

△越南中央选举委员会宣布，越南第12届国会已选举产生493名代表，他们将在新一届国会第一次会议上选举产生新的国会及国家领导人。

30日　泰国宪法法庭就泰爱泰党大选舞弊案作出最终裁决：判定有关泰爱泰党2006年4月2日大选中存在舞弊行为的指控成立，判处解散泰国最大政党泰爱泰党。

6月

1日　中共中央政治局常委、全国政协主席贾庆林在南宁会见老挝人民革命党中央委员会前主席、老挝前国家主席坎代·西潘敦。贾庆林向坎代转达了胡锦涛、江泽民的亲切问候，并高度评价中老两党两国关系和坎代为促进中老友好合作所作出的突出贡献。

△中国正式实施《行政机关公务员处分条例》。

△中国外交部长杨洁篪同哥斯达黎加外交部长斯塔诺在北京代表各自政府共同签署《中华人民共和国和哥斯达黎加共和国关于建立外交关系的联合公报》,决定即日起建立大使级外交关系。

1~3日 第六届亚洲安全大会在新加坡举行。26个国家和地区的国防部长、高级防务官员及安全专家就美国与亚太安全、核武器的挑战、保护地区水域安全等多项议题进行讨论,以促进亚太国家和地区及本地区以外主要大国就重要的地区安全问题对话,增进互信。

2日 中共中央政治局常委、国务院副总理黄菊因病医治无效在北京逝世。

△古巴领导人菲德尔·卡斯特罗在哈瓦那会见到访的越南共产党中央委员会总书记农德孟。在3天的访问中,农德孟与古巴领导人进行广泛接触,并签署多项合作协议。

4日 第27届东盟国家警察首脑会议在新加坡举行。出席会议的东盟国家代表团代表及国际刑警组织代表共同启动东盟国家警察数据库系统。该系统的启用将使东盟各国警察部队之间实现重要安全信息的共享。

5~10日 应全国人大常委会邀请,缅甸国家和平与发展委员会第一秘书长登盛率团对中国进行正式友好访问。全国人大常委会委员长吴邦国会见登盛一行。

6日 中国外交部长杨洁篪在北京会见缅甸外交部长吴年温,双方就两国关系和共同关心的问题交换意见。

△菲律宾总统阿罗约访问中国四川并出席中国成都—菲律宾商务合作洽谈会。在洽谈会上,阿罗约还发表演讲。

6~10日 应国家副主席曾庆红邀请,印度尼西亚共和国副总统尤素福·卡拉对中国进行正式访问。

8日 中国国家主席胡锦涛出席在德国海利根达姆举行的八国集团同中国、印度、巴西、南非、墨西哥5个发展中国家领导人对话会议。

12日 缅甸国家和平与发展委员会第一秘书长、代总理登盛中将在内比都会见中国东盟协会会长、中国全国人大常委会副委员长顾秀莲率领的中国东盟协会代表团。

13日 全国人大常委会副委员长许嘉璐在北京会见到访的越南文化和通讯部长黎尹合一行。

15日 在印度尼西亚访问的中国全国人大常委会副委员长、中国东盟协会会长顾秀莲在雅加达会见印尼副总统卡拉,双方表示将进一步深化两国关系。同日,由印度尼西亚驻华大使馆举办的"印度尼西亚和中国:心心相印"大型文艺演出在北京举行。

17~19日 菲律宾共和国外交部长阿尔韦托·罗慕洛应中国外交部长杨洁篪邀请对中国进行正式访问。中国国务院总理温家宝在北京会见阿尔韦托·罗慕洛一行。

18日 中共中央政治局常委罗干在北京会见越南共产党中央政治局委员、越南政府副总理张永仲。

18~23日 越南国家主席阮明哲率领100多人的大型商贸代表团访问美国。这是越战结束32年后越南国家元首第一次访美。美国总统布什在白宫与阮明哲就推动两国贸易与投资,强化文化、教育和卫生等领域的合作与交流等问题交换意见。

19日 文莱王储比拉会见正在文莱访问的中国全国人大常委会副委员长、中国东盟协会会长顾秀莲。在会见交谈中,比拉表示文莱愿尽一切努力促进文中两国的双边合作。

△第二届中国东盟民间友好组织大会在斯里巴加湾市举行。与会代表在会上签署《落实中国东盟民间友好组织合作宣言的行动计划》,以深化和巩固中国东盟的战略伙伴关系,推动双方的交流与合作。

△老挝政府总理波松·布帕万在国会会议上发表讲话说:老挝将力争实现2007~2008年财政年度经济增长8%的目标。

20~21日 第四次中美战略对话在美国举行。

22日 新加坡外交部发表声明,谴责台湾当局提议通过公投方式来决定是否以台湾名义加入联合国,认为这是挑衅与不负责任的做法。

24~25日 第16届世界经济论坛东亚会议在新加坡举行。会议以建设领导能力、创造亚洲世纪为主题。菲律宾总统阿罗约在会上表示,亚洲时代已经来临,亚洲将能够在世界经济与政治事务中发挥更具主导性的作用。

7月

1日 中共中央总书记、国家主席、中央军委主席胡锦涛出席中国香港回归10周年大会暨香港特别行政区第三届政府就职典礼并发表重要讲话。

△《中国—巴基斯坦自由贸易协定》开始实施,关税减让进程正式启动。

5日 印度尼西亚总统苏西洛会见到访的中国外交部长杨洁篪,宾主就双边关系、国际和地区问题交换看法。

6日 泰国宪法起草委员会通过新宪法草案,并决定于8月19日就新宪法草案举行全民公决。

△中国国际消费电子博览会在青岛举行。

△印度外交部在一份声明中说,印度总理曼莫·汉辛格和越南总理阮晋勇在新德里举行会谈后签署有关建立战略伙伴关系的联合声明,促使两国在双边关系上实现多元化和深化发展。

9日 中国国务院副总理吴仪应新加坡政府副总理黄根成邀

请访问新加坡。访问期间，吴仪与黄根成共同主持召开苏州工业园区中新联合协调理事会第九次会议。

9～13日 马来西亚外交部长赛义德·哈米德·阿尔巴应外交部长杨洁篪邀请对中国进行正式访问。12日，中国国务院总理温家宝会见赛义德。

10日 中国首台国产70万千瓦水轮发电机组——三峡工程右岸电站26号机组成功并网发电。

△中国中央军委副主席、国务委员兼国防部长曹刚川在北京会见泰国海军司令沙迪拉班。

12日 缅甸外交部发表声明，重申缅甸继续坚持一个中国政策，反对台湾以任何名义加入联合国的企图。

13日 中国与马来西亚经济贸易联合委员会第八次会议在马来西亚吉隆坡举行。中国商务部长薄熙来与马来西亚国际贸易和工业部长拉菲达共同主持会议，并就扩大和深化中马经贸合作等共同关心的问题交换意见。

15日 菲律宾第一部反恐法正式生效。

16日 中国和泰国在中国广州启动为期4天的陆军特种作战分队联合训练。这是中国军队首次与外军举行联合训练。

17日 新加坡海军与美国海军在新加坡举行代号为“卡拉特2007”的联合军事演习，以加强两国海军的合作，特别是防空、反潜及海上安全等方面的协同作战能力。此次演习是自1995年来两国举行的第13次“卡拉特”联合演习，来自新加坡武装部队、美国海军及美国海岸警卫队的1500多名军事人员、13艘水面舰艇、1艘潜水艇及一些固定翼战机和直升机参加演习。

18日 泰国国民立法大会通过法案，解除上年军事政变之后颁布的有关政治禁令，允许政党活动和新政党注册。

△由中国援建的老挝乌多姆赛省戒毒康复中心投入使用。中心可同时接纳200名吸毒人员进行强制戒毒，是老挝北部最大的戒毒康复中心。

18～19日 第二届中国—东盟信息高速公路工作组会议在文莱举行。

19日 越南第12届国会举行第一次会议，选举产生新一届国家领导人。阮富仲、阮明哲、阮晋勇分别再次当选国会主席、国家主席和政府总理。

△由中华慈善总会、中国红十字会汇集1.1亿元中国民间捐款建造的中国—印尼友谊村正式交付给印尼使用。

21～22日 中越政府边界谈判代表团在北京会晤，就加快陆地边界勘界立碑进程、加强海上合作交换意见。

23日 在菲律宾第14届国会首次会议上，参议院议长曼努埃尔·比利亚尔和众议院议长何塞·德贝内西亚均获连任。

△中共中央对外联络部部长王家瑞在北京会见由老挝人民革命党中联部副部长兼外交部副部长谢姆·蓬马占率领的老挝国防治安和外交干部考察团。

24日 中国驻新加坡大使张小康接受新加坡新传媒集团下属的亚洲新闻电视台独家专访，就中新关系、中国与新加坡友好合作、中国的和平发展及台湾问题等回答记者提问。

26～27日 2007泛北部湾经济合作论坛在中国南宁举行。论坛以“共建中国—东盟新增长极：新平台、新机遇、新发展”为主题展开研讨。来自越南、新加坡、马来西亚、菲律宾、印度尼西亚、文莱、韩国及中国的230多名政府官员、专家和知名企业代表出席会议。会议发表《2007泛北部湾经济合作主席声明》。

28日 第三次中越两党理论研讨会在中国贵阳举行。中共中央政治局委员、中央书记处书记、中宣部部长刘云山和越共中央书记处书记、中央宣教部部长、中央理论委员会主席苏辉若出席会议。

30日 中国—东盟文化交流与合作座谈会在中国南宁举行。与会代表就中国—东盟文化交流合作发展规划和文化产业互动发展规划中的部分合作项目进行专题研讨。

30～31日 第40届东盟外长会议，第8次东盟与中、日、韩10+3外长会议，第14届东盟地区论坛相继在菲律宾马尼拉举行。东盟轮值主席菲律宾总统阿罗约在东盟外长会议开幕致词中表示，东南亚各国文化多样性是建设东盟共同体的力量源泉而非障碍，她对在2015年建成东盟共同体充满信心。

31日 新加坡警察海岸卫队与韩国海岸防卫队签署谅解备忘录，进一步加强双边区域合作来对付跨国犯罪，特别是海盗及海事恐怖活动。

8月

1日 中国全国人大常委会副委员长、全国妇联主席顾秀莲在北京会见来华出席联合国教科文组织亚太地区扫盲会议的印度尼西亚总统夫人阿妮·班邦·尤多约诺一行。

△东盟10国外长与澳大利亚外长唐纳在菲律宾马尼拉共同签署《东盟—澳大利亚全面伙伴关系联合宣言》。

△东盟10国三军总长在新加坡举行第五次非正式会议。会议焦点是透过交流专长来加强处理安全挑战的能力。

2日 第五届东盟国家武装部队首脑非正式会议在新加坡举行。会议决定将共同应对在海事安全、人道主义援助、灾难救助、反恐、传染病控制及维和等领域面临的挑战，还决定通过信息分享、情报合作、演习和研讨会等活动加强军事合作。

△中国外交部长杨洁篪在第14届东盟地区论坛外长会上就亚太地区形势、地区安全对话合作和新安全观阐述中方看法。

2～4日 中国与东盟区域航空运输安排第二次会谈在中国

厦门举行。

7 日　新加坡政府总理李显龙在发表纪念东盟成立 40 周年讲话时呼吁，东盟应更加努力，集中资源，深化地区一体化。

△泰国王后诗丽吉通过泰国红十字会向中国受洪灾地区捐款 20 万美元。

8 日　中国北京举行 2008 年奥运会倒计时一周年庆祝活动。

8～17 日　越南政府总理阮晋勇先后访问印度尼西亚、菲律宾、新加坡、缅甸、文莱。

9 日　中国国务院总理温家宝电贺沙纳纳·古斯芒出任东帝汶政府总理。

12 日　越南政府总理阮晋勇应新加坡政府总理李显龙邀请，对新加坡进行为期 2 天的访问。

13 日　由东盟北京委员会和中国东盟协会共同举办的纪念东盟成立 40 周年招待会在北京举行。中国外交部长杨洁篪和东盟 10 国驻华使节出席招待会。

14～18 日　中国国家主席胡锦涛应邀对吉尔吉斯斯坦、哈萨克斯坦进行国事访问，并出席上海合作组织比什凯克峰会和赴俄罗斯观摩上海合作组织成员国联合反恐军事演习。

14～22 日　新加坡、文莱、印度尼西亚、马来西亚、菲律宾、泰国及美国海军展开东南亚常年联合防恐（SEACAT）演习，分享海事信息及加强海事安全反应的协调。

15 日　新加坡与哈萨克斯坦避免双重课税及防止漏税避税协定正式生效。协定将帮助两地投资者避免因跨国贸易、投资活动而承担双重课税负担，并促进两国贸易、投资、金融及技术交流。

20 日　第 41 届东盟常委会第一次会议在新加坡举行。

△为期 4 天的第 28 届东盟议会联盟会议在马来西亚吉隆坡举行。来自东盟 10 国以及中国、日本、韩国和澳大利亚等国家的议会代表团出席会议。与会东盟各国议会代表一致表示支持东盟在 2015 年实现一体化的目标，并将为此作出努力。

21 日　来自东盟 10 国和中国、日本、韩国的主流媒体负责人在中国天津参加为期 3 天的首届 10+3 媒体合作研讨会。

22 日　英国、澳大利亚、新西兰、马来西亚和新加坡组成的五国联防军事首长第 11 届会议在新加坡举行。会议支持各国武装部队在人道救援、灾难拯救、灾后管理及海事安全等领域加强合作。

22～28 日　老挝政府总理波松·布帕万应中国国务院总理温家宝邀请访问中国。期间，中国国家主席胡锦涛、全国人大常委会委员长吴邦国分别会见波松，国务院总理温家宝与波松总理举行会谈。波松还顺访了中国的辽宁、湖南和云南省。

23 日　第四届东盟与中、日、韩能源部长会议在新加坡举行。与会部长对东盟与中、日、韩 3 国在能源合作方面取得的成果表示赞赏，并重申各国对确保地区能源安全所作的承诺。

△中国中央军委副主席徐才厚在北京会见到访的老挝人民军总政治局主任森暖·赛雅拉。

24 日　泰国国王普密蓬·阿杜德签署御令，批准施行泰国新宪法。

25 日　日本共同社报道，日本与东盟在菲律宾马尼拉达成自由贸易协定。

△第 39 届东盟经济部长会议发表声明指出，东盟经济共同体发展蓝图制订工作完成，并将提交 11 月在新加坡召开的第 13 届东盟首脑会议批准。

25～26 日　第六次东盟与中国经贸部长会议和第 10 次东盟与中、日、韩 10+3 经贸部长会议相继在菲律宾马尼拉举行。

26 日　中国济南军区政委刘冬冬上将率中国人民解放军友好参观团对老挝进行为期 3 天的访问。

△柬埔寨国民议会议长韩桑林应中国全国人大常委会委员长吴邦国邀请，对中国进行为期 5 天的正式友好访问。

28 日　中共中央政治局常委、国家副主席曾庆红在北京会见到访的越南共产党中央政治局委员、国防部长冯光青一行。

30 日　新加坡政府总理李显龙应马来西亚总理巴达维的邀请，到吉隆坡参加马来西亚独立 50 周年庆典。

9 月

2 日　中国中央军委副主席、国务委员兼国防部长曹刚川上将率团对菲律宾进行为期 5 天的正式访问。期间，曹刚川先后会见菲律宾总统阿罗约、众议长德贝内西亚、国防部长特奥多罗、总参谋长埃斯伯隆，并与菲国防部签订价值 1500 万元人民币的军援协议。

3～9 日　中国国家主席胡锦涛对澳大利亚进行国事访问，并出席在悉尼举行的亚太经合组织第 15 次领导人非正式会议。

5 日　中国全国政协主席贾庆林、中国全国人大常委会副委员长王兆国在北京分别会见到访的印尼人民协商会议主席希达亚特。

△中共中央政治局常委、中央书记处书记、国家副主席曾庆红在北京与越共中央政治局委员、中央书记处常务书记张晋创举行会谈。

△中共中央书记处书记、中央纪委副书记何勇在北京会见柬埔寨议会关系与监察大臣孟桑安一行。

6 日　中国全国人大常委会副委员长司马义·艾买提在北京会见印尼国家使命党代表团和阿曼国家委员会主席蒙泽里。

△俄罗斯总统普京访问印尼并出席俄罗斯印尼双方一项价值10亿美元的国防采购协议签字仪式。印尼国防部长尤活诺·苏达索诺说,印尼将用俄罗斯给予的10亿美元贷款购买20辆坦克、15架直升机和两艘“基洛”级潜艇,同时双方敲定价值数十亿美元的一系列能源协议。

6～8日 首届夏季达沃斯年会在中国大连举行。

7日 印尼安塔拉通讯社报道,印尼外交部重申印尼不会改变一个中国政策,并反对台湾加入联合国的图谋。

8～9日 出席在澳大利亚悉尼举行的亚太经合组织第15次领导人非正式会议的中国国家主席胡锦涛,分别会见印尼总统苏西洛和菲律宾总统阿罗约。

10日 老挝人民革命党中央委员会总书记、国家主席朱马利·赛雅贡在万象会见以中共中央政治局委员、湖北省委书记俞正声为团长的中共代表团。

△马六甲与新加坡海峡航行安全、保安及环境保护大会在新加坡举行。50多个国家的300多名政府官员以及海事组织、船务机构代表出席。

13日 中国国家预防腐败局揭牌成立。

△中国国务委员唐家璇在北京会见缅甸国家和平与发展委员会主席丹瑞的特使、外交部长吴年温。

△中国—东盟博览会、中国—东盟商务与投资峰会组委会会议在北京举行。会议通过关于博览会持续发展的4个方案,研究部署第四届博览会和商务与投资峰会相关工作。

△越共中央总书记农德孟在河内会见以中共中央政治局委员、湖北省委书记俞正声为团长的中共代表团。

18日 柬埔寨国王西哈莫尼、首相洪森、人民党主席兼参议院主席谢辛、副首相兼奉辛比克党主席拉斯梅在金边分别会见以中共中央政治局委员、湖北省委书记俞正声率领的中共代表团。

19日 泰通社报道称,泰国国王普密蓬签署御令批准2007年度军官调动名单。根据名单,陆军总司令助理阿努蓬将接替颂提出任陆军总司令,陆军总司令助理沙帕浪调任国防部副次长,陆军总参谋长蒙蒂出任三军副总司令。此次军官调动涉及陆、海、空三军463个职务。

19～21日 东盟地区论坛禁毒研讨会在中国西安举行。东盟地区论坛23方的禁毒官员及外交官出席此次以“社会参与禁毒工作”为主题的研讨会。

20日 中国中央军委副主席、国务委员兼国防部长曹刚川在北京会见来华出席中泰国防部长第六次年度防务安全磋商的泰国国防部次长威奈。

25日 中共中央政治局委员、书记处书记、中宣部部长刘云山在北京会见由老挝中央委员、中宣部部长潘隆吉·冯萨率领的老挝人民革命党中央宣传部代表团。

△缅甸仰光当局宣布,从即日起在仰光实行为期60天的宵禁。

27日 美国总统布什签署行政命令,宣布对缅甸实施新的制裁措施,措施包括冻结缅甸14名官员在美资产。

28日 中国国务院总理温家宝倡议举办的第三届中国—东盟媒体合作高层研讨会在中国南宁举行。与会者围绕“共建和谐繁荣的美好家园”主题,就“增进了解,加强相互报道”、“扩大交流,开展务实合作”、“搭建桥梁,共促和谐繁荣”等议题展开研讨。

△新华社报道称,世界自然基金会近日宣布,科学家们在越南某偏远地区发现11个新动植物物种。

10月

1日 泰国自然资源和环境部长格森·沙匿翁和外交部副部长昭瓦尼·功西里宣布辞职。至此,素拉育总理领导的泰国临时政府中先后有5名高官因违反泰国反腐败法的有关规定而辞职。

2日 中国国家主席胡锦涛在上海会见出席2007年夏季特奥会开幕式的菲律宾总统阿罗约。

△泰国国王普密蓬·阿杜德签署御令,任命国家安全委员会前主席、前陆军司令颂提为副总理。

2～11日 2007年世界夏季特殊奥林匹克运动会在中国上海举行。

10日 马来西亚首位宇航员谢赫·穆扎法尔·舒库尔乘坐俄罗斯“联盟TMA－11”载人飞船升空。

12日 缅甸总理梭温因病在仰光去世。

△旨在推进文化外交活动的新加坡节在中国拉开序幕。新加坡副总理黄根成出席新加坡节晚宴和主题为“新加坡—伴您走向成功”的研讨会。

14日 中共中央对外联络部部长王家瑞在北京会见越共中央委员、中央民运部常务副部长武仲金。

15～21日 中国共产党第17次全国代表大会在北京举行。

16日 越南共产党中央委员会、老挝人民革命党中央委员会、泰国民主党、印度尼西亚专业集团党等东南亚国家政党向中共第17次全国代表大会发来贺电或贺函。

△朝鲜劳动党总书记金正日到机场迎接到访的越南共产党中央总书记农德孟。这是1957年以来,越共总书记首次访问朝鲜。

△菲律宾与美国展开为期半个月的联合军事演习。

△第62届联合国大会选举利比亚、布基纳法索、越南、克罗地亚和哥斯达黎加为安理会非常任理事国,任期2年。

17日 第八届中越青年友好会见活动在越南河内开幕。

20日　缅甸取消自9月25日开始在仰光和曼德勒实行的宵禁。

22日　中国共产党第17届中央委员会第一次全会在北京举行,会议选举胡锦涛为中共中央总书记。

24日　缅甸国家和平与发展委员会宣布代总理登盛中将为政府新总理。

△中国嫦娥一号卫星成功发射。

25日　菲律宾总统阿罗约赦免因盗窃国家财产罪被判处终身监禁的前总统约瑟夫·埃斯特拉达。

△中国第六届城市运动会在武汉开幕。11月3日闭幕。

27~29日　朝鲜总理金英日访问越南。越共中央总书记农德孟、国家主席阮明哲、政府总理阮晋勇分别与金英日举行会谈。

28~31日　第四届中国—东盟博览会和第四届中国—东盟商务与投资峰会在中国南宁举行。中国国务院副总理曾培炎、柬埔寨首相洪森、老挝总理波松、越南总理阮晋勇以及文莱王储穆赫塔迪·比拉等出席博览会。此届博览会设商品贸易、投资合作、农村适用技术、"魅力之城"4个专题,设展位3400个,参展企业1908家。期间还举办中国—东盟港口发展与合作等9大论坛。

31日　越共中央总书记农德孟在河内会见正在越南进行友好访问的中共中央政治局委员、中央书记处书记、中宣部部长刘云山。

11月

2日　老挝人民革命党中央委员会总书记、国家主席朱马利在万象会见正在老挝进行友好访问的中共中央政治局委员、中央书记处书记、中宣部部长刘云山。刘云山于1日抵达老挝访问,当天分别与老挝人民革命党中央政治局、政府副总理通伦,老挝人民革命党中央政治局委员、书记处常务书记、国家副主席本扬举行会谈。

7日　中国全国人大常委会委员长吴邦国在北京会见印度尼西亚国防部长尤沃诺。

7~8日　由中国国家人事部和广西壮族自治区人民政府共同主办的中国—东盟人才资源开发合作论坛在中国南宁举行。此次论坛是中国与东盟在10+1框架下人力资源领域的首次合作。会议主题为"人才资源开发与区域经济发展"。

9日　新加坡航空公司宣布,新航联手淡马锡控股公司与中国东方航空公司签署关于认购东航24%股权的最终协议。

9~10日　缅甸联邦总理登盛访问越南。

10日　中国国家海洋局与印度尼西亚海洋事务和渔业部在印度尼西亚雅加达签署海洋领域合作谅解备忘录,同意加强两国在该领域的合作。

△菲律宾中国商会在菲律宾马尼拉宣布成立。菲律宾总统阿罗约、参议长维拉尔、众议长德贝内西亚、贸工部长法维拉和中国驻菲大使宋涛出席商会成立典礼并发表讲话。

14日　菲律宾众议院司法委员会否决一项反对派提出的对总统阿罗约的弹劾指控。

△由中国国际出版集团编辑出版的《诗琳通公主天路行》画册在泰国曼谷举行首发式。泰国诗琳通公主出席首发式并讲述其在中国青海、西藏访问的见闻。

14~16日　越共中央总书记农德孟访问韩国。韩国总统卢武铉与农德孟在14日的会谈时一致同意在5~7年内把双边贸易额提高至100亿美元。

△中国政治特使、外交部副部长王毅对缅甸进行访问。

15日　中国国务院新闻办公室发表《中国的政党制度》白皮书。

16日　中国国家主席胡锦涛在北京会见新加坡内阁资政李光耀。

18日　中国国务院总理温家宝应新加坡总理李显龙邀请访问新加坡。

19日　第四届东盟东部增长区领导人会议在新加坡举行。与会的文莱、印度尼西亚、马来西亚、菲律宾4国领导人批准开放区内航空备忘录、区内跨境长途客运备忘录、建立及促进统一海运联系的备忘录等文件和设立增长区经济走廊的设想。

△柬埔寨种族屠杀案专案法庭决定逮捕红色高棉执政时期的国家领导人乔森潘。

△新加坡和印尼陆军在新加坡举行第19次代号为"沙夫卡·印度坡拉"的常年营级双边军事演习。

20日　第11次东盟与中国10+1领导人会议于20日在新加坡举行。中国国务院总理温家宝在会上发表题为《扩大合作　互利共赢》的讲话。

△第11次东盟与中、日、韩10+3领导人会议在新加坡举行。会议由东盟轮值主席国新加坡总理李显龙主持。中国国务院总理温家宝在会上发表题为《凝聚共识,再创辉煌》的讲话。

△第13届东盟首脑会议在新加坡举行。会议签署的《东盟宪章》是东盟成立40年来第一份对各成员国具有普遍法律约束的文件,在东盟一体化进程中具有里程碑意义。会议还签署《东盟经济共同体蓝图宣言》,重申将按期在2015年前建成东盟经济共同体。

△中共中央政治局常委、中央纪委书记贺国强在北京会见越南共产党中央政治局委员、胡志明市市委书记黎清海。

△中缅两国政府在缅甸内比都正式签署在禁毒合作协议框架内开展罂粟替代种植的行动方案。

21日　第三届东亚峰会在新加坡举行。本次峰会主要议题是气候变化、可持续发展等。

22 日　东盟与欧盟建立对话关系 30 周年纪念峰会在新加坡举行。会议发表《东盟与欧盟纪念峰会联合宣言》及相关行动计划。

△新加坡与英国签署新英天空开放协定。

26 日　老挝人民革命党中央委员会总书记、国家主席朱马利在万象会见正在老挝进行正式友好访问的中国中央军委委员、总政治部主任李继耐上将一行。

28 日　越南驻中国大使馆在上海举行越南上海经贸研讨会，并在研讨会上公布 163 项越南国家招商投资产业项目以及投资优惠领域和优惠地区名录。

29 日　中国国家发展改革委员会发布《煤炭产业政策》。

12 月

2 日　中国和越南的专家学者以及政府部门代表聚会越南北部著名旅游风景区沙坝，探讨推动中越"两廊一圈"建设的有效措施。

2 ~3 日　泰国举行盛大阅兵典礼，庆祝国王普密蓬·阿杜德 80 岁生日。

3 日　中国全国人大常委会副委员长、中国人民争取和平与裁军协会会长何鲁丽在北京会见越南和平与发展基金会主席、越南前国家副主席阮氏萍率领的越南和平与发展基金会代表团一行。

△马来西亚国会下议院议长拉姆利在吉隆坡会见由中国全国人大外事委员会主任委员姜恩柱率领的代表团一行。

3 ~5 日　中共中央经济工作会议在北京举行。

4 日　据《缅甸新光报》报道，缅甸政府近期进行大赦，以庆贺缅甸新宪法起草、国内民族和解和与包括联合国在内的国际社会友好合作。

6 日　第 24 届东南亚运动会在泰国呵叻开幕。运动会设竞赛项目 51 个，金牌总数 475 枚。来自东南亚 10 个国家的 6000 多名运动员参赛。

8 日　马来西亚总理巴达维在吉隆坡会见正在马来西亚进行正式访问的中国外交部长杨洁篪。

9 日　老挝国家主席朱马利和总理波松在万象分别会见正在老挝进行正式访问的中国外交部长杨洁篪。

10 ~11 日　由中国社会科学院国际研究学部和广西社会科学院共同主办的中国—东盟 10 + 1 框架下泛北部湾区域合作国际学术研讨会在南宁举行。来自柬埔寨、印尼、老挝、马来西亚、缅甸、菲律宾、泰国、新加坡、越南和中国等 10 个国家的学者，以及越南、柬埔寨、泰国驻南宁领事馆的代表参加研讨会。

11 日　越共中央总书记农德孟在河内会见到访的新加坡国务资政吴作栋。

12 日　湄公河次区域合作反拐高官会在北京举行。14 日，中国、柬埔寨、老挝、缅甸、泰国、越南 5 国共同签署《湄公河次区域合作反拐人口进程联合宣言》。

16 日　越南公布第十二届国会第二次会议于 2007 年 11 月 21 日通过的《家庭暴力防范法》、《传染病防控法》、《产品、商品质量法》、《化工法》、《特赦法》与《司法相助法》、《个人所得税法》等 5 部新法律。前 4 部法律将于 2008 年 7 月 1 日生效，《个人所得税法》于 2009 年 1 月 1 日生效。

△中国首条时速 300 公里城际铁路——北京至天津城际铁路全线贯通。

17 日　中共中央政治局常委周永康在北京会见越南共产党中央书记处书记、国会副主席丛氏放率领的越南高级党政干部考察团。

19 日 ~25 日　"携手—2007"中国和印度陆军联合反恐训练在中国昆明举行。

20 日　新加坡、泰国、美国三国空军联合举行代号为"天虎"的军事演习。

21 日　中国首架具有完全自主知识产权的新支线飞机 ARJ21 –700 总装下线。

22 日　中国首列国产化时速 300 公里"和谐号"动车组列车（CRH2 –300）竣工下线。

22 ~23 日　中共中央农村工作会议在北京举行。

25 日　泰国选举委员会主席阿披差宣布国会下议院选举计票结果：在国会下议院 480 个议席中，人民力量党获得 233 席，民主党获 165 席，泰国党获 37 席，为国党获 24 席，泰人同心国家发展党获 9 席，中庸民主党获 7 席，人民党获 5 席。

31 日　泰国人民力量党主席沙马在曼谷宣布，人民力量党将与其他 3 个政党联合组建政府。

2008 年 1 ~6 月

1 月

2 日　中共中央政治局常委李长春在北京会见来华出席大型电视纪录片《同饮一江水》开播仪式的柬埔寨国家电视台台长肯·谷那瓦德，老挝国家电视台台长邦充·翁皮特，缅甸广播电视局国际台台长吴温基，泰国大众传媒集团总裁瓦桑·派利克利和越南电视台副台长陈平明。

4日　中国商务部、中国广西壮族自治区主办的泛北部湾经济合作中方专家组成立暨第一次工作会议在北京召开。

7日　中国中央军事委员会副主席、国务委员兼国防部长曹刚川在北京会见来华参加首届中新防务政策对话的新加坡国防部常任秘书郑子富一行。期间，中新双方签订首个国防交流与安全合作协定。

△东盟秘书处在雅加达举行秘书长换届仪式，泰国前外长素林接替王景荣担任新一届东盟秘书长。素林在新闻发布会上，感谢中国给予东盟组织以及东盟所有成员国极大的支持。

8日　越南召开越南政府与跨国公司的经济对话会议。阮晋勇总理出席并致开幕词。

△中国国家科学技术奖励大会在北京举行。

9日　中国全国人大常委会委员长吴邦国在北京会见菲律宾众议长德贝内西亚。

△中国—东盟协会在北京举行第一届理事会第五次会议暨新春招待会。东盟北京委员会主席、印尼驻华大使苏特拉查以及东盟各国驻华使节出席招待会。

△中国首个黄金期货合约在上海期货交易所成功上市交易。

△第五次越南祖国阵线中央委员会选举黄瞻为主席。

10日　新加坡举行防范禽流感宰杀活鸡演习，检验相关部门在禽流感暴发时的应对能力。

12日　泰国王宫秘书处为21名官员开办王宫汉语培训班。

13日　印度总理曼莫汉·辛格对中国进行为期3天的正式访问。

14日　文莱苏丹博尔基亚在斯里巴加湾市会见到访的中国中央军委副主席、国务委员兼国防部长曹刚川。

15日　新加坡科技研究局设立免疫学网络中心，以提高免疫学基础理论、成果转化与临床等方面的研究水平。

16日　第五届中国—东盟商务与投资峰会（北京）研讨会发布的消息称，2007年中国与东盟的双边贸易额达到2025.5亿美元，较上年增长25.9%，提前3年实现达到2000亿美元的目标。

△印度尼西亚副总统尤素福·卡拉在雅加达会见到访的中国中央军委副主席、国务委员兼国防部长曹刚川。

18日　中越两国领导人互致贺电，祝贺中越建交58周年。

18日　英国首相布朗对中国进行为期3天的正式访问。

21日　中国国务委员唐家璇在北京会见缅甸总理特使、外交部副部长吴敏貌。

22日　泰国国会下议院第一次会议选举荣育·迪亚拜拉为下议院议长。

22～26日　越南政府副总理兼外交部长范家谦应中国国务委员唐家璇邀请访华。唐家璇和范家谦共同主持中越双边合作指导委员会第二次会议。22日，中国国务院总理温家宝会见范家谦。

24日　中国中央军事委员会副主席、国务委员兼国防部长曹刚川在北京会见来华出席中越双边合作指导委员会第二次会议的越南国防部副部长阮辉校。

28日　泰国国会下议院选举人民力量党主席沙马·顺达卫为泰国新一届政府总理。沙马29日接受王家御令，正式成为泰国第25任总理。

30日　新加坡与丹麦、挪威、瑞典签订天空开放协议。

31日　东盟秘书长素林造访新加坡，与新加坡总理李显龙对区域局势与东盟发展交流看法。

2月

1日　柬埔寨国王西哈莫尼和首相洪森在金边分别会见到访的中国外交部长杨洁篪。

4日　受中国国家主席胡锦涛和国务院总理温家宝委托，国务委员唐家璇专程看望在北京的柬埔寨太皇诺罗敦·西哈努克和太后诺罗敦·莫尼列·西哈努克。唐家璇转达了胡锦涛和温家宝对西哈努克夫妇的亲切问候和新年祝贺，高度评价西哈努克为中柬友好事业发展作出的历史性贡献，表示中方愿与柬方一道，以中柬建交50周年和“中柬友好年”为契机，把两国全面合作伙伴关系提高到新的水平，使两国人民世世代代友好下去。

△新加坡驻华大使陈燮荣向中国外交部通报，新加坡政府就中国南方部分地区遭受雨雪冰冻灾害，决定向中国政府提供50万美元紧急援助。

6日　泰国国王普密蓬·阿杜德批准以沙马·顺达卫为总理的新内阁名单。随后，沙马内阁在普密蓬·阿杜德国王御前宣誓就职。

9日　缅甸国家电台报道缅甸国家和平与发展委员会发表的声明说，缅甸将于2008年5月举行新宪法全民公决，并于2010年根据新宪法举行多党制大选。

10日　中国国务院总理温家宝在北京看望柬埔寨太皇诺罗敦·西哈努克和太后诺罗敦·莫尼列·西哈努克，向他们致以新春问候。温家宝高度评价西哈努克夫妇为中柬友好事业的发展所作的突出贡献，感谢他们在中国南方部分地区遭受雨雪冰冻灾情后所给予的慷慨捐助。

11 日　东帝汶叛军袭击总统拉莫斯·奥尔塔官邸，致使奥尔塔腹部中弹。叛军首领阿尔弗莱多·雷纳多在冲突中被击毙。东帝汶总理夏纳·古斯芒当天宣布进入 48 小时紧急状态并实施宵禁。

13 日　马来西亚总理巴达维宣布解散第十一届国会，为举行新一届国会选举作准备。

15 日　中国全国政协主席贾庆林在北京会见老挝副总理兼外长通伦·西苏里。

△菲律宾总统阿罗约在接受菲律宾国家通讯社采访时表示，她一直认真严肃对待反腐败问题，并且呼吁她的政府下定决心根除"腐败文化"。

△新加坡从当日起取消遗产税。

16 日　第二届中国—东盟青少年艺术盛典在中国南宁国际会展中心开幕。

17 日　第五届东盟空军总长会议在新加坡举行，会议签署《东盟空军合作应付恐怖主义宣言》，重申打击恐怖主义的决心，承诺通过培训、技术合作及情报共享等渠道提高彼此反恐能力。

19 日　首届新加坡航展在樟宜展览中心开幕，42 个国家和地区的 800 多家公司参展。

19 ~21 日　印度尼西亚国会议长阿贡·拉克索诺，印度尼西亚人民协商会议主席希达亚特·努尔·瓦希德在雅加达分别会见中国全国政协副主席罗豪才一行。

23 日　第 49 届世界乒乓球锦标赛在中国广州开幕。

24 日　国际奥委会主席罗格宣布，新加坡获得 2010 年首届青年奥运会主办权。

25 日　中共中央政治局常委、中央纪委书记贺国强在北京会见柬埔寨奉辛比克党主席、政府副首相拉斯梅。

25 ~29 日　新加坡总统纳丹访问越南。

28 日　《中国的法治建设》白皮书发布。

29 日　中共中央在北京举行纪念周恩来诞辰 110 周年座谈会。

3 月

1 日　中国上海市土地交易市场开业。

2 日　泰国选民选举产生 76 名泰国上议院议员。根据宪法，泰国上议院 150 名议员中的 76 名议员通过选举产生，其余 74 名由上议员选拔委员会挑选产生。

3 日　新加坡新闻通讯及艺术部与中国科技部签订关于开展互动数字媒体技术研发合作的谅解备忘录。

3 ~5 日　第 9 次中国—东盟联合合作委员会会议在中国重庆举行。

3 ~14 日　中国全国政协十一届一次会议在北京举行。会议选举产生新一届全国政协主席、副主席。

5 ~18 日　中国第十一届全国人大一次会议在北京举行。会议选举产生新一届国家领导人，并批准国务院机构改革方案。

6 日　第五届中国—东盟博览会、第五届中国—东盟商务与投资峰会筹备工作会议在中国北京举行。

7 日　新加坡民航管理局宣布斥资 1000 万新元扩建樟宜机场廉价候机楼。

10 日　再次当选马来西亚政府总理的巴达维宣誓就职。

11 日　中国—东盟商务与投资峰会秘书处公布第五届中国—东盟商务与投资峰会的主题和专题。第五届中国—东盟商务与投资峰会以"广阔的视野，积极的行动"为主题，围绕主题分设中小型企业合作和投资合作 2 个专题会议。

12 日　为期 3 天的中国—东盟高级防务学者对话在北京开幕。来自中国和东盟各国防务战略研究机构的 20 多名专家围绕"军队现代化和地区互信"主题，深入探讨中国与东盟各国军队现代化的动因、措施和发展趋势，讨论各国在推动军队现代化的同时增进地区安全互信的措施和办法。

14 日　中国国防部和俄罗斯联邦国防部正式建立直通电话。

△中国国家主席胡锦涛出席在中国人民大学开幕的"中日青少年友好交流年"活动。

16 日　新加坡和印度的海军部队在孟加拉湾举行为期 2 周的"SIMBEX"军事演习。演习首次展开地对空导弹实弹射击。

18 日　马来西亚总理巴达维公布缩减至 27 个部的新一届内阁成员名单。

20 日　越南外交部发言人黎勇宣布，越南正式批准《东盟宪章》。越南成为继新加坡、文莱、老挝、马来西亚之后第五个批准《宪章》的东盟成员。

24 日　中国全国人大常委会委员长吴邦国、国务院总理温家宝在北京分别会见老挝国会主席通辛。

△第 29 届北京夏季奥运会圣火在希腊古奥林匹亚遗址成功点燃。

25 ~28 日　第 14 次中国—东盟高官磋商在文莱举行。

26 日　第 10 届亚太海事展在新加坡展出。

27 日　据《人民日报》报道，2007 年中国与柬埔寨、老挝、缅甸、泰国、越南等大湄公河次区域国家的贸易额分别为 9.33 亿美元、2.49 亿美元、20.57 亿美元、346.38 亿美元和 151.15 亿美元，分别比 2004 年增长 193.6%、218.4%、179.7%、199.7%和 224.2%。

28 日　中越双方在中国南宁举行国际信息高速公路开通仪式，庆祝由中国网通集团和越南 VTI 共同建设的中越国际陆地光缆传输系统工程竣工。

30 日　大湄公河次区域国家领导人与工商界代表对话会在老挝万象举行。中国国务院总理温家宝，柬埔寨首相洪森，老挝总理波松，缅甸总理登盛，泰国总理沙马，越南总理阮晋勇和亚洲开发银行行长黑田东彦出席。会议由波松主持。对话围绕次区域贸易和投资、实施《大湄公河次区域便利客货跨境运输协定》和扩大中小企业出口等议题展开。

△中国与越南在老挝万象签署谅解备忘录，把南宁—河内经济走廊和中越边境友谊关跨国口岸纳入大湄公河次区域经济合作跨境运输协议框架。

31 日　大湄公河次区域经济合作（GMS）第三次领导人会议在老挝万象举行，中国国务院总理温家宝，柬埔寨首相洪森，老挝总理波松，缅甸总理登盛，泰国总理沙马，越南总理阮晋勇出席。波松主持会议。温家宝在会上发表题为《合作的纽带　共同的家园》的演讲。与会各国领导人共同签署《领导人宣言》。各国领导人还参加昆明至曼谷公路老挝段通车仪式和 GMS 信息高速公路一期工程竣工仪式，出席有关合作文件的签字仪式。

4 月

2 日　新加坡与马来西亚联合举行防化学物质泄漏事故演习。

3 日　中国全国政协主席贾庆林在北京会见到访的泰国公主诗琳通。

△正在河内访问的中共广西壮族自治区委员会书记、自治区人大常委会主任郭声琨拜会越南总理阮晋勇。正在万象访问的中国广西壮族自治区主席马飚拜会老挝总理波松。

△据《广西日报》消息，第五届中国—东盟博览会将于 2008 年 10 月 22～25 日在南宁举办。第五届博览会共设国际标准展位 3300 个，展览分商品贸易、投资合作、农村适用技术、魅力之城等四大专题。

△印度尼西亚《国际日报》刊登印尼中国友好协会的一份声明，谴责西藏拉萨暴力事件，支持北京奥运会。

4 日　第 12 届东盟财政部长会议在越南岘港举行。会议就全球和地区经济形势、东盟经济共同体、地区金融货币一体化进程和东盟 10+3 金融合作等问题进行讨论，并签署部长联合声明。

7 日　《中华人民共和国政府和新西兰政府自由贸易协定》在北京正式签署。这是中国与发达国家签署的第一个自由贸易协定。

8 日　中国设立天津滨海新区综合保税区。

8～9 日　中共广西壮族自治区委员会书记郭声琨率团先后访问柬埔寨和文莱。期间，郭声琨拜会了柬埔寨副首相兼外交国际合作大臣贺南洪和文莱苏丹哈桑纳尔·博尔基亚。

10 日　应越南共产党邀请，中共甘肃省委书记陆浩率代表团访越。

△银行间外汇市场人民币对美元汇率中间价首度“破 7”，为 6.992 元人民币兑 1 美元。

11 日　中国国产时速 350 公里的 CRH3“和谐号”动车组下线，中国由此成为世界上仅有几个制造时速 350 公里高速铁路移动装备的国家之一。

14 日　中国国家副主席习近平在北京会见到访的泰国外交部长诺巴敦·巴达玛。

△日本政府宣布完成与东盟缔结经济合作协定（EPA）的签字手续，协定最早可在 2008 年秋天生效。这是日本第一次同时与多个国家签订 EPA。

15 日　首次中英经济财金对话在北京举行。

17 日　越南国家主席阮明哲在胡志明市会见中国驻胡志明市总领事馆总领事许明亮时表示，越南支持北京奥运会，他相信北京奥运圣火传递一定圆满成功，他本人也将出席北京奥运会开幕式。

18 日　泰国政府内阁会议决定，延长在泰国南部那拉提瓦、北大年、也拉 3 个府以及宋卡府的 4 个县实施的“紧急状态下行政管理法”，以加强对泰国 3 府武装分子的监控和追捕，延长时间为 3 个月。这是泰国政府自 2005 年 7 月在该地区实施紧急状态法以来第 11 次延长其有效期。

△中国北京至上海高速铁路开工建设。

22 日　以“交流、合作、发展”为主题的中国—东盟广播电视高峰论坛在北京开幕。中国与东盟 10 国广播电视政府主管部门、东盟秘书处和广播电视机构代表约 100 人出席开幕式。

23 日　中共中央政治局常委、全国政协主席贾庆林在北京会见越共中央委员、中央对外部部长陈文恒。

24 日　越南共产党中央委员会总书记农德孟和政府总理阮晋勇在河内会见到访的中国外交部长杨洁篪。

25 日　全国人大常委会副委员长桑国卫在北京会见以阮文山为团长的越南国会对外委员会代表团。

△中国首颗数据中继卫星“天链一号 01 星”成功发射。

28 日　新加坡开始实行新的电子游戏分级制度，帮助家长们挑选更适合孩子的电子游戏。

△中国胶济铁路发生列车相撞事故。

29 日 中国东盟协会第二届理事会在北京成立，全国人大常委会原副委员长顾秀莲再次出任会长。

△第五届中国—东盟博览会高官会在中国南宁举行。与会官员共同研讨第五届博览会筹备工作，探讨如何建立长效机制确保中国—东盟博览会持续发展。

30 日 因涉嫌贿选而被停职的泰国国会主席荣育·迪亚拜拉，以维护立法机构尊严为由宣布辞去国会主席和下议院议长职务。

5 月

1 日 缅甸国家和平与发展委员会主席丹瑞大将在发表“五一”国际劳动节贺词时呼吁全体国民积极参加全民公决，投票通过新宪法草案。

△世界上目前最长的跨海大桥中国杭州湾跨海大桥通车试运营。

2 日 柬埔寨《湄公时报》援引柬埔寨政府发言人乔卡纳里的话报道说，柬埔寨也有平抑米价的国际义务。

△一股强热带风暴袭击缅甸，给缅甸带来重大灾害。

4 日 东盟与中、日、韩 13 国的财政部长在西班牙马德里举行会议，就进一步推动东亚金融合作进行磋商。

6 日 中国商务部在北京召开第五届中国—东盟博览会筹备工作会议，部署第五届博览会筹办工作。

6 日 中国国家主席胡锦涛开始对日本进行为期 5 天的国事访问。

7 ~9 日 中国外交部部长助理何亚非率团出席在新加坡举行的东盟与中、日、韩高官会，东亚峰会高官特别磋商以及东盟地区论坛高官会。

9 日 中国广西壮族自治区主席马飚在泰国曼谷拜会泰国副总理兼商业部长明宽·盛素旺。

11 日 中国商用飞机有限责任公司在上海成立，标志着中国开始自主研制大型客机。

12 日 中国四川省汶川县发生 8.0 级地震，造成重大人员伤亡和财产损失。

13 日 文莱苏丹哈桑纳尔·博尔基亚，柬埔寨首相洪森，泰国国王普密蓬·阿杜德，新加坡总理李显龙，老挝国家主席朱马利和总理波松，菲律宾总统阿罗约等东盟各国领导人先后致电中国国家主席胡锦涛、国务院总理温家宝，对中国四川汶川大地震给灾区带来重大灾害表示深切慰问。柬埔寨、新加坡、泰国、马来西亚、越南分别向灾区提供 10 万、20 万、50 万、15 万、20 万美元的援助。

15 日 缅甸新宪法全民公决委员会发布公告说，在缅甸全国 325 个镇区中的 278 个镇区举行的新宪法草案全民公决中，选民赞成票率达 92.4%。按缅甸宪法公决法，新宪法草案获得通过。

△文莱苏丹哈桑纳尔·博尔基亚访问塞内加尔并出席在该国达卡举办的回教国家组织第 11 届峰会，与全球回教国家领袖共同讨论全球回教国家当前面对的诸多问题。

16 日 缅甸国家电视台报道称，截至 16 日，缅甸强热带风暴造成死亡 77738 人，失踪 55917 人，受伤 19359 人。

△据泰国新闻社报道，在瑞士洛桑国际管理学院（IMD）发布的《2008 年世界竞争力年报》上，泰国的排名从 2007 年第 33 位上升至第 27 位，但在基础设施领域排名明显落后于其他领域。

17 日 中国外交部长杨洁篪在北京分别会见过境的印尼外长哈桑，并与同日到访的新加坡外长杨荣文举行会谈。

19 日 马来西亚前总理马哈蒂尔在其家乡吉打州宣布退出马来西亚执政党马来民族统一机构（巫统）。马哈蒂尔 1946 年加入巫统开始其政治生涯。1981 年起马哈蒂尔担任马来西亚总理长达 22 年。

19 ~21 日 第二届东盟与中、日、韩 10 +3 媒体合作研讨会在中国天津举行。中共中央政治局常委李长春在北京会见参加此届研讨会的东盟 10 国和日本、韩国媒体代表。

20 日 缅甸进行为期 3 天的全国哀悼，向月初遭强热带风暴“纳尔吉斯”袭击而遇难的民众致哀。

△中国政府与泰国政府达成协议，同意泰王国驻广州总领事馆驻南宁领事办公室升格为总领事馆，领区为广西壮族自治区。

23 ~24 日 俄罗斯总统梅德韦杰夫对中国进行国事访问，双方签署《中华人民共和国和俄罗斯联邦关于重大国际问题的联合声明》。

24 日 第 10 届“缤纷马来西亚”在布城举行。

25 日 东盟—联合国关于缅甸风暴灾害国际认捐大会在缅甸仰光举行。中国外交部长杨洁篪出席会议并发表讲话。会上，中国再向缅甸提供 1000 万美元的紧急援助。

26 日 中国国民党主席吴伯雄率领中国国民党大陆访问团开始对大陆进行为期 6 天的访问。

27 日 中共中央政治局常委、中央纪委书记贺国强在北京会见由老挝人民革命党中央政治局委员、书记处书记、中央纪委主任、政府副总理阿桑·劳利率领的老挝人民革命党中央纪委代表团。

△第 28 届东盟警察大会在文莱斯里巴加湾市举行。

大会以"组织落实网络联系系统，有效打击跨国犯罪"为主题。

△韩国总统李明博对中国进行为期4天的国事访问。

30日　越南共产党中央委员会总书记农德孟应中共中央总书记、国家主席、中共中央军事委员会主席胡锦涛的邀请，对中国进行为期4天的正式友好访问。访问期间，胡锦涛与农德孟举行会谈，中国全国人大常委会委员长吴邦国、国务院总理温家宝、全国政协主席贾庆林分别会见农德孟。农德孟还参观了北京奥运设施和赴江苏省访问。

31日　第七届亚洲安全会议在新加坡举行。

6月

4日　以"和谐、合作与创新，共谋发展"为主题的第三届中国东盟民间友好组织大会在雅加达闭幕。会议签署《2008～2009年中国东盟民间友好组织合作计划》。

6～7日　首届大湄公河次区域经济走廊论坛在中国昆明举行。论坛是由中国国务院总理温家宝于3月在老挝万象召开的GMS第三次领导人会议上倡议举行的。首届论坛通过了《昆明共识》和《大湄公河次区域经济走廊战略框架和行为计划》两个成果性文件。

7日　由联合国开发计划署和中国商务部主办的联合国开发计划署援华"促进中国—东盟经济一体化：中越边境经济合作区"项目指导委员会第一次会议在中国昆明召开。

10～13日　中国共产主义青年团第16次全国代表大会在北京举行，大会选举产生新一届共青团中央领导人。

12日　中国海峡两岸关系协会会长陈云林与海峡交流基金会董事长江丙坤在北京举行会谈。

15日　第17届世界经济论坛东亚会议在马来西亚吉隆坡举行。与会代表指出，亚洲需要在其坚实的经济基础上继续前行，迎接目前全球所面临的食品和燃油价格上涨以及金融动荡带来的挑战。

15～26日　越南国会主席阮富仲率越南国会代表团先后访问匈牙利、罗马尼亚、保加利亚和法国。

16日　据中国《广西日报》报道，2007年广西与东盟的双边贸易额达到29.1亿美元，比上年增长59.2%。2008年双边贸易保持迅猛发展势头，1～5月进出口总额达到19.1亿美元，增长1.1倍，为同期历史最高水平，进出口增速在中国各省排第一位。

△为期两天的首届东盟10+3核能安全论坛在泰国曼谷开幕。13国的官员、学者积极探讨如何加强核能安全领域的区域合作。

17～18日　第四次中美战略经济对话在美国举行。

18日　中共中央政治局常委周永康在北京会见由副总主席、国会议长阿贡·拉克索诺率领的印度尼西亚专业集团党代表团。

△中国《人民日报》报道，泰国朱拉隆功大学一生物学研究小组宣布发现一种千足虫新种，并被美国亚利桑那州立大学国际物种探查研究所认定为年度世界十大新物种之一。

19日　中国全国人大常委会委员长吴邦国在北京会见前来出席第五届亚欧议会伙伴会议的印尼国会议长阿贡。

△以"共建青年区域合作新平台"为主题的2008中国—东盟青年营活动在中国南宁拉开帷幕。来自文莱、柬埔寨、印尼、老挝、越南等东盟10国和东盟秘书处的158名青年代表出席开幕式。

△据印尼《雅加达邮报》报道，在东盟纺织工业联盟会议上，与会代表表示东盟国家要努力成为国际纺织品生产基地。

20日　2008年中国—东盟青年艺术品创作大赛新闻发布会暨中国—东盟青少年培养基地文化艺术交流中心揭牌仪式在中国南宁举行。

△来自东盟和中国广西的60多名青年企业家在中国南宁就新形势下如何加快中国—东盟自由贸易区建设、加强东盟各国与广西的经贸合作进行交流。

21日　中国全国政协主席贾庆林在北京会见前来出席第五届亚欧议会伙伴会议的泰国上议院议长巴索素。

△中共中央书记处书记、中央纪委副书记何勇在北京会见由越南共产党中央委员、政府监察总署总监察长陈文传率领的越南政府监察总署代表团。

23日　中国国家主席胡锦涛就菲律宾遭受台风袭击向菲律宾总统阿罗约致慰问电。

23～27日　中国科学院第14次院士大会、中国工程院第9次院士大会在北京举行。

24日　据《国际商报》报道，自5月12日中国四川汶川大地震发生后，东盟商协会积极组织各种形式的捐款赈灾活动，至6月共向四川灾区捐款1.74亿元人民币以及救灾帐篷等物资。

24～28日　日本海上自卫队舰船对中国进行友好访问。

25日　缅甸媒体报道，缅甸和印度在内比都签署多项经济合作协议，包括缅印两国银行为缅甸建设电缆厂提供2000万美元的信贷协议和为缅甸建设3条230千伏输电线路提供6400万美元的信贷协议等。

26日　中国全国政协副主席郑万通在北京会见以戴宏达为团长的菲律宾菲华各界联合会访华团。

△泰国国会下议院否决反对党民主党提出的弹劾总理沙马和其他7名内阁成员的不信任案。

30日　中国国务院总理温家宝在北京与泰国总理沙马举行会谈，双方一致同意推动两国友好合作关系取得更大发展。

文　献

重要文件

中华人民共和国和菲律宾共和国联合声明

（2007年1月16日，菲律宾马尼拉）

应菲律宾总统格洛丽亚·马卡帕加尔·阿罗约阁下邀请，中华人民共和国国务院总理温家宝阁下于2007年1月15日至16日对菲律宾进行正式访问。

访问期间，温家宝总理与阿罗约总统就中菲关系和共同关心的国际和地区问题进行了成果丰富、意义深远的讨论。温家宝总理也会见了参议长曼努埃尔·维拉和众议长何塞·德贝内西亚。上述会见是在诚挚友好的气氛中进行的。

两国领导人重申了1975年中菲建交公报有关原则，并重申了对两国于2000年5月14日签署的关于21世纪双边合作框架《联合声明》和2005年4月28日胡锦涛主席访菲期间发表的《联合声明》所作的承诺。

两国领导人对双方在政治、安全、防务、经济、贸易、旅游、农业、渔业、能源、矿业、社会文化、卫生、教育及其他领域开展合作与对话所取得的进展表示满意，并重申中菲关系正处于伙伴关系的黄金时期。双方也认为中菲关系的发展给两国和两国人民带来了实实在在的利益，为促进本地区的和平、稳定与繁荣作出了积极贡献。

两国领导人同意进一步深化中菲致力于和平与发展的战略性合作关系。为此，他们指示两国外交部制定共同行动计划，对两国各领域战略性合作进行规划。双方同意该共同行动计划应与两国各自的发展战略和区域合作进程保持一致。

温家宝总理和阿罗约总统高兴地看到，两国高层互访和民间交往持续增多，使得两国和两国人民相互了解加深，关系更加密切。双方同意鼓励开展更多交流，特别是加强两国议员、地方政府官员、青年、企业家、教育工作者、新闻从业人员和艺术家之间的交流。

双方认为，根据目前双边贸易的增长速度，对在2010年前实现300亿美元的贸易额目标表示乐观。双方同意进一步扩大双边贸易额、优化贸易结构、促进相互投资、并积极开拓经济合作的新领域。

双方宣布，《中华人民共和国政府和菲律宾共和国政府关于扩大和深化双边经济贸易合作的框架协定》正式签署，中菲双边经贸合作将在未来10年不断加强。双方将进一步推动在农业、渔业、公共工程与基础设施、住房、矿业、能源、制造业、纺织与服装、工业园与经济开发区、旅游、远程教育、集装箱检查设备和贸易促进等方面的合作。

两国领导人共同见证了各领域合作多项协议的签署。

双方承诺在涉及国家主权和领土完整的重大问题上相互理解、相互支持。菲律宾重申坚持一个中国政策，支持中国政府为实现国家统一所作的努力，支持并赞赏中国为和平解决台湾问题所作的努力。

两国领导人对中国与东盟关系16年来的发展表示满意。双方同意按照《中国—东盟纪念峰会联合声明》的有关精神，把中国—东盟关系推向更高的水平。

双方相信，东盟与中国不久将同意通过具体行动和项目来落实2002年签署的《南海各方行为宣言》，并致力于制定《南海地区行为准则》。双方认为，南海三方联合海洋地震工作可以成为本地区合作的一个示范。双方同意，可以探讨将下一阶段的三方合作提升到更高水平，以加强本地区建立互信的良好势头。

阿罗约总统对在宿务举行的第七次中、日、韩领导人会议表示欢迎，相信这将促进东北亚国家间的相互信任与互利合作。

两国领导人欢迎重启六方会谈，呼吁有关各方继续致力于和平解决朝鲜半岛核问题。

双方同意进一步加强在东盟—中日韩、东盟地区论坛、东亚峰会、亚太经合组织、亚欧会议、联合国、世界贸易组织及其他地区和多边场合中的协调与配合。

温家宝总理对于他和代表团在访菲期间受到热情欢迎与接待表示感谢。阿罗约总统感谢中方支持菲律宾在东盟与中国、东盟与中、日、韩领导人会议以及东亚峰会上履行主席国工作。

中越联合新闻公报

（2007年5月18日，中国北京）

一、应中华人民共和国主席胡锦涛邀请，越南社会主义共和国主席阮明哲于2007年5月15日至18日对中国进行国事访问。访问期间，胡锦涛主席与阮明哲主席举行会谈，全国人民代表大会常务委员会委员长吴邦国、国务院总理温家宝、中国人民政治协商会议全国委员会主席贾庆林分别会见了阮明哲主席。双方就双边关系及共同关心的国际和地区问题深入交换意见,达成广泛共识。双方一致认为,访问取得了圆满成功,有力地推动了中越睦邻友好与全面合作关系向前发展。

二、双方对中越关系不断巩固和发展表示满意,一致认为,中越友好是两国和两国人民的宝贵财富,双方应共同维护并不断发扬光大。双方同意,继续遵照长期稳定、面向未来、睦邻友好、全面合作的方针,加强高层往来,深化治党理政和社会主义理论与实践的交流,充分发挥中越双边合作指导委员会的作用,统筹规划和全面推进两国各领域合作,推动外交、国防、公安、安全等各部门合作机制有效运转,扩大经贸、科技、文化、教育、促进跨界河流水资源可持续利用等领域的务实合作,加强中越传统友好的教育,大力开展青少年友好交往,努力使两国和两国人民永做好邻居、好朋友、好同志、好伙伴,使中越友谊世代相传。

三、双方对两国经贸合作取得的长足进展表示满意,同意落实好《关于扩大和深化双边经贸合作的协定》,制订双边经贸合作发展规划,确定重点合作领域和项目,进一步提升经贸合作的规模和水平。双方同意本着优势互补、互利共赢的精神,积极开拓新的贸易增长点,保持双边贸易额快速增长,实现到2010年双边年贸易额150亿美元的目标,同时逐步改善贸易结构,努力实现双边贸易的平衡发展。双方将积极支持和推动双方企业在基础设施、制造业、人力资源开发、能源、矿产加工及其他重要领域开展长期互利合作。积极落实多农铝矿等大型项目。做好对具体合作项目的联合考察研究,以落实"两廊一圈"建设事宜。双方承诺加强在世界贸易组织等地区、跨地区及国际经济机制中的合作。中方重申承认越南市场经济地位。

四、双方认为,两国陆地边界勘界立碑工作取得明显进展。双方将进一步密切配合,确保2007年内完成实地勘界立碑工作,2008年完成全线勘界立碑任务并签署新的边界管理制度文件。继续落实好《北部湾划界协定》和《北部湾渔业合作协定》,做好两国海军联合巡逻及共同渔区资源联合调查和联合检查工作,加快落实《北部湾协议区油气合作框架协议》,力争油气勘采合作早出成果,维护正常的渔业生产秩序,积极开展北部湾渔业、环保、海上搜救、海洋科研等其他领域的合作。稳步推进北部湾湾口外海域的划界谈判并积极商谈该海域的共同开发问题。

双方同意,恪守双方已达成的有关共识,继续保持海上问题谈判机制,坚持通过和平谈判寻求双方均能接受的基本和长久的解决办法。双方愿共同努力保持南海局势稳定,均不采取使争端复杂化、扩大化的行动。积极研究和商谈共同开发问题,以便找到适合的模式和区域。

五、越方重申坚定奉行一个中国政策,支持中国统一大业,支持《反分裂国家法》,坚决反对任何形式的"台独"分裂活动。希望中国早日实现国家统一。越南不同台湾发展任何官方关系。中方对越方的上述立场表示赞赏。

六、双方对两国在国际和地区事务中的合作表示满意。重申将继续加强在联合国、亚太经合组织、亚欧会议、中国—东盟、东盟—中日韩、东亚峰会、东盟地区论坛、大湄公河次区域等多边框架下的协调与配合,共同致力于维护和促进本地区和世界的和平、稳定与发展。

双方一致认为,联合国应加强在应对新挑战和威胁,维护国际和平与安全,推动各会员国共同发展,实现千年发展目标等方面的作用及效果。中国重申支持越南成为2008～2009年度联合国安理会非常任理事国。

七、阮明哲主席对胡锦涛主席和中国人民所给予的隆重、热情、友好的接待表示衷心感谢,郑重邀请胡锦涛主席方便时访越,胡锦涛主席对此表示感谢并愉快地接受了邀请。

中国—东盟港口发展与合作联合声明
《南宁共识》

(2007年10月29日,中国南宁)

我们,中国和东盟各国交通部长/副部长,在第四届中国—东盟博览会期间,即2007年10月28～29日汇聚中国南宁,出席了由中华人民共和国交通部和广西壮族自治区人民政府联合举办的中国—东盟港口发展与合作论坛,以"加强区域合作,促进共同发展"为主题,就本区域港口发展与合作进行了富有成效的研讨,达成广泛共识。

一、我们回顾了于2004年11月27日在老挝万象举行的中国—东盟领导人峰会上签署的《中国—东盟交通合作谅解备忘录》明确提出双方应在沿海和内河港口规划、设计与建设、维护、交通运输便利化、海上安全、海上保安和海上环境保护领域开展合作。

二、在于2007年2月9日在泰国曼谷举行的第五次中国—东盟交通部长会议联合声明中,双方认为有必要拓展和充实中国—东盟交通合作的内涵。

三、我们认识到港口作为陆水联运的重要界面/节点,同时,港口还是产业生产基地和产品进入市场的配送中心。因此,港口在贸易、旅游发展以及配送平台中发挥重要作用,并且是物流和供应链的重要组成部分。因此,如何使其在高效的管理下得到充分的发展,从而为运输提供便利的条件和优质的服务,缩短运输时间,降低物流成本,提高产品竞争力,促进本地区贸易和旅游发展,已成为我们面临的共同挑战。

四、我们进一步认识到海运是中国和东盟各成员国相互联系的重要通道、最主要的贸易和旅客运输载体,为了保证并推动中国和东盟经济贸易的发展,加强本区域港口发展与合作至关重要。

五、我们满意地注意到,通过充分磋商,双方已就《中国—东盟海运协定》达成一致,我们将把该协定提交于2007年11月2日在新加坡举行的第六次中国—东盟交通部长会议签署。

六、我们满意地注意到,双方经过充分协商,已就《中国—东盟交通合作战略规划》草案达成一致意见。

七、我们认为,加强中国与东盟各国在港口领域的全面合作,有利于深化中国东盟交通领域的合作,符合中国与东盟各国经济与贸易发展的需要,有利于中国—东盟自由贸易区的全面建设和迅速发展。

鉴于上述,我们达成以下共识:

1. 港口在综合运输体系中发挥着重要的作用,也是国际物流链的重要节点,港口的合作离不开全面的交通合作。因此,应尽快审议通过《中国—东盟交通合作战略规划》,并在第六次中国—东盟交通部长会议上签署《中国东盟海运协定》,以便制定中国—东盟港口合作计划,明确重点和优先合作项目;

2. 为了促进港口发展，满足经济发展需求，有必要建立中国—东盟港口协调机制，以便更有效的开展相关合作。

3. 我们鼓励并支持在各次区域进行港口合作。具体合作将在未来的《中国—东盟交通合作战略规划》下进行讨论

4. 改善投资环境并制定相关便利政策，鼓励和支持各自企业根据本国的法律、规则和规章，积极参与对方港口基础设施建设；

5. 继续支持利用中国—东盟合作基金，通过举办研讨会和培训班，促进港口建设与管理领域的人力资源开发、人员培训、技术与信息交流；

6. 进一步拓展融资渠道，其中包括政府投资、国际金融组织和优惠贷款以及其他金融机构的资金支持，并采取多种合作方式，促进港口设施的改善；

7. 在国际海事组织框架下共同努力，进一步加强在港口国监督、海上安全、海上保安和海上环境保护领域的合作。

《东盟宪章》内容要点

2007年11月19日，东盟各成员国在新加坡签署《东盟宪章》。这是东盟成立40年来第一份具有普遍法律意义的文件。这份长达31页的文件（原文为英文）确立了东盟的目标、原则和地位。其主要内容如下：

目标

维护并加强本地区和平、安全与稳定。

保持本地区无核武化，支持民主、法制和宪政，为东盟居民提供公正、民主与和谐的和平环境。

致力于经济一体化建设，构建稳定、繁荣和统一的东盟市场和生产基地，实现商品、服务和投资自由流动，促进商界人士、技术人才和劳动力的自由往来；增强合作互助，在本地区消除贫困，缩小贫富差距。

加强开发人力资源，鼓励社会各部门参与，增强东盟大家庭意识。

原则

继续坚持不干涉内政的基本原则。

尊重各成员国的独立、主权、平等、领土完整和民族特性；坚持以和平手段解决纷争；不干涉成员国内政；就涉及关系东盟共同利益事宜加强磋商机制，依照东盟条约和国际惯例解决纷争，棘手问题将交由东盟首脑会议协商决定。

地位

《东盟宪章》对各成员国具有约束力，赋予东盟法人地位。

架构

东盟首脑会议为东盟最高决策机构，每年举行两次会议。

东盟成员国领导人在峰会上决定有关东盟一体化的关键问题，决定发生紧急事态时东盟应采取的措施，任命东盟秘书长。

设立4个理事会，其中一个由外长组成，负责协调东盟重要事务，另外3个分别负责政治安全、经济一体化和社会文化事务；每个理事会各由一名副秘书长负责。

成立一个人权机构，致力于改进本地区人权状况。

其他

宪章将英文定为东盟的工作语言，并规定每年8月8日为“东盟日”，并对东盟旗帜、徽章作出相关规定。

（新华网）

重要论文及研究报告

东盟的历史转折：走向共同体

张锡镇

2007年是东盟成立40周年。在过去的几十年里，东盟在维护地区稳定与安全，促进东亚地区的繁荣与发展，推动东南亚及整个东亚的地区一体化等方面发挥了巨大的作用。它在充满多样性的复杂地区创造性地走出了一条独具特色的地区合作之路——东盟方式。东盟方式为当今地区主义在世界各地的发展提供了新的经验。然而，在全球化的巨大压力下，特别是在东盟周边大国发展形势的压力下，东盟越来越感到有加速自身一体化的紧迫感。于是，近几年来，东盟又提出新的目标：建立东盟共同体。一贯标榜不同于欧洲的东盟方式还适应这一新目标吗？东盟共同体究竟为何物？东盟将发生怎样的历史转折？本文在回顾和总结东盟过去40年功过得失的基础上，对东盟在新时期的新定位和新特点加以重点考察和分析。

一、进入不惑之年的东南亚国家联盟

历史上，东南亚从来不是一个相互联系的整体。今天能够形成世界瞩目的地区集团，完全是这些国家团结自强的结果。回顾东盟一体化的历程，我们可以清晰地看到，东南亚在一体化过程中树立了三个里程碑。第一个里程碑是1967年东盟组织的成立。这标志着东南亚国家开始真正建立联系，形成整体。在东盟成立之后的一个阶段里，它的重点工作是建立和完善机制，处理内部矛盾和纠纷，维护本地区的安全稳定，建立与大国的对话关系。第二个里程碑是1993年起建立东盟自由贸易区。1992年1月，在新加坡举行的第四届东盟首脑会议上，东盟各国决定在15年内即2008年建成东盟自由贸易区，后来又把期限缩短为10年，即2003年，最后又提前到2002年。对后加入东盟的新成员，适当放宽年限。东盟自由贸易区的建成，有力地促进了成员国经济的相互联系，为共同市场的建立铺平了道路，使一体化的程度又提高了一大步。第三个里程碑是2003年10月宣布建立东盟共同体。2002年11月，在第八届首脑会议上，新加坡总理吴作栋建议将东盟建成东盟经济共同体。2003年10月，第九次东盟首脑会议通过了《东盟第二协调一致宣言》，决定2020年建成东盟共同体。该共同体包括经济共同体、安全共同体以及社会和文化共同体。2005年第十一届东盟首脑会议发表了关于制订东盟宪章的《吉隆坡宣言》，同时把建立经济共同体的时间提前到2015年。2007年1月，东盟在宿务召开的第12届首脑峰会上，宣布2015年不仅在经济方面，而且要建成包括三个支柱（经济、文化、安全）的共同体，同时还宣布，在2007年11月的第13届峰会上将通过东盟宪章。东盟共同体的实现意味着东南亚地区一体化的程度将达到空前的高度。

回顾所走过的40年历程，东盟作为第三世界国家的地区组织，成功之处可圈可点。最值得肯定的是，它基于东南

亚国家高度多样性的实际，创造性地走出了一条与公认成功的地区组织欧盟迥然不同的道路。

东盟的独特之处在于：第一，从性质来说，它不是一个超国家组织，也不是典型的政府间组织，而是一个松散的多国聚合体。入盟国家比较强调各国主权的独立，反对权力让渡；只承认一个中央协调联络机构，而反对建立中央权力机构。在东盟创立之初，创建者们并不想使它具有约束性，因此就没有制定任何组织章程，只签署纲领性文件《东盟宣言》，宣示东盟的主要目标和基本原则。第二，从运作方式来说，东盟创造了独特的东盟方式。根据这一运作方式，首先，东盟坚持开放性和非排他性。自成立那天起，东盟的成员国地位就向所有东南亚国家开放，作为东盟基础性政治文件的《东南亚友好合作条约》向所有国家开放。其次，坚持非强制性和非约束性。东盟创造了“N—X”原则，即允许个别国家暂时不参加集体决议和行动。其三，东盟主张协商一致，即通过协商讨论的方式达成一致，反对“多数票决”原则。其四，实行当事国利益优先原则。在一些重大国际问题、尤其是地区安全问题上，成员国之间难免会出现立场分歧，但为保证整个东盟以一个声音说话，各成员国尽可能服从利害关系最大的成员国的立场。其五，坚持和平解决争端，反对使用武力和武力威胁，反对干涉成员国内政。最后，从功能上说，传统的东盟重视同区外大国的协调关系，以及自身在地区和世界舞台上的地位和作用，而自身一体化方面则相形见绌。

二、东盟的成败得失和面临的挑战

经历40年风风雨雨走到今天，东盟所取得的成就是显而易见的。

第一，东盟是维护东南亚国家团结联合的粘合剂，成功地将一盘散沙的小国、弱国凝聚成了十国的大东盟，而且成为大国纷纷向其示好的地区力量。由于坚持开放的地区主义，具有极大的包容性，东盟逐步从最初的5国发展到现在的10国。它们求同存异，寻求共同利益和目标，从而使差异性如此之大的不同国家凝聚成了一个整体。东盟反对干涉内政，反对以武力解决争端，因此成员国内部和成员国之间不论发生什么问题，都能和平相处，不离不散，维持统一的整体，这本身就是一大成功。现在整个东盟地区是一个拥有5亿人口、面积达430万平方公里的十国集团，其国内生产总值为7370亿美元，总贸易量达7200亿。在东亚，甚至亚太，东盟都称得上地区一极。冷战结束以来，东盟的国际地位迅速提高，从美国的冷战工具变成了一支独立的国际政治经济力量。

第二，东盟是地区合作的设计师和推动者，而且扮演着地区一体化的主导角色。目前，它的作用远远超出了东南亚，在东亚、亚太乃至整个世界都发挥着巨大的作用和影响。在东亚，它扮演着地区一体化的主导者的角色。它开创了东盟+1、东盟+3的东亚合作框架，使东亚合作真正进入实施阶段。近年来，根据开放的、包容的非排他性原则，它又把东亚合作推向新的高度，开创新的合作平台“东亚首脑峰会”，吸收印度、澳大利亚和新西兰这些东亚以外的国家。尽管合作框架的层次不断提升，但东盟始终牢牢控制着主导权，矢志不渝地追求东亚共同体的目标。可以肯定，在未来相当长的时期内，由于种种原因，中日两个东亚大国不可能取代东盟的角色。东盟作为一个小国集团，能在地区一体化中发挥这种主导作用是该组织的一大壮举。此外，东盟还倡导亚欧合作，开创了亚欧首脑峰会，从而把东亚13国同欧盟联系起来。在欧洲、北美、东亚这三大世界经济重心之间，欧洲和北美有着紧密的传统经济联系。北美和东亚因APEC机制也有了经济联系。唯独欧盟和东亚二者之间缺乏联系，而亚欧会议正好弥补了这方面的缺失。

第三，东盟致力于东亚的安全与稳定，是地区安全的平衡器和维护者。在柬埔寨问题对本地区安全构成威胁时，东盟挺身而出同国际社会一道推动柬埔寨问题的政治解决。当南中国海问题成为本地区的不稳定因素时，东盟积极同中国不断磋商，终于达成了“南海有关各方行为宣言”，从而使这一热点问题冷却下来。鉴于东亚地区诸多不稳定因素，如台湾问题、朝鲜半岛问题等，东盟开创了东盟地区论坛。这是本地区唯一的安全机制，在这一安全框架下，每年26个成员国的外交部长聚集东盟主席国就地区安全问题进行讨论和交换意见，而主导这个论坛的就是东盟。在由许多大国参与的国际安全机制中，由一个小国集团来长期主导，在国际关系史上还没有先例，可见东盟在地区安全上的作用非同一般。东盟把主要的大国势力引进来，使之相互制约，维持力量平衡，从而达到维护地区安全稳定的目的，在此过程中，充当平衡者角色的则是东盟。

第四，东盟以自我为中心，同各大国建立对话关系，为自身发展创造了有利的外部环境。东盟同10个国家建立了对话关系，包括澳大利亚、加拿大、中国、欧盟、印度、日本、新西兰、俄罗斯、韩国和美国。东盟同这些国家发展全方位的外交关系，为东盟成员国赢得了资金、技术、市场，创造了更多的发展机会。这是任何一个单独的东南亚国家都不可能做到的。也正因为东盟作为一个整体，对各大国具有战略的、政治的和经济的意义，这些大国才更看重东盟。同所有各大国发展关系，并保持等距离外交是东盟生存、发展、壮大、安全的关键。

在总结东盟成就的同时，我们不能不正视该组织所存在的弊端和缺陷。这主要表现在以下几个方面。一是经济合作和一体化进展相对滞后。撇开东盟最初工业合作项目失败不谈，就东盟自贸区计划而言，发展情况也不能令人满意。实施这一计划的进程几经调整，最后决定东盟6个老成员国（印度尼西亚、泰国、新加坡、菲律宾、马来西亚、文莱）实现零关税的最后期限为2010年，新成员国（越南、老挝、缅甸和柬埔寨）的最后期限为2015年。2002年，东盟自由贸易区计划正式启动，但至今东盟内部贸易量有限，区内贸易量并未出现大幅增加，只相当于东盟贸易总量的22%。东盟对区外大国的贸易依赖程度仍然很高。当然，要使区内贸易超过区外贸易那也是苛求，因为这是由它们的产业结构类似、发展水平相当决定的。二是东盟缺乏有效的中央权力机构，对于地区性问题无能为力。东盟强调松散型、非约束性和非机制性，东盟的决策机构“外长会议”不具有实质性的领导意义，常务委员会和东盟秘书处也不具备执行和监督能力。这就导致东盟对地区性和全局性问题束手无策，无所作为。1997年金融危机在泰国爆发并迅速席卷了所有东盟国家，面临这一地区性灾难东盟本应担当起领导角色，从大局出发同时兼顾各国利益，携手合作共同抵御和消除危机，然而，东盟组织却无计可施，坐以待毙。相反，成员国各自为战，为了自救不惜损人利己，结果使相互关系龃龉丛生，纠纷四起。对付非传统领域的安全问题，同样暴露了东盟的这一弱点。在东南亚，毒品走私、人口贩卖、环境污染等跨国犯罪现象严重，东盟本当集中制定统一政策，联合起来，采取一致行动，共同对付这些公害，然而它在这方面也无所作为。这严重暴露了东盟在机制化程度、组织机构的建立健全方面存在的不足。三是固守不干涉内政天条，使东盟对外形象大为受损。1998年，发生东帝汶争取独立的大规模暴力事件，东盟组织本应发挥作用，采取措施，但因为印尼一直坚持认为东帝汶是印尼的内部事务，致使东盟坐视不管。最后还是联合国出面，派出维和部队控制了局面。在联合国的监督下，东帝汶实现独立，该问题才最后解决。最近的例子是缅甸问题。缅甸长期实行军人统治，对民主派人士长期关押，从而导致西方对缅甸的经济制裁。西方国家不断向东盟施加压力，要求其对缅甸施加影响，促其改革。但囿于不干涉内政的原则，东盟对缅甸国内问题一直保持沉默，充其量也只是私下交换意见。2005年轮到缅甸接替马来西亚出任东盟轮值主席国时出现僵局：美国等西方国家扬言将抵制东盟主办的相关会议，如东盟地区论坛等。为了避免东盟与美国等西方大国的关系受损，通过协商，缅甸被迫暂时放弃轮值主席国权利，由菲律宾接替马来西亚成为2006年度东盟轮值主席国。尽管这次危机化解了，但问题并没有解决，西方对东盟的压力仍然存在，东盟的国际形象也因此受到损害。

东盟所面临的问题还不止于此。当今的世界与40年前已经大不一样，东盟正面临新的挑战。首先，身边大国的崛起，先是中国，继而是印度。两大国巨大的发展潜力和惊人的发展速度，使东盟愈来愈感到一种紧迫感、危机感。今天几乎所有的东盟国家领导人都承认这两国的发展对东盟来说是机会而不是威胁，但他们也清楚地意识到，这一形势的发展对东盟是一个挑战。其次，新挑战来自亚太经合组织。一个范围和规模更大的亚太经合组织正在不懈地追求建立贸易自由区的目标，而美国一直在其中积极发挥作用。随着这一目标日益临近，东盟难免产生将被淹没的感觉。其三，由于棘手的缅甸问题，东盟的对外形象受到损害，这甚至危及东盟同西方大国的关系，从而也影响到东盟自身的利益。最后，解决越来越麻烦的非传统安全领域问题越来越迫切地摆到了东盟面前。毒品走私、人口贩卖、疫病传播、环境保护以及恐怖主义等等，已经成为东盟的新难题。

三、东盟的改革势在必行

审视自身存在的弱点和今天面对的新挑战，东盟已经走到历史的转折关头，开始思索以怎样的新姿态和新面貌迎接新挑战，踏上新征程。近几年来，东盟的改革之风悄然涌动。

2004年6月在万象举行的“走向东盟共同体”的研讨会认为，为应付内部的挑战（种族冲突、分离主义、武装暴动等）和外部压力（全球化、恐怖主义、非法移民和洗钱等），东盟必须调整和采用新的工作机制。会议对东盟现行的制度、机制、运行规则和法制效率提出改革意见。有的提出应引入制约机制，建立具有法律意义的标准和规则，实施有约束力的决议；有的提出重新审视东盟方式和不干涉原则；有的主张强化东盟秘书处功能；还有的主张为市民社会和媒体提供某种权力空间。这些主张和建议对东盟传统的价值理念、行为方式和制度规则有根本不同。

东盟秘书长王景荣在谈到缅甸问题时，也暗示了对东盟方式中不干涉内政原则的新理解。他说，不干预成员的内政为东盟的宗旨之一，可是，近年来，有10个成员的东盟已对掌权40多年的缅甸军人政府不愿意改革表示不满。“我们知道我们不该干预成员的内政，可是，缅甸问题产生的不再只是内部影响，问题关系到东盟的信誉和形象。”他说：“我们不能逃避，我们预料，东盟以及非东盟国家的部长们会讨论这些国际事务，他们可能会发表声明之类的文件。”

2005年的东盟峰会发表了关于制定东盟宪章的《吉隆坡宣言》。在此期间，巴达维总理高调倡导东盟的改革，主张应当对东盟的基本原则采取维持和改进的两手政策。他认为，这些基本原则证明是正确的，要坚持，但这些原则也要适应变化了的需要，因此有必要改进和更新。他特别提到因缅甸内政问题而产生的关于不干涉原则的争论。他指出，这一原则需要改进，特别是面对全球化的冲击。我相信，正在制订的东盟新宪章会改进这一原则。最重要的是不要毫无保留地抛弃这一实行已久的不干涉原则。他还特别提到，由马来西亚率领的国际监督团在菲律宾棉兰老岛履行安全维护职责的事例，用以说明“我们能够在有关菲律宾内部事务上找到参与和不干涉的恰当界线”。他还就东盟改革的方向性问题发表看法，主张东盟的一切活动都更应以人为中心，使东盟成为一个以人为本的组织；加强东盟认同性的教育，树立东盟意识，为此建议开办东盟大学，各级学校开设东盟的课程；鼓励市民社会对东盟活动的参与等。巴达维的这些思想，在某种程度上已经在第十一届东盟峰会的《吉隆坡宣言》中得到反映。

吉隆坡第11届东盟峰会的一个重要成果是，决定成立一个负责起草东盟宪章的名人小组，由该小组研究并提交一份关于宪章内容的建议报告。

2007年1月，东盟第12届首脑会议讨论了名人小组的报告，并发表两个重要文件，即《关于加快在2015年前建立东盟共同体宣言》和《关于东盟宪章蓝图宿务宣言》。共同体宣言称，要加快建立东盟共同体，深化东盟一体化进程，加强东盟在不断变化的地区格局中的中心地位和主导性作用。到2015年，建成以安全、经济和社会文化等为支柱的东盟共同体，建立“更强大、更团结、更具凝聚力的东盟”，以便更好地应对不断变化的地区格局和经济环境带来的各种挑战。宪章蓝图宣言说，“急需赋予东盟法人地位和高效的机制来进一步强化和提高东盟现有的机制化程度”，“东盟宪章使东盟具有更强的机制框架和法人地位，从而成为东盟共同体的坚实基石”。根据宪章宣言的安排，一个高级工作组根据名人小组提交的报告起草宪章条文，并在2007年东盟峰会上通过并正式颁布。

由此看来，东盟宪章呼之欲出。这将是东盟发展史上新的里程碑，意味着一个新的东盟共同体即将诞生。

四、走向东盟共同体

按照东盟的解释，东盟共同体由三个部分组成：经济共同体、安全共同体和社会文化共同体。但从目标、宗旨、性质、任务和活动方式等方面看，究竟同原东盟有何区别？这是令人关注的问题。目前我们只能根据名人小组的报告，来勾勒未来东盟共同体的轮廓。

（一）东盟的新定位

东南亚国家联盟（Association of Southeast Asian Nations）从原意讲并不是一个联盟，而是一个协会，是一个松散的、协调相互间关系的多国聚合体，并不是严格意义上的国际组织。最明显的特征是,它不具有法律意义的组织章程,没有健全有力的中央组织机构,没有任何对成员国的约束机制。根据名人小组的报告,东盟共同体将是一个政府间组织,真正的国际组织(International Organization),最终建成一个真正的"联盟"(Union)。其含义是,共同体是一个法人机构,有法律意义的组织章程"宪章",有强大的中央决策机构、执行机构和监督机构。东盟共同体将是国际社会负责任的一员。东盟的对话国可以派遣大使常驻东盟秘书处所在地雅加达。共同体在其各成员国有权享有特权和豁免权,只要是履行其职能,而成员国要通过立法确保这种特权和豁免权。东盟共同体是一个单一大市场和生产基地,随着经济的平衡发展,实现货物、服务、投资、资本以及熟练劳动力的自由流动。东盟共同体强调东盟的认同感、归属感和主人翁精神,倡导"一个愿景、一个认同、一个共同体",但仍然承认东盟是由10个具有不同社会文化认同、规范和不同历史经历的国家多样性的组织。同时,东盟共同体仍然是一个外向型的,具有开放性和包容性、透明的、有活力有弹性的组织。东盟还主张发展民主,优化治理,坚持人权和法治,使东盟共同体成为一个以人为本的组织。

(二)东盟共同体的基本原则和主要任务

除了《联合国宪章》、有关的国际条约、国际法等基本原则以外,东盟共同体特别强调相互尊重各国的独立、主权、平等、领土完整和国家认同;相互尊重每个国家对自己国家的领导权不受外来干涉、颠覆和强迫;保护和促进人权和基本自由,包括自决权和发展权;在处理国家关系上,反对侵略、威胁和使用武力,坚持以和平的手段解决地区内部争端;反对以非宪法和非民主的手段改变政府;不得采取和实施任何损害别的成员国发展的政策和措施;不参加任何威胁到成员国主权、领土完整或政治和经济稳定的活动;反对有关种族灭绝、种族清洗,以及种族、宗教、性别歧视的活动;维护东南亚无核区。在经济领域,通过更密切的一体化和建立经济共同体,挖掘东盟集体的经济潜力;通过富邻政策和共同努力缩小发展差距,促进一体化,从而实现地区的团结一致。在国家和地区发展项目方面,尽可能地利用本地区资源扩大互补性,采取合作行动;在大规模的自然灾害和经济危机时相互积极援助。在社会生活方面,在多样性中求团结,在和睦相处的共同体中尊重各成员国的国家认同;发展民主,优化治理,坚持人权和法治。在东盟的对外关系中和合作实践中,不得歧视任何成员国。这些是共同体的基本原则。

至于主要任务,在政治和安全方面,通过建立东盟共同体促进东南亚的和平、安全、稳定、民主、良好治理和繁荣;维持东盟在其对外关系中和地区合作中的中心地位,以及扮演主导力量的关键角色;以和平的手段解决本地区长期存在的纠纷;加强地区合作和相互支持以解决非传统的跨国威胁,诸如恐怖主义、海盗、毒品和人口走私、假钞、洗钱、传染性疾病、自然和其他灾害。在经济方面,通过建立单一市场,使东南亚成为稳定、繁荣、有高度竞争力的地区;通过协调经济政策,引入公司法和法人治理,强化内部金融管理,实施知识产权保护,消除关税壁垒,发展地区竞争力,从而推动经济的增长和金融的稳定;通过促进人员和货物的流动,提高多种交通基础设施的整合和效率,加速开放天空的安排和海空交通服务的自由化,从而促进本地区的经济联系;通过双边的、地区的、国际的合作,缩小成员国之间的发展差距。在社会生活方面,将东盟营造成一个以人为本的组织,提升人们的主人翁感和归属感,促进各国议员、学术机构、私营部门、非政府组织的参与;积极弘扬东盟多样性的文化遗产,通过学者、专业人士、艺术家、媒体在东盟活动中的参与和互动,强化东盟的共同认同感;通过加强地区和全球在环境上的合作,维持和提高环境的可持续性,尤其在环境污染、生物多样性、海岸和海洋环境、渔业和林业管理、矿产资源开发、城市化等领域;发展科学技术,提升本地区人力资源技术水平,维持经济增长,促进人们的福祉,将东盟建成一个关爱和分享的共同体。

(三)健全组织机构,强化中央权力

组织松散,缺乏中央决策机制,是东盟以往缺乏效能的主要因素之一。名人小组的报告在这方面提出了一系列加强机构建设、强化中央决策权力的建议。首先,使东盟的组织机构规范化、系统化、法律化和健全化。最高决策机构为东盟理事会(ASEAN Council),即东盟首脑会议。每次会议由各成员国外交部长负责筹备。其次是四大执行机构:东盟总的行政主管东盟秘书长(ASEAN Secretary of General)、东盟安全共同体理事会(Council of the ASEAN Security Community)、东盟经济共同体理事会(Council of the ASEAN Economic Community)、东盟社会文化共同体理事会(Council of the ASEAN Socio—Cultural Community),分别负责同自己领域有关的事务。再下来是六个机构:三个共同体理事会分别设有三个下属的委员会,均由高级官员组成,对各共同体理事会负责;东盟常务委员会主要协助外交部长们筹备定期的东盟理事会,负责对外合作机制,就财务和行政事务向外交部长们提供建议;秘书处主要协助秘书长工作;东盟研究所为东盟政策分析的思想库。此外,在最低一级,每个东盟成员国在国内还分别有一个东盟国家秘书处,负责处理东盟合作的日常行政和协调事务。其次,强化东盟理事会和东盟秘书处的职权和功能。名人小组报告建议,各国首脑组成的东盟理事会至少一年要开两次会,对涉及东盟目标的所有问题提出指导原则和进行决策。秘书长的职能大大增强。部长级的秘书长任期5年,不得连任。秘书长为东盟的行政首长,行使东盟理事会和三大东盟共同体理事会授权的一切功能和职责,并为它们服务。其最重要的权力是:对所有已批准的东盟活动的执行过程进行协调、推动和监督,向东盟理事会提交年度工作报告,报告内容包括拒不执行的情况;根据已批准的政策方针,发起有关地区合作的活动计划和项目;就东盟有关地区发展的重大问题,提请东盟理事会、东盟共同体理事会以及东盟委员会给予关注;按照宪章等有关规定,行使行政权和财政权。为了强化秘书处的力量,增设四个副部级的副秘书长,一个负责对外关系、预算和行政事务,其他三个分别负责处理与三个东盟共同体理事会有关的事务。

(四)完善和健全决策程序和监督制约机制

在决策程序方面,遵循如下原则:首先,总的原则是协商一致,尤其是在安全和对外政策等较为敏感的领域。在其他领域,如果不能达成一致,可以通过投票表决,或者按简单多数原则,或者按2/3或3/4多数原则。其次,东盟理事会可以制定投票表决的程序规则。其三,对于东盟某些合作问题或项目,可以实行"东盟-X"或"2+X"的弹性参与的模式,这将由有关的东盟共同体理事会决定。最后,如果要暂时终止某成员国的权利和特权,须在当事国回避的情况下全体一致通过。

在监督和约束机制方面:第一,名人小组报告强调,要建立一种服从和执行决定和协议的文化,使之成为一种传统和习惯。第二,在东盟合作的各个领域,尤其在政治和经济领域建立争端处理机制,其中包括对履行情况的监督、劝告、协商,以及强制的机制。第三,对于政治和安全领域的争端,《东南亚友好合作条约》的高级理事会及其程序规则仍是和平解决成员国所有分歧、争端、冲突的关键手段。第四,关于东盟经济协议的应用和解释方面的争端,可继续实行"东盟促进争端解决机制议定书"(2004 年)所规定的履行情况监督、劝告、协商、强制的机制。对于其他东盟协议,也可以采取类似的机制。第五,当争端由东盟争端处理机制裁决后,某成员国不执行争端处理机制作出的裁决、建议或决定,该争端可提交到东盟理事会。对于严重违犯东盟目标、原则和义务的成员国,东盟理事会有权终止该国的成员国身份的权利和特权,诸如东盟活动的参与权、东盟机构和会议的主持权。名人小组也讨论了关于开除某成员国的措施,他们建议,"不得开除成员国,除非在例外的情况下,东盟理事会做出了决定"。

(五)结论

以上我们只是通过研究名人小组的报告,概括地描述了未来的东盟共同体。要对其做出准确的判断,还有待于今年底第 13 届东盟峰会通过的正式的东盟宪章。不过我们相信,基本精神和主要内容不会有太大出入。

回顾东盟 40 年的发展历程,考察当前东盟发生的巨大转折,可以得出如下几点结论:

第一,东盟方式是时代的产物,也是特定地区的产物。东盟方式是东盟在过去几十年实践的结晶,是一大创造。正因为符合当时当地的实际,所以它不仅至今维系了这个充满多样性的地区组织,而且也使该组织在地区和世界舞台上发挥了积极的作用,成为最成功的地区组织之一。随着时代的变化,越来越多的新挑战对东盟提出了越来越高的要求,东盟方式的弊端也凸现出来,因此老的东盟方式就需要更新和改革。东盟各国的领导人及时洞察到这一点,开始对东盟重新定位,不失时机地将原来松散的联合体转变成更紧密、更有效和更具有法律意义的国际组织。建立在东盟宪章基础上的东盟共同体将是一个质的飞跃。可以预见,一旦新机制启动运作,必将进一步推动东盟向更高的阶段发展。

第二,东盟正在经历大转折,但转折并不意味着割断历史。东盟领导人恰恰把握住了这种既有连续性又有革新性的过渡和平衡。一方面,针对东盟方式缺乏效率和约束力的弱点,宪章重点强化了中央决策机制和监督约束机制。但同时,至今东盟方式中行之有效的一些原则在新宪章中仍将得到保留和继承。比如,协商一致原则仍将是有关政治、安全领域敏感问题的重要原则;东盟仍将是一个外向型的、包容性的、开放的地区组织。

第三,东盟不会照搬他人经验,仍将独立地走自己的路,探索独特的发展模式。欧盟走出了一条从双边合作到地区组织,再到超国家组织的道路。人们也常常谈论东盟向欧盟借鉴的话题,也有人说东盟要建立类似欧盟的东盟共同体。其实,东盟在可预见的将来,不会也不可能建成有任何超国家倾向的组织。首先,在东盟几乎所有的纲领性文件中,都反复强调"不干涉内部事务原则","尊重独立、主权、平等、领土完整和各国的国家认同"。这表明,东盟各国仍然十分珍视和维护主权,须臾不愿放弃和出让任何主权。这样,东盟的中央机构就不可能是一个超越成员国的权力机构,因此也就不是超国家的组织。其次,东盟成员国基本上都是从前殖民地独立后形成的新国家,虽然在法律上形成了主权国家,但作为民族国家的历史极短,国家认同感还不巩固,有的还面临国家分裂的危险,所以它们的国家主权观念和民族主义相当强烈。这远不能同民族国家历史悠久、主权观念淡化的西欧国家相比。因此,东盟国家不可能跳出主权观念的束缚,而走向超国家的发展道路。正如新加坡外长所说,"同欧盟不一样,东盟从未打算成为一个将要求成员国交出某些国家主权的超国家组织"。东盟秘书长王景荣也否认东盟正在沿着欧盟路线前进的说法。他说,东盟可以通过经济一体化进入单一市场,但"不准备效仿欧盟的方式","东盟国家倾向于逐步实现经济一体化"。

第四,宪章将使东盟的效力大大提升,使之在地区合作中发挥更大的作用。相对于东盟方式,这次最重大的改革在于:首先,引入少数服从多数的决策原则。虽然在事关政治安全的重大问题上仍采用协商一致的原则,但在其他问题上均采取少数服从多数的原则,这就大大提高了决策的效率。其次,有了一套惩罚措施。如果某成员国不执行集体通过的决定和决议,或者不接受争端处理机制的仲裁,或者严重违反东盟的基本原则,东盟都将对其采取惩罚措施,即暂时终止有关成员国的权利和特权,诸如担任东盟某个组织和某个会议的轮值主席权利。在例外的情况下,东盟理事会也有权做出决定开除某成员国。这些显然是非常严厉的约束和惩罚措施。这将保证东盟议而有决,决而有行。最后,强化监督机制,即对执行情况实行监督、劝告、协商,直至强制执行。在此过程中,秘书长履行这种监督的职能,对于不执行决议的,有权将案件提交争端处理机制或以年度报告的形式提交东盟理事会。

第五,东盟一体化程度将得到提高,东盟认同感将得到强化。众所周知,东南亚各国的同质性低,而差异性高,这大大妨碍了东盟一体化进程。为了提高整体的竞争力,应对来自区外大国的竞争、压力和挑战,东盟必须更加团结一致,加快内部一体化步伐。为此,东盟将在几个方面作出努力。一是尽力尽快缩小富国和穷国的差距;二是实现单一大市场;三是培育东盟共同的价值观,增强东盟共同体的认同感。为落实这些计划,东盟会采取更加具体有力的措施,从制度和机制上加以保证,比如更加重视东盟基金会的作用和建立东盟高等教育机构。

第六,在加强对内功能的同时继续加强对外功能。传统上讲,东盟的对外功能一直大于对内功能。从当前情况看,东盟把更多的注意力放在了对内的功能上,但这不意味着忽视对外功能。相反,宪章将进一步重视东盟同外部的联系,在地区合作与对话机制中继续发挥在大国间平衡和协调的作用,尤其突出东盟的主导作用。在这方面,东盟会继续利用现有的机制,如亚欧会议、东盟地区论坛、东盟 +3(东盟 +1)和东亚峰会等,牢牢掌握主导权。

(作者系北京大学国际关系学院国际政治系教授　原载《国际政治研究》2007 年第 2 期)

东盟合作机制与原则改革的争论及前景

王士录

经过40年发展,东盟已从原来6国发展成涵盖东南亚地区10国的国家集团,GDP总额接近1万亿美元,对外贸易总额1.3万亿美元,在国际和地区事务中发挥着重要作用。2003年在印尼巴厘岛举行的东盟峰会上,东盟各国领导人签署了具有里程碑意义的《第二巴厘协定》,决心到2020年建成东盟经济共同体、安全共同体、社会和文化共同体。目标是崇高的,道路是曲折的,困难是现实的。目前,东盟的发展正处于十字路口,面临着各种严峻挑战,延续了几十年并曾被赞誉为东盟方式的东盟合作机制与原则也面临着改革的争论。改革与否,改革的成功与否,已经与未来东盟的成败紧紧地联系在一起,引起东盟上下的广泛关注。

一、东盟的现行合作机制与原则

东盟的合作机制,是指东盟的组织机构、决策机制和执行机制。其中,决策机制是指制订政策的机制,执行机制是指负责执行由决策机关制订的政策的机制。

(一)东盟的决策机制及决策方式和特点

1. 决策机制

从1967年8月8日东盟成立至1976年2月东盟在巴厘岛召开第一届首脑会议前,每年召开一次的东盟外长会议是东盟唯一的、最高的决策机构。1976年以后,首脑会议开始成为东盟的最高决策机构,其决策作用和决策的权威性超出了东盟外长会议。同时,包括东盟外长会议、经济部长会议等在内的部长级会议也在专门领域发挥着决策作用。1992年新加坡首脑会议实现了决策机制的制度化以后,东盟首脑会议正式成为东盟的最高决策机构,每年一次非正式会议,每三年一次正式会议,由成员国轮流主办。其职能是:决定东盟政治、经济、安全等领域合作的大政方针,对东盟的发展起全局性的决策作用。

2. 决策方式和特点

经过40年的发展,东盟逐渐形成了一套被称为东盟方式的独特的决策方式,其中包括:绝对平等原则主要表现为首脑会议和部长会议均由各成员国按国名第一个英文字母的顺序轮流主办,从而使每个成员国都有机会利用东道国的身份发挥对东盟的影响。寻求一致原则即在决策过程中充分尊重各成员国的国家利益,不搞"票决",而是通过频繁的双边和多边磋商使决策能够尽量满足所有成员国的愿望。"N减X原则"是指如果少数几个成员国表示将不参加某项决策所规定的具体行动,但并不反对该项决策,那么该项决策可以作为东盟的集体决定予以通过并付诸实施,而且在实施过程中,个别成员国也可以根据自身情况申请退出或加入该进程。不干涉内政原则,就是说东盟奉行国家不分大小一律平等的原则,充分尊重成员国的主权和领土完整,不干涉成员国内政。

东盟决策方式的最主要特点在于国家不分大小和国力强弱,在决策过程中绝对平等,这使得东盟成为一个以相互平等协商为基础的利益共同体。如果寻求一致的目标短期内难以达成时,东盟往往退而求其次,在多数同意的情况下通过某项决议,同时又允许持不同意见的国家保留意见,并给予其将来参与决议的时间和机会。寻求一致原则和"N减X原则"并行不悖,完全视情况而定,这充分反映出东盟决策方式的多样性和灵活性。东盟组织本身所具有的结构松散、缺乏决策核心的特点,从制度上保证每个成员国的绝对平等地位,杜绝任何一个成员国主导东盟事务的情况成为可能。

(二)东盟执行政策的机制、方式和特点

1. 执行政策的机制

常务委员会是东盟的最高执行机构,负责处理首脑会议、部长级会议休会期间东盟的日常工作,为部长级会议尤其是外长会议的召开准备议题。常务委员会实行每年轮换制,由外长会议东道国的外长和其他成员国驻东道国的大使组成。常务委员会下设若干个常设职能委员会和专家委员会,负责处理相关领域的工作。相应地,各成员国都设有各国东盟国家秘书处,以负责该国与东盟合作相关的具体事项,包括与常务委员会的联系。

东盟秘书处于1976年正式设立,设东盟秘书长一人,具有部长级地位,其主要职责是首先提出、协调和实施东盟的活动,同时提出建设性意见并领导东盟秘书处。东盟秘书处的日常工作是负责处理来往信函,受理新成员国加入东盟的申请并呈送外长会议讨论,掌管秘书处的财务。

2. 执行政策的方式和特点

东盟执行政策的机制,从结构上来讲具有机构庞杂、系统性不强、职责交叉的特点。比如东盟常务委员会和东盟秘书处就是相对独立的,二者之间没有明确的隶属关系。这与东盟灵活多样的决策方式相一致。执行机构的设置,是为了体现东盟成员国绝对平等这一基本原则。譬如,常务委员会实施轮换制;常设委员会分别设在各成员国;东盟秘书长由各成员国派代表轮流担任,各成员国在秘书处的代表人数绝对相等;等等。

(三)东盟合作机制与原则的主要缺陷

东盟在长期的实践中所形成的合作机制与原则在相当长的时期内,对于确保成员国持续的合作积极性,增强东盟内部的团结,培育东盟意识,促进东盟内部的整合颇具实效性,但也并非十全十美。正如西方评论家所指出的,其最大的缺陷就是:绝对的平等和协商一致,一方面阻碍"超国家机构"的建立,难以形成一个最高权威,因而会影响到决策和政策的贯彻执行;另一方面也难以快速有效地形成决定,扯皮现象严重,决策成本过高。而绝对的不干涉内政原则,则使得东盟有时会漠视成员国发生的部分需要帮助的灾难性事件,以及可能影响区域整体利益的事件,听之任之。这不但损害成员国的利益,也损害区域的整体利益,已使东盟不止一次受到舆论的指责。例如,在应对亚洲金融危机、东帝汶维和、非典型性肺炎疫情、禽流感、印度洋海啸、印尼森林大火所造成的烟雾之害等问题时,东盟都反应迟钝甚至无所作为。目前,已有越来越多的国际评论家乃至东盟高官对东盟实施多年的合作机制与原则进行反思,甚至怀疑其是否已经过时。对于东盟合作机制与原则进行改革的争论,已然逐渐展开。

二、对现行东盟合作机制与原则改革的争论

1997年亚洲金融危机以后,东盟内部对东盟合作机制与原则的争论越来越多,不少学者和官员相继撰文展开论战。在1998年的东盟外长会议上,泰国外长素林提出了用"灵活接触”（flexible engagement）取代“不干涉原则”的建议。2004年6月，东盟在万象召开由各成员国学者和官员参加的研讨会，对东盟的合作机制与原则改革的相关问题进行讨论。

目前，各方对于东盟合作机制与原则改革的争论焦点集中在四个方面：

（一）关于要不要进行改革

由于近年来东盟在诸多问题上行动迟缓，缺乏有效的应对之策，甚至已影响到东盟合作发展，因此东盟内部对东盟现行合作方式与原则进行改革的呼声日益高涨，普遍认为改革势在必行。

（二）关于将在多大程度上进行改革

主要有两种观点：其一是认为应当进行大规模的、结构性的改革，应当采用新的工作机制，引入制约机制，重新审视东盟方式和不干涉内政原则。正如印度尼西亚战略与国际研究中心监督委员会委员尤素福·瓦南迪所指出的，为了实现东盟共同体的目标，东盟的机制必须进行更大的改革。其二认为东盟方式是东盟得以成功的关键，而不干涉内政原则是东盟方式的基石，不能抛弃。不过，总体而言比较一致的看法是：改革是必需的，但保持东盟方式也是必要的。这就意味着，改革应该是局部而不是全面的，经过40年的发展而形成的东盟合作方式与原则的总体框架不能改变，改革的目的主要在于提高东盟对于突发事件的应变能力、决策能力和执行政策的能力。

（三）关于在哪些方面进行改革

1. 是否需要建立一个“超国家机构”？即为了提高东盟决策和执行政策的能力和速度，成员国是否要做出适当的主权让渡？对此，反对的呼声较高。尽管有许多人认为应该引入制约机制，但更为广泛的意见认为不能建立“超国家机构”，这是由东盟的性质和特点所决定的。从英文名称的用词来看，也反映了东盟和欧盟本质上的不同：欧盟（European Union）的Union一词，其基本含义是“同盟”、“联合”、“合并”，意为更加紧密的国家联合体，因此欧盟成员国将自己的部分经济主权交给一个超国家的机构；东盟（the Association of Southeast Asian Nations）的Association一词，其基本含义是“协会”、“团体”、“协约”，意为比较松散的联合体，这与东盟的实际相一致。因此，在东南亚的华文媒体中，从来不称“东盟”，而称“东协”即“东南亚协约”，各国政要也历来不承认东盟是一个结盟体。对此，西蒙·泰伊的观点颇具代表性——东盟方式强调东盟是一个“协约”（association），顾名思义就是不能搞成结盟，不会成为欧盟那样的联盟（Union），因此不能有超国家的机构。

2. 应该对哪些机构进行改革？对此，已有东盟资深专家建议，机构改革应涉及以下方面：①必须建立起相关的制度，以便对区域宏观经济、烟雾问题，以及有关移民、毒品走私、跨国犯罪等政策的制订和执行实施有效监督；东盟峰会年度会议必须制度化，应公开声明东盟峰会为东盟的最高决策机构；东盟外长会议的作用不应再被认为是不可替代的，应当专门化，其他领域的部长会议也应当受到重视。②东盟秘书长的职能必须加强；秘书长要为部长会议和东盟首脑会议的所有决定做前期准备；应授予秘书长议事日程的安排权，以及督促和监督的职责。③东盟高官会议（the Senior Officials Meetings）的筹备工作应当由秘书处的专职人员接管。④普通民众、专家组、非政府组织，以及相关社团都应该有表达意见的机会，应该允许它们积极主动地参与东盟的合作。⑤东盟应当具有维和能力，在本地区的任何意外状况，都应被理解为是本地区的共同事务，应当争取联合国安理会和国际社会的支持；在维和过程中，无论哪里需要，都应得到帮助；应建立东盟维和训练中心（A Peacekeeping Training Center for ASEAN）。⑥应当建立由外交和国防官员组成的特别高官会议，以便加强外交和区域防务方面的合作。⑦为加强东盟在政治安全领域的对外合作，东盟地区论坛（ARF）的作用必须加强，应重视“二轨”（即民间）的参与；应当建立一个小型的东盟地区论坛（ARF）秘书处，使其成为东盟秘书处的一部分，但其作用应是独立的，在人员配备上应适当吸收非东盟国家的人员参加；东盟地区论坛应更加积极地贯彻执行相关协议，并承担起出版年度国防白皮书、交换军事/防务官员、对军事演习派出观察员、建立搜寻和救助机制等方面的任务。

（四）关于如何妥善处理改革与保持东盟方式特点的关系问题。东盟内部普遍认为东盟方式尤其是不干涉内政原则最能体现东盟与众不同之处，也是最能吸引新成员国加入东盟之处，因此必须处理好改革与保持东盟方式特点的关系。越南学者指出：鉴于越南在意识形态、政治经济体制、对外政策等方面与东盟之间存在的巨大差异，在冷战后初期越南之所以会选择加入东盟，东盟所奉行的“不干涉成员国内政这个政治和安全原则也是重点考虑。”“正是这种东盟方式使得东盟吸引了越南。因此，对这些原则的争论，越南观察家们认为是对东盟团结与统一尤其是对新老成员国之间关系的削弱。”柬埔寨前第一副首相翁霍也曾表示，“加入东盟这个尽可能平等地而不是通过干涉来解决彼此间争端的生机勃勃的组织，柬埔寨的安全将得到加强。”可是，奉行绝对的不干涉内政原则，多次影响了东盟的整体利益和形象。因此修改不干涉内政原则的呼声此伏彼起，争论一直在继续。在1998年的东盟外长会议上，泰国外长素林提议东盟成员国间的关系由协商一致和不干涉内政逐步转向灵活接触（亦称弹性介入）。菲律宾外长也表示支持泰国的观点。但是，马来西亚和缅甸表示应坚持传统的不干涉内政主义，而新加坡和越南也反对改变协商一致原则，因此在会后发表的联合声明中，东盟外长们重申了东盟的不干涉内政原则。不过，许多东盟官员和学者坚持认为，不干涉内政原则已经不合时宜，应该放弃，因为在今天的全球化时代，所有事物的发展变化都是互为联系的；国家之间只有通过相互帮助，才能增强自身的社会经济基础。他们进而认为，改革是必需的，“干涉”可以用一种更能够接受的方式来进行。尽管理论界对于是否坚持不干涉内政原则的争论还在继续，但在实践中，东盟所实行的不干涉内政原则已在悄然发生变化。正如有学者指出的，“现在，东盟正在调整不干涉内政原则，使用加深合作或者增进相互了解这样的委婉词句，因为干涉一词在东盟地区太过令人反感。”事实上，在缅甸的民主化进程问题上，东盟已通过不同的方式进行干涉。2005年，缅甸迫于东盟的压力，放弃了东盟轮值主席国的资格。2006年，由于缅甸在民主化问题上进展缓慢，东盟领导人受到了西方尤其是美国的严厉指责和不断施压。受命作为东盟特使访问缅甸的马来西亚外长赛义德因未能获准会见缅甸反对派领袖昂山素季而不满,并表示:缅甸军政府的做法妨碍了东盟的进程并使东盟蒙羞。东盟秘书长王景荣则指出:缅甸问题已经对东盟的信誉产生冲击,影响到东盟的整体形象。东盟缅甸问题核心小组甚至公开对缅甸领导人进行谴责,呼吁联合国安理会训斥缅甸。这无疑是干涉了缅甸内政。

三、改革的前景展望

东盟合作机制与原则的改革目前已不是需不需要改革的问题,而是怎样进行改革、在哪些方面进行改革、在多大程度上进行改革的问题。总之,改革是必需的、必然的。这既是东盟顺利实现其"东盟共同体"目标的要求,也是全球化和区域一体化以及东盟事业的发展使然。

回顾东盟40年的发展,其成就有目共睹:从最初的5国到6国再到10国的合作,从区域内10国的合作到区域外的10+1与10+3合作再到亚欧合作和10+6合作,从经济合作、政治合作到安全合作以及其他各领域的合作,量的扩展亦即横向的发展很快。但是,质的提升却并不尽如人意。未来东盟的发展应当做到速度和效益并重,这就需要进一步提高东盟的决策力和执行力,对东盟现行合作机制与原则进行改革以应对变化了的形势就是必需的。对此,东盟已有共识。

综观近年来东盟内部的争论,我们认为未来东盟对合作机制与原则的改革将会出现以下情况:

(一)现行合作机制与原则的总体框架不会改变

改革将会是局部的、渐进的,是以提高决策力和执行力为目的的调整、充实和完善。改革将始终体现东盟成员国作为民族国家的特性,从而明显不同于已完成从民族国家向现代国家转变的欧盟成员国。东盟将始终体现其协约(association),而不是同盟(Union)的本质。

(二)组织机制改革

东盟尚不具备建立像欧盟理事会、欧盟委员会、欧洲议会、欧洲法院、欧洲中央银行、欧盟外交总管那样具有更大权力的"超国家机构"的基础和条件,货币的统一、外交的统一、防务的统一都还为时尚早。未来很长时期,东盟的合作仍将继续在政府间行动的基础上推进,而这种行动是谈判而不是超国家的行动。《东盟宪章》将更加注重机制化的合作和多边的行动。不过,以下改革是有可能的:

1. 外交部长在合作中的地位和作用将受到一定的限制,外长会议将专门化,其议题将逐渐只限于讨论外交和安全问题。而其他部长级会议的作用将进一步受到重视。

2. 有可能建立一个由外交和国防官员组成的特别高官会议,以便加强外交和区域防务方面的合作。

3. 为提高协调和执行能力,东盟秘书长的职权将得到一定的扩大,秘书处的工作将进一步加强。

4. 有可能建立一个小型的东盟地区论坛(ARF)秘书处,与东盟秘书处合署办公。

(三)决策方式与合作原则的改革

为维护东盟的团结和统一,尤其是照顾东盟新成员国的情绪,仍将继续坚持协商一致原则和不干涉内政原则。因为东盟一再强调,不干涉内政原则是东盟方式的基石,不能抛弃。但是又强调,为维护东盟的整体利益,在具体执行过程中,可能会采取更加灵活的方式,"在得到特别请求的情况下,成员国可以对其他成员国提供技术、财政以及其他方式的援助。"

总之,对东盟来说,改革将是一柄双刃剑。但从东盟事业发展的大计考虑,改革是必需的。世界上没有一成不变的东西,稳妥的改革可以争取主动。正如有学者指出,"危机和改革挑战着我们已经僵化的思想和我们的机制。随着时间的流逝,一些机制已经失去作用,许多机制也会过时。但一些机制也是可以通过改革来获得新生的。"

(作者系云南省社会科学院东南亚研究所所长,研究员 原载《当代亚太》2007年第8期)

东盟"增长三角"的发展历程对泛北部湾区域经济合作的启示

廖少廉

次区域合作作为一个发展战略已经引起人们,尤其是各相关区域(国家和地区)政府决策者、学术界和商界的广泛关注。对于那些面临因参与大区域多边合作而需进行制度上和行政管理上巨大变革的国家来说,次区域合作无疑是区域经济合作中较为简单和可行的举措。因为次区域合作一般不必牵涉到整个国家,而只是涉及到具有一定互补性的相邻地区,且合作的领域仅涉及某些特定的、有限的经济联系。2006年7月,广西壮族自治区提出在中国—东盟自由贸易区框架下的泛北部湾区域合作,并一直致力于推动此合作构想的实现。20世纪90年代初以来,东盟地区几个以增长三角为合作形式的次区域合作取得了不同程度的进展。它们的一些经验和做法可供泛北部湾区域合作借鉴和参考。

在东盟地区,很多国家和当地政府官员均提倡以增长三角模式进行次区域经济合作。除了大湄公河次区域合作外,在这个地区较突出的增长三角有:印度尼西亚—马来西亚—新加坡增长三角、印度尼西亚—马来西亚—泰国增长三角和文莱—印度尼西亚—马来西亚—菲律宾东盟东部增长区。东盟的经验表明,以增长三角为合作模式的次区域合作能够并已经成为有关区域经济合作的重要补充和经济增长的催化剂。由于印度尼西亚—马来西亚—泰国增长三角和文莱—印度尼西亚—马来西亚—菲律宾东盟东部增长区与广西所提出的泛北部湾区域经济合作有一些共同的特点,本文将侧重对这两个增长三角区的发展历程和经验进行阐述和分析。

一、选择有限领域作为合作重点

东盟增长三角最明显特点是有重点、求实效的次区域经济合作。因为合作参与各方是东盟成员国的部分地区,多数情况下又是相对较落后地区,它们并不寻求全面合作,也不把合作摊子铺的很大,而是有选择地开展一些能够实现互利的重点合作项目。另一方面,参与各方有自身利益考虑。比如,在文莱—印度尼西亚—马来西亚—菲律宾东盟东部增长区,文莱关注扩大航空联系、电信、环境保护和治理;印度尼西亚关注扩大海上运输、客运服务和林业等方面的合作;马来西亚则寄希望于旅游开发、金融服务、能源和人力资源开发;菲律宾则热衷于渔业合作、建筑、建筑材料和农业产业开发。因此,文莱—印度尼西亚—马来西亚—菲律宾东盟东部增长区和印度尼西亚—马来西亚—泰国增长三角均努力寻找共同感兴趣的领域,即给相关各方都能够带来利益的合作领域。文莱—印度尼西亚—马来西亚—菲律宾东盟东部增长区主要在四个方面进行重点合作，即基础设施建设和运输、旅游、农业及其相关产业以及中小企业发展。印度尼西亚—马来西亚—泰国增长三角重点在以下领域进行合作：基础设施、贸易、电信、旅游、人力资源开发。

在印度尼西亚—马来西亚—泰国增长三角和文莱—印度尼西亚—马来西亚—菲律宾东盟东部增长区，基础设施建设和交通运输为最主要的合作领域。文莱—印度尼西亚—马来西亚—菲律宾东盟东部增长区在航空和海上运输方面至今已取得了明显的成效。自从1994年该增长区建立以来，已经开辟许多新的航空与海上运输线路。这些航线的开通密切了有关各方之间的经济往来，社会文化交流更为频繁。文莱—印度尼西亚—马来西亚—菲律宾东盟东部增长区的航班数从该增长区建立之前的5条猛增至12条。在三宝颜、纳闽岛、万鸦老、括达巴托、乌琼班当和比登之间原来只有4条海运航线，现新增14条。2007年，文莱—印度尼西亚—马来西亚—菲律宾东盟东部增长区领导人会议上又就建立该区域13个城市间的航空联系签署谅解备忘录。

印度尼西亚—马来西亚—泰国增长三角区内的航空运输也取得长足发展，航班数量显著增加。从印尼的棉兰、廖内、西苏门答腊到马来西亚的航班每天不少于7个班次。此外，航行于北苏门答腊及廖内群岛与马来西亚之间的班轮每天不少于7趟。棉兰与槟榔屿之间、大仲马与马六甲之间，以及帕干巴鲁与马六甲之间每天也均有班轮服务。每天有成千上万游客在这3个国家间旅行。交通运输的改善不仅带动了贸易和旅游业的发展，也给该地区其他领域带来商机。比如，印尼廖内的帕干巴鲁与马来西亚的马六甲之间定期航班开通后，来自马六甲的投资者日益增多，使廖内地区的经济增长受益匪浅。此外，很多人从廖内到马六甲的目的并不仅仅是度假，而且还为了到当地就学、经商或就医。

合作各方之间的信息交流也是促进次区域合作的基础设施建设的一个重要组成部分。为了加强有关各方之间的相互交流和信息沟通，文莱—印度尼西亚—马来西亚—菲律宾东盟东部增长区出版两份刊物(《东盟东部增长区商务进展通报》和《周末评论》)，还开通东盟东部增长区网站，成为该增长区的资料数据库，也及时提供有关各个工作小组、高官会议、数字统计和各国概况的最新信息。印—马—泰增长三角也建立了数据库，提供次区域内部有关贸易、投资和旅游等资料。

二、处理好政府与商界的关系

在次区域合作中，政府起着关键的作用，但是私人部门越来越多地参与其中，并发挥举足轻重的作用。

在东盟增长三角中，各国中央和地方政府一直扮演着重要的决策者角色。所有的增长三角都是由政府高层领导提出来并大力推动的。迄今为止，文莱—印度尼西亚—马来西亚—菲律宾东盟东部增长区已经举行四次国家领导人峰会，印—马—泰增长三角也举行两次峰会。此外，柬埔寨—老挝—缅甸—越南峰会也举行3次。无论是印—马—新增长三角，还是文—印—马—菲东盟东部增长区，合作项目均依据由相关各方所签署的官方谅解备忘录。比如在2007年印—马—泰增长三角峰会上签署的2007~2011年路线图谅解备忘录为该增长三角区未来的发展提供方针和指南。除“硬件”外，各有关政府也以制度框架的形式提供各类“软件”，以支持次区域各领域的合作，比如涉及海关、人口迁移、资金流动、货币汇兑、财政支持措施和投资担保等各类跨国协议。

当然，次区域合作并非一帆风顺。在第九届印—马—泰高官会议上，官员们在回顾总结时意识到，在该增长三角区74个商务合作和投资项目中，只有34个得以实现，而另外的38个则以失败告终。有大约12个谅解备忘录的实施被推迟。由于组织结构松散的合作往往导致耗费大量时间和进展缓慢，各增长三角于是建立一些必要的机制来协调各种合作活动。比如，除了定期的高官会晤和部长级会议外，文莱—印度尼西亚—马来西亚—菲律宾东盟东部增长区在各合作领域成立工作小组。印—马—泰增长三角成立由商界和相关官员组成的执行和技术小组，对该增长三角合作框架下的商务合作与投资进行评估和协商。其结果成为下一届印—马—泰增长三角成员国高官会议集中讨论的议题。

出于推动私营企业参与的考虑，印—马—泰增长三角设立商务理事会，旨在强化印—马—泰增长三角各国经济联系的商界论坛。东盟东部增长区也已建立商务理事会，目前总秘书处设于文莱。它努力推动私营企业积极参与区域内的经济合作活动，使之发挥经济增长发动机的作用。商务理事会也代表私营部门参加高官会议。商务理事会主席还与他们各自国家政府部门磋商，寻求得到地方政府和中央政府的支持，以营造有利于商业贸易活动的环境。东盟次区域合作的历程显示，私营部门在区域合作中能够发挥重要作用。事实上，大多数的合作项目是由商界提出和推动起来的，帕干巴鲁与吉隆坡空中航线的开通就是一个典型实例。最初，由于马来西亚政府拒绝，廖内航空公司仅能开通帕干巴鲁至马六甲之间的航线。后来在增长三角有关3国的商务理事会的持续努力之下，廖内航空公司最终获准进入吉隆坡国际机场。

与东盟组织层面上的贸易与工业合作(比如特惠贸易安排、东盟工业合资项目和东盟工业合作计划)相比，增长三角实际上更能吸引私营部门的关注。由于私营企业的大量参与和有效推动，印—马—新增长三角已经成为次区域合作中较为成功的范例。在协调政府与私营部门之间关系以促进区域内各项合作方面，印—马—泰增长三角也较成功。出席印—马—泰增长三角会议的成员是各个成员国的商界人士、经济部门的部长和其他高官。这些定期会议实际上由一系列会议组成，包括商务理事会联席会议、高官会议、部长会议等。为进一步密切3国之间的联系，地方政府官员、部长和私营企业家的会议已经制度化，它们有畅通的渠道向部长年会提出真知灼见。此外印—马—泰增长三角还设立了专业人士组成的顾问小组。总之，设立和不断健全必要的机构是使次区域合作可持续和有效开展的重要举措。

三、灵活的合作规模和运作方式

增长三角的许多合作活动实际上规模是比较小的，且涉及地域也有限。合资项目大多数为两个国家的双边合作，并非涉及该增长三角所有3个或4个成员的合资或合作活动。只要能通过次区域合作活动得到实际利益和明显的成效，不管是双边的或多边的合作并不重要。

为加强双边合作，印度尼西亚廖内省和马来西亚雪兰莪州于2003年签订协议。双边一致同意在净化水工程、公路基础设施建设、旅游和咨询服务等诸方面进行合作。马来西亚雪兰莪州和印尼廖内省教育办公室就旅游方面进行合作，马来西亚公司与印度尼西亚北苏门答腊也签订类似的协议。2001年，北苏门答腊的西伯尔加市和泰国的宋卡签姐妹城市发展规划，旨在帮助实施已在印—马—泰增长三角次区域经济合作会议上签订的各种合作项目，包括两个城市之间渔业部门和海产品加工领域的投资合作。

合作的形式灵活多样。有双边合作，也有跨国合作。在菲律宾，来自达沃省和萨兰卡尼省的三个相邻的城市联合组成一个增长三角区。这个由乔斯·阿贝特·桑托斯、格兰和萨兰格尼组成的增长三角区与印尼毗邻。在那里，两国人民之间的往来和易货贸易经久不衰。2005年1月，由这三个城市的市长和当地商家组成的代表团访问和考察了印度尼西亚北苏拉威西省城万鸦老，与来自桑格·塔洛特群岛以及万鸦老、比登和哥仑达罗等城市印尼各界进行商谈对话。双方确定在人力资源开发、电子产品（电视机、手机）等领域进行合作。此外，他们还就菲律宾渔民进入印度尼西亚海域的问题进行磋商，谋求通过增长三角的合作，菲律宾渔民可以自由地在两国间的海域捕鱼，而不必担心像过去那样遭到拘捕。以上例子能够对泛北部湾区域合作构想提供一些经验和借鉴。迄今为止，广西已经为推动这一次区域合作提出一系列构想，并做出不懈的努力。广西也可以考虑与它毗邻的广东省开展各类合作，并且与其共同“走出去”与东盟邻国开展区域交流与合作。

至于合作所涉及的地理区域，增长三角可以十分灵活。无论是印—马—新增长三角，还是印—马—泰增长三角，均经历逐步扩大的过程。通过开发和培育区内贸易、投资和旅游合作，印—马—泰增长三角合作取得长足进展，从而带动了区外周边省、府、州争相加入。

泛北部湾经济合作构想与中国—东盟自由贸易区有着共同的目标，即增进区域内相关各方的经济联系。然而，在进行各种合作活动的安排方面，次区域合作有着大区域合作所不可能具备的更高的灵活性。泛北部湾次区域合作将丰富和补充更大区域，即中国—东盟自由贸易区的经济合作，而后者的实施也有利于次区域合作的开展。在中国—东盟自由贸易区框架下，泛北部湾区域合作应该进一步探讨各相关经济区域间的互补性，探索各种类型和形式的合作。

四、结论和政策建议

当学者和政治家们集中关注全球化和国家层面上的区域性合作时，诸如东盟增长三角的次区域合作提醒人们，次区域内的合作与交流在当今世界经济领域中发挥的重要作用没有丝毫下降。要在深度和广度上取得更大的发展，人们对次区域合作应该给予同样的关注。

东盟次区域合作经验表明，次区域合作并不寻求全方位的合作，而是致力于有限的、灵活的和本地化的经济整合，建立起有真实成效的“经济友邻”。在东盟增长三角的发展历程中，基础设施建设被视为把地理上的毗邻转变为经济密切联系的关键因素和必要条件。这些便利条件有助于降低区内和与区外各类商务往来的交易成本。而交易成本的降低又反过来增加这些地区互利的商业活动。除了“硬件”（基础设施）的改善外，在贸易与交通运输等方面也做了大量工作，包括边境联合行动、与贸易和运输相关的文件的相互承认、跨境通关的自动化等。

在政府和私营部门之间的关系方面，政府的作用应该是提供政策支持，为新生的增长三角（如泛北部湾经济合作）先创造建立和发展的条件。鼓励商界广泛参与合作进程十分重要，尤其是较小规模的次区域合作应由私人部门来承担。印—马—泰增长三角最引人之处在于它允许和鼓励中小型企业参与其中，这有利于增强该增长三角区内各国人民之间进行直接联系，带动广泛的社会经济交往，促进地区的稳定和多种类型的合作。

东盟地区的增长三角采取开放的地区主义政策。对于相关地区来说，开展贸易自由化的效果比较有限，因为区域内贸易比例一般相对较低。相反地，与发达国家和亚洲新型工业化经济体的贸易比例要比区域内的贸易比例高得多，因而增加区域内出口的效果并不明显。其次区域合作的目的主要不在于扩大成员地区间的贸易往来或者构建一个网络紧密的共同体。由于这一原因，它们十分重视与区域外经济体和跨国公司的合作，寻求资金上的支持。经验表明，诸如亚洲开发银行等国际金融机构能够在次区域合作中起协调和提供许多便利的作用，其中包括技术和金融的支持，帮助说服和调动其他国家和组织的参与。

为了鼓励各方积极参与次区域合作，并从中得益，官方和商界会议应该轮流在参与各方举行。区域内各方经常交换意见，有利于找出和克服跨境合作中瓶颈，共同提出合作的设想和方案。广西应该可以把东盟各国对泛北部湾合作的积极反响转变为具体的合作活动。目前，越南和广西之间诸多领域的合作业已启动，今后可扩大与东盟其他国家的合作。在中国—东盟高官会议上应把次区域合作的问题，尤其是需高层决策的难点，提到重要的议事日程。

在泛北部湾经济合作中，潜在的合作领域可覆盖到能源（煤、石油和天然气）、港口开发、海洋和航空运输、旅游与文化交流、农业和海洋捕捞、海洋资源的开发和保护、贸易便利化等。成功的合作需从总体宏观和具体领域两个层面着手进行深入的可行性研究。比如，南宁—新加坡经济走廊的构想需要各相关国家和地区的一致认同，因为它涉及到一系列有关跨境程序、利益共享、各方政策和经济开放程度的差异、海关通关条规的区别，以及诸如不同铁轨宽度、过境手续复杂耗时，以及中国汽车到东盟国家的约束实际问题。

广西在推动泛北部湾区域合作方面已经提出一系列构想，并且积极地推动其取得实质进展。广西一方面可与邻近的发达省份广东开展协作，从中可望获得很多利益。作为其他西部省区国际贸易和交通运输的主要出海口，广西也应该与这些西部近邻建立更加紧密的联系和合作，因为从长远看广西北部湾经济区的港口发展和工业基地的建设离不开这些腹地的支持和支撑，与它们的密切联系和共同繁荣至关重要。另一方面，作为泛北部湾区域合作的主要发起者，广西可争取东盟邻近国家和地区更具体的支持。毕竟，次区域合作需要相关各方积极的投入和参与，而这一切只有在各潜在参与者意识到合作能够得到真实好处之后才有可能出现。从这个意义上看，各级政府、社会各界更多的交流与沟通将大大促进彼此的了解，提高有关各方参与的热情。当然，也应注意东盟内部巨大相异性这一客观现实，在次区域合作中采取不同的合作形式和路径，同时努力做好次区域合作与大区域（中国—东盟自贸区）合作的配合与衔接。

（作者系厦门大学东南亚研究中心教授　原载《东南亚纵横》2007年第12期）

现状与潜力：东南亚市场研究

曹云华

2001年，中国与东南亚联盟（简称东盟，下同）达成协议，在2010年建成中国—东盟自由贸易区，此举意味着东亚将出现一个拥有约17亿人口的统一市场。这个全球最大的自由贸易区无疑将极大拓展我国经济活动的空间，为中国企业"走出去"提供最为广阔的舞台。面对机遇，中国企业应当如何把握自身优势，进军东南亚市场？本文试图在这一问题上提供一些可供借鉴的思路。

一、东南亚市场分析

东南亚共有11个国家，其中10个已吸纳为东盟成员，于2002年才获得独立的东帝汶现在是东盟的观察员。东南亚各国国情悬殊，经济状况千差万别，这里仅就带有共性的特点进行概述。

（一）人口多且年轻，市场潜力大

市场由人口所组成，因此，企业经营者往往对这一特点最感兴趣。当前世界上的人口增长有两个正好相反的趋势：一是发达国家生育率（每名育龄妇女所能生育的婴儿数）下降，甚至低于替代水平（2.1～2.3）；二是人口爆炸，主要发生在发展中国家，尤其集中在战后时期。

以上两个趋势在东南亚并存。早在1980年代中期，新加坡便出现了前一种趋势。1986年，其生育率下降至最低，只有1.4人，以后虽有所增长，但仍低于人口替代水平。1997年，新加坡进入老龄化社会。除此之外，其他的东南亚国家都呈现出后一种趋势，人口增长速度较快。最近10多年来，东南亚国家也尝试推行计划生育政策，但在一些国家收效不大，尤其是天主教盛行的菲律宾。目前，东南亚10国总人口已达到5亿多，呈现出如下特点：

1. 年轻化。34岁以下人口通常占总人口的一半，其中印尼34岁以下人口占总人口的70%。人口年龄组合变化对市场的影响相当之大，老龄化社会为老年人提供服务的行业往往拥有更大的市场拓展空间；一个年轻人占多数的社会，将对交通运输业、服装业、消费性电子业等行业产生积极的影响。

2. 小家庭盛行。核心家庭逐渐取代传统大家庭，是东南亚各国的一个大趋势。小家庭盛行使得每个家庭成员可支配收入增加，他们需要较为便捷的交通工具和用以娱乐的电子产品。

3. 流动性很大。东南亚的发展中国家城市化速度很快，农村人口开始向城市加速流动。流动人口的增加对一些产业部门会产生较大影响，如交通运输业。此外，随着流动人口的收入增加，他们需要在城市安家落户，家庭日用品和各类消费性电子产品的需求也将随之增加。

4. 城市化程度较高。东南亚各国约有1/3的人口居住在城市，尤其是集中在大城市及其周围。该区域超过百万人口的大城市有10多座，包括雅加达、曼谷、仰光、新加坡、胡志明市、河内、马尼拉、万隆等。东南亚的城市化具有两大特点：一是人口高度集中在以首都为中心的大城市地区，比如菲律宾首都马尼拉及其周围的卫星城人口占全国城市人口的1/4；二是国家的经济活动主要集中在以首都为中心的城市地区。在印尼、马来西亚、菲律宾和泰国，人员、生产能力和基础设施均高度集中在首都，马尼拉人口约占全国人口的15%，却生产了该国约1/3的国内生产总值，3/4的工业生产总值和2/3的全国制造业产值。泰国首都曼谷的情况则更为突出，由于国家发展政策的重点和国内外投资均集中在曼谷，导致曼谷的城市经济发展明显快于其他城市和地区，占全国总人口约10%的曼谷承担了该国银行、保险、房地产方面的国内生产总值的86%，制造业的74%。

（二）华侨华人众多

东南亚华侨华人的基本情况，可用3个"最"来概括：新加坡华人的西方化程度最高；马来西亚华人保留了最多的华人文化与传统；泰国、印尼和菲律宾华人被当地同化的程度最高。除此以外，东南亚华侨华人的最大特点就是人数众多。据估计，3000多万海外华人大约有80%集中在东南亚地区，主要分布在印尼、马来西亚、泰国、新加坡和菲律宾，越南、老挝和柬埔寨也有少量分布。毫无疑问，华侨华人众多这一特点必然为中国企业开拓东南亚市场提供许多机会和便利条件。

首先，华侨华人是中国企业进军东南亚市场的向导。华侨华人长期在东南亚所在国定居生活，他们熟悉当地国家的语言、法律、民情风俗及其他各类情况。其次，华侨华人是中国企业走出国门和走向世界的合作伙伴。通常，华侨华人在东南亚国家以从事工商活动为主，拥有独特的经营方式、经销网络和渠道，有些大企业集团甚至在亚太地区乃至全球各地都建立了自己的营销网络，并与欧美的跨国企业建立了良好的关系，通过与之合作，中国企业可进一步走向世界。再次，华人一般受过良好的教育，文化素质较高，中国企业可以从当地华人中雇用到高素质的管理人员。此外，东南亚华侨华人本身也是一个巨大的消费市场，东南亚华人多为中产阶级，收入较高，有较高的消费能力。

东南亚华人的后代，尤其是第三、四代，受西方生活文化的影响，追求高消费的生活方式，比较讲究物质享受，有较强的消费欲望和较高的消费能力，是潜力很大的消费群体。比较而言，新老两代华人在消费习惯上存在很大差异。老一代华人对中国的传统商品，如茶叶、白酒、瓷器等，出于或多或少的情感因素，仍然保持着一种特别的喜爱。而年轻一代的华人则对中国的传统商品缺乏兴趣和情感。

中医中药和华文文化艺术产品在东南亚拥有广阔的市场。受中华文化的长久影响，东南亚华人仍然偏好中医中药，针对其讲究"进补"的传统习惯，中国保健品在当地应有所作为。此外，中国制造的西药价格便宜，在东南亚也颇受欢迎。另一方面，最近10多年，华文文化艺术产品在东南亚大行其道，虽然大多数东南亚华人都不懂华文，但中华文化的博大精深，加之中国近几年国力不断强盛，华文教育热潮方兴正艾，越来越多的华人甚至包括许多本地人都喜爱中国的电视连续剧、文学作品等各种类型的文化艺术产品。

（三）正在复苏的经济

金融危机曾使得东南亚国家一度上升的经济发展态势

中断了10年,人民生活水平受到不同程度的影响,有些国家甚至出现大幅度下降。例如,印尼、泰国和马来西亚的人均GDP分别从1997年的1146美元、2540美元、4690美元下降至1998年的460美元、1850美元、3092美元。近年来,东南亚各国经济复苏,复苏较快的有新加坡、马来西亚、菲律宾,越南和印尼的发展势头很好,尤其是越南,近几年一直保持8%左右的经济增长率,被许多经济学家认为是该地区正在崛起的新兴工业国家。目前,东南亚国家的外国投资、国内私人投资、对外贸易、国内生产总值和人均国内生产总值等重要的经济指标均明显超过了金融危机前一年即1996年的水平。经过10年的努力,东南亚国家已然走出了危机,正步入一个新的发展阶段,即更加重视质的提高而不是量的扩张的阶段。

随着经济的复苏,东南亚各国消费者的购买力也在上升,尤其是在马来西亚、泰国、新加坡等国,人们的购买力几乎已恢复到甚至超过金融危机前的水平。值得企业家们密切注意的是,过去几十年的经济高速发展为东南亚国家,尤其是马来西亚、泰国、印尼和菲律宾等国,造就了一大批中高收入阶层,该群体的购买欲望和购买力都较强。

在研究东南亚市场时,我们还必须注意消费者的收入分配状况,它与购买力有着直接的关系。东南亚的收入分配是极不平均的,贫富悬殊相当大。以印尼为例,占有20%人口比例的最高收入群体拥有几乎一半的国民收入,而占有20%人口比例的最低收入群体只拥有6%左右的国民收入。一般而言,最上层的高级消费者,其支出不受当前经济状况的影响,是奢侈品(如高档小轿车)及服务业(如出国旅行)市场的主要消费者。中产阶级消费者的支出则略受当前经济状况的影响,但仍然买得起比较昂贵的服装、古董、一般的小汽车和住房等。受当前经济状况的影响较大的是劳工阶层,其购买较多的是生活必需品,如食物、衣服、廉价住房等,而且还必须努力存钱,以应不时之需。除此之外,还有一批即便购买生活必需品也得计算精细的最低层消费者,如领取救济金的人、生活在贫困线以下的人和退休者等。

通过恩格尔系数,我们可以对一个国家各个收入阶层的消费能力和消费需求进行科学判断。在新加坡,所有家庭食物占总支出的比重为34%,与欧美国家相当,但也有20%的最低收入家庭食物支出的比重仍高达42%,最贫穷家庭食物支出所占比重则为44%。其他东南亚国家缺乏具体的统计数字,但根据笔者判断,大多数东南亚国家因收入分配极不平均,像马来西亚和泰国这样的中等收入国家,大约仍有50%以上的家庭食物支出在占总支出的比重超过一半或一半以上;在印尼、菲律宾等其他低收入国家,这类家庭可能超过70%。可以说,当一个家庭将其收入的大部分用于食物支出时,他们购买其他消费品的欲望和能力都是非常有限的。

(四)特殊的自然环境

从气候方面看,东南亚各国均属于热带海洋性气候,终年高温,一般分为旱季和雨季。自然环境的变化也会影响到公司的产品制造及营销。

以服装为例,东南亚的本地服装为纱笼,人们在非正式场合,其着装非常简单,即便是正式场合,也只需一件较正式的衬衫和长裤即可,无需寒衣。因此,东南亚国家用于服装方面的支出一般较少。

公共交通方面,除新加坡之外,东南亚各国都很不发达。人们通常愿意使用私人交通工具,有钱人开小汽车,一般的劳工阶层最便利的交通工具就是摩托车。因此,在东南亚各国的城市,摩托车的需求量仍然较大。此外,东南亚国家,尤其是海岛国家,各个岛屿之间的联系,主要依靠船只和小型飞机,这两种交通工具也有较大的市场需求。

(五)多样化的人文环境

1. 民族的多元化。大部分东南亚国家都是多民族国家,印尼由100多个民族组成,越南有60多个民族,泰国、菲律宾和缅甸的民族也在30~50多个之间。就连老挝这样一个只有600多万人口的国家,也有30多个民族。

2. 宗教的多元化。世界三大宗教在这里汇聚,形成了以印尼、马来西亚、文莱、菲律宾南部和泰国南部为中心的伊斯兰教板块,以泰国、缅甸、柬埔寨、老挝、越南为中心的小乘佛教板块,以菲律宾为中心的罗马天主教板块。此外,许多少数民族还保留了自己的原始宗教。

3. 文化和语言的多元化。这是由民族与宗教的多元化决定的,虽然各个国家都规定了自己的官方语言,但由于民族众多,每个民族都有自己的语言(不一定都有文字)。东南亚是一个高度开放的地区,它对外来文化采取兼收并蓄的态度,在大量吸收外来文化的同时,也让本民族的文化发扬光大,从而形成了自身独特的文化。

4. 生活方式的多元化。不同的宗教信仰、不同的民族和不同的文化导致东南亚各国人民多元化的生活方式。同一国家不同的生活地域、同一地区不同的宗教信仰、同一个家庭不同的教育背景,都可能产生不同的生活方式。

不同的人文环境产生特殊的喜好和禁忌,也因此影响着消费习惯和需求。例如,泰国90%的人都信仰佛教,生产各种佛像和宗教用品由此成为一个重要的产业。此外,不同的价值观也会影响人们的消费和购买力。佛教教义强调因果报应,教导人们要相信命运,现世要积德行善,才会有一个美好的来世;穆斯林可能更加崇尚精神方面的生活,而不太看重物质享受。一般而言,东南亚当地人都没有储蓄的传统和习惯,他们都是"乐天派",信奉"今朝有酒今朝醉"的原则,许多家庭可以说是"家无隔夜粮",这也是由东南亚优越的自然环境所决定的,人们无需太大努力就可以解决温饱问题,不像中国需要"积谷防饥",在这种情况下,贵重消费品的购买力就受到了影响。

(六)东南亚市场的统一性与多样性

东南亚各国的民族、宗教和文化及生活方式的多样化决定了该地区市场的差异性和多样性。许多学者在谈到东南亚地区的政治、经济、文化时,都会用统一性和多样性来对该地区的基本特征进行概括,它同样也适用于对东南亚市场的概括。

我们所说的东南亚的统一性,是指有许多内在的因素把东南亚地区各国有机地联系在一起。可从以下两方面来理解:

1. 在历史、文化和地理等方面东南亚是一个相对独立的单元,即独立于东北亚、南亚及澳大利亚诸大陆。联系着多样性的东南亚的因素包括:东南亚地区自身固有的文化;在外来文化传入之后,东南亚本地的传统文化与之互相融合,有选择地吸收,逐步形成了具有特色的东南亚国家的民族文化。

2. 从现实的政治、经济与社会发展的进程看东南亚的统一性。具体表现为：都曾经遭受西方的殖民统治，都是战后新兴民族独立国家，面对共同的发展问题；在国际分工中处于相同的位置，即与前宗主国垂直联系十分密切；全球化与区域化的进程把东南亚更加紧密地联系在一起。

除却东南亚市场的统一性，我们更应该看到和强调东南亚市场的多样性，从经济发展水平和工业化程度来看，新加坡和文莱是高收入国家，人均国内生产总值达到3万美元左右（2006年，下同）；马来西亚和泰国是中等收入国家，人均国内生产总值分别达到5610美元和3166美元；印尼和菲律宾的人均国内生产总值已经过超过1千美元；其他国家的人均国内生产总值则在1000美元以下。新加坡、马来西亚和泰国已基本实现了工业化；印尼、菲律宾和越南处于工业化的起步阶段；缅甸、老挝、柬埔寨等则基本上还处于农业社会。即便在同一个国家，由于民族、宗教和语言文化的差别，也使得生活方式、经济发展水平和消费习惯与消费模式存在巨大差异。城乡差别、民族差别、文化差别、贫富悬殊都是影响东南亚市场多样性的基本因素。例如，我们在谈到泰国市场时，就必须考虑到泰国经济发展中心曼谷及其周边地区与经济落后的偏僻地区（包括东北部地区和南部地区）的巨大差异，还必须考虑到泰南穆斯林聚居地区的特殊性，如果不注意这些多样性与差异性，便可能犯下错误。

二、东南亚投资环境分析

到东南亚投资（或者说跨国经营），跨越了民族界限，甚至是制度界限，必然受到各种环境因素的影响和制约，因此，我们有必要对这些环境因素进行科学的分析并采取适当的应对措施。

1. 经济环境

（1）基本经济制度。包括资本主义还是社会主义；垄断的程度如何；市场经济的程度和范围如何。在东南亚国家，越南和老挝是实行社会主义制度的国家，目前正在进行市场经济改革。其他国家都实行资本主义制度。

（2）垄断的程度。一些本地企业或跨国企业在各个重要行业都形成了不同程度的垄断，有些甚至非常严重。例如，泰国的正大集团对本国农产品，尤其是鸡肉和蛋的生产、加工和销售形成了垄断；印尼一些大的企业集团基本垄断了木材、石油、汽车、橡胶等重要产品的生产、加工和销售。此外，一些西方的跨国公司也对东南亚国家的某些行业或领域形成了垄断，例如西方的石油公司基本上垄断了东南亚的石油和天然气的勘探、开采。

（3）市场经济的发育程度。在东南亚并没有发育完善的市场经济，有的只是畸形的市场经济，是本地私人资本、跨国公司和官僚的结合体。在印尼、马来西亚等国家，人们把这种结合叫做“主公制度”，即极小一部分华裔富商与执政者利益交织、互相利用的体制。华商投入大量的资金发展企业，然后让执政者的亲戚在企业中位居要职，借着这种裙带关系，少数华裔和政治权贵共存共荣，政治权力与经济势力互相利用，结合非常紧密。

（4）经济形势。包括近期经济波动情况及政府对策是否有效；经济形势发展的预测；物价水平（通货膨胀程度）；政府预算盈余或赤字；外债和偿还外债的能力；汇率；外汇储备；综合国力。就目前的经济形势而言，新加坡、泰国、马来西亚、越南和印尼可能较好。国内外观察家和学者尤其看好越南和印尼，认为这两个国家的经济发展后劲足，尤其是印尼，拥有丰富的自然资源和大量的劳动力，只要政治稳定和政府强而有力，其经济发展前景可观。

（5）基础设施建设。包括电力、用水供应情况；通讯是否便利；交通运输是否发达；仓储服务。一般而言，新加坡的基础设施最好，其次为马来西亚和泰国，其他国家相对比较落后。

2. 政治环境

（1）政体。二元君主制——文莱；总统制——印尼、菲律宾；内阁制——新加坡、泰国、马来西亚、柬埔寨；特殊情况——老挝、越南和缅甸。

（2）政党。一党制——新加坡、越南和老挝；多党制——泰国、菲律宾、马来西亚等国。

（3）政局。包括政权更迭是否过于频繁、战争情况、人民对政权的信心、执政党情况。以泰国为例，泰国自1932年实行君主立宪制度以来，先后发生过18次政变，最近一次发生在2006年；曾经颁布过15部宪法，组成过23届内阁。谈到政局稳定的问题，不能不涉及军人政治。在东南亚，军队有干预政治的传统。其原因在于：政党不发达；军队在独立建国的过程中曾经起过积极的作用；文官政府腐败无能；军队是组织得最严密、最有纪律、最完善的政治组织。

最后，还应考虑政府情况，包括政府办事效率、官员水平和素质、有无贪污腐败现象、政府运行是否科学化、规范化等。此外，政府政策也是需要考察的，包括是否具有稳定性和连续性；是否鼓励、保护外来投资者利益；对货物、资金、利润、原料、成品、人员出入境的限制与管制；贸易限制；对外资进入、所有权、投资行业、技术、用工等的规定。

3. 法律环境

东道国的法律对企业跨国经营有直接的影响。一般而言，法律环境包括：对外国投资有法律规定，歧视或给予同等、优惠待遇；法规是否健全；法律对经济活动的约束力；是否具备劳工法、税法、公司法；法律是否具有灵活性；有关处理经济纠纷的法律程序；能否提供投资者安全的利益保障和人身保障等。新加坡、泰国和马来西亚的法律环境较好、法制较健全、人们的法律意识较强。

4. 投资环境综合分析

将东南亚各国投资环境进行比较（从综合因素考虑），新加坡的投资环境最为优越；其次为马来西亚和泰国；印尼、菲律宾、越南和缅甸再次；最后是柬埔寨和老挝。若进行单独分析，各国皆有其优劣势。

新加坡　优势：政治稳定、政府办事效率高、基础设施发达和完善，且是东南亚地区的金融中心、转口贸易中心、国际会议中心，是进军和占领东南亚市场的桥头堡。劣势：市场已经比较成熟、劳工成本很高、劳工短缺、竞争比较激烈、自然资源匮乏，甚至连食水都要从邻国进口。

马来西亚　优势：政治稳定、政府办事效率较高、基础设施比较完善、铁路、公路和航空系统方便快捷、通讯设施发达、资源也比较丰富，尤其是石油和天然气，劳工受过较好的教育。劣势：劳工成本较高，劳动力短缺。宗教方面，伊斯兰教极端势力正在抬头，回教党的影响正在扩大，目前在吉兰丹州执政，受到下层贫苦马来人的拥护。

泰国 优势：政治比较稳定、劳工受过较好的教育、人民群众信仰佛教、社会稳定、犯罪率极低、基础设施完善，尤其是曼谷周围的城市和乡村地区。劣势：资源比较贫乏、劳工成本较高。此外，现在的军人政权虽然反复表示一旦大选顺利举行，就将移交政权，但是否真能实现政权的和平交接，尚需要认真观察。

印尼 优势：自然资源非常丰富、市场潜力很大、人口众多、劳工供应充足、劳工成本较低。劣势：民族关系仍然存在各种不稳定因素、宗教极端势力的活动仍然比较活跃、基础设施不完善、各个岛屿之间的联系极不方便、政府办事效率不高、贪污盛行。

缅甸 优势：自然资源非常丰富、人民性情比较平和、社会稳定、劳工充足且成本低、与中国交好、外国投资，尤其是欧美的投资还比较少，属于一块处女地。劣势：基础设施较为落后，难以预知军人政权能否长期维持下去，在向民主过渡的进程中有可能会出现局势动荡。作为一个多民族国家，一些民族长期与中央政府不和，甚至出现长期的大规模的武装对抗，现在的军人政权上台后实行两手政策：一方面加大镇压的力度，另一方面对各个民族实行安抚，给予较多的自治权力，从而实现了各民族之间以及中央和地方之间的和平。但也有一些专家预测，一旦由文人执政，没有军队的强有力的支持，一些民族和地方分裂势力又有可能重新抬头。

菲律宾 优势：群岛国家，海洋资源非常丰富。与美国的关系比较紧密，美国是菲律宾最重要的外资投资国。民众受教育程度较高，大部分受过教育的人都会英语。劣势：自然灾害比较频繁发生，主要是台风和地震。南部伊斯兰极端势力虽然受到严厉的镇压，但仍然活动频繁，经常制造一些爆炸和恐怖事件。菲律宾的工会势力较大且比较活跃，罢工和劳资对立等事件经常发生。

越南 优势：政局稳定、劳工成本低且供应充足、资源比较丰富；劣势。基础设施不完善、政府办事效率较低、官员贪污腐化比较严重。

柬埔寨 优势：自然资源非常丰富、政治稳定、劳工供应充足且成本低，与中国交好。人民普遍信仰佛教，性情温和，反对暴力。劣势：政府办事效率不高、官员贪污腐败、基础设施不完善。

文莱 优势：政治稳定、人民生活水平较高、社会秩序较好、石油和天然气资源非常丰富。劣势：经济结构单一，国内生产总值的70%依赖石油和天然气部门，劳动力不足。

老挝 优势：政治社会稳定，大多数人民信奉佛教，崇尚精神生活。外资进入较少。中国政府向老挝提供了不少的援助，人民对中国普遍比较友好。劣势：东南亚唯一的内陆国家，仍然处于农业社会，大多数人民还处于贫困状态，购买力较低。

三、机遇与风险并存

（一）天时、地利、人和背景下的商机

中国企业现在进军东南亚市场，进行跨国经营，可谓是得了天时、地利、人和三方面的优势。

天时 一方面，目前中国政府鼓励有条件的企业走出国门，进行跨国经营。另一方面，在经受了10年前的金融危机的冲击之后，东南亚如今已处于经济复苏和重新振兴的阶段，亟须恢复外国投资者的信心。他们纷纷采取措施，以更加优惠的政策刺激外国投资者前来东南亚投资设厂。

地利 中国与东南亚互为邻居，尤其是中国的西南各省与中印半岛各国（越南、老挝和缅甸和泰国）在地理、民族、文化、宗教等方面都非常接近，同饮一江之水。现在，中国提出重点扶持中西部发展的战略，将更加有利于促进中国西南与东南亚中印半岛各国的合作。此外，东盟也加快了澜沧江—湄公河流域国际经济合作的步伐，二者完全可以互相促进，互为基础。组建中国—东盟自由贸易区的构想提出之后，中国西南各省区已迅速行动起来，进一步加强与东南亚各国，尤其是中印半岛各国之间的联系。经过几年的努力，一个统一的中国—东盟市场正在逐步建成。

人和 中国与东南亚国家，尤其是中印半岛地区各国文化比较接近，甚至相通。目前，与中国政治关系最好的要属泰国、缅甸和马来西亚；新加坡则注重发展与中国的经贸关系；柬埔寨与中国的关系近年来得到迅速提升；菲律宾也开始注重发展与中国的关系；印尼与中国的关系亦有很大改善，结成战略伙伴关系。中国与东南亚各国的双边关系正处于历史上的最好时期，各国都致力于发展与中国的关系，扩大各领域的交往。东南亚已成为中国的第四大贸易伙伴（仅次于日本、欧盟和美国）。

东南亚市场为中国企业提供了诸多商机。

金融业 当前东南亚各国的许多银行正在重组，对外资进入这个领域的限制也进一步放宽，中国的银行和金融机构可以考虑向东南亚进军，收购一些金融机构。

小水电 东南亚国家的水力资源非常丰富，中国在发展小水电方面有丰富的经验和技术，可以帮助东南亚国家大力发展小水电。

机械制造 东南亚国家没有重工业基础，也没有完善的工业体系，即便是经济发展水平较高的国家，其主要经济支柱也仅仅是面向出口的加工工业。因此，对大型机械、机床等的需求比较旺盛且依赖进口。中国此类产品质量好，且在价格上远低于西方同类产品，具有很大的优势。

农业技术 东南亚国家的农业技术比较落后，增加粮食产量主要靠增加耕地面积，较少采用农业技术，如育种技术等。

石油、天然气和其他矿产资源 东南亚国家此类资源比较丰富，尤其是印尼、缅甸等国，柬埔寨最近也发现大油田。柬埔寨极有可能成为东南亚新的石油、天然气输出国。东南亚还拥有非常丰富的有色金属、稀有金属矿产资源，目前我国所急需的各种矿产资源都能在这里找到，双方合作潜力巨大。

旅游市场 东南亚的旅游资源十分丰富，目前开发较好的是泰国和马来西亚，印尼、缅甸、柬埔寨等国仍有大量的旅游资源尚待开发，例如缅甸的蒲甘、印尼日惹附近的大佛塔，都是著名的世界级文化遗产。

文化市场 华文音像制品、华文出版物、华文文化艺术产品是可以在东南亚占据一席之地的。10多年前，几乎都是香港和台湾的产品充斥东南亚市场，最近几年，中国内地的文化产品开始取代港台产品，在东南亚市场占有越来越大的份额，且潜力较大，中国企业应该去开拓和占领这一广阔的市场。

（二）中国企业在东南亚跨国经营所必须面对的挑战

1. 当地环境的挑战

环境对跨国经营的影响，包括有利因素与不利因素。有利的环境因素给跨国经营提供盈利的方便条件，不利的环境因素则给跨国企业带来经营上的许多困难。例如：垄断程度过高的国家会使中小资本缺少必要的保护和支持；政局不稳、政权更迭过快的国家，其政策的多变使外国投资者的财产得不到保障等。跨国企业必须做到趋利避害。

同时，跨国经营面临的环境是复杂的，有利因素与不利因素往往相伴而生，具有两面性的特点。例如，经济发达国家，其人民消费水平高、购买力强、市场广阔。同时，技术先进可以提高企业的技术层次、法规健全可以提供各项法律保障、劳动力技术文化水平高、各项生产要素供应充足。但是，经济发达国家市场和技术上的竞争激烈、劳动力价格高、成本高昂。相反，发展中国家市场和技术上的竞争不强、生产要素价格低廉，但劳动力技术水平低、市场狭小、法规不健全。投资环境的两面性给投资者的选择造成困难。跨国经营企业一般应该对与本身特点（行业、产品、目标等）密切相关的主要环境因素，诸如政局是否稳定、文化差异程度、利润汇出是否方便、融资是否便利、经营成本、市场营销等，分别进行分析，从而做出最有利的选择。

跨国经营面临的环境，除了两面性之外，还具有变异性的特点。跨国企业由母国到东道国，环境变异是一个普遍的问题。在环境变异的情况下，有利因素会变为不利因素，不利因素也可能变成有利因素。环境的变异往往导致如下结果：管理职能与政策的改变（管理者必须面对东道国的法律环境和政治环境，而这种环境与母国的环境可能是完全不同的）；通讯与沟通的困难；面临种种新的风险，这些风险有些来自政治原因，有些甚至可能关系到人身安全；与东道国出现价值观或文化上的冲突，由于政治、法律、语言文化环境、生活方式的不同，管理人员之间、员工之间都有可能出现此类矛盾甚至冲突。

环境的变异使跨国企业比国内企业在企业组织和企业目标的重新组合上有更多的优势和机会，但是，变异也对跨国企业管理的衔接造成困难。跨国企业必须尽快适应环境的变异，创造出具有弹性的经营管理机制，以不断适应新的环境。聪明的投资者就在于他不仅善于充分把握和利用有利因素，而且还能够因势利导，化不利因素为有利因素。

2. 欧美日发达国家跨国公司的挑战

发达国家的跨国公司在东南亚经营已经有相当长的历史，有些甚至可以追溯至殖民地时期。发达国家的跨国公司实际上已经形成对东南亚经济的垄断。例如，英国、荷兰、美国等国的石油公司基本上垄断了印尼、马来西亚和文莱等国的石油和天然气的开发、加工及销售。日本企业则基本控制了东南亚各国家用电子电气产品的生产，有人甚至将东南亚形容为日本的加工厂。美国在1990年代初也将东南亚确定为全球10大新兴市场之一，努力加强在该地区的经济存在。

3. 亚洲“四小龙”的挑战

与欧美日跨国公司相比，“四小龙”可能更具挑战性。因为，它们更加熟悉东南亚的环境，在东南亚的经营也有较长历史，尤其是台湾和新加坡的企业，对东南亚的情况了如指掌，有一些企业甚至已经在东南亚扎下了根，何况还有政府的大力推动与支持。例如，台湾当局为了鼓励台湾企业在东南亚投资，制定了许多优惠政策；新加坡政府也制定了“区域化”政策，鼓励本国企业在本区域各国投资设厂，并在越南、缅甸等国设立“新加坡工业园”，千方百计为本国企业在东南亚各国投资营造一个良好的环境。

（三）个案分析：如何在印尼投资设厂

1. 对印尼市场和投资环境的基本估计

印尼是受东南亚金融危机冲击最严重的国家，经济危机导致政治社会危机，使印尼经济遭受重创。经过10年努力，印尼经济已逐步恢复到危机前的水平，目前政治稳定，政府效率逐步提升，正在进行政治改革，尤其是改革中央与地方的关系，权力下放，各省市长进行直接选举。权力下放有利于各省，尤其是外岛地区的经济发展。印尼的经济活动中心在爪哇岛，但印尼的自然资源却在外岛地区，实行地方自治之后，印尼外岛地区各省发展经济的积极性被极大地调动起来，从而为我国的投资者提供了广阔的市场。笔者建议中国厂商到印尼投资的主要理由是：①印尼自然资源非常丰富。中国目前缺乏的资源，在印尼几乎都有。②印尼本身是一个前景非常广阔的新兴市场，拥有2亿多人口，年轻人居多，且有一个人数不断增加的中产阶级，人均国内生产总值已经达到1594美元（2006年）。③印尼的政治与社会逐渐趋于稳定。经过近10年的社会政治动荡与最近几年的政治经济改革，印尼人心思定，宗教极端势力和地方分裂势力不可能有大的作为。④印尼经济正在稳步增长。宏观经济数据表明，印尼的经济增长速度虽然慢于越南，但是一个拥有丰富自然资源的大国，只要有一个比较稳定的社会政治环境和一个强有力的政府，印尼经济振兴的前景是光明的。⑤中国与印尼的关系正在迅速改善与提升。印尼历史上曾经发生过多次较大规模的排华事件，给中国人和广大海外华人留下深深的创伤，但这些事件的发生往往有其特殊的国际和国内背景。今后在印尼再度发生类似的大规模排华事件的可能性并不大。目前，印尼对前来投资经商的中国人是友好的，对本国的华人也是友善的。

2. 在印尼投资设厂的机遇与挑战

在印尼投资设厂，机遇与挑战并存，现在可能是进入印尼市场的最好时机。目前，西方跨国公司还处在观望之中，我国企业应利用这一时机抢先一步，占领一些滩头阵地。

如何规避政治风险？这是在印尼投资设厂和做生意的中国企业首先要面对的问题。一般而言，在发达国家，政治较为稳定、法律制度较为健全，无须承担大的政治风险；但在发展中国家，尤其是在当前的一些东南亚国家，政治风险相对较大。因此，到东南亚投资经营的企业一定要事先进行政治风险评估。当前流行的主要评估方法包括实地访问考察、聘请专家进行分析评估和等级评分法等。根据香港的政治和经济风险咨询公司每年提交的报告，东南亚国家中新加坡的政治风险最小，其次为马来西亚、泰国，印尼、缅甸、柬埔寨和越南等国。

印尼目前的政治风险主要在于：①伊斯兰极端势力。②统治阶级内部的力量均衡和协调的问题。现在的印尼统治阶级内部的几大势力仍在较量，苏西洛政府面临的主要威胁是：军方势力、伊斯兰教极端势力、前苏哈托总统的势力和技术官僚势力。苏西洛政府若能正确处理与这些势力的关系，就能够继续维持其政权直到2009年总统选举。③中下层老百姓的贫困问题。印尼的贫困问题比较突出,有几千万人生活在最低贫困线以下。当被统治阶级无法按照原来的方式生活下去时,统治阶级也将无法按照原来的方式维持自己的统治。但印尼的经济复苏目前正在加速进行,笔者认为上述状况还不会出现。

对于政治风险,我们应该辩证地来看待。风险与利润往往成正比,风险越大,机会越多。正因为风险大,一般的西方跨国公司都不愿意前往,这就正好给那些敢于第一个吃螃蟹的企业提供了机遇。当然也要正确把握,将风险降到最低限度。

3. 处理好三大关系

与当地政府的关系。为减少当地国家对企业的疑虑,争取更多的政治保护,建议跨国经营企业尽量做到:第一,加强法制观念。认清本身的地位,以合法经营者的身份在当地国家经营,遵纪守法。第二,妥善处理劳资关系。不能只顾本企业的利润,必须考虑当地劳工的利益,促进当地国家的经济发展。第三,入乡随俗。不应该以本国化的方式争取新用户,不要与当地人民的生活传统和宗教习惯发生冲突。第四,增进了解。不要认为英语是国际语言,能够说流利的英语就行了,比这更加重要的是要学会说本地话,增进与本地人民的人际关系。第五,造福当地人民。设法参与当地国家的公共工程计划,直接为当地经济发展作出贡献。第六,本土化。尽量录用当地有才学的人,并且给予当地企业充分的自主权,不要让当地人感到该企业一切受控制于总公司,要求当地企业的各级管理人员积极参与当地人民的各项活动,与当地社会打成一片。

与当地雇员的关系。跨国经营企业与当地雇员的关系具有双重的性质,一方面,他们是雇主与雇员的关系,另一方面,他们又是国家与国家之间的关系。要尽量以人道的态度对待当地员工,关心爱护他们。这方面,要尽量吸取台商和港商的教训。

与当地华人的关系。与当地华人打交道时,要注意到他们已经不是中国公民,而是加入了当地国籍的印尼公民,或者叫印尼华人;在雇用当地工人和管理人员时,可以考虑适当雇用一些当地的华人,但要注意适当,不要给当地人造成该企业只雇用华人而不愿雇用本地印尼人的印象;当地华人是我国企业熟悉和了解当地环境的重要向导,可以通过他们学习和掌握到很多当地国家的情况,但也要防止上当受骗。

(作者系暨南大学东南亚研究所教授　原载《珠江经济》2007第11期)

马六甲海峡与东南亚地区安全

李金明

马六甲海峡位于印度洋北部、马来半岛与印尼的苏门答腊岛之间,为亚洲、非洲、欧洲、大洋洲之间相互往来的海上枢纽,交通地位十分重要。马六甲海峡在历史上曾经先后被葡萄牙、荷兰、美国和日本占领过,直至二次大战之后,才归还海峡沿岸国家所有。1971年11月16日,马来西亚、新加坡和印尼三国发表联合声明,宣布共管马六甲海峡和新加坡海峡事务。

马六甲海峡是当今世界上最繁忙的海峡之一。据统计,在总量方面,每天有200多艘载重300吨以上、长度超过50米的船只通过马六甲海峡(每年约60,000艘),装载着运往东北亚石油的80%是从这里通过的;在价值方面,经马六甲海峡载运的总吨位达5.25亿吨,总价值3,900亿美元。随着亚洲贸易流量和能源需求的不断增多,马六甲海峡的未来将会更加繁忙。按照美国能源信息局(US Energy Information Administration)的说法,从现在至2025年,亚洲发展中国家的石油消耗将以每年3%的速度递增,这将使航经马六甲海峡的油轮数量增加3倍。而亚洲亦将引进大量的世界制造业基地,这无疑会使马六甲海峡的拥挤加重。因此,如何保证马六甲海峡的畅通和东南亚地区安全,就成为人们关注焦点。

一、海峡面临海盗与恐怖分子的威胁

包括马六甲海峡在内的东南亚海域历来是海盗活动最猖獗的地方。根据设在吉隆坡的国际海事局海盗报告中心(MB Piracy Reporting Centre)报告,在2003年和2004年的两年中,在海上发生的近800起袭击事件中,有一半是发生在东南亚的港口和海域,且这种袭击的发生频率及暴力程度在不断地增长。如1991年在东南亚发生的袭击事件为88起,而2005年却猛增到187起。在东南亚的众多海域中,印尼海域是世界上最危险的地区,在2000年报告的实际攻击案件有86起、企图攻击31起,这个数字大概占报告总攻击数的25%。在马六甲海峡,2000年报告发生的攻击案件有75起,而在1999年仅有2起。故国际海事局认为,马六甲海峡已成为继印尼之后,世界上最危险的海盗攻击区。另据国际海事局2004年11月发布的报告称,从全球范围看,2004年的海盗活动虽然减少了1/3,但在马六甲海峡仍发生了25起,约占全球总数的56%。这些数字尚不包括一些没有报告的袭击案件。按国际海事局的估计,未报告的袭击案件至少占一半以上。可见日益猖獗的海盗活动已使这条世界上最繁忙的航道变成最危险的海峡。

2004年12月26日,印度洋发生大海啸后,人们以为马六甲海峡的海盗活动可能因此暂停一段时间,但仅过了短短的两个月,海峡又发生12起劫船事件。

海盗活动不仅仅是强行登船和抢劫,许多还发展到屠杀和劫持船员,劫走整船货物或整艘油轮。在2003年和2004年的海盗袭击事件中,有50多名船员丧生;仅2005年一年,就有86名船员被迫离船,其中有36人是在马六甲海峡被劫持的。这些海盗活动无疑对海峡的航行安全构成了巨大的威胁。

这种现象如果发生在一些中心港口,其造成的危害将会更大。中心港口在全球贸易体系中占有相当重要的地位,据有关方面估计,仅新加坡中心港口的关闭对全球经济造成的影响,从存货和生产周期的破坏每年很可能超过2000亿美元。2002年10月,美国因工业活动成本上升到一天10亿美元,即关闭美国西海岸的一些港口,可见中心港口的关键作用是很突出的。因此,中心港口就成为恐怖主义袭击的有利目标,海上恐怖分子可能劫持液化气(LPG)船,把它们变为浮动炸弹炸毁港口。一艘装载600吨液化气的油轮的杀伤力,将成为一颗1200米宽的燃烧弹,把方圆1200米内的一切物质和生命破坏殆尽,此外,大量的灾祸与伤亡也将发生。

海上恐怖分子的另一种可能做法是用一颗“脏弹”(一种使放射性原料扩散的常规炸弹)炸毁一个中心港口,这种炸弹可经一艘集装箱船的一个集装箱走私进来。

除了袭击中心港口外,袭击海运也可能是海上恐怖主义分子最有迷惑力的选择。假如这种袭击变得严重时,船主和船长就可能选择从现有的航道转向安全航道,这种转向将使工业生产付出昂贵的代价。美国国防大学2002年一项研究做出这样的结论,如果马六甲、巽他、龙目和望加锡海峡以及南中国海的航运被封锁,其结果是一年的额外航运花费将达80亿美元。这是基于1993年的贸易流量,如以现在的贸易流量来估计,花费无疑将会更高。

马六甲海峡正面临海盗和恐怖主义分子的威胁。这些海盗或者来自印尼的亚齐,他们效法索马里海盗,疯狂地绑架人质以换取赎金;或者来自东南亚国家众多贫穷和边远地区的失业渔民或海员,他们为贫穷所迫而成为海盗,这是在东南亚打击海盗的主要难点。由于这个缘故,所以,印尼与新加坡签署双边协议,准许印尼海员在新加坡注册的船上工作,目的是防止和减少该地区的海盗活动。至于恐怖主义分子,目前唯一能对马六甲海峡航运构成真正威胁的组织是伊斯兰祈祷团(Jemaah Islamiah),该团伙对袭击马六甲海峡的航运以及到访新加坡的美国海军军舰感兴趣。这些威胁显然是构成马六甲海峡不安全的因素,可以设想,海盗袭击损害一艘正在运行的船只所造成的碰撞、搁浅、大量的化学物品泄漏或海峡关闭都将是一场巨大的灾难。

二、海峡沿岸国采取的安全措施

马六甲海峡沿岸国——印度尼西亚、马来西亚和新加坡都声称对海峡的绝大部分区域拥有主权;在海峡西北入口处,泰国也声称其海上主权直至印度,原因是此海峡靠近尼科巴群岛,可对海峡附近的印度洋行使某些控制权。在这些声称国中,当然是印度尼西亚和马来西亚声称对海峡拥有最大的主权,它们是其主权最强烈的保护主义者,包括对其拥有海域的管辖权。根据1982年联合国海洋法公约规定,它们有权把领海与领土同等对待,行使管辖权,但是,它们也必须对其领海的安全负责,保障航道的安全。因此,它们对马六甲海峡所面临的海盗与恐怖分子威胁不会等闲视之。

早在1992年,印尼和新加坡就同意在新加坡海峡实行共同巡逻,包括其海军和合作巡逻组织每三个月在海峡的直接通讯联系。新加坡和印尼还建立了一个联合雷达监视系统,名为“SURPIC工程”,通过图像可监视新加坡海峡的交通。1992年,印尼和马来西亚也决定建立一支“海上行动计划队”(Maritime Operation Planning Team),以便在马六甲海峡合作巡逻。在此之前规定的“马来西亚—印尼合作巡逻”是一年4次,而此次建立的“马来西亚—印尼海上行动合作巡逻”亦保持不变,巡逻是与其他海上机构如海关、搜救和两国警察部队一起行动。海峡沿岸三国除了自身的合作外,还分别与其他地区和国家合作,共同维护马六甲海峡安全,如自2004年9月起,印度尼西亚与印度海军已执行“6°海峡”(SixDegree Channel)的联合巡逻。该航道正在马六甲海峡西部,位于印尼的沙璜岛和苏门答腊的亚齐海岸与印度的尼科巴群岛之间,所有国际船舶进出马六甲海峡通常都经过“6°海峡”。从2003年9月开始,马来西亚和泰国也公开增强了它们在海峡北部的海上合作巡逻力度,原因是担心该地区的武器走私、暴动和恐怖主义活动。印尼还与美国进行过反海盗演习,包括攻击敌船和船舶检查;2005年4月,印尼与中国签署了一项战略伙伴协议,双方将尽可能增加海上合作,共同努力打击走私与海盗活动。

但是,在是否让其他地区国家参与维护海峡安全的问题上,海峡沿岸三国仍然存有分歧。就以新加坡来说,其海上空间很小,马六甲海峡商业航运的畅通对其十分重要,因此,它把海盗与恐怖主义看作是对其国家安全的主要威胁。所以,新加坡坚决支持美国在2004年4月提出的东南亚“地区海上安全方案”(Regional Maritime Security Initiative)。新加坡国防部长张志坚就呼吁政府“坚定地赞成多边磋商和合作。”新加坡副总理陈庆炎亦呼吁地区外国家包括日本,协助巡逻马六甲海峡。他说:“单方面限制这种巡逻只能是地区内国家,这是不现实的。”新加坡也要求美国参与这种巡逻,但遭到坚决反对把海峡问题国际化的印尼和马来西亚的强烈谴责。新加坡已准许美国海军船只使用其港口做修理、加油和补给之用,美国的军用飞机亦可在那里中途停留;此外,新加坡和美国还在商讨签署一项有关安全防御的战略框架协议,它将“包括反恐怖主义、阻截大规模杀伤性武器交易的合作和联合军事演习。”这已引起印尼和马来西亚的关注,因该协议可能导致美国在新加坡建立军事基地。

在马来西亚看来,海峡大约有一半是在其领海之内,他们的主要兴趣是维护海峡的绝对主权。对于马来西亚官方来说,这意味着把一切外国势力(不仅是美国)都排除在马来西亚的海域之外,2004年4月5日,就在美国亚太地区部队司令法戈(Thomas Fargo)提出将美国正考虑部署载有特殊部队的快速巡逻艇协助巡逻马六甲海峡的有关内容,作为“地区海上安全方案”的一部分后不到一个星期,马来西亚副总理纳吉布·拉扎克就说道:“海峡的控制是马来西亚和印度尼西亚的主权,不欢迎美国的军事力量介入。”这正是大多数马来西亚官员强调马来西亚主权的论点之一,它意味着任何情况下美国军队都不准进入马来西亚海域。2005年6月,纳吉布重申马来西亚拒绝外国对海峡的援助,他说道:“如果国际组织要援助,必须遵循两条基本原则:一是该地区国家——印度尼西亚、马来西亚和新加坡的主权不能受侵犯;二是这三个国家自己会负起维护地区安全的责任。”2005年7月,马来西亚总理巴达维亦声称,马来西亚从来不准许外国军队协助巡逻马六甲海峡。“未经我们许可进入该地区是一种侵犯,我们将视之为不尊重我们国家的主权。”

印尼在这方面与马来西亚是一致的,印尼人对海上主权问题极其敏感,即使是不会直接损害主权的合作行动(例如联合演习),也会被警惕地认为,这种活动可能导致渐进的侵占。毋庸置疑,如此强烈的敏感必将阻止与一切外部国家的合作。不过,印尼与马来西亚不完全一样,它没有完全排除与外国合作的可能性。当印尼决策者发现合作有利无弊时,就会愿意在主权问题上妥协。如在2001年和2002年,印度和美国海军船只在马六甲海峡执行反海盗巡逻时,印尼拒绝公开表示反对,因为“9·11”事件刚过去后不久,如阻止美国的安全活动,其付出的代价相当大。

为协调这些分歧,总部设在伦敦的国际战略研究所于2005年6月3日在新加坡举行了每年一度的“亚洲安全大会”,有来自亚太地区及欧洲的20多个国家和地区的大约200

多名国防部长、安全问题专家和相关代表出席，会议探讨有关亚洲地区的安全问题及其面临的挑战。马来西亚副总理兼国防部长纳吉布·拉扎克在会上说，保卫马六甲海峡安全是马来西亚、新加坡和印度尼西亚三个沿岸国家的主要责任，但由于三国独立承担这些责任的能力有限，故必须同其他与该地区安全和经济利益有联系的国家共同努力，寻求被有关各方都能接受的行之有效的预防措施。他呼吁国际社会，特别是从海峡安全通行中受益最多的国家做出实际贡献，支持沿岸国家正在进行的努力。新加坡国防部长张志坚也表示，与会各国的国防部长在如何提高马六甲海峡航行安全上达成了三大原则共识，即维护海峡安全的任务主要由沿岸国家负责，其他海峡使用国及国际社会也可发挥重要作用，任何保护海峡安全的措施都必须尊重沿岸国家的主权和国际法。2005 年 9 月 7 日，由印尼和国际海事组织联合举办的“马六甲和新加坡海峡安全会议”在雅加达召开，有来自 29 个国家和一些跨政府组织及非政府组织的观察员出席会议。海峡沿岸三国代表在会上一致呼吁，海峡沿岸国家和海峡使用国家以及国际机构应合作维护马六甲和新加坡海峡的航行安全，并保护好沿岸的环境。会议还讨论了有关印尼、马来西亚、新加坡三国联合保卫马六甲海峡安全的进展情况，马六甲海峡使用国提供的技术援助和建立马六甲海峡监控系统等问题。

其实，海峡沿岸三国在 2004 年 7 月 20 日就开始实施海上联合巡逻，共有 17 艘船只参加海上巡逻任务。但由于涉及到“国家主权”的敏感问题，故所谓的“联合”只不过是“协调”而已，是三国军舰分别在各自海域执行任务，虽然设有“热线”联系，但不能越界追缉海盗。因此，“联合巡逻”的效果不好是可想而知的，前面提到的在 2005 年 3 月连续发生的三起海盗袭击事件就是明证。于是，有不少专家指出，水域极广的马六甲海峡仅靠新加坡、马来西亚、印尼三国区区 17 艘军舰在各自海域巡逻，无法有效打击海盗的嚣张气焰，必须联合海峡主要使用国的海军力量。他们认为，沿岸国家应采取开放的态度看待这个严重问题，并且认识到应该让主要使用国都有机会来共同参与维护安全。只要以积极开放的态度让各有关国家和组织来共同协商，终究会找到一个维护主权、消除敏感，而又能兼顾安全的办法。

为克服仅靠海峡沿岸三国“联合巡逻”的弊端，2005 年 9 月 13 日，海峡沿岸三国及其近邻泰国开始在马六甲海域展开名为“空中之眼”(Eyes in the Sky)的联合空中巡逻。此举改变了过去的巡逻是由各个国家分别部署战舰、飞机，且分开指挥的做法，是海峡沿岸三国以外的国家参与联合巡逻的重大突破。这种巡逻的主要目的是从空中了解马六甲海域的情况，尽快掌握信息，保证海峡安全。这支由四国空军组成的巡逻飞机编队，每周 7 天执行在马六甲和新加坡海峡上空的越界巡逻任务，其作用在于能尽早发现海上突发事件，并尽快地采取应对措施。为了拓宽联合巡逻的范围，四国已同意在泰国的普吉、马来西亚的卢穆特、新加坡的樟宜和印尼的沙璜、杜迈建立 5 个热线联络站。同时，过往海峡的船只还可通过一个专门的无线电频道与联合巡逻队进行直接联系。至于其他国家对海峡巡逻的援助问题，海峡沿岸国仅希望它们在人员培训和技术交流方面提供援助，而海峡的日常巡逻任务仍应由印尼、马、新、泰四国承担。此次海峡沿岸国家采取的新举措把水面和空中的巡逻更好地协调起来，使海盗船只难以逃脱联合巡逻的视线，因此收到了一定的成效。据最近国际海事局宣称，航道袭击在 2006 年上半年已从去年的 8 次降到 3 次，但海峡还不是 100% 的安全。海峡沿岸国虽然采用了许多行动和新举措，但他们的能力毕竟有限，他们必须在每个沿岸国的领海主权不遭受损害的前提下找出解决问题的突破点。

最近，海峡沿岸国提出了“负担分摊”(burden sharing)的新提议，因沿岸国家在保证本国安全的同时，还要保卫海峡，力量毕竟有限，故“分摊负担”的做法不仅是合法，而且是切实可行的。沿岸国提出的另一个问题是预算问题，因马六甲海峡的自然条件相当特殊，沿着航道有许多小岛，且海峡又不很深。这种自然条件要求有某种相应的装备，而这种复杂的相应装备则需要有相应的预算。另外，由于海峡使用者对沿岸国保卫海峡有较高的期望，而尽力保卫海峡需要昼夜不停地加强巡逻，这样就要求有大量的财政支持来维持加强巡逻活动。针对这些提议，来自 31 个国家的海洋官员于 2006 年 9 月聚集在吉隆坡，苦心策划一些办法以补偿保卫海峡航道安全和环境保护的花费，要求航道的使用国和航运集团提供援助。援助的范围从金钱到物质，例如情报的分享、设备、技术的合作和人员的培训。会议的宗旨是确认沿岸国的要求，然后由负有援助责任的相关国家商讨如何更好地满足这些要求。然而，由于上面提到的主权问题，海峡外部国家也只能是提供有关培训、设备及信息情报等援助而已。

三、海峡使用国共同维护地区安全

马六甲海峡直接关系到东南亚地区的安全问题，当海峡沿岸三国感到仅靠他们自身力量难以维持海峡安全时，东南亚国家不得不出面要求海峡使用国及国际组织予以援助。2005 年 3 月 2 日，东南亚相关国家政府和美国在新加坡举行了由东南亚国家防卫领导人及美国海岸警卫官员参加的海上安全会议。会议的中心主题为东南亚、美国与该地区以外的其他国家如何确保马六甲海峡的安全，而又不必损害新加坡、马来西亚和印尼三国的主权。美国海岸警卫队太平洋地区司令约翰逊说道，其中的一个可能性，是让联合国国际海事组织在东南亚与美国伙伴关系中发挥更大作用。新加坡国防部长张志坚则提议，把这个亚洲唯一的安全论坛提高到对话以外的层次，举行海上安全演习，以改善打击恐怖分子和其他威胁的能力。可见海峡使用国在共同维护海峡与东南亚地区的安全中是可以发挥一定的作用。

美国之所以重视马六甲海峡的安全问题，是因为它与该地区的利益息息相关。保持海峡畅通事关美国的巨大经济利益，每年世界贸易量的 30% 要通过马六甲海峡，美国作为世界上最大的贸易国，绝不能让世界贸易网出现严重混乱，况且还要保证石油畅通到它在东亚的最坚强盟国——日本与韩国。此外，从重要战略和军事行动来考虑，美国最先想到的是军舰的自由通行和港口的安全。从 2000 年 10 月美国“科尔”(Cole)号舰遭袭击事件，可看出“基地”组织和伊斯兰祈祷团正在策划袭击美国其他军舰，包括通过马六甲海峡的那些军舰。而新加坡已在樟宜海军基地为美国开放了新的航空母舰停靠设施，因此美国军舰进出海峡将会较以前更多，恐怖分子袭击的目标也就更多。鉴于以上原因，美国对马六甲海峡的安全考虑是防范恐怖主义袭击重于防范海盗活动。特别是“9·11”事件后，美国已把东南亚的穆斯林极端主义分子看作是该地区的商业航运的一种潜在威胁。其最坏的设想是，超级油轮在马六甲海峡的最狭窄处遭劫持或被击沉，打断包括进口石油到日本和韩国的商业交通，无形中也限制了美国海军的机动性。

美国似乎对东南亚国家防止这场大灾难的能力缺乏信心，因此，其一再强调由印度轮番护送有可能遭受攻击的目标通过海峡，以防止恐怖分子袭击。虽然这种护航在海洋法是准许的，但印尼和马来西亚不喜欢外国军舰在海峡活动，而美国和印度在海峡巡逻亦确实引起了东南亚国家对其真正目的的怀疑。他们认为，美国的兴趣在于同印度建立密切的军事关系，美印海军在海峡合作可能不只是为了打击恐怖主义，更是其促使印度海军进入该地区的重大战略的一部分。最近，美国又提出"千舰海军"（Thousand—Ship Navy）计划，它是在2005年的一个国际海军研讨会上由美国海军作战部长迈克·马伦提出的。其计划是"在自愿基础上建立一个由海军部队、海岸警卫队、航运业和执法部门联合组成的跨国网络，打击恐怖主义，维护海上安全。"在该计划中，马六甲海峡当然是属于重点考虑的地区，因此对海峡严重依赖的国家如日本和韩国，都对参加该计划比较积极，印度亦对之表现出浓厚兴趣。为了使印度同意加入这一计划，美国列出了许多优惠条件，包括出售一艘特伦顿水陆两栖船，并与印度举行多次两国联合军事演习。

日本是世界上最大的航运国之一，其大约99%的石油和70%的食品进口要依赖海运，而其99%的出口也同样是依靠船运。故许多航道对日本来说很重要，特别是东南亚航道，它们为日本提供了石油、煤、铀、谷物和铁矿石等战略物资，把日本的制造品载运到欧洲、澳大利亚、中东和非洲。仅马六甲海峡就承运了日本进口石油的80%，因此，海峡航道安全对日本至关重要，以至于日本官方首次承认，自卫队可能对日本领土以外的防卫感兴趣。那是在1977年日本防卫厅厅长对有关日本有能力保卫马六甲海峡航运的问题做出的回答。他说，日本海上自卫队准备把航道防卫扩展到日本以外的1000海里。在1999年前的数十年，东南亚航道安全已成为日本外交政策的一个重要因素，但航道仍然不安全，所以，日本实施了多种方案以改善航行安全，并将之与日本促进贸易和支援地区发展的总政策同时执行，如日本设立航运设备与维持基金，给沿岸国家捐赠浮标汽艇，提高海上安全资料管理体系和实行航道测量调查等。这些援助项目是由日本政府和私人组织如日本基金会来执行的。日本基金会为改善地区海峡的安全航行已花去1亿多美元。

此外，日本还提议联合海岸警戒巡逻和不断提供训练和设备的援助。2002年3月12日，在日本的提议下，来自亚洲14国的海洋权威和专家聚集在东京，讨论在该地区打击海盗的方式；8月，日本海岸警卫队和文莱皇家海警在文莱近海海域举行了一次反海盗的联合演习；10月23日，日本派出一艘海岸警卫巡逻艇"八岛"（Yashima）号在南海与印度海岸警卫队联合训练，"八岛"号停靠在印度和新加坡港口，且在附近海域巡逻。2003年3月，在马尼拉召开地区海岸警卫队反海盗会议后，日本和菲律宾海岸警卫队进行了一次反海盗训练演习；7月，"八岛"号在马来西亚参加一次训练演习，且日本正协助印尼起草一份海岸警卫法规。尽管日本不断提议多方联合巡逻，但东南亚国家至今未接受这个建议。提供这些训练与援助的不仅是日本，韩国也计划用两艘驱逐舰，配上"超级山猫"（Super Lynx）直升机、特别攻击部队和实行阻截用的汽船，为其通过海峡的油轮护航。2004年10月，韩国与马来西亚海警部队在朗卡维岛（Langkawi）外联合进行了特殊行动训练演习，以让韩国部队熟悉海峡，并改善两国部队的相互合作行动。

印度在东南亚地区国家中也有重大投资，且在这些国家中开发其经济。印度已在2003年与东盟、2005年与新加坡签署了全面经济合作的框架协议，现在与泰国正开发一个类似的合作模式，亦正与马来西亚、印度尼西亚、日本和朝鲜建立一个包括自由贸易协定的共同研究集团，这些协定都是在为众多部门提供技术与经济合作的"孟加拉湾方案"（Bay of Bengal Initiative）下形成的。印度期望在2007年与东盟的贸易额达到约300亿美元，而2004年是130亿美元。因此，印度对东南亚地区和马六甲海峡的安全不可能置之度外，他们关心的海上通道安全，不仅只是东南亚航运，而且还扩展到印度洋地区，特别是从霍尔木兹海峡到马六甲海峡的运行空间。他们对东南亚恐怖主义的关注也是出于对能源的急需和供应链安全的担心，随着经济的增长，印度的能源需求亦全面上升，导致越来越多地依赖外部地区能源的不断供应。印度已逐渐转向北亚和东南亚，寻求来自印尼的供应并探索俄罗斯长期能源供应的途径，为的是减少对中东能源的依赖性。在印度看来，中东能源很不稳定且太具有竞争性，而来自东方的大部分供应都将通过东南亚海域，故印度海军不得不将其力量投放到广阔的印度洋地区，尤其关注马六甲海峡，因对这里造成恐怖威胁的海上恐怖分子有来自南亚的斯里兰卡、孟加拉和巴基斯坦，有东南亚的印尼和菲律宾，还有"基地"组织以及在孟加拉湾和马六甲海峡不断出现的海盗袭击。印度和其他海峡使用国一样，都认为恐怖集团的威胁可能切断海上交通，特别是马六甲海峡。他们还担心恐怖分子可能与海盗合作或模仿海盗的做法，劫持一艘大船并用之作为浮动炸弹，或在海峡浅水区炸沉它，使供应链和环境受到严重伤害。该地区国家都认为，印度可以在反海盗与恐怖主义威胁中起到较大的作用，如在平常的自由航行时，由印度海军或海岸警卫队护送贵重的船只通过马六甲海峡，而印度在南亚和东南亚海域也积极参与由美国及其他欧洲国家举行的联合军事演习。该地区国家还认为印度有助于维持马六甲海峡的航道安全，特别在这一敏感地区可起到与美国类似的作用。

中国也是马六甲海峡的主要使用国之一。根据国际能源署的报告显示，2010年中国对进口石油的依赖度将提高到40%，至2030年将达80%。中国目前的石油进口运输路线无非是陆路和海路两条，其中海路有三条航线，即中东航线、非洲航线和东南亚航线。从这些航线进口的石油都须通过马六甲海峡，大概占中国进口石油的85%。并且在每天通过马六甲海峡的油轮中，有60%是通往中国的，可见马六甲海峡对中国的能源供应相当重要。有关维护马六甲海峡与东南亚地区安全问题，中国已同马来西亚有关部门就如何开展相关海域的海上合作进行过磋商，且签署了《中马海上合作谅解备忘录》。中国政府表示，将履行海洋法公约为海峡使用国规定的义务，考虑动员一定资源，应海峡沿岸国的要求，帮助海峡沿岸国进行能力建设、加强技术业务交流和人员培训。中方的做法得到海峡沿岸国的赞许，马来西亚官员表示,中国提出在不侵犯马六甲海峡沿岸国家主权的情况下,以交换信息和派遣专家训练马来西亚海事人员等形式,为加强马六甲海峡的安全提供帮助,马来西亚对此表示认同;印尼也对中国为维护马六甲海峡安全向马六甲沿岸国家提供技术帮助表示欢迎。

综上所述,马六甲海峡是当今世界上最繁忙的海峡之一,它正面临着海盗与恐怖主义分子的威胁。这些威胁有可能造成港口的爆炸或航道的阻塞,显然已成为马六甲海峡乃至东南亚地区的不安全因素。海峡沿岸国——印度尼西亚、马来西亚和新加坡三国,虽然对是否让海峡以外国家参与维护海峡安全存有分歧,但是,仅靠该三国的力量是难以有效地打击海盗与恐怖主义。因此,这些国家呼吁,海峡沿岸国和海峡使用国以及国际机构应合作维护马六甲和新加坡海峡的航行安全,并保护好沿岸的环境。除此之外,这些国家还提出"负担分摊"的新提议,这种提议对保证马六甲海峡安全来说是切实可行的,也是可以接受的。然而,由于涉及到主权的敏感问题,故海峡外部国家只能是提供有关培训、设备及信息情报等援助而已。目前,包括美国、日本、中国和印度在内的几个海峡使用国,都在为维护海峡及东南亚地区安全尽最大的努力。这些情况说明,马六甲海峡的安全不只是海峡沿岸国的问题,它关系到许多海峡使用国的经济利益和全球的经济发展。因此,保卫马六甲海峡安全的任务也应当由海峡沿岸国和海峡使用国共同来承担,只有这种密切的国际合作,才能确保马六甲海峡和东南亚地区的安全,才能有效地打击海盗和恐怖主义活动。

(作者系厦门大学南洋研究院教授,厦门大学南洋政策与法律中心副主任　原载《东南亚研究》2007 年第 6 期)

2020 年的东盟及其与中国关系

古小松

由 10 个中小国家组成的东盟,无论从其国土面积,人口数量还是从经济、贸易规模来看,作为一个整体已相当于一个重要的大国,成为亚太地区的一极。东盟成立 40 年来取得了举世瞩目的辉煌成就,在国际上的地位和作用日益显现。在关注东盟昨天和今天的同时,我们对今后 10 多年东盟的一体化进程、经济发展及其与中国的关系作一前瞻。

一、东盟一体化进程

(一)东盟与欧盟一体化程度比较

1. 欧盟 50 年

欧盟的建设已有 50 年历史。如今,欧盟建立起统一的欧洲市场,发行了欧洲统一货币——欧元。经过 6 次扩大,欧盟已从最初的 6 个成员国增至 27 个,总面积超过 400 万平方公里,人口近 4.8 亿、经济总量超过 10 万亿欧元的全球一体化程度最高的国家联合体。

从欧洲煤钢联营开始,到欧洲经济共同体,又到欧洲共同体,再到欧盟,这一组织不断壮大,同时其内部联合不断加强。欧盟一体化在深化,欧盟的职能也在扩大,建立欧洲联邦以取代目前的欧盟的构想已经被提出来,按照欧盟发展的势头和基本思路,建立联邦将是欧洲联合的必然归宿。

2. 东盟 40 年

2007 年 8 月 8 日是东盟 40 岁生日。除欧盟外,目前世人大都承认,区域合作较为成功的是东盟。到目前为止,东盟已有 10 国,领土总面积 450 万平方公里,总人口达 5.5 亿,国内生产总值约 1 万亿美元。进入新世纪,东盟明显加快了合作乃至融合的步伐。2003 年的东盟首脑会议决定在 2020 年前把东盟建设成为经济、安全和社会文化三大共同体。东盟正在草拟具有"一体化宪法"意义的东盟宪章。东盟又将迎来一个发展的新阶段。

对比欧盟,东盟成立虽然只比欧盟晚 10 年,但一体化程度还有很大的差距,欧盟各成员国从 1951 年开始成立时就建立经济共同体,之后,1968 年建立海关联盟,1999 年建立统一市场、金融货币联盟,2002 年随着欧元问世,合作达到高潮。东盟到 1992 年东盟各成员国才签署加强经济合作的框架协议,决定形成东盟自由贸易区(AFTA),如果与市场经济的开放程度相比较而言,合作形式低于共同市场。尤其是在人员往来、货物流通、货币统一等方面,欧盟几乎已经取消了边界,而东盟仍让没有明显的进展。欧盟越来越像一个合众国,而东盟仍然还是一个松散的邦联组织。

(二)东盟和欧盟的合作模式比较

1. 东盟是松散型合作,欧盟是紧密型合作

欧盟的一体化合作实施一般是先协商一致,签订条约,然后由欧盟所设的机构统一实施。欧盟成立半个世纪以来不断显示出日益缩小作为主权国家民族的集体的性质;而东盟则实行协商一致原则,互不干涉内部事务,不强求一致推行。这是东盟与欧盟最根本的区别之所在。

欧洲人很早以前就有大一统的理想,1810 年的《拿破仑论典》就提出了"统一欧洲的度量衡、货币和法律"的想法。欧盟的组织机构严格按照遵守三权分立的原则设计建立超国家性质的组织。欧盟组织机构内的各成员国的代表不但代表本国的利益,而且还作为日益具有超国家性质的组织机构的成员从事各项工作。欧盟有最高委员会,也称为欧洲理事会,每年举行 2 次会议,即成员国首脑举行峰会。除对共同体的政治进行领导外,还具在立法权,是欧盟的制定政策的最高权力机关,讨论和修改欧盟的各种条约。欧盟委员会是欧盟的执行机构,在国际组织中代表欧盟和全部成员国进行对外联系。这个委员会工作人员包括各成员国政府派出的代表,任期为 4 年,但其工作人员不代表各自的国家,总部设在比利时首都布鲁塞,主要职责有 3 项,一是提出报告和立法动议;二是实施欧洲联盟条约和欧盟理事会作出的决定;三是检查决定的落实情况。欧盟各成员国在 1993 年《马斯特里赫条约》生效后,都执行统一的外交和安全政策。欧盟组织用严格的法律对各成员国执行共同的外交和安全政策情况进行监督检查。

东盟的法律是不够严格的,只是强调在协调一致的基础上,因此,东盟面对一些包括对外关系问题在内的问题时,合作显得松散,一直实施的程度不高。东盟的组织机构是由为了各自国家利益的各成员国的代表组成。目前,东盟有 9 个正式机构,其中重要的一年一度首脑峰会是协商东盟一体化进程中的重大事项,而外长会议、经济部长会议、其他部长会议、高官会议等则主要是实施首脑会议决议的,秘书处则主要是一个日常事务联络机构。

2. 东盟从政治安全合作开始,欧盟从经济贸易合作开始

实现欧洲的一体化是从经济、贸易领域和共同市场开始

的。欧盟各成员国一开始主张的是进行经济合作。1945 年第二次世界大战胜利后，如何化解欧洲两大相邻国家——法国和德国间的世仇，消除战争根源，永远生活在和平环境里，这一愿望是欧盟成立的直接动因。因此，他们从加强法、德之间以及两国与比利时、意大利、荷兰、卢森堡 4 国间的经济联系，加强基本生产部门的合作，成立机构统一协调 6 国煤、钢的生产入手，在取得经济合作成效以后，才开始推进政治合作。欧洲人这样做是因为他们总结了早期企图进行政治安全合作失败的历史教训，如 1948 年提出成立欧洲国会，1950 年提出成立欧洲军队，1961 年关于政治合作的"富歇计划"等都没有成功。到 15 年后，当共同市场的建立后，欧盟各成员国才签订《欧洲一体化条约》，达成协议改善政治领域中关于外交、安全、法律方面的合作。然后，到 1991 年 12 月欧盟签署《马斯特里赫条约》时才有关于政治合作的正式文件，这比它们的经贸合作时间要晚得多，欧盟认为这样的合作步骤是恰当。这是欧盟与东盟的一个重大差别。

东盟成立之初首先进行的是政治安全合作。1967 年 8 月 8 日由泰国、马来西亚、新加坡、印度尼西亚、菲律宾等东南亚 5 国成立的东盟则是本地区社会主义和资本主义阵营对立的背景下产生的，其开始的目标是表明抵制共产主义的团结性，反对越南、中国和前苏联的共产主义，同时合作镇压各成员国内部的暴动和不稳定因素。可见，东盟成立之初的目标与欧盟不同。80 年代末 90 年代初，柬埔寨问题获得政治解决之后，东盟才走上经济合作的轨道。1992 年 1 月 27 ~ 28 日在新加坡举行的第四次东盟首脑会议，各国签署《新加坡宣言》《东盟各国加强经济合作框架协议》和《共同有效优惠关税计划》(CEPT)等重要文件，正式决定建立东盟自由贸易区。

3. 东盟和欧盟的经济发展差异

欧盟和东盟在政治、经济和文化等方面都存在很大的差异，而最重要的是经济发展程度差异太大。

欧盟无论是经济总量还是人均水平都属于世界最高的行列，GDP 约为 12 万亿美元，年人均 GDP 约 2 万多美元。1951 年欧盟 6 国成立煤钢共同体时，这些国家的发展就已高于世界平均水平。它们经过了程度很高的市场经济的发展阶段。经过 6 轮扩张后，虽然欧盟内部发展不平衡，存在差距，特别是与第 5、6 轮扩张后新加入的成员国相比，包括与原东欧、中欧的社会主义国家相比，差距很大，但与世界平均水平比较，这些国家仍属于中上水平，如捷克、匈牙利等甚至达到经济合作与发展组织成员国的发展水平。

从发展程度看，欧盟与东盟差距很大，东盟的人口和面积比欧盟多，但欧盟的经济总量是东盟的 12 倍之多，欧盟的人均 GDP 也是东盟的 12 倍多。东盟的 GDP 约为 10000 亿美元，每年人均 GDP 接近 2000 美元。

东盟各成员国 1967 年 8 月 8 日成立时发展水平低于世界平均水平，到目前为止内部各成员国的发展水平仍差距明显。东盟 5 个创始国泰国、马来西亚、印度尼西亚、菲律宾、新加坡目前发展水平为人均年 GDP 约 2000 美元。其余的 5 个国家，除文莱依靠石油出口而收入最高外，越南、缅甸、柬埔寨、老挝目前的收入水平为 GDP 人均年收入 600 美元。可见，单就经济收入水平而言，5 个创始国的收入约为 4 个新加入的成员国的 4 倍。收入最高的新加坡约是收入最低的缅甸的 10 倍。

(三)2020 年的东盟一体化

在经济全球化、区域一体化的大潮中，东盟推进一体化是一个大的趋势。无论如何，东盟的一体化不仅是东盟国家所期待，也是其他国家所乐见其成的。从欧盟的经验看，地区一体化水平的提升，有利于和平与发展。希望东盟到 2020 年能如期实现经济、安全和社会文化三个共同体的建设计划。

1. 东盟提出的经济、安全和社会文化共同体建设将会不断推进，而经济共同体是基础和最重要的，也是比较具体的。希望东盟自由贸易区能如期建立起来，10 国间能完全实现商品贸易、服务贸易的自由化以及相互投资的便利化。新加坡是经济共同体提出国，可见经济发展程度高的国家对自由贸易的积极性比较高，届时相互之间的自由贸易比较容易实现。而 4 个新东盟国由于经济发展程度还相对比较低，对自由贸易规则还有了解和适应过程，届时他们能否如期实现与其他东盟国家的自由贸易还要克服相当多的困难。

2. 相对于经济共同体，东盟政治安全和社会文化共同体则相对来说弹性比较大，具体内容还不是很多。在政治安全方面，人们提出更多的是合作防范恐怖主义、打击跨国犯罪和处理好相互之间的边界领土问题。尽管印度尼西亚作为安全共同体提出国也提出了建立东盟法院等一些前沿东盟政治安全一体化建议，但要实现起来还需要假以时日。

3. 东盟社会文化共同体的建设是由菲律宾提出来的，目前看到的主要内容有：消除贫困、提高人们的教育文化和医疗卫生水平等，10 国间尚未有一个统一的标准和推进的具体措施。其实东盟是一个种族、宗教多样化的地区，能够做到相兼容，和而不同，和谐发展已不容易。

与欧盟相比，东盟的一体化进程要漫长得多，主要是因为经济发展不平衡，当然政治体制差异和文化的多样性也是不可忽视的因素。欧盟在区域合作进程中，从建立共同市场着手，逐步建立共同的海关，推进一体化的经济，统一金融货币，统一整个共同体的政治安全合作，制定统一的安全和外交政策，最后制订共同宪章，这些经验为东盟建立一个与拥有多元政治、多样化的民族文化的地区相适应的合作模式提供参考。

二、2020 年的东盟经济

当前观察东盟经济的发展前景主要有两点值得人们关注，一是总体的经济发展前景，二是印尼、菲律宾、泰国、越南等 4 个人口、面积大国的发展情况。尤其是快速改革发展中的越南。

(一)总的发展趋势

1. 增速"南低北高"

目前大多数东盟国家都是发展中国家，人均的 GDP 在 1000 美元左右。老东盟 6 国泰国、马来西亚、印度尼西亚、菲律宾、新加坡、文莱的人均 GDP 水平要高些，目前每年在 1000 美元以上。越南、缅甸、柬埔寨、老挝等 4 个新东盟成员国则比较低，在 1000 美元以下。可见，目前东南亚的经济发展程度是"南高北低"。

但 1997 年金融危机爆发后，东南亚国家经济的增长速度却呈现了南低北高的趋势：南边的泰国、马来西亚、印度尼西亚、菲律宾、新加坡、文莱则在 5% 左右。由于这些国家的发展模式已基本成型，基数也相对较高，今后的发展速度大体也就维持如此一个速度；而北部的越南、柬埔寨、老挝经济增长速度较快，尤其是越南达到 7% 以上。由于政治局势稳定,受中国快速发展的影响,当地的发展潜力得到发挥,预计在2020年前"南低北高"这么一个趋势大体上会持续下去。只是缅甸作为一个军政府管制的国家其经济发展情况则难以琢磨和预计。

2. 2020年东盟总体将进入中等偏低收入国家水平

随着东盟经济共同体的建立,中国—东盟自由贸易区的建成和东亚区域经济合作的推进,东盟国家将会从中获得较多的合作发展机会,如商品贸易、投资、服务贸易等,这将大大促进该地区国家的经济发展。

如果按照上述发展速度的测算,北部的越南、柬埔寨、老挝经济增长速度达到7%以上,南边的泰国、马来西亚、印度尼西亚、菲律宾、新加坡、文莱保持在5%左右,那么到2020年北部的新东盟成员国人均年GDP将达到2000美元左右,其中越南更有可能达到3000美元左右,南边的老东盟成员国也将会在原来的基础上更上一层楼。这样,2020年东盟总体将进入中等偏低收入国家水平,其中在新加坡已经是发达国家的基础上,文莱也将进入发达国家水平,马来西亚达到中等偏上收入国家水平。

(二)越南正在赶超泰菲印(尼)

2007年东盟将纪念成立40周年。1997年金融危机以来,大部分东盟国家的经济增长状况至今仍未恢复到20世纪70~80年代的辉煌水平,只有越南表现越来越突出。下一步越南的改革发展态势确实非常引人注目。

1. 越南经济起飞条件已经具备

尽管像越南的GDP增长还不稳定,还不均衡,国有企业改制缓慢,政府职能部门工作效率不高,贪污腐败严重,等等,但毕竟越南如下的优势和积极因素不可忽视:

(1)得天独厚巨大潜力。越南是世界上发展经济自然条件最好的国家之一,在东南亚可以说是最好的。地理区位优越,自然资源和人力资源都非常丰富,专家评估,仅湄公河三角洲就可养活1亿人。

(2)改革注入发展活力。经过20年的改革,越南的市场经济框架已基本建立。越南的改革正在不断地深入,并在已取得成效的基础上步推进政治体制的改革。2006年选举出来的党和国家领导人总的看来是年轻,精力充沛,具有专业知识和管理经验,为越南的改革发展注入新的活力。

(3)"入世"带来强大动力。2006年越南终于加入了WTO,尽管这是一把双刃剑,越南将面临一定的挑战,对国内市场会造成一定的压力,但是更应该看到的是,"入世"带来巨大的机会和动力。

一方面,有利于越南吸引外资,拓展国外的市场,争取外国的援助。美国驻越南大使Michael Marine预测,"2007年美国对越南的投资将会比现在增长一倍,达到40亿美元"。美国是市场经济国家的领头羊,其他国家也会迅速跟进;越南加入WTO后,贸易障碍减少,"预计,2007年越美贸易额在2006年接近100亿美元的基础上,达到110亿美元以上";国际形象的改善,也会促进外部对越南的援助。在2006年12月14~15日于河内举办的国际援助越南的会议上,世界银行行长Klaus Rohland先生预测,"2007年国际援助越南的资金将比2006年的37.4亿美元多",达到44.5亿美元。

另一方面,其实"入世"压力可以变为动力,推动越南进一步推进各项改革,扩大开放,改善环境,提高效率,提高产品和服务的竞争力,使越南经济发展有一个质的提升。

2. 乐观的预测

如果用一个公式来表示,今天的越南情况是:潜力+活力+动力=经济起飞的条件。各种数据显示,越南的这个条件是具备的。因此,人们完全有理由乐观地预测:

(1)越南赶超泰菲印(尼)可能性越来越大

东盟10国可按年人均GDP分为:1万美元以上、1000~10000美元、500~1000美元和500美元以下4个层次,对号入座则第一层次有新加坡和文莱,第二层次有马来西亚、泰国、菲律宾和印尼,第三层次仅有越南,第四层次有柬埔寨、老挝和缅甸。目前4国的静态情况是,泰国和越南不少指标是分别处于最高和最低水平。不过,越南也已有部分指标接近甚至高于菲印。

表1　泰菲印(尼)越主要经济指标

指标	泰国	菲律宾	印尼	越南
面积(万平方公里)	51	30	191	32
2005年人口(万人)	6500	8480	24100	8310
2000年GDP(亿美元)	1227	759	1650	312
人均(美元)	2020	990	800	402
2005年GDP(亿美元)	1612	1013	2702	531
人均(美元)	2489	1194	1121	640
2005年人均出口额(美元)	1686	485	367	387
2004年积累率(%)	27.13	17.04	22.77	35.46
2003年人类发展指数(指数/排名)	0.778/73	0.758/84	0.697/110	0.704/108

注:本表为笔者根据各国公布的统计资料整理而成。由于各国的统计口径存在差异,这里仅供参考。

要预测泰菲印越4国的发展前景,如下几个方面的情况值得人们关注:

——自然条件:越南最优。近年菲印的自然灾害频繁,很不利于经济的发展;

——政治社会安全等:越南最稳定,而泰菲印都有各自的问题。泰菲两国南部经常发生骚乱,印尼也发生了多次恐怖袭击。国际投资、贸易、游客是青睐安全的地方的;

——积累率:越南最高,2004年为35.46%,远远高于泰菲印3国分别的27.13%、17.04和22.77%,可见越南全社会对经济社会发展投资资金的比重要大大高于其他3个国家。据国际金融公司最近一份调查显示,越南公司重视对创新的投入,将销售收入的1.42%用于研究和发展,相比之下,泰国的IT公司只有0.15%,而该地区的平均水平也仅为1.24%;

——办事效率:越南要高于其他国家。同样据上述的调查,越南公司给新设备装电源平均需等17.57个工作日,而泰国则为23.64个工作日;在越南装一部固定电话需8.83个工作日,而泰国则为15.52个工作日,该地区的平均水平为9.32个;越南目前已有1370万人使用因特网,占人口的16.5%,而泰国仅有708万人,占人口的8.75%;

——近年增长速度:越南最快,每年都在8%以上,而其他3国一般都在5%左右。人均GDP2005年与2000年相比,越南增长105%,泰菲印3国仅分别增加23%、21%和40%,越南分别是泰菲印3国的4.5倍、5倍和2.6倍。

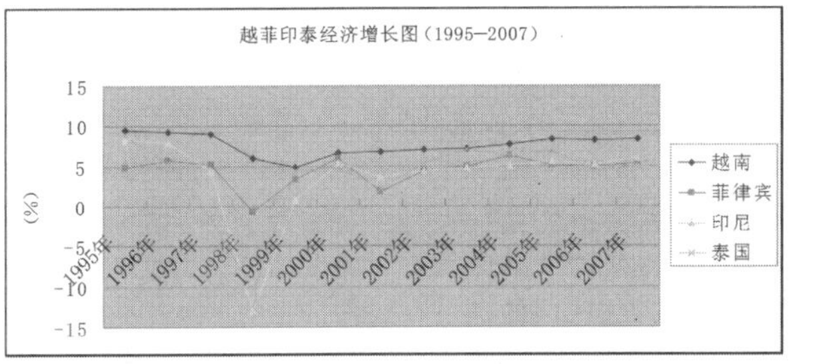

注：相关数据为笔者所收集整理，绘图：姚华。

按目前的发展态势，越南的人均 GDP 很有可能在 2010 年左右赶上甚至超过菲律宾和印尼，到 2020 年左右赶上泰国。

（2）2007 年可能增长 8～9%

越南 2006 年遭受“珍珠”台风等自然灾害和交通部赌博受贿大案的双重打击，但增长速度仍然达到 8.2%。2007 年越南的主要发展计划指标为：GDP 增长 8.2～8.5%，人均 820 美元，出口值达 452 亿美元。应该说越南 2007 年经济发展环境好于上一年，尤其是商品出口和外国投资将会有更好的表现。“因此，今天的越南经济没有任何理由增长速度比 2006 年慢”，“2007 年增长率达到 8.5% 是可行的”。这是越南国家统计局经济专家作的预测。如果没有发生严重的自然灾害和重大的突发事件，也有可能更快一些。

表 2　　越南主要经济指标

	单位	1990	1995	2000	2005	2006	2007（计划）
GDP	亿美元			312	531	609	700
人均（GDP）	美元	402	640	720	820		
GDP 增长率	%	5.1	9.5	6.8	8.4	8.2	8.2～8.5
#第一产业	%	1.0	4.8	4.6	4.0	3.2	3.5～3.8
第二产业	%	2.27	13.6	10.1	10.6	10.5	10.5～10.7
第三产业	%	10.19	9.8	5.3	8.5	8.3	8～8.5
粮食产量	万吨	1989	2614	3570	3955	3964	
出口额	亿美元	24	54	143	322	396	452
国际游客	万人		135	214	347	356	
财政收入	万亿越盾			104	210	261	274
社会投资相当 GDP 的比重	%			34.0	38.6	41.0	40.0
增加就业人数	万人			140		160	160

注：本表为笔者根据越南官方公布的资料整理而成。

判断一个国家和地区经济是否起飞，起飞的标志不容易掌握。不过有两点值得考虑：一是其发展态势如何，是否正在迅速摆脱不发达状态？二是其增长的速度是否达到一个较高的水平，一般应在百分之七、八以上。如果从这两方面来看，说越南的经济起飞不是没有道理的。

三、中国—东盟关系

东盟作为中国最重要的近邻和伙伴之一，与中国发展水平接近，经济互补性强，双方在反对强权政治、推进世界多极化以及争取公正合理的国际经济新秩序等价值观、人权观、民主观及国际事务中的许多问题上观点相同或相似，可谓双边政治、经济关系和利益密切相关。

（一）现状

冷战结束后，随着世界格局的变化，东盟国家一直在调整对华政策。1991 年柬埔寨问题获得政治解决，东盟组织逐步扩张到东南亚大陆北部，随着越南、老挝、缅甸、柬埔寨入盟，东盟此时已囊括所有东南亚 10 国，并直接与中国海陆接壤。1991 年 7 月，中国外长钱其琛首次出席了第 24 届东盟外长会议开幕式。中国与东盟关系出现了历史性的转变，在政治、经济、安全、科技、文化教育及社会等各个方面的合作迅速拓展。特别是 1997 年金融危机以来，双方关系更是连上台阶，全方位和实质性的合作日益深化。当前中国与东盟关系可以说是进入历史最好时期。

1. 东盟对华认知越来越积极

随着中国不断推进改革开放，国际地位日益上升，国内经济持续发展，政治社会稳定，对周边进一步推行睦邻友善的政策措施，东盟国家逐步认识到，“中国威胁论”已经过时，崛起的中国已成为促进发展的因素，而非“威胁”，是保持地区稳定和实现经济繁荣不可缺少的重要力量，孤立中国和对抗中国都是不现实的。同时，他们认为中国正在成为名副其实的世界强国，经济和政治影响不断扩大，“一个繁荣的中国将是带动成长的火车头，先是带动东亚，包括东南亚，然后是带动整个世界”。

2. 政治外交安全：全面合作，机制化

1991 年以来，中国与东盟各国高层领导人保持经常性互访，增进了中国与东盟各国的相互了解和信任，解决了双方合作中存在重要而具体的问题，不断提出新的交流合作建议和计划，使双方的睦邻友好合作关系得到了进一步发展。1997 年双方发表《中华人民共和国与东盟国家首脑会晤联合声明》，建立面向 21 世纪的睦邻互信伙伴关系作为共同的准则和政策目标。2002 年 11 月，中国与东盟发表了《南海各方行为宣言》和《非传统安全领域合作联合宣言》，启动了中国与东盟在非传统安全领域的合作。2003 年 10 月，在印尼巴厘岛的中国东盟首脑会议上，中国签署了加入《东南亚友好合作条约》文件，还签署了《中华人民共和国与东盟国家领导人联合宣言》，宣布建立“面向和平与繁荣的战略伙伴关系”。

经过十多年的摸索与实践，中国与东盟之间至今已形成一整套多方位、多层次的合作机制。从 1991 年起，中国外交部长应邀每年定期出席东盟成员国外长会议和后来建立的东盟地区论坛，就共同关心的问题定期交换意见，双方建立正式对话机制。1996 年，中国由东盟的协商对话国发展为东盟的全面对话伙伴国，东盟驻华使节在北京成立“东盟北京委员会”。到 1997 年 2 月，中国与东盟建立由五个平行机制组成的总体对话框架，包括中国—东盟高官磋商、中国—东盟经贸联委会、中国—东盟科技联委会、中国—东盟联合合作委员会以及东盟北京委员会。1997 年 12 月举行首次东盟—中国领导人会议，到 2007 年 1 月，双方共举行 10 次东盟—中国 10+1 领导人会议。中国与东盟之间已形成了一个从高层领导定期会晤共商双方关系发展的宏图大计，到专门机构就具体问题加以商讨的多层次的对话机制，稳步推进了中国与东盟整体关系的发展。

3. 经济：合作越来越密切，东盟希望搭上中国快速发展的列车中国与东盟在资源禀赋、经济结构和科学技术水平上呈现出较大的差异性和互补性。这为双方开展经贸合作提供了有利条件。加强对华经贸合作已成为东盟对华政策的主轴。东盟国家在华经济利益不断扩大,各国"普遍认为中国的发展壮大对东南亚是一个机遇"。

在双边贸易方面,20 世纪 90 年代以来,中国与东盟之间的双边贸易额保持了较高的增速。据中国海关统计,中国与东盟双边贸易额从 1990 年的 66.91 亿美元,增至 2006 年为 1608 亿美元,年均增长 20% 以上;在经济技术合作方面,中国在每一个东盟国家都有投资和工程承包项目。截至 2005 年底,经中国商务部批准和备案,中国企业在东盟 10 国投资总额为 10.8 亿美元,与东盟国家签订承包劳务合同总金额为 350 亿美元,完成营业额 232 亿美元。东盟国家在华投资 385 亿美元;中国—东盟的旅游合作是双方经济合作的重要组成部分,经过双方的努力,已经取得了很大成效。中国已经成为东盟国家主要的旅游客源地,东盟国家游客到中国旅游的人数也大幅增加。2005 年中国公民首站前往东盟国家的人数达到 300 万,占中国公民出境旅游总人数的 1/3,新、马、泰游已经成为中国公民出境游的黄金线路。同时,中国也成为东盟国家公民的重要出境游目的地,来华旅游人数超过 300 万,约占中国入境外国游客总数的 1/5。

4. 在大国平衡战略中,对中国实行略为优先政策

东盟 10 国大多数是一些经济发展程度还不太高的中小国家,要在国际立足,争取集团和国家利益的最大化,最重要的是实施大国平衡战略。目前,东盟已基本搭建起以其为核心的大国平衡战略框架,分别与中国、日本、印度、澳大利亚、欧盟、俄罗斯和美国建立东盟 +1 合作机制。在东亚合作中,以东盟为主导,10 +3 为主渠道。

就当前的情况来看,东盟在其大国平衡战略中,对中国的政策略为优先一些,如与中国第一个谈判共建自由贸易区,让中国第一个加入《东南亚友好合作条约》,2004 年以来东盟与中国共同连续在南宁成功举办了 3 届中国—东盟博览会,2006 年 10 月 31 日东盟 10 国元首与中国元首在广西南宁举办庆祝建立对话关系 15 周年活动等。

(二)影响中国—东盟关系因素分析

影响中国—东盟关系的因素很多,既有积极的,也有制约性的。

1. 有利因素

第一,经济全球化和区域一体化进程加快,东盟日益一体化。2003 年 10 月 7 ~ 8 日在印尼巴厘岛举行的为期两天的第九次东盟首脑会议上,东盟 10 国领导人签署了东盟《第二巴厘宣言》,确定于 2020 年前将东盟建成经济、安全以及社会与文化三个共同体,特别是把东盟建成为以商品、服务与投资自由流通为特点的单一市场与生产基地。东盟推进一体化进程需要一个和平稳定的国际环境,与中国友好有利于其一体化进程的发展。

第二,中国在发展。中国的快速发展是中国与东盟关系稳定和友好的根本保证。从中国改革开放近 30 年来的发展势头看,中国持续达到了 10% 这样一个很高的经济增长速度。2006 年中国的国内生产总值 20.94 万亿元,排在美、日、德之后的世界第四位。如果中国在 21 世纪前四分之一的时间内再保持或接近这样一个发展速度,届时中国的经济总量将会成为世界前二位的最大国家之一。从历史经验看,中国愈快发展,愈强大,周边愈加振兴。中国发展,对周边是有利的。

第三,中国实行睦邻友好政策。周边为首要,中国一贯采取睦邻友好的外交政策。2003 年 10 月 7 日温家宝总理出席在印度尼西亚巴厘岛举行的首届东盟商业与投资峰会,发表题为《中国的发展和亚洲的振兴》的演讲,提出把"睦邻"、"安邻"和"富邻"作为中国实现自身发展战略的重要组成部分。"睦邻"是在与周边国家和睦共处的原则下,共筑本地区稳定、和谐的国家关系结构;"安邻"是积极维护本地区的和平与稳定,坚持通过对话合作增进互信,通过和平谈判解决分歧,为本区域的发展营造和平安定的地区环境;"富邻"是加强与邻国的互利合作,深化区域和次区域合作,积极推进本地区经济一体化,与本区域各国实现共同发展。

第四,双方相互依存度增加。在过去的 10 多年中,中国曾帮助东盟国家渡过金融危机,共同成功抗击"非典",并正合力防控"禽流感"以及各种自然灾害,体现了中国作为一个邻居、作为一个大国高度负责任的形象。随着中国—东盟自由贸易区将于 2010 年建成,大湄公河次区域合作的推进和泛北部湾区域合作的展开,加上水陆相交,往来方便以及地理、历史、文化等方面关系密切的原因,双方的人员交往、货物交流、货币流通将越来越紧密。尤其是在东南亚大陆与中国山水相连的老挝、缅甸、柬埔寨等中南半岛北部国家,经济发展程度还比较低,与中国合作有助于消除贫困等经济和社会问题。

2. 发展双边关系需要注意的问题

第一,经济合作与竞争。东盟与中国的经济发展水平很接近,经济结构在许多方面雷同,双方的合作与竞争是并存的。东盟国家刚从东亚金融危机逐渐复苏过来,看到中国在生产、出口及吸引外资等各方面皆走在自己前面,既希望中国惊人的经济发展能给自己的经济带来机遇,也担心造成负面的冲击,特别是在争取外国资金和出口市场上形成的竞争。中国巨大的经济规模既是一个巨大的市场,同时也是一个令人望而生畏的竞争者。

第二,文化差异。中国与东盟国家民族众多,文化多种多样。如果从宗教文化的角度来看,主要有佛教、伊斯兰教、天主教和东方的儒家传统文化。中国和越南、新加坡,以传统的儒家文化为主;东南亚大陆北部的 4 个国家:缅甸、老挝、泰国、柬埔寨,地理上它们连成一体,均是以佛教为主;位于印度尼西亚群岛和马来半岛的印度尼西亚、马来西亚和文莱 3 国,它们的居民则以信仰伊斯兰教为主。其中印度尼西亚是世界上伊斯兰教人口最多的国家;菲律宾则是一个以信仰天主教为主的国家。不同文化背景的群体思考问题和理解问题的方式是有较大差异的,加上政治和经济发展的差异,中国与东盟 11 个国家要相互了解和理解,达成共识,一致行动,需要有一个过程。

第三,台湾问题。多年来,台湾通过"务实外交"与"度假外交",极力与东南亚国家进行官方接触。20 世纪 90 年代初,台湾地区推出旨在加强和东南亚政经关系的"南向政策",众多的台湾高官先后出访东南亚。东盟 10 国尽管都承认一个中国,中华人民共和国是中国的唯一合法政府,但仍有部分国家保持与台湾的往来,偶尔会有一些"越轨"行

为发生。

第四,南海问题。中国虽然与东盟达成《南海各方行为宣言》,中国和东盟双方都承诺通过和平的方式解决彼此之间的分歧和争端,不诉诸武力或以武力相威胁,但南海领土主权争议依然存在。历史记载和考古成果均证明南沙群岛自古以来就是中国领土,但一些东盟国家宣称对南沙群岛及其周围海域拥有主权,甚至一些国家强行占领一些岛屿并开采油气资源,影响双方关系的发展。领土领海问题涉及面广,问题复杂,需要时间进行研究、磋商和谈判解决。南沙争端作为一个长期影响中国与东盟关系发展的复杂问题,其彻底解决还需要时间。

(三)今后10多年走向

最近国际上有些热点在升温,如中东、朝核、伊朗、恐怖活动等,但大的趋势仍然是以和平和发展为主,经济全球化和区域一体化仍在不断推进,东盟的一体化也在加快推进。局势有利于发展中国与东盟的睦邻友好关系。

1. 总的趋势:以友好为主

中国与东盟友好已打下一个广泛和坚实的基础。由于相互间的政治、外交、安全、经济等领域的关系和利益日益密切相关,中国与东盟的关系友好是一个大的趋势。中国需要东盟,东盟也需要中国。越往后,随着中国越来越强大,东盟需要中国会更多一些。

2. 不排除一些偶然性的非友好突发事件

虽然大方向是友好,但由于还存在不少制约双边关系发展的因素,不同的国家、不同的当事者在不同的时空背景对事情的理解存在差异,加上一些国际势力的介入,所以也不排除今后10多年里出现一些偶然性的非友好突发事件,尤其是在台湾问题、民族关系、领土主权等问题上,其中南海问题的不确定因素最值得关注,随时有可能在争议地区发生一些争端或擦枪走火的事件。

3. 经贸关系继续加强

今后的10多年将是中国与东盟的经济合作进入边耕种便收获的时期。中国—东盟自由贸易区将于2010年建成,双边的关税大大下降,非关税壁垒大幅度减少,双方的贸易、投资、旅游将大大增加;象昆曼公路等一批跨国合作项目也将陆续建成和投入使用;随着中国的经济改革发展,将会有更多的客商走向东南亚投资,有更多的中国游客到东南亚旅游。可以预见,中国与东盟的经贸关系会更加密切,合作水平提升,合作机制更加健全,预计到2020年中国与东盟的贸易额将比现在成倍的增长,互为最重要的贸易伙伴之一。东盟经济的发展将更需要中国。

4. 文化和民间往来更加密切

由于地缘邻近,人文关系亲近,伴随着双方政治、外交、安全关系的加强,经贸往来的增加,双方在文化和民间的交往也将会更加密切,特别是相互之间的旅行人数会大大增加;科技、教育、体育、文艺等领域的交流与合作也将会更加频繁,尤其是东盟国家到中国来留学的将会大大增加。国家间关系的加强,将会惠及百姓。

结语

在2020年前一段时间内,东盟经济将保持一个较快的增长速度,并仍然呈南低北高的特点,尤其是越南将会赶上东盟的平均发展水平,届时东盟将总体进入世界中等发展水平。与此同时,东盟一体化也是一个大的趋势。与欧盟相比,东盟的一体化进程要漫长得多,主要是因为经济发展不平衡,政治体制差异和文化多样性的因素也不可忽视。欧盟从建立共同市场着手,逐步推进经济一体化,统一金融货币,然后统一整个共同体的政治安全合作,最后制订共同宪章的经验,为东盟建立一个与拥有多元政治、多样民族文化的地区相适应的合作模式提供了参考。中国与东盟的睦邻友好关系经历了曲折过程之后,已经渐入佳境。双方要珍惜这来之不易的大好形势,要继续加强双边政治、外交、安全合作制度性建设,巩固和加强经济贸易关系,加强文化和民间交流,妥善处理好南海等存在的问题,不断提升双边友好合作水平,为世界和平和国内的改革发展做出贡献。

(作者系广西社会科学院研究员、副院长兼广西民族大学外语学院院长　原文系北京大学2007年11月15～16日举行的"东盟40年:回顾与展望"国际学术研讨会论文)

同中国建立密切伙伴关系:有关中国—东盟自由贸易区和泛北部湾区域经济合作的倡议

在2007泛北部湾经济合作论坛上的发言

(参考译文)

乔瑟夫·T. 雅普,马里奥·C. 弗拉尼尔和
玛丽·伦蕾丝·马卡萨基

世界经济秩序不断变化,最终将建立公平、公正、高效的全球经济体系,在此过程中,区域主义会像灯塔一样指引我们达到这个目标。北美自由贸易区和欧盟是这种区域组织的开创者,但即将建立的东亚共同体在人口及市场规模方面将成为最大的组织。然而,目前东亚经济共同体的进程还停留在初级阶段。为了实现这个目标,有待解决经济及其他领域的问题。政治方面,这一进程主要通过东盟和东盟+3倡议实现,其中包括东南亚国家联盟的10个成员国和东北亚强国:日本、中国和韩国。经济大厦具有多层结构,包括双边,三边或次区域等各种伙伴关系。不论采用哪种形式,这些合作关系都可以加快东亚区域化进程。

一、东亚区域经济一体化的趋势与发展

过去10年,东亚经济一体化和区域性合作不断发展。1997年亚洲金融危机的经验与教训;世贸组织多哈回合多边贸易谈判陷入僵局;欧盟实力不断增强,北美自由贸易区取得巨大成功;区域内贸易和投资幅度不断加大;过去妨碍密切合作的政治因素得以缓解;中国经济快速增长,东亚市场更具活力。这些因素证明东亚经济一体化势在必行。此外,有人提出,东亚必须减少对出口的依赖,通过满足区域内需求发展经济,稳定区域乃至全球经济。这一提议将更好地推动区域内各经济体的合作。

东盟一体化的进程虽未加快,仍然取得进展。然而,由于东南亚国家种种特殊原因,东盟经济一体化还未取得实质性进展。对此,有三种解决方法:深化东盟一体化,这也是《万象行动计划》(2004年)的重点;达成次区域及双边自由贸易协议;让日本、中国和韩国发挥更大作用,推动东亚自由贸易区的建立。专家预测,东亚自贸区可能是最为可行的区域性组织。该贸易区基于东盟10+3次区域的发展。数据表明从东盟10国到东盟10+3,区域内贸易份额由28%跃至39%(2005年数据)。官方数据同样显示日本、中国和韩国已成为东盟最主要的市场和供应国。

表1　　区域内部贸易份额　　单位:%

	1990	1995	2000	2001	2002	2003	2004	2005
东盟10+6	33.7	40.8	40.5	40.6	41.3	42.8	43.3	43.4
东亚15	43.1	51.9	52.1	51.7	53.7	55.6	56.1	55.6
东亚新兴地区	32.9	39.1	40.6	40.9	43.1	45.0	45.3	45.6
东盟+3	29.4	37.6	37.3	37.1	37.9	39.4	39.6	39.2
新兴工业经济体-4	11.9	15.5	15.5	14.9	15.5	15.0	14.4	13.7
东盟10	18.8	24.0	24.7	24.1	24.4	27.6	27.6	28.1
南亚区区域合作联盟	2.7	3.9	3.9	4.3	4.8	5.6	5.2	4.8
中亚		7.2	7.2	6.2	5.3	6.4	5.8	
北美自由贸易区	37.9	43.1	48.8	49.1	48.4	47.3	46.4	45.0
南方共同市场	10.9	19.2	20.3	17.9	13.6	14.7	15.2	15.0
欧盟-5	66.2	64.2	62.3	62.2	62.5	63.0	62.2	60.1
欧盟-25	67.0	67.4	66.8	67.2	67.8	68.6	68.0	66.2

数据来源:国际货币基金组织《贸易统计指南》,2006年9月。

注:①区域内贸易份额的定义:Xii/{(Xi.+X.i)/2}其中Xii是i区域对i区域的出口额,Xi是i区域对世界其他地区的出口总额,X.i是世界其他地区对i区域的出口额。②东亚15包括新兴东亚14和日本。新兴东亚14包括东盟+2,中国香港和中国台北。③东盟10包括文莱、柬埔寨、印度尼西亚、老挝、马来西亚、缅甸、菲律宾、新加坡、泰国和越南。④东盟10+3包括东盟10加上中国、日本和韩国。⑤东盟10+6在东盟10+3的基础上加上澳大利亚、印度和新西兰。⑥新兴工业经济体-4包括中国香港、韩国、新加坡和中国台北。⑦欧盟15包括奥地利、比利时、丹麦、芬兰、法国、德国、希腊、爱尔兰、意大利、卢森堡、荷兰、葡萄牙、西班牙、瑞典和英国。⑧欧盟25在欧盟15的基础上加上塞浦路斯、捷克、爱沙尼亚、匈牙利、拉脱维亚、立陶宛、马耳他、波兰、斯洛伐克和斯洛文尼亚。根据国际货币基金组织《贸易统计指南》,光盘和CEIC资料库提供的数据计算。

此外,庞大的生产网络也是东亚经济体的优势之一。区域内国家间贸易额的增长很大程度归功于产业内贸易增长;1996年到2000年,产业内贸易增长额占东亚贸易增长总额的75%,在主要区域中比例最大。

东亚的区域化之路仍困难重重:贸易合规造成交易成本高;区域内各国经济以及金融市场的发展状况、货币以及政治制度各不相同,社会和经济发展差距明显;特惠贸易协议的增加引起"大碗面综合症",有可能影响和谐发展。然而,双边和次区域贸易协议可能推动东亚共同体的发展。一些专家认为,这些协议构建了次区域的国际关系或基础,建立区域联系,推动双边主义的发展。

易于管理的区域性组织,除了能为更大组织建立基本结构、原则、内容以及关系之外,还能解决直接或间接影响东亚一体化的主要问题。因此,中国—东盟次区域组织是这方面的先驱者。

二、中国—东盟框架协议:建立中国—东盟自由贸易区

中国和东盟的经贸往来日益密切。把中国想像成侵犯亚洲其他国家国内经济的庞然大物是一种夸张。但这并不是说中国不再构成经济上的威胁,因为,中国仍然是低价商品的主要来源、外商直接投资的理想目的国、低工资熟练工人的供应国。过去几年东盟成员国与中国经贸往来更加密切,说明东盟各国可从中获得很多机会。

中国商务部的数据显示,过去13年,东盟已经成为中国第五大贸易伙伴,并在去年成为中国第五大出口市场和第四大原料供应地。中国同时也是东盟的第五大贸易伙伴。2006年,中国与东盟的贸易额达1452亿美元,比去年同期增长了24%。除此之外,中国对东盟的进出口额分别达到810亿美元和640亿美元,比2005年同期水平分别提高20%和29%左右(商务部,2007)。

中国与各东盟成员国建立关系后,1991年开始推动更加密切的合作。五年后,中国成为东盟的全面对话伙伴,并于1997年建立东盟+1伙伴关系。作为东盟+3的成员国,中国正式提议在10年内同东盟建立自由贸易区。2002年11月,中国及东盟十国国家领导人正式签署《中国—东盟全面经济合作框架协议》,指导东盟与中国的关系发展。以下详细列举了中国与东盟经济合作的特点:

——该协议旨在深化区域一体化,减少对外部市场,尤其是美国市场的依赖,推动亚洲成为富有活力的投资目的地。中国此举既有战略方面的考虑,也有经济方面的考虑,这是继中国于2000年11月提议,东盟—中国专家组仔细研究后得出的结果。对东盟而言,中国此时在该层面的参与为其进入中国市场提供了先行优势。

——中国—东盟自由贸易区拥有17亿消费者和约1.2万亿美元的贸易额,将成为世界上最大的地域性经济组织。自2005年签署《货物贸易协定》后,双方共降低了7000多种产品的关税。根据框架协议,中国与东盟六国老成员,即印度尼西亚、马来西亚、新加坡、泰国、菲律宾和文莱将于2010年率先建立第一阶段的自由贸易区。中国与其他4个东盟新成员国将于2015年建立自由贸易区。2006年1月签署《服务贸易协定》,标志着中国温家宝总理提倡的合作共赢、共同发展达到更高水平。

——中国和东盟要在《货物贸易协定》规定的正常轨道和敏感轨道前,通过"早期收获计划"实现农产品的自由化。这一点引起强烈反响和争议。正常轨道规定自2005年起,逐步减少或消除最惠国关税税率,而"早期收获计划"从2004年起,把500多种产品分成三类,逐渐降低关税,直至2006年完全取消关税。由于这两者存在差异,中国和东盟各成员国通过双边谈判,达成"早期收获计划"的最终模式。有关专家模拟了"早期收获计划"的短期影响,特别评估了"早期收获计划"的有效保护率,及其对产量、收入、就业、需求以及贸易平衡的影响。模拟的结果显示,由于行业间的联系,"早期收获计划"会影响到其他行业,并会影响到之前提到的各个方面和社会福利。因此,应采取社会保护措施予以解决。

4. 中国—东盟自由贸易区是东盟和其对话伙伴签署的第一个自由贸易协议。

它引起了"多米诺效应",东亚其他以东盟为基点的多种协议由此产生。比如,日本提出与东盟各成员国分别达成经济伙伴协议。这些协议将逐步形成东亚共同体下的区域框架。

5. 中国—东盟经济一体化推动贸易发展。除此之外,其他可喜进展包括:

扩大生产分享。东盟主要向中国出口半成品,在中国加工后出口到第三国。由于中国经济继续发展,将进一步增加对这些产品的需求。此外,双方可以共享创新与知识。由于中国在研发方面的投入高于东盟国家(新加坡除外),这些创新和知识将主要来自中国。旅游业是另一个有可能高速增长的行业,据估计到2020年,将有1亿中国游客选择出境旅游,东盟国家旅游业发达,必会吸引大多数中国游客。

根据温家宝总理提出的加强区域合作的五点建议,战略

经济伙伴关系即将扩展到政治、安全、金融和社会文化领域。区域合作不仅包括中国与东盟，还包括东盟10+3次区域组织的其他两个国家。温家宝总理建议加强战略计划；深化经济、贸易和金融合作，加速建立亚洲债券市场；促进安全合作；扩大社会和文化合作，包括减贫和妇女问题的合作；继禽流感和新发传染病后，加强公共卫生领域的合作。中国领导人的姿态表明中国郑重承诺推进统一的东亚区域。

三、泛北部湾经济合作

为配合东亚地区多层次经济伙伴关系战略，建立了增长区，解决参与国的特殊需求和事务，缩小区域各国的发展鸿沟。东盟框架内的增长区包括文莱—印度尼西亚—马来西亚—菲律宾东盟东部增长区，印度尼西亚马来西亚新加坡增长三角，印度尼西亚—马来西亚—泰国增长三角，东盟湄公河流域发展计划项目内东西走廊经过的越南、老挝、柬埔寨和泰国东北部地区的跨国区域。其中，湄公河发展计划主要包括中国和东盟这11个国家，旨在推动湄公河流域经济的健康、可持续发展，加强东盟成员国和湄公河沿岸经济体的经济及其他联系。

大湄公河区域是中国“M”型区域经济合作战略（即“一轴两翼”）的重要组成部分，“M”型区域合作包括泛北部湾区域，泛珠江三角洲以及以南宁为衔接点的大湄公河次区域合作。为了实现国内战略，进一步加强与东盟成员国的合作，2006年10月31日在中国南宁举行的第三届中国—东盟商务与投资峰会上，温家宝总理表示支持建立泛北部湾经济合作区域。泛北部湾合作包括中国、越南、马来西亚、新加坡、印度尼西亚、菲律宾和文莱。越南与中国陆海相连，其他几国隔海相望，被视作海上东盟经济体。

泛北部湾经济合作将发挥海上通道的作用，加强港口、物流、产业合作，推进相互贸易和投资，重点发展沿海工业，共同开发海上资源，发展沿海城市，建立互补的港口、工业和城市集群。

一旦可行，泛北部湾经济合作将进一步推动中国和东盟之间的合作和融合。而且，该合作有可能有效解决富有争议的南沙群岛安全问题（所有参与泛北部湾合作的国家都宣称享有这些岛屿的主权）和侵犯领海问题。

四、菲律宾和中国：长期伙伴关系

菲律宾与中国之间的交往历史悠久。自1975年两国正式签署双边协议以来，两国开展了多种形式的合作，涵盖政治、国防、打击跨国犯罪、司法、能源、贸易、投资与金融、农业、领事事务、航空服务、基础设施、旅游、科技、海事、文化、体育、青年交流、通讯、传媒和信息等领域（根据菲律宾驻中国大使馆提供的信息）。这表明两国的交往互相渗透各自领域。大部分合作项目是过去十年达成的，主要因为过去25年，中国经济迅速发展，成了一条腾飞的巨龙，因此，菲律宾渴望与中国合作。但是，中国经济的迅速发展，特别是制造业的发展以及对外商直接投资的吸引等，给人这样的印象：这条巨龙正在从其他经济实力弱的国家口中夺食。然而，在菲律宾看来，需要仔细研究这一印象。菲律宾的出口数据表明中国自2002年起超过韩国，成为其第五大市场，几乎达到菲律宾2005年对东盟的总出口。在电子产品出口方面，2005年中国一跃成为菲律宾第三大出口目的地。以下数据显示，1995年，中国尚未成为菲律宾前5大电子产品出口目的地。

表2　　菲律宾电子产品出口情况

1995年		2005年	
出口目的地	出口额（百万美元）	国家或地区	出口额（百万元）
美国	1829	日本	4846
新加坡	640	荷兰	3531
泰国	597	中国	3502
日本	563	美国	3362
英国	503	中国香港	2855
电子产品出口总额	5834		27299

来源：国家统计局

此外，表3显示，菲律宾两大出口产品即电子微芯片和晶体管，中国这两类产品出口竞争力不及菲律宾。

表3　　菲律宾和中国五大出口商品对照表

五大出口商品	菲律宾		中国	
	贸易额（万美元）	所占百分比	贸易额（万美元）	所占百分比
芯片、微电子集成产品	420499.51	10.19	37405.33	0.05
晶体管和其他感光晶体管	404009.31	9.79	31740.92	0.04
自动数据处理设备的零部件	353756.38	8.57	2835212.69	3.72
单片集成电路，数码产品	337105.25	8.17	1222236.6	1.60
存储单元	263840.03	6.40	919960.6	1.21

资料来源：世界银行，世界贸易整合解决方案。

至于所谓的中国商品如洪水般涌入菲律宾市场和其他东盟市场的说法，数据显示了不同的结果，事实上，最近几年，文莱和印度尼西亚同中国的贸易一直是顺差。2006年，菲律宾与中国的贸易虽比2005年的贸易平衡数据稍稍下滑，但仍有9.44亿美元的顺差。

菲律宾与中国的贸易差额

表4　　（装运港船上交货价，单位：百万美元）

项目	2005年	2006年（初步统计）
贸易总额	7049.59	8288.80
进口额	2972.59	3672.19
出口额	4077.00	4616.61
贸易差额	1104.41	944.42

资料来源：菲律宾国家统计办公室。

同样，把菲律宾吸引外商直接投资不足归咎于中国是不公平的，原因可能是亟须解决的国内因素。事实上，中国与东盟加强合作对菲律宾有利，上文已经提及许多机会。应该注意到菲律宾从以下机会中获益：作为主要的出口平台，与中国扩大区域生产分享；中国企业增加投资；技术转让；外国援助；中国倡议推进安全、公共卫生以及其他领域的区域合作。因此，菲律宾积极参与包括中国在内的次区域合作计划，例如：中国—东盟自由贸易区，东盟湄公河流域发展合作及泛北部湾经济合作。菲律宾农业发展缓慢,希望在与中国签署了《"早期收获计划"谅解备忘录》(2006年1月生效)后得到振兴。菲律宾政府同意对214个关税细目实行零关税,据此,菲律宾希望扩大中国市场,出口更多的热带水果、椰子产品、水产品、海产品。

菲律宾参与了湄公河流域发展合作,和中国及其他东盟成员国一样,菲律宾希望推动湄公河地区的经济发展,加强环境管理。正如泛北部湾计划符合海洋国家的特征,湄公河流域发展合作计划符合湄公河沿岸国家的特征和需求。菲律宾位于该区域的中心,地理位置具有战略意义,靠近泛北部湾水域的地方相对发达,渔业、修船业、物流及旅游业可望高速增长。菲律宾主要的国内市场以及苏比克、克拉克和甲拉巴松工业区都在附近。毋庸置疑,该地区有许多技术熟练的海洋工作者。

湄公河流域发展合作计划已经实施,泛北部湾合作计划有待开展可行性研究。这两项计划与中国—东盟自由贸易区的目标一致。其中,湄公河流域发展是中国—东盟框架协议确定的五个重点发展领域之一,其他四个领域包括农业、信息通讯技术、人力资源开发、相互投资。中国与东盟的合作从经济领域扩展到了其他领域,为此,完全可能在泛北部湾区域建立类似的增长区。

泛北部湾经济合作计划推动港口和沿海基础设施的发展,呼吁可持续地利用海洋资源,在沿海地区建立工业群,因此,该合作计划很好地推动了中国—东盟自由贸易区的贸易便利化。泛北部湾区域各国地缘接近,因此,货物和服务流动的交易成本较低。此外,由于次区域各国社会和经济发展互补,可以实现规模经济。泛北部湾经济合作尽可能涵盖各方面,不仅推动货物和服务的自由化,而且开放了沿海资源和海上资源,发展通道经济,有助于加深中国—东盟战略伙伴关系。

泛北部湾经济合作涵盖东亚海上通道,有可能发展成区域物流枢纽,成为建立东亚自由贸易区等其他区域合作的补充。同时,泛北部湾经济合作包括拥有最大海域的国家,可以推动海上资源和沿海资源的贸易交往。此外,本区域的合作能有效解决南沙群岛主权纷争等安全问题。尽管各方都遵守2002年签署的《南海各方行为宣言》,但是基于经济一体化的合作将会进一步解决这个问题。为了进一步推动区域一体化,应认真考虑操作性强的互补性和差异性。最后,援引温家宝总理的话结束本文:东亚国家,尤其是东盟+3各国,应达成以下共识:政治互信,和平共处,合作双赢,共同发展,互相支持,加强安全,繁荣文化。

通过金融合作共建中国—东盟新的经济增长极

(参考译文)

本·布南·E.J.胡塔丕

(2007年7月26日)

全球化不断加快,通过泛北部湾经济合作论坛这样的经济合作论坛,推动区域和次区域的经济一体化进程。在推行经济可持续发展的过程中,泛北部湾地区各国有许多优势,包括地缘接近、物产丰富、资源互补等。为了发挥这些因素的效益,必须加强运输、物流、通讯、旅游等领域基础设施的合作。这些领域的发展无疑将加快中国与东盟各国之间的经济一体化,最终让该区域的人民受益。

一般而言,区域内各国建立了自由贸易区、关税联盟,或者各国均享受特惠贸易准入时,区域经济一体化就会应运而生。根据维纳(1950)和维纳布尔斯(2000)的观点,如果区域经济一体化内生产成本低的贸易伙伴取代区域经济一体化之外生产成本高的贸易伙伴,区域经济一体化将惠及成员国。此外,区域经济一体化还通过规模经济影响经济。如果某一产品只能在一国的小市场上销售,该产品的产量就很难扩大。区域经济一体化准许产品进入更大市场,则克服了诸如此类的障碍。

从理论上说,产品和资本要获得更大的流动性有赖于多种因素,如:资金的类型、产品生产的分工、经济冲突的来源等。就产业间的贸易分工而言,如果产业分工的冲突在经济周期中占主导地位的话,贸易的增长就会增加产出的耗损;另一方面,如果在产业内分工更细的情况下出现贸易增长,那么,贸易的增长就会降低产出的耗损。此外,根据经济理论的预测,扩大国际金融市场的准入将降低消费耗损。

泛北部湾合作的目的是成员国实现经济高速增长和繁荣,这个目标应能衡量,符合实际。因此,要建立新的中国—东盟增长极,必须明确在将来的某一具体时间要达到什么样的经济增长,要完成哪些进程等。比如印度尼西亚的长远规划确定到2025年人均收入达到6000美元。

要实现这个目标,所有经济主体应有长远眼光,根据国内、区域内及全球内的情况调整战略,最有效地发挥其作用。与此同时,由于紧密合作有利于分担困难和风险,各国之间有必要开展经济与金融合作。

毫无疑问,泛北部湾区域的发展需要大量资金,因此,区域金融合作非常必要。本文以建议的形式探讨了泛北部湾区域的金融合作。在讨论东亚目前的金融合作以及泛北部湾区域各国之间潜在的金融合作之前,让我们首先回顾一下泛北部湾区域经济交往的情况。

一、区域概况

1. 泛北部湾区域的优势与挑战

如上所述,泛北部湾区域的优势之一是资源丰富、互补。该区域有些国家拥有大量的石油、天然气、水产品、农产品等,有些国家在生产制成品方面具有优势。表1反映了各国主要出口商品,其中,中国出口有技术含量的产品,而印度尼西亚主要出口天然资源产品,如液化天然气、原油等。

表1　　2006年泛北部湾区域各国主要出口商品

国家	主要出口商品
中国	办公机器与资料处理设备、电信设备、电器、服装、杂项制成品
印度尼西亚	液化天然气、原油及其产品、纺织品及服装
马来西亚	电子产品、电器、化工及化工产品、原油、棕榈油
菲律宾	电子产品、半导体、服装、矿产品、农产品
新加坡	机械设备、石油产品、化工产品、制成品、食品
越南	原油、纺织品及服装、鞋类、水产品

资料来源:经济学人信息部。

当然,并不是所有潜在资源都用于出口。如表2所示,许多经济领域作为增长来源还有待开发与改进。比如,在印度尼西亚,石油、天然气、矿业、地热、农业、渔业、林业、旅游业等都是待开发和改革的项目。旅游业方面,印度尼西亚有许多文化遗产,如婆罗浮屠佛塔寺。

表2　泛北部湾区域国家潜在商品

国家	主要出口商品
中国	主要工业领域、服装及布料、农产品(大米、玉米、小麦、大豆等)
印度尼西亚	石油、天然气、矿业、地热、农业(橡胶、咖啡、大米等)、渔业、林业、旅游业
马来西亚	电器、农业(棕榈油、可可、橡胶等)、热带木材
菲律宾	服务业(商务流程外包)、服装及布料、农产品(大米、椰子)、铜、金、锌
新加坡	商业与金融服务业、主要工业行业
越南	农产品(大米、咖啡、茶、橡胶)、渔业、煤、锡、磷酸盐、铜

资料来源:英国大使馆、美国大使馆、国际贸易协会联盟。

利用便利的交通、物流、通讯系统,更多资源可望从资源丰富的国家流向其他国家。由于该区域有许多文化遗产和旅游胜地,便利的交通和通讯系统将大力推进旅游业的发展。

当然,也要看到该区域面临的挑战。表3的数据说明,该区域的国家经济发展水平不尽相同。文莱和新加坡收入较高,而其他一些国家的收入处于中低或低水平。此外,还应看到该区域人口、政治及社会制度也不尽相同。

表3　泛北部湾区域各国经济指标

国家	国内生产总值(单位:十亿美元,2006)	年人均收入(单位:美元,2006)	失业率(2005)	经济增长率(2006)	通货膨胀率(2006)
文莱	11	30298	4.3	3.8	0.5
印度尼西亚	364	1640	10.3	5.5	6.6
马来西亚	151	5718	3.5	5.9	3.1
菲律宾	117	1345	10.3	5.4	4.3
新加坡	132	29917	3.1	7.9	0.8
越南	61	723	2.1	8.2	2.9
中国	2630	2001	4.2	10.7	5.9

资料来源:国际货币基金组织,亚洲开发银行。

除区域原因之外,全球经济、政治、社会等领域的情况也很容易影响到该区域的经济体。比如,暴涨的石油价格已经影响到该区域的国内油价。此外,许多实证研究表明,该区域国内利率的浮动深受国际金融市场利率浮动的影响。

2. 中国—东盟贸易近期发展情况

经济的可持续发展可惠及该区域各国。在此过程中,中国与东盟各国的经济发展既带来机遇,也带来挑战。随着中国在世界经济中的作用日益增加,中国与东盟各国之间的经济联系也得以加强。如图1所示,2000年至2005年期间,东盟对中国的出口量大增,达32%,同期,中国对东盟的出口量增长了29%。

图1　中国—东盟贸易额(1998—2006年)

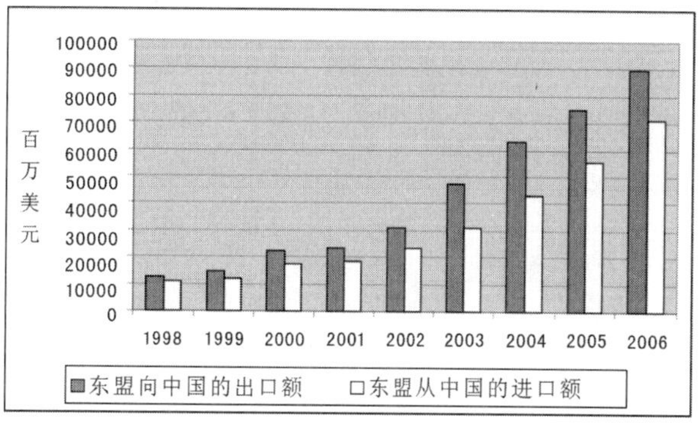

图2　东盟对中国的出口及进口份额

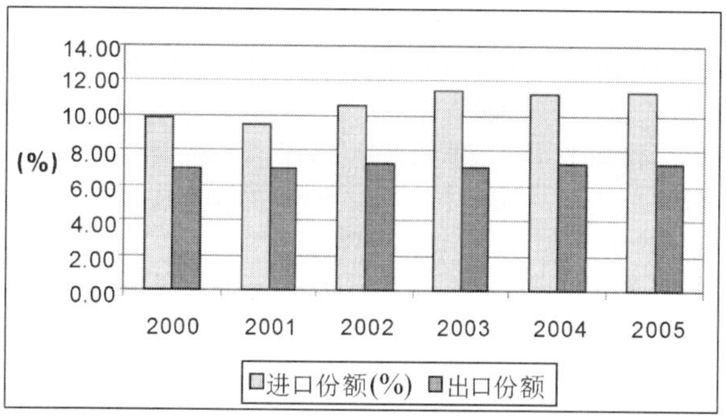

如图2所示,东盟对中国的出口及进口份额也增加了。2000年至2005年,东盟对中国的进口份额从9.85%升至11.31%。同期,东盟对中国的出口份额从6.94%升至7.36%。

仔细查看中国与东盟之间的商品贸易可以发现,对中国和东盟国家而言,机械和电气设备占的比重最大。从表4可以看出,2005年,机械和电气设备占中国出口到东盟的商品的48%,东盟出口到中国的商品的63%。中国出口到东盟的其他商品主要是矿产品、纺织品、贱金属。另一方面,东盟出口到中国的商品主要是矿产品、塑料和橡胶。

表4　2005年中国—东盟贸易主要商品

商品	中国出口到东盟的商品		中国从东盟进口的商品	
	价值(百万美元)	份额(%)	价值(百万美元)	份额(%)
动物、动物产品	166.3	0.3	136.8	0.2
植物产品	1005.5	2.1	976.2	1.4
动、植物油、脂	40.9	0.1	2025.6	2.8
调制食品、饮料及烟草	779.8	1.6	229.8	0.3
矿产品	3472.8	7.2	6048.6	8.4
化工及相关工业产品	2749.2	5.7	3873.4	5.4
塑料、橡胶及其制品	1021.5	2.1	6315.7	8.8
生皮、皮革	218.1	0.5	184.5	0.3
木材、木制品、木炭	153.0	0.3	1238.0	1.7
木质纸浆,纸张和纸板	265.5	0.6	1113.4	1.5
纺织原料及纺织制品	4175.1	8.7	805.5	1.1
鞋、帽、伞	379.3	0.8	36.9	0.1
石料、水泥、玻璃	852.1	1.8	177.6	0.2
珍珠、宝石和贵金属	242.5	0.5	94.9	0.1
贱金属及其制品	5019.7	10.4	1866.7	2.6

商品	中国出口到东盟的商品		中国从东盟进口的商品	
	价值（百万美元）	份额（%）	价值（百万美元）	份额（%）
机械、电气设备	23070.1	47.9	45057.8	62.6
车辆、飞机、船舶及其他运输设备	1869.9	3.9	141.2	0.2
光学、照相、仪表仪器	1912.8	4.0	1425.8	2.0
武器、弹药及其零配件	0.4	–	0.1	–
杂项制成品	679.4	1.4	90.7	0.1
艺术品、收藏品、古董	0.7	–	0.2	–
未分类商品	97.2	0.2	93.0	0.1
总计	48189.9	100.0	71932.4	100.0

资料来源：CEIC 数据库。

尽管过去几年中国和东盟之间贸易快速增长，但是，东盟国家外商直接投资来源国中，中国投资额还远远不及美国、日本、欧盟及东盟本身这些传统来源国。表 5 显示，2005 年，中国对东盟的外商直接投资仅占 1.7%，明显低于日本对东盟的 8.3% 的外商直接投资。显然，外商直接投资流动不足是加快区域经济一体化的主要挑战之一。

表 5　　2005 年东盟外商直接投资主要来源

国家或地区	百万美元	份额（%）
欧盟 25 国	7122.7	18.7
美国	8748.4	23
东盟	2220.4	5.8
日本	3163.7	8.3
开曼岛	4372.9	11.5
中国台湾	306.6	0.8
其他中南美洲	662.9	1.7
百慕大	933.3	2.5
韩国	628.4	1.7
中国	569.8	1.5
十大来源总计	28729.2	75.4
其他	9353.7	24.6
总计	38082.9	100

资料来源：东盟贸易数据库。

二、金融合作

过去几年，大力加强了区域间乃至国际间的合作。东亚区域大力加强和促进了区域经济和金融一体化进程，主要措施包括加强金融合作、发展区域资本市场以及促进资本自由流动。

金融合作具有以下几点潜在好处：第一，金融合作有助于稳定贸易和投资关系，这是本区域各国的共同利益；第二，即使金融危机有传播的可能，金融合作可以有效防范、减少危机在本区域的影响；第三，由于国际金融系统与本区域各国多边机构准入能力存在不确定因素，区域金融合作可作为审慎的保护措施；第四，区域金融设施可作为国际货币基金组织等跨国机构的资源补充，这一点对于借贷能力受跨国机构配额限制的国家来说至关重要；第五，区域储备库的使用可以减少一些国家用于建设保障网的储备持有量；第六，国内市场的金融公司规模远远不及国际金融公司，因此，区域金融设施可以把某个国家的金融公司与本区域其他金融公司联合起来；第七，区域金融设施可以为加强区域监控和政策对话提供平台。最后，区域金融设施保障外部金融环境的稳定性，因此政府可以大刀阔斧，重组金融部门。

1. 东亚目前的金融合作情况

为解决资金短期流动的问题，2000 年 5 月，东盟 +3 国家（中国、日本、韩国）的财长在清迈达成《双边互换网络和回购协议》，即“清迈倡议”。2005 年 5 月，东盟 +3 国家财长会议审议了“清迈倡议”的第一阶段。各国财长同意：①在“清迈倡议”合作框架下整合、提高东盟 +3 经济监控；②理清互换激活过程，采取集体决策的机制，作为发展多边“清迈倡议”的第一步；③加大互换数量；④与国际货币基金组织脱钩的互换提款比例从 10% 增加到 20%，减少与之联系。

为增强“清迈倡议”，特别是《双边互换网络的回购协定》的有效实施，2006 年 5 月，东盟 +3 论坛达成一致意见，认可“清迈倡议”第二阶段审议成果。据此，东盟 +3 的金融机构同意加强区域监控能力，采取集体决策激活《双边互换网络和回购协议》，优化使用该协议，迈出多边金融协议的第一步。

印度尼西亚与其他东盟 +3 国家一道，积极参与“清迈倡议”，增强“清迈倡议”、特别是《双边互换网络和回购协议》的有效实施。截至 2006 年 12 月，印度尼西亚分别与中国、日本、韩国签署了该协议，总额为 120 亿美元。

2006 年专责小组成立，负责策划并准备把多边的《双边互换网络和回购协议》变成多边金融协议。专责小组的成立是形成多边金融协议的一步。第一阶段要确定各个多边金融协议的种类，包括检查选择不同协议的法律事项。通过金融合作，各方共同努力增强东亚区域的金融安全网。“清迈倡议”变成多边协议后，可以补充国际金融机构提供的流动资金贷款。

东盟国家加强了发展区域股票市场的合作。发展东盟股票市场，可以形成东盟是优良资产的观点（东盟资产类别），到 2010 年建立东盟股票交易所的相互联系。这种相互联系可以推动本区域交易所进行股票交易，介绍发行情况，为交易的结算与交收提供便利。重要的一点是越来越多的私营部门开始参与发展东盟金融产品。2005 年成功推出了两个东盟股指（富时东盟指数和富时东盟 40）以后，东盟国家于 2006 年 9 月在香港和新加坡进行了联合路演，此举提高了区域资本市场跨境合作，推动投资商在东盟投资。

东盟 +3 的合作取得了巨大进展。2006 年借助“亚洲债券市场倡议”发展债券市场，重点是鼓励产品创新，完善发行商市场准入政策，加大当地货币债券供应。2005 年，泰国、菲律宾、中国和马来西亚的国际金融机构用本地货币发行债券。此外，还提出一项倡议，发行区域多币种债券。为大力发展区域债券市场基础设施，“亚洲债券市场倡议”开展了各项研究、研讨会和研讨班。

此外，东亚及太平洋地区中央银行行长会议组织合作论坛发起了亚洲债券基金，发展区域债券市场。截至2006年，八个单独基金中有六个通过东亚及太平洋地区中央银行行长会议组织成员国（日本、澳大利亚、新西兰除外）的资本市场，提供给投资商。尽管亚洲债券基金规模不大，但是可以推动亚洲的债券发展，例如，亚洲债券基金成为该区域新产品的基准，亚洲债券基金－2计划推动了跨境投资。

依照资本流动自由化，东盟国家立足经济发展水平、金融基础设施、银行系统及资本市场发展，采用不同方法逐渐推进资本自由流动。在2006年7月举行的第七届东盟资本账户自由化工作委员会会议上，宣称大部分东盟国家已经实行了更加自由的资本和金融资产负债表体制。文莱、印度尼西亚、马来西亚、菲律宾、新加坡和泰国实行了更加自由的跨境金融交易条例。柬埔寨、老挝、缅甸和越南正在着手制定各种金融及银行业方面的规章和法律框架。东盟合作论坛指出，资本和金融资产负债表的自由化可以推动东盟金融货币一体化。

2. 建议采取的金融合作模式

前面提到的金融合作旨在加强区域一体化，加速东盟＋3经济与金融合作。同样，有必要加强金融合作，资助泛北部湾经济区的发展。目前，成立融资联盟被视为金融合作的重要途径。

在一些国家或部门，单个债权人没有掌握必要的技术或参与机会。但是有了这种合作后，他们可以获得新的机会。对于借贷方而言，这种合作提供了本不可能的跨国市场融资准入机会，帮助他们吸引新的融资来源，减少借贷成本，延长单个债权人不愿提供的到期期限。

具体而言，本文提出的金融合作有三种形式。第一种形式是银团贷款，资助、支持泛北部湾经济增长极活动有关的项目和贸易。第二种形式是发展或改善政府债券的工具和市场，资助、支持泛北部湾经济增长极的项目。第三种形式是发展或改善私人债券的工具和市场，资助、支持泛北部湾经济增长极的与政府相关的项目。

这三种形式的合作必须至少满足如下标准：第一，金融合作应允许泛北部湾经济区各国更有效地共担地理和制度方面的风险；第二，金融合作既要遵循区域和国际协定，也要遵循国内金融规定。最后，金融合作要优先考虑资助现有的高效政府项目或与政府相关的项目。

此外，无论将建立何种合作模式，需要按照国际、区域以及国内层面的各种法律和制度安排。国际层面，合作需要遵守跨国机构之间签署的协定和协议。区域层面，东盟国家中，合作需遵从各项安排，如建立东盟经济共同体框架等。东亚国家中，合作需符合各项安排，如中国—东盟自由贸易区等。国内层面，合作应遵守各成员国的宪法和各项法律、规章。

泛北合作可以利用“亚洲债券市场倡议”借助债券进行融资合作。另一方面，通过银行财团进行融资合作时，财团应该遵守国内银行政策，让所有国家受益。

金融合作能推动泛北部湾经济增长极的发展，因此，有必要在泛北部湾区域开展金融合作。当然，行动计划必须遵循国内金融规章以及其他区域和国际金融协议。区域合作旨在提高效率，保持旺盛的增长势头，有效克服单个经济体固有的局限性，谋求本区域成员国的共同发展和互利共赢。

（作者系印度尼西亚银行副行长）

泛北部湾经济合作研究报告

翟　崑

（2007年7月27日）

一、泛北部湾经济合作构想具有可行性

从遥远的海上丝绸之路，到开启和平之旅的郑和下西洋的共同辉煌；从殖民地半殖民地时期的共同衰落，到追求民族独立和国家富强的共同追求；从金融危机后共同推动地区合作共同抵御经济全球化风险，到泛北部湾经济合作的倡议风生水起。泛北部湾地区的中国和东南亚国家经历了繁荣、衰落到再繁荣的轮回。北部湾作为中国与东南亚的海陆结合点的地理优势日益突显。

（一）推动泛北部湾经济合作具备良好的地区优势

冷战结束后，亚太地区保持了和平、发展、合作的局面。东南亚地区政治稳定，经济发展，加快一体化进程，致力于2020年建成东盟共同体，东盟的地区和国际影响力日益上升。中国也进入快速发展时期，提出科学发展观与和谐社会理念，将本世纪初的前20年视为战略机遇期。中国和东盟的共同发展、合作有利于本地区和东亚、亚太和世界的和平、稳定与发展。

更令人惊喜的是，伴随着中国崛起，东盟壮大，中国和东盟的关系也递进上升，从1991年双方建立对话关系，到2003年建立面向和平与繁荣的战略伙伴关系，仅仅用了12年时间。在政治上，中国于2003加入了《东南亚友好合作条约》。在经济上，中国与东盟于2001年正式启动中国东盟自贸区的建设进程，计划于2010年建成自贸区。双方领导人还决定于2010年双边贸易额突破2000亿美元。在安全上，中国与东盟签署了《南海各方行为宣言》。

在泛北部湾地区，中国与印尼建立了战略伙伴关系，与马来西亚和菲律宾展开战略性合作，与新加坡谈判双边自贸区协定，与越南永续“四好关系”，与文莱关系不断发展。在泛北部湾的核心地区，即中越的海陆边界地区，中国与越南逐步解决了陆地边界和北部湾划界问题。2004年7月，《中越北部湾划界协定》、《中越北部湾渔业合作协定》正式生效。双方还于2006年启动在北部湾协议地区进行地震勘测的协议。合作边界、合作之湾正成为中越双方的共同理念。尤其值得一提的是，中国与菲律宾、越南于2005年3月达成在南海协议地区进行地震勘测的协议，开启了在南海地区进行“共同开发”的第一步。由此可见，以海洋为共同连接纽带的泛北部湾地区具备了进行更高层次合作的内外部环境。

（二）推动泛北部湾经济合作具有战略紧迫性

一方面，在经济全球化背景下，东亚地区的区域、次区域合作方兴未艾，形式不一的合作形式构成东亚整体崛起的多层次平台。但具有重要地缘经济地位的北部湾地区仍是东亚太平洋沿岸经济崛起带的落后区和欠开发区。这与本地区日趋走向和平稳定、繁荣发展的局面并不相符。因此，泛北部湾地区合作开发，具有成就东亚复兴的历史意义和战略紧迫性。

另一方面，中国东盟自贸区的建设不仅要逐步完成相关的规则谈判，形成完善的制度基础，而且要在地理范围上进行整合，形成坚实的物质基础。中国和东南亚海陆相连的地理自然条件决定,中国和东盟的可持续发展与合作,必须要靠海陆经济的结合,要靠海陆两翼齐飞的格局来带动。目前,大湄公河次区域经济合作组织(GMS)成功地把中国相关省份,如云南、广西,与处于大陆地区的缅甸、老挝、泰国、柬埔寨、越南五国结合起来,构成中国—东盟自贸区的“陆上一翼”。但是,东盟的海岛国家如新加坡、马来西亚、印尼、菲律宾、文莱,还未与中国相关省份,如广东、广西、海南等建立相应的“海上之翼”。因此,建立中国和东盟的“海上之翼”就成为双方紧迫的战略课题。

(三)推动泛北部湾经济合作具备良好的开端

20 世纪 80 年代末,中国已经开始研究探讨北部湾地区的经济开发问题,90 年代,中国的北部湾地区开始经济合作,2001 年 11 月,中国成立“北部湾经济合作组织”。

随着中越关系的发展,双方于 2005 年正式启动越南倡议的“两廊一圈”建设,其中“一圈”就是“环北部湾经济合作圈”,是中国与东南亚地区的海陆结合点。“两廊一圈”可以作为推动中国与东盟进行海上经济合作的重要起点,也可以作为海上经济合作与陆上经济合作的衔接点。以“两廊一圈”为出发点,以海洋经济合作为旗帜,以海陆结合为连接点,以功能性合作向外辐射到其他东盟海岛国家,就有可能建成以泛北部湾经济合作为依托的“海上之翼”。总之,“两廊一圈”的顺利开展可以为泛北合作打下基础,即小范围的合作可以带动大范围的合作。反过来,大范围的合作也可以推动小范围的合作,即用泛北部湾的经济合作来推动“两廊一圈”的建设。

与越南隔湾相对的广西率先响应“两廊一圈”建设,于 2006 年 3 月成立北部湾(广西)经济区规划建设管理委员会。广西北部湾经济区是发挥广西位于北部湾核心地带,具有地处中国华南经济圈、西南经济圈和东盟经济圈结合部的天然优势,长远目标是将广西建设成中国与东盟区域性的物流基地、商贸基地、加工制造基地和信息交流中心。当年 7 月,首届环北部湾经济合作论坛在广西南宁召开,论坛催生了泛北部湾经济合作区构想。该构想将原来只是广西、广东、海南和越南之间的环北部湾的地区性合作,延伸到隔海相邻的马来西亚、新加坡、印尼、菲律宾和文莱等东盟中邻近北部湾的国家。

(四)推动泛北部湾经济合作具有理论基础和可借鉴经验

泛北部湾经济合作是中国和东盟发展次区域经济合作的一种新形式。东亚地区次区域经济合作理论的发展可为泛北部湾经济合作提供理论基础,而中国和东盟在次区域经济合作方面的实践又可为泛北部湾经济合作提供经验和借鉴。

理论支持方面:

次区域经济合作是 20 世纪 80 年代末、90 年代初出现在东亚地区的一种经济现象。关于次地区经济合作的理论很多,而且根据次区域经济合作实践的发展而不断完善,新加坡东亚研究所的黄朝翰教授认为,次区域经济合作一般是起因于国家间的接合部,通过海洋的联系(sea link)、陆地的联系(land link)、河流的联系(river link),所形成的区域性合作,合作伙伴可以是国家,也可以是大国的一个省或数个省。次区域合作是建立在尊重国家主权,充分发挥当地的比较优势基础上的互惠互利。次区域间的合作受经济、政治、安全等多方面因素的综合影响。

东亚地区的次区域经济合作具有灵活性、互补性、风险小、开放性、不歧视非成员国、合作范围广、国家政府协调为主、地方政府是合作主体等特点。发展次区域经济合作,有利于生产要素的优化配置,有利于节约交易成本,有利于国际关系的改善和维护国家利益。目前次区域经济合作存在的主要问题是,各国发展次区域经济合作的强烈愿望与经济发展水平、经济制度、文化背景等的巨大差异之间的矛盾。

任何单一的理论都不能全面解释泛北部湾经济次区域经济合作,当前适用于泛北部湾经济次区域经济合作的相关理论主要有不平衡发展理论、梯度转移理论、增长极理论、点轴开发理论、网络开发理论、城市圈域经济理论等。

借鉴经验方面:

GMS 对泛北部湾经济合作的启示:(1)需要得到相关国家中央政府的全力支持,成立相关组织,发挥各地方的比较优势;(2)有来自亚洲银行等第三方等机制化的协调,以及固定的资金来源和技术支持;(3)中国的介入将会催生更具综合效益的次区域经济合作。

东盟东部经济增长区(BIMP - EAGA)对泛北部湾经济合作的启示:(1)东盟组织的支持有利于协调东盟国家的利益协调;(2)成立相关组织,确定具体合作领域和工作机制;(3)发展伙伴如中国和澳大利亚的参与。

(五)推进泛北部湾经济合作构想意义重大

推进泛北部湾经济合作,不仅可以为各方带来丰厚的利益,而且能共同规避各种风险,尤其是帮助相关东盟国家规避风险,使双方都可以达到趋利避害的“双赢”。

1. 增强次地区整体增长力、竞争力和开放性。2001 年中国—东盟自贸区的提出以及之后的建设,双方经贸关系发展十分迅速,呈现活跃发展的局面。中国与泛北六国的贸易量逐年增加,从 2002 年到 2006 年,中国与六国贸易总量分别为 450 亿美元、641 亿美元、868 亿美元、1067 亿美元、1307 亿美元。泛北部湾合作将切实推动本地区贸易额的进一步上升。在泛北部湾经济合作这一政策概念的感召下,将吸引中国政府和企业加大向东南亚国家的投资力度。泛北部湾地区经济整合度的提高,可以使双方企业在整个区域内建立高效率的分工体制,提高整个区域承接新一轮国际产业转移的能力。为了在更激烈的竞争中获得一席之地,企业不得不努力引进新技术和先进的管理经验,引进优秀人才,实现技术创新和产业升级,并努力降低成本,在不断提高自身素质中带动整个产业的结构升级,从而也有利于引进区域外经济体介入本地区经济发展,达致多赢局面。

2. 有利于本地区的可持续发展和生态保护。随着泛北部湾经济合作的展开,以及比较优势和互补效应的展开,南海丰富的海洋、旅游、渔业、盐业、油气资源和风、潮汐、太阳能等可再生资源,澜沧江湄公河流域的水电和生态资源,都可以在泛北部湾地区经济合作的作用下带动起来,得以更加有效的开发和利用。值得注意的是,“泛北”是新型的次地区经济合作,具有制度设计上的后发优势,可充分借鉴以往次区域经济合作的经验和教训,以“绿色泛北”、“可持续发展”为第一目标,以防范发展过程中的生态风险。

3. 有利于推进东盟一体化建设。东盟致力于 2020 年前建成东盟共同体,于 2015 年提前 5 年建成东盟经济共同体。

因此，旨在缩小成员间发展差距的《东盟一体化倡议》的重要性更趋突出。中国一贯支持东盟为缩小本地区发展差距所作的努力，包括东盟一体化倡议、东盟—湄公河流域开发合作、东盟东部增长区等次区域经济合作。中国现为东盟东部增长区的发展伙伴。现阶段双方正在积极探讨如何建立中国与东盟东部增长区正式高官会机制、经贸合作机制，签订中国与东盟东部增长区框架性合作文件，确定合作领域和加强经贸信息交流合作。而泛北部湾经济合作，既涵盖东盟东部增长三角，又有利于GMS的建设。另外，本地区是海上犯罪、恐怖主义、传染疾病、自然灾害等非传统安全威胁的多发地，泛北合作有利于双方合作解决贫富差距导致的种族冲突、恐怖主义和城乡矛盾等难题。

4. 有利于塑造解决南海问题的良好环境。中国和一些东盟国家在南海主权归属问题上尚有争议，各方在合作中难免存在疑虑和不信任。在《南海各方行为规则》的指导下，通过泛北部湾合作可以进一步增强互信，实施“搁置争议、共同开发”，逐步培育解决南海问题的气氛。如果泛北合作能在南中国海油气开发上实现突破，形成互利共赢的发展模式，则必成为将南海变成和平之海、合作之海、友谊之海的先导性合作，也为争议地区共同开发带来一种新模式。

5. 有利于东盟战略地位的提升。值得一提的是，泛北部湾经济合作的推进将有利于东盟进一步推进与美国、日本、韩国、欧盟、印度、澳大利亚、新加坡等国的自贸区谈判。原因是，泛北合作是中国与东盟发达成员间的合作，将有助于提高中国—东盟自贸区的质量，加快中国—东盟自贸区的建设。这将促进其他几个大国进一步加大对东盟的战略投入，加快谈判进程，从而有利于东盟获得更大利益，成为亚太地区最大的战略受益者和经济受益者。

正如新加坡东亚研究所的著名学者黄朝翰先生等所言：从“环”到“泛”这一个字的变化，不仅意味着直接增加了五个东盟国家，而且更意味着为未来中国和东盟国家之间的合作打开了更大的发展空间和想像空间。东盟国家在这一新方案中的地位和作用也大大提高。

二、推进泛北部湾经济合作面临的挑战

虽然具备以上可行性和重大意义，但真正要推动泛北合作，还需克服一系列不利因素。令人欣慰的是，冷战后的合作历史证明，中国和东盟善于利用有利因素取代不利因素，用机遇化解挑战，化竞争利益为共同利益。

（一）经济上存在竞争性

1. 产业结构变动趋势的趋同与竞争。双方经济结构、产品结构、技术结构和产业结构较为趋同，经济互补的领域较小，长期以来双方在各自贸易总额中占比较小。

值得注意的是，本地区尚未形成自主创新基础上的产业分工。区域合作互补深化和后劲的源泉是技术创新基础上的产业分工。目前泛北地区的产业分工，不论是水平分工还是垂直分工都是建立在低水平的资源比较优势上的所谓资源差异化分工，而不是建立在技术创新基础上的。自主创新能力的不足将是制约两大区域竞合互补的重要因素。

2. 外贸结构的趋同与竞争。泛北地区对出口的依赖性都较大，对外贸易依存度非常高，由于中国泛北省份与东盟相关国家的经济资源有较大的相似性，而且双方在推进工业化进程中均是以劳动密集型产品以及低技术密集型产品出口为主，都是世界中低档制成品的重要生产基地，电子、家电和机电类产品的出口比重也都逐渐提高，决定了双方在出口产品结构和出口市场结构的趋同和竞争。当前，双方在出口产品上的竞争主要表现在纺织品和服装、皮革制品、机电设备等部门，尤其是在纺织品和服装方面。但由于泛北地区的出口市场主要集中在美国、日本、欧盟，占80%以上，使得泛北地区的竞争性主要存在于同一发展层次的地区经济之间和第三方市场，比如在化工产品、机械和电子设备、汽车以及光学设备与精密仪器方面，双方之间各有优势，存在竞争关系。

3. 利用外资的竞争。经济的外向性使得泛北地区和国家均希望借助国际资本的力量，由于经济结构的趋同性，对同一性质的外资需求就存在竞争。美国、日本、欧盟国家选择在东亚的生产基地上，反复比较是中国还是东盟国家。

（二）双方的积极性尚未完全调动起来

1. 日本、美国、欧盟、印度等主要经济体争相与东盟国家洽签FTA，加之中国—东盟自贸区建设进展较为顺利，因此东盟国家对“泛北”合作的重要性和积极意义还未给以足够的重视，尚未启动相关研究。

2. 东盟国家观望泛北合作能否被列为中国的国家战略。东盟有的学者认为，中国政府的态度和政策支持是泛北合作取得成功的关键因素。东盟在中国对外战略中的地位将决定中国政府是否有决心和财力加大泛北地区的基础设施建设，如支持东盟国家的相关港口建设、南宁到新加坡的铁路和高速公路的建设等。

3. 双方企业对彼此市场环境的了解还不够。主要表现在多数企业不了解泛北合作将带来哪些商机；不了解中国—东盟自由贸易区相关规则；缺乏开发彼此市场的意识和长期战略计划、可行性分析、优秀人才和商务渠道；少数企业缺乏经营道德和社会责任，造成一些纠纷；不了解彼此国情和风俗习惯，不能入乡随俗，简单照搬本企业文化和在国内的经验。

（三）缺乏有效的协调机制

目前，一年一度的泛北部湾经济合作论坛初步承担着为“泛北”构想造势的功能。但该论坛并非“泛北”的协调机制。由于泛北合作涉及多层次、多领域、多部门、多国家，且处于可行性研究阶段，因而缺乏统一思路，尚未形成照顾协调各方利益的行动路线图，因此也就缺乏官方的协调机制。此外，中国相关省份对“泛北”的关注程度并不一致，目前主要是广西推动。中国政府是否将广西北部湾经济区列为国家级开发区，能否设立一个专门机构来协调相关省份间的关系，使以广西为核心的泛北部湾合作、以云南为核心的大湄公河次区域合作和以广东为龙头的9+2合作能整合成一个同东盟合作的整体，仍值得期待。

（四）政治互信有待提高

双方对彼此战略取向仍存在着理解上的差距，需要弥合。尽管双方在消除南海地区紧张形势方面已取得较大进展，但南海问题仍未排除在双方关系敏感问题之外。目前“泛北”合作的深度和广度都与中国—东盟战略伙伴关系的定位不相称。

三、泛北部湾经济合作的机遇

报告认为，双方在落实倡议、计划和战略时需要进行更多的互动、磋商和协调，并培养协调和共同参与、“竞合共赢”的意识。历史经验证明，中国和东盟国家善于通过扩大共同利益、降低竞争利益的方式，化解矛盾，达成共识。

过去，东盟国家普遍认为，由于双方产业结构存在一定的趋同性，必然带来市场和投资方面的争夺。但历史表明，中国—东盟自贸区的建设，标志着双方达成共识，努力在谅解和合作中缓解这一矛盾。泛北部湾的区域合作也首先会从这种谅解和合作中开始，逐步通过在一个更合适的范围内进行经济结构调整，整合资源，强化优势，新的合作将增强本地区的国际竞争力，变竞争为合作，变合作为更大领域的竞争力。

例如，中国和东盟的"早期收获"协议实施后，泰国、越南等大批水果涌向中国市场，给同样以热带水果为主的广西带来巨大的挑战与竞争。广西农业采取了从东盟国家引进新品种，加强水果加工能力的办法提高自身竞争力，使竞争变得有序，化竞争为合作。在泛北框架下，可以更有效地规范和协调竞争与合作的关系，提高次地区的整体竞争力，优化配置区域资源，使各方受益。

另外，中国—东盟博览会、中国—东盟商务与投资峰会、环北部湾经济合作论坛等也为泛北部湾经济合作带来了便利条件。在泛北部湾经济合作的带动下，本地区的经济发展将加速，经济整合程度将加深，逐步成为中国—东盟自贸区的经济中心地区。

（一）泛北地区应该形成具有本地区特色的产业集群

与中国的长三角，珠三角，和渤海湾已经形成和正在形成的产业集群（Industrial Clusters）相比，未来以广西为核心的泛北经济发展，应该有自己的特点。它有可能有一部分还是珠三角的现有的产业群落的延伸（包括为广东的汽车产业服务的新型钢铁企业），但更大部分有可能是为中国的西部经济，和相关的东盟国家服务的新能源、新材料、新设备、环保，和新型的服务性企业，如物流行业、旅游行业等。跨国公司和中国沿海地区的一些大企业，都已经是这些新兴行业中的领先型企业。加快吸引这些新领域的企业，和相应的知识、技能和专业人才，将有可能促使广西、大西南，和东盟国家，早日进入注重环保和生活质量的21世纪的新经济之中。泛北部湾的未来发展中，香港、广东、新加坡、越南等处于重要的地位。

（二）充分借助泛北地区的经济互补性

泛北部湾地区经济发展水平及产业结构的多层次阶梯状态，又使双方在比较优势方面呈现出多样性和综合性，决定了双方产业关系的互补性和广泛的合作前景。

1. 经济资源结构的互补性。自然资源方面，在泛北部湾的中国省份，除西南省份自然资源比较丰富外，其他省份都比较缺乏，而东盟国家自然资源都比较丰富，如林业资源、渔业资源、油气资源、矿产资源、热带经济作物等，资源贸易以及在林业、渔业、矿业等方面的共同开发，将成为双方合作颇具潜力的重要领域。人力资源方面，中国是世界上人力资源最丰富的国家，越南目前的劳动力价格比中国还要低。马来西亚、新加坡等国均已出现不同程度上的熟练劳动力和高级技术人员短缺的问题。东盟发达成员在管理技能方面具有较强的竞争优势。

2. 经济发展阶段的互补性。泛北部湾四省六国大致可以归为四个层次：第一层次是文莱和新加坡，属于高收入国家和地区，前者凭借石油美元具有资本输出优势，后者为本地区最先完成工业化的国家，具有资本输出和高科技知识密集型产业的双重优势；第二层次是广东和马来西亚，属于中上收入水平，是经济层次中的中坚力量，具有中等技术及资本密集型产业比较优势，可以成为高收入国家的外缘市场，又可以担当起产业和技术转移中的承上启下者的角色；第三层次为海南、广西、云南和东盟的菲律宾、印尼，属于下中等收入层次，具有自然资源和劳动密集型产业优势，是经济层次中最具有可塑性的区域；第四层次是越南，属于低收入国家和地区，具有廉价劳动力和自然资源优势，属于其他层次。

经济发展水平的层次性决定了本地区产业结构分布也呈现阶梯型。新加坡的产业结构高度化特征明显，第三产业已居主导地位，并开始出现从传统制造业分工中撤出的迹象。香港是亚洲的金融中心和服务业中心。广东有较现代的工业，已经形成竞争较强的制造业生产能力和初步发达的第三产业。东盟老成员国的第二产业与第三产业发展水平相当，制造业在国民经济中占有重要地位。广西的工业化水平虽比较低，但高于东盟北部的越南。而东盟国家作为一个整体，在服务业和第三产业的发展上优于中国。多层次的经济发展水平组合在产业结构上所体现出的全面性无疑将会更加易于形成与东盟产业之间的互补。

经济发展的多层次性，为处在工业化发展关键阶段的泛北部湾地区进行梯级穿插合作提供了可能，有利于形成梯度和点轴交叉发展的模式。通过形成梯度和点轴交叉发展的非均衡发展模式，能够提高经济发展的效率，促进产业转移和升级。在泛北部湾地区，广东和新加坡、马来西亚的工业化水平相对较高，而云南、广西、越南的工业化水平低。因此，本地区可以形成梯度发展模式，较发达区域可以拓展发展空间，转移夕阳产业，加速产业升级。实现可持续发展，较落后地区则可以通过承接产业转移，加快工业化进程。

3. 产品结构的互补性

在自然资源密集型产品上，东盟国家具有明显比较优势，特别是文莱、印尼、马来西亚、越南基本上保持了自然资源密集型产品出口的比较优势，如动植物油脂、矿产品、塑料制品、木材及木材制品等产品。

在非熟练劳动密集型产品上，印尼、菲律宾具有出口比较优势，但中国在非熟练劳动密集型产品上的出口比较优势强于东盟国家，如鞋类、纺织品与服装、金属制品和各式制造品等产品。

在技术密集型产品上，新加坡、马来西亚拥有比较优势，中国在该领域的优势弱于新加坡、马来西亚、菲律宾，但高于印尼。

在人力资本密集型产品上，东盟国家在人力资本密集型产品的出口均处于劣势地位。

近几年，东盟向中国出口的商品主要以石油、天然气为主的矿物燃料和以木材、纸浆为主的非食品原料，中国向东盟出口的商品主要是以交通工具、机电器为主的一般机械产品和纺织服装产品。伴随着泛北部湾地区双边贸易结构的变化和贸易规模的扩大，双方的竞争优势产品同样也发生变化。在竞争中。中国的优势产品已经从初级产品和资源性产品转变为各类工业制成品，而东盟仍主要在一些资源密集型产品和部分工业制成品占有优势。

具体到2006年的主要出口产品，广东作为四省中经济发展水平最高的省份，对东盟六国的出口主要集中于石油加工产品、电气设备以及服装等商品，兼具资本和劳动密集型特征。

广西、海南和云南主要还是以资源出口为主，但各有主导产品，广西的有色金属、海南的胡椒和云南的烟草是其主导产品。

东盟六国对中国四省的需求产品也各异。发展水平最低的越南对四省的依赖程度最高，从钢材、电力到基本资源都对四省有很大的需求。

新加坡作为这一区域的领先国，对中国四省的产业设定有一定影响力，对广东的石油和电气设备等加工产品、其他省区的资源都可以按照本国需求施加影响。

作为与东盟六国最为临近的地区，中国四省最具有出口的地利以及接受产业辐射圈的影响和产业转移的后备能力。广东与新加坡是本区域的产业主导者。从进口数据中可以看出，中国四省对东盟六国的进口主要集中于零部件与自然资源，其中：新加坡和菲律宾是广东和广西等省区进行出口再加工的零配件原产国，而马来西亚、印度尼西亚则是中国最主要的棕榈油进口源，越南则是最主要的煤炭进口源。

4. 产业内贸易将保持强劲发展势头

随着区域国际分工的演进和产业结构的调整，特别是亚洲金融危机后，亚洲区域内各经济体实力的消长，支撑区域经济高速增长达30年之久的“雁行模式”随着日本经济的长期萎靡不振而出现衰变。随着中国和东盟工业化进程的加速，产业结构逐步升级，逐步从传统的产业间贸易走向产业内贸易的互补性分工，区域产业内分工日益细化，产业内分工趋势明显，产业内贸易规模在不断扩大。近年来，跨国公司在泛北部湾地区的投资发展迅猛，跨国公司在泛北部湾地区内的产业内分工投资则对本地区产业内贸易的发展起到推波助澜的作用。跨国公司依据各自的投资战略展开产业内分工，将零部件生产分布到区内不同国家和地区，进行专业化生产，以发挥其规模效应。

未来一段时期内，本地区产业内贸易将主要在初级产品、劳动密集型产品和机电产品、电子产品等产业内展开。初级产品贸易方面：东盟国家可以凭借物流成本优势，抓住中国经济快速发展对原材料需求的急速扩大的机遇，将中国地区发展成为东盟出口工业原料和初级产品的重要市场。

劳动密集型产品虽存在竞争的一面，即使是同类产品，双方也可以相互进口一部分在花色、品种上进行调剂，建立在产品质量和差异化基础上贸易格局将使得泛北部湾地区相互进口产品之间的互补性增强。

中国机电产品具有优势，潜力较大，而东盟国家的基础工业相对薄弱，机电产品需求较大，每年进口400亿～500亿美元，大部分属于中、低档机电产品。发达国家的这类产品质量较好，但价格昂贵，而中国的产品物美价廉，与欧美相比具有性价比优势。

电子产品方面，东盟的优势是工业电子产品，中国是家用电器占有优势。随着中国信息化的推进，为东盟工业电子产品提高了广泛的市场。

在衡量贸易伙伴之间产业内贸易水平时，比较优势指数（CAI，comparative advantage index）是常用的指标。CAI既可以测算产业内贸易水平，又可以确定贸易双方的优势产品。

新能源产品，环保产品，投资和生产能力的转移。东盟国家有数万个岛屿，后加入东盟的四国中的大部分农村地区都处在现有电网以外，柬埔寨85%的家庭未能使用电，太阳能、风能、水能、生物能、地热能等新能源产品，在东盟有很大的潜在市场。中国近年在新能源产品方面发展很快，太阳能热水器占有世界60%的市场，风能利用已达到世界第六位、亚洲第二位，风能设备的生产能力和技术水平迅速提高。水电设备特别是小水电设备的生产能力处于世界前沿。新加坡企业的城市污水处理、海水淡化、城市垃圾处理等环保产品在世界市场上具有竞争力，中国四省可和新加坡企业合作，促进中国和东盟的环保产品市场的发展。

中国珠江三角洲已开始出现结构性的劳动力短缺，在人民币升值，和人均工资逐步上升这两大趋势的推动下，中国的部分生产能力一定会出现向劳动力更便宜的地区转移，越南等东盟国家的沿海地区将会是未来的一个很好的选择。产业内贸易的发展，可以伴随着投资的转移、产业的转移，带动东盟国家的就业和经济发展。

服务贸易市场开放将极大地带动泛北合作。中国—东盟自贸区《服务贸易协议》将于今年7月1日起正式生效。该协议是规范中国与东盟服务贸易市场开放和处理与服务贸易相关问题的法律文件，规定双方在中国—东盟自贸区框架内开展服务贸易的权利和义务，同时包括中国与泛北东盟6国开放服务贸易的第一批具体承诺减让表。根据协议规定，中国将在对世贸组织承诺的基础上，在建筑、环保、运输、体育和商务等5个服务部门的26个分部门向东盟国家做出新的市场开放承诺。另一方面，东盟也将分别在金融、电信、教育、旅游、建筑、医疗等行业在其WTO承诺基础上向中国作出新的市场开放承诺，包括进一步开放上述服务领域，并允许对方设立独资或合资企业，放宽设立公司的股比限制等。中国—东盟自贸区《服务贸易协议》是中国在自由贸易区框架下与其他国家签署的第一个服务贸易协议。目前，中国国内服务贸易“走出去”还不是特别多，主要集中在餐饮、商业等小规模投资领域，在运输、物流、金融、保险等方面的出口竞争力相对较差。中国东盟之间的市场开放承诺不仅有利于双方进一步拓展双方服务部门的互利合作，实现优势互补，增强竞争力，扩大服务贸易出口，而且还可以使双方的消费者扩大选择服务的范围，享受到更多的优质服务，因此《协议》为中国服务企业“走出去”辟出了新径，泛北地区应该重视双方服务贸易市场开放后更广阔的市场和选择，跟上变化，把握由此带来的商机。

泛北部湾合作必然会使现有市场规模进一步扩大，可以为跨国公司提供其规模经济的市场容量，使其摆脱单一国家有限市场需求的约束，从而有利于跨国公司扩大生产规模；另一方面，扩大的市场也能吸引潜在的投资者。

泛北部湾经济合作进程的深化将会促进该地区的经济增长。通过优化分工协作，资源将得到更加合理的配置；日趋激烈的市场竞争也迫使区域内企业提高效率，这些将提高生产要素的回报率，进而产生新的存量和投资，这些又会进一步推动经济的持续增长，从而对外国直接投资产生持续的吸引力。区域经济在此良性循环的有力带动下势必向积极的方向发展。

总的来看，权衡泛北合作的有利条件和制约因素，有利条件大于制约因素，并且有理由相信，后者将通过泛北合作的展开逐一得以化解和消除。正如近60年来中国与东盟友好关系和经贸合作迅速发展给双方带来实实在在的好处一样，泛北合作必将也带来这一预期成效。

四、推动泛北部湾经济合作的战略设计

报告认为，鉴于推动泛北部湾经济合作对各方来说是利大于弊，具有重大的战略意义，因此，有必要在中国—东盟共同发展的战略高度，在睦邻友好、互利共赢的思想指导下，设立机制，确定路线图，大力推进实施。

（一）泛北部湾经济合作设计应遵循的原则

1. 战略性。中国和东盟必须从深化中国—东盟战略伙伴关系的高度去理解泛北部湾经济合作的意义。双方都应认识到，推动泛北部湾经济合作符合各自的战略需求，尤其对东盟方有利。

2. 创新性。双方应充分认识到推动泛北部湾经济合作的复杂性和艰巨性，应建立跨国研究网络，进一步研究如何落实泛北部湾经济合作，尽快设计出能互利共赢、趋利避害的创新性方案。

3. 舒适性。充分照顾到各方的舒适性是中国东盟推进合作的宝贵经验，在推动泛北部湾经济合作时，要照顾到相关各方的舒适度，由易到难，循序渐进。

4. 开放性。立足泛北部湾，放眼次区域外的广阔空间，争取美、日、韩等国跨国企业的投资，争取相关国际和地区机构的金融支持。使区域内外同时受益，这将保证泛北部湾经济合作的活力和动力。

5. 协调性。实践证明，加强国家间的宏观经济政策协调，加强各层次经济体之间的协调，是中国东盟合作的又一宝贵经验，也是泛北部湾经济合作能否成功推进的关键。

6. 关联性。推动泛北部湾经济合作是综合性的系统工程，要建立政府引导、市场驱动、企业参与的有效关联机制。

7. 机制性。设立政府、行业间的各种协调机制，是泛北部湾经济合作能顺利运转的保障。

（二）泛北部湾经济合作应具备的战略形象

1. 新形式：具有泛北部湾地区特色的次区域经济合作组织。

2. 新活力：激活中国与东南亚的海上合作。

3. 新角色：中国—东盟自贸区建设的探路者、先行者、示范者、受益者。

（三）建立泛北部湾经济合作组织

鉴于相关国家领导人已经对泛北合作表示了认可，建议可将可行性研究报告递交相关国家的外交和商务部门，并借助中国—东盟高官会、中国—东盟外长会议、中国—东盟经济部长会议等机制进一步磋商，使泛北成为相关各国从领导人到具体执行部门上下一致的共识。然后，由部长级会议将泛北合作提议递交中国—东盟领导人会议一致认可和批准。从而正式启动中国与东盟相关国家的实质性合作。

在此之前，泛北合作的主推方和相关方可在地方层次现行进行具体项目的合作，由点到面地铺开，为国家级层面的合作奠定基础。

条件成熟时，泛北地区国家可举行部长级会议，邀请亚行共同签署《建立泛北部湾区域合作组织的框架协议》，建立泛北部湾经济合作组织，用以组织、协调、开展泛北部湾的经济合作。该组织可由泛北七国、东盟秘书处、亚行等组成，负责协调多边关系、建立多种协调机制、共同制定政策、协商解决问题、汇报国内协调和进展情况等。可在每年的中国—东盟商务与投资峰会后，举办部长级的“泛北部湾经济合作组织”会议，以提升和取代目前的泛北部湾经济合作论坛，时机成熟时，可不定期召开一次中国—东盟泛北部湾六国领导人峰会。同时，借助每年的中国—东盟博览会打造泛北部湾经贸合作的平台，可邀请区域内外的企业、行会、商会、媒体等参加。

（四）中国政府应明确泛北部湾经济合作的战略地位

目前，中国与东盟的合作机制已经有以广东为中心的泛珠（9+2），以云南为结合点的GMS，如果再加上以广西为中心的泛北，将总共有三个机制，并且有重叠区。这势必增加中国国内协调的难度，甚至会让东盟无所适从。因此，中国政府应明确四省区，三机制的关系。如广东是对东盟贸易的龙头，实施产业转移的源头，全面与东盟对接；广西是中国和东盟的海陆结合点，要重点发展枢纽作用，在扎实推进两廊一圈建设的同时，加强与海岛东南亚国家的海上经济合作；云南则以GMS为依托，重点发展与半岛东南亚国家的陆路和水路通道建设；海南则可凭借身处南海、背靠大陆的地理位置和自然资源禀赋，左右逢源，重点发展特色经济。这样，三大机制各有侧重，共同形成中国与东盟合作的一个整体，每个机制都需要其他两个机制的配合和支持。鉴于泛北的特殊性、后发性及可预见的前景，中国政府应将广西北部湾经济区，列为国家级开发区。

（五）泛北部湾经济合作路线图

从中国进一步落实“与邻为善，以邻为伴”的外交方针和“睦邻、安邻、富邻”的周边外交政策的指导思想出发，建议中国政府积极推动在今年的中国—东盟高官会、中国—东盟外长会议上就泛北部湾经济合作双方达成共识。以“两廊一圈”为核心，加快完善“两廊一圈”，在今年的中国—东盟博览会上积极推动“两廊一圈”建设。以广西北部湾经济区建设为基础，并作为中国政府支持项目，以进一步体现中国发展与东盟经济合作的积极行动。在此基础上，以海洋经济合作为旗帜，循序渐进地与海岛东南亚国家展开海上旅游、港口物流、海洋资源与能源、海洋文化产业，海洋农业等领域的功能性合作；同时，进行创新性的产业搭配合作模式，推进泛北产业合作。

（作者系中国现代国际关系研究院东南亚研究室主任）

泛北部湾区域合作发展战略分析

李京文

（2007年7月26日）

今天我带着非常高兴、非常激动的心情回到我们的家乡广西参加这次盛会，而且这次盛会的召开有非常重大的意义。它的成功召开将有力地推进泛北部湾区域经济合作的发展，有力地推进中国—东盟自由贸易区的早日建成，同时也将有力地推进广西经济又好又快地发展，推动中国西部大开发战略任务的顺利完成。

正如今天上午和刚才休息前和各位嘉宾领导的讲话所指出的那样，泛北部湾的区域经济合作构想是当前国际经济形势发展，特别是东亚区域经济合作的一个新进展。然而，为了制定该地区区域经济合作与发展的战略，需要从东亚地区所形成的产业网络结构下的经济合作特点和区域内的资源条件两方面进行分析。考虑到目前东亚地区已经形成的区域内生产加工网络和投资网络，以及中国在这一地区的作用，需要比较泛北部湾地区各国的经济和产业结构特点，从制度创新和区域经济发展动力因素等角度进行分析。本文从泛北部湾地区的竞争力发展水平及其与东亚其他地区间的产业网络关系入手，论证实现区域内贸易自由化的优先发展路径。

一、泛北部湾区域国家间的总体竞争力分析

泛北部湾地区国家包括由中国、文莱、柬埔寨、印度尼西亚、马来西亚、泰国、新加坡、菲律宾、越南等九国。为实现在中国—东盟合作框架下的泛北部湾次区域合作目标，需要首先从该地区的经济发展潜力及优势角度进行分析。为此，我们参考各类经济数据，将泛北部湾地区各国的经济发展情况按经济发展水平、产业结构和贸易投资关联度三个主要指标体系进行分析。

1. 梯度经济格局是泛北部湾地区国家合作的基础状况

根据经济现代化进程发展的一般规律，泛北部湾地区九个国家的经济发展水平按人均 GDP 可分为五级，即三个发展阶段和两个转型阶段。在泛北部湾地区的九个国家中有五个国家，包括柬埔寨、中国、印度尼西亚、菲律宾和越南位居发展最低级，即一级发展阶段；泰国位于一级到二级阶段间的转型阶段；马来西亚位于二级发展阶段，只有新加坡和文莱两国位于最高级阶段即第三阶段（如下图 1 所示）。

图 1　泛北部湾地区各个国家间经济发展阶段比较

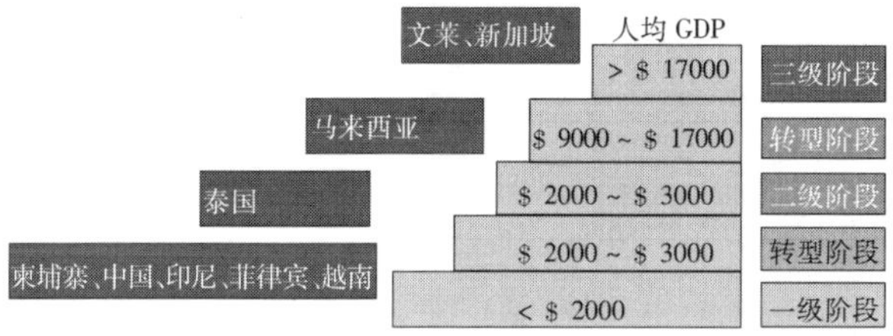

资料来源：http://www.worldbank.org

2. 按经济发展的要素划分泛北部湾地区九国情况

构成经济发展的三大要素由基础要素组、效率要素组和创新要素组组成，每要素组的构成详见图 2。

图 2　经济发展要素组与经济发展特征

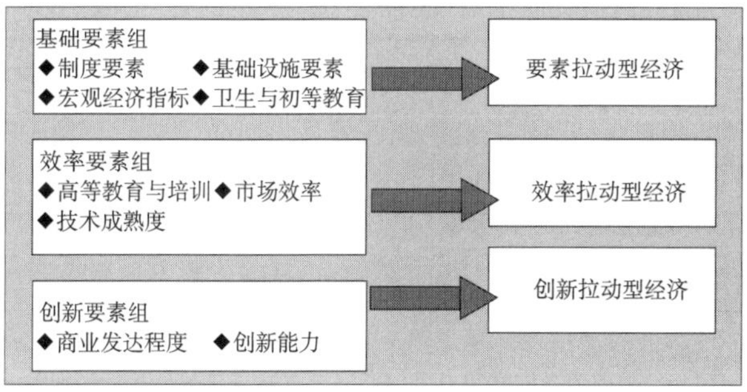

资料来源：http//www.weforum.org

在不同经济发展阶段，构成每一级经济发展动力的各要素作用程度不同，在人均 GDP 低于 2000 美元的经济发展阶段，以制度、基础设施、宏观经济条件和基础教育与公共卫生要素组成的基础要素组起着经济发展的主导拉动作用；而在人均 GDP 达到 3000 美元以上的经济发展二级阶段，效率要素组开始发挥主导作用；当人均 GDP 超过 17000 美元时，创新将成为引领国家经济发展的主要动力。

目前在泛北部湾地区九国中，包括中国在内的五个国家还处于以要素经济为主要经济拉动力的发展形态。这五国的劳动力人口在 2005 年约占该地区劳动力总人口的 95%，GDP 占地区总额的 86%，出口占地区总额的 65%，进口占总额的 65%，这与其他四国构成了区域内梯度经济格局。如果能够充分利用梯度经济发展的资本与技术扩散效应，就能够充分利用各国的经济发展潜力，建设一体化经济合作区。

二、泛北部湾地区国家的经济竞争力要素分析

根据世界经济论坛《全球竞争力 2006—2007》中的分析结果，泛北部湾地区的九个国家的竞争优势在全球 125 个国家和地区中的排名，反映出在每一个要素组都具有明显的竞争优势与劣势（表 1）。在综合排名上，只有新加坡位居世界前十名（缺少文莱数据），马来西亚和泰国分别居世界排名第 26 位和 35 位，其他五个国家：印尼、中国、菲律宾、越南和柬埔寨均位居世界第 50 至 103 位。具体到基础要素组的排分情况，处于一级经济发展阶段的五国基础设施要素平均得分明显处于低下水平。这一组要素主要是考察整体基础设施质量，包括铁路建设、港口设施、空港建设、电力供应和通讯能力。在这方面，只有新加坡已接近世界最高水平，而其他八个国家与新加坡比有很大差距。这一特征说明在考虑这一地区的区域经济一体化发展时，基础设施将是一个重大的发展障碍，然而这也为地区的发展提供了商机，即可以利用 5 个一级国家的经济基础设施相对落后，而新、马、泰三国相对发达所创造的发展空间，通过各种投融资手段加快基础设施建设，为主要依赖要素拉动发展经济的国家创造条件。另外这组数据还显示，这 5 个国家的卫生和初等教育要素相比较平均水平较高，已经步入世界的高水平行列，具备了保障经济水平快速提升的基本人力资源供给条件，因此将未来合作的重点优先放在基础设施建设上也具有初步的人力资源保障。

在由高等教育和培训、市场效率和技术成熟度构成的效率要素组中，泛北部湾各国的总体情况要比上一组好。这几个国家的市场效率水平已经接近中高水平，这为在区域内建立自由贸易区奠定了基础。然而在技术成熟度和高等教育与培训上，5 个一级国家的平均水平仅处于中等程度。特别是从构成技术成熟度的要素之一，外资流入和技术转移指标上分析，尽管近年来在东亚地区的资本移动在数额上逐年增加，但从地区 GDP 组成结构和进出口贸易结构上反映出该地区存在着生产和资本要素流向的虹吸现象。对此问题将在下面专门论述。

表 1　经济竞争力要素国际比较

	柬埔寨	菲律宾	中国	越南	印尼	泰国	马来西亚	新加坡	
制度要素									基础要素组
世界排行	95	88	80	74	52	40	18	4	
得分	3.26	3.38	3.51	4.37	4.04	4.37	5.44	5.90	
基础设施									
世界排行	97	88	60	83	89	38	23	6	
得分	2.48	2.73	3.54	2.79	2.72	4.36	5.09	6.16	
宏观经要素									
世界排行	101	62	6	53	57	28	31	8	
得分	3.87	4.45	5.72	4.63	4.52	5.10	4.97	5.67	
卫生与初等教育									
世界排行	98	82	55	56	72	84	42	20	
得分	5.71	6.20	6.44	6.43	6.35	6.09	4.97	6.81	

	柬埔寨	菲律宾	中国	越南	印尼	泰国	马来西亚	新加坡	
高等教育与培训									效率要素组
世界排行	110	63	77	90	53	42	32	10	
得分	2.63	4.02	3.68	3.39	4.25	4.44	4.80	5.59	
市场效率									
世界排行	99	57	56	73	27	31	9	4	
得分	3.63	4.21	4.22	4.10	4.93	4.76	5.24	5.62	
技术成熟度									
世界排行	105	61	75	85	72	48	28	2	
得分	2.56	3.32	3.07	2.85	3.47	3.67	4.64	5.69	
商业发达度									创新要素组
世界排行	100	59	65	86	42	40	20	23	
得分	3.37	4.20	4.05	3.55	4.53	4.57	5.29	5.47	
创新能力									
世界排行	98	79	46	75	37	33	21	9	
得分	2.72	3.05	3.44	3.10	3.60	3.74	4.53	5.04	

资料来源：东盟贸易数据库。

在由商业发达度和创新能力组成的创新要素组里，除柬埔寨外，其他四个一级经济水平国家的平均指数都在中等以上，表现出一定的竞争优势。这也表明，如果配套的条件和商业环境跟上去，该地区会有一个很好的发展前景。

三、实现泛北部湾地区内自由贸易区的障碍与机遇

通过分析，可以看出，泛北部湾地区的国家在实现区内贸易自由化的道路上会面临三个主要障碍：能源和基础设施建设以及融资与技术转移问题，然而这也正是这一地区发展的机遇。

1. 能源供应与可持续发展

在基础设施建设方面，一个主要的障碍是能源和电力供应不足。如果中国仅考虑广西的能源状况，则在泛北部湾地区的九个国家中，四个国家和地区要依赖进口能源（表2），同时由于地区产业结构和节能技术水平问题，废弃物的排放与治理问题也是当前一大问题。

表2　　泛北部湾地区能源有关情况

能源	广西	越南	印尼	马来西亚	菲律宾	新加坡	泰国	文莱
产量	822	45.9	240.7	88	na	0	45.9	21.8
消费量	2442	na	114.3	67	25.2	50	86	na
进口量	132	0	0	0	20.74	47.10	47.46	na
出口量	0	14.34	83.62	31.45	0	0	0	18.02

数据来源：BP世界能源统计2007；国际能源署国别指数；《中国能源统计年鉴2006》；《广西年鉴2006》；亚洲开发银行数据库。

产量单位，消费量单位：百万吨油当量Mtoe；出口量、进口量单位：百万吨油当量；na：缺少数据。

从广西的能源产销情况看，广西能源供应对外依存度高。据统计，2005年一次能源生产总量仅占全区能源年消费总量的34%，能源资源依靠外部供给达66%。随着全区能源消费总量的逐年递增，一次能源自产量的比率将逐渐减少，能源总量需求缺口还将扩大。

广西能源利用与国内先进水平有较大的差距。目前广西的能源消费弹性系数为1.18。单位产值能耗，按现行汇率计算每亿美元国内生产总值能耗，广西比世界平均水平高2倍，比美国高3.2倍、比日本高5.8倍、比印度高1.1倍。单位产品能耗，广西供电标准煤能耗比日本高24%；吨钢能耗比日本高22%；水泥综合能耗比日本高24%；中小合成氨综合能耗，比浙江省高22%。广西万元工业增加值取水量比全国平均水平高2倍，比广东高2.2倍，比河北高5.6倍，比山东高8.4倍。同时，地区单位GDP工业废气的排放量是广东的3倍，浙江、江苏的2倍；单位GDP废水的排放量是广东、浙江、江苏的2倍、山东的4倍。根据国家对广西壮族自治区下达的GDP能源消耗下降16%节能目标，若要实现这一目标，广西应优先考虑发展以节能、环保为目标的新型国际合作产业。

2. 中国与泛北部湾地区的贸易关联度与出口形态分析

根据近年的贸易统计数据分析，泛北部湾地区国家间的贸易关联度并不很高。以2005年各国对区内进出口贸易总额比重大于1的贸易国家进行比较，九国之间的贸易关联度平均水平只有0.015—0.09，而这九国与日本、韩国、美国和欧盟等国家和地区的平均贸易关联度在0.96以上（表3）。区内各国间的贸易关联度大大低于区外国家。

表3　　泛北部湾国家和地区间贸易关联度指数比较

	文莱	柬埔寨	中国	印尼	马来西亚	菲律宾	新加坡	越南	泰国
文莱			~	~	~	~	~	~	~
柬埔寨	~		~	~	~	~	~	~	~
中国	0.04	0.01	~	0.12	0.1	0.14	0.1	0.12	0.01
印尼	~	0.01	~	~	~	~	~	~	~
马来西亚	0.08	0.02	~	0.04	~	0.04	0.15	0.02	0.03
菲律宾	~	~	~	~	0.01	~	0.01	~	~
新加坡	0.1	0.06	0.02	0.09	0.2	0.04	~	0.09	0.06
越南	~	0.09	~	~	~	~	~	~	~
泰国	0.04	0.14	0.01	0.05	0.05	0.07	0.04	0.04	0.03
平均值	0.065	0.055	0.015	0.019	0.09	0.07	0.075	0.068	0.03
日本	0.33	0.03	0.13	0.16	0.09	0.16	0.08	0.13	0.18
韩国	0.11	0.05	0.08	0.05	0.04	0.04	0.04	0.07	0.02
香港	0.01	0.08	0.01		0.03	0.07	0.06	0.02	0.03
美国	0.1	0.27	0.15	0.1	0.15	0.15	0.12	0.11	0.11
欧盟	0.03	0.07	0.08	0.3	0.05	0.06	0.03	0.06	0.04
平均值	0.12	0.1	0.09	0.15	0.07	0.1	0.07	0.08	0.08

数据来源：亚洲开发银行数据库。

用投入—产出表对区域内贸易出口份额进行分析（图3），可以进一步看出区域内的产业贸易网络的发展形态特征是，区内生产的主要份额用于出口，依靠区外经济拉动区内经济发展是这一地区的最显著特征，如果不扩大区内的内需市场，就无法改变这一现状。

图3　　用投入—产出表说明泛北部湾地区出口形态

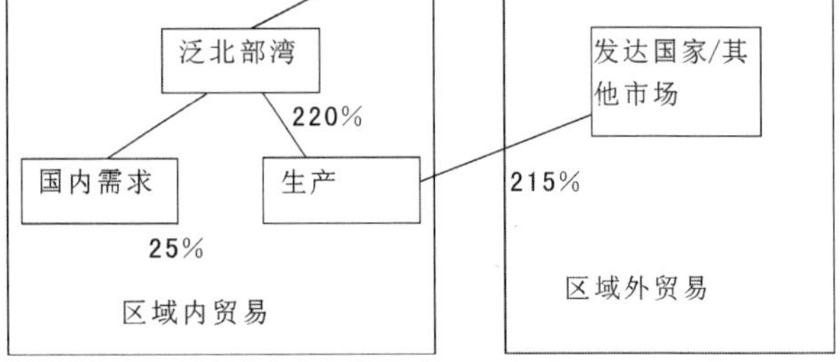

数据来源：亚洲发展银行数据库。

由于该地区的总人口占整个东亚及太平洋地区人口总数的94%,如果只将广西壮族自治区的人口计算在内,也达到了该地区人口总数的26%。单从人口要素考虑,通过泛北部湾自由贸易区改变区域内的生产和消费结构,扩大内需,既可以降低由于过度依赖欧美市场的经济风险,也为繁荣与稳定东亚地区的经济发展与安全建立了基础保障。

广西与泛北部湾地区其他国家间的贸易关系发展是不均衡的(表4)。以2005年的贸易统计数据为例,广西除了与越南和新加坡的贸易量出现不同幅度增长外,与其他四个主要贸易国都存在不同速度的负增长。这需要进一步研究如何充分利用已经具备的竞争要素建立有效的贸易机制,以此培育新经济要素,实现快速拉动区域内的经济发展、繁荣市场的目标。

表4　　2005年广西对六国贸易出口增长变化　　单位:%

广西	越南	印度尼西亚	马来西亚	菲律宾	新加坡	泰国
进出口总额	31.1	-1.5	-45.4	19.6	141.1	-17
进口	15.1	-39.6	-65.6	-77.2	223.5	37.3
出口	41.7	11.5	-31	43.7	121.3	-26.7

数据来源:《广西统计年鉴2006》。

3. 区域内外国直接投资情况

对外投资不但是企业走向国际化的重要途径,也是有助于提升地区整体经济水平和企业竞争力的重要途径。然而,2004至2005年,区域内的外国直接投资总额虽然有所增长,但区域内各国相互投资额在下降,而且在各国的当年投资总额中比重十分低。以2005年为例,仅占区域内的投资额的5.9%。而中国对整个东盟地区的投资只有该地区外资总额的1.5%,不足美国在该区域投资额的十五分之一;欧盟投资额的十分之一;日本投资额的六分之一。这种状况说明泛北部湾各国间尚未形成相互协调发展的投资格局,如果不改变这种现状,鼓励加大区域内投资,就会影响到未来自由贸易区的投资结构和发展目标。

4. 区域内基础要素分析

基础设施建设是经济发展的最基本的一环。根据前述对泛北部湾地区竞争力的分析,该地区相对薄弱的基础要素是制约地区内物流发展的主要障碍之一。根据联合国亚太经济与社会委员会公布的统计数据,与区内经济发达国家的基础设施相比,该地区处于一级阶段的五国在通讯和互联网使用水平上仅是其他四个国家使用水平平均值的七分之一,移动电话使用平均值的四分之一,固定电话使用平均值的八分之一。相互之间在发展程度上相差10到16年。在交通道路建设上,区域内单位1千平方公里内的铁路网公里数平均水平约为日本的十分之一、韩国的六分之一。尽管该地区的运输成本低廉,但不发达的公路网会严重影响运输效率,从而制约地区内物流产业的发展。

四、建立有效的泛北部湾自由贸易区的战略建议

综合上述的各种分析,可以得出在泛北部湾地区建立自由贸易区不能简单套用国内和国际上现成的经济发展模式的结论,而应根据泛北部湾地区内的经济、贸易结构特征和投资结构特点制定切实可行的行动方案。在起步阶段可以考虑以投资提升基础设施建设,同时开展投资性的区域内融资项目,用以改造区域内落后的基础设施。以投资基础设施建设带动地区金融业的发展,为区域内物流业网络化发展的硬件和软件建设创造条件。

投资基础设施发展区域内物流产业

目前区域内整体基础设施薄弱,存在着物流资源供需不平衡,物流业的产业形态和行业地位不够明确,缺乏统一、协调的产业政策体系等问题。从广西的发展情况看,尽管经过多年的建设,自治区港口的发展有了一定的成果,但实力依然太小。截至2005年末,广西沿海港口共有生产性泊位163个,万吨级以上泊位27个,货物通过能力3123万吨,其中集装箱30万标准箱。这样的实力,与沿海发达省市的港口相比,无疑还有相当大的差距。在加大广西港口建设的同时,应利用联合国亚太经济社会委员会和东盟支持开发的路网工程建设项目,与其他各国携手规划和建设地区内的交通基础设施和通讯设施,为开展本区内物流业打下基础。

对流通基础设施的投资方向,应由商流设施转向物流设施,按照中国—东盟自由贸易区商品流通的流向和布局进行统一规划,由中央政府支持在中国—东盟自由贸易区流通枢纽建设大型物流中心,由地方政府在地区商品集散地兴建区域性物流中心,形成一个渠道畅通,布局合理的区域内物流网络,以改善泛北部湾地区的物流状况,提高物流效率。除国家投资外,还应吸引民间资本和东盟各国的参与,以股份制的形式进行运作与管理。

2. 将金融服务业作为地区发展的杠杆

目前东南亚与世界金融正逐渐融为一体,但区域内金融一体化的程度很模糊。整个东南亚地区对外金融一体化程度一般高于区域内部金融一体化程度,尤其是在东南亚地区产业网络与经贸关系日益加强,而区域内的金融一体化进展却十分缓慢。

以广西地区的金融市场为例,完善的金融市场体系应该包括货币、资本、保险、外汇、黄金、期货等市场。但受各种因素制约,广西没有一家全国性的金融市场,区域性市场作用不明显,服务范围不广。金融市场发展水平不高,还导致企业融资渠道单一,高度依赖银行贷款。近三年来,广西直接融资一直在低位徘徊,近年直接融资占总融资规模的比率低于5%。企业如此依赖间接融资,既不能充分满足经济发展的需求,也难以有效分散和转移金融风险。

金融作为区域经济发展的第一推动力,其强大的杠杆功能可以使地区发展的原动力快速增强。在2000年,中国、日本、韩国与东盟间签订的《清迈协议》已经为发展区域内共同外汇储备体系,建立金融支持机制,巩固未来区域内金融稳定性作了规划,为区域内各国解决短期资本流动性问题和贸易支付差额问题,促进区域内贸易的稳定性提供保障。

2006年亚洲开发银行开始编制和公布亚洲货币加权平均值ACU。采用一揽子货币加权平均的方法。为方便双边和多边贸易的货币折算,避免美元贬值带来的负面影响,提供依据和统一的标准。另外的一些相关措施都加快这一地区金融市场化提供制度保障。

鉴于这些有利的制度条件,加强在广西的金融体系建设,深化金融服务应成为地区内繁荣稳定的重要建设内容。参考欧盟国家的经验,建议建立广西金融特色区,其内涵是以实现区域金融市场一体化为目标,在完善区域内经济环境条件下,在资本市场治理、结算和信用等级评估利体系建设、在风险监管和管理、开放资本账户和服务贸易以及推进国际

标准化管理体系、统一和规范管理规则和操作方式上，逐步建立适应于区域内各国间贸易合作的模式。研究和建立泛北部湾贸易往来所需要的各种现代化金融服务设施，例如，建立全国性银行，保险，物流、咨询等服务机构。同时深化金融服务范围，加大对基础金融设施的投资力度。发展便利性结算工具，金融理财产品，开发和扩建本地银行网络。鼓励区域内对其他国家和地区的金融合作和金融机构并购、重组，实现以广西为中心的区域内跨境金融服务互动。

从上世纪末开始，中国和亚太地区国家的 GDP 增长率在世界遥遥领先，今后 10～20 年还将保持这个趋势。世界经济的重心正由大西洋地区转向包括泛北部湾地区国家的太平洋地区。建立与发展泛北部湾区域经济一体化正是适应于当代世界经济发展的大趋势以及中国和亚太的崛起。

综上所述，我们可以做出如下的结论，泛北部湾自由贸易区的建设将是一个具有特别经济环境和特殊区域经济作用的创新工程。它不仅给规划者提供一个施展雄才大略，重整江山、改天换地的历史发展机遇，也给经济学家提供创新思维、探讨和发展泛北部湾区域经济一体化的经济理论和规律。

（作者系中国工程院院士、中国社会科学院学部委员、北京工业大学经管学院院长）

大港的崛起及其成长的道路

——珠三角地区港口发展的经验及对北部湾地区发展的启示

高海燕

（2007 年 7 月 27 日）

北部湾区域经济发展与合作的光辉前景和深厚潜力，足以令人相信：随着中国—东盟自由贸易区的建立和发展，这个地区将在不久的将来出现一个现代化的港口群，并有可能成长起国际性的大港。为此，我将从历史上国际大港崛起和成长的轨迹，以及近 15 年来中国珠三角地区大港崛起和成长的经验和教训的角度，为北部湾地区港口发展提供一些历史的经验，目的在于为政府制定区域的港口发展规划和发展港口产业时提供参考。

一、港口发展的一般轨迹

（一）制造业基地与国际大港发展的历史轨迹

从国际产业资本转移及港口业发展的历史轨迹看，近 300 年来，伴随着国际分工体系的调整和变化，以及不同时期国际产业资本发展的要求，全球制造业基地或“世界工厂”处在变动和转移之中。人们不难发现这样一个历史的事实：曾在历史上相继扮演过“世界工厂”或世界制造业基地角色的国家或地区，大都位于大江或大海汇流的区域，同时它们大都成为当时的国际大港或国际航运中心。一般而言，全球制造业基地转移到哪里，国际航运中心就在哪里崛起。例如，18 世纪的英国伦敦、19 世纪的美国纽约、20 世纪 50～70 年代日本的东京与神户、20 世纪 80～90 年代的中国台湾和香港、新加坡等等。不言而喻，庞大的经济腹地及货源量的形成和聚集，是任何港口发展的基础。同时，我们也发现，货源的集中和集聚并不能自然而然地催生出发达的港口产业、国际大港以及国际航运中心。发达的港口业务、国际大港及国际航运中心的发展和确立需要一系列内部的和外部的环境和条件。

（二）大港的发展大都经历漫长的发展过程

随着自由贸易版图的逐渐扩张，制造业基地的孕育和形成，港口服务的辐射由局部发展为区域性，进而进一步扩展成为全球贸易和制造业的服务。因此，大港发展的轨迹大都经历由支线港—干线港—区域性枢纽港或国际航运中心发展的历史演变过程。

（三）大港崛起和航运中心的基本功能

从历史上曾经成为国际大港及国际航运中心的地区和城市的横向比较看，国际大港及国际航运中心崛起和发展的地区或城市都有高度发达的市场经济体系。贸易自由化、海关监管便利化、深水大港，以及发达的金融市场和国际贸易是其得以发展的必要条件。尽管不同国家、不同时期发展和崛起的国际航运中心有着特殊的经济的和历史的原因，但每一个航运中心的发展却有着相同的基本要素，即当地的国际大港或国际航运中心的崛起总是与庞大的经济腹地及制造业基地、发达的国际贸易以及国际金融中心和发达的服务业相匹配。在最近的 20～30 年中，伴随着经济全球化和国际产业资本的大规模转移，加之信息技术的革命，使全球化管理尤其是供应链管理成为可能。这使国际大港以及国际航运中心又增添了新的功能，即以港口物流为核心的为全球制造业和国际贸易服务的国际物流业。这四大中心构成 21 世纪的国际航运中心所具有的四大功能。

二、中国可以成为大港快速崛起的地区

经过 30 年来的改革开放，如今中国已成为国际产业资本大规模转移的密集地区。作为 21 世纪世界历史上正在形成和发展中的新兴的“世界工厂”，中国的崛起及其进出口贸易的强劲增长，改变了全球航运业的基本格局。目前中国已经成为世界上最大的集装箱生成地和最大的国际航运市场。2006 年中国港口处理的集装箱量达 9300 万 TEU，中国的上海港、深圳港分别占据全球十大港口的第三、第四位。青岛、天津、大连、厦门港已进入全球二十大港口之列。

（一）经济腹地

密集的出口加工业和强劲的生产制造能力的经济腹地，以及由此形成的庞大的进出口贸易额成为大港崛起和发展的摇篮。从中国、广东省、珠三角地区及深圳市的进出口贸易的情况看，2006 年中国进出口额为 17607 亿美元，其中广东省为 5272.24 亿美元，占全国的 30%；珠三角地区的进出口额达 4744 亿美元，占广东省进出口总额的 90%。在广东省的进出口总额中，深圳市进出口总额达 2374 亿美元，占广东省出口总额的 45%，占全国进出口总额的 14%。至 2006 年底，广东省及其周边地区累计吸引外商投资企业达 6 万多家。近 10 年的统计数据显示，广东省外商投资企业形成的出口额一直占广东省出口总额的 75% 以上。深圳及其周边地区外商投资企业星罗棋布，有近 4 万家各类出口加工企业在这里集聚。生产和加工的出口产品货值占该地区出口总额的 80% 以上。目前，在深圳和深圳周边地区已形成全球电子产业、家电及 IT 等行业初具规模的产业集群。仅就 IT 产业而言，近年来该地区为全球 IT 产品市场提供超过 20% 的元器件和零部件。产业的集中和集群为这个地区的港口发展形成了大量而稳定的集装箱货源。在广东省庞大的进出口贸易量的支撑下，作为广东省最大的集装箱运输港的深圳港，2006 年完成集装箱吞吐量达 1847 万标箱，占整个中国港口集装箱吞吐量的 20%。

（二）稳定的货源

国际采购基地、物流配送基地和零部件组装基地的相继建立，为港口的发展提供了长远而稳定的货源。近五年来，国际跨国公司在中国华南地区零部件生产本地化的趋势十分明显。国际上著名的生产制造商不仅加大了在这个地区采购的数额，而且采购的品种也在扩大。南中国，尤其是南中国的深圳及周边地区，已成为国际跨国公司继生产制造基地之后，设立全球的采购基地、产品组装及配送基地，因而使该地区成为中国集装箱货源生成量较为集中的地区。据调查，目前广东省及周边地区每年形成的集装箱生成量约在3500万—4000万TEU的水平。随着南中国“世界工厂”地位的确立和发展，这个地区未来的集装箱生成的能力将会持续增强。

（三）政府投资港口建设

政府集中动员行政的力量，大规模密集性投资建设了一批大型港口码头。近15年来中国沿海港口城市的各级政府，通过集中动员资源，密集式地进行大规模的港口投资和港口的改造，这使中国东南沿海地区集装箱码头及设施的建设有了突飞猛进的发展。上海港、深圳港、青岛港、大连港等大港的硬件设施达到甚至超过国际知名港口的水平。强劲的经济和外贸的增长及由此产生的庞大的集装箱生成量，以及政府为主导的大规模的港口投资，是中国大港崛起的基本原因。

三、制约中国大港成长发展的主要因素

具有优越的岸线资源、现代化的港口设施和庞大的货源量，是否就可以走上发展的康庄大道？答案是否定的。对于崛起于中国改革开放时代，成长于经济体制改革和转轨时期，由政府投资巨额资金建设和发展起来的大港，尽管其发展走的是两点连一线的最短的路径，但其成长的道路都会面临着一些特殊的问题。

（一）外部的体制性问题：海关监管体制

1. 盐田的案例

具备了庞大的货源量和巨大的市场，有崭新的且现代化的港口码头，是否就能自然而然地发展成为国际大港了呢？盐田的案例告诉人们，事情远不是这样。除了庞大的货源和现代化的码头，还有一些重要的因素和条件，它们在很大程度上影响着大港成长的轨迹，制约着港口发展的进程。

15年前，深圳市政府基于珠三角地区经济快速增长的态势，考虑到庞大的进出口贸易需要，以及港口产业对地区经济发展的重要的牵引和支撑作用，率先在深圳的大鹏湾优良的海岸线上开始深水码头的基础设施建设。之后引进全球最大的码头经营和管理公司和记黄埔集团。天然良港、崭新的码头、强劲增长的经济腹地和庞大的货源量，加上全球知名的码头经营者，这样一种完美组合，令当时的政府坚信，盐田可以快速导入起飞的轨道。没人相信盐田的起飞会有问题。然而，在其起步的三年时间，盐田却经历了极其艰难的考验和挑战。当时，货场如同足球场，货箱寥寥无几，航运公司望而却步。深圳及广东的绝大部分货主宁愿花费高昂的费用绕道运往香港，而不愿就近使用可大大节约运输成本和装卸费的深圳港。当时，在深圳通往香港的过境口岸，每天车水马龙、拥挤不堪，但货主们仍然义无反顾地进行着似乎背离“价值规律”的货物大运送。此时，不少人开始怀疑，对盐田的巨额投资可能是一个重大的失误。

2. 陷入困境的原因及摆脱困境并走上快速成长轨道的过程

珠三角地区的货主初期为何不就近选择使用天然良港、设备精良、服务费低廉的盐田或深圳地区其他港口而舍近求远呢？其主要原因是：内地港口的管理体制及监管模式和服务系统存在一些严峻的问题。当时，海关在盐田查验货箱采取的是手工且逐一查验的方式，同时口岸查验机构多达10个以上，且查验工作只能在八小时工作时间内进行。这对于时效性极强的国际贸易订单和运输的出口加工产品来说，是完全不能接受的。基于此，货主只能舍近而求远使用通关便利、航班密集、可保证货物安全准时到达目的地的香港码头。由于货源大规模流向香港，深圳港不多的货量很难使航运公司产生停靠盐田港的兴趣。由此使港口初期的发展很快陷入“货物少航线少航班少货物更少”的困境。

1995年开始，在国务院、海关总署高度重视和部署下，海关总署率先在深圳盐田开始以简化海关手续，提高通关效率的改革。与此同时，港口经营管理者为了提高揽货能力，尽可能多地为货主提供周到的服务，为船公司开设航线、增加航班创造条件。为发展港口产业，政府下大气力投资和改善港口的道路系统和便利的集、输、运条件等一系列体制改革和疏港系统的投资建设。1997年盐田港开始走上发展的快车道。从有关深港两地的统计数据看，自2000年开始，珠三角地区出口货物通过深圳及广东地区的港口出口的比重大幅度提高。目前广东省及周边地区出口货物的80%是通过珠三角地区港口完成的。

3. 盐田的故事给人们的启示

即使拥有充足的货源和最现代化的码头，如果没有好的体制和制度，不具备港口发展所需的一系列配套的政策和环境，再集聚的货源也会流向周边的国家和周边地区的港口。盐田的例子不是特例，在中国华东地区的江苏太仓港也同样有着类似的经历。江苏是中国的经济大省，有着密集的工业布局和制造业生产能力。但在很长一段时间，江苏的货箱一直是舍近求远运往上海港出口的。尽管江苏省政府曾用行政手段“围追堵截”，力图使本地货箱使用耗费巨额投资建设的太仓港，但收效甚微。严峻的现实表明：在国际竞争中，在争夺地区或区域航运中心或枢纽港地位的过程中，为了吸引来自中国的转口货源，它们凭借的正是中国港口缺少的体制和制度的优势。体制和制度问题是中国港口成长中面临的主要问题。

（二）政府主导的积极因素和消极因素

政府主导下的大规模的港口投资，可以在较短的时间内造就世界一流的现代化大港，同时也会由于行政区划、快速发展及赶超的原因，出现没有成本收益约束的盲目发展、重复建设的问题。在省、市、县，甚至乡级政府组成的多元投资主体的情况下，缺乏整体布局和科学论证的盲目投资和重复建设问题便出现。凡是有岸线资源的政府（省、市、县、乡）齐动员，在“以港兴市”“以港兴县”“以港兴区”的奋斗目标下，出现一些盲目投资和重复建设的港口和码头。这样的问题在市场经济国家和地区是完全不可思议的。因为，港口产业是一个非常特殊的产业，其自身的发展有着特殊的内在的要求。

1. 行业的一般特点及对进入者的特殊要求

a. 岸线资源的稀缺性。通常可以建设发展港口码头的自然资源(主要是指具有一定水深条件的岸线资源)是稀缺的。因此该行业具有自然垄断特征。

b. 港口码头,主要指集装箱码头其规模经济的要求,使这个行业的初始投资巨大,属资本密集型行业。

c. 大量固定成本的沉淀和配套的港口设施等技术要求,使该行业不仅投资量巨大,而且投资回报的年期较长。

d. 为数不多且实力雄厚的行业进入者,在拥有稀有的岸线资源的所有权或经营权和使用权的情况下,行业的集中化程度较高。因此该行业不同于完全竞争的其他行业,它是一个垄断竞争的行业。

基于以上原因,港口业的进入特点是:行业具有很强的进入壁垒,进入和退出都很不易。在正常的市场条件下,即在企业具有投资成本约束并追求利益最大化的情况下,能够进入该行业的企业为数不多。进入者不仅需要有雄厚的财力,而且需要具有能够承受投资回报年期长的能力。同时,港口码头是一个专业化要求较高的行业。进入者不仅要有雄厚的财力,而且还需要有专业的经验和背景,同时还要有吸引船运公司停靠的能力。

2. 价格及价格的形成机制

对于垄断竞争的行业,其价格自然是一种垄断竞争的价格。这类价格的特征是:既有竞争性,又有垄断性。就竞争性而言,它排除一家独大完全垄断的情况发生。就垄断性而言,为保护该行业投资者的基本利益,该行业总的利润及利润率专为愿意投资并能够承受较长投资回报的几家或若干家投资者分享。

垄断竞争价格的形成机制:由于行业集中化的特点,为数不多的经营者可以通过协商或建立价格联盟,共同制订某一地区或某一国家的港口码头使用费率。因为对于进出都很不易的投资者来说,倘若在规模相当、技术设施大致相同的码头间进行竞争,两败俱伤是最有可能出现的结局。因此,垄断竞争价格是各个码头自我保护的行为选择,同时也起到行业内企业之间的互保作用。

从港口业发展的历史看,在成熟的市场经济体系下,由于以上特征和原因(除一些发展中国家以及一些特殊经济体制下的经济体系外),我们尚未发现行业内部有恶性竞争情况的发生。

让我们再回到中国港口发展的现实中。在这个集中化、集约化要求很高的产业,在西方市场经济国家历来都是进入行业门槛很高的领域,由于政府投资主体多元,最致命的是缺乏投资的成本收益约束,以及追求政绩、急于求成和赶超先进的考虑,在缺少严谨科学论证的情况下进行投资决策,使海岸线或河岸线上密布了数目众多、难以达到规模效益的小港口。这使中国的港口产业不可避免地带有明显的分散化和小规模化问题,不仅令日后港口产业的集中化、集约化经营和发展面临着一些难以克服的困难,而且严重影响大港健康成长的外部环境。

重复建设、盲目投资造成产业的分散化以及岸线资源和国有资金的严重消费。90 年代开始,受一些地方政府的主导,沿海沿江地区盲目投资,重复建设的问题比较突出。在有岸线资源的沿海、沿江地区,为了振兴本地经济,地方政府往往以"建港兴市""以港兴区"为重要政纲,不顾本地是否有足够的且持续生成的集装箱量,忽视其经济腹地的规模是否可以满足建设新码头的要求,纷纷兴建码头。例如中国的江苏省,在其 23690 公里的内河岸线上,几乎每一个城市(大都是中小城市)都有或在建或计划建设的码头,内河港口超过 30 个。在广东省,目前除广州、汕头、湛江三大港外,地方性港口多达 110 多个。以汕头为例,仅此一个城市竟有 10 个集装箱码头公司在运作。由于地方政府所做港口投资的论证,大都不是以市场为基础,而是盲目追求建大港。大港的建设投资巨大,而且大都用于水下工程,一旦市场定位不准,决策失误,投资便成为"沉底资金"。因而造成国有资产的严重损耗。

由于地方保护主义,受行政区划和地域限制的港口码头无法在经济利益一致基础上形成跨地域的大型港口集团。由于沿海和沿江地区港口较多,且分布不均匀,这使不同港口码头急揽的往往是同一经济腹地的货源。为了留住各行政区划内的货源,并争取其他地区的货源,力求在周边地区形成"中心"地位,各级政府纷纷制定各种各样的优惠政策,结果导致地区之间、码头之间的恶性竞争。为了保住和吸引邻近地区的集装箱量,为了不使本地区新建的码头闲置,只能通过不断地降低收费的方式解决问题。盲目投资、重复建设成为港口产业内部出现恶性竞争的根源,价格大战令所有的港口、码头经营者面临着大面积亏损,也使国家对大港巨额的投资有去无回。

过度竞争和不计成本地竞相杀价,令政府在维护政府定价,维护行业规则方面的努力失效,致使恶性竞争愈演愈烈。省与省、地方与地方、同一港区内不同的码头,甚至同一岸线上的不同码头全部卷入价格战。全方位的价格竞争令行业规则遭到破坏,同时也降低了整个行业的利润率水平。在恶性竞争中,损失最大的是那些省级政府精心打造、国家投入巨额资金,设备、设施优良的大型港口和码头。影响最大的是那些下工夫提升港口现代化管理软件,并扮演区域对外开放和经济发展重要角色和作用的大港。

以行政区划为单位,政府多元的投资主体形成的盲目发展、重复建设,以及由此引发的港口发展的隐患,造成国家投资的港口码头在成长过程中必然面临的一些特殊的矛盾和问题。在经济发达地区过去的发展道路上这些矛盾和问题不可幸免,相信对后发展地区来说也一定会面临。然而,历史的经验是可以借鉴和学习的。后发展地区具有一个独特的优势,即有可能在学习和借鉴先行发展地区经验和教训的基础上,少走弯路,避免失误。

四、历史的经验及对北部湾地区经济发展的启示

港口的规划应当依据产业的发展和布局来编制。众所周知,港口的发展与货源息息相关、集装箱运输与制造业的基础及腹地的关系更是直接相连。当地区的制造业基础尚未形成,出口加工业尚未培植起来的情况下,要投资巨额资金重点发展集装箱码头的计划是有问题的,而留有良好的深水岸线资源,待条件成熟再发展的决策则更为明智。同时,从地区发展的产业基础和发展规划出发,例如重化工业以及地区与东盟国家日益扩大的贸易自由化的规模,考虑先行发展专业化码头,即能源码头、化工码头、原材料码头等等则更为现实和可行。与此同时,利用沿海地区和区位优势,抓住国际产业大规模转移的机会,下大气力发展临海工业、培植制造业基础、孕育为港口服务的经济腹地,以为日后重点发展大规模的集装箱码头奠定货源及腹地

的基础。

明晰的港口定位、港口间的明确分工,以及不同港口码头的差异化服务,对港口健康发展至关重要。例如,盐田有着优越的地理位置,拥有良好的水深条件,在货源充足的情况下,具备发展区域性枢纽港和国际航线起始港的先决条件。因此,盐田的定位是承担远洋运输的深水港。盐田管理和经营的理念是,为客户提供五星级服务的码头。从信息化服务,到港口的现代化设施的投入,以及管理的每一个细节,都力求使客户能够体验到五星级的服务。明晰的定位,使盐田提供的服务与其他港口形成差异,加上对企业的严格管理,因此形成了盐田核心的竞争力。尽管珠三角地区水系发达,港口密布,集装箱运输竞争激烈,但盐田仍然保持着持续增长的势头。事这表明,港口定位和港口间的合理分工是避免重复建设,形成有序竞争,减少和抑制价格大战的有效途径。相反,缺乏定位,盲目上马,重复建设的一些港口码头,能够提供的几乎均属同质的服务。港口码头间没有分工,加之管理水平跟不上以及效率问题,它们往往成为最早参加价格大战的港口并成为恶性竞争的直接受害者。不仅无益于地区经济的发展,而且对地区港口的长远发展极为有害。

简便快捷的海关监管体制和港口各种查验制度的便利性,对港口高效运作至关重要,是港口发展的体制保障。

鉴于港口产业自身的特点,即建设周期长,初始投资额巨大,由政府率先进行前期的开发建设,吸引有经营管理经验的专业公司经营的模式是有借鉴意义的。它可以将政府的能动作用和先导作用与专业公司的管理经验及专长有机结合起来,同时又有利于形成合理的产权结构和企业治理结构。

政府在港口发展中的重要作用。在培植和发展港口腹地经济并推动经济强劲增长方面,在改善投资环境、创造良好经济发展外部环境包括法制基础及积极发展民营经济等方面,珠三角地区政府有丰富的经验可以学习和借鉴。珠三角地区政府多年来一直致力于改善区内的投资及营商环境,使该地区始终保持着经济持续增长的势头。随着优势产业的积聚和集中,2000年以来,政府为沃尔玛、sony、美泰等国际跨国企业相继在区内建立采购中心、全球配送中心的提供便利条件。为提升深圳港的吞吐能力,为完善港口集输运道路系统和设施,政府做了大量的收入,因而为深圳港保持持续稳定的增长创造了良好的外部环境和条件。

五、北部湾地区发展港口产业的建议

论证和确定地区发展具有比较优势的产业,并进行合理的产业布局。

基于地区发展的产业布局,借鉴珠三角地区港口产业崛起和发展的经验,制定北部湾地区港口发展战略和规划。确定港口发展定位和港口系统的布局。

确定政府和企业在北部湾开发中的角色和地位,将政府投资和企业的投资有机结合起来。

充分利用国际产业资本的转移和珠三角地区两个方面的产业升级和转移的机遇,全面吸引国内投资者前来投资办厂,利用海港城市发展出口加工业,扩大贸易额。

在未来5~10年时间,使北部湾地区成为境内外投资的密集地区。通过形成较强的生产和制造能力,形成持续稳定增长的经济腹地。

通过泛北部湾地区紧密的经济合作和实施贸易自由化,扩大地区间的贸易量和对欧美国家间的贸易往来和合作,形成庞大的进出口业务以支撑港口持续稳定发展。

充分利用中国—东盟地区间的经济互补性,在吸引中国内地优良产品通过北部湾港口扩大对东盟各国的出口贸易,利用北部湾港口向中国西南地区、西北地区进口国外原料、材料和设备同时,开展以港口为核心的现代物流服务业。

对现有港口整合。形成大、中、小港口,集装箱码头、散货码头、原材料专用码头,支线港、干线港等分工明确、功能配套并提供差异化服务的港口群。

加快广西经济体制和管理制度的改革,为投资和贸易自由化,要素流动的自由化提供体制和制度的保证。

珠三角地区大港崛起和发展的经验告诉我们:要在中国的北部湾地区发展起为区域经济服务并带动整个东盟自由贸易区更好地参与国际竞争的港口产业,还有很长的路要走,尚有大量的问题需要研究,并有大量的工作要做。

然而,经过30年的改革开放,中国的综合国力已经得到前所未有的提高,其在国际经济社会的地位和作用日益重要。这个基本因素决定了在任何一个区域的经济合作中,中国都将成为重要的推动力量并有能力为区域经济的合作和发展作出积极的贡献。我们深信,未来广西的港口发展可以为北部湾地区以及未来的东盟自由贸易区的经济发展和国际贸易作出积极的贡献。

(作者系盐田国际高级顾问)

世界旅游业发展趋势与泛北部湾区域旅游合作的思考

徐　京

(2007年7月27日)

一、世界及亚洲旅游的走势

纵观世界旅游业发展的方向,尤其是亚洲旅游业的走势,大致可以从以下几个方面分析:

第一,看世界旅游业近年的增长率。2005年,全球旅游接待人数已突然8亿大关,到2006年,则达到8.42亿。在前十年里,世界旅游平均增长率为4%,而亚洲及太平洋是世界增长率的几乎一倍,达到7.1%。亚太地区作为世界旅游业的关注地区和明星地区已经超过十年,在十年当中尽管有一些不利的因素,从"9.11"到海啸,从地缘政治的不稳定因素到战争冲突以及各种各样的自然与人为的灾难,亚太地区的旅游业再次证明了其抵抗危机的高强度复苏能力。需要指出的是,最近的一两年,尽管危机仍然四起,我们终于迎来一个世界旅游业相对平稳增长的年景,基本保持在4%左右。

第二,就市场份额而言,亚太地区在全球范围内取得了双二十的可喜成就。目前,亚太地区的国际旅游接待人数占世界份额的20%,同时旅游收入于2006年首次超过了美洲地区,成为世界第二大的地区,同时也占世界份额的20%。尤其值得关注的是,亚太地区正在静悄悄地切割着欧洲这块大蛋糕,欧洲60%的市场份额,现在已经降到了54%,而被拿走的百分点几乎都到了亚太地区。

第三,从客源市场来讲,全球旅游的传统客源市场,主要包括美国、德国、英国和亚太地区的日本,但是根据最新的调查表明,四大新兴市场加之亚太地区的蓬勃发展,已经在逐渐地改变着世界的旅游客源分布。这四大新兴市场,共同的特点是GDP增长快,人口基数大,中产阶级膨胀迅速。这四个国家是中国、俄国、印度和波兰。最新数据表明,2006年这四个国家出境旅游消费的增长率分别为波兰29.9%、印度28.2%、中国16.1%以及俄国4.7%。这四个新兴客源市场与传统市场一起已成为全球重要的旅游客源市场。

第四,就旅游者个体消费行为而言,由于信息技术和因特网的迅猛发展,游客对信息的占有量已达到了前所未有的地步,同时对旅游目的地的了解度也达到了前所未有的程度。如今的旅行者,所占的信息量大得要爆炸,洲际跨洋间的信息捕捉只需瞬间就可完成。从而,旅行者的个人行为发生了重大转变。在这样的转变当中,全球旅游业正在完成一个战略性的转移,由行业(旅行社及酒店)驱导的旅游业转变成为由消费者驱导目的地的开发和旅游产品的升级换代。这对我们旅游产业了重大的变革,比如常规的旅游宣传品已经不能发挥很大效应。不管一个旅游目的地有多么著名和庞大,由于消费者行为的变化和选择性的增加,旅游目的地的营销正在进入一种白热化的竞争状态,而这种白热化的竞争状态就好比所有的目的地不得不加入全球范围内的"选美"竞赛,要打的是心理战、感情战。

第五,在白热化的竞争当中,我们非常庆幸的是,亚洲已经有一批旅游目的地在形象宣传上进入了世界的前列。最好的案例就是泰国。该国提出的旅游宣传口号是——迷人的泰国。泰国的迷人之处应该是微笑和服务,也应该是热带的异国风情。这两点恰恰有效地捕捉了游客尤其是欧美客人的所好。在亚洲,还有新的案例,两个国家值得一提,第一是马来西亚,它所提出的口号是——马来西亚:真正的亚洲。这个口号的成功之外,第一,反映了三种文化的特点,马来文化、华人文化和印度文化;第二,它有意识地避开了泰国的旅游口号。最近几年,印度也加入了这样的"选美"竞赛,它提出的口号是——令人难以置信的印度!最后加了惊叹号,这个惊叹号表明在外国人的眼中印度是一个神秘的国家,如果你来到印度,会让你感到身心的升华,让你感受涅槃的境地。因为在印度有泰姬陵,有瑜伽,让游客体验神秘。

第六,关于钱和时间。当今的世界,很多人处在金钱富有的状态,然而同是这些人,也处在时间贫穷的状态。由于这样双重状态的出现,导致我们的旅游业,尤其是我们一次性的休假时间越来越短,而更倾向的是若干次和多次完成休假。欧洲传统意义上的带薪休假,一般是三个节日,圣诞节、复活节和暑假,然而由于时间的贫穷,每次可支配度假的周期不断缩短。这就导致了旅游产品新的变化。第一,周末城市产品和短程城市产品备受欢迎。第二,水疗及保健产品大为抢手。根据世界旅游组织最新调查表明,日本当今最热门的旅游产品之一就是SPA。全球酒店里传统意义上的网球场、健身房已经不是比拼的主要项目,取而代的主打产品是按摩和水疗,尤其在亚洲显得格外兴旺。时间贫穷还导致了产品在设计方面有一个特点,那就是利用最短的时间达到最大的体验,这个特点反映到现实中,例如以前衰败的主题公园,现在得到很大程度的复苏,它还加快了游船的发展,尤其在东南亚、加勒比海、地中海和北欧地区。

第七,低成本航空公司(LCC)的兴起将成为近十年影响旅游业最大的因素之一,其影响度可同当年发明喷气式飞机对旅行业的影响来比拟。如今的LCC乘客也许连火车都没有坐过几次,现在已经可以坐飞机了,由于这样的现象出现,对酒店的设施、机场的建设、景点景区的开发都将产生深远的影响。LCC和Internet,使得很多小的旅游目的地的竞争机会大大增长。小者战胜大者弱者战胜强者的年代已经到来。

第八,就旅游企业而言,一方面,欧洲的大型旅游批发商继续着它们扩张的道路,完成强强合并与购置,从而使这些重量级全球性的企业实现战略性联盟。比如今天Thomas Cook和My Travel的合并以及TUI和First Choice的合并。据称,完成重组之后,TUI(途易)一年的游客接待量是2700万人次。另一方面,就度假市场来讲,游客的倾向是加大使用公寓式酒店、分时制酒店和购买度假型的第二住宅。举例来讲,西班牙国际游客年接待量5700万人次,其中每四个国外旅游者就有一个使用度假住宅(holiday home)。

第九,在旅游业界人士中,可持续发展和环境保护的意识更为深入人心。保护资源,保护环境,已经不仅仅是一个社会责任的概念,实际上是一种市场生存所需,它关系到企业和目的地的成败与否。

二、中国旅游业

(一)取得的成绩

中国旅游业虽然较之欧洲起步较晚,但后来居上,强势发展。在这样的前提下,中国的旅游业,有几个之最,第一个是出境旅游增长率世界最快,第二个是国内旅游市场世界最大,第三个是在世界旅游史上,中国的发展规模和速度是举世无双。

就目前来讲,非常值得赞赏的是中国的总体发展思路——城乡双管齐下的发展思路。一方面,中国的中央政府不遗余力地在全国的大中城市开展优秀旅游城市和最佳旅游城市的标准制定和评选工作。这些年,已经取得了较为明显的成绩,也为亚洲其他国家乃至为最终在全球建立优秀旅游目的地网络提供了可借鉴经验。另外一个方面,为配合中国政府建设新农村政策,中国国家旅游局提出了在中国的广大农村,建立百千万工程的乡村旅游。它不光会对中国的旅游业产生深远的意义,而且对世界上通过旅游消除贫穷的全球性努力和实现联合国新千年发展目标,将作出巨大的贡献。

根据几年前世界旅游组织预测,中国到2020年将成为世界第四大旅游出境国和第一大旅游入境国。根据专家的意见,2007年入境旅游人数很可能赶上美国,之后就是跟西班牙比拼,最终的目标则是超过目前世界第一的法国了。根据目前中国旅游业的发展势头,预测提前五年实现这一目标是有可能的。

从国际平台的角度观看中国旅游业,最值得一提的是中国近年出境旅游市场的惊人发展,它不仅是当今发展速度最快、增长幅度最高的市场,追述世界旅游出境史,没有任何国家是可以与之比拟的。由于中国出境市场的出现,它正在逐渐地改变着世界旅游业的格局,它将对全球旅游业产生举足轻重的影响。尤其对亚洲旅游目的地而言,中国出境市场,已经引发了批发零售体系、营销体系以及经营方式等革命性的变革。中国正在走着日本20世纪60~70年代所走过的道路。随着其制造业的不断发展,中国游客纷纷走出国门,其势头将逐渐超出京沪穗地区,伸出全国各地。从这个意义讲,中国出境市场发展的第二浪潮已经到来。

（二）面临的挑战

首先要处理好量与质的关系。中国是世界第四大旅游目的地，中国旅游入境过夜人次达到了4900万，但是来中国的游客人均消费偏低。目前世界上旅游人均消费是850美元，中国如算上总入境人数，则只能达到人均消费271美元，即使是去掉港澳的，也只能达到691美元，而澳大利亚已经达到了2540美元。

其次要在目的地的形象宣传上多走专业化道路。目前各省市的许多旅游宣传活动，尤其是目的地形象宣传方面，基本上停留在行政手段。不排除有一些个例很精彩，比如说海南作为旅游目的地，所提出的口号是“热带中国”。这个反差非常好，是针对中国整体历史氛围和文化氛围的反差，体现了海南不同于中国其他省份的唯一性和独有性。再比如，黑龙江哈尔滨“中国酷都”，也是采用无中生有方法提出的。体现夏天清凉之酷、冬天冰雪之酷、全年时尚之酷。还有南京，打出的“博爱之都”，包装个性，打民国牌，而不是六朝古都的牌，更加体现独一性。然而，作为中国整体旅游形象的“马踏飞燕”，主题偏模糊，是否抓住了唯中国独有的特点，值得商榷。

近年来，中国在旅游基础设施和景点景区的建设投入值得很多国家尤其是发展中国家学习。但是很多景点景区在建设之前的可行性研究及规划投入较小，建设之后的维护和管理水平较低。由于这种一前一后的投入比例失调，造成很多资源的破坏和浪费，同时由于研究和规划不够，造成很多品位低下的建设和过多的人为堆积，尤其是水泥的堆积！

如果更为微观地讲，中国目前需要大力推动两端产品。一是极高端。我们需要更多超豪华的酒店和极有品位的度假村，我们需要与之配合的更多管理服务。房间的卖价不是每晚几百而是几千美元。我们还需要更多超豪华的油轮，更多超价位的水疗设施。这样我们才能跟西班牙的马尔维利亚、瑞士的洛桑、阿联酋的迪拜、马尔代夫和文莱比。而另一个极端则是低端。当低成本航空进入中国，我们还要强调更多大众住宿的建设，尤其是二、三星级住宿。这样，一高一低，加强两端，才能使中国旅游产品更趋完整。

总之，中国旅游业已经发展到更趋成熟的阶段。在这一进程中，一定程度地放慢发展速度，更大程度地强调经济效益和资源保护，“慢就是美”，“加法变减法”，也许更符合可持续发展的原则。

三、泛北部湾区域旅游合作

推动泛北部湾区域合作，符合全球一体化的趋势，也顺应区域经济的发展方向。在此进程中，需要交通基础设施的建设，需要港口物流的协作，也需要金融机构以及其他部门的精诚合作，但它更需要旅游这个平台促进商务贸易，促进人员流动。旅游业的开发和推进，可以成为共建中国—东盟新增长极的率先突破口。

首先，泛北部湾区域旅游合作符合世界旅游业的大趋势。当今世界旅游入境人次是8亿多，根据世界旅游组织的预测，到2020年，全球旅游年接待人数将达到16亿人次。翻倍的人流，必将在全球范围内促进新的一批旅游目的地，包括泛北部湾在内。

其次，泛北部湾区域旅游合作符合亚太旅游业的大发展。在过去的几十年里，亚太地区内旅游业的强势增长区是东北亚，传统成功区是东盟，新兴发展区则包括印度支那和南亚的SAARC区。而根据世界旅游组织的预测，亚太地区未来15年的增长同样是翻倍的，增长率要远高于世界平均水平。在此前提下，泛北部湾旅游圈的提出，非常符合亚太地区旅游发展的需求，它自然成为一个新的亮点，为亚太旅游在世界旅游大格局中提供了新的平台。

再有，泛北部湾区域旅游合作更是东盟旅游业进一步深入发展的及时雨。当今的东盟国家，尤其是传统的东盟旅游国家，如新加坡、泰国、马来西亚以及菲律宾等，都在为旅游业寻找新的平台、新的机遇和新的发展。尤其是在东盟国家为其旅游产品更新换代的时候，泛北部湾区域旅游合作的提出，就成为该进程中产品的自然延伸和出路，同时也是湄公河旅游开发之后本区域内的一个新篇章。

就中国而言，泛北部湾区域旅游合作，尤其是该区域内的广西部分，有其得天独厚的地理优势。广西毗邻中国三大旅游客源地之一的，几乎是零距离的客源市场，为泛北部湾区域旅游提供了赖以生存和源源不断的市场保障。西班牙之所以成为世界上第二大旅游目的地，除了其阳光和沙滩的资源，邻近英国、法国和德国等欧洲主要客源市场是最重要的成功因素。

泛北部湾区域旅游合作，也符合中国正在完成的旅游产业结构从观光型向休闲型战略转变的要求。不管是桂林的山水，还是北海的银滩，都符合新兴旅游休闲产品的开发。诸如海滨旅游、生态旅游、民俗旅游、文化旅游都是休闲产品的重要部分，而在广西都有着广阔的开发空间。

就泛北部湾旅游圈的合作而言，海上空中通道的开通固然重要，区域内旅游基础设施的建设同样不可忽视，更需要资源共享、客源共享和利益共享，但是就旅游合作而言，首先需要突破的是泛北部湾旅游的知名度！就这个意义上讲，必须强势炒作，媒体轰炸。没有高强度高密度的形象宣传，这颗新星就很难从地平线上升起。

树立泛北部湾旅游圈形象的第一步，就是找到具有轰动效应的几个独立卖点（UPS）。卖点应该是已有一定知名度的景点和景区，在此基础上建立宣传形象。需要指出的是，这步工作，最好留给专业公司去做，而不要政府包办。在没有设计出来之前，不妨借用已有较高知名度的湄公河次区域概念，将其延伸，将其培育，发展到一定阶段再独树一帜。

旅游交通的可进入度，也是泛北部湾旅游区域合作的重要因素。解决制约因素先易后难，如先把空中航线作为马上要完善的第一步。泛北部湾七国的海上航线分段实施并和陆路交通相衔接，逐步形成海陆空的立体交通网络。

简化旅游手续，是实现区域旅游合作的重要手段之一。欧洲的申根协定，东盟的互免签证以及正在拟定中的丝绸之路签证就是努力的方向。世界旅游组织可以通过发挥自己独特的优势来推动区域内各国相关部门使出入境旅游手续便利化。

就广西旅游市场促销而言，东盟国家固然是该区域内的重要旅游客源市场，然而作为第一市场的开发和第一步的市场推进，目标应该指向和紧抓香港、澳门和广东，而不是舍近求远。这里要注意市场的细分，就桂林而言，它的第一市场就不可以等同于不知名的其他广西地区。

就广西旅游形象宣传而言，必须强调已经知名的品牌效应,也就是说必须做足"桂林山水甲天下"的文章,尤其针对欧美和日韩台市场。印尼旅游的龙头作用是巴厘岛,中国旅游的整体印象是长城,西班牙给游人的第一印象不过是太阳下的沙滩,其次才想到内陆的马德里和斗牛、土风舞等。广西同样,抓住桂林这个纲,带动其他,则纲举目张。曼谷航空公司开通曼谷至桂林航线已有时日,此航线从泰国的普吉岛延伸到桂林和广西的其他地区,如果操作得当,此航线将会带来很多高端的欧洲游客。借他人客源远比自己苦苦从头做起来容易,一旦形成互动,结果就是双赢。

拿广西旅游产品来讲,海滨度假游和文化民俗体验游有大发展的空间。尽管在世界上这两类产品已有诸多国家和地区很成熟,但只要广西紧紧抓住开发的品位、开发的质量和开发的高起点,相信会成为常新的主题,独树一帜。这样成功的案例不乏,西班牙的太阳海岸就取代了法国的尼斯,泰国的普吉岛就取代了帕提亚。中国—东盟区域内,在旅游产品的配置上,可以考虑对特品和绝品产品的开发,针对欧美市场。便捷的互动产品就可以带动客源市场的互动。

南宁同泛北部湾旅游圈其他国家和城市的合作,最大的亮点可能是南宁与东盟、南宁与湄公河区域新建立起来的关系,这一关系大大提升了南宁在这些国家里的知名度,是任何商业旅游宣传都难以做到的,基于此,南宁应该抓住时机,充分利用东盟和湄公河流域国家已有的外国旅游客源,尤其是泰国、柬埔寨和越南的欧美客源。这也许是湄公河流域旅游向南宁最好的延伸。这样,发挥桂林作为大湄公河次区域门户城市的龙头作用,又能发挥南宁在中国—东盟国际区域中心城市的作用,两市和其他兄弟市联手,实现客源互动,功能互补。

总之,泛北部湾区域旅游合作有着广阔的发展前景,有着诸多的合作路径。在现阶段,让我们重点提高知名度,树立独特的形象,同时大力开发客源市场,解决可进入度和简化旅行手续。

(作者系世界旅游组织亚太部主任)

泛北部湾区域经济合作:提出—共识—实践

刘建文　古小松

当前及今后的一段时间内,世界大趋势仍然是以和平发展为主,经济全球化和区域一体化仍在不断推进,东盟一体化也在加快推进,中国与东盟关系正处于前所未有的友好时期。因此,未来局势大体有利于发展中国与东盟的睦邻友好关系。加强次区域合作成为自由贸易区下一步发展趋势和内在要求,是深化中国与东盟的战略合作,适应中国—东盟战略伙伴关系发展的需要。

一、构想提出

泛北部湾区域经济合作是综合运用区域经济一体化、区域产业转移、区域投资与贸易、区域增长极等理论和原理,积极探索中国与东盟建立区域经济合作新格局的战略性构想。

(一)区域合作理论

1. 区域经济一体化理论。社会劳动地域分工与经济主体追求地区比较利益,必然导致区域经济合作;区域资源的优化配置,是区域经济合作新格局的客观要求。区域经济一体化理论是实施区域经济合作的基础理论。相关的区域经济一体化理论主要有关税同盟理论、大市场理论、协议性国际分工理论、国家需要理论、区域增长极理论等,这都为泛北部湾区域经济合作提供了理论支撑。

2. 投资、贸易、产业合作理论。投资与贸易并重是经济全球化和区域经济一体化的首选内容,区域经济合作的核心内容是产业合作与优势互补。相关的理论主要有国际投资与贸易理论、区域产业分工理论、比较优势理论、边际产业转移理论等,都正在或将要指导泛北部湾区域经济合作的具体实践。

(二)区域合作趋势

经济全球化和区域经济一体化已经成为当今时代不可逆转的世界经济发展的两大主要趋势。从相互关系看,区域经济一体化是全球化的重要组成部分,它既是各国顺应时代潮流的必然产物,也是相邻国家为减缓全球化无序冲击而作出的合理选择。近年来,以环北部湾为核心的中国—东盟自由贸易区已经成为环太平洋区域最具活力的经济发展区域。东亚经济正在迅速推进一体化,发展趋势明显,1980 年地区内贸易额不到贸易总额的 35%,而到 2003 年已攀升至 54%。对于大部分是发展中国家的泛北部湾经济合作区而言,区域经济一体化有其更加现实的意义。它不仅是从贸易、投资、金融等方面获得利益的主要实现渠道,更重要的在于,随着这一国际化趋势的发展,这些国家将被纳入市场经济的轨道,或使已有的市场体制更加完善,从而继续为获取开放的经济利益创造最基本的条件,更快地缩短了与发达国家的距离。

(三)泛北合作的提出

环北部湾经济圈就是指北部湾沿岸,由中国的广西、广东、海南和越南北部地区经济体所构成的经济圈。环北部湾经济圈地处中国—东盟自由贸易区的区域中心,是沟通中国与东盟最便捷的海上通道,是中越"两廊一圈"的重要组成部分。要进一步发挥环北部湾经济圈在中国—东盟自由贸易区建设中的作用,需要从更高的高度来分析环北部湾经济圈的作用,提高它的地位。东盟 10 国中 9 国濒海,泛北部湾地区正好介于东亚与东南亚之间,是重要的海上交通枢纽。中国国务院总理温家宝 2003 年 10 月参加在印尼巴厘岛举行的 10 +3 和 10 +1 领导人峰会时,明确表示中国政府将"积极参与海上东盟的建设"。"海上东盟"凸现了北部湾的价值和泛北部湾经济合作区的战略功能,为泛北部湾地区"海上东盟"大通道的正确定位提供了客观依据。2006 年 7 月 20 日,中共广西壮族自治区委员会书记刘奇葆在环北部湾经济合作论坛上提出中国—东盟"一轴两翼"区域合作战略构想,"构建泛北部湾经济合作区,将环北部湾经济合作延伸到隔海相邻的马来西亚、新加坡、印尼、菲律宾和文莱等国家。这一构想是新时期环北部湾经济圈次区域合作在理论和实践上的深化和发展。

中国—东盟"M"型区域经济合作战略是中国与东盟相互开放与合作的战略架构,"一轴两翼"就是这一战略架构的总体概括。如果说大湄公河是河流次区域合作,南宁—新加坡经济走廊是陆路次区域合作;那么,泛北部湾经济合作区就是中国与东盟的海上次区域合作。这三部分的次区域合作,构成了中国与东盟之间功能齐全的陆海河全方位展开的全面合作关系。这就深化了中国与东盟的全面战略合作关系。推进泛北部湾区域经济合作,不仅有利于从海路上更加便捷地实现经济高速增长的中国泛珠三角地区与迅猛发展的东盟东部地区的相互对接，加速推进中国—东盟自由贸易区进程，有利于加强这个区域经济的联系，提高相关各国的经济综合竞争力和效益；同时也为中国发展营造一个更加稳定的周边环境，切实贯彻"安邻"、"睦邻"、"富邻"的周边外交方针。

（四）合作的方向

泛北部湾经济合作区的提出，有一个非常明确的方向，就是将泛北部湾经济合作区发展成为在中国和东盟的合作框架下的一个海上次区域合作。实现这一目标的路线图是：中国地方政府提出→国家战略→中国—东盟战略→泛北部湾经济合作协调机制；实现的步骤是：中国地方政府提出→各方达成共识→中国与东盟共同推进。

二、各方共识

自中共广西壮族自治区委员会书记刘奇葆提出构建中国—东盟"一轴两翼"区域合作新格局的构想以来，国内外各阶层热评如潮，并已经提高到国家战略的高度。这一战略构想，得到了胡锦涛、温家宝等党和国家领导人的充分肯定和积极支持，得到东盟有关国家领导人的积极回应和广泛认同。虽然，参与泛北部湾次区域合作区的只是中国的部分地区，但是"环北部湾区域经济的合作与开发不仅应该成为中国及地方政府发展战略的重点，而且也应该成为相关国家发展战略的重心所在。应该将环北部湾经济区域的合作开发，纳入中国与东盟建立自由贸易区的总体战略和规划中，使之成为中国—东盟 10 +1 框架下又一个次区域合作新平台"。

（一）国内共识

泛北部湾次区域合作区提出以来，在国内取得广泛共识，也得到中国领导人的充分肯定。2007 年 3 月，中国国家主席胡锦涛再次提出要积极参与泛北合作，并强调推进泛北合作，交通运输建设必须先行。2006 年 10 月在南宁举行的第三届中国—东盟商务与投资峰会上，温家宝总理代表中国政府正式提出了"积极探讨开展泛北部湾经济合作的可行性，使次区域经济合作成为中国与东盟经贸合作的一个新亮点"的倡议。2007 年 1 月，温家宝总理在菲律宾举行的第十次中国与东盟领导人会议上再次提出：积极探讨泛北部湾经济合作的可行性。

中国国家开发银行行长陈元表示："国家开发银行作为中国政府的开发性金融机构，始终把支持北部湾的发展作为重点，并开展了卓有成效的工作。当前，泛北部湾区域的发展面临着难得的历史机遇，开发银行将一如既往地支持泛北部湾区域的合作与发展，共同为中国—东盟自由贸易区建设注入新的活力。"

中国财政部副部长李勇认为："中国—东盟自由贸易区正在由设想变成美好的现实。随着经济全球化的不断发展，区域合作发挥着越来越重要的作用。北部湾是连接中国与海上东盟国家的重要通道，因此开展泛北部湾地区的次区域经济合作与大湄公河次区域合作相互呼应，并将为中国—东盟的合作注入新的活力。"

国家旅游局局长邵琪伟表示，要"推动泛北部湾各国和地区旅游部门、行业组织、旅游城市和旅游企业之间开展务实合作，推动建立区域旅游、多边和双边联合营销机制，推动区域旅游市场相互开放，进一步推动旅游出入境便利化"。

作为北部湾经济腹地的四川、重庆、贵州、云南等省市表现出更加积极的姿态，表示要进一步完善西南出海通道建设，主动地融入北部湾区域经济合作，共谋区域合作新发展。

贵州省政协副主席唐世礼认为，加快北部湾经济区的开发与建设，有利于加快西南地区出海通道建设，促进贵州经济的发展，提升对外开放水平。

云南省副省长刘平表示："加快北部湾经济区开发与建设，推进北部湾区域经济合作与发展，意义重大，影响深远。云南作为我国面向东盟开放的前沿省份之一，将在中央的领导和支持帮助下，积极参与并务实推进北部湾区域经济合作，为我国扩大对东盟的开放作出应有的贡献。"

四川省副省长王宁表示："四川愿与广西及各方一道，认真贯彻中央领导指示，共创区域合作新机制，共建区域合作新平台，共谋区域合作新发展。"

（二）东盟国家的共识

泛北部湾经济合作也逐步得到东盟各国的认同。2006 年 10 月新加坡总理李显龙在广西南宁会见刘奇葆时表示，中国—东盟"一轴两翼"区域经济合作新构想对于促进中国与东盟关系具有战略性意义，新加坡完全支持并将努力推动这个构想的实施。认为共同推进泛北部湾合作要从加强交通基础设施合作开始，把重要的交通连接点连通起来。如果从南宁到东盟国家的公路、铁路全部连通起来，将具有非常重要的意义。同时还要有效利用海上连接，充分发挥港口作用。印尼总统苏西洛赞同和支持泛北部湾经济合作，认为可以在泛北部湾区域开展港口、产业、旅游、金融等方面的互利合作。希望广西同印尼政府的相关部门和工商会建立更直接的联系，进一步探讨多领域的合作。菲律宾总统阿罗约支持泛北部湾经济合作，赞成将港口物流、产业对接、旅游发展、金融支撑和贸易投资等作为推进合作的重点领域，并从港口物流方面先取得突破，带动其他方面的合作。赞成成立泛北部湾经济合作跨国专家小组，对泛北部湾经济合作进行研究，开展规划，设计项目，建立机制。老挝总理波松·布帕万表示支持温家宝总理关于积极探讨泛北部湾经济合作的提议和建议。因为这一合作将进一步扩大中国和东盟之间的合作，尤其是经贸合作。这个建议也对解决老挝的贫困问题产生积极影响。越共中央总书记农德孟十分赞同广西提出的中国—东盟"一轴两翼"区域经济合作新构想。认为越南与广西要共同推进经贸投资合作，进一步推动高速公路、铁路、港口等基础设施建设。越南总理阮晋勇支持在"两廊一圈"合作基础上，推进"一轴两翼"区域合作的构想。越方愿意随时就"一轴两翼"的具体规划、合作内容和实施办法，同广西和中国同志进行协商和探讨。在中国—东盟合作框架内，进一步促进"两廊一圈"合作，进而推动"一轴两翼"新格局的形成，这不仅有利于越中两国，也对整个东南亚地区有益。这些泛北部湾国家领导人的积极表态，表明建立泛北部湾经济合作已经取得了相关国家的共识和支持。

（三）国际的共识

泛北部湾经济合作构想也得到国际社会的普遍肯定和支持。1996 年诺贝尔经济学奖得主詹姆斯·莫里斯指出，泛北部湾经济合作将进一步推进区域经济一体化。如果合作各方能在物流、贸易等方面取得共识并进行很好的沟通，这个区域将在今后 10 年成为最令人兴奋的增长区。另一位诺贝尔经济学奖获得者蒙代尔认为，南宁—新加坡经济走廊是一个很好的开端，他建议要在道路建设方面加大投入，还要加强港口建设。

亚洲开发银行副行长格林伍德表示，亚行将采取更有效的方式支持泛北部湾经济合作，愿意投资建设连接南宁至新加坡的铁路，推进中国—东盟“一轴两翼”区域合作中的“一轴”经济走廊的形成。

东盟秘书处副秘书长尼古拉斯·丹迪·达门先生表示：“泛北部湾合作将会是东盟—中国合作的重要组成部分，也会促进中国—东盟自贸区的发展。”“泛北部湾经济合作让东盟国家异常兴奋，许多国家都看到了这一构想带来的巨大合作潜力。加快合作的时机已经成熟，下一步的关键是推动合作。”

（四）从共识变为行动

泛北部湾经济合作构想已经得到国内外的广泛共识和支持。建立泛北部湾经济合作区符合中国与东盟国家的共同利益，有利于深化中国与东盟面向和平与繁荣的战略伙伴关系。对各方而言是百利而无一害，因而，各方应该早日下定决心，加快推进泛北部湾区域合作的步伐。当前，最重要的是泛北部湾区域各方要在达成共识的基础上，签订泛北部湾各方共同行动宣言，宣告泛北部湾经济合作区成立；然后，在中国与东盟“10+1”领导人会议加以确认为中国与东盟的一个次区域经济合作区。在没有正式成立泛北部湾经济合作区之前，可以在中国—东盟的合作框架下，各方共同开展一些行业合作，如港口合作、泛北部湾海上旅游合作、信息交流合作、学术研讨以及前期合作研究工作等；两国可以先行开展双边接壤地区的合作，如中越“两廊一圈”已经成为国家战略，可以率先开展交通对接、口岸便利化等相关合作；待时机成熟时，这些双边合作可以迅速纳入多边合作而成为次区域合作区。

三、如何推进

泛北部湾经济合作区地域范围广大，合作首先从东盟内部启动，还是从中国内部启动，还是从中国与东盟的结合部启动，都是需要权衡利弊才能决策的。无论是从东盟内部还是从中国内部首先启动，都不利于调动另一方的积极性，只有双方共赢的合作才是成功的。因此，率先启动中国与越南的沿北部湾地区和东盟东部增长区合作是值得各方考虑的。特别是中越“两廊一圈”合作项目可以率先启动。考虑到泛北部湾地区都是海洋国家，港口与港口物流合作就成为了泛北部湾经济合作区优先开展合作的领域。

（一）参与者

泛北部湾经济合作区不仅需要政府有关部门，而且需要各种各样的国际组织、研究机构以及大量的企业家从不同的角度共同参与。因此，这些机构、企业家构成了泛北部湾经济合作的重要参与者。

1. 政府有关职能管理部门。政府是推动泛北部湾区域合作的主导力量，其职能管理部门就成为了区域合作的重要参与者。政府有关职能管理部门主要是制定区域合作的总体发展规划；制定游戏规则、具体政策措施来引导其他组织、企业家来实现政府的蓝图；搭建合作发展平台。这一群体，涉及到各行各业的管理部门，代表政府开展区域经济合作的意志和方向。

2. 企业及企业家。这是泛北部湾经济合作的主角，没有企业特别是跨国企业和企业家的参与，大量的合作项目将无法建设，泛北部湾区域合作也就无法取得进展。这一群体是政府赖以推动区域合作最重要的参与者。因此，如何制定政策来引导和调动企业及企业家们参与建设泛北部湾区域合作的积极性，就成为政府推动泛北部湾区域合作的优先工作。

3. 国际组织以及非政府组织。国际组织以及非政府组织能够为泛北部湾区域合作提供资金、技术服务等的支持。如亚洲开发银行不仅可以为泛北部湾区域合作提供资金支持，同时也可以担当起泛北部湾经济合作区的组织者的角色。“大湄公河次区域计划为环北部湾地区未来的经济合作提供了蓝本。亚洲开发银行非常荣幸能成为环北部湾区域经济发展的合作伙伴。”

4. 研究机构、媒体及专家学者。这是推动泛北部湾区域合作的重要力量。泛北部湾区域合作的总体规划、发展战略乃至具体项目的实施，都需要研究机构、媒体及专家学者进行充分的科学研究、论证和媒体宣传，为政府和企业提供决策咨询服务，并向区域内外推广宣传。

在泛北部湾经济合作中，政府主导合作方向，同时引导企业并尽可能发挥企业的积极主动性来推动泛北部湾区域合作。

（二）合作模式

泛北部湾经济合作区涉及的范围广、国家多，各国政策、体制、宗教信仰和资源配置等诸方面不一样，因此，以一种模式把区域内各产业联动起来难度很大，有必要采取多种灵活的合作模式。目前我们认为值得考虑的合作模式主要有三种：

第一，由区域内一个国家主导，与一个或几个国家进行双边或多边合作开发的合作模式。如“新柔廖成长三角”是由新加坡主导的新加坡与马来西亚柔佛州双边合作开发及新加坡与印度尼西亚廖内群岛双边合作开发的。

第二，由某个国际银行如亚洲开发银行主导项目并给予一定的资金支持，形成一定的合作决策机制，把区域内各国联合起来共同发展的合作模式，如大湄公河次区域合作。如果时机成熟，亚行可以按照大湄公河次区域合作的模式帮助环北部湾区域合作向纵深发展。

第三，以各国、各地政府为主导，以企业间联合为合作主体的合作模式，如泛珠三角框架下的粤港澳企业合作。

泛北部湾经济合作区应该以政府为主导，以企业为主体来推动区域合作，要求合作区各国积极行动起来。从目前看，采取大湄公河次区域合作模式作为总体合作模式容易得到各方接受；同时，在区域内，两个或两个以上的成员之间合作采用第一种模式也是有效可行的合作模式。

（三）项目推进

在《中国东盟全面合作框架协议》的原则指导下，各方建立起平等互信、互惠互利的新型国际关系，发挥中国—东盟博览会的平台作用。各方围绕交通运输、旅游、港口、投资和贸易便利化、贸易、工业园区、矿产、能源、加工制造、人力资源开发等重点合作领域，以产业为支撑，合作发展口岸经济、通道经济、港口经济、海洋经济等经济形态，促进区域经济合作全面发展。

1. 推进南新经济走廊的开发与合作，发展通道经济。首先，从最容易开展合作又有较好基础的贸易、旅游合作入手，尽快行动起来。其次，大力发展连接南宁、新加坡两地最便捷的现代化公路、铁路运输系统，包括南宁—新加坡高速公路项目和南宁—新加坡铁路新建和改造项目等。第三，根据“点—

线一面”经济带发展规律，推进南新走廊重点城市间的交流与合作。第四，南新经济走廊开发合作首先从“两廊一圈”中的“南宁—河内—海防经济走廊”开始，由近及远，分段运行，即先运作南宁—河内走廊，然后运作南宁—河内—曼谷走廊，最后运作南宁—河内—万象—曼谷—吉隆坡—新加坡走廊，在这进程中要充分利用越老中部通道和“东西走廊”。第五，推进两国口岸之间的货物和人员通关便利化合作。

2. 推进泛北部湾海洋经济合作。发挥北部湾作为连接中国与东盟最便捷、最重要的的海上“黄金通道”作用，围绕泛北部湾合作经济区丰富的海洋资源，全面深化区域内海洋合作。首先加强泛北部湾港口合作，整合优化泛北部湾港口资源，发挥各港口的独特优势，在泛北部湾合作经济区推进港口物流一体化战略，形成区域港口和物流的整体优势。同时，还要大力推进海洋渔业、海洋运输业、海洋矿产业、海洋旅游业、海洋新兴产业等五大海洋产业的区域合作，形成既分工又合作的区域海洋经济。还要加强泛北部湾海洋环境保护合作，防止海洋环境污染和破坏，不断优化、提高泛北部湾合作经济区的环境质量和水平。

（四）搭建合作平台

1. 以中国—东盟博览会作为泛北部湾经贸合作平台

在中国南宁市举办的中国—东盟博览会已经成为中国与东盟开展政治、经济、文化交流合作的重要舞台。中国和东盟各国政府都十分支持和重视中国—东盟博览会，每届中国—东盟博览会，中国和东盟国家都派出国家领导人或经贸部部长参会，共商中国—东盟合作发展大计，表明各国政府对建立中国—东盟自由贸易区充满希望和信心。中国—东盟博览会和中国—东盟商务和投资峰会是推进中国—东盟自由贸易区建设、全面深化双方战略伙伴关系的一项实际行动，为中国和东盟各国企业家进行商品贸易、投资洽谈、经济技术合作提供了重要平台。中国—东盟博览会不仅是中国与东盟的经贸盛会，同时也是推动各种次区域合作的最佳平台。2007 年第四届中国—东盟博览会，着重推介港口城市为“魅力之城”，目的就是推动中国与东盟国家之间的港口以及港口物流合作。这也是推动泛北部湾区域经济合作的具体行动。中国—东盟博览会完全可以作为泛北部湾合作经贸合作的平台。

2. 搭建交流平台，将泛北部湾经济合作论坛常态化

泛北部湾经济合作区不同于一般的国内区域合作，涉及的国家多、领域广，很多问题需要一个了解认识过程，每一步合作和每一个项目都有一个达成共识的过程。为了让各方能充分发表意见，相互了解对方的建议和意图，可以在做好可行性研究的基础上，将已经在广西南宁成功召开两届的泛北部湾经济合作论坛常态化，在取得共识的前提下，可在泛北部湾合作各方轮流举办泛北部湾经济合作论坛。为了推动各个领域的合作，最好还举办一些行业部门性的论坛，如渔业开发与保护、旅游合作、交通合作、环境保护等方面的论坛，以便各方能较快地互相了解、达成一致的意见。

（五）建立泛北部湾区域多层次合作机制

泛北部湾次区域经济合作，涉及到国内的和国外的合作问题。对内，需要国内各方协调以便在对外合作中采取协调一致的行动；对外，也需要各国取得共识并协调行动。这就需要建立起不同层次的合作机制，包括双边的、多边的；政治的、经济的；政府的、行业的、民间的各种合作机制，以解决区域内各种不同层次、不同性质的问题。同时，泛北部湾次区域经济合作机制与南宁—新加坡经济走廊的合作机制也不能截然分开，只有把两者有机结合在一起作为一个整体，才不至于将合作机制搞得过于复杂，才符合整体利益，有助于泛北部湾经济合作区的整体发展。

在区域内建立不同范围的合作机制，以协调解决整体和区域内局部合作问题，主要表现为多边合作机制和双边合作机制。

1. 多边合作机制

多边合作机制主要是合作各方为了制定泛北部湾经济合作区内共同的目标，解决区域内共同的问题而建立的合作机制，如制定泛北部湾经济合作区合作目标、合作框架、合作制度、争端解决办法等等，这些都需要合作各方达成共识、统一意见以后才能采取共同行动。建设泛北部湾经济合作区也迫切需要建立多边合作机制，特别是高层合作机制，如领导人会议、经贸高官会议等，以解决区域内合作的重大议题。如建立泛北部湾经济合作区的共识问题、合作框架问题、合作目标的制定等重大问题都需要高层合作机制才能加以解决。还有一种特殊的多边合作机制，就是建立区域各国与其他国际组织的合作机制，如泛北部湾国家与亚洲开发银行或世界银行的合作机制，以加强泛北部湾区域合作的融资能力。目前，首先要成立泛北部湾经济合作跨国专家小组，由泛北部湾各国、东盟秘书处、亚洲开发银行机构的官员和专家共同组成，以开展泛北部湾经济合作区的前期研究工作，从研究规划、设计项目、建立机制等方面负责专题研究和推动泛北部湾经济合作。

2. 双边合作机制

双边合作机制是各合作方之间为解决双方之间的问题而建立的合作机制，这些问题往往只涉及到双方的合作问题，如双边交通对接、边境口岸建设与对接、双边经贸关系等问题。这大多是两个主权国家开展的合作。在泛北部湾经济合作区的区域合作中，中国地方政府要在国家的外交方针指导下、在中国与其他国家签订的国际协议（或条约）的框架内，着重以建立较低层次的双边的经贸合作机制为主，以签订行业性的、省级的或次省级的经贸合作机制为主要形式。地方政府可以在中央有关部门的授权下或在自己的权限范围内代表国家去开展这些经贸合作，与周边国家建立起经贸合作机制。如中国地方政府与区域内东盟国家有关部门建立起行业合作关系或机制，如旅游合作机制、贸易合作机制、中国—东盟博览会招商代理合作机制等。

（作者古小松系广西社会科学院研究员、副院长，刘建文系广西社会科学院东南亚研究所副研究员、副所长　原载《东南亚纵横》2007 年第 12 期）

中国参与大湄公河次区域经济合作国家报告

中华人民共和国国家发展和改革委员会
中华人民共和国外交部
中华人民共和国财政部
（2008 年 3 月 27 日发布）

一、综述

湄公河是亚洲一条重要的国际河流，发源于中国青藏高原唐古拉山，自北向南流经中国青海、西藏、云南 3 省区和缅甸、老挝、泰国、柬埔寨、越南 5 国，于越南胡志明市附近注入

南中国海，全长4880公里。湄公河在中国境内段称为澜沧江。

大湄公河次区域是连接中国和东南亚、南亚地区的陆路桥梁，地理位置十分重要。该区域总面积256.86万平方公里，总人口约3.2亿。域内蕴藏着丰富的水资源、生物资源、矿产资源，具有极大的经济潜能和开发前景。

大湄公河次区域各国历史悠久，风景秀丽，民族文化多姿多彩。长期以来，受多种因素影响，次区域经济和社会发展相对落后，其中柬埔寨、老挝和缅甸被联合国列入最不发达国家之列。近年来，次区域各国都在进行经济体制改革，调整产业结构，扩大对外开放，加快经济发展已经成为各国的共同目标。

1992年，在亚洲开发银行（ADB）倡议下，大湄公河次区域6国举行首次部长级会议，共同发起了大湄公河次区域经济合作（GMS）机制，以加强各国间的经济联系，促进次区域的经济社会发展，实现共同繁荣。此后，GMS事务部长会议原则上每年举行一次。

2002年11月3日，GMS首次领导人会议在柬埔寨金边举行，批准了《次区域发展未来十年战略框架》，并决定其后每3年在成员国轮流举行一次GMS领导人会议。GMS合作开始上升到领导人层级，次区域合作由此进入一个新阶段。

GMS第二次领导人会议于2005年7月4日至5日在中国昆明举行。与会6国签署了便利客货运输、动物疫病防控、信息高速公路建设和电力贸易等多项合作文件，批准了GMS贸易投资便利化行动框架和生物多样性保护走廊建设等多项合作倡议。会议确立了以“相互尊重、平等协商、注重实效、循序渐进”为主要内容的合作指导原则，次区域合作由此迈上新台阶。

GMS合作以项目为主导，根据次区域成员的实际需求提供资金和技术支持。自启动以来，GMS合作围绕基础设施建设、跨境贸易与投资、私营部门参与、人力资源开发、环境保护和自然资源可持续利用五大战略重点，截至2007年底，在交通、能源、电信、环境、农业、人力资源开发、旅游、贸易便利化与投资九大重点合作领域开展了180个合作项目，共投入资金100亿美元，有力地推动了次区域各国的经济社会发展。其中，投资项目34个，总投资98.7亿美元，亚行自身提供贷款34.26亿美元，动员成员国及其他发展伙伴分别投资29.8亿美元和34.66亿美元；技术援助项目146个，涉及资金1.66亿美元，其中亚行提供赠款7579万美元。

大湄公河次区域其他国家都是中国的友好邻邦，与中国的传统友谊源远流长。中国历来重视巩固和发展与次区域各国的睦邻友好关系。近年来，中国与各国的高层交往十分频繁，人员往来不断增加，经贸联系日益密切，社会文化交流更加活跃，各领域合作逐渐拓展和深化。

中国愿与次区域各国一道继续不断深化GMS合作，加快次区域基础设施建设，推进贸易投资便利化与自由化，努力实现次区域的互联互通；加强能力建设和相互交流，提高整体竞争力，促进次区域经济社会全面发展和人民生活水平的不断提高；进一步巩固和发展与各国的传统友谊，共同营造和平稳定、平等互信、合作共赢的次区域环境。

GMS第三次领导人会议将于2008年3月30日至31日在老挝万象举行，中国将与次区域各国和亚行一道精心设计、周密筹划，推动会议取得具体、务实的成果，进一步拓宽和深化GMS合作，为次区域各国实现共同繁荣作出贡献。

二、中国与GMS各国的经济贸易关系

自2005年第二次GMS领导人会议以来，中国与大湄公河次区域国家之间双边贸易继续保持了良好的发展势头，贸易结构进一步改善，双边投资额也有了较快增长。中国在次区域5国积极开展的劳务承包和设计咨询，合同额和营业额逐年上升。中国还以合资或独资等方式参与柬埔寨、泰国、越南的经贸合作区开发建设，促进了当地的经济发展。

（一）与柬埔寨的双边贸易与投资

2007年，中柬双边贸易额为9.33亿美元，比2004年增长193.6%。其中，中国对柬埔寨出口8.82亿美元，进口0.51亿美元，分别比2004年增长195.1%和170.0%。从品种来看，中国对柬埔寨主要出口商品是纺织纱线、织物及制品、服装及衣着附件、农产品、船舶和钢材等；自柬埔寨进口主要商品是原木、天然橡胶、锯材、纺织纱线、织物及制品、服装及衣着附件等。截至2007年底，柬埔寨对华累计实际投资0.84亿美元；中国对柬埔寨非金融类累计直接投资达1.9亿美元。

2005年，中国企业在柬埔寨签订承包劳务和设计咨询合同额3.8亿美元，2006年为3.2亿美元，2007年为5.6亿美元。截至2007年底，中国企业在柬累计签订承包劳务和设计咨询合同额19.7亿美元，累计完成营业额8.6亿美元。

此外，由中、柬合资成立的西哈努克港经济特区有限公司将共同开发建设柬埔寨太湖国际经贸合作区。该合作区启动土地开发面积1平方公里，总开发面积11.08平方公里，总投资26亿元人民币，以轻纺服装、机械电子、高新技术为主导产业。

（二）与老挝的双边贸易与投资

2007年，中老双边贸易额为2.49亿美元，比2004年增长218.4%。其中，中国对老挝出口1.64亿美元，进口0.85亿美元，分别比2004年增长162.4%和653.8%。从品种来看，中国对老挝主要出口商品是摩托车、钢材、摩托车及自行车零件、汽车和汽车底盘、电线电缆等；进口主要商品是原木、未锻造的铜及铜材、农产品、锯材和铜矿砂及其精矿等。截至2007年底，老挝累计在华实际投资达0.17亿美元；中国对老挝非金融类直接投资累计达1.46亿美元。

2005年，中国企业在老挝签订承包劳务和设计咨询合同额1.8亿美元，2006年为3.6亿美元，2007年为6.1亿美元。截至2007年底，中国企业在老挝累计签订承包劳务和设计咨询合同额22.8亿美元，累计完成营业额14.1亿美元。

（三）与缅甸的双边贸易与投资

2007年，中缅双边贸易额为20.57亿美元，比2004年增长179.7%。其中，中国对缅甸出口16.86亿美元，进口3.71亿美元，分别比2004年增长179.6%和179.2%。从品种来看，中国对缅甸主要出口商品是纺织纱线、织物及制品、钢材、摩托车、农产品和成品油等；进口主要商品是原木、锯材、农产品、天然橡胶和宝石等。截至2007年底，缅甸累计在华实际投资达0.76亿美元；中国对缅甸非金融类直接投资累计达1.34亿美元。

2005年，中国企业在缅甸签订承包劳务和设计咨询合同额5.1亿美元，2006年为3.1亿美元，2007年为4.5亿美元。截至2007年底，中国企业在缅甸累计签订承包劳务和设计咨询合同额47.2亿美元，累计完成营业额30.5亿美元。

（四）与泰国的双边贸易与投资

2007年，中泰双边贸易额为346.38亿美元，比2004年增长199.7%。其中，中国对泰国出口119.74亿美元，进口226.65亿美元，分别比2004年增长206.4%和196.4%。从品种来看，中国对泰国主要出口商品是钢材、自动数据处理设备的零部件、纺织纱线、织物及制品和电话机等；自泰国进口主要商品是自动数据处理设备及其部件、集成电路、农产品、初级形状的塑料和天然橡胶等。截至2007年底，泰国累计在华实际投资达29.65亿美元；中国对泰国非金融类直接投资累计达3.02亿美元。

2005年，中国企业在泰国签订承包劳务和设计咨询合同额8.8亿美元，2006年为10.7亿美元，2007年为8.2亿美元。截至2007年底，中国企业在泰国累计签订承包劳务和设计咨询合同额56.1亿美元，累计完成营业额31.1亿美元。

此外，由中、泰合资成立的泰中罗勇工业园开发有限公司正在积极承建泰中罗勇经贸合作区。该园区总体规划面积3.5平方公里，包括一般工业区、保税区、物流仓储区和商业生活区，主要吸引汽配、机械、家电等中国企业入园设厂。目前已开发1.5平方公里，签约入区企业12家，吸收投资9900万美元。

（五）与越南的双边贸易与投资

2007年，中越双边贸易额为151.15亿美元，比2004年增长224.2%。其中，中国对越南出口119.00亿美元，进口32.16亿美元，分别比2004年增长279.3%和129.6%。从品种来看，中国对越南主要出口商品是钢材、纺织纱线、织物及制品、成品油、钢坯及粗锻件和农产品等；自越南进口主要商品是煤、农产品、原油、天然橡胶和原木等。截至2007年底，越南累计在华实际投资达1.08亿美元；中国对越南非金融类直接投资累计达3.79亿美元。

2005年，中国企业在越南签订承包劳务和设计咨询合同额11.6亿美元，2006年为27亿美元，2007年为22.3亿美元。截至2007年底，中国企业在越南累计签订承包劳务和设计咨询合同额81.8亿美元，累计完成营业额34.5亿美元。

此外，中国企业拟在越南岘港市和前江省新福县两地实施合作区建设的有关工作进展顺利。位于前江省新福县的中国龙江经济贸易合作区规划面积6平方公里，产业定位是纺织轻工、机械电子、建材化工等，2007年11月，前江省颁发了投资执照，预计2008年3月能移交1.5平方公里土地。

三、中国参与GMS合作的新进展

自2005年GMS第二次领导人会议以来，中国政府进一步大力推进GMS合作，并在各种协调机制中发挥着积极作用。中国继续在交通、能源、电信、环境、农业、人力资源开发、旅游、贸易便利化和投资等九大重点领域深化与GMS各国的合作，并不断推进卫生、禁毒等其他领域的合作，取得了丰硕的成果。

（一）交通领域合作新进展

南北经济走廊西线（昆明—老挝—曼谷公路），由中国出资建设的昆曼公路老挝境内1/3路段已于2006年6月提前一年完成。目前，中国正在加紧进行境内小勐养—磨憨175公里路段的改造，计划于2008年上半年建成通车。南北经济走廊中线（昆明—河内—海防）的中国境内昆明—河口段400公里高等级公路将于2008年全部建成通车。另外，该通道上的中越河口—老街红河公路大桥已于2006年启动建设，并计划于2008年竣工。南北经济走廊东线（昆明—南宁—河内）的中国境内南宁至友谊关高速公路（179公里）已于2005年底建成通车。北部走廊（昆明—大理—瑞丽—缅甸）中国境内的昆明—安宁—楚雄—大理—保山497公里路段已建成高速公路，保山—龙陵78公里高速公路利用亚行贷款建设并将于2008年完工。河道建设方面，完成了澜沧江景洪至中缅243号界碑71公里五级航道建设主体工程，航道滩险整治工作基本完成，澜沧江境内段景洪以下航道达到了通航300吨级船舶的标准。

中国与各国密切合作，签署《GMS便利货物及人员跨境运输协定》（CBTA）（简称《便运协定》）的附件和议定书，完成了《便运协定》全部17个附件和3个议定书的国内接受程序，并签署了中越关于在河口—老街口岸初步实施《便运协定》的谅解备忘录。根据《便运协定》的规定，中国成立国家便利运输委员会，负责协调和处理《便运协定》执行中出现的具体问题。中国编写关于实施《便运协定》的《国家行动计划》和《实施手册》，并举办由中央相关部委、云南和广西两省区相关单位及7个口岸联检机构参加的关于实施《便运协定》及其附件和议定书的培训班。

中国积极参与泛亚铁路合作，组织开展泛亚铁路境内和境外段调研。利用中国政府对外援助资金，先后完成了柬埔寨境内巴登—禄宁（约255公里）铁路缺失段前期可行性研究和缅甸境内木姐—腊戌段（约150公里）的踏勘工作。与泛亚铁路东、中、西三个方案相对应的中国境内段项目均已列入了中国的《中长期铁路网规划》和《铁路"十一五"规划》。其中：东线新建玉溪至蒙自铁路已于2005年开工建设，预计2010年竣工；新建蒙自至河口铁路项目建议书已批复。西线昆明至广通铁路扩能工程已批复可研报告，2007年已开工建设；广通至大理铁路扩能工程已完成预可研审查，报送了项目建议书，有望尽快开工建设；新建大理至瑞丽铁路可研报告已获中国政府审批，重点工程已开工建设。中线玉溪至磨憨铁路将根据境内社会经济发展和境外铁路建设情况适时启动前期研究工作。

中国进一步完善机场现有功能，适度建设支线机场，不断扩大航线网络，与周边现有通用机场共同形成空港群体，以促进与次区域国家航空运输快速协同发展。一方面，中国分别于2004年、2006年与泰国、缅甸实现双边航空运输市场准入相互放开。另一方面，中国与越南、柬埔寨和老挝的航空关系也因近年来经贸往来增多而取得了较大进展。2007年，中国与次区域国家之间共有16家航空公司在39条航线上经营国际航班，比2005年增加2家航空公司和1条航线。

（二）能源领域合作新进展

自2004年9月25日，云南河口—越南老街110千伏线路正式送电以来，中国南方电网已有2条220千伏、3条110千伏送电通道向越南供电，到2007年底，已累计送电约41亿千瓦时。2006年8月和11月，中老、中越双方分别签订备忘录，中国南方电网公司将以BOT方式投资建设老挝南塔河1号水电工程和越南平顺省永兴燃煤发电厂一期工程。此外，中柬双方还正式签订《南方电网公司开展柬埔寨王国松博（规划容量3000MW）和柴阿润（规划容量260MW）两个水电项目可行性研究谅解备忘录》。目前正按照谅解备忘录的要求，加快以上项目的可行性研究工作。中国电力企业与缅甸相关部门就缅甸水电开发问题进行了接触。

（三）电信领域合作新进展

大湄公河次区域信息高速公路（GMS IS）一期工程顺利推进；中国、老挝、泰国和越南境内段建设已经完成，中国—老挝、中国—越南、中国—缅甸、老挝—泰国、泰国—缅甸、老挝—越南、越南—柬埔寨等国际连接均已建成。缅甸段和柬埔寨段的相关建设也已启动，可望在2008年3月底完成一期工程建设。中国昆明国际出入口局已于2007年8月建成。此外，中国协助亚洲开发银行在广西桂林举办了GMS第七次电信论坛。在成功举办了首期GMS电信高官培训项目以后，中国又连续举办了第二期、第三期及第四期培训项目。

（四）农业领域合作新进展

2007年4月在北京主办首届GMS农业部长会议。审议通过了《GMS农业合作战略框架与农业支持核心计划（2006—2010）》，发表了《GMS农业部长联合声明》，明确今后四年GMS农业合作的战略、重点领域和重点项目。在亚行和次区域各国的大力支持下，由中国政府牵头组织建设和管理的“GMS农业信息网”于2007年4月开通仪式，为次区域各国农业信息交流提供一个重要的平台。

中国十分重视与GMS各国的农业科技培训和推广合作。3年多来共投入人民币近200万元，举办各类培训班7个，培训GMS国家技术人员130人次。中国积极组织有关省区在柬埔寨、老挝等GMS国家开展农村户用沼气技术试验示范项目、在缅甸开展橡胶苗木生产和加工示范项目以及农业科技园区合作、与柬埔寨政府合作开展种猪示范推广项目。此外，中国还利用由中方出资的“亚洲区域合作专项资金”、“中国—东盟合作基金”，与老、缅、越开展动物疫病防控合作，推动次区域跨境联防联控。

（五）环境领域合作新进展

中国积极参与次区域的环境合作，率先提出并大力推动生物多样性保护走廊项目，专门成立项目国家级支持机构（National Support Unit，NSU），将中国云南省西双版纳和香格里拉德钦地区列入了项目执行第一阶段重点区域。此外，中国还于2007年在广西和云南成功举办GMS第13次环境工作组会议和“七彩云南”生物多样性保护国际论坛，扩大中国参与大湄公河次区域环境合作和生物多样性走廊项目的积极影响。GMS第13次环境工作组会议还明确中国广西区将参与生物多样性走廊项目第二阶段活动。

（六）卫生领域合作新进展

中国积极参与GMS卫生领域各项合作，重点放在边境地区的传染病防控方面。中国于2005年至2007年相继执行中缅、中老、中越边境地区艾滋病防控合作试点项目、中缅边境部分地区疟疾联防联控试点项目、中越边境地区流动人口肺结核控制合作项目等。特别是在艾滋病防控合作方面，实现所有与中国接壤的GMS国家边境重点地区的跨境防控合作。此外，中国还于2007年10月及11月举办两期培训班，为柬埔寨、老挝、缅甸、越南、泰国五国培训10名人禽流感诊断、检测技术人员，提高相关人员的业务能力。在中国政府的推动下，首届GMS卫生论坛于2007年11月在老挝万象召开。

（七）旅游领域合作新进展

2007年，中国主办了第20次GMS旅游工作组会议。积极推进《GMS旅游发展战略》中中方负责牵头的项目，启动了《湄公河上游河段（金四角）旅游区跨国旅游线路规划》和《滇西—缅北跨国旅游线路规划》编制工作。“越东北与广西边境喀斯特山海旅游区”项目、中越边境旅游合作取得实质性进展，其中广西防城港高林九龙潭中越边境漂流项目已于2006年开始营业，广西东兴中越界河漂流项目也投入运营。分别与越南和柬埔寨合作策划了“印象·下龙湾”和“印象·吴哥窑”大型实景演出项目。大力推进泛北部湾旅游合作和中越“两廊一圈”旅游合作，并开通北海至越南下龙湾海水旅游线路。中国出资为老挝和越南等国培训旅游人才。

（八）人力资源领域合作新进展

中国政府高度重视与GMS成员国的人员交流与合作。中国积极利用由中方出资的“中国—东盟合作基金”和“亚洲区域合作专项资金”，与GMS成员国开展人力资源开发领域的合作。2005年以来，中国政府通过举办各类研修班和技术培训班，每年为GMS国家培训了大量各级官员和各类实用技术人员。“金边培训计划”迄今两期项目共为GMS各国培训了900多人次，三期项目已于2007年7月启动，中国积极参与“金边培训计划”，通过培训在国内开展能力建设。同时，中国政府还通过在亚洲开发银行设立的“中国减贫与区域合作基金”为“金边培训计划”提供了资金支持。此外，中方积极开展了有关防控拐卖妇女、儿童以及提高移民安全性的研讨活动。

（九）贸易与投资领域合作新进展

中国积极落实GMS第二次领导人会议通过的《贸易投资便利化战略行动框架》，制订并已开始正式实施中国行动计划。在海关领域，积极研究符合GMS实际的“单一窗口”模式，着手编写《便运协定》专用操作手册；在检验检疫领域，推动实施检验检疫部门与海关之间的通关单联网核查；贸易物流领域，倡议建立GMS物流合作协调机制，制订GMS物流项目合作的国内工作方案；在商务人员流动领域，简化签证申办手续，在网站上发布和更新签证政策信息，并推出中国公民免填出入境登记卡和提高边检服务水平的12项措施等新政策。

从2005年至今，中国与有关国际组织合作，在贸易和投资领域先后开展了19个项目活动，包括举办专题研讨会、培训班和开展课题研究等，直接参与人数逾千人。此外，中国以南北经济走廊的重点口岸——河口口岸（云南）和友谊关口岸（广西）为切入点，设立了GMS通关信息服务站，通过计算机信息检索和陈列免费宣传资料等方式，向公众提供多方面的信息。

此外，中国政府高度重视在禁毒领域与国际组织和相关国家的合作，采取一系列政策措施。2006年，中国政府出台专门政策，加大对境外替代种植工作的支持力度。一是安排专门的境外替代种植专项资金，对中国企业在缅甸、老挝北部从事替代种植、发展替代产业予以扶持。二是扩大进口返销产品的品种范围、延长进口配额的有效期。三是中国出口信用保险公司制定对企业开展境外替代种植项目予以保险支持的办法。四是向缅甸政府提供援助在缅北果敢地区实施毒品替代种植项目。五是为便利替代种植人员到境外开展工作制订灵活的措施。

中国政府与老挝、缅甸签订合作协议，积极开展双边合作。2006年，中国政府援助老挝60万美元建设一所戒毒康复中心，提供一批价值60万元的戒毒药品；为缅甸政府提供2万吨大米的紧急援助，以避免缅北烟农因生活困难而复种罂粟。2007年，中国政府与联合国毒品和犯罪问题办公室在北京联合举办第七届东亚次区域禁毒谅解备忘录(MOU)签约国部长级会议,中国、柬埔寨、老挝、缅甸、泰国、越南等6国主管部长级官员出席会议,通过了《2007年MOU北京宣言》。中国还切实加强与大湄公河次区域国家在禁毒执法领域的合作,多次开展联合行动,成功破获多起跨国制贩毒大案。

四、中国云南省和广西区参与GMS合作情况

云南省和广西壮族自治区地处中国西南部,与缅甸、老挝、越南接壤,是中国参与次区域合作的直接相关地区。两省区国土面积共63.07万平方公里。2007年,两省区总人口9516万人,地区生产总值1403亿美元,人均地区生产总值1474美元。受多种因素影响,两省区经济和社会发展总体上还比较落后,2007年末,两省区绝对贫困人口273.4万人(按中国政府扶贫标准计算,即人均年收入低于693元,该标准低于联合国提出的人均每日支出1美元的水平),低收入人口660.8万人。积极务实地参与次区域合作,推动加快开发开放进程,是两省区经济社会发展和民生改善的必然要求。

云南省有15个少数民族与周边国家跨境而居,广西区是以壮族为主体的民族自治区和中国著名侨乡,两省区与次区域各国人民之间的交往源远流长。两省区是中国主要的热带省份,农业在全国独具特色,而与次区域各国具有共同性。在主导产业上,云南以烟草、水电、有色金属、钢铁、矿产开发、化工、生物资源开发为主,广西以有色金属、制糖、电力、汽车、林浆纸一体化、钢铁锰业为主,这些产业在中国西南地区乃至全国具有一定优势,并与次区域各国有较强互补性。在旅游方面,两省区既是中国重要的旅游目的地,又是中国与次区域国家间最便捷的旅游通道。两省区与次区域各国在各个领域的合作潜力巨大。

GMS第二次领导人会议以来,在中央政府的支持和指导下,两省区与次区域各国相关地区合作关系不断深化,各领域合作稳步推进。

云南省与次区域国家相关地区建立了“云南—泰北工作组”、“滇越五省市经济协商会”、“云南—老北工作组”、“滇缅合作商务论坛”等双边合作机制。广西区2005年正式参与次区域合作以来,确立了本区参与合作的部门协调机制,制定了合作战略框架和行动计划。

公路、铁路、航运、机场、口岸以及电力、电信等基础设施建设进展顺利,已建成设施运营良好。如今,云南省与越、老、缅三国边境地区已开通11条国际客货运输线路,昆明—万象客运已开通运营,广西区已获批越南的国际道路运输线路22条,其中10条线路已开通。

农业开发、环境保护、旅游、卫生、人力资源开发等合作项目全面落实。云南省分别与老挝、缅甸、柬埔寨等国相关地区签署了建设农业科技示范园的协议,广西区与越南广宁省签署农业合作协议。云南省积极为周边国家培养各类专业技术人才,招收留学生的70%以上为次区域国家所派,广西区利用语言优势,建立中国—东盟人才开发与合作广西基地,为次区域国家培养各类人才。

另外,两省区积极落实中央政府承诺的次区域合作其他各项任务。以禁毒合作为例,在国家的支持和指导下,云南省不断加强与次区域国家在打击毒品走私、缉毒警员培训、罂粟替代种植、信息交流等方面的合作。在重点推进的绿色禁毒和罂粟替代种植方面,尝试多种发展模式,鼓励和支持企业到境外开展替代种植,并取得了初步成效。截至2007年7月底,全省在境外开展替代发展的企业达135家,较2005年度的73家增长84.9%。

中国政府秉持与周边国家共同繁荣富裕的理念,一贯高度重视边疆地区的开发开放。按照实施区域协调发展战略的要求,中国不断加大对包括云南省和广西区在内的西部地区的财政转移支付和投资支持力度。近年来,中国积极推进广西北部湾经济区等重点地区的开发开放,努力发挥其在区域发展中的引领带动作用。上述重大举措必将会对包括两省区在内的次区域注入新的活力,同时,次区域合作不断深化也将为云南、广西两省区提供更加丰富多样的发展机遇。

五、中国参与下一阶段GMS合作的设想

(一)交通合作

中国将在公路、水运、铁路、民航诸方面进一步推进与GMS各国的合作。积极推动GMS次区域运输通道及相关基础设施建设,为昆曼公路上连接老泰的跨湄公河大桥建设提供一半资金。加快南北通道国内各路段及相关口岸设施的改建和完善,以尽快形成该次区域的公路网络。积极开展包括澜沧江—湄公河在内的国际航运合作。推动全面有效实施《便运协定》及其附件和议定书,早日实现GMS六国之间人员和货物的便捷流动,以促进次区域人员往来、经贸和旅游业的发展。在加快泛亚铁路国内段建设的同时,继续积极参与泛亚铁路项目的国际合作,与次区域各国一道共同推进泛亚铁路建设。继续以双边框架为基础,积极扩大与次区域各国的航空运输安排,促进中国与越南、老挝和柬埔寨的航空运输市场的相互开放。以《中国与东盟航空合作框架》为基础,积极探索多边民航合作框架。加强交通领域人力资源开发和能力建设方面的合作。

(二)能源合作

中国愿与GMS各方一道,通过充分协商和发挥比较优势,按照大湄公河次区域电力贸易运营协议(RPTOA)提出的GMS电力贸易发展“四个阶段”的设想和所制定的未来行动计划,积极推动GMS总体电力发展规划、GMS电力数据库及网站的建立、GMS电力运行标准及输电规则等各项优先开展的重点工作,发展两国间、多国间的电力合作及交易,以便最终建立起统一的GMS电力市场,在次区域范围内实现电网互联及自由的电力交易,实现资源的优化配置,提高联网效益,优势互补,互惠互利,平等共赢。中国愿意与其他GMS各国家拓展能源合作,包括提高能效、发展替代能源,以确保次区域的能源安全。

(三)电信合作

中国十分重视并将继续推进同GMS各方在电信领域的合作。在GMS IS项目一期工程基础上,要积极推进GMS IS二期工程建设的启动和实施,包括在网络运营与维护方面展开广泛合作。积极探讨并推进基于GMS IS的各类信息化应用项目。加强次区域各国对农村通信政策、农村地区通信发展经验的交流和沟通,推进农村通信示范工程建设,共同推动次区域农村地区通信的发展。通过多种方式进一步加强次区域各国信息通信主管部门之间的沟通、交流与合作,继续开展GMS电信高官培训项目,提高次区域相关人员的技术和管理能力。

(四)农业合作

中国将积极推进首届GMS农业部长会议审议通过的

《GMS农业合作战略框架与农业支持核心计划(2006—2010)》的落实,按照《框架计划》提出的GMS农业合作的战略、重点领域和重点项目,加强各方面的跟踪协调,提高GMS国家农业合作的质量和效益。中国将进一步加强与亚行以及GMS国家的沟通与交流,致力于扩展合作领域和深度,促进粮食安全与减贫事业、促进跨境农业贸易和投资、实现自然资源的可持续利用。

中国将继续发挥在农业技术、能力建设、信息交流等方面的优势,进一步强化对GMS国家的合作与交流,稳步推进在农产品质量安全标准、农业信息服务系统建设、农业技术交流和示范、跨境动物疫病联防联控等方面的合作,并将推动次区域在以下方面开展工作:一是加快统一农产品质量安全标准,促进跨境农业贸易和投资健康发展;二是尽快落实禽流感防控关键措施,增强跨境动物疫病联防联控能力;三是加快推广以沼气为主的生物质能源的开发利用,改善农村生态环境;四是充分发挥GMS农业信息网的作用,提高次区域农业信息服务水平;五是致力粮食安全与减贫事业,向纵深推动GMS乡村发展合作。

(五)环境合作

中国将积极结合国内情况,坚持围绕以"生物多样性保护走廊项目(BCI)"为核心,结合其他核心环境规划(CEP)项目,积极推动在BCI区域内开展战略环境影响评价指标选取工作;加强GMS在联合国《生物多样性公约》框架下开展履约交流与合作;并鼓励在BCI内开展气候变化领域合作,加强气候变化对生物多样性的影响研究,促进气候变化与BCI示范点内农村环境保护工作相结合。中国将在GMS环境合作中切实贯彻"环保上相互帮助、协力推进、共同呵护人类赖以生存的地球家园"的方针,树立形象,促进建设和谐区域,并营造有利于次区域环境与发展的国际合作空间。

中国将积极推动GMS成员国在边境地区的环境执法能力建设,提高各成员国在危险废物非法越境转移和森林保护管理领域的政策执法水平,鼓励开展建立GMS各成员国的执法网络;并鼓励各国跨界经济贸易与投资活动遵守可持续发展原则,加强次区域与环境有关的贸易与投资能力建设。

(六)人力资源开发合作

中国将积极推进"金边培训计划"的实施,以云南和广西为参与区,以大西南各省区和全国的技术和师资为后盾,鼓励和支持云南省有条件的大学、专业技术学校和培训机构参与次区域人力资源培训项目,积极推进次区域云南人力资源开发培训基地的建设。中国将继续加强次区域教育合作,开展基础教育、职业教育以及高等教育等领域交流与合作,积极推进次区域内职业资格互认、高等教育学历学位互认工作,多渠道扩大次区域国家来华留学政府奖学金名额。进一步建立完善面向次区域的远程教育网络,不断丰富远程教育信息资源。中国政府将加强与次区域各国的外交磋商,签订次区域国际人力资源开发及培训的多边协议和实施方案。

(七)卫生合作

中国将在既有合作框架下,促成与GMS国家间更加稳定、可持续的长效卫生合作机制。推动形成包括艾滋病、禽流感、登革热等传染病控制合作在内的GMS卫生合作战略;将中缅疟疾项目,中缅、中老、中越艾滋病项目及中越结核项目发展为与次区域更多国家的合作,形成区域层次的合作项目;增进和完善与次区域国家在传染病疫情信息交流与共享机制建设方面的合作。加强国内各部门之间协调,尤其是与农业、出入境检验检疫等部门的合作,全面推动跨边境地区项目的深入开展。中国还将承办第二届GMS卫生论坛。

(八)旅游合作

中国将继续在国家层面关注并积极推动GMS旅游合作,与GMS其他各国共同协作努力,推出和促销跨国旅游线路,培育具有鲜明特色的GMS旅游区。重点推进云南、广西两省区参与GMS的旅游合作。云南省将加快编制完成《湄公河上游河段(金四角)旅游区跨国旅游线路规划》和《滇西——缅北跨国旅游线路规划》。广西壮族自治区将继续深化与越南广宁省的旅游合作,争取尽快开通中越跨国自驾车旅游线路;继续深入开展与越南、柬埔寨的文化旅游合作,大力推进泛北部湾旅游一体化合作,尽早形成泛北部湾旅游圈。

(九)贸易和投资合作

中国政府将继续加强与GMS其他国家及与亚洲开发银行等国际金融机构的合作,不断推进贸易投资便利化,提高通关效率,为本地区的经济增长和共同繁荣做出贡献。中国政府愿与GMS其他成员一道,进一步消除GMS贸易投资障碍,营造便利快捷的环境。中国政府将在亚洲开发银行及其他国际金融机构的支持与协调下,重点开展海关、检验检疫、贸易物流、商务人员流动和信息平台建设等5个GMS贸易便利化优先项目;继续加强各国间的政策协调,切实实施《贸易投资便利化战略行动框架》和《便运协定》,推动交通走廊真正发展成经济走廊,带动沿线地区的经济增长;以一站式试点口岸为切入点,着力推进贸易便利化,改善口岸及边境城市的基础设施水平,取得边境基础建设和贸易投资便利化的双赢;大力开展能力建设,为政府官员特别是口岸执法人员提供更多的培训机会,提高其政策水平和监管能力,为工商界提供更好的服务。

此外,中国将继续致力于加强与次区域有关国家和国际组织的磋商与合作,继续推动在次区域建立中央层面更加稳定的合作机制,加大对毒品犯罪的打击力度,努力减少毒品对本地区的危害。继续落实第七届东亚次区域禁毒谅解备忘录签约国部长级会议签署的《2007年MOU北京宣言》、更新后的《次区域行动计划》以及中缅、中老、中越、中泰双边禁毒合作协议和《中华人民共和国国家禁毒委员会和缅甸联邦中央肃毒委员会关于在缅北地区联合进行卫星遥感监测罂粟种植的意向备忘录》等文件精神,全面推动次区域禁毒合作。继续切实加强次区域国家在禁毒执法领域的合作。同时,中国政府将继续积极支持次区域国家开展替代种植,争取本地区尽早全面消除非法罂粟种植。

中国参与大湄公河次区域合作的进展、障碍与出路

张锡镇

大湄公河次区域(GMS)合作是指由澜沧江—湄公河流经的六国(中国、缅甸、老挝、泰国、柬埔寨、越南)组成的一个次区域合作机制。1992年10月,在亚洲开发银行的支持下,召开了首届大湄公河次区域合作会议。从第二届起,每年召开一次6国部长级会议,并确定了8个主要合作领域即:交通、能源、环境和自然资源管理、人力资源开发、贸易和投资、旅游、通信和禁毒。在2001年第十次部长级会议上,出台《未来10年战略框架》,提出建设重要交通走廊、电信骨干

网、电力联网及贸易、投资、旅游等11个标志性项目。

2002年11月,在金边召开第一次大湄公河次区域领导人会议,并决定今后每3年召开1次领导人会议。2005年7月在中国南宁举行第二次首脑峰会。会议通过《领导人宣言》并签署有关次区域合作成果文件,规划未来合作方向和重点合作措施。这样,GMS的合作机制又得到完善和提升,目前已形成高官会—部长级会—领导人峰会一整套机制。

除GMS合作机制外,还有东盟—湄公河流域开发合作机制。这个机制不仅包括湄公河流域六国,还涉及东盟其他国家,以及日本和韩国。此外,还有一个合作机制,即湄公河委员会,其成员只包括越、老、柬、泰4国。到目前为止,应该说,由亚洲开发银行支持的GMS的合作机制是最富成效的。

一、湄公河次区域合作的意义

(一)对中国的意义

1. 经济意义。澜沧江—湄公河干流全长4880公里,流域面积81万平方公里,总落差5167米,常年平均径流量4750亿立方米。在中国云南省境内的澜沧江段总长1240公里,集水面积8.8655万平方公里,在其余5国的湄公河段干流长约2500公里,集水面积62.7513万平方公里。大湄公河次区域有着优越的自然条件,矿产、森林、水力和土地资源相当丰富,其自然景观壮丽独特,民族文化多姿多彩,旅游业开发潜力巨大。

云南地处中国西南部,属于待开发地区,也是中国西部开发战略的重点地区之一。由于地处内陆交通不便,长期制约当地的经济发展,虽然有丰富的水力资源,但由于缺乏资金而不能转化为生产力。GMS合作机制的建立为云南的经济起飞插上翅膀,同时可以带动西南五省的经济开发。

首先,开通多条通往世界便捷的国际通道。澜沧江—湄公河这条天然的水道开通之后中国西南出口商品不仅可直达该流域的各国,还可通过湄公河出海口运达世界各国。这将比绕道华南海港出口缩短1500~3000公里,节约5/6的时间,运输成本降低60%以上。昆曼公路和泛亚铁路的建成将成为连接中国西南和东南亚各国的陆上大动脉。

其次,开发丰富的水电资源为中国西南的经济发展提供动力,并实现西电东送,支援华南的经济发展。据勘查,该次区域电力储量9000余万千瓦,中国河段为3653.38万千瓦,拟发电量1263.96亿千瓦时。在中国澜沧江河段,水力丰富,落差大,便于筑坝发电。

其三,交通的便利将大大促进中国同该次区域各国的物流贸易,有利于兴办双边和多边的联合开发合作项目,达到互利共赢,促进本地区的经济发展和繁荣。

2. 政治和战略意义。首先,建立一个稳定的周边环境实现和平发展是我国重要的战略目标。下游流域各国都是中国的近邻,是中国推行"睦邻、富邻、安邻"的睦邻外交的重点国家和地区之一。通过GMS合作平台,实现互利、共赢和共同繁荣的目标,将大大促进中国同这些国家的相互信任、理解和团结。尤其需要指出的是,众所周知,以越南为首的印度支那各国由于历史的原因,至今同中国之间相互存有疑虑。通过这一合作机制,中国同印支国家将会更加相互信任和理解。其次,建立中国—东盟自贸区不仅具有经济意义,更具有战略意义。中国—东盟自贸区的建成将使中国和东盟国家经济政治安全利益息息相关,将成为中国安全的缓冲带和战略依托。下游5国是东盟成员国,GMS合作不仅是中国—东盟自贸区建设的重要组成部分,而且也是中国—东盟自贸区成败的关键。

(二)对下游各国的意义

1. 经济意义。下游5国虽然资源丰富,但都是发展中国家,除泰国较为发达以外,其他国家经济均比较落后,因此每一个国家都没有能力自我开发,更不可能单独开发和利用国际河流提供的直接和间接资源。GMS合作机制将为这些国家经济发展提供一个机会和可能。

首先,如上所述,水陆交通的三大动脉(泛亚铁路、昆曼公路、澜沧江—湄公河水路)的建成把六个成员国内市场连接起来,使相互贸易更加便捷,同时带动当地旅游、农业、采矿业等经济部门的发展。

其次,利用合作机制的平台吸引的援助资金结合各国的有利条件进行较大规模的基础设施的建设,例如修筑水电站,保障本地区的能源需求。

其三,修筑水坝对水流进行合理利用和调控,达到防洪抗旱减灾的目的。本地区有明显的旱雨季之分。旱季时严重缺水,旱灾严重;雨季则水量过大,造成下游洪灾。在上游修筑梯级水坝,除了发电以外还可调控水流量,可以使河道旱季不枯,雨季不涝,起到"削峰填谷"的作用,既保障农业生产又保障人民的生命财产安全。

2. 战略安全利益。同中国相比,下游5国大部分是经济落后的弱小国家。由于种种因素的影响,他们对北方中国这个巨人总是心有疑虑,惴惴不安。中国又是上游国家,对国际河流开发和利用有天然优势,而下游5国总是处于被动软弱的地位。在平等参与下的GMS合作框架下,上游的中国和中下游的其他5国可以按照国际规则,合理分配和开发水资源,实现平等、互利、共赢,有利于摆脱战略上的被动地位。

另外,GMS合作机制还有利于本地区的和平、安全与稳定,尤其促进下游5国的友好合作关系的建立。由于历史和现实的原因,这些国家时有摩擦,合作必然促进利益的融合,理解的加深,感情的接近。尤其值得强调的是,这一合作机制将有利于联合清剿本地区的毒品生产和贩卖的一大祸害,保障本地区人民的和平、繁荣与安康。

二、中国参与大湄公河的次区域合作的进展

早在1992年,中国作为创始国就参与大湄公河次区域合作的机制,同其他5国共同发起了"大湄公河次区域经济合作规划"。2002年GMS合作第一次首脑会期间,中国政府发表第一份《中国参与大湄公河次区域合作国家报告》,提出7个方面次区域合作计划。2005年,又举行第二次首脑峰会。会议期间,中国政府又发表第二份《中国参与大湄公河次区域合作国家报告》。

2000年4月,中、老、缅、泰4国交通部长正式签署《澜沧江—湄公河商船通航协议》;2001年3月,4国交通部签署了《实施4国政府商船通航协定谅解备忘录》,建立了澜沧江—湄公河商船通航协调联合委员会;2001年6月,中、老、缅、泰4国实现正式通航。为确保船舶航行安全,4国就实施上湄公河航道改善工程达成共识。2001年9月,4国专家合作完成《上湄公河中缅边界243号界桩至老挝会晒航道改善工程环境影响评估报告》。2002年4月初,在中、老、缅、泰4国政府批准环境评估报告后,中国政府提供资金支持,该工程施工正式启动。为配合东盟开展的"泛亚铁路"(新加坡至昆明)的前期工作,中国有关部门已完成《云南省对外铁路新通道规划方案》和东、中、西线方案中国境内段可行性研究报告。中国已与老挝、越南签署政府间双边汽车运输协议。中国有关航空公司现已开通由中国昆明通往曼谷、新加坡、万象等国际航线。中泰两国政府签订《关于泰王国从中华人民共和国购电的谅解备忘录》。双方同意,到2017年中国向泰国送电300万千瓦。2000年底,中、泰双方完成电站工程可行性研究报告和输电系统可行性研究报告。2002年4月,中国水利部与湄公河委员会签订《关于中国水利部向湄委会秘书处提供澜沧江—湄公河汛期水文资料的协议》,中国为湄委会各成员国的防洪减灾提供上游汛情预报。中国与次区域各国签署双边的《农业合作谅解备忘录》,政府间农业合作与交流已进入一个稳定、有序的发展阶段。中国高度重视与湄公河次区域国家在人力资源开发方面的合作。中国政府出资设立中国—东盟合作基金,根据东盟及次区域各国的要求,已经多次举办有关学术研讨会和专业技术培训班。中国政府有关部门和云南省积极参与次区域环境监测和信息系统、次区域环境培训和机构强化、次区域边远地区扶贫与环境管理、次区域国家环境战略框架、澜沧江流域可持续发展战略和政策研究等亚洲开发银行的合作项目。

中国先后与次区域有关国家签署一系列禁毒协议和查毒行动计划,确立禁毒合作伙伴关系,实施绿色禁毒和毒品替代种植计划,并开展多种形式的毒品预防教育、缉毒执法、信息交流和戒毒治疗合作。与缅甸、老挝、越南等国建立边境地区缉毒执法合作联络官制度,并积极推进周边国家毒源地替代种植和替代产业的发展,打击跨国毒品犯罪活动。中国云南省与老挝、缅甸、越南在边境地区实行旅游方面的互免签证;经第三国来云南省的外国旅游者可在昆明机场办理口岸签证;由有关旅行社事先提供名单的国外旅游团,可在昆明机场办理登记入境;第三国的旅游者持有效证件,可经瑞丽、河口、畹町、磨憨等中国边境口岸出入境。

经过13年的发展,GMS合作已经拓展到九大领域,在硬件项目建设和软件环境改善两方面都取得了巨大进展,为本次区域地社会经济发展发挥了积极作用。截至2005年,GMS合作共动员资金近53亿美元,开展各类项目119个,其中,贷款项目19个,总投资近52亿美元;技术援助项目100个,赠款金额超过1亿美元。

截至2006年底,中国参与GMS合作已实现的具体成果表现在下述7个方面。

(一)大通道建设。

中国西南进出境铁路东线玉溪—蒙自段已于2005年9月1日开工,于2008年建成通车;西线和中线已纳入国家路网建设规划。昆—曼公路建设进展顺利,全线高等级公路有望于2007底前年建成通车;昆明—仰光公路、昆明—河内公路云南境内段高等级公路2007年前可顺利通车。完成中老缅泰4国共同实施的澜沧江—湄公河三个枯水期的航道整治工程,并初步统一澜沧江—湄公河中老缅泰4国的港口收费和检查收费标准;澜沧江—湄公河成品油试运输的前期工作已完成,并将在2006年底正式开展试运输工作。云南与越南已就延伸出入境客货运输线路、客货运输互通等事宜达成共识。中越合作修建的红河公路大桥于2006年6月开工。

(二)水能资源开发和管理。

云南水电资源丰富,开采能力相对强大,在承包和合资建设电厂具有优势。自2004年9月起,云南成功地实现从河口向越南老街通过110千伏输电线路送电,云南文山至越南河江110千伏送电项目于2005年6月底正式送电;2005年10月,中国南方电网公司与越南国家电力公司正式签署《中国南方电网公司与越南国家电力公司有关向越南北部6省的售电合同》,正式启动220千伏中越联网项目,经双方努力,云南向越南输电的第一条220千伏线路工程已竣工,并于2006年9月26日正式对越联网送电。此外,滇越第二条220千伏输电线路工程正在加紧建设之中。云南与缅甸签署了《合作开发境外电力资源意向书》,并就下一步的具体开发事宜达成共识。“云电送泰”项目正按中泰双边签署的电力合作框架协议有序推进各项前期工作。

(三)现代农业开发合作

云南省实施越南小麦和啤酒大麦种植示范试验、缅甸仰光蔬菜花卉培训中心建设、老挝占巴色省农业示范园建设等一批农业合作项目。利用农业部亚洲区域合作专项基金与老挝、缅甸开展了跨国动物疫病监控合作项目。

(四)环境监测及防洪减灾

云南省正积极参与和实施环境培训和机构强化、环境监测和信息系统建设、次区域国家环境战略框架、次区域边远地区扶贫与环境管理等合作项目。

(五)贸易和投资合作

2005年,中国与次区域其他5国的贸易额近320亿美元,比2002年增长1.5倍。2004年,中国在次区域其他5国投资项目51个,其中中方投资额1.72亿美元;其他次区域5国在中国投资项目205个,合同外资额8.77亿美元,实际利用外资2.14亿美元。2005年云南与次区域国家的贸易额达11.50亿美元,同比增长9.32%。2006年1~6月云南与次区域国家的贸易额达6.13亿美元(2005年同期为6.30亿美元),其中出口4.58亿美元,进口1.54亿美元。

(六)科技、教育、卫生、生态环境建设合作。

利用“中国—东盟合作基金”,举办多期面向次区域国家的专业技术培训班;结合经济技术合作项目和毒品替代种植开展技术培训,建立以昆明为中心,面向澜沧江—湄公河流域国家的人力资源开发培训基地和网络;同时,云南先后选派10余批近百人赴泰国参加湄公学院短期培训。

(七)禁毒合作。云南实施绿色禁毒和罂粟替代种植计划,在积极帮助推动境外罂粟替代种植方面做了大量工作,禁毒替代发展项目已初见成效,在老挝、缅甸种植的橡胶已陆续投产,建成橡胶加工生产线,并建立境外种苗基地。2005年底,中方帮助缅北、老北地区,实施的禁毒计划已投资约3亿多元人民币,开展替代种植的各类经济作物,累计已达4.13万公顷,有效地遏制毒品生产和流通,促进民族经济发展。此外,还与缅甸、老挝、越南等国建立边境地区缉毒执法合作联络官制度,对次区域国家缉毒执法人员进行培训等。

三、中国参与大湄公河次区域合作面临的障碍

尽管中国在参与GMS合作过程中取得了显著的进展,为本地区各国带来了利益,推动了地区的繁荣和发展,但不应讳言,要使这种合作不断深入仍面临着不少矛盾和障碍。可以说,在大多数领域,合作是顺利的,富有成效的,诸如交通、贸易、投资、农业、禁毒、文化教育和人才培训等方面。矛盾主要集中在水资源开发和利用这一领域。这也是所有国际河流面临的最棘手问题。在澜沧江—湄公河水资源的开发

利用方面存在着3个主要矛盾。

（一）下游国家和上游国家的矛盾

主要是越南、柬埔寨、老挝和泰国同上游国家中国的矛盾。显而易见，上游国家处于天然的主动和优势地位，而下游国家往往只能被动地承受上游国家在开发利用水资源方面造成消极影响和后果。如果上下游双方没有制定和有效执行建立在平等公平互利互信基础上的水资源开发利用协议，那么引起上下游的纠纷和冲突就是不可避免的。中国同下游国家的在这方面的合作还没有达到制定一个全面的开发利用水资源协议这一步，因此，双方在这方面存在的矛盾还比较尖锐。这主要反映在中国在澜沧江河段上修筑大坝的问题上。中国计划在澜沧江上修筑15座梯级电站。已建成漫湾水电站和大朝山水电站，正在建小湾水电站。计划2020年争取使澜沧江流域的建成规模达到1400万千瓦。

中国在澜沧江大规模修筑大坝建设电站工程引起下游国家的不满。他们的反对意见主要有如下几个方面。

1. 认为上游修筑大坝减少下游湄公河的径流水量。东南亚的官员担心，中国的大坝将使湄公河的水流量减少。越南认为中国上游大坝切断河水流量而使越来越多的盐水侵入湄公河三角洲，越南的农业产量的一半产自这里。来自泰国的反对意见说，漫湾大坝已经导致老挝和泰国北部地区的水位和捕鱼量达到了历史最低水平。2005年11月，在柬埔寨吴哥召开了东南亚的河流观察论坛上，下游国家的学者和NGO的代表在发言中指出："中国上游建坝和到东南亚开发水电，影响了当地的生态环境及渔民的生活。"

针对这一点，中国的解释是澜沧江上的大坝，没有对下游水量的减少构成影响。云南大学亚洲国际河流中心首席科学家何大明表示，澜沧江已建成的干流水电站在正常状态下对下游径流的年际变化影响不明显。他认为下湄公河河川径流变化的主导因素是大坝建设，并将其影响放大到整个下湄公河流域乃至东南亚地区是不科学的。他说，科学家仔细研究了1986～2004年度澜沧江—湄公河上下游不同时间尺度关于水位变化的数据，发现对上下游水位变化影响最大的因素仍然是大环境的变化，如气候变化和土地利用的变化，并同时发现自然降雨与太阳黑子活动也是水位变化的重要原因。专家认为，云南部分和缅甸，由于以山地为主，耕地相对稀少，尤其水田很少，因此，灌溉用水消耗不大，总体上以水电和航运利用为主，属非消耗型用水。老挝万象以下，则主要用于生活、城市、农业灌溉、航运、工业、阻止海水入侵和发电，以水量消耗型使用为主。

2. 认为对下游生态环境造成破坏，影响了下游沿岸人民的生计。据估计，下湄公河流域每年鱼类产量为100万吨，总价值超过10亿美元，该流域90%的人口从事相关农业生产，而他们的80%的动物蛋白质消耗来自这条河的淡水鱼。万象的经济学家廷斯·舍尔莱夫说："湄公河的鱼是数百万人粮食安全的关键"。下游国家抱怨说，湄公河的鱼类资源越来越少。据说，湄公河最著名的鱼类"大鲶鱼"（长可达3米，体重超过300千克）正在灭绝，大概只有100条。他们认为，造成这种情况的主要原因是中国在上游修筑了大坝，截断了鱼类洄游产子的通道，同时炸掉礁石疏通河道水流加速，也破坏了鱼类生活的环境。

中国方面对下游的生态影响并非漠不关心。实际上，在建坝时就考虑到了这一影响，并已经采取了相应的措施。例如，在大坝的下方为洄游产卵的鱼类留了洄游洞。在洄游鱼类较集中的澜沧江下游的南阿河、罗梭江和南腊河流域开辟了洄游鱼类自然保护区。

3. 认为对下游国家人民生命财产构成安全威胁。旱涝灾害是澜沧江流域的主要自然灾害，尤以春旱最为频繁。据统计，中下游的云南地区20世纪50～80年代的近30年里，平均不到3年一大旱。涝灾给下游人民造成的生命财产安全威胁更加严重。2000年严重洪涝灾害使柬埔寨死亡人数达347人，财产损失1.61亿美元；老挝有39.56万人受灾，损失2100万美元；在越南，有500人死于洪水，82.5万人家园被毁，损失2.85亿美元。面对这种威胁，下游国家更加担心澜沧江大坝带来的隐患。他们担心，旱季时，中国为了保证有足够的水量发电会减少下泻的水量，从而造成下游更加干涸；涝季时，担心水库承载能力会向下游泄洪，从而更加剧下游的洪灾。他们也担心大坝安全出现不测，如地震，为下游带来灾难。正如泰国《亚洲时报》网站上的一篇文章所说，"他们的水坝决定着老挝、泰国、柬埔寨和越南共6500万人的生活和命运"。

中国认为，在澜沧江修筑大坝不仅为了发电，而且也有对整个河道水流控制的作用，避免大涝大旱。雨季可以更多地蓄水，旱季可以增加下游的流量。小湾大坝有11亿立方米调节洪水的能力，可以发挥"削峰补谷"作用，从而为下游人民的生产、生活和生命财产安全带来保障。何况，澜沧江水资源只占全流域的16%，对河流水量不会产生较大影响。

（二）发展与环保的矛盾

主要发生在各国政府同地方利益集团和环保组织之间。澜沧江—湄公河流域均为不发达国家和地区，特别是老挝和柬埔寨有关地区还相当落后，因此有关政府最关心的课题是加速开发当地的资源以发展经济。大湄公河最大的潜在资源是水电资源，总蕴藏量9456.4万千瓦，可开发装机容量6048万千瓦。据1980年水电资源普查，澜沧江水能资源理论蕴藏量3656万千瓦，其中干流水电资源的70%～72%、支流水电资源的67.5%在云南省境内；下湄公河流域理论水电潜力3700万千瓦，与澜沧江接近，其中51%集中在老挝、33%在柬埔寨，其余16%分布在泰国和越南。

中国实施西部大开发战略，云南提出建成中国"西电东送"、"云电外送"主要能源基地的战略构想。中国澜沧江流域水电开发目标已初步确定，预计到2020年，流域水电装机容量将突破2000万千瓦，达到2200万千瓦左右。澜沧江流域（云南省境内）规划建设15个电站，总装机容量2560.5万千瓦。其中，上游初步规划为8个梯级，装机容量940万千瓦，年发电量460亿千瓦时；中下游规划7个梯级，装机容量1600.5万千瓦，年发电量737亿千瓦时。

老挝政府决心把老挝变成亚洲的"蓄电池"，将水电开发作为其支柱产业。2005年一批大、中型水电设施陆续建成并投入运行，老挝全国的年发电量已增加到690兆瓦，用电居民已超过40万户，国家电网覆盖了全国大部分地区，全国95%的县、33.17%的村落已经通了电。目前，老挝政府正继续加大对电力能源建设领域的投入，前不久与世界银行签订贷款协议，投资10亿美元在北方建设一座装机容量为1070兆瓦的大型水电建设项目。老挝政府还计划在南部建设一座装机容量为250兆瓦的水电站，投资额为2.72亿美元；并计划在2006年到2010年使全国发电总量达到1670兆瓦，用电居民达到63万户，力争到2020年，全国90%的家庭都可以用上电。

水电占越南总发电量的一半。随着经济的发展，为满足日益增长的用电需求，越南计划在2000～2010年间每年投资12亿～15亿美元，在全国范围建设40～50个电厂（站），使总发电能力达到2.7亿～3亿千瓦，实现乡乡通电。

随着柬埔寨电力需求的增加，柬政府也在多方努力募集资金开发国内丰富的水电资源。

这些开发工程和计划程度不同地都遭到了地方百姓和环保组织的质疑和反对。反对的主要理由之一是巨大的水坝工程造成大规模的人口迁移，在此过程中当地政府往往不能提高移民的生活水平，反而进一步恶化了他们的生活条件。他们不能从开发中获得好处。另一个理由是破坏生态环境，影响当地居民生计。

云南NGO“大众流域”管理研究及推广中心主任于晓刚对漫湾电站进行调查后指出，大坝的修建对原住民并非总是福音，他们的生活反而陷入困境之中。因为在地方政府和电力公司的合谋下，原住民的利益常被忽略，他们不仅无法表达意见，也难以分享开发的成果。建立漫湾水电站的移民至今“无法上学，家里没地种，外面没工作”，一些人甚至以捡垃圾为生。目前，该组织极力阻止当地政府在怒江上进行水电开发计划。现有多个NGO，如“绿岛”、“绿家园”、“自然之友”、“大众流域”等都参与“反坝”运动。

在泰国，民间和地方反对开发水电的声音更加强烈。他们以破坏生态环境，影响生计，加剧自然灾害为由强烈反对在泰国境内开发水电资源。面临这一压力，泰国政府不得不将注意力从开发自己的水电资源转向从国外进口电力。泰国决定从老挝、马来西亚、缅甸和中国南方购买电力。泰国还同中国合作建设景洪电站，向泰国供电。

在老挝，民间人士在“国际河流网”上呼吁世界银行停止对老挝南通2号水坝工程的援建。在其他国家，反对建坝的声音则不是那么强烈，因为在这些国家NGO并不发达。但环保和发展的矛盾依然存在。

（三）大湄公河次区域同外部势力的矛盾

这里说的外部势力主要是国际NGO。这一矛盾主要表现在该区域成员国致力于大湄公河水能资源的开发和国际NGO的反对态度。在开发湄公河水能资源方面，有些国际机构是给予大力支持的，例如亚洲开发银行和世界银行等。世界银行曾批准向老挝贷款2.7亿美元，资助其在湄公河支流南通河上修建2号大坝。亚洲开发银行也批准了一笔1.2亿美元的贷款以资助该项目。在亚行的资助下，老挝修筑了南柳、南通、欣本等几个水电站。

但是该次区域的各国政府在开发水能的过程中遇到了来自世界NGO的激烈反对。他们同国内的NGO相互配合，携手合作，制造舆论，对各国政府施加强大压力。2002年8月，来自世界25个国家的76个NGO联名上书泰国政府，反对“澜沧江—湄公河航道整治计划”。2003年11月，中国的环保NGO领导人汪永晨（“绿色家园”创始人）和于晓刚等人参加了在泰国举行的第二届世界水坝大会，会议发起“保护中国最后的生态江河”的签名行动，获得60多个国家80多个NGO的支持。

由于国际非政府组织和国内非政府组织的联合行动，不仅本国政府面临压力，连那些曾经支持水能开发的国际金融机构现在也谨慎行事，裹足不前了。这使各国在水能开发问题上面临困境。

四、寻找克服障碍的途径

能否克服上述三大矛盾和障碍关系到GMS合作，尤其是在水能开发上的合作成败，也关系到次区域和平、稳定、发展与繁荣的关键。如何才能克服这些矛盾呢？我们必须寻找突破障碍的有效途径。

（一）确立正确的发展观

1. 毫不动摇地实行“可持续发展”的发展观。这种发展观要求在开发利用自然资源时必须保护自然生态环境，必须为子孙后代着想。任何发展决不能以破坏环境为代价。正确处理发展与环保的关系，不能片面地强调某一方面。只追求GDP的高增长而不顾破坏环境的后果是错误的，但也不能一味地强调保护环境而使人类沦为自然的奴隶，阻止人们对资源的开发利用。保护生态环境绝不是让人们永远生活在原始落后的自然状态下。在筑坝发电问题上，必须首先在发展和环保上权衡利弊得失。如果利大于弊，那么就可以开发，但要有补救措施，将破坏环境的损失降到最低限度。修筑大坝对环境的影响极有争议。一说，修坝破坏了鱼类和其他水生物种的生长环境，不利于生态平衡。一说，修坝发电可以用电来取代人们对木材能源的消耗，从而减少对树木的砍伐，有利于植被的保护。我们只能通过权衡做出利大弊小的选择，在此基础上，将利最大化，将弊最小化。要求开发不能有任何环境损害是不现实的。

2. 环保标准是相对的，不可能脱离当地社会经济发展水平。当前的世界分为发达国家和发展中国家。发达国家走过了以破坏环境换取经济高度发达的阶段，在这个过程中，他们不但对资源进行掠夺性开发，而且将污染和破坏环境的产业转移到发展中国家。今天他们正在追求高品质的生活质量，因此他们对环境的品质要求更高，保护环境的观念最强，环保的标准最高。而发展中国家正面临着生存和温饱问题，他们的首要任务是发展。他们没有资本和技术用以快速发展经济，唯有依靠开发自己的资源。资源开发是他们唯一的相对发展优势。然而来自发达国家的NGO要求他们停止开发以保护环境，这就等于要求他们永远安于目前的原始的自然状态，永远保持落后。把一部分人高品质环境的享受建筑在另部分人的落后上是不公平的。落后国家和地区要发展，就只能采取在现有的发展阶段上他们所能采取的手段。

3. 资源开发必须有利于当地的社会经发展，使当地人分享到开发的成果，改善他们的民生。不论在中国和该次区域的其他国家，在建坝的过程中确实引起当地人和许多NGO的不满、反对甚至暴力抗争。其根本原因在于：第一，没有事先对当地民众进行深入细致的说服动员，如实地向他们说明开发对他们的利弊影响，取得他们的赞成和支持；第二，没有顾及对他们利益的损害及其补偿；第三，没有妥善和令人满意地安置移民；第四，没有使他们的生活环境得到改善。这些都是当地政府的责任。如果政府是负责的，这些工作是完全可以做好的。

（二）实施公正合理的国际合作原则

1. 兼顾主权和责任的原则。根据国际法，主权仍然是各国的最高权利（当然不是绝对权利）。1974年联合国大会第二十九届会议通过的《各国经济权利和义务宪章》第二章第二条写道，“每个国家对其全部财富、自然资源和经济活动享有充分的永久主权,包括拥有权、使用权和处理权在内,并得自由行使此项权利。”在国际司法判例中也早就确定了此项权利,如1957年拉努湖仲裁案。法国在拉努湖筑坝拦截经卡洛河流往西班牙的河水以增加拉努湖的贮水量。国际仲裁庭的仲裁就驳回西班牙关于法国在拉努湖上建坝要得到两国政府事先同意的请求,仲裁庭认为这种事先同意是对一国主权的重要限制,在国际法中找不到这种限制的根据。

1972年联合国《人类环境宣言》指出:“依照联合国宪章和国际法原则,各国有按照其环境政策开发其资源的主权权利,同时亦负有责任,确保在其管辖或控制的范围内的活动,不致对其他国家的环境及本国管辖范围以外地区的环境引起损害。”1997年《里约环境与发展宣言》重申了该项原则,强调了发展、特别是共同发展的重要性。根据这一原则,中国有权利在自己的境内开发水能资源,无需征得下游国家的同意,但是中国也负有责任:在开发的同时不得对下游国家的利益造成损害。因此,中国应当同相关国家对其影响进行调查评估,必要时要进行补偿。在拉努湖仲裁案中,仲裁庭虽然确认法国对其自然资源利用的主权不受西班牙事先同意的限制,但也指出,法国“不能无视西班牙的利益。西班牙有权要求她的权利得到尊重和她的利益得到考虑”。实际上,法国将亚里埃奇河水引入卡洛河作为补偿。

2. 各国共同但有区别的责任原则。这是国际环保的重要原则,由1992年的《里约环境与发展宣言》提出。该原则是指由于地球生态系统的整体性和导致全球环境退化的各种不同因素,各国对保护环境负有共同的(各国不分大小、贫富都对环境保护负有一份责任),但有区别的(各国对环境保护负担责任应与其对环境造成的破坏和压力成正比)责任。显而易见,作为上游国家,而且是唯一在干流上进行开发的国家,中国理应对下游生态和环境的不利影响负有更大的责任,必要时应当提供应有补偿,以便利益平衡。中国已经在这方面做出努力,但显然不够,这需要同下游国家协商解决。

3. 平等、互利、协商、合作的原则。国家不分大小,一律平等。中国在国力上处于强势,在地理上处于优势,因此在这方面中国必须小心谨慎,切忌大国沙文主义,要尊重别国的尊严,关注它们的利益,照顾它们的舒适度。坚持利益共享,互利互惠。杜绝使用武力和武力威胁,以和平协商的方式达成共识,实现合作共赢。目前澜沧江—湄公河流域各国尚缺乏合作的协议、条约和机制。

(三)建立大湄公河次区域合作组织

为更好地协调合作,共同开发该次区域,也为更有效地推动该地区各国友好关系发展和本地区的和平、稳定、发展与繁荣,最好的办法是建立一个次区域合作组织——大湄公河次区域合作组织。这方面,我们可以借鉴国外的经验。为了更好地利用和管理莱茵河,其流域国家瑞士、德国、法国、荷兰和卢森堡等有关国家成立了一个防止河水污染的国际委员会,后转变成一个政府间的国际组织。

作为一个国际组织,地区合作就有了机制上、法理上的保障。在国际组织的框架下,可以达成一系列综合性和单项的多边合作协议和谅解备忘录,并且通过该组织建立健全调研机制、监督机制和解决冲突机制。该次区域各国间在合作中的各种矛盾,主要来源于相互间缺乏沟通、协调、了解和信任,地区组织可以通过各种渠道、方式和途径密切各方的关系,从而达到相互理解、谅解与合作。

(四)坚持慎重科学民主决策

一项牵涉国际利益的重大开发项目决策,首先要慎重。其立项过程必须经地方和中央政府的严肃认真的考虑。必须组织有关专家进行充分的调查、研究和论证。也要听取各方面的人士的意见和建议,尤其倾听项目所涉及的当地居民的意见以及有关环保的非政府组织的意见。反对长官意志,政绩工程和好大喜功的领导作风。对于非政府组织,尤其是国际非政府组织的反对意见,要进行认真分析和对待,接受其合理部分;对其不符合本地实际,不利于综合社会经济发展的部分,也要坚决地加以抵制。

(作者系北京大学国际关系学院教授　载《南洋问题研究》2007年第3期)

论 文 摘 要

《柬埔寨政党政治的发展及其特点》　杨保筠(北京大学国际关系学院)撰,发表于《当代亚太》2007年第1期。指出虽然柬埔寨政党众多,但人民党的一党独大已成定局,两党联合执政的格局已名存实亡;虽然柬埔寨各政党间仍存在斗争,但在经历三次大选之后,政治斗争的方式和手段已趋于理性;国王和王族的影响被削弱,已基本丧失干政能力;民主政治已经被柬埔寨普通民众所接受;柬埔寨的政治发展依然受到外部因素的影响。

《欧盟、北美自贸区和中国—东盟自贸区政府作用的比较》　张天桂(上海社会科学院世界经济研究所)撰,发表于《当代亚太》2007年第10期。指出以国家或地区之间的经济协定为载体的区域经济一体化是一种宏观层次上的制度安排,自始至终都依赖于参与国或地区政府的积极倡导与推动。就欧盟、北美自由贸易区和中国—东盟自由贸易区而言,由于参与方的现实情况存在差异,构建区域经济一体化的既定目标和区域经济一体化本身的组织架构及机制安排也各有特色,政府在其中的作用不尽相同。

《东盟与美国的经济关系:发展、现状与意义》　卢光盛(云南大学国际关系研究院)撰,发表于《当代亚太》2007年第9期。指出东盟与美国的关系有政治安全、经济及社会文化等多个维度。该文从经济,特别是贸易、投资关系的角度,分析东盟与美国经济关系的主要发展情况及现状,并从相互依存不对称性的角度讨论东盟与美国经济关系所蕴含的政治经济意义。

《论东盟在东亚区域合作中的领导能力》　刘少华(湖南大学政治与公共管理学院)撰,发表于《当代亚太》2007年第9期。东盟在东亚区域合作中领导地位的形成是东亚国际力量博弈与东盟积极追求的结果,同时东盟自身条件也是实现这一目标的重要因素。东盟通过谋求建立东盟共同体、制定东盟宪章、健全东盟机构、强化东盟权力、推动东盟向欧盟模式转变等措施以提高其在东亚区域合作中的领导能力。

《东盟合作机制与原则改革的争论及前景》　王士录(云南省社会科学院东南亚研究所)撰,发表于《当代亚太》2007年第8期。本文对东盟合作机制与原则进行评介,并对1997年以来东盟内部合作机制与原则的改革争论进行归纳和分析。本文认为,东盟对其合作机制与原则进行改革是必然的,但总体框架不会改变;改革将是局部的、渐进的,是以提高决策力和执行力为目的的调整、充实和完善;改革始终体现东盟作为协约而不是同盟的本质。

《东盟与东亚新地区主义》 王国平(云南省社会科学院东南亚研究所)撰,发表于《当代亚太》2007 年第 7 期。东亚新地区主义近年来备受关注,参加东亚合作的各方在新地区主义的发展、内涵、特征等问题上形成了各自不尽相同的观点和看法,因而对东亚新地区主义的理解也不尽相同。东盟是东亚新地区主义的一支重要力量,在推动东亚新地区主义发展方面发挥着重要作用。

《东盟再认识》 曹云华(暨南大学东南亚研究所)撰,发表于《东南亚研究》2007 年第 4 期。东盟是一个具有广泛影响的地区性国际组织,它团结区域内外国家,为维护地区秩序、和平与稳定发挥了重要作用,为促进地区政治、经济、安全及社会合作做出了重大贡献;东盟为区域内外国家开展广泛合作提供了一个重要的对话平台,促进区域内外国家减少误会和增进相互理解;东盟也是一种地区意识,它使一个政治、经济、文化、民族与宗教均相当多元化的地区有共同的思想,在这种思想的旗帜下,东盟各国求同存异,促进本区域人民相互了解,增进友谊;东盟是发展中国家团结的典范,为广大发展中国家树立了一个榜样,它以其成功的实践告诉人们,在全球化的时代,小国和弱国也应该有所作为,其根本出路就是团结与合作。

《东盟的历史转折:走向共同体》 张锡镇(北京大学国际关系学院国际政治系)撰,发表于《国际政治研究》2007 年第 2 期。东盟在推动地区一体化过程中创造了独特的模式,取得巨大成就。面临新时期新挑战,东盟将进入一个历史的转折关头。东盟领导人提出 2015 年建立东盟共同体的新目标,起草东盟宪章的任务也浮出水面。本文在回顾和总结东盟过去 40 年功过得失的基础上,依据名人小组的报告重点考察了东盟在新时期的新定位和新特点。

《澳大利亚的东盟政策解析》 程晓勇、曹云华(暨南大学东南亚研究所)撰,发表于《当代亚太》2007 年第 8 期。东盟作为澳大利亚的近邻,在澳大利亚的对外政策中占据着重要地位。地缘政治特性、经济利益牵连、安全和防务因素使得与东盟关系成为澳大利亚最看重的对外关系之一。总体看,澳大利亚的东盟政策经历酝酿、成型、调整三个阶段。本文梳理了澳大利亚东盟政策的演变过程,分析了澳大利亚这个具有特殊地理位置与政治文化背景的国家如何试图在东南亚地区发挥作用,并分析了澳大利亚东盟政策的前景。

《东盟 40 年:回顾、反思与评价》 曹云华(暨南大学东南亚研究所)撰,发表于《珠江经济》2007 年第 8 期。作为一个成立 40 年的地区性组织,东盟在促进区域合作、促进各成员国经济社会发展、加强与区域外部国家的协调等方面均作出努力,并取得巨大成就。尽管褒贬不一,东盟终以其成功的实践告诉世人,只要加强团结与合作,小国、弱国也可以有所作为,同样能在地区和平、稳定与发展,地区新秩序的建立等方面做出自己的贡献。

《美国东南亚安全政策的主要影响因素分析》 许梅(暨南大学东南亚研究所)撰,发表于《东南亚研究》2007 年第 3 期。美国东南亚安全政策的制定与确立是多种因素综合作用的结果,其中美国在东南亚的根本利益和战略需求是政策的基本出发点和主要依据,中国因素和东盟因素是最重要的参数之一。三者在政策制定中具有决定作用。

《中国东部东南亚研究的复苏、发展及特点》 陈显泗(南京政治学院)撰,发表于《东南亚之窗》2007 年第 1 期。中国东部曾是中国现代东南亚研究的发源地,知名东南亚学者的集中地,首批东南亚研究成果的产生地,有过一段辉煌的历史。在研究力量先后南下北移之后,东部的东南亚研究进入沉寂期。改革开放之后,东部经济的迅猛发展及与东南亚地区经济联系的日益紧密促成了东部东南亚研究的复苏。江苏省东南亚研究会的成立就是一个标志性事件,东部东南亚研究进入一个发展期并在发展中显现出诸多特点。本文对这些特点作了归纳和概括。

《试析日本的东南亚研究》 邓应文(暨南大学东南亚研究所)撰,发表于《东南亚研究》2007 年第 3 期,日本的东南亚研究目前走在世界前列。日本的东南亚研究在二战以前已经开始,已有长期的积累,取得了令人瞩目的成果。日本的东南亚研究风格严谨,重视微观研究并强调田野调查的重要性,尤其注重资料的收集。

《缅甸当前政治经济观察》 林锡星(暨南大学东南亚研究所)撰,发表于《东南亚研究》2007 年第 2 期。当前缅甸的政治、经济局势值得深入观察。制订新宪法是缅甸"民主路线图"七步计划的第一步。经过将近 9 个月的休会之后,旨在为缅甸新宪法制订架构的新一轮国民大会于 2006 年 10 月 10 日复会,有力地推动了缅甸民主路线图计划的实施。但是,美国的打压有可能导致缅甸军政府放缓民主改革的进程。尽管如此,在"先经济,后政治"方针的指引下,缅甸政府凭借丰富的自然资源,借助中国的经验,开展经济改革工作。

《中国与东盟间的国际危机管理合作——基于博弈分析的角度》 陈世瑞(华东师范大学国际关系与地区发展研究院)撰,发表于《东南亚研究》2007 年第 1 期。指出中国与东盟共同面临着各种危机,双方在国际危机管理方面存在着广泛而共同的利益。本文运用博弈论,对中国与东盟在共同应对亚洲金融危机、SARS 危机、禽流感、印度洋海啸等国际危机时进行合作的发展历程作了分析。从合作的广度、深度等看,中国与东盟间的国际危机管理合作还有待于进一步拓展与深化。

《东盟一体化的现状与未来展望》 徐瑞、冯金丽(广西工学院财政经济系)撰,发表于《特区经济》2007 年第 1 期。指出东盟成立近 40 年来,无论是内部成员国之间,还是与各大国的政治经贸关系,都获得长足发展。但东盟国家在政治经济制度、经济发展水平、语言文化等方面的巨大差异,制约了东盟一体化程度的提高。虽然东盟提出建立"东盟共同体"的目标,但要建立像欧盟那样的政治经济联盟还需要很长的时间,还要解决很多的问题。

《马来西亚的马来人经济政策》 廖小健(暨南大学华侨华人研究所)撰,发表于《当代亚太》2007 年第 7 期。指出马来西亚推行的马来人经济政策,包括农村经济政策和扶持马来人进入工商领域和专业服务领域的政策。有关政策使马来人土著全面参与各个经济领域,经济状况有明显改善。政府通过倾向性政策减轻大多数马来人的贫困,有利于马来西亚社会的稳定发展。

《论战后泰国对华政策的演变》 李小军(广州大学公共管理学院)撰,发表于《东南亚研究》2007 年第 4 期。二战后,泰国对华政策经历了冷战时期和冷战后两个阶段。冷战期间,在泰美关系演变和泰国自身安全利益需要双重因素影响下，泰国对华政策经历了从敌视到合作、从合作到结盟两个阶段。冷战后，在国际政治格局大调整和大变动背景下，中国在东南亚的战略地位较冷战时期虽有所下降，但泰国在一定程度上仍支持中国在东南亚地区发挥作用，对华奉行谨慎和务实的"调适性"政策，中泰从战略伙伴发展为经济伙伴。

《转型时期泰国政治力量的结构分析》 喻常森（中山大学政务学院）撰，发表于《东南亚研究》2007年第5期。指出在发展中国家由传统社会向民主化转型过程中，国家政治力量结构呈现出新旧交替、传统与现代的博弈局面。作为国家政治结构的主要力量，官僚阶层、军队与政党之间存在着一种动态的三角关系。在泰国的政治结构中，官僚阶层是基本的和不变的常量，军队始终发挥着重要的干预变量角色，而政党是一种集合性变量。本文通过分析泰国三大政治力量的结构及相互关系，推演出泰国现当代政治格局发展的基本规律。

《从泰国军人干政看发展中国家政治制度危机》 唐昊、陈乔之（暨南大学东南亚研究所）撰，发表于《东南亚研究》2007年第1期。指出军事政变不仅是一种军事行动，更是一种政治行动。政变的发生取决于一个国家的社会结构因素和政治制度因素，其中政治参与的无序化与领导人退出机制的不完善是引发军事政变的最重要原因。虽然军人干政在历史上曾经起过积极作用，但在现代社会，军人干政已经不适应甚至危害民主政治的发展。为解决这个问题，发展中国家应该从调整社会结构、扩大政治参与和提升政治制度化水平等三个方面持续地付出努力。

《美国在东南亚的反恐地缘政治》 于宏源（上海国际问题研究所）撰，发表于《当代亚太》2007年第7期。随着冷战后全球化的深入发展，国家威胁来源逐渐多样化，地缘政治出现了两种趋向：一种是以国家行为体权力角逐为核心的地缘政治，另一种是非国家行为体兴起后，引起的以非传统安全为核心的地缘政治。在东南亚反恐过程中，美国将地缘政治和反恐战略结合在一起，通过追求新的"心脏地带"和"边缘地带"，以消除心理和观念上的恐怖威胁。

《泰国南部问题的成因探析》 孟庆顺（中山大学教育学院）撰，发表于《当代亚太》2007年第6期。泰国南部冲突延续多年未能妥善解决，其主要原因在于现代化进程激化了泰国政府与泰南穆斯林的历史矛盾，形成新的民族隔阂。泰南穆斯林经济落后，政治上处于边缘地位，这导致双方难以建立互信关系，所以偶发因素就可能导致分离主义活动的死灰复燃。

《大湄公河次区域旅游合作的进展、困难与前景》 刘小龙（中共云南省委党校）、刘杰豪（云南省西双版纳傣族自治州旅游局）、李庆雷（云南师范大学旅游与地理科学学院）撰，发表于《当代亚太》2007年第6期。指出旅游合作是大湄公河次区域（GMS）经济合作的重要组成部分和先行领域，对推动GMS的全面合作意义重大。本文阐述了GMS旅游合作的进展，分析了面临的困难及需要解决的问题，对未来5～10年的合作前景进行了展望。

《马来西亚农村社会政策及其特点》 韦红（华中师范大学政治学研究院）撰，发表于《当代亚太》2007年第4期。指出马来西亚的农村社会政策主要包括为农民生产提供支持服务、保障农民基本生活需求、提高农民文化素质和生产能力这三个方面的内容，并呈现出如下特点：农村社会政策与经济发展政策融为一体，在生产发展中实现社会目标；注重农民人口素质和能力的培养与提高，直接的现金济贫措施有限；政府在提供农村公共服务中起主要作用，同时鼓励其他社会力量参与其中。

《中国—东盟自由贸易区10+1方案的福利效应分析》 许光、王利荣（上海社会科学院经济研究所）撰，发表于《国际商务》（对外经济贸易大学学报）2007年第1期。指出中国—东盟自由贸易区的建立是双方加强经济合作的必然要求，顺应了经济全球化和区域经济一体化的趋势，有利于双方更好地分享区域经济一体化所带来的好处。然而，当前中国和东盟各国的比较优势都集中在劳动密集型产品上，各成员国之间存在着较强的竞争性，自由贸易区建成后中国和东盟各国能否从中获得更大的利益？本文从福利经济学的角度，分析了建立10+1自由贸易区所可能产生的各种福利效应。

《中国—东盟自由贸易区对我国经济和区域农业影响的预测》 杨军（中国科学院地理科学与资源研究所）等撰，发表于《中国科学院院刊》2007年第1期。本文分析和预测了中国！东盟自由贸易区（CAFTA）对双边总体经济和中国区域农业的影响。研究结果表明：CAFTA将同时促进中国—东盟的经济增长，提高双边的福利，提高区域内贸易和资源配置效率；但对中国不同地区农业生产的影响存在显著的差别，在华北、东北以及华东等地区农业获益的同时，华南地区农业将受到负面冲击。

《"海上东盟"：泛北部湾经济合作的重要前提》 黄信（广西日报社）撰，发表于《广西日报》2007年7月26日。东盟10国有9国濒海，"海上东盟"由此而来，北部湾地区介于东亚与东南亚之间，是重要的海上交通枢纽。北部湾经济合作的核心价值，在于打通中国东部沿海和"海上东盟"的联系通道。环北部湾是泛北部湾和"海上东盟"的重心，它具有以港口为核心的经济开放和经济辐射的战略价值。北部湾是重要的海上通道，东面经琼州海峡可通达广东、福建及北方沿海，南面抵南海，西面达越南，西南出北部湾可到东南亚、印度半岛。北部湾"海上大通道"的战略定位，对于广西北部湾经济区的建设和广西未来的发展具有重要意义。从对外开放的大格局来考量和布局广西北部湾经济区的建设，从更高战略层面来审视广西未来的发展方向，前景更加远大。

《加贸新政成泛北新机遇》 邓明宇（商报广西专讯记者）撰，发表于《香港商报》2007年7月28日A10版。目前全球面临产业梯度转移，对于珠三角港资劳动密集型制造企业来说，迁往北部湾地区是最好的选择。因为该地区与东南亚其他欠发达国家相比，具有劳动力成本优势，劳动力素质相对较高，投资环境好，具有政策优势，有较完善的产业链，对企业今后的发展和转型更加有利。港资制造业转移到北部湾地区，就如当年到珠三角投资一样，充满机遇，且风险更小。

《泛北部湾经济合作为云南带来新机遇》 吴晓燕（云南日报社）撰，发表于《云南日报》2007年8月7日第9版。指出随着世界经济全球化发展的加速，区域和次区域合作进一步加强。中国和东盟正在加快建设中国—东盟自由贸易区，建成后将成为世界上人口最多的自由贸易区，泛北部湾经济合作正在展现巨大潜力和商机。推进泛北部湾经济合作，将中国的沿发达地区以及最具增长力的北部湾地区和东盟东部增长区以及东盟经济增长最快的国家——越南和东盟最发达的国家——新加坡实现对接，这个区域经济发展富有活力，合作潜力大，机会多，前景美好，不仅为合作各方而且也为包括云南在内的中国西南各省带来新的合作与发展机遇。

工 商 资 讯

经 贸 信 息

中国海尔拟在泰国建立区域产销基地

2007年起，海尔正式进入亚洲太平洋及中东市场，并选择泰国作为该区域的生产和出口基地。2007年4月1日，海尔收购了日本三洋环球电子公司，近期将陆续开展冰箱、洗衣机等产品的市场宣传推广活动，在泰国争取到6%～7%的市场占有率，2007年销售额有望达到60亿铢。海尔泰国公司年生产冰箱240万台，洗衣机20万台，LCD电视和空调等电器产品也将陆续投入生产。上述产品80%出口到美国、日本、中东等外国市场。（据《世界日报》 2007-08-23）

中国成为新加坡第五大汽车来源国

2007年中国成为新加坡的第五大汽车来源国，仅落在日本、韩国、德国和美国之后。

根据新加坡陆路交通管理局刚发表的数据，2007年1～9月，在新加坡注册的中国汽车有1000辆，市场占有率1.2%，相等于或超越一些在新加坡立足已久的国家，包括马来西亚、瑞典、意大利、法国和英国。

（据联合早报网 2007-10-15）

中国汽车企业进军泰国

近几年，作为东南亚最大的汽车产业集聚地，泰国的优势地位凸显，吸引了一些中国的摩托车和汽车厂商纷纷前往投资办厂，或设经销处。此举与泰国政府大力吸引中国企业的政策不谋而合，中国企业开始在当地生产、销售汽车。

大客车制造商厦门金龙公司把泰国曼谷的一家公司作为贴牌生产（OEM）对象，委托其生产小型公共汽车。工厂已经建成并将开始组装车辆，先是从中国进口除蓄电池外的全部零部件，然后逐步用泰国产品加以替代。而上海汽车工业集团也早已决定与泰国最大的财团实施汽车领域的合作。亚洲国家中，日韩两国企业早已在泰国生产汽车。泰国的小型公共汽车市场以瑞典的沃尔沃为主，厦门金龙公司打算把价格控制在沃尔沃的一半，以此来确保市场。

在摩托车方面，重庆恒胜公司与泰国企业合作，并已开始了摩托车生产。零部件的当地采购率为40%，符合东盟自由贸易区低关税适用标准，因此两成的产品用于向该地区出口。中国嘉陵工业公司也与泰国企业一道设立公司，生产排气量为110～600cc的摩托车。江门中裕摩托车集团也在讨论在泰国生产摩托车事宜，以便将来向印度、孟加拉国出口。

中国企业进军泰国热潮的出现，是因为泰国作为生产和销售基地的魅力不断增长。2007年泰国汽车产量在东南亚国家中首个突破100万辆。

（据《国际商报》 2008-01-15）

小农机开创东盟大市场

在东盟10国中，8个国家是农业国，工业基础薄弱，农机生产能力极为有限，对农机需求巨大。东盟许多国家农机产品仍主要靠进口。

缅甸国内农机生产主要以进口装配为主，已建成5条农机生产、加工、装配线，主要产品有动力耕整机、割晒机、旋耕机和脱粒机，主要部件包括柴油机、主轴、齿轮等都从中国浙江四方集团进口。缅甸农机具需要进口，农机进口关税非常低，有时甚至是零关税。缅甸国内农户对小型农机需求很大，私人农机销售企业也很多，其中007公司、Gooebrother、Yeeshin公司规模较大，主要销售来自中国、印度、日本的小型农机。自1991年开始，越南农机市场需求趋旺，具有越南“米仓”之称的九龙平原是越南最大的农机市场，规模较大的农机商店有400家。越南各种农机的年销售量已达到3万台。据越南有关部门统计和估算，2001～2010年，越南年需14.7～22.1kW（20～30马力）拖拉机600～700台，4.4～8.8kW（6～12马力）两轮拖拉机5000～6000台。

广西柳州五菱集团旗下的南宁五菱桂花公司所生产的桂花系列产品历来在东盟国家市场都有良好表现，主要出口越南、马来西亚、斯里兰卡、泰国、印度尼西亚、缅甸等国家，年出口各种型号手扶拖拉机1万多台。

现在东盟市场上与中国产品具有相近性能的日韩农机产品价格高出中国产品两三倍。中国农业机械出口东盟国家具有诸多优势：农机产品品种多，覆盖面广，价格低，操作简单，适用于东盟国家的农业生产。据统计，每年中国出口到东盟国家的农业机械占全国农机出口的1/6。在缅甸，中国农机由于价格优势，估计占有80%的市场份额。

（据《国际商报》 2008-04-08）

中国云南与东盟农产品贸易额大幅增长

2007年以来，农产品成为云南与东盟贸易的大项特色商品。在实施国家减免东盟农产品进口关税政策以后，进出口的东盟农产品在种类及数量上均较同期明显增多。截至11月，云南省与东盟农产品贸易额已达2.9亿美元，较上年同期增长40.1%。

截至11月，云南省对东盟出口各类农产品38.4万吨，实现创汇2.1亿美元，同比分别增长18.7%和28.2%。从东盟进口各类农产品51.7万吨，进口额达7687万美元，与上年同期相比分别净增长87.3%和87.6%。

1~11月，进口东盟特色水果3.7万吨，进口额2311万美元，分别比上年同期增长54.2%和50.4%，其中龙眼干、肉进口达3.3万吨，价值1966万美元，同比增长33.2%。甘蔗进口33.5万吨，进口额777万美元，同比分别增长1.1倍和1.6倍。进口棕榈油1万吨，进口额795万美元，同比增长71.1%，进口芝麻1.1万吨，价值713万美元，分别较同期增长13倍和14倍。（据《昆明日报》 2007-12-05）

中国广东水果逐渐走俏东盟市场

据广州海关统计，2007年1~11月，广东对东盟出口水果7.7万吨，价值2666万美元，分别比上年同期增长68.2%和43.5%，广东水果逐渐走俏东盟市场。

广东对东盟出口水果以"岭南佳果"柑橘、荔枝为主，马来西亚、印度尼西亚和新加坡是广东水果的最大消费市场。广东加大水果种植的结构调整，降低具有竞争劣势的水果品种种植面积，扩大一些新品种的种植。如近年来成功引种美国红提子，就是东盟很受欢迎的品种，目前已成为广东出口东盟国家的优势农产品，1~11月，广东葡萄对东盟出口量达到6983吨，比上年增长23倍。

（据《经济参考报》 2007-12-25）

中国广东柑橘畅销东盟市场

据海关统计，2008年1月，中国广东对东盟出口柑橘2.2万吨，出口量已占同期广东柑橘出口量的68.3%，东盟已经成为广东柑橘最大的外销市场。其中，对马来西亚和印度尼西亚分别出口1.2万吨和3742吨，对泰国、越南、菲律宾和文莱分别出口1511吨、408吨、167吨和23吨。

（据《国际商报》 2008-02-26）

中国将成为2008年全球棕榈油最大消费市场

根据世界棕榈油市场的预测，2008年的棕榈油需求可达4090万吨，同比增加约7%，最大的消费市场是中国，需求610万吨；欧盟居第二位，需求490万吨。

印尼和马来西亚是世界棕榈油产量最大的两个国家，同时也是棕榈油消费大国。中国、欧盟、印尼、马来西亚、印度、巴基斯坦和尼日利亚等主要棕榈油消费国的消费量达2440万吨，占世界需求量的60%。

（据印尼《国际日报》 2008-02-26）

中国为印尼研究培育优质稻种

中国已开始投资培育适宜在印尼生长的杂交水稻，负责实施该研究的是四川省农业科学院。中国原来是粮食非常匮乏的国家，后因发展杂交水稻和优质玉米等农作物，粮食供应实现自给自足，甚至还出口外销；中国现在开始研究培育适宜在印尼生长的优质水稻，希望印尼人民可以和中国人民一样解决粮食缺乏的问题。

（据印尼《国际日报》 2008-01-07）

中国云南—东盟高速公路通车

2008年2月26日，云南南部河口县新街至河口县城连接越南北部老街省的高速公路全线贯通。新河高速公路全长56.3公里，为双向4车道，是云南连接东盟国家的首条高速公路，拉近了云南与东盟的"空间距离"。

新河高速公路一端起自中国河口瑶族自治县新街、另一端对接越南老街，从这条路的两端分别延伸，将把中国昆明与越南河内连成一线。按计划，昆明至河内的公路有望在2012年全程高等级化，实现一天内到达。

（据《国际商报》 2008-03-04）

中国云南西双版纳至缅甸国际客运班线开通

云南省西双版纳傣族自治州景洪通往缅甸南板的国际客运班线开通。景洪至南板客运班线是从景洪汽车客运站发车，途经东风、勐龙、曼栋口岸至缅甸南板，全程约95公里。每天两个班次，早晨7点30分和下午1点30分发车，当日往返。（据中国驻曼德勒总领馆经商室 2008-03-13）

中国将为印尼发射新的通讯卫星

印尼卫星公司同汇丰银行签署总金额2.285亿美元的贷款合同，该贷款将用于支持印尼Palapa-D通讯卫星的研制和发射项目。该卫星目前正由法国公司研制，并将于2009年9月用中国制造的长征3B火箭发射，以替代2011年进入运行末期的Palapa—C2卫星。2007年6月，中国公司赢得了该通讯卫星的发射服务项目。（据印尼《国际日报》 2008-01-07）

文莱服装工业出口额下降

文莱政府的统计表明，服装出口从2003年3.983亿美元下降到2006年的2.077亿美元。文莱只有4家服装工厂，尽管服装产品质量优良，但由于其出口快速下降，导致服装制造商很难生存。文莱服装出口商认为，服装工业的生存不会超过10年。其服装出口下降的部分原因是，其邻国如中国、越南和柬埔寨等国家劳动力成本更低。

（据《国际商报》 2007-12-11）

文莱面粉短缺

2007年，受国际市场小麦歉收影响，文莱市场上面粉供应不足,价格上涨,市场上面粉批发和零售价格已涨1倍以上,并导致相关食品价格跟随涨价。文莱面粉主要是从澳大利亚、新西兰和印度进口。2007年澳、新遭遇严重旱灾,小麦减产,出口量下降,印度也采取限制小麦出口措施。文莱现改由迪拜进口面粉。

(据中国驻文莱经商处 2007-12-26)

文莱首个信息通讯创业中心启用

文莱首家中小企业信息通讯创业中心于2008年3月26日启用。

该中心可以为中小企业提供机会,扶持及协助创业,提供世界尖端设备,并提供咨询服务。

(据《联合日报》 2008-03-27)

柬埔寨建西哈努克港经济特区

柬埔寨企业与中国企业联合成立西哈努克港经济特区有限公司,并将建设柬埔寨最大的国际港口经济特区。

西哈努克港位于柬埔寨南部,是柬埔寨最大的国际港口城市,公路、机场、铁路、港口等交通设施齐全,进出口贸易极为便利,经济地位相当于中国的上海。规划中的泰国南部国际运河一旦建成,将避开国际纠纷较多的马六甲海峡,形成太平洋与印度洋直通的捷径。西哈努克港将成为繁忙的国际海洋运输通道和物资中转枢纽,经济地理位置将接近于第二个新加坡。目前西哈努克港国际港口正在扩建之中,大型发电厂将在近期建设,金边高速公路也已列入规划。不久的将来,这里将是一个设施齐全、交通便利,环境优美的国际港口城市。

建设中的西哈努克港经济特区位于西哈努克市郊,首期开发面积28平方公里,连接柬埔寨最好的4号国道,离西哈努克国际机场约4公里,距西港国际码头仅13公里,形成海、陆、空立体交通网络,区位优势明显。西哈努克港经济特区是中国商务部首批境外经济合作区之一,自组建以来,受到了两国政府高层的高度关注。

经济特区的产业定位以轻纺服装、机械电子和高新技术产业为主。集出口加工区、保税区、商贸区、生活区于一体。其中出口加工区分为服装加工园、机械工业园、电子工业园、轻工产品园等。为方便企业入区投资和经营,在特区管理中心大楼内还将设有海关、检疫、建设、工商、税务、等政府机关的常驻机构。 (据《国际商报》 2007-12-18)

柬埔寨西哈努克港特区首批入区企业签约

中柬联合投资开发的西哈努克港经济特区(太湖国际经济合作区)奠基仪式暨首批入区企业签约仪式在特区建设现场举行。来自中国的南国公司、兴达泡塑、天绣纺织、利佳包装、申锡建筑、汉神电气等6家企业与西哈努克港经济特区有限公司签约,成为首批正式进驻特区的企业。

根据该特区发展规划,西哈努克港经济特区由中国江苏太湖柬埔寨国际经济合作区投资有限公司以及柬埔寨国际投资开发集团有限公司共同开发,双方拟在8年时间内投资30亿美元,建成11.08平方公里的特区。到2015年,特区可容纳300家企业,提供约8万个就业机会,预计每年带动出口约20亿美元。 (据《国际商报》 2008-03-04)

柬埔寨木薯渐受国际商家关注

柬埔寨国出产的木薯近年来逐渐受到国际商家欢迎,一些公司在收获季节到农村以高价收购,促使当地农民增加种植面积。年内,新鲜木薯的价格为每公斤250瑞尔(约合6美分),比往年略涨。那些前去收购木薯的商家多以1公顷250~500美元的价格包购整块土地上的木薯,有的地块甚至达到1公顷600美元。

在一些地方甚至出现抢购木薯的情况。前来收购木薯的国际商家大多来自韩国、越南和日本,他们往往比别的商家出价更高,大量收购木薯用作生产酒精和煤气的原料。

(据柬埔寨《华商日报》 2007-11-07)

柬政府暂禁稻谷和大米出口

为稳定国内大米价格,保障大米供应,柬首相洪森于2008年3月26日宣布,即日起正式暂停大米出口,期限为2个月。此外,洪森首相还下令拔出库存大米,廉价出售以阻止大米价格再度飙涨。

自2008年春节开始,柬米价不断上涨,在一个月内,香米每公斤零售价由2000瑞尔(1美元约兑换4000瑞尔)涨至3000瑞尔,批发价格每吨涨至570~580美元,普通大米每吨430~440美元,碾成香米的稻谷每吨超出330美元,普通稻谷每吨超出250美元,与2007年同期同比,每吨大米价格增长约100美元。

受国际因素及国内因素共同影响,柬大米价格持续飙涨。一方面,米价上涨是全球问题,这与世界范围的通货膨胀和美元贬值有关;另外,越南和泰国的米商纷纷到柬抢购刚收割的稻谷。非洲与中东地区部分国家的气候变化及发生战争,无法生产粮食,也到柬收购大米。另一方面,柬农民因贫穷,急需出售稻谷解决生活费用,加之无法获得国际市场信息,往往以低廉价格大批出售稻谷,使部分农民只剩余足够一年的粮食,导致本地稻谷市场销售价格上涨。另外,因柬大选将至,部分投机分子囤积居奇,也是造成米价飙升的原因之一。

(据《华商日报》 2008-03-28)

柬埔寨橡胶种植面积有望达到40万公顷

受市场需求的驱动,柬埔寨的橡胶种植面积有望持续增加,并在2030年之前达到40万公顷,与东盟其他主要橡胶种植国的种植面积持平。

由于国际市场上的橡胶价格前景持续看好,所以柬埔寨的橡胶种植业者急于扩大种植面积,私人的小型种植园和大公司的规模化种植园都在增加。为此,柬埔寨政府需要划拨更多的土地用以种植橡胶,其中以废弃的林地最为适宜。

据统计,柬埔寨目前拥有大约7万公顷的橡胶种植园,年产干树脂4万~5万吨。每吨干树脂的国际市场售价为2600美元。

(据《国际商报》2008-04-01)

柬埔寨渔业产量将下降

由于柬埔寨的主要河流——湄公河水位上涨较往年延迟，在2007年底至2008年的捕鱼季节期间，柬埔寨的渔业产量将有所下降。

据了解，湄公河水位通常在6月份就开始上涨，但2007年却延迟了40多天，这对鱼类繁殖和生长造成影响。勘测表明，2007年湄公河每立方米的水体内有幼鱼17条，2006年则为22到29条，同比降幅较为明显。柬埔寨的捕鱼季节通常开始于每年的12月，这个时候的鱼量较大，但目前湄公河内的鱼群往来并不活跃，情况不容乐观。

（据《国际商报》 2008－01－01）

柬埔寨宣布启动成立证券市场计划

2007年9月6日上午，洪森首相在金边市五洲酒店举行的发布会上宣布启动成立柬埔寨证券市场的计划，并力争于2009年完成。

洪森首相表示，2006年柬埔寨银行业提供的5亿美元贷款不能满足经济发展的需要，成立证券市场势在必行。柬埔寨政府推行财政改革，实施《2001至2010财政发展计划》和《2006至2015财政发展战略》，为2009年成立证券市场创造条件。另外，柬埔寨政府将与世界著名证券公司之一的韩国证券公司合作发展柬埔寨证券市场，韩国方面为柬埔寨成立证券市场提供180万美元，以支持为期三年（2007～2009年）的技术培训。

洪森首相建议银行业积极参与筹备证券市场，并表示要努力发展审计制度，实行企业现代化管理，加强财务报告的透明度，为成立证券市场做准备。

（据《华商日报》 2007－09－10）

柬埔寨和泰国统一签证

2007年12月17日，柬埔寨和泰国签署协议，对到两国旅游的外国游客发放同样的签证，以大力推动两国旅游合作。外国游客可以分别在泰国和柬埔寨领事机构申请到同样的签证。2006年柬埔寨入境游客170万人次，泰国入境游客1480万人次。

（据越南《西贡解放报》 2007－12－18）

柬埔寨成立国家航空公司

2008年4月10日，柬政府与印尼飞鹰集团（Rajawali Group）签署建立柬国家航空公司的合作备忘录，该公司的投资总额约为5千万美元，其中，柬占51%的股份。

2007年，柬入境游客超过200万人次，世界旅游组织预计2010年将增至320万人。

（据《华商日报》 2008－04－11）

印尼两大电站建设工程由中国东电集团总承包

印尼国家电力公司与中国东方电气集团公司签订两座燃煤电站的总承包合同，合同总金额超过14亿美元。此次签署的两个项目为5台30万千瓦等级的燃煤机组。其中，特鲁拉嘎火电项目位于印尼万丹省龙湾市，濒临太平洋，包括3台30万千瓦机组，距雅加达60公里。巴齐丹火电项目位于东爪哇省巴齐丹市，濒临印度洋，包括2台30万千瓦机组。两个电站均属于印度1000万千瓦紧急电站计划项目，对当地具有重要经济意义。 （据新华社 2007－08－31）

印尼煤炭储量巨大

印尼已探明煤炭储量53亿吨，按照现在每年2亿吨的开采量，可开采26年。根据印尼有关可行性研究，印尼的煤炭储量达134.11亿吨，可开采67年，主要包括苏门答腊岛的129.98亿吨，加里曼丹岛的4.13亿吨。另有粗略估计，印尼的煤炭储量可能高达900亿吨以上。

（据印尼《国际日报》 2007－12－18）

从印尼采购天然气成本将增加31%

印尼当固天然气田2009年将开始供气，但天然气成本增加，中国为此将多付31%的采购费用。根据2006年协议，中国海洋石油总公司已经同意将测算天然气成本的原油价格从25美元/桶提至38美元/桶。

当固天然气田位于印尼东部巴布亚省，探明储量约合5100亿立方米。它由英国石油公司和三菱公司、中国海洋石油公司和Inpek Corp联营，有两条生产线，年产量为760万吨。据悉，中海油从当固气田采购的天然气将供应福建省的发电厂，每年300万吨，合同期为25年。

印尼矿产资源丰富，与中国有较强的互补性。两国又是近邻，在矿产资源开发合作方面有很多有利条件。近年来，中国企业努力开展与印尼矿业领域的合作，并取得了较大的进展。特别是在天然气开发方面的合作。

除中海油外，中石油和中信集团也参与印尼油气资源的开发合作。2002年4月，中国石油天然气股份有限公司与印尼戴文（Devon）能源集团达成协议，中国石油出资2.16亿美元，收购其在印尼的油气资产，包括油田和天然气田，约有1.06亿桶油当量已探明储量和5700万桶油当量可能储量的权益。 （据《国际商报》 2008－02－05）

印尼地热资源备受国际关注

有资料表明，印尼地热能源已探明储量达2700万千瓦，占全球地热能源总量的40%，但由于缺乏开发利用资金以及政府各部门的协同配合不够密切，迄今为止印尼的地热能源开发利用还十分有限。2006年印尼地热发电857兆瓦，仅占地热总潜力的3%。至2007年底仅开发99.2万千瓦，不到全国能源用量的4%。

为加快地热能源的开发利用，印尼出台专门的政府法令，同时也积极地吸引投资。印尼政府计划在建立小型示范工程和提高科技水平的基础上，加快地热的开发利用。印尼矿物与能源部制定的地热能源开发利用规划中明确规定：至2020年，地热发电的最终指标为6000兆瓦，其中2008年须达到2000兆瓦，2012年3442兆瓦，2016年4600兆瓦和2020

年6000兆瓦。 （据《国际商报》 2008－01－15）

印尼国内天然气需求量上升

尽管印度尼西亚传统上是个石油生产国，然而，到2010年，印度尼西亚将成为石油净进口国。印尼在世界能源市场上的未来取决于其作为天然气生产国的潜力。印度尼西亚的天然气储量是其石油储量的3倍，已经是世界上最大的液化天然气出口国，年出口量为3,600万吨。这一出口水平使印度尼西亚占世界市场20%的份额，在亚太市场上则占据35%的份额。

截至2002年1月1日，印尼探明天然气储量为2.62万亿立方米。该国的主要天然气田包括：苏门答腊岛北部的阿伦气田（Arun）、加里曼丹岛东部的巴达克气田（Badak）、爪哇海的小型气田、Kangean区块、伊利安岛的一些区块以及东南亚最大的纳土纳D－Alpha气田。尽管印尼的天然气资源丰富并且是世界最大的LNG出口国，但印尼能源需求总量的50%仍然依靠石油供应来满足。由于近年来石油产量有所下降，印尼正试图转而利用其天然气资源发电。但印尼国内天然气分销基础设施仍较少。

印尼天然气中的一半多是以液化天然气或液化石油气的形态出口的，剩余部分则在国内销售，用于发电、化学生产及工业与民用。

印度尼西亚国内基础设施落后，限制了国内的天然气消费。国有的印尼国家石油公司（PGN）大力建设天然气传输管道。前几年斥资建设5774.33公里长的管网把苏门答腊群岛、爪哇群岛和加里曼丹岛连接起来。PGN的四大天然气管网早在2002年开通，并计划兴建6个更大的管网工程。随着这些管网的连接，印尼国内天然气销售市场得到有效拓展。

（据《国际商报》 2007－12－11）

印尼成为第二大工业圆材出口国

近30年来，印尼首次发展成为世界上第二大工业圆材出口国和最大的胶合板出口国，这得益于其丰富的森林资源和促进工业发展的林业政策。20世纪70年代森林大开发，外国公司在印尼外国投资法的鼓励下大规模参与森林采伐，使印尼成为世界最大的原木出口国。

印尼生产工业圆材和实木产品的几个自然优势为：①丰富的森林资源。②实木加工业处于印尼实木产品出口快速增长期。③印尼具有廉价的、专业或半专业化的劳动力，使得印尼成为生产劳动密集型实木产品（如胶合板）的理想国家。政策支持使印尼成为实木产品生产大国的一个重要因素是对天然林工业圆材征收较低的立木税。

（据《国际商报》 2007－12－11）

印尼投入巨资进口纺织服装机械

印尼的纺织服装机械处于淘汰换代时期，预计在2010年前需要投入近40亿欧元对设备进行更新。过去印尼从日本、德国和意大利进口纺织服装机械，但价格昂贵；近年开始从中国内地、中国台湾和印度进口，质量和价格均适合印尼企业的需求。 （据《国际商报》 2008－03－25）

印尼争取大米自给自足

2008年印尼计划储备300万吨大米，粮食局获得57万吨大米进口配额，远低于2007年150万吨进口配额。

印尼后勤机构每年必须维持100万吨的大米缓冲库存，满足全国2亿多人的需求。2006年的稻谷产量为3400万吨。印尼每年大米需求增长1.3%，而大米产量每年增幅只有1%。中国、埃及和印度是印尼主要的大米进口国。

印尼国内大米年均消费量在3200～3300万吨，2008年可能实现大米生产自给自足。印尼政府定下指标，2009年达到稻谷产量增长5%的目标，成为大米出口国。政府采取的措施主要有改善灌溉设施，使用农业技术以及推广杂交水稻等

2007年，印度尼西亚稻谷产量5705万吨，比上年增长4.76%。 （据《国际商报》2008－02－19）

印尼进口优质棕榈种子大力发展棕榈种植业

印尼已和马来西亚、哥斯达黎加、巴布亚新几内亚签署备忘录，购买总计4000万吨优质棕榈种子发展棕榈种植业。目前，国际市场的棕榈种子价格是850美元/吨，2006～2007年印尼棕榈种子产量为1.47亿吨。

（据印尼《商报》 2007－12－13）

2008年印尼将成为世界最大的棕榈油出口国

2007年印尼已超过马来西亚成为世界最大的棕榈油生产国，产量达到1700万吨，而马来西亚为1582万吨。2007年马来西亚仍为世界最大的棕榈油出口国，但是印尼出口量很接近马来西亚，预计2008年将超过马来西亚成为世界最大的棕榈出口国。印尼和马来西亚控制着世界85%的棕榈油生产，棕榈油价格上涨给他们带来了更大的收益。

（据中国驻印尼使馆经商参处 2008－04－15）

印尼与中国企业合作生产蓖麻油

中国企业绿色食品公司与印尼Kima Farma公司合作投资2亿美元在印尼生产蓖麻油。项目建成投产后产品有望出口中国。蓖麻油产品既可用做生物燃料，又可用作化工原料，应用广泛。 （据印尼《商报》 2008－01－28）

印尼拟于2008年底禁止藤条原料出口

为满足国内工业需求，印尼拟于2008年底禁止藤条原料出口。印尼是世界上最大的藤条生产国之一，年产量达25万～40万吨，占世界需求量的85%。上述政策的实施将直接对世界最大藤条进口国—中国的需求产生影响。

（据《印尼商报》 2007－07－13）

2008年起印尼限制从外国采购渔船

为推动印尼国内造船工业的成长，印尼海洋渔业部2008

年开始限制发放采购外国渔船的许可证，只允许40%渔船进口。（据印尼《商报》2008－02－20）

印尼与日本政府合作建立东南亚最大禽流感实验室

印尼与日本政府签署合作协议，耗资1300亿印尼盾（约合1380万美元）在印尼西爪哇省苏横县建立第九个禽流感实验室，该项目将于2008年2月开始兴建，将成为东南亚最大的禽流感实验室。实验室装备有各种研究禽流感病毒的现代实验设备，并向研究动物恶性疾病的专家人员提供培训。印尼政府希望专家们能研制出有效的抗禽流感疫苗，增强印尼抵御禽流感的能力。

（据印尼《商报》 2008－01－31）

老挝东西经济走廊工业贸易区开始建设

根据第32号老挝总理授权令，2008年2月24日，老挝政府和太平洋溪流发展公司签署老挝东西经济走廊工业贸易区建设协议。协议双方将合作开发建设位于沙湾拿吉省凯山至丰威汉县浓登村沿9号公路10公里处面积为211公顷的老挝东西经济走廊工业贸易区。按规划，该工业贸易区将建成集工业项目、贸易项目和服务项目，如棉纺厂、制鞋厂、制衣厂、塑料厂、电子配件厂、零售店、商贸中心、学校、医院、宾馆等在内的综合性工贸区。项目开发建设形式为BOT形式，承包期限为50年，初期投资1385.65万美元，其中老挝政府以土地入股，持30%股份，太平洋溪流公司以现金和实物入股，持70%。（据《国际商报》 2008－03－04）

老挝国家银行北部分行正式营业

老挝国家银行北部分行在琅勃拉邦省正式营业。该分行主要负责老挝北部4省货币、信贷方面的宏观管理；负责北部4省地方商业银行和金融机构的监管，包括货币、信贷执行情况，外币管理和鼓励使用老币等，是老挝北部4省的银行结算中心。同时还负责向地方商业银行和金融机构提供贷款，负责外币申请和进口物品的审批，出具外资资金汇入的银行证明和负责私人货币兑换网点、地方抵押机构和信用合作社成立手续的审批等。

（据《国际商报》 2008－03－04）

老挝第一条铁路同泰国接轨

2008年2月20日，老挝同泰国铁路接轨仪式在老泰边界的友谊大桥上举行。老挝首条铁路长3.5公里，利用泰国政府援款和商业贷款由老泰两国合作建设，于2007年上半年动工，铁路建成后，每天早上7点和晚上7点从万象——廊开——曼谷对开。这段铁路的对接，标志着老挝结束了没有铁路的历史。（据《老挝人民报》 2008－02－22）

老挝积极推进公路等通道建设

老挝政府在贯彻“革新开放”的基本国策中，提出了加强公路建设，同邻国相连接的发展战略和政策。经过十多年努力，在国际社会和友好国家帮助下，已取得初步成功：除1500公里的13号公路连接老南北通道外，在北部R3、3号公路同中、泰、越相连接；在中部8、9、12号公路打通了越、老、泰、缅四国东西经济走廊；在南部10、15、16、18B号公路同柬、越、泰相连；西北部的老一泰公路和东北部的7号公路分别同泰、越两国相连。进入21世纪，老挝进一步加大引进外资和保护外资的力度，积极参与GMS区域合作，大力开发人力资源，旨在加快建设以陆路通道为主的真正开放型国家。

（据《万象时报》 2008－02－11）

马来西亚支柱产业将转型

未来马来西亚经济增长的主导领域将转型，从以往主要依靠制造业，转移至以国内需求为主的4大领域，包括建筑业、矿业（石油与天然气为主）、服务业以及农业（以油棕为主）。

马来西亚建筑业虽然经过两年负增长，但未来仍然是马来西亚国民经济的支柱产业。2007年3月，第九马来西亚计划的工程项目确定，9～10月有关工程正式动工。在第九马来西亚计划的激励下，建筑业成为该计划主要受惠领域，建筑业又开始复苏。

矿业在马来西亚经济中占有重要地位。亚洲金融危机以后，马来西亚矿业增长趋缓，2002年以后矿业形势开始好转，近年来，马来西亚加强深海石油资源的勘探开发以及海外石油资产的收购，其原油和天然气储备也不断增长。石油是马来西亚最重要的矿产之一，近几年来，全球原油价格不断飙升，油价上升所带来的每年7000亿美元的收益，正流向世界各地的石油出口国，马来西亚是主要受惠国之一。马来西亚天然气产量稳步上升。国内外市场的巨大需求刺激促进马来西亚石油和天然气的快速发展。

服务业在马来西亚经济活动中占将近一半，随着服务贸易总协定在WTO成员国的逐步落实，服务业有较大发展空间。

马来西亚农业以经济作物为主，主要有油棕、橡胶、热带水果等。木材、油棕、橡胶是目前最主要的出口农产品，大米是当地最主要的食粮。政府长期保持对农业高投入，支持农业的发展。主要是扶持以油棕为首的其他经济作物和粮食生产。马来西亚是世界上最主要的棕油及相关制品的生产国和出口国，产量和出口量分别占全球总量的45%和50%左右。马来西亚的棕油约占全世界植物油贸易总量的25%，其棕油具有供应稳定、成本较低、质量较高、使用面广等方面的优势。（据《国际商报》 2008－02－26）

马来西亚杨忠礼机构收购中国浙江一水泥企业

2007年9月马来西亚杨忠礼机构旗下子公司——杨忠礼洋灰公司近日通过其香港子公司杨忠礼洋灰（香港）与多方面达成协议，以1.5亿人民币收购中国浙江省临安市金源水泥公司的全部股权，以扩大其在中国内地的业务。

杨忠礼洋灰公司董事经理杨肃斌指出，该公司通过收购金源水泥公司进入庞大的中国内地市场，并表示此举符合该公司的发展策略。此项收购在合约生效后的3个月内完成，届时金源将成为该公司的独资子公司。

据此间媒体报道，金源为一家在中国浙江省临安市注册的水泥公司，注册资本为1亿人民币，该公司制造及销售水泥，年产量可达150万吨。　（据新华社　2007-09-12）

马来西亚机床需求持续增加

近几年，马来西亚年机床进口额4亿多美元。进口地主要为日本、德国、中国台湾地区等。马来西亚机床进口中成形机床占1/3强，金切机床占2/3弱。进口金切机床中数控机床约占20%。其中每年加工中心进口额3000多万美元。为鼓励机床进口，马来西亚采取进口机床零关税制度。在未来5年，马来西亚金属加工及机床业将以20%的速度增长。

（据中国驻马来西亚古晋总领馆经商室　2007-11-23）

马来西亚将中国食品药品的监测标准提到最高级别

马来西亚卫生部长蔡细历2007年9月3日宣布，马来西亚海关已经把对中国食品药品的监测标准提高到最高级第五级，以防含有害物质的产品进入马来西亚。

蔡细历表示，从中国进口的食品和药品将在出售前受到检查、监控措施分为5个阶段，进口的食品和药品一旦在检测中出现不合格，就会被处理掉或送回原产地，而产品的进口商也将被吊销执照。

据蔡细历介绍，1~7月，有18种从中国进口的产品因违反马来西亚1983年制定的食品法而被处理，有217种药品、中药制品和食品补充剂不合规格。其中，大多数食品和药品因含有的化学成分、甲醛超出标准，检测结果不合格。而另一些产品则含有重金属、禁用的甜味剂、苯甲酸、黄曲霉素、铅、氯霉素和氨基甲酸等禁用化学物质，包括虾、蜂蜜、海藻、梨、枣、腌制蔬菜（如腌萝卜）、罐头食品和栗子。

马卫生部向公众作出保证，现阶段马市场上出售的、从中国进口的食品和药品都是安全的。（据新华社　2007-09-03）

马来西亚大量进口印度玉米

马来西亚买家已经从一家国际贸易公司买入6000吨印度玉米，交货日期定在2008年1月。

近几个月来马来西亚已经成为印度玉米的大买家，在过去几个月里，马来西亚买家至少购进17.5万吨印度玉米。马来西亚青睐印度玉米的主要原因在于，印度到马来西亚的运价相对低于美国运价。（据《国际商报》　2007-12-25）

马来西亚政府决定增加大米储备

马来西亚政府决定增加国内大米储量，以解决大米供应不足问题。马大米储备为60万吨，只能满足3个月的市场需求。面对全球大米短缺，政府决定增加大米储备刻不容缓。马来西亚现阶段大米储备分三部分，第一部分为国家稻米有限公司，另两部分则由国内米商负责。

马大米生产自给率为73%，若达到自给自足需耗较长时间，从长远看需加扩种植田地和提高稻田水力灌溉能力。目前应付市场需求问题只能通过从越南和泰国进口。

（据《南洋商报》　2008-04-14）

马来西亚控制印尼1/3的油棕种植园

据印尼投资统筹机构的资料，截至2007年底，印尼515万公顷的油棕种植园中，180万公顷被马来西亚控制。虽然棕榈原油生产已达到1700万吨，但大部分都直接出口，供印尼国内加工的很少。因此印尼政府拟制定发展棕榈原油衍生物工业的政策，促进棕榈油加工业的投资，增加产品附加值。　（据《印度尼西亚商报》　2008-01-30）

马来西亚沙捞越州胡椒产量递增

受全球物价上涨因素的影响，马来西亚胡椒呈量增价涨趋势。2008年3月下旬，白胡椒价格已突破每公斤10林吉特，黑胡椒价格接近每公斤9林吉特。马来西亚胡椒年产量2.8万吨，排名世界第四，出口到40多个国家，其中黑胡椒占80%，白胡椒占20%。

沙捞越州胡椒年产量约2.5万吨，占马来西亚总产量的90%。泗里街和民丹莪两地为该州胡椒主要产区，受胡椒价格回升的刺激，部分荒芜种植园重新开始种植，预计在未来几年，沙州胡椒产量将仍保持稳定增长。

（据中国驻马来西亚古晋总领馆经商室　2008-03-26）

马中远洋渔业合作前景广阔

马来西亚渔业资源丰富，年可持续捕量为119万吨，其中，“西马”部分约78万吨，其余为“东马”的可捕量。可捕的渔业品种繁多，据马来西亚政府调查估计，12海里和200海里间的中上层资源总生物量为51.02万吨，可捕量为25.51万吨，还不包含“西马”东岸的鲤鱼和金枪鱼可捕量估计为5万吨。“东马”当地已经建立码头、渔民及家属专用的生活居住区域，企业只要投入渔船、渔民和资金，就可以开展捕捞作业。另外，该海域没有禁渔期限，可以全年生产，且加工基地离捕捞区域比较近，可以就地加工。

马来西亚有500余艘泰籍深海捕捞船只在该国海域开展渔业生产，而本国却只有不足100艘深海作业船只。中国企业拥有成熟的渔业生产技术和较强的实力，双方合作得到两国政府的支持，合作前景十分看好。

随着中国近海捕捞资源的日趋衰退以及与周边国家海洋权益的划分，海洋捕捞业正面临产量下降、渔场缩小、效益滑坡的严峻形势，冲出国门发展远洋渔业已经成为实现捕捞业可持续发展的当务之急。

2007年5月，经中国和马来西亚两国相关部门批准，中国北海市远洋渔业发展有限公司同马来西亚安格渔业发展有限公司共同合作，在马来西亚海域进行渔业生产活动。11月，乐清市天祥远洋渔业开发有限公司和马来西亚兴发集团，合资开发马来西亚东马海域远洋渔业暨渔业加工园区建设项目，中国温州将在2010年前内筹集200艘大马力钢质渔轮，赴马来西亚东马海域从事捕捞作业。该项目将持续30年，概算资金6000万元，3年内前往马来西亚的渔民约2800人。项目实施三年后，预计每年可为国内创汇1亿美元。中国政府积极发展远洋渔业。

（据《国际商报》　2008-03-04）

缅甸计划出口生物柴油

缅甸计划出口以小桐子为原料加工的生物柴油。2008年缅甸小桐子的种植面积达280万公顷，年产小桐子可达168亿吨，而缅甸国内对生物柴油的需求量有限，但未来出口生物柴油前景看好。这一计划将由7个地方的相关组织具体实施，这些地方均已拥有自己的加工厂。马来西亚和印度尼西亚的公司已开始与这些地方的企业联系投资建设加工厂事宜。

（据中国驻曼德勒总领馆经商室　2007－11－13）

缅甸竹制层板试产成功

缅甸KKA公司首次尝试生产竹制层板并已获得成功，不久将投放市场。缅甸拥有丰富的竹资源，为了充分的利用现有资源的优势，同时减轻建材市场对木制品的依赖度，KKA公司作出尝试。成功生产的为类似木制五层板的竹层板，其耐用率是木制层板的两倍，且价格更为便宜。

（据《BIG经济周刊》　2008－02－05）

缅甸汽车电池厂商被铅价上涨困扰

因汽车电池的主要原材料铅的价格大涨，生产成本增加，缅甸汽车电池行业面临严峻挑战，生产商纷纷停产或减产。

2007年底，缅甸每吨铅价在3800～4000美元左右，与2006年10月份相比几乎涨了一倍，而废旧电池的回收价格也涨到每吨480美元左右。虽然近年缅甸的电池生产厂家增加较快，但绝大多数是中小规模的企业，产量较大的只有GP和Toyo两家，大多数企业不掌握废铅回收技术，铅价太贵且难以买到致使相关厂家暂时减产或停产。

（据《国际商报》　2008－01－01）

缅甸与俄罗斯签署勘探金矿协议

缅甸矿业部地质调查与矿物勘探局与俄罗斯Victorious Glory International Pte Ltd在内比都签署协议，俄罗斯公司将承担克钦邦帕敢（Phakant）至实皆省霍马林（Homalin）间沿乌露河（UruRiver）流域的金矿勘探工作。目前，在缅甸从事矿业勘探的公司还有来自澳大利亚、中国、日本、马来西亚、新加坡、泰国和美国。

官方数据显示，自1988年至2007年底，缅甸矿业领域累计合同外资金额5.3亿美元，占同期缅甸外资合同总额的3.6%，行业排名列第6位。

（据《国际商报》　2008－02－26）

缅甸农产品出口形势看好

自2008年3月以来，运往中缅边境贸易口岸－木姐105码贸易区的缅甸农产品销路十分红火，每天平均有玉米运输车15辆、绿豆运输车20辆、眉豆运输车3辆和芝麻运输车2辆左右成交。中缅边境贸易区缅甸农产品出口形势看好。

（据《国际商报》　2008－03－25）

缅甸成为世界上第二大豆类出口国家

自1988年缅甸实行市场经济制后，允许豆类自由出口，从而使缅甸豆类的出口呈现逐年看好的势头。过去17年来，缅甸豆类出口快速增长，已从1990～1991财年豆类出口近9万公吨增至2006～2007财年的130多万公吨，增幅达14倍。印度成为缅甸豆类最大的出口市场。缅甸已经成为仅次于加拿大的世界第二大豆类出口国家。

（据《缅甸之声周刊》　2007－12－28）

亚洲米价上涨已波及缅甸市场

仰光市场上38公斤袋装大米的价格已从几天前的22000缅币上涨至25000缅币（约合19.8美元至22.50美元），涨幅达14%。从缅甸米价的近期上涨情况看，截止2008年3月底，两个月内的涨幅达50%。如与2004年的同期相比，涨幅超过两倍。有关专家认为，米价上涨的主要原因是燃料油和肥料涨价、病虫害和气候变化等。

（据缅甸《新闻周刊》　2008－04－17）

缅甸计划本财年出口大米50万吨

缅甸计划在2007/2008财政年度透过边境贸易出口大米50万吨。其中：实皆省、伊洛瓦底省和若开邦各10万吨，勃固省20万吨。这些大米将主要出口到孟加拉，其余部分出口到中国和泰国。缅甸有20家私营企业从事大米出口，出口价格在360美元/吨。

（据中国驻曼德勒总领馆经商室　2008－03－19）

缅甸将建首个出口稻米种植区

缅甸计划于2008～2009财年建立首个稻米出口种植区，该种植区计划首选缅甸稻米主产地区内，仰光省也将建同样的特别种植区。历史上缅甸曾一度成为世界上最大的大米出口国家之一。缅甸大米由于质量的原因，每吨出口价格仅为230美元，缅甸首建稻米出口种植区的目的是为了从根本上提高缅甸稻米在国际市场上的地位。

（据《BIG经济周刊》　2008－01－31）

缅甸掸邦将扩大橡胶种植

缅甸掸邦计划在临近中国的东北地区扩大橡胶种植。种植的橡胶是适合在海拔3000英尺以上地区生长的橡胶新品。掸邦北部地区适合种植橡胶的空闲土地有近32.38万公顷，目前仅种植1.62万公顷。缅甸橡胶种植地区主要在德宁达伊省和孟邦，面积有4.05万公顷。

（据中国驻曼德勒总领馆经商室　2008－01－11）

缅甸蜂蜜在国际市场上受欢迎

据来自缅甸蜂业企业家协会的消息说，缅甸蜂蜜在国际市场上销路看好，其销售价格一路上升，每吨蜂蜜的出口价格已从不久前的800美元涨至1000多美元。缅甸蜂业企业家协会计划本财年出口蜂蜜1500吨,出口收入100万美元。缅甸蜂蜜的主要出口国家为韩国、日本、新加坡、马来西亚、泰国和中国等。 (据《BIG经济周刊》 2008-02-05)

缅甸鳝鱼直销广州

从2007年8月初开始,缅甸鳝鱼可以通过航运直接在广州市场销售。在广州市场上有中国云南、缅甸和越南的野生鳝鱼,而缅甸的鳝鱼占最大份额,每天销售50吨。过去是中国商人经过竞标从木姐105码将鳝鱼运到广州,如今可通过飞机直接空运到广州。每吨售价2350美元。

(据中国驻曼德勒总领事馆经商室 2007-08-28)

缅甸与韩国将联建生物研究中心

缅甸与韩国将在缅甸合作建立生物研究中心并实施生物燃料替代计划,该项目将由缅甸国有的缅甸经济作物公司和韩国的Haejohyub生物能源缅甸公司联合实施。根据双方签署的谅解备忘录,该项目将消耗15万公顷的小桐子,带动30多万人就业,大约可生产出90万吨生物柴油。缅甸已种植小桐子树64.8万公顷,主要分布在较为干燥的曼德勒、实皆和马圭三省。(据中国驻曼德勒总领馆经商室 2008-03-15)

缅甸新首都计程出租车开始运营

从2008年3月24日起,计程出租车在缅甸新首都内比都开始运营。出租车上安装了国际通用的计程器,起价500缅元,每公里300缅元。开始营运的出租车有30辆,租赁车20辆。 (据中国驻曼德勒总领事馆经商室 2008-04-02)

菲律宾成为世界第四大造船国

2007年12月20日,菲总统阿罗约在接见希腊造船公司(HELLES PORT)董事长时宣布菲律宾已成为世界第四大造船国。该董事长提议与菲律宾ABOITIZ共同组建菲律宾造船公司。迄今为止,已有3家造船公司在菲律宾设厂,第一家投资7亿美元,接着是韩国的韩进重工两年投资约30亿美元。菲律宾同时也是世界上最大的航海国家,有约25万名海员,占全球航海人员总数的22%。

(据中国驻菲律宾经商处 2007-12-20)

菲服务外包业凸显竞争优势

菲律宾政府致力于信息产业的发展和商业外包服务,对外国投资采取鼓励政策。目前在菲律宾寻求外包服务的国家主要有:美国、日本、韩国和欧洲国家。美国在菲律宾外包服务市场中所占比例为60%~70%,美国在菲律宾遗留的军事基地现已改建为经济特区,如苏比克、克拉克自由港,区内留有完善的基础设施、通讯系统等,为美在此开展业务提供便利。菲律宾外包主要行业有专长呼叫中心、电脑软件开发、数据编译处理、动画制作、财务、人力资源、工程设计等,在软件外包中主要是提供低端技术性的服务。

(据《国际商报》 2008-03-04)

菲律宾取消大米和玉米进口配额

为应对日益严重的粮食危机、满足国内需求,菲律宾总统阿罗约已批准取消大米和玉米的进口配额。任何企业只要获得国家粮食署的许可,即可自由进口大米和玉米。但菲有关部门强调,私有企业对大米的年进口量不超过30万吨。阿罗约总统也正式谢绝世界银行提出的消减大米进口关税的建议,其税率仍维持在50%,玉米进口税率仍为35%。

(据中国驻菲律宾经商处 2008-04-09)

菲律宾大幅度提高稻谷收购价

4月份是旱季稻收获季节。菲律宾总统阿罗约突然宣布,政府对稻谷的收购价从每公斤12比索提高到17比索,提高42%。菲政府还要求国家粮食署多收购菲农手中的稻谷。各界普遍认为,此举一是对菲稻农进行补贴,二是打击商贩抢购,以应对大米危机。

(据中国驻菲律宾经商处 2008-04-01)

菲律宾中国商会成立

2007年11月10日,菲律宾中国商会在菲律宾首都马尼拉宣布成立。

菲律宾中国商会40余名董事当晚正式宣誓就职。董事局主席许克宜。商会致力于增进中菲两国的友谊,促进两国经济贸易的发展,为中国侨胞争取合法权益谋求福祉。

菲律宾有菲华商联总会、菲华工商总会、菲华各界联合会、菲华联谊会等多个华人社团。与这些华社不同的是,菲律宾中国商会的骨干成员大多为中国改革开放以后旅菲的新侨,商会的成立将有助于新侨尽快融入菲律宾主流社会。

(据《广西日报》 2007-11-11)

新加坡继续保持世界最繁忙港口地位

2007年新加坡港共处理2790万个标准箱,比上年增加12.7%;抵岸船只总吨数14.6亿吨,增加11%;燃油销售量3150万吨,增加11.2%;处理货物总量4.83亿吨,增加7.8%。(据中国驻新加坡大使馆经商处 2008-01-11)

新加坡推出区域首个集装箱运输系统

2008年1月29日,新加坡在巴西班让码头正式推出区域首个集装箱运输系统,该系统可帮助拖曳车业者加快处理速度,减少卸装货时间,从而降低约30%的成本。

这个耗资300万新元的集装箱运输系统是由新加坡标新局、新加坡货柜储存商会、新加坡物流协会,以及新加坡运输协会联合推出的。新加坡标新局预测,该系统有望在3年内普及到约90%的业者。

(据中国驻新加坡使馆经商处 2008-01-30)

新加坡建筑业重现生机

新加坡虽然是一个转口贸易国家,但建筑业也是新加坡国民经济的支柱产业之一。近年来，建筑业产值一直占新国内生产总值的5%～7%左右。

新加坡建筑业的上升周期预期可以持续5～8年，而现在仅进入第三年，还有较极大发展空间。瑞士银行指出：未来2～3年内，预计新加坡国内有超过540亿新元（约382.3亿美元）的工程项目将要展开。新政府将推出公路、铁路多项大型基础建设项目，一批大型娱乐设施和工业项目已经开始动工，新加坡建筑业获得巨大动能。

2007年底，新加坡建设局发表的文告指出，2007年的建筑需求介于190亿～220亿新元（约134亿～156亿美元）之间，预计2008年和2009年将保持这一水平。

（据《国际商报》 2008－02－19）

东盟仍是新加坡投资首选

统计数字显示，截至2006年末，新加坡在亚洲的累计投资额为500亿新元，占对外投资总额的1/4；其中在马来西亚和印度尼西亚的投资最大，分别为160亿和150亿新元。

（据中国驻新加坡使馆经商处 2008－02－26）

新加坡新建海水淡化厂

2008年1月29日，西拉雅能源公司（Powerseraya）投资2000万新元建成的反渗透海水淡化厂正式启用，成为东南亚首个具备生产热能、水和电的全方位能源公司。海水淡化厂设在新加坡裕廊岛，全球首次采用直径16英寸的反向渗透薄膜，可进一步增加产水量和降低用电量，同时采用了薄膜内电磁场、变速驱动泵等其他新技术。该厂将每天生产1万立方米淡水，用于生产用水和生活饮用水；蒸汽将出售给新加坡石化公司用于工业生产。

（据中国驻新加坡使馆经商处）

新加坡公司投资中国—东盟农业合作项目

第四届中国—东盟（亚细安）博览会秘书处透露，在中国—东盟自由贸易区10大重点合作领域之一的农业项目上，已经有新加坡公司开始投资，并取得初步成功。新加坡威尔玛公司与广西防城港共同投资组建防城港大海粮油工业有限公司，成为2002年中国与东盟签署《中国与东盟农业合作谅解备忘录》后，令人瞩目的农业合作项目之一。

（据《联合早报》 2007－10－08）

新加坡十次当选亚洲人宜居城市

新加坡再度被评选为最适合亚洲人居住的城市，这已是新加坡连续10年赢得这个排行榜的第一名。

澳大利亚的悉尼、墨尔本和坎贝拉，分别排名第二、第三和第六。同样位居第三的是日本的神户，日本城市横滨排名第八；其他名列宜居城市前十位的还有丹麦首都哥本哈根（第五位）、加拿大的温哥华（第七位）、纽西兰首都惠灵顿（第八位）和爱尔兰首都都柏林（第十位）。

环球人力资源信息及顾问机构ECA International发布的最新调查报告指出，犯罪率低、空气清新、政治稳定和基础设施完善，是促使新加坡继续胜出的原因。该机构每年都会针对全球254个城市的生活水平进行比较，并作出排名。评选的项目包括天气、空气质量、卫生服务、住屋及公用设施、隐私性、社交网络和娱乐设施、基本设施、人身安全和政治环境。 （据《国际商报》 2008－03－11）

泰国拟建重型摩托车生产基地

泰国鼓励英国Triumph摩托车公司，意大利CMG油气桶制造商Baber公司及该国柴油引擎制造商在泰国投资设厂。

全球第七大摩托车生产商英国Triumph公司已承诺自2008年起的3年时间内，在泰国投资35亿铢用于生产重型摩托车。该公司已在泰国罗勇府建厂，制造重型摩托车的零组件及装备。泰国促进投资委员会将制定关于500cc引擎以上重型摩托车的奖励投资方案，以推动泰国成为重型摩托车的生产外销基地，供应国际市场需求。

（据《广西日报》 2007－08－07）

泰国2008年启用进口电子管理系统

2008年1月起，泰国正式启用进口电子管理系统（e－import）。从以往的海关电子数据互换（EDI）系统，改为电子海关系统（e－customs）。同时，海关厅还在机场及码头，推行无纸化出口电子操作系统（e－export），2009年将与e－import共同使用。 （据泰国《世界日报》 2007－12－07）

泰国天然气两年后将供不应求

受伊朗局势不稳定的冲击，泰方将推迟从伊朗进口天然气的计划，暂定推迟到6个月之后实行。预计未来两年内，泰国对天然气需求量年均增长5%，其供应将出现短缺。随着经济增长，预计2010年泰国对天然气的日需求量将从目前的93.45万立方米提高至124.6万立方米。

（据泰国《世界日报》 2007－10－29）

泰国2007年进口能源总额减少5%

2007年泰国各类能源进口总额8690亿铢，比上年减少5%。其中原油进口总额7026亿铢、成品油501亿铢、天然气798亿铢、燃煤294亿铢、电力71亿铢，平均日进口原油及成品油81万桶。预计2008年进口能源总额将降至8500亿铢。

（据《国际商报》 2008－01－15）

泰国拟购俄罗斯原油

随着国际市场油价的不断上涨，泰国的油价也持续攀升。近年来，泰国汽油和柴油价格平均每公升上涨6.7～7.7泰铢。

为应对高油价带来的困难，泰国拟动用燃油基金向俄罗斯购买原油和天然气。此前，俄罗斯政府也曾有意向泰国出售原油和天然气，并推动泰国成为区域原油和天然气分销中心。 （据泰国《世界日报》 2008－03－19）

泰国全年大米出口额1200亿铢

2007年泰国出口大米930万吨,总额34亿美元,折合约1200亿铢,出口额创近年来新高。

（据《世界日报》 2007－12－20）

泰国等东南亚国家大米出口价格有升

2008年2月1日,泰国100%B级大米报价为每吨420～435美元;破碎率5%的大米报价为每吨410～425美元,100%蒸谷米报价为435～452美元。这些报价比1月31日涨了10到15美元。同日,菲律宾从越南和泰国购进大米45.4万吨,价格要比一个月前采购的大米价格高出约70美元。亚洲最大的大米进口国印尼也寻购200万吨大米,目前大米供应已经吃紧。 （据《国际商报》 2008－02－19）

泰国正大集团将在印尼建立棕榈园公司

泰国正大集团(海外又称卜蜂集团)印尼子公司将在中加里曼丹省投资2.8亿美元,建立庞大的棕榈园公司。2006年该公司已在印尼拥有6.75万公顷的棕榈园,鉴于国内外市场需求旺盛,公司决定扩大投资,目标是到2016年,棕榈园面积扩大至10.3万公顷,建成6个棕榈油加工厂,年产能力达到23.9万吨。

（据《国际商报》 2008－03－25）

泰国保持虾类制品最大出口国地位

泰国良好的热带海岸线为其虾养殖业的快速发展提供优越的自然条件,虾养殖业和虾产品加工业成为泰国重要的产业,虾产品在国际市场上具有较大的竞争力,每年为泰国提供大量的就业机会和外汇收入。

20世纪80年代末虾的集约化养殖技术在泰国沿海省份普及,虾产量开始快速增长。虾类制品是泰国食品产业中出口金额最大的商品,泰国养殖的斑节对虾90%出口国际市场,主要进口国是美国、日本、欧盟、中国、加拿大等。因为虾类原料来源充分,泰国开发出了炸虾、春卷、烧卖、寿司等各种虾类制品。其中,烧卖和寿司需使用小型甜虾,其原料通常由北欧进口。

泰国虾养殖业今后发展的重点,将是改进养殖技术以减少对环境的影响,以及保持产业的可持续发展。泰国虾生产者协会正在与虾农及其他相关协会推动“在自然水域保护斑节对虾虾卵的计划”,该计划的目的是为了保持其自然水域斑节对虾虾卵的供给,以满足出口所需斑节对虾生产的需要。由于充足的自然资源和来自政府和私营部门的有力支持,今后几年泰国虾产量预计将会继续保持增长。

（据《国际商报》 2008－01－01）

泰老首条铁路通车

2008年4月底,泰国铁路局开通泰国廊开府—老挝塔纳廉县的铁路客运线,全长5.3公里。

泰国投入近2亿铢协助老挝修建其境内3.5公里长铁路,通至老挝塔纳廉县。在廊开—塔纳廉铁路线营运进入正轨后,铁路局计划开通曼谷—廊开—塔纳廉客运铁路线,以及廉差邦—廊开—塔纳廉货运铁路线,接纳观光客流和提供货物运输服务。 （据泰国 《世界日报》）

泰铢升值影响日本企业对泰投资信心

一项关于在泰600余家日资企业的调查显示,由于泰铢兑美元升值过快,导致在泰国设立生产基地的日本公司盈利普遍减少。泰国近年来已成为日本汽车业、电子机械行业及电器业在海外的重要生产和出口基地。泰国是日本在东盟国家中投资额最高的国家,其中在制造业的投资占80%。日本国际协力银行(JBIC)负责人表示,泰铢不断升值以及泰国劳动力成本的增加已经使日资企业的利润率逐年降低,若泰铢持续升值或即使维持现状,日本的对泰投资也将放缓。

（据《曼谷邮报》 2008－02－27）

越南纺织服装业不断发展壮大

作为中国纺织品在全球市场的有力竞争对手,越南正展开动作以提升其产业链,其重要方向,就是以采购方式整合中国资源。

2007年10月23日,来自越南将近200人的团队出现在绍兴,参加2007中国(绍兴)国际纺织品博览会,这是越南首次大规模组团赴中国进行纺织品贸易洽谈,也是绍兴纺博会上最大的国外客商团队。

越南之所以如此重视此次纺博会,一方面想加强越南纺织业和中国绍兴的合作、寻找合作伙伴,另一方面即是为越南的纺织企业寻找稳定的纺织原材料和辅料。

（据《21世纪经济报道》 2007－11－09）

越南将进口5.8万吨精制糖和原糖

2008年,越南将进口5.8万吨的精制糖和原糖。越南政府将把进口许可证发放给有需要的进口商。

越南全国有糖厂42家,其中40家投产,由于甘蔗原料不足,所有制糖厂只完成年计划70%的产量,供需现状使食糖价格一路飙升。2005年越南国内市场食糖价格比2004年上涨1倍,创近10年来最高纪录。

为平抑国内市场日益高涨的物价,确保市场供应,稳定市场物价,越南政府准许进口食糖,并降低食糖进口税,将从40%降至20%,旨在平抑国内市场长期以来上涨的糖价。加快糖厂股份化改制,整合现有糖厂资源。同时,加大投入,扩大甘蔗种植面积,提高单位面积产量,确保榨糖原料供应,2006年越南甘蔗种植面积扩大到30万公顷。越南蔗糖协会已要求各糖厂必须统一甘蔗收购价,主动与蔗农签订收购合同,避免相互抬价,导致甘蔗价格上涨。 （据《国际商报》 2008－01－29）

涂料业挺进越南恰逢其时

从20世纪90年代中期以来,越南经济逐渐进入快速增长轨道,尤其近两年越南经济增长速度为8%左右,发展速度居全球第二位。越南基础设施建设的投入加大,建筑行业得到蓬勃发展,每年在建筑方面的投资约50亿美元。

越南正加大对公路、铁路和水电站等基础设施建设和主要城市的居民住宅的改造力度。越南住宅房屋处于短缺阶段,居民住宅、新兴城区、工业区、经济特区建设都出现新一轮热潮。

越南政府部门的统计数据显示,越南对基础设施和建筑领域的投入逐年增加,2005年为143亿美元,2006年达165亿美元,年均增长16%;2005年越南对房屋建设和改造的投入约为31亿美元,2006~2010年期间每年将达44亿美元。

建筑市场的兴旺给越南建材行业带来了巨大的商机,越南的内外墙涂料需求旺盛,特别是外墙,几乎全是用清一色的涂料,建筑行业正以每年10%~15%的速度增长。同时,越南的工艺品用漆量也很可观。

越南国内的建筑材料产业已有长足发展,每年17%的增长速度使越南进入世界建材快速发展国家的行列。越南国内有较大规模的建材企业300家左右,这些企业投资分散,生产工艺落后,产品研发能力不足,市场竞争力普遍较弱,越南建材市场的高端产品依然需要进口才能满足需求。从2001年开始,中国企业生产的涂料、天然石材、高级木地板、高级洁具、厨具、密封材料、建筑五金、消防器材和材料等物资源源不断地进入越南市场。

(据《国际商报》 2008-04-21)

越南建筑钢材价格比年初上涨14.6%

2008年3月越南进口钢坯价格涨至每吨750美元。越南钢铁总公司南方各分公司已先后5次上调建筑钢材售价,与年初相比,涨幅由11%升至14.6%。

(据越南 《人民报》)

越南对摩托车的需求依然强劲

据越南发展论坛公布的最新调查报告显示,越南的摩托车拥有量已经超过2000万辆,平均每4人就拥有1辆摩托车,越南的摩托车市场年需求量达200万辆,而且这一数字还在持续增长。越南摩托车最为集中的两大城市是河内市和胡志明市,每2人拥有1辆摩托车,而其他地区为每6人拥有1辆摩托车。摩托车已经成为越南全国范围内最为重要的交通工具,在河内市和胡志明市,摩托车已经承担了城市交通80%以上的需求。该调查报告显示,到2020年,越南全国摩托车拥有量将达到3300万辆,平均每3人就拥有1辆摩托车。随着摩托车数量的增加,农村与城镇之间居民摩托车拥有量比例差距将比目前大幅缩小。据预测,从现在到2020年,越南市场的摩托车需求约为260万辆/年,摩托车制造业正面临巨大的发展机遇。

据越南汽车、摩托车和自行车协会统计,2007年摩托车的销量达到250万辆,其中越产摩托车的销售约为80万辆(与2006年持平),外资企业生产的摩托车销售量达160万辆,进口摩托车10万辆。

越南有5家外资企业生产摩托车,其中日资企业3家,韩资企业1家,台资企业1家,年生产能力为150万辆,现实际产量只有20多万辆。1999年中国重庆华伟机车制造公司在越南投资建厂,年组装摩托车能力5万辆。除外资企业之外,越南全国有51家摩托车组装厂,年装配能力140万辆,其中2/3的组装厂家在组装中国摩托车。越南企业仅能生产轮胎、钢圈、手柄、支架和挡泥板之类的简单部件,主要零部件全部要从国外进口。为发展本国摩托车工业,1999年7月,越南政府在鼓励国内企业组装摩托车的同时,又限制成套散件的进口,支持以部分散件形式进口摩托车。目前,大多数摩托车生产企业的国产化率为15%~20%。

(据《国际商报》 2008-01-23)

越南出口中国橡胶价格上涨

2007年9月后,中国对橡胶的需求量达到年内高峰。9月以来,广东和广西两市场对橡胶汁和复合胶的进口需求较大。橡胶汁价格9月底涨至每吨1.1万~1.2万元人民币。2007年中国天然橡胶进口需求为175万吨,比2006年增加14万吨。 (据越南《物资报》)

越南向中国大量出口鲜花

7月初以来,通过芒街口岸,每周越南向中国出口约1万支鲜花,出口额为2.5万元人民币。中国对越南的鲜花进口需求量较大,在中国市场上销售的越南花卉主要有菊花、玫瑰花、百合花、蕙花等。上述鲜花主要销售市场在广东、广西和福建等省区。 (据越南《年轻人报》 2007-07-20)

越南扩大在老挝和柬埔寨种植天然橡胶

2008年,越南橡胶集团计划通过实施Qua Sa Geruco项目,在老挝新种植1万公顷天然橡胶,并同时在柬埔寨新种4000公顷橡胶林。上述集团此前已在老柬两国投资种植1万多公顷天然橡胶。越南为世界第四大天然橡胶出口国,2007年出口天然橡胶70多万吨,主要销往中国、日本和韩国等。

(据中国驻胡志明市总领事馆经商室 2008-04-17)

越南鼓励进口和销售饲料原料

越南农业与农村发展部畜牧局预测,作为饲料的主要原料玉米和豆饼将长期依赖进口。2007年越南玉米种植面积为107.28万公顷,产量为425万吨。其中,用于生产饲料约380万吨,国内市场实际需求为450万吨。至2010年需进口玉米74.1万吨,2020年为100万吨。

2007年越南豆类作物种植面积为18.5万公顷,比上年减少45%。至2010年需进口豆饼、油饼等产品180万吨,2020年为300万吨。

(据越南《经济时报》 2008-01-23)

越南2020年前建设31座水电站

2008~2020年,越南将在老挝建设31座水电站,总装机容量为5000兆瓦。

除上述31座水电站之外，另外的8座电站也在考虑建设之中。这8座电站的总装机容量为1003兆瓦。

（据《国际商报》 2008－04－01）

越南升级改造通往中越边境的公路

越南广宁省（Quang Ninh）交通运输厅称，该省内由蒙阳（Mong Duong）至芒街（Mong Cai）段18A号国道升级改造项目近日已获政府总理批准。列为2008年优先发展项目，预计于2007年第三或第四季度动工。该项目总投资为3000亿越盾（约合1880万美元），计划于2010年竣工。公路完工后，将缓解交通堵塞现象，并促进完善越中两国“两廊一圈”战略的基础设施建设。

（据越南《投资报》 2008－01－25）

越南拟建连接柬埔寨的铁路

越南铁路总公司对胡志明市至平福（Binh Phuoc）省禄宁（Loc Ninh）铁路项目立项，以便与柬埔寨的铁路相连。该铁路长130公里，米轨，投资额4.38亿美元；连接从金边至禄宁的铁路，长257公里，投资额5.5亿美元，柬埔寨也在筹备建设。这两条铁路为泛亚铁路的一部分。

（据越南《经济时报》 2007－12－21）

越南推出基础设施领域的招商引资项目

2007年9月26日越南政府总理颁布163个国家级招商引资大项目。其中，主要集中在基础设施领域，欢迎外商以BOT、BT、BTO、合资和独资方式投资。

在公路建设项目中，有高速公路项目，约需投资170亿美元。其中，南北高速公路线，投资金额121亿美元。铁路项目有河内至胡志明市高速铁路，投资规模约为330亿美元，该项目将主要使用日本ODA贷款。海港项目包括南中北3个地区，如云峰集装箱国际转运港项目，投资金额约为1.97亿美元。除交通设施项目外，还有电力引资项目。

（据越南《经济时报》 2007－12－20）

越南吸引外资创革新开放20年来最高纪录

2007年越南吸引外来直接投资（FDI）额约达203亿美元，大大高于130亿美元的计划目标，创革新开放20年来的最高纪录。

年内越南全国共向1406个外资项目颁发了投资许可证，同比增长68.8%；协议外资额为176亿美元，增长94%。另外，在原有的361个外资项目上追加投资26.5亿多美元，项目数和金额分别比上年增长74.3%和91.2%。新批准的外资项目中不乏金额高达数十亿美元的大项目。据越南统计总局公布的数字，2006年越南吸引外资额为120亿美元。

（据越南《经济时报》 2007－12－24）

越南首颗通信卫星发射升空

2008年4月19日5时17分（越南时间），越南首颗通信卫星（VINASAT－1）在南美洲法属圭亚那Kourou航天基地发射升空送入太空轨道，并首次成功发回地球的信息。卫星制造商洛克希德·马丁（Lockheed Martin）公司对将进入太空轨道的卫星经过一个月测试和检查后，移交给越南邮政－通信集团（VNPT）进行商业运作。

（据中国驻胡志明市总领事馆经商室 2008－04－21）

越南零售市场前景看好

2007年越南商品服务零售总额为750万亿盾（约合468.75亿美元）。其中，消费能力最强的为年轻人，约占消费总额的60%。专家认为，越南商品服务零售业对国际零售商的吸引力居世界第4位，按照入世承诺，2009年越南将完全开放零售市场，届时，越南的零售业将更加活跃。

（据越南《投资报》 2008－01－25）

越南下调部分商品进口税

从2007年8月8日起，越南下调部分商品进口税，包括粮食食品、饲料和建材3种商品。

上述商品进口关税平均降幅为50%，最高降幅为70%。其中肉类、牛奶、禽蛋、食用油和儿童食品等降幅为70%；鲜肉、冻肉和腌肉预计从30%降至12%；鲜牛奶由40%降至20%。家畜饲料类降幅超过50%以上。

（据《广西时报》 2007－08－09）

越南拟允许外国人购买商品住宅

越南允许部分外国人在越南购买集中开发的商品住宅，但不允许购买涉及土地所有权的别墅。

据越南建设部统计在越南工作和生活的外国人约有8.4万人。其中，外交人员为1600人，投资商为2.4万人，在经济、教育等领域工作的外国人超过5万人。预计有1万外国人获准在越南购买商品住宅。

向外国人售房试点工作仅限在胡志明市和河内市进行，试行3～5年由政府进行评估后视情扩大范围。若向外国人售房政策不再继续实施，已购房的外国人仍对所购住宅拥有所有权。 （据《国际商报》 2008－02－26）

投资贸易指南

文莱投资指南

一、财政金融政策和法规

文莱财政部通过下属的财政研究所、货币局和文莱投资局行使中央银行的职能。文莱采用盯住新加坡元的联系汇率货币制度。新加坡元与文莱元等值流通。

（一）货币

货币局负责发行钞票。货币供应量年增长约20%。

（二）外汇

文莱无外汇限制。银行允许非居民开户和借款。

（三）银行和保险

文莱有9家商业银行，包括花旗银行、汇丰银行和渣打银行等国际银行在文莱均设立分行。有几家本地和国外保险公司。银行利息由银行协会设定。

（四）经济发展理事会（Brunei Economic Development Board）

随着经济发展理事会的设立，文莱将进一步吸引来自各方的投资者。

投资促进法2001涵盖了包括先驱工业、贸易和投资推动、国际资本信贷、风险投资、进出口贸易服务和高科技产业。新的“工业协调法”（2001）将在协调和简化程序上起到更好的作用，尤其是资格审批和工业建筑的批准方面。

二、税收

文莱无个人所得税，也无出口税、销售税、薪工税和生产税。与其他区内国家相比，文莱的税种很少。独资和合资的商行无需交纳所得税，只有公司需交纳所得税，其数额也是同地区最低的。

此外，在投资者创业和发展阶段，文莱提供比其他国家更为优惠的条件以促进企业的壮大。

（一）公司税

公司需对以下收入纳税：（1）各项经济活动中获取的利润；（2）从未在文莱纳税的公司中获得的分红；（3）利息和补贴；（4）利息、版税、奖金和其他财产收入。

文莱无资本收益税。但如征税官确定其中部分收入来自普通贸易，则仍按正常收入征税。

（二）所得税

文莱注册公司有义务对其从文莱或境外所获得的收入交纳所得税。非本地注册公司只需对其在文莱获得的收入纳税。

一家公司，不论其合作伙伴是本地还是外国的，只要其业务的控制和管理发生地在文莱，就可视同本地企业征税。例如经理会议在文莱召开，即视为业务的控制和管理在文莱。

对公司利润的征税率为30%，在一定条件下可以减免。

（三）分红的处理

来自已经完税的公司分红不再征税。

来自英国及英联邦其他国家的分红需交税，即使双边签有税收减免协议。其他任何分红都计算在征税额之内，但不对分红代扣所得税。

（四）允许的减免（Allowable Deductions）

为形成可征税额的全部或唯一的费用，可获得减免。此类减免包括：（1）为获得收入而借入资金所产生的利息；（2）经营活动中产生的土地和建筑物的租金；（3）修理厂房设备的开销；（4）坏账和坏账准备；（5）雇主提取的养老金和准备基金。

（五）不允许的减免（Disallowable Deductions）

包括：（1）非经营活动产生的开销；（2）国内的私人开销；（3）资本提取；（4）用于农场复垦之外的革新所产生的开销；（5）用于保险或可补偿合同的开销；（6）非经营活动所产生的租金或维修费用；（7）在文莱或其他国家所交纳的所得税；（8）未经证实的养老金或准备基金所产生的费用；（9）除被证实捐给指定机构外的捐赠不允许减免。

折旧是不允许的花费，合理的支出以资本支出的名义取代。纳税人可以按如下方式计算折旧：①工业建筑可按第一年10%，以后每年2%计提折旧直到计提完毕。②设备和厂房第一年可计提20%，其余每年按设备的性质，根据收入税法，以每年3%～25%的比例计提。平衡性折让以工业建筑、厂房和设备的处理为基础。这些调整包含了减去折旧的资产价值和销售相比较的增加或减少。任何平衡性费用限制于预先确认的税款津贴，同时，任何盈余将被视为资本收益而不被计入可计账收入。

未吸收的资本津贴可无限期结转但必须从同一交易中抵扣。

（六）亏损处理

公司亏损可从未来6年的收入中结转，并可追溯1年。对公司的所有权和是否同一交易无限制。

（七）外国税收免除规定

文莱和英国签订避免双重税务协定，所得税可以按比例免除。课税扣除只针对本地公司。

英联邦国家提供内部互免优惠，但优惠额不能超过文莱税率的一半。此优惠提供给本地及非本地注册公司。

2004年9月，文莱与中国签署《避免双重征税和防止偷漏税协定》。

（八）印花税

印花税根据多个法规征收。其中一些法规包含从价税。

（九）石油税

修改后的所得税法1963年版为石油生产征税特别立法。

（十）代扣所得税

非本地公司的债券、贷款等的利息收入按20%比例交纳所得税。文莱无其他代扣所得税。

（十一）房地产遗产税

1988年12月15日后去世的人，其房地产遗产按每200万文元3%的税率征收。

（十二）进口税

工业用的食品和其他产品免交进口税。电器产品、木材、照相设备和耗材、家具、汽车及零部件的进口税率为20%，化妆品和香水进口税率为30%。

三、商业和公司注册

（一）注册

在文莱可以设立独资经营企业、合伙经营企业、公司（私人或公共）和外国公司的分支机构。所有企业必须注册名称，名称需经注册师的确认后才可注册。每个名称征税5元文币。

1. 独资经营企业

经批准成立后发给许可证，征收牌照费文币30元。免征公司所得税。外国人不许注册。

2. 合伙经营企业

由个人、本地公司或外国公司的分支机构组成。最多的合伙人数为20人。经批准成立后发给许可证，征收牌照费文币30元。由外国人提出的申请须先得到移民局、经济计划发展局和劳工局的批准，才能注册。免征公司所得税。

3. 私人有限公司

以股权和抵押为有限责任；由2人以上50以下共同设立；股东可以为文莱人或其他；限制股东转让其股份和禁止对公众招股；子公司应当持有母公司的股份；注册时必须按

规定指定公司章程;一经批准,则发给执照并收取25元文币的费用;注册费根据注册资本的认可股数之分标征收;股本不设最小值。

私人公司必须遵守以下规定:指定在文莱注册的核算师。每年提供损益表和资产负债表以及董事报告。每年向财政部经济规划处报送财务数据。每年报送包含董事和股东信息的资料。保留以下记录:(1)会员会议记录;(2)董事会议记录;(3)经理会议记录;(4)会员登记信息;(5)董事和经理的登记信息;(6)主管的登记信息。

公司税为年利润的30%。

4. 外国公司分支机构

注册时需提供以下文件:公司章程的副本,必要时提供英文翻译件;含公司董事名称和地址的清单,其中需有一个以上居住在文莱,并能代表公司接受通知。一经批准,将发给执照并收取25元文币的执照费。

公司每年须提交损益表和资产负债表及董事报告。提交分公司报表。每年向财政部经济规划处报送财务数据。每年报送包含董事和股东信息的资料。

保留会员会议记录、董事会议记录、经理会议记录、会员登记信息、董事和经理的登记信息、主管的登记信息等。

公司税为年利润的30%。

四、商标和专利注册

一经注册,商标和专利在前7年有效,并可延长至14年。在英国、马来西亚和新加坡申请的专利,在文莱注册后前3年有效。文莱对版权保护无特别立法,但英国的相关法律需要时可适用。

五、就业规定

文莱的劳工政策比较宽松。由于本地劳动力短缺,大量引进外劳,目前,外劳占到整个就业人口的1/3。这是投资者需要面对的一个问题。

外国人来文就业需要得到3年有效的工作准证,需事先向劳工局申请。经劳工局的推荐,移民局将发给许可证。劳工局要求申请者提供金额为文莱至劳工来源国单程机票款的押金或银行担保。

工作准证在签发后6个月内不得更改。公司或外国公司的分支机构注册批准之前,申请将不会被接受。

六、劳资关系

商业争议法中部分条款起到调解法的作用。

工会制度目前尚未在文莱普遍实行。由于文莱目前大多为小规模企业,已经自然形成"平等交换"的解决办法,而不是用对抗的方法。除石油工业之外,其他企业还未建立劳资双方的谈判机制。

现有的劳动法针对终止雇佣、医疗、产假及工伤补偿等提供足够的法律依据。政府目前实行工人准备基金以保护所有工人。

七、签证

马来西亚、新加坡、英国及在英国有居留权的人享有30天免签。泰国、印度尼西亚、菲律宾、日本、法国、瑞士、韩国、加拿大、荷兰、卢森堡、比利时、德国、瑞典和马尔代夫公民可以享有14天免签,超过14天,需要申请签证。

其他国家公民进入文莱需要办理签证。

来文就业则需事先由雇主申请工作准证。配偶及18岁以下未成年人需要办理附属签证。

八、交通

文莱皇家航空公司成立于1975年。目前已开通至伦敦、法兰克福、苏黎世、新加坡、雅加达、巴厘岛、达尔文、珀斯、香港、马尼拉、古晋、吉隆坡、台北、曼谷、迪拜等24个目的地的航线,新加坡、菲律宾和泰国的航空公司也开通到文莱的航线。

文莱目前和中国上海、香港开通直航。到上海每周三班,到香港每周四班。

九、国际贸易和投资

从双边和多边的层面展望文莱与其他国家的经济合作,文莱希望在以下领域与其他国家建立起合作的网络:(1)促进在文莱的投资;(2)促进文莱贸易的发展;(3)促进人力资源水平的提高和技术转移;(4)加强双边和地区间以及多边的经济合作。

文莱目前加入东盟(ASEAN)、亚太经合组织(APEC)、伊斯兰国家组织(OIC)、联合国、不结盟运动等国际组织。

(一)投资促进

在投资领域,文莱政府正在制定一项改善投资环境的计划。计划包括和其他国家签署双边贸易条约和备忘录。

(二)贸易发展

在贸易发展领域,文莱促进地区市场和世界市场贸易机会的增长。文莱积极参加多双边的贸易安排,如东盟自由贸易区和世界贸易组织,文莱推动基于本国工业和主要资源为基础的外向型经济的发展。

(三)人力资源开发和技术转移

在人力资源和技术转移方面,以中小企业为主的文莱企业需要提高技术含量,本地人力的短缺使得需要从外国引进工人,尤其是中层管理人才。

十、2001投资促进法有关免税促进模式

(一)先锋工业

1. 获得先锋产业资格证书的条件

凡有限责任公司达到以下要求的可以获得先锋产业资格证书:(1)符合公众的利益;(2)该产业文莱未达到饱和程度;(3)具有良好的发展前景,产品应具有该产业的领先性。

2. 免税期

免税期从生产日开始计算。

企业注册资本金50万~250万文元,免税期5年;250万文元以上免税期8年;高科技园区内企业免税期11年。

免税期延长每次3年,总共不超过11年;(高新区)免税期延长每次5年,总共不超过20年。

3. 投资促进措施

主要措施有:(1)免所得税;(2)先锋产业免30%的公司税;(3)免公司进口机器、设备、零部件、配件及建筑构件的进口税;(4)原材料进口免税;(5)为生产先锋产品而进口的原材料免征进口税;(6)可以结转亏损和津贴。

(二)先锋服务公司

1. 先锋服务的条件

具备下列条件可获得先锋服务公司资格:(1)符合公众利益;(2)应当从事以下经营活动:涉及实验、顾问和研发的工程技术服务;计算机信息服务和其他相关服务;工业设计的开发和生产;休闲和娱乐的服务;出版;教育产业;医疗服务;有关农业技术的服务;有关提供仓储设备的服务;组织展览和会议的服务；金融服务；商业顾问、管理和职业服务；风险资本基金业务；物流运作和管理；运作管理私人博物馆；部长指定的其他服务和业务。

2. 免税期

免税期8年，可延长，但不超过11年。

3. 投资促进措施

主要措施有：(1)免所得税；(2)可结转亏损和补贴。

(三)先锋产品

已公布的先锋产品有24类，包括：(1)航空食品；(2)搅拌混凝土；(3)制药；(4)铝材板；(5)轧钢设备；(6)化工；(7)造船；(8)纸巾；(9)纺织品；(10)听装、瓶装和其他包装食品；(11)家具；(12)玻璃；(13)陶瓷；(14)胶合板；(15)塑料及合成材料；(16)肥料和杀虫剂；(17)玩具；(18)工业用气体；(19)金属板材；(20)工业电气设备；(21)供水设备；(22)宰杀、加工清真食品；(23)废品处理工业；(24)非金属矿产品的制造。

(据中国外交部网站)

柬埔寨投资环境和投资政策

一、柬投资环境中的主要优势

1. 实行开放的自由市场经济政策，经济活动高度自由化。2003年某国际组织对170个国家和地区的经济自由度进行排名，柬埔寨排第35位，与日本同一名次，远高于周边国家。

2. 美、欧、日等28个国家给予柬普惠制待遇(GSP)；对于自柬进口纺织服装产品，美国给予较宽松的配额和减免增收进口关税，欧盟不设限，加拿大给予免征进口关税等优惠措施，吸引了以中国(含港、澳、台)为首的纺织服装出口受限国家和地区来柬投资。在柬的200余家纺织服装企业中，80%以上来自中国(含港、澳、台)。

3. 世界七大奇观之一的吴哥古迹等旅游风景区，每年吸引着数十万的外国游客，同时也吸引着具有国际管理经验的外商投资其酒店等旅游产业。

二、柬投资环境中的不利因素

1. 基础设施等硬件条件较差。水、电、交通、通讯等基础设施条件差，相关成本费用高，工人工资水平相比周边的越南、孟加拉等纺织服装竞争对手较高且劳动力素质和效率较低。柬制衣工人法定月最低工资为45美元，实际人均月工资约80美元。

2. 吸引投资的软环境较差。主要体现在：

一是柬一些官员腐败现象严重，社会普遍存在“外资是来挣柬人钱”的片面认识，人民对“外国资本家”有较大的抵触情绪，工会组织繁多且罢工、示威等活动十分频繁，时常威胁企业正常经营甚至人身、财产安全。

二是市场、经营秩序混乱，法制不健全。法律、司法对外资的保护不力，无经济法庭。

三是柬经济发展主要依赖外援和外资，但柬在二者发生冲突时则常会“重援而轻资”，造成在许多投资政策的制定和执行过程中受到“外援”的左右。

三、柬有关投资政策规定

柬无专门的外商投资法，其吸收外资的法规政策主要体现在“投资法”及其“实施条例”等相关法规和文件中，主要有：

(一)投资保障

1. 对外资与内资基本给予同等待遇。除柬宪法中有关土地所有权(只允许柬籍公民和法人购买)的规定外，所有的投资者，不分国籍和种族，在法律面前一律平等。(基本实现国民待遇)

2. 柬政府不实行损害投资者财产的国有化政策。

3. 已获批准的投资项目，柬政府不对其产品价格和服务价格进行管制。

4. 不实行外汇管制，允许投资者从银行系统购买外汇转往国外，用以清算其与投资活动有关的财政债务。

(二)投资鼓励和优惠

鼓励外商投资农业、旅游业、环保、高科技、劳动密集型工业、出口型工业、基础设施和能源等重要领域。

免征投资生产企业的生产设备、建筑材料、零配件和原材料等的进口关税；企业投资后可享受3～8年的免税优惠，免税期后按税法交纳税率为9%的所得税；利润用于再投资，免征所得税；分配红利不征税；产品出口，免征出口税。

柬对私人投资企业所征收的主要税种和税率分别是：所得税9%，增值税10%，营业税2%。

(三)柬现行税收政策

柬埔寨目前主要有以下税种和税率，分别是：所得税9%或20%，增值税10%，营业税2%。主要商品的进口关税及特殊税详见贸易指南篇的“柬埔寨主要商品关税及有关税收一览表”。

(四)土地的使用

外国投资者可通过长期租赁的方式使用土地，最长租期为99年，期满可申请续租。投资者对项目土地上的不动产和个人财产依法享有所有权。

(五)商业组织形式

在柬进行经济贸易活动比较宽松，可以个人、合伙、公司等不同的商业组织形式注册，且注册资本标准较低。在柬从事进出口贸易，不受国籍限制。

(六)新投资法的变化

新的《投资法》草案已经柬政府通过，待国会通过、参议院和国王批准后将予颁布实施。该法对投资项目的申报手续、CDC的审批程序和项目的优惠待遇都做了部分调整。总体来说，程序更透明(如取消免税期打分制，实行分行业确定免税期，减少人为因素)，但优惠将减少(在所得税、免税期、股息征税等问题上减少政府的让利)。

(据中国驻柬埔寨大使馆经商处)

印度尼西亚投资政策

一、印度尼西亚对本国投资者和外国投资者的市场准入政策

1. 绝对禁止内、外资进入的领域。(1)农业领域。种植和加工大麻及同类产品。(2)海洋渔业领域。海绵的应用和种植。(3)工业和贸易领域。对环境有害的化工产品如五氯苯粉、滴滴涕、狄氏剂、氯氮化学武器；武器及相关零配件生产；环已氨基磺酸盐和糖精生产；烈性酒生产；赌场和赌博设施。(4)交通通讯行业。航空系统；船舶检测。(5)矿产和能源领域。开采放射性矿藏。

2. 只禁止外资进入的领域。(1)森林和养殖领域。微

生物原生质培植；森林砍伐特许。(2)交通领域。出租车/公共汽车服务；小规模航运。(3)贸易领域。贸易以及贸易支持服务，但以下领域除外：大型零售业（购物中心、超市、商场），批发贸易（分销/批发、进出口），展览/会议服务，市场研究服务、港口以外的仓储服务，售后服务。(4)传媒领域。广播电视服务、闭路电视服务、多媒体传媒和印刷传媒信息服务；电影工业。

3. 外资在与内资组建合资企业时才能进入的领域。海港的建设和经营；公用电力的生产、输送和销售；航运；公共饮用水的建设和经营；铁路运输；原子能发电；医疗卫生服务；通讯；商业空运。

4. 满足一定条件才可投资的领域（内、外资）。(1)海洋和渔业领域。①对于淡水鱼养殖，外资须和当地小型渔业企业合作并且养殖印尼渔业部所限定的渔业种类。②对于捕捞水底鱼，限于大鱼、群鱼和其他海鱼（马六甲海峡和阿拉弗拉还的专署经济区除外）。(2)工业领域。①木浆工业。原材料进口或者来自工业用林区；不使用硫酸盐或者氯化物。②纸浆工业。不使用硫酸盐或者氯化物。③氯碱工业。不使用水银。④红树木料加工或者半加工。原料来自红树林。⑤货币印刷。得到 BOTASUPAL－BAKIN 和印度尼西亚银行的许可并符合其要求。⑥特殊印刷行业（邮票、票据、护照等）。得到 BOTASUPAL－BAKIN 的许可证。⑦牛奶加工（奶粉和浓缩奶）。必须加工而不是简单重新包装。⑧胶合板。只可以在 Irian Jaya 省生产。⑨锯木工业。仅限于 Irian Jaya 省。若在其他省，只能用非自然林的原木。⑩乙基酒精工业。技术标准：只能用于原材料或者其他工业的辅助原料。⑪爆破器材的原材料工业。只能和由国防部推荐的实体合作。⑫工商业用爆破器材和配件。只能和国防部推荐的实体合作。只能从事生产活动，产品的储存和分销都只能由政府指定的公司执行。⑬电力咨询服务。满足以下条件可对外资开放：PLTA（水力发电）容量超过 50MW；PLTU（蒸汽发电）容量超过 55MW；PLTP（地热发电）容量超过 55MW；500KV 的电站；超过 500KV 的输电网。⑭电力设备的建设、维护、安装、测试和相关技术支持。满足以下条件可对外资开放：超过 500KV 的电站；超过 500KV 的输电网。⑮石油和天然气开采业务。满足下列条件可对外资开放：只许离岸开采；在东印尼以外的地区开采则必须和印尼国家公司合作。⑯电力业务。开放除 Java，Bali 和 Madura 三地区以外的地区。(3)贸易领域。①饭店。外资只可在旅游区或者综合宾馆才能设立饭店。②游戏业务。外资只可在旅游区或者综合宾馆才能开展此业务。

二、印度尼西亚内外资企业的优惠政策

1. 进口税务

所有由印尼投资协调委员会（印尼负责投资的机构），包括现有的外资企业和内资企业，如果以多于已安装生产能力的 30% 的规模扩展其项目来生产类似产品或增加其产品种类，印尼政府将会准予进口关税的减免和征收优惠。

对以下情况，进口税可减至 5%，对于进口税价目（BTBMT）中的进口税为 5% 以下的货物，则按进口税目表的规定征收。

进口生产所需的资本货物如机械、仪器、零件、附件等，进口期限为 2 年，自同意减免税同意书签发日起算。

进口生产期限为 2 年的产品所需的原材料和配件。

对于已经享受优惠政策而进口上述物品的企业，如还有需要的物品要进口，可从 2002 年 10 月 30 日起再延长一年。

免征首次在印尼进行的船舶注册契约或证明的有权转让费。

2. 税收

政府给予特定项目或领域的国内外投资者如下优惠：

将投资税减轻至 30%；加速折旧和摊提；亏损结转可长达 10 年；关于红利的 10% 的所的税，若双方在税务协议上取得一致，则还可再降低。

3. 产品出口

对用于生产出口产品而进口的货物可退进口税。

对于在国内购买用于生产出口产品的物资免增价税和奢侈品税。

企业可自由选择在国内或国外购买生产所需要的原料。

4. 保税区

对于在保税区内设立的企业，有以下优惠措施：对于进口生产过程中所需要的资本货物、设备以及原料可免进口税、所得税以及奢侈品的增值税；允许企业将 50% 的最终出口产品通过正常的进口手续转移到国内市场，若是非最终出口产品，可 100% 转移到国内市场；

允许将一些边角料或废料销入印尼关境内，但含有生产所用材料的量不超过 5%；允许这些企业将自己的机器设备出借给保税区以外的或无出口加工地位分包商进行深加工，期限不超过 2 年；如果这些企业将其产品从保税区或出口加工转口区交到这些区域以外的分包商或是这些区域内的其他公司进行深加工，则对其免征增值税和奢侈品销售税。

5. 综合经济发展区（KAPET）

为发展某些区域的经济建设，如印尼东部地区或者偏远地区，印尼政府已开辟几个综合经济发展区，在这些区域的投资者，可获以下优惠措施：给予 30% 的投资补助；加速折旧和摊提；亏损结转可延长 10 年；降低股息税。

三、投资主管机构

投资协调委员会（简称 BKPM）是印尼非官方组织，负责投资主管。其下属于印尼总统并直接对总统负责，委员会设主席一人，同时兼任投资部长。BKPM 的职能是协助总统制定投资政策，办理投资批准许可，监督实施投资项目，具体只能如下：起草投资政策，交总统批准；根据投资法律法规，协调行业和地区投资计划，制定出全国投资总规划；定期会同有关行业的主管部位整理审议“禁止和限制投资行业目录”；将上述目录提交总统批准后以总统令形式颁布；依据国家发展政策推动各省的投资活动；就投资项目咨询提供广泛的信息；与投资者和商界保持联系，建立有效的促进和交流机制；依照投资政策、法律、法规对投资申请进行评估；将外资申请项目遴选和评估结果呈报总统批准；审批内资和外资的投资申请和变更；代表有关行业的主管部门办法执照和投资许可；会同地方协调投资协调委员会与其他有关部门监督实施已批准的投资项目。

BKPM 不仅负责投资规划与管理，而且协助投资者寻找可行的投资项目及合适的当地合作伙伴，帮助投资者解决投资实施阶段中出现的各种问题。

四、设立内资企业的程序

根据印尼 1995 年 NO.1 号公司法，印尼内资企业的成立须以下步骤：

1. 委托一家印尼的公证事务所起草并制作公司章程，同时提供下列文件：公司成立人的身份证明；身份证（适用于成立人为自然人）；公司章程（成立人为法人公司）；公司的住所名称；公司的业务活动内容；注册资本（最低限额2千万印尼盾，约2000人民币）；已实交资本（最低限额是注册资本的25%）；公司股东组成以及各占股份；董事会组成人员。

2. 准备公司住所证明文件（如对土地或办公楼的所有权证书、或对公司房屋的租赁证明等）。

3. 去当地税务局办理税务登记。

4. 办理所经营生意的行业许可证。

5. 办理股东出资证明。

6. 公证事务所将公司章程连同以上文件送交司法部审批。

7. 公司去工业贸易部办理登记手续。

8. 在政府公报刊登公司成立的声明。

办理全部程序通常需要1个半至3个月。

五、设立外资企业的程序

1. 投资的批准步骤。

在印尼可以成立100%的外国直接投资（简称PMA）的独资企业，也可以成立合资企业，这两种企业都是印尼的有限责任公司（简称PT）并在印尼注册。

外国投资可在印尼雅加达向投资协调委员会（BKPM）提出申请，也可向各地方的投资协调委员会（BKPMD），或者通过印尼驻各国的外交代表机（大使馆，总领馆，领事馆）提出，所以，投资者可以选择其中一个认为最方便的地方提交投资申请书。不过若在保税区内投资，则应先将投资申请提交保税区主管部门，再由保税区政府提交投资协调委员会。

印尼的投资协调委员会以及地方投资协调委员会或印尼政府驻外代表，将对投资者的申请进行评估，如果还需要其他文件或资料，则会致函投资方加以补寄。若投资申请得到批准，则投资协调委员会主任或者印尼政府驻外代表机构将发出投资同意书。从收到申请到颁布批准证书全过程约10个工作日。在颁布投资批准证书后，外国投资公司可按印尼有限责任公司的条款，去印尼的公证机关，以对章程进行公证的形式成立企业。

（1）向印尼投资协调委员会（BKPM）或印尼政府驻海外机构提出申请；外国投资者申请一项投资，须填写一式两份的专门表格，并提交BKPM或印尼驻外使馆，同时提交以下附件：①由外国投资方（自然人）提供的英文或印尼文的公司章程和外国人有效的护照复印件。②由外国投资公司（PMA）提供的公司章程和纳税注册登记号（NPWP）。③由印尼合作方提供的公司章程、个人身份证和纳税注册登记号（NPWP）。④工艺流程或生产流程图和加工原材料的规格，服务性行业的业务活动介绍。⑤有关合作伙伴根据印尼有关中小企业的法律规定，在小企业和大中型企的合作中，应当确定各方的权利义务和合作形式；由相关小企业出具一份声明，表明合作项目符合1995年9号法律“印尼小型企业”的规定。

（2）在保税区投资的申请。①企业如要在保税区投资，则应通过保税区管理委员会向投资协调委会（BKPM）提出申请，并要求享受有关优惠政策。向保税区提交的申请材料及附件和以上小节内容相同。②保税区管理委员会授权对项目的申请书进行预审，并对项目所需土地、建筑及有关基础设施情况进行初步评估。为此，保税区管理委员会有权要求投资者追加说明材料。保税区管理委员会在收到投资申请书两周内，应将该申请书连同保税区管理委员会对项目的意见呈报投资协调委员会。③保税区管理委员会随后负责签发土地使用准字，项目所在地准字、厂址许可证、建筑许可证、环保执照和外籍人员工作准字。投资者无须另行申请。

（3）向经济发展特区（KAPET）提出的申请和得到批准的程序。无论是内资还是外资向经济发展特区投资时，都要向发展特区管理委员会提出申请，经济发展特区对项目进行评估，评估结果将报投资协调委员会主席，并由主席颁布批准证书，并通过经济发展特区管理委员会正式通知申请人。经济发展特区将负责对投资实施中的许可证准字进行评估和签发。

2. 许可证经营的批准步骤（执行阶段）

项目获批准后，投资协调委员会根据投资者的要求签发下列证件：海关批准证书（SPP）给予税收和进口减免；进口许可证（APIT）；人员计划批准书（RPTK）；营业执照（IUT）。除上述许可证外，地方政府将负责签发地区准字，如项目所在地准字、建筑物施工准字、损害许可准字、土地准字等。

（1）关于申请人批准有限责任公司章程的步骤。申请人必须将公司章程和下列文件通过民政事物司司长递交司法部：①一份贴有印花税的公司章程；②一份与公司章程有关的各种数据，并由公证所公证；③一份由银行出具的投资存款证明；④一份公司纳税登记注册号复印件；⑤一份在国家印刷厂出版的政府公报附录上刊登公司章程预付款的收据证明；⑥一份法律服务的付款证明；⑦一份由投资协调委员会对有限责任公司的批准文件复印件；⑧一份由财政部长对经营银行业务的有限责任公司特批的经营许可证复印件；⑨一份由信息部的电影电视司对开办非政府广播电台有限公司的推荐信；⑩在报纸上刊登股权支付广告两份；⑪法律规定的其他文件。

上述第4，7和8点中所要求的文件复印件须得到公证，在收到公司章程申请书之日起60天内，司法部将批准或驳回申请。

（2）关于申请纳税人注册号。按印尼1984年税法规定，公司有义务向其居住地或者住址所在地的税务局报告其经营活动的地点，以便确认其为纳税公司，即纳税人（PKP），并办法纳税人确认号（NPPKP）。外国公司应填写纳税人注册表，并附上纳税人注册表，并附上下列文件，通过邮局交给当地税务局。①对纳税人：一份合资企业公司章程复印件；一份公司股东人之一的身份复印件；一份营业执照复印件，或一份由营业所在地政府部门出具的推荐信复印件。②对公司财务人员：身份证；驾驶执照；护照复印件。

（3）海关的批准步骤。外国投资公司应向BKPM提交一份清单，报告其将要进口的货物，如机器设备和原材料等，并附上下列文件：①申请书；②主要进口货物清单；③投资批准复印件；④设备流程图；⑤技术说明书或技术文件；⑥纳税人注册号复印件；⑦应纳税人确认号复印件；⑧生产工艺流程图；⑨生产能力计算文件。

BKPM将从法律上确认申请书的合法性，然后对主要进口货物清单上的货物颁发海关进口免税证明。只有在75%的机械设备安装完毕后，方可进口为期2年批量生产所需要的原材料。

(4)限制进口许可证(APIT)的批准步骤。外国投资公司按自己计划进口主要货物和原材料辅料应申领进口许可证(APIT)。向BKPM申领APIT要提供下列文件:①公司负责人在限制进口身份号卡上签字并加盖公司公章。若此负责人不是公司董事,则必须有公司董事的授权代理申明;②公司章程;③外国投资公司的纳税人注册号;④有权签署重要文件的外国人工作许可证复印件;⑤有权签署进口文件的人员名单,并附护照照片一张;⑥投资批准书复印件。

(5)外国人在印尼工作许可证批准步骤。希申请外国人工作许可证(IKTA)的外国投资公司首先应使本公司人力资源计划(RPTKA),然后向BKPM递交外国人工作许可准字(IKTA)申请及下列附件:①印尼本地人力资源使用计划,包括教育水平、工作经验、教育与培训方案;②投资批准书复印件,该复印件包含准许外国人工作的人数公司章程;③公司地区代表处关于目前公司投资活动的报告(LKPM)或年度报告;④从事采矿、能源、石油、天然气、医疗卫生服务的行业,需附相关主管部门的推荐信。

投资协调委员会将为外国公司出具人力资源计划(RPKTA)批准书,并将副本抄送人力资源部部长或其他有关部长。在得到人力资源批准书后,外国投资公司需向BKPM递交限期居留签证(VITAS)申请表,并填写Ppt.2表格和下列附件:有关外国人的有效护照复印件;有关外国人的最近简历原件和并附亲笔签名;学历证书以及工作简历并翻译成英文或印尼文;全体股东大会关于任命职务的会议纪要复印件;有效的人力资源计划(RPTKA)批准书复印件;公司地区代表处关于目前公司投资活动的报告(LKPM)或年度报告;印尼本地劳动力的身份证复印件,对其雇佣的证明。

BKPM进行评估后将向以TA.10表格的形式向移民局局长发出推荐信。移民局局长将向印尼驻外机构发出电传,要求为有关外国人签发限期居留签证(VITAS)。有关外国人在得到VITAS后,可以进入印度尼西亚并在项目所在地停留,但还需要申请工作许可证(IKTA),外国公司要向中央政府提出申请,但是延期则可由地方政府颁布。

(6)公司所在地的批准步骤。公司所在地许可证是投资公司取得土地的重要条件之一,其目的是为了控制和管理投资公司获取土地的行为。公司所在地许可证上表明土地是在一块地图上以具体面积表示的用于投资的土地。外国投资公司要申请土地准字,必须向地方政府土地事物局(BPM)提出申请并附下列文件:①投资批准书复印件一份;②纳税注册登记号(NPWP)复印件一份;③所需土地规划图;④有关项目建议书;⑤公司章程复印件一份。

在评估通过之后,当地政府将给投资者签发土地准字。外国投资公司依据土地准字,开始购置土地。

(7)工程施工准字的批准步骤。已获得土地并已购得土地的外国公司可以向当地公共劳工联合会主席或者房屋与基础设施局申请工程许可证并附下列文件:①土地准字复印件;②申请签字人身份证复印件;③公司章程复印件;④土地所有权证书或证明复印件;⑤土地和建筑税支付凭证。

在未取得工程施工准字(IMB)前,工业性建筑可先开始施工。根据审计后的评估报告,地方政府将签发工程施工许可证(IMB),这一许可证也可以作为建筑物使用准字。

(8)土地所有权的批准步骤。外资公司在获得土地之后,应当尽快向当地政府土地事务局(BPN)申请地面建筑物所有权(HGB),向省土地事务局申请耕作权(HGU)。申请时应附下列文件:①投资批准书复印件一份;②获得土地的法律文件如购买收据及其他文件的复印件;③公司章程;④使用土地达到使用土地达到或者超过200公顷,则由国家土地事务局签发土地耕作权;使用土地少于200公顷,将由省政府土地事务局签发同意书。

(9)损害许可准字的批准步骤。外资公司(PMA)要获得损害允许准字(UUG/HO),要向当地政府行政秘书处提出申请并附下列文件:①公司所在地准字复印件一份;②纳税注册登记号复印件一份;③公司章程一份;④土地和建筑税支付凭证复印件一份;⑤土地所有权证书或证明复印件一份;⑥机械设备安装布局图纸复印件一份;⑦生产保护和废物处理流程图复印件一份。

如果工厂坐落在工业区内,或者符合环境影响分析标准(AMDAL)的产业,则无需申请损害允许准字。

(10)永久经营许可证的批准步骤。开始进行商业运行的外资公司需要向投资协调委员会(BKPM)申请永久经营许可证(IUT),并附下列文件:①司法部长批准的公司章程,中小企业部批准的企业协议复印件一份;②土地权证书、土地所有权证明或土地租赁协议复印件一份;③损害法准字复印件一份;④环境管理计划署(RKL)和环境监测计划署(RPL)出具的批准文件复印件一份,投资计划的批准文件复印件一份;⑤项目调研备忘录(BAP),若投资协调委员会尚未及时完成所需要的项目调研备忘录,则由申请人附上目前的投资活动报告(LKPM)。若申请书不是由总裁签字,必须附上签字人委托书;⑥从事某些行业须递交下列文件:从事电力供应业务,须由电力和能源总司长签发运行检测证书。从事旅游经营业务,须由旅游总司长签发宾馆等级证书。从事出租车运营业务,须由地方政府出租车管理部门出具营运准字。与地方旅游局就旅游运输业务签订承包旅游运输车合同或租赁合同的,须由地方政府出具营运准字。从事宾馆和饭店含酒精饮料零售业务,须获得销售准字。

根据世界银行于2004年年底对印尼投资环境的评估中指出,经过调查统计,在印尼成立一家外资企业办理完全部手续平均需要151天时间。

六、投资计划变动的批准程序

外资公司投资计划的扩大或更改须向投资协调委员会或者相关地区投资协调委员会递交申请。

1. 投资扩大批准程序

申请扩大投资包括追加投资和设备,用以扩大已批准的生产能力、增加商品品种、扩大服务领域等方面。园艺或种植行业的扩大投资包括追加资金或下列多个方面的业务:①增加植物品种,使其多样化;②采用更优化的种子;③不增加土地,采用密植增加产量;④增加处理技术设备,提高生产能力;⑤扩大种植面积;⑥业务综合开发。申请扩大投资向投资协调委员会提出。

2. 投资计划更改的批准程序

投资计划更改包括项目地点的更改、经营和生产行业的更改、外国雇员的人事变动、投资和财政来源的变更、合作伙伴或形式的变更和外国投资公司股份所有权的变更。

投资计划的更改也须向投资协调委员会提出申请。

(信息来源:中国驻印尼大使馆经商处)

老挝投资环境和投资政策

一、投资法律体系

1988年4月,老挝政府颁布《外国在老挝投资法》。1994年3月,老挝政府颁布修改后的《促进和管理外国在老挝投资法》,2001年3月《促进和管理外国投资法实施细则》出台。上述法规在实际操作中存在不少问题,"优惠政策"透明度不高,影响了外商的投资信心和积极性。

二、改善投资环境的措施

(一)老挝政府新颁布《外国投资项目在老挝审批程序的规定》和有关设立经济特区的总理令。

(二)重新将外国投资管理委员会划归国家计划委员会。老挝国内外投资促进管理局(DDFI)。它前身为国外投资管理委员会办公室(FIMC),它是老挝投资管理、外国合作和国内投资委员会(CIC)旗下的中央政府机构。DDFI主要负责评估投资申请,并与老挝有关部委合作,报告CIC获最终批准。该部门也负责监控CIC认可的投资项目,并向国内外投资者提供信息。

(三)针对外商反映较多的老投资委收费环节多、审批慢等问题,老政府在《外国投资项目在老挝审批程序规定》中规定,实施"一道门"服务,取消项目审批手续费和资料费,限定审批时间。少于100万美元的投资,15个工作日;大于100万美元低于500万美元的投资,45个工作日;大于100万美元低于1000万美元的投资,60个工作日。

(四)将金额在100万美元以下、非重点领域投资项目的审批权下放到省一级,将万象市、琅勃拉邦省、沙湾那吉省、占巴色省的审批权限扩大到200万美元。

(五)根据2002年1月21日总理令,在沙湾拿吉省沿泰老边境地区设立占地325公顷的"沙湾—色诺"经济特区,在老中边境设立"磨丁边境贸易区",并颁布有关政策法令。

(六)争取加入世界贸易组织,参加东盟自由贸易区,参与开发湄公河次区域、湄公河—恒河经济区、越老柬三角经济开发区等。

三、主要政策规定

除了关于国家安全,环境和公共健康的行业之外,其他行业都向国外投资者开放;投资可以为完全控股或者合资;国家的货币可以自由兑换;在利润和分红方面没有限制;土地可以长时间租赁,至少30年并可以延期;单一税率(利润的20%);国外雇员征收10%的收入税;所有进口设备征收1%的关税;出口货物的加工品征收零关税;成品免征出口税;承担损失可能性允许为3年;自由雇用国外劳力;对于大项目给予税收优惠;对于给经济发展带来突出贡献以及位于边远地区的投资项目给予降低关税。

四、国外投资者在投资申请中须提交的文件

投资申请书;公司情况说明;合资协议(若为合资企业);有关投资项目的经济和技术说明;用于证明投资公司的法律和财务文书。

五、投资项目

政府优先发展的项目涉及电力、矿产、服装、手工业品、咖啡、大米、木器、砂仁、山货、纸浆、麻、棉花、牲畜、植物药和旅游产品的生产和加工。

基础建设项目涉及电网、水电、过境公路、运输、通信、过境服务、旅游、经济特区及其他多角经济区的开发和建设。

鼓励外商投资的领域有电力开发、农林商品生产和加工、养殖业、加工业、手工业、矿产业、服务业等,鼓励主要使用当地资源和劳动力。

重点扶持3个产业:大米、谷类和食品生产;国内替代进口的日用品生产;出口商品生产。

重点发展的经济领域:(1)继续加强粮食生产,保持自给有余,力争扩大出口;(2)大力发展商品生产,特别是出口商品生产;(3)停止毁林开荒,防止破坏森林和生态环境;(4)加快山区贫困人口脱贫;加强基础设施建设;(5)加快人力资源开发;(6)积极开展对外经济合作;(7)发展服务业,特别是国际旅游业。

按老挝发展规划,2001~2005年,国家需要建设资金40亿~50亿美元。其中,拟争取优惠贷款18亿~19亿美元、商业贷款7亿~8亿美元,吸引外商投资15亿~20亿美元。

中国向老挝提供202种农副产品进口到中国的优惠政策,这对吸引外商在老挝生产这些农副产品销往中国极为有利。　　(据中国驻老挝大使馆经商参处)

马来西亚吸收外资的政策及措施

一、吸引外资的基本政策及管理部门

马来西亚政府鼓励外资投资于出口导向性产业,以此带动其国家经济发展。马来西亚目前尚无类似我国的《外商投资产业指导目录》等规定,且鼓励外商投资的行业及项目同时也对国内企业和个人实施,但在有些领域因维护马来土著利益,对外资在股权比例、董事会成员构成等方面有限定。

马来西亚目前没有一个专门的政府机构对外商投资进行全面统一管理,其主管部门因行业而异。马来西亚国际贸易及工业部(MITI)及其下属的马来西亚工业发展局(MIDA)负责制造业的吸引外资工作,其他行业和领域由马来西亚外资委员会(Malaysia Foreign Investment Committee,简称FIC)及有关部委负责管理,FIC只负责审批外资的持股比例,而有关部委则负责其他相关事宜。如涉及金融、保险行业的外资,由FIC和财政部、国家银行主管;涉及交通运输行业的外资,由FIC和交通部主管;农业吸收外资由马农业部负责管理,旅游业由马文化旅游部管理等。但有关马来西亚吸引外资政策的重大调整,由马政府内阁集体讨论决定。

二、鼓励外商投资的产业政策

马来西亚鼓励外商及本地投资者投资于马来西亚的制造业、农业、旅游宾馆服务业、环境保护、科技研究开发、技术培训和转让等,相应给予有关税收优惠政策。

1. 新兴工业。马来西亚将本国亟待和优先发展的制造业列为"新兴工业",后来,又将农业及服务业内优先发展的行业也列入"新兴工业"范围内。对于列入"新兴工业"范围内的外商投资项目,马来西亚给予税收、用地和工作准证方面的优惠鼓励措施。

2. 高科技产业。马来西亚将用于在马本地研究与开发年度费用支出占其销售额1%以上、科技员工人数占全部员工人数7%以上,且技术人员有正规院校文凭和学历、在相关行业工作满5年以上,从事高新技术产品生产与开发的企业列为高新技术企业。

3. 战略性项目。马来西亚将投资金额大、回收期长、技术水平高、对马经济有发展有重大关联性影响的行业列为战略性项目。

4. 研发项目。马来西亚鼓励外商在马设立研发中心(包括公司内部设立研发部门),为马国内有关企业提供研发服务。

5. 技术转让和培训项目。马来西亚鼓励外商在马进行技术转让和对本地员工进行技术培训。

6. 信息通信。主要是指鼓励外商从事电脑软件开发和升级、信息通讯产品生产和技术开发等。

7. 环保项目。马政府鼓励外商从事植树造林、有毒和危险性废物的储存、处理和清除、节约能源、工农业及生活垃圾和废物的处理及再利用等行业。

8. 航运及运输业。马政府鼓励外商从事航海运输和集装箱公路运输等,改善马物流现状。

9. 农业综合开发。包括耕地和粮食品种改良、农田灌溉、排水及道路桥梁修建、禽畜及水产品养殖、海洋捕鱼等。

10. 旅游会展业(含宾馆服务)。鼓励外商在马设立旅游公司,吸引外国游客来马旅游,鼓励外商开发生态和农业旅游、从事旅馆和度假休闲设施的建设及豪华游艇建造和维修服务等,鼓励外商在马从事专业性及综合性展览及举办国际性会议。

11. 设立地区总部和国际采购中心。鼓励外商在马设立地区总部,为境内外的办事处和公司提供服务,鼓励外商在马设立采购中心,为其母公司及马国内关联公司采购和销售原材料、零部件和制成品。

三、鼓励外商投资的区域政策

区域发展方面,针对东马地区和马来半岛东部沿海地区工业基础相对薄弱现状,马来西亚鼓励外商和本地投资者在东马的沙巴和沙捞越州及马来西亚半岛"东部走廊"(注:马来西亚的"东部走廊"包括吉兰丹州、丁加奴州及彭亨州)地带投资,在所得税等方面予以特别优惠。

为鼓励外商在马从事高新科技研发,马政府在吉隆坡专门划出区域设立"多媒体超级走廊",积极引进外商从事电子、信息和通讯科技开发、产品研制及技术服务等,对"走廊"内的企业,除给予所得税和投资税赋减免等优惠措施外,在电信收费、研发经费申请、上市及海外募集资本方面也给予相应的扶持。

自2006年来,马来西亚政府陆续推出依斯甘达特区、北部经济走廊、东海岸经济走廊、沙巴经济走廊以及砂捞越再生能源走廊,力图加快各地经济速度,平衡区域发展。

四、鼓励外商投资的优惠措施

马来西亚鼓励投资的优惠措施主要包括公司所得税和投资税赋减免、进口税及销售税减免等:

第一,所得税减免。马来西亚的公司所得税税率为28%,但2006年起的3年内,每年降低所得税1个百分点。(从事石油开采冶炼的,公司所得税税率为38%)。对于获得"新兴工业地位"资格的外商投资企业,从生产之日(指日产达到最高产量的30%当天)起,5年内只对公司30%的营业利润征缴所得税;如投资在东马及"东部走廊"地带,五年内只对公司15%的营业利润征缴所得税。

对于高科技公司、从事科学研究与开发及在"多媒体超级走廊"内设立电子信息通讯科技企业的,5年内免缴所得税。对设立机构进行科学技术转让及培训的,10年内免缴所得税。对于向马国内公司或个人转让先进技术的外商企业,其技术转让费免缴所得税,对涉及国家重大利益和对国家经济发展有重大影响的战略性项目,及对生产优先开发的机械设备(如工作母机、塑料成型机、材料装卸设备及自动化设备)及其零部件的,10年内免缴企业所得税。

投资于环保产业领域,5年内公司营业利润的70%免缴所得税,但对于从事植树造林的,10年内免缴企业所得税;

对于投资于财政部核定的粮食生产(包括槿麻、蔬菜、水果、药用植物、香料、水产物及牛羊等牲畜饲养)的企业,10年内免缴企业所得税。对于出口鲜果和干果、鲜花与干花、观赏植物和观赏鱼的,可免缴相当于其营业利润10%的所得税。对于生产回教食品(HALAL),为取得HALAL食品品质验证和鉴定的支出,可相应从其所得税中扣除。

对于出口型企业,如其出口额增长30%,出口增加额的10%免缴所得税,如其出口额增长50%,出口增加额的15%免缴所得税。对信息与通讯科技企业,其出口增加额的50%免缴所得税。

对在兰卡威岛从事豪华游艇维修服务及在马提供豪华游艇出租服务的,5年内免缴所得税。

对在马设立地区营运总部和采购中心的,5年内免缴所得税,5年期满后,经申请核准后,可再延长5年免缴所得税。

对参与马来西亚工业发展计划的外商投资企业,5年免缴所得税,其用于培训员工、产品开发测试及公产审计方面的支出,可从其所得税中扣除。如作为供应商,其产品在价格、品质和技术含量上能达到世界水平,经核准后,可免缴10年的所得税。

第二,投资税赋抵减。对于获得"新兴工业地位"资格的及高科技外商投资企业,其用于固定资产(含厂房、机器设备和零部件等)投资额的60%,可在5年内抵消其应缴纳所得税的70%。如投资于东马及"东部走廊",其投资额的80%可在5年内冲抵公司应缴纳所得税的85%。

对涉及国家重大利益和对国家经济发展有重大影响的战略性项目及对于环保产业及对生产优先开发的机械设备(如工作母机、塑料成型机、材料装卸设备及自动化设备)及其零部件的,5年内其用于固定资产的投资全部可从企业所得税中扣除。

对投资农业项目的,其用于固定资产(含厂房、机器设备和零部件等)投资额的60%,可于5年内抵消其应缴纳所得税的70%。其中用于农业综合开发中道路桥梁、灌溉排水等基础设施建设支出的60%,可于10年内从其所得税中扣除。

对投资参与马来西亚工业发展计划的外商企业,其合格资本支出的60%可于5年内从其所得税中扣除。如作为供应商,其产品在价格、品质和技术含量上能达到世界水平,经核准后,其合格资本支出可于5年内相应从其所得税中扣除。

第三,再投资税赋减免。对于符合规定的公司再投资于马政府鼓励投资的行业,或对于开业12个月以上的外商企业,用于扩充产能、改进现代化设备、产品多样化和生产设备自动化的支出,其再投资额(或支出额)的60%可抵消其应缴纳所得税的70%,优惠期限长达15年。15年期满后,如继续再投资的,其继续再投资的资本支出可在3年内从所得税中全部扣除。

对农业领域再投资的,其用于土地开垦与改良、修建灌溉及排水系统、建造有关道路及桥梁等资本支出的60%，可于15年内抵消其应缴纳所得税的70%。其中用于农业综合开发中道路桥梁、灌溉排水等基础设施建设支出的60%，可于10年内全部从所得税中扣除。

第四，进口税、销售税和国产税减免。对为出口产品而进口的原材料和零部件免缴进口税。对国内不能生产或虽能生产但质量或标准不符要求的机械设备，免征进口税和销售税。对国内能生产且质量和标准符合要求的机械设备，如用于环境保护、废物再利用及有毒有害性物品的储存和处理的，用于研发机构和培训的以及用于种植业的机器设备，经申请，也可免进口税和销售税。用于旅馆和旅游服务的进口材料和设备免缴进口税和销售税。对于经核准的外商投资的教育培训设备(包括实验设备、车间、摄影室和语言实验室等)可免缴进口税、销售税和国产税(注：马来西亚对国内生产的一些特定产品，包括香烟、酒类、纸牌和麻将牌及机动车辆等，征收国产税)。对直接用于财政部核准的服务业项目的原材料和零部件及其消耗品，如国内无法生产或虽能生产但质量或标准不符要求的，可免缴进口税和销售税，本地采购的设备和机械免缴销售税和国产税。对设在“多媒体超级走廊”内的企业所用的有关设备免征进口税。

第五，其他税费减免及鼓励措施。A、基础建设及工业建筑税减免。为特定目的建造和购买建筑设施(包括经核准的行业用于工业生产、研发和员工生活自用的房屋等)，第一年可免缴10%的工业建筑税，以后每年可免缴3%，最长期限为30年。投资在东马和“东部走廊”的公司，可免缴全部的基础建设费。B、有关费用豁免。对为促进马来西亚产品及品牌而发生的广告费用支出，经申请核准后，可相应从其所得税中扣除。C、签证及工作准证便利措施。对在马从事电子信息通讯等高科技研究与开发的外商，给予办理签证及工作准证的便捷快速服务。

五、外商投资的股权政策

1. 马来西亚政府1971年开始实行“新经济政策”，优先照顾原住民的利益，曾规定马来人须掌握全部工商企业30%的股份，后来有所改变。根据目前情况，在马来西亚外资可享有100%股权的行业领域主要有：(1)自2003年6月17日起，外商在制造业领域进行的新投资、现有项目的追加投资(扩充产能或产品多元化)，可拥有100%股权，且不受外销比例的限制。但是，投资与纸类包装、塑料包装、塑料射出模具组件、金属冲压与金属铸造、电线、印刷以及钢铁片剪切服务等7个马来西亚企业已有能力与技能经营的制造领域的外资不享有100%股权。(2)经马政府核准投资于“超级多媒体走廊”的外资公司可拥有100%股权。(3)外资投资于矿砂掘取、开采、加工及有关项目，可拥有100%股权。但在核定股权比例时，马政府将综合考虑投资额、工业技术及风险、本地有无专业技术等因素。(4)经马政府核准的地区营运总部、地区分销中心或国际采购中心的外资可拥有100%股权。(5)经马政府核准投资于伊斯兰教金融领域(银行、保险以及再保险)的外资可拥有100%股权。(2007年2月宣布)(6)投资于依斯干达经济特区的创意工业、教育服务、金融咨询、保健、物流和旅游服务业的外资可拥有100%股权。

2. 外商在马来西亚设立合资公司，其股权依下列原则分配给马来西亚公民：(1)由外国人发起且未指定本地合作伙伴的投资项目，如外资超过70%，则其余股份保留给土著居民；如外资低于70%，则30%应保留给土著居民，其余的分配给非土著居民；如外资持股60%，则30%保留给土著居民，其余10%分配给非土著居民。如果保留给土著居民的股权无人认购，贸工部则将该股份分配给非土著居民。(2)由土著发起且与外资合作的投资项目，如果外资超过70%，则其余股份保留给相关土著；如外资低于70%，则其余额也应保留给土著。但是，如果土著居民无力认购全部股权余额，贸工部可将部分余额分配给非土著居民认购。(3)由非土著发起且与外资合作的投资项目，如外资超过70%，则其余股份保留给相关非土著居民；如外资低于70%，则30%保留给相关非土著居民，其余的分配给土著居民。但在特殊情况下，经贸工部批准，非土著居民也可认购其余全部股权。

3. 马来西亚其他行业领域对外资股权的规定为：(1)银行业。(除伊斯兰教金融外)外资在投资银行股份不得超过49%，商业银行不得超过30%。(2)保险业。(除伊斯兰教金融外)外资股份超过49%时，必须政府批准；现有的合资保险公司的外资股份经批准后允许提高到51%，但是新进入的外资公司只能与本地保险公司合作，且股权不能超过30%。(3)基础电信业。外资在固定电话业务和增值业务方面的股份不得超过30%。(4)法律服务。外资在律师事务所的股份不得超过30%。(5)房地产业。外资在房地产开发企业的股份不得超过30%。(6)直销业。直销公司必须要包含30%的马来人股份。

六、在马来西亚投资应注意的问题

在马来西亚投资，应全面了解有关政策、法规，认真做好可行性研究，注入资金要谨慎；在马聘请当地人要遵守当地的劳工法，聘请外籍人员则需视具体投资额而定。

1. 1955年聘雇法

这是有关劳工的主要立法，适用于月薪不超过1500马币的雇员，以下各要点应引起投资者们注意：(1)工资须于任何工资期间最后一天以后7天内付清。(2)正常工作时数，每天不得超过8小时，或每周48小时。(3)超时加班工作的津贴至少为正常每小时薪金的1.5倍；休假日为正常每小时薪金的2倍；公共假期则为正常每小时薪金的3倍。(4)女性工人不得在晚上10点至早上5点之间从事任何工作，除非事先获得劳工局局长的批准。(5)女性员工可享受至少连续60天的产假，以及全薪或产期津贴按公司正常工资率计算，但每天不得低于马币6元。

2. 聘请外籍员工的有关规定

马来西亚政府规定，外国公司可引进外籍员工担任缺乏熟练马来籍员工的职务，亦可将某些主要职位(key posts)永久保留予外国人。具体规定如下：

(1)外国公司投资额在USD200万元以上者，可自动获得最多5个由外籍员工担任的“主要职位”，若因业务需要增加人数，可向马来西亚工业发展局(MIDA)提出申请。

(2)外国公司投资额低于USD200万元，其外籍职位的核定将考虑以下因素而定：①投资额在50万马币以上，可考虑给予主要职位，具体人数视投资项目的性质而定。②须具备专业资格和实际工作经验的高级主管职位，及须具备工业技能和经验的非高级主管职位，可聘请外国人担任，期限最长为10年，其条件是必须培训马来西亚人，使其最终能接任该职位。　　(信息来源：驻马来西亚大使馆经商处)

马来西亚税收政策

一、马来西亚的税制

马来西亚税收种类份直接税和间接税。直接税包括:所得税、不动产盈余税和石油所得税等;间接税包括:国产税、关税和进出口税、销售税、服务税和印花税等。

马来西亚联邦政府和地方政府实行分税制。

1. 联邦政府征收的税种

联邦政府征收的税种包括财政税(约占80%)和非财政税(约占20%,含有关政府性收费)。(1)财政税分为直接税和间接税。其中:①直接税约占54%。包括:所得税(公司,税率28%;个人,税率0~28%;石油业,税率38%)。其他则包括印花税(税率0~2%)等。

②间接税约占46%。包括:出口税;进口税(0~300%);服务税(税率5%);销售税(税率0~25%);货物税等。

2. 地方政府征收的税种

州政府征收的税种主要有:土地矿山和森林税、执照税(不含机动车、电气设备和商业注册执照)、娱乐税和酒店税等;门牌税由市镇当局征收。

二、马来西亚税收行政管理

中央税、中央与地方共享税和地方税由联邦政府、州政府和市镇当局3套各自独立的税务机构或授权部门分别征收,征税范围与税收收入归属一致。另外,各地邮局可代收有些税款,大大方便了纳税人。

马来西亚联邦政府财政部统一管理马税务制度,负责制定、实施及管理该国税收政策,由其下属内陆税收局和皇家关税局具体管理和实施。

1. 内陆税收局主要负责评估、征收直接税,如所得税、附加税、房地产税、印花税等。在全国各地设有25个评估分支机构和16个调查中心(主要负责逃税事宜),统筹管理全国各地直接税的评估和调查工作。内陆税收局还具有与外国商签避免双重征税协定的职能。

2. 皇家关税局(又称皇家关税和货物税局),主要征收间接税,如进口税、出口税、销售税和服务税等。主要职能有:(1)负责制定管理间接税种;(2)通过引进新方法和先进设备来提高征税效率;(3)通过减免征收、建立免税区等措施协助促进工业发展;(4)引进预防逃税及税收损失的措施;(5)研究商品的价值,确定征收税额;(6)代表贸工部和内贸部等其他部委开展部分工作;(7)积极参加关税合作委员会、东盟、世贸组织等国际组织的活动等。

皇家关税局下设部门有:统筹管理和财务处,关税处,国内税收处,预防处,研究、规划和培训处,税收处。

3. 州政府以及没有专门的地方税务局,而是根据征收的税种,由相关的部门进行征收,如土地税、矿产税由州矿务局征收,森林税由州森林局征收。州政府财政部门给予政策上的指导。

三、主要税种税率

1. 公司所得税

一般而言,在马经营的公司一切收入均应课税。但是,居民公司和非居民公司汇入马来西亚的款项得以免税(银行、保险、海运及空运公司除外)。如公司在马来西亚实施其业务控制及管理,该公司即被视为居民公司。

一般外资企业所得税与国内企业一样同为28%,获新兴工业地位的公司可按有关规定获得优惠。从事石油生产的公司,所得税税率为38%。

2. 个人所得税

居民在马取得的收入和自马境外汇入国内的收入以及非居民在马工作期间取得的收入均应缴纳所得税。居民个人所得税率采用0~28%的累进税率,对符合相关规定的,可予以减免。非居民个人的所得税率为28%,除对在马短期逗留和在马工作不满60天的非居民取得的收入可予免税外,非居民的其他收入不享有减免优惠。

对于非居民个人在马期间取得的下列收入,须预先交纳特定的所得税:(1)因动产的使用、提供技术咨询服务、提供厂房和机械安装服务以及因提供其他无形资产的使用而取得的收入预先缴纳的税率为10%。(2)因提供专利的所得预先缴纳的税率为10%。(3)银行存款利息所得预先缴纳的税率为15%。(4)大众演出的所得预先缴纳的税率为15%。

3. 不动产盈利税

在马出售不动产、土地权益以及不动产公司的股份而所得收益须缴纳不动产盈利税,马公民和公司相应税率如下:(1)自取得该不动产(含有关权益)两年内出售的,税率为30%。(2)自取得该不动产(含有关权益)第三年内出售的,税率为20%。(3)自取得该不动产(含有关权益)第四年内出售的,税率为15%。(4)自取得该不动产(含有关权益)第五年内出售的,税率为5%。(5)自取得该不动产(含有关权益)第五年后出售的,公司的税率为5%,马公民无须缴纳。

马公民和永久性居民可以享受最高为5000马币或所得额10%的免税。

非马公民和居民的不动产所得税,5年内出售不动产及相关权益的,税率为30%;5年后的税率为5%,且不享有减免税优惠。

4. 销售税

销售税为单阶段从价税,所有在马制造的产品和进口的商品(除可免税商品外)均须缴纳销售税,税率为0~25%,但用来制造课税货物的原材料与机械通常可获得免税。一些非主要的食品与建筑材料的税率为5%,烟草和酒类的税率分别为25%和20%;某些原料性产品、基本粮食、建筑材料、农业用具以及供建筑业用途的重型机械可获得免税;一些观光旅游和运动用品、书籍、报章与读物也可获得免税。

5. 服务税/消费税

某些机构场所提供的特定货物(如食物、饮料和烟草等)和服务须缴纳服务税,亦可视为消费税,在提供服务或销售物品时征收,税率通常为在服务收费或产品售价上另加5%。目前,所有大型饭店以及设在饭店内外的餐厅、为会议及表演提供场地、律师、会计师和测绘师等提供的专业服务、保险和电信服务、保安和休闲等服务,均须缴纳服务税。

6. 国产税

本地制造的一些特定产品须缴国产税,主要包括香烟、酒类、纸牌、机动车辆等。

7. 进口税

大多数进口货物需缴付进口税,税率分按值计税和特定税率。按值计税的进口税率介于2%~300%(已装配完成的汽车)之间。近几年来,大部分原材料、零部件和机械设备的进口税已被取消。但自从一九九七年下半年发生金融危机以来，马来西亚政府为压缩进口以减少外汇的开支，又调高了一些大型机械设备和高档消费品的进口税率，其中豪华汽车整车的进口税率从200%提高到300%。

根据马来西亚承诺的东盟共同有效特惠关税方案，至2003年1月1日起，东盟其他成员国进入马来西亚的除汽车及零部件外的其他商品的进口关税减至0～5%。

8. 出口税

马来西亚除对一些资源性商品的出口征收出口税外，通常对制成品的出口免征出口税。马来西亚征收出口税的应税商品包括原油、原木、锯材和棕榈油等资源性商品。

9. 印花税

印花税的课税对象为某些票据和文件，依据票据及文件的种类以及所涉及的交易额采用不同的税率。对于企业来说，其资产首次达到10万马币的，征收1%的印花税，超过该金额的，征收2%的印花税。对于可转让政权，印花税税率为0.3%。某些票据，如提货单和版权专利商标等权益转让的票据，免征印花税。

（信息来源：驻马来西亚大使馆经商处）

缅甸投资环境和投资政策

一、投资环境

1. 基础设施

缅甸工业落后，交通、能源、水电，邮电通信等基础设施落后且严重不足。缅甸全国的发电总装机容量仅为1172兆瓦，供电严重不足，致使工厂的开工率不到50%，连外国使团的用电都无法保障。

2. 汇率

缅甸中央银行确定的缅甸货币缅元兑换美元和人民币等外汇的官价不合理，缅甸的黑市汇率与官方汇率相差几十倍，外国投资者不得不先用外汇进口货物售卖后换取黑市价缅币再进行投资活动，增加投资者的麻烦。

3. 通货膨胀

2002～2003年度，通货膨胀率为34.5%。

二、投资的有利因素

1. 丰富的自然资源没有充分得到利用，深具开发潜力

缅甸拥有丰富的森林资源，森林覆盖率为52.28%；矿产资源种类繁多，而缅甸宝石、玉石以储量大、质地优而享誉世界；缅甸江河纵横，水力资源理论蕴藏量居东南亚各国首位，尤以萨尔温江（在中国境内为怒江）蕴藏量最为丰富；缅甸拥有大陆架12万平方千米，因此渔业资源也很丰富，年理论捕捞量为230万吨以上，目前仅开发70万吨左右；缅甸的可耕地为1849万公顷，现有耕地1232万公顷，占可耕地的66.6%，尚有许多荒地有待开垦；缅甸旅游资源也很丰富，北部有4000米以上的高山雪景，中部有佛塔林，南部有典型的热带风光，是目前世界上旅游资源几乎没有受到工业化污染的国家之一。

2. 缅甸的劳动力资源丰富，且素质较高

缅甸工人的平均月工资约2000缅元，按目前黑市汇率折算仅为10多美元，比越南还低。缅甸居民识字率较高，80%的缅甸人受过中等以上教育，每年有3万大学生和8000多中专生毕业，他们一般都懂英语。此外，缅甸是信奉小乘佛教的国家，人民性情温和，热情好客。外国投资者可利用缅甸廉价劳动力的优势降低产品生产成本，增强产品的国际竞争力。

3. 国内政局由动荡逐步趋于稳定

“国家恢复法律与秩序委员会”接管政权后，由于采取了高压与分化瓦解相结合的政策，使原来的16支反政府武装中的15支已与政府达成协议，参与国家建设。因此，反政府武装已不再对缅甸的政治、经济和社会发展构成威胁。

4. 政府为保障外国投资制定一系列法规

1988年11月，政府颁布《缅甸联邦外国投资法》，积极鼓励外国到缅甸投资，并制定了减免税收的办法，放宽了外汇管理。该投资法不仅保护了外国投资者的权益，同时也消除了他们的疑虑。

三、中国公司到缅甸的投资项目

1. 开发缅甸资源

中国公司可参与矿产开发，如承包铜矿、银矿、金矿、锌矿、铁矿的勘探和冶炼；参与石油与天然气开发，如对陆地老油田进行改造和对岸外石油与天然气进行开发；参与水产资源开发，如海洋捕捞和水产品养殖。缅方以开发的产品偿还投入的资金。

2. 与缅甸私人公司合作，建立工厂，生产缅甸急需产品，在缅甸国内市场出售

缅甸私人特别是华人，有一定的资金，享受缅甸国内待遇，且容易打交道。这种合作投资少、见效快。另一种方法是通过门路，找军官的家属合作，申办私人企业，让对方做名义上的合伙人，这样既可享受国民待遇，办起事情来也方便。

3. 农业合作

缅甸的可耕地和闲置地很多，目前缅甸允许外国人租赁土地经营农业，土地租赁期一般为30年，可根据情况协商，适当调整期限。缅甸的土质好，雨水充沛，而且劳动力低廉，一般每月6000～8000缅元（100缅元可兑换41元人民币）。估计3年内就可以收回全部投资。缅甸已同意把中缅边界克钦邦德乃河平原一带方圆40.48万公顷土地出租给中国使用。中国有些省份历来有移民垦荒的传统，特别是中国南方同缅甸气候相同，完全可以派一批农业技术人员到缅甸去租赁土地，发展农业合作项目。（信息来源：新华网）

菲律宾的外资政策及外国投资法

菲律宾外国投资政策的主要依据是《1987年外国投资法》（E.O.226）和《1991年7042共和国法》（R.a.7042）。在此基础上，菲国家投资署（BOI，BOARD OF INVESTMENT）每年公布一个旨在鼓励国内外投资的“投资优先计划”（IPP，INVESTMENT ZONE AUTHORITY）以特殊的优惠待遇，单独管理各类经济区、出口加工区和保税区的国内外投资。

此外，菲政府另有禁止外资进入或限定外资比例的行业清单（FINL，FOREIGN INVESTMENT NEGATIVE LIST）。

菲给予外资的优惠政策主要视外资投向的行业和地区而定，与独资或合资企业（公司）无关。因此外国企业在菲投资，原则上分为申请优惠待遇和不申请优惠待遇两大类，前者必须符合给予优惠待遇的条件，如IPP或PEZA，允许准入的领域十分广泛，几乎涵盖菲所有行业；后者准入的领域则比较有限。

按菲外国投资法规定，外国企业投资为股权投资（EQUI-

TY)。一个外国投资企业,属外资所有还是菲人所有,股权界限为40%。如外资股权低于或等于40%,为菲人所有;超过40%,为外资所有。另按菲宪法规定,外国人在菲不允许拥有土地所有权,如投资建厂所需,可向菲政府或私人业主租赁,租赁期限为25年,期满后可续租25年。因此最长租赁期限为50年。

一、申请优惠待遇的外国投资

1. 投资PEZA所辖的各类经济区、出口加工区和保税区的外国企业,外资可拥有100%股权,但产品必须100%出口。如获批准,可在菲国内销售30%的产品。

2. 投资于BOI每年修改、增补的IPP领域,主要包括以下几个方面:

(1)先锋领域(PIONEER AREAS):在IPP投资范围内,任何行业均有可能视为先锋领域,只要符合下列条件之一:①在菲尚未有过的、已获商业推广的(制成品或原料的)生产、制造和加工业。但不得是单纯组装或包装项目。②使用某种设计、配方或组合、工艺、加工工序或系统生产菲尚未有过原料或制成品,或是(使用上述设计、配方等)将某种生产要素、物资或原料转化成菲尚未有的原料或制成品。③从事菲农、林、矿产业的商业开发或经营,包括因地制宜的食品加工工业。有关项目要符合菲农业政策导向,可由BOI单独规划,或与有关部级单位协商立项。④非常规燃料的生产,或使用非常规能源的工业设备制造;或同类最终产品的生产、制造或加工过程中使用或转化使用煤或其他非常规燃料,或在同一过程中使用或转化使用相当比例的非当地原料。

在先锋领域,外国投资企业可拥有100%股权。但BOI特别规定一条:"外资先锋企业应在30年之内或由BOI决定之更长期限内,使该企业过度为菲人所有,即菲人持股达到60%"。但如该企业产品出口达100%,则不受此规定限制。

(2)优先领域(又称非先锋领域,PREFERRED NON-PIONEER AREAS):在IPP领域内,不满足上述先锋领域条件的所有行业均为优先领域。在优先领域,外国投资企业所持股权限于40%。但如出口达70%,外资持股比例可放宽。

(3)出口导向企业:外资可持多数股权(40%以上),但产品出口必须达70%以上;如为菲人所有,产品出口只须达50%。出口企业包括从事出口的生产、贸易和服务企业(公司)。

(4)地区差异投资:菲全国划分为13个行政区划,同一行业在不同的行政区划,或对外资开放,或禁止外资进入。

(5)扶贫投资导向:投资于菲经济不发达地区及偏远农业省份,给予外国企业的优惠幅度超过上述任何领域,且辅有额外的地方优惠政策。

(注:①"先锋领域"与"优先领域"在IPP中并不单列,一个行业,如不符合"先锋条件",即属"优先"。3~5项下的投资同此定义。②IPP领域几乎覆盖了除FINL之外菲所有的制造、加工、服务行业,包括农业领域。此项只能根据投资者的具体意向查询。)

二、不申请优惠待遇的外国投资

1. 投资于非出口企业:系指产品或服务(包括旅游业)的出口达到60%的生产、贸易或服务企业(公司),或当地采购产品、60%出口的贸易公司。外国投资在该类企业可拥有100%股权,但不得与FINL发生冲突(详见后)。

该类企业与前述IPP范围内的出口导向企业的主要区别是不享有优惠待遇。但如出口达70%,即使不在IPP范围之内,也可转而申请优惠待遇。

2. 投资于菲国内企业:系指产品或服务100%对菲国内市场销售的生产企业(公司),或原注册为出口企业、但其产品出口未达60%出口的企业(公司)。外国投资在该类企业可拥有100%的股权,但有限定条件:(1)不在IPP范围内;(2)不得与FINL冲突;(3)销售仅限于批发,不得零售。

考虑到IPP覆盖范围的广泛,同时又有FINL的限制,实际上留给投资的所谓"国内企业"已十分有限。

3. 投资于限制外资股权的行业(FINL)

(1)外资股权最高限于25%的行业:①私营对外劳务输出公司;②非地方政府出资的公共设施和维修合同(外国贷款或援助的招标项目除外)。

(2)外资股权最高限于30%的行业:广告。

(3)外资股权最高限于40%的行业:①自然资源勘探、开发和利用(如与菲政府签有资金和技术援助协议,外资可拥有100%股权);②私人土地所有权(仅限以公司股权形式拥有);③公用事业(水、电)管理和运行;④教育机构的设立和管理;⑤水稻、玉米的种植和加工;⑥SEC管理的金融公司;⑦为菲政府所有或控制的企业、公司、代理机构提供物资和商品的供货合同;⑧深海商业捕捞;⑨公寓所有权;⑩各类资产、信誉及财产评估公司。

(4)经菲律宾国家特别部门批准,外资可在如下领域拥有40%的股权:①经菲国家警察署批准,可从事火器、黑色火药、甘油炸药、爆破器材、望远镜及其他类似器材的生产、维修、仓储或生产过程中所需产品及配料的分销。②经菲国防部门批准,外国投资可从事枪支弹药、军舰和军用船只以及类似设备和训练器材、配件的生产、维修、仓储或生产过程中所需产品及配料的分销。③危险药品的生产;④菲法律允许的桑拿、蒸汽浴、按摩诊所等类似行业;⑤赛马等非赌博形式的博彩业。

三、禁止外资进入的行业(FINL)

1. 大众传媒(音像录制除外)
2. 执照专业服务(法律特许的除外)
3. 注册资本低于250万美元的商业零售
4. 供电所
5. 私人保安机构
6. 小型矿业开采
7. 菲内海、领海或专署经济区域的海洋资源开发与利用
8. 斗鸡业的所有、经营和管理
9. 核武器及生化、放射性武器的生产、维修、仓储及分销
10. 烟花炮仗及烟火器材

四、外资企业享受的优惠待遇

1. 在PEZA范围内投资的外国企业,享有以下优惠待遇:(1)4年免缴企业所得税,最长可延至8年。(2)所得税免缴期结束,可选择缴纳5%的"毛收入税"(GROSS INCOME TAX),以代替国家(中央)和地方税。(3)进口资本货物(设备)、散件、配件、原材料、种畜或繁殖用基因物质,免征进口关税及其他税费。同类物品如在菲国内采购,可享受税收信贷(TAX CREDIT),即先按规定缴纳各项税费,待产品出口后再返还(包括进口关税部分的折算征收、返还)。(4)免缴码头税费和出口税费。(5)给予外国投资者及其家属永久居留身份。(6)简化进口程序。(7)可聘用外籍雇员。

此外，是否给予 E. O. 226 规定的其他优惠待遇，由 PEZA 自行决定。

2. 在 IPP 范围内投资的外国企业，享有以下优惠待遇：

(1)免缴所得税：投资先锋领域，自注册之日起，6 年免缴所得税；投资优先领域，自注册之日起，4 年免缴所得税。具备以下条件之一者，上述两类投资的所得税免缴期分别可延长 1 年：①按 BOI 规定的比例使用当地原料；②符合 BOI 规定的资本设备与雇员比例；③前 3 年每年外汇收入不低于 50 万美元。

无论何种情况，先锋企业免缴所得税不超过 8 年。经批准，企业扩展经营规模，从新的经营之日起，视其扩展规模，再延长 3 年。

(2)企业注册之日起 5 年内，如符合 BOI 规定的资本设备与年雇员比例，新增雇员(包括熟练工与非熟练工)工资所得税减免 50%。若企业位于经济欠发达区，减免 75%。

(3)免缴契约税。国家项目和地方项目一视同仁。该优惠同时给予外资出口导向企业。

(4)农业项目自注册或商业运行 10 年之内，繁殖用牲畜或遗传物品免征进口关税。使用非本国繁殖用牲畜或遗传物品，享受税收信贷。

(5)简化海关手续，自由使用寄售设备/货物，出口型企业可使用保税仓库，非传统出口商品免征码头税和出口税。

(6)注册之日起 5 年内，可聘用外籍监理、技术人员或顾问，期限可适当延长。外资所有的公司或相应机构的董事长、总经理和总会计师不受年限限制。

(7)生产出口产品及其配件所需的原材料、零配件和半成品可享受税收信贷。

(8)使用保税仓库、出口产品达 70% 以上的企业，进口零配件免缴各种税费。

(9)如外方拥有多数股权，自企业登记注册起 5 年之内，可雇佣高级外籍管理人员，包括董事长和总经理。外籍雇员可携带配偶和 21 岁以下的未婚子女。

(10)经 BOI 登记注册、在非经济欠发达区投资的外国企业，无论是新建企业还是现有企业追加投资或扩大经营规模，除上述优惠待遇外，还可享有：①自注册之日起，6 年免缴所得税(同先锋企业)；②企业批准运营后，其基础设备建设 100% 免缴所得；③新增雇员(包括熟练工和非熟练工)100% 免缴所得；④投资优先领域可拥有 100% 股权。

五、各类外资企业登记注册程序

外国投资企业在菲登记注册，按是否申请优惠分属或涉及不同职能部门，而公司性质不同，申办程序有别。

菲政府负责国内外投资登记注册的部门有：证券署(SEC)、投资署(BOI)、经济区署(PEZA)和贸工部(DTI)。

(信息来源：中国驻菲律宾使馆经商处)

菲律宾经济区及其管理政策

菲律宾政府一直致力于推动其经济和金融体制改革，以减少政府管制，推进各经济部门自由化，为其经济的发展创造一个良好的宏观环境。经过多年的努力，菲律宾已相继解除了对电讯、航运、石油、银行和保险业的管制，与亚洲国家建立了良好的经济贸易关系，实现了商业自由化，使菲律宾在吸引外国投资方面的竞争力有了明显的提高。为加大引资力度，吸引更多外国投资进入菲律宾亟待发展的行业，提高菲律宾在国际市场的竞争力，菲律宾政府积极改善投资环境，采取了一系列鼓励投资的政策措施，如不断开放外商投资领域；允许外国投资者拥有 100% 股权；对出口导向型企业实行投资优先计划(IPP)等。建立和发展各类经济区，为国内外投资者提供特殊的优惠待遇，是其重要而卓有成效的引资措施之一。

一、菲律宾经济区概况

1. 菲律宾经济区的发展

菲律宾政府早在 70 年代初就开始设立经济区，到 1986 年相继建成了四个出口加工区。此后，由于政治经济危机的爆发，经济区的发展处于停滞甚至倒退状态。1986 年至 1993 年间，菲律宾出口加工区署(EPZA)所辖各类经济区的投资总额仅为 127 亿比索；自 90 年代初起，菲律宾经济区的发展逐步恢复了生机，到 1995 年菲律宾经济区开始进入高速发展阶段，1997 年菲律宾经济区署(PEZA)所辖各类经济区的全年投资总额就达 1597 亿比索；在经历了 4 年的持续高速发展之后，从 2001 年开始，由于政局不稳、社会动荡、兵变频繁、绑架成风使外国投资者对菲律宾望而生畏，对菲律宾投资大幅下滑，2003 年 1 ~ 10 月份 PEZA 所辖各类经济区的投资总额仅为 223 亿比索。

经济区的设立和运营，对加大菲律宾吸引外国投资力度、增加就业人口、扩大贸易出口和促进国民经济的发展发挥了重要作用。1995 年至 2002 年间，PEZA 所辖各类经济区总共吸引投资 8063 亿比索，其中外国投资占 6692.3 亿比索，累计出口 1127.33 亿美元。2002 年 PEZA 的总出口额达到 227.23 亿美元，占菲律宾当年出口总额的 65%，经济区内实现就业 82 万多人。

2. 菲律宾经济区的类型

菲律宾经济区主要由 PEZA 所辖的 96 个各类经济区和独立经营的 Phividec 工业区、Cagayan、Zamboanga、Subic、Clark 自由港等组成。菲律宾政府在自行设立和运营经济区的同时，积极鼓励私营部门设立各种类型的经济区。所谓私营部门经营的经济区，是指园区的土地归私人所有，园区内的基础设施由私人经营者投资建设，面向国内外投资者开放，并享受政府经营的经济区的同等优惠待遇。在 PEZA 所辖的 96 个各类经济区中，私营部门经营的经济区占 92 个，区内投资的企业 444 个；由 PEZA 直接经营的经济区仅 4 个，区内投资的企业有 436 个。

菲律宾经济区主要分为以下几类：

(1)工业园区(IE)：指在统一管理下，按照综合计划进行规划和开发的特定区域，园区提供基础设施、预先建成的标准厂房和公共设施；

(2)出口加工区(EPZ)：指坐落于海关管辖领域以外的特别工业园区，主要生产出口产品。在出口加工区内的企业进口资本设备和原材料免税，并不受其他进口限制；

(3)自由贸易区：指临近进口港(或航空港)的独立区域，进口货物在此卸货后进行直接转运、贮存、重新包装、分类、混合或其他处理。如这些进口货物从自由贸易区转到非自由贸易区，须按照海关和国内税收的相关规章制度办理；

(4)农业经济区：指按照综合计划进行规划和开发的大片区域，园区位于利于农业或自然资源丰富的地区，为投资者提供用于出口的农业和自然资源性产品加工活动的基础设施。

此外,还有投资、商业、金融中心,旅游消闲中心和促进软件、IT服务以及相关信息产品出口的信息技术园等其他类型的经济区。

3. 菲律宾经济区的投资来源和行业分布

从经济区的投资来源看,日本是菲律宾经济区最大的海外投资来源国。在1995年到2002年间,日本对菲律宾经济区的投资占PEZA投资总额的41%;美国占13%,居第二位;荷兰占8%;英国占6%;新加坡占5%;韩国占4%;德国占2%;台湾和马来西亚分别占1%;其他国家和地区的投资占1%。来自菲律宾国内的投资占投资总额的17%。

从投资的行业分布看,电子业是主要的投资领域。在1995年到2002年间,电子业的投资占投资总额的58%;机电产品制造业占12.8%;运输设备和汽车制造业占7.5%;化工业占3.6%;橡胶和塑料制造业占2.4%;医药和医疗器械制造占2.3%;成衣及纺织品生产占1.5%;IT服务业占1%;其他行业占10.9%。

二、菲律宾经济区的管理

1.《菲律宾经济特区法》

1995年《菲律宾经济特区法》(R.A.7916)是菲律宾经济区的主要管理法规。根据该法规,菲律宾经济特区是指已高度发展或有潜能发展成为农业、工业、商业、银行、投资、金融、旅游休闲中心的地区,经济特区(SEZ)包括:工业园区(IE)、出口加工区(EPZ)、自由贸易区和旅游消闲中心等。菲律宾建立经济特区的政策目标是积极鼓励、促进、引导和加速在具有战略潜力地区的私人投资,通过提供优惠政策,有效吸引合法的生产性外国投资,以促进工业、经济和社会的发展;鼓励优先使用菲律宾劳动力、原材料和当地产品,为区域内菲律宾人创造就业机会,特别是提高农村地区的生产力和家庭收入,改善生活质量和水平,刺激出口贸易的增长。

菲律宾经济区由中央政府、地方政府和私人部门创立,各经济区在国家授权下实行自我管理,在其区域内自主发展经济、金融、工业和旅游业;外国公民或企业可以独资或与菲律宾人合资在经济区内建立工业、国际贸易和商业企业,外资可拥有100%股权,其资产、收益和其他合法收入受到保护;经济区为投资者提供土地和建筑设施租赁服务,租期50年,可续延25年,但对投资者有最低的可自由兑换货币投资额要求。

2. 菲律宾经济区管理机构和职责

根据《菲律宾经济特区法》的规定,菲律宾经济区署(PEZA)按独立关税区对经济区实施管理和经营。PEZA隶属于菲律宾贸工部,由13人组成的董事会进行管理。贸工部部长任董事会主席,董事成员中有9名是相关部委的副部长。董事会负责审订经济区管理政策、发展规划和计划,批准建立和执行各项规章制度和标准等。

PEZA的主要职责是与相关政府部门和当地政府协调经济区的发展政策、制订和实施经济区发展规划;按《菲律宾经济特区法》规定的原则运营、管理和发展经济区;对经济区内企业实施有效的注册登记管理、规范和监督企业的经营活动;通过建设、租用、许可、BOT、合资、大批购买等方式为经济区发展和运营提供必要的基础设施;监督私营经济区优惠政策的使用情况和守法情况等。

3. 投资菲律宾经济区的优惠政策

(1)企业可获得4年所得税免缴期,最长可延至8年。所得税免缴期结束后,可选择缴纳5%的"毛收入税"(GROSS INCOME TAX),以代替所有国家(中央)和地方税,其中3%上缴中央政府,2%上缴地方财政。

(2)进口资本货物(设备)、散件、配件、原材料、种畜或繁殖用基因物质,免征进口关税及其他税费。同类物品如在菲国内采购,可享受税收信贷(TAX CREDIT),即先按规定缴纳各项税费,待产品出口后再返还(包括进口关税部分的折算征收、返还)。

(3)经批准,允许企业生产产品的30%在菲律宾国内销售,但须根据国内税法纳税。

(4)免缴码头税费和出口税费。

(5)给予初始投资在15万美元以上的投资者及其配偶和未成年子女(21岁以下)在经济区内永久居留的身份,他们可以自由出入经济区,而不需向其他部门另行申请。

(6)简化进出口程序。

(7)允许聘用外籍雇员,为外国经理人员和技术人员办理2年的可延续工作签证,但外籍雇员数量不能超过企业总雇员的5%。

(8)企业用于员工技术培训和提高管理能力的费用的一半可以从上缴中央政府的3%税收中扣除。

此外,是否给予E.O.226规定的其他优惠待遇,由PEZA自行决定。

4. 投资菲律宾经济区的注册程序

(1)投资菲律宾经济区,须向PEZA提交申请。①按规定在PEZA领取并填写一系列申请表格,并对PEZA下属的项目评估机构(PRED)提交立项可行性报告2份。PRED需2周时间对此做出评估。②PRED评估合格,将评估意见及相关文件转呈PEZA董事会,后者在2周内完成审批。自批准之日起,申办企业有20天时间作出决定,是否在登记注册协议上签字。(2)经PEZA核发相关证明文件后,申办企业到证券署(SEC)办理登记注册,并提交以下文件:①在SEC领取并填写申请表格,一式6份;②经SEC确认,不与其他公司重复的注册企业名称;③公司章程(英文);④菲移民局出具的外方股东常驻身份证明(ACR/ICR、SIRV及外方股权认购人签证);⑤菲银行出具的申办企业到位资金(总额)证明;⑥菲银行出具的外方到位资金(汇入汇款)证明;⑦如为合资企业,还需提交菲方董事会决议。

如外国新建企业的性质为个人独资公司,直接到贸工部(DTI)办理登记注册手续。

外国投资企业如需对其母国返回资本和汇出利润及收入(包括红利)、并且是以银行系统走账所得的外汇返回或汇出,SEC还要求申办企业到菲央行(BAP)办理登记手续。如无需汇出,央行手续可免。外国公司免缴利润汇出税。

(3)在SEC登记注册完毕,还需到当地税务部门申办纳税编号,再到当地市政府(市长办公室)申办经营许可。如申办企业或公司的注册名称申请保护,还需到投资所在地的DTI地区办公室办理有关手续。上述程序完毕,即可正式开业。

(4)其他注意的事项:①在非PEZA内投资建厂,一般是由申办企业自建厂房。自登记注册之日起,申办企业必须在45天之内提交有关厂房的设计和建筑要求,并自获批之日起1个月内开始施工。新建生产企业自登记注册之日起1年内投产。②在PEZA所属的各类经济区、出口加工区和保税区内从事专业仓储业务(WAREHOUSING ACTIVITES),无论独资或合资,最低注册资本为200万美元。

(信息来源:中国驻菲律宾使馆经商处)

新加坡进出口和转运货物简介

新加坡奉行自由贸易政策,对进出口和转运业务限制较少。一般商品进口到新加坡以及在新加坡供应商品和服务需要征收5%的消费税(在2007年7月后消费税率将提高到7%),石油、酒类、烟类和机动车辆等商品有特别税率规定。

一、在新加坡开展进出口和转运业务的基本条件

1. 必须在新加坡组建一家公司并向会计与企业管理局注册。可以登录网站http://licences.business.gov.sg,通过在线商业注册服务注册公司。

2. 注册公司后,需向新加坡关税局免费申请中央注册号码。中央注册号码将允许您通过贸易网系统提交进出口和转运准证申请。

二、贸易交换网(TradeXchange)系统

贸易交换网系统是新加坡全国范围内的贸易电子信息交换系统,能让公共和私营部门在此平台上交换电子贸易数据和信息。

一般情况下,在新加坡开展进出口或转运业务必须在贸易交换网上获得相关业务准证。

注册用户和操作方法,请登录贸易交换网http://www.tradexchange.gov.sg/,获取更多信息。

三、货物进口

在货物进口到新加坡前,进口商需要通过贸易交换网向新加坡关税局提交准证申请。如果符合有关规定,新加坡关税局将签发新加坡进口证书和交货确认书给进口商,以保证货物真正进口到新加坡,没有被转移或出口到被禁止的目的地。一般情况下,所有进口货物都要交纳消费税。如果进口货物是受管制的货物,必须向相关主管部门提交准证申请并获得批准。

四、货物出口

非受管制货物通过海运或空运出口,必须在出口之后3天内,通过贸易交换网提交准证申请。

受管制货物,或非受管制货物通过公路和铁路出口的,需要在出口之前通过贸易交换网提交准证申请。

出口受管制货物还必须事先取得相关主管机构的批准或许可。

五、货物转运

所有从一个自由贸易区转运至另一个自由贸易区的货物,或在同一个自由贸易区内转运受主管部门管制的货物,必须事先通过贸易交换网取得有效的转运准证才能将货物装载到运输工具上。

新加坡进出口和转运业务更详细的管理规定可在贸易交换网http://www.tradexchange.gov.sg/查询。

(信息来源:中国驻新加坡大使馆经商处)

新加坡外资政策

新加坡本土资源匮乏,吸引外商投资是其经济增长的重要保障。因此,新加坡政府给予了外国投资者优惠的投资政策与宽松的投资环境,投资审核机构是新加坡经济发展局(Economic Development Board),具体的相关规范如下:

1. 限制进入或禁止进入产业类别:武器、兵器制造,公共事业(水电、瓦斯等)、新闻、广播业、金融及部分制造业必须先取得主管机关投资许可,如金融须经金融管理局(MAS)许可,部分制造业(爆竹、钢材、啤酒、光盘、香烟等)须经经济发展局(EDB)的许可。

2. 出资比率:除限制新闻业不得超3%、广播业不得超过49%的出资比例,以及公共事业属禁止投资产业外,元外资出资比例限制。外国投资人均可拥100%的股权。在东南亚各国条件最为宽松。

3. 土地持有限制:新加坡民间部门仅拥有全国土地所有权13%,其余均为国家所有,必须以承租方式拥有土地使用权。因此,工业用地系基于租赁契约取得到30~60年的租赁权。工厂可向工业区租赁或租地自建。

4. 奖励投资业类别:新加坡政府公布的至2010年的长期策略性产业发展政策基本方针中,具体指出电子、石化、生命科学、工程、物流、教育、通信及媒体、医疗中心等9个产业部门为其策略发展产业,系奖励投资的行业。另外,信息通信21计划及基因工程计划也将信息通信及遗传因子相关产业列入投资奖励对象。新加坡的相关投资奖励政策系同时以本国企业及外资企业为适用对象。

5. 奖励措施:新加坡对先进产业、既设企业的产能扩张投资等提供租税减免优惠,对营运总部(OHQ)、制造中心(MHQ)、研究开发投资提供投资抵减优惠,对新生产设备也有投资抵减的优惠,对经核准的经营电子商务业者、国际贸易业者、石油交易业者等也提供所得抵减的优惠等。

新加坡吸收外商直接投资优惠政策

一、税收优惠

1. 下列收入免税:

(1)在一些特定领域的非居民纳税人的受托加工贸易收入;(2)经营亚洲货币的金融机构的一般性收入;(3)经批准,在新加坡境内收取的国外收入;(4)货运企业经营的货运收入;(5)外商投资者经营运作亚洲货币获得的收入;(6)经授权批准的信托公司经营外国信托所获得的收入;(7)其他在金融领域中获取的某些收入。

2. 为了巩固新加坡的国际金融中心的地位,一些规定的收入可以享受最低税率10%。

二、行业优惠

1. 先驱公司(即涉及巨额资本开支或复杂技术和生产能力的各行业企业)可以自生产经营日起享受5~10年的税收优惠。如果增加投资、投入更多的先进技术等,此优惠期还可以延长。

2. 股东从先驱公司收取的红利免税。

3. 在获得先驱资格期间所产生的亏损额仍可在以后非先驱资格时抵扣以前产生的亏损额。

4. 先驱型公司可以就其向非居民纳税义务人支付特许权使用费而需待扣的预提所得税申请降低税率。

5. 先驱服务型公司对于其提供的符合要求的服务可享受多10年的税收优惠。

新加坡汇率政策

新加坡对进出口的高度依赖性和资本的高度开放性，决定了新加坡政府将汇率政策确定为货币政策的中心。

新加坡选择的是有管理的浮动汇率制度。该制度具有四个特点：

1. 选择一揽子货币作为新元汇率的管理参照，组成包括新加坡的主要贸易伙伴和竞争对手，各货币所占权重取决于新加坡与该国家的贸易依赖程度，组成不对外公布。

2. 货币当局给新元的名义有效汇率设定的是一个不公开的波动范围（称为政策带），而不是一个固定的数值，从而使汇率制度具有承受短期汇率波动的灵活性，同时也为难以准确测定的新元均衡汇率水平提供一定的评估缓冲区间。

3. 对组成进行周期性地修订，以符合新加坡贸易模式变化；政策也进行周期性地调整，以与经济基本面保持一致。

4. 在出现实际汇率超出政策带的情况下，货币当局通常会进行"逆风干预"，以使汇率重新回到政策带的范围之内。

实行新元不国际化是新元汇率政策的另一个重要内容。即不鼓励新元成为一种国际货币，限制新元在新加坡之外使用和新元离岸市场的发展。该政策的中心是限制对非居民的新元借贷，从而减少对货币进行投机和对汇率进行扭曲的可能性，确保作为货币政策的汇率目标得以实现。新元的不国际化政策是卓有成效的。新加坡在发展成为全球第四大外汇交易中心、日交易量接近1000亿美元的过程中，新元交易量2000年只占6%。随着金融工具的不断创新，新元离岸市场的发展越来越难以控制，新元不国际化的重要性在降低，因此货币当局也在不断放松要求。但是另一方面，该政策起到促进新加坡金融市场，尤其是短期市场发展的作用。

新加坡投资企业指南

新加坡欢迎各种企业投资，在此设立公司开始运作，手续非常简单。

1. 注册公司

所有公司都须向公司与会计与企业管理局（Accounting & Corporate Regulatory Authority，ACRA）提出申请，包括所有海外公司驻新的个体、公司或者企业代表。

欲在新加坡设立分公司的海外企业必须委任2名本地代表代为处理业务，本地代表必须是新加坡公民或者永久居民或者持有就业准证或者亲属签证的外国人。可在此查询注册海外企业分公司所需资料。

诸如银行、保险和股票经纪等商业活动则需申请特别执照。另外诸如雪茄和爆竹等物品则需申请执照方可在新加坡制造。

可在 business. gov. sg 网站找到有关在新加坡注册公司的详情。

任何非新加坡永久居民的外国人，如果想在新加坡从事任何最低月薪超过2500新元的生意、专业、职业或者其他有薪工作的话，则需申请就业准证。您可上人力部网站查询有关就业准证的资料。您也可亲临人力部就业准证部门，加冷路10号，新加坡移民与关卡局大厦5楼，新加坡邮区208718或致电就业准证热线（65）64385122。

2. 选择经营地点

企业可供选择的经营地点种类繁多。厂房种类包括待建空地、已落成的低层和高层建筑单位、工场和仓库。还有由政府负责管理的商业园和特殊工业园：（1）商业园有国际商业园、樟宜商业园和资讯园。（2）特殊工业园有裕廊岛、石油化学园，晶圆厂房（淡滨尼、巴西立、兀兰），先进显示器工业园（淡滨尼），大士生物医药园、生物科技园、樟宜机场物流园、裕廊岛化工物流园，食品工业园（麦波申、大士），科技企业家园（裕廊东的企业家园、新加坡科学园的 iAxil、亚逸拉惹科技企业家中心、纬壹科技城的零据点、红山—新达城科技企业家中心、菜市科技园）。

3. 资金援助和其他优惠计划

政府和私人机构设立了一系列的计划来协助企业改善效率、加强竞争力和拓展各种商机。

不管是起步企业或者是本地公司，甚至是想在新加坡设立区域总部的大型环球企业，都能从中获益。

4. 征聘员工

新加坡的劳动队伍是世界公认最有生产力，工作态度最好且技能最佳的，员工能说流利英语，且做事勤奋投入，并乐于提升技能和知识。各种培训和进修奖学金计划让员工可不断提升技能。

新加坡也欢迎海外人才。为海外员工申请就业准证只需两个星期便可获批准。当专家或经理级员工来新参与短期工程项目时，则可在三个工作日内获批准。

请上人力部网站查询有关各种就业准证以及家属签证的详情。

5. 税务

新加坡的企业和个人所得税税率都很低，最高税率仅22%。目的在于吸引外资，鼓励创业精神、冒险精神和促进商贸发展。

新加坡征收5%消费税，金融服务以及住宅产业出售或出租则免税。进口货品也需征收消费税。

6. 在新加坡生活

对于外国人来说，新加坡的环境舒适，安全有秩序，生活水平高，有丰富的娱乐和体育选择。外籍人士可将孩子送到十多所特设学校受教育：新加坡国际学校、澳洲国际学校、英国理事会幼儿园、加拿大国际学校、采士华国际学校、新加坡德国学校、荷兰学校、日本人学校、新法国学校、新加坡美国学校、新加坡瑞士学校、东陵成人学校。

（信息来源：中新经贸合作网）

泰国商务：公司的建立

一、组建公司程序

1. 起草联合备忘录

准备1份备忘录，并递交给商业部的公司注册处。备忘录应包括公司的名称地址，营业范围和总资本。资本方面应包括股本数和每股的价格。另外，需有发起人不少于7人的详细资料和所持的股份数。无最低资金额的要求，资金的数量按企业的发展而定。每100000铢注册资金缴交手续费50铢。最低手续费是500铢；最高手续费是25000铢。

2. 召集法定会议

一旦股东结构已确立，需召集1个法定的会议。最少25%的股份须到位。

3. 注册

在召集了法定会议的3个月内，负责人必须递交成立公司的申请。公司注册费每100000BAHT的注册资金缴交500BAHT。最低手续费为5000铢；最高手续费为250000铢。

4. 税收登记

公司应缴纳收入税，需在公司成立60天内或公司开业时到税收部领取公司收入税识别卡和号码。公司每盈利600000铢，必须在30天内申报缴交增值税。

二、报告要求

公司必须遵循商业条例规定，收入规定和会计法规定的会计程序。文件可用任意语言，但需附泰文翻译件。

三、征税

公司需对所有固定雇员征个人收入税。增值税需在生产过程的每一步征收，增值税为7%，而且按月缴交，对大部分公司适用。从事多种经营活动的公司除缴纳增值税外需缴纳特别经营税，税率根据净利润不同征收0.1%～3.0%。公司收入所得税是净利润的30%。每财政年收2次。年终利润预测须简明预缴税额。

四、年度会计报表

每年需准备资金平衡表，公司业绩报告需经审计人员审计，股东审阅通过后，交于商业部。

五、泰国承认3类公司组织形式

1. 独资公司

这是一类公司，由个人拥有，但不是合资公司。

2. 合作公司

泰国和西方的合作概念基本相同。

泰国提供以下3种类型的合作：(1)未注册普通伙伴，所有伙伴一起参与并一起负担所有义务。(2)注册的普通伙伴，注册后伙伴成为法律关系，区别于个体意义上的伙伴。(3)有限制合作。个体的伙伴受个人的资金额限制。需注册有限合作公司。

3. 有限公司

(1)公共有限公司，最少有15个发起人。邀请公众参股需符合证券交易法B.E.2535的规定。

(2)私人有限公司，至少有7个发起人和7个股东。同时建立1个代表处，从事有限的“非贸易”行为，如为总部提供资源货物或在泰国的服务，或者检查和控制公司销往泰国的货物的数量和质量。

可建立跨国公司的地区办事处，按照总部的指示协助和直接负责这一地区的分支运作，但不能有营业的收入，无权与泰国的个人和合法实体洽谈生意。申请建立代表处或地区办事处需向商业注册处递交申请表。

(3)有限合作公司。这类伙伴有两种类型：①伙伴所负的责任是有限的，他们各自承担伙伴关系的一部分。②各伙伴之间互相连接和无限制的承担所有的义务。有限责任公司必须注册。

六、公司组织类型，劳工规定

劳工法直接保护劳工在各类行业中的利益。投资者应寻求适当的适用于他们经营的立法规定。

劳工工作时间和假期根据工作的性质而定。雇员可享受医疗假(一年不超过30天)和产假(90天，付45天薪金)。另外，对妇女和儿童的工作有严格的限制。薪金和加班的规定，劳工纠纷由正式的管理部门处理。如雇员在工作时间内受伤，生病，或死亡，雇主需付补恤金。泰国法律同时要求雇主为员工提供福利，如医疗和卫生措施。多于10人的公司需建立书面的工作准则，规定工作条件。最低薪金规定适用于所有经营公司，其高低取决于工厂的所在区。固定职员遭无故解雇时，公司应发给其离职费。终止雇佣的条件也需列出，不公正的解雇可依法起诉。工会需在劳工部注册，获得许可证后才可举行活动。

(信息来源：泰国投资促进委员会)

泰国与投资有关的政策

一、对投资者的市场准入政策

按照泰国《外籍人经商法》，泰国限制外国人投资的行业有以下3类：

1. 因特殊理由严格禁止外国人投资的业务：(1)报业、广播电台、电视台；(2)种稻、旱地种植、果园种植；(3)牧业；(4)林业、原木加工；(5)在泰领海、泰经济特区的捕鱼；(6)泰药材炮制；(7)涉及泰国古董或具有历史价值之文物的经营和拍卖；(8)佛像、钵盂制作或铸造；(9)土地交易。

2. 涉及国家安全稳定或对艺术文化、风俗习惯、民间手工业、自然资源、生态环境造成不良影响的投资业务，须经商业部长根据内阁的决定批准后外国投资者才可以从事的行业：(1)生产、销售、修理军用设备；(2)国内陆上、水上、空中等运输业，包括国内航空业；(3)涉及泰国传统工艺品的古董、艺术品买卖；(4)木雕制造；(5)养蚕、泰丝生产、泰绸织造、泰绸花纹印制；(6)泰国民族乐器制造；(7)金器、银器、乌银镶嵌器、镶石金器、漆器制造；(8)蔗糖生产；(9)海盐、矿盐生产；(10)石盐生产；(11)采矿业、石头爆破或碎石加工。

3. 泰国人对外国人未具竞争能力的投资业务，须经商业部商业注册厅长根据外籍人经商营业委员会决定批准后可以从事的行业：(1)米业、米粉和其他植物粉加工；(2)水产养殖业；(3)营造林木的开发与经营；(4)胶合板、饰面板、刨木板、硬木板制造；(5)石灰生产；(6)会计、法律、建筑、工程服务业；(7)宣传广告业；(8)旅店业；(9)旅游业；(10)植物新品种开发和品种改良。

如果外籍人属于《投资促进法》、《工业区管理局法》或其他有关法律规定受鼓励的投资者，则可以从事第二、三类中规定的行业。从事第二类中规定的行业，外籍法人需符合以下两个条件：一是泰籍人或按照本法规定的非外国法人所持的股份不少于外国法人公司资本的40%(除非有适当原因，商业部长根据内阁的决议可以放宽上述持股比例，但最低不得低于25%)；二是泰国人所占的董事职位不少于2/5。

以下行业的泰籍投资者的持股量必须不低于51%：农业、畜牧业、渔业、勘探与开采矿业和1999年颁布的《外籍人经商法》附录第一类行业中的服务行业。

二、鼓励投资政策

1. 鼓励投资的政策

自1997年泰国发生金融危机以来，为适应世界经济及投资形势的变化，更多的吸引外资，泰国投资促进委员会先后多次公布新的鼓励政策和措施。现行的奖励投资政策及条例是2000年8月1日由当时的川·立派总理(时任BOI

主席)签署公布的,此后又做了多次补充修改公告。2006 年 5 月,泰国投资促进委员会发布了关于投资优惠的有关解释,主要内容包括:

(1)更有效地利用免税优惠,对真正有利于经济发展的项目,并且具备优良的机构管理原则的项目,给予税务方面的优惠。通过审批获得优惠投资的企业必须向投资促进委员会报告其业绩,以便投资促进委员会审核允许享受该年度的免税优惠。

(2)支持各工业企业提高生产标准及质量体系,以增加在国际市场上的竞争力。凡通过审批获优惠待遇的企业,投资额在 1000 万泰铢以上(不含土地费和流动资金)必须要取得 ISO9000 国际质量标准或其他相等的国际标准认证。

(3)调整泰国投资措施,使之和国际贸易与投资协定相一致,取消出口条件及国产件的使用规定。

(4)给予边远地区或低收入地区和设施未完备的地区提供特别优惠待遇,使之获得最高的税务优惠权益。

(5)重视中、小型企业的投资,申请优惠投资的最低投资额为 100 万泰铢(不含土地费和流动资金)。

(6)重视以下行业的投资:农产品加工业、人才及科技发展企业、公共事业、基础设施、环境保护和目标产业。

2. 放宽外商持股限制

为方便外商在工业企业方面的投资,投资委放宽对外商的持股限制,审批规定如下:

(1)以下行业泰籍投资者的持股量必须不低于 51%:农业、畜牧业、渔业、勘探与开采矿业和 1999 年颁布的《外籍人经商法》附录第一类行业中的服务行业。

(2)工业企业的投资,无论生产场所设在何处,允许外商持大股或全部股。

(3)除非有特殊理由,投资促进委员会将规定某些行业外商持股比例的限额。

三、三大投资区域及其投资优惠政策

1. 三大投资区域

投资委根据各府治的收入和基础服务设施等经济因素,把泰国划分为 3 个区:

第一区 6 个府,位于中部,分别是:曼谷及邻近的北榄、龙仔厝、巴吞他尼、暖武里和佛统府。第二区 12 个府,即:第一区周边的夜功、叻丕、北碧、素攀、大城、红统、北标、坤西育、北柳、春武里(万佛岁)、罗勇和普吉府。第三区 58 个府治,分为二组,即 36 个府治一组与一个 22 低收入府治一组。36 个府治有:甲米、甘烹碧、坤敬、尖竹汶、猜纳、春蓬、清莱、清迈、董里(什田)、哒叻(桐艾)、达(来兴)、呵叻、洛坤、北榄坡、巴蜀、巴真、攀牙、博他仑(高头廊)、披集、彭世洛、碧武里(佛丕)、碧差汶、莫拉韩、夜丰颂(湄丰颂)、拉廊(仁廊)、华富里、南邦、南奔、黎、宋卡、沙缴、信武里、素可泰、素叻、程逸、色梗港等;22 个府治有:加拉信、纳空拍依、陶公、难、武里南、北大年、拍夭、帕、玛哈沙拉堪、耶梭通、耶拉、黎逸、四色菊(四刹吉)、色军、沙敦、素辇、廊磨南蒲、猜也奔、廊开、乌汶、乌隆(莫肯)及庵纳乍能等。第三区的每个府均为投资促进鼓励区。

2. 区域优惠政策

区域优惠政策以曼谷为中心向外扩展,越向外围投资政策越优惠。获审批后的项目,其优惠权益将根据经营场所所在区而获得,对特别规定的项目除外,如:①特别重视的业务;②特别重视并对国家特别有利的业务;③符合促进发展技能、技术与创新政策的业务;④符合促进中小企业(SMEs)政策的业务;⑤符合促进泰国农业企业政策行业;⑥其他另作特别规定的业务。

一般项目所能享受免缴法人所得税总和不得超过(不含土地费及流动资金)总投资额的 100%,至于特别重视并对国家特别有利的业务,如:符合促进发展技能、技术与创新政策有关的项目、促进中小企业(SMEs)政策有关项目、促进泰国农业企业有关项目及其他作特别规定的业务,将不受免缴法人所得税总和比例的规定约束。

(1)设在第一区 6 个府治的项目:①第一区内获投资优惠权益的工业园区内的项目。进口税率不低于 10% 的机器设备,其进口税获减半优惠。获免缴 3 年的法人所得税。获批准投资优惠权益并且投资额 1000 万泰铢以上(不含土地费及流动资金)的项目,须自经营之日起 1 年内取得 ISO9000 国际标准质量认证或同等的其他国际标准,否则将被削减法人所得税的免税期 1 年。获免缴用于生产出口产品所需的进口原料的进口税。②第一区内获投资优惠权益的工业园区外的项目。进口税不低于 10% 的机器设备,其进口税获减半优惠。获免用于生产出口产品所必需的进口原料的进口税。

(2)设在第二区 12 个府治的项目:①第二区内获投资优惠权益的工业园区内的项目(不含廉差邦工业园和罗勇府内获投资优惠权益的工业园区)。获免缴机械设备进口税,获免缴 7 年法人所得税(必须是 2009 年 12 月 31 日前申请的项目)。获批准投资优惠权益并投资额 1000 万泰铢以上的项目(不含土地费及流动资金),须自经营之日起 2 年内取得 ISO9000 国际标准质量认证或同等的其他国际标准,否则将被削减法人所得税的免税期 1 年。用于生产出口产品所需的进口原料,获免缴进口税 1 年。②第二区内获投资优惠权益的工业园区外的项目。进口税不低于 10% 的机器设备,其进口税获减半优惠。获免缴 3 年法人所得税。获批准投资优惠权益并投资额 1000 万泰铢以上项目(不含土地费及流动资金),须自开始经营起 2 年内取得 ISO9000 国际标准质量认证或同等的其他国际标准,否则将被削减法人所得税的免税期 1 年。用于生产出口产品所需的进口原料,获免缴进口税 1 年。

(3)设在第三区内 36 个府治的项目:①设在 36 个府治内获投资优惠权益的工业园区内的项目,以及设在廉差邦工业区及罗勇府内获投资优惠权益的工业园区内并在 2009 年 1 月 31 日前申请的项目。获免缴机械设备进口税,并获免缴 8 年法人所得税。获批准投资优惠权益并投资额 1000 万泰铢以上的项目(不含土地费及流动资金),须自经营之日起 2 年内取得 ISO9000 国际标准质量认证或同等的其他国际标准,否则将被削减法人所得税的免税期 1 年。用于生产出口产品所需的进口原料,获免缴进口税 1 年。获免缴法人所得税 8 年后,可再获减上述税项 50%,为期 5 年。获投资优惠权益的项目,允许把水、电费的两倍作为成本从利润中扣除,从项目有收入起,为期 10 年。允许把基础服务设施的安装和建设费的 25% 从净利中扣除。获投资优惠权益的企业,从企业有收入之日起 10 年内,可选任何 1 年或多年扣除上述费用。企业资产的折旧费仍按常规扣除。内销产品所需的进口原料或材料,获减免 75% 的进口税,为期 5 年(每次获准期限 1 年)。廉差邦工业区及在 2005 年 1 月 1 日起,申请并设在罗勇府内获投资优惠权益的工业园区内的项目不在此列(必须在2009年1月31日前申请)。②设在36个府治内获投资优惠权益的工业园区外的项目。获免缴机械设备进口税,并获免缴8年法人所得税。获批准投资优惠权益并投资额1000万泰铢以上的项目(不含土地费及流动资金),须自经营之日起2年内取得ISO9000国际标准质量认证或同等的其他国际标准,否则将被削减法人所得税的免税期1年。用于生产出口产品所需的进口原料,获免进口税,为期5年。可把基础服务设施的安装和建设费的25%从净利中扣除。获投资优惠权益的企业,从企业有收入之日起10年内,可选任何一年或多年扣除上述费用。企业资产的折旧费仍按常规扣除。

(4)设在第三区内22个府治的项目。获免缴机械设备进口税,并获免缴8年法人所得税。获批准投资优惠权益并投资额1000万泰铢以上的项目(不含土地费及流动资金),须自经营之日起2年内取得ISO9000国际标准质量认证或同等的其他国际标准,否则将被削减法人所得税的免税期1年。用于生产出口产品所需的进口原料,获免缴进口税,为期5年。获免缴法人所得税期满后,再获减上述税项50%,为期5年。获投资优惠权益的项目,允许把运输费、水费、电费的两倍作为成本在利润中扣除,为期10年。允许把基础服务设施的安装和建设费的25%从净利中扣除。获投资优惠权益的企业,从企业有收入之日起10年内,可选任何1年或多年扣除上述费用。企业的资产折旧费仍按常规扣除。内销产品所需的进口原料或材料,获减免75%的进口税,为期5年(每次获准期限1年)。以上优惠政策同样只适用于2009年1月31日前申请、并设立在获投资优惠权益的工业园区内的项目。

四、特别重视项目的优惠权益

在泰国把申请奖励优惠行业分为7大类,分别是:农业及农产品加工业;矿业、陶瓷及基础金属工业;轻工业;金属产品、机械设备和运输设备制造业;电子与电器工业;化工产品、造纸及塑胶业;服务业及公用事业。

这7大行业共涉及上百个子类、数百种产品,一般为普通的投资行业,其中有些属于“特别重视的项目”以及“特别重视并对国家特别有利的项目”。

1. 属于“特别重视的项目”者可以享受如下优惠权益:无论工厂设在何区,均可获免缴机械设备进口税;无论工厂设在何区,均可获免缴8年法人所得税;其他优惠权益,按工厂所在区域的规定享受。

2. 属于“特别重视并对国家特别有利的项目”,可享受如下优惠权益:免缴8年法人所得税,不规定获免缴法人所得税的比例;无论项目设于何处,均可获免缴机器设备进口税。

3. 获优惠权益的投资项目,销售所得以及提供服务所得,其成果无论是直接经营所得还是进行商业化生产,也无论是自我生产还是由他人分包生产,其收入所得均算是获优惠权益项目的收入。

4. 不在此七大类行业里的项目,如一些新发明的技术及产品,也可以向BOI申请投资优惠。

五、针对技术创新的投资促进政策

1. 凡按以下规定其中一项的投资项目,将获得以下优惠权益:

(1)增加STI项目的优惠权益,但享受优惠的总年数不超过8年。①如果是在以下方面进行投资或者产生费用,即可获免缴法人所得税增加1年:研发或设计,在高级技术培训方面,或给高等学院或研究中心提供费用支持,所有的费用总和不少于前3年销售总额的1%,或者是总费用累计不低于1.5亿泰铢(选其最低值)。②在以下方面进行投资或产生费用将获免缴法人所得税增加2年:研发或设计,在高级技术培训方面,或给高等学院或研究中心提供费用支持,所有的费用总和不少于前3年销售总额的2%,或者是总费用累计不低于3亿泰铢(选其最低值)。③在以下方面进行投资或产生费用将获免缴法人所得税增加3年。研发或设计,在高级技术培训方面,或给高等学院或研究中心提供费用支持,所有的费用总和不少于前3年销售总额的3%,或者是总费用累计不低于4.5亿泰铢(选其最低值)。

(2)无论设于何区,均可获免缴机器进口税。

2. 获优惠权益的项目,在获免缴法人所得税期间,可在技能发展、技术创新方面进行投资。

六、针对中小企业发展促进政策

为鼓励和促进中小企业的发展,泰国对中小企业(SMEs)提供以下税收优惠措施:对于实收资本在500万泰铢及以下的泰国公司,降低法人所得税税率。净利润在100万泰铢以内的,适用20%的所得税税率,净利润在100万~300万泰铢之间的,适用25%的所得税税率,利润超过300万泰铢的,按正常30%税率缴纳。泰国公司拥有的耐用资产(不包括土地)低于200万泰铢,雇佣员工低于200人的,第1年可获得以下特许优惠:计算机硬件及外围设备可在获得之日1次按总成本的30%计入折旧,剩余部分按正常折旧率计算,但折旧期限不应少于3个会计年度;建筑物和厂房可在获得之日1次按总成本的25%计入折旧,剩余部分按正常折旧率计算,但每年折旧额不应超过总成本的5%;机器设备可在获得之日1次按总成本的30%计入折旧,剩余部分按正常折旧率计算,但每年折旧额不应超过总成本的25%;合格的风险投资(VC)公司投资于耐用资产(不包括土地)低于200万泰铢且雇佣员工低于200人的泰国公司,所获得的股息收入及出售股份的资本收益,全部免缴法人所得税。

七、针对农业、农产品加工业的促进发展政策

按照泰国投资促进委员会的第6/2546号公告,投资于农产品加工,例如用先进技术生产或保鲜食品等等,可以享受到泰国政府给予的奖励优惠:无论工厂设在何区,均可获免缴机器设备进口税;无论工厂设在何区,均可获免缴8年法人所得税;不规定获免缴法人所得税的比例。享受上述优惠必须具备如下条件:为一乡一品(OTOP)并取得集体社区产品标准的生产者若不能取得集体社区产品标准,则须具备已经营的及新投资的净资产或投资额(不含土地费及流动资金)不超过500万泰铢,已经营的部分与扩大产能或提高生产效率而进行新投资的部分,给予投资优惠权益。

八、其他优惠政策

其他另作规定的业务,可参考www.boi.go.th网站。

1. 生产经营场所搬迁的投资优惠原则

为了鼓励企业往内地发展,投资委将对在中心地区设厂的企业,无论是否已享受促进鼓励,其搬迁至内地的审批及优惠待遇如下:

(1)必须把生产经营场所由第一区搬到第二区或由第一区、第二区搬到第三区。

(2)必须搬入获投资优惠权益的工业园区内。

(3)必须属于投资委给予投资优惠权益的业务,并且其投资规模达到投资委的规定。

(4)从获得投资优惠权益证书后,两年内须关闭原厂,其新厂也须开始营业。

(5)按照新所在地规定享受非税务及税务优惠权益如下:①若把生产经营场所搬到第二区内获投资优惠权益的工业园区内,不含廉差邦工业村及罗勇府内获投资优惠权益的工业园区内,将获免缴7年法人所得税。投资额在1000万泰铢以上的项目(不含土地费及流动资金),须自经营之日起2年内取得ISO9000国际标准质量认证或同等的其他国际标准,否则,将被削减其法人所得税的免税期1年。②若把生产场所搬到第三区内获投资优惠权益的工业园区,廉差邦工业村及罗勇府内获投资优惠权益的工业园区。③获免缴8年法人所得税,投资额在1000万泰铢以上的项目(不含土地费及流动资金),须自经营之日起2年内取得ISO9000国际标准质量认证或同等的其他国际标准。否则,将被削减法人所得税1年。④当法人所得税免税期满后次日起,可再获该税项正常税率减半优惠权益,为期5年。⑤获投资优惠权益的项目,从有收入之日起其运输费、水费、电费的两倍,作为成本在利润中扣除,为期10年。⑥可把基础服务设施的安装和建设费的25%从净利中扣除,从有收入之日起为期10年。企业可选任何1年或多年扣除上述费用。企业资产的折旧费仍按常规扣除。⑦不能享受免缴法人所得税优惠权益的项目,若搬迁生产场所也不能享受法人所得免税权益。

(6)从新的生产场所开始有收入之日起计算免缴法人所得税的期限。

(7)搬迁生产场所的企业,须在2009年12月31日内申请;若在该日后申请,有关优惠权益可能会有所变化。

2. 按业绩给予优惠权益的原则

为有效地给予税务方面的优惠权益及进一步落实有关优惠权益的正确执行,使之符合批准条件,同时使投资者具备优良的组织管理及业务管理。特规定,获投资优惠权益的企业须根据投资委规定的原则与规定,在批准享受当年的优惠权益前向投资委提供项目的经营报告。

3. 与投资有关的其他税收优惠政策

(1)及时办理出口退税政策

税务厅根据出口企业纳税的经营和纳税情况认定"优质出口商"和"注册出口商"两类企业,在退税方面给予优惠,及时收到出口退税款有利于企业的资金周转。

认定为"优质出口商"的出口企业,通过互联网填报增值税纳税申报表的,可在填报后15日收到出口退税款;在地方税务办公室纳税大厅填报纸质纳税电报表的,可在填报后45日内收到出口退税款,优惠有效期为2年,到期前3个月可提交延续申请。

申请成为"优质出口商"的企业必须是进行增值税税务登记的有限公司或股份公司,实收资本不少于1000泰铢,并在过去1年里达到一定出口比例。出口商的出口退税直接存入银行账户,与分支机构汇总缴纳增值税;必须有良好的纳税记录,无违纪行为。公司聘请的注册会计师须经股东大会一致任命,并向税务厅提报注册会计师的有关情况。"注册出口商"的申请条件与"优质出口商"类似,部分条件略宽,因此享受的待遇也次于"优质出口商"。通过互联网进行纳税申报的出口商可在30日收到出口退税款,在纳税大厅填报纸质纳税电报表的出口商可在45日内收到出口退税款。

(2)鼓励设立区域经营总部

区域经营总部(ROH,Regional Operating Headquarters)是指在泰国注册开展业务,并向其关联企业或分支机构提供专有资格服务的股份公司。提供的专有资格服务包括:经营和管理服务、技术服务、业务规划协调、原料配件调配供应、研发、营销和促销计划、培训和人员管理、经济和投资研究分析等方面的支持性服务等。

在泰国成立区域经营总部可享受较多的税收优惠,包括:①减免企业所得税。对向关联企业或分支机构提供专用资格服务所得收入减按10%征收所得税;为在泰国的关联企业或分支机构进行研发工作所收取的特许权使用费收入减按10%征收企业所得税,来自非关联企业的也可享受此待遇;向关联企业或分支机构提供贷款的利息所得减按10%征收企业所得税;来自关联企业的股息所得免税,付给泰国以外的未在泰开展业务的公司的股息免税。②加速折旧许可。固定资产可在获得之日1次按总成本的25%计入折旧,剩余部分按正常折旧率计算,但用于ROH正常经营所购建筑物的折旧期限不应低于20年。③外派人员待遇。由ROH派往国外工作的人员,提供服务所得收入在泰国免征个人所得税,但其收入必须是国外机构支付。外派人员也可选择按15%缴纳预提税,这样这部分收入可不纳入年度个人收入申报中。ROH享受上述税收优惠的前提是符合以下条件:依泰国法律成立的法人公司或合伙企业;公司上一年度的实收资本不少于1000万铢;公司应为3个以上在泰国以外国家的关联企业或分支机构提供服务;为国外关联企业或分支机构提供服务所得收入不应少于其总收入的50%;有关资料在税务厅备案。 (信息来源:泰国商务部投资促进事务局)

泰国调整外资政策

泰国政府为提高合资企业的经营状况,最近调整了外资政策。目前,在泰国10个主要出口行业中,进口原料和零部件在产值中的比例平均高达50.23%,说明泰国合资企业的实际出口利润并不高,"利用当地廉价的劳动力进行加工生产",仍然是泰国大部分外资企业的主要目标之一。

泰国主要出口行业的原材料(包括零部件)进口情况表

行业	进口原料比例
电气和电子	61.1
石油产品	56.5
汽车及零部件	56.2
肥料和杀虫剂	52.9
机器	49.3
钢铁	49.2
其他金属产品	49.0
印刷和广告	43.7
非金属产品	43.4
纺织用纱和线	41.0

注:数字来源:泰国中央银行BOT

泰国政府注意到这个问题,要求外资企业优先使用当地的原材料进行生产,可是在实践中发现,由于泰国自身的原材料和零部件生产在质量和数量上都不能满足要求,外资企业只能通过进口来补足。BOI的秘书长表示,如果对外资企业规定"使用本地原材料的限制",则许多投资项目将不会选择设在泰国,因为泰国的原材料及零部件的生产商并没有足够的能力提供符合要求的产品。

虽然BOI经过长时间的艰苦努力,已使泰国外资企业的出口,占到了全国出口总额的60%;而从去年下半年开始,泰国又面对世界经济放缓的影响,使今年一季度申请在泰国投资的金额,比去年同期下降了40%,只有306亿铢。尽管如此,泰国政府依然对现行的外资政策进行较大的调整,即把原先吸引外资的重点放在"追求大项目和高增长率",改为"鼓励外资企业降低对进口的依赖以及增加民族经济自信心"的政策,主要内容如下:

1. 只对生产出口产品、而又使用进口替代原料和零部件的外资企业,以及特定地区和行业的投资项目,给予最优惠的投资政策,取消对其他投资企业的税收优惠。

2. 继续对所有行业(尤其是汽车和电子)进行鼓励使用当地资源的协同发展计划;对中小企业和农业进行重点支持,帮助它们提高供货的技术含量、质量和数量的能力,以增加泰国出口产品的附加值。

3. 优惠政策的变动,只适用于新申请投资的项目,而对BOI已经批准了的投资项目,不管它们的进口替代原材料的比例是多少,仍沿用过去的优惠政策。

(信息来源:中国驻宋卡总领馆经商室)

泰国投资经营相关法律简介

泰国被称作"微笑的国度",从上世纪80年代以来便是投资的热土。许多西方国家的跨国公司来泰投资设厂,生产出产品后再返销本国或国外。优越的地理位置、稳定的社会环境及历届政府对商业发展的重视,使得泰国成为亚洲重要的引资国家之一。

为吸引海外投资,泰国政府制订了一系列税收和优惠措施,鼓励各府经济的发展,以创造更多的就业机会并增加人民收入,各种基础和服务设施完备的工业区也为新投资企业以较低的成本起步创造了条件。

对于计划来泰国投资的中国公司来说,要实现海外战略投资的目标,充分了解泰国各方面的法律法规,走好第一步十分关键。以下是来泰投资经营过程中应当注意和了解的六个方面内容:

一、投资促进措施方面

泰国投资促进委员会(BOI)是负责投资促进工作的政府机构,制订各种投资优惠政策及原则。在正式做出投资决策前,充分了解BOI提供的服务,有助于提升泰国资本和资产的价值,以及产品和服务的质量,获取最大的投资回报。登录BOI的网站(在世界各国投资促进网站中多年连续排名第5位),或访问BOI的地区及海外办事处,可以了解获得奖励措施的200多个行业种类及具体的优惠条件。BOI根据经济和投资形势的发展,不定期调整投资优惠政策,得到BOI促进的行业可获得多项税收及用地等方面优惠,使公司降低运营成本,在出口市场上提高竞争力,这是成功进入的第一步。

另外,投资于获得鼓励的行业可以允许雇用外国专家,在手续完备的情况下,通过BOI的一站式服务中心在3个小时内办妥签证和工作许可证。享受促进的最低投资限额是100万泰铢,不包括土地费用和营运资金。

二、经营行业限制方面

《外籍人经商法》对半数以上资本或股份由外籍人持有的公司经营具有重要意义。该法将不允许外籍人自由从事的行业分成三类:第一类是由于特殊原因不对外籍人士开放的行业,如报业、畜牧业、泰国草药的提炼等;第二类为经商业部长根据内阁的决定批准后外国投资者才可以从事的行业,如国内陆运、国内空运、古董或艺术品交易、采矿业等;第三类为经商业注册厅长根据外籍人经商营业委员会决定批准后可以从事的行业,如会计服务、法律服务、广告业等。

外籍法人符合以下两个条件,可以从事第二类中规定的行业:

1. 泰籍人或按照本法规定的非外国法人所持的股份不少于外国法人公司资本的40%(除非有适当原因,商业部长根据内阁的决议可以放宽上述持股比例,但最低不得低于25%)。

2. 泰国人所占的董事职位不少于2/5

对属于本法所规定的需得到允许的行业,外籍法人在泰国开始商业经营的最低投资额不得少于300万泰铢。其他行业最低不少于200万泰铢。最低投资额对在泰国注册的法人来说是指注册资本,对未在泰国注册的外国投资者或法人来说是指来泰经商所汇入的外汇。如果外籍人属于《投资促进法》、《工业区管理局法》或其他有关法律规定受鼓励的投资者,则可以从事第二、三类中规定的行业。

三、拥有房地产方面

《民商法典》是规范泰国法人企业和商业经营活动的法律。泰国法人有权购买土地和建筑物。房地产的租期不超过3年,租约双方可自行签订租赁契约,超过3年则需到土地厅办理备案登记手续。一个租期最长不得超过30年,但到期时可办理续租手续,再续30年。

然而,根据《工商业不动产租赁法》的规定,如果提供书面材料且经土地厅登记备案,可以允许外国投资者租赁不动产超过30年但不得超过50年,并可在50年届满时再办理50年的续约手续。

一般来说禁止外国人拥有土地。但如果从事BOI鼓励的行业,外国投资者则可以根据《投资促进法》购买土地。《土地法典》也规定,如果一个外国人从国外携入不少于4000万泰铢的投资款,按程序申请并经泰国有关部门批准后,可以拥有不超过1莱土地(约合2.4亩,1600平方米)作为居住用地,土地位置应在曼谷市区、芭堤亚或其他《城市规划法》规定的地区,经营的行业必须对泰国有益且投入资金在泰国至少保留3年。

另外,《组屋大厦法》规定,外国人可以购买组屋单位产权,一般来说面积不得超过整个组屋总面积的49%。但在下列情况下,外国人可以拥有超过49%的组屋面积:在2004年4月27日之前申请,组屋坐落在曼谷市区或内务部法规规定的各府、县区划内,大厦坐落的土地总面积不超过5莱。

四、生产经营方面

《商品及服务价格法》和《商业竞争法》保护投资者的生产和经营活动。

《商品及服务价格法》的保护措施主要包括规范商品及服务的价格,采取措施防止获取暴利及过度囤积管制商品。

《商业竞争法》主要对以下4类商业行为采取限制措施:

1. 经营者滥用其独占地位的行为。

2. 经营者对某一商品或服务市场进行联合垄断,减少或限制竞争的行为。

3. 经营者与国外经营者建立商业往来关系,以使本国的居民在直接向国外经营者购买自用商品或使用服务方面的机会受限的行为,无论其与国外经营者之间的关系是通过合同、政策、合伙关系、股权还是其他类似方式结成。

4. 经营者采取任何违反自由公平竞争的手段,导致破坏、毁损、阻碍、妨害、限制他人经营业务,或不让他人从事经营致使其经营终止的行为。

《商业竞争法》是处理经营者给顾客、中小企业经营者及其他人群设置障碍,导致不公平竞争行为的根本法律依据。

五、国际贸易方面

商业部的出口促进厅和财政部的海关厅对从事国际贸易的公司可以提供必要的支持和帮助。

通常来说,产品的质量、标准、技术等方面的限制会极大影响一个公司的市场运作。出口促进厅通过提供产品标准措施服务,提升产品和服务质量,达到ISO9000、ISO14000、ISO18000等国际质量体系标准,帮助公司进入国际市场。出口方面,海关厅可以给予出口公司相当多的优惠和鼓励条件,如对于生产出口产品所必需的进口原料免进口税等。

六、财税管理方面

商业部商业注册厅的商业监管局和财政部税务厅可以为公司提供会计和税务方面的帮助。

商业监督局下设的商业会计处具体负责监督公司的会计行为,保证公司会计记录和业务符合国际公认会计准则,公司的财务报表经注册会计师审计验证。

公司经营者必须在每一会计年度终了后5个月内提交公司的年度财务报表。税务厅负责管理公司的纳税行为,一般公司经营主要涉及四个税种,即按超额累进计算的个人所得税,按净利润30%征收的法人所得税,针对银行、保险、房地产等某些行业征收的特别营业税,以及销售货物或应税劳务按7%税率缴纳的增值税(少数业务为0税率),应纳增值税额=销项税金-进项税金。

银行业、证券业、典当业、保险业等行业属于缴纳特别营业税的范畴,向税务厅及其分支机构缴纳,但销售房地产的特别营业税由土地厅向买卖双方征收。增值税是向销售原材料、产品及应税劳务的经营行为征收,年销售额低于120万泰铢的免征。一些不征增值税的行为要缴纳特种营业税。

为加速经济的发展,产品能否走向世界市场至关重要。泰国政府不断出台新的吸引外资政策,为我企业来泰投资创造了较好的条件。而对我投资者来说,全面了解泰国的法律法规和有关促进措施,将有助于实现投资收益的最大化,取得在泰投资的成功。

(信息来源:中国驻泰国大使馆经商处)

泰国外汇管理规定

一、外汇管理规定

外汇管理法,规范所有涉及外汇的事宜。一般情况下,所有与外汇相关的事宜都由泰国银行来规定。泰国进行外汇管理的法律基础来自《外汇管理法》(1942年)以及根据该法发布的部委法令第13号(1954年)。这些法律构成外汇管理的基础原则,并根据这些原则发布通告和通知。自1990年5月22日,外汇管制得到放宽。目前泰铢或其他外币的一些交易可以不受任何限制的进行,只有少数交易要求得到泰国银行的批准。

二、资金的进入

1. 非本国居民

过境的个人通常可不受限制的携带外汇和可流通的票据。他们还可自己将带入泰国的外汇不受限制地全部带出。过境的个人,每人不可携带超过5万铢的泰币出境,除非去邻近泰国的国家旅行(缅甸、老挝、柬埔寨和越南)。但是对携带入境的泰铢,并没有作任何限制

2. 本国居民

对可以携带入境的外汇和流通票据的数量没有作限制。但是所有的这些外汇和票据必须在收到或进入泰国7天内卖给或存在一家商业银行的外汇账户上。

3. 投资者

对进入泰国的外汇如投资基金、离岸贷款等没有限制,但是这些外汇必须在收到或进入泰国7天内卖给或兑换成泰铢,或存在一家授权银行的外汇账户上。对每一宗超过5000美元或相当的上述外汇的出售、兑换或存款业务,都必须提交FT3或FT4的申请表格给一家授权银行。

三、资金的汇回

在所有适用税务清算之后,投资基金、分红和利润以及贷款的偿还和支付利息,可以自由汇出。同样,本票和汇票也可以自由汇出境外。

四、商业交易中的外汇汇兑

1. 泰国居民的外汇账户

在以下情况,允许泰国个人和法人保留外汇款:在泰国授权银行开立的账户,并存上了从国外或从曼谷离岸业务机构借来的外汇。

存款人必须提交证据,证明在存款日期3个月内,要向国外的个人、授权银行、泰国进出口银行或泰国工业金融公司偿付外汇。但是存款人的存款不能超过上述偿付数额。

外汇存款票据和硬币不能超过2000美元/天。

每一位法人的所有账户的日到期余款不得超过500万美金,个人不得超过50万美金。

2. 非泰国居民的外汇账户

非泰国居民可以在泰国授权银行开立并保留外汇账户。存款必须来自海外资金。上述账户余款转移可不受限制。

3. 非泰国居民的银行账户

非泰国居民可以在泰国任意一家授权银行开立账户。他们可以自由提取:出售境外外汇所得的收入或非本国居民外汇账户上的外汇;其他非本国居民泰铢账户上转移过来的数额;本国居民与非本国居民间偿付债务的款项。

4. 进口

进口商可为进口的支付而自由购买或从他们自己的外汇账户上提取外汇。进口商不需要得到泰国银行许可,但在进口货物或交易价值超过50万铢时则必须提交F.T.2表格以及货物提单给客户。

5. 出口

出口可不受任何外汇管制。但是出口收入或交易超过50万铢以上时则必须在自出口日120天内收到外汇并交一家授权银行或在收到外汇7天内将其存入授权银行的外汇账户。

6. 无形交易

在提交非支持性文件给授权银行后，非本国居民的汇款被允许用来非资本项目，如服务费、利息、红利、利润和税费。居民的旅行支出或教育费用也可自由使用外汇。无形交易的收入必须交授权银行或在收到收入7日内存入一家授权银行的外汇账户。

7. 黄金

居民可以在国内持有或交易黄金珠宝，金币和金条。在1999年8月黄金的进出口开始免于财政部先前的许可控制。

（信息来源：中国驻泰国大使馆经商处）

泰国进出口管理规定及保护措施

1997年泰国经历了严重的经济危机，但是在贸易和投资方面，政府的开放政策基本维持不变。在贸易政策方面，取消一些进出口商品的许可证，简化和加快通关程序，对许多进口的工业产品接受国际标准和试验程序。但是泰国的贸易政策仍然有很多的不确定因素，如进出口商品的海关税和国内税经常以内阁批准的皇家法令或部委法令及通告的形式进行临时变动，在1999年初，泰国的许多适用税率实际上高于该国对WTO的关税承诺。

一、进口管制措施

根据泰国开放贸易的政策，大部分产品可以自由进口到泰国。对一些商品实行进口限制主要是为了保护幼稚工业。近年来，随着经济的发展，泰国进一步减少对一些商品的数量限制，也逐步取消一些商品的进口许可，如摩托车、高速柴油机、发动机用汽油和其他燃料、柴油、石油、液化天然气、任何形态的乙烯基单体氯以及发往或来自南斯拉夫的所有商品。不过，非自动进口许可继续对丝绸商品、公共汽车、机动车、建筑用石块以及23种农产品及农业食品的行业实行保护。政府实行的主要进口管制措施如下：

1. 关税配额

泰国目前根据WTO农业协议仅对23种农产品实行关税配额管理，分别是桂圆、椰肉、牛奶和奶油、土豆、洋葱、大蒜、椰子、咖啡、茶、干辣椒、玉米、大米、大豆、洋葱籽、豆油、豆饼、甘蔗、椰子油、棕榈油、速溶咖啡、土烟叶、原丝。另外，对动物饲料用玉米征收最惠国配额外进口附加费。但是关税配额不适用于从东盟成员国的进口。

2. 进口禁止和进口许可

进出口法（1979）提供了禁止进口的法律基础。根据投资促进法，如果投资委员会（BOI）认为其他形式的保护不足以支持某工业，则有权要求商业部禁止该工业所生产商品的进口。但是根据政府的有关资料，BOI尚未行使过这一职权。另外，不同的立法也规定一些商品可能因健康和安全原因而禁止从国外进口。根据进出口法令，商业部在得到内阁的批准后，可能因经济稳定、公共利益、公共健康、国家安全、和平、道德，或其他国家利益而限制进口。进口可能是“完全”或“有条件的”加以禁止。在后一种情况下，如果特别要求的条件得以满足，则可以进口。

泰国的进出口法规定进口许可必须在得到商业部外贸厅的同意后货物才能到港。对进口许可管制的商品品种及申请条件的改变都通过政府公告通知，并在泰国银行季度公报中公布，进口管理的有关规定若有任何变化，则通过政府公告或报纸以及国家广播公布。目前具体的禁止进口和需得到进口许可的商品详见表1。

表1　受进口许可管制的商品一览表

商品	管理原因	措施和条件
黄金	国家金融安全	非自动许可（NAL）：外贸厅（DFT）授权财政部给予进口许可
电子和机械游戏	公共道德	禁止进口，除非得到内阁或BOI批准
铅溶性超过2克/升的陶瓷食品容器	公众健康	NAL：一般不允许进口
侵犯版权的录音带、音响、CD、录像带、电脑程序和书	保护专利和版权	完全禁止进口
与官方硬币的大小和重量相似的硬币	防止伪造官方硬币	NAL：若得到财政部的批准则可以进口
假冒商品	保护商标和防止欺诈行为	完全禁止进口
可以用来制作盗版录音带、录像带和CD的机械及其部件	保护专利和版权	自动许可（AL）：如有转让/买卖，需通知DFT
clenbuterol 化合物及其盐	公众健康	NAL：食品和医药管理局允许的情况下可以进口
他国古物及古迹遗留物	保护他国的艺术品、有历史文化价值的文物不受破坏	NAL：DFT授权艺术厅批准进口许可
排气量在50cc以下的旧摩托车发动机和部件及直径不超过10英寸的轮胎	公众健康	完全禁止进口
凹版印刷机器和彩色复印机	防止假钞	AL：但如有转让/买卖，需通知DFT
链锯及其配件	保护枯竭的国家资源	NAL：一般不允许进口，DFT授权林业厅颁发进口许可
废弃物、废屑、塑料碎料	公众健康	NAL：DFT授权工业厅发进口许可
在生产过程中使用CFC的家庭用冰箱	公众健康	完全禁止进口
旧机动车	公众健康	NAL：一般不允许进口
30座以上的废旧六轮客车	公共健康	NAL：一般不允许进口
旧摩托车	公共健康	NA：一般不允许进口
排气量在331～1100cc之间的废旧柴油发动机	公共健康	NAL：一般不允许进口

商品	管理原因	措施和条件
经加工的建筑用石块和雪花石膏块＊	保护国内工业	NAL:一般不允许进口
大理石、石灰石以及其他石灰钙物、建筑用石块及雪花石膏＊	保护国内工业	NAL:一般不允许进口
30 座以上的新的六轮客车＊	保护国内工业	NAL:一般不允许进口
丝、原丝、丝线＊	保护国内工业	WTO:要求有关税配额及进口许可。配额发放根据法人的历史业绩,或新参与者的生产计划 非 WTO:当地含量
安哥拉宝石	遵守 UN 决议	如有 GURN 的原产地许可证则可进口

注:正在对带＊号的商品项目进行审议。

二、出口管制和保护措施

在过去的几年里,泰国政府取消对一些出口商品的配额管理,而增加了从融资方面给予企业的支持力度。主要的出口管制措施如下:

1. 出口登记(export registration)

为保证出口质量,进行价格调控,保证食品安全,防止出口商之间的削价竞争,一些商品的出口要求实行出口登记制,如咖啡、木薯、大米、桂圆、纺织和服装等。由于冷冻食品出口价格回升,最近泰国政府取消对该类商品的出口登记要求。

2. 出口配额(export quota)和出口许可(export licensing)

实行出口许可主要是为了管理配额的发放、实行有条件的出口限制以及完全限制。受出口配额管理的商品主要是根据双边协议而自愿实行的,如对欧盟出口的木署,关税配额为6%,前提条件是对该地区的年出口不超过550万吨,而1995～1999四年间对该地区的出口不超过2100万吨。根据泰国与台湾的双边协议,自1998年起对台出口汽车实行配额管理,该年度为4000辆,以后每年增加10%。另外受出口配额管理的商品还有纺织和服装。

除出口配额外,还有出口许可,受该方式管理的商品详见表2。

表2　受出口许可管制的商品

商品	管制原因	措施和条件
黄金	国家金融安全	DFT 授权财政部发放出口许可
沙	保护枯竭的自然资源	完全禁止出口
含有自然沙粒的矿物质	保护枯竭的自然资源	DFT 授权矿物资源发放出口许可
圣像和佛像及其部件	保护具有艺术、历史和建筑价值的国家珍宝	DFT 授权艺术厅发放出口许可
肥料(不包括化学肥料)	防止国内供应短缺	禁止出口除非有农业厅的许可
通过乌汶、四刹吉、素攀、武里南、巴真武里、尖竹汶府以及达叻府海关出口的燃油及其制品	遵守 UN 决议	禁止出口,除非得到泰国石油机构的许可
假冒商品	保护商标和防止欺诈行为	完全禁止出口
侵犯版权的录音带、录像带、CD、音响、电脑软件及书	保护专利和版权	完全禁止出口
所有发往塞拉利昂的武器及军事用品	遵守 UN 决议	完全禁止出口
所有发往南斯拉夫的武器及军事用品	遵守 UN 决议	完全禁止出口
发往安哥拉非政府地区的采矿设备、机动车、发动机容器及部件	遵守 UN 决议	完全禁止出口
需原产国许可、且不再行出口至第三国的商品	根据政府间商品协议	一般不能出口
所有类型的煤,Hongai Anthracite 煤矿的煤球除外	保护枯竭的国家自然资源	禁止出口,除非符合国家能源管理局的条件
发往台湾的汽车	遵守双边协议	在配额分配下发放出口许可证和原产地证书

3. 出口税

出口税占泰国政府财政收入的部分几乎可以忽略不记。目前对出口征收关税的商品只有大米(10%)、铁块(50%)、牛皮、木材等。具体商品税率可查泰国财政部海关厅网站。

4. 出口支持

政府对出口的支持手段是为出口融资提供便利和优惠利率。具体可见《泰国政府为促进出口的金融扶持手段》。

三、贸易保护及其他相关措施

泰国的贸易保护措施主要有反倾销(anti – dumping)、反补贴(countervailing)以及保障措施(safeguards),与贸易保护和管制相关的措施有国内税的征收、进口附加收税、技术性贸易壁垒等。

1. 保障措施

根据WTO秘书处的有关资料,截至1999年底,泰国尚未采用过保障措施也没有启用过有关的调查程序。

2. 反倾销和反补贴

(1)具体情况

1999年,泰国对4个WTO成员国进口的3个商品以及非成员国进口的2个商品征收了反倾销税。税率根据进口价值从14%至46%不等。主要是从印度、俄罗斯、乌克兰、波兰、印尼和韩国进口的过氧化氢、热轧钢板、浮化玻璃等。

目前泰国政府尚未对任何产品的进口征收过反补贴税。

(2)反倾销和反补贴法规

1999年7月新的《反倾销和反补贴法》出台,代替了1996年的商业部通告,但是商业部外贸厅对于其中许多条款的具体解释仍未出台。政府认为该法与WTO关于执行

GATT1994 第六款的协议精神完全一致,不过截至目前,政府还没有可以对外提供的该法英文版。

另外,在泰国有关反倾销的程序中,商业部外贸厅既负责反倾销调查,又负责对损害的程度进行调查和评估,这样,很难保证评估的公正性。

3. 进口附加税和特别税

在 1997 年的金融危机后,政府为增加财政收入,减少进口进而增加外汇储备,对所有进口关税在 5% 或以上的商品的进口征收 10% 的进口附加税。这项措施在 1999 年取消。

另外,根据泰国的投资促进法,投资委员会(BOI)有权为了保护鼓励投资的行业免受有可能的倾销或不合适的关税结构(如原材料的关税高于该原料所生产的制成品的关税)的影响,有权征收进口附加税。该项税不能超过该项进口商品价格的 50%,征收一般不超过 1 年,但是有可能延长。根据泰国政府的有关资料,这种税只对极少数关税价格不合理的商品征收过,一旦关税结构进行了重新调整,即予以取消。

4. 国内税收

除了海关关税外,泰国政府还对进口商品根据其 CIF 的进口价格,征收 3 种间接税,分别是消费税(excise)、政府税(municipality)以及增值税。对进口商品的这 3 种征税与国内商品所征收的税率和条件一样。

5. 技术性要求

(1)泰国工业标准机构(TISI)规定的产品标准

泰国工业标准机构积极参与 WTO 关于技术性贸易壁垒委员会的工作,1997 年以来,泰国的工业标准主要依照国际标准来定立,以实现与主要贸易伙伴在工业标准上的相互承认。政府还规定,在政府采购的项目中,若公司达到了泰国的工业标准,则可以享受 5% 的价格优惠。

政府还修改了对当地和进口产品认证进行的统一评估程序的标准。这个新的系统包括强制性标准和自愿标准,已经得到 ISO9000 认证且该厂的产品已由泰国与他国签署的相互承认协议所认可的机构进行了产品测试的外国工厂可以不用再进行产品认证系统所要求进行的产品质量检查,这些工厂出口的产品也不用进行抽样检查。但是在其他情况下,则需对产品进行质量测试和抽样检查,费用由进口商承担。进行强制性标准检查的产品的国内生产或进口需从泰工业标准机构获得许可。

需进一步了解有关情况及规定请查泰国工业标准机构网址 www.tisi.go.th。

(2)泰国食品医药委员会规定的产品标准

泰国卫生部下属的食品医药委员会(TFDA)负责监控和规定食品和烟叶产品、化妆品、药品和麻醉剂、动物饲料、化肥、危险物品、活动物、植物、种子、医疗器械、治疗精神病的和易挥发的物品的生产、销售和进口。根据其他一些国家的贸易商反映,泰国的有关食品医药进口的程序耗时较长,程序复杂,费用也高。①进口许可。进口 TFDA 规定的产品必须申领进口许可,生产上述产品也需申请生产许可证。许可证有效期一般为 3 年。进口药品和食品的许可需 15000 铢(按目前汇率,约 3000 元人民币)。由于进口商需在申请许可的时候列明所进口商品的详细成分以及生产程序介绍。这个要求公开产品成分和产品生产方法的要求已经被视为进口障碍。②登记。对于许多特别管理的加工食品和包装食品以及药品、化妆品和许多其他受管制的产品,泰国有着严格的登记管理要求。每项商品收费 5000 铢,不包括分析费用。经批准的商品由皇家公告宣布,并指明产品名称、公司或申请人地址、许可登记号以及批准和到期的时间。产品登记申请必须由生产商或有法权代表外国生产商的公司来提出。注册进口产品必须提供生产国有关卫生机构的分析证明。外国生产厂商必须得到产品原产国对生产销售该产品的许可,而且许可必须由泰国驻该国的外交机构认证。这种规定实际上形成了独家进口的局面,因为只有 1 个申请者拿到每个产品分析认证所要求的信息,这个信息在产品进口通关的时候需要向泰国海关提供。一般说来,普通商品拿到进口登记的批准需 3 个月时间,生化产品 4 个月时间,新的药品需半年至 1 年的时间。

一些活动物和活动物产品的进口还需要卫生认证,大部分的植物和植物原料需要取得植物卫生认证。动植物检疫由农业合作部畜牧厅负责,农业厅则负责对食用和非食用植物的检疫。

另外根据 1998 年新出台的有关烟叶产品的法令,要生产和进口烟叶需向政府有关部门提供该品牌香烟和雪茄的成分。　　（信息来源:中国驻泰国大使馆经商处）

外商在越南从事商品进出口和分销活动的有关规定

一、基本情况

根据越南加入世贸组织(WTO)和中国—东盟自贸区(CAFTA)有关承诺,外国投资者或外资企业可在越从事商品进出口和分销活动,规定如下:

1. 商品进出口。根据 2007 年 2 月 12 日越政府颁布的 23/2007/ND-CP 号决定,外国投资者或外资企业可向投资审批部门申请进出口经营权,获批准后,可直接向经销商购买商品并出口,也可从国外进口商品后出售给经销商,进出口手续可直接在越海关办理。

2. 商品分销。越允许外商提供合法进口商品和国产商品的佣金代理、批发、零售等服务,但必须与越合伙人组建合资企业,外资股比不超过 49%。2009 年 1 月 1 日始取消股比限制。外商经营的商品不包括:水泥和水泥烧块、轮胎(不包括飞机轮胎)、纸张、拖拉机、机动车、轿车和摩托车、铁和钢、视听设备、葡萄酒和烈性酒、肥料等。2010 年 7 月 1 日始取消商品限制。关于特许经营服务,外商必须与越合伙人组建合资企业,外资股比不超过 49%。2008 年 1 月 1 日始取消股比限制。

3. 从事商品进出口和分销活动的外商需定期向投资审批部门报告财务情况。投资审批部门每个季度定期向工商部报告审批、取消、补充、修改投资许可的情况。

二、有关手续

1. 商品进出口。外商首次投资于越南,申请经营商品进出口,需要申办投资许可证。已在越投资的企业申请经营商品进出口,只需在原投资许可基础上补办手续即可。投资审批部门不需征求工商部意见。

2. 商品分销。外商首次投资于越南,申请经营商品分销,需要申办投资许可证。投资审批部门需征求工商部意见。已在越投资的企业增加商品分销服务,需补办申请手续。投资审批部门征求工商部意见后,可颁发新的投资许可证后同时收回原许可证。

3. 外资企业已设立一级零售体系后,如增设新的零售体系,需向投资审批部门申办有关手续。投资审批部门需征求工商部意见。

三、分销业现状

越分销业规模较小,网点布局分散,集约化程度低,以传统商店和集市为主,经营方式较落后。全国现有各类分销市场9000个,其中75%为农村集市,购物中心、超市、连锁店等现代业态未形成规模,主要分布在河内、胡志明市、海防、岘港等大中城市。据越方统计,2005年全国商品零售总额中,传统商店占46%,农村集市占44%,购物中心和超市等仅占10%。同分销业密切相关的物流业发展滞后,全国尚无专业物流园区和物流中心,无商品配送中心,亦无专业物流企业,港口、仓库、公路、铁路等基础设施较落后。分销业发展空间较大。

随着越加入WTO和CAFTA,分销业投资吸引力明显上升。据AT KEARNY公司考察表明,2006年越分销业投资吸引力世界排名从上年的第8位提升到第3位,仅次于印度和俄罗斯。外资普遍看好越分销市场。

(信息来源:中国驻越南经商处)

外资进入越南银行业的有关规定

据越南加入世贸组织和中国—东盟自贸区服务贸易协议的有关规定,外国商业银行可在越设立办事处、分行、外资股比不超过50%的合资商业银行、独资金融租赁公司、合资金融公司和独资金融公司等。2007年4月1日始,外国商业银行可在越设立独资银行,可开展以下业务:接受公众存款和其他应付公众资金;提供所有类型的贷款,包括消费信贷、抵押贷款、商业交易的代理和融资;提供金融租赁;提供所有支付和汇划服务,包括信用卡、赊账卡和贷记卡、旅行支票和银行汇票;提供担保和承诺;在交易市场、公开市场或其他场所自行或代客交易:货币市场票据(包括支票、账单和存款证明)和外汇、汇率和利率契约(包括调期和远期利率、汇率协议);经营金银条块;提供货币经纪服务;开展资产管理,如现金或有价证券管理、各种形式的共同投资管理、养老基金管理、有价证券的保管、受托和信托服务;开展金融资产的结算和清算,包括证券、衍生产品和其他可转让票据的结算和清算;提供和传输其他金融服务提供者提供的金融信息、金融数据处理和相关的软件;提供咨询和其他辅助金融服务,包括信用参考和分析、投资和有价证券研究和咨询、并购和公司重组战略咨询等。

根据规定,外国商业银行在越设立分行的条件是:在提出申请前一年年底,该外资银行母行的总资产超过200亿美元。在越设立合资银行或独资银行的条件是:在提出申请前一年年底,该外资银行母行的总资产超过100亿美元。外国商业银行可购买越国内银行股份,但股比最高不超过30%。

(信息来源:中国驻越南使馆经商处)

外商在越南设立代表处和分公司的规定

第一章　总则

第一条　调整范围

本决定对外国商人(根据贸易法的规定,注:商人包括个人、法人、合作组、经登记独立经营,持续进行贸易活动的个体户)和外国旅游公司(根据旅游法的规定)在越南设立代表处和分公司做出规定。"外国商人和外国旅游公司在越南的代表处"以下简称"代表处","外国商人和外国旅游公司在越南的分公司"简称"分公司"。

第二条　代表处、分公司

1. 代表处是外国商人和外国旅游公司为寻找促进贸易、旅游机会,根据越南法律的规定而成立的附属机构,不得直接进行营利性经营。一个外商或一家旅游公司可在越南成立一个或多个代表处,但不能在越南成立代表处分支机构。

2. 分公司是外国商人、外国旅游公司根据越南法律的规定成立的,在越南进行贸易、旅游活动的,并以直接获利为目的的附属单位。

1个外国商人、旅游公司可在越南成立1个分公司,经营本决定附件《外国商人、外国旅游公司允许在越南经营的商品和劳务目录》中所列的商品和劳务;不能在越南成立分公司的代表处。

3. 代表处首席代表、分公司经理可以是外国人或越南人

4. 越南政府保护代表处、分公司以及在代表处、分公司中工作人员的各项合法权利和利益,同时他们有义务遵守越南的法律;这些工作人员不能享受在越南的外交代表机构、领事代表机构以及政府间国际组织代表机构的外交豁免权。

第三条　外商、外国旅游公司及其代表处、分公司的责任

1. 外国商人和外国旅游公司对其设在越南的代表处、分公司的各项活动负法律责任。

2. 代表处、分公司的各项活动必须遵守越南的法律并直接履行越南法律规定的各项权利与义务。

第四条　颁发许可证机关

1. 贸易部负责颁发、修改、补充、收回在贸易领域成立分公司的经营许可证。

2. 旅游总局负责颁发、修改、补充、收回在旅游领域成立代表处和分公司的经营许可证。

3. 贸易部在与旅游总局协商一致后,负责颁发、修改、补充、收回在贸易、旅游领域成立分公司的经营许可证。

4. 省、直辖市市人民委员会(以下简称省级人民委员会)负责颁发、修改、补充、收回外国商人在本地贸易领域成立代表处的许可证。

5. 获得旅游总局的同意后,省级人民委员会负责颁发、修改、补充、收回外国商人在贸易和旅游领域成立代表处的经营许可证。

第二章　颁发、修改、补充成立代表处、分公司的许可证

第五条　颁发成立代表处、分公司许可证的条件

1. 外国商人、外国旅游公司根据所在国法律规定已登记进行合法经营的可获颁发在越南成立代表处的许可证。

2. 外国商人、外国旅游公司获得许可证在越南成立分公司须满足下列条件:

a. 根据所在国法律的规定已登记进行合法经营的;

b. 从登记经营之日算起,经营满5年以上的;

c. 经营本决定附件规定的以及根据各个时期的需要做出修改、补充的"外国商人、外国旅游公司的分公司获准在越南经营的商品和劳务的目录"中的商品和劳务的。

第六条　申请获得成立代表处、分公司所需的文件

申请获得成立代表处、分公司许可证所需的文件包括:

1. 外国商人、外国旅游公司申请成立代表处、分公司的申请表(按贸易部和旅游总局统一规定的格式)

2. 获得所在国家授权机关确认的外国商人和外国旅游公司登记经营证明书的副本以及获得越南国内公证机关或越南设在国外的外交代表机构、领事机构证明的外国商人和外国旅游公司经营登记证明书的越文译本。

第七条　颁发成立代表处、分公司的许可证

1. 外国商人、外国旅游公司将成立代表处、分公司的申请表寄送到本决定第4条规定的颁发许可证的机关。

2. 在收到符合规定的申请15日内,颁发许可证的机关为外国商人颁发成立代表处、分公司的许可证,并按以下规定将许可证副本寄至相关的机关:

a. 贸易部颁发的许可证,副本寄至分公司设立所在地的省级贸易厅或贸易旅游厅、税务机关、统计机关;如果是成立经营贸易旅游分公司的许可证,则许可证副本还要寄至旅游总局。

b. 旅游总局颁发的许可证,副本寄至代表处、分公司设立所在地的省级旅游厅或贸易旅游厅、税务机关、统计机关。

c. 省级人民委员会颁发的许可证,副本寄至贸易部、代表处设立所在地的省级税务机关、统计机关;如果成立代表处的许可证涉及贸易旅游领域则许可证副本还要寄至旅游总局。

3. 在申请文件不全或不符合要求的情况下,许可证颁发机关在收到申请文件3个工作日内必须发文通知以便使外国商人、外国旅游公司补充、完善申请文件。

4. 代表处、分公司的具体活动内容在许可证中注明。

第八条　代表处、分公司的活动通知

代表处、分公司在获得许可证45日内要正式开展经营活动,并且必须以公文的形式通知发证机关代表处、分公司的办公地点、越南工作人员和外国工作人员的人数。

第九条　更改许可证内容

代表处、分公司成立后,要求更改许可证中规定的一项、一些或全部经营内容时,外国商人、外国旅游公司须以公文形式呈报发证机关要求更改、补充许可证:

1. 外国商人、外国旅游公司更名、更改国籍或代表处、分公司更名;

2. 代表处、分公司增加外国工作人员人数;

3. 代表处、分公司更改经营内容;

4. 代表处、分公司更改办公地点。

在收到外国商人、外国旅游公司申请10日内,许可证颁发机关负责发给外国商人、外国旅游公司经过、修改补充的新的许可证并将新许可证的副本寄送至本决定第7条第2款规定的成立代表处、分公司的许可证副本须寄送的机关。

在贸易领域或贸易与旅游领域进行经营的代表处的办公地点从一个省、直辖市迁至另外一个省、直辖市,外国商人须根据本决定第6条和第7条的规定办理新的许可证申请手续。

第十条　颁发、修改、补充许可证的费用

1. 外国商人、外国旅游公司要缴纳颁发、修改、补充许可证的费用。

2. 财政部与贸易部和旅游总局配合规定具体的费用额,管理和使用本条第1款规定的费用。

第十一条　代表处、分公司的终止经营

1. 代表处、分公司在下列情况下终止经营:

a. 根据外国商人和外国旅游公司的申请;

b. 外国商人和外国旅游公司终止经营时;

c. 根据越南法律的规定国家授权机关收回、取消许可证。

2. 代表处、分公司根据本条第1款a项和b项的规定终止经营的,外国商人、外国旅游公司必须在代表处、分公司终止经营前30日以公文形式通知发证机关并交回经营许可证。

在7日之内,发证机关负责将代表处、分公司终止经营的事情通知根据本决定第7条第2款规定的寄送许可证副本的机关。

3. 根据本条第1款c项规定终止活动的情况下,在代表处、分公司被强行关闭前至少30日发证机关负责向外国商人、外国旅游公司寄送收回、取消许可证的决定,并将该决定的副本寄至根据本决定第7条第2款规定的寄送许可证的副本的机关。

第十二条　外国商人、外国旅游公司及其终止经营的代表处、分公司须承担的义务

代表处、分公司在越南终止经营活动前,外国商人、外国旅游公司及其代表处分公司有义务与越南相关的国家、组织和个人之间清理债务以及履行其他义务。

省级人民委员会负责跟踪、检查和监督代表处、分公司在地方执行该项规定的情况。

第三章　代表处、分公司经营活动的内容、权利与义务

第十三条　代表处、分公司经营活动的内容

1. 代表处经营活动的内容:

a. 促进在越南的经济合作、贸易、旅游项目的确立;

b. 在越南寻找、推动贸易旅游机会,提供商品、旅游服务;

c. 跟踪、督促自己代表外国商人、外国旅游公司签订的合同的执行。

2. 分公司的经营内容:

分公司的经营内容根据外国商人、外国旅游公司的经营内容,在本决定附件《外国商人、外国旅游公司允许在越南经营的商品目录》的范围内在经营许可证中做出具体规定。

第十四条　代表处及其工作人员的权利、义务

代表处以及在代表处中工作的人员根据贸易法、旅游法令的规定享受权利和履行义务,具体规定如下:

1. 代表处根据许可证中的具体规定进行活动;

2. 代表处总代表在获得外国商人和外国旅游公司的个案委托书后可以签订商品买卖合同、劳务供应合同(旅行和旅客运输合同除外);

3. 代表处中的工作人员的根据越南法律的规定纳税;

4. 代表处每年1次定期在第二年的一月的最后一个工作日之前向发证机关报告代表处上一年的各项活动。

在必要的情况下,根据越南法律规定的国家授权机关的要求,代表处有义务报告、提供有关代表处本身活动的材料或说明。

第十五条　分公司及其工作人员的权利、义务

分公司、分公司中的工作人员享有贸易法、旅游法令规定的权利并履行其规定的义务,具体规定如下:

1. 分公司根据许可证中规定的内容进行经营活动；

2. 分公司中的工作人员必须根据越南法律的规定纳税；

3. 分公司必须依照越南的法律执行结算制度，并且只准应用财政部认可的其他通用的结算制度。

分公司的财政年度每年从1月1日开始，到12月31日结束。

4. 分公司每年1次定期在第二年三月最后的工作日之前向发证机关提供分公司上一年的各项活动的报告和越南国家审计机关确认的或允许在越南经营的外国独立审计机关确认的财政报告。

在必要的情况下，根据越南法律规定的授权机关的书面要求，分公司有义务报告、提供与自身经营活动有关的材料或对相关问题的解释。

第四章　国家管理机关对代表处、分公司经营活动的管理职责

第十六条　贸易部的职责

1. 主持、与旅游总局配合起草有关代表处、分公司的法律规范文本上呈授权机关颁布或根据授权颁布；

2. 根据本决定第四条第1款和第3款的规定颁发、修改、补充、收回成立分公司的许可证；

3. 有权对在全国范围内贸易领域进行经营的代表处、分公司的经营活动进行清查、检查；

4. 与有关各部、部门、地方配合，主持在认为必要时或根据各部、部门、地方的建议对在贸易领域从事经营活动的代表处、分公司进行清查、检查；

5. 根据授权处理违纪事件。

第十七条　旅游总局的职责

1. 与贸易部配合起草有关代表处、分公司的法律规范文本上呈授权机关颁布或根据授权颁布；

2. 根据本决定第4条第2款的规定颁发、修改、补充、收回许可证；

3. 有权对在全国范围内旅游领域进行经营的代表处、分公司的经营活动进行清查、检查；

4. 与有关各部、部门、地方配合，主持在认为必要时或根据各部、部门、地方的建议对在旅游领域从事经营活动的代表处、分公司进行清查、检查；

5. 与贸易部配合对在贸易和旅游领域从事经营活动的分公司进行清查、检查；

6. 根据授权处理违纪事件。

第十八条　各部、部级机关、政府机关的职责

1. 与贸易部、旅游总局、代表处、分公司办公所在地的省级人民委员会配合解决自己管辖范围内的代表处、分公司的有关经营活动的问题；

2. 参加贸易部、旅游总局、省级人民委员会对自己管辖范围内的分公司、代表处经营活动进行的清查、检查。

第十九条　省级人民委员会的职责

1. 根据授权对本地的代表处、分公司的经营进行管理；

2. 根据本决定第4条第4款和第5款的规定对设在本地的在贸易、贸易和旅游领域从事经营活动的代表处颁发、修改、补充、收回许可证；

3. 根据授权组织对设在本地的代表处、分公司的经营活动进行清查、检查；

4. 配合贸易部、旅游总局对当地代表处、分公司的经营活动进行清查、检查；

5. 根据授权处理违纪事件。

第五章　对违纪的处理

第二十条　对代表处、分公司及其工作人员违纪的处理

1. 代表处、分公司违犯本决定的各项规定则依据越南法律的规定进行行政处罚；

2. 代表处、分公司中的工作人员违犯本决定的规定则按违犯的性质和程度根据越南的法律规定进行行政处罚或追究刑事责任。

第二十一条　对干部、公务人员违纪的处理

干部、公务人员在执行公务时若违犯本决定的规定则视违犯的性质和程度进行纪律处分或根据越南法律的规定追究其刑事责任。

第六章　执行条款

第二十二条　执行条款

1. 本决定自2000年10月1日起生效，代替1994年8月2日颁发的外国经济组织在越南设立代表处的第82－CP号决定；

2. 在本决定生效前成立的代表处可以根据本决定的规定继续进行活动。

自本决定生效起30日之内，在本决定生效前成立的代表处必须将外商的名称、代表处的名称以及代表处的办公地点、主要经营内容以公文的形式通报本决定第4条中规定的许可证颁发机关；

3. 在本决定生效前成立的外国商人的分公司，若经营的商品、旅游劳务不在本决定的附件《外国商人允许在越南经营的商品、劳务目录》范围之内，继续从事经营活动则由政府总理审批决定。

4. 由贸易部主持，与旅游总局配合指导该决定的施行；

5. 各部部长、部级机关首长、政府机关首长、各省、直辖市人民委员会主席负责执行本决定。

附件：外国商人的分公司允许在越南经营的商品、劳务目录

（2000年9月6日越南政府颁布的第45号决定附带颁发）

一、在越南购买用以出口的商品：

1. 手工艺品

2. 加工的农产品和农产品（大米、咖啡除外）

3. 蔬菜、水果以及经过加工的蔬菜、水果

4. 工业消费品

5. 家畜、家禽肉类及其加工食品

二、用以在越南市场销售的进口商品：

外国商人的分公司在出口本目录第1条规定的商品所获得的外汇可用于进口商品在越南市场销售，但必须有贸易部颁发许可证，并且进口额不得大于出口额。允许进口的商品为：

1. 用于开矿、农产品和水产品加工的机械

2. 用于生产人用和兽用药品的原料

3. 生产化肥和农药的原料。

（信息来源：http://www.yn.gov.cn）

统 计 资 料

中国国民经济主要指标

指　　标	单　位	2006 年	2007 年	2007 年比 2006 年增减(%)
一、年末总人口	万人	131448	132129	0.5
二、国内生产总值	亿元人民币	209407	246619	11.4
第一产业增加值	亿元人民币	24700	28910	3.7
第二产业增加值	亿元人民币	102004	121381	13.4
其中:工业增加值	亿元人民币	90351	107367	13.5
第三产业增加值	亿元人民币	82703	96328	11.4
人均国内生产总值	元人民币	15931	18665	17.2
三、人民币对美元汇价	元人民币	7.8087	7.3046	6.9
四、城镇登记失业率	%	4.1	4	-0.1
五、工业				
原煤产量	亿吨	23.8	25.36	6.9
原油产量	亿吨	1.84	1.87	1.1
发电量	亿千瓦时	28344	32777.2	14.4
钢产量	万吨	42000	48966.0	16.8
十种有色金属产量	万吨		2350.8	22.7
六、农业				
粮食产量	万吨	49746	50150	0.7
油料产量	万吨	3062	2461	-4.2
糖料产量	万吨	10987	11110	11.4
水果产量	万吨	17050		
蔬菜产量	万吨	58233		
棉花产量	万吨	673	700	1.3
七、交通运输业				
货物周转量	亿吨公里	86921.2	99180.5	11.8
旅客周转量	亿人公里	19202.7	21530.3	12.2
港口完成货物吞吐量	亿吨	45.6	52.1	13.4
八、旅游业				
国内旅游总收入	亿元人民币	6230	7771	24.7
国际旅游外汇收入	亿美元	339.5	419	23.5
入境人数	万人次	12494	13187	5.5
入境过夜人数	万人次	4991	5472	9.6
出境人数	万人次	3452	4095	18.6
因私出境人数	万人次	2880	3492	21.3
十、金融				
年末各项存款余额	亿元人民币	348000	401051	15.2
年末各项贷款余额	亿元人民币	239000	277747	16.4
十一、对外贸易				
进出口总额	亿美元	17607	21738	23.5
其中:出口额	亿美元	9691	12180	25.7
进口额	亿美元	7916	9558	20.8
十二、外资直接投资				
合同金额	亿美元			
实际利用金额	亿美元	694.7	747.7	13.6
十三、全社会固定资产投资	亿元人民币	93472	137239	24.8

注:统计数字来自中国 2007 年国民经济和社会发展统计公报。

文莱国民经济主要指标

指标	单位	2006 年	2007 年	2007 年比 2006 年增减(%)
一、年末总人口	万人	38.3		
二、国内生产总值	亿美元	120.53	124	3.8
人均国内生产总值	美元	31470	33400	
三、文莱元对美元汇价	文莱元	1.656	1.43	-13.65
四、通货膨胀率	%	0.2		
五、失业率	%	4.0		
六、工业				
石油、天然气总收入	亿美元		87.61	0.55
石油日产量	万桶	21.9 *	20	
天然气日产量	亿立方英尺	12.39 *	11.79	-5.7
原油供量	亿桶		14	
天然气储量	亿立方米		3900	
油气出口总量	亿美元	76.91		
非油气收入	亿美元		42.51	7.4
消费者价格指数增长	%	5	103.2	1.2
七、农业				
农业总产值	亿文莱元		2	16.7
稻米产值	亿文莱元	4705※	300	
蔬菜产量	吨		9793	
水果产量	吨	3765	4372	
八、旅游业				
旅游入境人数	万人次	12.28	17.85	12.93
旅游收入	亿美元	1.90	2.14	
九、交通运输业				
公路总长	公里	3650.4		
港口完成货物装卸量	万吨	51.6 *		
空运客运量	万人次	66.29 *		
空运货运量	吨	10343.2		
空运邮件量	吨	147.9		
十、财政、金融				
财政收入	亿美元		60.45	8.8
财政支出	亿美元		34.69	3.5
外汇储备	亿美元	300	300	
外债	亿美元	0	0	
黄金储备	亿美元			
十一、对外贸易				
进出口总额	亿美元	96.07	96.86	-0.4
其中:出口总额	亿美元	80.07	76	-4.6
进口总额	亿美元	15.20	20.81	19.1
十二、引进外资总额	亿美元	65 *		

注:※为 2006 年 1~6 月数据。统计数据来自文莱首相府经济计划发展局统计公报、中华人民共和国外交部网站、商务部网站。

柬埔寨国民经济主要指标

指　　标	单　位	2006 年	2007 年	2007 年比 2006 年增减(%)
一、年末总人口	万人	1400	1410	
二、国内生产总值	亿美元	84.34	92.52	9.7
人均国内生产总值	美元	552	638	15.58
三、柬埔寨瑞尔对美元汇价	瑞尔	4110	4060	
四、通货膨胀率	%	4.7	5.9	4.2
五、失业率	%	4		
六、工业				
工业总产值	亿美元	22.63	25.25	11.58
纺织业产值	亿美元		10.36	
服装业出口额	亿美元	27.28	29.36	7.4
服装业占出口额比重	%	94		
建筑业产值	亿美元	7.06	8.22	
七、农业				
农业总产值	亿美元		25.21	
耕地面积	万公顷	630		
稻谷产量	万吨	688	640	-6.98
橡胶产量	万吨	5		
水产品产量	万吨		43.85	
八、服务业				
服务业总产值	亿美元	26.63	36.18	16.7
九、旅游业				
旅游入境人数	万人	170	200	17.65
旅游收入	亿美元	14	14	0
十、交通运输业				
公路总长	万公里	1.5		
铁路总长	公里	655		
十一、财政、金融				
财政收入	亿美元	8.27	9.89	19.59
财政支出	亿美元	5.06	11.83	
外汇储备	亿美元	10.97	13.74	25.25
十一、对外贸易				
进出口总额	亿美元	57.02	68.53	13.92
其中:出口总额	亿美元	28.44	31.26	11
进口总额	亿美元	28.58	37.27	16.83
十二、引进外资总额	亿美元	7.47		
获外资资金	亿美元		6.89	
实际到位投资额	亿美元		4.25	

注:统计数字来自柬埔寨财经部、中国商务部网站、中国外交部网站。2008 年《东南亚纵横》第 2 期。

印度尼西亚国民经济主要指标

指　　标	单　位	2006 年	2007 年	2007 年比 2006 年增减(%)
一、年末总人口	万人	24500	24545(10 月)	
二、国内生产总值	亿美元	3641.5	3859	6.3
人均国内生产总值	美元	1486.33	1543	3.81
三、印尼盾对美元汇价	盾	9167	9300	1.45
四、通货膨胀率	%	6.6	6.4	-0.3

指标	单位	2006 年	2007 年	2007 年比 2006 年增减(%)
五、公开失业率	%	10.3	9.8	-4.85
六、工业				
工业总产值	亿美元	1012.34		
原油日产量	万桶	92.30		
锡产量	万吨	6.94		
煤产量	万吨	1.2		
镍产量	万吨	370.7		
金产量	万吨	103.3		
银产量	万吨	262.6		
纺织品出口额	亿美元	95.97		
油气出口额	亿美元	222		
七、农业				
农业总产值	亿美元	513.45	559.56	8.98
稻米产量	万吨	5440		
玉米产量	万吨	1161		
大豆产量	万吨	74.9		
棕榈油产量	万吨			
橡胶产量	万吨			
胡椒产量	万吨			
咖啡产量	万吨			
可可产量	万吨	59		
渔业捕捞量	万吨	416		
木制品出口额	亿美元	28.9		
八、交通运输业				
公路总长	万公里	33.30		
铁路总长	公里	4644.10		
水运国际货运量	万吨			
水运国内货运量	万吨			
空运国际货运量	万吨			
空运国内货运量	万吨			
空运国际客运量	万人次			
空运国内客运量	万人次			
输油管总长	公里	530		
管道运输日运量	千升	13.22		
九、旅游业				
旅游入境人数	万人次	480	550	14.58
旅游收入	亿美元	43.8	50	14.16
十、财政、金融				
财政收入	万亿盾	637.8		
财政支出	万亿盾	670.6		
外汇储备	亿美元	425.86	570	33.85
外债	亿美元	1252	1505.1	20.22
十一、对外贸易				
进出口总额	亿美元	2001.4		
出口总额	亿美元	1207.28	1108	13.5
进口总额	亿美元	794.12	536.72(1~9月)	
十二、引进外资				
引进外资协议金额	亿美元	138.89	140	0.8
引进外资实际金额	亿美元	75.14	103.40	

注:统计数据来自印尼国家统计局、财政部、中国商务部网站和中国外交部网站。2008 年《东南亚纵横》第 2 期。

老挝国民经济主要指标

指　　标	单　位	2006 年	2007 年	2007 年比 2006 年增减(%)
一、年末总人口	万人		652	
二、国内生产总值	亿美元	约 24	42.77	8
人均国内生产总值	美元	500	656	7.5
三、老挝基普对美元汇价	基普	9600	10000	0.42
四、通货膨胀率	%	7.9	4.14	-47.6
五、工业				
工业总产值	亿基普	115044.76	133106.79	15.7
从业人数	万人	10		
电力产量	亿度			
胶合板	万张			
盐	万吨			
卷烟	百万盒			
啤酒	万升			
布匹	万米			
水泥	万吨			
七、农业				
农林业总产值	亿基普	159993.53	164473.35	2.8
大米总产值	亿美元		10	
稻谷	万吨	270		
玉米	万吨	23		
薯类	万吨			
蔬菜	万吨	76.92		
水果	万吨	2.2		
烟叶	万吨	36.93		
棉花	万吨			
咖啡	万吨			
七、服务业产值	亿基普	97351.2	104555.19	7.4
八、交通运输业				
公路总长	万公里		3.12	
公路客运量	万人次			
公路货运量	万吨			
水运内河航道总长	公里		4600	
水运客运量	万人次			
水运货运量	万吨			
空运客运量	万人次			
空运货运量	吨			
九、旅游业				
旅游入境人数	万人次	120		
旅游收入	亿美元	1.68		
十、财政、金融				
财政收入	亿基普	50557.62	60320.3	19.31
财政支出	亿基普	71438.76	80204.3	12.27
外汇储备	亿美元			
外债	亿美元			
十一、对外贸易				
进出口贸易总额	亿美元		14.9	-17.68
出口总额	亿美元		9.77	
进口总额	亿美元		5.13	
十二、引进外资				
吸引外资	亿美元		60	
获外援资金	亿美元	约 4		

注:老挝会计年度从上年 10 月 1 日至本年度 9 月 30 日止。统计数据来自 2008 年《东南亚纵横》第 1 期。

马来西亚国民经济主要指标

指　　标	单　位	2006 年	2007 年	2007 年比 2006 年增减(%)
一、年末总人口	万人	2664	2717	
二、国内生产总值	亿林吉特	6003.64	6414.9	6.85
人均国内生产总值	林吉特	19739	23610.2	19.61
三、马来西亚林吉特对美元汇价	林吉特	3.67	3.3	-10.08
四、通货膨胀率	%	3.6	2.5	-30.56
五、失业率	%	3.8	3.5	-7.9
六、工业				
工业从业人员	万人	316.61	300.79	4.99
工业总产值	亿林吉特	1855.93	1927.75	3.87
制造业销售收入	亿林吉特	5113	3378.6(1~8 月)	1.5
制造业就业人数	万人	108	110.1(1~8 月)	1.94
石油日产量	万桶	70	66.1	-5.57
液化天然气产量	万吨	2153.4	1.64 亿立方米/日	
原油总收入	亿林吉特	455.07		
原油储量	亿桶	52.5		
天然气储量	亿立方米	24889.85		
七、农业				
农业总产值	亿林吉特	233.16	240.39	3.1
农业从业人员	万人	141.28	157.45	11.45
水稻产量	万吨	215.40		
原木产量	千立方米	21893		
棕榈油产量	万吨	1581	111.97(1~9 月)	
橡胶产量	万吨	120	110.73(1~11 月)	
胡椒产量	万吨			
咖啡产量	万吨			
八、服务业				
服务业从业人数	万人	574.85	557.35	3.04
服务业总产值	亿林吉特	1597.55	1741.33	9
八、交通运输业				
公路总长	万公里	75893	75900	
铁路总长	公里	2267	2418	6.67
九、旅游业				
旅游入境人数	万人次	1754	2088	19.04
旅游收入	亿林吉特	360.2	462	28.26
十、财政、金融				
财政收入	亿林吉特	1184	1417.9	19.76
财政支出	亿林吉特	1368	1647.40	20.43
外汇储备	亿美元	873	1109	27.03
外债	亿美元	512		
十一、对外贸易				
进出口总额	亿林吉特	10694.42	11097	3.76
进口总额	亿林吉特	4804.93	5045.7	5.01
出口总额	亿林吉特	5889.49	6051	2.74
十二、引进外资	亿林吉特	202		

注:* 为马央行估计数。统计数字来自马来西亚财政部、统计局、大马经济平台网站和中国外交部网站。

缅甸国民经济主要指标

指　　标	单　位	2006 年	2007 年	2007 年比 2006 年增减(%)
一、年末总人口	万人	5540		
二、国内生产总值	亿美元	约 150	约 170	12
人均国内生产总值	美元	约 250	300	
三、缅甸元对美元汇价				
官方汇价	缅元	6.22		
市场汇价	缅元	1300		
四、通货膨胀率	%	16.4		
五、工业				
工业总产值	亿美元	约 23.1		
从业人数	万人	约 174		
原油产量	万英亩			
汽油产量	万加			
柴油产量	万加			
发电总量	亿度	60.15		
天然气产量	亿立方米	114.5		
六、农业				
农业总产值	亿美元	60.3		
从业人数	万人	1890		
耕种面积	万英亩	4300		
水稻种植面积	万英亩			
水稻产量	亿缅箩			
豆类种植面积	万英亩			
豆类产量	万吨			
豆类出口创汇	亿美元			
棉花种植面积	万英亩			
棉花产量	万吨			
橡胶种植面积	万英亩	72.8		
橡胶产量	万吨	7.24		
油料作物种植面积	万英亩			
每年食用油生产能力	万吨			
渔业出口	万吨	27		
渔业出口创汇	亿美元	3.6		
七、交通运输业				
公路总长	英里	58170	58170	
铁路总长	英里	4034	4034	
陆上输油管道	英里	70	70	
天然气管道	英里	1401	1401	
八、旅游业				
旅游入境人数	万人次	58		
旅游收入	亿美元	1.02		
九、财政金融				
外汇储备	亿美元	6		
外债总额	亿美元	67		
十、对外贸易				
进出口总额	亿美元	55.42	87.3	
其中:出口总额	亿美元	19.84	59.4	
进口总额	亿美元	35.58	27.9	
十一、外国在缅甸投资总额	亿美元	142	145.8	
吸引外资	亿美元			

注:统计数字来自缅甸政府统计和中国外交部网站、中国商务部网站。

菲律宾国民经济主要指标

指　　标	单　位	2006 年	2007 年	2007 年比 2006 年增减(%)
一、年末总人口	万人	8846.8	8870	
二、国内生产总值	亿美元	1200	1288	7.3
人均国内生产总值	美元	1356	1455	
三、菲律宾比索对美元汇价	比索	48.268	41	-15.06
四、通货膨胀率	%	5.5	2.8	-49.09
五、失业率	%	7.8	7.8	0
六、工业				
工业总产值	亿美元	301		
其中:采矿业	亿美元	13.55		
制造业	亿美元	221.54		
建筑业	亿美元	37.02		
电、气、水	亿美元	28.89		
七、农业				
农业总产值	亿美元	139.89		
其中:稻米产量	万吨			10.1
玉米产量	万吨	608.2	690	13.45
甘蔗产量	万吨	2434.50		
椰子产量	万吨	1495.80		
香蕉产量	万吨	679.50		
水产品产量	万吨	440	490	11.36
木薯产量	万吨	175.90		
八、服务业				
服务业总产值	亿美元	459		
九、交通运输业				
其中:公路总长	万公里	20	20	
铁路总长	公里	1200	1200	
水运总长	公里	3219	3219	
十、旅游业				
旅游入境人数	万人次	284	309	
旅游总收入		27	48.85	41
十一、财政、金融				
财政收入	亿比索	9796	13346	36.24
财政支出	亿比索	10444		
外债总额	亿美元	541	549	1.46
外汇储备	亿美元	246.83	246.83	0
十二、对外贸易				
进出口贸易总额	亿美元	985.58	1055.87	7.13
其中:进口总额	亿美元	470.37	553.17	17.60
出口总额	亿美元	512.2	502.70	1.85
十三、引进外资总额	亿美元	23.5		

注:统计数字来自菲律宾国家统计办公室、中国外交部网站。2008 年《东南亚纵横》第 4 期。

新加坡国民经济主要指标

指　　标	单　位	2006 年	2007 年	2007 年比 2006 年增减(%)
一、年末总人口				
常住人口	万人	448	458	
公民和永久居民	万人	360.8	358.3	
二、国内生产总值	亿新元	2099.9		
人均国内生产总值	新元	46832		
三、新加坡元对美元汇价	新元	1.5889	1.5071	
四、通货膨胀率	%	1.0		
五、失业率	%	2.7		
六、工业				
其中:工业总产值	亿新元	691.87		
制造业	亿新元	579.89		5.8
建筑业	亿新元	75.28		
七、农业				
农业总产值	亿新元	约 2.10		
八、服务业				
服务业总产量	亿新元	1326.64		
其中:金融服务业总产值	亿美元			
酒店餐饮业总产值	亿美元	14.66	18	22.8
批发零售业总产值	亿美元			
运输及通讯业总产值	亿美元			
九、旅游业				
旅客入境人数(不含从陆地入境的马来公民)	万人次	974.8	1030	5.66
旅游收入	亿新元	124		
十、交通运输业				
公路总长	公里	3234		
地铁	公里	109.4		
轻轨	公里	28.8		
港口处理货物总量	亿吨	4.48	4.83	7.8
集装箱总吞吐量	万箱	2479.2	2790	12.7
空运客运量	万人次	3503		
空运货物量	万吨	191.61		
十一、就业人口	万人			
十二、财政金融				
财政收入	亿新元	310.7		
财政支出	亿新元	298.7		
外汇储备	亿美元	2105.29	1440.56(截至 6 月)	
外债		0	0	
十三、对外贸易				
进出口总额	亿新元	8104.83	8466.1	4.46
其中:出口总额	亿新元	3789.24	2990.1	4.42
进口总额	亿新元	4315.59	2627.4	4.5
十四、引进外资				
制造业固定资产投资	亿美元	88		

注:统计数字来自新加坡统计局和中国外交部亚洲司二处、中国外交部网站。2008 年《东南亚纵横》第 2 期。

泰国国民经济主要指标

指　　标	单　位	2006 年	2007 年	2007 年比 2006 年增减(%)
一、年末总人口	万人	6283	6500	
二、国内生产总值	亿铢	78131		
人均国内生产总值	铢	117362		
三、泰铢对美元汇价	铢	37.93	34.56	
四、通货膨胀率	%	2.3		
五、失业率	%	1.4	1.2	
六、工业				
制造业生产指数增长率	%	7.4		
商用运输机械设备增长率	%	5.0		
纺织业增长率	%	2.5		
七、农业				
耕地面积	亿平方米	2240		
大米总产量	万吨	2997		
大米出口量	万吨	740	920	23.7
大米出口额	亿美元	25.73	34.7	34.3
橡胶总产量	万吨	306.86	313	2
橡胶出口量	万吨	306.19	297	-3
橡胶出口额	亿美元	53.97	56.4	4.5
木薯总产量	万吨	2466.36	2713	10
木薯出口量	万吨	422.61	456	7.9
木薯出口额	亿美元	4.6	6	30
房地产交易额	亿铢	6179.3		
八、交通运输业				
公路总长	万公里	16		
铁路总长	公里	4451	4451	
九、旅游业				
旅游入境人数	万人次	1380		
旅游收入	亿铢	4706		
十、财政、金融				
财政收入	亿铢	13394		
财政支出	亿铢	13600		
外汇储备	亿美元	669.85	874	
外债	亿美元	599.35	120	
十一、对外贸易				
对外贸易总额	亿美元	2542	2924.9	13.2
其中:出口总额	亿美元	1282	1524.8	17.5
进口总额	亿美元	1260	1400.1	8.7
贸易差额	亿美元	9.5	124.7	12 倍
十二、引进外资				
直接投资净额	亿铢	3077		
其中:日本投资总额	亿美元	29.12		
欧盟投资总额	亿美元	8.04		
中国香港投资总额	亿美元	0.10		
中国台湾投资总额	亿美元	0.32		
新加坡投资总额	亿美元	0.76		

注:统计数字来自泰国财政部、泰国国家银行和中国外交部网站、中国商务部网站。

越南国民经济主要指标

指　　标	单　位	2006 年	2007 年	2007 年比 2006 年增减(%)
一、年末总人口	万人	8411		
二、国内生产总值	亿美元	628	715	13.85
人均国内生产总值	美元	722	835	15.65
三、越南盾对美元汇价	越盾	15500		
四、通货膨胀率	%	6.6		
五、失业率	%	4.4		
六、工业				
工业总产值	万亿越盾	490.82	247	
其中:国有企业产值	万亿越盾	143.58		
加工业产值	亿美元		152.7	
资源开发业产值	亿美元		69.9	
水电业产值	亿美元		24.6	
主要工业产品产量				
原油	万吨	1700	1552	
天然气	亿立方米		70.8	
液化气	万吨		30.6	
钢材	万吨		425	
发电量	万度	590.5		
化肥	万吨	217.5		
水泥	万吨		3640	
煤	万吨	3891	4119	
七、农业				
农业渔业总产值	万亿越盾	116.8	144	3.41
粮食产量	万吨	3965		
农业产值	万亿越盾	141.62	108.5	
林业产值	万亿越盾	6.98	7.5	7.45
渔业产值	万亿越盾	40.50	28	
其中:稻谷产量	万吨	3583	3587	0.1
咖啡产量	万吨		96.1	
茶叶产量	万吨		70.5	
橡胶产量	万吨		60	
胡椒产量	万吨		9	
烟叶产量	万吨		3.2	
茶叶产量	万吨		70.5	
大豆产量	万吨		27.5	
玉米产量	万吨		411	8.2
木薯产量	万吨		798	
红薯产量	万吨		798	
花生产量	万吨		50.5	
腰果产量	万吨		30.1	
水果产量	万吨		700	
水产品产量	万吨		390	
八、商业、服务业				
服务业总收入	亿美元	218.4	272	8.68
商业产值	亿美元		97.6	
运输邮电旅游业收入	亿美元		31.7	
饭店餐饮业收入	亿美元	13.8	28	
房地产经营收入	亿美元	3.5	27.2	
教育培训收入	亿美元		21.8	
金融保险业收入	亿美元		12.9	
医疗卫生收入	亿美元		10.1	
科学工艺收入	亿美元		4.4	
其他行业产值	亿美元		38.3	
九、交通运输业产值	亿美元	52.5		

指　　标	单　位	2006 年	2007 年	2007 年比 2006 年增减(%)
客运量	亿人次	13.87		
货运量	亿吨	3.50		
公路总长	万公里		13.7	
公路客运量	亿人			
公路货运量	亿吨			
铁路总长	公里		2530	
铁路客运量	万人			
铁路货运量	亿吨			
水运总长	万公里			
水运客运量	亿人			
水运货运量	万吨			
空运客运量	万人			
空运货运量	万吨			
十、旅游业				
旅游入境人数	万人次	358.3	430	20.01
旅游收入	万亿约盾			
十、财政、金融				
财政收入	万亿越盾	272.88	288	15.6
财政支出	万亿越盾	321.38		
侨汇收入	亿美元	35		
外汇储备	亿美元	120	210	75
外债	亿美元	309.80		
十一、对外贸易				
进出口总额	亿美元	840	1092.17	30
其中:出口总额	亿美元	396	483.87	21.5
进口总额	亿美元	444	608.3	35.5
十二、引进外资总额	亿美元	102		
协议投资额	亿美元		203.29	
实际到位外资	亿美元		46	
接受外援	亿美元	44.5	54.26	20

注:统计数字来自中国外交部网站、中国驻越南使馆经商处。

柬埔寨部分经济指标(2007～2009 年)

指　　标(单位/统计机构)	2007 年	2008 年	2009 年
GDP 增长率(%/ADB)	9.5	9.0	n. a.
GDP 增长率(%/IMF)	9.0	7.75	n. a.
GDP 增长率(%/EIU)	8.5	7.0	6.4
工业增长率(%/EIU)	12	10	8
服务业增长率(%/EIU)	9.4	7.4	7
农业增长率(%/EIU)	3.5	3	3.5
出口额(百万美元/EIU)	20368	21767	23180
进口额(百万美元/EIU)	21983	24043	25964
贸易顺差(百万美元/EIU)	-1615	-2276	-2784
银行存差(占 GDP 的%/EIU)	0.8	-2.5	-1.8
通货膨胀平均率(%/ADB)	4.2	3.5	3.5
M2 增长率(%/EIU)	29.8	16.9	15.2
财政差额(占 GDP 的%/EIU)	-2.2	-2.1	-1.9
外债总额(百万美元/EIU)	3980	4206	4310
外债服务率(占出口额的%/EIU)	0.111	0.111	0.110
外汇储备(百万美元/EIU)	1662	1914	2103
兑换率(瑞尔/1 美元/EIU)	4131	4206	4257

注:ADB(亚洲开发银行),EIU(经济学家信息中心),IMF(国际货币基金组织)。2008 年、2009 年数字为估算数。
资料来源:ECONOMIC OUTLOOK 2007.10

印度尼西亚部分经济指标(2003~2009年)

指　　标(单位)	2003年	2004年	2005年	2006年	2007年	2008年	2009年
GDP增长率(%)	4.78	5.03	5.68	5.48	6.3~6.6	6.6~7.5	7.0~8.0
工业增长率(%)	5.45	6.55	5.08	4.77	6.5~7.5	7.0~8.0	7.5~9.5
服务业增长率(%)	6.36	7.11	7.93	7.18	7.0~8.0	7.5~8.5	8.0~10.0
农业增长率(%)	3.79	2.82	2.66	2.98	2.0~3.0	2.5~3.5	3.0~5.0
采矿业增长率(%)	-1.37	-4.48	3.11	2.21	3.0~4.0	3.5~4.5	3.0~4.0
出口额(百万美元)	64108.99	72164.43	86178.75	103199.80	115000~125000	130000~150000	145000~170000
进口额(百万美元)	42196.33	55009.10	74934.61	78780.77	75000~90000	100000~120000	110000~135000
贸易顺差	21912.66	17155.33	11244.14	24419.04	25000~50000	10000~50000	10000~60000
通货膨胀年平均率(%)	5.06	6.40	17.11	6.60	6.0~6.50	5.0~6.0	4.5~5.5
利率(%)	8.31	7.43	12.75	9.75	8.25	7.00~7.50	6.00~7.00
M2货币储备增长率(%)	8.12	8.14	16.42	14.87	9.0~12.0	8.0~11.0	4.0~8.0
财政顺差比率(占GDP的%)	-1.7	-1.3	-0.6	-1.0	-1.8	2.0~3.0	2.0~3.0
外债总额(百万美元)	135401	137024	130652	128736	125000~140000	120000~135000	110000~130000
外汇储备(百万美元)	36296	36320	34724	42586	55000~60000	60000~70000	65000~80000
年终汇率(印尼盾/1美元)	8465	9290	9830	9020	9000~9500	8500~9500	8000~9500

注:2007年、2008年、2009年数据为估算数。
资料来源:ECONOMIC OUTLOOK 2007.10

老挝部分经济指标(2003~2009年)

指　　标(单位)	2003年	2004年	2005年	2006年	2007年	2008年	2009年
GDP增长率(%)	6.5	7.0	7.4	7.8	7.8	7.9	8.0
工业增长率(%)	11.4	11.9	12.3	13.3	12.4	12.5	12.9
服务业增长率(%)	7.4	7.3	7.8	7.6	8.0	7.8	8.0
农业增长率(%)	3.5	4.1	4.1	4.3	4.5	4.5	4.0
出口额(百万美元)	335.1	363.3	553.1	882.0	1146.6	1490.6	1937.8
进口额(百万美元)	462.1	712.7	882.0	1060.2	1153.5	1255.0	1365.4
贸易顺差(百万美元)	-126	-349	-328	-178.2	-6.9	235.6	572.3
银行存支差额(占GDP的%)	-2.0	-7.6	-6.8	-1.1	1.2	3.0	5.0
通货膨胀年平均率(%)	15.6	10.6	7.2	7.0	6~7	6~8	6~9
M2货币储备增长率(%)	41.8	22.9	7.6	22.7	37.1	16~18	16~19
财政收支差(GDP的%)	-6.2	-2.6	-5.1	-3.8	-3.4	-3.0	-3.0
外债总额(百万美元)	1822.4	2120.6	2077.5	2201.5	2380.2	2480.2	2575.2
长期债务(百万美元)							
外债服务率(占出口的%)	30.9	43.1	57.9	48.9	110.8	75.2	82.5
外汇储备(百万美元)	215.5	227.5	238.4	335.7	384.5	418.3	455.1
年终汇率(基普/1美元)	10609.4	10658.6	10137.5	10136.4	9560.0	10038.0	10539.9

注:2007年、2008年、2009年数据为估算数。
资料来源:ECONOMIC OUTLOOK 2007.10

马来西亚部分经济指标（2003～2009年）

指 标(单位)	2003年	2004年	2005年	2006年	2007年	2008年	2009年
GDP增长率(%)	5.8	6.8	5	5.9	5.7	5.4	5.3
工业增长率(%)	9.2	9.6	5.3	7.1	3.1	3.8	3.7
服务业增长率(%)	4.2	6.4	6.7	7.2	3.9	8.6	8.4
农业增长率(%)	6	4.7	2.6	5.2	3.1	3.5	3.4
出口额(百万美元)	104706	126646	140977	160654	181538	199740	197300
进口额(百万美元)	83299	105166	114627	131143	152136	169559	157200
贸易顺差(百万美元)	21407	21480	26350	29511	29401	30182	40100
银行存贷差(占GDP%)	12.1	12.1	14.6	16.3	14.4	13.0	14.4
通货膨胀年平均率(%)	1.2	1.4	3.1	3.6	2	2.4	2.1
M2增长率(%)	11.1	25.2	15.6	17.1	13.0	16.8	17.9
财政收支差(占GDP%)	-5.0	-4.1	-3.6	-3.3	-3.2	-3.1	-2
外债总额(百万美元)	49141	52786	51790	51953	51542	48700	45400
长期债务(百万美元)	40325	41276	39490	40133	40149	38583	37271
债务服务率(百万美元)	6.4	4.5	5.4	4.8	4.2	3.9	3.4
外汇储备(百万美元)	44.2	66.2	70.2	82.5	97.8	109.9	121.2
年终汇率(林吉特/1美元)	3.8	3.8	3.78	3.53	3.41	3.33	3.28

注:2008年、2009年数据为估算数。
资料来源:ECONOMIC OUTLOOK 2007.10

缅甸部分经济指标（2003～2010年）

指 标(单位/统计机构)	2003/2004年度	2004/2005年度	2005/2006年度	2006/2007年度	2007/2008年度	2008/2009年度	2009/2010年度
GDP增长率(%/官方)	13.8	13.6	13.2	11.3	10.0	10.0	10.0
GDP增长率(%/国际货币基金组织)	0.0	5.0	4.5	7.0	5.5	4.0	4.0
GDP增长率(%/经济智囊机构)	-2.0	-2.7	5.2	3.0	3.3	3.8	n.a
GDP增长率(%/亚洲开发银行)	13.8	13.6	13.2	n.a	n.a	n.a	n.a
工业增长率(%)	20.8	21.4	19.1	12.7	9.8	7.1	7.1
服务业增长率(%)	14.6	14.4	12.8	8.5	6.5	4.7	4.7
农业增长率(%)	11.7	11.0	11.8	4.2	3.3	2.4	2.4
出口额(百万美元 官方)	2781.0	2902.0	3531.0	3919.0	6600.0	7200.0	6000.0
进口额(百万美元 官方)	2240.0	1973.0	1984.0	2174.0	2700.0	3200.0	2100.0
贸易顺差(百万美元)	541.0	929.0	1547.0	1746.0	3900.0	4000.0	3900.0
银行存支差(占GDP%)	-1.0	2.3	4.0	4.1	2.7	1.7	0.7
通货膨胀年平均率(%)	8.0	7.7	12.6	40.0	35.0	35.0	25.0
M2年均增长率(%)	11.0	33.3	25.1	31.3	38.4	36.5	34.9
财政收支差(占GDP%)	-5.4	-4.7	-3.8	-4.9	-4.7	-4.4	-4.2
外债(百万美元)	6938.0	6996.0	7227.0	7148	7113	7160	7198
债务服务率(占出口额%)	2.3	2.4	2.1	1.8	0.2	1.0	1.2
外汇储备(百万美元)	2859.0	2970.0	3170.0	3207	3240	3269	3301
官方汇率(缅元/1美元)	5.8	5.8	5.6	5.5			
市场汇率(缅元/1美元)	1095.0	1280.0	1305.0	1500.0	1600.0	1800.0	2000.0

注:2007/2008年度、2008/2009年度、2009/2010年度数据为估算数。
资料来源:ECONOMIC OUTLOOK 2007.10

菲律宾部分经济指标(2003～2009年)

指　　标(单位)	2003年	2004年	2005年	2006年	2007年	2008年	2009年
GDP增长率(%)	4.9	6.4	4.9	5.4	6.6	6.3	6.2
农业增长率(%)	3.8	5.2	2.0	3.8	3.5	3.9	3.8
工业增长率(%)	4.0	5.2	3.8	4.5	5.1	4.9	4.8
服务业增长率(%)	6.1	7.7	6.8	6.7	7.9	7.4	7.6
出口额(百万美元)	35339	38794	40263	46526	49596	53514	56724
进口额(百万美元)	41190	44478	48036	53343	57343	60210	63822
贸易顺差(百万美元)	-5851	-5684	-7773	-6817	-7747	-6696	-7098
银行存贷差额(占GDP的%)	0.4	1.9	2.0	5.0	5.4	5.2	5.0
通货膨胀年平均率(%)	3.5	6.0	7.6	6.2	2.9	3.5	4.0
M3货币增长率(%)	4.2	10.3	10.3	22.7	15.0	14.3	14.9
利润率(%)	6.0	7.3	6.4	5.4	3.5	3.4	4.0
财政收支差(占GDP的%)	4.6	-3.8	-2.7	-1.1	-1.1	-1.0	-0.9
公共部门债务(占GDP%)	100.8	95.4	86.3	77.4	72.7	69.9	66.2
外债(占GDP的%)	72.1	63.1	54.9	50.5	45.4	41.3	41.0
外汇储备(百万美元)	14065	14560	17659	22953	30986	32535	33836
平均汇率(比索/1美元)	55.56	56.26	53.06	49.13	44.43	43.67	44.0

注:2008年、2009年数据为估算数。
资料来源:ECONOMIC OUTLOOK 2007.10

新加坡部分经济指标(2003～2009年)

指　　标(单位)	2003年	2004年	2005年	2006年	2007年	2008年	2009年
GDP增长率(%)	3.1	8.8	6.4	7.9	8.0	6.2	6.8
国内需求增长率(%)	-0.1	6.2	2.7	6.4	8.2	6.1	6.8
实际消费增长率(%)	1.2	5.6	3.1	2.5	4.7	4.2	4.9
固定资产增长率(%)	-3.3	10.2	0.1	11.5	17.0	10.3	10.5
消费价格变动(%)	0.5	1.7	0.5	1.0	1.9	3.8	2.6
GDP(10亿美元)	92	107	117	132	154	183	207
人均GDP(美元)	22066	25329	26876	29475	32735	38048	42297
失业率(%)	4.0	3.4	3.1	2.6	2.2	2.0	1.9
出口额增长率(%)	16.9	25.0	25.5	18.4	10.2	10.4	11.2
进口额增长率(%)	12.0	26.9	20.8	19.3	11.2	11.1	11.6
贸易顺差(10亿美元)	15.9	17.4	29.6	33.1	34.1	35.8	38.6
银行存支差额(占GDP的%)	24.2	20.1	24.5	27.5	28.0	26.0	25.0
外汇储备黄金(10亿美元)	96	112	116	137	145	160	185
财政顺差(占GDP%)	6.5	5.6	6.9	10.0	8.0	7.0	6.0
人口(百万)	4.2	4.2	4.3	4.5	4.7	4.8	4.9

注:2008年、2009年数据为估算数。
资料来源:ECONOMIC OUTLOOK 2007.10

泰国部分经济指标（2003～2009年）

指　　标（单位）	2003年	2004年	2005年	2006年	2007年	2008年	2009年
GDP增长率（%）	7.1	6.3	4.5	5.0	4.1	4.6	5.0
工业增长率（%）	9.5	8.0	5.4	5.8	4.1	4.6	5.2
服务业增长率（%）	3.6	6.9	4.9	4.2	3.9	4.9	5.2
农业增长率（%）	11.4	-4.8	0.3	4.8	5.0	3.6	2.9
出口额（百万美元）	78105	94941	109193	128220	147772	161072	177179
进口额（百万美元）	74346	93481	117722	125975	137737	155643	182103
贸易顺差（百万美元）	3759	1460	8530	2245	10035	5429	-4924
银行存支差额（占GDP的%）	3.3	1.7	-4.4	1.6	5.2	2.7	-0.9
通货膨胀率（%）	1.8	2.7	4.5	4.8	2.2	3.0	2.6
M2货币储备增长率（%）	5.0	4.8	8.1	6.9	3.7	4.2	4.5
财政顺差（占GDP%）	0.3	0.0	-0.5	1.2	-1.5	-1.7	-1.8
外债总额（百万美元）	51783	51312	52040	59935	57500	58300	59300
长期外债额（百万美元）	40879	39138	36026	41595	37000	37700	38600
外债服务率（占出口的%）	16	8.5	10.8	8.3	8.5	9.0	9.5
外汇储备（百万美元）	42148	49832	52066	66985	80000	83500	84000
年终汇率（泰铢/1美元）	39.59	39.06	41.03	36.05	33.50	34.00	34.00

注：2008年、2009年数据为估算数。
资料来源：ECONOMIC OUTLOOK 2007.10

越南部分经济指标（2002～2009年）

指　　标（单位）	2002年	2003年	2004年	2005年	2006年	2007年	2008年	2009年
GDP增长率（%）	7.1	7.3	7.8	8.4	8.2	8.3	8.5	8.5
工业增长率（%）	9.5	10.5	10.2	10.6	10.4	10.5	10.8	11.0
服务业增长率（%）	6.5	6.5	7.3	8.5	8.3	8.6	8.7	8.5
农业增长率（%）	4.2	3.6	4.4	4.0	3.4	3.0	3.5	3.5
出口额（10亿美元）	16.7	20.0	24.6	30.0	34.3	37.6	40.0	45.0
进口额（10亿美元）	17.6	22.5	27.0	32.0	38.0	41.0	43.0	47.0
贸易顺差（10亿美元）	-1.1	-2.5	-2.4	-2.0	-3.7	-3.4	-3.0	-2.0
银行存支差额（占GDP的%）	-1.9	-4.9	-3.4	-0.4	-2.1	-1.0	-0.5	-0.1
通货膨胀年平均率（%）	3.8	3.1	7.8	8.3	7.5	8.9	6.8	7.0
M2货币储备增长率（%）	17.6	21.0	28.0	29.4	28.9	26.0	24.0	24.0
财政顺差（占GDP的%）	-1.4	-1.2	0.9	-1.2	-5.0	-4.8	-4.4	-4.2
外债总额（10亿美元）	13.1	14.1	14.4	17.4	19.5	21.6	23.0	27.0
私营外债额（10亿美元）	2.5	2.7	3.1	2.9	3.3	3.6	4.0	5.5
外债服务率（占出口的%）	8.3	8.0	6.7	5.2	6.0	5.7	5.8	5.5
外汇储备（10亿美元）	3.7	5.6	6.3	8.6	11.4	14.0	17.0	19.0
年终汇率（越南盾/1美元）	15403	15646	15777	15875	16077	16200	16400	16500

注：2008年、2009年数据为估算数。
资料来源：ECONOMIC OUTLOOK 2007.10

中国对东南亚国家地区贸易统计(2007年)

项目 国别 地区	进出口		出口		进口		贸易平衡(亿美元)	
	金额(亿美元)	比上年增减(%)	金额(亿美元)	比上年增减(%)	金额(亿美元)	比上年增减(%)	2007年	2006年
东盟	2025.08	25.9	941.39	32.0	1083.69	21.0	-142.30	-182.08
文莱	3.55	12.7	1.13	13.1	2.42	12.5	-1.29	-1.16
缅甸	20.57	40.9	16.86	39.6	3.71	46.9	13.15	9.55
柬埔寨	9.33	27.3	8.82	26.4	0.51	45.6	8.31	6.63
印度尼西亚	249.97	31.2	125.99	33.3	123.98	29.0	2.02	-1.56
老挝	2.49	13.9	1.64	-3.0	0.85	71.3	0.79	1.19
马来西亚	463.98	25.0	176.90	30.7	287.07	21.8	-110.17	-100.38
菲律宾	306.14	30.8	74.98	30.7	231.16	30.8	-156.17	-119.36
新加坡	471.53	15.4	296.34	27.8	175.19	-0.8	121.15	55.16
泰国	346.38	24.9	119.74	22.6	226.65	26.2	-106.91	-81.94
越南	151.15	51.9	119.00	59.4	32.16	29.4	86.84	49.79
东帝汶	0.10	-43.3	0.09	63.2	0.00	-99.5	0.09	-0.05

资料来源:中国商务部网站。

印度尼西亚与主要贸易伙伴进出口情况(2007年)

进口				出口			
国家和地区	金额(百万美元)	同比增减(%)	占比重(%)	国家和地区	金额(百万美元)	同比增减(%)	占比重(%)
总值	74473	22.0	100.0	总值	114101	13.2	100.0
新加坡	9840	-1.9	13.2	日本	23633	8.8	20.7
中国	8558	28.9	11.5	美国	11614	3.4	10.2
日本	6527	18.3	8.8	新加坡	10502	17.6	9.2
马来西亚	6412	100.8	8.6	中国	9676	16.0	8.5
美国	4787	18.0	6.4	韩国	7583	-1.4	6.7
泰国	4287	43.7	5.8	马来西亚	5096	24.0	4.5
沙特阿拉伯	3373	-0.3	4.5	印度	4944	45.8	4.3
韩国	3197	11.2	4.3	澳大利亚	3395	22.5	3.0
澳大利亚	3004	0.6	4.0	泰国	3054	13.1	2.7
德国	1982	36.1	2.7	荷兰	2749	9.2	2.4
文莱	1865	16.0	2.5	中国台湾	2597	-5.1	2.3
科威特	1706	13.2	2.3	德国	2316	14.3	2.0
印度	1610	14.4	2.2	西班牙	1906	16.2	1.7
中国台湾	1495	13.1	2.0	菲律宾	1854	31.9	1.6
法国	1444	52.0	1.9	中国香港	1687	-0.9	1.5

资料来源:中国商务部网站《国别贸易报告》2008年1期。

马来西亚与主要贸易伙伴进出口情况(2007 年)

进口				出口			
国家和地区	金额(百万美元)	同比增减(%)	占比重(%)	国家和地区	金额(百万美元)	同比增减(%)	占比重(%)
总值	147065	12.1	100.0	总值	176311	9.6	100.0
日本	19096	10.1	13.0	美国	27513	-8.9	15.6
中国	18919	19.0	12.9	新加坡	25786	4.2	14.6
新加坡	16879	10.1	11.5	日本	16099	13.0	9.1
美国	15927	-3.0	10.8	中国	15461	31.8	8.8
中国台湾	8354	16.7	5.7	泰国	8735	2.7	5.0
泰国	7867	9.7	5.4	中国香港	8150	2.5	4.6
韩国	7254	2.6	4.9	荷兰	6882	17.6	3.9
德国	6817	18.5	4.6	韩国	6707	15.5	3.8
印度尼西亚	6237	25.9	4.2	澳大利亚	5942	30.4	3.4
中国香港	4275	23.8	2.9	印度	5888	14.7	3.3
澳大利亚	2972	22.5	2.0	印度尼西亚	5174	26.9	2.9
菲律宾	2852	-1.8	1.9	中国台湾	4795	9.4	2.7
法国	2244	6.8	1.5	德国	4320	23.8	2.5
英国	2116	13.8	1.4	阿联酋	2949	29.9	1.7
印度	2062	54.6	1.4	英国	2882	-1.5	1.6

资料来源:中国商务部网站《国别贸易报告》2008 年 1 期。

新加坡与主要贸易伙伴进出口情况(2007 年)

进口				出口			
国家和地区	金额(百万美元)	同比增减(%)	占比重(%)	国家和地区	金额(百万美元)	同比增减(%)	占比重(%)
总值	263247	10.2	100.0	总值	299404	10.1	100.0
马来西亚	34431	10.4	13.1	马来西亚	38612	8.7	12.9
美国	32316	7.8	12.3	中国香港	31346	14.7	10.5
中国	31901	17.1	12.1	印度尼西亚	29471	18.3	9.8
日本	21550	8.1	8.2	中国	28924	9.1	9.7
中国台湾	15496	1.6	5.9	美国	26205	-2.8	8.8
印度尼西亚	14662	-0.7	5.6	日本	14392	-3.1	4.8
韩国	12819	22.3	4.9	泰国	12388	9.6	4.1
沙特阿拉伯	8816	-5.2	3.4	澳大利亚	11194	9.9	3.7
泰国	8500	-2.6	3.2	韩国	10610	21.4	3.5
德国	8136	19.1	3.1	印度	9994	30.3	3.3
法国	6183	15.1	2.4	中国台湾	9151	-3.5	3.1
印度	5871	20.2	2.2	英国	8124	11.8	2.7
菲律宾	5813	2.9	2.2	越南	6515	19.4	2.2
科威特	5089	12.8	1.9	菲律宾	6131	20.7	2.1
英国	4809	12.1	1.8	德国	5944	-9.4	2.0

资料来源:中国商务部网站《国别贸易报告》2008 年 1 期。

泰国与主要贸易伙伴进出口情况(2007 年)

进口				出口			
国家和地区	金额(百万美元)	同比增减(%)	占比重(%)	国家和地区	金额(百万美元)	同比增减(%)	占比重(%)
总值	151759	18.0	100.0	总值	163529	25.2	100.0
日本	30784	19.1	20.3	美国	20620	5.2	12.6
中国	17590	28.9	11.6	日本	19444	17.4	11.9
美国	10305	19.4	6.8	中国	15933	35.1	9.7
马来西亚	9342	10.3	6.2	新加坡	10228	21.8	6.3
阿拉伯联合酋长国	7409	2.7	4.9	中国香港	9306	29.5	5.7
新加坡	6808	18.8	4.5	马来西亚	8356	25.4	5.1
中国台湾	6209	20.5	4.1	澳大利亚	6141	40.1	3.8
韩国	5724	12.9	3.8	印度尼西亚	5118	53.5	3.1
沙特阿拉伯	4970	16.6	3.3	越南	4087	32.1	2.5
印度尼西亚	4325	24.9	2.9	荷兰	4079	24.9	2.5
德国	4248	29.4	2.8	英国	3810	11.2	2.3
澳大利亚	4122	19.9	2.7	中国台湾	3553	5.0	2.2
阿曼	2824	2.0	1.9	韩国	3181	20.2	2.0
缅甸	2472	5.2	1.6	菲律宾	3110	19.2	1.9
菲律宾	2319	8.7	1.5	德国	3083	32.0	1.9

资料来源:中国商务部网站《国别贸易报告》2008 年 1 期。

印度尼西亚自中国进口主要商品构成

金额单位:百万美元

商品类别	2006 年	2007 年	同比增减(%)	占比重(%)(2007 年)
总值	6637	8558	28.9	100.0
核反应堆、锅炉、机械器具及零件	978	1506	54.0	17.6
电机、电气、音像设备及其零附件	631	1255	98.8	14.7
钢铁	559	858	53.5	10.0
矿物燃料、矿物油及其产品;沥青等	1151	618	-46.3	7.2
有机化学品	266	372	39.6	4.3
钢铁制品	229	366	59.9	4.3
无机化学品;贵金属等的化合物	223	270	21.2	3.2
食用水果及坚果;甜瓜等水果的果皮	161	225	39.6	2.6
铝及其制品	109	190	73.7	2.2
塑料及其制品	135	183	35.5	2.1
谷物	18	179	882.6	2.1
车辆及其零附件,但铁道车辆除外	123	160	30.3	1.9
食用蔬菜、根及块茎	117	146	25.4	1.7
鞣料;着色料;涂料;油灰;墨水等	109	142	30.1	1.7
杂项化学产品	84	118	40.2	1.4
肥料	115	106	-7.4	1.2
烟草,烟草及烟草代用品的制品	46	90	96.5	1.1
家具、寝具等;灯具;活动房	66	87	32.6	1.0

商品类别	2006年	2007年	同比增减(%)	占比重(%)(2007年)
光学、照相、医疗等设备及零附件	74	87	17.7	1.0
棉花	84	86	2.2	1.0
玩具、游戏或运动用品及其零附件	66	81	23.2	1.0
纸及纸板;纸浆、纸或纸板制品	47	74	57.3	0.9
贱金属杂项制品	48	72	49.1	0.8
铅及其制品	37	63	72.1	0.7
化学纤维长丝	54	62	15.2	0.7
贱金属器具、利口器、餐具及零件	43	60	39.0	0.7
陶瓷产品	64	59	-7.6	0.7
鞋靴,护腿和类似品及其零件	45	59	29.8	0.7
橡胶及其制品	50	54	8.0	0.6
盐;硫磺;土及石料;石灰及水泥等	50	54	7.4	0.6
以上合计	5783	7683	32.8	89.8

资料来源:中国商务部网站《国别贸易报告》2008年1期。

印度尼西亚对中国出口主要商品构成

金额单位:百万美元

商品类别	2006年	2007年	同比增减(%)	占比重(%)(2007年)
总值	8344	9676	16.0	100.0
矿物燃料、矿物油及其产品;沥青等	3086	3500	13.4	36.2
动、植物油、脂、蜡;精制食用油脂	1043	1521	45.8	15.7
橡胶及其制品	689	762	10.5	7.9
矿砂、矿渣及矿灰	304	613	101.6	6.3
有机化学品	557	550	-1.3	5.7
木浆等纤维状纤维素浆;废纸及纸板	553	511	-7.6	5.3
铜及其制品	353	330	-6.4	3.4
核反应堆,锅炉,机器,机械器具及零件	203	275	35.5	2.8
电机、电气、音像设备及其零附件	181	218	20.5	2.3
纸及纸板;纸浆、纸或纸板制品	201	195	-3.0	2.0
木及木制品;木炭	254	195	-23.4	2.0
杂项化学产品	111	186	68.4	1.9
塑料及其制品	99	106	7.0	1.1
车辆及其零附件,但铁道车辆除外	68	65	-4.6	0.7
化学纤维长丝	34	48	42.9	0.5
棉花	44	45	2.3	0.5
化学纤维短纤	44	38	-14.5	0.4
鞋靴、护腿和类似品及其零件	19	38	100.5	0.4
生皮(毛皮除外)及皮革	25	38	48.8	0.4
可可及可可制品	26	37	45.6	0.4
钢铁	75	32	-57.0	0.3
鞣料;着色料;涂料;油灰;墨水等	20	29	44.5	0.3
洗涤剂、润滑剂、人造蜡、塑型膏等	23	29	25.6	0.3
无机化学品;贵金属等的化合物	18	24	35.7	0.3
鱼及其他水生无脊椎动物	40	24	-41.8	0.2
食用蔬菜、根及块茎	13	23	83.2	0.2
盐;硫磺;土及石料;石灰及水泥等	33	22	-32.6	0.2
钢铁制品	32	22	-32.6	0.2
编结用植物材料;其他植物产品	14	19	35.1	0.2
玻璃及其制品	18	14	-20.0	0.2
以上合计	8180	9509	16.2	98.3

资料来源:中国商务部网站《国别贸易报告》2008年1期。

马来西亚自中国进口主要商品构成

金额单位:百万美元

商品类别	2006年	2007年	同比增减(%)	占比重(%)(2007年)
总值	15896	18919	19.0	100.0
电机、电器、音像设备及其零附件	5903	6369	7.9	33.7
核反应堆,锅炉,机器,机械器具及零件	4895	5729	17.0	30.3
钢铁	413	773	87.1	4.1
钢铁制品	303	454	50.2	2.4
其他特殊交易品及未分类商品	352	444	26.1	2.4
光学,照相,医疗等设备及零附件	373	442	18.5	2.3
塑料及其制品	384	393	2.5	2.1
有机化学品	201	326	62.3	1.7
铝及其制品	154	275	78.3	1.5
无机化学品;贵金属等的化合物	229	272	18.9	1.4
食用蔬菜、根及块茎	198	237	19.5	1.3
纸及纸板;纸浆、张及纸板制品	126	202	60.1	1.1
车辆及其零附件,但铁道车辆除外	119	143	20.6	0.8
肥料	58	131	125.0	0.7
非针织或非钩编的服装及衣着附件	119	125	5.1	0.7
铜及其制品	109	123	12.9	0.7
谷物	69	122	77.4	0.6
鱼及其他水生无脊椎动物	109	118	8.8	0.6
家具、寝具等;灯具;活动房	96	118	22.4	0.6
针织或钩编的服装及衣着附件	79	114	42.8	0.6
玩具,游戏或运动用品及其零附件	67	84	25.7	0.4
杂项化学产品	58	84	43.1	0.4
木及木制品;木炭	75	81	8.0	0.4
化学纤维长丝	57	77	34.6	0.4
玻璃及其制品	47	73	56.0	0.4
锌及其制品	10	66	583.1	0.4
贱金属器具、利口器、餐具及零件	44	64	45.2	0.3
棉花	56	64	14.1	0.3
贱金属杂项制品	48	63	30.8	0.3
针织物及钩编织物	62	62	0.8	0.3
以上合计	14813	17628	19.0	93.2

资料来源:中国商务部网站《国别贸易报告》2008年1期。

马来西亚对中国出口主要商品构成

金额单位:百万美元

商品类别	2006年	2007年	同比增减(%)	占比重(%)(2007年)
总值	11735	15461	31.8	100.0
电机、电器、音像设备及其零附件	3816	5352	40.3	34.6
动、植物油、脂、蜡;精制食用油脂	1552	2858	84.1	18.5
核反应堆,锅炉,机器,机械器具及零件	1795	2297	28.0	14.9
橡胶及其制品	1199	1283	7.0	8.3
塑料及其制品	617	669	8.5	4.3
有机化学品	370	578	56.2	3.7
矿物燃料,矿物油及其产品;沥青等	365	503	37.7	3.3
木及木制品;木炭	374	297	-20.6	1.9
光学,照相,医疗等设备及零附件	394	252	-36.1	1.6
杂项化学产品	174	202	16.3	1.3
铜及其制品	149	175	17.0	1.1
其他特殊交易品及未分类商品	93	77	-16.6	0.5
洗涤剂、润滑剂、人造蜡、塑型膏等	61	68	11.6	0.4

商品类别	2006年	2007年	同比增减(%)	占比重(%)(2007年)
家具、寝具等;灯具;活动房	39	67	70.4	0.4
钢铁制品	38	64	68.9	0.4
珠宝、贵金属及制品;仿首饰;硬币	56	63	13.4	0.4
玻璃及其制品	38	54	41.7	0.4
车辆及其零附件,但铁道车辆除外	39	41	5.2	0.3
化学纤维长丝	121	40	-67.2	0.3
化学纤维短纤	37	39	7.4	0.3
矿砂、矿渣及矿灰	11	37	231.6	0.2
鱼及其他水生无脊椎动物	31	37	20.9	0.2
铝及其制品	20	36	76.8	0.2
钢铁	36	34	-4.3	0.2
盐;硫磺;土及石料;石灰及水泥等	28	31	12.8	0.2
纸及纸板;纸浆、张及纸板制品	49	30	-39.0	0.2
可可及可可制品	24	30	26.0	0.2
鞣料;着色料;涂料;油灰;墨水等	24	29	22.1	0.2
无机化学品;贵金属等的化合物	30	24	-19.5	0.2
食品工业的残渣及废料;配制的饲料	9	15	69.7	0.1
以上合计	11588	15283	31.9	98.9

资料来源:中国商务部网站《国别贸易报告》2008年1期。

新加坡自中国进口主要商品构成

金额单位:百万美元

商品类别	2006年	2007年	同比增减(%)	占比重(%)(2007年)
总值	27248	31901	17.1	100.0
电机、电气、音像设备及其零附件	12327	13487	9.4	42.3
核反应堆、锅炉、机械器具及零件	6074	7063	16.3	22.1
矿物燃料、矿物油及其产品;沥青等	1341	2272	69.5	7.1
钢铁	622	955	53.5	3.0
钢铁制品	629	847	34.6	2.7
光学、照相、医疗等设备及零附件	709	649	-8.4	2.0
船舶及浮动结构体	420	474	12.8	1.5
塑料及其制品	252	409	62.4	1.3
玩具、游戏或运动用品及其零附件	259	405	56.3	1.3
非针织或非钩编的服装及衣着附件	363	373	2.8	1.2
针织或钩编的服装及衣着附件	403	332	-17.4	1.0
有机化学品	205	294	43.3	0.9
家具和床具	161	218	35.5	0.7
铝及其制品	319	201	-37.1	0.6
鞋靴、护腿和类似品及其零件	109	198	81.5	0.6
橡胶及其制品	152	163	7.4	0.5
杂项化学产品	162	163	0.4	0.5
锌及其制品	137	157	14.4	0.5
皮革制品;旅行箱包;动物肠线制品	125	152	21.5	0.5
铅及其制品	151	142	-6.0	0.5
车辆及其零附件,但铁道车辆除外	96	138	44.3	0.4
纸及纸板;纸浆、纸或纸板制品	99	125	26.1	0.4
珠宝、贵金属及制品;仿首饰;硬币	72	121	68.1	0.4
铜及其制品	203	111	-45.4	0.4
盐;硫磺;土及石料;石灰及水泥等	15	109	617.8	0.3
精油及香膏;香料制品及化妆盥洗品	68	100	47.2	0.3
食用蔬菜、根及块茎	82	96	17.0	0.3
木及木制品;木炭	79	93	17.8	0.3
贱金属杂项制品	59	92	56.2	0.3
无机化学品;贵金属等的化合物	75	88	17.9	0.3
以上合计	25769	30029	16.5	94.1

资料来源:中国商务部网站《国别贸易报告》2008年1期。

新加坡对中国出口主要商品构成

金额单位:百万美元

商品类别	2006年	2007年	同比增减(%)	占比重(%)(2007年)
总值	26514	28924	9.1	100.0
电机、电气、音像设备及其零附件	12979	14062	8.4	48.6
核反应堆、锅炉、机械器具及零件	4898	5095	4.0	17.6
矿物燃料、矿物油及其产品;沥青等	2206	2489	12.9	8.6
塑料及其制品	1513	1620	7.1	5.6
有机化学品	1147	1257	9.6	4.4
光学、照相、医疗等设备及零附件	517	566	9.6	2.0
航空器、航天器及其零件	453	529	16.8	1.8
杂项化学产品	336	413	23.2	1.4
铜及其制品	305	301	-1.4	1.0
钢铁	150	233	55.4	0.8
饮料、酒及醋	147	221	50.0	0.8
橡胶及其制品	202	203	0.0	0.7
车辆及其零附件,但铁道车辆除外	174	190	9.1	0.7
贱金属器具、利口器、餐具及零件	122	174	41.9	0.6
谷物粉、淀粉等或乳的制品;糕饼	94	128	36.2	0.4
钢铁制品	103	93	-9.8	0.3
鞣料;着色料;涂料;油灰;墨水等	97	83	-14.7	0.3
珠宝、贵金属及制品;仿首饰;硬币	71	82	16.4	0.3
镍及其制品	72	66	-7.6	0.2
铝及其制品	49	64	28.9	0.2
精油及香膏;香料制品及化妆盥洗品	41	61	49.3	0.2
锡及其制品	22	61	182.3	0.2
药品	43	60	38.7	0.2
生皮(毛皮除外)及皮革	37	49	33.3	0.2
洗涤剂、润滑剂、人造蜡、塑型膏等	29	48	67.4	0.2
纸及纸板;纸浆、纸或纸板制品	32	37	12.8	0.1
锌及其制品	15	27	88.2	0.1
印刷品;手稿、打字稿及设计图纸	16	26	67.1	0.1
无机化学品;贵金属等的化合物	16	24	47.7	0.1
可可及可可制品	19	23	19.7	0.1
以上合计	25904	28284	9.2	97.8

资料来源:中国商务部网站《国别贸易报告》2008年1期。

泰国自中国进口主要商品构成

金额单位:百万美元

商品类别	2006年	2007年	同比增减(%)	占比重(%)(2007年)
总值	13642	17590	28.9	100.0
电机、电气、音像设备及其零附件	4289	4978	16.1	28.3
核反应堆、锅炉、机械器具及零件	3171	4010	26.5	22.8
钢铁	1056	1259	19.2	7.2
钢铁制品	390	582	49.2	3.3
塑料及其制品	332	468	41.1	2.7
珠宝、贵金属及制品;仿首饰;硬币	289	393	36.1	2.2
杂项化学产品	289	391	35.5	2.2
无机化学品;贵金属等的化合物	283	363	28.3	2.1
有机化学品	230	334	45.0	1.9
铝及其制品	210	324	54.7	1.8
光学、照相、医疗等设备及零附件	193	241	24.9	1.4
肥料	57	230	304.1	1.3

商品类别	2006年	2007年	同比增减(%)	占比重(%)(2007年)
棉花	193	211	9.4	1.2
矿物燃料、矿物油及其产品;沥青等	33	182	456.2	1.0
铜及其制品	147	181	22.6	1.0
车辆及其零附件,但铁道车辆除外	124	180	45.8	1.0
纸及纸板;纸浆、纸或纸板制品	102	156	52.4	0.9
铝及其制品	84	141	68.5	0.8
橡胶及其制品	101	140	37.8	0.8
针织物及钩编织物	108	140	28.8	0.8
化学纤维短纤	112	134	19.8	0.8
食用水果及坚果;甜瓜等水果的果皮	94	132	39.9	0.8
鞣料;着色料;涂料;油灰;墨水等	94	131	40.1	0.8
玻璃及其制品	78	115	47.3	0.7
陶瓷产品	83	107	28.6	0.6
玩具、游戏或运动用品及其零附件	81	102	27.0	0.6
家具;寝具等;灯具;活动房	74	101	35.8	0.6
鞋靴、护腿和类似品及其零件	57	97	69.6	0.6
化学纤维长丝	71	93	30.7	0.5
非针织或非钩编的服装及衣着附件	58	92	58.1	0.5
以上合计	12481	16006	28.2	91.0

资料来源:中国商务部网站《国别贸易报告》2008年1期。

泰国对中国出口主要商品构成

金额单位:百万美元

商品类别	2006年	2007年	同比增减(%)	占比重(%)(2007年)
总值	11797	15933	35.1	100.0
核反应堆、锅炉、机械器具及零件	2717	4491	65.3	28.2
电机、电气、音像设备及其零附件	1690	2367	40.1	14.9
橡胶及其制品	1708	2179	27.6	13.7
矿物燃料、矿物油及其产品;沥青等	993	1323	33.3	8.3
有机化学品	1143	1292	13.1	8.1
塑料及其制品	974	1170	20.2	7.4
食用蔬菜、根及块茎	418	371	-11.3	2.3
木及木制品;木炭	256	288	12.7	1.8
谷物	280	232	-17.0	1.5
铜及其制品	168	202	20.6	1.3
光学、照相、医疗等设备及零附件	153	179	16.9	1.1
食用水果及坚果;甜瓜等水果的果皮	99	139	39.7	0.9
木浆等纤维状纤维素浆;废纸及纸板	68	114	67.4	0.7
鱼及其他水生无脊椎动物	60	114	91.4	0.7
矿砂、矿渣及矿灰	15	112	658.1	0.7
纸及纸板;纸浆、纸或纸板制品	86	91	6.6	0.6
钢铁	52	89	71.8	0.6
制粉工业产品;麦芽;淀粉等;面筋	65	85	29.7	0.5
生皮(毛皮除外)及皮革	44	80	81.3	0.5
化学纤维长丝	64	80	24.3	0.5
化学纤维短纤	80	74	-7.4	0.5
车辆及其零附件,但铁道车辆除外	67	73	8.9	0.5
糖及糖食	75	58	-22.5	0.4
蛋白类物质;改性淀粉;胶;酶	41	55	34.4	0.4
钢铁制品	26	54	106.8	0.3
食品工业的残渣及废料;配制的饲料	24	49	102.8	0.3
杂项化学产品	20	40	105.7	0.3
棉花	33	34	1.8	0.2
动、植物油、脂、蜡;精制食用油脂	18	31	66.4	0.2
铝及其制品	12	28	134.1	0.2
以上合计	11449	15495	35.3	97.3

资料来源:中国商务部网站《国别贸易报告》2008年1期。

附　　录

中国驻东南亚各国大使馆

（名称/大使/地址/电话/电子邮箱）

驻文莱达鲁萨兰国大使馆/佟晓玲（女）/NO. 1,3,5 SIMPANG 462, KAMPUNG SUNGAI HANCHING BARU, JALAN MUARA, BC 2115, BANDAR SERI BEGAWAN, BRUNEI DARUSSALAM/ +673 -2 -334163, +673 -2 -335710（传真）/embproc@ brunet. bn

驻柬埔寨王国大使馆/张金凤/NO. 156, BIVD. MAO TSETUNG, PHNOM PENH, CAMBODIA/00855 -12 -810928, 00855 -23 -364738（传真）/chinaemb_kh@ mfa. gov. cn

驻印度尼西亚共和国大使馆/蓝立俊/JL. MEGA KUNINGAN NO. 2 JAKARTA SELATAN 12950 INDONESIA/0062 -21 -5761037,5761038（传真）/administrative@ chnemb. or. id

驻老挝人民民主共和国大使馆/潘广学/WAT NAK ROAD, SISATTANAK, VIENTIANE, LAO P. D. R./ +856 -21 -315100, +856 -21 -315104（传真）/chinamb_la@ mfa. gov. cn

驻马来西亚大使馆/程永华/229, JALAN AMPANG, 50450 KUALA LUMPUR, MALAYSIA/ +603 -21428495, +603 -21414552（传真）/china embmy@ mfa. gov. cn

驻缅甸联邦大使馆/管木/NO. 1 PYIDAUNGSU YEIKTHA ROAD, YANGON, UNION OF MYANMAR/ +95 -1 -221280, +95 -1 -227019（传真）/chinaemb_mm@ mfa. gov. cn

驻菲律宾共和国大使馆/宋涛/4896 PASAY ROAD, DASMARINAS VILLAGE, MAKATI, METRO MANILA, THE PHILIPPINES/（00632）8443148, 8452465（传真）/chinaemb_ph@ mfa. gov. cn

驻新加坡共和国大使馆/张小康/东陵路 150 号新加坡 247969 邮区/（0065）64180252,64793250（传真）/chinaemb_sg@ mfa. gov. cn

驻泰王国大使馆/张九恒/57 RACHADAPISAKE ROAD HUAY KWANG, BANGKOK 10310, THAILAND/ +66 -2 -2457044, +66 -2 -2468247（传真）/chinaemb_th@ mfa. gov. cn

驻越南社会主义共和国大使馆/胡乾文/46 HOANG DIEU ROAD, HANOI, VIETNAM/ +844 -8453736, +844 -8232826（传真）/chinaemb_vn@ mfa. gov. cn

驻东帝汶民主共和国大使馆/苏健/东帝汶帝力灯塔区塞尔帕·罗莎总督路/（00670）3325168,3325169,390 -365166（传真）/chinaemb_tp@ mfa. gov. cn

东南亚各国驻中国外交机构

（名称/大使/地址/电话/电子邮箱）

文莱达鲁萨兰国大使馆/张慈祥/北京市朝阳区亮马桥北街 1 号/（010）65324093,65324097（传真）

柬埔寨王国大使馆/凯·西索达/北京市东直门外大街 9 号/（010）65321889,65323507（传真）/cambassy@ public2. bta. net. cn

印度尼西亚共和国大使馆/苏德加/北京市朝阳区东直门外大街 4 号/（010）65325488,65325368（传真）/Kombei@ Public 3. bta. net. cn

老挝人民民主共和国大使馆/维吉·欣达翁/北京市三里屯东 4 街 11 号/（010）65321224,65326748（传真）/Laoemcn@ public. east. cn. net

马来西亚大使馆/达图·赛义德·诺尔扎曼/北京市朝阳区东直门外大街 13 号/（010）65322531,65325032（传真）/mwbeijing@ kln. gov. my

缅甸联邦大使馆/吴登伦/北京市东直门外大街 6 号/（010）65321425,65321344（传真）/info@ myanmarembassy. com

菲律宾共和国大使馆/索尼娅·布蕾迪/北京市建国门外秀水北街 23 号/（010）65321872,65323761（传真）/beijingpe@ cinet. com. cn

新加坡共和国大使馆/陈燮荣/北京市朝阳区建国门外秀水北街 1 号/（010）65321115,65329405（传真）

泰王国大使馆/马纳塔/北京市光华路 40 号/(010)65321749,65321748(传真)/thaibej@ public. bta. net. cn

越南社会主义共和国大使馆/陈文律/北京市建国门外光华路 32 号/(010)65321155,65325720(传真)

东帝汶民主共和国大使馆/奥林匹奥·布兰科/北京市朝阳区西坝河南路 1 号金岛外资公寓 156 号/(010)64403072,64403071(传真)/rdtlemb_beijing@ yahoo. com

中国驻东南亚各国总领馆

(名称/总领事/地址/电话/电子邮箱)

驻古晋总领馆(马来西亚)/谢福根/马来西亚沙捞越州古晋市道刚花园 lot3716 - 3719/ + 6082 - 453344, + 6082 - 461424(传真)/zhicun@ tm. net. my

驻曼德勒总领馆(缅甸)/唐英/YADANAR LANE, YANGYI AUNG ROAD/00952 - 34457,35944(传真)/chinaconsul_man_mm@ mfa. gov. cn

驻宿务总领馆(菲律宾)/何时敬/CEBU FIL - CHINESE VOLUNTEERS FIRE BRIGADE BUILDING, DON JULIO LIORENTE STREET, BARANGAY CAPITOL SITE, CEBU CITY 6000, PHILIPPINES/0063 - 32 - 2563422, 2563499(传真)/chinaconsul_cb_ph@ mail. maf. gov. cn

驻拉瓦格领事馆(菲律宾)/陈来平/No. 216 Naitonal Highway, Barangay 1, San Nicolas, Ilocos Notre 2901, Philippines/0063 - 77 - 7721874, 0063 - 77 - 6706338(传真)

驻清迈总领馆(泰国)/吴慧卿/111 CHANGLO ROAD, HAIYA DISTRICT, CHIANGMAI, THAILAND 50100/ + 66 - 53 - 282419, + 66 - 53 - 274614(传真)/cgprccm@ loxinfo. co. th

驻宋卡总领馆(泰国)/吴仰禹/NO. 9, SADAO ROAD, AMPUR MUANG, SONGKHLA 90000/0066 - 74 - 322034, 0066 - 74 - 323772(传真)/chinaconsul_skh_th@ mfa. gov. cn

驻胡志明市总领事馆(越南)/许明亮/39 NGUYEN THI MINH KHAI STREET, DISTRUCT 1, HO CHI MINH CITY, VIETNAM/ + 848 - 8292457, + 848 - 8295009(传真)/chinaconsul_hcm_vn@ mfa. gov. cn

(据中华人民共和国外交部网站)

中国和东南亚各国首都简况

国家	首都	面积(平方公里)	人口(万)	年平均气温(°C)	行政区划	主要景点
中国	北京	16807.8	1492.7(2004年)	13	辖 16 个区和 2 个县	故宫、天坛、北海公园、颐和园、长城等
文莱	斯里巴加湾	15.8	约 6(2002年)	28		努鲁尔·阿里·赛义夫汀清真寺、水上村落——艾尔村、邱吉尔纪念馆、腾云殿、文莱博物馆等
柬埔寨	金边	375	约 110	27	辖 7 个区和 76 个社区	皇宫、银寺、国家博物馆、塔山、杀人场等
印度尼西亚	雅加达	661.5	970	27		独立广场公园、印度尼西亚缩影公园、安佐尔梦幻公园、千岛群岛、伊斯蒂赫拉尔清真寺、中央博物馆等
老挝	万象	约 3920	66.9(2004年)	22.6 ~ 31.7		塔銮、瓦帕娇寺、瓦细刹吉寺、瓦翁第寺、凯旋门、塔当塔、尤鲁纪念碑等
马来西亚	吉隆坡	243.6	155	27.5	辖 13 个州	王宫、国会大厦、国立博物馆、国家回教堂、黑风洞、云顶高原等
缅甸	内比都	725	92.36	26.9	3 个镇区	彬马那、累韦、德光
菲律宾	大马尼拉	626.58	1090(2004 年)	28	辖 4 个市和 13 个自治市	千岛缩影、黎刹公园、国立博物馆、西班牙古城、唐人街、马拉坎阑宫、柯里基多岛、美军纪念公墓等
新加坡	新加坡	699.4(2005 年)	448(2006 年)	24 ~ 27	辖 6 个地区	圣淘沙、鱼尾狮公园、知新馆、苏丹回教堂、裕廊飞禽公园等
泰国	曼谷	1568	584(2006 年)		24 个县、150 个区	大皇宫、金佛寺、云石寺、四面佛、玉佛寺、郑皇庙、水上市场等
越南	河内	921	400(2005 年)	23.4	7 个郡 5 个县	巴亭广场、胡志明陵堂、独柱寺、文庙、还剑湖、西湖等
东帝汶	帝力		17.57(2005 年)	26	辖 13 个县	联合国沙滩等

中国和东南亚各国简况

国　家	国名全称	首　都	主要语言	主要宗教	货币	省级行政区（个）	2006年人口（万人）	民族（个）
中国	中华人民共和国	北京	汉语	佛教	人民币	34	130756	56
文莱	文莱达鲁萨兰国	斯里巴加湾	马来语	伊斯兰教	文莱元	4	38.3	20
柬埔寨	柬埔寨王国	金边	高棉语	佛教	瑞尔	24	1440	20多
印度尼西亚	印度尼西亚共和国	雅加达	印尼语	伊斯兰教	印尼盾	30	24100	100多
老挝	老挝人民民主共和国	万象	老挝语	佛教	基普	18	584	68
马来西亚	马来西亚联邦	吉隆坡	马来语	伊斯兰教	林吉特	16	2664	30多
缅甸	缅甸联邦	内比都	缅甸语	佛教	缅元	14	5540	135
菲律宾	菲律宾共和国	大马尼拉	菲律宾语	天主教	比索	15	8870（2007年）	约90
新加坡	新加坡共和国	新加坡	马来语		新加坡元	6	458（2007年）	
泰国	泰王国	曼谷	泰语	佛教	铢	76	6283	30多
越南	越南社会主义共和国	河内	越南语		越南盾	64	8312	54
东帝汶	东帝汶民主共和国	帝力	德顿语	天主教	美元	13	97.6（2005年）	

注：根据《中国—东盟自由贸易区与广西》（广西社会科学院编）有关资料编制。

中国和东南亚各国自然状况简表

国　家	国土总面积（万平方公里）	气　候	年平均气温（℃）	海岸线长度（公里）	主　要　资　源
中国	960.0000	热带、亚热带、温带季风		32000	石油、天然气、煤炭、铁矿、锰矿、铬矿、铜矿、铅锌矿、铝矿、镍矿、钨矿、锡矿、金矿、银矿、森林、水力、动植物等
文莱	0.5765	热带雨林	28	约162	石油、天然气、金矿、煤炭、锑矿、铅矿、矾土等
柬埔寨	18.1035	热带季风	27	460	金矿、磷酸盐、宝石、石油、铁矿、煤炭、森林、渔业等
印度尼西亚	191.4443	热带雨林	25～27	108920	石油、天然气、煤炭、锡矿、铝矾土、镍矿、金矿、银矿、森林等
老挝	23.6800	热带、亚热带季风	20～30		锡矿、铅矿、钾矿、铜矿、铁矿、金矿、石膏、煤炭、盐、森林等
马来西亚	33.0257	热带海洋性	25～30	4192	石油、天然气、锡矿、铁矿、金矿、钨矿、煤炭、铝土、锰矿、森林等
缅甸	67.6581	热带季风	27	3200	石油、天然气、锡矿、钨矿、锌矿、铝矿、锑矿、锰矿、金矿、银矿、宝石、玉石、森林、水力等
菲律宾	29.9700	热带海洋性	27	18533	铜矿、金矿、银矿、铁矿、铬矿、镍矿、地热、石油、渔业等
新加坡	0.0699	热带海洋性	24～27		植物
泰国	51.3115	热带季风	24～30	2705	钾盐、锡矿、褐煤、油页岩、天然气、锌矿、铅矿、钨矿、铁矿、铬矿、重晶石、宝石、石油、森林等
越南	32.9556	热带季风	23～27	3260	煤炭、铁矿、锰矿、铬矿、铝矿、锡矿、磷矿、水产、森林等
东帝汶	1.4874	热带雨林	26	735	石油、天然气、金矿、锰矿、铬矿、锡矿、铜矿、咖啡、橡胶、紫檀木等

注：根据《中国—东盟自由贸易区与广西》（广西社会科学院编）有关资料编制。

中国与东南亚各国货币名称

国家、地区	货币名称		货币符号		辅币进位制
	中文	英文	原有旧符号	标准符号	
中国	人民币元	Renminbi Yuan	RMB ¥	CNY	1CNY = 10 jiao(角) 1jiao = 10 fen(分)
文莱	文莱元	Brunei Dollar	B $	BND	1BND = 100cents(分)
柬埔寨	瑞尔	Camboddian Riel	CR. ;J Ri.	KHR	1KHR = 100 sen(仙)
印度尼西亚	盾	Indonesian Rupiah	Rps.	IDR	1IDR = 100 cents(分)
老挝	基普	Laotian Kip	K.	LAK	1LAK 1LAK = 100 ats(阿特)
马来西亚	马元	Malaysian Dollar	M. $;Mal. $	MYR	1MYR = 100 cents(分)
缅甸	缅元	Burmese Kyat	K.	BUK	1BUK = 100 pyas
菲律宾	菲律宾比索	Philippine Peso	Ph. Pes. ; Phil. P.	PHP	1PHP = 100 centavos(分)
新加坡	新加坡元	Ssingapore Dollar	S. $	SGD	1SGD = 100 cents(分)
泰国	泰铢	Thai Baht (Thai Tical)	BT. ;Tc.	THP	1THP = 100 satang(萨当)
越南	越南盾	Vietnamese Dong	D.	VND	1VND = 10 角 = 100 分

中国与东南亚国家或地区通信代码与区号

Countries and Regions	国家或地区	国际域名缩写	电话代码	与中国北京时间时差
China	中　国	CN	86	0
Brunei	文　莱	BN	673	0
Burma	缅　甸	MM	95	-1.3
Philippines	菲律宾	PH	63	0
Malaysia	马来西亚	MY	60	-0.5
Singapore	新加坡	SG	65	+0.3
Thailand	泰　国	TH	66	-1
Laos	老　挝	LA	856	-1
Vietnam	越　南	VN	84	-1
Kampuchea (Cambodia)	柬埔寨	KH	855	-1
Indonesia	印度尼西亚	ID	62	-0.3
Hongkong	中国香港	HK	852	0
Taiwan	中国台湾	TW	886	0

东南亚国家独立时间及与中国建立外交关系时间一览表

国　家	独立前的宗主国	独立时间	与中国建交时间
文莱	英国	1984 年 1 月 1 日	1991 年 9 月 30 日
柬埔寨	法国	1953 年 11 月 9 日	1958 年 7 月 19 日
印度尼西亚	荷兰	1945 年 8 月 17 日	1950 年 4 月 13 日
老挝	法国	1945 年10月 12 日	1961 年 4 月 25 日
马来西亚	英国	1957 年 8 月 31 日	1974 年 5 月 31 日
缅甸	英国	1948 年 1 月 4 日	1950 年 6 月 8 日
菲律宾	美国	1946 年 7 月 4 日	1975 年 6 月 9 日
新加坡	英国	1965 年 8 月 9 日	1990 年 10 月 3 日
泰国			1975 年 7 月 1 日
越南	法国	1945 年 9 月 2 日	1950 年 1 月 18 日
东帝汶	印度尼西亚	1999 年 8 月 30 日	2002 年 5 月 20 日

注:根据《中国—东盟自由贸易区与广西》(广西社会科学院编)有关资料编制。

历次中国—东盟领导人会议简况

会议名称	时　间	地　点	出席会议的中国领导人
第一次领导人非正式会晤	1997年12月16日	马来西亚吉隆坡	江泽民主席
第二次领导人非正式会晤	1998年12月16日	越南河内	胡锦涛副主席
第三次领导人非正式会晤	1999年11月28日	菲律宾马尼拉	朱镕基总理
第四次领导人会议	2000年11月25日	新加坡	朱镕基总理
第五次领导人会议	2001年11月5日	文莱斯里巴加湾	朱镕基总理
第六次领导人会议	2002年11月4日	柬埔寨金边	朱镕基总理
第七次领导人会议	2003年10月8日	印尼巴厘岛	温家宝总理
第八次领导人会议	2004年11月29日	老挝万象	温家宝总理
第九次领导人会议	2005年12月12日	马来西亚吉隆坡	温家宝总理
第十次领导人会议	2007年1月14日	菲律宾宿务	温家宝总理

中国—东盟领导人特别会议

会议名称	时　间	地　点	出席会议的中国领导人
中国—东盟领导人非典问题特别会议	2003年4月29日	泰国曼谷	温家宝总理
东盟地震和海啸灾后问题领导人特别会议	2005年1月6日	印尼雅加达	温家宝总理

注:资料来自中华人民共和国外交部。

东盟各国领导人访问中国一览表(1991.1～2008.5)

时　间	国别	职　务	姓　名
1991年8月	缅甸	国家恢复法律和秩序委员会主席	苏貌
1991年9月	马来西亚	最高国家元首	阿兹兰·沙阿
1991年9月	新加坡	总统	黄金辉
1991年9月	泰国	总理	阿南·班雅拉春
1991年10月	老挝	总理	坎代·西潘敦
1991年11月	越南	越共中央总书记	杜梅
		部长会议主席	武文杰
1992年4月	柬埔寨	国家元首、全国最高委员会主席	诺罗敦·西哈努克亲王
1992年4月	老挝	国家主席、人民革命党中央委员会主席	凯山·丰威汉
1993年4月	菲律宾	总统	拉莫斯
1993年4月	新加坡	总理	吴作栋
1993年6月	马来西亚	总理	达图·马哈蒂尔·宾·穆罕默德
1993年8月	泰国	总理	川·立派
1993年11月	文莱	国家元首	哈桑纳尔·博尔基亚
1993年11月	越南	国家主席	黎德英
1993年12月	老挝	人民革命党中央委员会主席、政府总理	坎代·西潘敦
1994年1月	柬埔寨	第一首相	诺罗敦·拉那烈
		第二首相	洪森
1994年2月	新加坡	总理	吴作栋
1994年5月	马来西亚	总理	马哈蒂尔
1995年1月	缅甸	国家恢复法律和秩序委员会主席	丹瑞
1995年5月	新加坡	总理	吴作栋
1995年6月	老挝	国家主席	诺哈·冯沙万
1995年8月	新加坡	总统	王鼎昌
1995年11月	越南	越共中央总书记	杜梅
1996年1月	缅甸	国家元首	丹瑞

时　间	国别	职　务	姓　名
1996 年 3 月	泰国	总理	班汉·西巴阿差
1996 年 8 月	马来西亚	总理	马哈蒂尔
1997 年 4 月	新加坡	总理	吴作栋
1997 年 4 月	泰国	总理	差瓦立
1997 年 7 月	马来西亚	最高国家元首	端古·贾阿法
1997 年 7 月	越南	越共中央总书记	杜梅
1997 年 8 月	柬埔寨	代理国家元首	谢辛
1998 年 10 月	越南	总理	潘文凯
1998 年 12 月	柬埔寨	政府首相	洪森
1998 年 12 月	柬埔寨	国王	诺罗敦·西哈努克
1999 年 1 月	老挝	总理	西沙瓦·乔本潘
1999 年 2 月	柬埔寨	政府首相	洪森
1999 年 2 月	越南	越共中央总书记	黎可漂
1999 年 4 月	泰国	总理	川·立派
1999 年 8 月	文莱	国家元首	哈吉·哈桑纳尔·博尔基亚
1999 年 8 月	马来西亚	总理	马哈蒂尔
1999 年 12 月	印度尼西亚	总统	瓦希德
2000 年 4 月	新加坡	总理	吴作栋
2000 年 5 月	菲律宾	总统	埃斯特拉达
2000 年 9 月	越南	总理	潘文凯
2000 年 12 月	越南	国家主席	陈德良
2001 年 4 月	马来西亚	最高国家元首	萨拉赫丁·阿卜杜勒·阿齐兹·沙阿
2001 年 5 月	文莱	国家元首	哈吉·哈桑纳尔·博尔基亚
2001 年 8 月	泰国	总理	他信·西那瓦
2001 年 9 月	新加坡	总统	纳丹
2001 年 10 月	菲律宾	总统	阿罗约
2001 年 11 月	越南	越共中央总书记	农德孟
2002 年 2 月	老挝	总理	本扬·沃拉吉
2002 年 3 月	印度尼西亚	共和国总统	梅加瓦蒂·苏加诺
2002 年 11 月	新加坡	总理	吴作栋
2003 年 1 月	缅甸	国家和平与发展委员会主席	丹瑞
2003 年 2 月	泰国	总理	他信
2003 年 4 月	越南	越共中央总书记	农德孟
2003 年 6 月	老挝	人民革命党中央主席、国家主席	坎代·西潘敦
2003 年 11 月	新加坡	总理	吴作栋
2004 年 4 月	柬埔寨	首相	洪森
2004 年 5 月	马来西亚	总理	巴达维
2004 年 5 月	越南	总理	潘文凯
2004 年 7 月	缅甸	总理	钦纽
2004 年 9 月	文莱	国家元首	哈吉·哈桑纳尔·博尔基亚
2004 年 9 月	菲律宾	总统	阿罗约
2005 年 2 月	马来西亚	最高国家元首	西拉杰丁
2005 年 7 月	印度尼西亚	总统	苏西洛
2005 年 7 月	泰国	总理	他信
2005 年 7 月	越南	国家主席	陈德良
2005 年 8 月	柬埔寨	国王	诺罗敦·西哈莫尼
2005 年 10 月	新加坡	总理	李显龙
2006 年 2 月	缅甸	政府总理	梭温
2007 年 5 月	越南	国家主席	阮明哲
2007 年 5 月	泰国	总理	素拉育
2007 年 8 月	老挝	总理	波松·布帕万

中国国家领导人历次出访东盟国家一览表

时　间	领导人	出访国别	时　间	领导人	出访国别
1991 年 6 月	杨尚昆	印度尼西亚	2000 年 11 月	朱镕基	新加坡
1991 年 6 月	杨尚昆	泰国	2001 年 5 月	朱镕基	泰国
1992 年 1 月	杨尚昆	新加坡	2001 年 11 月	朱镕基	文莱
1992 年 1 月	杨尚昆	马来西亚	2001 年 11 月	朱镕基	印度尼西亚
1992 年 11 月	李　鹏	越南	2001 年 12 月	江泽民	缅甸
1994 年 11 月	江泽民	新加坡	2002 年 2 月	江泽民	越南
1994 年 11 月	江泽民	马来西亚	2002 年 11 月	朱镕基	柬埔寨
1994 年 11 月	江泽民	印度尼西亚	2003 年 10 月	胡锦涛	泰国
1994 年 11 月	江泽民	越南	2003 年 10 月	温家宝	印度尼西亚
1994 年 12 月	李　鹏	缅甸	2004 年 10 月	温家宝	越南
1996 年 11 月	江泽民	菲律宾	2004 年 11 月	温家宝	老挝
1997 年 8 月	李　鹏	马来西亚	2005 年 4 月	胡锦涛	文莱
1997 年 8 月	李　鹏	新加坡	2005 年 4 月	胡锦涛	印度尼西亚
1997 年 12 月	江泽民	马来西亚	2005 年 4 月	胡锦涛	菲律宾
1999 年 9 月	江泽民	泰国	2005 年 10 月	胡锦涛	越南
1999 年 11 月	朱镕基	马来西亚	2005 年 12 月	温家宝	马来西亚
1999 年 11 月	朱镕基	菲律宾	2006 年 4 月	温家宝	柬埔寨
1999 年 11 月	朱镕基	新加坡	2006 年 11 月	胡锦涛	越南
1999 年 12 月	朱镕基	越南	2006 年 11 月	胡锦涛	老挝
2000 年 11 月	江泽民	文莱	2007 年 1 月	温家宝	菲律宾
2000 年 11 月	江泽民	柬埔寨	2007 年 11 月	温家宝	新加坡
2000 年 11 月	江泽民	老挝	2008 年 3 月	温家宝	万象

中国—东盟自由贸易区部分关税削减时间表

起始时间	关　税　税　率	覆盖关税条目	参与的国家
2000 年	对所有东盟成员国 0～5%	85% 的 CEPT 条目	原东盟 6 国
2002 年 1 月 1 日	对所有东盟成员国 0～5%	全部 CEPT 条目	原东盟 6 国
2003 年 7 月 1 日	WTO 最惠国关税税率	全部	中国与东盟 10 国
2003 年 10 月 1 日	中国与泰国果蔬关税降至 0	中泰水果蔬菜	中国、泰国
2004 年 1 月 1 日	农产品关税开始下调	农产品	中国与东盟 10 国
2005 年 1 月	对所有成员开始削减关税	全部	中国与东盟 10 国
2006 年	农产品关税降至 0	农产品	中国与东盟 10 国
2010 年	对所有东盟成员国 0	全部减税产品	原东盟 6 国
2010 年	关税降至 0	全部产品(部分敏感产品除外)	中国与原东盟 6 国
2015 年	对所有东盟成员国 0	全部产品(部分敏感产品除外)	东盟新成员国
2015 年	对中国—东盟自由贸易区成员国关税降至 0	全部产品(部分敏感产品除外)	东盟新成员国
2018 年	对东盟自由贸易区和中国—东盟自由贸易区所有成员国 0	剩余的部分敏感产品	东盟新成员国

注：资料来自 2002 年 11 月签署的《中国与东盟全面经济合作框架协议》。

东盟各国FDI流入统计

单位:百万美元

国家＼年份	1997	1998	1999	2000	2001	2002	2003	2004
文莱	702	573	748	549	526	1035	3123	161
柬埔寨	168	243	232	149	149	145	84	131
印度尼西亚	4678	-356	-2745	-4550	-3279	145	-596	1023
老挝	86	45	52	34	24	25	19	17
马来西亚	6323	2714	3895	3788	554	3203	2473	4624
缅甸	879	684	304	208	192	191	291	145
菲律宾	1261	1718	1725	1345	982	1111	319	469
新加坡	13533	7594	16067	16485	14122	5821	9331	16059
泰国	3882	7491	6019	3350	3886	947	1952	1414
越南	2587	1700	1484	1289	1300	1200	1450	1610
FDI总计	34099	22406	27853	22647	18457	13824	18447	25654

资料来源:ASEAN Secretariat, Foreign Direct Investment Statistics. www. aseansec. org/18144. htm. FDI:外国直接投资。

东盟FDI来源地分布

单位:%

国家＼年份	1995	1996	1997	1998	1999	2000	2001	2002	2003	2004
东　盟	16.6	14.3	15.4	12.3	6.6	5.1	12.4	26.4	10.7	11.1
中　国	0.5	0.4	0.2	1.3	0.2	0.2	0.3	-1.1	0.1	1.0
韩　国	2.4	1.7	0.2	0.4	1.9	-0.1	-1.3	0.5	1.5	4.1
印　度	0.4	0.2	0.3	0.4	0.1	0.2	-0.0	1.0	0.4	0.2
日　本	20.1	17.7	15.4	17.8	6.2	0.4	7.3	13.1	10.6	11.6
欧　盟	18.0	24.6	18.7	25.1	36.0	35.8	47.4	28.1	36.6	24.9
加拿大	2.2	0.7	3.3	-0.9	-0.1	0.3	-2.4	0.2	-1.9	0.4
美　国	15.4	17.3	14.6	14.5	21.8	22.8	25.2	-7.6	15.1	23.2
澳大利亚	1.9	1.0	0.7	-1.4	-3.4	-0.2	-2.0	5.5	0.2	1.8
新西兰	0.1	0.1	0.1	1.1	0.3	0.1	0.0	0.8	0.4	0.0
其　他	22.4	22.0	31.1	29.3	30.4	35.4	13.1	33.1	26.3	21.7
总　计	100	100	100	100	100	100	100	100	100	100

注:按各年流量计算。

资料来源:ASEAN Secretariat, ASEAN Statistics of Foreign Direct Investment in ASEAN, Seventh Edition, 2005. www. aseansec. org/18177. htm.

东盟欧盟北美自由贸易区简况

名称	成立时间	成立文件	成员国	人口和面积	生产总值和贸易额	宗旨和特点	组织机构
北美自由贸易区	1994年1月1日	《北美自由贸易协定》	美国、墨西哥、加拿大	人口3.6亿	国民生产总值6.45万亿美元,年贸易总额1.37亿美元。	宗旨是取消贸易壁垒,创造公平竞争的条件,增加投资机会,对知识产权提供适当的保护,建立执行协定和解决争端的有效程序,促进三边的、地区的以及多边的合作。特点是大国主导型、经济互补型、战略过渡型。	贸易委员会(秘书处、辅助组织等)、环境合作委员会(理事会、秘书处、联合咨询委员会)、劳工委员会(理事会、秘书处、国别行政办公室)

名称	成立时间	成立文件	成员国	人口和面积	生产总值和贸易额	宗旨和特点	组织机构
欧盟（欧洲联盟）	1993年11月	《欧洲联盟条约》（又称《马斯特里赫特条约》）	德国、法国、意大利、荷兰、比利时、卢森堡、英国、丹麦、爱尔兰、希腊、西班牙、葡萄牙、奥地利、芬兰、瑞典、波兰、匈牙利、捷克、斯洛伐克、斯洛文尼亚、马耳他、塞浦路斯、爱沙尼亚、拉脱维亚、立陶宛	人口4.55亿，面积400多万平方公里。	国内生产总值10.88万亿美元（2003年）	通过建立无内部边界的空间，加强经还济、社会的协调发展和建立最终实现统一货币的经济货币联盟，促进经济和社会的均衡、持久进步，并通过实行最终包括共同防务政策的共同外交和安全政策，在国际舞台上弘扬联盟的个性。	理事会、委员会、欧洲议会、欧洲法院、欧洲审计院、经社委员会、地区委员会、欧洲中央银行等。现任欧盟委员会主席巴罗佐。
东盟（东南亚国家联盟）	1967年8月	《东南亚国家联盟成立宣言》（也称《曼谷宣言》）	印度尼西亚、马来西亚、菲律宾、泰国、新加坡、文莱、越南、老挝、缅甸、柬埔寨	人口5.6亿，面积450万平方公里。	国民生产总值7000亿美元，对外贸易总额达到近1万亿美元。	宗旨是以平等协作精神，共同努力促进本地区的经济增长、社会进步和文化发展；遵循正义、国家关系准则和《联合国宪章》，促进本地区的和平与稳定；同国际和地区组织进行紧密和互利的合作。特点是以经济合作为基础的政治、经济、安全一体化合作组织。	首脑会议、外长会议、常务委员会、经济部长会议、其他部长会议、秘书处、专门委员会以及民间和半官方机构。现任东盟秘书长王景荣。

中国和东南亚各国的主要港口及国际航空港名录

国　家	主　要　港　口	国际航空港（机场）
中国	海港：大连、营口、秦皇岛、天津、烟台、青岛、日照、连云港、上海、宁波、厦门、汕头、广州、湛江、北海、钦州、防城、海口、香港、澳门、基隆、高雄 河港：重庆、万州、武汉、芜湖、南京、扬州、常州、张家港、南通、广州、梧州、贵港	北京首都、广州白云、上海浦东、上海虹桥、深圳宝安、昆明巫家坝、成都双流、西安咸阳、厦门高崎、重庆江北、天津滨海、大连周水子、杭州萧山、福州长乐、南京禄口、沈阳桃仙、桂林两江、南宁吴圩、哈尔滨阎家岗
文莱	海港：穆阿拉、斯里巴加湾、马来亦、卢穆	斯里巴加湾
柬埔寨	海港：西哈努克	金边、暹粒
印度尼西亚	海港：丹戎不碌、泗水（丹戎佩拉）、三宝垄、勿拉湾	巴厘岛登帕萨、雅加达苏加诺—哈达
老挝	河港：沙湾拿吉	琅勃拉邦、万象瓦岱、巴色
马来西亚	海港：巴生港、槟城、关丹、新山、纳闽（拉布安）、哥打基纳巴卢。河港：古晋	吉隆坡、槟城、兰卡威、哥打基纳巴卢、古晋
缅甸	海港：仰光。河港：勃生	仰光敏加拉洞、曼德勒
菲律宾	海港：宿务、马尼拉、怡朗、三宝颜	马尼拉阿基诺、宿务马克丹、达沃、苏比克、克拉克、拉瓦格
新加坡	海港：新加坡	新加坡樟宜
泰国	海港：宋卡、普吉。河港：曼谷	曼谷素旺那普、清迈、普吉、合艾
越南	海港：海防、岘港、金兰湾、广宁、炉门、归仁、义安、芽庄、西贡	河内内排、岘港、胡志明市新山一
东帝汶	帝力、欧库西	帝力

注：根据《中国—东盟自由贸易区与广西》（广西社会科学院编）有关资料编制。

东南亚50大银行
在《亚洲周刊》亚洲银行300排行榜上的名次

2005年名次	2004年名次	银行名称	总部所在地	总资产(百万美元)
18	19	星展银行(DBS)	新加坡	103865.2
23	26	大华银行(UNITED OVERSEAS BANK)	新加坡	79800.4
28	39	华侨银行(OVERSEA - CHINESE BANKING)	新加坡	70927.5
53	51	马来亚银行(MALAYAN BANKNG)	马来西亚	47238.8
71	69	盘谷银行(BANGKOK BANK)	泰国	34921.8
83	81	KRUNG THAI BANK	泰国	28508.8
86	79	BANK MANDIRI	印尼	27757.9
99	121	大众银行(PUBLIC BANK)	马来西亚	24233.5
113	109	BUMIPUTRA - COMMERCE BANK	马来西亚	21814.4
118	105	泰华农民银行(KASIKORN BANK)	泰国	20460.3
120	122	RHB BANK	马来西亚	20286.6
126	114	SIAM COMMERCIAL BANK	泰国	18980.0
134	131	BANK CENTRAL ASIA	印尼	16685.6
136	177	泰国军人银行(THAI MILITARY BANK)	泰国	16628.6
145	133	BANK NEGARA INDONESIA	印尼	15266.4
148	145	BANK OF AYUDHYA	泰国	14276.8
153	150	丰隆银行(HONG LEONG BANK)	马来西亚	12910.6
164	158	BANK RAKYAT INDONESIA	印尼	11973.2
166	154	SIAM CITY BANK	泰国	11723.2
183	175	首都银行(METROPOLITAN BANK AND TRUST)	菲律宾	9508.6
188	183	EON BANK	马来西亚	8816.6
189	193	马来西亚汇丰银行(HSBC BANK MALAYSIA)	马来西亚	8814.7
195	192	BANK OF THE PHILIPPINE ISLANDS	菲律宾	8398.9
196	188	SOUTHERN BANK	马来西亚	8280.6
200	215	STANOARD CHARTERED BANK MALAYSIA	马来西亚	7829.6
204	206	马来西亚大华银行[UNITED OVERSEAS BANK(MAL.)]	马来西亚	7597.3
210	203	马来西亚华侨银行[OCBC BANK(MALAYSIA)]	马来西亚	7260.8
219	218	BANK DANAMON INDONESIA	印尼	6578.5
223	233	ALLIANCE BANK MALAYSIA	马来西亚	6121.6
228	219	CITIBANK BERHAD	马来西亚	5967.0
230	216	BANKTHAI	泰国	5752.7
235	231	EQUITABLE PCI BANK	菲律宾	5531.3
240	237	LAND BANK OF THE PHILIPPINES	菲律宾	5121.3
243	228	AFFIN BANK	马来西亚	4744.9
252	248	BANK OF ASIA	泰国	4066.1
253	249	BANK INTERNATIONAL INDONESIA	印尼	4035.5
256	254	菲律宾国家银行(PHILIPPINES NATIONAL BANK)	菲律宾	3862.3
259	258	BANK PERMATA	印尼	3552.2

2005 年名次	2004 年名次	银行名称	总部所在地	总资产(百万美元)
261	270	BANK NIAGA	印尼	3445.0
262	255	BANK ISLAM	马来西亚	3410.1
268	268	RIZAL COMMERCIAL BANKING	菲律宾	3270.1
270	278	BANCO DE ORO UNIVERSAL BANK	菲律宾	3196.8
272	263	力宝银行(LIPPO BANK)	印尼	3113.2
275	269	AMBANK	马来西亚	2883.0
276	272	DEVELOPMENT BANK OF THE PHILIPPINES	菲律宾	2818.9
278	280	PANIN BANK	印尼	2677.7
286	286	ALLIED BANKING	菲律宾	2114.2
287	294	BANK MEGA	印尼	2092.1
288	287	中兴银行(CHINA BANKING)	菲律宾	2031.8
289	–	BANK NISP	印尼	1999.7

新加坡/马来西亚十大银行

2004 年名次	银行名称	纯利(百万美元)	资产回报率	股东权益回报率
1	星展银行(DBS)	1193.9	1.1%	12.2%
2	大华银行(UNITED OVERSEAS BANK)	859.0	1.1%	10.8%
3	华侨银行(OVERSEA – CHINESE BANKING)	687.7	1.0%	10.3%
4	马来亚银行(MALAYAN BANKING)	638.0	1.4%	16.6%
5	大众银行(PUBLIC BANK)	333.4	1.4%	14.8%
6	BUMIPUTRA – COMMERCE BANK	81.2	0.4%	5.7%
7	RHB BANK	119.6	0.6%	11.0%
8	丰隆银行(HONG LEONG BANK)	100.5	0.8%	8.6%
9	EON BANK	75.3	0.9%	9.4%
10	马来西亚汇丰银行(HSBC BANK MALAYSIA)	124.6	1.4%	22.8%

菲律宾十大银行

2004 年名次	银行名称	纯利(百万美元)	资产回报率	股东权益回报率
1	首都银行(METROPOLITAN BANK AND TRUST)	64.5	0.7%	6.9%
2	BANK OF THE PHILIPPINE ISLANDS	119.0	1.4%	12.5%
3	EQUITABLE PCI BANK	32.3	0.6%	4.4%
4	LAND BANK OF THE PHILIPPINES	40.1	0.8%	10.6%
5	菲律宾国家银行(PHILIPPINES NATIONAL BANK)	6.3	0.2%	1.6%
6	RIZAL COMMERCIAL BANKING	24.6	0.8%	10.2%
7	BANCO DE ORO UNIVERSAL BANK	36.0	1.1%	10.4%
8	DEVELOPMENT BANK OF THE PHILIPPINES	–	–	–
9	ALLIED BANKING	–	–	–
10	中兴银行(CHINA BANKING)	48.5	2.4%	13.8%

泰国十大银行

2004年名次	银行名称	纯利(百万美元)	资产回报率	股东权益回报率
1	盘谷银行(BANGKOK BANK)	437.2	1.3%	15.3%
2	KRUNG THAI BANK	275.3	1.0%	14.6%
3	泰华农民银行(KASIKORN BANK)	380.7	1.9%	23.1%
4	SIAM COMMERCIAL BANK	458.8	2.4%	22.5%
5	泰国军人银行(THAI MILITARY BANK)	23.5	0.1%	2.1%
6	BANK OF AYUDHYA	116.0	0.8%	14.2%
7	SIAM CITY BANK	158.0	1.3%	19.2%
8	BANKTHAI	13.5	0.2%	7.2%
9	BANK OF ASIA	18.9	0.5%	5.0%
10	THANACHART BANK	13.7	0.8%	6.2%

印度尼西亚十大银行

2004年名次	银行名称	纯利(百万美元)	资产回报率	股东权益回报率
1	BANK MANDIRI	587.9	2.1%	21.1%
2	BANK CENTRAL ASIA	357.4	2.1%	22.9%
3	BANK NEGARA INDONESIA	350.8	2.3%	24.4%
4	BANK RAKYAT INDONESIA	406.4	3.4%	29.2%
5	BANK DANAMON INDONESIA	269.4	4.1%	30.9%
6	BANK INTERNATIONAL INDONESIA	91.9	2.3%	19.5%
7	BANK PERMATA	69.7	2.0%	26.6%
8	BANK NIAGA	73.9	2.1%	27.9%
9	力宝银行(LIPPO BANK)	99.9	3.2%	38.7%
10	APNIN BANK	98.1	3.7%	19.4%

亚洲各地银行系统平均回报率

国家/地区	平均资产回报率	平均股本回报率
印度尼西亚	2.48%	24.28%
中国香港	1.44%	18.57%
印度	1.02%	17.99%
韩国	0.88%	16.24%
泰国	1.21%	15.84%
马来西亚	0.98%	12.88%
新加坡	1.08%	11.25%
中国澳门	0.72%	10.50%
中国台湾	0.57%	9.48%
菲律宾	0.83%	7.73%
日本	0.19%	4.69%
中国	0.18%	4.62%

中国和东南亚各国重点风景名胜区名录

国　家	景　区　名　称
中国	八达岭—十三陵、承德避暑山庄、外八庙、秦皇岛北戴河、五台山、恒山、鞍山千山、镜泊湖、五大连池、太湖、南京钟山、杭州西湖、富春江—新安江、雁荡山、普陀山、黄山、九华山、天柱山、武夷山、庐山、井冈山、泰山、青岛崂山、鸡公山、洛阳龙门、嵩山、武汉东湖、武当山、衡山、肇庆星湖、桂林漓江、峨眉山、长江三峡、黄龙寺、九寨沟、重庆缙云山、青城山—都江堰、剑门蜀道、黄果树瀑布、云南石林、大理、西双版纳、华山、临潼骊山、麦积山、天山天池、野三坡、苍岩山、黄河壶口瀑布、鸭绿江、金石滩、兴城海滨、大连海滨—旅顺口、松花湖、八大部—净月潭、云台山、蜀岗瘦西湖、楠溪江、琅邪山、清源山、鼓浪屿—万石山、太姥山、三清山、龙虎山、胶东半岛海滨、大洪山、武陵源、岳阳楼—洞庭湖、西樵山、丹霞山、桂平西山、花山、贡嘎山、金佛山、蜀南竹海、织金洞、红枫湖、龙宫、三江并流、昆明滇池、丽江玉龙雪山、雅隆江、西夏王陵等
文莱	水村、王室陈列馆、赛福鼎清真寺、杰鲁东公园等
柬埔寨	吴哥古迹、金边、西哈努克港等
印度尼西亚	巴厘岛、婆罗浮屠佛塔、“美丽的印度尼西亚”缩影公园、日惹苏丹王宫、多巴湖等
老挝	琅勃拉邦古城、巴色瓦普寺、万象塔銮、玉佛寺、占巴色孔埠瀑布、琅勃拉邦光西瀑布、万荣、石缸平原、沙湾拿吉的伊准塔等
马来西亚	吉隆坡、云顶、槟城、马六甲、兰卡威岛、刁曼岛、乐浪岛、邦咯岛等
缅甸	仰光大金塔、文化古都曼德勒、万塔之城蒲甘、额不里海滩等
菲律宾	百胜滩、蓝色港湾、碧瑶市、马荣火山、伊富高省巴纳韦高山梯田等
新加坡	圣淘沙岛、植物园、夜间动物园等
泰国	曼谷、普吉、清迈、巴堤雅、清莱、华欣、苏梅岛等
越南	还剑湖、胡志明陵墓、文庙、巴亭广场、统一宫、古芝地道、下龙湾等

注：中国的重点风景名胜区为1982年11月8日和1988年8月1日公布的第一、第二批名单。

中国和东南亚国家世界文化遗产世界自然遗产世界文化和自然双重遗产名录

国　家	文　化　遗　产	自然遗产、文化和自然双重遗产
中国	北京故宫(1987)，长城(1987)，周口店北京猿人遗址(1987)，陕西秦始皇陵及兵马俑(1987)，甘肃敦煌莫高窟(1987)，西藏布达拉宫(1994)，河北承德避暑山庄及周围寺庙(1994)，山东曲阜孔庙、孔府、孔林(1994)，湖北武当山古建筑群(1994)，江西庐山风景名胜区(1996)，山西平遥古城(1997)，江苏苏州古典园林(1997)，云南丽江古城(1997)，北京天坛(1998)，北京颐和园(1998)，重庆大足石刻(1999)，皖南古村落—西递、宏村(2000)，明清皇室陵寝(2000)，河南龙门石窟(2000)，四川青城山—都江堰(2000)，山西云冈石窟(2000)，中国高句丽王城、王陵及贵族墓葬(2004)，沈阳故宫、盛京二陵(2004)，澳门历史城区(2005)，安阳殷墟(2006)，中国南方喀斯特(2007)、广东开平碉楼与村落(2007)。	自然遗产：四川九寨沟风景名胜区(1992)，四川黄龙风景名胜区(1992)，湖南武陵源风景名胜区(1992)，云南三江并流保护区(2003)，四川大熊猫栖息地(2006)。 文化和自然双重遗产：山东泰山风景名胜区(1987)，安徽黄山风景名胜区(1990)，四川峨眉山—乐山风景名胜区(1996)，福建武夷山风景名胜区(1999)。 文化景观：庐山。
柬埔寨	吴哥窟区(1992)，柏威夏古庙(2007)	
印度尼西亚	婆罗浮屠寺庙群(1991)，普兰班南寺庙群(1991)，桑义兰早期人类遗址(1996)。	自然遗产：乌绒库伦国家公园(1991)，科莫多国家公园(1991)，洛伦茨国家公园(1999)，苏门答腊热带雨林(2004)。
老挝	琅勃拉邦古城(1995)，占巴塞文化风景区(2001)。	

国　家	文　化　遗　产	自然遗产、文化和自然双重遗产
马来西亚		自然遗产：基纳巴卢山公园(2000)，穆鲁山国家公园(2000)。
菲律宾	菲律宾巴洛克教堂(1993)，菲律宾巴纳韦高山梯田(1995)，维甘历史古城(1999)。	自然遗产：图巴塔哈礁群公园(1993)，普林塞萨港地下河国家公园(1999)。
泰国	素可泰历史城镇及相关历史城镇(1991)，阿育他亚(大城)历史城镇及相关城镇(1991)，班清阿考古遗址(1992)。	自然遗产：童·艾·纳雷松野生生物保护区(1991)
越南	顺化历史建筑群(1993)，美山遗址(1999)，会安古镇(1999)。	自然遗产：下龙湾(1994)，丰芽格邦国家公园(2003)。

注：括号中数字为列入《世界遗产名录》的年份。

东南亚国家的主要报纸

国　家	本国文报纸	华　文　报　纸	英文(其他语文)报纸
文莱	《婆罗洲公报》、《文莱灯塔》	《文莱美里日报》、《文莱诗华日报》	《婆罗洲公报》
柬埔寨	《柬埔寨之光报》、《人民报》、《和平岛报》、《柬埔寨日报》、《柬埔寨时报》	《华商日报》、《柬华日报》、《星洲日报》、《大众日报》、《新时代日报》	《柬埔寨日报》、《金边邮报》、《柬埔寨时报》
印度尼西亚	《罗盘报》、《专业之声报》、《印尼媒体报》、《共和国日报》、《革新之声报》、《印尼商报》、《华文邮报》	《印度尼西亚日报》、《华文邮报》、《国际日报》、《世界日报》、《商报》、《新生日报》、《和平日报》、《龙阳日报》、《广告日报》、《千岛日报》	《雅加达邮报》、《印尼观察家报》
老挝	《人民报》、《新万象报》、《人民军报》、《青年报》		《VINTIANETIMES》(英文报)、《LE RENOVATEUR》(法文报)
马来西亚	《马来西亚使者报》、《每日新闻》、《祖国报》	《南洋商报》、《星洲日报》、《中国报》等	《新海峡时报》、《星报》、《马来邮报》
缅甸	《缅甸之光》、《镜报》、《首都报》、《曼德勒报》、《雅德那崩报》	《缅甸华报》	《缅甸新光》
菲律宾	《消息报》、《菲律宾快报》	《世界日报》、《商报》、《菲华时报》、《联合日报》、《环球日报》	《马尼拉公报》、《菲律宾星报》、《菲律宾询问日报》、《自由报》、《马尼拉时报》、《马尼拉纪事报》
新加坡	《每日新闻》、《泰米尔日报》	《联合早报》、《联合晚报》、《新明日报》	《海峡时报》、《商业时报》、《新报》
泰国	《泰叻报》、《民意报》、《每日新闻》、《国家报》、《沙炎叻报》、《经理报》等	《新中原报》、《中华日报》、《星暹日报》、《亚洲日报》、《京华中原日报》、《世界日报》等	《曼谷邮报》、《民族报》等
越南	《人民报》、《人民军队报》、《大团结报》、《西贡解放日报》	《西贡解放日报》	《西贡时报》
东帝汶	《帝汶邮报》、《东帝汶之声》		

中国和东南亚各国主要通讯社、电台、电视台

国　家	通　讯　社	电　台	电　视　台
中国	新华通讯社、中国新闻社	中央人民广播电台、中国国家广播电台(1949 年 12 月 5 日正式开播)、中国国际广播电台(中国唯一以外国语言向全世界广播的电台)	中国中央电视台(1958 年 9 月 2 日正式开播)
文莱	文莱新闻社	文莱广播电视台(创建于 1957 年5 月)	文莱广播电视台(从 1975 年起开设彩色电视频道)
柬埔寨	柬新社(成立于 1980 年)	FM96(国家台)	国家电视台(以柬语广播为主)、仙女 11 台(人民党资产)、第 9 台(私人台)、第 5 台(军队台)、首都第 3 台(官方台)、巴戎台(私人台)
印度尼西亚	安塔拉通讯社(官方)、印尼民族通讯社(私营)、武装部队新闻社(国防安全部)	印尼共和国广播电台(成立于 1945 年 9 月)	印尼共和国电视台、印尼鹰记电视台、太阳电视台、教育电视台、美都电视台等 11 家电视台
老挝	巴特寮通讯社(1968 年 1 月成立,国营)	老挝国家广播电台、老挝人民军广播电台	老挝国家电视台(建于 1983 年 12 月)
马来西亚	马来西亚国家新闻社(简称马新社,半官方	马来西亚广播电台(建于 1946 年)、马来西亚之声电台(建于 1963 年)	马来西亚电视台(建于 1963 年)、第三电视台(TV3)、城市电视台(METRO VISION)、国民电视台(NTV)、ASTRO 卫星有线电视频道
缅甸	缅甸通讯社	缅甸之声(建于 1937 年)	缅甸电视台(建于 1980 年)、妙瓦底电视台(创办于 1995 年 3 月 27 日)
菲律宾	菲律宾通讯社(成立于 1973 年)	菲律宾广播台	人民电视台
新加坡		新加坡广播电台(于 1936 年开播)	新加坡电视台
泰国	泰国通讯社	泰国国家广播电台	泰国国家电视台
越南	越南通讯社(1945 年成立,1976 年越南南方解放通讯社与之合并)	越南之声广播电台(成立于 1954 年)	越南中央电视台(成立于 1971 年)
东帝汶	尚未成立通讯社,主要葡语新闻来源于葡萄牙卢萨社(LUSA,又名葡通社)	东帝汶国家电台(RNTL)、东帝汶民族解放军电台—希望之声(RADIO FALINTIL – VOZ DAESPERANCA)	东帝汶电视台(TVTL)

注:根据中国网、新华网有关资料编制。

中国和东南亚各国主要文化设施一览表

国　家	博物馆	图书馆	体育馆	剧院(游乐场馆)	著名大学
中国	中国国家博物馆、故宫博物院等	中国国家图书馆等	中国奥林匹克体育馆等	中国国家大剧院等	北京大学、清华大学、中国人民大学、复旦大学、南开大学、中山大学等
文莱	文莱国家博物馆、丘吉尔纪念馆、工艺美术中心等	文莱国家图书馆等	文莱多功能综合中心等	杰鲁东游乐场、青年宫、电影院等	文莱大学(唯一综合性大学,成立于 1985 年)等

国　家	博物馆	图书馆	体育馆	剧院(游乐场馆)	著名大学
柬埔寨	柬埔寨国家博物馆、柬埔寨皇家博物馆、军事博物馆、阇耶跋摩七世艺术博物馆、国立考古博物馆、国立综合运动博物馆、吴哥保护中心等	柬埔寨国家图书馆、国立图书档案馆、佛教研究所图书馆等	金边国家体育场、柬埔寨体育馆(1966年中国援建)等	金边国家剧院等	金边皇家大学、皇家农业大学、皇家艺术大学、柬埔寨技术学院等
印度尼西亚	雅加达国家博物馆、雅加达历史博物馆、雅加达哇杨博物馆、阿樊迪博物馆、印尼独立博物馆、中央博物馆、军事博物馆、塔曼法塔赫拉博物馆、巴厘勒·马尤尔博物馆等	印度尼西亚国家图书馆等	雅加达赛纳扬体育馆等	雅加达印尼缩影公园、雅加达伊斯尔·玛佐基公园、雅加达安佐尔梦幻公园、三宝垄麻若巴歇王宫娱乐场等	印度尼西亚大学、加查马达大学、艾尔朗卡大学、班查查兰大学、安达提斯大学、万隆理工学院、布拉维贾亚大学、迪波尼哥罗大学等
老挝	老挝国家博物馆、历史博物馆、王宫博物馆、民族文化馆、革命传统展览馆、军事博物馆、凯山·丰威汉纪念馆、国家文化馆(中国1990年援建)等	老挝国家图书馆等	老挝国家体育馆等	万象大剧院、万象艺术剧院、中央歌舞剧院、中央艺术剧院等	老挝国立大学、占巴塞大学、施沙文旺大学、皇家医学院、皇家公共管理学院、师范学院、苏发努冯大学等
马来西亚	马来西亚国家博物馆、国家清真寺、国家美术馆、国家艺术馆等	马来西亚国家图书馆等	默迪卡体育场、沙阿兰综合体育场等	马来西亚国家剧院等	马来西大学、国民大学等
缅甸	缅甸国家博物馆等	缅甸国家图书馆等	缅甸国家第一体育馆、昂山体育馆等	缅甸国家剧院、总统电影院、首都电影院等	仰光大学、曼德勒大学等
菲律宾	菲律宾国家博物馆、阿亚拉博物馆、马拉卡南宫、菲律宾文化村等	菲律宾国家图书馆(最大的华文图书馆)、陈延金纪念图书馆等	马尼拉体育馆等	菲律宾国家大剧院、克拉克度假城等	菲律宾大学、阿特尼奥大学、东方大学、远东大学、圣托玛斯大学等
新加坡	新加坡国家博物馆、新加坡美术馆、亚洲文明博物馆、新加坡蜡像馆、海洋博物馆、昆虫博物馆等	新加坡国家图书馆等	龙岗体育馆、碧山体育馆、碧山体育场、碧山游泳中心、裕廊体育及康乐中心等	戏剧中心、维多利亚剧院、嘉龙剧场、海港之苑等	新加坡国立大学、南洋理工大学、新加坡管理大学等
泰　国	国家博物馆、吉姆·汤普森博物馆、龙舟博物馆、国家科学博物馆、自然历史博物馆、环境与生态学博物馆、航空与通讯博物馆、国家艺术馆等	泰国国家图书馆、泰国中文图书馆等	政法大学体育中心、孟通他尼体育中心、华目体育中心等	国家剧院、丽都剧院、艺城剧院等	朱拉隆功大学、清迈大学、孔敬大学、宋卡纳卡琳大学、玛希敦大学、诗纳卡琳威洛大学、易三仓大学、亚洲理工大学、兰甘亨大学等
越　南	胡志明博物馆、历史博物馆、革命博物馆、战争罪恶博物馆、胡志明主席纪念区、美术博物馆、音乐和舞台艺术博物馆、军队博物馆、河内大学动物博物馆、越南妇女博物馆、地质博物馆、公安博物馆等	国家图书馆、中央医学科学情报研究所图书馆、中央科学技术图书馆、胡志明市科学技术图书馆、中央社会科学图书馆、社会科学图书馆等	美廷国家体育馆等	中央剧院、嘲剧剧场、河内大型杂技场、水上木偶剧院等	河内国家大学、胡志明市国家大学、顺化大学、太原大学、岘港大学等
东帝汶					东帝汶国立大学(2000年11月重新开办)等

东南亚国家贸促机构与商协会通讯录

国家	机构名称	地　址	电话、传真
文莱	文莱国际工会	Post Box 2246,1922 Bandar Seri Beganoan	Tel:00673－2－2236601
	中华商会	Dowan Pernigaan Tionghua, P. O. 1. Box 281, B. S. Begawan 1902, Negara	
柬埔寨	商业部	20A, borlevard Norodom	Tel:0085623－210365 Fax:0085623－217353
印尼	工贸部国家出口发展局	8, JI. Gajah Mada, P. O. Box 443/JKT	Tel:006221－6341082 Fax:006221－6338360
	中华工业委员会	20, M. H. Thamrin, Jakarta	
	印度尼西亚商工会	Chandra Builoling, 20 Jalan M. N. Thamrin, Jakarta 10350	
老挝	老挝商工会	Rue Ponexay Post Box 4596 Vieentiane	Tel:0085621－414383 Fax:0085621－414383
马来西亚	国际贸易工业部	Blick 10, Gov. Building Complex, Jalan Data 50622	Tel:00603－6200033 Fax:00603－62031303
	马来西亚中华商工会	Office Tower, 8 th floor, Plaza Berjaya－12, Jalan Imb, 55100 Kuala Lumpur	Tel:00603－2452503 Fax:00603－2452562
	马来西商会	Plaza Pekeliling, 17 th floor 2, Jalan Tun Razak, 50400 Kuala Lumpar	Tel:00603－4427664 Fax:00603－4414502
缅甸	缅甸商工联合会	504－506 Merchant Street GPO Box 1557, 11141 Yangon	Tel:00951－246495 Fax:00951－248177
菲律宾	菲律宾商工会	14th floor, 6805 Ayala Avenue Makati City	Tel:00632－8433374 Fax:00632－8434102
新加坡	贸易工业部	Znfo Centre 100, High Street NO. 04－01 The Treasary	Tel 0065－3327258 Fax:0065－3327634
	中小企业协会	Information and Doc. Centre 141, Market Street, Internat. Factor Buliding 04－03/04	Tel:0065－2240868 Fax:0065－2241507
	太平洋经济合作委员会	4, Nassim Road	Tel:0065－7379823 Fax:0065－7379824
	新加坡工业联合会	20, Orchard Rock 23883 Singapore	Tel:0065－3388787 Fax:0065－3383358
	新加坡商业工业联合会	47 Hill Street # 03－1, Chimese Chamber of Commerce Bulidtng 179365 Singapore	Tel:0065－3389761 Fax:0065－3395630
	新加坡中华机械进出口商协会	6001 Beach Road, No, 1101, Golden Mile Tower, Songapore 0719	
	新加坡中华商工会	47 Hill Wtreet, # 09－00, Singapore 0617	
泰国	泰国贸易局	150, Rajorpit Road, 10200 Bang KoK Thailand	Tel:00662－221827 Fax:00662－2219350
	泰国商会	150 Rajopit Road, BangKoK 10200	
	泰国中华商会	233 Sathorn Road, Bangkok	
	国际贸易经济合作处	1.22 Ac. Pilyuain St. ,2,2 Vnited Natians Buliding, Rajadnmnern Avenue, Bangkok 10i	
越南	越南商工会	9 Dao Duy Anh Street 10000 Dong Da Hanoi	Tel:00844－5742162 Fax:00844－5742020

中国公民赴文莱须知

一、签证须知

目前文莱驻华使馆不办个人旅游签证,可办团体旅游签证,每团不少于5人,其中1人为导游。如个人办商务、探亲签证,需提供文方邀请信及文移民局批准函。自2003年4月起,签证申请人还需提供健康证明。官方代表团则仅凭文方政府邀请信。办理签证时需填写申请表1张、交相片1张,签证费80元。签证需时3个工作日,有效期3个月,入境时移民局盖14天停留章。

关于落地签证:现文莱对中国旅游团组实行72小时落地签证,由当地旅行社与国内旅行社联手办理并事前1周得到文移民局批准。

二、海关规定及入境须知

通过航空、海上和陆路交通进入文莱,每位入境者均需向海关申报所携带的物品,在必要情况下,需打开行李接受检查。禁止入境的物品:大麻、海洛因等毒品和与伊斯兰教义相违背的任何其他物品(17岁以上的非穆斯林入境时可携带2瓶以下的白酒或12罐以下的啤酒)。

三、医疗条件和医疗保险须知

文莱拥有较完善的医疗保障体系,政府向其公民提供免费医疗,但永久居民和外国人不享受这一待遇。境内无百日咳、破伤风、小儿麻痹、脑炎和其他严重传染性疾病。目前存在的主要问题为专业人员短缺,大部分医生和护理人员都是外籍人士,一些需要特别护理的病号还需送到新加坡就医。

四、治安状况

文莱治安状况良好,犯罪率较本地区其他国家低。近年来由于国际环境和国内经济滑坡,失业人数增多,治安状况有所下降,吸毒、盗窃等犯罪活动略有上升。在政府严厉的打击措施和教导国民加强伊斯兰教修养的双重作用下,总体治安状况保持良好。

五、交通安全和外出旅行注意事项

文莱公路四通八达,路况优良,平均每1.5人拥有1辆汽车,居民出行主要依赖私家车,出租车及公共汽车服务不发达。全国有20多家旅行社可提供租车服务。文莱行车右驾驶,左行,没有专门的人行道,更没有自行车道,由于路况较好,车速一般较快,外出旅行要格外注意安全。另外要携带一定的防暑降温和防蚊叮虫咬的用品。

(据中国外交部网站)

中国公民赴柬埔寨须知

一、特别提醒

柬埔寨经济发展水平较低,经济和社会法律制度还不健全,常有涉中国公民的劳务和经济纠纷、抢劫、诈骗案件发生。该国艾滋病病毒携带者比率较高,官方统计数字表明,有2.7%的成年人是艾滋病病毒携带者。

二、签证、入境与海关

中国公民赴柬须事先向柬埔寨驻华使领馆申请签证,目前柬在中国上海、广州、重庆、昆明和香港设有总领馆。

赴柬签证有效期一般为3个月,入境时柬埔寨移民局在护照上盖有带停留期的入境章,请注意查看,以免签证过期被罚款。根据文莱移民局规定,外国人入境后,如果签证过期,每天罚款5美元。根据来柬目的,一般分为旅游签证和商务签证。外国人亦可在柬埔寨金边国际机场申请办理落地签证。

旅游签证(E签证)一般允许在柬停留1个月,且停留期不能超过签证有效期,可申请延期,但不能改变签证种类。商务签证(T签证)一般允许在柬停留1~3个月,入境后可通过当地旅行社向柬埔寨移民局申请半年或一年的长期居留签证。

入境时须填写入、出境卡、海关申报单,不得携带违禁品入境,不得随身携带大量美钞出境(一般可携带3000美元以下)。

三、安全形势与治安状况

国家政局总体稳定,社会治安状况不佳,常有抢劫和偷盗案件发生。

四、常见疾病与医疗状况

据世界卫生组织统计,柬埔寨2005年确诊人感染禽流感病例有4人,死亡4人,2006年确诊人感染禽流感病例有2人,死亡2人;当地常见多发疾病有肝炎、肺结核、登革热、疟疾和肠伤寒、急性腹泻等。当地医疗条件较差,医疗设备落后,医护人员技术素质不高,药品品种有限且价格较贵;医疗保险业务尚处于起步阶段。

五、当地的风俗与法规

佛教是国教,佛教徒占全国人口85%以上,其中绝大部分信奉小乘佛教。寺院遍及全国,僧王及僧侣普遍受到尊重。通常,男子无论社会地位高低,一生都要出家1次,但可随时还俗。进佛寺参观时,要衣着整洁,免冠脱鞋。忌用手摸人头顶。

全国通行合十礼,即以两手掌合并立于胸前,稍微俯首,指尖高度视对方身份而定,对方身份较高,指尖高度越高。社交场合也行握手礼。

柬埔寨人衣着较朴素,很多人光脚或穿拖鞋,在社交及正式场合则较为讲究。民族传统服装主要有:纱笼、筒裙、凤尾裙、水布等。柬埔寨人喜爱宫廷古典舞蹈和传统戏剧,民间舞蹈及民间音乐也很流行。

当地百姓以食米饭为主,喜吃辛辣食物如辣椒、葱、姜、蒜、薄荷等,还喜吃生菜和腌鱼等。进餐时多用筷子或刀叉,农村还保持手抓饭的习惯。

除国际性节日外,当地主要节日有柬历新年(4月13~15日)、御耕节(4月底或5月初,国王、王后或王子、公主在王家田象征性耕地播种,以祈祷风调雨顺,五谷丰登)、国王生日(5月14日)、亡人节(9月下旬,供奉祖先)、立宪日(9月24日)、巴黎协定日(10月23日)、独立节(11月9日)、送水节(11月10~12日,标志着雨季结束,赛龙舟、拜月,祈祷来年丰收)。

六、物价与供应

柬埔寨是落后的农业国,属世界上最不发达国家之一。由于本国制造及加工业落后,多数日用消费品需从中国或其他邻国进口,当地一般日用消费品价格较贵。当地货币名称为瑞尔(RIEL),汇率由市场调节,货币比值时有波动,以2006年7月为准,1美元约合4010瑞尔,1元人民币约501.25瑞尔。美元可在市场自由流通。柬埔寨全国人口为1340万,其中首都金边市人口约130万。由于当地普通民众收入低，加之市场狭小，日常物品供应种类及数量较少。

如赴柬短期停留或旅游，可携带日常必备及防治蚊虫叮咬类药品，以备急需。

七、交通与出行

柬埔寨位于中南半岛南部，海岸线长约460公里，属热带季风气候，一年分为两季，5～10月为雨季，11～4月为旱季，年均气温为24℃，最高气温达40℃。每年12月至次年1月气候最为凉爽。主要城市有首都金边市、世界七大奇迹之一的吴哥古迹所在地暹粒市及国际海港城市西哈努克市。

国内交通以公路和内河运输为主。主要交通线集中于中部平原地区以及洞里萨湖流域。北部和南部山区交通闭塞。城市主要交通工具为汽车和摩托车。当地道路狭窄及路况较差，民众交通安全意识淡薄，交通事故发生率较高。

中柬两国之间交通便利。北京（经停广州）和上海市每天都有民航班机往返金边，一周内有数班民航飞机往返于金边与香港之间。自金边市区赴国际机场约10公里，主要交通方式为汽车及摩托车出租（俗称摩的）。暹粒市国际机场离暹粒市区车程约15分钟，由金边至暹粒每日有6个国内往返航班，新加坡、马来西亚、老挝和曼谷、胡志明市、中国的南宁市也有直飞暹粒市的国际航班。

柬埔寨旅游旺季为每年7月至次年2月。主要旅游城市为金边市、暹粒市和西哈努克港。暹粒是世界七大奇迹之一的吴哥古迹所在地，主要景点有吴哥窟（又称小吴哥）、吴哥城（即大吴哥）、巴戎寺、周萨神殿、达波龙寺及女王宫等。金边市及暹粒市拥有数家五星级宾馆及各种档次的酒店，当地中餐馆较为普遍。

出行特别提醒：由于当地交通秩序不佳及社会治安问题，出行请注意人身及随身携带物品安全。

八、工作与学习

赴柬投资、经商的中国公民，须事先向柬埔寨驻华使领馆申办商务签证，入境后向柬埔寨移民局申请长期居留签证。赴柬劳务人员应先与国内信誉好、有实力的劳务中介公司签订合同，由其保证安排务工单位；抵柬后，应及时与用人单位签订劳务合同，由用人单位负责办理居留签证和劳工证。无一技之长的劳务人员工资月薪仅为40～50美元，且也很难找到工作。

赴柬留学人员可自行与柬埔寨有关大学联系留学事宜，接到入学通知书后，到柬埔寨驻华使领馆申办签证而后赴柬。目前在柬学习的中国留学生数量较少。

柬埔寨主要大学有：金边王家大学、金边王家艺术学院、国家管理大学和国家经济法律大学等，市内还有多家私立外文学校，以中文和英文居多。

九、移民及国籍政策

柬承认多重国籍。根据柬《国籍法》，获得柬埔寨国籍一般有3种渠道：

（一）由出生而取得柬国籍：如父母一方为柬国籍，其子女可获柬国籍；在柬境内出生的新生儿可获柬国籍。

（二）通过婚姻取得柬国籍：申请者与柬籍配偶在领取结婚证并共同生活三年后，可申请柬国籍。

（三）外国人申请柬国籍须符合以下条件：（1）具有居住地政府出具的良好品德证明书；（2）具有无刑事犯罪纪录证明书；（3）在柬连续居住七年的证明书；（4）有固定住所；（5）有一定的听、写柬语能力，并愿意接受柬埔寨良好的传统与习俗；（6）身体健康。　　（据中国外交部网站）

中国公民赴印度尼西亚须知

一、特别提醒

2004年苏希洛总统执政后，印尼政府加大反恐力度，一部分恐怖分子相继落网，恐怖活动受到一定程度遏制。但少数地区恐怖袭击事件和种族宗教冲突事件仍时有发生。

印尼的禽流感防控形势较为严峻，印尼27个省都有发生禽流感的报告。前往印尼应特别注意饮食卫生，尽量避免前往可能会接触禽类的处所。

印尼雅加达、泗水、日惹、万隆、棉兰、巴厘岛等主要大中城市和地区旅游资源丰富，交通旅游设施完备，是理想的休闲旅游目的地。但值得注意的是，印尼地处环太平洋地震带，地震、海啸等地质灾害较为频繁。日惹（爪哇岛中部城市）在2006年5月27日发生强烈地震后，一些旅游景点和设施严重受损。苏门答腊岛西南部、爪哇岛南部易受地震海啸影响，7月17日爪哇岛南部遭受地震海啸袭击，损失惨重。赴印尼旅游宜参加旅游团，尽量避免前往爪哇岛南部、苏门答腊岛西南部印度洋沿岸及未开发地区做探险旅行。

在印尼海关入境时，个别移民官员收取额外费用。遇到上述情况，可视情妥善处理。如受到不公正待遇，可与中国驻印尼使领馆联系以寻求协助。

二、签证、入境与海关

（一）签证申请

自2005年8月起，印尼政府开放对中国（大陆）公民赴印尼落地签证（VISA ON ARRIVAL）申请。申请者可持个人有效因私护照和往返机票在雅加达、泗水、棉兰、巴厘岛等国际机场的专设柜台办理。落地签证分为停留期7天与30天两种，签证费分别为10美元和25美元。持落地签证者在印尼期间只可进行旅游观光、探亲访友，不得进行经商活动，期满亦不可延长。除此之外，中国公民赴印尼均须事先在印尼驻华使馆或驻广州总领事馆获得相应签证。为避免出入境时遇到不必要的麻烦，建议持新护照（无任何出境记录）的中国公民离境前在印尼驻华使领馆办妥签证后再前往印尼。

印尼签证类型包括：（1）过境签证（需持中、印方担保信及赴第三地联程机票）（2）公务访问签证（需持印尼公司、民间组织或私营单位担保信）（3）团体旅游签证（需持有资格的中方旅行社的担保信及3张彩色免冠相片）（4）社会/文化访问签证（需持中、印尼方担保信）（5）商务签证（需持中、印尼方担保信）（6）多次签证（需持中、印尼方担保信，并曾至少三次访问过印尼）（7）短期停留签证。

中国公民申请赴印尼签证除须填写签证申请表格外，还须提供中方、印尼方担保信（印尼方担保人可以是印尼境内的个人、公司、团体、组织机构或政府机关），有效护照和照片等。

（二）入境及海关规定

外国非外交人员出入机场、港口等国际口岸，随身及托运行李必须接受海关检查。

外国游客随身携带的日常生活必需品：总价值不超过250美元/人，乘务员所带货物总价值不超过50美元/人（享受免税的商品包括200支香烟或50支雪茄或200克烟叶，1升含酒精饮料，适量的香水），外国游客自用的照相机、摄像机、卡带式录音机、望远镜、运动器械、笔记本电脑、手机或其他类似设备需申报，离境时须带回。

外国游客入境时须填写海关申报表申报自己的物品，包括数量、种类、价值等。没有需要报关物品的走绿色通道，有需要报关物品的走红色通道。

海关官员有权对经过绿色通道乘客的物品进行开包检查。如开包检查发现所带物品数量超过规定限制，海关有权对其超出部分进行没收和销毁。

此外，由于时有中国公民持旅游签证在印尼从事小商品买卖等与签证不符的活动，如入境时携带过多日常生活用品易引起机场移民官员的疑虑，相关物品可能会被没收。

三、安全形势与治安状况

印尼整体安全形势较好，但在部分地区如亚齐、巴布亚、马鲁古、南苏拉威西、中苏拉威西省等个别县区还存在分离主义、极端势力、种族和宗教冲突的隐患。2002年以来，印尼先后发生巴厘岛、雅加达万豪酒店、澳大利亚驻印尼使馆和第二次巴厘岛等恐怖爆炸案，造成重大人员伤亡，上述爆炸案多发生在外国人密集的旅游胜地及娱乐场所，建议中国公民前往印尼旅游时避免前往西方游客聚集的场所。

印尼社会治安总体情况尚好，民众较为温和。首都雅加达治安较好，但由于贫困和失业现象严重，在一些老旧街区社会问题仍较为突出，社会闲杂人员聚集，时常发生偷盗、抢劫等案件。建议避免前往偏僻的地点，夜间减少外出。

四、常见疾病与医疗状况

印尼医疗较不发达，医疗费用高。登革热、伤寒、疟疾、痢疾等热带传染病、流行病在印尼较为常见，印尼医院对此类病症具有较为丰富的治疗经验。

印尼私立医院医疗条件一般较公立医院完备，但收费较高。此外，雅加达、泗水、巴厘岛等地还有一些中医诊所。在印尼旅行遭遇急、重症请及时前往当地医院就医，若参加团组旅行可要求旅行社予以协助，若私人旅行亦可通过当地朋友或电话查询台咨询，或向中国驻印尼使领馆求助。

印尼的药品以进口为主，常规药品均有销售，按粒计价，普遍较贵。建议游客自备治疗感冒、腹泻、降压、防暑等常用药。

印尼保险公司数目众多，保险业正处于发展期。雅加达、巴厘岛等主要城市及其景点均开办有旅游保险业务，SOS等跨国保险公司可以提供旅行、就业、医疗等保险服务。

五、当地风俗与法规

印尼有2.17亿人口(2004统计)，是世界第四大人口大国，有100多个民族，约87%的居民信奉伊斯兰教，是世界上穆斯林人口最多的国家，6.1%的人口信奉基督教新教，3.6%信奉天主教，其余信奉印度教、佛教和原始拜物教等。

印度尼西亚人大多信奉伊斯兰教，忌讳用左手传递东西或食物。认为使用左手是极不礼貌的。他们十分忌讳有人摸他们孩子的头部，认为这是缺乏教养和侮辱人的举止。爪哇岛上的人最忌讳有人吹口哨，认为这是一种下流举止，并会招来幽灵。此外，印尼人对乌龟特别忌讳，认为乌龟是一种令人厌恶的低级动物。伊斯兰教徒禁食猪肉和使用猪肉制品，不饮酒。

印尼人比较注重互送名片，初次相识，客人就应把自己的名片送给主人。印尼人与初次交往的客人一般不愿意谈论当地政治和外国援助等问题。印度尼西亚爪哇男人，平时习惯身裹沙笼。外出或参加庆典时，总要在腰间挂着一把精致漂亮的"格里斯"(即短剑)，相信格里斯可辟邪驱秽。印度尼西亚巴厘岛上的妇女搬运物品不习惯肩挑手提，而是把各种物品叠放成塔状，用一个托盘顶在头上。印度尼西亚人偏爱茉莉花，并把茉莉花视为纯洁和友谊的象征。

六、物价与供应

2004年10月燃油价格大幅度提高后，印尼物价有所提高，但物资供应基本满足需求。首都雅加达、泗水等大中城市物价水平较高，常用物品供应充足；中小及偏远城市物价稍低，但由于生产、运输、调配等方面的问题，物资偶尔出现短缺。如需日常生活用品，建议到家乐福(Carrefour)等正规的大中型超市选购。

印尼盾(RUPIAH)为印尼法定货币，按间接汇率计算，1元人民币约兑换1100印尼盾。银行、酒店、外币兑换处等金融机构接受美元、欧元等国际通用货币兑换印尼盾，但对旧版或有褶皱的外币现钞如美金等会收取一定的"检验费"，破损严重则拒收，不提供人民币直接兑换印尼盾的服务。

七、交通与出行

中国与印尼有多条航线相连，包括中国国航、南航、印尼鹰航(Garuda Indonesia)、巴达维亚(Batavia Air)等在内的多家航空公司运营北京、厦门、上海、广州至雅加达的直达航班，同时亦可选择从香港、新加坡搭乘国泰、华航、新航等航空公司的班机转赴印尼雅加达等地。

作为群岛国家，印尼各岛之间一般有广阔的水域相隔，岛际交通须乘船或飞机，经营印尼国内航线的航空公司包括印尼鹰航、巴达维亚、亚航(Air Asia)、亚当(Adam)和鸽航(Merpati)等。岛内城际交通以航空和公路为主。铁路交通仅限于爪哇岛和苏门答腊岛。自首都雅加达至万隆、三宝垄、泗水等城市间开行有定期列车。

印尼拥有丰富的旅游资源，主要旅游景点分布在首都雅加达、巴厘岛、西爪哇省省会万隆及日惹等地。旅游旺季一般均与重要的国际、国内节日相连，如基督教的圣诞节、伊斯兰教开斋节、华人农历新年等。雅加达是印尼的政治、经济、文化中心，主要景点包括独立广场、缩影公园、礼品宫及附近的千岛群岛等。万隆是1955年亚非会议(万隆会议)所在地，主要旅游景点包括亚非会议旧址、火山、温泉等。巴厘岛是印尼最负盛名的旅游胜地，是印尼印度教文化的代表，主要旅游景点包括海神庙、库达(Kuta)海滩、山谷漂流、海上浮潜等。日惹是印尼佛教文化的代表，主要旅游景点包括婆罗浮屠佛塔、博蓝斑兰印度庙等。

印尼车辆靠左侧行驶。雅加达、泗水、万隆、棉兰等主要城市交通拥堵状况严重。

印尼大部分地区属热带雨林气候，具有温度高、降雨多、风力小、湿度大的特征。年平均气温25°~27℃。各月气温变化很小，没有寒暑季节之分。平原地区气温较高，首都雅加达年平均气温为26℃。全境年平均降水量一般在2000毫米以上，雅加达年平均降水量为1,800毫米。努沙登加拉群岛降水较少，是全国较干燥的地区。降水的季节分布也不一致。马鲁古群岛终年多雨，其他地区大部分由于季风影响，每年可分为旱、雨两季。

登革热、伤寒、疟疾等为常见病。赴印尼旅行应特别注意预防蚊虫叮咬，应注意携带花露水等驱蚊止痒用品。为确保饮食卫生，尽量避免食用路边小摊的冷饮、食品。

八、工作与学习

中国公民欲赴印尼工作，须事先向印尼驻中国大使馆或驻广州总领事馆申请相应类别的工作签证，以及通过担保人（雇主）办妥印尼劳工部工作准证，并在抵达印尼后在规定时间内办理临时居留等相关手续。另外，印尼移民法不允许外国公民在工作期间更换雇主（担保人），除非经原担保人书面同意，由新担保人（新雇主）在移民局办妥变更手续，同时该外国公民必须出境重新办理工作签证后再次入境，才可为新的担保人（雇主）工作。

中国学生赴印尼留学分为公费和自费两种。公费留学多数为两国政府的留学生交流项目，以学习印尼语为主，申请程序可向国家留学基金管理委员会咨询。自费留学请自行向印尼有关学校咨询并申请。

九、移民及国籍政策

根据印尼政府刚刚颁布的《2006 年印度尼西亚共和国国籍法》，印尼不承认双重国籍，只有限制地赋予父母一方为中国公民的子女在年满 18 岁或结婚前，享受拥有双重国籍的权利。年满 18 岁或结婚时，必须选籍，只能拥有单一国籍。中国公民如欲加入印尼国籍，除与印尼公民结婚外，须满足在印尼境内合法连续居住满 5 年或合法不连续居住满 10 年；有固定职业或收入；未被处以 1 年或 1 年以上有期徒刑；通晓印尼语；身体与智力健康等条件的前提下提出书面申请，报印尼有关部门审核批准。中国公民在与印尼公民合法结婚后，可向印尼有关部门官员提出声明成为印尼公民。双方的婚生未成年子女将自动获得印尼国籍，但当其年满 18 岁或结婚时，则须选择是否继续保留印尼国籍。中国公民在加入印尼国籍时自动丧失中国国籍。

中国公民如需在印尼长期居住，除在赴印尼前获得与在印尼所从事工作相符的签证外，还须在抵达印尼后尽快到当地的移民管理部门办理居留证。该居留证分为短期和长期两种：在抵达印尼的前 5 年内只能申请为期 1 年的短期居留证，5 年后则可申请为期 5 年的长期居留证。居留证须在旧证有效期满之前申请新证。　　（据中国外交部网站）

中国公民赴老挝须知

一、特别提醒

按《中老边界制度条约》规定，持《中老边境通行证》的中国公民只能到老挝的丰沙里省、南塔省、乌多姆赛省和波乔省，超越上述地区的必须持护照前往，否则将按非法入境处罚。中国国内常有一些不法分子以在老挝有工程和高工资、包办证件（中华人民共和国出入境证）、包买车票等作诱饵招农民工赴老挝，致使一些不明真相的人常上当受骗，到老挝后无工可做，证件过期，造成非法滞留而被拘留或罚款；有些个体商贩不按老方规定办理三证（暂住证、工作许可、营业执照），有些虽有三证但又异地经商，而被拘留或扣押护照或被罚款。

二、签证、海关

持外交、公务、因公护照前往老挝免办签证，持因私护照须办签证，一次入出境的商务、旅游签证可在老挝停留 30 天，过境签证停留期 7 天。申请签证可到北京老挝驻华大使馆或老挝驻昆明总领事馆申请。获取签证进入老挝后，必须按所申请的签证种类从事相应的活动，否则将被视为非法活动并予处罚。老挝海关只允许每人携带 2000 美元现金或同等币值现钞出境，超出 2000 美元的须得到老挝外汇管理局的许可，否则视情节轻重被处以 50% 的罚款或全部没收。

三、安全形势与治安状况

总的来说，老挝的治安与安全形势较好，但偶尔也有偷盗、抢劫现象。

四、常见疾病与医疗状况

老挝医疗条件较差。老挝曾出现禽流感，被有效控制。老挝的常见病主要有肝炎、痢疾及在 5 ~ 10 月雨季期间常有登革热和疟疾（通过蚊子传染），赴老挝经商旅游，应注意带防蚊药和常用药。

五、物价和供应

老挝物资供应相对匮乏，物价相对较贵，但一般生活用品在老挝均可买到。当地货币为基普，1 美元兑换 10200 老币（基普）、1 元人民币兑换 1234 基普。美元和泰国铢在老挝也同时流通。

六、交通与出行

老挝属热带、亚热带季风气候，年平均温度为 26 摄氏度，分雨季（5 ~ 10 月）和旱季（11 月 ~ 次年 4 月）。老挝国际航班主要有：万象—曼谷、万象—昆明、万象—河内、万象—金边、万象—暹粒（柬）、万象—清迈（泰）。每周一、四、六有中国东方航空公司航班往返于昆明—万象，每周三、日有老挝航班往返于万象—昆明。机场距市区约 7 公里。主要旅游城市有首都万象（著名景点有塔銮、玉佛寺）、古都朗勃拉邦市（被列为世界文化遗产）、百细市（著名景点有被列为世界文化遗产的瓦普寺、位于湄公河老挝—柬埔寨交界处的孔埠瀑布）。老挝的旅游旺季应为 11 月至次年 4 月，特别是4 月老挝新年（泼水节）每年都吸引许多旅客。

七、当地风俗与法规

老挝 95% 的居民信奉小乘佛教，忌讳用手摸小孩的头。重要节日有：老挝新年（宋干节，也叫泼水节，4 月 13 ~ 15 日或 14 ~ 16 日）、塔銮节（11 月）国庆节（12 月 2 日）。老挝人的穿着已逐步国际化，但具有老挝特色的民族服装也得到保留，如妇女一般都穿筒裙。饮食以糯米为主。

八、国籍政策

老挝不承认双重国籍，在老挝定居 10 年以上，懂老挝话，了解老挝文化，遵守老挝法律，尊重老挝风俗习惯的，可申请加入老挝国籍。

九、工作与学习

中国公民在老挝主要从事工程承包和个体经商。工作必须通过公司担保分别到移民局和劳动部办理暂住证（ID 卡）和工作许可，如非法务工将被依法拘留或罚款。

老挝国立大学（也称东都大学）是老挝唯一的综合性大学。　　（据中国外交部网站）

中国公民赴马来西亚须知

一、特别提醒

马来西亚政局稳定，社会和经济发展状况良好。在马旅行、学习、工作以及生活较为方便和安全。但从近年来中国公民在马发生的问题和马媒体公布的情况看，特别应注意以下事项：（1）如遇摩托车匪抢劫、持械抢劫、出租车司机对乘客暴力收取高额车费等问题，应注意自我保护，如遇突发事件可向警方报案或与中国驻马使领馆联系。（2）马普通签证（Social Visa）30 天有效，一般不能延期，逾期未出境者将面临坐牢或严厉的经济处罚。入境者如因特殊原因未能按时出境,应自己前往马移民局办理签证延期手续,不要委托他人办理,避免上当受骗。(3)马普通签证主要发给赴马旅游、经商、探亲人员,持马普通签证在马打工、贩卖小商品是非法的,一旦发现将受到制裁。(4)赴马人员最好携带1000美元左右的现金或能提供在马支付费用的公司或人员名单。马移民官员对中国游客,特别对30岁以下入境的女性散客审核较为严格,如入境者在短期内来往马多次,或不能提供来马可信的理由,很可能被原机遣返。

二、签证、入境与海关

中国公民赴马来西亚应在境外办妥签证,未办妥签证,从泰国或新加坡入境马的中国旅游散客,可在入境口岸申办口岸签证。中国赴马的旅行团可以办理口岸团体签证,但马方接待旅行社必须事先获得马移民总局授权并已经备案。为鼓励旅游,经第三国飞抵马彭亨州刁曼岛的旅客,如能出示有效回程机票可以申请落地签证。马来西亚签证种类主要分为:(1)普通签证(social visa)。发给以旅游、探亲访友和商务活动为目的的中国公民。有效期三个月、停留期30天。普通签证不能延期,除非因健康原因、航班问题而不能及时回国,可凭有关医院和航空公司出具证明信函到移民局延期签证。(2)工作和学生签证。在马来西亚工作或学习需由马公司或学校首先向移民局申请,获准后,由马移民局通知申请人所在地区的使领馆颁发普通签证。有关人员来马后,再到移民厅换成相应种类的长期签证。就读马大学的,他们的长期签证通常由学校到移民局总部申请,就读高中及以下学校的,由自己向所在州的移民厅申请办理。(3)探亲签证。来马探亲最长可停留6个月。一般由在马工作、学习、居住的亲属事先向马移民局申请,亦可持普通签证到马后再更换探亲签证。申请此类签证要求提供的文件较多,如亲属关系证明、在马工作、学习及收入证明等。

三、常见疾病与医疗条件

马来西亚属热带气候,旅客除须注意防晒外,还应留意饮食卫生,否则易患腹泻和消化道疾病。蚊虫较多,旅客外出旅游,可涂抹防药物亦可穿轻薄透气的长裤长衫,防止蚊虫叮咬,预防疟疾和登革热。旅客来马应自备一些治疗热带疾病的药物,如治疗发烧、腹泻、肿痛等药物,以供应急之需。马来西亚各州属均设有国立医院和私立医院,诊所也较普遍。医疗人员素质较高,设备较先进。如遇高烧不退,腹泻不止等病症应及时就医,以免延误病情,带来严重后果。外国公民在马的治疗费用比马公民略高。

马来西亚保险公司一般不为短期来访旅客办理保险,旅客最好在国内办好有关旅行保险,以防不测。

四、当地的风俗与法规

马来西亚为君主立宪制国家,主要由马来族、华族和印度族三大民族组成。马来人90%以上信仰伊斯兰教,华人多信仰佛教和道教,印度人则信仰印度教。马宪法中明文规定伊斯兰教为马官方宗教。马来西亚的穆斯林多属逊尼派。华人与印度人的风俗习惯与祖籍国基本相同。马来人的风俗习惯十分独特。

(一)称呼

马来人没有固定的姓,所以在称呼他们时并不以他们的姓作为称呼。马来人的名字可分两个部分,第一个部分是他们的名字,中间隔着"bin"或"binti",有时会省略。第二个部分是他们父亲的名字。男士:中间就用"bin",而女士则用"binti"。

在非正式的场合,对小辈较为亲昵的称呼为Adik或dik,意为弟弟或妹妹,名字则可省略。对年级较大的男士可称为Pakcik,意为伯父,女士为Makcik,意为伯母。

在日常场合,用Encik加名称呼男性,意为某某先生,用Cik加名称呼女性,意为某某女士。

在较为正式的场合,用Tuan加名,来尊称男士,用Puan加名,来尊称女士。此外,对有人封号的人可直接尊称其封号或封号加姓名。如Datuk、Tan Sri等。

(二)见面礼

传统的马来人见面礼十分独特。他们在见面时会用双手握住对方的双手互相摩擦,然后将右手往心窝点一点。对不相熟的女士则不可随便伸手要求握手,男子应该向女子点头或稍行鞠躬礼,并且主动致以口头问候。但现在西式的握手问好在马来西亚是最普遍的见面礼,不论用在马来人、华人或印度人都可通用无阻。

(三)进餐

马来人忌食猪肉、饮酒。在马来餐厅用餐时若看到餐桌上有一个大大的水壶时,别误以为是装着饮用水的茶壶,其实里面的水是用来洗手用的。一般马来人都是用右手抓饭来吃,所以用餐前及用餐后洗手是马来人餐桌上的礼节。

(四)拜访

在马来西亚,除非主人允许,否则不管是到访马来人、华人或印度人的家,都需在入门前先脱鞋子。到马来人家做客,如果主人安排坐在地板上的垫子上,男性应盘腿而坐,女性则应把腿偏向左边而坐。

(五)衣着

马来人男女传统礼服分别是:男士为无领上衣,下着长裤,腰围短纱笼,头戴"宋谷"无边帽,脚穿皮鞋。女士礼服也为上衣和纱笼,衣宽如袍,头披单色鲜艳纱巾。在马来西亚除皇室成员外,一般不穿黄色衣饰。目前打工族为了工作穿着方便,一般着轻便的西服,只在工余在家或探亲访友或在重大节日时,才着传统服装。在各种正式场合,男士着装除民族服装或西服外,可穿长袖巴迪衫。巴迪衫是一种蜡染花布做成的长袖上衣,质地薄而凉爽,现已渐渐取代传统的马来礼服,成为马来西亚国服。

(六)参观清真寺

马来穆斯林一般较虔诚,每天都祈祷五次。清真寺是穆斯林举行宗教仪式的地方,对外开放时,女士需穿长袍及戴头巾,否则将被拒之门外。在参观清真寺时必须衣着整齐,女性不可穿着暴露出手臂或腿部的衣着。在进入清真寺参观时必须把鞋子脱去。

(七)其他禁忌或礼节

不可用食指指人,若要指示方向,只能用拇指。与马来人打招呼、握手、馈献礼品或接物时不可用左手。若用左手接物或打招呼,是对他们不敬的举止。马来人忌讳别人触摸其头部,除了教师或宗教仪式外,任何人都不可随意触摸别人的头部。不要把脚底展露在他人面前,用脚底对着人是对别人的侮辱。

五、物价与供应

马来西亚货币单位林吉特(Ringgit,货币符号RM),俗称马币。1美元≈3.7林吉特。机场、饭店以及购物中心都设有外币兑换中心,人民币可兑换成马币。信用卡广为接受,但目前国内银联卡尚不能在马消费或提现。马物资供应齐全，物价水平比中国高一些，特别是日常用品比中国物价水平高两倍，但名牌产品比中国便宜。

在马旅游期间，如急需国内亲友汇款解困，可以通过国内邮局的西联国际汇款（Western Union）服务，将款汇至马来西亚，凭个人有效证件、汇款金额数目和汇款监控号码（Money Transfer Control Number）前往当地银行（RHB Bank 和 Bumiputra Commerce Bank）或邮局（Post Office）取款。汇款限额根据马来西亚兑付限额规定和中国外汇管理政策的规定执行。

六、交通与出行

马来西亚主要城市有：吉隆坡（Kuala Lumpur）、槟城（Pulau Pinang）、古晋（Kuching）、亚庇（Kota Kinabalu）、怡保（Ipoh）和马六甲（Melacca）。中国国际航空公司、中国南方航空公司、中国东方航空公司、厦门航空公司、深圳航空公司，以及马来西亚航空公司和亚洲航空公司，每周有多班飞往吉隆坡、槟城、古晋和亚庇的航班。马国内主要城市间亦有定期航班。

吉隆坡国际机场（KLIA）到吉隆坡市区 70 多公里，往返可搭乘机场出租车（Airport Limo & Taxi Service）和轻快铁（KLIA Express）。

马来西亚交通为左行。车速快，机动车辆一般不避让行人。行人过马路时，须走规定的人行道、地道或过街天桥。

马来西亚的旅游资源丰富，旅游景点众多，淡旺季不明显。旅客前往较多的景点有：吉隆坡、云顶、槟城、马六甲、浮罗交怡岛、刁曼岛、热浪岛、邦咯岛等。

七、工作与学习

中国公民赴马来西亚工作和学习应通过正当渠道申请。正常程序为：由马方具有合法经营权的公司或学校提前向移民局等主管部门申请职位，职位批准后，由移民局通知中国公民所在地使领馆颁发短期普通签证。申请人抵马后，再将普通签证换成工作或学生签证。马政府目前只允许中国专业人士来马工作，其他劳务市场如建筑及服务行业并未对中国公民开放。中国公民应提高警惕防止被非法中介欺骗，以免造成巨大经济和精神损失。马方警察及移民局等部门处理中国非法劳务工问题比较严厉，抓扣后会提交法庭审理，并交送监狱或扣留营。

八、移民及国籍政策

马来西亚不承认双重国籍。马对外国公民入籍限制较严格。中马公民通婚后，中国公民一般不能加入马国籍，但可由其配偶申请在马的长期居留签证。中马公民通婚后所生的子女，如其父亲是马公民，所生子女具有马国籍；如女方是马公民，所生子女出生地在马的可申请加入马国籍，出生在外国，较难加入马国籍。　　（据中国外交部网站）

中国公民赴缅甸须知

一、特别提醒

中国公民到缅甸旅游、探亲、经商、学习等应先前往北京的缅甸驻中国大使馆、驻昆明总领馆或驻香港总领馆办妥缅甸签证。

总体来说，缅甸大中城市社会治安状况良好，恶性犯罪案件不多，但在缅甸北部少数民族武装控制地区目前局势比较混乱，中国公民如来缅甸旅游、经商应尽量避免前往。

近年来，有些中国公民未经许可擅自入缅伐木、淘金、捕鱼或赌博等，这些均属违法行为，受到缅甸法律的制裁。

缅甸有些地区为敏感地区，缅甸政府限制外国人进入，如出产玉石的帕敢和出产宝石的抹谷均为缅政府划定的禁区，中国公民不要擅自前往。

中国公民在缅甸遇到危险或人身伤害时应在当地及时报警，用法律武器保护自己，并就近向中国使馆和驻曼德勒总领馆求助。

近年来，有不少中国公民在缅甸因签证超期时间太长交不起罚款而无法回国。根据缅甸移民局的规定，签证停留期超期 3 个月内罚款 3 美元/天，超期 3 个月后罚款 5 美元/天。签证停留期超期是违法行为，使馆提醒旅缅中国公民要注意自己护照上缅甸签证的停留期限，在超期前及时延期，以免给自己带来不必要的损失。

另外，在缅甸出生的中国小孩必须在出生后 1 个月内凭出生证和父母的护照、结婚证来使馆申办护照，然后及时去缅移民局办理居留许可。出生超过 1 个月未办居留许可者则按签证停留期超期罚款。

近年来，少数中国公民来缅甸旅游时，因在市场上购买未加工的玉石毛坯并试图带出境，被缅甸海关扣留甚至被捕。根据缅甸政府规定，玉石属于国家矿业资源，外国人来缅旅游可在缅正规市场上购买玉石制品（如手镯、挂件、工艺品等），并需要向卖方索要美元正规发票。如在黑市上购买玉石毛坯并带出境是违法行为。大使馆提醒来缅甸旅游的中国公民在购买玉石纪念品时，一定要去正规市场购买成品，不可在黑市购买玉石原石并带出境，以免触犯缅甸法律。

由于中缅边境地区缅境一侧多数地段在缅甸政府管辖能力之外，当地有些人为牟取暴利，非法开设赌场，近年与赌场有关的绑架，勒索，甚至杀人案时有发生，经常有人因欠赌债被赌场扣押而遭遇生命危险。因此大使馆郑重提醒中国公民绝不可冒险入缅境参赌。

二、签证、入境与海关

中国公民进入缅甸，持外交、公务护照可免办签证。凡持因公普通护照和因私护照来缅甸都需办理有效签证。缅甸驻北京大使馆和驻云南昆明的总领馆及驻香港总领馆受理办理签证的业务。目前缅甸较常用的签证种类为旅游签证和商务签证，其中旅游签证一般在缅甸可停留 28 天，不可延期；商务签证一般可在缅甸停留 70 天，可否延期则视情况而定。在缅停留超过 3 个月需办理外侨证，分 1 个月、3 个月和 1 年。

从中缅边境陆路进入缅甸可持地方政府边境通行证，但活动范围有限。

根据当地规定，外国人出入缅甸一般遵循“飞机来，飞机走；陆路来，陆路走”的原则，例如，乘飞机来仰光的中国公民不允许从中缅边境陆路回国。

根据缅甸政府规定，外国人在缅甸长期经商若需办理签证延期，首先要办理劳动卡。办理劳动卡需以当地合法注册登记的公司雇员身份到缅甸劳动部办理，需提供相片并交费。

往返签证有多次往返签证和一次往返签证。多次往返签证有效期一般有 3 个月、半年和 1 年 3 种。一次往返签证有效期一般为 1 个月。

在缅注册的外资合资公司董事可申请 6 个月或 1 年有效期的多次往返签证。一般外国经商人员可申请 3 个月有效期的多次往返签证。多次往返签证不分有效期长短，收费均为180美元。一次性往返签证收费54美元。

根据缅甸海关的规定，入境时携带2000美元以上者需向海关申报，离境时不可超过入境时所申报的美元金额，否则一旦被查出将被没收。近来，有些中国公司人员试图携带数额较大的美元出境，被海关查出后予以没收，给当事人造成巨大损失。乘航班来缅甸在抵达仰光国际机场或曼德勒国际机场时，需提供填好的入境卡和健康情况卡，另需向海关提交申报单。如实申报所携带的外汇和需申报的物品。游客可免税携带500克瓶装酒和200支香烟。海关对客人携带的行李一般要开包检查，对违反规定未申报的物品会没收。携带外汇出关需附海关申报单，访客不能将任何专业通讯器材携带入境。

注意保存好个人护照等证件，如护照遗失后应立即报警并报告使领馆补办。在缅甸旅游可使用美元或缅币。在边境地区和仰光的一些旅游商品店也接受人民币，游客购买珠宝、首饰要向店铺索要政府纳税发票，以供出关时备查。

三、常见疾病与医疗状况

缅甸地处热带，气候炎热潮湿，为热带病多发地区，由于经济落后，饮食卫生条件较差，肝炎、肠道病也较普遍。缅甸医院分公立与私立，公立医院价格便宜，但药物缺乏，私立医院条件较好，就诊、药物费用相对较高，普遍高于中国国营医院。缅甸没有实行医疗保险制度。

建议中国公民赴缅前注射肝炎、黄热病疫苗，携带防蚊虫药物及防疟疾、肠道病药品。缅官方迄今没有大规模禽流感疫情报告。

四、当地风俗与法规

缅甸为佛教国家，寺庙林立，僧侣众多，旅游景点也多为佛教圣地。外国人在缅应注意尊重当地宗教习惯，进入寺庙必须脱鞋脱袜，女士着短裙将被谢绝入内。对僧尼应予礼让。

4月是缅甸新年即泼水节，期间外国人可与当地人一道上街泼水相互祝福，但一定要注意尊重当地风俗习惯，不可向僧尼、老年人和警察、邮递员等执行公务人员泼水。

五、物价与供应

缅甸大城市物价基本与中国城市持平。基本生活物品在超市、商场均可买到。缅币汇率浮动较大，1人民币可兑换170缅币左右。缅甸禁止私人买卖外汇，建议不要自行在黑市兑换当地货币，可通过旅行社、酒店兑换。

六、交通与出行

缅甸处于北纬10°～28℃之间，大部分地区在北回归线以南，属热带季风气候。全年分为三季：11月到次年2月为凉季，平均气温27℃；3月至5月为夏季，平均气温为35℃；6月至10月为雨季，平均气温为30℃。降雨量北部少南部多。

从中国到缅甸旅行，主要有两条空中线路，一是经昆明飞仰光或曼德勒，二是经曼谷飞仰光。陆路主要从滇缅边界口岸进入缅甸。

缅甸主要旅行城市有仰光、曼德勒、蒲甘、东枝等城市，以及维莎、羌达和鹅布里海滩。仰光、曼德勒、蒲甘、东枝以及额布里海滩有飞机可以抵达，仰光—曼德勒通火车，其余交通工具主要是长途汽车。缅甸主要旅游景点，在仰光有大金塔、和平塔、佛指舍利塔、玉佛寺等，在曼德勒有皇宫、曼德勒山等，另外蒲甘王朝的佛塔，额布里海滩等都很有特色。

七、工作与学习

中国人在缅甸主要从事贸易和服务行业。贸易方面主要经营出口缅土特产、水产、豆类、茶叶、木材、橡胶、宝石、玉石、建材、水泥、钢材、石蜡、日用品、药品、服装、家用电器、机电产品、汽车等。服务行业主要包括超市、食品店、药店、百货店、黄金珠宝店、餐馆等。近年来，旅缅华人经济获得较快发展，一些较有实力的华商已开始转向酒店、房地产、建筑、交通运输、旅游等行业。

中国人申请到缅甸工作，必须有受聘公司的邀请函，说明从事的具体职业，缅甸驻中国大使馆或总领馆会根据具体情况发给一年、半年和3个月不等的工作签证，如果需要继续工作则由受聘公司向移民局申请再延期。特别需要注意的是：缅甸政府对申请工作签证种类有严格限制，如以厨师身份申请工作签证，就只能当厨师不能干别的职业。签证到期必须及时延期，否则会被罚款。

2005年底缅甸共有高等院校156所，分属有关部委管理，其中教育部64所。

教育部下属较著名的高校有：仰光大学、德贡大学、曼德勒大学、蒙芽大学、实兑大学、马圭大学、东枝大学、勃生大学、密枝那大学、毛淡棉大学、仰光外国语大学等。

八、移民及国籍政策

根据1982年《缅甸公民法》规定，缅甸公民分为公民、客籍公民、准入籍公民和外侨。任何公民不得兼其他国家公民。

（一）缅甸公民

自缅历1185年或公历1823年之前，就居住在缅甸国境内的克钦、克耶、吉仁、钦、缅、汶、若开、掸等土族公民即为缅甸公民。任何公民不因与外侨通婚而自然失去公民的身份，任何外侨不因与公民通婚而自然得到公民的身份。任何公民如果永远离开国境或加入了外国籍，或申请加入外籍取得了外国护照或类似的证件，其人就中止缅甸公民身份。

（二）客籍公民

根据1948年缅甸联邦公民法令，符合所规定的条件和资格的申请者，获得中央小组批准即为客籍公民。中央小组批准为客籍公民者，应亲自到内政部所规定的机构作书面宣誓；愿忠实于国家，愿遵守法令，并认识了解国民应有的责任和权利。

（三）准入籍公民

1948年元月4日之前已在缅甸居住者，或该居民之子女，可以根据尚未申请之理由，以确凿的证据，向中央小组申请成为准入籍公民。在国内、外出生的下列公民之子女，允许申请领取准入籍公民证：(1)公民与外侨之子女；(2)客籍公民与准入籍公民之子女；(3)客籍公民与外侨之子女；(4)父母均为准入籍公民之子女；(5)准入籍公民与外侨之子女。

（四）外侨

是指出生并长期居居留在缅甸的外国侨民。外侨年满18岁可以申请准入籍公民身份，如获批准本人必须到内政部规定的机构以书面宣誓本人愿放弃外侨身份，愿忠于国家，愿遵守国家法令，愿承当指定的责任和认识明白享受权。

缅甸尚无移民方面的法律规定。

（据中国外交部网站）

中国公民赴菲律宾须知

一、签证须知

中国公民来菲需申请入境或过境签证。

由菲方授权的旅行社接待的中国旅游团,可在阿基诺、苏比克、克拉克、佬渥、宿务、达沃和三宝颜国际机场申请停留期为7至14天的落地签证。

持香港特区护照、BNO护照、澳门特区护照或澳葡护照赴菲者,7天之内免签。

持中国台湾"护照"、香港DI(Document of Identity)、CI(Certificates of Identity)或旅行证赴菲者,应申请菲方签证。

二、入境须知

毒品走私者将被判处死刑;对于从事零售买卖的,菲移民局将罚款5.5万比索并将驱逐出境。

三、海关须知

非法进口严禁物品(武器、爆炸物等)、管制物品(无线电收发机、光盘、录像带等)和控制物品(麻醉剂、化学物、没有医生药方的处方药等),无论数量多少,均违反菲律宾海关法。

严禁携带植物、植物产品、肉类、肉产品、鸟类、蜗牛以及其他活动物和动物产品。

未经菲律宾中央银行批准,任何入出境旅客带入或带出超过1万比索的纸币、硬币、在菲律宾银行提取的支票或其他汇票,均违法,并可能导致上述被没收,且被处以民事处罚或刑事起诉。携带外币不违法。

四、医疗条件

菲律宾医疗条件发展不均衡,医院大多数为私立医院,首都马尼拉地区较发达,有马加智医疗中心(Makati Medical Center)、崇仁总医院(Chinese General Hospital)等,而各省医疗条件则较落后。重症病人一般都需要送到马尼拉的医院治疗,有关费用亦由病人支付。

五、治安状况

菲律宾治安状况较差,绑架案件经常发生。一些恐怖分子或分裂分子经常在南部地区制造爆炸案,首都马尼拉也时有爆炸发生。如遇紧急情况,应保持冷静,尽快与使馆取得联系。

六、交通安全和外出旅行注意事项

菲律宾城市公共交通系统较落后,主要以出租车和"吉布尼"(当地的一种个体出租车,路线固定,可同时载十几人)为主。首都马尼拉市有轻轨铁路。省际旅行以航空为主。

外出旅行应结伴而行,带好防蚊驱虫药品和必要联系电话,尽量避免去南部。

七、常遇问题的法律咨询意见和建议

逾期居留、居留手续不完备、从事与签证种类不符的行为等都违反菲律宾移民法,将有可能被拘捕、罚款并遣返。

菲律宾移民局遣返手续通常为:由移民局检察官提起行政诉讼,经局长委员会审理后,签发遣返令,通常对当事人处以5.5万比索的罚款后遣返回国。该过程少则数周,多则数月。如有律师协助,或申请自愿遣返,可缩短时间。

八、气候及自然灾害状况

菲律宾属热带海洋性气候,高温多雨,湿度大,台风多。年均气温27℃,年降水量2000~3000毫米。

九、国籍政策

根据菲律宾《双重国籍法》,在菲律宾本土出生但已加入其他国籍的菲律宾人在宣誓效忠后,可保留或重新获得菲律宾国籍。　　(据中国外交部网站)

中国公民赴新加坡须知

一、新加坡签证须知

新加坡驻华使领馆包括驻北京大使馆、驻上海总领馆、驻厦门总领馆(及厦门总领馆驻广州领事办公室)和驻香港总领馆。

(一)14天个人旅游签证

申请旅游签证需本人亲自到新加坡驻华使领馆办理,申请人在递交申请时不需缴纳担保金。办理签证时需提交护照、申请表、照片以及证明申请者有足够资金支付其旅行费用的材料等。签证费100元人民币,办理时间为3个工作日。14天个人旅游签证为多次往返签证,有效期3周(自签证签发日计算),每次可在新加坡停留2周。

(二)商务签证

申请签证需提供由新加坡注册公司签发的介绍信、由新加坡商业注册局出具的新加坡公司最新的注册简况、护照、申请表、照片等材料,签证费为每人100元人民币,签证办理时间3个工作日。

(三)入境签证

适用于直接向移民与海关局或新加坡人力部提出并得到批准的申请,包括以下类型:(1)已获得移民与海关局批准新加坡永久居民通知书的人士。(2)原则上已经移民与海关局或新加坡人力部批准即将发给各类准证的人士。如工作许可证,受雇准证,学生准证,长期社交访问准证,职业人士访问准证。(3)已获移民与海关局批准并通知他们在新加坡驻厦门总领事馆领取签证的人士。

持中国护照及联程国际机票,并有第三国入境签证者,过境新加坡72小时之内,可免办签证。

二、海关规定

新加坡海关对携带入境的外币没有最高限额。

课税品包括酒类(包括葡萄酒、啤酒、麦酒和黑啤酒)、烟草(包括香烟、雪茄)、皮包、钱包、人造珠宝、巧克力、糖果、面包、饼干、蛋糕等。

免税品包括电器制品、化妆品、相机、钟表、珠宝、宝石、贵重金属、鞋、艺术创作品、玩具等。

免税许可范围:游客携带个人用品和食品(如巧克力、饼干、蛋糕等)入境价值不超过新币50元的不需付税。年满18岁而且不是从马来西亚入境,携带下列物品免税:烈酒1公升;酒1公升;啤酒、麦酒或黑啤酒1公升。免课税品只限个人消费,禁止转售或赠与。如携带入境的物品超出免税范围,超出部分将被课税。转机过境旅客如携带过量物品,其超出免税范围的部分须存放海关,并自负保管费。携带入境的酒类、香烟的标签、盒面及包装上不得有"新加坡免税品"(SINGAPORE DUTY NOT PAID)字样。香烟包装上有E标志的也不得带入,条装香烟由空运、陆运或海运方式入境都必须付税,免税香烟只售给出境旅客。

三、医疗保险

新加坡的"保健储蓄"始于1977年,是一项面向全体公民、根据年龄缴费的制度。35岁以下缴纳本人工资的6%,36~44岁缴纳7%,45岁以缴纳8%,由雇主和雇员各承担一半。储蓄账户只限支付住院费用和少数昂贵的门诊费用,可一家三代(父母、子女、夫妻)共同使用。住院费用由国家补贴、个人医疗账户和个人三者承担，而不是全额由个人账户支付。保险储蓄账户虽属个人所有，但有严格的提取限额，超额部分由个人自理。住高级病房，个人自付额相应提高。新加坡1990年实施的“健保双全”，实际上是“保健储蓄”的一部分，大病保险费可以从“保健储蓄”账户中支出。至此新加坡形成了自己独特的个人纵向积累与横向统筹共济相结合的医疗保险模式。

四、治安状况

最新调查显示，新加坡是受犯罪团伙影响最小的地区，且警察工作效率高、贪污罪案少，是全球最安全的经商地。这是因为新加坡有严厉的内部治安法令。根据新加坡内部治安法令和刑事法，新加坡警察有权扣留危害国家安全与社会稳定的政治犯及私会党徒，有效地阻吓了犯罪的发生。

五、移民政策

新加坡长期推行自由经济体系，广纳人才，欢迎世界各地的企业家和专业人才来新加坡定居，接收新移民的条件越来越宽。

(一)投资移民

据新加坡政府有关规定，外国人投资150万元新币，可直接申请成为新加坡永久居民。该计划主要针对外国企业家，目的是吸引更多的企业家来新加坡投资。投资者必须先注册有限公司，然后呈交投资计划书和有关文件。投资金以存款方式存在新加坡政府，投资项目至少须经营5年。投资者的家庭成员，包括配偶和21岁以下子女，可直接申请成为永久居民。父母可申请长期亲属签证在新加坡居住。如父母、岳父母需同时申请永久居民，每增加1人，存款需增加30万新币。子女超过21岁，需另外申请，批准机会也很大。

(二)技术移民

新加坡政府欢迎世界各国人才精英来新加坡就业定居。大学学历以上人士、专业技术人才可申请成为新加坡永久居民。首先需由当地公司雇用，获得就业准证(EP)。准证持有人可向移民局递交永久居民申请，批准后成为永久居民(PR)。从申请到批复一般需3~6个月时间。

(三)结婚移民

根据新加坡有关规定，与新加坡公民或永久居民结婚的外国人，均有资格申请成为永久居民，但移民局将视具体个案审批。需指出的是，近年来有以假结婚骗取永久居民身份者被检举，永久居民身份被取消。

(四)特殊移民

海外艺术人才(艺术、摄影、舞蹈、音乐、戏剧、文学、电影等)经过新加坡国家艺术理事会评估，通过推荐可向移民局申请成为永久居民。申请人需提交详细的个人履历及证明材料(相集、报刊报道等)。

(五)自雇移民

雇用自己而达到移民的目的。申请人可先注册一家公司，然后以董事的身份向移民局申请就业准证，也可先以开办公司的名义申请，移民局批准就业准证申请后再注册公司，公司注册后，经移民局核实发出就业准证。获就业准证6个月后，可申请永久居民权。

新加坡永久居民享有的权利：(1)申请租用或购买政府居屋(购买限已有配偶者)；(2)子女享受与公民子女相同的教育待遇；(3)配偶及21岁以下子女可直接申请成为永久居民；(4)父母可申请家属准证在新加坡长期居留。

成为永久居民2年以上，方可申请新加坡公民。

六、中国公民常遇问题

(一)新加坡就业准证

1. 工作准证

根据新加坡《雇用外国劳工法令》，外国劳工须向工作准证司申请工作准证(WORK PERMIT)，亦称“R准证”。新加坡永久居民不需工作准证。工作准证持有人的就业情况，受到劳工税和各行业的客工数量限制等方面的制约。

2. 就业准证

就业准证分“P”准证和“Q”准证两种。(1)P准证发给具有被承认的专业资格、月薪超过3500新元的专业人士。P准证又分为P1和P2准证，P1准证发给月薪超过7000新元的专业人士。P2准证发给月薪在3500~7000新元的专业人士。(2)Q准证发给具有被承认的资格、月薪超过2000新元的人士。Q准证也分Q1和Q2两种。Q1准证发给月薪超过2000新元、低于3500新元，持有承认学历的人士。对不完全符合Q1准证资格的人士，当局只在特殊情况下发Q2准证。

(二)工作时间与假期

新加坡人一般每天工作8小时，每周工作44小时。超时应至少按工资的1.5倍计发。雇员在公司服务的第一年有7天年假，之后每连续在公司服务12个月，就有1天的额外年假，以14天为限。每年有11天的带薪公共假期。

法律规定的其他带薪福利包括：(1)病假一般为14天，但雇员必须已服务6个月。申请病假时必须出示由诊所或医院出具的医生证明。(2)怜悯假雇主一般会给亲人去世的雇员至少3天的怜悯假。(3)婚假通常3天。(4)产假如女雇员服务已超过180天，每次生产可得到8周的产假。有些公司也给男雇员3天的父亲假。

(三)工伤索赔

工人在工作中受伤，可通过新加坡政府人力部根据《工伤索赔法令》索赔，或委托律师根据《民法》索赔。

根据新加坡《工伤索赔法令》，各类雇主必须为工人投保工伤赔偿保险，以确保工业意外发生后，工人可以根据该法令向人力部申请赔偿。发生工业意外后，雇主必须安排工人去医院检查治疗，同时也必须在规定的期限内将意外通知人力部或保险公司。如果雇主不按规定及时将意外报告人力部或保险公司，工人应该向新加坡人力部反映，请其督促公司尽快申报。

根据《工伤赔偿法令》或《民法》申请索赔的主要差别是，在《工伤赔偿法令》下，无论导致工伤的原因在雇主还是在工人，工人都会得到赔偿。而在《民法》下，只有导致工伤的原因在雇主时，工人才有可能得到赔偿。如果导致工伤的原因在于工人，工人不能得到赔偿，且还要支付有关律师费用。

七、其他值得注意的事项

新加坡是个法制社会，对各种违法行为都有明确、严厉的处罚。

非法入境　处3个月以上2年以下监禁、3鞭以上鞭刑；再次非法入境处1年以上3年以下监禁、6000新元罚金。

非法滞留　非法滞留90天以内的，处4000新元以下罚款或6个月以下监禁，或两者并罚；非法滞留90天以上的，处6个月以下监禁、3鞭以上鞭刑(或6000新元以下罚金)。

卖淫　无证卖淫按非法打工加重处罚，如涉及非法滞留，则按非法滞留加罚。

盗窃　可处3年监禁或罚金,或两者并罚,最高可处10年监禁并处鞭刑。

诈骗　可处3年监禁或罚金,或两者并罚。

公共场所打架斗殴　处1年监禁或1000新元罚金,或两者并罚。

伤害他人　最高可处无期徒刑,或10年以下监禁、罚金或鞭刑。

恐吓　可处2年监禁或罚金,或两者并罚。

行贿　向政府或大机构行贿可处10万新元以下罚金或5年以下监禁,或两者并罚。

伪造文件　可处2年以下监禁或罚金,或两者并处。为获得工作或某项批准,向政府部门提供假材料,可处1年以下监禁或4000新元以下罚金,或两者并罚。

酒后驾车　处1000~5000新元罚金或6个月以下监禁;再犯处3000~10000新元罚金或1年以下监禁,并吊销驾照。

乱穿马路　在巴士转换站、终点站停车处乱穿马路,可处500新元罚金。严重者如被控上法庭,可处1000新元罚金或3个月监禁;再犯处2000新元罚金或6个月监禁。

随地吐痰　第一次处1000新元罚金,第二次处2000新元罚金,第三次处5000新元以上罚金。

乱扔烟蒂、垃圾　乱扔烟蒂、小件垃圾处200新元罚金;乱扔大件垃圾处12个小时劳改。　（据中国外交部网站）

中国公民赴泰国注意事项

一、泰国基本情况

天气:泰国属热带季风气候,炎热潮湿。热季为每年3~5月,雨季为6~9月,凉季为10月到翌年2月。全年平均气温28℃,年温差较小。

衣着:全年可穿着夏季服装,喜欢游泳者可自备泳衣及拖鞋,晚间天气较凉,需准备长袖外套。

时差:比北京时间慢一小时。

语言:主要为泰语和潮州话,英语一般在酒店等适用。

饮水:泰国习惯在饮料中加冰块,酒店自来水不能饮用。

日用品:多数酒店不配备牙膏、牙刷及拖鞋,请自备。

药物:带一些常用药物及紧急医疗用品,以备不时之需。

电压:220伏特。

货币:泰国货币单位为铢(Baht),100元人民币约兑换泰铢450铢。

安全提示:不随意帮他人携带或存放任何物品,以免因藏违禁品被检控。在环境卫生较差的地区时,应选择煮熟的食物及包装饮料。夜间避免单独出外,请切记将贵重物品如证件、现金、旅行支票、信用卡、机票、相机等小心随身携带,切勿收藏与行李箱内或留在车中、酒店房间或公共地方。

二、出国前的准备

选择信誉良好的合法旅行社,建议不要参加低团费旅游团,以免到达泰国后,导游安排购物或强行推销自费行程,产生纠纷。了解行程内容(行程中的住宿、交通、餐点、自费行程的选择及安排)。要求旅行社派领有执业证书的领队带团,并要求旅行社安排合格安全的交通工具及旅游活动。参加行前说明会并与旅行社签订旅游契约,同时可向旅行社索取代收转付收据以维护自身权益。购买旅游平安及医疗保险,并详细了解保险的项目,以确保自身权益。自备常用药品或外用药膏,避免携带粉状药物,以免被误为毒品,孕妇、年长者或健康状况不良者,宜有家人随行,且应先到医院索取附有中文说明的英文诊断书备用。如身体不适,不随便吃别人的药,宜告知领队安排就医。出国前应将行程、国外住宿旅馆电话号码及所参加旅行社联络电话告知家人,如系个人自助旅行,亦应随时与家人保持联系。携带数张照片备用,另将机票、护照、签证、结汇收据、信用卡等证件影印一份,并与正本分开携带,以备挂失,或申请补发。

三、出入境有关规定:

入境所需证件为有效期至少为6个月的护照、出入境卡(正联入境时收、副联出境时收),出入境卡须用英文填写,其中姓名需用大写字母。

办理入境手续,将出入境卡夹在护照中经移民官员办理入境手续后,到航站取出托运行李,然后拿海关申报单(如需要)到海关检查处接受检查后出海关。旅游者可以带入的免税物品包括香烟200支,酒1公斤。

办理出境手续,每人交付机场税500铢。泰国移民局收去出境卡,并办理离境手续,在护照上加盖出境章。接受安全检查。泰国出境携带泰币不得超过5万铢。

泰国出入境规定较严,游客赴泰国短期观光旅游,须持有泰国大使馆签发的签证。在泰国观光旅游期间,随时要接受移民官员的检查,如超过签证期限,每超过一天被罚款泰币200铢,但最高罚金不得超过2万铢。

所有宗教性和国家文物一律禁止进行贸易。旅客携带古董和佛像出境必须事先向泰国国家艺术厅申请批准证。任何商人在泰国赚取的收入必须缴付所得税。所有色情物品、毒品和武器一律禁止进出口,违法者受到严厉处罚。

在泰国博物馆组、野生动物保护组、海关署、泰国政府旅游局、泰国大使馆、领事馆或海外代表办事处,都可索取关于外汇管制及管制项目规定的手册,并了解购买哪些物品,在离境前需向泰国海关的政府机构申请核准。

根据泰国有关规定,允许携带入境免税品数量为:1公斤的甜酒或烈酒,50支雪茄,250克烟丝或200支香烟,5卷胶卷或3卷电影胶片;动植物不准携带入境。旅客可从免税商店购买1公斤酒、200支烟以及一架照相机、一架摄影机和个人佩带的珠宝装饰品等出境。

有关规定以泰国官方公告为准。

四、交通注意事项

1. 行车走路靠左行,并遵守交通规则。

2. 搭车旅行时,随时注意自己放置财物的位置。

3. 搭乘出租车时先记下车号,以便能迅速找回遗忘在车内的物品。

4. 在巴士内及公共场所,要特别留意扒手会故意来挤撞你,使您分心后再下手偷窃。

5. 随时携带饭店的名片,万一迷失方向时可用。

6. 避免单独在宁静的街道或是荒凉的地区步行。

五、购物注意事项

不携带太多现金,尽量使用信用卡、旅行支票,同一物品用信用卡付款时宜一次结清,使用信用卡时,应先确认收据上之金额,再予签字。注意保管钱包及贵重物品。即使在照相时,或上洗手间,亦应随身携带,皮包拉链拉好,皮包背在胸前为宜,旅行包、背包虽然便利,却常是小偷偷窃的对象。

货比三家不吃亏,购买高价物品时,宜多比较,因为大多物品在购买后不能退货,购买时记得索取完整的收据。购买的珠宝宜随身携带,不以邮寄方式出境,珠宝及蓝宝石在泰国是有分级制的,购买后应向商店索取购买证明。不接受陌生人所提供的游览及自由采购等服务。选择各地的百货公司购物,价格较合理且可获品质保证。尊重泰国特殊的宗教信仰,但亦要预防以宗教信仰之由被迫购物。不消费或购买受保护的野生动物及其制品。

六、参加水上活动须知

从事水上活动如游泳、水上摩托艇和快艇、水上跳伞、潜水等注意事项:

参加水上活动宜结伴同行,并了解活动场地是否合法及器材是否正当使用和操作,听从专业教练指导,潜水装备不能替代游泳能力,不会游泳者,不要尝试。事先了解地形、潮汐、海流、风向、温度、出入水点等因素,如上面因素不适合水上活动时,则不要勉强参加。参加外岛的活动行程,宜要求旅行社安排合法的交通船,严格遵守穿救生衣的规定,且应全程穿着,如未提供救生衣,则应主动要求。乘坐游艇及水上摩托艇,不跨越安全海域,不在水上摩托艇、快艇、降落伞等水上活动范围区内游泳。注意活动区域之安全标示、救援设备及救生人员设置地点。应注意自己的身体状况,有心脏病、高血压、感冒、发烧、饮酒及餐后,不参加水上活动及潜水,感觉身体疲倦、寒冷时,应立即离水上岸。避免长时间浸在水中及曝晒在阳光下,亦不长时间憋气潜水、头晕导致溺毙;潜入水里时不使用耳塞,因压力会使耳塞冲击耳膜造成伤害。潜水时勿以头部先入水,并应携带漂浮装备。乘坐游艇前宜先了解游艇的载客量,如有超载应拒乘,搭乘时不集中甲板一方,以免船身失去平衡。对于旅行社安排行程之外的各种水上活动,参加前应谨慎评估其安全性及自身的身体状况。　　(据中国外交部网站)

中国公民赴越南须知

一、签证须知

根据1992年3月15日中越关于互免签证的协定,中国公民持有效外交、公务、因公普通护照及其使用同一本护照的偕行人入境、出境或者过境越南时免办签证,停留期为30天,如需要延期,须由越方接待单位提出申请,在越南公安部出入境管理局办理。

中国公民持有效普通护照入境、出境或过境越南须事先办理签证。越南驻华大使馆、越南驻广州总领事馆及越南驻昆明总领事馆和越南驻南宁总领馆都可为中国公民签发赴越签证。签证种类分为旅游、商务两种,中国公民可本人前往使领馆办理,或委托旅游公司代办。

二、入境须知

中国公民入境越南时,需要在入境口岸填写一式两联的入出境申报单(英越文),其内容包括入境、海关、动植物检疫等内容,第一联(白色)由越南边境口岸存留,第二联(黄色)入境者保存,以备出境时检查。

入境越南后,一般须在48小时内向留宿地附近的公安机关申报居留。如入住旅店,则由店方负责代为申报。故旅客入住时,一般应将护照或其他旅行证件交由店方保管。

三、海关规定

越南海关规定,入境时如携带3000美元以上(2万元人民币或其他等值货币)、300克以上黄金等必须申报,否则出境时,超出部分将被越南海关没收。团组出访如团费交专人携带,入境时应申报,或者分散保管,否则,出境时超出3000美元部分将被越海关没收。外国人出境越南时可免税携带香烟200支,雪茄烟50支,烟草250克,酒类1公升。

越海关禁止入境者携带易燃、易爆、易腐蚀、剧毒、放射性、有异味物品、各种黄色书刊、影碟、未经检疫的动植物及武器等入境。

四、医疗条件和医疗保险

越南医疗条件近年来不断获得改善。国家公务员、政府工作人员、大公司企业及涉外劳务人员都购买医疗保险,在合同医院看治病。外国人在越南看病一般要到大城市的大医院,例如河内市的越法国际医院、越德医院和白梅医院,胡志明市的大水镌医院等。

五、治安状况

越南治安状况良好,但也存在一些偷盗现象,应注意事项:(1)在出入旅店、市场或其他公共场所时,注意保管好自己的钱包、手机、手表、首饰等,防止不良青年骑摩托车进行抢劫作案。(2)不要在观光景点让小童擦皮鞋,不要在街道旁、商店外选购流动商贩的货物,防范在周围有他们的同伙偷窃财物。(3)发现钱财、证件被盗窃或其他意外时应立即与越导游一起在第一时间到附近的公安值班点报案。

六、交通安全和外出旅行注意事项

越南河内、胡志明市等城市主要交通工具主要为摩托车,因此在越南应注意交通安全,特别是过马路时,最好选择有红绿灯的路口过马路。

在越南期间应前往正规酒店或饭店就餐,如在路边大排档或小餐馆就餐时,应注意尽量不吃生冷食品,喝啤酒或饮料时,不要加冰块。

七、有关法律咨询意见和建议

近年来,随着两国人员交往的日益频繁,中越两国公民通婚有所增加,中国公民来越与越南人结婚,按照越南涉外婚姻法,应办理以下手续:(1)在出生地办理出生公证和未婚公证。(2)将上述两公证在中国外交部及越南驻华使领馆认证。(3)前往中国驻越使领馆办理不持异议公证书。(4)前往越婚姻登记机关——司法部门登记。

八、气候及自然灾害状况

越南位于中南半岛东部,地处北回归线以南,属热带季风性气候,高温多雨,年平均气温24度左右,平均年降水量1800~2000毫米。越南北方分春、夏、秋、冬四季,年平均气温23°~25℃,气候干燥多雾,北方1~3月常小雨连绵。南方雨、旱季分明,大部分地区5~10月为雨季,雨季多有大雨和暴雨;11月至次年4月为旱季。

越南每年7~11月为台风多发季节,一些沿海城市如海防、岘港等受台风影响较重。南部湄公河三角洲每年雨季都会出现洪水,给当地人民生产生活带来严重影响。越中部地区每年5~8月有来自西面干热的内陆"老挝风",这种热风所到之处,气温可升至40℃,成为当地一大灾害。

九、国籍政策

越南国籍法规定,越南政府不承认双重国籍,如他国公民加入越南国籍必须退出原国籍,越南公民加入其他国籍同时即丧失越南国籍。　　(据中国外交部网站)

索　　引

说　明

一、本索引是《中国—东盟年鉴·2008》的内容分析索引。正文（包括条目、文献、资料、图片和表格）中凡具有独立检索意义的完整资料，都可以通过本索引进行检索。

二、索引按汉语拼音字母（同音字按声调）顺序排列。类目、分目作索引款目用黑体字排印，其余款目用宋体字排印。表格、图片在其款目后分别注明"表"、"图"。

三、索引款目后的数字表示内容所在的页码，数字后的拉丁字母（a、b）表示栏别（即版面的1、2栏）。

四、空两字起排的款目为上一主题的"附见"。同一主题的"参见"，只标页码。内容有交叉的款目，为便于读者检索，在本索引中重复出现。

A

B

C

D

F

G

K

L

M

N

O

P

Q

R

S

T

W

Z

广西地图院编制

审图号：桂S（2005）57号

2005年9月